Se o Senhor não edificar a casa, em vão trabalham os que a edificam;
se o Senhor não guardar a cidade, em vão vigia a sentinela.
Salmos 127.1

Contabilidade Geral

Teoria e mais de 1.000 questões

Contabilidade Geral

Teoria e mais de 1.000 questões

Com ênfase nos **Pronunciamentos Técnicos do CPC** (Comitê de Pronunciamentos Contábeis):

CPC 00 (R1)	CPC 07 (R1)	CPC 16 (R1)	CPC 25	CPC 41
CPC 01 (R1)	CPC 08 (R1)	CPC 18 (R2)	CPC 26 (R1)	CPC 47
CPC 02 (R2)	CPC 09	CPC 19 (R2)	CPC 27	ICPC 08 (R1)
CPC 03 (R2)	CPC 12	CPC 21 (R1)	CPC 28	ICPC 09 (R2)
CPC 04 (R1)	CPC 15 (R1)	CPC 23	CPC 31	

Inclui SPED (Sistema Público de Escrituração Digital)

15ª edição revista, ampliada e atualizada

Ed Luiz Ferrari

Editora Impetus

Niterói, RJ
2018

Editora Impetus Ltda.

Rua Alexandre Moura, 51 – Gragoatá – Niterói – RJ

CEP: 24210-200 – Telefax: (21) 2621-7007

PROJETO GRÁFICO E EDITORAÇÃO ELETRÔNICA: EDITORA IMPETUS LTDA.

CAPA: WILSON COTRIM

REVISÃO DE PORTUGUÊS: CARMEM BECKER

IMPRESSÃO E ENCADERNAÇÃO: EDELBRA EDITORA E INDÚSTRIA GRÁFICA LTDA.

F427c

Ferrari, Ed. Luiz.

Contabilidade geral: teoria e 1.000 questões / Ed Luiz Ferrari. – 15ª. ed. rev. – Niterói, RJ: Impetus, 2018.

1.416 p.; 17 x 24 cm.

Inclui bibliografia.

ISBN: 978-85-7626-978-6

1. Serviço público – Brasil – Concursos. 2. Contabilidade – Problemas, questões, exercícios. I. Título.

CDD – 351.81076

www.impetus.com.br

Agradecimento

A Deus, sem O qual nada seria possível.

O Autor

- Analista Tributário da Receita Federal do Brasil.
- Especialista na área de concursos públicos, ministrando aulas há mais de 20 anos em diversos cursos preparatórios.
- Autor de diversos simulados e apostilas de Contabilidade Geral, Custos, Análise das Demonstrações Contábeis, Contabilidade Avançada e Auditoria.

Autor dos livros:

- *Contabilidade Geral* – Questões, pela Editora Impetus
- *Análise de Balanços* – Provas e Concursos, editado pela Editora Campus/Elsevier
- *Análise das Demonstrações Contábeis*, pela Editora Impetus
- *Resumo de Contabilidade Geral para Concursos*, pela Editora Impetus
- *Contabilidade de Custos*, pela Editora Impetus

Apresentação da Série

A preparação para concursos públicos é composta por diversas etapas, dentre as quais se destaca a escolha e seleção dos materiais adequados ao estudo de cada disciplina. Ao longo dos anos, o mercado de apoio ao concurso vem se expandindo à medida que aumenta a procura pelos cidadãos da boa remuneração e estabilidade asseguradas pelo cargo público. Observando este cenário e acompanhando as demandas e preferências dos concurseiros, a Editora Impetus oferece a *Série Impetus Concursos*, apresentando aos leitores os conteúdos mais completos e atualizados para sua preparação.

Reforçando o caráter completo das obras, a *Série* prima pela adequação constante aos conteúdos abordados em concursos por meio do desenvolvimento de uma estrutura diferenciada, pensada especificamente para cada disciplina, atendendo, assim, as suas peculiaridades. Seu objetivo é alcançar a compreensão plena do conteúdo apresentado, pelo destaque das características essenciais e respeito à lógica interna da matéria. Para isso, disponibiliza o máximo de conteúdo da maneira mais eficiente, sem desperdiçar tempo de estudo ao abordar assuntos que não são cobrados pelas bancas.

Palavras do Coordenador

Em *Contabilidade Geral* são apresentados, de maneira acessível e sistemática, a síntese da teoria que rege os conceitos básicos necessários à compreensão da área contábil, e os exercícios resolvidos que são cobrados, cada vez mais, pelas mais respeitadas e exigentes bancas do país. Sobressaem, na obra, a preocupação do autor em expor os conteúdos de forma a contemplar concursos de nível fundamental, médio ou superior e que sejam capazes de atender a leitores de todos os tipos, desde pesquisadores, estudantes e concurseiros até aos profissionais em busca de atualização.

Em sua 15ª edição, apresenta uma coletânea de questões para que o concurseiro possa estruturar e treinar seus conhecimentos e cujos gabaritos são veiculados ao final da obra oferecendo, ainda, questões inteiramente resolvidas e comentadas para que o leitor estruture e cristalize a linha de raciocínio mais recomendada a cada tipo de questão.

Ed Luiz Ferrari, analista tributário da Receita Federal, e especialista na área de concursos públicos, traz a lume um verdadeiro manual de contabilidade, fruto de sua longa experiência como profissional atuante da área contábil e professor de diversos cursos preparatórios, para todos aqueles que precisam desenvolver seus conhecimentos e garantir sua colocação.

Possuo grande admiração por Ed Luiz Ferrari, exemplo de professor dedicado e competente e ser humano amigo e sensível. Certamente, ele traz a segurança e o conhecimento de que o leitor precisa.

William Douglas
Juiz Federal, Professor Universitário e
Presidente do Conselho Editorial

Apresentação do Autor

O objetivo desta obra é, sobretudo, dar condições para a aprovação nos concursos públicos que exijam conhecimentos de Contabilidade em todos os níveis de prova (fácil, médio e difícil).

O conteúdo deste trabalho também poderá ser utilizado por aqueles que desejam, por diversos motivos, o conhecimento da Contabilidade.

Os capítulos incluem a parte teórica, exercícios resolvidos e exercícios propostos, sendo que cada exercício resolvido poderá incluir uma ou mais questões resolvidas.

A parte teórica é acessível tanto aos leigos, pois parte dos conceitos básicos necessários ao entendimento da matéria, quanto aos que já possuam conhecimento na área contábil. Em outras palavras, esta obra visa a atender a todo tipo de estudante, leitor ou pesquisador, procurando alcançar desde aqueles que possuem pouco ou nenhum conhecimento de contabilidade, quanto os que desejam apenas o aperfeiçoamento na matéria.

Grande parte dos exercícios resolvidos e propostos integra questões de vários concursos públicos já realizados, os quais expressam as diversas filosofias das bancas elaboradoras mais conhecidas, tais como: Fundação Carlos Chagas, Esaf (Escola de Administração Fazendária), UnB (Universidade de Brasília), Fundação Cesgranrio, Universidade Federal do Rio de Janeiro, Fundação João Goulart, Fundação Getúlio Vargas, Vunesp, Fesp (Fundação Escola do Serviço Público) etc.

Desde já, agradeço a confiança dispensada, estando aberto a quaisquer observações ou críticas que contribuam para o aperfeiçoamento desta obra.

Ed Luiz Ferrari

Sumário

CAPÍTULO 1

CONCEITOS BÁSICOS

1. CONTABILIDADE

1.1. Conceitos

- Contabilidade é a ciência que estuda e pratica as funções de orientação, controle e registro relativas à administração econômica (I CONGRESSO BRASILEIRO DE CONTABILISTAS – RJ – 1924).
- Contabilidade é a ciência que tem por objeto o patrimônio das entidades e por objetivo o controle desse patrimônio, com a finalidade de fornecer informações a seus usuários.

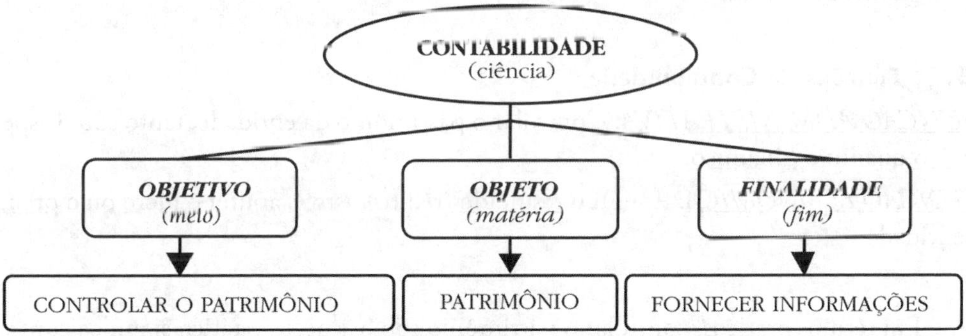

Nota: "FINALIDADE" é o mesmo que "OBJETIVO FINAL" (ou OBJETIVO PRINCIPAL).

1.2. Campo de Aplicação

O campo de aplicação da Contabilidade se estende a todas as entidades que possuam patrimônio, sejam físicas ou jurídicas, de fins lucrativos ou não. Tais entidades são unidades econômico-administrativas, cujos objetivos podem ser sociais e/ou econômicos.

Uma entidade econômico-administrativa também pode ser chamada de AZIENDA, palavra de origem italiana que em português é equivalente a FAZENDA, mas tem o sentido etimológico de "coisa a fazer". Daí, por exemplo, é que o termo "azienda pública" é equivalente ao termo "fazenda pública".

No caso da Contabilidade Empresarial, objeto de estudo desta obra, o campo de aplicação se restringe a todas as empresas, ou seja, entidades jurídicas de fins lucrativos.

Observações:

1) *PESSOA FÍSICA* (ou Pessoa Natural) – É qualquer ser humano considerado individualmente, sujeito a direitos e obrigações.

⇨ Nascimento da pessoa física:

– De fato: por meio do parto com vida.

– De direito: por meio do registro no Cartório Civil de Pessoas Físicas.

2) *PESSOA JURÍDICA* – É toda entidade resultante de uma organização humana, com vida e patrimônio próprios, a qual, de forma semelhante às pessoas físicas, está sujeita a direitos e obrigações.

⇨ Nascimento da pessoa jurídica:

– De fato: através dos atos praticados.

– De direito: No caso das sociedades empresárias, através do registro na *Junta Comercial do Estado*. No caso da sociedade simples, através do registro no *Cartório Civil de Pessoas Jurídicas*.

1.3. Funções da Contabilidade

■ *FUNÇÃO ADMINISTRATIVA*: Controlar o patrimônio da entidade, tanto sob o aspecto estático quanto o dinâmico.

■ *FUNÇÃO ECONÔMICA*: Apurar o resultado (rédito), isto é, apurar o lucro ou o prejuízo da entidade.

Obs.: Em termos práticos, controlar o patrimônio sob o aspecto estático significa controlar sua posição em dado momento (fazer o balanço). Controlar sob o aspecto dinâmico significa controlar suas mutações **qualitativas** e **quantitativas**.

1.4. Usuários da Informação Contábil

A finalidade da Contabilidade, que também pode ser entendida como o seu principal objetivo, é fornecer informações às pessoas ou entidades interessadas na situação patrimonial e econômica da entidade, bem como na aferição de sua capacidade produtiva.

Quando falamos em **situação patrimonial** de uma entidade, estamos nos referindo aos seus BENS, DIREITOS e OBRIGAÇÕES. Quando falamos em **situação econômica**, estamos nos referindo ao seu resultado, isto é, ao seu LUCRO ou PREJUÍZO.

Entre os diversos usuários das informações produzidas pela Contabilidade, temos:

■ *SÓCIOS (ACIONISTAS OU QUOTISTAS)* – Necessitam da informação contábil, de forma resumida e concisa, principalmente para fins da avaliação da rentabilidade e segurança de seus investimentos.

■ *ADMINISTRADORES, DIRETORES E EXECUTIVOS* – Necessitam da informação contábil, de forma detalhada e constante, sobretudo, com as finalidades de **controle** e **planejamento**, visando à tomada de decisões. CONTROLAR é verificar se os elementos materiais e humanos na entidade estão de acordo com os planos e políticas traçados. PLANEJAR é determinar a linha de ação para o futuro.

■ *BANCOS, CAPITALISTAS E FINANCEIRAS* – Necessitam da informação contábil, principalmente para avaliarem a segurança de seus empréstimos ou financiamentos.

■ *GOVERNO* – Necessita da informação contábil, principalmente para viabilizar a fiscalização de tributos.

1.5. Técnicas Contábeis (ou Ramos da Contabilidade)

■ *ESCRITURAÇÃO* – Visa aos registros de todos os fatos contábeis, ou seja, fatos que afetam o patrimônio da entidade, sendo seus registros realizados em livros próprios (livros de escrituração).

■ *DEMONSTRAÇÕES CONTÁBEIS (ou Demonstrações Financeiras)* – Constituem quadros técnicos que evidenciam a situação patrimonial, financeira ou econômica da entidade.

De acordo com o art. 176 da Lei nº 6.404/1976, **ao fim de cada exercício social**, a diretoria fará elaborar, com base na escrituração mercantil da companhia, as seguintes demonstrações financeiras:

– Balanço Patrimonial (BP);

– Demonstração dos Lucros ou Prejuízos Acumulados (DLPA);

– Demonstração do Resultado do Exercício (DRE);

– Demonstração dos Fluxos de Caixa (DFC);

– Se companhia aberta, Demonstração do Valor Adicionado (DVA).

Além destas demonstrações, as companhias abertas (sociedades anônimas cujas ações são negociadas nas bolsas de valores) são obrigadas a elaborar a Demonstração das Mutações do Patrimônio Líquido (DMPL), a qual dispensará a elaboração isolada da DLPA, pois esta é incluída na DMPL.

Juntamente com as demonstrações, as companhias devem complementá-las com NOTAS EXPLICATIVAS, as quais têm por objetivo esclarecer alguns detalhes não explicitados nas demonstrações.

De acordo com o item 10 do Pronunciamento Técnico **CPC 26(R1)** – Apresentação das Demonstrações Contábeis, o conjunto completo de demonstrações contábeis inclui:

(a) Balanço patrimonial ao final do período;

(b1) Demonstração do resultado do período;

(b2) Demonstração do resultado abrangente do período;

(c) Demonstração das mutações do patrimônio líquido do período;

(d) Demonstração dos fluxos de caixa do período;

(e) Notas explicativas, compreendendo as políticas contábeis significativas e outras informações elucidativas; (Alterada pela Revisão CPC 08)

(ea) Informações comparativas com o período anterior, conforme especificado nos itens 38 e 38A; (Incluída pela Revisão CPC 03)

(f) Balanço patrimonial do início do período mais antigo, comparativamente apresentado, quando a entidade aplicar uma política contábil retrospectivamente ou proceder à reapresentação retrospectiva de itens das demonstrações contábeis, ou quando proceder à reclassificação de itens de suas demonstrações contábeis de acordo com os itens 40A a 40D; e (Alterada pela Revisão CPC 03)

(f1) Demonstração do valor adicionado do período, conforme Pronunciamento Técnico CPC 09, se exigido legalmente ou por algum órgão regulador ou mesmo se apresentada voluntariamente.

■ *AUDITORIA* – Visa à verificação da fidelidade das informações contábeis, detectando erros ou fraudes e, por fim, emitindo um parecer ou relatório sobre as informações fornecidas pelo sistema contábil e controles internos da entidade auditada.

Quanto à forma de intervenção, existem três tipos de auditoria nas sociedades privadas:

1) **Auditoria interna:** É aquela realizada por um contador, o qual é funcionário da entidade auditada.

2) **Auditoria externa:** Também chamada de auditoria independente, é aquela realizada por um profissional liberal, o qual também é contador, mas, além do contrato de prestação de serviços de auditoria, não deve possuir nenhum vínculo com a entidade auditada.

3) **Auditoria fiscal:** É aquela realizada por funcionário público, não necessariamente contador, cujo objetivo é a fiscalização de tributos.

■ *ANÁLISE DAS DEMONSTRAÇÕES CONTÁBEIS (ou Análise das Demonstrações Financeiras ou Análise de Balanços)* – Visa ao estudo da situação econômica e financeira da entidade, bem como do seu desempenho operacional, através da decomposição e comparação das demonstrações contábeis, objetivando a interpretação individual e conjunta de índices e quocientes calculados a partir de itens extraídos dessas demonstrações.

Observações:

1) De acordo com o parágrafo 1º, art. 2º, da Lei nº 6.404/1976, as sociedades anônimas sempre serão consideradas MERCANTIS, independentemente de seus objetos, regendo-se, portanto, pelas leis e usos do comércio. Por esta razão, as companhias estarão, por exemplo, sujeitas à falência e poderão requerer concordata, institutos estes exclusivos das empresas mercantis, isto é, empresas sujeitas ao direito comercial.

2) A **Lei nº 6.404**, de 15 de dezembro de 1976, é conhecida como **Lei das Sociedades por Ações** (alguns a chamam de Lei das Sociedades Anônimas). Apesar desse nome, as sociedades de

grande porte, que não sejam sociedades anônimas, como, por exemplo, as sociedades limitadas de grande porte, estão sujeitas às disposições dessa lei no que se refere à escrituração, elaboração das demonstrações financeiras e obrigatoriedade de auditoria independente por auditor registrado na Comissão de Valores Mobiliários (art. 3º, Lei nº 11.638/2007). Isso se explica, visto que a Lei nº 11.638/2007 entendeu que as empresas consideradas de grande porte, em função de sua importância no seu cenário econômico e social, devem se igualar às sociedades anônimas no que se refere ao nível de divulgação de informações ao público em geral.

3) De acordo com o parágrafo único do art. 3º da Lei nº 11.638, de 28 de dezembro de 2007, considera-se de grande porte, para os fins exclusivos dessa lei, a sociedade ou conjunto de sociedades sob controle comum que tiver, no exercício social anterior, ativo total superior a R$ 240.000.000,00 (duzentos e quarenta milhões de reais) ou receita bruta anual superior a R$ 300.000.000,00 (trezentos milhões de reais).

4) Atualmente, a nível de questões de contabilidade nos concursos públicos, a tendência é que a Lei nº 6.404/76 fique em 2º plano, visto que devem prevalecer as normas e conceitos contábeis impostos pelos Pronunciamentos Técnicos do CPC (Comitê de Pronunciamentos Contábeis), cujo objetivo principal é alinhar as normas contábeis brasileiras às normas internacionais de contabilidade. Isso se dá pelo fato de que, apesar das "tentativas" das Leis nºs 11.638/2007 e 11.941/2009 no sentido de adaptar a Lei nº 6.404/76 às normas internacionais de contabilidade, o resultado final ficou **muito aquém** do que deveria, de sorte que vários artigos da Lei Societária não foram adequadamente adaptados, levando diversos doutrinadores e contabilistas a muitos embaraços, tendo em vista que a Lei nº 6.404/76 está em **pleno vigor** e bate de frente em muitos artigos incompletos ou mal redigidos com as novas regras contábeis. Para se ter uma ideia mais clara desse impasse, é, por analogia, como se uma cidade fosse governada, ao mesmo tempo, por dois reis, onde muitas das ordens dadas aos seus súditos fossem coincidentes, mas outras divergentes. Facilmente podemos concluir que esses súditos ficariam constantemente embaraçados sem saber exatamente qual ordem seguir. Assim, um dos objetivos desta obra (a partir da 12ª edição) é mostrar "quais ordens devem ser seguidas e quais devem ser desconsideradas".

No entanto, cabe ressaltar que, de acordo com o § 5º do artigo 177 da Lei nº 6.404/76, as normas expedidas pela Comissão de Valores Mobiliários a que se refere o § 3º deste artigo deverão ser elaboradas em consonância com **os padrões internacionais de contabilidade** adotados nos principais mercados de valores mobiliários. Desta forma, somos levados a concluir que pelo fato das companhias abertas estarem obrigadas às determinações da CVM e esta autarquia aprovar os Pronunciamentos Técnicos do CPC, os quais traduzem as normas internacionais de contabilidade, então, a própria Lei das Sociedades por Ações está, implicitamente, determinando que as normas do Comitê de Pronunciamentos Contábeis devem ter preferência sobre a referida lei nos pontos de divergência.

2. Gestão

Num sentido amplo, podemos dizer que a GESTÃO é composta por todos os acontecimentos numa entidade, de conformidade ou não com a vontade da administração. Num sentido estrito, a GESTÃO (ou Gestão Administrativa) é composta por todos os atos praticados pela gerência da entidade na administração dos recursos materiais e humanos, avaliada por períodos de tempo (períodos administrativos).

3. Sociedades

3.1. Quanto ao Objeto

■ *SIMPLES* – São as sociedades que exercem atividade econômica não organizada. Ex.: sociedade entre médicos, advogados.

■ *SOCIEDADES EMPRESÁRIAS* – Exercem atividade econômica organizada em caráter profissional e habitual. Ex.: hospital, supermercado.

Observação:

As sociedades, sejam simples ou empresarial, podem adotar como nome empresarial:

⇨ *Firma (ou Razão Social)* – Designação com a utilização do nome de um ou mais sócios. Ex.: Carlos, João & Pedro Ltda.

⇨ *Denominação* – Designação que indica, regra geral, o ramo de atividades da empresa (Exs.: Fábrica de Móveis Juca Ltda., Comercial de Roupas Trio S/A), ou nomes **não** relacionados com os sócios (Ex.: Cia. Souza Cruz, Empresa JM Ltda.).

3.2. Quanto ao Número de Sócios

■ *EMPRESÁRIO INDIVIDUAL* – É a pessoa física que exerce atividade empresarial em seu próprio nome, assumindo responsabilidade ilimitada. Ex.: João de Sá – Veterinário.

■ *SOCIEDADES* – Têm, no mínimo, dois sócios, podendo ser tais sócios pessoas **físicas** ou **jurídicas**.

Obs.: No Brasil, há hipóteses de sociedades unipessoais que não se confundem com o empresário individual. É o caso da **Subsidiária Integral**, ou seja, empresa que tem como único acionista uma sociedade brasileira (Lei nº 6.404/1976, art. 251), art. 206, I, *d*, da Lei nº 6.404/1976, e empresas públicas.

3.3. Quanto ao Ramo de Atividades

■ *SOCIEDADES EMPRESARIAIS* – Revendem a seus clientes **mercadorias** que adquirem de seus fornecedores.

■ *SOCIEDADES INDUSTRIAIS* – Fabricam **produtos**, a partir das matérias-primas, os quais são vendidos a seus clientes.

■ *SOCIEDADES SIMPLES* – Não exercem atividade empresarial.

■ *SOCIEDADES EXTRATIVISTAS* – Dedicam-se à extração de matérias-primas da natureza (mineral, vegetal ou animal).

■ *SOCIEDADES AGRÍCOLAS* – Dedicam-se ao cultivo de plantas.

■ *SOCIEDADES PASTORIS* – Dedicam-se à criação de animais.

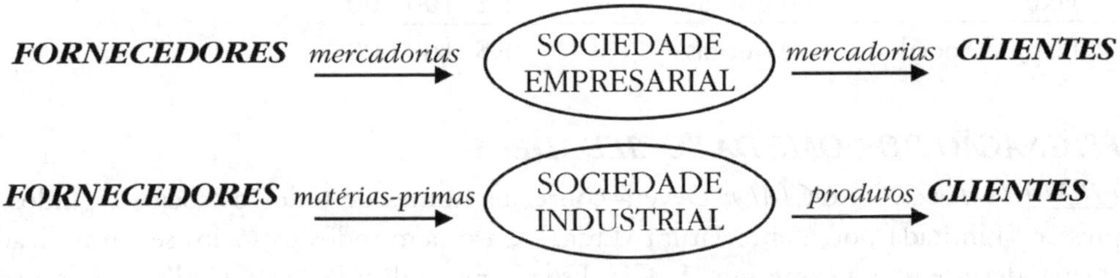

Obs.: Há empresas formadas pela combinação de duas ou mais modalidades anteriormente descritas. Ex.: Empresa Rio Branco Comércio e Indústria Ltda.

3.4. Quanto à Origem dos Capitais

■ *EMPRESAS PÚBLICAS* – São formadas com capital do Governo Federal, Estadual ou Municipal, a fim de atenderem aos interesses da coletividade.

■ *EMPRESAS PRIVADAS* – São formadas com capital de particulares.

■ *EMPRESAS MISTAS (ou Sociedade de Economia Mista)* – São aquelas formadas com o capital de particulares e do Governo, sendo este o maior acionista (mais de 50% do capital votante).

3.5. Quanto à Forma Jurídica

Entre os diversos tipos de formas jurídicas existentes para as empresas no Brasil, falaremos das duas mais comuns: Sociedade Anônima e Sociedade Limitada.

3.5.1. Sociedade Ltda.

ALGUMAS CARACTERÍSTICAS

■ *SOCIEDADE DE PESSOAS*, ou seja, prepondera a personalidade dos sócios e as suas opiniões pessoais. Cada sócio conhece e escolhe os outros sócios. A saída ou entrada de um sócio precisa do consentimento dos demais.

■ *RESPONSABILIDADE LIMITADA DOS SÓCIOS*, ou seja, cada sócio responde solidariamente com os demais pelo que faltar a ser integralizado no capital social, porém a responsabilidade dos sócios é limitada ao montante do capital social.

■ *CAPITAL DIVIDIDO EM QUOTAS*, ou seja, cada sócio participa com um determinado número de quotas. Exemplo:

–	Sócios: Antônio, José e Pedro.			
–	Valor de cada quota: R$ 200.			
–	Antônio	100 quotas	=	R$ 20.000
–	José	200 quotas	=	R$ 40.000
–	Pedro	500 quotas	=	R$ 100.000
–	Capital Social	800 quotas	=	R$ 160.000

DESIGNAÇÃO DO NOME DA SOCIEDADE

■ *FIRMA (= RAZÃO SOCIAL):* Deverá conter os nomes de todos os sócios seguidos da expressão "Limitada", ou a abreviatura "Ltda.". Caso nem todos os sócios sejam indicados na firma, deve-se usar a expressão "& Cia. Ltda.". Exemplos: Pedro, Cláudia & Ana Ltda.; Márcio Alves, José Carlos & Cia. Ltda.

■ *DENOMINAÇÃO:* É formada com a indicação do ramo de atividades, opcionalmente acompanhada de um nome fantasia, sendo obrigatória a aposição da expressão "Limitada" (ou "Ltda.") ao fim da denominação. Exemplos: Farmácia Homeopática Ltda.; Funerária Bom Descanso Ltda.

Observações:

1) Não se há de confundir NOME DA SOCIEDADE com TÍTULO DE ESTABELECIMENTO. Esta é a forma pela qual o empresário é conhecido pela clientela. É o "apelido" da empresa. Assim, por exemplo, uma determinada empresa que tivesse a denominação "Comércio de Plásticos Jaguaribe Ltda." poderia ser conhecida como "Rei dos Plásticos", "Casa dos Plásticos", "Mundo dos Plásticos" etc., que seria o seu título de estabelecimento.

2) As microempresas e as sociedades de pequeno porte podem desfrutar de vantagens fiscais específicas, tal como isenção do imposto de renda sobre o lucro, inscrevendo-se como MICROEMPRESA (ME). O art. 72 da LC nº 123/2006 determina que *As microempresas e as empresas de pequeno porte, nos termos da legislação civil, acrescentarão à sua firma ou denominação as expressões "Microempresa" ou "Empresa de Pequeno Porte", ou suas respectivas abreviações, "ME" ou "EPP", conforme o caso, sendo facultativa a inclusão do objeto da sociedade.*

DOCUMENTO PRINCIPAL → CONTRATO SOCIAL

■ Entre outras coisas, tal documento indicará os nomes dos sócios, a participação de cada sócio no capital da sociedade, os critérios de repartição de lucros ou prejuízos, o ramo de atividade a que se dedica a sociedade etc.

ADMINISTRADORES

■ São os sócios indicados no contrato social ou em ato separado para gerir a sociedade, os quais podem assinar em nome da firma ou denominação social. Tais sócios não são responsáveis pessoalmente pelas obrigações contraídas pela sociedade, mas respondem para com a sociedade e para com terceiros solidária e ilimitadamente nas hipóteses dos arts. 1.015, 1.016 e 1.080 do Código Civil.

3.5.2. Sociedade Anônima (ou Companhia)

ALGUMAS CARACTERÍSTICAS

■ *SOCIEDADE DE CAPITAL*, ou seja, a importância das pessoas é secundária. O que importa é o capital com que cada sócio entra na sociedade. Os sócios, pela simples compra ou venda de suas ações, podem entrar ou sair da sociedade, sem que os demais consintam ou fiquem sabendo.

■ *CAPITAL DIVIDIDO EM AÇÕES* (cada acionista participa com um determinado número de ações).

■ A *RESPONSABILIDADE* de cada acionista está limitada ao preço de emissão das ações subscritas ou adquiridas.

DESIGNAÇÃO DO NOME DA SOCIEDADE

■ A sociedade anônima só admite *DENOMINAÇÃO*, ou seja, não pode usar *firma* (ou *razão social*). De acordo com o art. 3º da Lei nº 6.404/1976, a denominação deve ser acompanhada, no início ou no fim do nome, da expressão "*Sociedade Anônima*" (ou "*S.A.*" ou "*S/A*") ou precedida da expressão "*Companhia*" (ou "*Cia.*"). Exs.: Petrobras S/A., Banco do Brasil S.A., Cia. Souza Cruz, Cia. Vale do Rio Doce etc.

DOCUMENTO PRINCIPAL → ESTATUTO

■ Entre outras coisas, o estatuto de uma sociedade anônima indicará o número e tipo de ações do capital social, a forma de distribuição dos lucros, o objeto da sociedade, as vantagens ou preferências atribuídas a cada classe de ações preferenciais, as restrições a que ficarão sujeitas as ações preferenciais etc.

CAPITAL SOCIAL (SUBSCRITO) – Corresponde ao total de ações subscritas na constituição de uma companhia. É composto por duas partes:

■ *CAPITAL A INTEGRALIZAR* (ou a Realizar) – Corresponde ao valor com que cada acionista se compromete a contribuir (integralizar) para a formação do capital social. É a dívida do acionista diante da própria sociedade.

■ *CAPITAL REALIZADO* – Corresponde à entrega, por parte dos acionistas, de dinheiro ou quaisquer bens suscetíveis de avaliação em dinheiro para pagamento de suas ações subscritas e não integralizadas. Exemplo:

Capital Social

Subscrito......... R$ 230.000

a Realizar......... (R$ 90.000)

Realizado......... R$ 140.000

CAPITAL AUTORIZADO

■ Tendo em vista que o Capital Social (Subscrito) está fixado no estatuto da companhia, para que se possa aumentar o seu valor através de novas subscrições, é necessário que antes se proceda à alteração do estatuto da companhia em assembleia geral extraordinária, o que na prática é um processo burocrático relativamente trabalhoso. No entanto, há uma forma de "desburocratizar" e simplificar esse processo, visto que o artigo 168 da Lei 6.404/76 determina que o estatuto pode conter autorização para aumento do capital social independentemente de reforma estatutária, ou seja, pode ser acrescentado no estatuto de determinada companhia uma "previsão" de limite até o qual o Capital Social Subscrito poderá ser aumentado sem a necessidade da convocação da assembleia geral para essa alteração. Tal limite é chamado de Capital Autorizado, ressaltando que, por opção própria, nem toda companhia autoriza esse limite no seu estatuto. Assim, suponhamos, por exemplo, que o Capital Subscrito em uma S/A fosse de R$ 280.000,00 e o Capital a Realizar fosse de R$ 130.000,00. Se o Capital Autorizado no estatuto da companhia fosse, por exemplo, de R$ 420.000,00, teríamos a seguinte situação:

Capital Autorizado	R$ 420.000,00
(–) Capital a Subscrever	R$ 140.000,00)
(=) Capital Social (Subscrito)	R$ 280.000,00
(–) Capital a Realizar (ou a Integralizar)	(R$ 130.000,00)
(=) Capital Realizado (ou Integralizado)	R$ 150.000,00

No entanto, nesse mesmo exemplo, embora esteja autorizado no estatuto a subscrição de mais R$ 140.000,00, a companhia ainda não poderia aumentar o Capital Social por novas subscrições, dado que, de acordo com o artigo 170 da Lei 6.404/76, esse aumento só poderia ocorrer se a companhia tivesse realizado, no mínimo, 3/4 (ou 75%) de seu Capital Social. Nesse caso, 3/4 de R$ 280.000,00 = R$ 210.000,00, valor este igual ao mínimo que deveria ter o Capital Realizado para que se pudesse aumentar o Capital Subscrito (R$ 280.000,00) por novas subscrições, coisa que no exemplo ainda não ocorreu, visto que o valor do Capital Realizado é somente de R$ 150.000,00 (abaixo de R$ 210.000,00).

Supondo ainda nesse exemplo que fossem integralizados mais R$ 60.000,00, então a nova situação seria a seguinte:

Capital Autorizado	R$ 420.000,00
(–) Capital a Subscrever	(R$ 140.000,00)
(=) Capital Social (Subscrito)	R$ 280.000,00
(–) Capital a Realizar (ou a Integralizar)	(R$70.000,00)
(=) Capital Realizado (ou Integralizado)	R$ 210.000,00

Agora, sim, a companhia poderia aumentar seu Capital Social por novas subscrições.

Dessa forma, supondo agora que os acionistas subscrevessem e, ao mesmo tempo, integralizassem mais R$ 120.000,00, teríamos:

Capital Autorizado ....R$ 420.000,00
(–) Capital a Subscrever..(R$ 20.000,00)
(=) Capital Social (Subscrito)..R$ 400.000,00
(–) Capital a Realizar (ou a Integralizar) ....(R$70.000,00)
(=) Capital Realizado (ou Integralizado) ....R$ 330.000,00

Nesse último caso, a companhia poderia, sim, posteriormente aumentar o seu Capital Social por novas subscrições, visto que R$ 330.000,00 é maior do que 3/4 de R$ 400.000,00 (R$ 300.000,00), apesar dos R$ 70.000,00 ainda não terem sido realizados.

NOTA 1: Com relação à SUBSCRIÇÃO de ações (ou quotas, no caso de uma sociedade limitada), inicialmente, deve ficar claro que existem **dois** momentos distintos: A subscrição de ações (ou quotas) no momento da constituição de uma nova sociedade e a subscrição de ações (ou quotas) numa sociedade já constituída. Na fase de "constituição" de uma nova sociedade, SUBSCREVER ações (ou quotas, no caso uma sociedade limitada) não é sinônimo de pagar pelas ações, podendo na época da subscrição até haver o pagamento (em dinheiro ou outros bens) de parte ou da totalidade das ações subscritas. No ato da subscrição na formação de nova sociedade, os acionistas (ou quotistas, no caso de uma sociedade limitada) assumem o compromisso com a sociedade de realizar (= integralizar) todas as ações (ou quotas, no caso de uma sociedade limitada) em que se divide o Capital Social, dentro do prazo estabelecido em Assembléia Geral Extraordinária (ou estabelecido no contrato social, no caso de sociedade limitada). De forma diferente, a SUBSCRIÇÃO de ações numa sociedade "já constituída", regra geral, implica, na prática, um desembolso concomitante ao ato de subscrição, normalmente em dinheiro, para obtenção dessas novas ações, podendo até ser considerado que a subscrição se confunde com o próprio pagamento das ações, no caso da subscrição não ficar restrita somente aos atuais acionistas, podendo se estender ao público investidor em geral (subscrição pública), visto que nesse caso não há por que pagar as ações em data posterior à subscrição, já que elas também estão sendo oferecidas a pessoas que nunca foram acionistas da companhia emissora. No entanto, no caso de subscrição restrita somente aos atuais acionistas (subscrição privada), em geral, pode-se dizer que não se deve confundir o ato desse tipo de subscrição com o ato de pagamento, visto que, nesse caso, os acionistas também podem efetuar parte ou a totalidade do pagamento em data posterior à data da subscrição. Em geral, quando em qualquer exercício ou questão de concurso público for informado que houve subscrição de ações de uma sociedade "já constituída", sem ser mencionada a expressão "integralização (ou realização) de ações, a convenção na maioria dos casos é de que essas ações não foram de imediato integralizadas, visto que, no caso de efetiva integralização de ações, a expressão convencionalmente utilizada seria "integralização de ações" e não "subscrição de ações", embora na prática se observe normalmente o contrário, ou seja, a subscrição já se confundiria com a própria integralização. Cabe ainda ressaltar que adquirir ações não é a mesma coisa que subscrever ações. Adquirir ações significa comprar ações que já existiam antes, visto que tiveram outros proprietários e que foram postas à venda por esses no mercado secundário (bolsa de valores ou mercado de balcão). Já subscrever ações implica assumir o compromisso de comprar novas ações ou mesmo comprar as novas ações que foram postas pela companhia pela 1ª vez no mercado primário (banco de investimento, sociedade corretora ou sociedade distribuidora).

NOTA 2: SUBSCRIÇÃO PRIVADA é o tipo de subscrição onde as novas ações a serem subscritas são oferecidas apenas aos atuais acionistas da companhia emissora.

NOTA 3: SUBSCRIÇÃO PÚBLICA é aquela onde as novas ações a serem lançadas para aumento do Capital Social não são restritas aos atuais acionistas da companhia, visto que também podem ser adquiridas pelo público em geral. Nesse caso, os atuais acionistas, em geral, só teriam, no máximo, o direito de PREFERÊNCIA de subscrever essas novas ações antes dos futuros novos acionistas, proporcionalmente à quantidade de ações que possuem. Assim, esse direito de subscrição, o qual é o direito de preferência dos atuais acionistas subscreverem novas ações da companhia aberta durante o processo de eventual aumento do Capital Social, é conhecido como BÔNUS DE SUBSCRIÇÃO, podendo tais bônus serem vendidos aos atuais acionistas por valor inferior ao das ações subscritas ou atribuídos gratuitamente aos acionistas como vantagem adicional. Assim, os acionistas possuidores desses bônus poderão exercer os seus direitos de subscrever as novas ações, ou então negociar esses bônus no mercado secundário (bolsa de valores ou mercado de balcão), transferindo-os a terceiros, dependendo do que julgar mais vantajoso. Caso o acionista deixe de efetuar a subscrição no período estabelecido para a subscrição no contrato do título, o bônus perderá todo o seu valor e o acionista não terá direito à restituição do valor perdido. Assim, suponhamos, por exemplo, que determinado acionista tenha pago R$ 7,00 por 1 bônus de subscrição, de forma que esse valor pago lhe desse o direito de subscrever 1 ação da companhia emissora por R$ 9,00. Logo, o preço total pago pela ação seria de R$ 16,00. Caso a cotação dessa ação na bolsa fosse, por exemplo, de R$ 17,00, seria vantajoso ao acionista exercer o seu direito à subscrição.

NOTA 4: O MERCADO PRIMÁRIO é aquele onde há a colocação inicial de ações (ou outros instrumentos patrimoniais), no qual a sociedade emissora dessas ações receberá os recursos financeiros cabíveis pela emissão de suas novas ações. Conforme já comentado, a subscrição de novas ações de forma ampla e não restrita aos atuais acionistas é denominada de subscrição pública, esta realizada quando a companhia deseja abrir seu capital para o público em geral (companhia aberta). Nesse tipo de subscrição, a companhia emissora das novas ações realiza essa operação através de um intermediário financeiro, que é uma instituição financeira especializada, tal como um banco de investimento, uma sociedade corretora ou uma sociedade distribuidora.

NOTA 5: O MERCADO SECUNDÁRIO é aquele onde as ações (ou outros instrumentos patrimoniais) já lançadas no passado no mercado primário são negociadas, como, por exemplo, bolsa de valores e mercado de balcão. Os objetivos básicos do mercado secundário são o de oferecer liquidez às ações no mercado e servir de parâmetro principal no estabelecimento de preço dessas ações no mercado primário.

CONSTITUIÇÃO DE UMA SOCIEDADE ANÔNIMA – De acordo com o art. 80 da Lei nº 6.404/1976, a constituição de uma companhia depende do cumprimento dos seguintes requisitos preliminares:

■ Subscrição, pelo menos por duas pessoas, de todas as ações em que se divide o capital social.

■ Realização, como entrada, de 10%, no mínimo, do preço de emissão das ações subscritas em dinheiro.

■ Depósito, no Banco do Brasil S.A., ou em outro estabelecimento bancário autorizado pela Comissão de Valores Mobiliários, da parte do capital realizado em dinheiro (*atualmente, o Ato Declaratório nº 2, de 3 de maio de 1978, autorizou* ***todos os bancos comerciais*** *a receberem em depósito a realização inicial, em dinheiro, do capital*).

Observações:

1) As companhias (sociedades anônimas) podem ser ABERTAS (capital aberto) ou FECHADAS (capital fechado), conforme os valores mobiliários de sua emissão estejam ou não admitidos à negociação no mercado de valores mobiliários.

2) SOCIEDADE ANÔNIMA DE CAPITAL FECHADO é aquela em que todos os negócios com ações da companhia se dão dentro da própria, sendo as subscrições de novas ações realizadas pelos já acionistas ou grupo restrito de pessoas. Neste caso, dizemos que tais sociedades são de **subscrição particular**. Representa normalmente empresa pertencente a uma família.

3) SOCIEDADE ANÔNIMA DE CAPITAL ABERTO é aquela que procura recursos junto ao público em geral, oferecendo suas ações à **subscrição pública** (mercado primário), isto é, oferecendo publicamente as ações por intermédio de um banco de investimento, visto que nenhuma companhia pode vender suas ações diretamente no mercado secundário. Posteriormente, uma vez subscritas e adquiridas no mercado primário, as referidas ações já poderão ser negociadas no **mercado de valores mobiliários** (mercado secundário = bolsas de valores e/ou mercado de balcão), sendo necessário para isso que a companhia obtenha da CVM (Comissão de Valores Mobiliários) o competente registro e autorização para tais negociações. Em outras palavras, as operações no mercado secundário são operações cujas transferências de recursos se dão entre investidores, não havendo qualquer alteração no patrimônio da companhia. Dessa forma, por exemplo, se algum acionista não estiver satisfeito, ele poderá vender suas ações na Bolsa de Valores, nada tendo isso a ver com as operações da companhia.

4) BOLSAS DE VALORES são associações civis, sem fins lucrativos, cujos patrimônios são representados por títulos pertencentes às sociedades corretoras-membros. Opcionalmente, as bolsas de valores podem se tornar sociedades anônimas, permitindo que, além das corretoras, haja outros tipos de sócios, podendo estes ser pessoas físicas ou jurídicas. Apesar de terem autonomia financeira, patrimonial e administrativa, estão sujeitas à supervisão da CVM, devendo obedecer às diretrizes e políticas emanadas do Conselho Monetário Nacional.

O principal recinto de uma bolsa de valores é o pregão, local mantido para a realização dos negócios de compra e venda das ações.

Todo tipo de operação nas bolsas de valores (compra, venda, entrega de títulos, pagamentos, recebimentos etc.) só pode ser feito por corretoras autorizadas a operar nas bolsas.

Para que os investidores possam adquirir diretamente nas bolsas de valores ações ou quaisquer outros títulos emitidos por companhias abertas, é necessário que se cadastrem em corretoras ou distribuidoras autorizadas, dando pessoalmente a essas entidades ordens de compra ou venda de valores mobiliários.

5) O MERCADO DE BALCÃO é uma alternativa para as companhias que desejam que suas ações sejam negociadas no mercado secundário, mas que não têm interesse imediato ou não se identificam com o mercado das bolsas de valores. Tal mercado é operado e fiscalizado pela SOMA (Sociedade Operadora de Mercado de Acesso), entidade jurídica com fins lucrativos de personalidade civil e responsabilidade limitada. Nesse tipo de mercado, as negociações podem ser feitas por telefone ou pela Internet, podendo participar desse mercado as cias. abertas, entidades associadas à SOMA e os investidores em geral.

Cabe, no entanto, ressaltar que, ao passo que a Bolsa de Valores só opera no mercado secundário, isto é, só opera com a venda e aquisição de valores mobiliários, o Mercado de Balcão, além de operar no mercado secundário, também opera no mercado primário, ou seja, opera também com a subscrição de valores mobiliários. Desta forma, a emissão de novas ações, por exemplo, não poderá ser feita na Bolsa de Valores, mas poderá ser feita no Mercado de Balcão.

6) De acordo com o art. 29 da Lei nº 6.404/1976, as ações da companhia aberta somente poderão ser negociadas depois de realizados 30% do preço de emissão.

7) VALORES MOBILIÁRIOS são títulos emitidos por sociedades anônimas. Os mais conhecidos são as **ações** e as **debêntures**.

8) As AÇÕES constituem-se na menor fração em que se divide o capital social de uma sociedade anônima. Podem ser emitidas (vendidas aos acionistas) com ou sem valor nominal (valor de face), e, caso a emissão seja com valor nominal, este deverá ser o mesmo para todas elas (Lei nº 6.404/1976, art. 11). No caso das companhias abertas, este valor não poderá ser inferior ao mínimo fixado pela CVM. Nesta alternativa de emissão (emissão com valor nominal), poderá haver a cobrança de ágio (= excesso do valor de venda sobre o valor nominal), mas nunca deságio, isto é, emissão das ações por preço inferior ao seu valor nominal (Lei nº 6.404/1976, art. 13). A vedação da emissão das ações com deságio se explica em função da necessidade da preservação da realidade do capital social. No caso das ações emitidas sem valor nominal, pode haver também a figura do ágio, o qual é a parte do preço de emissão dessas ações que exceder a parcela destinada ao capital social. Assim, por exemplo, se a companhia X emitisse 4.000 novas ações sem valor nominal a R$ 6,00 cada, destinando para o capital social apenas R$ 5,00 por ação, o ágio seria de R$ 1,00 por ação.

Por ocasião da constituição da sociedade, o preço de emissão das ações sem valor nominal será determinado pelos acionistas fundadores, e no aumento do capital, pela assembleia geral ou pelo conselho de administração, não havendo, ao contrário do caso das ações com valor nominal, nenhuma restrição quanto ao valor mínimo de emissão dessas ações.

De acordo com o parágrafo único do art. 14, no caso específico de emissão de ações preferenciais com prioridade no reembolso do capital, somente a parcela que ultrapassar o valor desse reembolso poderá ser considerada ágio na emissão dessas ações. Assim, por exemplo, se a companhia Y fixasse em seu estatuto que o valor de reembolso dos acionistas preferenciais com essa prioridade fosse, por exemplo, de R$ 8,00 por ação, e a companhia emitisse essas ações por R$ 6,70 cada, jamais poderia haver ágio na emissão dessas ações, pois R$ 6,70 não ultrapassa R$ 8,00. No entanto, se, em vez de R$ 6,70, cada ação fosse emitida, por exemplo, por R$ 9,20, a parte desse valor que ultrapassou o valor de reembolso seria de R$ 1,20 por ação, valor este que "poderia" (não é obrigatório) ser contabilizado como ágio na emissão dessa ação. Neste caso, "poderia" também destinar, por exemplo, R$ 8,50 para o capital social, de tal forma que o ágio fosse de R$ 0,70, ou ainda destinar ao capital social qualquer outro valor entre R$ 8,00 e R$ 9,20. Desse modo, emitindo essas ações por R$ 9,20, não poderia destinar ao capital social menos que R$ 8,00 por ação, visto que o "valor máximo" do ágio nesse exemplo seria de R$ 1,20.

Uma das vantagens de uma companhia emitir ações sem valor nominal é a maior flexibilidade nos aumentos do capital social. Outra vantagem é a redução da importância excessiva atribuída ao valor nominal das ações pelos participantes do mercado de valores mobiliários, evitando assim o prejuízo do funcionamento normal desse mercado.

9) De acordo com o art. 15 da Lei nº 6.404/1976, conforme a natureza dos **direitos** ou **vantagens** que confiram a seus titulares, as ações poderão ser ordinárias, preferenciais ou de fruição.

10) As AÇÕES ORDINÁRIAS, além de concederem aos seus titulares participação nos lucros da companhia (dividendos) e outros direitos comuns (ordinário = comum) a todos os acionistas, têm como principal característica a concessão do **direito de voto** nas decisões tomadas nas assembleias gerais, dando aos acionistas que as possuem o poder de deliberar sobre os destinos da companhia, de decidir sobre a destinação dos lucros, de alterar o estatuto, de eleger ou destituir diretores etc.

Normalmente, o capital social das companhias fechadas é formado apenas por ações ordinárias, visto que, na prática, o objetivo principal das ações preferenciais é atrair novos investidores, através de negociações nas bolsas de valores ou mercado de balcão. Nada impede, porém, que, por razões diversas, o capital das companhias fechadas também seja formado por ações preferenciais. A única restrição legal referente à composição do capital social está descrita no § 2º do art. 15 da Lei nº 6.404/1976, o qual afirma que o número de ações preferenciais sem direito a voto, ou sujeitas a restrição no exercício desse direito, não pode ultrapassar **50% (cinquenta por cento)** do total das ações emitidas (redação alterada pela Lei nº 10.303, de 31 de outubro de 2001). Desta forma, por exemplo, se o capital social de determinada companhia possuísse um total de 870.000 ações, o número MÁXIMO de ações preferenciais seria de 435.000 e o número MÍNIMO de ações ordinárias seria de 435.000.

11) As AÇÕES PREFERENCIAIS são aquelas que dão preferências ou vantagens a seus proprietários, tais como:

- prioridade na distribuição de dividendo, fixo ou mínimo;
- prioridade no reembolso do capital, com prêmio ou sem ele; ou
- acumulação das preferências e vantagens acima.

Desta forma, em virtude das vantagens acima descritas, normalmente o estatuto da companhia deixa de conferir o direito de voto a essas ações, ou confere este direito com restrições. No entanto, as ações preferenciais sem direito a voto adquirirão o exercício desse direito se a companhia, pelo prazo previsto no estatuto, não superior a **três exercícios consecutivos** (3 anos), deixar de pagar os dividendos fixos ou mínimos a que fizerem jus, direito que conservarão até o pagamento, se tais dividendos não forem cumulativos, ou até que sejam pagos os cumulativos em atraso (art. 111).

12) As AÇÕES DE FRUIÇÃO não representam o capital social da sociedade, pois este só poderá ser composto por ações ordinárias e preferenciais. Também, não são negociadas no mercado de valores mobiliários (bolsas de valores ou mercado de balcão). Nascem quando uma companhia opta por distribuir a alguns acionistas montantes a título de amortização de um lote de ações, por sorteio ou por outro critério, sendo tais montantes correspondentes ao valor que lhes caberia em caso de dissolução da sociedade, isto é, aos titulares dessas ações é pago o valor nominal das mesmas. Em seguida, permite-se que aqueles antigos titulares adquiram novas ações em substituição àquelas. As ações de fruição terão somente os direitos que forem fixados no estatuto, como, por exemplo, a participação nos lucros da sociedade.

13) O documento de propriedade das ações é chamado de CERTIFICADO DE AÇÕES. No entanto, é permitido (art. 34, Lei nº 6.404/1976) que o estatuto da companhia autorize que parte ou a totalidade das suas ações seja mantida em contas de depósito, em nome dos seus proprietários, numa instituição financeira autorizada pela CVM. Essas ações são chamadas de ESCRITURAIS, podendo circular no mercado de capitais através de extratos das instituições depositárias, sem a emissão de cautelas (títulos de propriedade).

AÇÕES	Quanto à natureza	– ordinárias – preferenciais – de fruição
	Quanto à forma	– com valor nominal – sem valor nominal – escriturais – nominativas

Nota: De acordo com o art. 20 da Lei nº 6.404/1976, o qual foi alterado pela Lei nº 8.021/1990, todas as ações devem ser NOMINATIVAS, isto é, **não** existem mais ações nominativas endossáveis e ações ao portador. As ações ao portador eram aquelas em que não havia na cautela o nome de seu titular. A simples tradição manual caracterizava a propriedade desses títulos. As ações nominativas endossáveis eram aquelas que traziam o nome de seu proprietário, mas podiam ser transferidas por simples endosso passado no verso do título.

14) Entre outras, são vantagens dos investidores na aquisição de ações:

- **Dividendos:** participação nos lucros da companhia.
- **Bonificações:** ações dadas "de graça" em função do aumento do capital por incorporação de reservas.

15) Com relação às ações de cias. brasileiras no mercado internacional, tais companhias são autorizadas pelo governo a captar recursos nesse mercado, mediante o lançamento de recibos de depósitos lastreados em ações (*Depositary Receipts* → *DRs*) custodiadas em um banco brasileiro, sendo os *DRs* emitidos, com base nesse lastro, por um banco depositário no exterior. Quando os *DRs* são lançados no mercado norte-americano são chamados de

***ADRs** (American Depositary Receipts)*. Desta forma, os investidores nos Estados Unidos podem comprar ações de empresas brasileiras ou de outros países nas bolsas americanas sob forma de *ADRs*, os quais podem ser convertidos em ações no país de origem para negociação. Para que uma companhia brasileira lance *ADRs*, deverá emitir novas ações no Brasil, ou comprar suas próprias ações no mercado da bolsa, e depositar essas ações num banco brasileiro, atuando este como custodiante. Em função deste lastro, um banco do Exterior atuará como depositário, emitindo assim os *ADRs*. Se os *DRs* forem lançados em outros países que não os Estados Unidos, serão chamados de *IDRs* (*International Depositary Receipts*) ou *GDRs* (*Global Depositary Receipts*).

16) Além das ações, as sociedades anônimas podem emitir outros títulos. São eles:

- Debêntures.
- Partes Beneficiárias (só para cias. fechadas – Lei nº 6.404/1976, art. 47).
- Bônus de Subscrição.

No Capítulo 12 estudaremos esses títulos.

17) Aos sócios de uma sociedade anônima chamamos de **acionistas**, os quais podem ser pessoas físicas ou jurídicas. De forma geral, podemos destacar numa companhia 5 (cinco) tipos de acionistas:

ACIONISTA ORDINÁRIO (ou COMUM): É aquele que tem direitos e deveres comuns a todos os acionistas, tal como direito de participação nos lucros (dividendos – art. 202), direito a bonificações, dever de integralizar as ações subscritas (art. 106), dever de exercer o direito de voto (art. 115) etc.

ACIONISTA PREFERENCIAL: É o titular de ações preferenciais, não tendo, regra geral, o direito de voto nas assembleias.

ACIONISTA CONTROLADOR: É a pessoa física, jurídica, ou grupo de pessoas vinculadas por acordo de voto, ou sob controle comum, que é titular de direitos de sócio que lhe assegurem, de modo permanente, a maioria dos votos nas deliberações da assembleia geral e o poder de eleger a maioria dos administradores da companhia, e que usa efetivamente seu poder para dirigir as atividades sociais e orientar o funcionamento dos órgãos da companhia (art. 116). Tal acionista, além de suas atribuições próprias, tem os mesmos direitos e deveres que os demais acionistas ordinários, mas responde pelos danos causados por atos praticados com abuso de poder (art. 117).

ACIONISTA MINORITÁRIO: É o acionista que não participa do controle da companhia, normalmente por insuficiência de votos. Tendo em vista que esses acionistas podem ser prejudicados por decisões tomadas pelos acionistas controladores, como, por exemplo, remuneração elevada dos diretores, não pagamento de dividendos, alteração estatutária prejudicial às minorias, incorporação, fusão ou cisão desvantajosas para as minorias etc., a Lei nº 6.404/1976 determina vários dispositivos de proteção especial a esse tipo de acionista, tais como:

– direito de convocar a assembleia geral nos casos previstos na lei (art. 123);

– direito de retirada, mediante o reembolso do valor de suas ações (art. 137);

– direito de voto múltiplo na eleição dos membros do Conselho de Administração (art. 141);

– direito de eleger um membro do Conselho Fiscal (art. 161, § 4º, *a*);

– outros.

ACIONISTA DISSIDENTE: É o acionista que não concorda com as decisões da maioria, tais como a alteração dos dividendos obrigatórios, criação de ações preferenciais ou atribuição de novas vantagens às mesmas etc. Nos casos previstos na lei, tal acionista tem o direito de se retirar da companhia, mediante o reembolso de suas ações, o qual não poderá ser inferior ao seu valor patrimonial no último balanço aprovado pela assembleia geral (art. 45).

CAPITAL AUTORIZADO

■ De acordo com o art. 168 da Lei nº 6.404/1976, o estatuto da cia. aberta pode conter autorização para aumento do capital social, independentemente de reforma estatutária. Exemplo:

Capital Autorizado	R$ 400.000,00
Capital a Subscrever	(R$ 120.000,00)
Capital Subscrito	R$ 280.000,00

Desta forma, o capital subscrito poderia aumentar, no máximo, em R$ 120.000,00, sem alteração estatutária. Se, por exemplo, se quiser aumentar o capital social em R$ 143.000,00, o estatuto antes deverá ser alterado.

ÓRGÃOS DE UMA SOCIEDADE ANÔNIMA

■ *ASSEMBLEIA GERAL* – É a reunião dos acionistas que possuem ações com direito a voto. Estes, através do voto, têm o poder de decidir sobre todos os negócios relativos ao objeto da companhia, sendo as deliberações tomadas pela maioria absoluta dos votos (mais de 50%). De acordo com o art. 131 da Lei nº 6.404/1976, as assembleias podem ser ORDINÁRIAS, quando realizadas anualmente nos quatro primeiros meses seguintes ao término do exercício social – art. 132, para a tomada de conta dos administradores, exame, discussão e votação das demonstrações contábeis, deliberação sobre a destinação do lucro líquido e a distribuição dos dividendos, eleição, se for o caso, de administradores e membros do conselho fiscal, ou EXTRAORDINÁRIAS, quando realizadas em qualquer época para deliberar sobre reforma no estatuto e outros assuntos não previstos em assembleias ordinárias.

Além das assembleias mencionadas, existem também as ASSEMBLEIAS ESPECIAIS, as quais podem ser formadas por acionistas portadores de ações preferenciais, debenturistas ou titulares de partes beneficiárias, para discussão e votação de matérias específicas e privativas desses titulares (arts. 18, 51, 57, 71, 136, 174 e 231).

■ *CONSELHO DE ADMINISTRAÇÃO* (art. 140 a 142) – É composto por um mínimo de três acionistas eleitos pela assembleia geral e por ela destituíveis a qualquer tempo, cuja competência é a de fixar a orientação geral dos negócios da companhia, eleger e destituir os diretores da companhia e fixar-lhes as atribuições, fiscalizar a gestão deles, examinar, a qualquer tempo, os livros e os papéis da companhia, convocar a assembleia geral quando julgar conveniente, autorizar, se o estatuto não dispuser em contrário, a alienação de bens do ativo permanente, a constituição de ônus reais e a prestação de garantias a obrigações de terceiros etc.

■ *DIRETORIA* (arts. 143 e 144) – É composta por dois ou mais diretores, acionistas ou não (art. 146), eleitos e destituíveis a qualquer tempo pelo conselho de administração, ou, se inexistente, pela assembleia geral. No silêncio do estatuto e inexistindo deliberação do conselho de administração, competirá a qualquer diretor a representação da companhia e a prática dos atos necessários ao seu funcionamento regular.

■ *CONSELHO FISCAL* (arts. 161 a 165) – É formado por um mínimo de três e um máximo de 5 membros, acionistas ou não, eleitos pela assembleia geral. Tem a função de fiscalizar os atos dos administradores e de opinar sobre os relatórios anuais e os demonstrativos contábeis.

Observações:

1) A administração da S.A. competirá ao Conselho de Administração e à Diretoria, ou somente à Diretoria (art. 138).

2) As cias. abertas, as de capital autorizado e as sociedades de economia mista terão, obrigatoriamente, Conselho de Administração (art. 138).

3) O Conselho de Administração é órgão de deliberação colegiada, sendo a representação da companhia privativa dos diretores (art. 138).

4) Órgão colegiado é aquele cuja manifestação da vontade não está restrita a uma única pessoa, e sim a um conjunto de pessoas.

——— Órgãos que possuem o poder de decisão e de comando
- - - - - Órgão técnico e consultivo

BREVE HISTÓRICO DAS SOCIEDADES ANÔNIMAS NO BRASIL

A primeira sociedade anônima existente no Brasil foi o Banco do Brasil, criado em 12 de outubro de 1808, através do alvará do príncipe regente D. João, apesar da independência só ser declarada anos depois por D. Pedro I, em 7 de setembro de 1822. Na formação do capital social do BB, foram emitidas 1.200 ações de um conto de réis cada uma. No entanto, só em 1850 foi criado o Código Comercial, o qual regulava, entre outras coisas, as sociedades anônimas. Posteriormente, foram criadas as seguintes leis específicas para as S/As: Lei nº 3.150, de 1822 (regulamentada pelo Decreto nº 8.821, de 1822); Decreto nº 164, de 1890; Decreto nº 434, de 1891; e Decreto nº 2.627, de 1940. Este último vigorou até 1976, quando foi criada a Lei das Sociedades por Ações (Lei nº 6.404/1976), que está vigorando até os dias de hoje. Porém, de 1976 até o presente momento, esta lei sofreu diversas alterações, através do Decreto-Lei nº 2.287, de 1986; da Lei nº 7.730, de 1989; da Lei nº 8.021, de 1990; da Lei nº 9.249, de 1995; da Lei nº 9.457, de 1997; da Lei nº 10.303, de 2001; e, até o presente momento, da Lei nº 11.638, de 28 de dezembro de 2007, e da Lei nº 11.941, de 27 de maio de 2009.

ELEMENTOS	SOCIEDADE ANÔNIMA	SOCIEDADE LIMITADA
CAPITAL (Composição)	Ações	Quotas
SÓCIOS	Acionistas	Quotistas
DOCUMENTO PRINCIPAL	Estatuto	Contrato Social
QUANTO AO OBJETO	Sempre empresária, independentemente do seu objeto	Empresária ou simples, dependendo do seu objeto
LEI REGULADORA PRINCIPAL	Lei nº 6.404/1976	Art. 1.052 e segs. C.C.
RESPONSABILIDADE DOS SÓCIOS	Limitada ao valor das ações subscritas	Solidária e limitada ao valor do capital social
PARTICIPAÇÃO (dos sócios nos lucros)	Dividendos	Dividendos
PARTICIPAÇÃO (sociedade no seu próprio capital)	Ações em Tesouraria	Quotas Liberadas
IMPORTÂNCIA DOS SÓCIOS	Sociedade de capital	Sociedade de pessoas
NOME DA SOCIEDADE	Denominação	Denominação/Razão Social

4. Comitê de Pronunciamentos Contábeis em Nível Internacional

O 1º comitê de pronunciamentos contábeis internacionais era chamado de IASC *(International Accounting Standards Committee)*, o qual foi criado em 1973 pelos diversos organismos profissionais de contabilidade de 10 países: Alemanha, Austrália, Canadá, EUA, França, Irlanda, Japão, México, Países Baixos e Reino Unido.

Constituído em forma de fundação independente sem fins lucrativos, o IASC era mantido por recursos procedentes de vários órgãos internacionais e das principais empresas de auditoria, tendo como meta principal a formulação e publicação de normas contábeis internacionais, as quais pudessem ser mundialmente aceitas. Tais normas eram conhecidas por **IAS** (*International Accounting Standard*), sendo que muitas dessas normas, apesar de suas alterações ao longo dos anos, ainda estão em vigor atualmente.

O comitê técnico, dentro da estrutura do IASC, encarregado das publicações e interpretações esclarecedoras das dúvidas dos usuários das informações contábeis sobre as normas IAS, foi criado em 1997 pelo próprio IASC e recebeu o nome de **SIC** (*Standing Interpretations Committee*), sendo tais interpretações técnicas também chamadas de SIC.

Em 01/04/2001, foi criado o **IASB** *(International Accounting Standards Board)*, na mesma estrutura do IASC, e com a assunção de suas responsabilidades técnicas, objetivando, sobretudo, o aprimoramento da estrutura técnica de formulação e validação dos novos pronunciamentos internacionais a serem agora emitidos pelo IASB, deixando tais pronunciamentos técnicos de serem chamados de IAS e passando, agora, a serem chamados de **IFRS** (*International Financial Reporting Standard*).

As normas contábeis consideradas mais adequadas pelo IASB foram as dos sistemas alemão e canadense. Por outro lado, as normas do sistema inglês e do sistema americano foram consideradas as que mais precisariam de adaptações para o alinhamento com as normas consideradas ideais para a padronização mundial das regras contábeis.

Em dezembro de 2001, o nome do SIC, que era o comitê responsável pelos esclarecimentos das dúvidas dos usuários, através da interpretação e explicação dos pronunciamentos técnicos emitidos, foi mudado para IFRIC (*International Financial Reporting Interpretations Committee*), o qual, a partir de 2002 passou a ser responsável pela publicação de todas as interpretações das normas IFRS.

A partir de 1º de janeiro de 2005, todas as empresas da Europa, em forma de empresas abertas, passaram a adotar em caráter obrigatório as normas do IFRS na publicação de suas demonstrações contábeis consolidadas.

No Brasil, o prazo para adaptação das antigas normas contábeis às normas IFRS encerrou em 31 de dezembro de 2008, sendo que, a partir de 1º de janeiro de 2009, tais normas se tornaram obrigatórias a todas as sociedades anônimas abertas e também as de capital fechado de médio e grande portes, valendo também para os bancos em geral.

No entanto, dada a dificuldade da referida adaptação, estava prevista uma certa "tolerância" nessa adaptação, de forma que em 13 de julho de 2007, a CVM confirmou que as companhias abertas brasileiras só estariam, de fato, obrigadas a adotarem as normas internacionais IAS/ IFRS emitidas pelo IASB em suas demonstrações contábeis a partir de 2010.

5. Estrutura das Normas Internacionais IAS/IFRS

São 5 (cinco) os tipos de normas internacionais de contabilidade:

⇨ **FRAMEWORK** – Não é oficialmente um pronunciamento técnico, mas analisa em detalhes a **estrutura conceitual** de preparação e apresentação das demonstrações contábeis no padrão internacional, deixando claro que regime de competência e continuidade são pressupostos básicos da contabilidade internacional. Daí a expressão completa "*Framework for the Preparation and Presentation of Financial Statements*". No Brasil, o CPC "00" (Estrutura Conceitual para Elaboração e Divulgação de Relatório Contábil-Financeiro) tem vínculo direto com o "Framework" do IASB.

⇨ **IAS** (***International Accounting Standard***) – São os primeiros pronunciamentos técnicos e foram emitidos pelo antigo IASC, que agora se chama IASB.

⇨ **SIC** (***Standing Interpretations Committee***) – São as interpretações técnicas dos pronunciamentos IAS.

⇨ **IFRS** (***International Financial Reporting Standard***) – São os mais novos pronunciamentos técnicos, que agora são emitidos pelo IASB, o qual assumiu as funções do antigo IASC. Os princípios de avaliação dos elementos das demonstrações contábeis em IFRS são: valor justo; custo histórico; custo amortizado e valor realizável.

⇨ **IFRIC** (***International Financial Reporting Interpretations Committee***) – Ao passo que as interpretações das mais antigas normas (normas IAS) eram feitas pelo SIC, as mais recentes normas são interpretadas pelo IFRIC, o qual substituiu o antigo SIC, ressaltando que muitas interpretações SIC ainda estão em vigor, sendo apenas corroboradas pelo IFRIC.

6. Comitê de Pronunciamentos Contábeis no Brasil

Conforme já comentado anteriormente, a iniciativa de adoção das normas IFRS teve adesão internacional por diversos países, entre eles, o Brasil, o qual começou formalmente o processo de convergência das normas brasileiras às normas IFRS e também a normas mais antigas (normas IAS), a partir da Lei nº 11.638, de 28 de dezembro de 2007, e, logo em seguida, pela MP nº 449/2008, a qual se converteu na Lei nº 11.941, de 27 de maio de 2009.

Desta forma, já prevendo tal conversão, foi criado em 2005, pela Resolução do Conselho Federal de Contabilidade nº 1.055/2005, o **Comitê de Pronunciamentos Contábeis** (CPC), o qual é uma entidade autônoma, que tem por objetivo o estudo, preparo e emissão de normas técnicas contábeis e divulgação de informações dessa natureza, visando à convergência da Contabilidade brasileira aos padrões internacionais.

O CPC foi inicialmente idealizado a partir de esforços e objetivos conjuntos de seis entidades brasileiras, as quais fornecem dois representantes, normalmente contadores, os quais não auferem nenhuma remuneração por sua participação, de forma que, ao todo, sejam 12 os membros, podendo deliberar com apenas 2/3 desse total.

Assim, são as seguintes entidades que fornecem os membros do CPC (dois membros cada uma):

- ABRASCA
- APIMEC NACIONAL
- BOVESPA
- CFC
- FIPECAFI
- IBRACON

No entanto, além dos 12 membros atuais, sempre podem ser convidados a participar do CPC representantes dos seguintes órgãos do Governo:

- BACEN
- CVM
- SRFB
- SUSEP

Além das entidades acima, há ainda a possibilidade de outras entidades especializadas em normas contábeis serem convidadas a participar do CPC, a fim de integrarem comissões e grupos de trabalho para temas específicos.

São os seguintes os PRODUTOS FORNECIDOS pelo CPC:

- **Pronunciamentos Técnicos** – São chamados de "CPCs", como, por exemplo, CPC 01 – Redução ao Valor Recuperável (IAS 36); CPC 03(R2) – Demonstração dos Fluxos de Caixa (IAS 7); CPC 12 – Ajuste a Valor Presente (BR); CPC 37 – Adoção Inicial das Normas Internacionais de Contabilidade (IFRS 1) etc.
- **Orientações Técnicas** – São chamadas de "OCPCs", como, por exemplo a OCPC 01 – Entidades de Incorporação Imobiliária (BR).
- **Interpretações Técnicas** – São chamadas de "ICPCs", como, por exemplo, ICPC 01 – Contratos de Concessão (IFRIC 12); ICPC 02 – Contrato de Construção Imobiliária (IFRIC 15); ICPC 03 – Aspectos Complementares às Operações de Arrendamento Mercantil (IFRIC 4, SIC 15 e SIC 27) etc.

NOTA 1: Os conteúdos entre parênteses indicados ao fim do nome dos itens acima significam os "vínculos". Assim, por exemplo, o CPC 01 possui vínculo com a norma IAS 36; o CPC 37 possui vínculo com a norma IFRS 1; o CPC 12 é puramente brasileiro (BR), visto que não possui vínculo com nenhuma norma internacional.

NOTA 2: Os Pronunciamentos Técnicos serão obrigatoriamente submetidos a audiências públicas. No caso das Orientações e Interpretações, essas também poderão ser submetidas ao mesmo processo.

NOTA 3: O § 3º do artigo 177 da Lei 6.404/76 determina que as demonstrações financeiras das companhias **abertas** observarão, ainda, as normas expedidas pela Comissão de Valores Mobiliários e serão obrigatoriamente submetidas a auditoria por auditores independentes nela registrados. O § 5º do mesmo artigo determina que as normas expedidas pela Comissão de Valores Mobiliários a que se refere o § 3º deste artigo deverão ser elaboradas em consonância com os **padrões internacionais de contabilidade** adotados nos principais mercados de valores mobiliários.

NOTA 4: O Conselho Federal de Contabilidade – CFC, que é uma autarquia corporativista desvicunculada da Administração Pública Federal, foi criado no Brasil pelo Decreto-Lei 9.295/46, com o fim de orientar, normatizar e fiscalizar o exercício da profissão contábil, através dos Conselhos Regionais de Contabilidade (CRC) de cada estado, como, por exemplo, CRC – RJ, CRC – SP, CRC – PE etc. Desde 1983, a função de organização da doutrina oficial contábil brasileira é atribuída ao CFC, sendo o conjunto dessas doutrinas denominadas **Normas Brasileiras de Contabilidade** (NBC), as quais são aprovadas periodicamente pelas RESOLUÇÕES do CFC. Através, por exemplo, da Resolução do CFC nº 1.055/2005 foi criado o COMITÊ DE PRONUNCIAMENTOS CONTÁBEIS (CPC), o qual é uma entidade autônoma que tem basicamente por objetivo **a conversão da contabilidade brasileira aos padrões internacionais de contabilidade**, principalmente através dos seus Pronunciamentos Técnicos, além de suas Orientações Técnicas (OCPC) e Instruções Técnicas (ICPC), como, por exemplo, o CPC 01(R1) – Redução ao Valor Recuperável; CPC 03 – Demonstração dos Fluxos de Caixa; CPC 06 – Operações de Arrendamento Mercantil etc.

NOTA 5: Tendo em vista que as normas do CPC devem ser aprovadas pela CVM através de suas DELIBERAÇÕES, as companhias abertas brasileiras são obrigadas a adotarem na sua contabilidade as normas do CPC. Para os demais tipos de sociedades, como, por exemplo, as sociedades limitadas de grande porte, as companhias fechadas etc., a observação das normas do CPC também é obrigatória, visto que os Pronunciamentos Técnicos do CPC, além de serem aprovados pela CVM, também são aprovados pelo CFC (Conselho Federal de Contabilidade) através de suas RESOLUÇÕES. Assim, por exemplo, o Pronunciamento Técnico CPC 03(R2) – Demonstração dos Fluxos de Caixa corresponde à Deliberação CVM 641/2010 e, ao mesmo tempo, à Resolução CFC 1.296/2010.

7. Nova Estrutura das Normas Brasileiras de Contabilidade

Tendo em vista o processo de convergências das Normas Brasileiras de Contabilidade aos padrões internacionais de contabilidade, o Conselho Federal de Contabilidade emitiu em 2011 a Resolução nº 1.328, a qual dispõe sobre as regras que regulam a nova Estrutura das Normas Brasileiras de Contabilidade.

Aos leitores que estão iniciando o estudo da ciência contábil, recomendamos apenas uma breve análise da referida Resolução, sem o compromisso do entendimento completo, visto que vários pontos mencionados nessa Resolução requerem conhecimentos contábeis que só poderão ser adquiridos com o estudo de diversos tópicos que ainda serão abordados na presente obra.

Abaixo, apresentamos toda a CFC 1.328/2011:

RESOLUÇÃO CFC Nº 1.328/11

Dispõe sobre a Estrutura das Normas Brasileiras de Contabilidade.

O CONSELHO FEDERAL DE CONTABILIDADE, *no exercício de suas atribuições legais e regimentais, e com fundamento no disposto na alínea "f" do art. 6º do Decreto-Lei nº 9.295/46, alterado pela Lei nº 12.249/10,*

CONSIDERANDO *o processo de convergência das Normas Brasileiras de Contabilidade aos padrões internacionais;*

CONSIDERANDO *que a técnica legislativa utilizada no desenvolvimento das Normas Brasileiras de Contabilidade, quando comparada com a linguagem utilizada nas normas internacionais, pode significar, ou sugerir, a eventual adoção de diferentes procedimentos técnicos no Brasil;*

CONSIDERANDO *que os organismos internacionais da profissão, responsáveis pela edição das normas internacionais, estão atualizando e editando novas normas, de forma continuada;*

CONSIDERANDO *a necessidade de redefinição e revisão da atual estrutura das Normas Brasileiras de Contabilidade, de forma que ela se apresente alinhada e convergente aos padrões internacionais,*

RESOLVE:

Art. 1º *As Normas Brasileiras de Contabilidade editadas pelo Conselho Federal de Contabilidade (CFC) devem seguir os mesmos padrões de elaboração e estilo utilizados nas normas internacionais e compreendem as Normas propriamente ditas, as Interpretações Técnicas e os Comunicados Técnicos.*

Art. 2º *As Normas Brasileiras de Contabilidade classificam-se em Profissionais e Técnicas.*

Parágrafo único. *As Normas Brasileiras de Contabilidade, sejam elas Profissionais ou Técnicas, estabelecem preceitos de conduta profissional e padrões e procedimentos técnicos necessários para o adequado exercício profissional.*

Art. 3º *As Normas Brasileiras de Contabilidade Profissionais se estruturam conforme segue:*

I – Geral – NBC PG – *são as Normas Brasileiras de Contabilidade aplicadas indistintamente a todos os profissionais de Contabilidade;*

II – do Auditor Independente – NBC PA – *são as Normas Brasileiras de Contabilidade aplicadas, especificamente, aos contadores que atuam como auditores independentes;*

III – do Auditor Interno – NBC PI – *são as Normas Brasileiras de Contabilidade aplicadas especificamente aos contadores que atuam como auditores internos;*

IV – do Perito – NBC PP – *são as Normas Brasileiras de Contabilidade aplicadas especificamente aos contadores que atuam como peritos contábeis.*

Art. 4º *As Normas Brasileiras de Contabilidade Técnicas se estruturam conforme segue:*

I – Geral – NBC TG – *são as Normas Brasileiras de Contabilidade convergentes com as normas internacionais emitidas pelo International Accounting Standards Board (IASB); e as Normas Brasileiras de Contabilidade editadas por necessidades locais, sem equivalentes internacionais;*

II – do Setor Público – NBC TSP *– são as Normas Brasileiras de Contabilidade aplicadas ao Setor Público, convergentes com as Normas Internacionais de Contabilidade para o Setor Público, emitidas pela International Federation of Accountants (IFAC); e as Normas Brasileiras de Contabilidade aplicadas ao Setor Público editadas por necessidades locais, sem equivalentes internacionais;*

III – de Auditoria Independente de Informação Contábil Histórica – NBC TA *– são as Normas Brasileiras de Contabilidade aplicadas à Auditoria convergentes com as Normas Internacionais de Auditoria Independente emitidas pela IFAC;*

IV – de Revisão de Informação Contábil Histórica – NBC TR *– são as Normas Brasileiras de Contabilidade aplicadas à Revisão convergentes com as Normas Internacionais de Revisão emitidas pela IFAC;*

V – de Asseguração de Informação Não Histórica – NBC TO *– são as Normas Brasileiras de Contabilidade aplicadas à Asseguração convergentes com as Normas Internacionais de Asseguração emitidas pela IFAC;*

VI – de Serviço Correlato – NBC TSC *– são as Normas Brasileiras de Contabilidade aplicadas aos Serviços Correlatos convergentes com as Normas Internacionais para Serviços Correlatos emitidas pela IFAC;*

VII – de Auditoria Interna – NBC TI *– são as Normas Brasileiras de Contabilidade aplicáveis aos trabalhos de Auditoria Interna;*

VIII – de Perícia – NBC TP *– são as Normas Brasileiras de Contabilidade aplicáveis aos trabalhos de Perícia;*

IX – de Auditoria Governamental – NBC TAG *– são as Normas Brasileiras de Contabilidade aplicadas à Auditoria Governamental convergentes com as Normas Internacionais de Auditoria Governamental emitidas pela Organização Internacional de Entidades Fiscalizadoras Superiores (INTOSAI).*

Parágrafo único. *As normas de que trata o inciso I do* caput *são segregadas em:*

a) Normas completas *que compreendem as normas editadas pelo CFC a partir dos documentos emitidos pelo CPC que estão convergentes com as normas do IASB, numeradas de 00 a 999;*

b) Normas simplificadas para PMEs *que compreendem a norma de PME editada pelo CFC a partir do documento emitido pelo IASB, bem como as ITs e os CTs editados pelo CFC sobre o assunto, numerados de 1000 a 1999;*

c) Normas específicas *que compreendem as ITs e os CTs editados pelo CFC sobre entidades, atividades e assuntos específicos, numerados de 2000 a 2999.*

Art. 5º *A Interpretação Técnica tem por objetivo esclarecer a aplicação das Normas Brasileiras de Contabilidade, definindo regras e procedimentos a serem aplicados em situações, transações ou atividades específicas, sem alterar a substância dessas normas.*

Art. 6º *O Comunicado Técnico tem por objetivo esclarecer assuntos de natureza contábil, com a definição de procedimentos a serem observados, considerando os interesses da profissão e as demandas da sociedade.*

***Art. 7º** As Normas são identificadas conforme segue:*

I – a Norma Brasileira de Contabilidade é identificada pela sigla NBC, seguida das letras conforme disposto nos arts. 3º e 4º, numeração específica em cada agrupamento, seguido de hífen e denominação. Por exemplo: NBC PA 290 – "Denominação"; NBC TG 01 – "Denominação";

II – a Interpretação Técnica é identificada pela sigla IT, seguida da letra ou letras e numeração do grupo a que pertence conforme disposto nos arts. 3º e 4º, seguida de hífen e denominação. Por exemplo: ITG 01 – "Denominação"; ITSP 01 – "Denominação".

III – o Comunicado Técnico é identificado pela sigla CT, seguida da letra ou letras e numeração do grupo a que pertence conforme disposto nos arts. 3º e 4º, seguido de hífen e denominação. Por exemplo: CTG 01 – "Denominação"; CTSP 01 – "Denominação".

***Art. 8º** As Normas Brasileiras de Contabilidade, com exceção dos Comunicados Técnicos, devem ser submetidas à audiência pública com duração mínima de 30 (trinta) dias.*

***Art. 9º** A inobservância às Normas Brasileiras de Contabilidade constitui infração disciplinar sujeita às penalidades previstas nas alíneas de "c" a "g" do art. 27 do Decreto-Lei nº 9.295/46, alterado pela Lei nº 12.249/10, e ao Código de Ética Profissional do Contador.*

***Art. 10.** As Normas Brasileiras de Contabilidade, tanto as Profissionais quanto as Técnicas, editadas pelo Conselho Federal de Contabilidade continuarão vigendo com a identificação que foi definida nas Resoluções CFC nº 751/93, nº 1.156/09 e nº 1.298/10 até serem alteradas ou revogadas mediante a emissão de novas normas em conformidade com as disposições previstas nesta Resolução.*

***Art. 11.** Fica revogada a Resolução CFC nº 1.298/10, publicada no D.O.U., Seção 1, de 21/9/2010.*

Art. 12. *Esta Norma entra em vigor na data de sua publicação.*

Brasília, 18 de março de 2011.

Contador Juarez Domingues Carneiro

Presidente

Exercícios de Fixação

1. **(Funserv – Contador/ Vunesp) O objetivo e o objeto das Ciências Contábeis são, respectivamente:**

   a) levantar o balanço; demonstração do resultado do exercício;

   b) apurar o resultado; avaliar os estoques;

   c) informar o usuário; patrimônio das entidades;

   d) medir a riqueza das pessoas; satisfação dos clientes;

   e) avaliar os estoques; levantar o balanço.

2. **(BNDES/UFRJ) O principal objetivo da contabilidade é:**

   a) controlar as operações que modificam a situação patrimonial;

   b) apresentar o resultado de determinado período através das demonstrações contábeis;

   c) descrever e demonstrar a situação patrimonial de maneira sistemática;

   d) informar a seus usuários os fatos e seus reflexos na situação patrimonial;

   e) registrar todas as transações expressas em termos monetários.

3. **Não é técnica contábil:**

   a) escrituração;

   b) elaboração das demonstrações contábeis;

   c) auditoria;

   d) planejamento;

   e) análise das demonstrações contábeis.

4. **Técnica contábil responsável pelos registros dos fenômenos que afetam o patrimônio de uma entidade:**

   a) escrituração;

   b) auditoria;

   c) análise das demonstrações contábeis;

   d) controle;

   e) elaboração das demonstrações contábeis.

5. **Verificar a autenticidade dos registros e demonstrações contábeis:**

   a) escrituração;

   b) auditoria;

   c) demonstrações Contábeis;

   d) análise de Balanços;

   e) planejamento.

6. (Serviço Autônomo de Água e Esgoto – Contador/ Vunesp) A contabilidade, desde seu aparecimento como conjunto ordenado de conhecimentos, com objetivo e finalidades definidos, tem sido considerada como arte, como técnica ou como ciência, de acordo com a orientação seguida pelos doutrinadores ao enquadrá-la no elenco das espécies do saber humano. A sua função é registrar, classificar, demonstrar e analisar todos os fenômenos que ocorrem no(a):

a) economia;
b) mercado financeiro;
c) resultado das entidades;
d) fluxo de caixa das entidades;
e) patrimônio das entidades.

7. Considere as seguintes afirmativas:

- **Gestão é o conjunto de atos praticados pela administração de uma entidade na gerência dos recursos exclusivamente materiais.**
- **Da mesma forma que as sociedades empresárias, as sociedades simples também exercem atividades empresariais.**
- **As sociedades anônimas só serão consideradas mercantis se praticarem atos de natureza comercial.**
- **As empresas industriais são aquelas que, a partir das matérias-primas, necessariamente adquiridas de seus fornecedores, fabricam produtos, os quais serão vendidos a seus clientes.**

Assim, estão <u>incorretas</u>:

a) uma;
b) duas;
c) três;
d) nenhuma;
e) todas.

8. Seja a seguinte relação:

- **Assembleia Geral**
- **Departamento Financeiro**
- **Conselho de Administração**
- **Departamento Técnico**
- **Diretoria**
- **Conselho Fiscal**
- **Consultoria**
- **Almoxarifado**
- **Presidência**
- **Manutenção**

Da relação anterior, o número de itens que indicam órgãos de uma sociedade anônima, de acordo com a Lei nº 6.404/1976, é igual a:

a) 3;
b) 4;
c) 5;
d) 6;
e) 7.

9. É formado por um mínimo de três e um máximo de cinco membros, acionistas ou não, eleitos pela Assembleia Geral. É órgão que tem a função de fiscalizar os atos dos administradores e de opinar sobre os relatórios anuais e sobre os demonstrativos contábeis:

a) Conselho Fiscal;
b) Conselho de Administração;
c) Consultoria Técnica;
d) Diretoria;
e) Administração.

10. É composto por um mínimo de três acionistas eleitos pela assembleia geral e por ela destituíveis a qualquer tempo:

a) Conselho Fiscal;
b) Conselho de Administração;
c) Diretoria;
d) Departamento Financeiro;
e) Departamento Técnico.

11. Diagnosticar a situação econômica e financeira de uma entidade:

a) análise;
b) escrituração;
c) auditoria;
d) demonstrações;
e) planejamento.

12. De acordo com a Lei nº 6.404/1976, as demonstrações contábeis são elaboradas:

a) em dezembro;
b) em 31 de dezembro;
c) ao fim de cada exercício social;
d) na época que a administração julgar conveniente;
e) ao fim de cada mês.

13. (Técnico da Receita Federal/Esaf) A palavra azienda é comumente usada em Contabilidade como sinônimo de fazenda, na acepção de:

a) conjunto de bens e direitos;
b) mercadorias;
c) finanças públicas;
d) grande propriedade rural;
e) patrimônio, considerado juntamente com a pessoa que tem sobre ele poderes de administração e disponibilidade.

14. (Controladoria Geral do Município/RJ/FJG) Os fatos contábeis provocam modificações na estrutura do patrimônio e os seus registros deverão ser feitos de maneira cronológica, selecionando-os em grupos homogêneos e evidenciando seus aspectos qualitativos e quantitativos. Isso caracteriza a técnica contábil de:

a) controle;
b) planejamento;
c) auditoria;
d) escrituração;
e) demonstrações contábeis.

15. Não é característica de uma sociedade anônima:

a) o documento principal é o estatuto;
b) sempre é considerada mercantil, independentemente de seu objeto;
c) sua administração compete ao conselho de administração e à diretoria, ou somente a esta;
d) é sociedade de capital, pois a importância das pessoas é secundária;
e) pode ser designada por firma ou denominação.

16. (Petrobras/Cesgranrio) As duas finalidades básicas para o uso das informações contábeis são:

a) controle e planejamento;
b) controle e acompanhamento;
c) acompanhamento e planejamento;
d) análise e planejamento;
e) análise e controle.

17. (Técnico da Receita Federal/Esaf) As técnicas de que a contabilidade se utiliza para alcançar seus objetivos são:

a) escrituração, planejamento, coordenação e controle;
b) escrituração, balanços, inventários e orçamentos;
c) contabilização, auditoria, controle e análise de balanços;
d) auditoria, análise de balanços, planejamento e controle;
e) auditoria, escrituração, análise de balanços e demonstrações.

18. (Técnico da Receita Federal/Esaf) Para registro contábil da operação em que a empresa adquire as suas próprias ações, usa-se a conta:

a) Capital a Realizar;
b) Acionistas – Conta Capital;
c) Ações em Tesouraria;
d) Ações Caucionadas;
e) Ações em Custódia.

19. (Auditor da Receita Federal/Esaf) As ações de Cia. aberta somente poderão ser negociadas depois de:

a) realizado integralmente o preço de emissão;
b) realizado 50% do preço de emissão;
c) realizado 10% do preço de emissão;
d) realizado 20% do preço de emissão;
e) realizado 30% do preço de emissão.

20. (Técnico da Receita Federal/Esaf) É função econômica da Contabilidade:

a) apurar lucro ou prejuízo;
b) controlar o patrimônio;
c) evitar erros ou fraudes;
d) efetuar o registro dos fatos contábeis;
e) verificar a autenticidade das operações.

21. (Auditor da Receita Federal/Esaf) A sociedade por cotas de responsabilidade limitada pode adotar, como nome comercial:

a) apenas título de estabelecimento;
b) apenas denominação social;
c) apenas firma social, com os nomes dos sócios quotistas;
d) apenas firma social, com o nome do sócio quotista majoritário;
e) denominação ou firma social, indiferentemente.

22. (Técnico da Receita Federal/Esaf) O Primeiro Congresso Brasileiro de Contabilistas, realizado na cidade do Rio de Janeiro, de 17 a 27 de agosto de 1924, formulou um conceito oficial para Contabilidade. Assinale a opção que indica esse conceito oficial.

a) Contabilidade é a ciência que estuda o patrimônio do ponto de vista econômico e financeiro, observando seus aspectos quantitativo e específico e as variações por ele sofridas.
b) Contabilidade é a ciência que estuda e pratica as funções de orientação, de controle e de registro relativas à administração econômica.
c) Contabilidade é a metodologia especial concebida para captar, registrar, reunir e interpretar os fenômenos que afetam as situações patrimoniais, financeiras e econômicas de qualquer ente.
d) Contabilidade é a arte de registrar todas as transações de uma companhia que possam ser expressas em termos monetários e de informar os reflexos dessas transações na situação econômico-financeira dessa companhia.
e) Contabilidade é a ciência que estuda e controla o patrimônio das entidades, mediante registro, demonstração expositiva, confirmação, análise e interpretação dos fatos nele ocorridos.

23. (Técnico da Receita Federal/Esaf) "O patrimônio, que a contabilidade estuda e controla, registrando todas as ocorrências nele verificadas."

"Estudar e controlar o patrimônio, para fornecer informações sobre sua composição e variações, bem como sobre o resultado econômico decorrente da gestão da riqueza patrimonial."

As proposições indicam, respectivamente:

a) a finalidade e o conceito da contabilidade;
b) o campo de aplicação e o objeto da contabilidade;
c) o campo de aplicação e o conceito da contabilidade;
d) a finalidade e as técnicas contábeis da contabilidade;
e) o objeto e a finalidade da contabilidade.

24. (Controladoria Geral do Município/RJ/FJG – Fundação João Goulart) Como exemplos de Técnicas Contábeis, temos:

a) controle e auditoria;
b) planejamento e escrituração;
c) demonstrações contábeis e controle;
d) planejamento e controle;
e) auditoria e análise de balanços.

25. (Técnico da Receita Federal/Esaf)

- **Escrituração**
- **Atos Administrativos**
- **Demonstrações Contábeis**
- **Auditoria**
- **Análise de Balanços**
- **Mecanismo do Débito e do Crédito**
- **Equação Fundamental do Patrimônio**
- **Princípios Contábeis**

Indique quantas técnicas contábeis constam dos itens acima.

a) Duas.
b) Quatro.
c) Três.
d) Cinco.
e) Seis.

26. (Auditor da Receita Federal/Esaf) As sociedades anônimas:

a) são sempre sociedades mercantis, ainda que seu objeto social seja o desenvolvimento de atividades de natureza civil;
b) são sempre sociedades mercantis, porque o seu objeto social é o desenvolvimento de atividades de natureza eminentemente mercantil;
c) poderão constituir-se como sociedades civis, quando o objeto social for o desenvolvimento de atividades de natureza civil;

d) poderão constituir-se como sociedades civis e mercantis, quando se identificarem como sociedades de economia mista;

e) poderão constituir-se como sociedades civis e mercantis, quando seu objeto estiver definido no Estatuto Social, como o desenvolvimento de atividades de natureza civil e mercantil.

27. (Braspetro/Cesgranrio) Pode-se definir Contabilidade como sendo um(a):

a) sistema de informações que registra as ocorrências que afetam o patrimônio de uma entidade, visando à obtenção de um resultado mensurável economicamente;

b) conjunto de princípios, normas e procedimentos que têm por finalidade ordenar os fatores de produção e controlar a sua produtividade e eficiência, visando obter determinado resultado;

c) técnica que consiste na decomposição, comparação, análise e interpretação dos demonstrativos do estado patrimonial e do resultado econômico da entidade;

d) ciência que organiza, orienta e analisa os fenômenos relativos à produção, à acumulação, à distribuição e ao consumo dos bens materiais;

e) ciência que estuda o patrimônio, utilizando metodologia específica para coletar, registrar, acumular, resumir e analisar todos os fatos que afetam a situação patrimonial de uma entidade.

28. (Auditor da Receita Federal/Esaf) Nas sociedades mercantis, a responsabilidade dos sócios pelas obrigações da sociedade está relacionada:

a) à forma societária adotada;

b) ao acordo com os credores sociais;

c) ao acordo entre os sócios;

d) exclusivamente ao fato de a sociedade ser ou não personificada;

e) à formulação de pactos parassociais.

29. (Petrobras/Cesgranrio) A capacidade de a Contabilidade captar e registrar, normalmente, eventos mensuráveis em moeda determina:

a) os objetivos da contabilidade;

b) o entendimento da contabilidade como um fim em si mesma;

c) as limitações da contabilidade;

d) a capacidade técnica dos lançamentos contábeis;

e) a adequabilidade das informações contábeis.

30. (TRE/RJ/Fesp – Fundação Escola do Serviço Público) Das definições abaixo, a que <u>não</u> traduz uma das funções primordiais da Contabilidade é:

a) registro dos fatos econômico-financeiros de uma empresa;

b) produção de informação que proporcione maior eficiência administrativa;

c) medição da rentabilidade e do retorno do investimento dos sócios;

d) medição da eficiência administrativa e operacional;

e) apuração do montante dos impostos a pagar.

31. (Petrobras/Cesgranrio) As informações fornecidas pela contabilidade têm variados graus de interesse para os grupos que as utilizam. Pode-se afirmar que, numa empresa, o grupo formado por sócios, acionistas ou proprietários, em geral, e o grupo formado por administradores, diretores e executivos interessam-se, respectivamente, por informações:

a) analíticas e constantes; analíticas e periódicas;
b) detalhadas e constantes; resumidas e periódicas;
c) detalhadas e periódicas; resumidas e constantes;
d) resumidas e concisas; detalhadas e constantes;
e) resumidas e concisas; detalhadas e periódicas.

32. (Auditor-Fiscal da Receita Federal do Brasil/ESAF) A Lei nº 6.404/76, com suas diversas atualizações, determina que, ao fim de cada exercício social, com base na escrituração mercantil da companhia, exprimindo com clareza a situação do patrimônio e as mutações ocorridas no exercício, a diretoria fará elaborar as seguintes demonstrações financeiras:

a) balanço patrimonial; demonstração dos lucros ou prejuízos acumulados; demonstração do resultado do exercício; demonstração das origens e aplicações de recursos; e, se companhia aberta, demonstração das mutações do patrimônio líquido;
b) balanço patrimonial; demonstração dos lucros ou prejuízos acumulados; demonstração do resultado do exercício; demonstração dos fluxos de caixa; e demonstração do valor adicionado;
c) balanço patrimonial; demonstração dos lucros ou prejuízos acumulados; demonstração do resultado do exercício; demonstrações das origens e aplicações de recursos; e demonstração das mutações do patrimônio líquido;
d) balanço patrimonial; demonstração dos lucros ou prejuízos acumulados; demonstração do resultado do exercício; demonstração das origens e aplicações de recursos; demonstração dos fluxos de caixa; e, se companhia aberta, demonstração do valor adicionado;
e) balanço patrimonial; demonstração dos lucros ou prejuízos acumulados; demonstração do resultado do exercício; demonstração dos fluxos de caixa; e. se companhia aberta, demonstração do valor adicionado.

33. (Furnas/Cesgranrio) Relativamente à entidade objeto da contabilização, a Contabilidade é um sistema de informação:

a) destinado a prover seus usuários com demonstrações e análises de natureza econômica e financeira;
b) destinado a prover seus usuários com demonstrações e análises de natureza econômica, financeira e física;
c) e de avaliação, destinado a prover seus usuários de demonstrações e análises de natureza econômica e financeira;
d) e de avaliação, destinado a prover seus usuários de demonstrações e análises de natureza econômica, financeira e física;
e) e de avaliação, destinado a prover seus usuários de demonstração e análises de natureza econômica, financeira, física e de produtividade.

34. (Técnico de Finanças e Controle/Esaf) Decomposição, comparação e interpretação dos demonstrativos do estado patrimonial e do resultado econômico de uma entidade é:

a) função econômica da Contabilidade;
b) objeto da Contabilidade;
c) técnica contábil chamada Análise de Balanços;
d) finalidade da Contabilidade;
e) função administrativa da Contabilidade.

35. (Técnico de Finanças e Controle/Esaf) As aziendas são entidades econômico-administrativas, cuja existência é reconhecida a partir da união de três elementos essenciais, os quais são:

a) a contabilidade, a administração e o patrimônio;
b) os órgãos volitivos, diretivos e executivos;
c) o planejamento, a coordenação e o controle;
d) a escrituração, a auditoria e o balanço;
e) o patrimônio, a administração e o trabalho.

36. (Petrobras/Cesgranrio) Para confirmar a exatidão dos registros e demonstrações contábeis de uma empresa, dentro dos princípios da contabilidade, utilizamos a técnica contábil referente a:

a) contas;
b) concorrências;
c) finanças;
d) análise;
e) auditoria.

37. Nas sociedades anônimas, as assembleias gerais ordinárias são realizadas:

a) semestralmente, no início de cada semestre;
b) anualmente, ao fim do exercício social;
c) a qualquer época, quando for conveniente;
d) nos quatro primeiros meses seguintes ao término do exercício social;
e) mensalmente.

38. Numa sociedade anônima, fixar a orientação geral dos negócios da companhia é uma das atribuições do(a):

a) assembleia geral;
b) conselho de administração;
c) diretoria;
d) conselho fiscal;
e) conselho de administração ou diretoria.

39. Numa sociedade anônima, é órgão que não possui o poder de decisão e de comando, isto é, apenas é órgão técnico e consultivo:

a) conselho fiscal;
b) assembleia geral;
c) conselho de administração;
d) diretoria;
e) presidência.

40. A administração de uma sociedade anônima competirá:

a) somente à diretoria;
b) somente ao conselho de administração;
c) ao conselho de administração e à diretoria, ou somente à diretoria;
d) ao conselho de administração ou à diretoria;
e) ao conselho fiscal ou ao conselho de administração.

41. (Petrobras – Contador/Cesgranrio) A informação contábil é utilizada, principalmente, para as finalidades:

a) fiscais e jurídicas;
b) orçamentárias, financeiras e patrimoniais;
c) de controle e planejamento;
d) de análise, conclusão e decisão;
e) de escrituração, avaliação e organização.

42. (Petrobras – Contador/Cesgranrio) Os dois grandes ramos da Contabilidade, através dos quais ela pode desempenhar seu papel informativo, são denominados de Contabilidade:

a) Fiscal e Societária;
b) Privada e Pública;
c) Fabril e de Serviços;
d) Rural e Estatal;
e) Financeira e Gerencial.

43. (Petrobras – Técnico de Contabilidade/Cesgranrio) O enunciado "metodologia especialmente concebida para captar, registrar, acumular, resumir e interpretar os fenômenos que afetam as situações patrimoniais, financeiras e econômicas de qualquer ente (...)" corresponde a:

a) campo de ação da Contabilidade;
b) finalidade da Contabilidade;
c) objeto da Contabilidade;
d) definição de Contabilidade;
e) definição de escrituração.

44. (Petrobras – Contador/Cespe – UnB) O capital social integralizado, representado pela totalidade das ações ordinárias e preferenciais da Petrobras, apresentava a seguinte composição em 31 de dezembro de 1998.

Acionista	Quantidade de ações (em bilhões)
União	57,43
BNDESPAR	7,36
Fundo de Participação Social (FPS)	0,57
Estados, Municípios e Distrito Federal	0,20
Outras entidades de direito público	0,03
American Depositary Receipts (ADR)	5,46
Acionistas estrangeiros	12,45
Pessoas físicas e outras pessoas jurídicas de direito privado	25,00
Total	108,50

É correto afirmar que, do total das ações, as ações do ADR e dos acionistas estrangeiros correspondiam a:

a) menos de 15%;
b) mais de 15% e menos de 16%;
c) mais de 16% e menos de 17%;
d) mais de 17% e menos de 18%;
e) mais de 18%.

45. (Petrobras – Contador/Cespe – UnB) Considerando o quadro da questão anterior e supondo que determinado dividendo tenha sido distribuído entre os acionistas em partes proporcionais às suas quantidades de ações, julgue os itens seguintes:

I. À União foi atribuída uma parcela correspondente a menos da metade do dividendo.

II. Aos Estados, aos Municípios, ao Distrito Federal e ao FPS, juntos, foi atribuída uma parcela do dividendo inferior a um décimo da parcela que foi atribuída aos acionistas estrangeiros.

III. Se a parcela do dividendo que correspondeu às pessoas físicas e outras pessoas jurídicas de direito privado foi de 100 milhões de reais, então o valor total do dividendo era superior a 430 milhões de reais.

Assinale a opção correta.

a) Apenas um item está certo.
b) Apenas os itens I e II estão certos.
c) Apenas os itens I e III estão certos.
d) Apenas os itens II e III estão certos.
e) Todos os itens estão certos.

46. (Cedae – Técnico de Contabilidade/Fesp-RJ) O atributo da informação contábil que se fundamenta na veracidade, completeza e pertinência do seu conteúdo, fazendo com que o usuário aceite essa informação e a utilize como base de decisão, é:

a) tempestividade;
b) comparabilidade;
c) compreensibilidade;
d) confiabilidade.

47. (Cedae – Técnico de Contabilidade/Fesp-RJ) Permitir aos usuários internos e externos a obtenção de informações de natureza econômica e financeira acerca da entidade representa:

a) a finalidade da Contabilidade;
b) o conceito de Contabilidade;
c) o objeto da Contabilidade;
d) o campo de aplicação da Contabilidade.

48. (Susep – Agente Executivo/Esaf) O campo de atuação da Contabilidade são as entidades econômico-administrativas, cuja classificação, quanto aos fins a que se destinam, faz-se, corretamente, dividindo-as em:

a) pessoas físicas e pessoas jurídicas;
b) entidades abertas e entidades fechadas;
c) entidades públicas e entidades privadas;
d) entidades civis e entidades comerciais;
e) entidades sociais, econômicas e econômico-sociais.

49. (Petrobras – Contador Júnior/Cesgranrio) O principal objetivo da existência das Bolsas de Valores é:

a) proporcionar liquidez aos títulos;
b) proporcionar às empresas a possibilidade de vender partes beneficiárias;
c) comprar e vender debêntures emitidas pelas instituições financeiras;
d) permitir que as empresas obtenham capitais de terceiros a baixo custo;
e) realizar operações de compra e venda de moeda estrangeira.

50. (Petrobras – Contador Júnior/Cesgranrio) O estatuto de uma companhia que quer expandir seus negócios, mediante emissão de novas ações, estabelece que as ações terão valor nominal, fixando esse valor em R$ 3,00. Prevendo dificuldades para colocar as ações pelo valor nominal fixado no estatuto, as novas ações são emitidas com valor de face de R$ 2,00, preço este tido como de forte apelo para o mercado.
Considerando as determinações da Lei nº 6.404/1976, com a nova redação dada pelas Leis nº 9.457/1997, de 5/5/1997; nº 10.194/2001, de 14/2/2001; e nº 10.303/2001, de 31/10/2001, essa companhia deverá:

a) registrar, como Capital, o valor de face das novas ações vezes a quantidade de ações negociadas;
b) registrar, como Capital, o valor de face das novas ações vezes a quantidade de ações negociadas e, como Reserva de Ágio, a diferença entre o valor nominal das ações e o valor de face da nova emissão vezes a quantidade negociada;
c) registrar, como Capital, o valor de face das novas ações vezes a quantidade de ações negociadas e, como Deságio, a diferença entre o valor nominal das ações e o valor de face da nova emissão vezes a quantidade negociada;
d) registrar, como Capital, o valor de face das novas ações vezes a quantidade de ações negociadas e, como Despesas do Exercício, a diferença entre o valor nominal das ações e o valor de face da nova emissão vezes a quantidade negociada;
e) suspender a emissão das novas ações, pois a Lei Societária veda a emissão de ações por preço inferior ao de seu valor nominal.

51. Analise as seguintes afirmativas.

I. Quando uma sociedade anônima pretende lançar novas ações, precisa contratar uma instituição financeira para realizar essa subscrição.

II. As sociedades anônimas fechadas são consideradas de subscrição particular, pois a subscrição de novas ações é realizada pelos já acionistas ou por um grupo restrito de pessoas.

III. As sociedades anônimas abertas são aquelas que oferecem suas ações à subscrição pública, isto é, oferecem publicamente suas ações através de uma instituição financeira.

Assim, está(ão) correta(s):

a) apenas a I;

b) apenas a II e a III;

c) apenas a I e a II;

d) apenas a III;

e) todas.

52. (Agente Fiscal de Rendas – SP/Vunesp) Considere as proposições a seguir relacionadas com o conceito, conteúdo, características e usuários da informação contábil.

I. A Contabilidade busca a geração de informações qualitativas e quantitativas sobre a entidade particularizada, expressas tanto em termos físicos, quanto monetários.

II. A informação contábil qualitativa refere-se à expressão dos componentes patrimoniais em valores.

III. A informação contábil quantitativa refere-se à natureza dos componentes patrimoniais, como dinheiro, máquinas, estoques, etc.

IV. As informações contábeis devem propiciar aos usuários a compreensão do estado em que se encontra a entidade, seu desempenho, sua evolução, riscos e oportunidades que oferece.

V. A informação contábil deve ser veraz e equitativa, de forma a satisfazer as necessidades comuns a um grande número de usuários, cujos interesses nem sempre são coincidentes.

Estão corretas somente as proposições:

a) I e II;

b) I, II e III;

c) I e IV;

d) I, IV e V;

e) IV e V.

53. (Agente Fiscal de Rendas – SP/Vunesp) São atributos da informação contábil a confiabilidade, a tempestividade, a compreensibilidade e a comparabilidade. Indique a alternativa que descreve o atributo da tempestividade.

a) Faz com que o usuário aceite a informação contábil e a utilize como base de decisão.

b) Refere-se ao fato de a informação contábil dever chegar ao conhecimento do usuário em tempo hábil, a fim de que possa utilizá-la para seus fins.

c) Concerne à clareza e objetividade com que a informação contábil é divulgada.

d) Possibilita ao usuário o conhecimento da evolução entre determinada informação ao longo do tempo, numa mesma entidade ou em diversas entidades.

e) Exige que as informações contábeis não contenham erros e sejam elaboradas em consonância com os PFC e as NBC.

54. (Auditor Fiscal do Tesouro Municipal – RJ – Nova Iguaçu/IPDEP) A Contabilidade é um sistema de informações e avaliação destinado a prover seus usuários com demonstrações e análises de natureza econômica, financeira, física e de produtividade, com relação ________ objeto de contabilização.

a) à entidade;

b) ao ativo;

c) ao passivo;

d) ao patrimônio líquido.

55. (IRB – Brasil Resseguros S.A. – Analista do IRB/Iade) "Permitir a cada grupo principal de usuários a avaliação da situação econômico-financeira da entidade, num sentido estático, bem como fazer inferências sobre suas tendências futuras." A proposição indica:

a) o objeto da Contabilidade;

b) o campo de aplicação da Contabilidade;

c) o objetivo principal da Contabilidade;

d) o conceito de Contabilidade.

56. (BNDES – Contador/Fundação Cesgranrio) Quando da constituição da sociedade anônima, um dos acionistas subscreveu 1.150.000 ações, com valor nominal de R$ 1,00, para a integralização em equipamentos aos quais ele atribuiu, em documento endereçado à Assembleia Geral, o valor de R$ 1.145.000,00.

A Assembleia Geral de subscritores nomeou uma empresa especializada que, em laudo fundamentado, avaliou o conjunto de equipamentos em R$ 1.160.000,00.

A Assembleia Geral aprovou o valor dos equipamentos em R$ 1.148.000,00.

Considerando as determinações da Lei nº 6.404/1976, com nova redação dada pelas Leis nºs 9.457/1997 e 10.303/2001, a integralização do capital deve ser considerada pelo valor, em reais, de:

a) 1.145.000,00, atribuído pelo subscritor;

b) 1.148.000,00, aprovado pela assembleia geral;

c) 1.150.000,00, sendo a diferença, ressarcida ao subscritor;

d) 1.150.000,00, sendo esse valor atribuído aos equipamentos, não havendo ressarcimento;

e) 1.160.000,00, sendo a diferença, de R$ 10.000,00, considerada como ágio na subscrição.

57. (Fiscal de ISS-RJ/Esaf) Assinale abaixo a única opção que contém uma afirmativa <u>falsa</u>.

a) A finalidade da Contabilidade é assegurar o controle do patrimônio administrado e fornecer informações sobre a composição e as variações patrimoniais, bem como sobre o resultado das atividades econômicas desenvolvidas pela entidade para alcançar os seus fins.

b) A Contabilidade pode ser entendida como "a ciência que estuda, controla e interpreta os fatos ocorridos no patrimônio da entidade com fim lucrativo ou não".

c) Pode-se dizer que o campo de aplicação da Contabilidade é a entidade econômico--administrativa, seja ou não de fins lucrativos.

d) O objeto da Contabilidade é o conjunto de bens, direitos e obrigações vinculadas a uma entidade econômico-administrativa.

e) Enquanto a entidade econômico-administrativa é o objeto da Contabilidade, o patrimônio é o seu campo de aplicação.

58. (Contador Júnior – TRANSPETRO/ Cesgranrio) Com as modificações introduzidas na Lei nº 6.404/76, das Sociedades por Ações, pelas Leis nº 11.638/07 e nº 11.941/09, deu--se, no entendimento de autores contábeis, a chamada independência da Contabilidade Brasileira.

Essas mudanças criaram as condições básicas para a convergência da Contabilidade Brasileira às normas internacionais.

O Comitê de Pronunciamentos Contábeis (CPC), criado em 2005 pela Resolução CFC nº 1.055/05, foi um importante marco para tal convergência, pois cabe a esse comitê emitir os Pronunciamentos Técnicos que, após discussão em audiência pública, são aprovados pelos instrumentos próprios dos órgãos reguladores públicos (CVM, Bacen e Susep, principalmente) e particulares, como o CFC, transformando o CPC em norma a ser seguida pelas empresas e profissionais que estiverem no campo de atuação desses mesmos órgãos.

Constitui característica preponderante das normas internacionais de Contabilidade implementadas no Brasil pelo CPC e pelos órgãos reguladores brasileiros a:

a) prevalência da essência sobre a forma;

b) fundamentação baseada mais em normas que em princípios;

c) produção de informações contábeis mais quantitativas do que qualificativas;

d) importância maior dada à propriedade jurídica para registrar os ativos, passivos, receitas e despesas;

e) predominância do domínio dos contadores na realização de tarefas contábeis, com menor participação do restante da empresa.

59. (Analista Judiciário – Amapá/Contador/Fundação Carlos Chagas) Entre as alterações da legislação societária, provocadas pela Lei nº 11.638/07, está o conceito de sociedades de grande porte.

De acordo com essa legislação, para uma empresa ser considerada uma sociedade de grande porte é necessário que, no exercício social anterior, tenha:

a) apresentado ativos totais de, no mínimo, R$ 300 milhões e receitas superiores a R$ 200 milhões;

b) apresentado patrimônio líquido de, pelo menos, R$ 300 milhões e ativos imobilizados de R$ 100 milhões;

c) emitido novas ações ordinárias de, no mínimo, R$ 50 milhões e apure no período lucro bruto de R$ 200 milhões;

d) apresentado receitas brutas anuais superiores a R$ 300 milhões e ativos totais maiores que R$ 240 milhões;

e) apresentado lucro líquido de R$ 100 milhões e ativos totais superiores a R$ 250 milhões.

60. É demonstração contábil não referenciada na Lei nº 6.404/76, mas referenciada no Pronunciamento Técnico CPC 26(R1) – Apresentação das Demonstrações Contábeis:

a) Demonstração das Mutações do Patrimônio Líquido;
b) Demonstração do Resultado Abrangente;
c) Demonstração dos Fluxos de Caixa;
d) Demonstração do Valor Adicionado;
e) Demonstração das Origens e Aplicações de Recursos.

61. (Auditor-Fiscal da Receita Federal do Brasil/ Esaf) O conjunto completo das demonstrações contábeis exigidas pelas Normas Brasileiras de Contabilidade inclui

a) o relatório do Conselho de Administração e as Notas Explicativas, compreendendo um resumo das políticas contábeis significativas.
b) o resumo das políticas Contábeis e o Valor Adicionado obrigatoriamente a todos os tipos de entidade.
c) a Demonstração do Valor Adicionado, se entidade prestadora de serviços, e de Resultado Abrangente, se instituição financeira.
d) as Demonstrações dos Fluxos de Caixa e das Mutações do Patrimônio Líquido do período.
e) a Demonstração da Conta Lucros/ Prejuízos Acumulados e o Relatório de Impacto Ambiental.

62. (Transpetro – Técnico de Contabilidade/ Fundação Cesgranrio) O Comitê de Pronunciamentos Contábeis (CPC) é uma entidade autônoma, criada em 2005, que tem como finalidade estudar, preparar e emitir Pronunciamentos Técnicos sobre procedimentos de contabilidade, para ajudar emissão das normas pela entidade reguladora brasileira, objetivando o(a)

a) redirecionamento da responsabilidade dos pronunciamentos.
b) descentralização adequada para o padrão internacional.
c) descentralização adequada para o padrão nacional.
d) centralização e uniformização adequada ao padrão internacional.
e) centralização e uniformização adequada ao padrão nacional.

63. (SEBRAE – PE – Analista Contador/ IPAD) A finalidade da contabilidade é prestar informações para a tomada de decisões. Porém, as informações prestadas pela contabilidade têm variados graus de interesse para os diversos usuários que as utilizam. Sendo assim, pode-se afirmar que, numa empresa, o grupo formado por usuários: "sócios, acionistas ou proprietários, em geral", e o grupo formado por usuários: "gestores, administradores, e executivos" interessam-se, respectivamente, por informações:

a) resumidas e concisas; detalhadas e constantes.
b) detalhadas e constantes; resumidas e periódicas.
c) detalhadas e periódicas; resumidas e constantes.
d) resumidas e concisas; detalhadas e periódicas.
e) analíticas e constantes; analíticas e periódicas.

Capítulo 2

Patrimônio

1. Conceito

O patrimônio de uma empresa é composto pelo conjunto de **bens**, **direitos** e **obrigações** de sua propriedade.

Os bens e direitos constituem sua parte positiva, a qual chamamos de ATIVO. As obrigações (dívidas com terceiros), a parte negativa, a qual chamamos de PASSIVO.

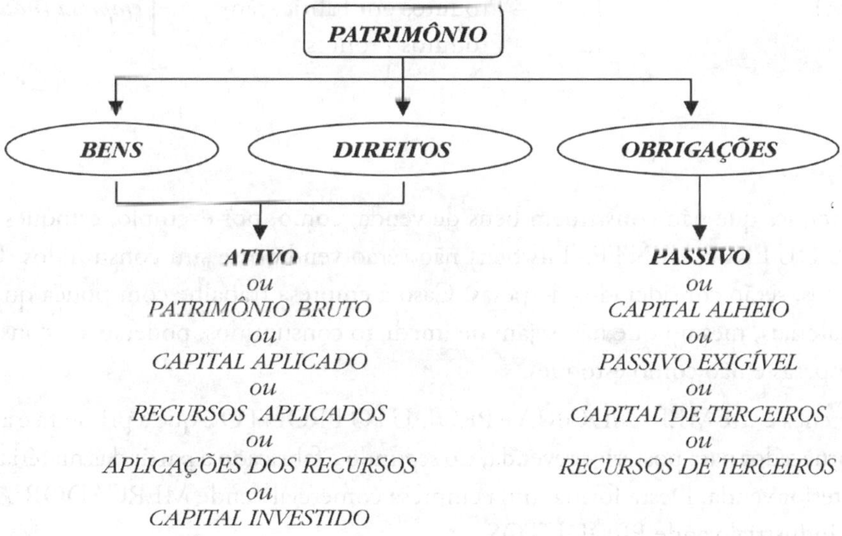

1.1. Bens

No sentido geral, bens são todas as coisas que satisfazem as necessidades humanas. No sentido econômico, bem é tudo aquilo que possui utilidade e pode ser quantificado monetariamente.

⇨ **BENS NUMERÁRIOS** (ou Disponibilidades)

- Caixa
- Bancos Conta Movimento
- Aplicações de Liquidez Imediata
- Numerário em Trânsito

Observações:

1) As DISPONIBILIDADES representam dinheiro em espécie ou equivalente.

2) Todos os nomes que representam elementos patrimoniais (bens, direitos ou obrigações) são chamados de CONTAS.

3) A conta CAIXA representa o dinheiro existente no cofre da empresa, não só em espécie, mas também cheques de terceiros não depositados no banco, vale-refeição, vale-transporte etc.

4) A conta BCM (Bancos Conta Movimento) representa o dinheiro da empresa ou cheques de terceiros depositados no banco.

5) A conta APLICAÇÕES DE LIQUIDEZ IMEDIATA representa o dinheiro aplicado no mercado financeiro em curtíssimo prazo, sendo a diferença entre o valor aplicado e o valor resgatado **Receita Financeira**.

6) A conta NUMERÁRIO EM TRÂNSITO pode representar, por exemplo, dinheiro remetido para filiais em espécie, em cheques, em ordens de pagamento etc.

⇨ <u>**BENS DE VENDA**</u> (*Estoques*)	– Mercadorias	*empresa comercial*
	– Matérias-Primas – Produtos em Fabricação – Produtos Prontos	*empresa industrial*

Observações:

1) Há estoques que não constituem bens de venda, como, por exemplo, estoques de MATERIAIS DE EXPEDIENTE. Tais bens não serão vendidos e sim consumidos. Uma vez consumidos, serão considerados despesas. Caso a empresa trabalhe com pouca quantidade desses materiais, mesmo que não sejam de imediato consumidos, poderão ser considerados como despesas e não como estoques.

2) A diferença entre MERCADORIA e PRODUTO PRONTO é que a primeira é adquirida de um fornecedor para posterior revenda, e o segundo é fabricado a partir das matérias-primas para posterior venda. Desta forma, uma empresa comercial vende MERCADORIAS e uma empresa industrial vende PRODUTOS.

3) As MATÉRIAS-PRIMAS são consideradas bens de venda, não porque serão vendidas, mas sim porque serão transformadas em produtos prontos, os quais serão vendidos.

4) Os PRODUTOS EM FABRICAÇÃO (ou *Produtos em Elaboração* ou *Produtos em Processo*) são considerados **bens de venda** de uma empresa industrial, pois, após acabados, serão vendidos.

⇨ **BENS CORPÓREOS DE USO**
(Ativo Imobilizado)

- Imóveis (terrenos + edificações)
- Móveis e Utensílios
- Veículos
- Máquinas e Equipamentos
- Computadores
- Instalações
- Benfeitorias em Imóveis de Terceiros

etc.

⇨ **BENS DE RENDA**
(Ativo Investimentos)

- Imóveis (desocupados ou alugados a terceiros)
- Terrenos (não utilizados pela empresa)
- Obras de Arte

etc.

⇨ **BENS INCORPÓREOS**
(Ativo Intangível)

- Patentes
- Fundo de Comércio (ponto comercial)
- Concessões Obtidas
- Direitos de Exploração de Minas e Jazidas
- Direitos de Exploração de Florestas

etc.

Observações:

1) Bens CORPÓREOS (ou tangíveis ou materiais) são aqueles que têm existência **concreta** (têm forma física, podem ser tocados fisicamente), ao passo que os bens INCORPÓREOS (ou intangíveis ou imateriais) são os que têm existência **abstrata** (não têm forma física, não podem ser tocados fisicamente). Assim, por exemplo, um táxi (automóvel) é um bem tangível; porém, a autonomia do taxista é um bem intangível.

2) O FUNDO DE COMÉRCIO, também conhecido como *goodwill*, é o ponto comercial. Na apuração, por exemplo, do valor pelo qual uma loja deva ser vendida, não basta somarmos todos os bens materiais ali existentes com a margem de lucro desejada. Deve-se também levar em consideração, entre outros fatores que possam existir, a clientela, a localização, a fama e o tempo de existência. Assim, o valor considerado além da matéria deverá ser contabilizado como fundo de comércio. Se, por hipótese, a soma dos bens materiais ali existentes fosse de R$ 40.000,00 e a loja fosse comprada por R$ 50.000,00, os R$ 10.000,00 de diferença seriam contabilizados pelo comprador como Fundo de Comércio. Para o proprietário original desse ponto comercial, ou seja, aquele que o possui desde o início, esse valor não é contabilizado, pois não houve desembolso na aquisição. Só será contabilizado do 2º proprietário em diante.

3) A PATENTE é decorrente de alguma invenção. O seu valor contabilizado é igual ao somatório dos gastos com seu registro e as despesas de pesquisa na sua obtenção.

4) As concessões públicas obtidas são bens intangíveis. Assim, por exemplo, se uma determinada empresa adquire a concessão de um pedágio numa rodovia ligando dois municípios,

desembolsando a quantia de R$ 50.000.000,00, tal concessão será contabilizada como uma conta do Ativo Intangível neste valor.

5) A diferença entre BEM DE USO e BEM DE RENDA reside no fato de que o primeiro é bem destinado à manutenção das atividades da empresa, ou seja, bem que esta utiliza nas suas operações; o segundo é bem NÃO destinado à manutenção das atividades da empresa, isto é, bem não necessário para que a empresa possa desenvolver suas atividades. Como exemplo, suponhamos que uma determinada indústria tenha um imóvel, onde localiza uma de suas fábricas. Visto que tal bem é necessário para que a indústria possa produzir, é considerado de uso. Se, posteriormente, tal fábrica fosse desativada por determinado prazo e o imóvel fosse alugado a uma outra empresa, esse bem passaria ser de renda, deixando de ser classificado como Ativo Imobilizado e passando a ser Ativo Investimentos.

6) Suponhamos que a Cia. Alfa tenha uma Filial X, que está instalada num imóvel alugado. Se, por exemplo, nesse imóvel fosse construído um armazém com um gasto de $ 32.000, tal valor seria contabilizado como BENFEITORIAS EM IMÓVEIS DE TERCEIROS (bem tangível), que também é uma conta do Ativo Imobilizado.

7) O valor das MERCADORIAS a ser posto no ativo é composto por aquelas que estejam em estoque e sejam de propriedade da empresa, pois as que estiverem em estoque e forem de propriedade de terceiros não devem integrar o saldo da conta Mercadorias. Também, integram o saldo dessa conta, as mercadorias de propriedade da empresa, mas que estejam depositadas em estabelecimento de terceiros e as que estejam sob posse de terceiros em consignação.

1.2. Direitos

São todos os créditos (haveres) de uma empresa contra terceiros.

- Duplicatas a Receber (ou Clientes)
- Promissórias a Receber
- Contas a Receber
- Adiantamentos a Fornecedores
- Adiantamentos a Empregados
- Impostos a Recuperar
- Dividendos a Receber

etc.

Observações:

1) A DUPLICATA é um título de crédito comercial, usado em vendas a prazo. Recebe este nome por possuir os mesmos dados principais da FATURA (número de notas fiscais, valores das vendas e vencimentos dos pagamentos).

2) A FATURA é um documento comercial que comprova a(s) venda(s) a prazo efetuada(s) ao mesmo cliente, o qual pode englobar uma ou mais NOTAS FISCAIS. Sua principal finalidade é informar ao cliente a relação das notas fiscais, para que o mesmo confira suas compras a prazo, e a(s) data(s) em que o mesmo deve efetuar o pagamento parcelado ou em quota única.

3) A NOTA FISCAL-FATURA pode ser usada quando se deseja evitar o trabalho do faturamento após a emissão das notas fiscais. Tal documento é, ao mesmo tempo, uma nota fiscal e uma fatura.

⇨ A lei permite que sejam emitidas várias duplicatas para a mesma fatura. Porém, não é permitida a emissão de uma duplicata para várias faturas.

⇨ A duplicata é emitida pelo fornecedor (aquele que vende a mercadoria ou o serviço a prazo) e deve receber o ACEITE do cliente (assinatura do cliente na duplicata).

⇨ Com o aceite, o sacador (credor) terá a garantia do sacado (devedor) do recebimento da duplicata.

⇨ O vendedor (fornecedor ou sacador ou credor) tem o prazo de 30 dias para remeter a duplicata ao comprador (cliente ou sacado ou devedor) para aceite.

⇨ O sacado deve devolver a duplicata assinada no máximo em 10 dias da data de sua apresentação, ou declarar por escrito as razões da recusa do aceite (avaria, defeitos, não recebimento, diferenças na qualidade ou na quantidade, divergências nos prazos ou preços ajustados, vícios).

⇨ É admitida a emissão de uma segunda via da duplicata, a qual chamamos de TRIPLICATA, em caso de extravio ou retenção por parte do sacado.

⇨ O VENCIMENTO da duplicata pode ser a dia certo (data determinada) ou à vista (na apresentação).

4) A NOTA PROMISSÓRIA recebe este nome por ser um título de crédito representativo de uma promessa de pagamento, ou seja, o devedor (emitente do título) se compromete a pagar ao credor (favorecido ou beneficiário do título) determinada quantia.

⇨ Ao contrário da duplicata, não é um título comercial e sim um título financeiro, usado, normalmente, em empréstimos e financiamentos como, por exemplo:

– na venda ou compra de imóveis a prazo;
– quando um particular compra um veículo de outro particular;
– na obtenção de dinheiro emprestado de bancos ou financeiras, podendo o beneficiário (banco ou financeira) exigir que o devedor tenha um avalista (quem pagará a promissória, caso o devedor não pague).

⇨ Enquanto a duplicata é emitida pelo CREDOR, a promissória é emitida pelo DEVEDOR.

⇨ Também, ao contrário da duplicata, (n)a promissória:

– não existem as figuras do sacador e do sacado, e sim a do emitente (devedor) e a do beneficiário (credor);
– não é admitida 2ª via;
– não é usada em operações comerciais.

⇨ VENCIMENTO pode ser:

– à vista (na apresentação);
– a dia certo (data determinada);
– a tempo certo da data (nº de dias a contar da data da emissão).

DUPLICATA	PROMISSÓRIA
Título comercial	Título financeiro
Vendas a prazo	Empréstimos ou financiamentos
Emitida pelo credor	Emitida pelo devedor
Devedor = Sacado	Devedor = Emitente
Credor = Sacador	Credor = Beneficiário (Favorecido)
Admite 2ª via (Triplicata)	Não admite 2ª via

5) <u>CONTAS A RECEBER</u>: Conta representativa de valores a receber de terceiros, os quais não se encontram em títulos de crédito, isto é, não se encontram em duplicatas ou promissórias.

6) <u>ADIANTAMENTOS A FORNECEDORES</u>: Conta representativa de um crédito do cliente contra o fornecedor, tendo em vista o pagamento antecipado para o recebimento futuro de bens.

7) <u>ADIANTAMENTOS A EMPREGADOS</u>: Tal conta representa um direito da empresa em relação ao empregado. É frequente o fato de uma empresa que pague salários no dia 5 de cada mês conceder um adiantamento no dia 20. Tal adiantamento será descontado do salário bruto ao final do mês que foi concedido. Assim, se no final de um determinado mês o valor bruto da folha de salários fosse de $ 30.000, ou seja, Salários a Pagar = $ 30.000, e se no dia 20 do mesmo mês houvesse um adiantamento de $ 8.000, os Salários a Pagar, sem considerar outros descontos, cairiam para $ 22.000, ficando a conta Adiantamentos a Empregados, ao fim do mês, com saldo zero.

8) <u>IMPOSTOS A RECUPERAR</u>: Dado o princípio constitucional da **não cumulatividade**, alguns impostos (atualmente o ICMS e o IPI) são compensados em cada operação com o montante cobrado nas anteriores. Assim, caso uma empresa comercial, ao vender mercadorias num determinado mês, tenha cobrado de seus clientes $ 2.400 de ICMS (*ICMS a Recolher* = $ 2.400) e, no mesmo mês, ao adquirir mercadorias para revenda de seus fornecedores, tenha pago $ 3.000 de ICMS (*ICMS a Recuperar* = $ 3.000), prevalecerá a diferença a favor da conta *ICM a Recuperar*, e, ao fim do mês, o saldo desta será de $ 3.000 – $ 2.400, isto é, $ 600 (crédito da empresa contra o Estado). No mês seguinte, a empresa terá o direito de compensar os $ 600 com seus próximos débitos com o Estado. Caso prevalecesse o *ICMS a Recolher* (= a Pagar), no mês seguinte a empresa teria de pagar ao Estado.

9) Conforme já visto, o ATIVO de uma entidade é o conjunto de todos os BENS e DIREITOS de sua propriedade, os quais possam ser expressos em moeda. No entanto, essa definição clássica, apesar de correta, descreve apenas a "composição" do ativo, não indicando sua origem nem sua finalidade. Assim, o conceito "funcional" de <u>ativo</u> está descrito no item 4.4. do Pronunciamento Conceitual Básico (R1) do Comitê de Pronunciamentos Contábeis (CPC), normalmente conhecido como CPC "00" (R1) – Estrutura Conceitual para Elaboração e Divulgação de Relatório Contábil-Financeiro, no qual <u>**ATIVO é um recurso controlado pela entidade como resultado de eventos passados e do qual se espera que fluam futuros benefícios econômicos para a entidade**</u>. Esse conceito não modifica o conceito clássico; apenas o complementa, mostrando que os bens e direitos de uma entidade são resultados de <u>eventos passados</u> (compra dos bens, fabricação dos bens, recebimento dos bens em doação etc.) e dos quais se espera que no futuro gerem benefícios econômicos para a entidade (ex.: uma máquina adquirida por uma

indústria será utilizada para produzir bens que serão vendidos, gerando lucro para a empresa; as duplicatas a receber originárias das vendas a prazo irão gerar benefícios econômicos futuros quando se converterem em dinheiro e este for aplicado em outras atividades para que a empresa gere receitas ou reduza custos operacionais etc.). Assim, cabe ressaltar que "gerar benefícios econômicos" se traduz em aumentar as receitas e/ou reduzir os custos.

10) O Pronunciamento Conceitual Básico (R1) do CPC, nos seus itens 4.8 a 4.14, descreve as características gerais dos ATIVOS. Abaixo, reproduzimos esses itens:

Item 4.8: O BENEFÍCIO ECONÔMICO FUTURO incorporado a um ativo é o seu potencial em contribuir, direta ou indiretamente, para o fluxo de caixa ou equivalentes de caixa para a entidade. Tal potencial pode ser produtivo, quando o recurso for parte integrante das atividades operacionais da entidade. Pode também ter a forma de conversibilidade em caixa ou equivalentes de caixa ou pode ainda ser capaz de reduzir as saídas de caixa, como no caso de processo industrial alternativo que reduza os custos de produção.

Item 4.9: A entidade geralmente emprega os seus ativos na produção de bens ou na prestação de serviços capazes de satisfazer os desejos e as necessidades dos consumidores. Tendo em vista que esses bens ou serviços podem satisfazer esses desejos ou necessidades, os consumidores se predispõem a pagar por eles e a contribuir assim para o fluxo de caixa da entidade. O caixa por si só rende serviços para a entidade, visto que exerce um comando sobre os demais recursos.

Item 4.10: Os BENEFÍCIOS ECONÔMICOS FUTUROS incorporados a um ativo podem fluir para a entidade de **diversas maneiras**. Por exemplo, o ativo pode ser:

(a) usado isoladamente ou em conjunto com outros ativos na produção de bens ou na prestação de serviços a serem vendidos pela entidade;
(b) trocado por outros ativos;
(c) usado para liquidar um passivo; ou
(d) distribuído aos proprietários da entidade.

Item 4.11: Muitos ativos, como, por exemplo, itens do imobilizado, têm forma física. Entretanto, a forma física não é essencial para a existência de ativo. Assim sendo, as patentes e os direitos autorais, por exemplo, são considerados ativos, caso deles seja esperado que benefícios econômicos futuros fluam para a entidade e caso eles sejam por ela controlados.

Item 4.12: Muitos ativos, como, por exemplo, contas a receber e imóveis, estão associados a direitos legais, incluindo o direito de propriedade. Ao determinar a existência do ativo, o direito de propriedade não é essencial. Assim, por exemplo, um imóvel objeto de arrendamento mercantil será um ativo, caso a entidade controle os benefícios econômicos que são esperados que fluam da propriedade. Embora a capacidade de a entidade controlar os benefícios econômicos normalmente resulte da existência de direitos legais, o item pode, contudo, satisfazer à definição de ativo mesmo quando não houver controle legal. Por exemplo, o conhecimento (*know-how*) obtido por meio da atividade de desenvolvimento de produto pode satisfazer à definição de ativo quando, mantendo esse conhecimento (*know-how*) em segredo, a entidade controlar os benefícios econômicos que são esperados que fluam desse ativo.

Item 4.13: Os ativos da entidade resultam de transações passadas ou de outros eventos passados. As entidades normalmente obtêm ativos por meio de sua compra ou produção, mas outras transações ou eventos podem gerar ativos. Por exemplo, um imóvel recebido de ente governamental como parte de programa para fomentar o crescimento econômico de dada região ou a descoberta de jazidas minerais. Transações ou eventos previstos para ocorrer no futuro não dão origem, por si só, ao surgimento de ativos. Desse modo, por exemplo, a intenção de adquirir estoques não atende, por si só, à definição de ativo.

Item 4.14: Há uma forte associação entre incorrer em gastos e gerar ativos, mas ambas as atividades não são necessariamente indissociáveis. Assim, o fato de a entidade ter incorrido em gasto pode fornecer uma evidência de busca por futuros benefícios econômicos, mas não é prova conclusiva de que um item que satisfaça à definição de ativo tenha sido obtido. De modo análogo, a ausência de gasto relacionado não impede que um item satisfaça à definição de ativo e se qualifique para reconhecimento no balanço patrimonial. Por exemplo, itens que foram doados à entidade podem satisfazer à definição de ativo.

1.3. Obrigações

São todos os débitos (dívidas) da empresa com terceiros.

Exemplos:

- Duplicatas a Pagar (ou Fornecedores)
- Promissórias a Pagar
- Contas a Pagar
- Salários a Pagar
- Dividendos a Pagar
- Imposto de Renda a Pagar
- Contribuição Social sobre o Lucro a Pagar
- ICMS a Recolher
- IPI a Recolher
- ISS a Recolher
- IRRF a Recolher
- FGTS a Recolher
- INSS a Recolher
- Adiantamentos de Clientes
- Imposto de Renda a Pagar
- Contribuição Social a Pagar
- 13º Salário a Pagar
- Férias a Pagar
- Provisão para Riscos Fiscais, Trabalhista e Cíveis
- Provisão para Garantia de Produtos e Serviços

etc.

Observações:

1) A conta *Encargos Sociais a Recolher* engloba a parte dos **empregados** (Contribuições da Previdência a Recolher descontadas do salário bruto dos empregados) e a parte do **empregador** (FGTS + Contribuições da Previdência a Recolher).

2) A conta *IRRF a Recolher* representa o imposto de renda descontado do salário bruto dos funcionários, o qual deverá ser pago pela empresa à Receita Federal.

3) DÉBITOS DE FUNCIONAMENTO: são dívidas normais originárias do próprio funcionamento da entidade, tais como salários a pagar, duplicatas a pagar, impostos a recolher etc.

4) DÉBITOS DE FINANCIAMENTO: são dívidas eventuais originárias de empréstimos bancários, financiamentos para aquisição de bens do ativo permanente, etc.

5) CRÉDITOS DE FUNCIONAMENTO: são créditos normais originários do funcionamento da empresa, tal como é o caso das duplicatas a receber, as quais representam créditos contra clientes em função de vendas a prazo.

6) CRÉDITOS DE FINANCIAMENTO: são créditos eventuais da empresa, tais como empréstimos concedidos a coligadas, controladas, acionistas, diretores etc.

7) Apesar das expressões "A PAGAR" e "A RECOLHER" indicarem OBRIGAÇÕES da empresa, **não são exatamente sinônimas**. Destarte, embora, por exemplo, as contas "IRRF a Recolher" e "IR a Pagar" serem utilizadas pela empresa para representarem obrigações com o Governo Federal, o ônus original da dívida não é o mesmo. No caso do IRRF, a obrigação gerada é a de repassar para o Governo o valor descontado dos salários dos empregados, sendo estes os que verdadeiramente arcam com o ônus do imposto. Desta forma, a empresa estaria funcionando apenas como **substituta tributária** de seus empregados, visto que seria tão só intermediária entre esses e o Governo. Já, no caso do "IR a Pagar", o ônus original desse imposto recairia, de fato, sobre a empresa, a qual teria uma obrigação direta com o Governo Federal, em função da obtenção de lucro próprio. Situação semelhante a essa é a referente ao INSS "patronal", o qual representa dívida direta da empresa diante do Governo, ao passo que o INSS "dos empregados", o qual é abatido de seus salários brutos pela empresa empregadora e repassado por esta ao Governo (será visto no Capítulo 10), recai como ônus para o empregado e não para o empregador, embora seja este que tenha que recolhê-lo aos cofres do Governo. Na 1ª hipótese (INSS patronal), "o mais correto" seria designar a obrigação por "INSS a Pagar" e na 2ª hipótese (INSS dos empregados), designar por "INSS a Recolher". No entanto, por questões de simplicidade e facilidade de contabilização, na prática normalmente é utilizada uma "única" conta para ambos os casos (INSS **A RECOLHER**), que, embora não seja o procedimento tecnicamente mais adequado, é aceitável, por ser o mais prático (utilizamos uma única conta para representar o mesmo tributo, em vez de duas contas com nomes diferentes). Adicionalmente ao INSS patronal, ainda existe o FGTS, o qual é sempre custo para a empresa empregadora e nunca para o empregado (só existe FGTS patronal). Com relação à contabilização desse tributo,

o "certo mesmo" seria utilizar a expressão "FGTS a Pagar", visto que é obrigação direta da empresa. Porém, por questões práticas e de "tradição contábil", o mais comum é nos depararmos com a expressão "FGTS **A RECOLHER**", dado que esse tributo, juntamente com o INSS patronal, são ambos "encargos sociais", de sorte que é muito comum o uso de uma única conta designada por "Encargos Sociais a Recolher". Concluímos, assim, que na contabilidade há uma certa "flexibilidade" no uso de algumas expressões, motivada, sobretudo, por questões práticas e de tradição, de sorte que isso não deve ser considerado exatamente um erro, mas apenas uma "alternativa razoável". Como exemplo prático entre a diferença da aplicabilidade das referidas expressões, suponhamos que determinada empresa comercial realizasse num certo mês vendas de mercadorias no total de R$ 1.000,00 com ICMS de 18%, sendo o custo das mercadorias vendidas de R$ 320,00. Nesse caso, a dívida de ICMS da empresa seria de 18% de R$ 1.000,00, ou seja, R$ 180,00, valor este cujo ônus tributário recairia sobre o adquirente da mercadoria e não sobre a empresa vendedora, de sorte que esta apenas teria a obrigação de recolher esse valor para o Governo do Estado. Ao mesmo tempo, no caso do IR, admitindo uma alíquota de 15%, esta incidiria sobre o lucro de R$ 1.000,00 – R$ 180,00 – R$ 320,00 = R$ 500,00, de tal forma que o valor da obrigação direta da empresa para com o Governo Federal seria de 15% de R$ 500,00 = R$ 75,00. Por fim, integrando o **PASSIVO** da empresa, teríamos o seguinte: ICMS **A RECOLHER** = R$ 180,00 (admitindo que não houvesse ICMS a recuperar antes da referida venda) e IR **A PAGAR** = R$ 75,00.

8) O item 4.4 do Pronunciamento Conceitual Básico (R1) do CPC dá a definição completa de PASSIVO, determinando que este é uma obrigação presente da entidade, derivada de eventos passados, cuja liquidação se espera que resulte na saída de recursos da entidade capazes de gerar benefícios econômicos.

9) Os itens 4.15 a 4.19 do Pronunciamento Conceitual Básico (R1) do CPC descrevem as características do PASSIVO. Abaixo, reproduzimos esses itens:

Item 4.15: Uma característica essencial para a existência de passivo é que a entidade tenha uma obrigação presente. Uma obrigação é um dever ou responsabilidade de agir ou de desempenhar uma dada tarefa de certa maneira. As obrigações podem ser legalmente exigíveis em consequência de contrato ou de exigências estatutárias. Esse é normalmente o caso, por exemplo, das contas a pagar por bens e serviços recebidos. Entretanto, obrigações surgem também de práticas usuais do negócio, de usos e costumes e do desejo de manter boas relações comerciais ou agir de maneira equitativa. Desse modo, se, por exemplo, a entidade que decida, por questão de política mercadológica ou de imagem, retificar defeitos em seus produtos, mesmo quando tais defeitos tenham se tornado conhecidos depois da expiração do período da garantia, as importâncias que espera gastar com os produtos já vendidos constituem passivos.

Item 4.16: Deve-se fazer uma distinção entre obrigação presente e compromisso futuro. A decisão da administração de uma entidade para adquirir ativos no futuro não dá origem, por si só, a uma obrigação presente. A obrigação normalmente surge somente quando um ativo é entregue ou a entidade ingressa em acordo irrevogável para adquirir o ativo. Nesse último caso, a natureza irrevogável do acordo significa que as consequências econômicas de deixar de cumprir a obrigação, como, por exemplo, em função da existência de penalidade contratual significativa, deixam a entidade com pouca, caso haja alguma, liberdade para evitar o desembolso de recursos em favor da outra parte.

Item 4.17: A liquidação de uma obrigação presente geralmente implica a utilização, pela entidade, de recursos incorporados de benefícios econômicos a fim de satisfazer a demanda da outra parte. A liquidação de uma obrigação presente pode ocorrer de diversas maneiras, como, por exemplo, por meio de:

(a) pagamento em caixa;
(b) transferência de outros ativos;
(c) prestação de serviços;
(d) substituição da obrigação por outra; ou
(e) conversão da obrigação em item do patrimônio líquido.

A obrigação pode também ser extinta por outros meios, tais como pela renúncia do credor ou pela perda dos seus direitos.

Item 4.18: Passivos resultam de transações ou outros eventos passados. Assim, por exemplo, a aquisição de bens e o uso de serviços dão origem a contas a pagar (a não ser que pagos adiantadamente ou na entrega) e o recebimento de empréstimo bancário resulta na obrigação de honrá-lo no vencimento. A entidade também pode ter a necessidade de reconhecer como passivo os futuros abatimentos baseados no volume das compras anuais dos clientes. Nesse caso, a venda de bens no passado é a transação que dá origem ao passivo.

Item 4.19: Alguns passivos somente podem ser mensurados por meio do emprego de significativo grau de estimativa. No Brasil, denominam-se esses passivos de provisões. A definição de passivo, constante do item 4.4, segue uma abordagem ampla. Desse modo, caso a provisão envolva uma obrigação presente e satisfaça os demais critérios da definição, ela é um passivo, ainda que seu montante tenha que ser estimado. Exemplos concretos incluem provisões para pagamentos a serem feitos para satisfazer acordos com garantias em vigor e provisões para fazer face a obrigações de aposentadoria.

10) De acordo com o item 10 do Pronunciamento Técnico CPC 25 – Provisões, Passivos Contingentes e Ativos Contingentes, **PROVISÃO é um PASSIVO de prazo ou valor incerto**. Assim, por exemplo, se um ex-funcionário de uma sociedade empresarial, ao ser demitido, entrasse com uma ação na Justiça Trabalhista requerendo uma indenização de R$ 80.000,00 por alegar que a empresa não lhe pagava horas extras e a mesma empresa alegasse o contrário em litígio, essa empresa, em vista da possibilidade de pagar um valor não necessariamente

requerido pelo ex-funcionário (valor incerto) e da incerteza da época em que será pago (prazo incerto), iria criar uma conta no seu PASSIVO chamada de "Provisão para Contingências Trabalhistas" no valor <u>estimado</u> de R$ 80.000,00 (conforme item 4.19 referenciado na obs. anterior, toda provisão deve ser ESTIMADA).

2. Patrimônio Líquido

Para medirmos a riqueza própria de uma empresa, não basta apurarmos o valor do ATIVO. Não seria vantajoso, por exemplo, uma empresa ter um total de bens no valor de $ 4.000 e direitos no valor de $ 1.600, se tivesse dívidas no total de $ 9.000, pois, mesmo que transformasse todos os bens e direitos em dinheiro, supondo que não tivesse lucro ou prejuízo nas operações, só conseguiria pagar $ 5.600, ficando ainda a dever $ 3.400. Assim, a riqueza própria de uma empresa é a diferença entre o que possui no ATIVO e o que possui no PASSIVO EXIGÍVEL, isto é:

PL = BENS + DIREITOS – OBRIGAÇÕES

ou

PL = A – P

ou

A = P + PL

Onde: A → Ativo e P → Passivo

Abaixo, reproduzimos o item 4.4 do Pronunciamento Conceitual Básico (R1), também conhecido como CPC "00" (R1), onde temos a definição de PATRIMÔNIO LÍQUIDO (grifo nosso):

> 4.4. Os elementos diretamente relacionados com a mensuração da posição patrimonial e financeira são os ativos, os passivos e o patrimônio líquido. Estes são definidos como segue:
>
> (a) *ATIVO* é um recurso controlado pela entidade como resultado de eventos passados e do qual se espera que fluam futuros benefícios econômicos para a entidade;
>
> (b) *PASSIVO* é uma obrigação presente da entidade, derivada de eventos passados, cuja liquidação se espera que resulte na saída de recursos da entidade capazes de gerar benefícios econômicos;
>
> (c) ***PATRIMÔNIO LÍQUIDO* é o interesse residual nos ativos da entidade depois de deduzidos todos os seus passivos.**

SINÔNIMOS DE PATRIMÔNIO LÍQUIDO

- Situação Líquida
- Capital Próprio
- Recursos Próprios
- Passivo Não Exigível

Obs.: Alguns autores só consideram PATRIMÔNIO LÍQUIDO como sinônimo de SITUAÇÃO LÍQUIDA quando o valor do ativo for maior ou igual ao do passivo exigível. Caso isso não ocorra, isto é, caso o valor do ativo seja menor do que o valor do passivo exigível, a situação líquida é dita negativa e há ausência de RIQUEZA PRÓPRIA (Patrimônio Líquido).

EXERCÍCIO RESOLVIDO 1: No levantamento do patrimônio de uma empresa, foram obtidos os seguintes valores:

- Bens............................ $ 28.000
- Direitos....................... $ 34.000
- Obrigações.................. $ 43.000

Assim, determine o valor do:

1) Ativo (A)

2) Passivo Exigível (P)

3) Patrimônio Bruto (PB)

4) Patrimônio Líquido (PL)

5) Capital de Terceiros (CTe)

6) Capital Próprio (CP)

7) Capital Total à Disposição da Empresa (CTo)

8) Capital Aplicado (CAp)

(SOLUÇÃO)

1) A = Bens + Direitos = $ 28.000 + $ 34.000 = $ 62.000

2) P = Obrigações = $ 43.000

3) PB = A = $ 62.000

4) PL = A – P = $ 62.000 – $ 43.000 = $ 19.000

5) CTe = P = $ 43.000

6) CP = PL = $ 19.000

7) CTo = CTe + CP = P + PL = $ 43.000 + $ 19.000 = $ 62.000

8) CAp = A = $ 62.000

Observações:

1) Apesar do valor de **CTo**, que é o somatório de **CTe** com **CP**, ser numericamente sempre igual ao **Ativo**, tendo em vista a equação patrimonial A = P + PL, tais termos não são sinônimos, visto que o primeiro representa as origens dos recursos patrimoniais (recursos de terceiros + recursos próprios) e o segundo representa as aplicações dos recursos patrimoniais (bens + direitos).

2) Como já visto, o PASSIVO EXIGÍVEL representa as obrigações da entidade com terceiros. No entanto, o PASSIVO NÃO EXIGÍVEL (patrimônio líquido) não é propriamente uma dívida da entidade com os seus sócios, pois estes não emprestam recursos para que ela possa ter vida própria, mas, sim, os entregam para que com eles forme o patrimônio da entidade.

3) O *Passivo Total* é a soma do *Passivo Exigível* com o *Passivo Não Exigível*:

PT = PASSIVO EXIGÍVEL + PASSIVO NÃO EXIGÍVEL
(Passivo) *(Patrimônio Líquido)*

4) Quando a Lei nº 6.404/1976 (Lei das Sociedades Anônimas) se refere a *PASSIVO*, está se referindo ao que definimos como *PASSIVO TOTAL*. Doutrinariamente, o termo *PASSIVO* é normalmente usado apenas para indicar as obrigações. No entanto, o ideal é que, quando nos referirmos somente às obrigações da entidade, usemos o termo *PASSIVO EXIGÍVEL*, a fim de evitar confusões.

5) Lembrando que o *Passivo Exigível* é o *Capital de Terceiros* e que o *Patrimônio Líquido* é o *Capital Próprio*, definimos como *CAPITAL TOTAL À DISPOSIÇÃO DA EMPRESA* (CTo) o somatório de ambos, ou seja:

CTo = CAPITAL DE TERCEIROS + CAPITAL PRÓPRIO
(Passivo Exigível) *(Patrimônio Líquido)*

6) Lembrando que *Recursos de Terceiros* é o mesmo que *Passivo* (exigível) e que *Recursos Próprios* é o mesmo que *Patrimônio Líquido*, definimos como *ORIGENS DOS RECURSOS* (OR) a soma de ambos, ou seja:

OR = RECURSOS DE TERCEIROS + RECURSOS PRÓPRIOS
(Passivo Exigível) *(Patrimônio Líquido)*

Exemplo: Três sócios constituíram uma empresa, entrando cada um com $ 20.000 em dinheiro. Na mesma época, a referida empresa adquiriu um equipamento no valor de $ 9.000 para pagamento num prazo de 60 dias. Assim:

- PASSIVO EXIGÍVEL (Recursos de Terceiros) = $ 9.000
- PATRIMÔNIO LÍQUIDO (Recursos Próprios) = $ 60.000
- PASSIVO TOTAL (Origens dos Recursos) = $ 9.000 + $ 60.000 = $ 69.000
- ATIVO (Aplicações dos Recursos) = $ 69.000, pois A = P + PL

NOTA: Do exemplo anterior, podemos concluir que os recursos de uma empresa têm origem no PASSIVO (total) e são aplicados no ATIVO, ou seja,

total das ORIGENS = total das APLICAÇÕES

EXERCÍCIO RESOLVIDO 2: Seja o patrimônio da Cia. Comercial Silvestre:

Contas	**$**
Imóveis	87.000
Duplicatas a Pagar	23.000
Caixa	12.000
Imposto de Renda a Pagar	18.000
Mercadorias	23.000
Bancos Conta Movimento	17.000
Dividendos a Pagar	9.000
Adiantamentos a Fornecedores	11.000
Adiantamentos de Clientes	10.000
Móveis e Utensílios	14.000
Salários a Pagar	4.000
Financiamentos	7.000
Duplicatas a Receber	39.000

Assim, com base nos valores anteriores, responda:

1) Qual o valor dos BENS?

(SOLUÇÃO)

Caixa	*12.000*
Bancos Conta Movimento	*17.000*
Mercadorias	*23.000*
Imóveis	*87.000*
Móveis e Utensílios	*14.000*
TOTAL	*153.000*

NOTA: Alguns autores consideram BANCOS CONTA MOVIMENTO como direito e não como bem. Entendemos aqui que o dinheiro da empresa, onde quer que ele esteja disponível (inclusive na conta corrente bancária), é um bem e **não** um crédito contra terceiros. Como referência, podemos citar a primeira questão da prova de contabilidade do concurso de Auditor da Receita Federal, elaborada pela Esaf (Escola de Administração Fazendária). Nessa questão, foi perguntado o valor dos CRÉDITOS CONTRA TERCEIROS (= direitos) e dos DÉBITOS COM TERCEIROS (= obrigações). Para se chegar ao gabarito oficial, foi necessário considerar o dinheiro depositado no banco (BCM) como bem e não como direito.

2) Qual o valor dos DIREITOS?

(SOLUÇÃO)

Adiantamentos a Fornecedores	*11.000*
Duplicatas a Receber	*39.000*
TOTAL	*50.000*

---

3) Qual o valor das OBRIGAÇÕES?

(SOLUÇÃO)

Duplicatas a Pagar	*23.000*
Imposto de Renda a Pagar	*18.000*
Dividendos a Pagar	*9.000*
Adiantamentos de Clientes	*10.000*
Salários a Pagar	*4.000*
Financiamentos	*7.000*
TOTAL	*71.000*

---

4) Qual o valor do ATIVO (A)?

(SOLUÇÃO)

A = Bens + Direitos = 153.000 + 50.000 = 203.000

---

5) Qual o valor do PASSIVO (P)?

(SOLUÇÃO)

P = Obrigações = 71.000

---

6) Qual o valor do <u>PATRIMÔNIO BRUTO</u> (PB)?

(SOLUÇÃO)

PB = Ativo = 203.000

---

7) Qual o valor do PATRIMÔNIO LÍQUIDO (PL)?

(SOLUÇÃO)

PL = Ativo – Passivo = $ 203.000 – $ 71.000 = 132.000

---

8) Qual o valor do <u>PASSIVO EXIGÍVEL</u> (PE)?

(SOLUÇÃO)

PE = Passivo = Obrigações = 71.000

---

9) Qual o valor do <u>PASSIVO NÃO EXIGÍVEL</u> (PNE)?

(SOLUÇÃO)

PNE – Patrimônio Líquido = 132.000

---

10) Qual o valor do <u>PASSIVO TOTAL</u> (PT)?

(SOLUÇÃO)

PT = Passivo Exigível + Passivo não Exigível = 71.000 + 132.000 = 203.000

---

11) Qual o valor do <u>PASSIVO</u> (Lei nº 6.404/1976, art. 178, § 2º)?

(SOLUÇÃO)

PASSIVO (Lei nº 6.404/1976) = Passivo Total = 203.000

---

12) Qual o valor do <u>CAPITAL ALHEIO</u> (CAL)?

(SOLUÇÃO)

CAL = Obrigações = Passivo = 71.000

13) Qual o valor do <u>CAPITAL DE TERCEIROS</u> (CTe)?

(SOLUÇÃO)

CTe = Capital Alheio = Obrigações = Passivo = 71.000

---

14) Qual o valor do <u>CAPITAL PRÓPRIO</u> (CP)?

(SOLUÇÃO)

CP = Patrimônio Líquido = 132.000

---

15) Qual o valor do <u>CAPITAL TOTAL À DISPOSIÇÃO DA EMPRESA</u> (CTo)?

(SOLUÇÃO)

CTo = CTe + CP = P + PL = 71.000 + 132.000 = 203.000

---

16) Qual o valor do <u>CAPITAL APLICADO</u> (CAP)?

(SOLUÇÃO)

CAp = Ativo = 203.000

---

17) Qual o valor do <u>CAPITAL NOMINAL</u> (CN), sabendo-se que na constituição da Cia. Comercial Silvestre foram subscritas 1.800 ações de valor nominal $ 20 cada?

(SOLUÇÃO)

CN = Capital na Constituição da Empresa = 1.800 × 20 = 36.000

---

18) Qual o valor das <u>ORIGENS DOS RECURSOS</u> (OR)?

(SOLUÇÃO)

OR = PASSIVO TOTAL (ou TOTAL DO PASSIVO) = P + PL = 203.000

---

19) Qual o valor das <u>APLICAÇÕES DOS RECURSOS</u> (AR)?

(SOLUÇÃO)

AR = Ativo = 203.000

20) Qual o valor do <u>CAPITAL FIXO</u> (CF)?

(SOLUÇÃO)

O Capital Fixo é composto pelos bens de uso e quaisquer outros bens que a empresa não pretenda vender. Assim, CF = 87.000 + 14.000 = 101.000

EXERCÍCIO RESOLVIDO 3: Num determinado momento, o Ativo de uma empresa era 20% superior ao Passivo. Após o pagamento de uma duplicata de $ 6.000, o Passivo passou a ser 20% inferior ao Ativo. Assim, pode-se afirmar que:

a) o Ativo no 1º momento era de $ 20.000;
b) o Capital Próprio no 1º momento era de $ 12.000;
c) o Ativo no 1º momento era de $ 36.000;
d) o Capital Próprio no 2º momento era de $ 9.000;
e) nessas condições, o problema é impossível.

(SOLUÇÃO)

(1º Momento)		**(2º Momento)**
Ativo = 1,2x	→	*Ativo = 1,2x - 6.000*
Passivo = x		*Passivo = x - 6.000*

Visto que, no 2º momento, o Passivo passou a ser 20% inferior ao Ativo, então aquele vale 80% deste, isto é:

$x - 6.000 = 0,8\ (1,2x - 6.000)$

$x - 0,96x = 6.000 - 4.800$

$0,04x = 1.200 \rightarrow x = 30.000 \rightarrow \boxed{1,2x = 36.000} \rightarrow$ ***Opção c***

3. Estados Patrimoniais

Numa visão geral, são três os possíveis estados patrimoniais:

> **<u>1º CASO</u>:** Quando o <u>ATIVO</u> da entidade for **maior** que o <u>PASSIVO</u>, ou seja:
>
> **A > P → A – P > 0 → SL > 0**

Se SL > 0 (Situação Líquida maior que ZERO), podemos designá-la por:

- Situação Líquida <u>POSITIVA</u>

ou

- Situação Líquida <u>ATIVA</u>

ou

- Situação Líquida <u>SUPERAVITÁRIA</u>

ou

- Situação Líquida <u>FAVORÁVEL</u>

<u>2º CASO</u>: Quando o <u>ATIVO</u> da entidade for **<u>igual</u>** ao <u>PASSIVO</u>, ou seja:

A = P → A – P = 0 → SL = 0

Se SL = 0 (Situação Líquida igual a ZERO), podemos designá-la por:

- Situação Líquida <u>NULA</u>

<u>3º CASO</u>: Quando o <u>ATIVO</u> da entidade for **<u>menor</u>** que o <u>PASSIVO</u>, ou seja:

A < P → A – P < 0 → SL < 0

Se **SL < 0** (Situação Líquida menor que ZERO), podemos designá-la por:

- Situação Líquida <u>NEGATIVA</u>

ou

- Situação Líquida <u>PASSIVA</u>

ou

- Situação Líquida <u>DEFICITÁRIA</u>

ou

- Situação Líquida <u>DESFAVORÁVEL</u>

ou

- <u>PASSIVO A DESCOBERTO</u>

Exemplos:

1) A empresa X, ao levantar seu patrimônio, apurou:

ATIVO = $ 36.000

<u>PASSIVO = $ 11.000</u>

SL = A – P = $ 36.000 – $ 11.000 = $ 25.000

Logo, pode-se afirmar que a referida empresa tem:

- *uma Situação Líquida **Positiva** de $ 25.000 ou*
- *uma Situação Líquida **Ativa** de $ 25.000 ou*
- *uma Situação Líquida **Superavitária** de $ 25.000 ou*
- *uma Situação Líquida **Favorável** de $ 25.000*

2) A empresa Y, ao levantar seu patrimônio, apurou:

ATIVO = $ 27.000

PASSIVO = $ 27.000

SL = A – P = $ 27.000 – $ 27.000 = ZERO

Situação Líquida Nula

3) A empresa Z, ao levantar seu patrimônio, apurou:

ATIVO = $ 52.000

PASSIVO = $ 80.000

SL = $ 52.000 – $ 80.000 = ($ 28.000). Logo, a empresa Z tem:

- *uma Situação Líquida **Negativa** de $ 28.000 ou*
- *uma Situação Líquida **Passiva** de $ 28.000 ou*
- *uma Situação Líquida **Deficitária** de $ 28.000 ou*
- *uma Situação Líquida **Desfavorável** de $ 28.000 ou*
- *um PASSIVO A DESCOBERTO de $ 28.000*

Nota 1: Ao passo que na Matemática todo valor negativo recebe sinal "–" (menos), ao passo que nas demonstrações contábeis os valores negativos são indicados entre parênteses, sem o sinal "–", como, por exemplo, o valor "– 28.000", o qual num balanço patrimonial seria indicado "(28.000)".

Nota 2: No caso de "Passivo a Descoberto" (PD), convencionalmente é comum a apresentação da equação patrimonial da seguinte forma: "PD = P – A", embora a equação "SL = A – P" seja matematicamente correta em qualquer caso, mesmo no caso em que o Passivo Exigível seja maior que o Ativo, apesar de alguns doutrinadores apresentarem "SL = P – A" no caso de Passivo a Descoberto.

Conclusão: Em toda e qualquer entidade vale sempre a seguinte relação:

$$A \geq 0, P \geq 0 \text{ e } SL > 0 \text{ ou } SL < 0 \text{ ou } SL = 0$$

Assim, jamais poderíamos ter, por exemplo, A = – $ 31.000 ou P = – $ 12.000. Porém poderíamos ter, por exemplo, SL = – $ 20.000

4. Componentes do PL

Até aqui, vimos que **PL = A – P**. Agora, veremos "outra forma" de apurarmos o Patrimônio Líquido, isto é, **PL = PP – PN** (PP = Partes Positivas, PN = Partes Negativas).

➢ PARTES POSITIVAS (PP)
- CAPITAL SOCIAL
- RESERVAS DE CAPITAL
- OPÇÕES OUTORGADAS RECONHECIDAS
- RESERVAS DE LUCROS
- AJUSTES DE AVALIAÇÃO PATRIMONIAL *(ajustes POSITIVOS)*
- AJUSTES ACUMULADOS DE CONVERSÃO *(ajustes POSITIVOS)*

➢ PARTES NEGATIVAS (PN)
- CAPITAL A REALIZAR *(ou Capital a Integralizar)*
- GASTOS NA EMISSÃO DE AÇÕES
- PREJUÍZOS ACUMULADOS
- AÇÕES EM TESOURARIA
- AJUSTES DE AVALIAÇÃO PATRIMONIAL *(ajustes NEGATIVOS)*
- AJUSTES ACUMULADOS DE CONVERSÃO *(ajustes NEGATIVOS)*

Observação: Antes da Lei nº 11.638/2007, era indicada como parte do patrimônio líquido no balanço patrimonial a conta Lucros Acumulados. Com o advento dessa lei, essa conta foi eliminada do patrimônio líquido para efeitos de balanço patrimonial "**de encerramento do exercício social**". No entanto, cabe ressaltar que ela **não** foi extinta da contabilidade, pois continuará a servir de base para as destinações do resultado ao fim do exercício social (será visto nos Capítulos 4, 12 e 14). Apenas, quando terminadas essas destinações, ficará com saldo zero, pois qualquer valor remanescente, após as destinações do lucro líquido para reservas de lucros, deverá ser utilizado para o pagamento de dividendos (Lei nº 6.404, art. 202, § 6º). Isso pode ser reforçado pelo fato de que o art. 186 da Lei nº 6.404 não foi modificado, o qual se refere à demonstração dos "Lucros" ou Prejuízos Acumulados. Dessa forma, contabilmente, a conta Lucros Acumulados daqui para frente será tratada como transitória, ou seja, conta que recebe valores, mas sempre irá repassá-los para outras contas, ficando assim com saldo zero "ao fim do exercício social" e, portanto, jamais aparecendo no balanço patrimonial de encerramento do exercício social. No entanto, cabe ressaltar que nada impede que esta conta apareça como integrante de um balanço patrimonial feito **numa data qualquer** que **não seja aquela do encerramento do exercício social**. Assim, se uma companhia, por exemplo, encerra seu exercício social em 31 de dezembro de cada ano, o balanço nesta data não poderá conter a conta Lucros Acumulados como integrante do patrimônio líquido, tendo em vista a alínea *d* do § 2º do art. 178, a qual determina que no balanço elaborado ao fim do exercício social o patrimônio líquido é dividido em capital social, reservas de capital, ajustes de avaliação patrimonial, reservas de lucros, ações em tesouraria e prejuízos acumulados. Todavia, se essa mesma companhia decide, por conta própria, elaborar um balanço patrimonial ao fim do primeiro trimestre, por exemplo, e nesse trimestre a empresa apurou lucro, **não há problema algum** na inclusão da conta Lucros Acumulados no patrimônio líquido nesse balanço com saldo diferente de zero, tendo em vista que não é o balanço de encerramento do exercício social.

No Capítulo 12, estudaremos detalhadamente as partes do Patrimônio Líquido e veremos que as partes negativas são as chamadas "contas retificadoras" desse grupo. Aqui, daremos as seguintes definições:

A) CAPITAL SOCIAL: Como já visto no Capítulo 1, o Capital Social é composto pelo total de ações subscritas na constituição de uma sociedade anônima, ou de quotas subscritas na constituição de uma sociedade limitada.

EXEMPLO PRÁTICO: A empresa comercial Barra S/A foi constituída com um capital subscrito de $ 60.000, sendo integralizados 20% em dinheiro depositado no banco e 50% em mercadorias para revenda. Além disso, adquiriu um imóvel, com um financiamento, no valor de $ 40.000. Assim:

ATIVO	
Bancos	$ 12.000
Mercadorias	$ 30.000
Imóveis	$ 40.000
PASSIVO EXIGÍVEL	
Financiamentos	$ 40.000
PATRIMÔNIO LÍQUIDO	
Capital Social	$ 60.000
Capital a Realizar	($18.000)

Desta forma, podemos calcular o Patrimônio Líquido de duas formas distintas:

PL = A – P → PL = 12.000 + 30.000 + 40.000 – 40.000 = **42.000**

ou

PL = PP – PN → PL = 60.000 – 18.000 = **42.000**

B) RESERVAS DE CAPITAL: São valores provenientes dos sócios ou de terceiros que entram diretamente no patrimônio da empresa, sem afetar o seu lucro ou prejuízo.

Existem três tipos de reservas de capital. Estudaremos esse assunto no Capítulo 12. Aqui, como exemplo prático, ainda no caso da empresa Barra S/A, iremos supor que essa emitiu

$ 8.000 em novas ações, cobrando dos novos acionistas $ 2.000 de ágio na emissão dessas ações (iremos supor que não houve gastos na emissão dessas novas ações). Isso dará origem a uma das reservas de capital (Reserva de Ágio na Emissão de Ações). Dessa forma, na conta Bancos entrarão $ 10.000, ficando esta com novo saldo de $ 22.000, não havendo nenhuma outra alteração no Ativo. No Patrimônio Líquido, o Capital Social aumentará para $ 68.000, não havendo alteração no Capital a Realizar. Mas, logo após esta conta, entrará uma nova (Reservas de Capital) no valor de $ 2.000:

ATIVO

Bancos	$ 22.000
Mercadorias	$ 30.000
Imóveis	$ 40.000

PASSIVO EXIGÍVEL

Financiamentos	$ 40.000

PATRIMÔNIO LÍQUIDO

Capital Social	$ 68.000
Capital a Realizar	($ 18.000)
Reservas de Capital	$ 2.000

Desta forma, o novo valor do Patrimônio Líquido será:

PL = A – P → PL = 22.000 + 30.000 + 40.000 – 40.000 = 52.000

ou

PL = PP – PN → PL = 68.000 + 2.000 – 18.000 = 52.000

C) RESERVAS DE LUCROS: De forma diferente das reservas de capital, as quais podem ser feitas em qualquer data do ano, as reservas de lucros só são formadas imediatamente após a apuração do lucro líquido do exercício, em geral, o lucro líquido que a empresa auferiu referente ao período de janeiro a dezembro de cada ano, sendo tais reservas uma "fatia" desse lucro no processo de suas destinações (será visto nos Capítulos 4, 12 e 14). Dessa forma, se uma empresa, por exemplo, está constituindo reservas de lucros em 31/dez/2007, a próxima vez que constituirá essas reservas depois dessa data será em 31/dez/2008.

Assim, a fim de facilitar o nosso raciocínio, suponhamos ainda no exemplo da comercial Barra S/A que, após a última operação, o único fato ocorrido até o fim do ano, ou seja, até 31 de dezembro, foi uma venda de mercadorias à vista no total de $ 21.000 ao custo de $ 13.000, gerando assim um lucro de $ 8.000. Supondo que $ 5.000 desse lucro fossem destinados às reservas de lucros e $ 3000 para dividendos a pagar aos acionistas, teremos as seguintes alterações: $ 21.000 entrarão na conta Caixa; $ 13.000 sairão da conta Mercadorias, ficando esta com saldo de $ 17.000; $ 5.000 entrarão no PL como Reservas de Lucros; e $ 3.000 entrarão no Passivo Exigível como Dividendos a Pagar, ficando o novo patrimônio da empresa da seguinte forma:

ATIVO	
Caixa	$ 21.000
Bancos	$ 22.000
Mercadorias	$ 17.000
Imóveis	$ 40.000

PASSIVO EXIGÍVEL	
Dividendos a Pagar	$ 3.000
Financiamentos	$ 40.000

PATRIMÔNIO LÍQUIDO	
Capital Social	$ 68.000
Capital a Realizar	($ 18.000)
Reservas de Capital	$ 2.000
Reservas de Lucros	$ 5.000

Desta forma, o novo valor do Patrimônio Líquido será:

PL = A – P → PL = 21.000 + 22.000 + 17.000 + 40.000 – 3.000 – 40.000 - 57.000

ou

PL = PP – PN → PL = 68.000 + 2.000 + 5.000 – 18.000 = 57.000

D) **<u>AJUSTES DE AVALIAÇÃO PATRIMONIAL</u>:** Representam aumentos ou diminuições de valor atribuídos a elementos do ativo e do passivo, em decorrência da sua avaliação a **valor justo** (= preço normal de mercado). Ao aumentar o Ativo ou diminuir o Passivo, seu valor será positivo (parte positiva) e aumentará o PL. Ao diminuir o Ativo ou aumentar o Passivo, seu valor será negativo (parte negativa) e reduzirá o PL (conta retificadora do PL).

Supondo no exemplo da comercial Barra S/A que, no ano seguinte ao da última operação, com base em laudo pericial, fosse constatado que o valor de mercado do imóvel fosse $ 50.000 e a empresa ajustasse o valor original de $ 40.000 para esse valor, teríamos:

ATIVO	
Caixa	$ 21.000
Bancos	$ 22.000
Mercadorias	$ 17.000
Imóveis	**$ 50.000**

PASSIVO EXIGÍVEL

Dividendos a Pagar	$ 3.000
Financiamentos	$ 40.000

PATRIMÔNIO LÍQUIDO

Capital Social	$ 68.000
Capital a Realizar	($ 18.000)
Reservas de Capital	$ 2.000
Ajustes de Avaliação Patrimonial	**$ 10.000**
Reservas de Lucros	$ 5.000

Desta forma, o novo valor do Patrimônio Líquido será:

PL = A – P → PL = 21.000 + 22.000 + 17.000 + 50.000 – 3.000 – 40.000 = 67.000

ou

PL = PP – PN → PL = 68.000 + 2.000 + 10.000 + $ 5.000 – 18.000 = 67.000

Supondo agora que, mediante novo laudo, o imóvel fosse reavaliado de $ 50.000 para $ 33.000, a conta Ajustes de Avaliação Patrimonial, que estava positiva em $ 10.000, passaria a ser negativa de $ 7.000, e teríamos o seguinte:

ATIVO

Caixa	$ 21.000
Bancos	$ 22.000
Mercadorias	$ 17.000
Imóveis	**$ 33.000**

PASSIVO EXIGÍVEL

Dividendos a Pagar	$ 3.000
Financiamentos	$ 40.000

PATRIMÔNIO LÍQUIDO

Capital Social	$ 68.000
Capital a Realizar	($ 18.000)
Reservas de Capital	$ 2.000
Ajustes de Avaliação Patrimonial	**($ 7.000)**
Reservas de Lucros	$ 5.000

Desta forma, o novo valor do Patrimônio Líquido será:

PL = A – P → PL = 21.000 + 22.000 + 17.000 + 33.000 – 3.000 – 40.000 = 50.000

ou

PL = PP – PN → PL = 68.000 + 2.000 + 5.000 – 18.000 – 7.000 = 50.000

E) PREJUÍZOS ACUMULADOS: Se, ao invés de lucro líquido, ao fim do exercício social uma companhia apure prejuízo líquido, este irá entrar no patrimônio líquido reduzindo o seu valor da seguinte forma: primeiro, esse prejuízo obrigatoriamente absorverá todas as reservas de lucros, caso seu valor seja superior ao dessas reservas. Após isso, opcionalmente, poderá ou não absorver as reservas de capital. Finalmente, havendo ainda após isso prejuízo remanescente, esse ficará na conta Prejuízos Acumulados (será visto nos Capítulos 12 e 14).

Assim, ainda no exemplo da comercial Barra S/A, suponhamos que a única operação ocorrida após a última situação até o fim do ano fosse a venda à vista de todo o estoque de mercadorias por $ 11.000, a empresa teria um prejuízo líquido de $ 6.000, entrando esse no patrimônio líquido e absorvendo todas as reservas de lucros no total de $ 5.000. Supondo que a empresa não quisesse utilizar as reservas de capital para absorver os $ 1.000 remanescentes, teríamos a seguinte nova situação:

ATIVO	
Caixa	$ 32.000
Bancos	$ 22.000
Imóveis	$ 33.000
PASSIVO EXIGÍVEL	
Dividendos a Pagar	$ 3.000
Financiamentos	$ 40.000
PATRIMÔNIO LÍQUIDO	
Capital Social	$ 68.000
Capital a Realizar	($ 18.000)
Reservas de Capital	$ 2.000
Ajustes de Avaliação Patrimonial	($ 7.000)
Prejuízos Acumulados	($ 1.000)

Desta forma, o novo valor do Patrimônio Líquido será:

PL = A – P → PL = 32.000 + 22.000 + 33.000 – 3.000 – 40.000 = 44.000

ou

PL = PP – PN → PL = 68.000 + 2.000 – 18.000 – 7.000 – 1.000 = 44.000

F) AÇÕES EM TESOURARIA: Essa conta aparece quando uma companhia adquire de terceiros (no mercado de valores mobiliários ou de seus acionistas) parte de suas próprias ações e as guarda em tesouraria para revenda futura.

Dessa forma, ainda no exemplo da comercial Barra S/A, suponhamos que esta, após a última operação, adquira de alguns acionistas $ 1.200 de suas próprias ações, utilizando parte do dinheiro obtido na cobrança do ágio na emissão dessas ações, mediante a emissão de cheques da empresa. Assim, teríamos a seguinte nova situação patrimonial:

ATIVO

Caixa	$ 32.000
Bancos	$ 20.800
Imóveis	$ 33.000

PASSIVO EXIGÍVEL

Dividendos a Pagar	$ 3.000
Financiamentos	$ 40.000

PATRIMÔNIO LÍQUIDO

Capital Social	$ 68.000
Capital a Realizar	($ 18.000)
Reservas de Capital	$ 2.000
Ações em Tesouraria	($ 1.200)
Ajustes de Avaliação Patrimonial	($ 7.000)
Prejuízos Acumulados	($ 1.000)

Desta forma, o novo valor do Patrimônio Líquido será:

PL = A – P → PL = 32.000 + 20.800 + 33.000 – 3.000 – 40.000 = 42.800

ou

PL = PP – PN → PL = 68.000 + 2.000 – 18.000 – 1.200 – 7.000 – 1.000 = 42.800

G) <u>OPÇÕES OUTORGADAS RECONHECIDAS</u> **(ou Instrumentos Patrimoniais Outorgados):** Essa é uma conta utilizada nos casos em que a empresa negocia os pagamentos, normalmente de serviços, a empregados ou administradores com a entrega aos mesmos de <u>OPÇÕES DE AÇÕES</u> da sociedade. Em outras palavras, em vez de pagar os funcionários com dinheiro, o pagamento é feito com a entrega dos referidos instrumentos patrimoniais.

Nota: *<u>Ação</u> é a menor parcela em que se divide o capital de uma sociedade anônima, ao passo que as <u>opções de ações</u> são contratos que dão a seus proprietários o direito, mas não a obrigação, de subscrever ações da sociedade a um preço fixo ou determinável num prazo específico.*

Ainda no exemplo da comercial Barra S/A, suponhamos que após a última operação a empresa negocie com seus administradores o pagamento de seus serviços num determinado período com a concessão de 250 opções de ações, sendo o valor justo estimado de cada opção de $ 20. Desta forma, o total da despesa de remuneração será de $ 5.000, valor este que aumentará o saldo de Prejuízos Acumulados no balanço. Assim, a nova situação patrimonial, após a prestação dos referidos serviços, seria a seguinte:

ATIVO	
Caixa	$ 32.000
Bancos	$ 20.800
Imóveis	$ 33.000
PASSIVO EXIGÍVEL	
Dividendos a Pagar	$ 3.000
Financiamentos	$ 40.000
PATRIMÔNIO LÍQUIDO	
Capital Social	$ 68.000
Capital a Realizar	($ 18.000)
Reservas de Capital	$ 2.000
Opções Outorgadas Reconhecidas	**$ 5.000**
Ações em Tesouraria	($ 1.200)
Ajustes de Avaliação Patrimonial	($ 7.000)
Prejuízos Acumulados	**($ 6.000)**

Desta forma, o novo valor do Patrimônio Líquido será:

PL = A – P → PL = 32.000 + 20.800 + 33.000 – 3.000 – 40.000 = 42.800

ou

PL = PP – PN → PL = 68.000 + 2.000 + 5.000 – 18.000 – 1.200 – 7.000 – 6.000 = 42.800

H) <u>GASTOS NA EMISSÃO DE AÇÕES</u>: Tais gastos aparecem abaixo do capital social como redutor do mesmo.

Assim, no exemplo da Barra S/A, suponhamos que após a última operação a sociedade emitiu 3.000 novas ações a $ 4 cada, cujos gastos com essa emissão totalizaram $ 800. Admitindo que a operação foi toda feita em dinheiro, na conta Caixa entrarão $ 12.000 – $ 800, isto é, $ 11.200. Na conta Capital Social entrarão o valor integral, ou seja, $ 12.000. Assim, teríamos a seguinte nova situação patrimonial:

ATIVO	
Caixa	**$ 43.200**
Bancos	$ 20.800
Imóveis	$ 33.000
PASSIVO EXIGÍVEL	
Dividendos a Pagar	$ 3.000
Financiamentos	$ 40.000
PATRIMÔNIO LÍQUIDO	
Capital Social	**$ 80.000**
Capital a Realizar	($ 18.000)
Gastos na Emissão de Ações	**($ 800)**
Reservas de Capital	$ 2.000
Opções Outorgadas Reconhecidas	$ 5.000
Ações em Tesouraria	($ 1.200)
Ajustes de Avaliação Patrimonial	($ 7.000)
Prejuízos Acumulados	($ 6.000)

Desta forma, o novo valor do Patrimônio Líquido será:

$PL = A - P \rightarrow PL = 43.200 + 20.800 + 33.000 - 3.000 - 40.000 = 54.000$

ou

$PL = PP - PN \rightarrow PL = 80.000 + 2.000 + 5.000 - 18.000 - 800 - 1.200 - 7.000 - 6.000 = 54.000$

I) <u>AJUSTES ACUMULADOS DE CONVERSÃO</u>: Conta utilizada no registro das variações cambiais dos investimentos em ações de empresas localizadas no exterior, podendo tais investimentos ser em sociedades coligadas, controladas em conjunto (*joint-venture*) ou controladas não caracterizadas como filiais, sucursais ou extensão das atividades da controladora.

Assim, considerando ainda o exemplo da Barra S/A, suponhamos que a mesma adquirisse, em 01 de dezembro de X1, 100% das ações da Cia. Delta, localizada na Itália, por $ 40.000 em dinheiro, tornando-se sua controladora. Vamos admitir que na data da aquisição o Patrimônio Líquido (PL) da investida fosse de 16.000 euros e que a cotação na época era de $ 2,50 em unidade de moeda nacional, de forma que o PL na aquisição coincidisse com o custo da aquisição, ou seja, fosse de $ 40.000 também. Supondo que ao longo de dezembro de X1 a investida Delta não realizasse nenhuma operação, mas o euro em 31 de dezembro fosse cotado a $ 3,00. Sendo assim, a variação cambial em moeda nacional seria de 16.000 × ($ 3,00 – $ 2,50) = $ 8.000. Finalmente, teríamos as seguintes novas situações patrimoniais em 01 e 31 de dezembro de X1: seriam as seguintes:

Em 01 de dezembro de X1:

ATIVO	
Caixa	**$ 3.200**
Bancos	$ 20.800
Investimentos em Controladas	**$ 40.000**
Imóveis	$ 33.000
PASSIVO EXIGÍVEL	
Dividendos a Pagar	$ 3.000
Financiamentos	$ 40.000
PATRIMÔNIO LÍQUIDO	
Capital Social	$ 80.000
Capital a Realizar	($ 18.000)
Gastos na Emissão de Ações	($ 800)
Reservas de Capital	$ 2.000
Opções Outorgadas Reconhecidas	$ 5.000
Ações em Tesouraria	($ 1.200)
Ajustes de Avaliação Patrimonial	($ 7.000)
Prejuízos Acumulados	($ 6.000)

Desta forma, o novo valor do Patrimônio Líquido será:

PL = A – P → PL = 3.200 + 20.800 + 40.000 + 33.000 – 3.000 – 40.000 = 54.000

ou

PL = PP – PN → PL = 80.000 + 2.000 + 5.000 – 18.000 – 800 – 1.200 – 7.000 – 6.000 = 54.000

Em 31 de dezembro de X1:

ATIVO	
Caixa	$ 3.200
Bancos	$ 20.800
Investimentos em Controladas	**$ 48.000**
Imóveis	$ 33.000
PASSIVO EXIGÍVEL	
Dividendos a Pagar	$ 3.000
Financiamentos	$ 40.000
PATRIMÔNIO LÍQUIDO	
Capital Social	$ 80.000
Capital a Realizar	($ 18.000)
Gastos na Emissão de Ações	($ 800)
Reservas de Capital	$ 2.000
Opções Outorgadas Reconhecidas	$ 5.000
Ações em Tesouraria	($ 1.200)
Ajustes de Avaliação Patrimonial	($ 7.000)
Ajustes Acumulados de Conversão	**$ 8.000**
Prejuízos Acumulados	($ 6.000)

Desta forma, o novo valor do Patrimônio Líquido será:

PL = A – P → PL = 3.200 + 20.800 + 48.000 + 33.000 – 3.000 – 40.000 = 62.000

ou

PL = PP – PN → PL = 80.000 + 2.000 + 5.000 + 8.000 – 18.000 – 800 – 1.200 – 7.000 – 6.000 = 62.000

Nota : No caso da moeda estrangeira desvalorizar em relação à moeda nacional, a conta Ajustes Acumulados de Conversão seria NEGATIVA, ou seja, parte negativa do PL.

COMENTÁRIO FINAL: O item 4.4. do Pronunciamento Técnico CPC "00" (R1) – Estrutura Conceitual para Elaboração e Divulgação de Relatório Contábil-Financeiro – define o no seu item 4.4. PATRIMÔNIO LÍQUIDO como **o interesse residual nos ativos da entidade depois de deduzidos todos os seus passivos.** Os itens 4.20 a 4.23 do mesmo Pronunciamento descrevem algumas características do PL. Abaixo, reproduzimos esses itens:

Item 4.20: Embora o patrimônio líquido seja definido no item 4.4 como algo residual, ele pode ter subclassificações no balanço patrimonial. Por exemplo, na sociedade por ações, recursos aportados pelos sócios, reservas resultantes de retenções de lucros e reservas representando ajustes para manutenção do capital podem ser demonstrados separadamente. Tais classificações podem ser relevantes para a tomada de decisão dos usuários das demonstrações contábeis quando indicarem restrições legais ou de outra natureza sobre a capacidade que a entidade tem de distribuir ou aplicar de outra forma os seus recursos patrimoniais. Podem também refletir o fato de que determinadas partes com direitos de propriedade sobre a entidade têm direitos diferentes com relação ao recebimento de dividendos ou ao reembolso de capital.

Item 4.21: A constituição de reservas é, por vezes, exigida pelo estatuto ou por lei para dar à entidade e seus credores uma margem maior de proteção contra os efeitos de prejuízos. Outras reservas podem ser constituídas em atendimento a leis que concedem isenções ou reduções nos impostos a pagar quando são feitas transferências para tais reservas. A existência e o tamanho de tais reservas legais, estatutárias e fiscais representam informações que podem ser importantes para a tomada de decisão dos usuários. As transferências para tais reservas são apropriações de lucros acumulados, portanto, não constituem despesas.

Item 4.22: O montante pelo qual o patrimônio líquido é apresentado no balanço patrimonial depende da mensuração dos ativos e passivos. Normalmente, o montante agregado do patrimônio líquido somente por coincidência corresponde ao valor de mercado agregado das ações da entidade ou da soma que poderia ser obtida pela venda dos seus ativos líquidos numa base de item-por-item, ou da entidade como um todo, tomando por base a premissa da continuidade (*going concern basis*).

Item 4.23: Atividades comerciais e industriais, bem como outros negócios são frequentemente exercidos por meio de firmas individuais, sociedades limitadas, entidades estatais e outras organizações cujas estruturas, legal e regulamentar, em regra, são diferentes daquelas aplicáveis às sociedades por ações. Por exemplo, pode haver poucas restrições, caso haja, sobre a distribuição aos proprietários ou a outros beneficiários de montantes incluídos no patrimônio líquido. Não obstante, a definição de patrimônio líquido e os outros aspectos dessa Estrutura Conceitual que tratam do patrimônio líquido são igualmente aplicáveis a tais entidades.

5. Balanço Patrimonial (Noções Básicas)

As empresas em geral, principalmente as de grande porte, por várias razões (razões fiscais, societárias, gerenciais etc.), têm necessidade de apresentar graficamente os seus patrimônios. À representação gráfica do patrimônio de uma empresa, em determinado momento, chamamos de BALANÇO PATRIMONIAL.

Teoricamente, uma empresa pode fazer o seu balanço a qualquer momento, bastando apenas fazer o levantamento do seu patrimônio. Porém, na prática, as grandes empresas, principalmente as sociedades anônimas, referenciam os seus balanços, normalmente, à data de 31 de dezembro de cada ano. Daí, é muito comum questões de concursos com enunciados do tipo "... Balanço Patrimonial da Cia......., em 31/12/XX,....".

Para elaborarmos um balanço patrimonial, podemos pôr o **ATIVO** do lado esquerdo e o **PASSIVO** (EXIGÍVEL + NÃO EXIGÍVEL) do lado direito. Genericamente, teríamos:

ATIVO	PASSIVO
Bens + Direitos	Obrigações + Patrimônio Líquido

Pela equação patrimonial:

A = P + PL → Bens + Direitos = Obrigações + Patrimônio Líquido

↓ ↓

Total do Ativo = **Total do Passivo**

> Como podemos observar, em todo balanço patrimonial o total do ATIVO sempre será iqual ao do PASSIVO, tendo em vista a equação patrimonial.

No Capítulo 12, estudaremos detalhadamente os grupos de contas componentes do Balanço Patrimonial. Daremos aqui as seguintes noções básicas:

I. Divisão do **ATIVO** na elaboração do Balanço:

- ATIVO CIRCULANTE
- ATIVO NÃO CIRCULANTE

↓ *Ordem decrescente de liquidez*

II. Divisão do **PASSIVO EXIGÍVEL** na elaboração do Balanço:

- PASSIVO CIRCULANTE
- PASSIVO NÃO CIRCULANTE

↓ *Ordem decrescente de exigibilidade*

Observações:

1) LIQUIDEZ é a facilidade de se realizar (desfazer de) um bem ou direito. Desta forma, as contas do Ativo Circulante são as mais líquidas, ou seja, são aquelas que a empresa normalmente movimenta. Por outro lado, as contas do Ativo Não Circulante são aquelas menos líquidas, ou seja, são movimentadas, em geral, após o término do exercício seguinte (Ativo Realizável a Longo Prazo) ou raramente movimentadas (Ativo Investimentos, Ativo Imobilizado e Ativo Intangível).

2) Estudaremos em seguida que o ATIVO NÃO CIRCULANTE é composto por 4 partes: Ativo Realizável a Longo Prazo, Ativo Investimentos, Ativo Imobilizado e Ativo Intangível.

3) Ao passo que as contas do ativo são dispostas em ordem decrescente de liquidez, as contas do passivo são dispostas em ordem decrescente de EXIGIBILIDADE. Assim, as contas do Passivo Circulante representam as obrigações exigíveis no exercício social seguinte. Já as contas do Passivo Não Circulante representam as obrigações exigíveis após o término do exercício seguinte.

III. **ATIVO CIRCULANTE**: É composto, basicamente, pelas disponibilidades e pelos bens e direitos realizáveis a curto prazo, isto é, bens e direitos realizáveis no exercício social seguinte. Assim, por exemplo, se uma determinada empresa está elaborando o balanço relativo ao exercício social findo em 31/12/X1, todas as duplicatas a receber para X2, as mercadorias que serão vendidas ao longo de X2, os estoques de materiais de expediente que serão consumidos ao longo de X2 e quaisquer outros bens e direitos que serão realizados ao longo de X2 serão classificados no balanço de 31/12/X1 como ativo circulante.

Exemplos: Caixa, Bancos Conta Movimento, Aplicações Financeiras, Duplicatas a Receber (ou Clientes), Adiantamentos a Fornecedores, Adiantamentos a Empregados, Impostos a Recuperar, Dividendos a Receber, Estoques (Mercadorias, Material de Expediente, Matérias-Primas, Produtos em Fabricação, Produtos Prontos) etc.

IV. **ATIVO NÃO CIRCULANTE** – É composto por 4 (quatro) subgrupos:

- ATIVO REALIZÁVEL A LONGO PRAZO – É formado por duas partes:
  - o Bens e direitos realizáveis após o término de exercício seguinte. Exs.: Duplicatas a Receber (recebimento após o exercício seguinte), Estoques de Mercadorias (a serem vendidas após o término do exercício seguinte), Estoques de Matérias-Primas (a serem utilizadas na produção após o término do exercício seguinte), etc.
  - o Direitos derivados de vendas, adiantamentos ou empréstimos a sociedades coligadas, sociedades controladas, sócios, diretores e participantes nos lucros da companhia, desde que NÃO constituam negócios usuais na exploração do objeto da companhia. Exs.: Empréstimos a Coligadas, Empréstimos a Acionistas, Adiantamentos a Diretores, etc.

Observações:

1. Duas sociedades são COLIGADAS quando a investidora tem influência significativa na investida, ou seja, quando a investidora detém ou exerce o poder de participar nas decisões

das políticas financeira ou operacional da investida, sem controlá-la, sendo que é presumida influência significativa quando a investidora for titular de 20% ou mais do capital votante da investida (= ações que dão direito ao voto nas assembleias de acionistas, ou seja, ações ordinárias), sem controlá-la. Assim, por exemplo, se a Cia. X possui 27% das ações ordinárias da Cia. Y, as duas são consideradas sociedades coligadas, onde X é a investidora e Y, a investida.

2. Se uma companhia investidora possuir mais de 50% das ações com direito ao voto (ações ordinárias) de uma companhia investida, aquela será a controladora e esta, a controlada. Assim, por exemplo, se a Cia. Alfa possuir 58% do capital votante (ações com direito do voto) da Cia. Beta, aquela será a controladora e esta a controlada. Desta forma, se Alfa, por exemplo, emprestar dinheiro a Beta, na escrituração daquela será utilizada a conta Empréstimos a Controladas, que, independentemente do prazo, será sempre classificada como conta integrante do ativo realizável a longo prazo.

- ATIVO INVESTIMENTOS – É composto por:
  - **Bens de renda** – são aqueles que, apesar da empresa não ter a intenção de vendê-los, não são utilizados nas suas atividades empresariais, como, por exemplo, obras de arte, imóveis alugados a terceiros, terrenos não utilizados nas atividades da empresa, etc.
  - **Participações permanentes no capital de outras sociedades** – são as ações adquiridas de outras sociedades com a intenção de permanência (sem a intenção de venda), tais como ações de coligadas e ações de controladas, por exemplo. Assim, cabe ressaltar que Empréstimos a Coligadas e Empréstimos a Controladas são contas do Ativo Realizável a Longo Prazo. No entanto, Ações de Coligadas e Ações de Controladas são contas do Ativo Investimentos. Esse conceito vale também para sociedades limitadas, onde o capital é dividido não em ações e sim em cotas. No entanto, no caso de participação em cotas de outras sociedades, já há naturalmente a presunção de permanência, ou seja, quando uma sociedade adquire cotas de outra, nunca é para especular (não se negociam cotas em bolsas de valores).
- ATIVO IMOBILIZADO – É composto pelos **bens corpóreos** (= bens materiais ou tangíveis) de uso (bens utilizados na manutenção das atividades da empresa), tais como veículos, móveis e utensílios, computadores, imóveis, máquinas e equipamentos, etc.
- ATIVO INTANGÍVEL – É composto pelos **bens incorpóreos** (= bens imateriais ou intangíveis) de uso da empresa, tais como patentes, concessões obtidas, fundo de comércio adquirido ... etc.

Na última situação do exemplo do item 4, podemos montar o seguinte balanço patrimonial:

ATIVO		**PASSIVO**	
CIRCULANTE		**CIRCULANTE**	
Caixa	3.200	Dividendos a Pagar	3.000
Bancos	20.800	Financiamentos	40.000
	24.000		43.000
NÃO CIRCULANTE		**PATRIMÔNIO LÍQUIDO**	
INVESTIMENTOS		Capital Social	80.000
Investimentos em Controladas	48.000	Capital a Realizar	(18.000)
		Gastos na Emissão de Ações	(800)
IMOBILIZADO		Reservas de Capital	2.000
Imóveis	33.000	Opções Outorgadas Reconhecidas	5.000
	81.000	Ações em Tesouraria	(1.200)
		Ajustes de Avaliação Patrimonial	(7.000)
		Ajustes Acumulados de Conversão	8.000
		Prejuízos Acumulados	(6.000)
			62.000
TOTAL DO ATIVO	105.000	TOTAL DO PASSIVO	105.000

Obs.: A equação PL = PP – PN poderá ser usada, desde que se tenha os componentes do Patrimônio Líquido. Porém, caso se tenha, juntamente com os componentes do Patrimônio Líquido, componentes do RESULTADO (Despesas e Receitas), a equação será:

PL = PP – PN ± RESULTADO

Ou, havendo dividendos a pagar aos sócios da empresa, a equação mais completa será:

PL = PP – PN ± RESULTADO – Dividendos

Onde o RESULTADO poderá ser LUCRO ou PREJUÍZO. Daí, na equação, o "mais ou menos" (**±**). Se for lucro, então será somado, ou seja, a equação poderá ser escrita da seguinte forma:

PL = PP – PN + LUCRO – Dividendos.

Se for prejuízo, então será subtraído e a equação poderá ser escrita da seguinte forma:

PL = PP – PN – PREJUÍZO – Dividendos.

Nota: Normalmente, os dividendos a pagar aos sócios da empresa têm origem no lucro dessa. No entanto, veremos no Capítulo 14 que, mesmo havendo prejuízo, é possível provisionar dividendos a pagar aos sócios, tendo em vista que tais dividendos não são necessariamente provenientes dos lucros da empresa.

EXERCÍCIO RESOLVIDO 4: Sejam os seguintes elementos patrimoniais de uma empresa, **"após"** a apuração e distribuição do Resultado (valores em $):

Mercadorias	34.000
Capital Social	82.000
Duplicatas a Pagar	33.000
Reserva Legal	2.000
Caixa	24.000
Salários a Pagar	5.000
Veículos	25.000
Reservas Estatutárias	12.000
Impostos a Recolher	7.000
Reservas de Capital	9.000
Duplicatas a Receber	53.000
Ações em Tesouraria	14.000

Assim, com base nas informações anteriores, determine o valor do patrimônio líquido.

(1ª SOLUÇÃO)

A = 34.000 + 24.000 + 25.000 + 53.000 = 136.000

P = 33.000 + 5.000 + 7.000 = 45.000

PL = A – P →** PL = 136.000 – 45.000 = **91.000

(2ª SOLUÇÃO)

PP = 82.000 + 2.000 + 12.000 + 9.000 = 105.000

PN = 14.000

PL = PP – PN →** PL = 105.000 – 14.000 = **91.000

EXERCÍCIO RESOLVIDO 5: Sejam os seguintes elementos patrimoniais de uma empresa, **"antes"** da apuração e distribuição do Resultado (valores em $):

Veículos	72.000
Duplicatas a Pagar	65.000
Caixa	23.000

Mercadorias	32.000
Capital Social	87.000
Reservas de Capital	15.000
Duplicatas a Receber	77.000
Promissórias a Pagar	12.000
Prejuízos Acumulados	8.000
Salários a Pagar	3.000
RECEITAS	58.000
DESPESAS	28.000

Tendo em vista os dados anteriores, apure o valor do PATRIMÔNIO LÍQUIDO.

(1ª SOLUÇÃO)

A = 72.000 + 23.000 + 32.000 + 77.000 = 204.000

P = 65.000 + 12.000 + 3.000 = 80.000

PL = A – P *→ PL = 204.000 – 80.000 =* ***124.000***

(2ª SOLUÇÃO)

PP = 15.000 + 87.000 = 102.000

PN = 8.000

RESULTADO = Receitas – Despesas = 58.000 – 28.000 = 30.000 → Lucro

PL = PP – PN + Resultado *→ PL = 102.000 – 8.000 + 30.000 =* ***124.000***

NOTA: Comparando os Exercícios 4 e 5, observemos que, na determinação do valor do Patrimônio Líquido, quando o RESULTADO já tiver sido apurado e distribuído (caso do Exercício 4), a equação a ser usada será **PL = PP – PN**. Se ainda não tiver sido apurado, a equação a ser usada será **PL = PP – PN + RESULTADO – Dividendos** (caso do Exercício 5). Observemos também, no caso do Exercício 5, que não há referência aos dividendos. Em questões desse tipo, sempre que assim for, devemos a estes ignorar, e a equação se reduzirá a **PL = PP – PN + RESULTADO**.

EXERCÍCIO RESOLVIDO 6: No exercício anterior, supondo que a empresa tivesse de contabilizar 15% do *Lucro **antes** do Imposto de Renda*, a título de *Imposto de Renda a Pagar*, e, ainda, na distribuição do Resultado, ou seja, na distribuição do *Lucro **após** o Imposto de Renda*, tivesse que destinar 40% desse lucro a título de *Dividendos a Pagar*, qual seria o Patrimônio Líquido?

(1ª SOLUÇÃO)

Em primeiro lugar, iremos calcular o Lucro Líquido, a fim de sabermos o valor dos Dividendos a Pagar:

Lucro antes do IR = 58.000 – 28.000 = 30.000

Imposto de Renda a Pagar = 15% x 30.000 = 4.500

LL = 30.000 – 4.500 = 25.500

DIVIDENDOS = 40% x 25.500 = 10.200

Assim, o "novo" PASSIVO será o mesmo do Exercício 5 acrescido do Imposto de Renda a Pagar e dos Dividendos a Pagar. O ATIVO será o mesmo do Exercício 5:

A = 204.000

P = 80.000 + 4.500 + 10.200 = 94.700

PL = A – P →** 204.000 – 94.700 = **109.300

(2ª SOLUÇÃO)

PP = 102.000 (o mesmo valor do exercício 5)

PN = 8.000 (o mesmo valor do exercício 5)

Lucro Líquido = 25.500 (já calculado na 1ª solução)

Dividendos a Pagar = 10.200 (já calculado na 1ª solução)

PL = PP – PN + Resultado – Dividendos a Pagar

*PL = 102.000 – 8.000 + 25.500 – 10.200 = **109.300***

EXERCÍCIO RESOLVIDO 7: Considerando os dados seguintes, marque a opção que indica o valor do Patrimônio Líquido:

	$
Mercadorias	13.000
Fornecedores	28.000
Reserva Legal	4.000
Despesas Gerais	27.000
Móveis e Utensílios	7.000
Salários a Pagar	1.000
Despesas de Salários	12.000
Caixa	9.000

Capital Social	34.000
Capital a Realizar	4.000
Custo das Mercadorias Vendidas	15.000
Reserva de Contingências	8.000
Receitas Financeiras	2.000
Despesas Financeiras	3.000
Financiamentos	17.000
Ações em Tesouraria	5.000
Duplicatas a Receber	18.000
Vendas de Mercadorias	38.000
Bancos Conta Movimento	19.000

a) $ 18.000;
b) $ 19.000;
c) $ 20.000;
d) $ 21.000;
e) $ 22.000.

(1ª SOLUÇÃO)

A = $ 13.000 + $ 7.000 + $ 9.000 + $ 18.000 + $ 19.000 = $ 66.000

P = $ 28.000 + $ 1.000 + $ 17.000 = $ 46.000

PL = A – P →** PL = $ 66.000 – $ 46.000 = $ 20.000 **(Opção c)

(2ª SOLUÇÃO)

PP = $ 4.000 + $ 34.000 + $ 8.000 = $ 46.000

PN = $ 5.000 + $ 4.000 = $ 9.000

RESULTADO = RECEITAS – DESPESAS

RES. = $ 2.000 + $ 38.000 – $ 27.000 – $ 12.000 – $ 15.000 – $ 3.000 = – 17.000 *(Prejuízo)*

***PL = PP – PN + RESULTADO →** PL = $ 46.000 – $ 9.000 + (– 17.000) = $ 20.000*

EXERCÍCIO RESOLVIDO 8: Considere os seguintes valores:

	$
Capital Realizado	25.000
Capital a Realizar	6.000
Reservas de Capital	9.000
Prejuízos Acumulados	4.000

Assim, pode-se afirmar que a Situação Líquida vale:

a) $ 24.000;

b) $ 30.000;

c) $ 36.000;

d) $ 18.000;

e) $ 28.000.

(SOLUÇÃO)

Em primeiro lugar, observemos que o exercício não nos informa as contas do Ativo e as contas do Passivo. Assim, não poderemos usar a relação PL = A – P.

Em segundo lugar, devemos ter muito cuidado ao usar a relação PL = PP – PN, pois o Capital Realizado já é a diferença entre o Capital Social (Subscrito) e o Capital a Realizar. Desta forma, o Capital Social, que é uma parte positiva do Patrimônio Líquido, será: Capital = $ 25.000 + $ 6.000 = $ 31.000

Logo:

PP = $ 31.000 + $ 9.000 = $ 40.000

PN = $ 6.000 + $ 4.000 = $ 10.000

PL = PP – PN → *PL = $ 40.000 – $ 10.000 = $ 30.000* ***(Opção b)***

EXERCÍCIO RESOLVIDO 9: Sendo o Ativo de uma empresa o dobro do Passivo Exigível, se aumentarmos aquele em 40% e reduzirmos este em 20%, o Capital Próprio aumentará em:

a) 100%;

b) 60%;

c) 20%;

d) 50%;

e) 200%.

(SOLUÇÃO)

Situação Inicial	*Situação Final*
A = 2x	*A = 2x.1,4 = 2,8x*
P = x	*P = x.0,8 = 0,8x*
PL = x	*PL = 2x* → *Aumento de 100%* ***(Opção a)***

EXERCÍCIO RESOLVIDO 10: Seja o patrimônio da Industrial Lemos S/A:

Máquinas e Equipamentos	$ 47.000
Caixa	$ 8.000
Duplicatas a Pagar	$ 19.000
Duplicatas a Receber	$ 25.000
Produtos em Fabricação	$ 10.000
Financiamentos	$ 22.000
Bancos Conta Movimento	$ 27.000
Imposto de Renda a Pagar	$ 5.000
Matérias-Primas	$ 7.000
Produtos Prontos	$ 24.000
Dividendos a Pagar	$ 6.000

Assim, podemos afirmar que o Patrimônio Líquido da referida empresa vale:

a) $ 95.000;
b) $ 96.000;
c) $ 97.000;
d) $ 98.000;
e) $ 99.000.

(SOLUÇÃO)

Observemos que a única forma de apurarmos o valor do Patrimônio Líquido é através da relação PL = A – P, pois o enunciado do exercício não nos fornece as contas do Patrimônio Líquido. Assim:

A = $[47.000 + 8.000 + 25.000 + 10.000 + 27.000 + 7.000 + 24.000]= $ 148.000
P= $[19.000 + 22.000 + 5.000 + 6.000]= $ 52.000.
PL = $ 148.000 – $ 52.000 = $ 96.000 ***(Opção b)***

EXERCÍCIO RESOLVIDO 11: A Comercial TR Ltda. foi constituída com um capital de $ 48.000 por quatro sócios que integralizaram suas quotas como segue:

Sócio A....................$ 18.000
Sócio B....................$ 15.000
Sócio C....................$ 12.000
Sócio D....................$ 3.000

Num determinado período, a empresa verificou que em suas operações lograra obter um lucro de $ 9.000, dos quais $ 3.000 foram distribuídos e pagos aos sócios. Os $ 6.000 restantes foram reinvestidos na empresa em forma de Reservas de Lucros.

Considerando que a referida empresa não tem resultados de exercícios futuros e que o capital de terceiros representa 40% dos recursos aplicados no patrimônio, pode-se afirmar que o seu Ativo vale:

a) $ 90.000;
b) $ 60.000;
c) $ 75.000;
d) $ 57.000;
e) $ 51.000.

(SOLUÇÃO)

A = x

P = 40% de x = 0,4x

PL = x – 0,4x = 0,6x ***(1)***

Por outro lado, PL = 18.000 + 15.000 + 12.000 + 3.000 + 6.000 = 54.000 ***(2)***

↓ ***(Capital Social)*** (18.000 + 15.000 + 12.000 + 3.000) ↓ ***(Reservas de Lucros)*** (6.000)

Logo, igualando ***(1)*** *e* ***(2)****: 0,6x = $ 54.000 → x = $ 90.000* ***(Opção a)***

EXERCÍCIO RESOLVIDO 12: Em relação ao exercício anterior, supondo que o sócio C se retire da sociedade, vendendo suas quotas aos demais e cobrando ainda um ágio de 10% sobre o valor patrimonial, o valor do sócio C será de:

a) $ 16.500;
b) $ 14.850;
c) $ 13.500;
d) $ 13.200;
e) $ 15.000.

(SOLUÇÃO)

O problema se resume em dividir o Patrimônio Líquido, que é de $ 54.000, em partes diretamente proporcionais a 18.000, 15.000, 12.000 e 3.000, achar a parte proporcional a 12.000 e acrescentar 10% (multiplicar por 1,1) a esta. Assim:

$$\text{SÓCIO C} = \left(\frac{\$\ 54.000 \times 12}{18 + 15 + 12 + 3}\right) \times 1{,}1 = \$\ 14.850\ \textbf{(Opção b)}$$

EXERCÍCIO RESOLVIDO 13: Em abril de X1, a firma Três Irmãos Ltda. foi registrada e captou recursos totais de $ 48.000, sendo $ 36.000 dos sócios como capital registrado e $ 12.000 de terceiros, sendo 1/4 como empréstimos obtidos e 3/4 como receitas ganhas. Os referidos recursos foram todos aplicados no mesmo mês, sendo $ 15.000 em mercadorias, $ 9.600 em conta-corrente, $ 8.400 em Móveis e Utensílios, $ 7.000 como empréstimos concedidos e o restante em despesas normais.

Após realizados esses atos de gestão, pode-se afirmar que o patrimônio bruto e o patrimônio líquido valem, respectivamente:

a) $ 40.000 e $ 32.000;
b) $ 37.000 e $ 34.000;
c) $ 42.000 e $ 37.000;
d) $ 40.000 e $ 37.000;
e) $ 42.000 e $ 34.000.

(SOLUÇÃO)

A = $ 15.000 + $ 9.600 + $ 8.400 + $ 7.000 = ***$ 40.000 → Patrimônio Bruto***

P = 1/4 × $ 12.000 = $ 3.000.

PL = $ 40.000 – $ 3.000 = $ 37.000 ***(Opção d)***

Observemos que, para calcular o valor do patrimônio líquido de forma direta, isto é, usando a equação ***PL = PP – PN + Resultado****, precisaríamos do valor das despesas, o qual o problema não nos fornece explicitamente. Assim, a única forma de acharmos diretamente o valor do patrimônio líquido é usando a equação* ***PL = A – P****.*

Receitas ↑ (3/4 × $12.000) ; *?* ↑ (Despesas)

$$PL = \$\ 36.000 + 3/4 \times \$12.000 - Despesas$$

Parte Positiva do PL ↑ ($ 36.000) ; *Resultado* ↑ (3/4 × $12.000 – Despesas)

EXERCÍCIO RESOLVIDO 14: (Marinha) Em janeiro de 1990, uma empresa foi constituída com um capital de $ 1.000.000, sendo integralizados 80% em dinheiro e 10% em diversos equipamentos. Posteriormente, a empresa adquiriu a prazo mercadorias para revenda no valor de $ 500.000. A seguir, revendeu 50% do estoque pelo valor de $ 300.000. Os Patrimônios Líquidos inicial e final, respectivamente, são:

a) $ 900.000 e $ 550.000;

b) $ 900.000 e $ 950.000;

c) $ 900.000 e $ 1.150.000;

e) $ 1.000.000 e $ 1.050.000;

d) $ 1.000.000 e $ 50.000.

(SOLUÇÃO)

Situação Inicial:

A = (80% + 10%) × $ 1.000.000 = $ 900.000

P = ZERO

PL = A –P = $ 900.000 – 0 = $ 900.000

Situação Final:

A = $ 900.000 + $ 500.000 – 50% × $ 500.000 + $ 300.000 = $ 1.450.000

P = $ 500.000

PL = $ 1.450.000 – $ 500.000 = $ 950.000 ***(Opção b)***

EXERCÍCIO RESOLVIDO 15: A Cia. Santos não tem, em seu balanço, exigibilidades não circulantes. Ostenta um patrimônio líquido de R$ 60.000,00, representando 3/5 do patrimônio bruto. Sabe-se que a diferença entre o Ativo Circulante (AC) e o Passivo Circulante (PC) da Cia. Santos é de R$ 36.000,00. Assim, qual o valor do Ativo Não Circulante (ANC)?

(SOLUÇÃO)

Patrimônio Bruto = Ativo = 60.000 ÷ 3/5 = 100.000

- -

P = A – PL = 100.000 – 60.000 = 40.000 = PC, visto que não há Exigibilidades Não Circulantes (Passivo Não Circulante).

- -

AC – PC = 36.000 → AC – 40.000 = 36.000 → AC = 76.000

- -

AC + ANC = A → ANC = A – AC = 100.000 – 76.000 = ***24.000***

EXERCÍCIO RESOLVIDO 16: Os seguintes elementos foram extraídos do Balanço Patrimonial da Cia. Ipanema, em 31/12/Y1:

Duplicatas a Pagar	$ 16.000
Equipamentos	$ 52.000
Ajustes de Avaliação Patrimonial (credor)	$ 7.000
Caixa	$ 9.000
Salários a Pagar	$ 3.000
Prejuízos Acumulados	?
Capital Social	$ 81.000
Bancos Conta Movimento	$ 11.000
Reservas de Capital	$ 8.000
Financiamentos	$ 19.000
Capital a Realizar	$ 2.000
Duplicatas a Receber	$ 44.000
Estoques	$ 10.000

Desta forma, com base nas informações acima, pode-se afirmar que o saldo da conta Prejuízos Acumulados é de:

a) $ 3.000;
b) $ 4.000;
c) $ 5.000;
e) $ 7.000;
d) $ 6.000.

(SOLUÇÃO)

Por um lado, ***PL = A – P****, ou seja:*

A = $ 52.000 + $ 9.000 + $ 11.000 + $ 44.000 + $ 10.000 = $ 126.000

P = $ 16.000 + $ 3.000 + $ 19.000 = $ 38.000.

PL = $ 126.000 – $ 38.000 = $ 88.000 ***(1)***

Por outro lado, ***PL = PP – PN****, ou seja:*

PP = $ 7.000 + $ 81.000 + $ 8.000 = $ 96.000

PN = ? + $ 2.000 = x + $ 2.000.

PL = $ 96.000 – x – $ 2.000 = $ 94.000 – x ***(2)***

Logo, igualando ***(1)*** *e* ***(2)****, temos:*

$ 88.000 = $ 94.000 – x → x = $ 6.000 ***(Opção d)***

EXERCÍCIO RESOLVIDO 17: Seja o seguinte patrimônio:

Duplicatas a Receber	$ 39.000
Salários a Pagar	$ 4.000
Móveis e Utensílios	$ 11.000
Duplicatas a Receber (Longo Prazo)	$ 12.000
Adiantamentos a Fornecedores	$ 14.000
Adiantamentos de Clientes	$ 21.000
Veículos	$ 32.000
Mercadorias	$ 42.000
Financiamentos	$ 15.000
Financiamentos (Longo Prazo)	$ 27.000
Caixa	$ 16.000
Duplicatas a Pagar	$ 34.000
Bancos Conta Movimento	$ 20.000
Imposto de Renda a Pagar	$ 8.000
ICMS a Recolher	$ 5.000
Duplicatas a Pagar (Longo Prazo)	$ 15.000
Adiantamentos a Diretores	$ 7.000
Imóveis	$ 97.000

Assim, apure:

1) Ativo Circulante
2) Ativo Realizável a Longo Prazo
3) Ativo Imobilizado
4) Ativo
5) Passivo Circulante
6) Passivo Não Circulante
7) Passivo Exigível
8) Patrimônio Líquido

(SOLUÇÃO)

1) ATIVO CIRCULANTE (AC)

Caixa	*$ 16.000*
Bancos Conta Movimento	*$ 20.000*
Duplicatas a Receber	*$ 39.000*
Adiantamentos a Fornecedores	*$ 14.000*
Mercadorias	*$ 42.000*
TOTAL	*$ 131.000*

- -

2) ATIVO REALIZÁVEL A LONGO PRAZO (ARLP)

Duplicatas a Receber (LP)	*$ 12.000*
Adiantamentos a Diretores	*$ 7.000*
TOTAL	*$ 19.000*

---

3) ATIVO IMOBILIZADO (AIMOB)

Móveis e Utensílios	*$ 11.000*
Veículos	*$ 32.000*
Imóveis	*$ 97.000*
TOTAL	*$ 140.000*

4) ATIVO = AC + ARLP + AIMOB = $ 131.000 + $ 19.000 + $ 140.000 = $ 290.000

---

5) PASSIVO CIRCULANTE (PC)

Salários a Pagar	*$ 4.000*
Adiantamentos de Clientes	*$ 21.000*
Financiamentos	*$ 15.000*
Duplicatas a Pagar	*$ 34.000*
Imposto de Renda a Pagar	*$ 8.000*
ICMS a Recolher	*$ 5.000*
TOTAL	*$ 87.000*

---

6) PASSIVO NÃO CIRCULANTE (PNC)

Financiamentos (LP)	*$ 27.000*
Duplicatas a Pagar (LP)	*$ 15.000*
TOTAL	*$ 42.000*

---

7) PASSIVO EXIGÍVEL = PC + PNC = $ 87.000 + $ 42.000 = $ 129.000

---

8) PL = A – P → PL = $ 290.000 – $ 129.000 = $ 161.000

Exercícios de Fixação

1. Marque a opção em que todos os elementos são sinônimos.

a) Passivo/Passivo Exigível/Capital Próprio.

b) Passivo Não Exigível/Recursos Próprios/Capital Nominal.

c) Capital Alheio/Capital de Terceiros/Capital Aplicado.

d) Patrimônio Líquido/Capital Próprio/Recursos de Terceiros.

e) Ativo/Recursos Aplicados/Patrimônio Bruto/Capital Aplicado.

2. Considere os valores seguintes:

Bens................. $ 43.000

Direitos............ $ 12.000

Obrigações....... $ 26.000

Assim, pode-se afirmar que o patrimônio bruto e o patrimônio líquido valem, respectivamente:

a) $ 43.000 e $ 26.000;

b) $ 43.000 e $ 29.000;

c) $ 55.000 e $ 29.000;

d) $ 55.000 e $ 26.000;

e) $ 81.000 e $ 26.000.

3. (Fiscal de Tributos Estaduais/Universidade Federal de Santa Catarina) Num dado momento, seja A o valor do Ativo, P o valor do Passivo e PL o valor do Patrimônio Líquido de uma entidade. Sejam as equações:

I. A – P = PL

II. P = A – PL

III. A + PL = P

IV. A – P – PL = 0

À luz da Resolução CFC nº 750, de 29 de dezembro de 1993, pode-se afirmar que:

a) apenas as equações I e II são equivalentes;

b) apenas as equações I e III são equivalentes;

c) apenas as equações I e IV são equivalentes;

d) apenas as equações I, II e IV são equivalentes;

e) a equação III é válida quando a entidade apresenta uma situação de "passivo a descoberto".

4. Considerando os valores seguintes, marque a opção incorreta:

Mercadorias	**$ 19.000**
Salários a Pagar	**$ 11.000**
Móveis e Utensílios	**$ 20.000**
Encargos Sociais a Recolher	**$ 3.000**
Caixa	**$ 9.000**
Aplicações Financeiras	**$ 10.000**
Duplicatas a Pagar	**$ 40.000**
Financiamento	**$ 22.000**
Material de Expediente	**$ 5.000**
Bancos Conta Movimento	**$ 6.000**

a) O Capital de Terceiros é igual a $ 76.000.
b) A Situação Líquida é deficitária.
c) Os Recursos Aplicados totalizam $ 69.000.
d) O Capital Total à Disposição da Empresa vale $ 76.000.
e) O Passivo a Descoberto vale $ 7.000.

5. É conta pertencente ao Passivo Exigível:

a) Reserva Legal;
b) Adiantamentos a Fornecedores;
c) Aplicações Financeiras;
d) Adiantamentos de Clientes;
e) Clientes.

6. Patrimônio Bruto é o mesmo que:

a) Capital Aplicado;
b) Capital Próprio;
c) Capital Fixo;
d) Capital de Terceiros;
e) Passivo Não Exigível.

7. Para que haja Passivo a Descoberto, é necessário que:

a) o Capital de Terceiros seja igual ao Capital Aplicado;
b) a Situação Líquida seja Superavitária;
c) o Patrimônio Bruto seja menor que os Recursos de Terceiros;
d) a soma dos bens e direitos seja maior que a soma das obrigações;
e) o Capital Total à Disposição da Empresa seja nulo.

8. Em 31/12/X1, no Balanço Patrimonial da Cia. Lima constavam os seguintes itens:

Fornecedores	**$ 36.000**
Duplicatas a Receber	**$ 40.000**
Imóveis	**$ 98.000**
Impostos a Recolher	**$ 6.000**
Reservas de Lucros	**$ 9.000**
IRRF a Recolher	**$ 2.000**
Capital	**$ 71.000**
Dividendos a Pagar	**$ 5.000**

Ajustes de Avaliação Patrimonial	**?**
Produtos Acabados	**$ 13.000**
Matérias-Primas	**$ 16.000**
Promissórias a Pagar	**$ 25.000**
Caixa	**$ 7.000**
Salários a Pagar	**$ 4.000**
Ações em Tesouraria	**$ 2.000**

O saldo da conta Ajustes de Avaliação Patrimonial vale:

a) $ 18.000;
b) $ 17.000;
c) $ 16.000;
d) $ 15.000;
e) $ 14.000.

9. É conta do Ativo:

a) Provisão p/ Imposto de Renda;
b) Ações em Tesouraria;
c) Financiamentos;
d) Ações de Coligadas;
e) Reserva de Contingências.

10. É conta do Patrimônio Líquido:

a) Mercadorias;
b) Participações em Coligadas;
c) Financiamentos;
d) Aplicações Financeiras;
e) Reserva Estatutária.

Enunciado comum às questões números 11 a 39:

Em 31/12/X0, o patrimônio da Indústria Sisvestre S/A tinha a seguinte composição:

Matérias-Primas	$ 23.000
Máquinas e Equipamentos	$ 87.000
Duplicatas a Pagar	$ 28.000
Empréstimos a Acionistas	$ 10.000
Duplicatas a Receber	$ 50.000
Duplicatas a Receber (Longo Prazo)	$ 16.000
Caixa	$ 12.000
Imposto de Renda a Pagar	$ 6.000
Impostos a Recuperar	$ 5.000
Produtos em Fabricação	$ 29.000
Produtos Prontos	$ 37.000
Adiantamentos a Fornecedores	$ 9.000
Adiantamentos de Clientes	$ 7.000
Salários a Pagar	$ 3.000
Financiamentos (Longo Prazo)	$ 15.000
Móveis e Utensílios	$ 20.000

11. O total de <u>BENS</u> é de:

a) $ 206.000;
b) $ 207.000;
c) $ 208.000;
d) $ 209.000;
e) $ 210.000.

12. O total de <u>DIREITOS</u> é de:

a) $ 90.000;
b) $ 80.000;
c) $ 70.000;
d) $ 60.000;
e) $ 50.000.

13. O total de OBRIGAÇÕES é de:

a) $ 59.000;
b) $ 60.000;
c) $ 61.000;
d) $ 62.000;
e) $ 63.000.

14. O valor dos <u>DÉBITOS DA EMPRESA</u> é de:

a) $ 59.000;
b) $ 60.000;
c) $ 61.000;
d) $ 62.000;
e) $ 63.000.

15. O valor dos <u>CRÉDITOS DA EMPRESA</u> é de:

a) $ 90.000;
b) $ 80.000;
c) $ 70.000;
d) $ 60.000;
e) $ 50.000.

16. O <u>ATIVO</u> totaliza:

a) $ 297.000;
b) $ 298.000;
c) $ 299.000;
d) $ 300.000;
e) $ 301.000.

17. O <u>PASSIVO</u> totaliza:

a) $ 59.000;
b) $ 60.000;
c) $ 61.000;
d) $ 62.000;
e) $ 63.000.

18. O <u>PATRIMÔNIO BRUTO</u> vale:

a) $ 297.000;
b) $ 298.000;
c) $ 299.000;
d) $ 300.000;
e) $ 301.000.

19. O <u>PATRIMÔNIO LÍQUIDO</u> vale:

a) $ 236.000;
b) $ 237.000;
c) $ 238.000;
d) $ 239.000;
e) $ 240.000.

20. O <u>CAPITAL DE TERCEIROS</u> vale:

a) $ 59.000;
b) $ 60.000;
c) $ 61.000;
d) $ 62.000;
e) $ 63.000.

21. O <u>CAPITAL PRÓPRIO</u> vale:

a) $ 236.000;
b) $ 237.000;
c) $ 238.000;
d) $ 239.000;
e) $ 240.000.

22. O <u>CAPITAL TOTAL À DISPOSIÇÃO DA EMPRESA</u> vale:

a) $ 297.000;
b) $ 298.000;
c) $ 299.000;
d) $ 300.000;
e) $ 301.000.

23. O <u>CAPITAL APLICADO</u> vale:

a) $ 297.000;
b) $ 298.000;
c) $ 299.000;
d) $ 300.000;
e) $ 301.000.

24. O <u>CAPITAL FIXO</u> vale:

a) $ 107.000;
b) $ 108.000;
c) $ 109.000;
d) $ 110.000;
e) $ 111.000.

25. O <u>CAPITAL ALHEIO</u> vale:

a) $ 59.000;
b) $ 60.000;
c) $ 61.000;
d) $ 62.000;
e) $ 63.000.

26. O <u>PASSIVO EXIGÍVEL</u> vale:

a) $ 59.000;
b) $ 60.000;
c) $ 61.000;
d) $ 62.000;
e) $ 63.000.

27. O <u>PASSIVO Não EXIGÍVEL</u> vale:

a) $ 236.000;
b) $ 237.000;
c) $ 238.000;
d) $ 239.000;
e) $ 240.000.

28. O <u>PASSIVO TOTAL</u> vale:

a) $ 59.000;
b) $ 239.000;
c) $ 298.000;
d) $ 150.000;
e) $ 180.000.

29. O <u>PASSIVO</u> (Lei nº 6.404/1976, art. 178, § 2º) vale:

a) $ 59.000;
b) $ 239.000;
c) $ 298.000;
d) $ 150.000;
e) $ 180.000.

30. O valor dos <u>RECURSOS DE TERCEIROS</u> é de:

a) $ 59.000;
b) $ 60.000;
c) $ 61.000;
d) $ 62.000;
e) $ 63.000.

31. O valor dos <u>RECURSOS PRÓPRIOS</u> é de:

a) $ 236.000;
b) $ 237.000;
c) $ 238.000;
d) $ 239.000;
e) $ 240.000.

32. O valor dos <u>RECURSOS APLICADOS</u> é de:

a) $ 59.000;
b) $ 239.000;
c) $ 298.000;
d) $ 150.000;
e) $ 180.000.

33. O valor das <u>ORIGENS (ou FONTES) DOS RECURSOS</u> é de:

a) $ 59.000;
b) $ 239.000;
c) $ 298.000;
d) $ 150.000;
e) $ 180.000.

34. O valor das <u>APLICAÇÕES DOS RECURSOS</u> é de:

a) $ 59.000;
b) $ 239.000;
c) $ 298.000;
d) $ 150.000;
e) $ 180.000.

35. O valor do <u>ATIVO CIRCULANTE</u> é de:

a) $ 163.000;
b) $ 164.000;
c) $ 165.000;
d) $ 166.000;
e) $ 167.000.

36. O valor do <u>ATIVO REALIZÁVEL A LONGO PRAZO</u> é de:

a) $ 26.000;
b) $ 27.000;
c) $ 28.000;
d) $ 29.000;
e) $ 30.000.

37. O valor do <u>ATIVO IMOBILIZADO</u> é de:

a) $ 104.000;
b) $ 106.000;
c) $ 106.000;
d) $ 107.000;
e) $ 109.000.

38. O valor do <u>PASSIVO CIRCULANTE</u> é de:

a) $ 43.000;
b) $ 44.000;
c) $ 45.000;
d) $ 46.000;
e) $ 47.000.

39. O valor do <u>PASSIVO NÃO CIRCULANTE</u> é de:

a) $ 15.000;
b) $ 16.000;
c) $ 17.000;
d) $ 18.000;
e) $ 19.000.

40. (Técnico da Receita Federal/Esaf) Na maioria das empresas comercias, o Ativo suplanta o Passivo (Obrigações). Assim, a representação mais comum do patrimônio de uma empresa comercial assume a forma:

a) Ativo = Passivo + Patrimônio Líquido;
b) Ativo + Patrimônio Líquido = Passivo;
c) Passivo + Ativo = Patrimônio Líquido;
d) Ativo Permanente + Ativo Circulante = Passivo;
e) Ativo + Situação Líquida = Passivo.

41. (Técnico da Receita Federal/Esaf) Se o Passivo Exigível de uma empresa é de R$ 19.650,00 e o Patrimônio Líquido é de R$ 9.850,00, o valor do seu Capital Próprio será de:

a) R$ 29.500,00;
b) Zero;
c) R$ 9.800,00;
d) R$ 9.850,00;
e) R$ 19.650,00.

42. (Técnico da Receita Federal/Esaf) Considerando: CP = Capital Próprio; Cte = Capital de Terceiros; CN = Capital Nominal; Cto = Capital Total à disposição da empresa; PL = Patrimônio Líquido; Slp = Situação Líquida positiva e A = Ativo, pode-se afirmar que Cto é igual a:

a) CP + Cte – SLp;
b) PL + Cte;
c) CP + Cte + SLp;
d) A – SLp;
e) CP + Cte + CN.

43. Diz-se que a situação líquida é negativa quando o Ativo Total é:

a) Maior que o Passivo Total;
b) Maior que o Passivo Exigível;
c) Igual à soma do Passivo Circulante com o Passivo Não Circulante;
d) Igual ao Passivo Exigível;
e) Menor que o Passivo Exigível.

44. (Técnico da Receita Federal/Esaf) Representa uma obrigação a conta:

a) Prêmios de Seguros;
b) Seguros a Pagar;
c) Seguros a Vencer;
d) Seguros Contratados;
e) Seguros Pagos Antecipadamente.

45. (Técnico da Receita Federal/Esaf) Em relação ao patrimônio de uma entidade, é certo afirmar:

a) Nenhum dos seus elementos componentes pode ter valor negativo.
b) O Ativo pode ser maior do que o Passivo Exigível e a Situação Líquida juntos.
c) A Situação Líquida pode ser maior do que o Ativo.
d) O Passivo Exigível pode ser maior do que o somatório do Ativo e Situação Líquida.
e) Ativo, Passivo Exigível e Situação Líquida podem ter valores iguais, mesmo que diferentes de zero.

46. Representa um direito a conta:

a) Empréstimos Obtidos;
b) Adiantamentos de Clientes;
c) Fornecedores;
d) Adiantamentos a Fornecedores;
e) Móveis e Utensílios.

47. Representa um bem fixo a conta:

a) Mercadorias;
b) Móveis e Utensílios;
c) Matérias-Primas;
d) Caixa;
e) Material de Expediente.

48. Considere os seguintes elementos do patrimônio:

- **Móveis e Utensílios**
- **Fornecedores**
- **Adiantamentos a Fornecedores**
- **Ajustes de Avaliação Patrimonial**
- **Adiantamentos de Clientes**
- **Reserva de Contingências**
- **ICMS a Recolher**
- **Capital Social**
- **Caixa**
- **Imposto de Renda a Pagar**
- **Mercadorias**
- **Reserva Legal**
- **Bancos Conta Movimento**

Os números de componentes do Ativo, Passivo Exigível e Patrimônio Líquido são, respectivamente, de:

a) 5, 5 e 3;
b) 5, 4 e 4;
c) 6, 3 e 4;
d) 6, 4 e 3;
e) 5, 3 e 5.

49. (Técnico da Receita Federal/Esaf) O saldo da conta ICMS a Recuperar representa:

a) Débito da empresa com o Governo;
b) Crédito da empresa com clientes;
c) Crédito da empresa com fornecedores;
d) Crédito da empresa com o Governo;
e) Débito da empresa com fornecedores.

50. Sendo o Ativo o triplo do Passivo Exigível, se aumentarmos aquele em 20% e diminuirmos este em 30%, o Capital Próprio irá aumentar em:

a) 10%;
b) 50%;
c) 40%;
d) 45%;
e) 30%.

51. (Auditor da Receita Federal/Esaf) Ao examinarmos o patrimônio da empresa Comercial Ltda., encontramos os seguintes elementos:

dinheiro:		
na tesouraria	**$**	**800,00**
depositado no Banco	**$**	**2.500,00**
máquinas:		
para uso próprio	**$**	**30.000,00**
para revender	**$**	**25.000,00**
material de consumo	**$**	**2.000,00**
equipamentos para uso próprio	**$**	**10.000,00**
duplicatas:		
emitidas pela empresa	**$**	**11.000,00**
emitidas por terceiros	**$**	**13.500,00**
notas promissórias:		
emitidas pela empresa	**$**	**5.500,00**
emitidas por terceiros	**$**	**5.000,00**
empréstimos não garantidos por títulos:		
obtidos pela empresa	**$**	**26.000,00**
concedidos a terceiros	**$**	**3.500,00**
capital registrado na Junta Comercial	**$**	**40.000,00**

A composição do patrimônio atrás descrito e o conhecimento de que todos os títulos a ele incorporados foram pela empresa ou contra ela emitidos evidenciam que a Comercial Ltda., em suas relações com terceiros, possui *créditos* e *débitos*, respectivamente, de:

a) $ 42.500,00 e $ 22.000,00;
b) $ 45.000,00 e $ 19.500,00;
c) $ 85.000,00 e $ 89.800,00;
d) $ 22.000,00 e $ 42.500,00;
e) $ 19.500,00 e $ 45.000,00.

52. (Auditor da Receita Federal/Esaf) Assinale a alternativa que indica situação patrimonial inconcebível:

a) Situação Líquida igual ao Ativo.
b) Situação Líquida maior do que o Ativo.
c) Situação Líquida menor que o Ativo.
d) Situação Líquida maior do que o Passivo Exigível.
e) Situação Líquida menor do que o Passivo Exigível.

53. (Técnico de Finanças e Controle/Esaf) Se o Patrimônio Líquido (PL) é a diferença algébrica entre o Ativo (A) e o Passivo (P), os elementos patrimoniais poderão assumir somente os seguintes valores:

a) $A \geq 0$; $P \geq 0$; $PL \geq 0$ ou $PL < 0$;
b) $A > 0$; $P > 0$; $PL > 0$;
c) $A \geq 0$; $P > 0$; $PL > 0$;
d) $A > 0$; $P \geq 0$; $PL \geq 0$ ou $PL < 0$;
e) $A \geq 0$; $P \geq 0$; $PL \geq 0$.

54. Considerando os valores seguintes, apure a Situação Líquida:

Capital Social	**$ 56.000**
Capital a Realizar	**$ 11.000**
Reservas de Capital	**$ 12.000**
Prejuízos Acumulados	**$ 5.000**

a) $ 51.000;
b) $ 52.000;
c) $ 53.000;
d) $ 54.000;
e) $ 55.000.

55. Apure a Situação Líquida, considerando:

Capital Social	**$ 25.000**
Reservas de Capital	**$ 10.000**
Ajustes de Avaliação Patrimonial (credor)	**$ 8.000**
Reservas de Lucros	**$ 11.000**
Ações em Tesouraria	**$ 8.000**
Receitas	**$ 12.000**
Despesas	**$ 14.000**

a) $ 42.000;
b) $ 43.000;
c) $ 44.000;
d) $ 45.000;
e) $ 46.000.

56. (Auditor da Receita Federal/Esaf) A Cia. Eira & Eira foi constituída com capital de R$ 750.000, por três sócios, que realizaram suas ações como segue:

Adão Macieira R$ 300.000,00
Bené Pereira R$ 150.000,00
Carlos Parreira R$ 300.000,00

Após determinado período, a empresa verificou que nas suas operações normais lograra obter lucros de R$ 600.000,00, dos quais R$ 150.000,00 foram distribuídos e pagos aos sócios. Os restantes R$ 450.000,00 foram reinvestidos na empresa na conta Reserva p/Aumento de Capital, nada mais havendo em seu Patrimônio Líquido.

Sabendo-se que esta empresa não tem resultados de exercícios futuros e que suas dívidas representam 20% dos recursos aplicados atualmente no patrimônio, podemos afirmar que o valor total de seus ativos é de:

a) R$ 1.200.000;
b) R$ 750.000;
c) R$ 600.000;
d) R$ 1.500.000;
e) R$ 1.350.000.

57. (Auditor da Receita Federal/Esaf) No mês de julho, a firma Papoulas Ltda. foi registrada e captou recursos totais de R$ 7.540,00, sendo R$ 7.000,00 dos sócios, como capital registrado, e R$ 540,00 de terceiros, sendo 2/3 como empréstimos obtidos e 1/3 como receitas ganhas. Os referidos recursos foram todos aplicados no mesmo mês, sendo R$ 540,00 em mercadorias; R$ 216,00 em poupança bancária; R$ 288,00 na concessão de empréstimos; e o restante em despesas normais.

Após realizados esses atos de gestão, pode-se afirmar que a empresa ainda tem um patrimônio bruto e um patrimônio líquido, respectivamente, de:

a) R$ 1.044,00 e R$ 684,00;
b) R$ 1.044,00 e R$ 864,00;
c) R$ 1.044,00 e R$ 504,00;
d) R$ 1.584,00 e R$ 1.044,00;
e) R$ 7.540,00 e R$ 7.000,00.

58. (Auditor da Receita Federal/Esaf) A Cia. Bira & Bira foi constituída com capital de R$ 750.000,00, por três sócias, que integralizaram suas ações como segue:

Amélia Macambira	**R$ 300.000,00**
Beatriz Itabira	**R$ 150.000,00**
Creuza Mambira	**R$ 300.000,00**

Após determinado período, a empresa verificou que nas suas operações normais lograra obter lucros de R$ 600.000,00, dos quais R$ 150.000,00 foram distribuídos e pagos às sócias. Os restantes R$ 450.000,00 foram reinvestidos na empresa na conta Reserva para Aumento de Capital, nada mais havendo em seu Patrimônio Líquido.

Nessa oportunidade, Beatriz Itabira decide retirar-se da sociedade, vendendo sua participação às duas outras sócias, com ágio de 20% sobre o valor patrimonial.

Considerando as informações acima fornecidas, podemos afirmar que a Sra. Beatriz Itabira deve receber pela venda de sua participação acionária o valor de:

a) R$ 144.000,00;
b) R$ 36.000,00;
c) R$ 288.000,00;
d) R$ 180.000,00;
e) R$ 324.000,00.

59. (Técnico de Finanças e Controle/Esaf) Em relação ao patrimônio bruto e ao patrimônio líquido de uma entidade, todas as afirmações abaixo são verdadeiras, exceto:

a) O patrimônio bruto nunca pode ser inferior ao patrimônio líquido.
b) O patrimônio bruto e o patrimônio líquido não podem ter valor negativo.
c) O patrimônio bruto e o patrimônio líquido podem ter valor inferior ao das obrigações da entidade.
d) A soma dos bens e direitos a receber de uma entidade constitui o seu patrimônio bruto, enquanto o patrimônio líquido é constituído desses mesmos bens e direitos, menos as obrigações.
e) O patrimônio bruto pode ter valor igual ao patrimônio líquido.

60. (Técnico de Finanças e Controle/Esaf) Indique a equação patrimonial que configure passivo a descoberto:

a) A = PE.
b) PE = A + SL.
c) A = PE + SL.
d) SL = A – PE.
e) PE = A – SL.

61. (Técnico de Finanças e Controle/Esaf) Na composição do patrimônio de uma empresa:

a) se o ativo for maior que o passivo exigível, a situação líquida também o será;
b) se o passivo exigível for maior do que a situação líquida, caracteriza-se o chamado passivo a descoberto;
c) se o ativo e o passivo exigível tiverem valores iguais, a situação líquida terá valor negativo;
d) se o ativo tiver valor igual a zero, a situação líquida também o terá;
e) se a ordem decrescente de valores for ativo, passivo exigível e situação líquida, a situação líquida será positiva.

62. (TFC/Esaf) Entre as situações patrimoniais abaixo relacionadas, marque a opção que indica maior percentual de riqueza própria:

a) P = SL e SL < A.
b) A > SL e SL > P.
c) A = SL e SL > P.
d) SL < P e P < A.
e) A = P e P > SL.

Legenda:
A = Ativo
P = Passivo Exigível
SL = Situação Líquida

63. Se 40% dos Recursos Aplicados no Patrimônio são financiados por Capitais de Terceiros, então é incorreto afirmar que:

a) 60% dos Capitais Aplicados são financiados por Capitais Próprios;
b) a Situação Líquida é Superavitária;
c) SL – A + P = 0;
d) o Passivo Não Exigível é 50% superior ao Passivo Exigível;
e) uma das formas de se reduzir o Patrimônio Bruto em 20% é reduzir o Passivo Exigível em 25%, mantendo-se constantes os recursos próprios.

64. Havendo o pagamento de uma duplicata, é incorreto afirmar que:

a) não há alteração do Capital Próprio;
b) o Patrimônio Líquido não se altera, mas o Patrimônio Bruto sofre redução;
c) há redução do Capital Circulante Líquido;
d) há redução do Capital Total à Disposição da Empresa;
e) há redução das disponibilidades.

65. O Capital Circulante Líquido (ou Capital de Giro Líquido) é a diferença entre o AC (Ativo Circulante) e o PC (Passivo Circulante). Supondo que, num determinado momento, o AC de uma empresa seja 200% superior ao PC, marque a opção que indica fato que poderia reduzir o CCL em 40%.

a) Aumento do passivo circulante em 80%.
b) Redução do ativo circulante em 80%.
c) Redução do ativo circulante em 40%.
d) Aumento do passivo circulante em 40%.

66. (Acex – Analista de Comércio Exterior/Esaf – Adaptada) A Cia. Giramuito não tem, em seu balanço, exigibilidades não circulantes. Ostenta um patrimônio líquido de R$ 420.000 representando 2/3 do patrimônio bruto. Sabendo-se que o Capital de Giro Líquido da Cia. Giramuito soma o montante de R$ 90.000, podemos dizer com certeza que o seu Ativo Não Circulante tem o valor de:

a) R$ 210.000;
b) R$ 300.000;
c) R$ 330.000;
d) R$ 420.000;
e) R$ 630.000.

67. Ao elaborar o balanço da Cia. Industrial Celta, em 31/12/X9, o contador observou que o ativo circulante era 60% superior ao ativo realizável a longo prazo e que o ativo imobilizado era o dobro das realizações a curto e longo prazo. Observou, ainda, que as obrigações a curto prazo representavam 40% do capital de terceiros e, ao mesmo tempo, 10% do investimento total no patrimônio. Se o capital próprio na época fosse de R$ 117.000, não havendo ativo intangível e nem ativo investimentos, o capital circulante líquido seria de:

a) R$ 12.400;
b) R$ 13.400;
c) R$ 14.400;
d) R$ 15.400;
e) R$ 16.400.

68. (Auditor da Receita Federal/Esaf) José Henrique resolveu medir contabilmente um dia de sua vida começando do "nada" patrimonial.

De manhã cedo nada tinha. Vestiu o traje novo (calça, camisa, sapatos etc.), comprado por R$ 105,00, mas que sua mãe lhe deu de presente. Em seguida tomou R$ 30,00 emprestados de seu pai, comprou o jornal por R$ 1,20, tomou o ônibus pagando R$ 1,80 de passagem. Chegando ao CONIC, comprou fiado, por R$ 50,00, várias caixas de bombons e chicletes e passou a vendê-los no calçadão. No fim do dia, cansado, tomou uma refeição de R$ 12,00, mas só pagou R$ 10,00, conseguindo um desconto de R$ 2,00. Contou o dinheiro e viu que vendera metade dos bombons e chicletes por R$ 40,00.

Com base nessas informações, podemos ver que, no fim do dia, José Henrique possui um "capital próprio" no valor de:

a) R$ 120,00;
b) R$ 189,00;
c) R$ 2,00;
d) R$ 187,00;
e) R$ 107,00.

69. (Petrobras – Contador Pleno/Cesgranrio – Adaptada) Determinada empresa tem R$ 1.440,00 de Patrimônio Líquido, que representa 80% do total do Ativo. Sabe-se que o Realizável a Longo Prazo representa metade do Ativo Circulante e que estes dois grupos, juntos, representam metade do Ativo Imobilizado. Sabendo-se que não havia Ativo Investimentos e nem Ativo Intangível, o saldo do Ativo Circulante desta empresa, em reais, é de:

a) 180,00;
b) 200,00;
c) 360,00;
d) 400,00;
e) 600,00.

70. (CEDAE – Técnico de Contabilidade/FESP-RJ – Adaptada) O Patrimônio Líquido da Cia. Alagoana é o dobro de seu Passivo Circulante, que, por sua vez, é igual ao Ativo Não Circulante e três vezes maior que o Passivo Não Circulante. Sabendo que a empresa não possui Ativo Realizável a Longo Prazo, que o total do Passivo é de R$ 1.000 e que o Ativo Circulante representa 70% do total do Ativo, o Patrimônio Líquido da Cia. Alagoana é de:

a) R$ 300;
b) R$ 600;
c) R$ 800;
d) R$ 1.000.

71. (Susep – Agente Executivo/Esaf) A empresa A de Amélia S/A, possuindo dinheiro, máquinas e dívidas, respectivamente, na proporção de 30, 70 e 40 por cento do Patrimônio Total, ostenta um Patrimônio Líquido de R$ 48.000,00. Tecnicamente, isso significa que a empresa possui:

a) Disponibilidades de R$ 24.000,00;
b) Passivo a Descoberto de R$ 32.000,00;
c) Passivo Exigível de R$ 40.000,00;
d) Capital Próprio de R$ 60.000,00;
e) Ativo de R$ 100.000,00.

72. (Auditor-Fiscal Tributário Municipal – SP/Fundação Carlos Chagas) A Cia. Beta possui bens e direitos no valor total de R$ 1.750.000,00, em 31/12/2005. Sabendo-se que, nessa mesma data, inexistem Resultados de Exercícios Futuros e que o Passivo Exigível da companhia representa 2/5 do Patrimônio Líquido, este último corresponde a, em R$:

a) 1.373.000,00;
b) 1.250.000,00;
c) 1.050.000,00;
d) 750.000,00;
e) 500.000,00.

73. (TRANSPETRO – Administrador Pleno/Fundação Cesgranrio – Adaptada) Uma empresa tem patrimônio líquido de R$ 230.000,00 e passivo não circulante com saldo igual a zero; obrigações para com terceiros de curto prazo, montando a R$ 120.000,00 e Capital Circulante Líquido positivo de R$ 20.000,00. Considerando-se exclusivamente essas informações, o montante do Ativo Não Circulante, em reais, será:

a) 450.000,00;
b) 430.000,00;
c) 240.000,00;
d) 230.000,00;
e) 210.000,00.

74. (Auditor Interno – RJ – Araruama/IPDEP – Adaptada) Admita que a Cia. KITOMBO não tem valores a receber e nem a pagar a longo prazo, que o capital de terceiros e o capital próprio são idênticos, que o ativo não circulante é igual a 2.500, que as Origens são quatro vezes maiores que o ativo não circulante. Qual é o capital circulante líquido?

a) 1.500.
b) 500.
c) 2.000.
d) 2.500.

75. (Auditor-Fiscal do Tesouro Municipal – RJ – Nova Iguaçu/IPDEP – Adaptada) Considerando:
AC = ATIVO CIRCULANTE
PC = PASSIVO CIRCULANTE
PL = PATRIMÔNIO LÍQUIDO
PNC = PASSIVO NÃO CIRCULANTE
RLP = REALIZÁVEL A LONGO PRAZO
ANC = ATIVO NÃO CIRCULANTE
AT = ATIVO TOTAL
Pode-se afirmar que o Capital Circulante Líquido é obtido pela seguinte equação:

a) AC + PC;
b) PL – RLP – AP;
c) AT – PC;
d) PNC + PL – ANC.

76. (Analista de Finanças e Controle – CGU/Esaf – Adaptada) Em relação ao patrimônio de uma empresa e às diversas situações patrimoniais que pode assumir de acordo com a equação fundamental do patrimônio, indique a opção incorreta.

a) A empresa tem passivo a descoberto quando o Ativo é igual ao Passivo menos a Situação Líquida.

b) A Situação Líquida negativa acontece quando o total do Ativo é menor que o passivo exigível.

c) Na constituição da empresa, o Ativo menos o Passivo Exigível é igual a zero.

d) A situação em que o Passivo Exigível mais o Ativo menos a Situação Líquida é igual a zero é impossível de acontecer, quando o Passivo Exigível for diferente de zero.

e) A Situação Líquida é positiva quando o Ativo é maior que o Passivo Exigível.

77. (Nossa Caixa Desenvolvimento – SP – Contador/FCC) *Recurso controlado pela entidade como resultado de eventos passados e do qual se espera que resultem futuros benefícios econômicos para a entidade.*

Segundo pronunciamento do Comitê de Pronunciamentos Contábeis (CPC), cujo teor foi aprovado pela Resolução nº 1.121/2008 do Conselho Federal de Contabilidade, e que versa sobre Estrutura Conceitual para a Elaboração e Apresentação das Demonstrações Contábeis, esta é a definição de:

a) Passivo;

b) Receitas;

c) Despesas;

d) Ativo;

e) Patrimônio Líquido.

78. (TRT – 23ª Região – Analista Judiciário/ FCC) A Cia. Comercial Girassol iniciou suas atividades com capital totalmente integralizado pelos sócios no valor de R$ 850.000,00 em numerário. Adquiriu móveis e utensílios para seu escritório, a prazo, no valor de R$ 170.000,00. Comprou mercadorias à vista por R$ 480.000,00, tendo vendido metade desse lote por R$ 310.000,00, a prazo. Supondo-se inexistente os impostos sobre vendas e o pagamento de despesas administrativas no montante de R$ 90.000,00, no final dessas atividades, o valor de seu patrimônio líquido:

a) era superior ao valor inicial em R$ 20.000,00;

b) correspondia a 83% do valor total de seu ativo na mesma data;

c) montava a R$ 960.000,00;

d) era inferior ao valor inicial em R$ 50.000,00;

e) era igual ao valor de seus estoques na mesma data multiplicado por quatro.

79. (TRT – 23ª Região – Analista Judiciário/ FCC) O patrimônio líquido de uma entidade com fins lucrativos é modificado quantitativamente quando

a) os sócios subscrevem o capital;

b) há transferência do resultado do exercício para a conta Lucros ou Prejuízos Acumulados;

c) ela adquire móveis e utensílios, metade à vista e metade a prazo;

d) ocorre uma venda de mercadorias com prejuízo;

e) uma dívida de longo prazo é quitada com pagamento à vista.

CAPÍTULO 3

RESULTADO

1. CONCEITO

O **RESULTADO** (ou RÉDITO) de uma entidade é o seu LUCRO ou PREJUÍZO referente a determinado período (mensal, trimestral, semestral, anual etc.). Será LUCRO, se o valor total das **receitas** auferidas pela entidade for maior do que o valor total das **despesas no mesmo período**. Será PREJUÍZO, caso contrário, isto é, se o valor total das **despesas** ultrapassar o valor total das **receitas no mesmo período**.

Exemplos:

1) Receitas = $ 16.000
   Despesas = $ 9.000
   RESULTADO = $ 16.000 – $ 9.000 = **$ 7.000** → *Lucro*

2) Receitas = $ 23.000
   Despesas = $ 27.000
   RESULTADO = $ 23.000 – $ 27.000 = **($ 4.000)** → *Prejuízo*

Obs.: Como já comentado no capítulo anterior, os nomes representativos de componentes patrimoniais (bens, direitos, obrigações e patrimônio líquido) são chamados de CONTAS PATRIMONIAIS. Analogamente, os nomes que representam variações quantitativas do patrimônio líquido (receitas e despesas) são chamados de CONTAS DE RESULTADO.

CONTAS PATRIMONIAIS
- *CONTAS DO ATIVO*
- *CONTAS DO PASSIVO*
- *CONTAS DO PATRIMÔNIO LÍQUIDO*

CONTAS DE RESULTADO
- *CONTAS DE DESPESAS*
- *CONTAS DE RECEITAS*

2. DESPESAS

2.1. Conceito

De acordo com o item 4.25 do CPC 00 (R1) – Estrutura Conceitual para Elaboração e Divulgação de Relatório Contábil-Financeiro, DESPESAS são decréscimos nos benefícios econômicos durante o período contábil, sob a forma da saída de recursos ou da redução de ativos ou assunção de passivos, que resultam em decréscimo do patrimônio líquido, e que não estejam relacionados com distribuições aos detentores dos instrumentos patrimoniais.

Em palavras mais simples, as DESPESAS são variações negativas no patrimônio líquido originárias de redução de ativos ou aumento de passivos que acarretem em diminuição do patrimônio líquido, exceto as diminuições do patrimônio líquido decorrentes de distribuição aos sócios da entidade, tais como redução do capital social e pagamento de dividendos.

Exemplos:

1) Patrimônio da Cia. X, *antes* e *após* o pagamento do aluguel de março no próprio mês de março no valor de $ 5.000:

ANTES → ATIVO = $ 98.000
PASSIVO EXIGÍVEL = $ 32.000.
PATRIMÔNIO LÍQUIDO = $ 98.000 – $ 32.000 = **$ 66.000**

APÓS → ATIVO = $ 98.000 – **$ 5.000** = $ 93.000
PASSIVO EXIGÍVEL = $ 32.000.
PATRIMÔNIO LÍQUIDO = $ 93.000 – $ 32.000 = **$ 61.000**

NOTA: Observe-se que a variação do Patrimônio Líquido de $ 5.000 é exatamente o valor do aluguel. Logo, temos **Despesas de Aluguéis = $ 5.000**

2) Suponhamos que a Cia. X pagasse, em abril, o aluguel de março, no valor de $ 5.000. A contabilização (reconhecimento da dívida) seria feita em março. O patrimônio líquido *antes* e *após* a contabilização seria o seguinte:

ANTES → ATIVO = $ 98.000
PASSIVO EXIGÍVEL = $ 32.000.
PATRIMÔNIO LÍQUIDO = $ 98.000 – $ 32.000 = **$ 66.000**

APÓS → ATIVO = $ 98.000
PASSIVO EX. = $ 32.000 + **$ 5.000** = $ 37.000
PATRIMÔNIO LÍQUIDO = $ 98.000 – $ 37.000 = **$ 61.000**

NOTA: Observe-se que despesa não significa necessariamente desembolso de dinheiro. No último exemplo, vemos que, ao reconhecermos uma dívida (***Aluguéis a Pagar*** → conta do passivo), paralelamente, reconhecemos uma despesa (***Despesas de Aluguéis*** → conta de resultado). Isto é consequência do chamado REGIME DE COMPETÊNCIA, o qual veremos no item 4 deste capítulo.

Os itens 4.49 a 4.53 do CPC 00 (R1) – Estrutura Conceitual para Elaboração e Divulgação de Relatório Contábil-Financeiro – tratam do RECONHECIMENTO de DESPESAS. Abaixo, reproduzimos esses itens:

Item 4.49: As despesas devem ser reconhecidas na demonstração do resultado quando resultarem em decréscimo nos benefícios econômicos futuros, relacionado com o decréscimo de um ativo ou o aumento de um passivo, e puder ser mensurado com confiabilidade. Isso significa, na prática, que o reconhecimento da despesa ocorre simultaneamente com o reconhecimento de aumento nos passivos ou de diminuição nos ativos (por exemplo, a alocação por competência de obrigações trabalhistas ou da depreciação de equipamento).

Item 4.50: As despesas devem ser reconhecidas na demonstração do resultado com base na associação direta entre elas e os correspondentes itens de receita. Esse processo, usualmente chamado de confrontação entre despesas e receitas (regime de competência), envolve o reconhecimento simultâneo ou combinado das receitas e despesas que resultem diretamente ou conjuntamente das mesmas transações ou outros eventos. Por exemplo, os vários componentes de despesas que integram o custo das mercadorias vendidas devem ser reconhecidos no mesmo momento em que a receita derivada da venda das mercadorias é reconhecida. Contudo, a aplicação do conceito de confrontação, de acordo com esta Estrutura Conceitual, não autoriza o reconhecimento de itens no balanço patrimonial que não satisfaçam à definição de ativos ou passivos.

Item 4.51: Quando se espera que os benefícios econômicos sejam gerados ao longo de vários períodos contábeis e a associação com a correspondente receita somente possa ser feita de modo geral e indireto, as despesas devem ser reconhecidas na demonstração do resultado com base em procedimentos de alocação sistemática e racional. Muitas vezes isso é necessário ao reconhecer despesas associadas com o uso ou o consumo de ativos, tais como itens do imobilizado, ágio pela expectativa de rentabilidade futura (*goodwill*), marcas e patentes. Em tais casos, a despesa é designada como depreciação ou amortização. Esses procedimentos de alocação destinam-se a reconhecer despesas nos períodos contábeis em que os benefícios econômicos associados a tais itens sejam consumidos ou expirem.

Item 4.52: A despesa deve ser reconhecida imediatamente na demonstração do resultado quando o gasto não produzir benefícios econômicos futuros ou quando, e na extensão em que, os benefícios econômicos futuros não se qualificarem, ou deixarem de se qualificar, para reconhecimento no balanço patrimonial como ativo.

Item 4.53: A despesa também deve ser reconhecida na demonstração do resultado nos casos em que um passivo é incorrido sem o correspondente reconhecimento de ativo, como no caso de passivo decorrente de garantia de produto.

2.2. Classificação

DESPESAS	Relacionadas às operações em CONTINUIDADE ou Relacionadas às operações DESCONTINUADAS	→	- Despesas com Vendas - Despesas Administrativas - Despesas Gerais - Despesas Financeiras - Outras Despesas

Para entendermos o esquema anterior, suponhamos, por exemplo, que uma determinada empresa industrial possuísse 5 máquinas utilizadas para a fabricação de 5 tipos diferentes de produtos, onde cada uma fosse responsável por um tipo, e, por alguma razão, a administração tenha decidido em exercícios anteriores ou no mesmo exercício que, a partir de setembro do exercício social de 20X1, restringiria sua linha de produção para apenas 4 tipos de produtos, de forma que também decidiria vender, ainda em 20X1, a máquina que não mais seria utilizada. Assim, esta máquina responsável pelo produto que sairia de linha seria reclassificada no ativo circulante como ativo não circulante mantido para venda e todas as receitas e despesas geradas por essa máquina em 20X1 até ser desativada definitivamente seriam consideradas despesas e receitas relacionadas às **operações descontinuadas**, inclusive o ganho (lucro) ou perda (prejuízo) com a venda da máquina.

No caso das receitas e despesas geradas pelas 4 máquinas que não fossem desativadas, aquelas seriam consideradas receitas e despesas relacionadas às **operações em continuidade**. Cabe ressaltar, no entanto, que a expressão "operações descontinuadas" deve ser entendida como equivalente às operações que estão "em processo de acabar", isto é, são reconhecidas desde o momento em que há a decisão de acabar até o momento em que efetivamente acabam, e não necessariamente aquelas que já acabaram.

Se, por hipótese, as 5 máquinas tivessem sido adquiridas mediante um financiamento de longo prazo, cujas prestações ainda não tivessem sido todas pagas, os juros do financiamento das 4 máquinas seriam despesas financeiras relacionadas às operações em continuidade, ao passo que os juros do financiamento da máquina que fosse desativada seriam também despesas financeiras, mas relacionadas às operações descontinuadas. Da mesma forma, as receitas de vendas dos produtos que fossem sair de linha seriam relacionadas às operações descontinuadas, ao passo que aquelas decorrentes dos produtos que continuariam a ser fabricados seriam receitas de vendas relacionadas às operações em continuidade.

Caso a máquina que não mais seria utilizada a partir de setembro de 20X1 fosse vendida em novembro desse ano com prejuízo, esse resultado seria classificado como "outras despesas" dentro das operações descontinuadas. No entanto, se duas das 4 máquinas que continuassem operando fossem vendidas para a compra de duas outras mais novas, de forma que na venda dessas houvesse prejuízo, esse resultado também seria classificado como "outras despesas", mas agora dentro das operações em continuidade. Infelizmente, no atual artigo 187 da Lei nº 6.404/76, há uma má interpretação das normas internacionais de contabilidade, conforme iremos comentar na observação a seguir, pois coloca antes do lucro operacional a expressão "outras despesas operacionais" e, ao mesmo tempo, põe após esse mesmo lucro a expressão "outras despesas" levando diversos estudiosos e contabilistas a uma "generalizada confusão", tendo em vista que, com base no item 82 do CPC 26 (R1), NÃO HÁ DIFERENÇA entre "**outras despesas operacionais**" e "**outras despesas**" (sem a expressão "operacionais"), visto que SÃO A MESMA COISA.

Observação: Antes das normas contábeis introduzidas pelos Pronunciamentos Técnicos do Comitê de Pronunciamentos Contábeis (CPC), as receitas e despesas eram classificadas em operacionais e não operacionais, representando as "não operacionais", por exemplo, os lucros ou prejuízos na venda de bens do ativo imobilizado (ou outro ativo não circulante). Atualmente, em vista das novas regras, o entendimento é de que todas as atividades e transações realizadas numa empresa contribuem de uma forma ou de outra para suas operações, ou seja, TODAS as despesas e receitas, mesmo as eventuais, são consideradas OPERACIONAIS.

2.2.1. Despesas com Vendas

Também chamadas de Despesas Comerciais, compreendem todos os gastos com a comercialização e distribuição das mercadorias ou produtos, isto é, gastos desde a promoção até a colocação junto ao consumidor, inclusive os gastos com os riscos assumidos na venda. Exemplos:

- Comissões sobre Vendas
- *Royalty*
- Devoluções de Vendas *(referentes ao exercício social anterior)*
- Propaganda e Publicidade
- Brindes
- Embalagens
- Despesas com Títulos Incobráveis (ou Perdas com Incobráveis)
- Despesas com Perdas Estimadas em Créditos de Liquidação Duvidosa

etc.

Observações:

1) Despesa com ***Royalty*** é aquela decorrente da exploração comercial de um produto, cuja patente pertence a outrem.

2) As ***Devoluções de Vendas*** referentes a vendas efetuadas no mesmo exercício da devolução não são despesas comerciais, mas sim *Deduções da Receita Bruta de Vendas*, conforme veremos mais adiante, ainda neste capítulo. Porém, se as devoluções, no atual exercício, se referirem a vendas efetuadas no exercício anterior, essas, para o exercício atual, são consideradas **despesas comerciais**, e não *Deduções da Receita Bruta de Vendas.*

3) A ***Despesa com Perdas Estimadas em Créditos de Liquidação Duvidosa*** é decorrente da estimativa de inadimplência de clientes em função das vendas a prazo, a qual estudaremos no Capítulo 7.

2.2.2. Despesas Financeiras

Representam remunerações aos capitais de terceiros, os quais financiam as atividades da empresa. Exemplos:

- Juros Passivos (ou Despesas de Juros)
- Descontos Concedidos (ou Descontos Condicionais Concedidos)
- Comissões e Despesas Bancárias

etc.

Observações:

1) Além das despesas mencionadas acima, ainda há aquelas que não são consideradas, por muitos, como despesas financeiras, visto que estas devem compreender apenas a remuneração "direta" do capital de terceiros, que, em geral, são os juros, mas são consideradas na apuração do RESULTADO FINANCEIRO LÍQUIDO, tais como as Variações Cambiais Passivas, as Variações Monetárias Passivas, o Imposto sobre Operações Financeiras e o PIS e a COFINS incidentes sobre as receitas financeiras. No entanto, o Pronunciamento Técnico **CPC 08 (R1)** – Custos de Transação e Prêmios na Emissão de Títulos e Valores Mobiliários, no seu item 3, CONSIDERA as referidas variações como despesas financeiras também. Isso se explica pelo fato de que "indiretamente" tais variações estão também remunerando os capitais de terceiros, tendo em vista que representam o aumento do que se deve pagar aos credores em virtude de disponibilizarem recursos, os quais, na mão dos devedores, desvalorizaram em função da inflação ou do câmbio. Cabe ressaltar que as normas do CPC têm prioridade sobre as diversas opiniões divergentes.

2) Com o advento do Decreto nº 5.164/2004, as alíquotas do PIS e da COFINS incidentes sobre a receita financeira foram reduzidas a ZERO para as empresas enquadradas no REGIME NÃO CUMULATIVO de apuração desses tributos. No entanto, para essas empresas há a incidência do PIS e da COFINS com alíquotas respectivas de 1,65% e 7,6% sobre o recebimento dos Juros sobre o Capital Próprio, ou seja, os juros incidentes sobre os patrimônios líquidos de outras empresas das quais essas empresas possuem ações. Já no caso das empresas enquadradas no REGIME CUMULATIVO de apuração do PIS e da COFINS, com base no artigo 79 da Lei nº 11.941/2009, a base de cálculo desses tributos NÃO mais considera as receitas financeiras, apenas os demais valores de faturamento.

3) As Variações Cambiais Passivas, as quais representam perdas cambiais, ocorrem devido a dívidas em moeda estrangeira com desvalorização da moeda nacional. Se uma empresa, por exemplo, no início de um mês, contraísse uma dívida de 10.000 dólares ao câmbio de R$ 1,40 por dólar, e, ao final do mês, o câmbio fosse de R$ 1,43, teríamos:

Dívida (início do mês)	*R$ 14.000*
Dívida (fim do mês)	*R$ 14.300*
Variação Cambial Passiva	*R$ 300*

4) As "Variações Monetárias Passivas" representam em geral, a correção pós-fixada de dívidas em função da perda do poder aquisitivo da moeda (inflação). Assim, por exemplo, se uma empresa contraísse um empréstimo de R$ 50.000,00 ao final de novembro de X1, a ser pago

em uma única parcela 6 meses após a data do mesmo, sendo a taxa de juro de 2% ao mês e o índice de inflação de dezembro de 1%, teríamos ao final de dezembro os seguintes valores:

Variações Monetárias Passivas = 1% × R$ 50.000,00 = R$ 500,00
Juros Passivos = 2% × (R$ 50.000,00 + R$ 500,00) = R$ 1.010,00
Empréstimos a Pagar = R$ 50.000,00 + R$ 500,00 + R$ 1.010,00 = R$ 51.510,00

5) No caso de correção prefixada, que é o caso mais comum atualmente, há uma previsão de taxa de inflação. Desta forma, o que o credor faria normalmente na prática é o aumento da taxa de juro em função da inclusão da taxa de inflação. No exemplo da observação anterior, caso a correção fosse prefixada, em vez da taxa de juro ser de 2% ao mês, a taxa seria de 3,02% (já incluída a inflação). Neste caso, teríamos os seguintes valores ao final de dezembro:

Juros Passivos = 3,02% × R$ 50.000,00 = R$ 1.510,00
Empréstimos a Pagar = R$ 50.000,00 + R$ 1.510,00 = R$ 51.510,00

2.2.3. Despesas Administrativas

São os gastos pagos ou a pagar referentes à direção e gestão da empresa para o seu funcionamento. Exemplos:

- Salários (pessoal administrativo)
- Despesa com 13º Salário
- Despesa com Férias
- INSS (patronal)
- FGTS
- Honorários
- Aluguéis
- Seguros
- IPTU
- Luz
- Telefone
- Água e Esgotos
- Material de Expediente (consumido)
- Depreciação (ou Despesas de Depreciação ou Encargos de Depreciação)
- Amortização (ou Despesas de Amortização ou Encargos de Amortização)

etc.

Observações:

1) DEPRECIAÇÃO: Despesa com a perda de valor de bens corpóreos (= bens materiais ou tangíveis) do Ativo Imobilizado, devido ao desgaste pelo uso, ação da natureza ou obsolescência. Assim, estão sujeitos à depreciação imóveis (só as edificações, pois terrenos não sofrem depreciação), veículos, móveis e utensílios, computadores etc.

2) A depreciação de bens utilizados nas indústrias para a fabricação de produtos, como, por exemplo, a depreciação de máquinas e equipamentos industriais NÃO é contabilizada como despesa administrativa e sim como CUSTOS DE PRODUÇÃO (isso é estudado em contabilidade de custos e não nesta obra). Desta forma, não afetarão diretamente o lucro ou prejuízo da empresa, como é o caso da depreciação dos bens utilizados na administração da empresa, os quais reduzirão o seu lucro ou aumentarão o seu prejuízo.

3) AMORTIZAÇÃO: Regra geral, é a despesa com a perda de valor de bens incorpóreos (= bens imateriais ou intangíveis) do Ativo Intangível, tais como patentes, concessões obtidas etc. No entanto, é possível a amortização em bens corpóreos do Ativo Imobilizado, como é o caso das Benfeitorias em Imóveis de Terceiros, as quais veremos no Capítulo 8, que podem, em alguns casos, ser amortizadas e, em outros casos, depreciadas.

4) Além das despesas de depreciação e amortização, alguns contabilistas classificam impropriamente a EXAUSTÃO como despesa administrativa. No entanto, a exaustão, que é a perda de valor dos gastos com a aquisição de direitos de exploração de minas, jazidas ou florestas, deve ser classificada como CUSTOS DE EXTRAÇÃO e não como despesas administrativas. Assim, por exemplo, numa mina adquirida para a extração de ferro, a exaustão da mina (= esgotamento da mina) não será apropriada diretamente como despesa ao resultado e sim integrará o custo dos Estoques de Ferros extraídos. Cabe ressaltar, no entanto, que o uso da expressão "Despesas de Exaustão" não é incorreto, apesar de não ser muito recomendável, desde que fique claro que essa despesa não seja diretamente apropriada ao resultado da empresa para apuração do lucro ou prejuízo e sim acrescentada ao custo dos estoques dos minérios extraídos. Quando esses estoques forem vendidos, a Despesa de Exaustão integrará indiretamente o cálculo do resultado da empresa (= lucro ou prejuízo), através da conta "Custo dos Minérios Extraídos", sendo esta conta tratada como despesa. Assim, por exemplo, se o custo de extração de 1.000 kg de ferro, antes de apurada a despesa de exaustão, fosse de R$ 3.500,00, após apurada despesa de exaustão de R$ 200,00, esse custo passaria a R$ 3.700,00. Se a empresa vendesse, por exemplo, 100 kg de ferro, o Custo do Ferro Vendido seria de R$ 370,00, valor este apropriado ao resultado como despesa. Os 900 kg de ferro que não fossem vendidos seriam integrantes dos Estoques de Ferro no valor total de R$ 3.330,00, os quais fariam parte do ativo circulante da empresa. Observemos nesse exemplo que de forma indireta somente R$ 20,00 da exaustão afetariam o resultado como despesa. Os R$ 180,00 de exaustão integrariam os Estoques de Ferro. Somente quando esse estoque fosse vendido é que a despesa de exaustão se transformaria em despesa propriamente dita e iria indiretamente para o resultado através da conta "Custo do Ferro Vendido".

5) A conta "Honorários", que é uma conta representativa de uma das despesas administrativas, pode ser segregada em três subcontas: "Honorários da Diretoria", "Honorários do Conselho de Administração" e "Honorários do Conselho Fiscal". No caso específico de uma sociedade limitada, a referida conta poderá ser substituída pela conta *"Pro Labore"*, mas, opcionalmente, poderá ser chamada de "Honorários". No caso de uma sociedade anônima, não é recomendável o uso da expressão *"pro labore"*, visto que esta é específica para sociedades limitadas. Cabe ainda ressaltar que a participação dos administradores nos lucros da empresa não está incluída nos seus honorários, devendo ser apresentada na demonstração do resultado da empresa separadamente.

2.2.4. Despesas Gerais

São aquelas comuns às despesas administrativas e de vendas. Exemplos:

- Despesa com Material e Limpeza
- Despesa com Material de Higiene
- Gastos com Copa, Cozinha e Refeitório
- Gastos com Revistas e Publicações

etc.

2.2.5. Outras Despesas

As OUTRAS DESPESAS (ou OUTRAS DESPESAS OPERACIONAIS) são aquelas que não puderam ser classificadas como de vendas, administrativas, gerais ou financeiras, tendo em vista que decorrem de fatos incomuns às operações da empresa, tais como multas de trânsito, multas fiscais, perdas nos estoques e os prejuízos na venda de bens do ativo investimentos, imobilizado ou intangível.

Exemplo prático 1: Uma empresa vende à vista um terreno por R$ 24.000,00, cujo valor contábil é de R$ 27.500,00. Assim, teremos:

Caixa (entra valor).. 24.000,00

Outras Despesas (prejuízo na venda de terreno) 3.500,00

Terrenos (sai valor).. 27.500,00

Após o estudo dos Capítulos 4 e 6, estaremos aptos a entender que a contabilização pode ser feita da seguinte forma:

D – Caixa.. 24.000,00

D – Outras Despesas (prejuízo na venda de terreno).................... 3.500,00

C – Terrenos.. 27.500,00

Exemplo prático 2: Uma empresa que possuía um caminhão de uso próprio, cujo custo de aquisição era de R$ 40.000,00 e a depreciação acumulada de R$ 16.000,00, alienou à vista esse bem por R$ 21.300,00. Desta forma, teremos os seguintes valores:

Caixa (entra valor).. 21.300,00

Depreciação Acumulada (sai valor).. 16.000,00

Outras Despesas (prejuízo na venda de veículo).................... 2.700,00

Veículos (sai valor).. 40.000,00

Após o estudo dos **Capítulos 4 e 6**, estaremos aptos a entender que a contabilização pode ser feita da seguinte forma:

D – Caixa.. 21.300,00

D – Depreciação Acumulada.. 16.000,00

D – Outras Despesas (prejuízo na venda de veículo).................... 2.700,00

C – Veículos.. 40.000,00

Obs.: As OUTRAS DESPESAS também podem representar a baixa por perecimento de bens do ativo investimentos, imobilizado ou intangível. Assim, por exemplo, se o caminhão do exemplo acima, em vez de ter sido alienado, tivesse sofrido perda total num acidente, a baixa do bem seria por perecimento e não por alienação, podendo ser contabilizada da seguinte forma (o entendimento completo desse assunto depende do conteúdo dos Capítulos 4 e 6 desta obra):

D – Depreciação Acumulada... 16.000,00

D – Outras Despesas (baixa por perecimento de veículo) 24.000,00

C – Veículos.. 40.000,00

3. Receitas

3.1. Conceito e Significado

São **variações positivas** do patrimônio líquido, que não sejam valores injetados pelos sócios ou proprietários da empresa, como, por exemplo, o aumento do capital social pela subscrição de novas ações.

Em geral, as receitas principais das empresas têm origem nas VENDAS de mercadorias (empresa comercial), produtos (empresa industrial), ou serviços (empresa prestadora de serviços).

O Pronunciamento Técnico CPC 47 – Receita de Contrato com Cliente, o qual tem por objetivo estabelecer os princípios que a entidade deve aplicar para apresentar informações úteis aos usuários de demonstrações contábeis sobre a natureza, o valor, a época e a incerteza de receitas e fluxos de caixa provenientes de contrato com cliente, tem por princípio básico que a entidade deve RECONHECER RECEITAS (= contabilizar as receitas) para descrever a transferência de bens ou serviços prometidos a clientes no valor que reflita a contraprestação à qual a entidade espera ter direito em troca desses bens ou serviços. Segundo o CPC 47, **RECEITA** corresponde ao Aumento nos benefícios econômicos durante o período contábil, originado no curso das atividades usuais da entidade, na forma de fluxos de entrada ou aumentos nos ativos ou redução nos passivos que resultam em aumento no patrimônio líquido, e que não sejam provenientes de aportes dos participantes do patrimônio.

Ainda, para o melhor entendimento do significado de RECEITA e de suas principais características, abaixo reproduzimos os itens 4.29 a 4.32 do CPC 00 (R1) (grifos nossos):

Item 4.29: A definição de receita abrange tanto RECEITAS PROPRIAMENTE DITAS quanto GANHOS. A receita surge no curso das atividades usuais da entidade e é designada por uma variedade de nomes, tais como vendas, honorários, juros, dividendos, *royalties*, aluguéis.

Item 4.30: GANHOS representam outros itens que se enquadram na definição de receita e podem ou não surgir no curso das atividades usuais da entidade, representando aumentos nos benefícios econômicos e, como tais, **não diferem, em natureza, das receitas**. Consequentemente, não são considerados como elemento separado nesta *Estrutura Conceitual*.

Item 4.31: GANHOS incluem, por exemplo, aqueles que resultam **da venda de ativos não circulantes**. A definição de receita também inclui ganhos não realizados. Por exemplo, os que resultam da reavaliação de títulos e valores mobiliários negociáveis e os que resultam de aumentos no valor contábil de ativos de longo prazo. Quando esses ganhos são reconhecidos na demonstração do resultado, eles são usualmente apresentados separadamente, porque sua divulgação é útil para fins de tomada de decisões econômicas. **Os ganhos são, em regra, reportados LÍQUIDOS das respectivas despesas**.

Item 4.32: Vários tipos de ativos podem ser recebidos ou aumentados por meio da receita; exemplos incluem caixa, contas a receber, bens e serviços recebidos em troca de bens e serviços fornecidos. **A receita também pode resultar da liquidação de passivos**. Por exemplo, a entidade pode fornecer mercadorias e serviços ao credor por empréstimo em liquidação da obrigação de pagar o empréstimo.

Os itens 4.47 e 4.48 do CPC 00 (R1) tratam do RECONHECIMENTO da RECEITA. Abaixo, reproduzimos esses itens (grifos nossos):

Item 4.47: A RECEITA deve ser RECONHECIDA na demonstração do resultado quando **resultar em aumento nos benefícios econômicos futuros relacionado com aumento de ativo ou com diminuição de passivo**, e puder ser mensurado com confiabilidade. Isso significa, na prática, que o reconhecimento da receita ocorre simultaneamente com o reconhecimento do aumento nos ativos ou da diminuição nos passivos (por exemplo, o aumento líquido nos ativos originado da venda de bens e serviços ou o decréscimo do passivo originado do perdão de dívida a ser paga).

Item 4.48: Os procedimentos normalmente adotados, na prática, para reconhecimento da receita, como, por exemplo, a exigência de que a **receita tenha sido ganha**, são aplicações dos critérios de reconhecimento definidos nesta *Estrutura Conceitual*. Tais procedimentos são geralmente direcionados para restringir o reconhecimento como receita àqueles itens que possam ser mensurados com confiabilidade e tenham suficiente grau de certeza.

Exemplos práticos de geração de receitas:

(1) A Cia. ALFA alugou, para a Cia. BETA, um imóvel de sua propriedade. Em março de 99, a Cia. ALFA recebeu R$ 3.000 da Cia. BETA, referentes ao aluguel do mesmo mês. Imediatamente antes do recebimento, o Ativo de ALFA era de R$ 78.000 e o Passivo, R$ 23.000 e, consequentemente, o Patrimônio Líquido, R$ 55.000. Após o recebimento, na Cia. ALFA, teremos:

PL = (R$ 78.000 + R$ 3.000) – R$ 23.000 = R$ 58.000

Variação do *PL = R$ 58.000 – R$ 55.000 = R$ 3.000 =* ***Aluguéis Ativos*** *(ou Receita de Aluguéis)*

(2) A Comercial LUMEX Ltda. vendeu, à vista, lustres por R$ 34.000, sendo o custo de tais bens, R$ 18.000. Assim, teremos:

Vendas de Mercadorias = R$ 34.000 (RECEITA)

<u>Custo das Mercadorias Vendidas = R$ 18.000 (DESPESA)</u>

Variação do PL = + R$ 34.000 – R$ 18.000 = R$ 16.000 (LUCRO)

3.2. Classificação

RECEITAS
- Relacionadas às operações em CONTINUIDADE
- ou
- Relacionadas às operações DESCONTINUADAS

→
- Receita de Vendas
- Receitas Financeiras
- Receita de Equivalência Patrimonial
- Outras Receitas

3.2.1. Receitas de Vendas

São as receitas com a atividade principal (atividade fim) da entidade. No caso de uma empresa comercial, por exemplo, representam as receitas com as vendas de mercadorias adquiridas de seus fornecedores. Numa indústria, são as receitas com as vendas dos produtos fabricados a partir dos insumos adquiridos de seus fornecedores ou produzidos pela própria indústria. Numa empresa prestadora de serviços, são as receitas com as vendas dos serviços prestados a seus clientes. Cabe lembrar que no total das receitas de vendas estão incluídas tanto aquelas já recebidas dos clientes, quanto aquelas a receber, visto que a contabilidade, regra geral, é baseada em regime de competência e não em regime de caixa.

Pelas regras "tradicionais", isto é, regras "antes" dos Pronunciamentos Técnicos dos CPC (Comitê de Pronunciamentos Contábeis), a RECEITA DE VENDAS está relacionada a dois conceitos:

- Receita Bruta (de Vendas)
- Receita Líquida (de Vendas)

A relação entre esses dois tipos de receitas se dá pela seguinte expressão:

RECEITA LÍQUIDA = RECEITA BRUTA – DEDUÇÕES

<u>DEDUÇÕES</u>:

- Devoluções de Vendas
- Vendas Canceladas
- Abatimentos sobre Vendas
- Descontos Incondicionais (ou Comerciais) Concedidos
- Impostos e Contribuições sobre Vendas (ICMS, ISS, PIS, COFINS)

Exemplo prático: Cia. Delta foi constituída no exercício social de X1, adquirindo para revenda mercadorias no total de R$ 100.000,00 com ICMS de 17%. No mesmo exercício, revendeu todo o estoque adquirido em X1 por R$ 160.000,00 com ICMS de 17%. Desconsiderando quaisquer outros tributos nas operações de compras e vendas, teremos:

Receita Bruta	160.000,00
(–) ICMS s/ Vendas (17% 160.000,00)	(27.200,00)
(=) Receita Líquida	132.800,00
(–) CMV (100.000,00 – 17% 100.000,00)	(83.000,00)
(=) Lucro Bruto	49.800,00

Observações:

(1) Pela legislação do ICMS (Imposto sobre Circulação de Mercadorias e Serviços), as empresas comerciais revendedoras têm o direito de "recuperar" nas compras de mercadorias para revenda o valor do ICMS incidente. Daí, no cálculo do CMV (Custo das Mercadorias Vendidas) o ICMS de 17.000,00 foi abatido do valor das compras, chegando ao valor de R$ 83.000,00.

(2) Estudaremos ao longo desta obra que existem vários tipos de lucros. Um deles é chamado de LUCRO BRUTO, o qual representa o lucro com a atividade principal de uma entidade. No caso da Cia. Delta, esse lucro foi o obtido com a revenda de mercadorias, que é a sua atividade principal, onde seu valor foi a diferença entre a Receita Líquida de Vendas e o Custo das Mercadorias Vendidas (CMV).

(3) Numa empresa comercial ou prestadora de serviços a RECEITA BRUTA é o mesmo que FATURAMENTO BRUTO, tendo em vista que, em ambos os tipos de empresas, não há IPI (Imposto s/Produtos Industrializados) na venda de mercadorias ou serviços. Porém, numa empresa industrial, não é a mesma coisa, ou seja:

FATURAMENTO BRUTO = RECEITA BRUTA + IPI

Isto é decorrência do fato de ser o IPI um imposto "por fora", isto é, imposto que não integra a sua própria base de cálculo, sendo esta a Receita Bruta. No caso do ICMS (Imposto s/Circulação de Mercadorias e Serviços) e do ISS (Imposto s/Serviços), é diferente. Ambos são impostos "por dentro", ou seja, impostos que fazem parte das suas próprias bases de cálculo, e desta forma já estão embutidos na Receita Bruta.

Suponhamos, por exemplo, que a Industrial X venda produtos para a Comercial Y no valor de R$ 10.000, com ICMS a 18% e IPI a 10%. Assim, teremos:

RECEITA BRUTA = R$ 10.000

ICMS S/ VENDAS = 18% da RECEITA BRUTA = R$ 1.800

IPI FATURADO = 10% da RECEITA BRUTA = R$ 1.000

FATURAMENTO BRUTO = R$ 10.000 + R$ 1.000 = R$ 11.000

(4) Para chegarmos ao valor líquido das vendas (Vendas Líquidas ou Receita Líquida), subtraímos as seguintes DEDUÇÕES:

- Devoluções de Vendas
- Vendas Canceladas
- Abatimentos sobre Vendas
- Descontos Incondicionais Concedidos
- Impostos e Contribuições sobre Vendas (ICMS, ISS, PIS, COFINS)

> ***ICMS:*** *Imposto sobre Circulação de Mercadorias e Serviços (Serviço de Transporte Interestadual e Intermunicipal e de Comunicação) – art.155, II, CF*
>
> ***ISS:*** *Imposto sobre Serviços (exceto os mencionados no ICMS) – art.156, III, CF*
>
> ***PIS:*** *Programa de Integração Social – É uma contribuição mensal efetuada pelas empresas comerciais ao Governo Federal, sobre o faturamento dessas. Tal contribuição destina-se ao pagamento do abono anual que a Caixa Econômica Federal paga aos trabalhadores cadastrados e ao seguro-desemprego.*
>
> ***COFINS:*** *Contribuição Social sobre o Faturamento – Juntamente com o PIS, é um tributo de competência da União (art. 149 e art. 195, I, b, CF), destinando-se ao financiamento da seguridade social.*

(5) O IPI não é considerado uma DEDUÇÃO da Receita Bruta, pois, como já visto, o mesmo não está incluído nesta (imposto "por fora").

(6) As contas *Devoluções de Vendas, Abatimentos sobre Vendas, Descontos Incondicionais* (*ou Comerciais*) *Concedidos, ICMS s/Vendas, PIS s/Faturamento, Cofins s/Faturamento* e *ISS* são DESPESAS. Porém, tais despesas não são consideradas no rol das despesas comerciais, financeiras, gerais, administrativas ou outras despesas, e sim no rol das DEDUÇÕES DAS VENDAS (ou Contas Retificadoras das Vendas), isto é, são subtraídas diretamente da *Receita Bruta* para chegar-se ao valor da *Receita Líquida*.

(7) Não se há de confundir as contas *ICMS, ISS, PIS s/Faturamento e Cofins s/Faturamento* com as contas *ICMS a Recolher, ISS a Recolher, PIS a Recolher e Cofins a Recolher*, pois as primeiras são contas de RESULTADO (deduções das vendas) e as segundas são contas PATRIMONIAIS (obrigações – contas do Passivo). Tais contas "nascem", respectivamente, juntas, pois, tendo em vista o **Regime de Competência** (*será visto no item 4 deste capítulo*), ao se reconhecer a obrigação de pagar o tributo, paralelamente, surge a despesa com o tributo.

(8) Não se há de confundir a conta *Descontos Incondicionais Concedidos* com a conta *Descontos Condicionais Concedidos*. A primeira é uma conta de resultado, classificada como *Dedução da Receita Bruta*. A segunda é uma conta de resultado classificada como *Despesa Financeira* (desconto concedido ao cliente por antecipação do recebimento de duplicatas a receber).

(9) Como visto, os *Descontos Incondicionais Concedidos* e os *Abatimentos sobre Vendas* são deduções das vendas. A diferença entre ambos reside no seguinte fato: Os *Descontos Incondicionais Concedidos* são dados incondicionalmente pelo fornecedor ao cliente, no ato da venda e, portanto, aparecem na nota fiscal de venda. Os *Abatimentos sobre Vendas* são dados posteriormente ao ato da venda pelo fornecedor ao cliente, tendo em vista avarias ou quaisquer divergências nos pedidos, não aparecendo, portanto, na nota fiscal de venda.

Exemplo prático envolvendo as deduções das vendas: As seguintes operações foram registradas no mês de maio na Comercial MS Ltda.:

- Vendas de mercadorias no valor de R$ 50.000, com desconto incondicional concedido de 8%.
- Dos R$ 50.000 das mercadorias vendidas anteriormente, houve o recebimento de R$ 12.500 em devolução.
- Abatimentos concedidos aos clientes no valor de $ 8.000, a fim de evitar novas devoluções.

Assim, supondo ICMS, PIS e COFINS, respectivamente, 18%, 0,65% e 3%:

ICMS = 18% × [(50.000 – 8% × 50.000) – (12.500 – 8% × 12.500)] = 6.210,00

PIS = 0,65% × [(50.000 – 8% × 50.000) – (12.500 – 8% × 12.500) – 8.000] = 172,25

Cofins = 3% × [(50.000 – 8% × 50.000) – (12.500 – 8% × 12.500) – 8.000] = 795,00

Descontos Incondicionais Concedidos = 8% × (50.000 – 12.500) = 3.000,00

Devoluções de Vendas = 12.500,00

Abatimentos s/ Vendas = 8.000,00

DEDUÇÕES = [6.210 + 172,25 + 795 + 3.000 + 12.500 + 8.000]= 30.677,25

RECEITA LÍQUIDA = [50.000 – 30.677,25] = 19.322,75

Observemos que as ***Devoluções de Vendas*** funcionam em sentido oposto ao das *Vendas*, com os mesmos elementos incidentes, ou seja, se há nas vendas descontos incondicionais de 8% de R$ 50.000,00, há nas devoluções de vendas descontos incondicionais de 8% de R$ 12.500,00. Se há incidência do ICMS no valor das vendas, líquidas dos descontos incondicionais, de 18% de (R$ 50.000,00 – 8% R$ 50.000,00), há também incidência do ICMS nas devoluções de vendas, líquidas dos descontos incondicionais sobre essas devoluções, no valor de 18% de (R$ 12.500,00 – 8% R$ 12.500,00). Cabe também lembrar que, tanto na venda, quanto na devolução de venda, se deve emitir nota fiscal. Na venda, a emissão é feita pelo vendedor. Na devolução de venda, a emissão é feita pelo comprador. Observemos também que no ***Abatimento sobre Vendas*** não há circulação de mercadorias e, portanto, não há emissão de nota fiscal e nem incidência de ICMS, visto que neste caso não há circulação de mercadorias. No entanto, no caso do PIS e da Cofins, o abatimento afeta suas bases de cálculo, devendo, portanto, subtrair os R$ 8.000,00 no cálculo desses tributos. Ressaltemos que o ICMS é tributo sobre "circulação de mercadorias". O PIS e a Cofins são tributos sobre "faturamento" e não sobre circulação. No Capítulo 9, estudaremos mais detalhes.

3.2.2. Receitas Financeiras

- Juros Ativos
- Descontos (Condicionais) Obtidos
- Receitas de Títulos Vinculados ao Mercado Aberto ("*Open Market*" – o valor dessa receita é a diferença entre o valor de resgate e o valor aplicado)
- Prêmios na Emissão de Debêntures (será visto no Capítulo 11)

etc.

Observações:

(1) Analogamente ao caso das Variações Monetárias Passivas e das Variações Cambiais Passivas que, com base no item 3 do CPC 08 (R1) foram consideradas despesas financeiras, as Variações Monetárias Ativas e as Variações Cambiais Ativas são consideradas RECEITAS FINANCEIRAS, apesar de muitos não as considerarem como tais. Ressalta-se que vale mais o que está no CPC do que a opinião divergente de contabilistas renomados.

(2) RESULTADO FINANCEIRO LÍQUIDO = Receitas Financeiras – Despesas Financeiras – IOF – PIS e COFINS sobre Receitas Financeiras

(3) Os ***Juros Ativos*** são normalmente originários das seguintes formas:

– Juros ganhos em aplicações financeiras.

– Juros ganhos na concessão de empréstimos a terceiros.

– Juros de mora cobrados em duplicatas a receber, devido ao atraso de clientes.

(4) Os ***Descontos Condicionais*** *(ou* ***Financeiros)*** ***Obtidos*** são referentes aos descontos obtidos dos fornecedores, dada a antecipação do pagamento das duplicatas a pagar.

(5) As "Variações Monetárias Ativas" representam, em geral, a correção monetária pós-fixada de aplicações financeiras em função da inflação, tal como, por exemplo, a correção monetária de caderneta de poupança, visto que o aplicador só conhecerá o valor desta ao final de cada mês.

(6) Se uma empresa brasileira compra, por exemplo, 10.000 euros ao câmbio de R$ 2,40 e os guarda no cofre e, posteriormente, o câmbio passa a R$ 3,00, então irá contabilizar um ganho cambial de (R$ 3,00 – R$ 2,40) × 10.000, ou seja, R$ 6.000,00, valor este que integrará o saldo da conta "Variações Cambiais Ativas".

3.2.3. Receita de Equivalência Patrimonial

É a receita apurada, normalmente ao final do exercício social, numa empresa investidora em função do resultado do exercício de sua empresa coligada ou controlada ter sido de lucro. Assim, por exemplo, suponhamos que a Cia. Alfa seja controladora da Cia. Beta, possuindo 80% de suas ações. Admitindo que a investida (Cia. Beta) apurasse ao final do ano um lucro líquido de R$ 70.000,00, então a investidora (Cia. Alfa) iria contabilizar uma Receita de Equivalência Patrimonial de 80% de R$ 70.000,00, ou seja, R$ 56.000,00.

Havendo prejuízo numa coligada ou controlada, a investidora irá apurar "Despesa de Equivalência Patrimonial", a qual NÃO é considerada despesa de venda, financeira, administrativa, geral ou outra despesa, devendo ser classificada separadamente dessas categorias de despesas. Pelas regras anteriores aos pronunciamentos técnicos do CPC, a referida despesa era considerada "outra despesa operacional". Atualmente, em vista das normas do Comitê de Pronunciamentos Contábeis, não existe diferença entre "outras despesas operacionais" e "outras despesas", devendo essas últimas serem utilizadas para registrar os prejuízos na venda ou baixa de bens do ativo investimentos, imobilizado ou intangível, ou quaisquer outras despesas "operacionais" (não existem mais as despesas "não operacionais") que não possam ser classificadas como de vendas, financeiras ou administrativas, não englobando, portanto, a despesa de equivalência patrimonial.

Observações:

(1) Em geral, para que uma empresa seja controladora de outra, é necessário que possua mais de 50% das ações que dão direito ao voto nas assembleias gerais de acionistas (mais de 50% das ações ordinárias). No caso de coligação, é necessário que a investidora tenha influência significativa na administração da investida, sem, no entanto, ter o controle da mesma, ou seja, não poderá ter mais de 50% das ações ordinárias.

(2) No lugar das expressões "Receita de Equivalência Patrimonial" e "Despesa de Equivalência Patrimonial" é comum o uso da expressão "Resultado da Equivalência Patrimonial", o qual, se for positivo, corresponde à receita de equivalência e, se for negativo, corresponde à despesa de equivalência.

(3) O Método da Equivalência Patrimonial é uma forma exclusiva de uma investidora avaliar seus investimentos em empresas coligadas ou em empresas controladas, onde as variações no patrimônio líquido da investida são reconhecidas proporcionalmente nas variações do patrimônio líquido da investidora. Daí a expressão "equivalência patrimonial" que significa o aumento ou redução equivalente (proporcional) do patrimônio líquido da investidora em função do aumento ou redução do patrimônio líquido da investida. Desta forma, se a investidora possui, por exemplo, 30% das ações de sua coligada, qualquer aumento ou redução no patrimônio líquido desta irá implicar um aumento ou redução no patrimônio líquido da investidora equivalente (proporcional) a 30% do aumento ou redução do patrimônio líquido da investida.

3.2.4. Outras Receitas

Também chamadas de OUTRAS RECEITAS OPERACIONAIS, representam as receitas incomuns ou acessórias às atividades principais das empresas comerciais, industriais ou prestadoras de serviços, tais como as receitas de aluguéis de seus imóveis, as receitas de *royalty*, as reversões de perdas estimadas no ativo, as receitas de dividendos e os ganhos (lucros) na venda de bens do ativo investimentos, imobilizado ou intangível.

Exemplo prático 1: Uma empresa vende um terreno, cujo valor contábil é de R$ 12.000,00, sendo o valor da venda de R$ 16.700,00, a contabilização poderia ser feita da seguinte forma (o entendimento completo desse assunto depende do conteúdo dos Capítulos 4 e 6 desta obra):

D – Caixa.. 16.700,00
C – Terrenos.. 12.000,00
C – Outras Receitas (lucro na venda de terreno).. 4.700,00

Exemplo prático 2: Uma empresa industrial, além da receita de venda de seus produtos, apurou os seguintes valores:

Juros Ativos .... R$ 2.400,00
Receita de *Royalty* .... R$ 1.100,00
Aluguéis Ativos.. R$ 2.400,00
Receita de Equivalência Patrimonial .... R$ 5.600,00
Despesa de Equivalência Patrimonial.. R$ 1.200,00
Receita de Dividendos .... R$ 3.700,00
Lucro na Venda de Terreno.. R$ 4.000,00

Uma forma adequada de classificar e apresentar esses itens seria a seguinte:

Receitas Financeiras

Juros Ativos .... R$ 2.400,00

Resultado de Equivalência Patrimonial

Receita de Equivalência Patrimonial .... R$ 5.600,00
Despesa de Equivalência Patrimonial.. (R$ 1.200,00)
R$ 4.400,00

Outras Receitas

Receita de *Royalty* .... R$ 1.100,00
Aluguéis Ativos.. R$ 2.400,00
Receita de Dividendos .... R$ 3.700,00
Lucro na Venda de Terreno.. R$ 4.000,00
R$ 11.200,00

Observemos que no caso específico da "Receita de Equivalência Patrimonial" NÃO classificamos como "Outras Receitas", tendo por base o item 82 do **CPC 26 (R1) – Apresentação das Demonstrações Contábeis**, o qual deixa claro **a separação** de "outras receitas" e "parcela dos resultados das empresas investidas reconhecidas por meio do método da equivalência patrimonial", traduzindo-se esta última em "receita" ou "despesa" de equivalência patrimonial.

4. Regimes de Contabilização

Existem dois critérios distintos, para determinarmos a ocorrência ou não de despesas e receitas. Tais critérios, os quais representam pontos de vista diferentes, são os dois regimes de contabilização existentes, a saber: *REGIME DE CAIXA* e *REGIME DE COMPETÊNCIA*.

No regime de caixa, como o nome já sugere, as despesas e as receitas são, respectivamente, caracterizadas pelas saídas e entradas de dinheiro.

No regime de competência, as despesas e as receitas são caracterizadas pelas ocorrências dos FATOS GERADORES, independentemente das saídas ou entradas de dinheiro.

Com base nas legislações fiscal, tributária e societária, podemos afirmar que todas as SOCIEDADES ANÔNIMAS e as SOCIEDADES LIMITADAS de grande porte são obrigadas a adotar, em seus registros e demonstrações contábeis, o regime de competência. O regime de caixa pode ser usado, por exemplo, em micro e pequenas empresas e nas sociedades sem fins lucrativos, ressaltando que tais entidades também poderão contabilizar suas operações pelo regime de competência.

Também, de acordo com o item 4.50 do Pronunciamento Conceitual Básico CPC 00 (R1) – Estrutura Conceitual para Elaboração e Divulgação de Relatório Contábil-Financeiro, as despesas devem ser reconhecidas na demonstração do resultado com base na associação direta entre elas e os correspondentes itens de receita. Esse processo, usualmente chamado de CONFRONTAÇÃO entre despesas e receitas (regime de COMPETÊNCIA), envolve o reconhecimento simultâneo ou combinado das receitas e despesas que resultem diretamente ou conjuntamente das mesmas transações ou outros eventos. Por exemplo, os vários componentes de despesas que integram o custo das mercadorias vendidas devem ser reconhecidos no mesmo momento em que a receita derivada da venda das mercadorias é reconhecida.

Exemplo Prático 1: A Empresa Alfa, cujo exercício social coincide com o ano calendário, alugou um imóvel para a Empresa Beta, cujo exercício social também coincide com o ano-calendário. Em dezembro de X1, a Empresa Alfa recebeu, antecipadamente, o aluguel de janeiro de X2, no valor de $ 4.000. Assim:

Se ambas as empresas utilizassem o REGIME DE CAIXA, teríamos:

(Em dezembro de X1)

– Na Empresa Alfa: *Receitas de Aluguéis = $ 4.000*, pois entrou dinheiro

– Na Empresa Beta: *Despesas de Aluguéis = $ 4.000*, pois saiu dinheiro

- -

(Em janeiro de X2)

Em relação ao referido aluguel, nada se faria em nenhuma das duas empresas.

Se ambas utilizassem o REGIME DE COMPETÊNCIA, teríamos:

(Em dezembro de X1)

– Na empresa Alfa: *Receitas de Aluguéis a Vencer = $ 4.000*

– Na empresa Beta: *Despesas de Aluguéis a Vencer = $ 4.000*

(Em janeiro de X2)

– Na empresa Alfa: *Receitas de Aluguéis = $ 4.000*

– Na empresa Beta: *Despesas de Aluguéis = $ 4.000*

Cabe mencionar que a expressão *"A VENCER"* (ou *"A APROPRIAR"* ou *"A AMORTIZAR"* ou *"A TRANSCORRER"*) significa que o FATO GERADOR da despesa ou da receita ainda vai ocorrer. Desta forma, a conta ***Receita de Aluguéis a Vencer*** (ou *Aluguéis Ativos a Vencer* ou *Aluguéis Recebidos Antecipadamente* ou *Receita Antecipada de Aluguéis* ou *Receita Diferida de Aluguéis*) NÃO é conta de resultado, visto que o fato gerador ainda não ocorreu. Esta é uma conta patrimonial, considerada uma RECEITA DIFERIDA, pertencente, em geral, ao PASSIVO NÃO CIRCULANTE (Lei nº 6.404/76, art. 299-B). Analogamente, a conta ***Despesa de Aluguéis a Vencer*** não é conta de resultado, e sim conta patrimonial, considerada uma **DESPESA DIFERIDA**, classificada no *Ativo Circulante*, pois é "semelhante" a um direito (não é um crédito contra terceiros, apenas um direito de usufruir do imóvel alugado). Assim:

Receita Diferida, também chamada de Receita antecipada, ou seja, a receita contabilizada "antes" do fato gerador ocorrer é o mesmo que:

- Receita recebida antecipadamente
- Receita a vencer
- Receita a apropriar
- Receita recebida e não ganha
- Receita a Transcorrer
- Receita a Amortizar

} CONTA DO PASSIVO *(regra geral)*

Despesa Diferida, também chamada de Despesa Antecipada, ou seja, a despesa contabilizada "antes" do fato gerador ocorrer é o mesmo que:

- Despesa paga antecipadamente
- Despesa a vencer
- Despesa a apropriar
- Despesa paga e não incorrida
- Despesa a Transcorrer
- Despesa a Amortizar

} CONTA DO ATIVO *(regra geral)*

Em geral, apesar de caracterizarmos RECEITA DIFERIDA como aquela que foi recebida antecipadamente, ou seja, o dinheiro entrou antes de ocorrer o fato gerador, veremos ao longo dessa obra que isso nem sempre acontece, isto é, há a possibilidade em alguns casos da existência de receitas a vencer, onde o dinheiro ainda não entrou, pois, no lugar deste, pode ter entrado, por exemplo, um direito em forma de promissórias ou duplicatas a receber. Da mesma forma, em relação a uma DESPESA DIFERIDA, que, em geral, representa a saída do dinheiro antes da ocorrência do fato gerador, veremos ao longo dessa obra que nem sempre isso acontece, ou seja, é possível a existência de despesa antecipada sem a saída anterior de dinheiro, mediante a entrada de obrigações, por exemplo, com duplicatas ou promissórias a pagar (no Capítulo 11 existem exemplos desses casos, onde aparecem as contas "Juros a Vencer" (despesa diferida) e "Juros Ativos a Vencer" (receita diferida). Também, a regra geral é que as receitas diferidas sejam contas do passivo e as despesas diferidas sejam contas do ativo. No entanto, nas contas mencionadas acima há uma inversão, ou seja, a conta "Juros Ativos a Vencer", que é uma receita diferida, veremos mais à frente que é uma conta retificadora do ativo e não conta do passivo. Já a conta "Juros a Vencer" (ou Juros Passivos a Vencer), que é uma despesa diferida, não é conta do ativo e sim conta retificadora do passivo.

Mediante o fenômeno chamado de APROPRIAÇÃO, há o reconhecimento da ocorrência do fato gerador de uma DESPESA ou de uma RECEITA. Assim, no exemplo anterior, ao findar o mês de janeiro de X1, na Empresa Alfa será APROPRIADA a *Receita de Aluguel* e na Empresa Beta, a *Despesa de Aluguel*. Em outras palavras, podemos dizer que, mediante a APROPRIAÇÃO, uma *Receita Diferida* "transforma-se" numa *Receita*, e uma *Despesa Diferida*, numa *Despesa*.

RECEITA DIFERIDA *(Conta Patrimonial – PASSIVO)*	***Apropriação*** →	*RECEITA* *(Conta de Resultado)*
DESPESA DIFERIDA *(Conta Patrimonial – ATIVO)*	***Apropriação*** →	*DESPESA* *(Conta de Resultado)*
ALUGUÉIS ATIVOS A VENCER *(Conta Patrimonial – PASSIVO)*	***Apropriação*** →	*ALUGUÉIS ATIVOS* *(Conta de Resultado – RECEITA)*
ALUGUÉIS A VENCER *(Conta Patrimonial – ATIVO)*	***Apropriação*** →	*ALUGUÉIS* *(Conta de Resultado – DESPESA)*
SEGUROS A VENCER *(Conta Patrimonial – ATIVO)*	***Apropriação*** →	*SEGUROS* *(Conta de Resultado – DESPESA)*

NOTA: Observemos que, no caso das DESPESAS, a palavra "*PASSIVOS*" é dispensável. Assim, por exemplo, *Aluguéis Passivos a Vencer* é o mesmo que *Aluguéis a Vencer*, *Aluguéis Passivos* é o mesmo que *Aluguéis*.

O termo "*a vencer*" (ou "*a apropriar*" ou "*a transcorrer*") é exclusivo do regime de competência, isto é, não existe no regime de caixa.

No Regime de CAIXA	RECEITA DIFERIDA DESPESA DIFERIDA	**Não existem**

Exemplo prático 2: Em outubro de X1, a Empresa "A" recebe antecipadamente $ 4.000 da Empresa "B", para que, em fevereiro de X2, entregue produtos a serem ainda fabricados. Assim, considerando o regime de competência, teremos:

(Em outubro de X1)

– Na Empresa "A": *Adiantamentos de Clientes = $ 4.000* → conta do passivo
– Na Empresa "B": *Adiantamentos a Fornecedores = $ 4.000* → conta do ativo

(Em fevereiro de X2 – na entrega dos produtos)

– Na Empresa "A": *Receita de Vendas = $ 4.000* → conta de resultado
– Na Empresa "B": *Estoques = $ 4.000* → conta do ativo

Como já visto, no regime de competência, as receitas e as despesas só são consideradas em função da ocorrência dos seus **fatos geradores**, independentemente dos pagamentos ou recebimentos.

Assim, ocorrendo o fato gerador de uma receita, dizemos que esta foi GANHA (ou Realizada ou Auferida). Ocorrendo o fato gerador de uma despesa, dizemos que esta foi INCORRIDA.

No caso das VENDAS, a receita é considerada realizada quando da transferência da propriedade do bem vendido a terceiro (no caso das vendas de mercadorias ou produtos) ou quando da prestação do serviço a terceiro (no caso das vendas de serviços).

Assim, se uma empresa industrial recebe um adiantamento em dinheiro por conta de um bem a ser produzido, a receita, no ato do recebimento, ainda não é considerada realizada. Só o será quando da entrega efetiva dos bens ao cliente. Enquanto não for entregue, este adiantamento será contabilizado na conta *Adiantamentos de Clientes*, sendo esta uma conta patrimonial (passivo exigível), visto que representa uma obrigação da empresa com o cliente.

Quando o bem for entregue, haverá a apropriação da receita e o valor contabilizado na conta *Adiantamentos de Clientes* será transferido para a conta *Receita de Vendas.*

Lista de sinônimos mais usados:

- *ALUGUÉIS ATIVOS A VENCER (ou A APROPRIAR)*
  – *Aluguéis Recebidos Antecipadamente*
  – *Receita Antecipada de Aluguéis*

- *ALUGUÉIS ATIVOS*
  - *– Receitas de Aluguéis*

- *ALUGUÉIS PASSIVOS A VENCER (ou A APROPRIAR)*
  - *– Aluguéis a Vencer*
  - *– Aluguéis Pagos Antecipadamente*
- *ALUGUÉIS PASSIVOS*
  - *– Despesas de Aluguéis*
  - *– Aluguéis*

- *SEGUROS A VENCER (ou A APROPRIAR)*
  - *– Seguros Pagos Antecipadamente*
  - *– Prêmios de Seguros a Vencer*

- *DESPESAS DE SEGUROS*
  - *– Prêmios de Seguros*
  - *– Seguros*

EXERCÍCIO RESOLVIDO 1: A empresa comercial Três Rios Ltda. teve o seguinte fluxo de liquidação de receitas e despesas:

Despesas relativas a dezembro do ano de X0,
pagas em dezembro do ano de X0.. $ 38.000

Despesas relativas a janeiro do ano de X1,
pagas em dezembro do ano de X0.. $ 21.000

Despesas relativas a dezembro do ano de X0,
pagas em janeiro do ano de X1 .... $ 13.000

Receitas relativas a dezembro do ano de X0,
recebidas em janeiro do ano de X1 .... $ 57.000

Receitas relativas a janeiro do ano de X1,
recebidas em dezembro do ano de X0.. $ 19.000

Receitas relativas a dezembro do ano de X0,
recebidas em dezembro do ano de X0.. $ 32.000

Tendo em vista as informações anteriores, pode-se afirmar que, em relação ao ano de X0, os resultados pelo regime de caixa e pelo regime de competência são, respectivamente, de:

a) ($ 8.000) e $ 38.000;
b) ($ 6.000) e $ 36.000;
c) $ 9.000 e $ 32.000;
d) ($ 7.000) e $ 37.000;
e) ($ 5.000) e $ 35.000.

(SOLUÇÃO)

Para o regime de caixa, as despesas e receitas ficam caracterizadas, respectivamente, pelos pagamentos e recebimentos. Para o regime de competência, as despesas e receitas ficam caracterizadas pelas ocorrências nos períodos aos quais elas são relativas, ou seja, aos quais elas competem. Assim, temos:

REGIME DE CAIXA		**REGIME DE COMPETÊNCIA**	
DESPESAS	RECEITAS	DESPESAS	RECEITAS
38.000	–	38.000	–
21.000	–	ϕ	–
ϕ	–	13.000	–
–	ϕ	–	57.000
–	19.000	–	ϕ
–	*32.000*	–	*32.000*

Logo:

Pelo REGIME DE CAIXA:
Total de Receitas = $ 19.000 + $ 32.000 = $ 51.000
Total de Despesas = $ 38.000 + $ 21.000 = $ 59.000
RESULTADO = $ 51.000 – $ 59.000 = ($ 8.000) – PREJUÍZO

Pelo REGIME DE COMPETÊNCIA:
Total de Receitas = $ 57.000 + $ 32.000 = $ 89.000
Total de Despesas = $ 38.000 + $ 13.000 = $ 51.000
RESULTADO = $ 89.000 – $ 51.000 = $ 38.000 – LUCRO → ***(Opção a)***

EXERCÍCIO RESOLVIDO 2: No balanço patrimonial de uma empresa figuravam, entre outras, as seguintes contas: Prêmios de Seguros a Vencer = $ 23.000; Impostos a Recolher = $ 8.000; Receitas Recebidas Antecipadamente = $ 17.000. Se a empresa usasse na sua escrituração o regime de caixa, o lucro líquido apurado no exercício seria:

a) majorado em $ 32.000;
b) reduzido em $ 2.000;
c) reduzido em $ 14.000;
d) majorado em $ 14.000;
e) majorado em $ 2.000.

(SOLUÇÃO)

A empresa tem Seguros a Vencer = $ 23.000, pois pagou o seguro, mas ainda não apropriou a despesa, tendo em vista a não ocorrência do fato gerador (fato gerador = utilização da cobertura dada pela seguradora ao longo do tempo). Na passagem para o regime de caixa, o resultado reduzirá em $ 23.000, pela entrada da despesa, a qual é caracterizada pelo pagamento, independentemente da ocorrência ou não do fato gerador.

A empresa tem Impostos a Recolher = $ 8.000, pois apropriou a despesa com impostos, mas ainda não os pagou. Na passagem para o regime de caixa, o resultado aumentará em $ 8.000, pois deixará de haver a despesa, dado o não pagamento.

A empresa tem Receitas Antecipadas = $ 17.000, pois houve o recebimento, mas a receita não foi apropriada, visto que o fato gerador ainda não ocorreu. Na passagem para o regime de caixa, a receita estará consumada e, portanto, o resultado aumentará em $ 17.000. Logo:

Variação do PL = – $ 23.000 + $ 8.000 + $ 17.000 = $ 2.000 ***(Opção e)***

EXERCÍCIO RESOLVIDO 3: No final do exercício social encerrado em 31/12/X1 apuraram-se os seguintes elementos:

– Recebimento por serviços a prestar de 1º de março de X1 a 29 de fevereiro de X2 = $ 384.000
– Receita de serviços prestados a receber no ano de X2 = $ 60.000
– Despesas administrativas incorridas e pagas durante o exercício = $ 57.000
– Custos dos serviços prestados em X1 e pagos em X1 = $ 214.000
– Despesas financeiras incorridas e pagas no exercício = $ 12.000
– Despesas financeiras pagas antecipadamente = $ 2.000

Assim, o RESULTADO pelo regime de competência e pelo regime de caixa seria, respectivamente, de:

a) $ 161.000 e $ 99.000;
b) $ 97.000 e $ 99.000;
c) $ 99.000 e $ 99.700;
d) $ 99.000 e $ 167.000;
e) $ 97.000 e $ 167.000.

(SOLUÇÃO)

REGIME DE COMPETÊNCIA		REGIME DE CAIXA	
DESPESAS	RECEITAS	DESPESAS	RECEITAS
–	*($ 384.000 ÷ 12) x 10 = $ 320.000*	–	*$ 384.000*
–	$ 60.000	–	ZERO
$ 57.000	–	$ 57.000	–
$ 214.000	–	$ 214.000	–
$ 12.000	–	$ 12.000	–
ZERO		*$ 2.000*	

Pelo REGIME DE COMPETÊNCIA:

Total de Receitas = $ 380.000

Total de Despesas = $ 283.000

*RESULTADO = **$ 97.000** → <u>LUCRO</u>*

Pelo REGIME DE CAIXA:

Total de Receitas = $ 384.000

Total de Despesas = $ 285.000

*RESULTADO = **$ 99.000** → <u>LUCRO</u>. **(Opção b)***

EXERCÍCIO RESOLVIDO 4: Uma despesa incorrida e não paga, para uma empresa que trabalha com regime de caixa:

a) gera um passivo maior que o real e um lucro menor que o real;

b) gera um passivo menor que o real e um lucro menor que o real;

c) gera um passivo maior que o real e um lucro maior que o real;

d) gera um passivo menor que o real e um lucro maior que o real;

e) não gera nenhuma alteração no passivo em relação àquele apurado se a empresa utilizasse o regime de competência.

(SOLUÇÃO)

*Se a empresa trabalha com regime de caixa, a despesa só fica caracterizada pelo pagamento. Logo, como ainda não houve o pagamento, nenhuma despesa é contabilizada e, consequentemente, o <u>lucro é maior</u> do que aquele que a empresa apuraria se utilizasse o regime de competência. Paralelamente à não contabilização da despesa, há a não contabilização da obrigação. Assim, o <u>passivo é menor</u> do que aquele que seria se a empresa adotasse o regime de competência. **(Opção d)***

EXERCÍCIO RESOLVIDO 5: Associe:

I. Vendas de mercadorias à vista.

II. Vendas de mercadorias a prazo.

III. Recebimento antecipado de aluguéis.

IV. Pagamento antecipado de aluguéis.

V. Apropriação de salários.

VI. Pagamento, em junho, do aluguel de junho.

A. Despesa paga e incorrida.

B. Despesa incorrida e não paga.

C. Despesa paga e não incorrida.

D. Receita ganha e não recebida.

E. Receita ganha e recebida.

F. Receita recebida e não ganha.

(SOLUÇÃO)

I-E *Vendas de mercadorias à vista à Receita **ganha** (ou **realizada**), pois ocorreu o fato gerador, que é a entrega da mercadoria ao cliente, e **recebida** (pois entrou dinheiro).*

II-D *Vendas de mercadorias a prazo à Receita **ganha** e **não recebida**.*

III-F *Recebimento antecipado de aluguéis à Receita **recebida**, pois entrou dinheiro, e **não ganha**, pois ainda não ocorreu o fato gerador, que é o usufruto do imóvel por parte do locatário.*

IV-C *Pagamento antecipado de aluguéis à Despesa **paga**, pois saiu dinheiro, e **não incorrida**, pois não ocorreu o fato gerador, que é o usufruto do imóvel.*

V-B *Apropriação de Salários à Despesa **incorrida**, pois ocorreu o fato gerador, que é o trabalho realizado pelos funcionários, e **não paga**, pois ainda não saiu dinheiro.*

VI-A *Pagamento, em junho, do aluguel de junho à Despesa **paga**, pois saiu dinheiro, e **incorrida**, pois ocorreu o fato gerador, que é o usufruto do imóvel.*

EXERCÍCIO RESOLVIDO 6: Com relação ao exercício anterior, indique as receitas e despesas a serem consideradas para o Regime de Caixa e para o Regime de Competência.

(SOLUÇÃO)

Para o REGIME DE CAIXA, as despesas e receitas são, respectivamente, caracterizadas pelas saídas e entradas de dinheiro.

Para o REGIME DE COMPETÊNCIA, as despesas e receitas são caracterizadas pelas ocorrências dos FATOS GERADORES, independentemente das saídas ou entradas de dinheiro.

Assim:

São DESPESAS para o Regime de Caixa:

*– Despesas **pagas** e incorridas*

*– Despesas **pagas** e não incorridas*

São DESPESAS para o Regime de Competência:

*– Despesas **incorridas** e pagas*

*– Despesas **incorridas** e não pagas*

São RECEITAS para o Regime de Caixa:

– Receitas ***recebidas*** *e ganhas*

– Receitas ***recebidas*** *e não ganhas*

São RECEITAS para o Regime de Competência:

– Receitas ***ganhas*** *e recebidas*

– Receitas ***ganhas*** *e não recebidas*

EXERCÍCIO RESOLVIDO 7: (Auditor-Fiscal da Receita Federal/Esaf) A empresa Jasmim S/A, cujo exercício social coincide com o ano-calendário, pagou, em 30/4/X7, o prêmio correspondente a uma apólice de seguro contra incêndio de suas instalações para viger no período de 1/5/X7 a 30/4/X8. O valor pago de R$ 30.000,00 foi contabilizado como despesa operacional do exercício de X7. Observando o princípio contábil da competência, o lançamento de ajuste, feito em 31/12/X7, provocou, no resultado do exercício de X8, uma:

a) majoração de R$ 10.000,00;
b) redução de R$ 30.000,00;
c) redução de R$ 20.000,00;
d) majoração de R$ 20.000,00;
e) redução de R$ 10.000,00.

(SOLUÇÃO)

Pelo regime de competência, o que caracteriza as Despesas de Seguros não é o pagamento e sim o fato gerador, sendo este a cobertura do patrimônio ao longo do tempo. Assim:

De 01/05/X7 a 30/04/X8: *12 meses → Apropriar R$ 30.000*

1 mês → Apropriar R$ 30.000 ÷ 12 = R$ 2.500

Em X7 (01/05 a 31/12): *8 meses → Apropriar R$ 2.500 x 8 = R$ 20.000*

Em X8 (01/01 a 30/04): *4 meses → Apropriar R$ 2.500 x 4 = R$ 10.000*

Assim, ao se fazer o ajuste, irão R$ 10.000 como Despesas de Seguros para o resultado de X8, fazendo assim com que este diminua em R$ 10.000 ***(Opção e)***

EXERCÍCIO RESOLVIDO 8: (TCU – Tribunal de Contas da União/Esaf – Modificada) Registrada em 25 de fevereiro de X8, a "Firma Mento Ltda." funcionou normalmente até o fim do ano, contabilizando seus resultados sob a ótica do Regime de Caixa. Ao chegar a dezembro, foi informada que, para elaborar seus balanços, teria de observar o Regime Contábil da Competência de Exercícios, em obediência aos princípios contábeis e às determinações legais.

O lucro do exercício de X8 já estava contabilizado sob regime de caixa e computava os seguintes elementos:

– Salários correspondentes aos meses de fevereiro a dezembro: R$ 3.960,00, faltando pagar apenas o mês de dezembro, no valor de R$ 360,00.

– Seguros correspondentes aos meses de fevereiro de X8 a janeiro de X9, totalmente pago, à razão de R$ 80,00 por mês.

– Serviços prestados durante todo o período, à razão de R$ 450,00 ao mês, inclusive fevereiro de X8, faltando receber apenas o mês de dezembro/X8.

– Juros vencidos a favor da "Firma Mento", no valor de R$ 600,00, totalmente recebidos.

– Impostos e taxas municipais no valor de R$ 400,00, já vencidos mas ainda não pagos.

– Comissões recebidas em X8, mas que se referem ao exercício de X9, no valor de R$ 100,00.

Ao fazer as correções de lançamentos para ajustar o lucro líquido ao regime de competência, a empresa, naturalmente, provocou alterações no valor contábil do resultado antes contabilizado. Essas alterações significaram:

a) redução do lucro em R$ 330,00;

b) redução do lucro em R$ 640,00;

c) aumento do lucro em R$ 310,00;

d) aumento do lucro em R$ 370,00;

e) aumento do lucro em R$ 1.030,00.

(SOLUÇÃO)

REGIME DE CAIXA		***REGIME DE COMPETÊNCIA***	
DESPESAS	*RECEITAS*	*DESPESAS*	*RECEITAS*
3.600	–	*3.960*	–
12 x 80 = 960	–	*11 x 80 = 880*	–
–	*450 x 10 = 4.500*	–	*450 x 11 = 4.950*
–	*600*	–	*600*
0	–	*400*	–
–	*100*	–	*0*
4.560	*5.200*	*5.240*	*5.550*
–	*640*	–	*310*

Pelo regime de caixa → Lucro de 640

Pelo regime de competência → Lucro de 310

Redução do lucro = 640 – 310 = 330

(Opção a)

EXERCÍCIO RESOLVIDO 9: Ao inventariar sua riqueza de acordo com o regime contábil de caixa, os proprietários concluíram que, hoje, sua firma possui débitos no valor de R$ 190.000,00, créditos no valor de R$ 180.000,00, um capital registrado e todo integralizado no valor de R$ 80.000,00, além de diversos bens no valor de R$ 100.000,00.

Foi também apurada a existência de R$ 1.000,00 de receitas já ganhas mas ainda não quitadas; de R$ 1.300,00 de despesas quitadas antecipadamente; de uma conta de energia elétrica no valor de R$ 2.000,00 vencida e não paga; além da expectativa de perda da ordem de 1% no recebimento de letras com valor nominal de R$ 50.000,00.

Desconsiderando a distribuição de dividendos, ao demonstrar o patrimônio acima indicado, contabilizando-o segundo os princípios contábeis da Prudência e da Competência de Exercícios, essa empresa vai evidenciar no grupo Patrimônio Líquido reservas de lucros no valor de:

a) R$ 7.200,00;

b) R$ 27.200,00;

c) R$ 10.000,00;

d) R$ 9.800,00;

e) R$ 30.000,00.

(SOLUÇÃO)

Créditos = Direitos = R$ 180.000

Débitos = Obrigações = R$ 190.000

- -

ATIVO = Bens + Direitos = R$ 100.000 + R$ 180.000 = R$ 280.000

PASSIVO (Exigível) = Obrigações = R$ 190.000

PL = A – P = R$ 280.000 – R$ 190.000 = R$ 90.000

Por outro lado:

PL = R$ 80.000 + Reservas de Lucros → Reservas de Lucros = R$ 10.000

(pelo regime de caixa)

- -

Na passagem para o regime de competência, o resultado irá variar da seguinte forma:

1º As receitas ganhas e não quitadas, para o regime de caixa, não foram consideradas receitas, visto que não houve entrada de dinheiro. Porém, para o regime de competência, serão consideradas receitas, pois foram ganhas, isto é, o fato gerador ocorreu. Logo, serão somadas às Reservas de Lucros no valor de R$ 1.000.

2º As despesas quitadas antecipadamente, para o regime de caixa, são despesas, pois houve saída de dinheiro. Porém, para o regime de competência, não são despesas, visto que o fato gerador ainda não ocorreu. Logo, para o ajuste de Reservas de Lucros ao regime de competência, devemos retirar tais despesas, somando R$ 1.300 às Reservas de Lucros.

3º A despesa de energia elétrica, que está vencida e não paga, para o regime de caixa, não é despesa, visto que não saiu dinheiro. Porém, para o regime de competência, é despesa, dada a ocorrência do fato gerador (despesa vencida = despesa incorrida). Logo, devemos ajustar a conta Reservas de Lucros, subtraindo tal despesa no valor de R$ 2.000.

4º A despesa com Provisão para Perdas não existe no regime de caixa, pois não significa saída de dinheiro. Porém, para o regime de competência, e em obediência ao princípio da prudência, haverá tal despesa no valor de 1% de R$ 50.000, isto é, R$ 500, sendo esta subtraída de Reservas de Lucros para o ajuste ao regime de competência.

Assim:

Ajustes = R$ 1.000 + R$ 1.300 – R$ 2.000 – R$ 500 = – R$ 200

- -

Reservas de Lucros (competência)= Reservas de Lucros (caixa) *+ Ajustes = R$ 10.000 + (– R$ 200) = R$ 9.800*

(Opção d)

EXERCÍCIO RESOLVIDO 10: Marque a opção que indica uma conta não existente numa empresa que trabalha com regime de caixa:

a) Despesas de Salários.

b) Despesas de Juros.

c) Despesas de Depreciação.

d) Despesas de Aluguéis.

e) Despesas de Seguros.

(SOLUÇÃO)

No regime de caixa, só há despesa quando há saída de dinheiro. Nas despesas de depreciação, não há saída de dinheiro. ***(Opção c)***

EXERCÍCIO RESOLVIDO 11: (Fiscal de Tributos Estaduais/Universidade Federal de Santa Catarina) A Cia. Tetra está situada em um país onde não há inflação. Os três Inventários Gerais abaixo fornecidos estão corretos e foram extraídos dos BPs que foram publicados:

	31/12/X4	31/12/X5	31/12/X6
Caixa e Bancos	$ 250	$ 130	$ 210
Fornecedores	$ 280	$ 90	$ 230
Mercadorias	$ 180	$ 120	$ 90
Salários a Pagar	$ 220	$ 130	$ 180
Duplicatas a Receber	$ 120	$ 100	$ 150
Dividendos a Pagar	zero	$ 80	zero

Em X5, os acionistas da Cia. Tetra subscreveram $ 30 de Capital Social, mas nada integralizaram. Em X6, os acionistas integralizaram os $ 30 que subscreveram em X5, e integralizaram mais $ 40 subscritos em X6.

Levando em consideração apenas o que foi informado, pode-se afirmar que:

a) o prejuízo líquido de X5 foi de $ 80;

b) o prejuízo líquido de X6 foi de $ 10;

c) o lucro líquido de X5 foi de $ 50;

d) o prejuízo líquido de X6 foi de $ 80;

e) é impossível calcular o lucro/prejuízo líquido, quer de X5, quer de X6.

(SOLUÇÃO)

O exercício não nos fornece as contas de resultado. Desta forma, não podemos calcular o resultado (lucro ou prejuízo) pela diferença entre as receitas e despesas. Porém, podemos achar os resultados de X5 e X6, indiretamente, através das mutações dos patrimônios líquidos. Assim:

PL (X4) = A – P = $ 550 – $ 500 = $ 50

PL (X5) = A – P = $ 350 – $ 300 = $ 50

PL (X6) = A – P = $ 450 – $ 410 = $ 40

O Resultado de X5 é a diferença entre o PL de X5 e o PL de X4. Porém, ao PL de X5 devem ser somados os dividendos, pois vieram do lucro de X5:

Resultado (X5) = ($ 50 + $ 80) – $ 50 = $ 80 → Lucro

O Resultado de X6 é a diferença entre o PL de X6 e o PL de X5. Porém, do PL de X6 devem ser subtraídos $ 30 + $ 40, pois não vieram do resultado e sim da integralização de capital:

Resultado (X6) = ($ 40 – $ 30 – $ 40) – $ 50 = – $ 80 → Prejuízo ***(Opção d)***

EXERCÍCIO RESOLVIDO 12: (Analista de Finanças e Controle/Esaf – Adaptada) Ocorrerá aumento patrimonial de uma empresa, sempre que houver:

a) pagamento de todas as suas obrigações;
b) aumento de seus bens e/ou direitos;
c) reversão da reserva de lucros a realizar;
d) reversão da perda estimada em créditos de liquidação duvidosa;
e) aumento das reservas do patrimônio líquido.

(SOLUÇÃO)

Uma das formas de se aumentar o patrimônio líquido de uma empresa é através da obtenção de receitas. Na opção "a", ao pagar todas as obrigações, a empresa não realiza nenhuma receita, mantendo assim o PL constante. Na opção "b", se a empresa aumentar seus bens em função de compra de mercadorias a prazo, pela equação patrimonial PL = A – P, observamos que não há alteração do PL. Na opção "c", ao se reverter Reservas de Lucros a Realizar, que é uma conta do PL, o valor dessa reversão entrará em Lucros Acumulados, que, apesar de não aparecer no balanço patrimonial como conta do PL, transitoriamente é também do PL, não havendo assim, no ato da reversão, alteração do valor do PL. Na opção "d", ao se reverter a Perda Estimada em Créditos de Liquidação Duvidosa, aparecerá uma receita, aumentando assim o PL. Na opção "e", se aumentarmos uma reserva com a utilização de Lucros Acumulados, não haverá alteração do PL. ***(Opção d)***

EXERCÍCIO RESOLVIDO 13: (TCE – RJ – Analista de Controle Externo/ Femperj) Os regimes de caixa e competência são também conhecidos como regime financeiro e econômico, tendo em vista a abordagem com que cada um reconhece e apropria receitas e despesas. A esse respeito, é correto afirmar que:

a) no regime de caixa, as despesas devem ser apropriadas de acordo com a venda efetuada no período;
b) no regime de competência, as receitas são reconhecidas proporcionalmente às vendas do período;
c) no regime de caixa, as despesas incorridas, mas não pagas dentro do exercício, provocam um passivo menor e um lucro maior comparativamente ao que seria apresentado pelo regime de competência;
d) no regime de caixa, as despesas incorridas, mas não pagas dentro do exercício, provocam um ativo maior e um passivo menor comparativamente ao que seria apresentado pelo regime de competência;
e) no regime de competência, as despesas devem ser apropriadas de acordo com seu pagamento ou desembolso.

(SOLUÇÃO)

a) *INCORRETA. No regime de caixa, as despesas devem ser reconhecidas em função do pagamento em dinheiro.*

b) *INCORRETA. No regime de competência as receitas são reconhecidas em função dos seus respectivos fatos geradores. Assim, por exemplo, a receita de juros é reconhecida proporcionalmente ao tempo transcorrido e não proporcionalmente às vendas realizadas no período. No caso "específico" das receitas de vendas, essas são reconhecidas integralmente em função das vendas realizadas no período, independentemente dos recebimentos.*

c) *CORRETA. Uma despesa incorrida e não paga é despesa para o regime de competência mas não é para o regime de caixa, de forma que neste regime ela não é reconhecida e nem o passivo correspondente, ao passo que no regime de competência, tanto a despesa, como o passivo correspondente são reconhecidos. Logo, o lucro pelo regime de caixa é* ***maior*** *do que aquele apurado pelo regime de competência. Já o passivo pelo regime de caixa é* ***menor*** *do aquele apurado pelo regime de competência.*

(Opção c)

5. Insubsistências e Superveniências

5.1. Insubsistências

Caracterizam-se pelos desaparecimentos aleatórios de ativos ou passivos. No desaparecimento de ativos, por exemplo, por morte de rebanhos, sinistros, cancelamentos de créditos, etc., haverá *INSUBSISTÊNCIAS PASSIVAS*, representando esta uma conta de despesa. No desaparecimento de dívidas, por exemplo, anistia, remissão, prescrição etc., haverá *INSUBSISTÊNCIAS ATIVAS,* representando esta uma conta de receita.

5.2. Superveniências

Caracterizam-se pelos surgimentos aleatórios de ativos ou passivos. No surgimento de ativos, por exemplo, nascimento de animais, haverá *SUPERVENIÊNCIAS ATIVAS*, representando esta uma conta de receita. No surgimento de passivos ocasionais, tais como dívidas decorrentes de decisões judiciais, haverá *SUPERVENIÊNCIAS PASSIVAS*, representando esta uma conta de despesa.

Obs.: Conforme comentado anteriormente, quando há o desaparecimento aleatório de algum ativo, dizemos que houve uma INSUBSISTÊNCIA DO ATIVO, ou seja, INSUBSISTÊNCIA DESFAVORÁVEL, isto é, INSUBSISTÊNCIA PASSIVA.

Analogamente, no desaparecimento aleatório de dívidas, dizemos que houve uma INSUBSISTÊNCIA DO PASSIVO, ou seja, INSUBSISTÊNCIA FAVORÁVEL, isto é, INSUBSISTÊNCIA ATIVA. Assim:

Insubsistências do ativo = Insubsistências passivas (despesa)

Insubsistências do passivo = Insubsistências ativas (receita)

Alguns autores tratam insubsistências do ativo como sinônimo de insubsistências ativas e insubsistências do passivo como sinônimo de insubsistências passivas, o que é aceitável, mas não é recomendável, pois devemos seguir a mesma lógica usada para as demais contas, isto é, aluguéis ativos (= receita), aluguéis passivos (= despesa), juros ativos (= receita), juros passivos (= despesa) etc.

No caso das SUPERVENIÊNCIAS, há uma coincidência, ou seja:

Superveniências do ativo = Superveniências ativas (receita)

Superveniências do passivo = Superveniências passivas (despesa)

A banca Cespe/UnB, por exemplo, num concurso para agente da Polícia Federal, considerou ERRADO o seguinte item:

As superveniências ativas registram fatos que têm efeito patrimonial oposto ***ao provocado pelas insubsistências passivas.***

A razão de reputar esse item como errado é quea referida banca considerou "insubsistências passivas" como SINÔNIMO de "insubsistências do passivo", as quais já comentamos antes que são RECEITAS e não despesas, razão pela qual terão o mesmo efeito patrimonial (e não efeito oposto) ao das "superveniências ativas", que também são receitas.

6. Relação entre Custos Operacionais, Custos de Produção e Despesas

Os CUSTOS OPERACIONAIS, os quais são, no caso de uma empresa comercial, o CMV (Custo das Mercadorias Vendidas), no caso de uma empresa industrial, o CPV (Custos dos Produtos Vendidos), e, no caso de uma empresa prestadora de serviços, o CSV (Custo dos Serviços Vendidos, ou, CSP – Custo dos Serviços Prestados), apesar da denominação "CUSTOS", são, em sua essência, DESPESAS, visto que recebem o mesmo tratamento contábil dessas, pois, no encerramento do exercício social, essas contas são encerradas, isto é, têm seus saldos "zerados" (veremos no Capítulo 4), juntamente com as demais despesas, para a apuração do resultado do exercício (lucro ou prejuízo).

CMV
CPV } *CUSTOS OPERACIONAIS* → DESPESAS
CSV

Assim, os estoques de mercadorias (empresas comerciais), de produtos prontos (empresas industriais) e de serviços (empresa prestadora de serviços), enquanto não vendidos, farão parte do Ativo Circulante no Balanço Patrimonial. Após vendidos, se transformarão em DESPESAS, respectivamente, através do CMV, do CPV e do CSV, os quais serão indicados na Demonstração do Resultado.

Confirmando esse último exposto em vista das normas internacionais de contabilidade impostas pelo Comitê de Pronunciamentos Contábeis (CPC), abaixo reproduzimos o item 38 do Pronunciamento Técnico **CPC 16 (R1) – Estoques** (caixa alta nossa):

38. O valor do estoque baixado, reconhecido como DESPESA durante o período, o qual é denominado frequentemente como CUSTOS DOS PRODUTOS, das MERCADORIAS ou dos SERVIÇOS vendidos, consiste nos custos que estavam incluídos na mensuração do estoque que agora é vendido. Os custos indiretos de produção eventualmente não alocados aos produtos e os valores anormais de custos de produção devem ser reconhecidos como despesa do período em que ocorrem, SEM TRANSITAR PELOS ESTOQUES, dentro desse mesmo grupo, mas de forma identificada. As circunstâncias da entidade também podem admitir a inclusão de outros valores, tais como custos de distribuição, se eles adicionarem valores aos produtos; por exemplo, uma mercadoria tem o valor de venda maior na prateleira de um supermercado do que no depósito de distribuição dessa entidade; assim, o custo do transporte do centro de distribuição à loja de venda deve ser considerado como parte integrante do custo de colocar o estoque em condições de venda; consequentemente, deve afetar o custo da mercadoria.

No entanto, não devemos confundir os custos operacionais com os CUSTOS DE PRODUÇÃO, os quais, no caso das empresas industriais, são todos os GASTOS necessários para a fabricação de seus produtos, sendo esses, resumidamente, as matérias-primas aplicadas, a mão de obra direta e os custos indiretos de fabricação, não sendo tais custos tratados como despesas, visto que não integrarão o resultado do exercício para apuração do lucro ou prejuízo da empresa industrial.

CUSTOS OPERACIONAIS	≠	**CUSTOS DE PRODUÇÃO**
↓		↓
São despesas com as seguintes denominações: CMV, CPV e CSV		Não são, "de imediato", despesas. Quando integrarem os produtos fabricados, mas ainda não vendidos, farão parte do ativo da empresa. Quando esses estoques forem vendidos, aí sim, se transformarão em despesas consideradas "custos operacionais".

Como Custos Indiretos de Fabricação, temos todos os gastos no processo de fabricação que não possam ser atribuídos diretamente aos produtos, tais como os aluguéis de fábrica, os gastos com a mão de obra indireta (ex.: salários e encargos patronais gastos com os gerentes de produção), depreciação do prédio da fábrica, depreciação de máquinas fabris, materiais indiretos aplicados (ex.: tintas, colas, vernizes e outros materiais que não possam ser diretamente atribuídos aos produtos fabricados), energia elétrica geral de fábrica, seguros de fábrica etc.

Assim, por exemplo, numa empresa fabril, os salários do pessoal administrativo e de vendas são DESPESAS, ao passo que os salários de torneiros mecânicos, pintores, montadores e outros operários que trabalham "dentro" da fábrica NÃO SÃO DESPESAS e sim CUSTOS DE PRODUÇÃO, neste caso, regra geral, MÃO DE OBRA DIRETA. A depreciação de bens utilizados na área administrativa ou comercial de uma indústria (depreciação de veículos, móveis e utensílios, computadores, prédio da administração etc.) são DESPESAS, ao passo que a depreciação de bens utilizados na fábrica (depreciação de máquinas e equipamentos fabris) são CUSTOS DE PRODUÇÃO. Veremos no exemplo abaixo que as despesas irão direto para a apuração do resultado do exercício, ao passo que os custos de produção NÃO irão diretamente para a apuração do resultado, visto que só irão indiretamente através do Custo dos Produtos Vendidos, ficando parte dos custos de produção nos estoques até que sejam vendidos.

Sendo assim, suponhamos, por exemplo, que, ao longo do exercício social de X1, a Cia. Industrial Esse, que possuía no início de X1 um estoque de Matérias-Primas no total de R$ 94.000,00 e ao longo de X1 adquiriu mais R$ 81.000,00 (desconsidere os tributos recuperáveis nessa aquisição), fabricou 1.000 unidades de um único tipo de produto, incorrendo nos seguintes gastos:

Matérias-Primas Aplicadas (MPA)	R$ 132.000,00
Mão de Obra Direta (MOD)	R$ 56.000,00
Custos Indiretos de Fabricação (CIF)	R$ 32.000,00

Admitindo que, das 1.000 unidades produzidas em X1, 700 unidades foram vendidas no mesmo ano por R$ 400,00 cada, com ICMS de 17%, IPI de 5%, PIS de 1,65% e COFINS de 7,6%, teremos:

Custos de Produção = MPA + MOD + CIF = R$ 220.000,00

- -

Custo dos Produtos Vendidos (CPV) = R$ 220.000,00 ÷ 1.000 × 700 = R$ 154.000,00

- -

Estoque Final de Produtos Prontos (31/12/X1) = R$ 220.000,00 ÷ 1.000 × 300 = R$ 66.000,00

- -

Estoque Final de Matérias-Primas (31/12/X1) = Estoque Inicial de Matérias-Primas (01/01/X1) + Compras de Matérias-Primas (jan. a dez. de X1) – Matérias-Primas Aplicadas (jan. a dez. de X1) = R$ 94.000,00 + R$ 81.000,00 – R$ 132.000,00 = R$ 43.000,00

- -

Receita Bruta (RB) = R$ 400,00 × 700 = R$ 280.000,00

- -

IPI = 5% R$ 280.000,00 = R$ 14.000,00

ICMS = 17% R$ 280.000,00 = R$ 47.600,00

PIS = 1,65% R$ 280.000,00 = R$ 4.620,00

COFINS = 7,6% R$ 280.000,00 = R$ 21.280,00

- -

Faturamento Bruto = RB + IPI = R$ 280.000,00 + R$ 14.000,00 = R$ 294.000,00

- -

Receita Líquida = RB – ICMS – PIS – COFINS = R$ 206.500,00

Assim, podemos montar a seguinte Demonstração do Resultado em 31/12/X1, até o Lucro Bruto:

Faturamento Bruto	**294.000,00**
(–) IPI	(14.000,00)
Receita Bruta	**280.000,00**
(–) ICMS	(47.600,00)
(–) PIS	(4.620,00)
(–) COFINS	(21.280,00)
Receita Líquida	**206.500,00**
(–) CPV	(154.000,00)
Lucro Bruto	**52.500,00**

Também, entre outros valores, o Balanço de 31/12/X1 teria os seguintes:

Ativo Circulante	
Matérias-Primas	43.000,00
Produtos Prontos	66.000,00

Por fim, concluímos que os CUSTOS DE PRODUÇÃO tiveram apenas **dois caminhos**: Uma parte se transformou em DESPESA através do CPV (R$ 154.000,00), que é um CUSTO OPERACIONAL. Outra parte se transformou em estoque de "Produtos Prontos" (R$ 66.000,00), compondo, entre outros itens, o Ativo Circulante no Balanço Patrimonial.

CUSTOS DE PRODUÇÃO

↓

Transforma-se em:

↙ OU ↘

CPV
(é evidenciado na Demonstração do Resultado como Custo Operacional, que é um tipo de DESPESA)

ESTOQUE DE PRODUTOS PRONTOS
(é evidenciado no Balanço como integrante do Ativo Circulante)

No caso de uma EMPRESA PRESTADORA DE SERVIÇOS, a ideia é exatamente análoga àquela da empresa industrial: uma parte dos CUSTOS DE PRODUÇÃO (produção dos serviços) integrará o CUSTO DOS SERVIÇOS VENDIDOS, que integrará a Demonstração do Resultado, tendo efeito de DESPESA; outra parte integrará os ESTOQUES DE SERVIÇOS, caso, até a data do Balanço, tais serviços não tenham sido concluídos.

Assim, a fim de entendermos este último exposto de forma prática, suponhamos, por exemplo, que determinada empresa prestadora de serviços tenha apurado os seguintes gastos na prestação de serviços no exercício social de X1:

Materiais Aplicados na Prestação de Serviços .... R$ 45.000,00

Mão de Obra Direta na Prestação de Serviços.. R$ 74.000,00

Custos Indiretos Atribuíveis aos Serviços .... R$ 11.000,00

Vamos admitir que até o final de X1 os custos dos serviços prestados e totalmente concluídos fosse, por exemplo, de R$ 98.000,00, sendo o valor da receita com esses serviços de R$ 300.000,00, com ISS de 5%, PIS de 1,65% e COFINS de 7,6%, teremos:

CSV (Custo dos Serviços Vendidos) = R$ 98.000,00

CUSTO DE PRODUÇÃO = R$ 45.000,00 + R$ 74.000,00 + R$ 11.000,00 = R$ 130.000,00

Estoque Final dos Serviços em Andamento = CUSTOS DE PRODUÇÃO – CSV = R$ 130.000,00 – R$ 98.000,00 = R$ 32.000,00

Desta forma, podemos montar a seguinte Demonstração do Resultado em 31/12/X1 até o Lucro Bruto:

Receita Bruta de Serviços	**300.000,00**
(–) ISS (5% de 300.000,00)	(15.000,00)
(–) PIS (1,65% de 300.000,00)	(4.950,00)
(–) COFINS (7,6% de 300.000,00)	(22.800,00)
Receita Líquida de Serviços	**257.250,00**
(–) CSV	98.000,00
Lucro Bruto	**159.250,00**

No Balanço de 31/12/X1, entre outros itens, teríamos:

Ativo Circulante	
Estoques de Serviços em Andamento	32.000,00

Nesse último exemplo, em princípio, parece estranha a expressão "ESTOQUES DE SERVIÇOS", visto que não se pode imaginar os tais nas "prateleiras de um depósito" da empresa, dada a sua imaterialidade. No entanto, devemos lembrar, como já visto no Capítulo 2, que existem os chamados "bens intangíveis", os quais não possuem forma física, mas também são considerados ativos, tais como patentes, marcas, direitos autorais etc.

Desta forma, podemos encarar os estoques de serviços como uma das espécies de bens intangíveis. Além disso, corroborando esse fato, abaixo reproduzimos o item 19 do Pronunciamento Técnico **CPC 16 (R1) – Estoques**, o qual deixa clara a possibilidade da existência de estoques de serviços (caixa alta nossa):

19. Na medida em que os prestadores de serviços tenham ESTOQUES DE SERVIÇOS em andamento, devem mensurá-los pelos CUSTOS DA SUA PRODUÇÃO. Esses custos consistem principalmente em mão de obra e os outros custos com o pessoal diretamente envolvido na prestação dos serviços, incluindo o pessoal de supervisão, o material utilizado e os custos indiretos atribuíveis. Os salários e os outros gastos relacionados com as vendas e com o pessoal geral administrativo NÃO DEVEM SER INCLUSOS NO CUSTO, mas reconhecidos como DESPESA do período em que são incorridos. O custo dos estoques de prestador de serviços não inclui as margens de lucro nem os gastos gerais não atribuíveis, que são frequentemente incluídos nos preços cobrados pelos prestadores de serviços.

Do exposto nesse item, fica claro também que as despesas de vendas, gerais, administrativas etc. não integrarão o custo dos estoques de serviços, visto que são DESPESAS e, desta forma, serão apresentadas na Demonstração do Resultado.

Por fim, com o objetivo de fixarmos melhor tudo o que foi visto nesse item até aqui, abaixo faremos três esquemas comparando os três tipos de empresas mais conhecidas:

EMPRESA COMERCIAL

↓

Possui apenas **GASTOS** para sua **ADMINISTRAÇÃO** (adm. de vendas, adm. financeira, adm. do pessoal de escritório etc.)

↓

DESPESAS + CMV (este também é despesa) serão confrontados no resultado com as RECEITAS para a apuração do lucro ou prejuízo

Nota: Observemos que, no caso de uma empresa comercial, NÃO EXISTEM CUSTOS DE PRODUÇÃO, os quais representam gastos no consumo de bens ou utilização de serviços para a "produção" de outros bens (empresa industrial) ou serviços (empresa prestadora de serviços).

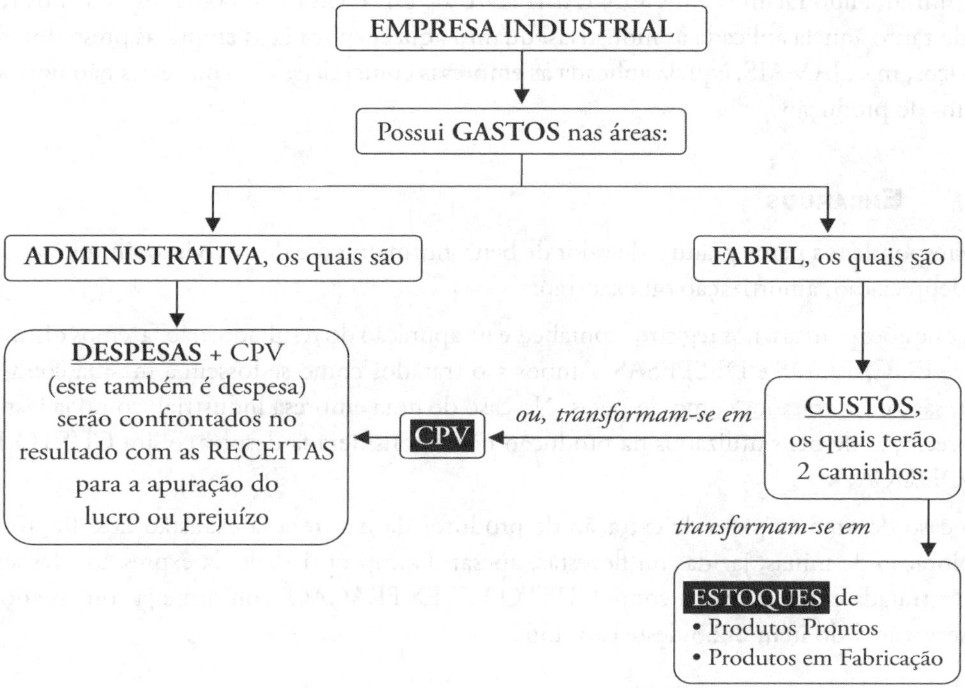
EMPRESA INDUSTRIAL
Possui GASTOS nas áreas:
ADMINISTRATIVA, os quais são
FABRIL, os quais são
DESPESAS + CPV
(este também é despesa)
serão confrontados no
resultado com as RECEITAS
para a apuração do
lucro ou prejuízo
CPV
ou, transformam-se em
CUSTOS,
os quais terão
2 caminhos:
transformam-se em
ESTOQUES de
• Produtos Prontos
• Produtos em Fabricação

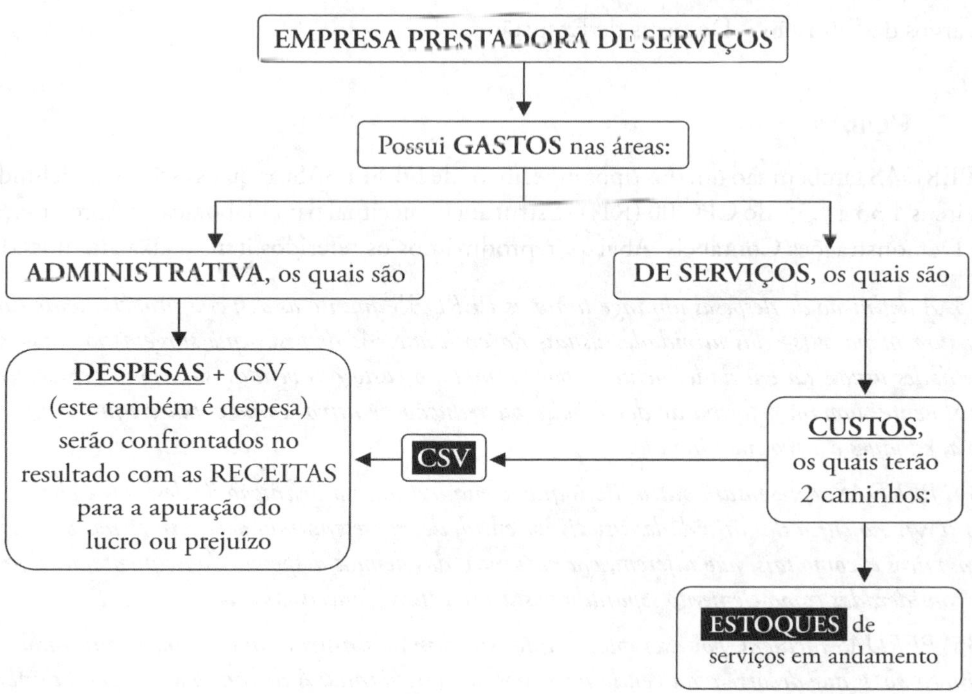
EMPRESA PRESTADORA DE SERVIÇOS
Possui GASTOS nas áreas:
ADMINISTRATIVA, os quais são
DE SERVIÇOS, os quais são
DESPESAS + CSV
(este também é despesa)
serão confrontados no
resultado com as RECEITAS
para a apuração do
lucro ou prejuízo
CSV
CUSTOS,
os quais terão
2 caminhos:
ESTOQUES de
serviços em andamento

Por fim, quando falamos em CONTABILIDADE DE CUSTOS, podemos estar nos referindo tanto àquela aplicada às indústrias, quanto àquela aplicada às empresas prestadoras de serviços, mas, JAMAIS, àquela aplicada às empresas comerciais, visto que estas não possuem custos de produção.

7. Encargos

Correspondem à perda gradual de valor de bens, normalmente do ativo imobilizado, através de depreciação, amortização ou exaustão.

Por questões práticas, nos registros contábeis e na apuração do resultado, não fazemos distinção entre ENCARGOS e DESPESAS. Ambos são tratados como se fossem a mesma coisa, ou seja, são todos tratados como despesas. No caso de uma empresa industrial, como já visto, a depreciação de bens utilizados na produção não é considerada despesa, e sim CUSTO DE PRODUÇÃO.

No caso de uma empresa de extração de produtos da natureza, a exaustão dos direitos de exploração de minas, jazidas ou florestas, apesar da impropriedade da expressão "despesa", não é tratada como tal e sim como CUSTO DE EXTRAÇÃO, conforme já comentado na observação 4 do item 2.2.3 deste capítulo.

Encargos de Depreciação = Despesas de Depreciação

Encargos de Amortização = Despesas de Amortização

Encargos de Exaustão = Despesas de Exaustão

8. Perdas

As PERDAS também são um dos tipos específicos de DESPESAS, as quais estão bem definidas nos itens 4.33 a 4.35 do CPC 00 (R1) – Estrutura Conceitual para Elaboração e Apresentação das Demonstrações Contábeis. Abaixo, reproduzimos os referidos itens (caixa alta nossa):

4.33. A definição de despesas abrange tanto as PERDAS quanto as despesas propriamente ditas que surgem no curso das atividades usuais da entidade. As despesas que surgem no curso das atividades usuais da entidade incluem, por exemplo, o custo das vendas, salários e depreciação. Geralmente, tomam a forma de desembolso ou redução de ativos como caixa e equivalentes de caixa, estoques e ativo imobilizado.

4.34. PERDAS representam outros itens que se enquadram na definição de despesas e podem ou não surgir no curso das atividades usuais da entidade, representando decréscimos nos benefícios econômicos e, como tais, não diferem, em natureza, das demais despesas. Consequentemente, não são consideradas como elemento separado nesta Estrutura Conceitual.

4.35. PERDAS incluem, por exemplo, as que resultam de sinistros como incêndio e inundações, assim como as que decorrem da venda de ativos não circulantes. A definição de despesas também inclui as perdas não realizadas. Por exemplo, as que surgem dos efeitos dos aumentos na taxa de câmbio de moeda estrangeira com relação aos empréstimos da entidade a pagar em tal moeda. Quando as perdas são reconhecidas na demonstração do resultado, elas são geralmente demonstradas separadamente, pois sua divulgação é útil para fins de tomada de decisões econômicas. As perdas são, em regra, reportadas líquidas das respectivas receitas.

9. Demonstração do Resultado do Exercício (DRE)

É a demonstração contábil que tem por objetivo principal a apuração do resultado líquido do exercício, isto é, apuração do lucro ou prejuízo líquido do exercício.

Atualmente, existem dois modelos diferentes de DRE: O 1º está baseado no artigo 187 da Lei nº 6.404/76, o qual não faz distinção entre as operações em continuidade e as operações descontinuadas das empresas, condensando todos os resultados numa só sequência. Abaixo temos um exemplo:

Receita Bruta	80.000,00
(–) ICMS s/ Vendas (17%)	(13.600,00)
(–) PIS s/ Vendas (1,65%)	(1.320,00)
(–) COFINS s/ Vendas (7,6%)	(6.080,00)
(=) Receita Líquida	59.000,00
(–) CMV (Custo das Mercadorias Vendidas)	(16.000,00)
(=) Lucro Bruto	43.000,00
(–) Despesas de Vendas	(3.000,00)
(–) Despesas Administrativas	(8.000,00)
(–) Outras Despesas	(2.000,00)
(=) Lucro antes do IR e CSLL	30.000,00
(–) IR e CSLL (alíquota conjunta de 24%)	(7.200,00)
(=) Lucro Líquido	22.800,00

O segundo modelo está de acordo com o **item 82** do Pronunciamento Técnico **CPC 26 (R1) – Apresentação das Demonstrações Contábeis**, sendo esse O QUE DEVE SER ADOTADO pelas empresas em geral, tendo em vista o processo de convergência às normas internacionais de contabilidade.

Nesse modelo, além de outras diferenças, as quais estudaremos detalhadamente no Capítulo 13, uma das grandes diferenças em relação àquele determinado pela Lei nº 6.404/76 é a divisão da DRE em OPERAÇÕES CONTINUADAS (ou Operações em Continuidade) e OPERAÇÕES DESCONTINUADAS, as quais já comentamos no tópico 2.2 deste capítulo.

Assim, no exemplo acima, suponhamos os seguintes valores das **operações descontinuadas**: Receitas de Vendas = 20.000,00; CMV = 4.000,00; Despesas de Vendas = 1.000,00; Despesas Administrativas = 3.000,00 e Outras Despesas = 400. Desta forma, teríamos a seguinte DRE:

OPERAÇÕES EM CONTINUIDADE	
Receita Bruta	60.000,00
(–) ICMS s/ Vendas (17% 60.000)	(10.200,00)
(–) PIS s/ Vendas (1,65% 60.000)	(990,00)
(–) COFINS s/ Vendas (7,6% 60.000)	(4.560,00)
(=) Receita Líquida	44.250,00
(–) CMV (Custo das Mercadorias Vendidas)	(12.000,00)
(=) Lucro Bruto	32.250,00
(–) Despesas de Vendas	(2.000,00)
(–) Despesas Administrativas	(5.000,00)
(–) Outras Despesas	(1.600,00)
(=) Lucro antes do IR e CSLL	23.650,00
(–) IR e CSLL (alíquota conjunta de 24%)	(5.676,00)
(=) Lucro Líquido das Operações em Continuidade	17.974,00
OPERAÇÕES DESCONTINUADAS	
(+) Lucro Líquido das Operações Descontinuadas	4.826,00
(=) Lucro Líquido do Exercício	22.800,00

Obs.1: Como podemos observar no exemplo acima, o **Lucro Líquido das Operações Descontinuadas** foi apresentado DIRETAMENTE na DRE, sem a apresentação da apuração do seu valor, tendo em vista que tal apresentação normalmente é feita em NOTAS EXPLICATIVAS às demonstrações contábeis.

Desta forma, considerando ainda o exemplo acima, a apuração do lucro líquido das operações descontinuadas, a qual seria apresentada em notas explicativas, se daria **do mesmo modo** como foi feito nas operações em continuidade, ficando da seguinte forma:

OPERAÇÕES DESCONTINUADAS	
Receita Bruta	20.000,00
(–) ICMS s/ Vendas (17% 20.000)	(3.400,00)
(–) PIS s/ Vendas (1,65% 20.000)	(330,00)
(–) COFINS s/ Vendas (7,6% 20.000)	(1.520,00)
(=) Receita Líquida	14.750,00
(–) CMV (Custo das Mercadorias Vendidas)	(4.000,00)
(=) Lucro Bruto	10.750,00
(–) Despesas de Vendas	(1.000,00)
(–) Despesas Administrativas	(3.000,00)
(–) Outras Despesas	(400,00)
(=) Lucro antes do IR e CSLL	6.350,00
(–) IR e CSLL (alíquota conjunta de 24%)	(1.524,00)
(=) Lucro Líquido	4.826,00

Obs.2: Observemos que a despesa com IR e CSLL no modelo apresentado de acordo com o art. 187 da Lei nº 6.404/76 (7.200,00) é exatamente igual ao somatório da despesa com esses tributos das operações em continuidade (5.676,00) com aquela das operações descontinuadas (1.524,00).

Por fim, abaixo apresentamos na sua íntegra o Pronunciamento Técnico **CPC 47 – Receita de Contrato com Cliente**, dada a sua importância na determinação das regras atuais que determinam a contabilização das RECEITAS:

COMITÊ DE PRONUNCIAMENTOS CONTÁBEIS
PRONUNCIAMENTO TÉCNICO CPC 47
RECEITA DE CONTRATO COM CLIENTE
Correlação às Normas Internacionais de Contabilidade – IFRS 15

Objetivo

1. O objetivo deste pronunciamento é estabelecer os princípios que a entidade deve aplicar para apresentar informações úteis aos usuários de demonstrações contábeis sobre a natureza, o valor, a época e a incerteza de receitas e fluxos de caixa provenientes de contrato com cliente.

2. O princípio básico deste pronunciamento consiste em que a entidade deve reconhecer receitas para descrever a transferência de bens ou serviços prometidos a clientes no valor que reflita a contraprestação à qual a entidade espera ter direito em troca desses bens ou serviços.

3. A entidade deve considerar os termos do contrato e todos os fatos e circunstâncias relevantes ao aplicar este pronunciamento. A entidade deve aplicar este pronunciamento, incluindo o uso de expedientes práticos, de forma consistente com contratos que tenham características similares e em circunstâncias similares.

4. Este pronunciamento especifica a contabilização de contrato individual com o cliente. Contudo, como expediente prático, a entidade pode aplicar este pronunciamento a uma carteira de contratos (ou de obrigações de desempenho1) com características similares, se essa entidade, razoavelmente, esperar que os efeitos sobre as demonstrações contábeis da aplicação deste pronunciamento à carteira não difiram, significativamente, da aplicação deste pronunciamento aos contratos (ou obrigações de desempenho) individuais dentro dessa carteira. Ao contabilizar a carteira, a entidade deve utilizar estimativas e premissas que reflitam o tamanho e a composição da carteira.

Alcance

5. A entidade deve aplicar este pronunciamento a todos os contratos com clientes, exceto os seguintes:

(a) contratos de arrendamento dentro do alcance do CPC 06 – Operações de Arrendamento Mercantil;

(b) contratos de seguro dentro do alcance do CPC 11 – Contratos de Seguro;

(c) instrumentos financeiros e outros direitos ou obrigações contratuais dentro do alcance do CPC 48 – Instrumentos Financeiros, do CPC 36 – Demonstrações Consolidadas, do CPC 19 – Negócios em Conjunto, do CPC 35 – Demonstrações Separadas e do CPC 18 – Investimento em Coligada, em Controlada e em Empreendimento Controlado em Conjunto; e

(d) permutas não monetárias entre entidades na mesma linha de negócios para facilitar vendas a clientes ou clientes potenciais. Por exemplo, este pronunciamento não se aplica a contrato entre duas empresas do setor de óleo e gás que pactuem a permuta de petróleo para satisfazer à demanda de seus clientes em diferentes locais especificados, de forma tempestiva.

6. A entidade deve aplicar este pronunciamento ao contrato (exceto contrato listado no item 5) somente se a contraparte do contrato for um cliente. O cliente é a parte que contratou com a entidade para obter bens ou serviços que constituem um produto das atividades normais da entidade em troca de contraprestação. A contraparte do contrato não será considerada um cliente se, por exemplo, a contraparte tenha contratado com a entidade sua participação em atividade ou em processo no qual as partes do contrato compartilham os riscos e benefícios que resultam da atividade ou do processo (como, por exemplo, o desenvolvimento de ativo em acordo de colaboração) e não para obter o produto das atividades normais da entidade.

1 O termo "obrigação de desempenho" neste pronunciamento diz respeito à obrigação da entidade vendedora desempenhar a sua obrigação de repassar o controle do bem ou serviço à entidade compradora.

7. Um contrato com cliente pode estar parcialmente dentro do alcance deste pronunciamento e parcialmente dentro do alcance de outros pronunciamentos listados no item 5:

(a) se outros pronunciamentos especificarem como separar e/ou mensurar inicialmente uma ou mais partes do contrato, então a entidade primeiramente deve aplicar os requisitos de separação e/ou mensuração desses pronunciamentos. A entidade deve excluir do preço da transação o valor da parte (ou das partes) do contrato que seja inicialmente mensurada, de acordo com outros pronunciamentos, e deve aplicar os itens 73 a 86 para alocar o valor do preço da transação que permanecer vinculado (se houver) a cada obrigação de desempenho, dentro do alcance deste pronunciamento, e a quaisquer outras partes do contrato identificadas pelo item 7(b);

(b) se outros pronunciamentos não especificarem como separar e/ou mensurar inicialmente uma ou mais partes do contrato, então a entidade deve aplicar este pronunciamento para separar e/ou mensurar inicialmente a parte (ou partes) do contrato.

8. Este pronunciamento especifica a contabilização dos custos incrementais para obter um contrato com cliente e dos custos incorridos para cumprir o contrato com o cliente, se esses custos não estiverem dentro do alcance de outro pronunciamento (ver itens 91 a 104). A entidade deve aplicar esses itens somente aos custos incorridos que correspondam ao contrato com o cliente (ou parte desse contrato) que esteja dentro do alcance deste pronunciamento.

Reconhecimento

Identificação do contrato

9. A entidade deve contabilizar os efeitos de um contrato com um cliente que esteja dentro do alcance deste pronunciamento somente quando todos os critérios a seguir forem atendidos:

(a) quando as partes do contrato aprovarem o contrato (por escrito, verbalmente ou de acordo com outras práticas usuais de negócios) e estiverem comprometidas em cumprir suas respectivas obrigações;

(b) quando a entidade puder identificar os direitos de cada parte em relação aos bens ou serviços a serem transferidos;

(c) quando a entidade puder identificar os termos de pagamento para os bens ou serviços a serem transferidos;

(d) quando o contrato possuir substância comercial (ou seja, espera-se que o risco, a época ou o valor dos fluxos de caixa futuros da entidade se modifiquem como resultado do contrato); e

(e) quando for provável que a entidade receberá a contraprestação à qual terá direito em troca dos bens ou serviços que serão transferidos ao cliente. Ao avaliar se a possibilidade de recebimento do valor da contraprestação é provável, a entidade deve considerar apenas a capacidade e a intenção do cliente de pagar esse valor da contraprestação quando devido. O valor da contraprestação à qual a entidade tem direito pode ser inferior ao preço declarado no contrato se a contraprestação for variável, pois a entidade pode oferecer ao cliente uma redução de preço (ver item 52).

10. Contrato é um acordo entre duas ou mais partes que cria direitos e obrigações exigíveis. A exigibilidade dos direitos e obrigações em contrato é matéria legal. Contratos podem ser escritos, verbais ou sugeridos pelas práticas usuais de negócios da entidade. As práticas e os processos para estabelecer contratos com clientes variam entre jurisdições, setores e entidade. Além disso, eles podem variar dentro da entidade (por exemplo, eles podem depender da classe do cliente ou da natureza dos bens ou serviços prometidos). A entidade deve considerar essas práticas e processos ao determinar se e quando um acordo com o cliente cria direitos e obrigaçoes exigíveis.

11. Alguns contratos com clientes podem não ter nenhuma duração fixa e podem ser rescindidos ou modificados por qualquer das partes a qualquer tempo. Outros contratos podem ser renovados periodicamente de forma automática, desde que seja especificada no contrato. A entidade deve aplicar este pronunciamento à duração do contrato (ou seja, o prazo contratual), na qual as partes do contrato tenham direitos e obrigações exigíveis presentes.

*12. Para fins de aplicação deste pronunciamento um contrato não existe se cada parte do contrato tiver o direito incondicional (*enforceable right*) de rescindir inteiramente o contrato não cumprido, sem compensar a outra parte (ou partes). O contrato está inteiramente não cumprido se ambos os critérios a seguir forem atendidos:*

(a) a entidade ainda não transferiu nenhum bem ou serviço prometido ao cliente; e

(b) a entidade ainda não recebeu e ainda não tem o direito de receber qualquer contraprestação em troca dos bens ou serviços.

13. Se o contrato com o cliente atender aos critérios do item 9 no início do contrato, a entidade não deve reavaliar esses critérios a menos que haja indicação de alteração significativa nos fatos e circunstâncias. Por exemplo, se a capacidade do cliente de pagar a contraprestação se deteriorar significativamente, a entidade deve reavaliar se é provável que ela receberá a contraprestação à qual terá direito em troca dos bens ou serviços restantes que serão transferidos ao cliente.

14. Se o contrato com o cliente não atender aos critérios do item 9, a entidade deve continuar a avaliar o contrato para determinar se os critérios do item 9 serão atendidos subsequentemente.

15 Quando o contrato com o cliente não atender aos critérios do item 9 e a entidade receber contraprestação do cliente, a entidade deve reconhecer a contraprestação recebida como receita somente quando qualquer uma das seguintes hipóteses tiver ocorrido:

(a) a entidade não possui obrigações restantes de transferir bens ou serviços ao cliente, e a totalidade, ou praticamente a totalidade, da contraprestação prometida pelo cliente foi recebida pela entidade e não é restituível; ou

(b) o contrato foi rescindido e a contraprestação recebida do cliente não é restituível.

16. A entidade deve reconhecer a contraprestação recebida de cliente como passivo até que uma das hipóteses do item 15 ocorra ou até que os critérios do item 9 sejam subsequentemente atendidos (ver item 14). Dependendo dos fatos e circunstâncias relativos ao contrato, o passivo reconhecido representa a obrigação da entidade de transferir bens ou serviços no futuro ou de restituir a contraprestação recebida. Em qualquer dos casos, o passivo deve ser mensurado pelo valor da contraprestação recebida do cliente.

Combinação de contrato

17. A entidade deve combinar dois ou mais contratos celebrados na mesma data ou perto dessa data com o mesmo cliente (ou partes relacionadas do cliente) e deve contabilizar os contratos como um único contrato se um ou mais dos seguintes critérios forem atendidos:

(a) os contratos forem negociados como um pacote com um único objetivo comercial;

(b) o valor da contraprestação a ser paga pelo contrato depende do preço ou do desempenho de outro contrato; ou

(c) os bens ou serviços prometidos nos contratos (ou alguns bens ou serviços prometidos em cada um dos contratos) constituem uma única obrigação de desempenho de acordo com os itens 22 a 30.

Modificação de contrato

18. Modificação de contrato é uma alteração no alcance ou no preço (ou ambos) de contrato que seja aprovada pelas partes do contrato. Em alguns setores e jurisdições, uma modificação de contrato pode ser descrita como uma mudança do pedido, uma variação ou uma alteração. A modificação de contrato existe quando as partes do contrato aprovam a modificação que cria novos direitos e obrigações executáveis das partes do contrato ou que modifica direitos e obrigações executáveis existentes. A modificação de contrato pode ser aprovada por escrito, por acordo verbal ou sugerida por práticas usuais de negócios. Se as partes do contrato não tiverem aprovado a modificação do contrato, a entidade deve continuar a aplicar ao contrato existente este pronunciamento até que a modificação do contrato seja aprovada.

19. Uma modificação de contrato pode existir ainda que as partes do contrato tenham um litígio sobre o alcance ou o preço (ou ambos) da modificação ou as partes tenham aprovado a mudança no alcance do contrato, mas ainda não tenham determinado a alteração correspondente no preço. Ao determinar se os direitos e as obrigações que são criados ou alterados por uma modificação são executáveis, a entidade deve considerar todos os fatos e circunstâncias relevantes, incluindo os termos do contrato e outras evidências. Se as partes do contrato tiverem aprovado a alteração no alcance do contrato, mas não tiverem ainda determinado a alteração correspondente ao preço, a entidade deve estimar a alteração no preço da transação decorrente da modificação de acordo com os itens 50 a 54 ao estimar a contraprestação variável e de acordo com os itens 56 a 58 ao restringir as estimativas de contraprestação variável.

20. A entidade deve contabilizar uma modificação de contrato como contrato separado se ambas as condições seguintes estiverem presentes:

(a) o alcance do contrato aumentar devido à inclusão de bens ou serviços prometidos que sejam distintos (de acordo com os itens 26 a 30); e

(b) o preço do contrato aumentar o valor da contraprestação que reflita os preços de venda individuais dos bens ou serviços prometidos adicionais da entidade e quaisquer ajustes apropriados desse preço para refletir as circunstâncias do contrato específico. Por exemplo, a entidade pode ajustar o preço de venda individual do bem ou serviço adicional para refletir o desconto que o cliente receba, pois não é necessário para a entidade incorrer nos custos relacionados à venda que incorreria ao vender o bem ou serviço similar a novo cliente.

21. Se a modificação do contrato não for contabilizada como contrato separado de acordo com o item 20, a entidade deve contabilizar os bens ou serviços prometidos ainda não transferidos na data da modificação do contrato (ou seja, os bens ou os serviços prometidos restantes) por qualquer das formas seguintes que for aplicável:

(a) a entidade deve contabilizar a modificação do contrato como se fosse a rescisão do contrato existente e a criação de novo contrato, se os bens ou serviços restantes forem distintos dos bens ou serviços transferidos na, ou antes da, data da modificação do contrato. O valor da contraprestação a ser alocado às obrigações de desempenho restantes (ou aos bens ou serviços distintos restantes ou a uma única obrigação de desempenho identificada de acordo com o item 22(b)) é a soma da:

(i) contraprestação prometida pelo cliente (incluindo quantias já recebidas do cliente) que foi incluída na estimativa do preço da transação e que não havia sido reconhecida como receita; e

(ii) contraprestação prometida como parte da modificação do contrato;

(b) a entidade deve contabilizar a modificação do contrato como se fosse parte do contrato existente, se os bens ou serviços restantes não forem distintos e, portanto, formarem parte da única obrigação de desempenho que seja parcialmente satisfeita na data da modificação do contrato. O efeito que a modificação do contrato tem sobre o preço da transação e sobre a mensuração pela entidade do progresso em relação à satisfação completa da obrigação de desempenho deve ser reconhecido como ajuste da receita (seja como aumento ou redução da receita) na data da modificação do contrato (ou seja, o ajuste da receita é feito em base cumulativa);

(c) se os bens ou serviços restantes forem uma combinação dos itens (a) e (b), então a entidade deve contabilizar os efeitos da modificação sobre as obrigações de desempenho não satisfeitas (inclusive as parcialmente não satisfeitas) no contrato modificado de forma consistente com os objetivos deste item.

Identificação de obrigação de desempenho

22. No início do contrato, a entidade deve avaliar os bens ou serviços prometidos em contrato com o cliente e deve identificar como obrigação de desempenho cada promessa de transferir ao cliente:

(a) bem ou serviço (ou grupo de bens ou serviços) que seja distinto; ou

(b) série de bens ou serviços distintos que sejam substancialmente os mesmos e que tenham o mesmo padrão de transferência para o cliente (ver item 23).

23. Série de bens ou serviços distintos tem o mesmo padrão de transferência para o cliente, se ambos os critérios a seguir forem atendidos:

(a) cada bem ou serviço distinto da série que a entidade promete transferir ao cliente atende aos critérios do item 35 para ser obrigação de desempenho satisfeita ao longo do tempo; e

(b) de acordo com os itens 39 e 40, o mesmo método é utilizado para mensurar o progresso da entidade em relação à satisfação completa da obrigação de desempenho para transferir ao cliente cada bem ou serviço distinto da série.

Promessas em contratos com clientes

24. Um contrato com cliente de modo geral declara expressamente os bens ou os serviços que a entidade promete transferir ao cliente. Contudo, as obrigações de desempenho identificadas no contrato com o cliente podem não estar limitadas aos bens ou serviços que são expressamente declarados nesse contrato. Isso porque um contrato com cliente pode incluir também promessas que sejam sugeridas pelas práticas usuais de negócios, políticas publicadas ou declarações específicas da entidade se, no momento da celebração do contrato, essas promessas criarem uma expectativa válida do cliente de que a entidade transferirá bem ou serviço ao cliente.

25. As obrigações de desempenho não incluem atividades que a entidade deve realizar para cumprir o contrato, a menos que essas atividades transfiram o bem ou o serviço ao cliente. Por exemplo, o prestador de serviços pode precisar executar várias tarefas administrativas para elaborar o contrato. A execução dessas tarefas não transfere o serviço ao cliente à medida que as tarefas são executadas. Portanto, essas atividades de elaboração não constituem obrigação de desempenho.

Bens ou serviços distintos

26. Dependendo do contrato, bens ou serviços prometidos podem incluir, entre outros, os seguintes:

(a) venda de bens produzidos pela entidade (por exemplo, estoque de fabricante);

(b) revenda de bens adquiridos pela entidade (por exemplo, mercadorias de varejista);

(c) revenda de direitos sobre bens ou serviços adquiridos pela entidade (por exemplo, ticket revendido pela entidade, agindo como principal, conforme descrito nos itens B34 a B38);

(d) execução de tarefa (ou tarefas) contratualmente pactuada para cliente;

(e) prestação de serviço que consiste em estar pronta para fornecer bens ou serviços (por exemplo, atualizações não especificadas de softwares que sejam fornecidas quando e se disponíveis) ou disponibilização de bens ou serviços ao cliente a serem usados à medida que e quando o cliente decidir;

(f) prestação de serviço de modo a providenciar para que a outra parte transfira bens ou serviços ao cliente (por exemplo, atuando como agente de outra parte, conforme descrito nos itens B34 a B38);

(g) concessão de direitos sobre bens ou serviços a serem fornecidos no futuro que o cliente possa revender ou fornecer a seu cliente (por exemplo, a entidade que vende um produto ao varejista promete transferir o bem ou o serviço adicional à pessoa que compre o produto do varejista);

(h) construção, fabricação ou desenvolvimento de ativo em nome do cliente;

(i) concessão de licenças (ver itens B52 a B63B); e

(j) concessão de opções para a compra de bens ou serviços adicionais (quando essas opções fornecerem ao cliente um direito relevante, conforme descrito nos itens B39 a B43).

27. Bem ou serviço prometido ao cliente é distinto, se ambos os critérios a seguir forem atendidos:

(a) o cliente pode se beneficiar do bem ou serviço, seja isoladamente ou em conjunto com outros recursos que estejam prontamente disponíveis ao cliente (ou seja, o bem ou o serviço é capaz de ser distinto); e

(b) a promessa da entidade de transferir o bem ou o serviço ao cliente é separadamente identificável de outras promessas contidas no contrato (ou seja, compromisso para transferir o bem ou o serviço é distinto dentro do contexto do contrato).

28. O cliente pode beneficiar-se de bem ou serviço de acordo com o item 27(a), se o bem ou serviço puder ser usado, consumido, vendido por valor que seja superior ao valor de sucata ou de outro modo realizado de forma que gere benefícios econômicos. Para alguns bens ou serviços, o cliente pode ser capaz de beneficiar-se do bem ou serviço isoladamente. Para outros bens ou serviços, o cliente pode beneficiar-se do bem ou serviço somente em conjunto com outros recursos prontamente disponíveis. Um recurso prontamente disponível é o bem ou o serviço que é vendido separadamente (pela entidade ou por outra entidade) ou o recurso que o cliente já obteve da entidade (incluindo bens ou serviços que a entidade já terá transferido ao cliente de acordo com o contrato) ou de outras transações ou eventos. Vários fatores podem fornecer evidência de que o cliente pode beneficiar-se do bem ou serviço, seja isoladamente ou em conjunto com outros recursos prontamente disponíveis. Por exemplo, o fato de que a entidade vende regularmente o bem ou o serviço separadamente indica que o cliente pode beneficiar-se do bem ou serviço isoladamente ou em conjunto com outros recursos prontamente disponíveis.

29. Ao avaliar se as promessas da entidade para transferir bens ou serviços para o cliente são identificáveis separadamente de acordo com o item 27(b), o objetivo é determinar se a natureza da promessa, dentro do contexto do contrato, é para transferir cada um desses bens ou serviços individualmente ou, em vez disso, para transferir item ou itens combinados para os quais as promessas de bens e serviços são insumos. Fatores que indicam que duas ou mais promessas de transferir bens ou serviços ao cliente não são separadamente identificáveis, incluem, mas não estão a eles limitados, os seguintes:

(a) a entidade não fornece um serviço significativo de integrar o bem ou o serviço, em conjunto com outros bens ou serviços prometidos no contrato, no conjunto de bens ou serviços que representam os produtos combinados contratados pelo cliente.

Em outras palavras, a entidade não está usando o bem ou o serviço como insumo para produzir ou entregar os produtos combinados especificados pelo cliente. As saídas ou saídas combinadas podem incluir mais do que uma fase, elemento ou unidade;

(b) um ou mais bens ou serviços são significativamente modificados ou personalizados, ou são significativamente modificados ou personalizados por um ou mais dos outros bens ou serviços prometidos no contrato;

(c) os bens e os serviços são altamente interdependentes ou altamente inter-relacionados. Em outras palavras, cada um dos bens ou serviços é significativamente afetado por um ou mais dos outros bens e serviços do contrato. Por exemplo, em alguns casos, dois ou mais bens ou serviços são afetados, significativamente, pelo outro porque a entidade não seria capaz de cumprir sua promessa por meio da transferência de cada um dos bens ou serviços de forma independente.

30. Se o bem ou o serviço prometido não for distinto, a entidade deve combinar esse bem ou serviço com outros bens ou serviços prometidos até que identifique o grupo de bens ou serviços que seja distinto. Em alguns casos, isso pode resultar em que a entidade deva contabilizar todos os bens ou serviços prometidos no contrato como uma única obrigação de desempenho.

Satisfação de obrigação de desempenho

31. A entidade deve reconhecer receitas quando (ou à medida que) a entidade satisfizer à obrigação de desempenho ao transferir o bem ou o serviço (ou seja, um ativo) prometido ao cliente. O ativo é considerado transferido quando (ou à medida que) o cliente obtiver o controle desse ativo.

32. Para cada obrigação de desempenho identificada de acordo com os itens 22 a 30, a entidade deve determinar, no início do contrato, se satisfaz à obrigação de desempenho ao longo do tempo (de acordo com os itens 35 a 37) ou se satisfaz à obrigação de desempenho em momento específico no tempo (de acordo com o item 38). Se a entidade não satisfizer à obrigação de desempenho ao longo do tempo, a obrigação de desempenho é satisfeita em momento específico no tempo.

33. Bens e serviços são ativos, mesmo que apenas momentaneamente, quando são recebidos e usados (como no caso de muitos serviços). O controle do ativo refere-se à capacidade de determinar o uso do ativo e de obter substancialmente a totalidade dos benefícios restantes provenientes do ativo. O controle inclui a capacidade de evitar que outras entidades direcionem o uso do ativo e obtenham benefícios desse ativo. Os benefícios do ativo são os fluxos de caixa potenciais (entradas ou economias em saídas) que podem ser obtidos direta ou indiretamente de muitas formas, como, por exemplo:

(a) pelo uso do ativo para produzir bens ou prestar serviços (incluindo serviços públicos);

(b) pelo uso do ativo para aumentar o valor de outros ativos;

(c) pelo uso do ativo para liquidar passivos ou reduzir despesas;

(d) pela venda ou troca do ativo;

(e) pela caução do ativo em garantia de empréstimo; e

(f) pela retenção do ativo.

34. Ao avaliar se o cliente obtém o controle do ativo, a entidade deve considerar qualquer acordo de recompra do ativo (ver itens B64 a B76).

Obrigação de desempenho satisfeita ao longo do tempo

35. A entidade transfere o controle do bem ou serviço ao longo do tempo e, portanto, satisfaz à obrigação de desempenho e reconhece receitas ao longo do tempo, se um dos critérios a seguir for atendido:

(a) o cliente recebe e consome simultaneamente os benefícios gerados pelo desempenho por parte da entidade à medida que a entidade efetiva o desempenho (ver itens B3 e B4);

(b) o desempenho por parte da entidade cria ou melhora o ativo (por exemplo, produtos em elaboração) que o cliente controla à medida que o ativo é criado ou melhorado (ver item B5); ou (c) o desempenho por parte da entidade não cria um ativo com uso alternativo para a entidade (ver item 36) e a entidade possui direito executável (enforcement) ao pagamento pelo desempenho concluído até a data presente (ver item 37).

36. O ativo criado pelo desempenho por parte da entidade não possui uso alternativo para a entidade, se esta estiver contratualmente impedida de direcionar prontamente o ativo para outro uso durante a criação ou melhoria desse ativo ou estiver limitada na prática de direcionar prontamente o ativo em seu estado concluído para outro uso. A avaliação se o ativo possui uso alternativo para a entidade deve ser feita no início do contrato. Após o início do contrato, a entidade não deverá atualizar a avaliação do uso alternativo do ativo, a menos que as partes do contrato aprovem a modificação do contrato que altere, substancialmente, a obrigação de desempenho. Os itens B6 a B8 fornecem orientação para avaliar se o ativo possui uso alternativo para a entidade.

37. A entidade deve considerar os termos do contrato, bem como quaisquer leis que se apliquem ao contrato, ao avaliar se possui direito executável a pagamento pelo desempenho concluído até a data presente, de acordo com o item 35(c). O direito a pagamento pelo desempenho concluído até a data presente não necessita ser por valor fixo. Contudo, em todas as ocasiões ao longo da duração do contrato, a entidade deve ter direito ao valor que, no mínimo, a compense pelo desempenho concluído até a presente data se o contrato for rescindido pelo cliente ou por outra parte por outras razões que não a omissão da entidade em executar o desempenho conforme prometido.

Os itens B9 a B13 fornecem orientação para a avaliação da existência e exigibilidade do direito a pagamento e se o direito a pagamento da entidade daria à entidade o direito de receber por seu desempenho concluído até a data presente.

Obrigação de desempenho satisfeita em momento específico no tempo

38. Se a obrigação de desempenho não for satisfeita ao longo do tempo de acordo com os itens 35 a 37, a entidade deverá satisfazer à obrigação de desempenho em momento específico no tempo. Para determinar o momento específico no tempo no qual o cliente obtém o controle do ativo prometido e a entidade satisfaz à obrigação de desempenho, a entidade deve considerar os requisitos para controle, apresentados nos itens 31 a 34. Além disso, a entidade deve considerar os indicadores da transferência de controle, os quais incluem, entre outros, os seguintes:

(a) ***a entidade possui um direito presente a pagamento pelo ativo*** *– se o cliente estiver presentemente obrigado a pagar pelo ativo, isso pode indicar que o cliente obteve a capacidade de direcionar o uso do ativo sujeito à troca e de obter, substancialmente, a totalidade dos benefícios restantes desse ativo;*

(b) ***o cliente possui a titularidade legal do ativo*** *– titularidade legal pode indicar qual parte do contrato tem a capacidade de direcionar o uso do ativo e de obter substancialmente a totalidade dos benefícios restantes desse ativo ou de restringir o acesso de outras entidades a esses benefícios. Portanto, a transferência da titularidade legal do ativo pode indicar que o cliente obteve o controle do ativo. Se a entidade retém a titularidade legal exclusivamente como proteção contra o não pagamento pelo cliente, esses direitos da entidade não impedem o cliente de obter o controle do ativo;*

(c) ***a entidade transferiu a posse física do ativo*** *– a posse física do ativo pelo cliente pode indicar que o cliente tem a capacidade de direcionar o uso do ativo e de obter substancialmente a totalidade dos benefícios restantes desse ativo ou de restringir o acesso de outras entidades a esses benefícios. Contudo, a posse física pode não coincidir com o controle do ativo. Por exemplo, em alguns contratos de recompra e em alguns contratos de consignação, o cliente ou consignatário pode ter a posse física do ativo que a entidade controla. Por outro lado, em alguns acordos onde há o faturamento, mas não há a entrega (*bill-and-hold*), a entidade pode ter a posse física do ativo que o cliente controla. Os itens B64 a B76, B77 e B78 e B79 a B82 fornecem orientação sobre a contabilização de contratos de recompra, contratos de consignação e acordos de venda na qual a entrega da mercadoria é retardada a pedido do comprador (*bill-and-hold*), respectivamente;*

(d) ***o cliente possui os riscos e os benefícios significativos da propriedade do ativo*** *– a transferência dos riscos e benefícios significativos da propriedade do ativo para o cliente pode indicar que o cliente obteve a capacidade de direcionar o uso do ativo e de obter substancialmente a totalidade dos benefícios restantes desse ativo.*

Contudo, ao avaliar os riscos e os benefícios significativos da propriedade do ativo prometido, a entidade deve excluir quaisquer riscos que deem origem à obrigação de desempenho separada adicional à obrigação de desempenho que consiste em transferir o ativo. Por exemplo, a entidade pode ter transferido o controle do ativo ao cliente, mas ainda não ter satisfeito à obrigação de desempenho adicional que consiste em prestar serviços de manutenção relacionados ao ativo transferido;

(e) ***o cliente aceitou o ativo*** *– o aceite do ativo pelo cliente pode indicar que ele obteve a capacidade de direcionar o uso do ativo e de obter substancialmente a totalidade dos benefícios restantes desse ativo. Para avaliar o efeito da cláusula contratual de aceite pelo cliente sobre quando o controle do ativo é transferido, a entidade deve considerar a orientação dos itens B83 a B86.*

Mensuração do progresso para a satisfação completa de obrigação de desempenho

39. Para cada obrigação de desempenho satisfeita ao longo do tempo de acordo com os itens 35 a 37, a entidade deve reconhecer receitas ao longo do tempo, mensurando o progresso em relação à satisfação completa dessa obrigação de desempenho. O objetivo ao mensurar o progresso é descrever o desempenho por parte da entidade ao transferir o controle de bens ou serviços prometidos ao cliente (ou seja, a satisfação da obrigação de desempenho da entidade).

40. A entidade deve aplicar um único método de mensuração do progresso para cada obrigação de desempenho satisfeita ao longo do tempo e a entidade deve aplicar esse método de forma consistente a obrigações de desempenho similares e em circunstâncias similares. Ao final de cada período contábil a que se referem essas demonstrações, a entidade deve remensurar seu progresso em relação à satisfação completa da obrigação de desempenho satisfeita ao longo do tempo.

Métodos para a mensuração do progresso

41. Métodos apropriados de mensuração do progresso incluem métodos de produto e métodos de insumo. Os itens B14 a B19 fornecem orientação para o uso de métodos de produto e métodos de insumo para mensurar o progresso da entidade em relação à satisfação completa da obrigação de desempenho. Ao determinar o método apropriado para mensurar o progresso, a entidade deve considerar a natureza do bem ou serviço que a entidade prometeu transferir ao cliente.

42. Ao aplicar um método para mensurar o progresso, a entidade deve excluir da mensuração do progresso quaisquer bens ou serviços em relação aos quais a entidade não transfere o controle ao cliente. Inversamente, a entidade deve incluir na mensuração do progresso quaisquer bens ou serviços em relação aos quais a entidade efetivamente transfira o controle ao cliente ao satisfazer essa obrigação de desempenho.

43. À medida que as circunstâncias se modifiquem ao longo do tempo, a entidade deve atualizar a sua mensuração do progresso para refletir quaisquer alterações no resultado da obrigação de desempenho. Essas alterações na mensuração do progresso da entidade devem ser contabilizadas como mudança na estimativa contábil de acordo com o CPC 23 – Políticas Contábeis, Mudança de Estimativa e Retificação de Erro.

Mensuração razoável do progresso

44. A entidade deve reconhecer receitas referentes à obrigação de desempenho satisfeita ao longo do tempo somente se a entidade puder mensurar razoavelmente seu progresso em relação à satisfação completa da obrigação de desempenho. A entidade não é capaz de mensurar razoavelmente seu progresso em relação à satisfação completa da obrigação de desempenho, se não dispuser de informações confiáveis que seriam exigidas para aplicar o método apropriado de mensuração do progresso.

45. Em algumas circunstâncias (por exemplo, nos estágios iniciais do contrato), a entidade pode não ser capaz de mensurar, razoavelmente, o resultado da obrigação de desempenho, mas a entidade espera recuperar os custos incorridos na satisfação da obrigação de desempenho. Nessas circunstâncias, a entidade deve reconhecer as receitas até o limite dos custos incorridos e até o momento em que possa mensurar razoavelmente o resultado da obrigação de desempenho.

Mensuração

46. Quando (ou à medida que) uma obrigação de desempenho for satisfeita, a entidade deve reconhecer como receita o valor do preço da transação (o qual exclui estimativas de contraprestação variável que sejam restringidas de acordo com os itens 56 a 58), o qual deve ser alocado a essa obrigação de desempenho.

Determinação do preço da transação

47. A entidade deve considerar os termos do contrato e suas práticas de negócios usuais para determinar o preço da transação. O preço da transação é o valor da contraprestação à qual a entidade espera ter direito em troca da transferência dos bens ou serviços prometidos ao cliente, excluindo quantias cobradas em nome de terceiros (por exemplo, alguns impostos sobre vendas). A contraprestação prometida em contrato com o cliente pode incluir valores fixos, valores variáveis ou ambos.

48. A natureza, a época e o valor da contraprestação prometida por cliente afetam a estimativa do preço da transação. Ao determinar o preço da transação, a entidade deve considerar os efeitos de todos os itens a seguir:

(a) contraprestação variável (ver itens 50 a 55 e 59);

(b) restrição de estimativas de contraprestação variável (ver itens 56 a 58);

(c) existência de componente de financiamento significativo no contrato (ver itens 60 a 65);

(d) contraprestação não monetária (ver itens 66 a 69); e (e) contraprestação a pagar ao cliente (ver itens 70 a 72).

49. Para fins de determinação do preço da transação, a entidade deve presumir que os bens ou serviços serão transferidos ao cliente conforme prometido, de acordo com o contrato existente, o qual não será cancelado, renovado ou modificado.

Contraprestação variável

50. Se a contraprestação prometida no contrato incluir um valor variável, a entidade deve estimar o valor da contraprestação à qual a entidade terá direito em troca da transferência dos bens ou serviços prometidos ao cliente.

51. O valor da contraprestação pode variar em razão de descontos, abatimentos, restituições, créditos, concessões de preços, incentivos, bônus de desempenho, penalidades ou outros itens similares. A contraprestação prometida pode variar também se o direito da entidade à contraprestação depender da ocorrência ou não ocorrência de evento futuro. Por exemplo, o valor da contraprestação é variável se o produto for vendido com direito de retorno ou se o valor fixo for prometido como bônus de desempenho em caso de ser atingido um marco especificado.

52. A variabilidade relativa à contraprestação prometida ao cliente pode ser declarada expressamente no contrato. Além dos termos do contrato, a contraprestação prometida é variável se existir qualquer das seguintes circunstâncias:

(a) o cliente possui uma expectativa válida decorrente das práticas usuais de negócios da entidade, das políticas publicadas ou de declarações específicas de que a entidade deva aceitar um valor de contraprestação que seja inferior ao preço declarado no contrato. Isto é, espera-se que a entidade ofereça uma concessão de preço. Dependendo da jurisdição, do setor ou do cliente, essa oferta pode ser referida como desconto, abatimento, restituição ou crédito;

(b) outros fatos e circunstâncias indicam que a intenção da entidade, ao celebrar o contrato com o cliente, é oferecer uma concessão de preço ao cliente.

53. A entidade deve estimar o valor da contraprestação variável, utilizando qualquer dos métodos a seguir, dependendo de por qual método a entidade espera melhor prever o valor da contraprestação à qual tem direito:

(a) ***o valor esperado*** *– o valor esperado é a soma de valores ponderados em função da probabilidade de uma gama de possíveis valores de contraprestação. O valor esperado pode ser uma estimativa apropriada do valor da contraprestação variável, se a entidade tiver grande número de contratos com características similares;*

(b) ***o valor mais provável*** *– o valor mais provável é o valor único mais provável de uma gama de possíveis valores de contraprestação (ou seja, o resultado único mais provável do contrato). O valor mais provável pode ser uma estimativa apropriada do valor da contraprestação variável, se o contrato tiver apenas dois possíveis resultados (por exemplo, a entidade atingir um bônus de desempenho ou não).*

54. A entidade deve aplicar um método de forma consistente ao longo de todo o contrato ao estimar o efeito da incerteza sobre o valor da contraprestação variável ao qual a entidade tem direito. Além disso, a entidade deve considerar todas as informações (históricas, atuais e previstas) que estejam razoavelmente disponíveis à entidade e deve identificar um número razoável de possíveis valores de contraprestação. As informações que a entidade utiliza para estimar o valor da contraprestação variável normalmente são similares às informações que a administração da entidade utiliza durante o processo de planejamento e proposta e ao estabelecer preços para bens ou serviços prometidos.

Passivo de restituição

55. A entidade deve reconhecer um passivo de restituição, se receber contraprestação do cliente e esperar restituir a totalidade ou parte dessa contraprestação ao cliente. O passivo de restituição deve ser mensurado pelo valor da contraprestação recebida (ou a receber) em relação à qual a entidade não espera ter direito (ou seja, valores não incluídos no preço da transação). O passivo de restituição (e a alteração correspondente no preço da transação e, portanto, no passivo do contrato) deve ser atualizado ao final de cada período de relatório para refletir alterações nas circunstâncias. Para contabilizar o passivo de restituição relativo à venda com direito de retorno, a entidade deve aplicar a orientação dos itens B20 a B27.

Restrição de estimativas de contraprestação variável

56. A entidade deve incluir no preço da transação a totalidade ou parte do valor da contraprestação variável estimado de acordo com o item 53, somente na medida em que for altamente provável que uma reversão significativa no valor das receitas acumuladas reconhecidas não deva ocorrer, quando a incerteza associada à contraprestação variável for subsequentemente resolvida.

57. Ao avaliar se é altamente provável que uma reversão significativa no valor das receitas acumuladas reconhecidas não ocorra uma vez que a incerteza relativa à contraprestação variável seja subsequentemente resolvida, a entidade deve considerar tanto a probabilidade quanto a magnitude da reversão de receitas. Fatores que podem aumentar a probabilidade ou a magnitude da reversão de receitas incluem, entre outros, quaisquer dos seguintes:

(a) o valor da contraprestação é altamente suscetível a fatores fora da influência da entidade. Esses fatores podem incluir volatilidade no mercado, julgamento ou ações de terceiros, condições climáticas e alto risco de obsolescência do bem ou serviço prometido;

(b) não se espera que a incerteza sobre o valor da contraprestação seja resolvida por longo período de tempo;

(c) a experiência da entidade (ou outras evidências) com tipos similares de contratos é limitada ou essa experiência (ou outras evidências) possui valor preditivo limitado;

(d) a entidade tem a prática de oferecer ampla gama de concessões de preço ou de alterar os termos e condições de pagamento de contratos similares em circunstâncias similares;

(e) o contrato tem grande número e ampla gama de possíveis valores de contraprestação.

58. A entidade deve aplicar o item B63 para contabilizar a contraprestação com base em royalties baseados em vendas, ou baseados em uso, que sejam prometidos em troca de licença de propriedade intelectual.

Reavaliação da contraprestação variável

59. Ao final de cada período de relatório, a entidade deve atualizar o preço da transação estimado (incluindo a atualização de sua avaliação, se a estimativa de contraprestação variável for restrita) para representar fielmente as circunstâncias presentes no final do período do relatório e as alterações nas circunstâncias durante o período do relatório. A entidade deve contabilizar alterações no preço da transação de acordo com os itens 87 a 90.

Existência de componente de financiamento significativo no contrato

60. Ao determinar o preço da transação, a entidade deve ajustar o valor prometido da contraprestação para refletir os efeitos do valor do dinheiro no tempo, se a época dos pagamentos pactuada pelas partes do contrato (seja expressa ou implicitamente) fornecer ao cliente ou à entidade um benefício significativo de financiamento da transferência de bens ou serviços ao cliente. Nessas circunstâncias, o contrato contém componente de financiamento significativo. Componente de financiamento significativo pode existir, independentemente, se a promessa de financiamento é expressamente declarada no contrato ou implícita pelos termos de pagamento pactuados pelas partes do contrato.

61. O objetivo, ao ajustar o valor prometido da contraprestação para um componente de financiamento significativo, é que a entidade reconheça receitas pelo valor que reflita o preço que o cliente teria pago pelos bens ou serviços prometidos, se o cliente tivesse pago à vista por esses bens ou serviços quando (ou à medida que) foram transferidos ao cliente (ou seja, o preço de venda à vista).

A entidade deve considerar todos os fatos e circunstâncias relevantes ao avaliar se o contrato contém componente de financiamento e se esse componente de financiamento é significativo para o contrato, incluindo ambas as seguintes:

(a) a diferença, se houver, entre o valor da contraprestação prometida e o preço de venda à vista dos bens ou serviços prometidos; e

(b) o efeito combinado do disposto nos dois incisos seguintes:

(i) a duração de tempo esperada entre o momento em que a entidade transfere os bens ou serviços prometidos ao cliente e o momento em que o cliente paga por esses bens ou serviços; e

(ii) as taxas de juros vigentes no mercado pertinente.

62. Não obstante a avaliação do disposto no item 61, o contrato com o cliente não terá componente de financiamento significativo, se qualquer dos seguintes fatores estiver presente:

(a) o cliente pagou pelos bens ou serviços antecipadamente e a época da transferência desses bens ou serviços será determinada a critério do cliente;

(b) um valor substancial da contraprestação prometida pelo cliente é variável e o valor ou a época dessa contraprestação varia com base na ocorrência ou não ocorrência desse evento futuro que não esteja substancialmente dentro do controle do cliente ou da entidade (por exemplo, se a contraprestação consistir em royalties baseados em vendas);

(c) a diferença entre a contraprestação prometida e o preço de venda à vista do bem ou serviço (conforme descrito no item 61) resultar de outras razões que não o fornecimento de financiamento ao cliente ou à entidade, e a diferença entre esses valores for proporcional à razão da diferença. Por exemplo, os termos de pagamento podem fornecer à entidade ou ao cliente proteção contra a omissão da outra parte em cumprir adequadamente a totalidade ou parte de suas obrigações de acordo com o contrato.

63. Eliminado.

64. Para atingir o objetivo do item 61, ao ajustar o valor prometido da contraprestação para refletir o componente de financiamento significativo, a entidade deve utilizar a taxa de desconto que seria refletida em transação de financiamento separada entre a entidade e seu cliente no início do contrato. Essa taxa refletiria as características de crédito da parte que recebesse financiamento no contrato, bem como qualquer garantia prestada pelo cliente ou pela entidade, incluindo ativos transferidos no contrato. A entidade pode ser capaz de determinar essa taxa identificando a taxa que desconta o valor nominal da contraprestação prometida ao preço à vista que o cliente teria pago pelos bens ou serviços quando (ou à medida que) os transferisse ao cliente. Após o início do contrato, a entidade não deve atualizar a taxa de desconto para refletir alterações nas taxas de juros ou outras circunstâncias (tais como alteração na avaliação do risco de crédito do cliente).

65. A entidade deve apresentar os efeitos do financiamento (receita de juros ou despesa de juros) separadamente da receita de contratos com clientes na demonstração do resultado abrangente. A receita de juros ou a despesa de juros deve ser reconhecida somente na medida em que ativo (ou recebível) de contrato ou passivo de contrato for reconhecido na contabilização do contrato com o cliente.

Contraprestação não monetária

66. Para determinar o preço de transação para contratos nos quais o cliente promete contraprestação na forma que não seja pagamento em dinheiro, a entidade deve mensurar a contraprestação não monetária (ou promessa de contraprestação não monetária) pelo valor justo.

67. Se a entidade não puder estimar, razoavelmente, o valor justo da contraprestação não monetária, ela deve mensurar a contraprestação indiretamente por referência ao preço de venda individual dos bens ou serviços prometidos ao cliente (ou classe de clientes) em troca da contraprestação.

68. O valor justo da contraprestação não monetária pode variar em razão da forma da contraprestação (por exemplo, a alteração no preço da ação que a entidade tem o direito de receber do cliente). Se o valor justo da contraprestação não monetária prometida pelo cliente variar por outras razões que não apenas a forma da contraprestação (por exemplo, o valor justo pode variar em razão do desempenho da entidade), a entidade deve aplicar os requisitos dos itens 56 a 58.

69. Se o cliente entregar bens ou serviços (por exemplo, materiais, equipamentos ou mão de obra) para facilitar o desempenho do contrato pela entidade, ela deve avaliar se obtém o controle desses bens ou serviços recebidos. Caso afirmativo, a entidade deve contabilizar os bens ou serviços recebidos como contraprestação não monetária recebida do cliente.

Contraprestação a pagar ao cliente

70. Contraprestação a pagar ao cliente inclui valores à vista que a entidade paga ou espera pagar ao cliente (ou a outras partes que compram do cliente bens ou serviços da entidade). A contraprestação a pagar ao cliente inclui ainda crédito ou outros itens (por exemplo, cupom ou voucher) que podem ser aplicados contra valores devidos à entidade (ou a outras partes que comprem do cliente bens ou serviços da entidade). A entidade deve contabilizar a contraprestação a pagar ao cliente como redução do preço da transação e, portanto, das receitas, a menos que o pagamento ao cliente se dê em troca de bem ou serviço distinto (conforme descrito nos itens 26 a 30) que o cliente transfere à entidade. Se a contraprestação a pagar ao cliente incluir um valor variável, a entidade deve estimar o preço da transação (incluindo a avaliação se a estimativa da contraprestação variável for restrita), de acordo com os itens 50 a 58.

71. Se a contraprestação a pagar ao cliente for pagamento com bem ou serviço distinto do cliente, então a entidade deve contabilizar a compra do bem ou serviço da mesma forma que contabiliza outras compras de fornecedores.

Se o valor da contraprestação a pagar ao cliente exceder o valor justo do bem ou serviço distinto que a entidade recebe do cliente, então a entidade deve contabilizar esse excedente como redução do preço da transação. Se a entidade não puder estimar, razoavelmente, o valor justo do bem ou serviço recebido do cliente, ela deve contabilizar toda a contraprestação a pagar ao cliente como redução do preço da transação.

72. Consequentemente, se a contraprestação a pagar ao cliente for contabilizada como redução do preço da transação, a entidade deve reconhecer a redução das receitas quando (ou à medida que) o último de qualquer dos eventos a seguir ocorrer:

(a) quando a entidade reconhecer as receitas da transferência dos bens ou serviços correspondentes ao cliente; e

(b) quando a entidade pagar ou prometer pagar a contraprestação (ainda que o pagamento dependa de evento futuro). Essa promessa pode ser deduzida das práticas de negócios usuais da entidade.

Alocação do preço da transação a obrigação de desempenho

73. O objetivo, ao alocar o preço da transação, consiste em que a entidade aloque o preço da transação a cada obrigação de desempenho (bem ou serviço distinto) pelo valor que reflita o valor da contraprestação à qual a entidade espera ter direito em troca da transferência dos bens ou serviços prometidos ao cliente.

74. Para atingir o objetivo de alocação, a entidade deve alocar o preço da transação a cada obrigação de desempenho identificada no contrato com base no preço de venda individual, de acordo com os itens 76 a 80, exceto conforme especificado nos itens 81 a 83 (para a alocação de descontos) e nos itens 84 a 86 (para a alocação de contraprestação que inclua valores variáveis).

75. Os itens 76 a 86 não serão aplicáveis, se o contrato tiver apenas uma obrigação de desempenho. Contudo, os itens 84 a 86 podem ser aplicados se a entidade prometer transferir uma série de bens ou serviços distintos identificados como uma única obrigação de desempenho de acordo com o item 22(b) e a contraprestação prometida incluir valores variáveis.

Alocação com base em preço de venda individual

76. Para alocar o preço da transação a cada obrigação de desempenho com base no preço de venda individual, a entidade deve determinar o preço de venda individual no início do contrato do bem ou serviço distinto subjacente a cada obrigação de desempenho no contrato e deve alocar o preço da transação proporcionalmente a esses preços de venda individuais.

77. O preço de venda individual é o preço pelo qual a entidade venderia o bem ou o serviço prometido separadamente ao cliente. A melhor evidência do preço de venda individual é o preço observável do bem ou serviço quando a entidade vende esse bem ou serviço separadamente em circunstâncias similares e a clientes similares.

O preço contratualmente declarado ou o preço de tabela do bem ou serviço pode ser (mas não se deve presumir que seja) o preço de venda individual desse bem ou serviço.

78. Se o preço de venda individual não for diretamente observável, a entidade deve estimar o preço de venda individual por valor que resulte em que a alocação do preço da transação atenda ao objetivo de alocação do item 73. Ao estimar o preço de venda individual, a entidade deve considerar todas as informações (incluindo condições de mercado, fatores específicos da entidade e informações sobre o cliente ou classe de clientes) que estejam razoavelmente disponíveis à entidade. Ao fazê-lo, a entidade deve maximizar o uso de informações observáveis e deve aplicar métodos de estimativa de forma consistente para circunstâncias similares.

79. Métodos adequados para estimar o preço de venda individual de bem ou serviço incluem, entre outros, os seguintes:

(a) ***abordagem de avaliação de mercado ajustada*** *– a entidade pode avaliar o mercado no qual vende bens ou serviços e estimar o preço que o cliente nesse mercado estaria disposto a pagar por esses bens ou serviços. Essa abordagem pode incluir também consultar os preços dos concorrentes da entidade para bens ou serviços similares e ajustar esses preços, conforme necessário, para refletir os custos e margens da entidade;*

(b) ***abordagem do custo esperado mais margem*** *– a entidade pode prever seus custos esperados para satisfazer à obrigação de desempenho e então adicionar a margem apropriada para esse bem ou serviço;*

(c) ***abordagem residual*** *– a entidade pode estimar o preço de venda individual por referência ao preço de transação total menos a soma dos preços de venda individuais observáveis de outros bens ou serviços prometidos no contrato. Contudo, a entidade pode usar uma abordagem residual para estimar, de acordo com o item 78, o preço de venda individual de bem ou serviço somente se for atendido um dos seguintes critérios:*

(i) a entidade vender o mesmo bem ou serviço a diferentes clientes (ao mesmo tempo ou aproximadamente ao mesmo tempo) por ampla gama de valores (ou seja, o preço de venda é altamente variável porque o preço de venda individual representativo não pode ser discernido de transações passadas ou de outras evidências observáveis); ou

(ii) a entidade ainda não estabeleceu o preço para esse bem ou serviço e o bem ou serviço não foi vendido anteriormente de forma individual (ou seja, o preço de venda é incerto).

80. Uma combinação de métodos pode precisar ser usada para estimar os preços de venda individuais dos bens ou serviços prometidos no contrato, se dois ou mais desses bens ou serviços tiverem preços de venda individuais altamente variáveis ou incertos.

Por exemplo, a entidade pode usar uma abordagem residual para estimar o preço de venda individual total para esses bens ou serviços prometidos com preços de venda individuais altamente variáveis ou incertos e então utilizar outro método para estimar os preços de venda individuais dos bens ou serviços individuais, relativos a esse preço de venda individual total estimado, determinado pela abordagem residual. Quando a entidade utilizar uma combinação de métodos para estimar o preço de venda individual de cada bem ou serviço prometido no contrato, a entidade deve avaliar se a alocação do preço da transação por esses preços de venda individuais estimados é consistente com o objetivo de alocação do item 73 e com as exigências para a estimativa de preços de venda individuais do item 78.

Alocação de desconto

81. O cliente recebe desconto por comprar um grupo de bens ou serviços, se a soma dos preços de venda individuais desses bens ou serviços prometidos no contrato exceder a contraprestação prometida no contrato. Exceto quando a entidade tiver evidências observáveis, de acordo com o item 82, de que todo o desconto refere-se somente a uma ou mais das obrigações de desempenho do contrato, mas não a todas, a entidade deve alocar o desconto proporcionalmente a todas as obrigações de desempenho do contrato. A alocação proporcional do desconto nessas circunstâncias é uma consequência da alocação pela entidade do preço da transação a cada obrigação de desempenho com base nos preços de venda individuais dos bens ou serviços distintos subjacentes.

82. A entidade deve alocar todo o desconto a uma ou mais das obrigações de desempenho do contrato, mas não a todas, se forem atendidos todos os critérios a seguir:

(a) a entidade vender regularmente cada bem ou serviço distinto (ou cada grupo de bens ou serviços distintos) do contrato de forma individual;

(b) a entidade também vender regularmente de forma individual um grupo (ou grupos) de outros desses bens ou serviços distintos com desconto em relação aos preços de venda individuais dos bens ou serviços em cada grupo; e

(c) o desconto atribuível a cada grupo de bens ou serviços descrito no item 82(b) for substancialmente o mesmo que o desconto do contrato e a análise dos bens ou serviços de cada grupo fornecer evidência observável da obrigação de desempenho (ou obrigações de desempenho) à qual pertence todo o desconto do contrato.

83. Se todo o desconto for alocado a uma ou mais obrigações de desempenho do contrato, de acordo com o item 82, a entidade deve alocar o desconto antes de usar a abordagem residual para estimar o preço de venda individual do bem ou serviço de acordo com o item 79(c).

Alocação de contraprestação variável

84. A contraprestação variável que é prometida no contrato pode ser atribuível ao contrato inteiro ou à parte específica do contrato, como, por exemplo, qualquer das seguintes:

(a) uma ou mais das obrigações de desempenho do contrato (por exemplo, um bônus pode depender da transferência pela entidade de bem ou serviço prometido dentro do prazo especificado), mas não a todas; ou

(b) um ou mais dos bens ou serviços distintos prometidos, mas não a todos, em uma série de bens ou serviços distintos que fazem parte de uma única obrigação de desempenho de acordo com o item 22(b) (por exemplo, a contraprestação prometida para o segundo ano do contrato de prestação de serviços de limpeza de dois anos aumentará com base nas variações do índice de inflação especificado).

85. A entidade deve alocar um valor variável (e alterações subsequentes nesse valor) inteiramente à obrigação de desempenho ou ao bem ou serviço distinto que faz parte de uma única obrigação de desempenho de acordo com o item 22(b), se forem atendidos ambos os seguintes critérios:

(a) os termos de pagamento variável se referirem, especificamente, aos esforços da entidade para satisfazer à obrigação de desempenho ou transferir o bem ou serviço distinto (ao resultado específico da satisfação da obrigação de desempenho ou da transferência do bem ou serviço distinto); e

(b) a alocação de todo o valor variável da contraprestação à obrigação de desempenho ou ao bem ou serviço distinto for consistente com o objetivo de alocação do item 73 ao considerar todas as obrigações de desempenho e termos de pagamento do contrato.

86. Os requisitos de alocação dos itens 73 a 83 devem ser aplicados para alocar o valor restante do preço da transação que não atender aos critérios do item 85.

Alterações no preço da transação

87. Após o início do contrato, o preço da transação pode mudar por várias razões, incluindo a solução de eventos incertos ou outras alterações nas circunstâncias que alterem o valor da contraprestação à qual a entidade espera ter direito em troca dos bens ou serviços prometidos.

88. A entidade deve alocar às obrigações de desempenho do contrato quaisquer alterações subsequentes no preço da transação da mesma forma que no início do contrato. Consequentemente, a entidade não deve realocar o preço da transação para refletir alterações em preços de venda individuais após o início do contrato. Valores alocados à obrigação de desempenho satisfeita devem ser reconhecidos como receita, ou como redução da receita, no período em que o preço da transação mudar.

89. A entidade deve alocar a alteração no preço de toda a transação a uma ou mais das obrigações de desempenho de bens ou serviços distintos prometidos, mas não a todas, em uma série que faz parte de uma única obrigação de desempenho, de acordo com o item 22(b), somente se forem atendidos os critérios do item 85 sobre alocação da contraprestação variável.

90. A entidade deve contabilizar a alteração no preço da transação que resultar da modificação do contrato de acordo com os itens 18 a 21. Contudo, para a alteração no preço da transação que ocorrer após a modificação do contrato, a entidade deve aplicar os itens 87 a 89 para alocar a alteração no preço da transação por qualquer das seguintes formas que for aplicável:

(a) a entidade deve alocar a alteração no preço da transação às obrigações de desempenho identificadas no contrato antes da modificação se, e na medida em que, a alteração no preço da transação for atribuível ao valor da contraprestação variável prometido antes da modificação e a modificação for contabilizada de acordo com o item 21(a);

(b) nos demais casos em que a modificação não tiver sido contabilizada como contrato separado, de acordo com o item 20, a entidade deve alocar a alteração no preço da transação às obrigações de desempenho do contrato modificado (ou seja, as obrigações de desempenho que se encontravam não satisfeitas ou parcialmente satisfeitas imediatamente após a modificação).

Custos do contrato

Custo incremental para obtenção de contrato

91. A entidade deve reconhecer como ativo os custos incrementais para obtenção de contrato com cliente, se a entidade espera recuperar esses custos.

92. Custo incremental para obtenção de contrato são os custos em que a entidade incorre para obter o contrato com o cliente que ela não teria incorrido, se o contrato não tivesse sido obtido (por exemplo, comissão de venda).

93. Os custos para obter o contrato, que forem incorridos independentemente da obtenção do contrato, devem ser reconhecidos como despesa quando incorridos, a menos que esses custos sejam expressamente cobráveis do cliente, independentemente da obtenção do contrato.

94. Como expediente prático, a entidade pode reconhecer os custos incrementais para obtenção de contrato como despesa quando incorridos, se o período de amortização do ativo que a entidade teria de outro modo reconhecido for de um ano ou menos.

Custo para cumprir o contrato

95. Se os custos incorridos no desempenho do contrato com o cliente não estiverem dentro do alcance de outro pronunciamento (por exemplo, o CPC 16 – Estoques, o CPC 27 – Ativo Imobilizado ou o CPC 04 – Ativo Intangível), a entidade deve reconhecer o ativo a partir dos custos incorridos para cumprir o contrato, somente se esses custos atenderem a todos os critérios a seguir:

(a) os custos referem-se diretamente ao contrato ou ao contrato previsto que a entidade pode especificamente identificar (por exemplo, custos relativos a serviços a serem prestados de acordo com a renovação de contrato existente ou custos para projetar o ativo a ser transferido, de acordo com contrato específico que ainda não foi aprovado);

(b) os custos geram ou aumentam recursos da entidade que serão usados para satisfazer (ou para continuar a satisfazer) a obrigações de desempenho no futuro; e

(c) espera-se que os custos sejam recuperados.

96. Para custos incorridos no desempenho de contrato com cliente que estejam dentro do alcance de outro pronunciamento, a entidade deve contabilizar esses custos de acordo com esses outros pronunciamentos.

97. Os custos que se referem diretamente ao contrato (ou ao contrato previsto específico) incluem quaisquer dos seguintes:

(a) mão de obra direta (por exemplo, salários e ordenados de empregados que prestam os serviços prometidos diretamente ao cliente);

(b) materiais diretos (por exemplo, suprimentos utilizados na prestação dos serviços prometidos ao cliente);

(c) alocações de custos que se referem diretamente ao contrato ou a atividades do contrato (por exemplo, custos de gestão e supervisão do contrato, seguro e depreciação de ferramentas e equipamentos utilizados no desempenho do contrato);

(d) custos que são expressamente cobráveis do cliente de acordo com o contrato; e

(e) outros custos que sejam incorridos somente em razão de a entidade ter celebrado o contrato (por exemplo, pagamentos a subcontratadas).

98. A entidade deve reconhecer os seguintes custos como despesa quando incorridos:

(a) custos gerais e administrativos (a menos que esses custos sejam expressamente cobráveis do cliente de acordo com o contrato, hipótese em que a entidade deve avaliar esses custos de acordo com o item 97);

(b) custos relativos a perdas de material, mão de obra ou outros recursos para cumprir o contrato que não foram refletidos no preço do contrato;

(c) custos que se referem a obrigações de desempenho satisfeitas (ou obrigações de desempenho parcialmente satisfeitas) do contrato (ou seja, custos que se referem ao desempenho passado); e

(d) custos em relação aos quais a entidade não pode distinguir se eles se referem a obrigações de desempenho não satisfeitas ou a obrigações de desempenho satisfeitas (ou obrigações de desempenho parcialmente satisfeitas).

Amortização e redução ao valor recuperável

99. O ativo reconhecido, de acordo com o item 91 ou 95, deve ser amortizado em base sistemática que seja consistente com a transferência ao cliente dos bens ou serviços aos quais o ativo se refere. O ativo pode se referir a bens ou serviços a serem transferidos de acordo com contrato previsto específico (conforme descrito no item 95(a)).

100. A entidade deve atualizar a amortização para refletir uma alteração significativa na época esperada pela entidade de transferência ao cliente dos bens ou serviços aos quais o ativo se refere. Essa alteração deve ser contabilizada como mudança na estimativa contábil de acordo com o CPC 23.

101. A entidade deve reconhecer a perda por redução ao valor recuperável no resultado na medida em que o valor contábil do ativo reconhecido, de acordo com o item 91 ou 95, exceda:

(a) o valor restante da contraprestação que a entidade espera receber em troca dos bens ou serviços aos quais o ativo se refere; menos

(b) os custos que se referem diretamente ao fornecimento desses bens ou serviços e que não foram reconhecidos como despesa (ver item 97).

102. Para fins de aplicação do item 101 para determinar o valor da contraprestação que a entidade espera receber, a entidade deve utilizar os princípios para determinação do preço da transação (exceto em relação aos requisitos dos itens 56 a 58 sobre a restrição de estimativas de contraprestação variável) e deve ajustar esse valor para refletir os efeitos do risco de crédito do cliente.

103. Antes que a entidade reconheça a perda por redução ao valor recuperável para ativo reconhecido de acordo com o item 91 ou com o item 95, a entidade deve reconhecer qualquer perda por redução ao valor recuperável para ativos relacionados ao contrato que sejam reconhecidos de acordo com outro pronunciamento (por exemplo, CPC 16, CPC 27 e CPC 04). Após aplicar o teste de redução ao valor recuperável do item 101, a entidade deve incluir o valor contábil resultante do ativo reconhecido de acordo com o item 91 ou com o item 95 no valor contábil da unidade geradora de caixa à qual ele pertence para fins de aplicação do CPC 01 – Redução ao Valor Recuperável de Ativos a essa unidade geradora de caixa.

104. A entidade deve reconhecer no resultado a reversão da totalidade ou de parte da perda por redução ao valor recuperável reconhecida anteriormente, de acordo com o item 101, quando as condições de redução ao valor recuperável deixarem de existir ou tiverem melhorado. O aumento do valor contábil do ativo não deve exceder o valor que teria sido determinado (líquido de amortização), se nenhuma perda por redução ao valor recuperável tivesse sido reconhecida anteriormente.

Apresentação

105. Quando qualquer das partes do contrato tiver concluído o desempenho, a entidade deve apresentar o contrato no balanço patrimonial como ativo de contrato ou passivo de contrato, dependendo da relação entre o desempenho pela entidade e o pagamento pelo cliente. A entidade deve apresentar separadamente como recebível quaisquer direitos incondicionais à contraprestação.

106. Se o cliente pagar a contraprestação ou a entidade tiver direito ao valor da contraprestação que seja incondicional (ou seja, recebível), antes que a entidade transfira o bem ou serviço ao cliente, a entidade deve apresentar o contrato como passivo de contrato quando o pagamento for efetuado ou o pagamento for devido (o que ocorrer antes). Passivo de contrato é a obrigação da entidade de transferir bens ou serviços ao cliente, em relação aos quais a entidade recebeu a contraprestação do cliente ou o valor da contraprestação for devido pelo cliente.

107. Se a entidade concluir o desempenho por meio da transferência de bens ou serviços ao cliente antes que o cliente pague a contraprestação, ou antes que o pagamento seja devido, a entidade deve apresentar o contrato como ativo de contrato, excluindo quaisquer valores apresentados como recebível. Ativo de contrato é um direito da entidade à contraprestação em troca de bens ou serviços que a entidade transferiu ao cliente. A entidade deve avaliar um ativo de contrato quanto à redução ao valor recuperável de acordo com o CPC 48. A redução ao valor recuperável de ativo de contrato deve ser mensurada, apresentada e divulgada da mesma forma que um ativo financeiro que esteja dentro do alcance do CPC 48 (ver também item 113(b)).

108. Recebível é um direito da entidade à contraprestação que seja incondicional. O direito à contraprestação é considerado incondicional, se somente a passagem do tempo for exigida antes que o pagamento dessa contraprestação seja devido. Por exemplo, a entidade deve reconhecer o recebível se tiver o direito presente a pagamento ainda que esse valor possa estar sujeito à restituição no futuro. A entidade deve contabilizar o recebível de acordo com o CPC 48. Por ocasião do reconhecimento inicial do recebível proveniente de contrato com cliente, qualquer diferença, entre a mensuração do recebível de acordo com o CPC 48 e o valor correspondente da receita reconhecido, se o primeiro valor for maior que o segundo valor, deve ser apresentada como despesa (por exemplo, perda por recuperação ao valor recuperável).

109. Este pronunciamento utiliza os termos "ativo de contrato" e "passivo de contrato", mas não proíbe a entidade de utilizar descrições alternativas no balanço patrimonial para esses itens. Se a entidade utilizar uma descrição alternativa para ativo de contrato, a entidade deve fornecer informações suficientes para que o usuário das demonstrações contábeis diferencie entre recebíveis e ativos de contrato.

Divulgação

110. O objetivo dos requisitos de divulgação consiste em que a entidade divulgue informações suficientes para permitir aos usuários de demonstrações contábeis compreender a natureza, o valor, a época e a incerteza de receitas e fluxos de caixa provenientes de contratos com clientes. Para atingir esse objetivo, a entidade deve divulgar informações qualitativas e quantitativas sobre todos os itens seguintes:

(a) seus contratos com clientes (ver itens 113 a 122);

(b) julgamentos significativos e mudanças nos julgamentos feitos ao aplicar este pronunciamento a esses contratos (ver itens 123 a 126); e

(c) quaisquer ativos reconhecidos a partir dos custos para obter ou cumprir um contrato com cliente de acordo com o item 91 ou com o item 95 (ver itens 127 e 128).

111. A entidade deve considerar o nível de detalhe necessário para atingir o objetivo de divulgação e quanta ênfase deve ser dada a cada um dos vários requisitos. A entidade deve agregar ou desagregar divulgações de modo que informações importantes não sejam obscurecidas, seja pela inclusão de grande quantidade de detalhes insignificantes ou pela agregação de itens que possuem características substancialmente diferentes.

112. A entidade não precisa divulgar informações de acordo com este pronunciamento se tiver fornecido as informações de acordo com outro pronunciamento.

112A. A divulgação da receita na demonstração do resultado deve ser feita conforme conceituadas neste pronunciamento. Todavia, a entidade deve fazer uso de outras contas de controle interno, como, por exemplo, "Receita Bruta Tributável", para fins fiscais e outros. A conciliação entre os valores registrados para finalidades fiscais e os evidenciados como receita para fins de divulgação de acordo com este pronunciamento deve ser evidenciada em nota explicativa às demonstrações contábeis.

Contrato com cliente

113. A entidade deve divulgar todos os valores a seguir para o período de relatório a menos que esses valores sejam apresentados separadamente na demonstração do resultado abrangente de acordo com outros pronunciamentos:

(a) receitas reconhecidas de contratos com clientes, as quais a entidade divulga separadamente de suas outras fontes de receitas; e

(b) quaisquer perdas por redução ao valor recuperável reconhecidas (de acordo com o CPC 48) sobre quaisquer recebíveis ou ativos de contrato provenientes de contratos da entidade com clientes, as quais a entidade deve divulgar separadamente das perdas por redução ao valor recuperável de outros contratos.

Desagregação da receita

114. A entidade deve desagregar receitas reconhecidas de contratos com clientes em categorias que descrevam como a natureza, o valor, a época e a incerteza das receitas dos fluxos de caixa são afetados por fatores econômicos. A entidade deve aplicar a orientação dos itens B87 a B89 ao selecionar as categorias a serem utilizadas para desagregar receitas.

115. Além disso, a entidade deve divulgar informações suficientes para permitir aos usuários de demonstrações contábeis compreender a relação entre a divulgação de receitas desagregadas (de acordo com o item 114) e informações sobre receitas que sejam divulgadas para cada segmento reportável se a entidade aplicar o CPC 22 – Informações por Segmento.

Saldo do contrato

116. A entidade deve divulgar todos os itens seguintes:

(a) saldos inicial e final de recebíveis, ativos de contrato e passivos de contrato provenientes de contratos com clientes, se não forem de outro modo apresentados ou divulgados separadamente;

(b) receitas reconhecidas no período de relatório que foram incluídas no saldo de passivos de contrato no início do período; e

(c) receitas reconhecidas no período de relatório provenientes de obrigações de desempenho satisfeitas (ou parcialmente satisfeitas) em períodos anteriores (por exemplo, alterações no preço da transação).

117. A entidade deve explicar como a época de satisfação de suas obrigações de desempenho (ver item 119(a)) se relaciona com a época usual de pagamento (ver item 119(b)) e o efeito que esses fatores têm sobre os saldos de ativos de contrato e de passivos de contrato. A explicação fornecida pode utilizar informações qualitativas.

118. A entidade deve fornecer explicação sobre as alterações significativas nos saldos de ativos de contrato e de passivos de contrato durante o período de relatório. A explicação deve incluir informações qualitativas e quantitativas. Exemplos de alterações nos saldos de ativos de contrato e passivos de contrato da entidade incluem quaisquer dos itens seguintes:

(a) alterações devidas à combinação de negócios;

(b) ajustes cumulativos de receitas que afetam o ativo de contrato ou o passivo de contrato correspondente, incluindo ajustes decorrentes da alteração na medida do progresso, da alteração na estimativa do preço da transação (incluindo quaisquer alterações na avaliação de se a estimativa da contraprestação variável é restrita) ou da modificação de contrato;

(c) redução ao valor recuperável de ativo de contrato;

(d) alteração no prazo para que o direito à contraprestação se torne incondicional (ou seja, para que o ativo de contrato seja reclassificado como recebível); e

(e) alteração no prazo para que a obrigação de desempenho seja satisfeita (ou seja, para o reconhecimento de receitas provenientes de passivo de contrato).

Obrigação de desempenho

119. A entidade deve divulgar informações sobre suas obrigações de desempenho em contratos com clientes, incluindo a descrição de todos os seguintes itens:

*(a) quando a entidade normalmente satisfaz às suas obrigações de desempenho (por exemplo, por ocasião da remessa, por ocasião da entrega, conforme os serviços sejam prestados ou por ocasião da conclusão dos serviços), incluindo quando as obrigações de desempenho são satisfeitas conforme onde há o faturamento, mas não há a entrega (*bill-and-hold*);*

(b) os termos de pagamento significativos (por exemplo, se o pagamento é normalmente devido, se o contrato tem componente de financiamento significativo, se o valor da contraprestação é variável e se a estimativa da contraprestação variável é normalmente restrita de acordo com os itens 56 a 58);

(c) a natureza dos bens ou serviços que a entidade prometeu transferir, destacando quaisquer obrigações de desempenho no sentido de providenciar que outra parte transfira bens ou serviços (ou seja, se a entidade estiver atuando como agente);

(d) obrigações de devolução, de restituição e de outras obrigações similares; e

(e) tipos de garantia e obrigações relacionadas.

Preço de transação alocado às obrigações de desempenho restantes

120. A entidade deve divulgar as seguintes informações sobre as suas obrigações de desempenho restantes:

(a) o valor total do preço da transação alocado às obrigações de desempenho que não se encontram satisfeitas (ou parcialmente satisfeitas) ao final do período de relatório; e

(b) uma explicação de quando a entidade espera reconhecer como receita o valor divulgado de acordo com o item 120(a), relativamente ao qual a entidade deve divulgá-lo de uma das seguintes formas:

(i) em base quantitativa, utilizando as faixas de tempo que seriam as mais apropriadas para a duração das obrigações de desempenho restantes; ou

(ii) utilizando informações qualitativas.

121. Como expediente prático, a entidade não precisa divulgar as informações do item 120 para uma obrigação de desempenho se for atendida uma das condições a seguir:

(a) a obrigação de desempenho for parte de contrato que possui a duração original prevista de um ano ou menos; ou

(b) a entidade reconhecer receitas provenientes da satisfação da obrigação de desempenho de acordo com o item B16.

122. A entidade deve explicar qualitativamente se está aplicando o expediente prático do item 121 e se qualquer contraprestação proveniente de contratos com clientes não está incluída no preço da transação e, portanto, não está incluída nas informações divulgadas de acordo com o item 120. Por exemplo, a estimativa do preço da transação não deve incluir quaisquer valores estimados de contraprestação variável que sejam restritos (ver itens 56 a 58).

Julgamentos significativos na aplicação deste pronunciamento

123. A entidade deve divulgar os julgamentos, e as mudanças nos julgamentos, feitos ao aplicar este pronunciamento que afetem significativamente a determinação do valor e época de receitas provenientes de contratos com clientes. Em particular, a entidade deve explicar os julgamentos e as mudanças nos julgamentos, utilizados para determinar ambas as seguintes informações:

(a) época de satisfação de obrigações de desempenho (ver itens 124 e 125); e

(b) preço da transação e valores alocados a obrigações de desempenho (ver item 126).

Determinação da época de satisfação de obrigação de desempenho

124. Para obrigações de desempenho que a entidade satisfaça ao longo do tempo, a entidade deve divulgar ambas as seguintes informações:

(a) métodos utilizados para reconhecer receitas (por exemplo, descrição dos métodos de produto ou métodos de insumo utilizados e como esses métodos são aplicados); e

(b) explicação do motivo pelo qual os métodos utilizados fornecem a descrição fiel da transferência de bens ou serviços.

125. Para obrigações de desempenho satisfeitas em momento específico no tempo, a entidade deve divulgar os julgamentos significativos ao avaliar quando o cliente obtém o controle de bens ou serviços prometidos.

Determinação do preço da transação e dos valores alocados a obrigações de desempenho

126. A entidade deve divulgar informações sobre métodos, informações e premissas utilizados para todas as alíneas seguintes:

(a) determinar o preço da transação, o que inclui, entre outras coisas, estimar a contraprestação variável, ajustar a contraprestação para refletir os efeitos do valor do dinheiro no tempo e mensurar a contraprestação não monetária;

(b) avaliar se a estimativa de contraprestação variável é restrita;

(c) alocar o preço da transação, incluindo estimar preços de venda individuais de bens ou serviços prometidos e alocar descontos e contraprestação variável à parte específica do contrato (se aplicável); e

(d) mensurar obrigações de devolução, de restituição e de outras obrigações similares.

Ativos reconhecidos a partir dos custos para obter ou cumprir contrato com cliente

127. A entidade deve descrever ambas as seguintes informações:

(a) julgamentos feitos ao determinar o valor dos custos incorridos para obter ou cumprir contrato com cliente (de acordo com o item 91 ou com o item 95); e

(b) método que utiliza para determinar a amortização para cada período de relatório.

128. A entidade deve divulgar todas as seguintes informações:

(a) saldos finais de ativos reconhecidos a partir dos custos incorridos para obter ou cumprir contrato com cliente (de acordo com o item 91 ou com o item 95), por categoria principal de ativo (por exemplo, custos para obter contratos com clientes, custos de pré-contrato e custos de formação); e

(b) valor de amortização e de quaisquer perdas por recuperação ao valor recuperável reconhecidas no período do relatório.

Expedientes práticos

129. Se a entidade escolher utilizar o expediente prático do item 94 (sobre custos incrementais de obtenção de contrato), a entidade deve divulgar esse fato.

Apêndice A – Definição de termos

Este apêndice é parte integrante do pronunciamento.

***Ativo de contrato** – Direito da entidade à contraprestação em troca de bens ou serviços que a entidade transferiu ao cliente quando esse direito está condicionado a algo além da passagem do tempo (por exemplo, desempenho futuro da entidade).*

***Cliente** – Parte que contratou com a entidade a obtenção de bens ou serviços, que constituem um produto das atividades normais da entidade, em troca de contraprestação.*

***Contrato** – Acordo entre duas ou mais partes que cria direitos e obrigações executáveis.*

Obrigação de desempenho – Promessa em contrato com cliente para a transferência ao cliente de:

(a) bem ou serviço (ou grupo de bens ou serviços) que seja distinto; ou

(b) série de bens ou serviços distintos que sejam praticamente os mesmos e que tenham o mesmo padrão de transferência para o cliente.

Passivo de contrato *– Obrigação da entidade de transferir bens ou serviços ao cliente, em relação aos quais a entidade recebeu contraprestação do (ou o valor é devido pelo) cliente.*

Preço da transação (para contrato com cliente) *– Valor da contraprestação à qual a entidade espera ter direito em troca da transferência de bens ou serviços prometidos ao cliente, excluindo valores cobrados em nome de terceiros.*

Preço de venda individual (de bem ou serviço) *– Preço pelo qual a entidade venderia um bem ou serviço prometido separadamente ao cliente.*

Receita *– Aumento nos benefícios econômicos durante o período contábil, originado no curso das atividades usuais da entidade, na forma de fluxos de entrada ou aumentos nos ativos ou redução nos passivos que resultam em aumento no patrimônio líquido, e que não sejam provenientes de aportes dos participantes do patrimônio.*

Apêndice B – Orientação de aplicação

Este apêndice é parte integrante do pronunciamento. Ele descreve a aplicação dos itens 1 a 129 e tem a mesma importância que as demais partes do pronunciamento.

B1. Esta orientação de aplicação é organizada nas seguintes categorias:

(a) obrigação de desempenho satisfeita ao longo do tempo (itens B2 a B13);

(b) métodos para mensurar o progresso em relação à satisfação completa da obrigação de desempenho (itens B14 a B19);

(c) venda com direito à devolução (itens B20 a B27);

(d) garantia (itens B28 a B33);

(e) considerações sobre principal e agente (itens B34 a B38);

(f) opções de cliente para bens ou serviços adicionais (itens B39 a B43);

(g) direitos não exercidos de clientes (itens B44 a B47);

(h) taxas iniciais não restituíveis (e alguns custos relacionados) (itens B48 a B51);

(i) licenciamento (itens B52 a B63);

(j) acordo de recompra (itens B64 a B76);

(k) contratos em consignação (itens B77 e B78);

(l) acordos do tipo "faturar e manter" (bill-and-hold) (itens B79 a B82);

(m) aceite do cliente (itens B83 a B86); e

(n) divulgação de receita desagregada (itens B87 a B89).

Obrigação de desempenho satisfeita ao longo do tempo

B2. De acordo com o item 35, a obrigação de desempenho é satisfeita ao longo do tempo se for atendido um ou mais dos seguintes critérios:

(a) o cliente recebe e consome simultaneamente os benefícios gerados pelo desempenho por parte da entidade à medida que a entidade efetiva o desempenho (ver itens B3 e B4);

(b) o desempenho por parte da entidade cria ou melhora o ativo (por exemplo, produtos em elaboração) que o cliente controla à medida que o ativo é criado ou melhorado (ver item B5); ou

(c) o desempenho por parte da entidade não cria um ativo com uso alternativo para a entidade (ver itens B6 a B8) e a entidade possui um direito executável a pagamento pelo desempenho concluído até a data presente (ver itens B9 a B13).

Recebimento e consumo simultâneo dos benefícios do desempenho pela entidade (item 35(a))

B3. Para alguns tipos de obrigações de desempenho, a avaliação, se o cliente recebe os benefícios do desempenho da entidade à medida que a entidade executa o desempenho e simultaneamente consome esses benefícios à medida que são recebidos, é direta. Exemplos incluem serviços rotineiros ou recorrentes (tais como serviços de limpeza), nos quais o recebimento e o consumo simultâneo pelo cliente dos benefícios do desempenho pela entidade podem ser prontamente identificados.

B4. Para outros tipos de obrigações de desempenho, a entidade pode não ser capaz de identificar prontamente, se o cliente recebe e consome simultaneamente os benefícios do desempenho pela entidade à medida que a entidade executa o desempenho. Nessas circunstâncias, a obrigação de desempenho é satisfeita ao longo do tempo, se a entidade determinar que outra entidade não precise praticamente reexecutar o trabalho que a entidade concluiu até a data presente e se essa outra entidade tenha que cumprir a obrigação de desempenho restante para o cliente. Ao determinar se outra entidade não precise praticamente reexecutar o trabalho que a entidade concluiu até a data presente, a entidade deve adotar ambas as premissas seguintes:

(a) desconsiderar restrições contratuais potenciais ou limitações práticas que, de outro modo, impeçam a entidade de transferir a obrigação de desempenho restante à outra entidade; e

(b) presumir que outra entidade que execute o restante da obrigação de desempenho não tenha o benefício de qualquer ativo que seja atualmente controlado pela entidade e que permaneça sob o controle da entidade, se a obrigação de desempenho fosse transferida a outra entidade.

Cliente controla o ativo à medida que ele é criado ou melhorado (item 35(b))

B5. Ao determinar se o cliente controla um ativo à medida que ele é criado ou melhorado de acordo com o item 35(b), a entidade deve aplicar os requisitos para controle dos itens 31 a 34 e 38. O ativo que está sendo criado ou melhorado (por exemplo, ativo de produto em elaboração) pode ser tangível ou intangível.

Desempenho pela entidade não cria ativo com uso alternativo (item 35(c))

B6. Ao avaliar se o ativo possui uso alternativo para a entidade de acordo com o item 36, a entidade deve considerar os efeitos de restrições contratuais e limitações práticas sobre a capacidade da entidade de direcionar prontamente esse ativo para outro uso, como, por exemplo, vendê-lo a cliente diferente. A possibilidade de que o contrato com o cliente seja rescindido não é um elemento relevante ao avaliar se a entidade é capaz de direcionar prontamente o ativo para outro uso.

B7. Uma restrição contratual sobre a capacidade de a entidade direcionar o ativo para outro uso deve ser substantiva para que o ativo não tenha uso alternativo para a entidade. A restrição contratual é substantiva, se o cliente puder executar os seus direitos sobre o ativo prometido caso a entidade busque direcionar o ativo para outro uso. Por outro lado, a restrição contratual não é substantiva se, por exemplo, o ativo for amplamente intercambiável com outros ativos que a entidade pode transferir a outro cliente sem quebrar o contrato e sem incorrer em custos significativos que, de outro modo, não teriam sido incorridos em relação a esse contrato.

B8. Uma limitação prática sobre a capacidade de a entidade direcionar o ativo para outro uso existe, se a entidade incorrer em perdas econômicas significativas para direcionar o ativo para outro uso. A perda econômica significativa pode surgir porque a entidade incorreria em custos significativos para retrabalhar o ativo ou somente seria capaz de vender o ativo com perda significativa. Por exemplo, a entidade pode ser limitada na prática de redirecionar ativos que tenham especificações de projeto que sejam únicas para o cliente ou que estejam localizados em áreas distantes.

Direito a pagamento pelo desempenho concluído até a data presente (item 35(c))

B9. De acordo com o item 37, a entidade tem direito a pagamento pelo desempenho concluído até a data presente, se a entidade tiver direito ao valor que ao menos a compense por seu desempenho concluído até a data presente, caso o cliente ou outra parte rescinda o contrato por outras razões que não a omissão da entidade em executar o desempenho conforme prometido.

O valor que compensaria a entidade pelo desempenho concluído até a data presente seria o valor que se aproxima do preço de venda dos bens ou serviços transferidos até a data presente (por exemplo, a recuperação dos custos incorridos pela entidade na satisfação da obrigação de desempenho mais uma margem de lucro razoável) em vez da compensação apenas pelos lucros cessantes potenciais da entidade, se o contrato fosse rescindido. A compensação pela margem de lucros razoável não precisa ser equivalente à margem de lucro esperada, se o contrato fosse cumprido como prometido, mas a entidade deve ter direito à compensação por qualquer dos seguintes valores:

(a) proporção da margem de lucro esperada no contrato que, razoavelmente, reflita a extensão do desempenho pela entidade de acordo com o contrato antes da rescisão pelo cliente (ou outra parte); ou

(b) retorno razoável do custo de capital da entidade para contratos similares (ou a margem operacional usual da entidade para contratos similares), se a margem específica do contrato for maior que o retorno que a entidade normalmente gera de contratos similares.

B10. O direito da entidade ao pagamento pelo desempenho concluído até a data presente não precisa ser um direito presente incondicional ao pagamento. Em muitos casos, a entidade tem direito incondicional ao pagamento somente na forma pactuada ou por ocasião da satisfação completa da obrigação de desempenho. Ao avaliar se tem direito ao pagamento pelo desempenho concluído até a data presente, a entidade deve considerar se teria direito executável de exigir ou reter pagamento pelo desempenho concluído até a data presente, se o contrato fosse rescindido antes da conclusão por outras razões que não a omissão da entidade em executar o desempenho conforme prometido.

B11. Em alguns contratos, o cliente pode ter o direito de rescindir o contrato somente em ocasiões especificadas durante a vigência do contrato ou o cliente pode não ter nenhum direito de rescindir o contrato. Se o cliente agir para rescindir o contrato sem ter o direito de rescindir o contrato naquela ocasião (incluindo quando o cliente deixar de cumprir suas obrigações, conforme prometido), o contrato (ou outras leis) pode dar à entidade o direito de continuar a transferir ao cliente os bens ou serviços prometidos no contrato e exigir que o cliente pague a contraprestação prometida em troca desses bens ou serviços. Nessas circunstâncias, a entidade tem direito ao pagamento pelo desempenho concluído até a data presente porque a entidade tem o direito de continuar a cumprir suas obrigações de acordo com o contrato e de exigir que o cliente cumpra suas obrigações (o que inclui o pagamento da contraprestação prometida).

B12. Ao avaliar a existência e a exequibilidade do direito ao pagamento pelo desempenho concluído até a data presente, a entidade deve considerar os termos contratuais, bem como qualquer legislação ou precedente legal que possa suplementar ou se sobrepor a esses termos contratuais. Isso inclui a avaliação de se:

(a) a legislação, a prática administrativa ou precedentes legais conferirem à entidade o direito ao pagamento pelo desempenho até a data presente, ainda que esse direito não seja especificado no contrato com o cliente;

(b) os precedentes legais relevantes indicarem que direitos similares ao pagamento pelo desempenho concluído até a data presente em contratos similares não teriam efeito legal vinculante; ou

(c) as práticas de negócios usuais da entidade de escolher não executar o direito ao pagamento resultarem em que o direito seja tornado inexecutável nesse ambiente legal. Contudo, não obstante o fato de que a entidade pode escolher renunciar ao seu direito ao pagamento em contratos similares, a entidade continuará a ter direito ao pagamento na data presente se, no contrato com o cliente, o seu direito ao pagamento pelo desempenho até a data presente permanecer executável.

B13. O cronograma de pagamento especificado no contrato não necessariamente indica se a entidade tem direito executável ao pagamento pelo desempenho concluído até a data presente. Embora o cronograma de pagamento no contrato especifique a época e o valor da contraprestação a pagar pelo cliente, o cronograma de pagamento pode não necessariamente fornecer evidência do direito da entidade ao pagamento pelo desempenho concluído até a data presente. Isso porque, por exemplo, o contrato pode especificar que a contraprestação recebida do cliente é restituível por outras razões, que não a omissão da entidade em executar o desempenho, conforme prometido no contrato.

Métodos para mensurar o progresso em relação à satisfação completa da obrigação de desempenho

B14. Os métodos que podem ser utilizados para mensurar o progresso da entidade em relação à satisfação completa da obrigação de desempenho satisfeita ao longo do tempo, de acordo com os itens 35 a 37, incluem o seguinte:

(a) métodos de produto (ver itens B15 a B17); e

(b) métodos de insumo (ver itens B18 e B19).

Métodos de produto

B15. Os métodos de produto reconhecem a receita com base em mensurações diretas do valor ao cliente dos bens ou serviços transferidos até a data em questão, referentes aos bens ou serviços remanescentes prometidos de acordo com o contrato. Os métodos de produto incluem métodos como estudos de desempenho concluídos até a data em questão, avaliações de resultados atingidos, marcos alcançados, tempo transcorrido e unidades produzidas ou unidades entregues. Quando a entidade avaliar se deve aplicar um método de saída para mensurar seu progresso, ela deve considerar se o produto selecionado representa fielmente o desempenho da entidade em relação à satisfação completa da obrigação de desempenho.

Um método de saída não fornece a descrição fiel do desempenho da entidade, se o produto selecionado falhar ao mensurar alguns dos bens ou serviços cujo controle tenha sido transferido ao cliente. Por exemplo, métodos de produto com base em unidades produzidas ou unidades entregues não descrevem fielmente o desempenho da entidade ao satisfazer à obrigação de desempenho, se, ao final do período de relatório, o desempenho da entidade tiver produzido produtos em elaboração ou produtos acabados, controlados pelo cliente, que não estejam incluídos na mensuração do produto.

B16. Como expediente prático, se a entidade tiver direito à contraprestação do cliente em valor que tenha correspondência direta ao valor, para o cliente, do desempenho concluído pela entidade até a data em questão (por exemplo, contrato de prestação de serviços em que a entidade cobra valor fixo para cada hora de serviço prestado), a entidade pode reconhecer receita no valor pelo qual a entidade tem direito de faturar.

B17. As desvantagens de métodos de produto são que os produtos utilizados para mensurar o progresso podem não ser diretamente observáveis e as informações requeridas para aplicá-los podem não estar disponíveis à entidade sem demasiado custo. Portanto, em tais situações, pode ser necessário aplicar um método de insumo.

Métodos de insumo

B18. Os métodos de insumo reconhecem a receita com base nos esforços ou insumos da entidade para a satisfação da obrigação de desempenho (por exemplo, recursos consumidos, horas de trabalho despendidas, custos incorridos, tempo transcorrido ou horas de máquinas utilizadas), referentes aos insumos esperados totais para a satisfação dessa obrigação de desempenho. Se os esforços ou insumos da entidade forem igualmente gastos ao longo de todo o período de desempenho, pode ser apropriado para a entidade reconhecer a receita pelo método linear.

B19. Uma falha de métodos de insumo é que pode não existir uma relação direta entre os insumos da entidade e a transferência de controle de bens e serviços ao cliente. Portanto, a entidade deve excluir do método de insumo os efeitos de quaisquer insumos que, de acordo com o objetivo de mensurar o progresso no item 39, não descrevem o desempenho da entidade ao transferir o controle de bens ou serviços ao cliente. Por exemplo, ao utilizar o método de insumo baseado em custos, pode ser requerido ajuste à mensuração de progresso nas seguintes circunstâncias:

(a) quando o custo incorrido não contribui para o progresso da entidade de satisfazer a obrigação de desempenho. Por exemplo, a entidade não deve reconhecer a receita com base nos custos incorridos atribuíveis a ineficiências significativas no desempenho da entidade, que não foram refletidas no preço do contrato (por exemplo, os custos de valores inesperados de desperdício de materiais, mão de obra ou outros recursos que foram incorridos para satisfazer à obrigação de desempenho);

(b) quando o custo incorrido não é proporcional ao progresso da entidade de satisfazer a obrigação de desempenho. Nessas circunstâncias, a melhor descrição do desempenho da entidade pode ser ajustar o método de insumo para reconhecer receita somente na medida desse custo incorrido. Por exemplo, a descrição fiel do desempenho da entidade pode ser reconhecer receita pelo valor equivalente ao custo do bem utilizado para satisfazer à obrigação de desempenho se a entidade confiar que, na celebração do contrato, todas as condições abaixo serão atendidas:

(i) o bem não é diferente;

(ii) espera-se que o cliente obtenha controle do bem significativamente antes de receber os serviços referentes ao bem;

(iii) o custo do bem transferido é significativo em relação aos custos esperados totais para satisfazer completamente à obrigação de desempenho; e

(iv) a entidade obtém o bem de terceiro e não está diretamente envolvida no projeto e na fabricação do bem (mas a entidade está agindo como principal de acordo com os itens B34 a B38).

Venda com direito à devolução

B20. Em alguns contratos, a entidade transfere o controle do produto ao cliente e também concede ao cliente o direito de devolver o produto por diversas razões (tais como, insatisfação com o produto) e receber qualquer combinação abaixo:

(a) reembolso total ou parcial de qualquer contraprestação paga;

(b) crédito que possa ser aplicado contra valores devidos, ou que serão devidos, à entidade; e

(c) outro produto em troca.

B21. Para contabilizar a transferência de produtos com direito à devolução (e para alguns serviços que são prestados e sujeitos a reembolso), a entidade deve reconhecer todos os itens abaixo:

(a) receita para os produtos transferidos no valor da contraprestação ao qual a entidade espera ter direito (portanto, a receita não seria reconhecida para os produtos que se espera que sejam devolvidos);

(b) obrigação de restituição; e

(c) ativo (e correspondente ajuste ao custo de vendas) por seu direito de recuperar produtos de clientes ao liquidar a obrigação de restituição.

B22. A promessa de a entidade estar preparada para aceitar o produto devolvido durante o período de devolução não deve ser contabilizada como obrigação de desempenho adicional à obrigação de providenciar a restituição.

B23. A entidade deve aplicar os requisitos dos itens 47 a 72 (incluindo os requisitos para restrições de estimativas de contraprestação variável nos itens 56 a 58) para determinar o valor da contraprestação ao qual a entidade espera ter direito (ou seja, excluindo os produtos que se espera que sejam devolvidos). Para quaisquer valores recebidos (ou a receber) aos quais a entidade não espera ter direito, esta não deve reconhecer a receita quando transferir produtos a clientes, mas deve reconhecer os valores recebidos (ou a receber) como obrigação de restituição. Subsequentemente, ao final de cada período de relatório, a entidade deve atualizar sua avaliação de valores aos quais espera ter direito em troca dos produtos transferidos e deve fazer a alteração correspondente no preço de transação e, portanto, no valor da receita reconhecida.

B24. A entidade deve atualizar a mensuração da obrigação de restituição no final de cada período de relatório para alterações nas expectativas sobre o valor de restituições. A entidade deve reconhecer ajustes correspondentes como receita (ou reduções de receita).

B25. O ativo reconhecido relativo ao direito da entidade de recuperar produtos de cliente na liquidação de obrigação de restituição deve ser inicialmente mensurado, tendo como referência o antigo valor contábil do produto (por exemplo, estoque) menos quaisquer custos esperados para recuperar esses produtos (incluindo potenciais reduções no valor para a entidade dos produtos devolvidos). No final de cada período de relatório, a entidade deve atualizar a mensuração do ativo resultante de alterações nas expectativas sobre produtos a serem devolvidos. A entidade deve apresentar o ativo separadamente da obrigação de restituição.

B26. As trocas pelos clientes de produto por outro do mesmo tipo, qualidade, condição e preço (por exemplo, cor ou tamanho por outro) não são consideradas devoluções para as finalidades de aplicar este pronunciamento.

B27. Os contratos em que o cliente pode devolver produto defeituoso em troca de produto sem defeitos devem ser avaliados de acordo com a orientação sobre garantias nos itens B28 a B33.

Garantia

B28. É comum para a entidade fornecer (de acordo com o contrato, a lei ou as práticas comerciais usuais da entidade) garantia referente à venda de produto (seja bem ou serviço). A natureza da garantia pode variar significativamente entre os setores e os contratos. Algumas garantias fornecem ao cliente determinada garantia de que o produto relacionado funcionará como as partes pretendem porque ele cumpre as especificações pactuadas. Outras garantias fornecem ao cliente serviço adicional à garantia de que o produto cumpre as especificações pactuadas.

B29. Se o cliente tiver a opção de comprar a garantia separadamente (por exemplo, porque a garantia é precificada ou negociada separadamente), a garantia deve ser um serviço distinto porque a entidade compromete-se a prestar o serviço ao cliente adicionalmente ao produto que tem a funcionalidade descrita no contrato. Nessas circunstâncias, a entidade deve contabilizar a garantia prometida como obrigação de desempenho de acordo com os itens 22 a 30 e deve alocar parte do preço da transação a essa obrigação de desempenho de acordo com os itens 73 a 86.

B30. Se o cliente não tiver opção de comprar a garantia separadamente, a entidade deve contabilizar a garantia de acordo com o CPC 25 – Provisões, Passivos Contingentes e Ativos Contingentes, salvo se a garantia prometida, ou parte dela, fornecer ao cliente serviço adicional à garantia de que o produto cumpre as especificações pactuadas.

B31. Ao avaliar se a garantia fornece ao cliente serviço adicional à garantia de que o produto cumpre as especificações pactuadas, a entidade deve considerar fatores como:

(a) a garantia é requerida por lei – se a entidade é obrigada por lei a fornecer a garantia, a existência dessa lei indica que a garantia prometida não é uma obrigação de desempenho porque esses requisitos tipicamente existem para proteger os clientes do risco de adquirir produtos defeituosos;

(b) a extensão do período de cobertura da garantia – quanto maior for o período de cobertura, maior a probabilidade de que a garantia prometida seja uma obrigação de desempenho porque é maior a probabilidade de prestar serviço adicional à garantia de que o produto cumpre as especificações pactuadas;

(c) a natureza das tarefas que a entidade compromete-se a realizar – se for necessário à entidade realizar tarefas específicas para fornecer a garantia de que o produto cumpre as especificações pactuadas (por exemplo, serviço de devolução de produto defeituoso), então essas tarefas, provavelmente, não resultarão em obrigação de desempenho.

B32. Se a garantia, ou parte dela, fornecer ao cliente serviço adicional à garantia de que o produto cumpre as especificações pactuadas, o serviço prometido é uma obrigação de desempenho. Portanto, a entidade deve alocar o preço de transação ao produto e ao serviço. Se a entidade promete tanto a garantia normal quanto a garantia estendida, mas não pode contabilizá-las razoavelmente de forma separada, a entidade deve contabilizar ambas as garantias juntas como uma única obrigação de desempenho.

B33. A lei que exige que a entidade pague indenização caso seus produtos causem lesão ou dano não resulta em obrigação de desempenho. Por exemplo, o fabricante pode vender produtos em jurisdição em que a lei responsabiliza o fabricante por quaisquer danos (por exemplo, à propriedade pessoal) que possam ser causados pelo consumidor que utiliza o produto para seu uso pretendido.

Similarmente, a promessa da entidade de indenizar o cliente por responsabilidades e danos resultantes de reivindicações de patentes, direito autoral, marca comercial ou outra violação pelos produtos da entidade não resulta em obrigação de desempenho. A entidade deve contabilizar essas obrigações de acordo com o CPC 25.

Considerações sobre principal e agente

B34. Quando outra parte estiver envolvida no fornecimento de bens ou serviços ao cliente, a entidade deve determinar se a natureza de sua promessa é uma obrigação de desempenho para fornecer os próprios bens ou serviços específicos (ou seja, a entidade é principal) ou para organizar para que esses bens ou serviços sejam fornecidos por outra parte (ou seja, a entidade é agente). A entidade deve determinar se ela é o principal ou o agente para cada bem ou serviço específico prometido ao cliente. O bem ou serviço especifico é um bem ou serviço distinto (ou conjunto distinto de bens ou serviços) a ser fornecido para o cliente (ver itens 27 a 30). Se o contrato com o cliente incluir mais de um bem ou serviço especificado, a entidade pode ser o principal para alguns bens ou serviços especificados e o agente para outros.

B34A. Para determinar a natureza do seu compromisso (como descrito no item B34), a entidade deve:

(a) identificar os produtos ou serviços especificados a serem fornecidos para o cliente (que, por exemplo, pode ser o direito sobre bem ou serviço a ser prestado por outra parte (ver item 26); e

(b) avaliar se ela controla (como descrito no item 33) cada bem ou serviço antes que o bem ou serviço especificado seja transferido para o cliente.

B35. A entidade é principal se ela controlar o bem ou o serviço especificado antes que o bem ou o serviço seja transferido ao cliente. Contudo, a entidade não necessariamente controla o bem especificado se a entidade obtiver a titularidade legal para aquele bem somente um pouco antes que a titularidade legal seja transferida ao cliente. A entidade que seja principal pode satisfazer à obrigação de desempenho para fornecer o bem ou o serviço, especificado por si mesma, ou pode contratar outra parte (por exemplo, subcontratada) para satisfazer a totalidade ou parte da obrigação de desempenho em seu nome.

B35A. Quando outra parte estiver envolvida no fornecimento de bens ou serviços ao cliente, a entidade, que é o principal, obtém o controle de qualquer um dos seguintes:

(a) bem ou outro ativo da outra parte que ela, em seguida, transfere para o cliente;

(b) direito ao serviço a ser executado pela outra parte, que dá à entidade a capacidade de dirigir essa parte para prestar o serviço ao cliente em nome da entidade;

(c) bem ou serviço da outra parte que, em seguida, é combinado com outros bens ou serviços no fornecimento de bem ou serviço especificado ao cliente. Por exemplo, se a entidade fornecer significativo serviço de integração de bens ou serviços (ver item 29(a)), fornecido por outra parte, dentro do bem ou serviço especificado para o qual o cliente contratou, a entidade controla o bem ou o serviço especificado antes que o bem ou o serviço seja transferido para o cliente. Isto ocorre porque a entidade primeiro obtém o controle das entradas para o bem ou o serviço especificado (que inclui bens ou serviços de outras partes) e dirige a sua utilização para criar a saída combinada, que é do bem ou serviço especificado.

B35B Quando (ou como) a entidade, que é um dos principais, satisfaz à obrigação de desempenho, a entidade deve reconhecer a receita no montante bruto da contraprestação a que espera ter direito em troca do bem ou serviço especificado transferido.

B36. A entidade é agente se a obrigação de desempenho da entidade for providenciar o fornecimento de bens ou serviços especificados por outra parte. A entidade, que é o agente, não controla o bem ou o serviço especificado fornecido pela outra parte antes que o bem ou o serviço seja transferido ao cliente. Quando (ou como) a entidade, que seja agente, satisfizer à obrigação de desempenho, ela deve reconhecer a receita equivalente ao valor de qualquer taxa ou comissão sobre a qual espera ter direito por providenciar que a outra parte forneça seus bens ou serviços especificados, que serão fornecidos por essa outra parte. A taxa ou a comissão da entidade pode ser o valor líquido da contraprestação que a entidade retiver após pagar à outra parte a contraprestação recebida pelos bens ou serviços a serem fornecidos por essa outra parte.

B37. Os indicadores de que a entidade controla o bem ou o serviço especificado, antes de ser transferido ao cliente (e é, por conseguinte, o principal (ver item B35)), incluem, mas não estão limitados a, o seguinte:

(a) a entidade é a responsável primária para o cumprimento do compromisso de fornecer o bem ou serviço especificado. Isso normalmente inclui a responsabilidade para a aceitabilidade do bem ou serviço especificado (por exemplo, a responsabilidade primária pelo bem ou serviço, atendendo às especificações do cliente). Se a entidade é a responsável primária para o cumprimento do compromisso de fornecer o bem ou serviço especificado, isso pode indicar que a outra parte, envolvida no fornecimento do bem ou serviço especificado, está agindo em nome da entidade;

(b) a entidade não tem risco de estoque antes que o bem ou o serviço especificado tenha sido transferido ao cliente; ou após a transferência do controle ao cliente (por exemplo, se o cliente tem o direito de retorno). Por exemplo, se a entidade obtém ou compromete-se a obter o bem ou o serviço especificado antes de obter o contrato com o cliente, que pode indicar que a entidade tem a capacidade de dirigir a utilização do (e obter substancialmente todos os benefícios remanescentes) bem ou serviço antes de ele ser transferido ao cliente;

(c) a entidade tem critério para determinação do preço para o bem ou serviço especificado. Estabelecer o preço que o cliente paga pelo bem ou serviço especificado pode indicar que a entidade tem a capacidade de dirigir o uso desse bem ou serviço e obter substancialmente todos os benefícios restantes. No entanto, o agente pode ter liberdade para estabelecer os preços em alguns casos. Por exemplo, o agente pode ter alguma flexibilidade na fixação dos preços, a fim de gerar receitas adicionais de seu serviço de organizar bens ou serviços a serem fornecidos por outras partes para os clientes.

B37A. Os indicadores do item B37 podem ser mais ou menos relevantes para a avaliação do controle, dependendo da natureza do bem ou serviço especificado e dos termos e condições do contrato. Além disso, diferentes indicadores podem fornecer evidências mais convincentes em contratos diferentes.

B38. Se outra entidade assumir as obrigações de desempenho da entidade e os direitos contratuais no contrato de modo que a entidade não esteja mais obrigada a satisfazer à obrigação de desempenho de transferir o bem ou o serviço especificado ao cliente (ou seja, a entidade não está mais agindo como principal), a entidade não deve reconhecer a receita para essa obrigação de desempenho. Em vez disso, a entidade deve avaliar se deve reconhecer a receita para satisfazer à obrigação de desempenho de obter o contrato para outra parte (ou seja, se a entidade está agindo como agente).

Opções de clientes para bens ou serviços adicionais

B39. As opções de clientes para adquirir bens ou serviços gratuitamente ou com desconto ocorrem de muitas formas, incluindo incentivos de vendas, créditos de prêmio ao cliente (ou pontos), opções de renovação de contrato ou outros descontos sobre bens ou serviços futuros.

B40. Se, no contrato, a entidade conceder ao cliente a opção de adquirir bens ou serviços adicionais, essa opção resultará em obrigação de desempenho no contrato somente se a opção proporcionar um direito material ao cliente que não o receberia sem celebrar esse contrato (por exemplo, desconto que é incremental à faixa de descontos tipicamente concedidos para esses bens ou serviços a essa classe de cliente nesse mercado ou área geográfica). Se a opção proporcionar um direito material ao cliente, este, na verdade, paga à entidade, antecipadamente, por bens ou serviços futuros e a entidade deve reconhecer a receita quando esses bens ou serviços futuros forem transferidos ou quando a opção vencer.

B41. Se o cliente tem a opção de adquirir um bem ou serviço adicional pelo preço que refletiria o preço de venda individual desse bem ou serviço, essa opção não proporcionará ao cliente um direito material mesmo se a opção puder ser exercida somente ao celebrar um contrato prévio. Nesses casos, a entidade que fez a oferta de comercialização deve contabilizar essa operação, de acordo com este pronunciamento, somente quando o cliente exercer a opção de comprar bens ou serviços adicionais.

B42. O item 74 requer que a entidade aloque o preço de transação às obrigações de desempenho com base no preço de venda individual. Se o preço de venda individual para a opção do cliente de adquirir bens ou serviços adicionais não for diretamente observável, a entidade deve estimar o respectivo valor. Essa estimativa deve refletir o desconto que o cliente obterá ao exercer a opção, ajustada para ambos os casos abaixo:

(a) qualquer desconto que o cliente receba sem exercer a opção; e

(b) a probabilidade de que a opção seja exercida.

B43. Se o cliente tem direito material de adquirir bens ou serviços futuros e esses bens ou serviços são similares aos bens ou serviços originais no contrato e são fornecidos de acordo com os termos do contrato original, então a entidade pode, como alternativa prática para estimar o preço de venda individual da opção, alocar o preço de transação para os bens ou serviços opcionais como referência para os bens ou serviços que se espera sejam fornecidos e a correspondente contraprestação esperada. Tipicamente, esses tipos de opções são para renovações de contrato.

Direitos não exercidos de clientes

B44. De acordo com o item 106, por ocasião do recebimento de pré-pagamento de cliente, a entidade deve reconhecer um passivo de contrato no valor do pré-pagamento por sua obrigação de desempenho de transferir, ou de estar preparada para transferir, bens ou serviços no futuro. A entidade deve baixar esse passivo de contrato (e deve reconhecer a receita) quando transferir esses bens ou serviços e, portanto, satisfizer a sua obrigação de desempenho.

B45. Pré-pagamento não restituível de cliente à entidade dá ao cliente o direito de receber um bem ou serviço no futuro (e obriga a entidade a estar preparada para transferir o bem ou serviço). Entretanto, os clientes podem não exercer todos os seus direitos contratuais. Esses direitos não exercidos frequentemente são referidos como quebra.

B46. Se a entidade espera ter direito ao valor por quebra em passivo de contrato, a entidade deve reconhecer o valor por quebra esperado como receita proporcionalmente ao padrão de direitos exercidos pelo cliente. Se a entidade não espera ter direito ao valor por quebra, a entidade deve reconhecer o valor por quebra esperado como receita, quando a probabilidade de o cliente exercer seus direitos restantes tornar-se remota. Para determinar se a entidade espera ter direito ao valor por quebra, a entidade deve considerar os requisitos nos itens 56 a 58 sobre restrições de estimativas de contraprestações variáveis.

B47. A entidade deve reconhecer um passivo (e, não, uma receita) para qualquer contraprestação recebida atribuível a direitos não exercidos de cliente, relativamente aos quais a entidade é obrigada a remetê-los à outra parte, por exemplo, entidade governamental, de acordo com as leis aplicáveis sobre propriedade não reclamada.

Taxas iniciais não restituíveis (e alguns custos relacionados)

B48. Em alguns contratos, a entidade cobra do cliente uma taxa inicial, não restituível, na celebração do contrato ou próximo a ela. Exemplos incluem taxa de inscrição em contratos de associação em academias, taxas de ativação em contratos de telecomunicações, taxas de instalação em alguns contratos de serviços e taxas iniciais em alguns contratos de fornecimento.

B49. Para identificar obrigações de desempenho nesses contratos, a entidade deve avaliar se as taxas referem-se à transferência de bem ou serviço prometido. Em muitos casos, ainda que a taxa inicial não restituível refira-se à atividade que a entidade é obrigada a empreender na celebração do contrato, ou próximo a ela, para cumprir o contrato, essa atividade não resulta na transferência de bem ou serviço prometido ao cliente (ver item 25). Em vez disso, a taxa inicial é um pagamento antecipado por bens ou serviços futuros e, portanto, deve ser reconhecida como receita quando esses bens ou serviços forem fornecidos. O período de reconhecimento da receita deve se estender além do período contratual inicial, se a entidade conceder ao cliente a opção de renovar o contrato e essa opção proporcionar ao cliente direito material, conforme descrito no item B40.

B50. Se a taxa inicial não restituível referir-se a bem ou serviço, a entidade deve avaliar se deve contabilizar o bem ou o serviço como obrigação de desempenho separada de acordo com os itens 22 a 30.

B51. A entidade pode cobrar uma taxa não restituível em parte como compensação por custos incorridos na elaboração do contrato (ou outras tarefas administrativas, conforme descrito no item 25). Se essas atividades de elaboração não satisfizerem à obrigação de desempenho, a entidade deve desconsiderar essas atividades (e respectivos custos) ao mensurar o progresso de acordo com o item B19. Isso porque os custos de atividades de elaboração não descrevem a transferência de serviços ao cliente. A entidade deve avaliar se os custos incorridos na elaboração do contrato resultaram em ativo que deve ser reconhecido de acordo com o item 95.

Licenciamento

B52. A licença estabelece os direitos do cliente à propriedade intelectual da entidade. As licenças de propriedade intelectual podem incluir, mas não estão limitadas a, licenças de qualquer um dos seguintes itens: (a) software e tecnologia; (b) filmes, música e outras formas de mídia e entretenimento; (c) franquias; e (d) patentes, marcas registradas e direitos autorais.

B53. Além da promessa de conceder licença (ou licenças) ao cliente, a entidade também pode comprometer-se a transferir outros bens ou serviços ao cliente. Essas promessas podem estar explicitamente declaradas no contrato ou implícitas por práticas comerciais usuais da entidade, políticas publicadas ou declarações específicas (ver item 24).

Como com outros tipos de contratos, quando o contrato com o cliente incluir promessa de conceder uma licença (ou licenças) adicionalmente a outros bens ou serviços prometidos, a entidade deve aplicar os itens 22 a 30 para identificar cada uma das obrigações de desempenho no contrato.

B54. Se a promessa de conceder licença não for distinta de outros bens ou serviços prometidos no contrato, de acordo com os itens 26 a 30, a entidade deve contabilizar a promessa de conceder a licença e outros bens ou serviços prometidos juntamente como uma única obrigação de desempenho. Exemplos de licenças, que não são distintas de outros bens ou serviços prometidos no contrato, incluem as seguintes:

39

(a) licença que forma um componente de bem tangível e que é parte integrante da funcionalidade do bem; e

(b) licença da qual o cliente pode beneficiar-se somente em conjunto com um serviço relacionado (tal como serviço on-line prestado pela entidade que permite ao cliente, ao conceder a licença, acessar o conteúdo).

B55. Se a licença não for distinta, a entidade deve aplicar os itens 31 a 38 para determinar se a obrigação de desempenho (que inclui a licença prometida) é obrigação de desempenho que é satisfeita ao longo do tempo ou satisfeita em momento específico no tempo.

B56. Se a promessa de conceder licença for distinta dos outros bens ou serviços prometidos no contrato e, portanto, a promessa de conceder a licença for obrigação de desempenho separada, a entidade deve determinar se a licença é transferida ao cliente em momento específico no tempo ou ao longo do tempo. Ao determinar isso, a entidade deve considerar se a natureza da promessa da entidade ao conceder a licença ao cliente é fornecer ao cliente:

(a) direito de acesso à propriedade intelectual da entidade que exista durante todo o período de licença; ou

(b) direito de utilizar a propriedade intelectual da entidade que exista em momento específico no tempo em que a licença é concedida.

Determinação da natureza da promessa da entidade

B57. (Eliminado).

B58. A natureza da promessa da entidade de conceder licença é um compromisso de fornecer direito de acesso à propriedade intelectual da entidade se todos os seguintes critérios forem atendidos:

(a) o contrato exige, ou o cliente razoavelmente espera, que a entidade realizará atividades que afetam significativamente a propriedade intelectual sobre a qual o cliente tem direitos (ver itens B59 e B59A);

(b) os direitos concedidos pela licença expõem diretamente o cliente a quaisquer efeitos positivos ou negativos das atividades da entidade, identificadas no item B58(a); e

(c) essas atividades não resultam na transferência de bem ou de serviço ao cliente, quando elas ocorrem (ver item 25).

B59. Os fatores que podem indicar que o cliente poderia razoavelmente esperar que a entidade realize atividades que afetam significativamente a propriedade intelectual incluem as práticas comerciais usuais da entidade, políticas publicadas ou declarações específicas. Embora não seja um fator determinante, a existência de interesse econômico compartilhado (por exemplo, royalties *baseados em vendas) entre a entidade e o cliente referente à propriedade intelectual sobre a qual o cliente tem direitos também pode indicar que o cliente poderia razoavelmente esperar que a entidade realizará as atividades.*

B59A. Atividades da entidade afetam significativamente a propriedade intelectual a que o cliente tem direitos, quando:

(a) espera-se que essas atividades mudem significativamente a forma (por exemplo, desenho ou conteúdo) ou a funcionalidade (por exemplo, capacidade de executar a função ou tarefa) da propriedade intelectual; ou

(b) a capacidade do cliente, para obter benefícios da propriedade intelectual, é substancialmente derivada, ou dependente, daquelas atividades. Por exemplo, o benefício da marca é muitas vezes derivado de, ou dependente de, atividades em curso da entidade que apoiam ou mantêm o valor da propriedade intelectual. Assim, se a propriedade intelectual, a que o cliente tem direitos, tem funcionalidade autônoma significativa, parte substancial do benefício dessa propriedade intelectual é derivado dessa funcionalidade. Por conseguinte, a capacidade do cliente para obter benefícios a partir da propriedade intelectual não é significativamente afetada pelas atividades da entidade, a menos que essas atividades alterem significativamente a sua forma ou funcionalidade. Tipos de propriedade intelectual que, muitas vezes, têm funcionalidade autônoma significativa incluem software, compostos biológicos ou fórmulas de drogas e conteúdo de mídia completo (por exemplo, filmes, programas de televisão e gravações musicais).

B60. Se os critérios no item B58 forem atendidos, a entidade deve contabilizar a promessa de conceder licença como obrigação de desempenho satisfeita ao longo do tempo porque o cliente simultaneamente receberá e consumirá o benefício de a entidade fornecer acesso à sua propriedade intelectual à medida que ocorre o desempenho (ver item 35(a)). A entidade deve aplicar os itens 39 a 45 para escolher um método apropriado para mensurar seu progresso em relação à satisfação completa dessa obrigação de desempenho de fornecer acesso à sua propriedade intelectual.

B61. Se os critérios do item B58 não forem atendidos, a natureza da promessa da entidade é fornecer o direito de utilizar a propriedade intelectual da entidade, conforme essa propriedade intelectual exista (em termos de forma e funcionalidade), no momento específico no tempo em que a licença for concedida ao cliente. Isso significa que o cliente pode direcionar o uso da licença no momento específico, no tempo em que a licença lhe for transferida e obter, substancialmente, a totalidade dos benefícios remanescentes dessa licença. A entidade deve contabilizar a promessa de fornecer direito de utilização da propriedade intelectual da entidade como obrigação de desempenho satisfeita em momento específico no tempo. A entidade deve aplicar o item 38 para determinar o momento específico no tempo em que a licença deve ser transferida ao cliente. Contudo, a receita não pode ser reconhecida para a licença que fornece o direito de utilizar a propriedade intelectual da entidade antes do início do período, durante o qual o cliente é capaz de utilizar a licença e beneficiar-se dela. Por exemplo, se o período de licença de software começa antes de a entidade fornecer (ou, de outro modo, disponibilizar) ao cliente o código que permite ao cliente imediatamente utilizar o software, a entidade não deve reconhecer a receita antes que esse código tenha sido fornecido (ou, de outro modo, disponibilizado) ao cliente.

B62. A entidade deve desconsiderar os seguintes fatores ao determinar se a licença fornece direito de acesso à propriedade intelectual da entidade ou direito de utilizá-la:

(a) restrições de tempo, região geográfica ou uso – essas restrições definem os atributos da licença prometida, em vez de definir se a entidade satisfaz a sua obrigação de desempenho em momento específico no tempo ou ao longo do tempo;

(b) garantias fornecidas pela entidade de que ela possui patente válida sobre propriedade intelectual e que defenderá essa patente contra o uso não autorizado – a promessa de defender o direito da patente não é obrigação de desempenho porque o ato de defender a patente protege o valor dos ativos de propriedade intelectual da entidade e garante ao cliente que a licença transferida cumpre as especificações da licença prometida no contrato.

Royalties *baseados em vendas ou em uso*

B63. Não obstante os requisitos especificados nos itens 56 a 59, a entidade deve reconhecer a receita para royalties *baseados em vendas ou baseados em uso prometido em troca de licença de propriedade intelectual somente quando (ou conforme) o último entre os seguintes eventos ocorrer:*

(a) a venda ou o uso subsequente; e

(b) a obrigação de desempenho em relação à qual a totalidade ou alguns dos royalties *baseados em vendas ou baseados em uso que foram alocados tiver sido satisfeita (ou parcialmente satisfeita).*

B63A. A exigência de royalty *com base em vendas ou com base em uso no item B63 deve ser aplicada quando o* royalty *refere-se apenas à licença de propriedade intelectual ou quando a licença de propriedade intelectual é o item predominante para o qual o* royalty *diz respeito (por exemplo, licença de propriedade intelectual pode ser o item predominante, a que o* royalty *se refere, quando a entidade tem expectativa razoável de que o cliente vai atribuir significativamente mais valor à licença do que para os outros bens ou serviços com os quais o* royalty *se relaciona).*

B63B. Quando o requisito do item B63A for atendido, a receita de royalty *com base na venda ou com base no uso deve ser reconhecida integralmente, em conformidade com o item B63. Quando o requisito do item B63A não for cumprido, os requisitos relativos à contraprestação variável, especificados nos itens 50 a 59, devem ser aplicados para* royalty *com base na venda ou no uso.*

Acordo de recompra

B64. Acordo de recompra é o contrato em que a entidade vende o ativo e também promete recomprar o ativo ou tem a opção de recomprá-lo (seja no mesmo contrato ou em outro contrato). O ativo recomprado pode ser o ativo que foi originalmente vendido ao cliente, um ativo que seja praticamente igual a esse ativo, ou outro ativo do qual o ativo que foi originalmente vendido é um componente.

B65. Acordos de recompra geralmente apresentam-se sob três formas:

(a) obrigação de a entidade recomprar o ativo (a termo);

(b) direito de a entidade recomprar o ativo (opção de compra); e

(c) obrigação de a entidade recomprar o ativo a pedido do cliente (opção de venda).

Opção de compra ou a termo

B66. Se a entidade tiver obrigação ou direito de recomprar o ativo (opção de compra ou a termo), o cliente não obtém o controle do ativo porque está limitado em sua capacidade de direcionar o uso do ativo e de obter praticamente a totalidade dos benefícios remanescentes desse ativo, ainda que o cliente venha a ter a posse física do ativo. Consequentemente, a entidade deve contabilizar o contrato de uma das seguintes formas:

(a) arrendamento mercantil de acordo com o CPC 06, caso a entidade possa ou deva recomprar o ativo por valor inferior ao preço de venda original do ativo; ou

(b) acordo de financiamento, conforme o item B68, caso a entidade possa ou deva recomprar o ativo por valor equivalente ou superior ao preço de venda original do ativo.

B67. Ao comparar o preço de recompra com o preço de venda, a entidade deve considerar o valor do dinheiro no tempo.

B68. Se o acordo de recompra for um acordo de financiamento, a entidade deve continuar a reconhecer o ativo e também deve reconhecer o passivo financeiro para qualquer contraprestação recebida do cliente. A entidade deve reconhecer a diferença, entre o valor da contraprestação recebida do cliente e o valor da contraprestação a ser paga ao cliente, como juros e, se aplicável, como custos de processamento e retenção (por exemplo, seguro).

B69. Se a opção vencer sem ter sido exercida, a entidade deve baixar o passivo e reconhecer a receita.

Opção de venda

B70. Se a entidade tiver a obrigação de recomprar o ativo a pedido do cliente (opção de venda) ao preço que seja inferior ao preço de venda original do ativo, a entidade deve considerar, no início do contrato, se o cliente tem incentivo econômico significativo para exercer esse direito. O exercício desse direito pelo cliente resultará no fato de o cliente efetivamente pagar a contraprestação à entidade pelo direito de utilizar o ativo específico por um período de tempo. Portanto, se o cliente tiver incentivo econômico significativo para exercer esse direito, a entidade deve contabilizar o acordo como arrendamento mercantil de acordo com o CPC 06.

B71. Para determinar se o cliente tem incentivo econômico significativo para exercer seu direito, a entidade deve considerar diversos fatores, incluindo a relação do preço de recompra com o valor de mercado esperado do ativo na data da recompra e o tempo até que o direito expire. Por exemplo, se for esperado que o preço de recompra supere significativamente o valor de mercado do ativo, isso pode indicar que o cliente tem incentivo econômico significativo para exercer a opção de venda.

B72. Se o cliente não tem incentivo econômico significativo para exercer seu direito por preço inferior ao preço de venda original do ativo, a entidade deve contabilizar o acordo como se fosse a venda do produto com direito de devolução, conforme descrito nos itens B20 a B27.

B73. Se o preço de recompra do ativo for igual ou superior ao preço de venda original e for superior ao valor de mercado esperado do ativo, o contrato é, de fato, acordo de financiamento e, portanto, deve ser contabilizado, conforme descrito no item B68.

B74. Se o preço de recompra do ativo for igual ou superior ao preço de venda original e for inferior ou igual ao valor de mercado esperado do ativo, e o cliente não tiver incentivo econômico significativo de exercer seu direito, a entidade deve contabilizar o acordo como se fosse venda de produto com direito de devolução, conforme descrito nos itens B20 a B27.

B75. Ao comparar o preço de recompra com o preço de venda, a entidade deve considerar o valor do dinheiro no tempo.

B76. Se a opção vencer sem ter sido exercida, a entidade deve baixar o passivo e reconhecer a receita.

Contratos em consignação

B77. Quando a entidade entregar o produto à outra parte (como revendedor ou distribuidor) para venda a clientes finais, a entidade deve avaliar se essa outra parte obteve controle do produto nesse momento específico no tempo. O produto que foi entregue à outra parte pode ser mantido sob contrato em consignação, se essa outra parte não obteve o controle do produto. Consequentemente, a entidade não deve reconhecer a receita por ocasião da entrega do produto a essa outra parte, se o produto entregue estiver mantido em consignação.

B78. Os indicadores de que um contrato é contrato em consignação incluem, sem limitação, o seguinte:

(a) o produto é controlado pela entidade até que ocorra evento específico, tal como a venda do produto a cliente do revendedor ou até que um período especificado expire;

(b) a entidade é capaz de exigir a devolução do produto ou de transferir o produto a terceiro (tal como outro revendedor); e

(c) o revendedor não tem obrigação incondicional de pagar pelo produto (embora possa ser requerido que faça um depósito).

Acordos do tipo "faturar e manter" (bill-and-hold)

B79. Acordo do tipo "faturar e manter" é o contrato por meio do qual a entidade fatura o produto para o cliente, mas retém a posse física do produto até que este seja transferido ao cliente em momento específico no futuro. Por exemplo, o cliente pode solicitar que a entidade celebre esse tipo de contrato devido à falta de espaço disponível do cliente para acolher, fisicamente, o produto ou devido a atrasos no cronograma de produção do cliente.

B80. A entidade deve determinar quando estará satisfeita a sua obrigação de desempenho de transferir o produto ao avaliar quando o cliente obterá o controle desse produto (ver item 38). Para alguns contratos, o controle é considerado transferido quando o produto é entregue no local do cliente ou quando o produto é enviado, dependendo dos termos do contrato (incluindo os termos de envio e entrega). Contudo, para alguns contratos, o cliente pode obter o controle do produto mesmo que esse produto continue sob a posse física da entidade. Nesse caso, o cliente tem a capacidade de direcionar o uso do produto, e de obter substancialmente a totalidade dos benefícios remanescentes desse produto, mesmo que tenha decidido não exercer seu direito de tomar a posse física desse produto. Consequentemente, nessa situação, a entidade não controla o produto. Em vez disso, a entidade presta serviços de custódia do ativo ao cliente.

B81. Além de aplicar os requisitos do item 38 para que o cliente obtenha o controle do produto em acordo do tipo "faturar e manter", todos os seguintes critérios devem ser atendidos:

(a) o motivo para o acordo do tipo "faturar e manter" deve ser substantivo (por exemplo, o cliente solicitou o acordo);

(b) o produto deve ser identificado separadamente como pertencente ao cliente;

(c) no momento, o produto deve estar pronto para transferência física ao cliente; e

(d) a entidade não pode ter a capacidade de utilizar o produto ou de direcioná-lo a outro cliente.

B82. Se a entidade reconhecer a receita pela venda do produto na base do tipo "faturar e manter", a entidade deve considerar se tem obrigações de desempenho remanescentes (por exemplo, por serviços de custódia), de acordo com os itens 22 a 30 em relação ao qual a entidade deve alocar parte do preço de transação de acordo com os itens 73 a 86.

Aceite do cliente

B83. De acordo com o item 38(e), o aceite do ativo pelo cliente pode indicar que o cliente obteve o controle do ativo. As cláusulas de aceite do cliente permitem ao cliente cancelar o contrato ou exigir que a entidade tome medidas corretivas, se o bem ou o serviço não atender às especificações pactuadas. A entidade deve considerar essas cláusulas ao avaliar quando o cliente obterá o controle do bem ou serviço.

B84. Se a entidade puder determinar objetivamente que o controle do bem ou serviço foi transferido ao cliente de acordo com as especificações pactuadas no contrato, então o aceite do cliente é uma formalidade que não afeta a determinação da entidade sobre quando o cliente obteve o controle do bem ou serviço. Por exemplo, se a cláusula de aceite do cliente basear-se no atendimento de características de dimensão e peso especificadas, a entidade deve ser capaz de determinar se esses critérios foram atendidos antes de receber a confirmação do aceite do cliente. A experiência da entidade com contratos para bens ou serviços similares pode fornecer evidência de que o bem ou serviço fornecido ao cliente está de acordo com as especificações pactuadas no contrato. Se a receita for reconhecida antes do aceite do cliente, a entidade ainda deve considerar se existem quaisquer obrigações de desempenho remanescentes (por exemplo, instalação de equipamentos) e avaliar se deve contabilizá-las separadamente.

B85. Contudo, se a entidade não puder determinar objetivamente que o bem ou serviço fornecido ao cliente está de acordo com as especificações pactuadas no contrato, então a entidade não deve ser capaz de concluir que o cliente obteve o controle até que a entidade receba, formalmente, o aceite do cliente. Isso porque, nessa circunstância, a entidade não pode determinar que o cliente tenha capacidade de direcionar o uso do bem ou serviço, ou de obter substancialmente a totalidade dos benefícios remanescentes desse bem ou serviço.

B86. Se a entidade entregar produtos ao cliente para fins de teste ou avaliação e o cliente não estiver comprometido a pagar qualquer contraprestação até o vencimento do período de testes, o controle do produto não deve ser considerado transferido ao cliente até que este aceite o produto ou até que o período de testes expire.

Divulgação de receita desagregada

B87. O item 114 requer que a entidade desagregue a receita de contratos com clientes em categorias que descrevem como a natureza, o valor, a época e a incerteza da receita e fluxos de caixa são afetados por fatores econômicos. Consequentemente, a extensão em que a receita da entidade é desagregada para fins dessa divulgação depende dos fatos e circunstâncias que se referem aos contratos da entidade com clientes. Algumas entidades podem precisar utilizar mais de um tipo de categoria para atender ao objetivo do item 114 para desagregar receita. Outras entidades podem atender ao objetivo utilizando somente um tipo de categoria para desagregar receita.

B88. Ao selecionar o tipo de categoria (ou categorias) a ser utilizada para desagregar receita, a entidade deve considerar como as informações sobre a receita da entidade foram apresentadas para outras finalidades, incluindo o seguinte:

(a) divulgações apresentadas fora das demonstrações contábeis (por exemplo, em divulgações de resultados, relatórios anuais ou apresentações a investidores);

(b) informações regularmente revisadas pelo principal tomador de decisões operacionais para avaliar o desempenho financeiro de segmentos operacionais; e

(c) outras informações semelhantes aos tipos de informações identificadas no item B88(a) e (b) e que sejam utilizadas pela entidade ou usuários das demonstrações contábeis da entidade para avaliar o desempenho financeiro da entidade ou tomar decisões de alocação de recursos.

B89. Exemplos de categorias que podem ser apropriadas incluem, sem limitação, o seguinte:

(a) tipo de bem ou serviço (por exemplo, importantes linhas de produtos);

(b) região geográfica (por exemplo, país ou região);

(c) mercado ou tipo de cliente (por exemplo, clientes governamentais e não governamentais);

(d) tipo de contrato (por exemplo, contratos de preço fixo e contratos de tempo e materiais);

(e) duração do contrato (por exemplo, contratos de curto e de longo prazo);

(f) época de transferência de bens ou serviços (por exemplo, receita de bens ou serviços transferida a clientes em momento específico no tempo e receita de bens ou serviços transferida ao longo do tempo); e

(g) canais de vendas (por exemplo, bens vendidos diretamente a clientes e bens vendidos por meio de intermediários).

Apêndice C – Data de vigência e transição

Este apêndice é parte integrante do pronunciamento e tem a mesma importância que as demais partes do pronunciamento.

Data de vigência

C1. A vigência deste Pronunciamento será definida pelos órgãos reguladores que o aprovar, sendo que para o pleno atendimento às normas internacionais de contabilidade a entidade deve aplicar este Pronunciamento para períodos anuais iniciados em, ou após, 1º de janeiro de 2018.

Transição

C2. Para as finalidades dos requisitos de transição dos itens C3 a C8A:

(a) data da aplicação inicial é o início do período das demonstrações contábeis em que a entidade aplica este pronunciamento pela primeira vez; e

(b) contrato concluído é um contrato pelo qual a entidade transferiu todos os bens ou serviços identificados de acordo com o CPC 17 – Contratos de Construção, com o CPC 30 – Receitas e com as respectivas interpretações técnicas.

C3. A entidade deve aplicar este pronunciamento utilizando um dos seguintes métodos:

(a) retrospectivamente, a cada período anterior, apresentado de acordo com o CPC 23, sujeito aos expedientes práticos descritos no item C5; ou

(b) retrospectivamente, com efeito cumulativo da aplicação inicial deste pronunciamento, reconhecido na data da aplicação inicial de acordo com os itens C7 e C8.

C4. Não obstante os requisitos do item 28 do CPC 23, quando este pronunciamento for aplicado pela primeira vez, a entidade precisa somente apresentar as informações quantitativas exigidas pelo item 28(f) do CPC 23 para o período anual imediatamente precedente ao primeiro período anual ao qual deve ser aplicado este pronunciamento ("período imediatamente precedente") e somente se a entidade aplicar este pronunciamento retrospectivamente de acordo com o item C3(a). A entidade pode também apresentar essas informações em relação ao período atual ou a períodos comparativos anteriores, mas não está obrigada a fazê-lo.

C5. A entidade pode utilizar um ou mais dos seguintes expedientes práticos ao aplicar este pronunciamento retrospectivamente de acordo com o item C3(a):

(a) para contratos concluídos, a entidade não precisa reapresentar contratos que:

(i) iniciem e terminem no mesmo período das demonstrações contábeis anuais;

(ii) sejam contratos concluídos no início do primeiro período apresentado;

(b) para contratos concluídos que têm contraprestação variável, a entidade pode utilizar o preço de transação na data em que o contrato foi concluído em vez de estimar valores de contraprestação variável nos períodos de relatório comparativos;

(c) para os contratos que foram modificados antes do início do primeiro período apresentado, a entidade não precisa refazer retrospectivamente o contrato para inserir aquelas alterações no contrato, de acordo com os itens 20 e 21. Em vez disso, a entidade deve refletir o efeito agregado de todas as modificações, que ocorreram antes do início do primeiro período apresentado, quando:

(i) identificar as obrigações de desempenho cumpridas e não cumpridas;

(ii) determinar o preço da transação; e (iii) alocar o preço da transação para as obrigações de desempenho cumpridas e não cumpridas;

(d) para todos os períodos de relatório apresentados antes da data da aplicação inicial, a entidade não precisa divulgar o valor do preço de transação alocado às obrigações de desempenho remanescentes e uma explicação de quando a entidade espera reconhecer esse valor como receita (ver item 120).

C6. Para quaisquer dos expedientes práticos no item C5 que a entidade utilizar, a entidade deve aplicar esse expediente consistentemente a todos os contratos dentro de todos os períodos de relatório apresentados. Além disso, a entidade deve divulgar todas as seguintes informações:

(a) os expedientes que foram utilizados; e

(b) na medida do possível, uma avaliação qualitativa do efeito estimado de aplicar cada um desses expedientes.

C7. Se a entidade escolhe aplicar este pronunciamento retrospectivamente de acordo com o item C3(b), a entidade deve reconhecer o efeito cumulativo de aplicar inicialmente este pronunciamento como ajuste ao saldo de abertura de lucros acumulados (ou outro componente do patrimônio líquido, conforme apropriado) do período de relatório anual que inclui a data da aplicação inicial. De acordo com esse método de transição, a entidade pode eleger aplicar este pronunciamento retrospectivamente somente a contratos que não são contratos concluídos na data da aplicação inicial (por exemplo, 1º de janeiro de 2018 para a entidade com encerramento de exercício em 31 de dezembro).

C7A. A entidade que aplicar este pronunciamento retrospectivamente de acordo com o item C3(b) também pode usar o expediente prático descrito no item C5(c):

(a) para todas as alterações do contrato que ocorreram antes do início do período mais antigo apresentado; ou

(b) para todas as alterações ao contrato que ocorreram antes da data da aplicação inicial. Se a entidade usar esse expediente prático, a entidade deve aplicar o expediente consistentemente a todos os contratos e divulgar as informações exigidas pelo item C6.

C8. Para períodos de relatório que incluem a data da aplicação inicial, a entidade deve fornecer ambas as seguintes divulgações adicionais, se este pronunciamento for aplicado retrospectivamente de acordo com o item C3(b):

(a) o valor pelo qual cada rubrica da demonstração contábil é afetada no período das demonstrações contábeis corrente pela aplicação deste pronunciamento em comparação com o CPC 17, com o CPC 30 e com as respectivas interpretações técnicas que estavam vigentes antes da alteração; e

(b) uma explicação dos motivos para alterações significativas identificadas em C8(a).

C9. Eliminado.

Revogação de outros pronunciamentos

C10. Este pronunciamento substitui os seguintes pronunciamentos e interpretações técnicas:

(a) CPC 17 – Contratos de Construção;

(b) CPC 30 – Receitas;

(c) Interpretação A – Programa de Fidelidade com o Cliente, anexa ao CPC 30;

(d) ICPC 02 – Contrato de Construção do Setor Imobiliário;

(e) ICPC 11 – Recebimento em Transferência de Ativos dos Clientes; e

(f) Interpretação B – Receita – Transação de Permuta Envolvendo Serviços de Publicidade, anexa ao CPC 30.

Exercícios de Fixação

1. **Analise as afirmativas abaixo e marque a opção correta.**

   ■ **Ao passo que as contas do ativo, passivo exigível e patrimônio líquido representam o patrimônio de uma entidade em determinado momento, as contas de despesas e receitas representam variações do patrimônio líquido.**

   ■ **Quanto maior o total dar receitas, desconsiderando eventuais aumentos das despesas, maior será o lucro e, desta forma, maior será o patrimônio líquido.**

   ■ **Se, ao longo de um período, o total de despesas ultrapassar o total de receitas, o rédito da empresa será prejuízo.**

   ■ **RESULTADO positivo é o mesmo que LUCRO. RESULTADO negativo é o mesmo que PREJUÍZO.**

   Assim, estão corretas:

   a) apenas uma;
   b) apenas duas;
   c) apenas três;
   d) todas;
   e) nenhuma.

2. **(Marinha) A entrada de recursos para o Ativo, proveniente de prestação de serviços, vendas ou juros, significa:**

   a) uma despesa;
   b) um superávit;
   c) uma receita;
   d) um lucro;
   e) um resultado.

3. **Compreendem todos os gastos com a comercialização e distribuição das mercadorias ou produtos:**

   a) Despesas Financeiras;
   b) Despesas Administrativas;
   c) Outras Despesas Operacionais;
   d) Despesas Gerais;
   e) Despesas Comerciais.

4. **É conta representativa de Despesa Comercial:**

   a) Despesas de Depreciação;
   b) Juros Passivos;
   c) Propaganda e Publicidade;
   d) Salários (administração);
   e) Descontos Concedidos.

5. Não é conta de resultado:

a) Juros Passivos;
b) Juros a Vencer;
c) Variações Monetárias Passivas;
d) Salários;
e) Amortização.

6. (Marinha) O Ativo de uma empresa era de $ 550.000 e o Passivo de $ 340.000. Após certo período, a empresa registrou um prejuízo em suas atividades de $ 70.000. Sendo assim, sua situação líquida passaria a ser de:

a) $ 140.000;
b) $ 280.000;
c) $ 410.000;
d) $ 480.000;
e) $ 620.000.

7. Numa empresa comercial, representa Receita Bruta:

a) Aluguéis Ativos;
b) Juros Ativos;
c) Vendas;
d) Reversão de Provisões;
e) Receita de Equivalência Patrimonial.

8. Marque a opção que indica afirmativa incorreta.

a) "Aluguéis Passivos" (ou Aluguéis) é o mesmo que "Despesas de Aluguéis".
b) "Aluguéis Ativos" é o mesmo que "Receita de Aluguéis".
c) "Salários a Pagar" é conta patrimonial pertencente ao grupo do passivo.
d) "Salários" é conta de resultado do grupo de despesas administrativas.
e) "Comissões sobre Vendas" é uma conta representativa de uma dedução da receita bruta de vendas.

9. (Marinha) O princípio da competência leva em consideração:

a) o fluxo monetário;
b) o recebimento da receita;
c) a data do fato gerador das despesas e receitas;
d) o pagamento da despesa;
e) a gestão.

10. Considerando os dados abaixo, marque a opção que indica o valor do Resultado Operacional Bruto.

Vendas de Mercadorias	**$ 32.000**
Abatimentos sobre Vendas	**$ 4.000**
Comissões sobre Vendas	**$ 3.000**
Custo das Mercadorias Vendidas	**$ 11.000**
Despesas Administrativas	**$ 7.000**
Impostos sobre Vendas	**$ 5.000**

a) $ 12.000;
b) $ 9.000;
c) $ 8.000;
d) $ 2.000;
e) $ 3.000.

11. Com relação à questão anterior, o Resultado Operacional Líquido foi de:

a) $ 12.000;
b) $ 9.000;
c) $ 8.000;
d) $ 2.000;
e) $ 3.000.

12. Marque a opção incorreta.

a) Se os salários de janeiro serão pagos em fevereiro, para o regime de caixa, a despesa de salários está em fevereiro, e, para o regime de competência, a despesa de salários está em janeiro, apesar do não pagamento.
b) O aumento do ativo caracteriza uma receita.
c) Uma receita ganha e não recebida aumenta o resultado e o valor do ativo.
d) Uma receita não ganha e recebida, para o regime de competência, não é considerada uma conta de resultado.
e) Uma despesa paga e incorrida gera uma redução no ativo e no resultado.

13. (Técnico da Receita Federal/Esaf) A Empresa Comercial Irmãos e Irmãos teve o seguinte fluxo de liquidações de Receitas e Despesas:

Despesas relativas a dezembro de 88 pagas em dezembro de 88	**$ 45.000**
Despesas relativas a janeiro de 89 pagas em dezembro de 88	**$ 54.000**
Despesas relativas a dezembro de 88 pagas em janeiro de 89	**$ 36.000**
Receitas relativas a dezembro de 88 recebidas em janeiro de 89	**$ 27.000**
Receitas relativas a janeiro de 89 recebidas em dezembro de 88	**$ 63.000**
Receitas relativas a dezembro de 88 recebidas em dezembro de 88	**$ 51.000**

Com base nas informações acima, pode-se dizer que a empresa obteve, respectivamente, pelo Regime de Caixa e pelo Regime de Competência, os seguintes resultados em 1988:

a) Prejuízo de $ 3.000 e Lucro de $ 6.000;
b) Lucro de $ 15.000 e Prejuízo de $ 3.000;
c) Lucro de $ 6.000 e Prejuízo de $ 3.000;
d) Lucro de $ 15.000 e Lucro de $ 15.000;
e) Prejuízo de $ 3.000 e Lucro de $ 15.000.

14. Marque a opção incorreta.

a) Se uma empresa sempre paga os salários dos funcionários no mês seguinte, dizemos que, no ato da apropriação, a despesa foi incorrida e não paga.
b) Se o aluguel do mês seguinte é pago no mês anterior, dizemos que, no mês do pagamento, a despesa foi paga e não incorrida.
c) Se o aluguel de um mês é pago no próprio mês, dizemos que a despesa foi paga e incorrida.
d) Receita ganha é o mesmo que receita recebida. Porém, despesa incorrida não é o mesmo que despesa paga.
e) As vendas a prazo representam receitas ganhas e não recebidas, ao passo que as vendas à vista representam receitas ganhas e recebidas.

15. Não integra a apuração do resultado financeiro líquido a conta:

a) Variações Monetárias Passivas;
b) Juros Passivos;
c) Descontos Incondicionais Concedidos;
d) Descontos Condicionais Concedidos;
e) Juros Ativos.

16. Não representa despesa administrativa a conta:

a) Despesa de Equivalência Patrimonial;
b) Salários;
c) Depreciação;
d) Honorários da Diretoria;
e) Encargos Sociais.

17. Se, num determinado período, uma despesa é incorrida e não paga:

a) pelo regime de competência, não é considerada despesa do período;
b) pelo regime de caixa, é considerada despesa do período;
c) é equivalente a uma despesa antecipada;
d) aumenta o passivo exigível;
e) não altera o resultado do período.

18. Representa uma despesa antecipada a conta:

a) Despesa de Depreciação;
b) Aluguéis a Vencer;
c) Aluguéis a Pagar;
d) Aluguéis Passivos;
e) Honorários.

Enunciado comum às questões números 19 a 28:

Ao longo do exercício social de X1, a Cia. Comercial ROSAS incorreu nas seguintes despesas e receitas:

	$
Receitas de Vendas de Mercadorias	**87.000**
Receitas de Aluguéis	**5.000**
Receitas de Juros	**3.000**
Prejuízo na Venda de Imobilizado	**5.000**
Custo das Mercadorias Vendidas	**17.000**
Salários	**18.000**
Despesas de Juros	**6.000**
Comissões sobre Vendas	**4.000**
Impostos e Contribuições s/Vendas	**12.000**
Despesas c/Perdas Estimadas em Créd. Liq. Duv.	**1.000**
Despesas Gerais	**9.800**
Descontos Financeiros Concedidos	**4.000**
Descontos Comerciais Concedidos	**8.000**
Encargos Sociais	**1.200**

19. O valor da RECEITA BRUTA é de:
a) $ 92.000;
b) $ 87.000;
c) $ 90.000;
d) $ 95.000;
e) $ 106.000.

20. O valor da RECEITA LÍQUIDA é de:
a) $ 75.000;
b) $ 67.000;
c) $ 87.000;
d) $ 92.000;
e) $ 83.000.

21. O valor do LUCRO BRUTO é de:
a) $ 10.000;
b) $ 20.000;
c) $ 30.000;
d) $ 40.000;
e) $ 50.000.

22. O valor das DESPESAS COMERCIAIS é de:
a) $ 3.000;
b) $ 4.000;
c) $ 5.000;
d) $ 6.000;
e) $ 7.000.

23. O valor das DESPESAS FINANCEIRAS é de:
a) $ 10.000;
b) $ 11.000;
c) $ 12.000;
d) $ 13.000;
e) $ 14.000.

24. O valor das DESPESAS FINANCEIRAS LÍQUIDAS é de:
a) $ 4.000;
b) $ 5.000;
c) $ 6.000;
d) $ 7.000;
e) $ 8.000.

25. O valor das DESPESAS ADMINISTRATIVAS é de:
a) $ 29.000;
b) $ 30.000;
c) $ 31.000;
d) $ 32.000;
e) $ 33.000.

26. O valor das OUTRAS DESPESAS é de:
a) $ 7.000;
b) $ 6.000;
c) $ 9.000;
d) $ 5.000;
e) $ 15.000.

27. O valor das OUTRAS RECEITAS é de:

a) $ 10.000;
b) $ 11.000;
c) $ 12.000;
d) $ 13.000;
e) $ 5.000.

28. O valor do RESULTADO DO EXERCÍCIO é de:

a) $ 8.000;
b) $ 9.000;
c) $ 10.000;
d) $ 11.000;
e) $ 12.000.

29. Em vista das normas do CPC (Comitê de Pronunciamentos Contábeis), não é classificada como receita de vendas, financeiras ou outras receitas, a conta:

a) Receita de Aluguéis;
b) Receita de Juros;
c) Receita de Equivalência Patrimonial;
d) Lucro na Venda de Imóveis;
e) Reversões de Provisões.

30. Em relação às contas de resultado, e considerando o regime de competência, é incorreto afirmar:

a) Uma despesa paga e não incorrida não altera a situação líquida patrimonial.
b) Uma despesa incorrida e não paga representa uma redução da situação líquida e um aumento do capital de terceiros.
c) Uma despesa incorrida e paga representa uma redução do ativo e, ao mesmo tempo, uma redução do capital próprio.
d) Uma receita ganha e não recebida gera a mesma variação na situação líquida patrimonial que uma receita ganha e recebida.
e) Uma receita não ganha é o mesmo que não recebida.

31. Despesa incorrida é equivalente a:

a) Despesa a vencer;
b) Despesa apropriada;
c) Despesa antecipada;
d) Despesa paga;
e) Despesa a apropriar.

32. Sejam os seguintes resultados:

I. Lucro Antes do Imposto de Renda
II. Lucro Bruto
III. Lucro Líquido

Desta forma, marque a opção que indica a sequência correta.

a) I, II, III.
b) III, II, I.
c) II, I, III.
d) III, I, II.
e) I, III, II.

33. Sendo o Lucro Bruto de $ 19.000, os Impostos e Contribuições sobre Vendas de $ 4.000 e o Custo das Mercadorias Vendidas de $ 11.000, então o valor da Receita Bruta de venda é de:

a) $ 34.000;
b) $ 33.000;
c) $ 32.000;
d) $ 31.000;
e) $ 30.000.

34. Aluguéis Ativos a Vencer:

a) é o mesmo que Receita Antecipada de Aluguéis;
b) não é conta patrimonial;
c) representa receita ganha e não recebida;
d) é o mesmo que Aluguéis a Vencer;
e) é conta de resultado.

35. Receita ganha e não recebida:

a) Receita antecipada de aluguéis;
b) Vendas a prazo;
c) Receitas de serviços a vencer;
d) Adiantamentos de clientes;
e) Adiantamentos a fornecedores.

36. Quando o fato gerador de uma receita ocorre, dizemos que ela foi:

a) recebida ou realizada;
b) ganha ou realizada;
c) ganha ou recebida;
d) realizada ou recebida;
e) encerrada ou ganha.

37. Quando o fato gerador de uma despesa ocorre, dizemos que ela foi:

a) paga ou incorrida;
b) ganha ou incorrida;
c) incorrida;
d) encerrada ou paga;
e) transcorrida ou paga.

38. Sejam os valores:

– Receita Operacional Bruta	**$ 40.000**
– ICMS s/Vendas	**$ 5.400**
– PIS s/Faturamento	**$ 195**
– Cofins s/Faturamento	**$ 900**
– Comissões s/Vendas	**$ 1.000**
– Devoluções de Vendas	**$ 10.000**
– Custo das Mercadorias Vendidas	**$ 11.000**
– Descontos Financeiros Concedidos	**$ 2.000**
– Descontos Comerciais Concedidos	**$ 4.000**

Assim, com base nos valores acima, o valor da Receita Operacional Líquida é de:

a) $ 8.505;
b) $ 17.505;
c) $ 21.505;
d) $ 19.505;
e) $ 18.505.

39. Com relação à questão anterior, o valor do Resultado Operacional Bruto é de:

a) $ 19.505;
b) $ 18.505;
c) $ 8.505;
d) $ 17.505;
e) $ 21.505.

40. Marque a opção incorreta.

a) No regime de caixa, as receitas e despesas são, respectivamente, caracterizadas pelos recebimentos e pagamentos em dinheiro. No regime de competência, as receitas e despesas são caracterizadas pelas ocorrências dos fatos geradores, independentemente de recebimentos ou pagamentos.
b) Uma receita recebida e não ganha é considerada receita para o regime de caixa, pois houve entrada de dinheiro, mas não é para o regime de competência, pois o fato gerador ainda não ocorreu.
c) Uma receita recebida e ganha é considerada receita, tanto para o regime de caixa, quanto para o regime de competência.
d) Uma receita ganha e não recebida não é considerada receita para o regime de competência.
e) Uma despesa paga e não incorrida só é despesa no regime de caixa.

Considere a relação, para responder às questões de número 41 a 46:

- **Receitas recebidas e não ganhas $ 12.000**
- **Receitas recebidas e ganhas $ 23.000**
- **Receitas não recebidas e ganhas $ 10.000**
- **Despesas pagas e incorridas $ 4.000**
- **Despesas não pagas e incorridas $ 7.000**
- **Despesas pagas e não incorridas $ 2.000**

41. Considerando o regime de caixa, o total das receitas vale:

a) $ 12.000;
b) $ 22.000;
c) $ 35.000;
d) $ 45.000;
e) $ 33.000.

42. Considerando o regime de competência, o total das receitas vale:

a) $ 12.000;
b) $ 22.000;
c) $ 35.000;
d) $ 45.000;
e) $ 33.000.

43. Considerando o regime de caixa, o total das despesas vale:

a) $ 2.000;
b) $ 4.000;
c) $ 6.000;
d) $ 7.000;
e) $ 13.000.

44. Considerando o regime de competência, o total das despesas vale:

a) $ 11.000;
b) $ 13.000;
c) $ 7.000;
d) $ 6.000;
e) $ 10.000.

45. Considerando o regime de caixa, o resultado vale:

a) $ 29.000 lucro;
b) $ 22.000 lucro;
c) $ 7.000 prejuízo;
d) $ 3.000 prejuízo;
e) $ 27.000 lucro.

46. Considerando o regime de competência, o resultado vale:

a) $ 29.000 lucro;
b) $ 22.000 lucro;
c) $ 7.000 prejuízo;
d) $ 3.000 prejuízo;
e) $ 27.000 lucro.

47. Numa sociedade anônima, ocorreram os seguintes fatos, ao longo de um período:

– vendas de mercadorias à vista no valor de $ 34.000, ao custo de $ 19.000;
– vendas de mercadorias a prazo no valor de $ 26.000, ao custo de $ 12.000;
– recebimento de clientes no valor de $ 14.000 para entrega futura de mercadorias;
– despesas pagas e incorridas no valor de $ 9.000;
– despesas pagas e não incorridas no valor de $ 5.000;
– despesas incorridas e não pagas no valor de $ 11.000.

Assim, o RESULTADO da empresa foi:

a) um lucro de $ 9.000;
b) um lucro de $ 23.000;
c) um lucro de $ 18.000;
d) um lucro de $ 4.000;
e) um lucro de $ 20.000.

48. Com relação à questão anterior, pode-se dizer que o Ativo Circulante aumentou em:

a) $ 34.000;
b) $ 9.000;
c) $ 23.000;
d) $ 18.000;
e) $ 20.000.

49. A empresa Futura Ltda., cujo exercício social coincide com o ano-calendário, foi constituída em 17 de setembro de X0, adotando em sua escrituração contábil, até dezembro do mesmo ano, o regime de caixa. Em dezembro, mediante a legislação do imposto de renda, a empresa descobriu que deveria, desde o início, ter adotado o regime de competência. O lucro do exercício de X0 já estava contabilizado sob a ótica do regime de caixa, considerando os seguintes elementos:

Recebimento de $ 48.000 por serviços a prestar de 1º de outubro de X0 a 31 de janeiro de X1.

Prestação de serviços, em novembro de X0, no valor de $ 15.000, a ser recebido em três parcelas iguais a $ 5.000, sendo a primeira em 5 de dezembro e as restantes a cada 30 dias.

Contrato de seguros contra incêndio para cobertura a partir de 1º de outubro de X0 até o final de setembro de X1, sendo que o prêmio a ser pago à seguradora, no valor total de $ 6.000, será efetuado em cinco prestações mensais iguais, sendo a primeira em 1º de novembro de X0 e as restantes no início de cada mês.

Salários correspondentes aos meses de setembro a dezembro de X0 no total de $ 7.000, faltando pagar apenas o mês de dezembro no valor de $ 2.000.

Impostos e taxas municipais e estaduais no valor de $ 1.300, já vencidos, mas ainda não pagos.

Assim, ao fazer os ajustes no resultado para o regime de competência, o resultado apurado pelo regime de caixa foi:

a) reduzido em $ 4.400;
b) aumentado em $ 4.400;
c) reduzido em $ 5.400;
d) aumentado em $ 5.400;
e) reduzido em $ 5.300.

50. Marque a opção que indica apenas contas de resultado.

a) Juros a Vencer/Juros Ativos.
b) Aluguéis/Aluguéis a Pagar.
c) Seguros Pagos Antecipadamente/Prêmios de Seguros.
d) Vendas/Receitas Recebidas Antecipadamente.
e) Encargos Sociais/ICMS sobre Vendas.

51. Dada a relação abaixo, apure o total das Despesas Comerciais.

	$
Aluguéis	**3.000**
Salários	**26.700**
Salários de Vendedores	**8.300**
Juros Passivos	**2.000**
Depreciação	**1.000**
Perdas Estimadas em Créd. Liq. Duvidosa	**3.400**
Comissões s/Vendas	**1.100**
Seguros	**4.000**
Honorários da Diretoria	**6.000**
Abatimentos sobre Vendas	**2.400**

a) $ 12.800.
b) $ 13.800.
c) $ 16.800.
d) $ 18.800.
e) $ 45.500.

52. Ao final do exercício social encerrado em 31/12/X1, apuraram-se os seguintes elementos na Empresa Exel Ltda.:

- **Recebimento de $ 40.000, em julho de X1, por serviços a prestar de 01/08/X1 a 31/03/X2.**
- **Serviços prestados em X1 para recebimento em X2, no valor de $ 7.000.**
- **Despesas administrativas incorridas e pagas em X1 no valor de $ 6.000.**
- **Custos dos serviços prestados em X1 no valor de $ 8.000.**

- **Despesas financeiras incorridas e pagas no exercício no valor de $ 2.000.**
- **Seguros pagos em X1 no valor de $ 4.800, cujo período de cobertura é de 12 meses, a contar de 01/03/X1.**
- **Foram pagos salários de X1 no valor de $ 5.000, sendo que os salários de dezembro de X1 no valor de $ 1.000 só serão pagos em janeiro de X2.**

O lucro líquido do exercício de X1, considerando-se as hipóteses de adoção dos regimes de competência e de caixa, foi, respectivamente, de:

a) $ 6.000 e $ 14.200;
b) $ 7.000 e $ 15.200;
c) $ 5.000 e $ 12.000;
d) $ 6.000 e $ 12.000;
e) $ 9.000 e $ 15.200.

53. Em julho de X1, a Comercial Dutra Ltda. realizou as seguintes operações:

- **Vendeu mercadorias por $ 60.000 ao custo de $ 36.000, 20% recebidos à vista e o restante com a emissão de uma duplicata para outubro de X1.**
- **Pagou antecipadamente o aluguel de agosto de X1 no valor de $ 8.000.**
- **Pagou despesas do mês no valor de $ 5.000.**
- **Pagou despesas de junho de X1 no valor de $ 3.000.**
- **Recebeu antecipadamente de um cliente $ 15.000 para uma entrega de mercadorias em setembro de X1.**

O resultado de julho, considerando o regime de competência, foi de:

a) $ 19.000;
b) $ 11.000;
c) $ 16.000;
d) $ 26.000;
e) $ 31.000.

54. Considerando a questão anterior, e supondo que a empresa contabilizasse suas operações pelo regime de caixa, o resultado de julho de X1 seria de:

a) ($ 25.000);
b) ($ 21.000);
c) ($ 22.000);
d) ($ 23.000);
e) ($ 24.000).

55. Sejam os seguintes fatos:

– **Receitas recebidas e não ganhas**	**$ 23.000**
– **Receitas ganhas e não recebidas**	**$ 11.000**
– **Receitas ganhas e recebidas**	**$ 19.000**
– **Despesas pagas e incorridas**	**$ 30.000**
– **Despesas pagas e não incorridas**	**$ 7.000**
– **Despesas incorridas e não pagas**	**$ 12.000**

O rédito é de:

a) $ 12.000;
b) $ 11.000;
c) ($ 19.000);
d) ($ 12.000);
e) $ 4.000.

56. **(Analista de Comércio Exterior/Esaf) O Chefe pediu ao Contador uma conciliação dos resultados do mês de março para saber se a firma andava com os pagamentos em dia. Na conciliação, o Contador apurou que havia:**
- **juros de fevereiro, pagos em março, no valor de R$ 1.000,00;**
- **aluguel de março ainda não pago, no valor de R$ 2.000,00;**
- **conta relativa ao consumo de energia elétrica em março, paga no mesmo mês, no valor de R$ 3.000,00;**
- **aluguel relativo ao mês de abril, já pago antecipadamente no mês de março, no valor de R$ 4.000,00;**
- **Juros ganhos no mês de março, mas ainda não recebidos, no valor de R$ 4.000,00;**
- **receitas recebidas em março, por serviços que só serão realizados no mês de abril, no valor de R$ 3.000,00;**
- **juros relativos ao mês de março, recebidos no próprio mês, R$ 2.000; e**
- **comissões ganhas em fevereiro, mas recebidas no mês de março, R$ 1.000.**

O Contador fez o trabalho e informou ao Chefe que, de acordo com o Princípio Contábil da Competência, o resultado apurado no mês de março foi:

a) um prejuízo de R$ 2.000,00;
b) um prejuízo de R$ 1.000,00;
c) um resultado nulo ou igual a zero;
d) um lucro de R$ 1.000,00;
e) um lucro de R$ 2.000,00.

57. **(Controladoria Geral do Município/RJ/FJG) O ajuste, pela variação cambial, do saldo de uma conta de obrigação terá registrado a contrapartida do lançamento como:**

a) Despesa do Exercício – Encargos Financeiros;
b) Receita do Exercício;
c) Reserva de Correção Cambial;
d) Reserva Cambial – Encargos Financeiros;
e) Ativo Realizável a Longo Prazo.

58. **Representa um crédito da empresa a conta:**

a) Juros Ativos;
b) Juros a Transcorrer;
c) Juros a Receber;
d) Juros Recebidos Antecipadamente;
e) Juros a Pagar.

59. **A empresa TERC S/A, cujo exercício social coincide com o ano-calendário, pagou, em 31/5/X0, o prêmio correspondente a uma apólice de seguro contra incêndio de suas instalações para viger no período de 01/6/X0 a 31/5/X1. O valor pago de R$ 36.000,00 foi contabilizado como despesa operacional do exercício de X0. Observando o princípio contábil da competência, o lançamento de ajuste, feito em 31/12/X0, provocou, nos resultados de X0 e X1, respectivamente:**

a) redução de R$ 21.000 e aumento de R$ 15.000;
b) aumento de R$ 21.000 e redução de R$ 15.000;
c) aumento de R$ 15.000 e redução de R$ 21.000;
d) redução de R$ 15.000 e aumento de R$ 15.000;
e) aumento de R$ 15.000 e redução de R$ 15.000.

60. No balanço patrimonial de uma empresa figuravam, entre outras, as seguintes contas: Prêmios de Seguros a Vencer = $ 11.500; Impostos a Recolher = $ 4.000; Receitas Recebidas Antecipadamente = $ 8.500. Se a empresa usasse na sua escrituração o regime de caixa, o lucro líquido apurado no exercício seria:

a) majorado em $ 16.000;
b) reduzido em $ 1.000;
c) reduzido em $ 7.000;
d) majorado em $ 7.000;
e) majorado em $ 1.000.

61. Com relação a uma receita <u>ganha</u> e <u>não recebida</u>, é incorreto afirmar que:

a) aumenta o Capital Próprio;
b) não altera o Capital de Terceiros;
c) aumenta o Patrimônio Bruto;
d) não altera o Rédito;
e) não altera as Disponibilidades.

62. Não é apropriada diretamente ao resultado a conta:

a) Custo das Mercadorias Vendidas;
b) Custo dos Produtos Vendidos;
c) Custo de Produção;
d) Custo dos Serviços Vendidos;
e) Custo de Imobilizado Vendido.

63. A Indústria Boas Novas, cujo exercício social se estendeu de 01/06/X1 a 31/05/X2, contratou um seguro de suas instalações nas seguintes condições:

Risco coberto	**$ 800.000**
Valor do prêmio	**$ 18.000**
Data do pagamento	**01/03/X1**
Período de cobertura	**01/09/X1 a 31/08/X2**

O saldo da conta <u>Seguros a Vencer</u> no balanço patrimonial de 31/05/X2 foi de:

a) $ 13.500;
b) $ 4.500;
c) $ 6.000;
d) $ 12.000;
e) $ 3.000.

64. Ao fim do exercício encerrado em 31/12/X1, apuraram-se os seguintes fatos:

– Receita de serviços prestados recebidas durante o exercício	**74.000**
– Receita de serviços recebidas antecipadamente	**32.000**
– Receita de serviços prestados a receber no exercício seguinte	**9.000**
– Despesas gerais incorridas e pagas durante o exercício	**21.000**
– Despesas pagas antecipadamente	**5.000**
– Custos dos serviços prestados	**17.000**
– Apropriação de salários de dez. de X1 a pagar em jan. de X2	**15.000**

Assim, em vista das informações dadas, o valor do lucro líquido do exercício, considerando-se a adoção do regime de competência, foi de:

a) 63.000;
b) 41.000;
c) 25.000;
d) 30.000;
e) 45.000.

65. Com relação à questão anterior, supondo a adoção do regime de caixa, o resultado do exercício seria de:

a) 63.000;
b) 41.000;
c) 25.000;
d) 30.000;
e) 45.000.

66. Seja a relação:

Seguros a Vencer
Aluguéis Ativos a Vencer
Salários
Vendas
Juros Passivos
Seguros
Aluguéis

Assim, marque a opção correta.

a) Há três receitas ganhas e não recebidas.
b) Há uma despesa paga e não incorrida.
c) Há duas receitas não ganhas e recebidas.
d) Há quatro receitas ganhas.
e) Há três despesas incorridas.

67. A conta "Vendas" representa:

a) uma receita ganha e recebida;
b) uma receita recebida e não ganha;
c) uma receita ganha e não recebida;
d) uma receita realizada e recebida;
e) uma receita ganha.

68. Sejam os valores:

	$
ICMS sobre Vendas	**12.000**
Comissões sobre Vendas	**8.000**
Abatimentos sobre Vendas	**4.000**
Fretes sobre Vendas	**2.000**
Descontos Incondicionais Concedidos	**5.000**
Descontos Condicionais Concedidos	**1.000**

O total das Despesas Comerciais é de:

a) $ 10.000;
b) $ 27.000;
c) $ 26.000;
d) $ 16.000;
e) $ 17.000.

69. Marque a opção incorreta.

a) Receitas realizadas é o mesmo que receitas ganhas.
b) No regime de caixa, não há sentido em se falar em despesas com provisões.
c) As receitas de aluguéis, para uma empresa comercial, são receitas operacionais acessórias, ao passo que as receitas de vendas de mercadorias são receitas operacionais principais.
d) A conta "Vendas" representa, necessariamente, receita ganha e recebida.
e) O Capital Próprio é aumentado pelas receitas e diminuído pelas despesas.

70. Sejam os valores:

Capital Social	**17.000**
Prejuízos Acumulados	**5.000**
Receitas	**9.000**
Receitas Antecipadas	**7.000**
Despesas	**3.000**
Despesas Antecipadas	**1.000**

Assim, com base nos dados acima, o valor da Situação Líquida é de:

a) $ 18.000;
b) $ 19.000;
c) $ 20.000;
d) $ 24.000;
e) $ 12.000.

71. A Comercial LDO Ltda., ao levantar sua riqueza segundo o regime de caixa, apurou um capital registrado e realizado no valor de $ 63.000, débitos no valor de $ 35.000, créditos no valor de $ 38.000 e bens no valor de $ 51.000. Além disso, foram apuradas $ 1.200 de receitas recebidas e não ganhas, $ 700 de receitas ganhas e não recebidas, $ 400 de despesas pagas e não incorridas e $ 900 de despesas incorridas e não pagas. Também há uma expectativa de perda com clientes na ordem de 2%, sendo o valor dos clientes $ 15.000. Assim, se a empresa contabilizasse seu patrimônio, observando os princípios da Competência e da Prudência, o saldo da conta Lucros ou Prejuízos Acumulados seria:

a) credor de $ 11.000;
b) devedor de $ 10.500;
c) credor de $ 10.500;
d) devedor de $ 10.300;
e) credor de $ 9.600.

72. (Cedae – Técnico de Contabilidade/Fesp-RJ) Determinada empresa contabiliza suas operações pelo regime de competência. Dessa forma, as despesas incorridas e não pagas dentro do exercício provocam:

a) redução no Resultado e redução do Ativo;
b) redução do Ativo e redução do Passivo;
c) aumento do Passivo e aumento no Resultado;
d) redução no Resultado e aumento do Passivo.

73. (IRB – Analista/Esaf) Na elaboração do balanço patrimonial da firma Osteorix S/A, por ocasião dos lançamentos de ajustes e de encerramento, foram cometidos os seguintes enganos:

1. ao registrar o inventário final, houve lançamento a maior no valor de R$ 1.000,00;

2. os juros referentes ao exercício seguinte, no valor de R$ 1.000,00, foram recebidos antecipadamente e lançados em regime de caixa;

3. os salários do período, no valor de R$ 1.500,00, a serem pagos no exercício seguinte, também foram considerados como em regime de caixa.

Os enganos cometidos na Contabilidade ocasionaram, no exercício de 2005:

a) R$ 1.500,00 a mais na conta Resultado Líquido;
b) R$ 1.500,00 a mais na conta Despesas de Salários;
c) R$ 1.000,00 a mais na conta Custo das Mercadorias Vendidas;
d) R$ 1.000,00 a mais na conta Receitas Financeiras;
e) R$ 1.000,00 a menos na conta Resultado Bruto.

74. **(Transpetro – Contador Júnior/Fundação Cesgranrio - Adaptada) A Cia. Copa do Mundo, que comercializa produtos esportivos, apresentou, em 31 dez. 2005, a seguinte demonstração de resultado:**

DRE da Cia. Copa do Mundo (Em R$)	
Receita de Vendas	43.000,00
CMV	(24.000,00)
Lucro Bruto	19.000,00
■ Despesa de Vendas	(5.000,00)
■ Despesa Administrativa	(9.000,00)
■ Despesa Financeira	(2.000,00)
■ Receita Financeira	500,00
Lucro Operacional	3.500,00

Considerando-se que:

- **as vendas mensais da empresa são realizadas 60% a prazo de 30 dias, e 40% à vista;**
- **as vendas de dezembro de 2005 alcançaram o total de R$ 4.000,00;**
- **a última compra de mercadorias foi de R$ 1.500,00 e somente será paga em 2 fev. 2006;**
- **20% das despesas de vendas, 10% das despesas administrativas e 25% das despesas financeiras somente serão pagas no exercício de 2006;**
- **todos os demais dados foram recebidos ou pagos no exercício de 2005.**

O lucro operacional da empresa, pelo regime de caixa, em reais, seria de:

a) 1.100,00;

b) 2.000,00;

c) 3.500,00;

d) 5.000,00;

e) 6.000,00.

75. **A Comercial FLOG Ltda. realizou os seguintes fatos no mês de março de X0:**

- **Venda de mercadorias no valor de R$ 48.000,00 ao custo de R$ 22.000,00, sendo 20% do recebimento em março e o restante com emissão de duplicatas para julho.**
- **Recebimento de R$ 9.400,00 de clientes para entrega de mercadorias no mês de maio de X0.**
- **Recebimento de uma duplicata no valor de R$ 1.200,00, referente a vendas a prazo efetuadas em janeiro.**
- **Pagamento dos aluguéis de fevereiro no valor de R$ 1.100,00.**
- **Despesas pagas em março e não incorridas no valor de R$ 900,00**
- **Despesas pagas e incorridas em março no valor de R$ 500,00.**
- **Despesas incorridas em março e não pagas no valor de R$ 300,00.**

Obs.: As mercadorias vendidas em março foram compradas em 9 de janeiro de X0, sendo pagos 25% no ato da compra e o restante em mais três prestações mensais iguais a R$ 5.500,00 cada, vencíveis nos seguintes dias: 9 de fevereiro, 9 de março e 9 de abril.

Considerando exclusivamente as informações anteriores, pode-se afirmar que o resultado de março apurado pelo regime de competência excede aquele apurado pelo regime de caixa em:

a) R$ 13.000,00;
b) R$ 14.000,00;
c) R$ 15.000,00;
d) R$ 16.000,00;
e) R$ 17.000,00.

76. **(Analista de Finanças e Controle – CGU/ Esaf) Ao longo da existência de uma entidade, vários fatos podem acontecer e que refletem no patrimônio desta forma positiva ou negativa. Em relação aos fatos contábeis e suas respectivas variações no patrimônio, julgue os itens que se seguem e marque a opção incorreta.**

a) A Insubsistência Passiva acontece quando algo que deixou de existir provocou efeito negativo no patrimônio da entidade.
b) Quando ocorre uma Superveniência Passiva, a Situação Líquida diminui.
c) As Superveniências provocam sempre um aumento do passivo ou do ativo.
d) O desaparecimento de um bem é um exemplo de Insubsistência do Passivo.
e) Toda Insubsistência do Passivo é uma Insubsistência Ativa.

77. **(Tribunal Regional do Trabalho – 16ª Região – Analista Judiciário/ FCC) A empresa Violeta Ltda. iniciou suas atividades em janeiro de 2000. Nos livros contábeis, constam os seguintes elementos:**

(1) Receita com vendas em 2000 de R$ 146.000,00, com 70% à vista e o restante a prazo.

(2) Despesas de R$ 98.000,00, sendo R$ 63.000,00 pagos até 30/12/2000,

(3) Em 2001, recebeu as duplicatas de 2000 e pagou as despesas contraídas em 2000.

(4) Realizou vendas de R$ 150.000,00, em 2001, recebendo 2/3 à vista.

(5) Incorreu em despesas de R$ 85.000,00, em 2001, pagando 40% delas.

Os resultados apurados em 2001, em reais, pelo Regime de Competência e pelo Regime de Caixa foram, respectivamente, de

a) 65.000,00 e 74.000,00
b) 65.000,00 e 74.800,00
c) 75.000,00 e 74.800,00
d) 74.800,00 e 65.000,00
e) 64.800,00 e 72.000,00

78. **(Tribunal Regional do Trabalho – 18ª Região – Analista Judiciário/ FCC) Uma sociedade com fins lucrativos, no exercício de início de suas atividades, efetuou sua escrituração contábil pelo regime de caixa, apurando um prejuízo de R$ 10.000,00. Advertida de seu erro, reelaborou a escrituração pelo regime de competência, tendo registrado um lucro líquido no exercício de R$ 3.000,00. As despesas, pelo regime de competência, equivaleram a 70% das despesas registradas pelo regime de caixa. As receitas, reconhecidas pelo regime de competência, montaram a R$ 24.000,00. Logo, as receitas, se reconhecidas pelo regime de caixa, correspondiam, em R$, a**

a) 7.000,00
b) 13.000,00
c) 20.000,00
d) 21.000,00
e) 27.000,00

CAPÍTULO
4

CONTAS

1. CONCEITO DE CONTA

CONTA é o nome representativo de um elemento patrimonial (bem, direito, obrigação ou PL) ou de uma variação patrimonial (despesa ou receita).

2. TIPOS DE CONTAS

2.1. Contas Patrimoniais

São utilizadas para **controle** e **apuração** do patrimônio. São elas:

– Contas do Ativo;

– Contas do Passivo Exigível;

– Contas do Patrimônio Líquido.

Também são consideradas patrimoniais as contas RETIFICADORAS (ou REDUTORAS), isto é, contas negativas dos grupos aos quais pertençam. Tais contas não "trabalham sozinhas", pois são subtraídas de outras contas, as quais chamamos de **contas retificadas**. Existem contas retificadoras no ativo, passivo exigível e no PL. As contas retificadoras do ativo mais conhecidas são:

- Perda Estimada p/Redução ao Valor Realizável Líquido[1]
- Perda Estimada em Créditos de Liquidação Duvidosa[2]
- Perda Estimada p/Redução ao Valor Recuperável[3]
- Depreciação Acumulada[4]
- Amortização Acumulada[5]
- Exaustão Acumulada[6]

---

[1] Será visto no Capítulo 7.
[2] Será visto no Capítulo 7.
[3] Será visto no Capítulo 7.
[4] Será visto no Capítulo 8.
[5] Será visto no Capítulo 8.
[6] Será visto no Capítulo 8.

Exemplos:

conta retificada

↑

Duplicatas a Receber 20.000
Perda Estimada em Créditos de Liquidação Duvidosa.......(1.000).....19.000

↓ ↓

conta retificadora — valor contábil das duplicatas a receber

conta retificada

↑

Máquinas e Equipamentos 50.000
Depreciação Acumulada.................................... (15.000) 35.000

↓ ↓

conta retificadora — valor contábil das máquinas e equipamentos

No caso do passivo exigível, não há muitas contas retificadoras. Porém, um exemplo de conta retificadora desse grupo é a conta "Juros a Vencer" (ou "Juros a Transcorrer" ou "Juros a Apropriar" ou "Juros a Amortizar"), a qual estudaremos no item 11 do Capítulo 11.

No caso do patrimônio líquido, podemos citar as seguintes contas retificadoras:

- Capital a Realizar (ou Capital a Integralizar)
- Gastos na Emissão de Ações
- Prejuízos Acumulados
- Ações em Tesouraria
- Ajustes de Avaliação Patrimonial (saldo devedor)
- Ajustes Acumulados de Conversão (saldo devedor)

2.2. Contas de Resultado

São utilizadas para a **apuração do resultado** do exercício (lucro ou prejuízo). São elas:

– Contas de Receitas;

– Contas de Despesas.

3. Situações das Contas

- *DÉBITO* → É a situação de DÍVIDA da conta.

- *CRÉDITO* → É a situação de DIREITO da conta.

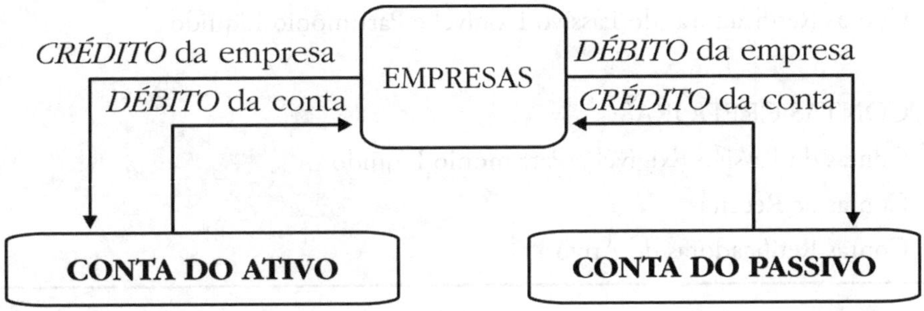

NOTA: Não devemos confundir ***débito de uma conta*** com ***débito da empresa***. Ao passo que o primeiro representa uma dívida da conta, o segundo representa uma dívida da empresa (passivo exigível).

CONCLUSÕES:

1. As contas do PASSIVO EXIGÍVEL representam os CREDORES da empresa. Assim, estão em **situação de crédito**, ou seja, são CREDORAS.
2. Os bens e direitos da empresa encontram-se no ATIVO. Assim, as contas do ATIVO estão em DÉBITO com a empresa, isto é, são DEVEDORAS.
3. Considerando a equação patrimonial **A = P + PL**, observamos que as contas do PL são CREDORAS, pois o total de devedores (Ativo) sempre será igual ao total de credores (Passivo Exigível + Patrimônio Líquido).
4. Visto que as CONTAS RETIFICADORAS DO ATIVO são negativas em relação a este, tais contas são CREDORAS.
5. Como as CONTAS RETIFICADORAS DO PASSIVO EXIGÍVEL e PATRIMÔNIO LÍQUIDO são negativas em relação a estes, tais contas são DEVEDORAS.
6. As RECEITAS aumentam o Patrimônio Líquido. Assim, têm a mesma natureza deste, isto é, são CREDORAS.
7. As DESPESAS são opostas às receitas, isto é, são DEVEDORAS.

Resumindo:

⇨ CONTAS DEVEDORAS:

- Contas do Ativo
- Contas de Despesas
- Contas Retificadoras do Passivo Exigível e Patrimônio Líquido

⇨ CONTAS CREDORAS:

- Contas do Passivo Exigível e Patrimônio Líquido
- Contas de Receitas
- Contas Retificadoras do Ativo

Observações:

1) As explicações anteriores estão baseadas na TEORIA PERSONALISTA, onde as contas são associadas a pessoas. Segundo essa teoria, as contas que representam **direitos** da empresa (Duplicatas a Receber, Impostos a Recuperar, Dividendos a Receber etc.) ou as que representam **obrigações** da empresa (Duplicatas a Pagar, Salários a Pagar, Impostos a Recolher etc.) são chamadas de CONTAS DOS AGENTES CORRESPONDENTES. As contas que representam **bens** da empresa (Caixa, Estoques, Imóveis etc.) são chamadas de CONTAS DOS AGENTES CONSIGNATÁRIOS. As contas que representam o **patrimônio líquido** ou suas **variações** (despesas ou receitas) são chamadas de CONTAS DOS PROPRIETÁRIOS.

2) Além da TEORIA PERSONALISTA, existem mais duas teorias:

- Teoria Materialista
- Teoria Patrimonialista

3) Na TEORIA PATRIMONIALISTA, que é a abordagem atualmente usada, o objeto da Contabilidade é o patrimônio e o objetivo é a administração deste. Assim, para que o patrimônio seja melhor administrado, é necessário que o vejamos sob os aspectos estático e dinâmico. Sob o aspecto estático, podemos controlar o patrimônio através das contas que o representam, isto é, contas do ativo, passivo exigível e patrimônio líquido. Sob o aspecto dinâmico, podemos controlar o patrimônio através das contas que representam suas variações, isto é, contas de despesas e contas de receitas. Daí, nessa teoria, as contas são divididas em dois grupos:

Contas Patrimoniais: São as que representam bens, direitos, obrigações ou PL.

Contas de Resultado: São aquelas que representam despesas ou receitas.

4) Na TEORIA MATERIALISTA, as contas representam valores materiais, sendo divididas em dois grupos:

Contas Integrais: São aquelas que representam bens, direitos ou obrigações.

Contas Diferenciais: São aquelas que representam o patrimônio líquido ou suas variações (despesas e receitas).

4. Saldo de uma Conta

É a diferença <u>positiva</u> entre o total de débitos e o total de créditos efetuados na conta. Desta forma, existem dois tipos de saldo:

SALDO DEVEDOR – Se o total de débitos for maior que o total de créditos.

Exemplo: *CAIXA* → débitos = $ 12.000
créditos = $ 5.400
saldo = $ 6.600 (devedor)

SALDO CREDOR – Se o total de créditos for maior que o total de débitos.

Exemplo: *FORNECEDORES* → débitos = $ 4.700
créditos = $ 6.000
saldo = $ 1.300 (credor)

Observações:

1) Os saldos das contas CREDORAS (passivo exigível, patrimônio líquido, retificadoras do ativo e receitas) **aumentam com crédito e diminuem com débito**. Os saldos das contas DEVEDORAS (ativo, retificadoras do passivo exigível, retificadoras do patrimônio líquido e despesas) **aumentam com débito e diminuem com crédito**.

2) A conta *Caixa*, numa escrituração regular e correta, NUNCA poderá ter saldo credor, pois não se pode tirar dinheiro de onde não há. No exemplo anterior, débitos de $ 12.000 na conta *Caixa* significam entradas de dinheiro ou equivalente no valor de $ 12.000. Créditos de $ 5.400 significam saídas. Para que a conta *Caixa* tivesse saldo credor, seria necessário sair mais de $ 12.000, o que não seria possível. O máximo que poderia sair seria todo o dinheiro existente, ficando a mesma com saldo ZERO. Generalizando, pode-se dizer que as **contas do ativo** não podem ter saldo credor, visto que não é possível sair mais do que há. Analogamente, **as contas do passivo** não podem ter saldo devedor, visto que não se pode pagar mais do que se deve.

⇨ **Saldos Devedores** (contas devedores)
- – Contas do Ativo
- – Contas Retificadoras do Passivo Exigível e PL
- – Contas de Despesas

⇨ **Saldos Credores** (contas credoras)
- – Contas do Passivo Exigível e PL
- – Contas Retificadoras do Ativo
- – Contas de Receita

5. Razonete

É a representação gráfica de uma conta, com a utilização de um "T", onde o lado esquerdo é o lado dos débitos e o lado direito é o lado dos créditos. É uma forma prática e simplificada de se trabalhar com contas.

Tal termo é oriundo de LIVRO RAZÃO, pois neste cada conta possui uma "ficha" (ficha de razão ou folha de razão) e, ao se escriturar os fatos em contas, cada conta terá o seu razonete.

Na prática da escrituração em uma empresa, o razonete funciona como uma espécie de rascunho do livro razão, a fim de que se possa controlar o que está sendo lançado no referido livro e, ao mesmo tempo, evitar lançamentos incorretos.

Exemplos:

	CAIXA	
	3.200	1.200
	1.400	900
	60	100
Saldo Devedor ←	2.460	

FORNECEDORES		
800	2.200	
400		
	1.000	→ Saldo Credor

6. Estrutura das Contas

No livro Razão, cada conta pode ser representada por uma ficha com a forma de um quadro de oito colunas, da seguinte forma:

TÍTULO:							
DATA	**Nº**	**CP**	**Histórico**	**DÉBITO**	**CRÉDITO**	**Saldo**	**D/C**

- TÍTULO: nome da conta representada pela ficha
- DATA: dia, mês e ano da ocorrência do fato
- Nº: número da folha correspondente no livro Diário (veremos no Capítulo 6)
- CP – contrapartida: conta que, junto à conta representada pela ficha, completa o lançamento do fato ocorrido
- Histórico: descrição do fato ocorrido
- DÉBITO: descrição do valor que será somado ou subtraído ao saldo da conta representada pela ficha
- CRÉDITO: descrição do valor que será subtraído ou somado ao saldo da conta representada pela ficha
- Saldo: diferença entre o somatório dos débitos e o somatório dos créditos
- D/C: indicação da natureza do saldo (D – devedor e C – credor)

Exemplo: Entre outros itens, no patrimônio da Cia. São Paulo, constavam Móveis e Utensílios adquiridos, em 03/05/X1, por $ 14.000. Em 16/05/X2, a empresa adquire, à vista, uma mesa para uso no escritório no valor de $ 1.300. Assim, no livro Razão, na ficha da conta Móveis e Utensílios, teremos o seguinte:

TÍTULO: Móveis e Utensílios							
DATA	**Nº**	**CP**	**Histórico**	**DÉBITO**	**CRÉDITO**	**Saldo**	**D/C**
03/05/X1	3	–	Saldo anterior	–	–	14.000	D
16/05/X2	94	Caixa	compra	1.300	–	15.300	D

EXERCÍCIO RESOLVIDO 1: (Técnico da Receita Federal/Esaf)

Itens:

– Título

– Estorno

– Ativo

– Data da Operação

– Saldo

– Situação Líquida

– Valor do Débito

– Valor do Crédito

– Local

Os elementos essenciais da Conta constantes dos itens relacionados são em número de:

a) oito;

b) cinco;

c) seis;

d) sete;

e) quatro.

(SOLUÇÃO)

<u>Da relação</u>, os elementos essenciais da Conta no livro Razão são:

– *Título*

– *Data da Operação*

– *Saldo*

– *Valor do Débito*

– *Valor do Crédito*

*Logo, são em número de 5 (cinco) → **(Opção b)***

7. Funcionamento das Contas

Conforme visto anteriormente, as contas credoras, ou seja, contas que só podem ter saldo credor, aumentam de saldo com o crédito e diminuem com o débito. As contas devedoras, ou seja, contas que só podem ter saldo devedor, aumentam de saldo com o débito e diminuem com o crédito. Assim:

CONTA	DÉBITO	CRÉDITO
ATIVO	aumenta	diminui
RETIFICADORA DO ATIVO	diminui	aumenta
PASSIVO EXIGÍVEL e PL	diminui	aumenta
RETIFICADORAS do PASSIVO EX. e PL	aumenta	diminui
DESPESAS	aumenta	diminui
RECEITAS	diminui	aumenta

Obs.: Ao passo que as contas patrimoniais são bilaterais, isto é, no decorrer do período, ora são debitadas, ora são creditadas, as contas de resultado são unilaterais, isto é, no decorrer do período, ou só são normalmente debitadas (no caso das despesas), ou só são normalmente creditadas (no caso das receitas). Assim, por exemplo, se entra valor no caixa da empresa, a conta *CAIXA* é debitada, e, ao sair valor, é creditada. Em operações normais, quando ocorre uma *DESPESA*, esta somente é debitada; quando ocorre uma *RECEITA*, esta somente é creditada. As despesas e receitas só serão, respectivamente, creditadas e debitadas em ocasiões especiais. Uma dessas ocasiões é na apuração do Resultado do Exercício, que é feita ao fim do exercício social, onde as contas de despesas e receitas devem ser encerradas (zeradas), respectivamente, por créditos e débitos. Outra ocasião especial se dá no caso de erros cometidos na contabilização de fatos que envolvam despesas e receitas. Neste caso, as contas representativas de despesas e receitas poderão ser *ESTORNADAS* (anuladas), respectivamente, através de créditos e débitos.

Exemplos:

1) A empresa Silvestre S/A depositou R$ 900 em sua conta corrente. Assim, para a contabilização de tal fato serão usadas duas contas: *BCM* (*Bancos Conta Movimento*) e *Caixa*. Lembrando que ambas as contas são do ativo, teremos:

BCM ←————————

Entram R$ 900 = Aumento de saldo (débito)

CAIXA ————————→

Saem R$ 900 = Diminuição de saldo (crédito)

2) A Cia. LX adquiriu mercadorias no valor de R$ 320, sendo metade à vista e metade a prazo, com aceite de uma duplicata de R$ 160. Logo, desconsiderando quaisquer impostos nesta aquisição, para a contabilização de tal fato, serão utilizadas três contas: *Mercadorias, Caixa* e *Duplicatas a Pagar.* Assim, lembrando que as duas primeiras contas são do ativo e a última é conta do passivo, teremos:

MERCADORIAS ←

Entram R$ 320 = Aumento de saldo (débito)

CAIXA →

Saem R$ 160 = Diminuição de saldo (crédito)

DUPLICATAS A PAGAR ←

Entram R$ 160 = Aumento de saldo (crédito)

3) A empresa industrial ROMA Ltda. pagou com cheque a seu fornecedor uma duplicata de R$ 800, mais juro de mora de 5%, por atraso do pagamento. Logo, para a contabilização do referido fato, serão utilizadas três contas: *Duplicatas a Pagar, Juros Passivos* (ou *Despesas de Juros*) e *BCM* (*Bancos Conta Movimento*). Assim, lembrando que a primeira conta é do passivo, a segunda é uma conta de despesa e a terceira é uma conta do ativo, teremos:

DUPLICATAS A PAGAR →

Saem R$ 800 = Diminuição de saldo (débito)

JUROS PASSIVOS ←

Entram R$ 40 = Aumento de saldo (débito)

BCM →

Saem R$ 840 = Diminuição de saldo (crédito)

NOTA: Nos exemplos anteriores, observemos que, na contabilização dos fatos, o valor total de débitos sempre corresponde ao valor total dos créditos. Isto é consequência imeditata do PRINCÍPIO DAS PARTIDAS DOBRADAS (ou DIGRAFIA), o qual afirma que não há devedor sem credor e vice-versa.

8. Contas de Resultado

Ao passo que as contas patrimoniais são consideradas permanentes, pois enquanto houver saldo as mesmas existirão, as contas de resultado são consideradas transitórias, visto que, ao fim de cada exercício social, estas serão encerradas, isto é, terão os seus saldos zerados, a fim de que se possa apurar o RESULTADO DO EXERCÍCIO (lucro ou prejuízo). Para que isso ocorra, é necessário que se crie uma conta transitória chamada *REX (Resultado do Exercício)*, a qual será debitada em contrapartida com os créditos em todas as despesas, e creditada em contrapartida com os débitos em todas as receitas, fazendo assim com que todas as contas de resultado tenham saldo zero ao fim do exercício social.

Exemplos:

1) Uma empresa, cujo exercício social coincide com o ano-calendário, apropria os salários dos empregados, ao fim de cada mês, e os paga, no início do próximo. Supondo que a folha mensal totalize $ 5.000, teremos:

Janeiro:

Após a apropriação: Salários a Pagar = $ 5.000/Despesas de Salários = $ 5.000

Fevereiro:

Após o pagamento: Salários a Pagar = ZERO/Despesas de Salários = $ 5.000

Após a apropriação: Salários a Pagar = $ 5.000/Despesas de Salários = $ 10.000

Março:

Após o pagamento: Salários a Pagar = ZERO/Despesas de Salários = $ 10.000

Após a apropriação: Salários a Pagar = $ 5.000/Despesas de Salários = $ 15.000

Abril:

Após o pagamento: Salários a Pagar = ZERO/Despesas de Salários = $ 15.000

Após a apropriação: Salários a Pagar = $ 5.000/Despesas de Salários = $ 20.000

Dezembro:

Após o pagamento: Salários a Pagar = ZERO/Despesas de Salários = $ 55.000

Após a apropriação: Salários a Pagar = $ 5.000/Despesas de Salários = $ 60.000

⇨ ***Antes do encerramento das contas de resultado:***

Salários a Pagar = $ 5.000 e Despesas de Salários = $ 60.000

Salários	
60.000	

Salários a Pg	
	5.000

⇨ ***Após o encerramento das contas de resultado:***

Salários a Pagar = $ 5.000 e Despesas de Salários = ZERO.

Salários		*Salários a Pg*		*REX*	
60.000	60.000*		5.000	*60.000	

saldo "ZERO"

NOTA: No exemplo acima, observemos que o saldo da conta *Despesas de Salários* acumula até o encerramento do exercício social, onde não só o seu saldo, mas também os saldos de todas as contas de resultado serão **encerrados** (zerados), em contrapartida com a conta *RESULTADO DO EXERCÍCIO.*

2) Suponhamos que, ao final de um exercício social, uma empresa tenha apurado os seguintes saldos das contas de resultado:

	$
Vendas	98.000
ICMS s/Vendas	11.000
Custo das Mercadorias Vendidas	42.000
Salários	27.000
Aluguéis Ativos	16.000
Juros Ativos	2.000
Juros Passivos	1.000
Despesas Gerais	9.000

– Transpondo para os razonetes, teremos:

Vendas		ICMS		CMV		Salários	
	98.000	11.000		42.000		27.000	

Alug. Ativos		Juros Ativos		Desp. Gerais		Juros Passivos	
	16.000		2.000	9.000		1.000	

NOTA: Lembremos que *Vendas, Aluguéis Ativos e Juros Ativos* são contas representativas de **receitas**, portanto têm **saldo credor** (lado direito razonete). Lembremos também que *ICMS, CMV, Salários, Juros Passivos e Despesas Gerais* são contas representativas de **despesas**, portanto têm **saldo devedor** (lado esquerdo do razonete).

Portanto, para encerrarmos as contas anteriores, devemos creditar todas as despesas e debitar todas as receitas em contrapartida com a conta transitória *REX* (**Resultado do Exercício**), também chamada de *ARE* (**Apuração do Resultado**).

Vendas	
(1) 98.000	98.000

ICMS	
11.000	11.000 (2)

CMV	
42.000	42.000 (2)

Alug.Ativos	
(1) 16.000	16.000

Juros Ativos	
(1) 2.000	2.000

Juros Passivos	
1.000	1.000 (2)

Desp. Gerais	
9.000	9.000 (2)

Salários	
27.000	27.000 (2)

REX	
(2)11.000	98.000 (1)
(2) 42.000	16.000 (1)
(2) 1.000	2.000 (1)
(2) 9.000	
(2) 27.000	
	26.000

Obs.: No exemplo anterior, observemos que os saldos de todas as contas de resultado ficaram iguais a ZERO, razão pela qual caracterizamos tais contas como contas transitórias, isto é, contas que têm a existência limitada ao exercício social, o qual, segundo o art. 175 da Lei nº 6.404/1976, tem a duração de 1 ano. Observemos também que o saldo da conta *REX* ficou **credor** em $ 26.000, significando, desta forma, um LUCRO, visto que o total de receitas ultrapassou ao total de despesas. Caso contrário, o saldo da conta *REX* seria devedor, significando um PREJUÍZO.

NOTA: A conta REX (Resultado do Exercício) também pode ser chamada de ARE (Apuração do Resultado).

Logo em seguida, a conta *REX* também será encerrada. Mas, imediatamente antes, caso haja *Contribuição Social sobre o Lucro* e/ou *Imposto de Renda* e/ou *Participações Estatutárias sobre o Lucro*, a conta *REX* deverá ser debitada em contrapartida às despesas geradas por estas contas do passivo exigível. Após tais débitos, a conta *REX* será imediatamente encerrada em contrapartida com a conta *Lucros (ou Prejuízos) Acumulados*.

Assim, suponhamos os seguintes valores:

Contribuição Social sobre o Lucro Líquido (CSLL)	2.000	Contas do PASSIVO (credores)
Imposto de Renda (IR)	4.000	
Participações de Empregados a Pagar (PEP)	1.600	
Participações de Administradores a Pagar (PAP)	1.200	
Participação de Debenturistas a Pagar (PDP)	1.000	

Transpondo para os razonetes as despesas geradas por essas obrigações, teremos:

CSLL (despesa)	
2.000	2.000 (3)

IR (despesa)	
4.000	4.000 (3)

Desp. c/ PEP	
1.600	1.600 (3)

Des. c/ PAP	
1.200	1.200 (3)

Desp. c/ PDP	
1.000	1.000 (3)

REX	
(3) 2.000	26.000
(3) 4.000	
(3) 1.600	
(3) 1.200	
(3) 1.000	
	16.200

(Lucro Líquido) ←

O saldo final da conta *REX* corresponde ao *Lucro Líquido.* Na transferência deste para a conta *Lucros (ou Prejuízos) Acumulados*, creditamos esta e, em contrapartida, debitamos a conta *REX, sendo esta, portanto, encerrada também*. Assim, nos razonetes, teremos:

Lucros Acum.	
	16.200 (4)

REX	
(4) 16.200	16.200

→ *saldo ZERO*

Obs.: Os $ 16.200 transferidos para a conta Lucros Acumulados deverão, logo em seguida, ser transferidos para outras contas, tais como contas representativas de reservas de lucros e de dividendos a pagar aos acionistas, ficando assim com saldo ZERO e, portanto, não compondo o PL no balanço patrimonial.

9. Contas de Compensação

São contas utilizadas para registro de acontecimentos que não afetam o patrimônio da empresa (atos administrativos). Assim, se uma empresa envia duplicatas ao banco, no valor de $ 900, para cobrança simples, tal acontecimento não altera o patrimônio. Este só será alterado quando o banco efetivamente receber as duplicatas para a empresa. Porém, o controle de tal acontecimento será feito através de contas de compensação da seguinte forma:

Endossos para Cobrança	
	900 (1)

Bancos Conta Cobrança	
(1) 900	

As contas *Bancos Conta Cobrança* e *Endossos para a Cobrança* não são contas patrimoniais, e, muito menos, contas de resultado. São contas **extrapatrimoniais**, isto é, contas de compensação. A primeira é uma conta de compensação do ativo, por isso é debitada. A segunda é uma conta de compensação do passivo, por isso é creditada. Ressalte-se, porém, que tais termos (ativo e passivo) são meras convenções, nada tendo a ver com o passivo e o ativo do patrimônio. O termo "compensação" é devido a uma compensar a outra, isto é, o débito de uma é compensado com o crédito de outra. Dessa forma, a não utilização de contas de compensação dificultaria o controle de acontecimentos extrapatrimoniais (atos administrativos). No exemplo dado, se tal registro não fosse efetuado, poderia não se saber se as duplicatas encontram-se na empresa ou no banco.

Quando o banco recebesse as referidas duplicatas para a empresa, seriam feitos dois lançamentos: um, para o registro do recebimento; outro, para o registro da baixa no sistema de compensação. Assim, supondo que as contas *Bancos Conta Movimento* e *Duplicatas a Receber*, antes do recebimento, estivessem, respectivamente, com saldos de $ 11.000 e $ 27.000, após o recebimento:

Registro do recebimento das duplicatas:

Bancos Conta Movimento	
11.000	
(2) 900	
11.900	

Duplicatas a Receber	
27.000	900 (2)
26.100	

Registro da baixa no sistema de compensação:

Endossos para Cobrança	
(3) 900	900

Bancos Conta Cobrança	
900	900 (3)

10. Plano de Contas

10.1. Conceito

O PLANO DE CONTAS é o conjunto composto pela relação ordenada e codificada das contas utilizadas pela entidade, bem como de todas as normas e procedimentos adotados pelo seu sistema contábil, objetivando servir como guia e meio de padronização, a fim de facilitar a análise e elaboração dos registros e demonstrações contábeis.

Cada empresa deverá elaborar o seu próprio plano de contas, de acordo com o seu porte, ramo de atividades e quaisquer outros fatores que determinem características peculiares relacionadas com seus controles internos e sistemas contábeis.

Basicamente, o que irá determinar uma maior ou menor quantidade de informações contidas num plano de contas é o grau de exigência de seus usuários, o qual está diretamente vinculado à complexidade das operações realizadas pela empresa.

10.2. Composição

Um plano de contas é composto, basicamente, pelos seguintes elementos:

- Elenco das contas
- Manual das contas

Nada impede, porém, que, além dos elementos supracitados, um plano de contas possa vir a ter outras informações, tais como modelos padronizados de demonstrações contábeis e outros quadros técnicos.

10.3. Elenco das Contas

É a estrutura do plano de contas. Compreende a relação ordenada e codificada de todas as contas utilizadas pela entidade.

No caso das empresas, a ordenação do plano de contas deve ser de acordo com o disposto na Lei nº 6.404/1976. No caso de entidades ligadas a setores da economia de relevante controle governamental, tais como órgãos públicos, instituições financeiras e seguradoras, o plano de contas é padronizado pelos respectivos órgãos de fiscalização.

A codificação começa no grupo e termina na conta. Exemplo:

ATIVO ⟶ *Grupo*

1.1. ATIVO CIRCULANTE ⟶ *Subgrupo (primeiro grau)*

1.1.1. DISPONIBILIDADES *Subgrupo (segundo grau)*

1.1.1.1. Caixa ⟶ *Conta (primeiro grau)*

1.1.1.1.1. Caixa Matriz
1.1.1.1.2. Caixa Filial A
1.1.1.1.3. Caixa Filial B
⟶ *Contas (segundo grau) → subcontas*

1.1.1.2. Bancos Conta Movimento ⟶ *Conta (primeiro grau)*

1.1.1.2.1. Banco do Brasil
1.1.1.2.2. ITAÚ
1.1.1.2.3. BANERJ,
etc.
⟶ *Contas (segundo grau)*

10.4. Manual de Contas

Sua função é explicar o uso correto de cada conta componente do plano de contas, definindo os seguintes elementos:

- *FUNÇÃO DAS CONTAS*, isto é, razão de sua existência.
- *FUNCIONAMENTO DAS CONTAS*, isto é, quando a conta será debitada e quando será creditada, bem como seu saldo.

11. Balancete de Verificação

O BALANCETE DE VERIFICAÇÃO, ou simplesmente BALANCETE, é uma relação de contas e seus respectivos saldos extraídos do livro Razão, com objetivo de verificar a igualdade matemática entre os saldos devedores e credores, os quais são consequência da igualdade matemática dos valores debitados e creditados nos lançamentos contábeis efetuados no período.

Basicamente, um balancete é composto por duas colunas numéricas: uma coluna para os saldos devedores e uma coluna para os saldos credores. Também podem ser utilizados balancetes com mais de duas colunas numéricas.

Quanto ao momento de elaboração, existem dois tipos de balancetes:

1) BALANCETE DE VERIFICAÇÃO INICIAL – É aquele levantado antes do encerramento das contas de resultado, ou seja, antes da **apuração** contábil do resultado do exercício (lucro ou prejuízo). Consequentemente, nesse balancete, aparecerão contas patrimoniais e contas de resultado. Tal balancete poderá estar sujeito a AJUSTES (depreciação de bens, apropriação de despesas antecipadas etc.).

2) BALANCETE DE VERIFICAÇÃO FINAL – É aquele levantado após a **apuração** e **distribuição** do resultado do exercício. Nesse balancete, aparecerão apenas contas patrimoniais, visto que as contas de resultado já foram zeradas (encerradas) na apuração contábil do resultado. Consequentemente, esse balancete dará origem ao balanço patrimonial.

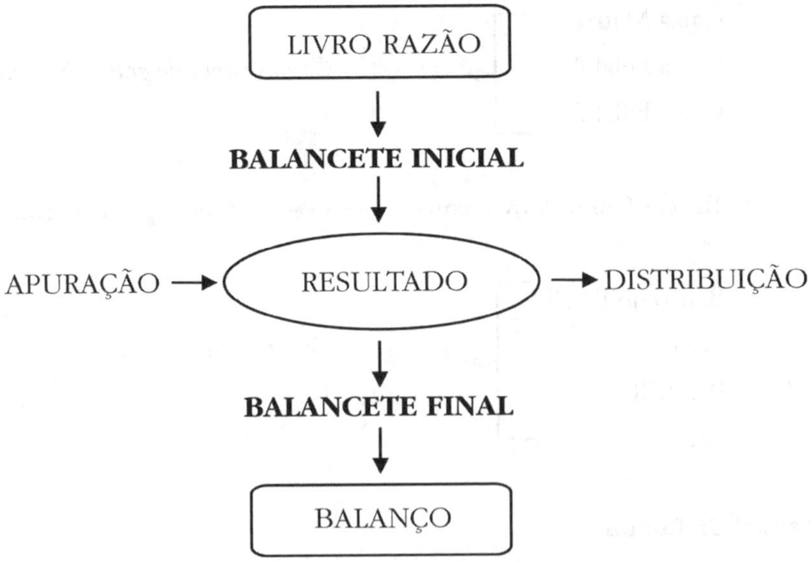

Exemplo:

A) BALANCETE INICIAL – em 31/12/X1 (valores em $):

CONTAS	DÉBITO	CRÉDITO
Caixa	8.300	–
IR (despesa do 1º ao 3º trimestre de X1)	3.700	–
Duplicatas a Pagar	–	30.000
Salários	24.000	–
Juros Ativos	–	3.000
Veículos	30.000	–
CMV	26.000	–
Capital	–	28.000
Mercadorias	16.000	–
Salários a Pagar	–	2.000
Reservas de Lucros	–	4.000
Seguros a Vencer	3.000	–
Duplicatas a Receber	26.000	–
Vendas	–	99.000
ICMS s/Vendas	9.000	–
Bancos	21.000	–
Despesas Gerais	11.000	–
Depreciação Acumulada	–	12.000
TOTAL	178.000	178.000

B) APURAÇÃO contábil do REXAIR (Resultado do Exercício Antes do Imposto de Renda), mediante o encerramento das contas de resultado, supondo que o balancete anterior esteja sujeito aos seguintes ajustes:

- Depreciação dos veículos em 20%.
- Os seguros a vencer referem-se ao período de 12 meses, a contar de setembro de X1.

Cálculo dos AJUSTES:

Depreciação = 20% de 30.000 = 6.000

Despesas de Seguros = (3.000 ÷ 12) × 4 = 1.000

– Lançamentos dos AJUSTES:

Depreciação	
(1) 6.000	

Seguros	
(2) 1.000	

Seguros a Vencer	
3.000	1.000 (2)
2.000	

Deprec. Acumulada	
	12.000
	6.000 (1)
	18.000

– ENCERRAMENTO das contas de resultado:

Vendas	
(3) 99.000	99.000

Juros Ativos	
(3) 3.000	3.000

CMV	
26.000	26.000 (4)

Salários	
24.000	24.000 (4)

Despesas Gerais	
11.000	11.000 (4)

Depreciação	
6.000	6.000 (4)

Seguros	
1.000	1.000 (4)

ICMS	
9.000	9.000 (4)

REX	
(4) 26.000	99.000 (3)
(4) 24.000	3.000 (3)
(4) 11.000	
(4) 6.000	
(4) 1.000	
(4) 9.000	
	25.000

↓ REXAIR

C) APURAÇÃO DO RESULTADO DO EXERCÍCIO (Lucro Líquido), supondo o IR (Imposto de Renda) do 4º trimestre de X1 no valor de R$ 1.300,00, tendo em vista que a empresa é tributada pelo IR trimestralmente, pagando esse imposto sempre no mês subsequente ao trimestre (o IR do 4º trimestre de X1 será pago em janeiro de X2) e <u>desconsiderando</u> a existência da CSLL (Contribuição Social sobre o Lucro Líquido):

IR a Pagar (4º trim.)	
	1.300 (5)

IR (despesa de X1)	
3.700	5.000 (6)
(5) 1.300	

REX	
(6) 5.000	25.000
	20.000

↓ **Lucro Líquido**

D) <u>DISTRIBUIÇÃO</u> DO *RESULTADO DO EXERCÍCIO*, SUPONDO AS SEGUINTES DESTINAÇÕES:

10% para a formação de Reservas de Lucros;

25% para Dividendos a Pagar;

65% para aumento do Capital Social da empresa.

– DIAGRAMA GENÉRICO DE DISTRIBUIÇÃO:

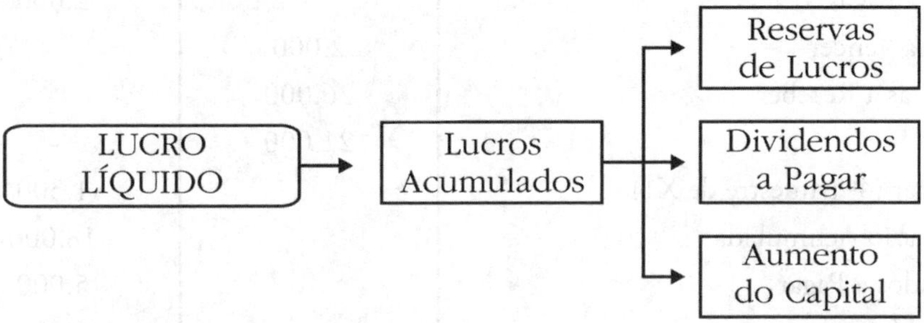

Do diagrama acima, observemos que a primeira coisa a fazer para distribuir o resultado é transferir o *Lucro Líquido* <u>integralmente</u> para a conta *Lucros Acumulados*, encerrando desta forma a conta *REX*. Após isso, haverá efetivamente a distribuição do resultado, conforme supracitado. Maiores detalhes sobre *Reservas de Lucros* serão vistos no Capítulo 12. Também, maiores detalhes sobre distribuição do resultado serão vistos no Capítulo 14.

REX	
(7) 20.000	20.000

Reservas de Lucros	
	4.000
	2.000 (8)
	6.000

Capital	
	28.000
	13.000 (8)
	41.000

Lucros Acumulados	
(8) 2.000	20.000 (7)
(8) 5.000	
(8) 13.000	
	Zero

Dividendos a Pagar	
	5.000 (8)

E) BALANCETE FINAL – em 31/12/X1

CONTAS	DÉBITO	CRÉDITO
Caixa	8.300	–
Duplicatas a Pagar	–	30.000
Veículos	30.000	–
Capital Social	–	41.000
Mercadorias	16.000	–
Salários a Pagar	–	2.000
Seguros a Vencer	2.000	–
Duplicatas a Receber	26.000	–
Bancos	21.000	–
IR a Pagar (4º trimestre de X1)	–	1.300
Depreciação Acumulada	–	18.000
Dividendos a Pagar	–	5.000
Reservas de Lucros	–	6.000
TOTAL	**103.300**	**103.300**

F) BALANÇO PATRIMONIAL – em 31/12/X1

ATIVO		PASSIVO	
CIRCULANTE		**CIRCULANTE**	
Caixa	8.300	Salários a Pagar	2.000
Bancos	21.000	Duplicatas a Pagar	30.000
Mercadorias	16.000	IR a Pagar	1.300
Duplicatas a Receber	26.000	Dividendos a Pagar	5.000
Seguros a Vencer	2.000		38.300
	73.300		
NÃO CIRCULANTE		**PATRIMÔNIO LÍQUIDO**	
Veículos	30.000	Capital Social	41.000
Depreciação Acumulada	(18.000)	Reservas de Lucros	6.000
	12.000		47.000
TOTAL DO ATIVO	85.300	**TOTAL DO PASSIVO**	85.300

EXERCÍCIO RESOLVIDO 2: (Técnico da Receita Federal) Em relação ao Balanço Patrimonial e ao Balancete de Verificação que lhe deu origem, é certo afirmar:

a) A soma da coluna de débitos no balancete é sempre igual ao Ativo do balanço.
b) A soma da coluna de créditos do balancete é sempre igual à soma do Passivo Exigível com o Patrimônio Líquido no balanço.
c) Todas as contas que aparecem no balancete sempre aparecem também no balanço.
d) Todas as contas que aparecem no balanço sempre aparecem também no balancete.
e) No balanço, a soma das contas do Ativo é igual à soma das contas do Passivo Exigível mais a soma das contas do Patrimônio Líquido. No balancete, isso nem sempre acontece.

(SOLUÇÃO)

Tanto o balancete inicial quanto o balancete final dão origem ao balanço patrimonial. O primeiro, de forma indireta, pois nele as contas de resultado ainda estão presentes. O segundo, de forma direta, isto é, todas as contas nele presentes aparecerão no balanço e vice-versa. Assim:

a) INCORRETA, pois no balancete final as contas retificadoras do passivo exigível e patrimônio líquido têm saldo devedor.
b) INCORRETA, pois no balancete final as contas retificadoras do ativo têm saldo credor.
c) INCORRETA, pois no balancete inicial as contas de resultado estão presentes e estas não aparecem no balanço.
d) INCORRETA, pois no balanço aparece, por exemplo, a conta Dividendos a Pagar e no balancete inicial esta normalmente não está presente. Só estará no balancete final.
e) CORRETA, pois no balanço o total do ativo é sempre igual ao total do passivo. No balancete inicial, visto que o resultado ainda não foi incorporado às contas do patrimônio líquido, essa igualdade normalmente não acontece.

(Opção e)

EXERCÍCIO RESOLVIDO 3: (Petrobras/Cesgranrio) A Cia. Novo Horizonte S.A., ao levantar o balancete de verificação, em 31/12/96, apurou, na coluna de créditos, o montante de R$ 2.665.873,45. Neste balancete, entretanto, constavam as seguintes informações:

■ Contas retificadoras do Ativo	R$ 274.512,33
■ Contas retificadoras do Patrimônio Líquido	R$ 107.694,12

Para efeito de apuração do Balanço Patrimonial da empresa, em 31/12/96, pode-se afirmar que o total do Ativo, em reais, foi de:

a) 2.283.667,00;
b) 2.391.361,12;
c) 2.499.055,24;
d) 2.558.179,33;
e) 2.832.691,66.

(SOLUÇÃO)

Se o total de créditos foi de R$ 2.665.873,45, o total de débitos foi o mesmo.

As contas retificadoras do PL, por serem devedoras, devem ser subtraídas do total de débitos, visto que não fazem parte do Ativo, sendo este devedor. Logo:

***Ativo (não retificado)** = R$ 2.665.873,45 – R$ 107.694,12 = R$ 2.558.179,33*

Ativo = Ativo (não retificado) – contas retificadoras do Ativo

Ativo = R$ 2.558.179,33 – R$ 274.512,33 = R$ 2.283.667,00 ***(Opção a)***

EXERCÍCIO RESOLVIDO 4: (Controladoria Geral do Município – RJ/FJG) Ao liquidar uma dívida da empresa:

a) o seu débito diminuirá;

b) a sua dívida aumentará;

c) o seu crédito aumentará;

d) o seu débito permanecerá;

e) o seu crédito diminuirá.

(SOLUÇÃO)

Não devemos confundir débito da empresa com débito da conta. As contas do passivo são credoras, porém, representam débitos (dívidas) da empresa. Desta forma, ao liquidar uma dívida (dívida = débito) a empresa estará diminuindo o seu débito. ***(Opção a)***

EXERCÍCIO RESOLVIDO 5: (Técnico da Receita Federal/Esaf) A equação contábil envolve os conceitos de Ativo, Passivo e Situação Líquida, Receitas e Despesas, expressos de forma matemática, considerando que os elementos devedores são positivos e os elementos credores são negativos. Desse modo, considerando a natureza devedora ou credora dos elementos constantes de um balancete, pode-se dizer que a equação contábil geral é a seguinte:

a) Bens + Direitos – Passivo – Patrimônio Líquido + Receitas – Despesas = 0

b) Bens + Direitos – Passivo + Patrimônio Líquido + Receitas – Despesas = 0

c) Bens + Direitos – Passivo + Patrimônio Líquido – Receitas + Despesas = 0

d) Bens + Direitos – Passivo – Patrimônio Líquido – Receitas – Despesas = 0

e) Bens + Direitos – Passivo – Patrimônio Líquido – Receitas + Despesas = 0

(SOLUÇÃO)

Em todo balancete: ***Débitos = Créditos****, logo:*

Bens + Direitos + Despesas = Passivo + PL + Receitas, ou

B + D – P – PL – Receitas + Despesas = 0 ***(Opção e)***

EXERCÍCIO RESOLVIDO 6: Um lançamento de pagamento de duplicatas, sem juro ou desconto, feito em duplicidade pode acarretar:

a) um não fechamento do balancete de verificação;
b) um não fechamento do balanço;
c) uma subavaliação do patrimônio líquido;
d) um prejuízo;
e) um saldo credor na conta caixa.

(SOLUÇÃO)

a) Se lançarmos o débito com valor dobrado, o crédito também terá valor dobrado. Logo, o balancete continuará fechando.

b) Se o balancete fecha, o balanço também fechará.

c) Se sair do ativo o mesmo valor que sair do passivo, o patrimônio líquido não sofrerá alteração.

d) Só haverá prejuízo, se o total de despesas ultrapassar o total de receitas. No pagamento de duplicatas, não há despesas.

e) Se, por exemplo, a conta Caixa tiver com saldo devedor de $ 5.000, e o pagamento de uma duplicata de $ 4.000 for registrado, por equívoco, em duplicidade, a conta Caixa iria apresentar um saldo credor de $ 3.000, o que evidentemente seria um absurdo, apesar de o balancete fechar. ***(Opção e)***

EXERCÍCIO RESOLVIDO 7: (Técnico da Receita Federal/Esaf) Na conferência física do dinheiro depositado em cofre verificou-se que havia ali R$ 300,00, enquanto que o saldo contábil da conta Caixa era de R$ 400,00. Justificou-se a divergência com a seguinte constatação:

a) Houve omissão de escrituração de vendas no valor de R$ 100,00.
b) Uma nota de compra de R$ 50,00 foi escriturada como sendo de venda.
c) Um adiantamento salarial de R$ 100,00 foi escriturado duas vezes.
d) Um cheque emitido para suprimento de caixa, no valor de R$ 100,00, não foi escriturado.
e) Houve omissão de escrituração de compras no valor de R$ 50,00.

(SOLUÇÃO)

a) *Se houvesse omissão de escrituração de vendas no valor de R$ 100, haveria R$ 100 a menos do que o dinheiro existente, ficando o saldo contábil da conta Caixa com R$ 200, e não com R$ 400.*

b) *Se uma nota de compra de R$ 50 fosse escriturada como sendo de venda, o saldo contábil de caixa ficaria superavaliado no dobro, isto é, R$ 100, ficando assim com R$ 400.* ***(Opção b)***

c) *Um adiantamento salarial de R$ 100 escriturado duas vezes acarretaria R$ 100 a menos no saldo contábil de caixa, ficando este com R$ 200, e não com R$ 400.*

d) *A omissão da escrituração de um cheque de R$ 100 para suprimento de caixa faria com que o saldo contábil de caixa ficasse com R$ 100 a menos do que o dinheiro existente, isto é, R$ 200.*

e) *A omissão da escrituração de compras no valor de R$ 50 faria com que o saldo contábil de caixa ficasse com R$ 50 a mais do que o dinheiro existente, isto é, R$ 350.*

Exercícios de Fixação

1. Julgue as afirmativas.

– Para apurarmos o patrimônio de uma entidade, recorremos às contas patrimoniais.

– Para apurarmos o resultado (lucro ou prejuízo) de uma entidade, recorremos às contas de resultado.

– As contas patrimoniais são as contas que representam os bens, direitos, obrigações ou patrimônio líquido de uma entidade.

– As contas de resultado são aquelas que representam as despesas ou as receitas de uma entidade, num determinado período.

Assim, estão corretas:

a) uma;

b) duas;

c) três;

d) quatro;

e) nenhuma.

2. Marque a afirmativa incorreta.

a) As contas do passivo são credoras, pois representam débito da entidade.

b) A conta *Salários* é uma conta de resultado, pois representa uma despesa.

c) A conta *Duplicatas a Pagar* tem saldo devedor, pois representa um débito da empresa.

d) A conta *Duplicatas a Receber* é uma conta do ativo, tem saldo devedor e representa um crédito da empresa.

e) A conta *Juros Ativos* é uma conta de resultado, visto que representa uma receita.

3. (Auditor-Fiscal da Receita Federal do Brasil/ Esaf) O balancete de verificação evidencia

a) os estornos efetuados no período;

b) a igualdade matemática dos lançamentos efetuados no período;

c) a configuração e classificação correta dos itens contábeis;

d) o registro dos movimentos individuais das contas contábeis no período;

e) os lançamentos no período, quando efetuados de forma correta no período.

4. Segundo a teoria materialista, as contas são classificadas como integrais ou diferenciais. Representa uma conta diferencial a conta:

a) Despesas de Salários;

b) Mercadorias;

c) Fornecedores;

d) Caixa;

e) Juros a Vencer.

5. **(TRF – Técnico da Receita Federal/Esaf – Escola de Administração Fazendária) Quanto à classificação da conta "Impostos a Recolher", pode-se dizer que ela é uma conta:**
   a) integral, de saldo credor;
   b) integral, de saldo devedor;
   c) patrimonial, de saldo devedor;
   d) diferencial, de saldo credor;
   e) diferencial, de saldo devedor.

6. **(Técnico de Finanças e Controle/Esaf) Ao final do mês de abril, algumas contas da escrituração da "Empresa Ária" ostentavam os seguintes saldos: Salários: $ 11.000; Salários a Pagar: $ 12.000; Despesas de Seguros: $ 16.500; e Despesas de Seguros a Vencer: $ 5.000,00. Com esses dados, pode-se afirmar que a "Empresa Ária" tinha:**
   a) despesas de $ 44.500,00;
   b) dívidas de $ 39.500,00;
   c) despesas de $ 39.500,00;
   d) despesas de $ 27.500,00;
   e) dívidas de $ 17.000,00.

7. **(Técnico de Finanças e Controle/Esaf) A Conta Caixa apresentava um saldo de $ 250.000. A empresa realizou apenas uma operação e, após o lançamento, o saldo do Caixa passou a ser de $ 130.000,00. Nesse caso, pode-se afirmar com certeza que houve:**
   a) o pagamento de uma dívida;
   b) o pagamento de uma despesa;
   c) o recebimento de um crédito;
   d) um débito na Conta Caixa;
   e) um crédito na Conta Caixa.

8. **Marque a opção que indica uma conta "retificadora" do passivo.**
   a) Juros a Vencer.
   b) Aluguéis a Vencer.
   c) Seguros a Vencer.
   d) Prêmios a Amortizar na Emissão de Debêntures.
   e) Provisão para Contingências Fiscais.

9. **(Técnico de Finanças e Controle/Esaf) Aumentam o saldo das Contas do Patrimônio Líquido, Ativo e Passivo os lançamentos nelas efetuados que representem, pela ordem:**
   a) crédito, débito, crédito;
   b) débito, débito, crédito;
   c) crédito, crédito, débito;
   d) débito, crédito, débito;
   e) crédito, crédito, crédito.

10. **(TRF/Esaf) Assinale a alternativa que contém a assertiva correta:**
   a) A conta "Salários a Pagar" é uma conta de despesa, pois representa a parte dos salários que ainda não foi paga.
   b) A conta "Fornecedores" tem saldo credor, porque representa um débito da empresa.
   c) A conta "Clientes" tem saldo devedor, porque representa um débito da empresa.
   d) A conta "Fornecedores" representa uma dívida da empresa, por isso é uma conta de saldo devedor.
   e) A conta "Clientes" representa um direito da empresa, por isso é uma conta de saldo credor.

11. A conta "Gastos na Emissão de Ações" é:

a) retificadora do PL e tem saldo devedor;
b) retificadora do PL e tem saldo credor;
c) retificadora do ativo e tem saldo credor;
d) retificadora do passivo exigível e tem saldo devedor;
e) do PL e tem saldo credor.

12. (Agente Fiscal da Receita Municipal – RS/Esaf) Numa empresa comercial, o montante do saldo devedor das contas patrimoniais foi de R$ 229.530,00. Ao iniciar os procedimentos para levantamento do Balanço Patrimonial, o contador verificou existirem contas retificadoras do ativo no valor de R$ 38.430,00 e contas retificadoras do patrimônio líquido no valor de R$ 14.890,00.

Com base nestas informações, podemos afirmar que o total do ativo será de:

a) R$ 214.640,00;
b) R$ 229.530,00;
c) R$ 191.100,00;
d) R$ 176.210,00;
e) R$ 244.420,00.

13. (TRF/Esaf) Segundo a Teoria Personalista, as contas são classificadas em:

a) contas integrais e contas diferenciais;
b) contas do proprietário e contas de agentes consignatários;
c) contas do proprietário e contas de agentes;
d) contas patrimoniais e contas de resultado;
e) contas patrimoniais, contas de agentes consignatários e contas de agentes correspondentes.

14. Marque a opção que indica uma conta de resultado.

a) Compras.
b) Adiantamentos de Clientes.
c) Aluguéis Pagos Antecipadamente.
d) Juros Ativos a Transcorrer.
e) Amortização Acumulada.

15. (TRF/Esaf) A operação de venda de um veículo ainda não depreciado feita sem lucro ou prejuízo é registrada contabilmente mediante o seguinte lançamento:

a) Débito de Contas a Pagar e crédito de Veículos.
b) Débito de Veículos e crédito de Caixa.
c) Débito de Veículos e crédito de Contas a Receber.
d) Débito de Contas a Receber e crédito de Veículos.
e) Débito de Veículos e crédito de Contas a Pagar.

16. **(TRF/Esaf) Na relação abaixo:**
RECEITAS FINANCEIRAS;
ORDENADOS A PAGAR;
DESPESAS PAGAS ANTECIPADAMENTE;
ESTOQUES DE MERCADORIAS e
FORNECEDORES,
temos:
a) uma conta patrimonial e quatro integrais;
b) duas contas de resultado e três patrimoniais;
c) três contas diferenciais e duas de resultado;
d) uma conta de resultado e quatro patrimoniais;
e) três contas de resultado e duas patrimoniais.

17. **(TRF/Esaf) Assinale a alternativa que contém contas cujos saldos no Balanço Patrimonial são devedores.**
a) Fornecedores/Honorários a Pagar;
b) Duplicatas a Receber/Móveis e Utensílios;
c) Lucros Acumulados/Contas a Pagar;
d) Capital Social Subscrito/ICMS a Recolher;
e) Duplicatas a Pagar/Aluguéis a Pagar.

18. **(TRF/Esaf) Representa uma obrigação a conta:**
a) Prêmio de Seguros;
b) Seguros a Pagar;
c) Seguros a Vencer;
d) Seguros Contratados;
e) Seguros Pagos Antecipadamente.

19. **A conta Lucros Acumulados:**
a) deve ficar com saldo zero após as destinações do resultado;
b) pode ter saldo devedor, se o resultado do exercício for negativo;
c) é retificadora do patrimônio líquido;
d) é creditada nas transferências para constituição de reservas;
e) é debitada nas reversões de reservas anteriormente constituídas.

20. **(TRF/Esaf) O saldo credor da conta Caixa:**
a) é inadmissível numa escrituração regular e correta;
b) pode ocorrer nos casos de fornecimento de vales a empregados;
c) pode ocorrer nos casos de omissão de escrituração de compras à vista;
d) pode ocorrer nos casos de lançamento em duplicidade de vendas à vista;
e) pode ocorrer nos casos de desfalques de dinheiro sofridos pela empresa.

21. (TRF/Esaf) Na apuração do resultado do exercício social as contas de:

a) custos e despesas são debitadas em contrapartida de uma conta transitória;

b) receitas são creditadas em contrapartida de uma conta transitória;

c) custos e despesas são creditadas em contrapartida de uma conta transitória;

d) receitas são creditadas em contrapartida de conta de Lucros ou Prejuízos Acumulados;

e) receitas são creditadas e as de despesas e custos são debitadas em contrapartida de uma conta transitória.

22. (Controladoria Geral do Município – RJ/FJG) Observe as contas abaixo: Marcas e Patentes; Contas a Pagar; Capital Social; Ações em Tesouraria; Depreciação Acumulada; Financiamentos a Longo Prazo; Receitas Antecipadas; Duplicatas a Receber. Quantas são as contas de natureza devedora?

a) 2.

b) 3.

c) 4.

d) 5.

e) 1.

23. (TRF/Esaf) Em relação às contas de Resultado, pode-se afirmar que:

a) uma despesa, quando paga à vista, representa uma redução de Ativo e um aumento de Passivo;

b) uma despesa, paga antecipadamente, provoca uma redução no Ativo e na Situação Líquida;

c) uma receita, recebida à vista, provoca um aumento de Ativo e uma redução de Passivo;

d) uma receita, realizada para recebimento futuro, representa uma redução de Passivo e um aumento de Situação Líquida;

e) uma despesa, quando realizada para pagamento futuro, representa um aumento de Passivo, sem qualquer redução ou acréscimo em valores do Ativo.

24. Não é necessariamente conta retificadora do PL:

a) Capital a Realizar;

b) Ajustes de Avaliação Patrimonial;

c) Gastos na Emissão de Ações;

d) Prejuízos Acumulados;

e) Ações em Tesouraria.

25. (Esaf) Observe as seguintes contas:

Caixa	**$ 18.000**
Fornecedores	**$ 40.000**
Despesas de Juros	**$ 10.000**
Capital Social	**$ 15.000**
Contas a Pagar	**$ 30.000**
Clientes	**$ 20.000**

Assinale abaixo o total de saldos credores da relação das contas acima:

a) $ 40.000;

b) $ 45.000;

c) $ 55.000;

d) $ 70.000;

e) $ 85.000.

26. (Técnico de Finanças e Controle/Esaf) Considere os dados a seguir:

1/2/93: compra à vista de Mercadorias no valor de $ 120.000;

1/2/93: pagamento com 10% de desconto de duplicata no valor de $ 200.000, conforme cheque emitido contra o Banco do Brasil;

1/2/93: pagamento de folha de pessoal, de janeiro, no valor de $ 80.000 em moeda corrente;

1/2/93: vendas à vista no valor de $ 300.000;

1/2/93: vendas a prazo no valor de $ 700.000;

2/2/93: saldo inicial de $ 200.000.

O saldo inicial da Conta Caixa, em 1/2/1993, era de:

a) zero;
b) $ 20.000;
c) $ 100.000;
d) $ 280.000;
e) $ 220.000.

27. (Esaf) Assinale a opção que agrupa apenas Contas de Resultado.

a) Receita de Juros, Capital Social, Despesa de Seguros.
b) Caixa, Despesa de Propaganda, Material de Consumo.
c) Despesas de Juros, Receitas de Comissões, Receitas de Aluguel.
d) Juros a Pagar, Mercadorias e Receita de Vendas.
e) Despesa de Água, Receita de Juros e Impostos a Recolher.

28. (Esaf) Classifique as contas abaixo relacionadas, quanto à natureza do saldo, assinalando a seguir a opção correspondente.
Caixa, Receita de Juros, Dividendos a Pagar, Vendas, Capital Social, Salários, Despesas de Comissões, Contas a Receber, Reserva Legal, Clientes.
A relação de contas acima contém:

a) quatro contas patrimoniais e seis de resultado, sendo cinco de saldo devedor e cinco de saldo credor;
b) cinco contas patrimoniais e cinco de resultado, sendo cinco de saldo devedor e cinco de saldo credor;
c) seis contas patrimoniais e quatro de resultado, sendo seis de saldo devedor e quatro de saldo credor;
d) cinco contas patrimoniais e cinco de resultado, sendo quatro de saldo devedor e seis de saldo credor;
e) seis contas patrimoniais e quatro de resultado, sendo cinco de saldo devedor e cinco de saldo credor.

29. Não é conta de resultado:

a) Compras;
b) Vendas;
c) Custo das Mercadorias Vendidas;
d) Depreciação Acumulada;
e) Amortização.

30. Em relação ao Balanço e ao Balancete, marque a opção incorreta.

a) No balancete levantado após o encerramento das contas de resultado, a soma da coluna dos débitos não é necessariamente igual à soma do ativo no balanço.

b) Nem todas as contas patrimoniais que aparecem no balancete levantado antes do encerramento das contas de resultado aparecem necessariamente no balanço.

c) Todas as contas que aparecem no balanço também aparecem no balancete levantado após o encerramento das contas de resultado e vice-versa.

d) A soma da coluna dos créditos no balancete levantado após o encerramento das contas de resultado é igual ao total do passivo exigível mais o passivo não exigível.

e) Nem todas as contas que podem aparecer no balancete final aparecem necessariamente no balancete inicial.

31. (TRF/Esaf) Os saldos das contas Caixa e Bancos no dia 1º/5/1991 eram, respectivamente, de $ 70.000 e $ 240.000.

Sabendo-se que, no período:

- **foram feitos depósitos bancários no montante de $ 500.000;**
- **foram feitos saques em conta-corrente bancária no valor de $ 580.000, em dinheiro;**
- **não foram feitos outros créditos na conta Caixa;**
- **se no dia 31/5/1991 o saldo da conta Caixa era de $ 150.000, pode-se afirmar que os valores totais de débitos à conta Caixa e o saldo da conta Bancos eram, em 31/5/1991, respectivamente, de:**

a) $ 70.000 e $ 160.000;

b) $ 150.000 e $ 160.000;

c) $ 500.000 e $ 500.000;

d) $ 580.000 e $ 160.000;

e) $ 580.000 e $ 500.000.

32. (Técnico em Contabilidade/Ministério da Marinha) Toda despesa será debitada, pois:

a) aumenta o Passivo;

b) aumenta o Ativo;

c) diminui o Patrimônio Líquido;

d) diminui o Passivo;

e) diminui o Passivo e o Patrimônio Líquido.

33. (TRF/Esaf) Ao final do expediente de um dia de trabalho, um empregado da empresa X furtou-lhe todo o dinheiro existente em cofre. Os fatos contábeis ocorridos naquele dia foram os seguintes:

- **recolhimento de contribuição à Previdência Social no valor de $ 300.000, acrescido de 10% de multa moratória feito mediante cheque sacado contra o Banco da Cidade;**
- **recebimentos de clientes, decorrentes de duplicatas conservadas em carteira, no valor de $ 200.000;**
- **fornecimento de vales a empregados, no valor de $ 100.000;**
- **pagamento de despesas diversas – $ 50.000.**

Sabendo-se que o saldo de caixa do dia anterior era de $ 320.000, conclui-se que o empregado furtou:

a) $ 40.000;
b) $ 50.000;
c) $ 70.000;
d) $ 200.000;
e) $ 370.000.

34. (TRF/Esaf) O registro contábil do evento mencionado na questão anterior (furto) far-se-á mais apropriadamente, debitando-se a conta:

a) Despesas com Pessoal;
b) Despesas Gerais;
c) Encargos Sociais;
d) Prejuízos Eventuais;
e) Perdas de Capital.

35. (Técnico Judiciário – Supremo Tribunal Militar/UnB) O registro contábil da compra de bens para o imobilizado pelo valor de R$ 10.000, sendo 30% desse valor à vista e 70% para pagamento em 30, 60 e 90 dias, fora o mês da compra, deve corresponder a um débito em imobilizado:

a) a um crédito nas disponibilidades e um débito em contas a pagar;
b) a outro em disponibilidades e um crédito em contas a pagar;
c) a outro em contas a pagar e um crédito em disponibilidades;
d) a um crédito em contas a receber e outro em disponibilidades;
e) a um crédito nas disponibilidades e outro em contas a pagar.

36. Marque a opção que indica uma conta que ao ser debitada aumenta de saldo.

a) Juros a Vencer;
b) Capital Social;
c) Aluguéis Ativos;
d) Aluguéis Ativos a Vencer;
e) Depreciação Acumulada.

37. (Tribunal de Contas – RJ/Fesp) A conta "Despesas com Vendas", quando debitada, provoca:

a) o aumento das obrigações;
b) a diminuição das obrigações;
c) o aumento do patrimônio líquido;
d) a diminuição do patrimônio líquido.

38. (Técnico em Contabilidade/Ministério da Marinha) Um balancete de verificação apresentava-se com os seguintes saldos de contas: Caixa $ 170.000; Mercadorias $ 450.000; Duplicatas a Pagar $ 800.000; Reservas de Capital $ 20.000; Capital $ 600.000; Móveis e Utensílios $ 45.000; Duplicatas a Receber $ 35.000.
Foi omitido o saldo da conta Imóveis. Calcule-o e, a seguir, assinale a alternativa correspondente.

a) $ 680.000.
b) $ 720.000.
c) $ 700.000.
d) $ 650.000.
e) $ 950.000.

39. (TRF/Esaf)

1) Adiantamentos de Clientes
2) Bancos
3) Caixa
4) Duplicatas a Pagar
5) Edifícios de Uso
6) Fornecedores
7) Máquinas Fabris
8) Mercadorias
9) Notas Promissórias a Pagar
10) Receitas de Vendas
11) Salários a Pagar
12) Terrenos

Levando-se em conta os dados acima, assinale a opção que indica, pelos números de ordem, exclusivamente contas que se classificam no ativo.

a) 1, 4, 7, 10.
b) 2, 5, 8, 12.
c) 3, 6, 9, 12.
d) 4, 7, 10, 12.
e) 5, 8, 11, 12.

40. (Técnico em Contabilidade/Ministério da Marinha) A rubrica Duplicatas a Receber, conforme a Teoria Contábil, é uma conta:

a) diferencial;
b) de resultado;
c) mista;
d) patrimonial;
e) de reserva.

41. (Técnico de Finanças e Controle/Esaf) O recebimento de duplicatas com juros tem o seguinte lançamento contábil:

a) Débito de juros e de duplicatas e crédito de caixa.
b) Débito de caixa e crédito de juros e de duplicatas.
c) Débito de duplicatas e crédito de juros e de caixa.
d) Débito de juros e de caixa e crédito de duplicatas.
e) Débito de caixa e de duplicatas e crédito de juros.

42. Seja a relação de contas:

1) Juros a Receber
2) Juros a Transcorrer
3) Juros Pagos Antecipadamente
4) Juros a Vencer
5) Juros Ativos
6) Juros Ativos a Vencer
7) Juros Recebidos Antecipadamente
8) Juros a Pagar
9) Juros Passivos

A soma dos números que precedem as contas devedoras é:

a) 15;
b) 16;
c) 17;
d) 18;
e) 19.

43. Num balancete, a soma da coluna de débitos excedeu em $ 4.000 a soma da coluna de créditos. Marque a opção que não justificaria tal fato.

a) Lançamento de uma conta devedora de $ 5.000 como se fosse $ 9.000.
b) Lançamento de uma conta credora de $ 6.000 como se fosse $ 2.000.
c) Lançamento de uma conta credora de $ 2.000 na coluna dos débitos.
d) Lançamento de uma conta devedora de $ 4.000 em duplicidade.
e) Omissão de uma conta credora de $ 2.000.

44. A Indústria de Calçados Paquetá S/A, ao levantar o balancete de verificação referente ao encerramento do exercício social, em 31/12/X2, apurou, na coluna de créditos, o montante de R$ 97.000. Sabe-se que neste balancete constavam as seguintes informações:
Contas retificadoras do Ativo = R$ 11.000
Contas retificadoras do Patrimônio Líquido = R$ 5.000
Assim, na elaboração do Balanço, em 31/12/X2, o total do Ativo foi de:

a) R$ 86.000;
b) R$ 92.000;
c) R$ 81.000;
d) R$ 91.000;
e) R$ 103.000.

45. Seja o patrimônio:

Caixa	**27.000**
Fornecedores	**100.000**
Bancos	**63.000**
Mercadorias	**?**
Móveis e Utensílios	**150.000**
Capital	**250.000**
Duplicatas a Receber	**100.000**
Salários a Pagar	**?**
Reservas	**50.000**

Considerando os dados acima e sabendo-se que o Capital Alheio é igual ao Ativo Fixo, pode-se afirmar que o valor do saldo da conta Mercadorias excede o valor do saldo da conta Salários a Pagar em:

a) $ 60.000;
b) $ 50.000;
c) $ 40.000;
d) $ 30.000;
e) $ 20.000.

46. Um aprendiz de contabilidade, ao fazer um balancete, cometeu quatro erros, dos quais três deles foram imediatamente identificados:

1º – O saldo da conta Alguéis a Pagar, no valor de $ 4.500, foi lançado na linha certa, porém na coluna errada.

2º – O saldo da conta Seguros a Vencer, no valor de $ 6.500, foi lançado na linha errada porém na coluna certa.

3º – O saldo da conta Despesas de Seguros, no valor de $ 1.300, foi lançado na linha errada, porém na coluna certa.

O quarto erro não foi imediatamente identificado, porém verificou-se que o total da coluna de crédito excedeu em $ 11.000 a coluna de débito. Assim, marque a opção que indica o fato que poderia gerar o quarto erro.

a) Lançamento de Clientes no valor de $ 10.000, na coluna dos créditos.

b) Lançamento de uma conta de saldo credor de $ 8.000 como se fosse $ 23.500.

c) Lançamento de uma conta de saldo devedor de $ 24.000 como se fosse $ 8.500.

d) Lançamento de Veículos no valor de $ 30.000 como se fosse $ 19.000.

e) Nada disso.

47. O aprendiz de contador da empresa Gama, para fazer o balancete, elaborou em rascunho a seguinte relação de contas e saldos:

CONTAS	Saldo Devedor	Saldo Credor
Depesas de Juros	1.000	–
Aluguéis Passivos	1.000	–
Receita de Comissões	–	2.000
Caixa	3.000	–
Mercadorias	4.000	–
Clientes	–	5.000
Depreciação Acumulada	6.000	–
Depreciação	–	7.000
Adiantamentos a Fornecedores	–	8.000
Fornecedores	–	9.000
Salários	10.000	–
Ajustes de Avaliação Patrimonial	–	11.000
Juros Ativos	12.000	–
Capital Social	–	13.000
Veículos	14.000	–

Considerando que o valor de cada saldo está certo, se as contas acima forem classificadas corretamente, pode-se afirmar que:

a) o balancete não fecha, pois há uma diferença de $ 4.000 entre os saldos devedores e credores, com crédito a maior;

b) o balancete fecha com a soma de $ 53.000, tanto nos saldos devedores como nos credores;

c) o balancete não pode fechar, pois os saldos das contas Depreciação, Depreciação Acumulada e Aluguéis Passivos estão classificados com inversão de posição;

d) o balancete fecha com a soma de $ 47.000, tanto nos saldos devedores como nos saldos credores;

e) o balancete não pode fechar, pois os saldos das contas Adiantamentos a Fornecedores, Salários e Aluguéis Passivos estão classificados com inversão de posição.

48. Com relação à conta *IPI a Recuperar*, marque a opção incorreta.

a) É uma conta do Ativo Circulante.
b) Tem saldo devedor.
c) Representa um crédito.
d) É comum num plano de contas de uma empresa industrial.
e) Se for creditada, aumenta de valor.

49. (TRF/Esaf - Adaptada) Contas de um plano de contas de uma Companhia Comercial:
1) Serviços Prestados por Terceiros
2) Juros Passivos
3) Prêmios de Seguros a Vencer
4) Adiantamentos de Clientes
5) Empréstimos Compulsórios
6) Honorários da Diretoria
7) Imposto de Renda a Pagar
8) Fornecedores
9) Créditos de Coligadas e Controladas
Se apresentarem saldo, devem constar do Balanço Patrimonial, sem exceção alguma, as contas referentes aos números:

a) 1, 3, 4, 5, 8 e 9;
b) 3, 4, 5, 6, 7, 8 e 9;
c) 3, 4, 5, 7, 8 e 9;
d) 1, 3, 4, 7 e 8;
e) 2, 3, 4, 5 e 8.

50. Ao se fazer a auditoria da conta Caixa da Empresa Irmãos Metralhas S/C Ltda., foram identificadas as seguintes irregularidades:

1) Houve uma omissão de escrituração de vendas à vista no valor de $ 860.
2) Uma retirada bancária para suprimento de caixa no valor de $ 410 foi escriturada como se fosse um depósito bancário.
3) Houve uma omissão de escrituração de compras à vista no valor de $ 150.
4) Uma compra à vista no valor de $ 230 foi escriturada como se fosse venda.
5) Um adiantamento salarial de $ 420 foi escriturado duas vezes.

Além das irregularidades supracitadas, ainda havia mais uma, a qual não foi imediatamente identificada. Sabendo-se que o saldo irregular de Caixa no Razão era de $ 1.100 e na conferência física do numerário existente em cofre apurou-se $ 2.900, marque a opção que justificaria a irregularidade não identificada.

a) Omissão de uma compra à vista no valor de $ 310.
b) Duplo registro do recebimento de uma duplicata de $ 105.
c) Lançamento de um depósito bancário de $ 155 como se fosse uma retirada.
d) Lançamento de uma retirada bancária de $ 155 como se fosse um depósito.
e) Desfalque de caixa no valor de $ 310.

51. Ao se fazer auditoria numa empresa comercial, foram constatadas as seguintes irregularidades:

- **uma nota de compra à vista de R$ 800 foi escriturada como sendo de venda;**
- **Um cheque emitido para suprimento de caixa no valor de R$ 300 não foi escriturado;**
- **um adiantamento salarial de R$ 200 foi escriturado duas vezes;**
- **houve omissão de escrituração de vendas no valor de R$ 900.**

Supondo que não houve desfalque de caixa, se o saldo contábil de caixa, antes das retificações das irregularidades, era de R$ 1.200, após as retificações tal saldo será de:

a) R$ 1.000;
b) R$ 1.400;
c) R$ 600;
d) R$ 1.100;
e) R$ 1.500.

52. (TRF/Esaf) Os títulos que estão relacionados abaixo em ordem alfabética constam do Plano de Contas da empresa S/A Mera & Simples.

Ações de Coligadas
Ações em Tesouraria
Capital a Integralizar
Capital Social
Depósito Bancário
Despesas Antecipadas
Duplicatas Descontadas
Duplicatas a Pagar
Duplicatas a Receber
Empréstimos Bancários
Estoque de Mercadorias
Receitas Antecipadas
Venda de Mercadorias

Observando-se a relação acima podemos dizer que ela contém:

a) 1 conta de passivo, 5 contas de ativo e 7 contas de patrimônio liquido;
b) 6 contas de saldos credores e 7 contas de saldos devedores;
c) 3 contas de resultado e 10 contas patrimoniais;
d) 3 contas de agente consignatário, 4 contas de agente correspondente e 6 contas do proprietário;
e) 2 contas integrais credoras, 5 contas integrais devedoras e 6 contas diferenciais.

53. Em 31 de dezembro de 20X1, o contador da firma ZÊ LTDA. apresenta as seguintes contas e saldos, extraídos do livro Razão:

CONTAS	SALDOS
Caixa	**250**
Duplicatas a Pagar	**650**
Reservas de Lucros	**130**
Aluguéis Passivos	**140**

Comissões Ativas	**30**
Receita de Juros	**110**
Impostos a Recolher	**300**
Veículos	**900**
Custo das Vendas	**600**
Receita de Vendas	**900**
Despesas de Juros	**130**
Clientes	**360**
Móveis e Utensílios	**540**
Capital Social	**950**
Impostos Federais	**200**
Salários	**450**
Fornecedores	**880**
FGTS a Recolher	**200**

Conferimos essa listagem e verificamos que o balancete não está fechado, pois a soma dos saldos devedores não está com valor igual à soma dos saldos credores. Mesmo assim, certificamo-nos que as contas diferenciais estão todas representadas com saldos corretos na relação acima. Deste modo, podemos afirmar que o Patrimônio Líquido contido na listagem apresentada soma o valor de:

a) R$ 800,00;
b) R$ 710,00;
c) R$ 600,00;
d) R$ 910,00;
e) R$ 1.080,00.

54. **Marque a opção abaixo que indica conta que não necessariamente tem saldo credor:**

a) Aluguéis Ativos a Vencer;
b) Vendas;
c) Capital Social;
d) Reserva de Lucros a Realizar;
e) Ajustes Acumulados de Conversão.

55. **(Cedae – Técnico de Contabilidade/Fesp-RJ) O Balancete de Verificação da empresa Linda S/A, referente ao exercício social encerrado em 31/12/2000, tem o somatório dos saldos devedores totalizando R$ 2.424.000. Para fins de apresentação do Balanço Patrimonial, as contas retificadoras do Ativo e do Patrimônio Líquido, constantes no citado balancete, somaram:**
Retificadoras do Ativo = R$ 212.200
Retificadoras do Patrimônio Líquido = R$ 81.400
Tomando por base esses elementos, conclui-se que o total do Ativo no Balanço Patrimonial de 31/12/2000 foi de:

a) R$ 2.130.400;
b) R$ 2.211.800;
c) R$ 2.293.200;
d) R$ 2.342.600.

56. (Cedae – Técnico de Contabilidade/Fesp-RJ) O objetivo principal do Plano de Contas é:

a) mostrar as variações patrimoniais da sociedade;
b) apresentar as demonstrações contábeis de forma ordenada;
c) levantar o resultado do exercício da sociedade;
d) possibilitar o registro ordenado e consistente das transações da sociedade.

57. (Petrobras – Administrador Pleno/Cesgranrio) João e José Silva resolveram constituir a Empresa Irmãos Silva Ltda., em 1º/7/2004, com capital social de R$ 10.000,00, totalmente integralizado em dinheiro. As primeiras operações da empresa foram:

- **aquisição de móveis e utensílios por R$ 8.000,00, sendo pagos no ato R$ 2.000,00 e o restante a ser pago em três prestações mensais iguais e sucessivas;**
- **aquisição de um computador usado, à vista, por R$ 1.000,00;**
- **aquisição de mercadorias para revenda, a prazo, por R$ 5.000,00;**
- **obtenção de um empréstimo bancário de R$ 3.000,00, recebido em dinheiro, na "boca" do caixa;**
- **pagamento, em dinheiro, de uma das três parcelas da compra de móveis e utensílios descrita acima.**

Após estas operações, o saldo da conta Caixa da empresa, em reais, passou a ser de:

a) 6.000,00, credor;
b) 6.000,00, devedor;
c) 8.000,00, devedor;
d) 8.000,00, credor;
e) 10.000,00, devedor.

58. A Cia. Beta apresentou o seguinte Balancete, em janeiro de 2005:

Contas	Saldos
Depreciação Acumulada	4.000,00
Caixa	2.000,00
Capital Social	110.000,00
Adiantamento de Salários	18.000,00
Duplicatas a Pagar	3.000,00
Móveis e Utensílios	15.000,00
Fornecedores a Pagar	20.000,00
Adiantamento a Fornecedores	20.000,00
Instalações	75.000,00
Salários e Encargos a Pagar	5.000,00
Estoque de Mercadorias	25.000,00
Empréstimos a Pagar (LP)	15.000,00
Bancos Conta Movimento	12.000,00
Reserva Legal	10.000,00

Com base nos dados acima, a soma, em reais, do saldo das contas que possuem natureza devedora será de:

a) 167.000,00;
b) 163.000,00;
c) 155.000,00;
d) 152.000,00;
e) 132.000,00.

59. (Auditor do Tesouro Municipal do Recife/Esaf) A empresa Grandeza Ltda., ao providenciar a conciliação bancária, constatou os seguintes fatos:

- **o saldo da conta do Banco do Brasil, no extrato, era de R$ 255,00;**
- **cheques emitidos pela empresa e não apresentados ao banco, no valor de R$ 200,00;**
- **cheques depositados pela empresa e não consignados em conta pelo Banco, no valor de R$ 150,00;**
- **despesas apropriadas pelo Banco e não informadas em tempo hábil para contabilização, no valor de R$ 10,00.**

Considerando as informações acima, o valor do saldo contábil na escrituração da empresa era de:

a) R$ 95,00;
b) R$ 215,00;
c) R$ 295,00;
d) R$ 315,00;
e) R$ 595,00.

60. (Cedae – Técnico de Contabilidade/Fesp-RJ) A empresa Omega tem saldo de R$ 950,00 no Banco da Praça, conforme extrato bancário de 31/5/2001. Na mesma data, o razão da conta Bancos c/ Movimento – Banco da Praça apresentava saldo de R$ 990,00. A conciliação bancária sinaliza:

a) débitos bancários ainda não contabilizados pela Omega;
b) créditos bancários não contabilizados pela Omega;
c) cheques contabilizados pela Omega e não debitados no banco;
d) créditos contabilizados pela Omega e creditados no banco.

61. (Auditor Interno – RJ – Araruama/IPDEP) A receita na venda de serviços foi registrada na conta de despesas administrativas. Como consequência:

a) a receita de serviços e a despesa administrativa estavam subavaliadas;
b) a receita de serviços estava subavaliada e a despesa superavaliada;
c) a receita de serviços estava subavaliada e a despesa não operacional subavaliada;
d) a receita de serviços estava superavaliada.

62. (Analista de Finanças e Controle – CGU/Esaf) A Ciência Contábil estabeleceu diversas teorias doutrinárias sobre as formas de classificar os componentes do sistema contábil, que são denominadas "Teoria das Contas". Sobre o assunto, indique a opção <u>incorreta</u>.

a) Segundo a "Teoria Personalística", são exemplos de contas do proprietário as contas de receitas e de despesas.
b) Na "Teoria Personalística", as contas dos agentes consignatários são as contas que representam os bens, no ativo.
c) Na contabilidade atual, há o predomínio da "Teoria Patrimonialista", que classifica o ativo e passivo como contas patrimoniais.
d) Na "Teoria Materialística", as contas traduzem simples ingressos e saídas de valores, que evidenciam o ativo, sendo este representado pelos valores positivos, e o passivo representado pelos valores negativos.
e) A "Teoria Materialística" divide as contas em Integrais e de Resultado.

63. (Analista de Finanças e Controle – CGU/Esaf) O Balancete de Verificação de uma empresa apresenta as seguintes contas e respectivos saldos ao final do exercício social (31.12.20X8):

Móveis e Utensílios	530
Bancos	4.000
Vendas	50.000
Duplicatas a Pagar	6.000
Despesas de Salários	10.000
Contas a Receber	8.000
Despesas de Juros	2.000
Receitas de Serviços	17.000
Despesa de Aluguel	3.000
Prejuízos Acumulados	4.000
Edifícios de Uso	12.000
Custo das Vendas	40.000
Empréstimos a Pagar	3.000

Com base nos dados acima e nas regras de apuração de resultado, pode-se afirmar que:

a) após a apuração do resultado, os Prejuízos Acumulados foram transformados em Lucros Acumulados de 12.000;
b) o Lucro do Período foi de 52.000;
c) o Capital Social é de 7.530;
d) o Patrimônio Líquido é de 8.000;
e) o Ativo e o Passivo somam 33.000.

64. (Tribunal Regional Federal – 4ª Região – Analista Judiciário/ FCC) O contador da Cia. Nordeste recebeu o extrato bancário da empresa enviado pelo Banco América Central, no qual constava um saldo credor de R$ 55.000,00 na conta-corrente. O saldo da conta-corrente registrado no Livro Razão da entidade era devedor no valor de R$ 52.200,00. Ao efetuar a conciliação bancária, o contador anotou os fatos abaixo:

I. Recebimento de duplicatas em cobrança no banco no valor de R$ 3.400,00, não registradas na contabilidade.

II. Depósitos de cheques efetuados pela companhia ainda não creditados pelo banco no valor de R$ 700,00.

III. Despesas bancárias no valor de R$ 500,00 não registradas na contabilidade.

IV. Emissão de cheques pela companhia no valor de R$ 600,00 não descontados ainda no banco.

Após o procedimento de conciliação bancária, tendo sido feitos os respectivos ajustes na escrituração contábil, o saldo correto da conta corrente a ser demonstrado no Livro Razão foi, em R$, de:

a) 55.600,00;
b) 55.100,00;
c) 55.700,00;
d) 54.400,00;
e) 56.100,00.

CAPÍTULO 5

ATOS E FATOS

1. ATOS ADMINISTRATIVOS

Os eventos ocorridos no processo de gestão de uma entidade podem ou não alterar o seu patrimônio. Aos eventos que não alteram o patrimônio da entidade, denominamos ATOS ADMINISTRATIVOS.

Exemplos:

- Admissão de funcionários
- Assinatura de um contrato de seguro contra incêndio
- Envio de duplicatas a receber ao banco para cobrança simples etc.

2. FATOS CONTÁBEIS

São todos os eventos ocorridos na gestão de uma entidade que provocam alterações qualitativas e/ou quantitativas no seu patrimônio.

Exemplos:

- Pagamento de salários a funcionários
- Pagamento de seguro contra incêndio
- Recebimento de duplicatas através de cobrança bancária simples etc.

3. CLASSIFICAÇÃO DOS FATOS CONTÁBEIS

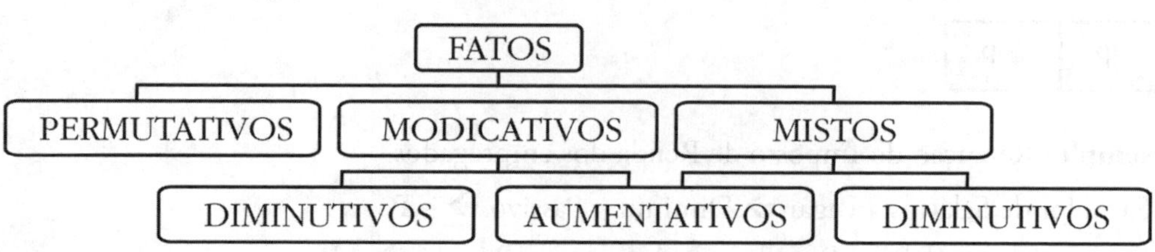

3.1. Fatos Permutativos

São aqueles que não alteram <u>o valor</u> do patrimônio líquido, pois representam apenas permutações entre elementos patrimoniais. Existem cinco modalidades:

+ A	– A

Exemplo: Compra de mercadorias à vista.

- Entram mercadorias no estoque → Aumenta o Ativo → **+ A**
- Sai dinheiro do caixa → Diminui o Ativo → **– A**

Se entra no ativo (Estoque) o mesmo valor que sai (Caixa), o valor do Patrimônio Líquido não se altera, pois há apenas uma troca (permutação) entre dinheiro e mercadorias (variação qualitativa).

+ A	+ P

Exemplo: Compra de mercadorias a prazo.

- Entram mercadorias no estoque → Aumenta o Ativo → **+ A**
- Entra obrigação no passivo → Aumenta o Passivo → **+ P**

Se entra no ativo (Estoque) o mesmo valor que entra no passivo (Fornecedores), pela equação patrimonial PL = A – P, podemos observar matematicamente que o PL não se altera. Daí, um fato permutativo.

– P	– A

Exemplo: Pagamento de duplicatas

- Sai dinheiro do caixa → Diminui o Ativo → **– A**
- Sai obrigação com fornecedores → Diminui o Passivo → **– P**

Se sai do passivo o mesmo valor que sai do ativo, pela equação patrimonial PL = A – P, podemos observar que o PL não se altera.

– P	+ P

Exemplo: Retenção do Imposto de Renda dos empregados.

- Sai valor de Salários a Pagar → Diminui o Passivo → **– P**
- Entra valor em IRRF a Recolher → Aumenta o Passivo → **+ P**

Se sai do passivo o mesmo valor que entra, não há variação quantitativa do mesmo, e, consequentemente, não há variação no valor do PL.

– PL	+ PL

Exemplo: Aumento do Capital Social com a utilização de Reservas de Capital.

- Entra valor no Capital Social ➔ Aumenta o PL ➔ **+ PL**
- Sai valor de Reservas de Capital ➔ Diminui o PL ➔ **– PL**

Se sai do PL o mesmo valor que entra, não há variação quantitativa deste, apenas variação qualitativa.

3.2. Fatos Modificativos

3.2.1. Diminutivos

São aqueles que diminuem o valor do patrimônio líquido. Existem duas modalidades:

– PL	– A

Exemplo: Pagamento de despesas

- Sai dinheiro do caixa ➔ Diminui o Ativo ➔ **– A**
- Há uma despesa ➔ Diminui o lucro ➔ Diminui o PL ➔ **– PL**

Se sai um valor do ativo, sem entrar neste ou sem sair do passivo o mesmo valor, pela equação patrimonial PL = A – P, podemos concluir que o PL diminui. Daí, um fato modificativo diminutivo.

– PL	+ P

Exemplo: Apropriação de salários.

- Há uma despesa (Despesa de Salários) ➔ Diminui o PL ➔ **– PL**
- Entra obrigação (Salários a Pagar) ➔ Aumenta o Passivo ➔ **+ P**

Se entra uma obrigação, sem haver saída de outra do mesmo valor, ou entrada de um ativo do mesmo valor, pela equação patrimonial PL = A – P, podemos observar que o patrimônio líquido diminui.

NOTA: De forma geral, o pagamento de qualquer despesa sempre conduz a um fato modificativo diminutivo do tipo – PL | –A, desde que tal despesa seja relativa ao mesmo período do pagamento. Assim, se a empresa paga o aluguel de maio no próprio mês de maio, pelo regime de competência, a Despesa de Aluguel ocorre em maio. Porém, se o aluguel de maio só for pago em junho, em maio a empresa apropria o aluguel, gerando *Despesas de Aluguel*, e, ao mesmo tempo, contabiliza a obrigação de pagar o aluguel, gerando *Aluguéis a Pagar*, ocorrendo, portanto, um fato modificativo diminutivo do tipo –PL | + P. No mês seguinte, o aluguel será pago, gerando um fato permutativo do tipo –P | – A, pois a saída da obrigação é simultânea à saída do dinheiro.

3.2.2. Aumentativos

São aqueles que aumentam a situação líquida patrimonial. Existem duas modalidades:

+ A	+ PL

Exemplo: Recebimento de receita.

- Entra dinheiro → Aumenta o Ativo → + A
- Há uma receita → Aumenta o lucro → Aumenta o PL → + PL

Se entra valor no ativo (Caixa), sem qualquer outra saída no ativo ou entrada no passivo, o patrimônio líquido aumenta.

– P	+ PL

Exemplo: Prescrição de dívida.

- Sai obrigação → Diminui o Passivo → **– P**
- Há uma receita → Aumenta o lucro → Aumenta o PL → **+ PL**

Se sai valor do passivo, pela equação patrimonial PL = A – P, observamos que o patrimônio líquido aumenta.

3.3. Mistos (ou Compostos)

3.3.1. Diminutivos

São aqueles simultaneamente permutativos e modificativos diminutivos. Existem 3 (três) modalidades:

+ A	– A
– PL	

Exemplo: Recebimento de duplicata com desconto.

- Entra dinheiro (Caixa) ➔ Aumenta o Ativo ➔ **+ A**
- Sai direito (Duplicatas a Receber) ➔ Diminui o Ativo ➔ **– A**
- Há uma despesa (Descontos Concedidos) ➔ Diminui o PL ➔ **– PL**

Se, por exemplo, uma duplicata de R$ 600 for recebida com um desconto de 10%, entram no caixa R$ 540 e saem em duplicatas a receber R$ 600. Logo, o Ativo ficará reduzido em R$ 60, e, consequentemente, o Patrimônio Líquido também ficará reduzido no mesmo valor.

– P	– A
– PL	

Exemplo: Pagamento de duplicata com incidência de juro.

- Sai obrigação (Duplicatas a Pagar) ➔ Diminui o Passivo ➔ **– P**
- Sai dinheiro (Caixa) ➔ Diminui o Ativo ➔ **– A**
- Há uma despesa (Juros Passivos) ➔ Diminui o PL ➔ **– PL**

Se, por exemplo, uma duplicata de R$ 400 for paga com juro de 15%, saem do Passivo R$ 400 em duplicatas a pagar e saem do Ativo R$ 460 em dinheiro. Logo, visto que a redução do Ativo é R$ 60 superior à do Passivo, haverá redução do Patrimônio Líquido também neste valor.

– P	+ P
– PL	

Exemplo: Reforma de dívida com incidência de juro.

- Sai a "antiga" obrigação ➔ Diminui o Passivo ➔ – P
- Entra a "nova" obrigação ➔ Aumenta o Passivo ➔ **+ P**
- Há uma despesa (Juros Passivos) ➔ Diminui o PL ➔ **– PL**

Se, por exemplo, uma duplicata de R$ 9.000,00 para 1º de julho for substituída por uma promissória de R$ 9.600,00 para 1º de outubro, o Passivo ficará aumentado em R$ 600,00, e, consequentemente, o PL ficará reduzido em R$ 600,00.

3.3.2. Aumentativos

São aqueles simultaneamente permutativos e modificativos aumentativos. Existem 3 (três) modalidades:

+ A	– A
	+ PL

Exemplo: Recebimento de duplicata com juro.

- Entra dinheiro (Caixa) → Aumenta o Ativo → **+ A**
- Sai direito (Duplicatas a Receber) → Diminui o Ativo → **– A**
- Há uma receita (Juros Ativos) → Aumenta o PL → **+ PL**

Se, por exemplo, uma duplicata de R$ 600 for recebida com um juro de 10%, entram no caixa R$ 660 e saem duplicatas a receber no valor de R$ 600. Logo, como o Ativo ficará aumentado de R$ 60, o Patrimônio Líquido também ficará aumentado do mesmo valor.

<table>
<tr><td rowspan="2">– P</td><td>– A</td></tr>
<tr><td>+ PL</td></tr>
</table>

Exemplo: Pagamento de duplicata com desconto.

- Sai obrigação (Duplicatas a Pagar) → Diminui o Passivo → **– P**
- Sai dinheiro (Caixa) → Diminui o Ativo → **– A**
- Há uma receita (Descontos Obtidos) → Aumenta o PL → **+ PL**

Se, por exemplo, uma duplicata de R$ 800 for paga com desconto de 5%, saem do Passivo R$ 800 em duplicatas a pagar e saem do Ativo R$ 760 em dinheiro. Logo, haverá aumento do Patrimônio Líquido da diferença, que é de R$ 40.

<table>
<tr><td rowspan="2">– P</td><td>+ P</td></tr>
<tr><td>+ PL</td></tr>
</table>

Exemplo: Reforma de dívida com desconto.

- Sai a "antiga" dívida → Diminui o Passivo → **– P**
- Entra a "nova" dívida → Aumenta o Passivo → **+ P**
- Há uma receita (Descontos Obtidos) → Aumenta o PL → **+ PL**

Se, por exemplo, uma duplicata a pagar de R$ 3.000 para junho for substituída por uma promissória a pagar de R$ 2.800 para março do mesmo ano, o patrimônio líquido ficará aumentado pela diferença, que é de R$ 200.

EXERCÍCIO RESOLVIDO 1: (ARF/Esaf) Numa operação em que há o aumento do patrimônio líquido, ocasionado por uma diminuição do passivo superior à diminuição do ativo, o fato contábil pertinente pode ser representado pela:

a) venda de um bem com lucro;

b) colocação de debêntures abaixo do par;

c) quitação de uma dívida com desconto;

d) renovação de dívidas com incidência de juros;

e) prescrição de dívida, sem qualquer contraprestação.

(SOLUÇÃO)

a) *venda de um bem com lucro* → **+ A / – A / + PL**

b) *colocação de debêntures abaixo do par* → **+ A / + P**

c) *quitação de uma dívida com desconto* → **– P / – A / + PL**

d) *renovação de dívida com incidência de juros* → **– P / + P / – PL**

e) *prescrição de dívida, sem qualquer contraprestação* → **– P / + PL**

*Ao quitar-se uma dívida com desconto, diminuem o ativo e o passivo, sendo a diminuição deste último maior, aumentando, portanto, o PL. (**Opção c**)*

Comentário extra: *A colocação de debêntures abaixo do par é a emissão com deságio. Assim, por exemplo, se uma companhia emitir 30.000 debêntures de valor nominal R$ 5,00 cada com deságio de 20%, teríamos os seguintes valores:*

- *Caixa (ou Bancos) → Entram no Ativo 120.000,00 → + A*
- *Debêntures (conta do passivo) → Entram no Passivo 150.000,00 → + P*
- *Deságio a Apropriar (conta retificadora do passivo) → "Saem" do Passivo 30.000,00 → – P*

Assim, resumindo o fato acima, concluímos que o ativo aumentaria de R$ 120.000,00 e o passivo também aumentaria do mesmo valor, ou seja, a modalidade do fato permutativo seria + A/ + P. Para melhor compreensão do conceito de "debêntures" é necessário conhecimentos do Capítulo 12 desta obra.

EXERCÍCIO RESOLVIDO 2: (Auditor de Tributos Municipais – CE/Esaf) Observe a sequência dos fatos contábeis ocorridos numa empresa:

1. aquisição de um veículo de uso, a prazo, por 10.000,00;
2. correção monetária do veículo (índice 1,1000);
3. depreciação do veículo em 20% do valor corrigido;
4. venda do veículo, a prazo, por 8.000,00.

A sequência mostra a ocorrência de fatos contábeis:

a) permutativo – modificativo diminutivo – modificativo diminutivo – misto diminutivo;

b) permutativo – modificativo aumentativo – modificativo diminutivo – misto diminutivo;

c) modificativo aumentativo – modificativo aumentativo – modificativo diminutivo – permutativo;

d) misto aumentativo – permutativo – misto diminutivo – modificativo diminutivo;

e) permutativo – permutativo – permutativo – permutativo.

(SOLUÇÃO)

1. ***+ A / + P*** → *Permutativo*

2. ***+ A / + PL*** → *Modificativo Aumentativo*

3. ***– PL / – A*** → *Modificativo Diminutivo*

4. ***+ A / – A / – PL*** → *Misto Diminutivo, pois, na venda do veículo, houve um resultado de – 800, sendo este valor encontrado pela diferença entre o* ***preço de venda*** *(= 8.000), e o* ***valor contábil do bem****, isto é, custo de aquisição corrigido menos a depreciação (= 10.000 × 1,1 × 0,8 = 8.800).* ***(Opção b)***

EXERCÍCIO RESOLVIDO 3: (ATM-CE/Esaf) O conjunto de fatos a que se refere a questão anterior, ocorridos no mesmo exercício social, provocou a redução do patrimônio líquido da entidade no valor de:

a) 800,00;
b) 1.200,00;
c) 2.000,00;
d) 2.200,00;
e) 3.000,00.

(SOLUÇÃO)

Δ PL = Receita de Correção Monetária – Depreciação – Resultado na Venda

Δ PL = 0,1 × 10.000 – 0,2 × 1,1 × 10.000 – 800 = – 2.000 ***(Opção c)***

EXERCÍCIO RESOLVIDO 4: Fatos Contábeis:

- Pagamento em dinheiro de duplicata de fornecedor.
- Compra de imóvel à vista.
- Depósito de cheque recebido de cliente, em banco.
- Aumento do Capital Social com incorporação de reservas.
- Juros creditados pelo banco, na conta de movimento, referentes a Duplicatas a Receber, cobrança simples, líquidas com atraso.
- Pagamento antecipado de duplicata ao fornecedor com desconto.
- Pagamento de juros de mora por atraso na liquidação de empréstimo bancário.
- Pagamentos de ordenados.
- Venda à vista de ações em tesouraria.
- Adiantamentos de acionistas para futuro aumento de capital.

Obs.: Todos os recolhimentos, em dinheiro ou cheque, são contabilizados na conta CAIXA.

Os lançamentos contábeis dos fatos acima relacionados que não alteram o total do ATIVO são em número de:

a) seis;
b) sete;
c) três;
d) quatro;
e) cinco.

(SOLUÇÃO)

Entre as modalidades de fatos permutativos, modificativos e mistos existentes, aquelas que ***não*** *alteram o valor do Ativo são as seguintes:*

- *Permutativos: +A/– A , +P/–P e +PL/–PL*
- *Modificativos: –P/+PL e –PL/+P*
- *Mistos: –P/–PL/+P e –P/+P/+PL*

1º D – Fornecedores
C – Caixa → *–P/–A* → *diminui o Ativo*
2º D – Imóveis
C – Caixa → *+A/–A* → ***não altera*** *o Ativo*
3º D – BCM
C – Caixa → *+A/–A* → ***não altera*** *o Ativo*
4º D – Reservas
C – Capital Social → *–PL/+PL* → ***não altera*** *o Ativo*
5º D – BCM
C – Juros Ativos → *+A/+PL* → *aumenta o Ativo*
6º D – Duplicatas a Pagar
C – Caixa
C – Descontos Obtidos → *–P/–A/+PL* → *diminui o Ativo*
7º D – Juros Passivos
C – BCM → *–PL/–A* → *diminui o Ativo*
8º D – Despesas de Salários
C – Caixa → *–PL/–A* → *diminui o Ativo*
9º D – Caixa
C – Ações em Tesouraria → *+A/+PL* → *aumenta o Ativo*
10º D – Caixa
C – Adiantamentos de Acionistas → *+A/+P* → *aumenta o Ativo*

Logo, são 3 (três) os fatos que não alteram o Ativo. ***(Opção c)***

EXERCÍCIO RESOLVIDO 5: Considerando o regime de competência, marque a opção que indica fato permutativo:

a) Apropriação de salários.
b) Pagamento dos salários de março no próprio mês.
c) Correção monetária de uma conta do patrimônio líquido.
d) Recebimento do aluguel de maio ao fim desse mês.
e) Reversão de Provisão para Devedores Duvidosos.

(SOLUÇÃO)

a) –PL/+P → modificativo diminutivo
b) –PL/–A → modificativo diminutivo
c) –PL/+PL → permutativo, pois, por um lado, a conta corrigida aumentará o PL pelo valor de sua correção, e, por outro lado, a correção de tal conta irá gerar um débito numa despesa, diminuindo o PL do mesmo valor ***(Opção c)***
d) +A/+PL → modificativo aumentativo
e) +A/+PL → modificativo aumentativo – Será visto no Capítulo 7

EXERCÍCIO RESOLVIDO 6: (TCE – RJ – Analista de Controle Externo/Femperj) O Balanço Patrimonial da Cia. Copa do Mundo S.A. foi publicado em 31.12.2011, apresentando o saldo das contas de forma analítica, com as seguintes informações:

Ativo	31.12.2011	Passivo	31.12.2011
Ativo Circulante	**33.000**	**Passivo Circulante**	**20.000**
Caixa e equivalentes	10.000	Fornecedores	6.000
Clientes	14.000	Salários a Pagar	4.000
Estoques	9.000	Impostos a Recolher	10.000
Ativo Não Circulante	**41.000**	**Patrimônio Líquido**	**54.000**
Ativos Biológicos	16.000	Capital Social	40.000
Intangível	25.000	Reservas de Capital	10.000
		Reservas de Lucro	4.000
Ativo Total	**74.000**	**Passivo + PL**	**74.000**

Durante o ano de 2012, a administração da Cia. Copa do Mundo S.A. procedeu a uma alteração no estatuto social, elevando o Capital Autorizado em 100.000 (FATO 1). Neste período, a empresa emitiu, e posteriormente alienou debêntures perpétuas, pelas quais recebeu 20.000 (FATO 2). A empresa pactuou a possibilidade de recompra de tais títulos. Antes de encerrado o exercício de 2012, houve subscrição de capital no montante de 50.000 (FATO 3).

Analise unicamente os efeitos desses 3 fatos no Disponível e Patrimônio Líquido da entidade. Considere que a empresa não incorreu em custos de transação para alienar debêntures. Partindo dessas premissas, as variações no montante do disponível e patrimônio líquido para os fatos 1, 2 e 3 foram, respectivamente:

a) (FATO 1) variação positiva do Disponível e do Patrimônio Líquido; (FATO 2) variação positiva do Disponível e do Patrimônio Líquido; (FATO 3) variação positiva do Disponível e do Patrimônio Líquido;
b) (FATO 1) variação positiva do Disponível, sem efeito no Disponível; (FATO 2) variação positiva do Disponível, sem efeito no Patrimônio Líquido; (FATO 3) variação positiva do Patrimônio Líquido, sem efeito no Disponível;
c) (FATO 1) sem efeito no Disponível e no Patrimônio Líquido; (FATO 2) variação positiva do Disponível e do Patrimônio Líquido; (FATO 3) sem efeito no Disponível e no Patrimônio Líquido;
d) (FATO 1) variação positiva do Patrimônio Líquido, sem efeito no Disponível; (FATO 2) variação positiva do Disponível, sem efeito no Patrimônio Líquido; (FATO 3) sem efeito no Disponível e no Patrimônio Líquido;
e) (FATO 1) sem efeito no Disponível e no Patrimônio Líquido; (FATO 2) variação positiva do Disponível, sem efeito no Patrimônio Líquido; (FATO 3) sem efeito no Disponível e no Patrimônio Líquido;

(SOLUÇÃO)

FATO 1 *– Aumento do Capital Autorizado em 100.000:*

D – Capital a Subscrever	*100.000*	*(– PL)*
C – Capital Autorizado	*100.000*	*(+ PL)*

Conclusão: *É um fato permutativo do tipo – PL/+ PL , que não altera o valor do Disponível (dinheiro) e nem o valor do Patrimônio Líquido.*

- -

FATO 2 *– Emissão de debêntures perpétuas 20.000:*

D – Disponível	*20.000*	*(+ A)*
C – Debêntures Perpétuas (passivo)	*20.000*	*(+ P)*

Nota: *O significado e aplicabilidade das "debêntures" serão estudados no Capítulo 11. No presente capítulo, podemos adiantar que as debêntures são emitidas por sociedades anônimas como uma forma de captarem recursos, gerando para as mesmas obrigação (passivo) diante de seus adquirentes (debenturistas). Em geral, as debêntures têm data de vencimento, na qual a sociedade emissora irá resgatá-las dos debenturistas ou convertê-las em ações da sociedade. No entanto, existe a possibilidade de emissão de debêntures sem data de vencimento, as quais são conhecidas como debêntures perpétuas, as quais são consideradas passível exigível a longo prazo, apesar de não terem data prevista para resgate ou conversão em ações*

Conclusão: *É um fato permutativo do tipo +A/+ P , que aumenta o Disponível e o Passivo Exigível, sem efeito no PL.*

- -

FATO 3 – Subscrição de Capital em 50.000:

D – Capital a Integralizar	*50.000*	*(– PL)*
C – Capital Social	*50.000*	*(+ PL)*

Conclusão: *É um fato permutativo do tipo – PL/+ PL, que não altera o valor do Disponível (dinheiro) e nem o valor do Patrimônio Líquido.*
(Opção e)

Comentário extra: *Conforme já comentamos no Capítulo 1, algumas companhias autorizam um limite até o qual o Capital Social poderá ser aumentado, sem alteração do seu estatuto. Tal limite é denominado de Capital Autorizado. Assim, suponhamos, por exemplo, que determinada companhia tenha essa autorização no valor de R$ 600.000,00, sendo o Capital Subscrito de R$ 470.000,00 e o Capital a Integralizar de R$ 110.000,00. Nesse caso, poderia ser apresentado no balanço da sociedade da seguinte forma:*

Capital Autorizado	*600.000,00*
(–) Capital a Subscrever	*(130.000,00)*
(=) Capital Social (Subscrito)	*470.000,00*
(–) Capital a Integralizar (ou a Realizar)	*(110.000,00)*
(=) Capital Integralizado (ou Realizado)	*360.000,00*

Se a empresa, posteriormente, aumentasse o Capital Autorizado em R$ 100.000,00, a nova situação seria a seguinte:

Capital Autorizado	*700.000,00*
(–) Capital a Subscrever	*(230.000,00)*
(=) Capital Social (Subscrito)	*470.000,00*
(–) Capital a Integralizar (ou a Realizar)	*(110.000,00)*
(=) Capital Integralizado (ou Realizado)	*360.000,00*

Observemos que o valor do PL não sofreria nenhuma alteração, visto que o Capital Realizado seria o mesmo (360.000,00). Da mesma forma, suponhamos que, logo em seguida, houvesse subscrição de ações no valor de 50.000,00, sem a imediata integralização. Nesse caso, a nova situação do PL seria a seguinte:

Capital Autorizado	*700.000,00*
(–) Capital a Subscrever	*(230.000,00)*
(=) Capital Social (Subscrito)	*520.000,00*
(–) Capital a Integralizar (ou a Realizar)	*(160.000,00)*
(=) Capital Integralizado (ou Realizado)	*360.000,00*

Mais uma vez, observemos que o valor do PL ainda seria o mesmo. No entanto, se houvesse, logo em seguida, a integralização de ações no valor de 50.000,00, teríamos a seguinte situação:

Capital Autorizado *700.000,00*
(–) Capital a Subscrever .... *(230.000,00)*
(=) Capital Social (Subscrito) *520.000,00*
(–) Capital a Integralizar (ou a Realizar) .... *(110.000,00)*
(=) Capital Integralizado (ou Realizado) *410.000,00*

Aí sim haveria variação positiva no PL de 50.000 e, ao mesmo tempo, entraria dinheiro no caixa ou na conta corrente da empresa, ou seja, haveria variação positiva no disponível de 50.000.

Exercícios de Fixação

1. (Marinha) Qual a distinção entre Ato Administrativo e Fato Administrativo?

a) O primeiro constitui-se em prática administrativa que não modifica materialmente o patrimônio, enquanto que os fatos provocam alteração patrimonial.

b) Não há em verdade diferença.

c) O primeiro altera qualitativamente o patrimônio, enquanto que o segundo não provoca alteração alguma.

d) O primeiro, quando ocorre, altera de imediato o patrimônio da empresa, enquanto que o segundo somente provoca alteração no exercício seguinte.

e) O primeiro altera o patrimônio e o segundo não.

2. (Marinha) A empresa efetua o pagamento de despesas de aluguel do imóvel que ocupa. Esse é um fato contábil:

a) permutativo diminutivo;

b) misto;

c) modificativo aumentativo;

d) permutativo aumentativo;

e) modificativo diminutivo.

3. (Fiscal de ISS – SP/Fundação Carlos Chagas) O pagamento de uma dívida com juros de mora representa um fato contábil:

a) permutativo;

b) modificativo diminutivo;

c) misto diminutivo;

d) misto aumentativo;

e) modificativo aumentativo.

4. (Técnico da Receita Federal/Esaf) Uma empresa, que adota o regime da competência em sua escrituração, encerrou exercício social em 31/12/1996. Nos primeiros dias de 1997 escriturou os seguintes eventos:

- **pagamento de salários dos empregados relativos ao mês de dezembro de 1996;**
- **recebimento da diferença de imposto recolhido a maior em dezembro de 1996 e já reclamado naquele mês à autoridade competente;**
- **venda de um bem do ativo permanente pelo preço de custo.**

A escrituração refere-se, repectivamente, a fatos contábeis:

a) permutativo – permutativo – permutativo;

b) modificativo diminutivo – modificativo aumentativo – permutativo;

c) permutativo – modificativo aumentativo – modificativo diminutivo;

d) modificativo diminutivo – misto aumentativo – permutativo;

e) misto diminutivo – misto aumentativo – misto diminutivo.

5. Em 12 de março, a Cia. X adquiriu um terreno por R$ 48.000,00. Em 31 de dezembro do mesmo ano, esse bem foi avaliado a preço de mercado em R$ 65.000,00, gerando um ajuste de avaliação patrimonial de R$ 17.000,00. Dessa forma, pode-se afirmar que os fatos contábeis ocorridos em 12 de março e 31 de dezembro são, respectivamente:

a) permutativo/permutativo;
b) permutativo/misto aumentativo;
c) modificativo aumentativo/permutativo;
d) modificativo/misto aumentativo;
e) permutativo/modificativo aumentativo.

6. Considerando a questão anterior, se, em vez do valor de mercado do terreno em 31 de dezembro ter sido de R$ 65.000,00, fosse de R$ 45.000,00, de tal forma que se contabilizasse um ajuste de avaliação patrimonial para registrar o referido bem a preço de mercado, o fato contábil seria:

a) permutativo;
b) modificativo aumentativo;
c) misto aumentativo;
d) modificativo diminutivo;
e) misto diminutivo.

7. Marque a opção que não indica um fato permutativo.

a) Reversão de reservas de contingências.
b) Constituição de reserva orçamentária.
c) Capitalização de reservas de lucros.
d) Constituição de reserva da correção monetária do capital social.
e) Constituição de reserva de alienação de partes beneficiárias.

8. Um aumento na situação líquida patrimonial, ocasionado por uma redução e aumento do ativo, sendo o aumento maior que a redução, pode ser gerado por:

a) pagamento de duplicata com desconto;
b) recebimento de duplicata com desconto;
c) recebimento de duplicata com juro de mora;
d) compra de mercadorias a prazo com desconto;
e) compra de mercadorias à vista com desconto.

9. Sejam os seguintes fatos:

- **Aumento do capital social com reservas de lucros**
- **Reversão de reservas para contingências**
- **Formação de reserva legal**
- **Reversão de reserva de lucros a realizar**
- **Reversão de perdas estimadas em créditos de liquidação duvidosa**
- **Constituição de reserva de lucros para expansão (reserva orçamentária)**
- **Venda a prazo de um imóvel, sem lucro ou prejuízo**
- **Aumento do capital social com integralização em dinheiro**
- **Pagamento dos salários do mês anterior**

- **Baixa de duplicatas incobráveis com a utilização de perdas estimadas em créditos de liquidação duvidosa, sendo a perda menor que as duplicatas incobráveis**
- **Pagamento em 31 de março dos salários desse mês**
- **Prescrição de dívidas**

O número de fatos permutativos é de:

a) 8;
b) 9;
c) 10;
d) 7;
e) 6.

10. Considerando a questão anterior, o número de fatos modificativos aumentativos é de:

a) 3;
b) 4;
c) 5;
d) 6;
e) 7.

11. Não é fato permutativo:

a) aquisição de ações em tesouraria;
b) aquisição de ações de coligadas;
c) capitalização de reservas;
d) reversão e reservas de contingências;
e) resgate de ações com o uso de reservas de capital.

12. Marque a opção que indica fato que gera aumento patrimonial.

a) Aumento do capital social com reservas de capital.
b) Reversão de reservas para contingências.
c) Compensação de prejuízos com o uso de reserva legal.
d) Formação de reserva estatutária.
e) Formação de reserva de alienação de bônus de subscrição.

13. Marque a opção que indica fato permutativo.

a) Integralização de ações.
b) Prescrição de dívida.
c) Pagamento de salários no próprio mês ao qual se referem.
d) Prestação de serviços à vista.
e) Recebimento por serviços prestados a prazo.

14. Marque a opção que não indica fato gerador de variação patrimonial quantitativa.

a) Contabilização dos dividendos a pagar nas destinações do resultado.
b) Constituição de reserva de alienação de bônus de subscrição.
c) Constituição de reserva legal.
d) Correção monetária de imóveis.
e) Depreciação de imóveis.

15. Observe a sequência dos fatos contábeis ocorridos numa empresa:
1) aquisição de um veículo de uso, a prazo, por 20.000,00;
2) correção monetária do veículo (índice 1,20);
3) depreciação do veículo em 25% do valor corrigido;
4) venda do veículo, a prazo, por 17.000,00.
A sequência que mostra a ocorrência de fatos contábeis é:

a) permutativo/modificativo aumentativo/modificativo diminutivo/misto diminutivo;
b) permutativo/modificativo aumentativo/modificativo diminutivo/misto aumentativo;
c) permutativo/misto aumentativo/modificativo diminutivo/misto diminutivo;
d) misto aumentativo/permutativo/misto diminutivo/modificativo diminutivo;
e) permutativo/permutativo/permutativo/modificativo diminutivo.

16. O conjunto de fatos a que se refere a questão anterior, ocorridos no mesmo exercício social, provocou a redução do patrimônio líquido da entidade no valor de:

a) 3.000;
b) 1.000;
c) 2.000;
d) 4.000;
e) 4.500.

17. Em relação a fatos contábeis, marque a opção incorreta.

a) Uma despesa paga antecipadamente gera um fato permutativo.
b) Uma receita recebida antecipadamente gera um fato permutativo.
c) O pagamento de uma duplicata com desconto gera fato misto aumentativo.
d) A prescrição de uma dívida gera um fato modificativo aumentativo.
e) A correção monetária de uma dívida gera um fato permutativo.

18. Não é fato permutativo:

a) constituição de Reservas de Lucros;
b) reversão de Reservas de Lucros;
c) aumento do Capital Social com a incorporação de lucros;
d) pagamento de salários de março no mês de abril;
e) apropriação de salários.

19. Marque a opção correta.

a) A reversão de qualquer reserva de lucro gera um fato permutativo, pois sai valor da *Reserva*, diminuindo o PL, e entra valor em *Lucros Acumulados*, aumentando o PL.
b) O aumento do Capital com a utilização de Lucros Acumulados é um fato modificativo aumentativo.
c) A apropriação de salários é um fato permutativo.
d) O pagamento de salários no mês seguinte à ocorrência do fato gerador é um fato modificativo diminutivo.
e) A prescrição de uma dívida é um fato modificativo diminutivo.

20. Venda de mercadorias é fato contábil:

a) modificativo aumentativo;
b) misto aumentativo;
c) permutativo;
d) misto;
e) misto ou permutativo, dependendo do caso.

21. Sejam os seguintes fatos:

- **Ajuste de avaliação patrimonial referente à redução de item do ativo**
- **Pagamento de dividendos já provisionados anteriormente**
- **Recebimento antecipado de clientes para prestação de serviços**
- **Compra de mesas de escritório para uso da empresa**
- **Venda de mercadorias a prazo com prejuízo**
- **Reversão de perdas estimadas em créditos de liquidação duvidosa**
- **Reversão de reservas de contingências**
- **Pagamento de juros de mora, sem o pagamento do principal**
- **Pagamento de duplicatas**
- **Compra de ações de coligadas**
- **Compra de ações em tesouraria**
- **Apropriação de seguros a vencer**
- **Pagamento antecipado de seguros**

O número de fatos exclusivamente modificativos é de:

a) 1;
b) 2;
c) 3;
d) 4;
e) 5.

Nota: Para o entendimento completo das questões 5, 6, 7, 9, 10, 11, 12, 14, 17, 18, 19 e 21, serão necessários conhecimentos dos Capítulos 7 e 12.

Capítulo 6

Escrituração

1. Introdução e Conceito

Vimos no capítulo anterior que os eventos ocorridos no processo de gestão de uma entidade que alteram o seu patrimônio qualitativa e/ou quantitativamente são chamados de fatos contábeis. Vimos também que os eventos que não alteram o patrimônio da entidade são atos administrativos.

À técnica contábil que tem por objetivo os **registros** de todos os fatos contábeis e alguns atos administrativos – normalmente aqueles atos que darão origem a fatos – em livros próprios chamamos de ESCRITURAÇÃO.

2. Métodos de Escrituração

São 2 (dois) os métodos de escrituração mais conhecidos:

2.1. Método das Partidas Simples

Também conhecido como UNIGRAFIA, pois neste método a escrituração é unilateral, isto é, para o registro de um determinado fato contábil, apenas um elemento patrimonial é utilizado. Não há o conceito de que para cada débito tenha que haver um crédito de igual valor.

Uma empresa que escriture, por exemplo, o livro caixa e utilize este método, só irá registrar os fatos visando exclusivamente ao controle do dinheiro. Os demais elementos não serão controlados.

A utilização de tal método não permite o controle completo do patrimônio, pois só há o registro de alguns fatos.

2.2. Método das Partidas Dobradas

Método elaborado pela primeira vez em Veneza, na Itália, em 1494, pelo frade franciscano Luca Pacioli. É também conhecido como DIGRAFIA, pois neste método a escrituração é bilateral, isto é, o registro de cada fato envolve pelo menos um elemento que será debitado e pelo menos um elemento que será creditado, ou seja, **para todo débito há pelo menos um crédito e vice-versa**. Não há débito sem crédito.

O uso de tal método permite o controle simultâneo de todos os elementos patrimoniais e de resultado envolvidos em cada fato. Daí, é considerado um método contabilmente perfeito e adotado em todos os países do mundo.

3. Sistemas de Escrituração

3.1. Introdução

Os sistemas de escrituração podem ser entendidos como os diferentes meios de se escriturar os fatos contábeis. Ao longo da história da Contabilidade, são eles os seguintes:

- Manual
- Maquinizado
- Mecanizado
- Informatizado

Cabe ressaltar que os três primeiros sistemas (manual, maquinizado e mecanizado) nos dias atuais estão EXTINTOS, visto que, na prática, até as microempresas têm sua contabilidade realizada através da informática, embora não seja totalmente impossível que ainda haja quem se utilize desse tipo de escrituração.

3.2. Sistema Manual

Quando os registros dos fatos contábeis nos livros de escrituração eram feitos manualmente, com a utilização de caneta esferográfica.

3.3. Sistema Maquinizado

Quando, para os registros dos fatos contábeis, se utilizavam as extintas máquinas de escrever convencionais e fichas tríplices.

Cada ficha tríplice era constituída de três vias de cores diferenciadas e uso de papel carbono, a fim de que a escrituração das mesmas fosse simultânea. A primeira via, impressa e datilografada com tinta copiativa, era copiada no livro Diário. A segunda representava a conta debitada, que iria compor o livro Razão, uma vez que o espaço destinado ao crédito estaria cancelado. A terceira representava a conta creditada, que iria compor o livro Razão, uma vez que o espaço destinado ao débito estaria cancelado.

3.4. Sistema Mecanizado

Era um sistema mais sofisticado do que o maquinizado, pois era feito com a utilização das extintas máquinas de escrever com mais recursos que as extintas máquinas de escrever convencionais. Tais máquinas possuíam, entre outras coisas, somadores, que forneciam as somas dos débitos e dos créditos, e saldadores, que forneciam os saldos das contas.

De forma semelhante ao sistema maquinizado, a escrituração no Diário e no Razão era simultânea. Isto era possível através da utilização de fichas *voucher*, tendo estas muita semelhança com as fichas tríplices utilizadas no sistema maquinizado.

3.5. Sistema Informatizado (ou Eletrônico)

Esse é o sistema atualmente utilizado por todas as empresas, incluindo as micro e pequenas empresas, o qual ganhou força no Brasil principalmente com a criação do SPED (Sistema Público de Escrituração Digital).

3.5.1. SPED (Sistema Público de Escrituração Digital)

3.5.1.1. Conceito

De acordo com o Decreto 6.022/2007, o qual instituiu o SPED, este é definido como instrumento que UNIFICA as atividades de recepção, validação, armazenamento e autenticação de livros e documentos que integram a **escrituração comercial e fiscal** dos empresários e das sociedades empresárias, mediante fluxo único, computadorizado, de informações.

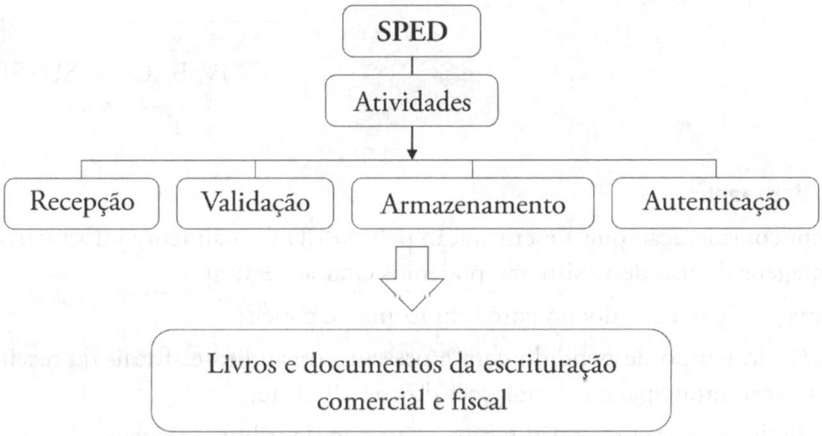

3.5.1.2. Vantagem Principal

Antes da existência do SPED, o contribuinte era obrigado a enviar diversas informações, e, em muitos casos, repetidas e com prazos e critérios distintos para diversos órgãos do Governo, conforme esquema abaixo:

Através da implantação TOTAL do SPED, a forma anterior é substancialmente simplificada e agilizada, visto que o relacionamento do contribuinte será exclusivamente com o SPED e não mais com cada órgãos distinto, de forma que o próprio SPED é que se encarregará desse trabalho, conforme esquema abaixo:

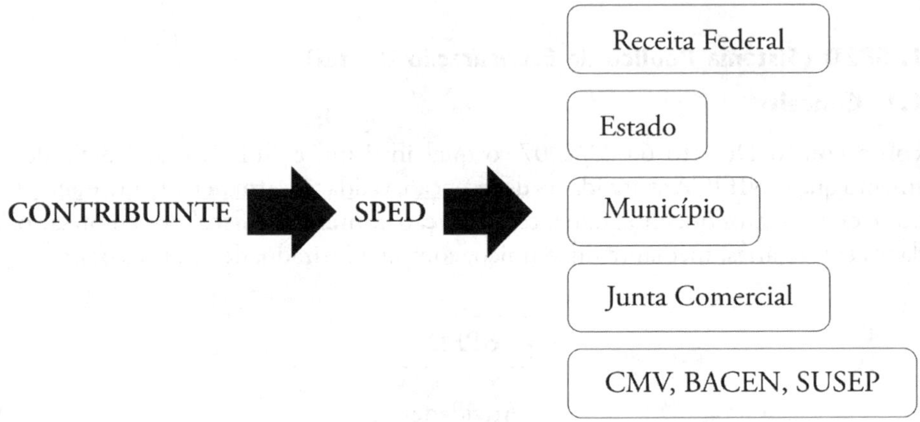

3.5.1.3. Vantagens

Levando em consideração que a escrituração pelo SPED é totalmente informatizada, entre outras vantagens do uso desse sistema, podemos citar as seguintes:

- eliminação de livros e documentos em forma de papéis;
- redução do tempo despendido com a presença de auditores-fiscais da receita federal, estadual ou municipal nas instalações do contribuinte;
- redução dos custos com escrituração e apuração de tributos a pagar;
- melhora na qualidade de informação;
- dificuldade de sonegação fiscal; ... etc.

3.5.1.4. Abrangência

Na sua fase inicial de implantação, o SPED, cuja finalidade principal é informatizar por completo a antiga sistemática de cumprimento das obrigações acessórias para com o Governo, compreendia três projetos:

- ➢ ECD (Escrituração Contábil Digital);
- ➢ EFD (Escrituração Fiscal Digital); e
- ➢ NF-e (Nota Fiscal Eletrônica).

Atualmente, estão sendo desenvolvidos os seguintes novos projetos:

- ➢ EFD-Contribuições
- ➢ EFD-Social
- ➢ e-Lalur (Livro de Apuração do Lucro Real Eletrônico);
- ➢ CB (Central de Balanços)

Nota 1: Todos os projetos referendados acima como integrantes do SPED são independentes, ou seja, possuem regras e públicos específicos. Assim, os diversos tipos de contribuintes poderão estar sujeitos a alguns ou a todos os projetos acima, dependendo da legislação pertinente.

Nota 2: Todos os livros e documentos abrangidos pelo SPED serão **assinados digitalmente** pelo contribuinte de acordo com as normas da ICP-Brasil (Infraestrutura de Chaves Públicas criadas no Brasil = Sistema Nacional de Certificação Digital), por meio de seu representante legal ou através de quem a legislação indicar. Além de obrigatória, a assinatura digital é fundamental para validar juridicamente a escrituração digital, nos temos da Medida Provisória 2.200-2 de 2001.

Nota 3: A ICP-Brasil é um sistema hierárquico composto de uma ou mais Autoridades Certificadoras (ACs), sendo a AC principal o Instituto Nacional de Tecnologia da Informação, o qual credencia e audita as demais ACs pertencentes ao sistema. As ACs, através de um conjunto de técnicas e procedimentos de suporte a um sistema criptográfico baseado em certificados digitais, conseguem assegurar, com altíssimo grau de segurança, a identidade de usuários de mídia eletrônica com suas respectivas assinaturas digitais, e também assegurar a autenticidade de documentos conservados em mídia eletrônica.

3.5.1.5. Usuários

De acordo com o art. 3º do Decreto nº 6.022/2007, já alterado pelo Decreto 7.979/2013, são usuários do SPED:

I. Secretaria da Receita Federal do Ministério da Fazenda;

II. Administrações tributárias dos Estados, do Distrito Federal e dos Municípios, mediante convênio celebrado com a Secretaria da Receita Federal; e

III. Os órgãos e as entidades da administração pública federal **direta e indireta que tenham atribuição legal de regulação**, normatização, controle e fiscalização dos empresários e das pessoas **jurídicas, inclusive imunes ou isentas.**

Nota 1: Os usuários do SPED, no âmbito de suas respectivas competências, deverão estabelecer a obrigatoriedade, periodicidade e prazos de apresentação dos livros e documentos, por eles exigidos, por intermédio do SPED. Tais atos administrativos deverão ser implementados no SPED concomitantemente com a entrada em vigor desses atos. Isso tudo não exclui a competência dos referidos usuários de exigir, a qualquer tempo, informações adicionais necessárias ao desempenho de suas atribuições.

Nota 2: O acesso às informações armazenadas no SPED deverá ser compartilhado com seus usuários, no limite de suas respectivas competências e sem prejuízo da observância à legislação referente aos sigilos comercial, fiscal e bancário. O referido acesso também será possível aos empresários e às sociedades empresárias em relação às informações por eles transmitidas ao SPED.

Nota 3: O SPED será administrado pela Secretaria da Receita Federal com a participação de representantes indicados pelos usuários acima indicados nos itens II e III.

Nota 4: Compete à SRF: adotar as medidas necessárias para viabilizar a implantação e o funcionamento do SPED; coordenar as atividades relacionadas ao SPED; compatibilizar as necessidades dos usuários do SPED; e estabelecer a política de segurança e de acesso às informações armazenadas no SPED.

3.5.1.6. Escrituração Contábil Digital (ou SPED Contábil)

A Escrituração Contábil Digital (ECD) é parte integrante do projeto SPED e tem por objetivo a substituição da escrituração em papel pela escrituração transmitida via arquivo, ou seja, corresponde à obrigação de transmitir, em versão digital, os seguintes livros:

- ➢ livro Diário e seus auxiliares, se houver;
- ➢ livro Razão e seus auxiliares, se houver;
- ➢ livro Balancetes Diários, Balanços e fichas de lançamento comprobatórias dos assentamentos neles transcritos.

3.5.1.7. Obrigatoriedade do SPED Contábil

A IN (Instrução Normativa) da Receita Federal do Brasil nº 1.420/2013, a qual institui a Escrituração Contábil Digital (ECD), determina que a ECD deverá ser transmitida, pelas pessoas jurídicas obrigadas a adotá-la, ao SISTEMA PÚBLICO DE ESCRITURAÇÃO DIGITAL (Sped), de modo que a ECD será considerada **válida** após a confirmação do recebimento do arquivo que a contém.

A **autenticação** da ECD será comprovada pelo recibo de entrega emitido pelo Sped, de modo que a autenticação dos documentos de empresas de qualquer porte realizadas por meio do Sped dispensa qualquer outra.

Ainda, de acordo com a referida IN, ficam dispensados de autenticação os livros da escrituração contábil das pessoas jurídicas não sujeitas ao registro em Juntas Comerciais.

A ECD compreenderá a versão DIGITAL dos seguintes livros:

Ø Livro DIÁRIO e seus auxiliares, se houver

Ø Livro RAZÃO e seus auxiliares, se houver

Ø Livro Balancetes Diários, Balanços e fichas de lançamento comprobatórias dos assentamentos neles transcritos.

Esses livros e documentos indicados acima deverão ser assinados digitalmente, utilizando-se de certificado emitido por entidade credenciada pela ICP-Brasil (Infraestrutura de Chaves Públicas Brasileira), a fim de garantir a autoria, a autenticidade, a integridade e a validade jurídica do documento digital.

Ficam OBRIGADAS a adotar a ECD, nos termos do art. 2º do Decreto nº 6.022, de 2007, em relação aos fatos contábeis ocorridos a partir de 1º de janeiro de 2014:

I. As pessoas jurídicas tributadas com base no LUCRO REAL

II. As pessoas jurídicas tributadas com base no LUCRO PRESUMIDO, que distribuírem, a título de lucros, sem incidência do IRRF, parcelas dos lucros ou dividendos superior ao valor base de cálculo do Imposto, diminuída de todos os impostos e contribuições a que estiver sujeita

III. As pessoas jurídicas imunes e isentas que, em relação aos fatos ocorridos no ano calendário, tenham sido obrigadas à apresentação da ECD das Contribuições, nos termos da IN 1.252/2012.

IV. As Sociedades em Conta de Participação, como livros auxiliares do sócio ostensivo.

Assim, por exemplo, as pessoas jurídicas optantes pelo Regime Especial Unificado de Arrecadação de Tributos e Contribuições devidos pelas Microempresas e Empresas de Pequeno Porte (Simples Nacional), bem como órgãos públicos, autarquias e fundações públicas, NÃO são obrigados a adotar a ECD.

Por fim, além das pessoas jurídicas obrigadas à ECD indicadas acima, o art. 3-A da IN 1.420/2012, determina mais alguns casos específicos de obrigatoriedade da adoção da ECD em relação aos fatos contábeis ocorridos a partir de 1º de janeiro de 2016, tais como, por exemplo, as pessoas jurídicas que auferirem receitas, doações, incentivos, subvenções, contribuições, auxílios, convênios e ingressos assemelhados, cuja soma seja superior a R$ 1.200.000,00 no ano-calendário a que se refere a escrituração contábil, ou proporcional ao período.

3.5.1.8. Geração do Arquivo do SPED Contábil

Antes da existência do SPED, mesmo com o uso da escrituração informatizada, uma sociedade empresária deveria imprimir, encadernar e levar os livros contábeis em papel para autenticação na Junta Comercial do Estado.

Com o uso do SPED isso não mais existe, visto que a sociedade empresária gerará um arquivo digital com as informações constantes dos livros digitais, sendo tal arquivo submetido à VALIDAÇÃO, para que finalmente seja enviado ao SPED. Dessa forma, a ECD deverá ser submetida ao **Programa Validador e Assinador** (PVA), especificamente desenvolvido para tal fim, a ser disponibilizado na página da RFB na Internet, no endereço sped.rfb.gov.br, contendo, no mínimo, as seguintes funcionalidades em relação à escrituração:

I. Criação e edição
II. Importação
III. Validação
IV. Assinatura
V. Visualização
VI. Transmissão para o Sped
VII. Consulta à situação

3.5.1.9. Prazo de Entrega da ECD

A ECD será transmitida anualmente ao Sped até o <u>último dia útil do mês de maio</u> do ano seguinte ao ano-calendário a que se refira a escrituração.

3.5.1.10. Esquema de Funcionamento do SPED Contábil

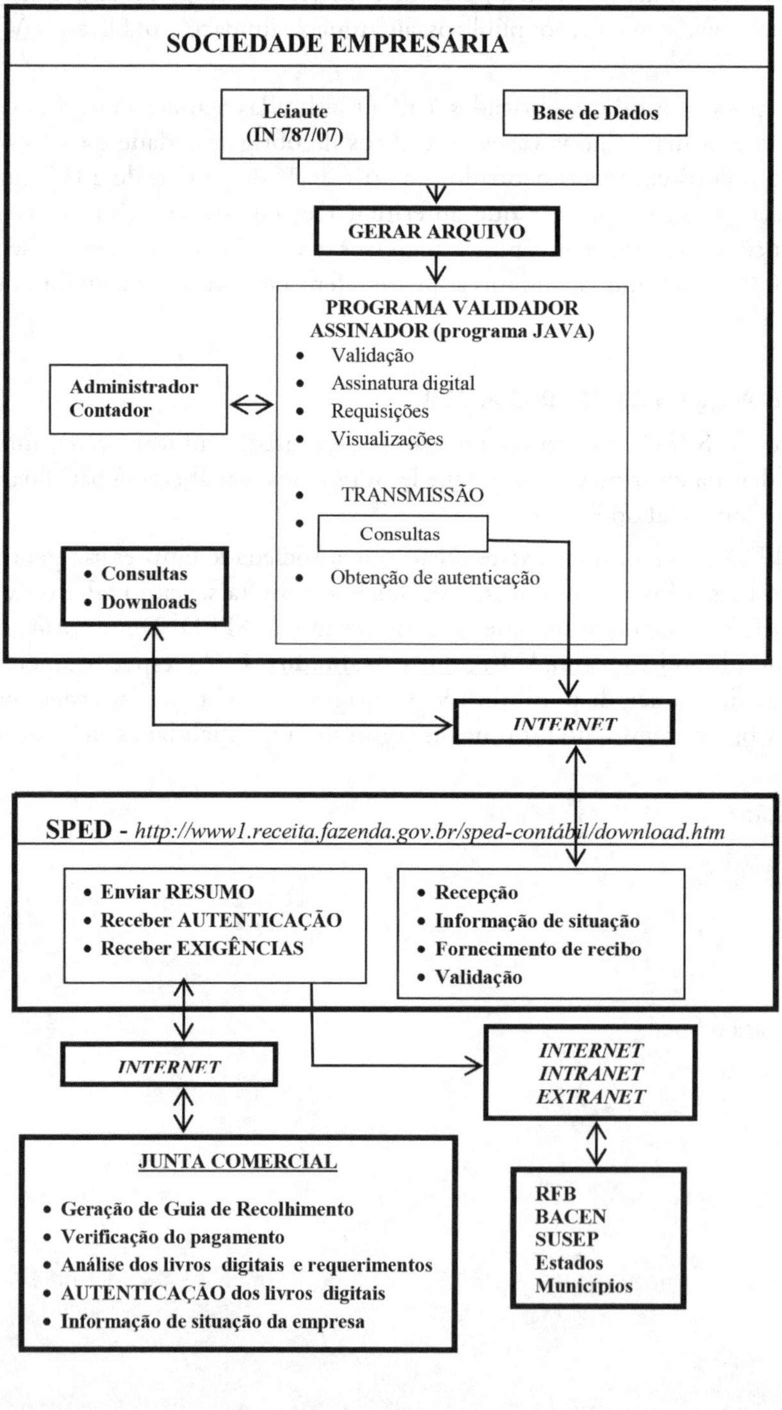

3.5.1.11. Escrituração Fiscal Digital (ou SPED Fiscal)

A Escrituração Fiscal Digital (EFD) é um arquivo digital, que se constitui de um conjunto de escriturações de documentos fiscais e de outras informações de interesse dos fiscos das unidades federadas e da Secretaria da Receita Federal do Brasil, bem como de registros de apuração de impostos referentes às operações e prestações praticadas pelo contribuinte.

Este arquivo deverá ser assinado digitalmente e transmitido, via Internet, ao ambiente SPED.

A partir de sua base de dados, a empresa deverá gerar um arquivo digital de acordo com leiaute estabelecido em Ato COTEPE, informando todos os documentos fiscais e outras informações de interesse dos fiscos federal e estadual, referentes ao período de apuração dos impostos ICMS e IPI. Este arquivo deverá ser submetido à importação e validação pelo Programa Validador e Assinador (PVA) fornecido pelo SPED.

Com relação ao PVA (Programa Validador Assinador), como pré-requisito para a instalação desse programa é necessária a instalação da máquina virtual do Java. Após a importação, o arquivo poderá ser visualizado pelo próprio Programa Validador, com possibilidades de pesquisas de registros ou relatórios do sistema. Outras funcionalidades do PVA são: digitação, alteração, assinatura digital da EFD, transmissão do arquivo, exclusão de arquivos, geração de cópia de segurança e sua restauração.

Nota: Regra geral, a periodicidade de apresentação do arquivo é MENSAL.

3.5.1.12. Nota Fiscal Eletrônica (NF-e)

É um documento digital emitido e armazenado eletronicamente, com o objetivo de documentar para fins fiscais uma operação de circulação de mercadorias ou de prestação de serviços, ocorrida entre as partes, sendo validada juridicamente pela ASSINATURA DIGITAL do emitente e pela RECEPÇÃO, por parte do Fisco, do documento eletrônico, antes da ocorrência do fato gerador.

Assim, a empresa que emite NF-e realiza isso por meio de um arquivo eletrônico baixado na Internet (bem parecido com a sistemática do IRPF, onde é baixado via Internet um arquivo fornecido pela RFB, são preenchidas informações do contribuinte e depois reenvida à RFB), o qual contém as informações fiscais da operação mercantil, sendo que tal arquivo, conforme já mencionado, recebe uma assinatura digital.

Logo após isso, deve-se fazer a transmissão do arquivo via Internet para a SEFAZ (Secretaria da Fazenda) em que o usuário é contribuinte. Por fim, a referida secretaria devolve um arquivo dando "ok" no recebimento, o qual é considerado autorização de uso, sem o qual a mercadoria não poderá transitar.

Para fins de trânsito de mercadorias, será impressa em papel simples e em uma única via um DANFE (Documento Auxiliar da Nota Fiscal Eletrônica), que não é e nem substitui a NF-e, sendo apenas uma representação gráfica e simplificada da NF-e, no qual constará a chave de acesso e um código de barras, que permitirá a qualquer pessoa que tenha esse DANFE acessar via Internet a NF-e no ambiente da RFB ou na SEFAZ.

O contribuinte destinatário, receptor do DANFE, poderá utilizar as informações contidas nesse documento para a escrituração da NF-e, de forma que sua validade ficará vinculada à efetiva existência da NF-e nos arquivos das administrações tributárias envolvidas no processo, comprovada através da emissão da Autorização de Uso. O contribuinte que emitiu a NF-e, realizará a escrituração a partir de todas as NF-e que emitiu.

Entre as vantagens da NF-e, podemos citar:

➢ PARA O FORNECEDOR DAS MERCADORIAS OU SERVIÇOS:
- Redução de custos de impressão;
- Simplificação de obrigações acessórias;
- Redução de custos de armazenagens de documentos fiscais; etc.

➢ PARA O ADQUIRENTE DAS MERCADORIAS OU SERVIÇOS:
- Redução de erros de escrituração em função de erros de digitação de notais fiscais não eletrônicas;
- Eliminação de digitação de notas fiscais na recepção de mercadorias;
- Planejamento de logística; etc.

➢ PARA AS ADMINISTRAÇÕES TRIBUTÁRIAS:
- Acessibilidade mais rápida às informações das operações comerciais;
- Melhor confiabilidade das informações na nota fiscal;
- Melhor controle fiscal;
- Melhor troca de informações entre os Fiscos;
- Diminuição dos custos no controle das notas fiscais capturadas pela fiscalização de mercadorias em trânsito;
- Melhora a dificuldade de sonegação fiscal com o consequente aumento da arrecadação;
- Suporte ao SPED; etc.

➢ PARA A SOCIEDADE:
- Redução do consumo de celulose, melhorando o impacto ambiental;
- Geração de novos empregos relacionados à prestação de serviços ligados à NF-e; etc.

4. Livros de Escrituração

4.1. Introdução

Quando falamos em ESCRITURAÇÃO, podemos estar falando de forma global ou específica. De forma global, a escrituração envolve os registros de todos os acontecimentos relacionados com a gestão da entidade, inclusive daqueles não relacionados com as modificações qualitativas e/ou quantitativas do patrimônio. De forma específica, a escrituração tem caráter puramente contábil, isto é, visa aos registros de todos os fatos contábeis.

Sob a visão global, dividiremos os livros de escrituração em quatro categorias:

- Livros Fiscais
- Livros Sociais
- Livros Trabalhistas
- Livros Contábeis

4.2. Livros Fiscais

São aqueles exigidos pelo Fisco, para controle de tributos, através de legislação específica, nas três esferas de governo: Federal, Estadual e Municipal.

⇨ NA ESFERA MUNICIPAL

Regra geral, o uso de livros fiscais na área municipal gira em torno do controle do ISS (Imposto sobre Serviços).

Visto que cada município tem a sua legislação própria, seria muito difícil indicar a exigência de cada município. Como exemplo, na capital do Estado de São Paulo, podemos citar os seguintes livros:

- Registro de Prestação de Serviços
- Registro de Contratos de Prestação de Serviços
- Recebimento de Impressos Fiscais e Termos de Ocorrência

⇨ NA ESFERA ESTADUAL

Nesse caso, o principal a ser controlado é o ICMS. Os livros mais conhecidos são os seguintes:

- Registro de Apuração do ICMS
- Registro de Inventários
- Registro de Entradas de Mercadorias – modelo 1 ou 1A
- Registro de Saídas de Mercadorias – modelo 2 ou 2A
- Registro de Controle da Produção e do Estoque
- Registro de Impressão de Documentos Fiscais – modelo 5
- Registro de Utilização de Documentos Fiscais e Termos de Ocorrência

Observações:

1. O livro de registro de entradas de mercadorias, modelo 1 (para empresas industriais) e modelo 1 A (para empresas comerciais), substitui o livro de registro de compras, sendo este último de exigência federal.

2. O livro de Registro de Impressão de Documentos Fiscais só é exigido às empresas gráficas, isto é, empresas que trabalham com a confecção de impressos fiscais.

⇨ NA ESFERA FEDERAL

Os impostos a serem controlados por livros fiscais são IPI (Imposto sobre Produtos Industrializados) e o IR (Imposto sobre a Renda e Proventos de Qualquer Natureza), além da CSL (Contribuição Social s/o Lucro), a qual tem em muitos casos a mesma base de cálculo do Imposto de Renda.

São livros fiscais na esfera federal:

■ Registro de Apuração do IPI ■ Registro do Selo Operacional de Controle	*pelo **RIPI*** *(Regulamento do IPI)*
■ LALUR (Livro de Apuração do Lucro Real) ■ Registro de Inventários *(Regulamento do IR)* ■ Registro de Compras	*pelo **RIR***

Observações:

1. Todas as empresas que possuem estoques de mercadorias, materiais ou produtos são obrigadas, pelo *RIR*, a manterem o livro de **Registro de Inventários**. Para uma empresa comercial, nesse livro é controlado, entre outras coisas, o Custo das Mercadorias Vendidas, o qual será subtraído da Receita de Venda, para o cálculo do *Lucro Operacional Bruto*, servindo este de base para se chegar ao *Lucro Real*, o qual é a base de cálculo do imposto de renda das grandes empresas no Brasil.

2. O **LALUR** é um dos livros fiscais mais importantes. É nesse livro que as empresas de grande porte calculam o imposto de renda a pagar sobre os seus lucros. Como já comentado anteriormente, a base de cálculo do imposto de renda para as grandes empresas é o LUCRO REAL, também chamado de LUCRO FISCAL, cujo cálculo veremos no Capítulo 13. Cabe ressaltar que "REAL" não está no sentido de realidade e sim de "REALEZA", ou seja, o lucro das empresas regulado pela realeza, que, no nosso caso, é o FISCO. No caso das pequenas empresas, não há a obrigatoriedade de escriturarem o LALUR, pois, em geral, declaram o imposto de renda com base no LUCRO PRESUMIDO, tendo este, como ponto de partida para o seu cálculo, um percentual estabelecido pela legislação sobre as vendas e não sobre o lucro. No caso das microempresas, a tributação, em geral, não é pelo lucro real e nem pelo lucro presumido e sim pelo SIMPLES NACIONAL (ou SUPER SIMPLES). Cabe, no entanto, ressaltar que Lucro Presumido e Lucro Real, além de serem considerados sistemas de tributação, são também base de cálculo para o IR. No caso do Simples Nacional, este é apenas sistema de tributação e não base de cálculo.

4.3. Livros Sociais

Além dos livros exigidos pelas legislações fiscal e comercial, as cias. são obrigadas, pelo art. 100 da Lei nº 6.404/1976, a escriturar os seguintes livros:

- Livro de Registro de Ações Nominativas
- Livro de Transferência de Ações Nominativas
- Livro de Registro de Partes Beneficiárias Nominativas
- Livro de Transferência de Partes Beneficiárias Nominativas
- Livro de Atas das Assembleias Gerais
- Livro de Presença de Acionistas
- Livro de Atas das Reuniões do Conselho de Administração (se houver)
- Livro de Atas das Reuniões de Diretoria
- Livro de Atas e Pareceres do Conselho Fiscal

4.4. Livros Trabalhistas

São livros sujeitos a ficalização na esfera federal. Sua manutenção é imposta pela Consolidação das Leis do Trabalho. São eles:

- Livro de Registro de Empregados
- Livro de Inspeção do Trabalho

4.5. Livros Contábeis

São os que realmente interessam à Contabilidade, pois é neles que são registrados os fatos contábeis. Os mais conhecidos são:

- Diário
- Razão
- Caixa
- Contas Correntes

Observações:

1. O livro DIÁRIO é:

– **obrigatório**, pois é exigido por lei (Novo Código Civil);

– **principal**, pois registra <u>todos</u> os fatos contábeis;

– **cronológico**, pois os fatos contábeis são escriturados em ordem cronológica (dia, mês e ano).

2. O livro RAZÃO é:

– **facultativo**, pela legislação comercial (Código Comercial), e **obrigatório**, pela legislação fiscal (RIR), somente às entidades obrigadas a declararar o IR com base no *Lucro Real* (Lei nº 8.218/1991, art. 18);

– **principal**, pois, tal como o Diário, registra todos os fatos contábeis;

– **sistemático**, pois os fatos são registrados por espécie (por tipo de conta), e não por ordem cronológica. Em outras palavras, o livro Razão é um conjunto de fichas, onde cada uma representa uma conta. Assim, por exemplo, se uma empresa comprar mercadorias a prazo, no Diário, tal fato será posto em ordem cronológica. No Razão, deverá ser localizada a conta Mercadorias, a qual será debitada, e conta Fornecedores, a qual será creditada. Cabe também ressaltar que, dentro de uma ficha de razão, existe uma ordem cronológica de débitos e créditos. Daí, pode-se dizer que o livro Razão é primordialmente sistemático e secundariamente cronológico, ao passo que o livro Diário é exclusivamente cronológico.

3. Ao passo que os LIVROS PRINCIPAIS (Diário e Razão) registram todos os fatos contábeis, os LIVROS AUXILIARES (Caixa e Contas Correntes) registram alguns fatos contábeis. No livro Caixa, somente são registrados os fatos que envolvam movimentação de dinheiro. No livro Contas Correntes, normalmente, são registrados os fatos relacionados com *Clientes, Fornecedores* e *Bancos*, sendo estas contas analíticas (Razão Analítico).

4. As contas podem ser classificadas em SINTÉTICAS ou ANALÍTICAS. **Contas Sintéticas** são aquelas que não são decompostas em outras subcontas. **Contas Analíticas** são aquelas que podem ser decompostas, como é o caso, por exemplo, da conta "Fornecedores" (Fornecedor X, Fornecedor Y, Fornecedor Z etc.).

5. O art. 1.179 do Código Civil determina que o empresário (com exceção do de pequeno porte) e a sociedade empresária devem seguir um sistema de contabilidade, com base na escrituração uniforme de seus livros, em correspondência com a documentação respectiva. Devem também elaborar anualmente o balanço patrimonial e o de resultado econômico (DRE), devendo ainda essas demonstrações serem lançadas no livro Diário e assinadas pelo contabilista legalmente habilitado e pelo empresário ou sociedade empresária. No caso da escrituração mecanizada ou informatizada, o livro Diário, que, segundo o CC, é indispensável, pode ser substituído por fichas. Neste caso, o livro Diário pode ser substituído pelo livro Balancetes Diários e Balanços, o qual deve ser escriturado de modo que registre a posição diária de cada uma das contas ou títulos contábeis, pelo respectivo saldo, em forma de balancetes diários; e o balanço patrimonial e o de resultado econômico, no encerramento do exercício, de forma que sejam observadas as mesmas formalidades extrínsecas exigidas para o livro Diário. De acordo com o Código Civil, com relação aos outros livros, o número e a espécie ficam a critério dos interessados.

6. No caso das sociedades anônimas, a Lei nº 6.404/1976, em seu art. 177, estabelece o seguinte com relação à escrituração:

> *Art. 177. A escrituração da companhia será mantida em registros permanentes, com obediência aos preceitos da legislação comercial e desta Lei e aos princípios de contabilidade geralmente aceitos, devendo observar métodos ou critérios contábeis uniformes no tempo e registrar as mutações patrimoniais segundo o regime de competência.*

§ 1º As demonstrações financeiras do exercício em que houver modificação de métodos ou critérios contábeis, de efeitos relevantes, deverão indicá-la em nota e ressaltar esses efeitos.

§ 2º A companhia observará exclusivamente em livros ou registros auxiliares, sem qualquer modificação da escrituração mercantil e das demonstrações reguladas nesta Lei, as disposições da lei tributária, ou de legislação especial sobre a atividade que constitui seu objeto, que prescrevam, conduzam ou incentivem a utilização de métodos ou critérios contábeis diferentes ou determinem registros, lançamentos ou ajustes ou a elaboração de outras demonstrações financeiras.

§ 3º As demonstrações financeiras das companhias abertas observarão, ainda, as normas expedidas pela Comissão de Valores Mobiliários e serão obrigatoriamente submetidas a auditoria por auditores independentes nela registrados.

§ 4º As demonstrações financeiras serão assinadas pelos administradores e por contabilistas legalmente habilitados.

§ 5º As normas expedidas pela Comissão de Valores Mobiliários a que se refere o § 3º deste artigo deverão ser elaboradas em consonância com os padrões internacionais de contabilidade adotados nos principais mercados de valores mobiliários.

§ 6º As companhias fechadas poderão optar por observar as normas sobre demonstrações financeiras expedidas pela Comissão de Valores Mobiliários para as companhias abertas.

5. Livro Diário

5.1. Lançamento

É o registro do fato contábil ocorrido.

5.2. Elementos Essenciais do Lançamento

- Local e data
- Conta(s) debitada(s)
- Conta(s) creditada(s)
- Histórico
- Valor

Exemplo:

Rio de Janeiro, 12 de outubro de 1999 ⟶ local e data

Mercadorias ⟶ conta debitada

a fornecedores ⟶ conta creditada

Compras a prazo do fornecedor X, conforme nota fiscal 047 ...***400***

↓ *Histórico* ↓ *valor*

Observemos, no lançamento anterior, que a conta debitada vem antes da conta creditada. Observemos também que a conta creditada é precedida pela partícula "**a**". Esta partícula era usada apenas na escrituração manual. Na escrituração mecanizada ou maquinizada não se utilizava tal partícula. Também, na escrituração informatizada, não se utiliza a referida partícula. Assim, se no exemplo a escrituração fosse mecanizada ou maquinizada, o lançamento ficaria da seguinte forma:

Rio de Janeiro, 12 de outubro de 1999		
D – Mercadorias	***400***	
C – Fornecedores		***400***
Compras a prazo do fornecedor X, conforme nota fiscal 047		

Normalmente, nesse tipo de escrituração, como podemos notar, o valor debitado ficava mais à esquerda e o valor creditado ficava mais à direita, por causa das fichas de *voucher*, que, como comentado anteriormente, possuem três vias: a primeira, para o livro Diário; a segunda, para o livro Razão (conta debitada); e, a terceira, para o livro Razão (conta creditada).

Na escrituração informatizada, que é a utilizada atualmente por todas as empresas, os valores debitados e creditados ficam na mesma vertical, não havendo por que o valor debitado ficar mais à esquerda e o creditado mais à direita.

No entanto, por questões de tradição, ainda é muito comum em provas de concursos públicos a utilização dos lançamentos MANUAIS, ou seja, com o uso da partícula "a" precedendo as contas creditadas, embora tal sistema, na prática contábil das empresas, esteja totalmente extinto.

5.3. Fórmulas de Lançamento

Existem 4 (quatro) fórmulas de lançamento no livro Diário:

(1ª FÓRMULA) Uma conta debitada e uma conta creditada.

Exemplo: Depósito bancário no valor de R$ 2.400

Lançamento →	*BCM*	
(Manual)	*a Caixa*	*2.400*

Lançamento →	*D BCM*	*2.400*
(Informatizado)	*C Caixa*	*2.400*

NOTA: Por questões práticas, não indicaremos, nos lançamentos, o local, data e histórico.

(2ª FÓRMULA) Uma conta debitada e mais de uma creditada.

Exemplo: Recebimento de duplicatas no valor de R$ 8.000, com juro de 5% por atraso do cliente.

Lançamento →	*Caixa*		
(Manual)	*a Diversos*		
	a Duplicatas a Receber	*8.000*	
	a Juros Ativos	*400*	*8.400*

- -

Lançamento →	*D Caixa*	*8.400*
(Informatizado)	*C Duplicatas a Receber*	*8.000*
	C Juros Ativos	*400*

Obs.: No lançamento pela escrituração manual, utiliza-se a palavra *DIVERSOS* como indicação de que há mais de uma conta creditada ou mais de uma conta debitada. No caso do lançamento de 2ª fórmula, a palavra *DIVERSOS* vem precedida da partícula "a", representando, assim, as contas creditadas. No caso do lançamento de 3ª fórmula, que veremos a seguir, a referida palavra inicia o lançamento sem a partícula "a", representando as contas debitadas. No lançamento manual de 4ª fórmula, a palavra *DIVERSOS* aparece duas vezes: a primeira, sem a partícula "a", representando as contas debitadas, e a segunda, com a partícula "a", representando as contas creditadas.

(3ª FÓRMULA) Mais de uma conta debitada e apenas uma conta creditada.

Exemplo: Recebimento de duplicatas no valor de R$ 8.000, com desconto de 5% por antecipação de pagamento por parte do cliente.

Lançamento →	*Diversos*		
(Manual)	*a Duplicatas a Receber*		
	Caixa	*7.600*	
	Descontos Concedidos	*400*	*8.000*

- -

Lançamento →	*D Caixa*	*7.600*
(Informatizado)	*D Descontos Concedidos*	*400*
	C Duplicatas a Receber	*8.000*

NOTA: Observemos que, no lançamento manual, "aparentemente" as contas debitadas aparecem após a conta creditada. Na realidade, estas contas estão antes da conta creditada, pois são representadas pela palavra *DIVERSOS*, a qual, como podemos ver, está antes da conta creditada.

(4ª FÓRMULA) Mais de uma conta debitada e mais de uma creditada.

Exemplo: Venda à vista por R$ 63.000 de um imóvel no valor de R$ 50.000, valor este composto pelo valor de uma edificação avaliada em R$ 40.000 e pelo valor de um terreno avaliado em R$ 10.000, sendo a depreciação acumulada de 30% do valor da edificação.

Lançamento →	*Diversos*		
(Manual)	*a Diversos*		
	Caixa	*63.000*	
	Depreciação Acumulada	*12.000*	
	a Imóveis	*50.000*	
	a Outras Receitas	*25.000*	*75.000*

Lançamento →	*D Caixa*	*63.000*
(Informatizado)	*D Depreciação Acumulada*	*12.000*
	C Imóveis	*50.000*
	C Outras Receitas	*25.000*

Observemos que a conta *Caixa* foi debitada, pois entraram R$ 63.000 em dinheiro. A conta *Imóveis* foi creditada, pois o imóvel "saiu", isto é, deixou de integrar o patrimônio da empresa. A conta *Depreciação Acumulada*, que é credora, foi debitada, pois deixa de existir na empresa juntamente com o imóvel. O valor contábil do imóvel, o qual é composto pela edificação (sofre depreciação) e pelo terreno (não sofre depreciação), é igual a R$ 50.000 – 30% R$ 40.000, ou seja, R$ 38.000. Visto que foi vendido por R$ 63.000, gerou um lucro de R$ 25.000, o qual indicamos na conta *Outras Receitas*.

5.4. Erros de Escrituração e Correções

⇨ ERROS MAIS COMUNS:

- *VALOR* – quando ao invés de debitar-se ou creditar-se um determinado valor, debita-se ou credita-se outro valor.
- *TÍTULO* – quando se utiliza o nome de uma conta, quando se deveria usar o nome de outra conta.
- *INVERSÃO* – quando a conta que deveria ser debitada foi creditada e a que deveria ser creditada foi debitada.
- *DUPLO REGISTRO* – quando o lançamento que já havia sido feito é feito pela segunda vez.
- *OMISSÃO* – quando não se faz o lançamento.
- *HISTÓRICO INCORRETO* – quando o fato ocorrido não corresponde ao descrito no histórico do lançamento.

⇨ FORMAS DE CORREÇÃO:

- *ESTORNO* – Consiste em se anular o lançamento incorreto, através da elaboração de um lançamento invertido em relação àquele.
- *COMPLEMENTAÇÃO* – Consiste em se fazer lançamento para complementar valor lançado a menor (complementação positiva) ou lançado a maior (complementação negativa). Pode-se também chamar a complementação negativa de estorno parcial.
- *TRANSFERÊNCIA* – É utilizada quando se comete erro de título. Consiste em se fazer um lançamento de tal forma que a conta incorreta seja debitada ou creditada em contrapartida com a conta correta.
- *RESSALVA* – É normalmente feita quando se comete erro no histórico. Se o erro for identificado antes de se terminar o histórico, pode-se, por exemplo, utilizar expressões do tipo "digo" ou "isto é". Caso o erro seja identificado após o fechamento do histórico incorreto, a ressalva deverá ser feita posteriormente.

Exemplos:

1) Pagamento de duplicatas no valor de R$ 900.

Lançamento incorreto:	*Duplicatas a Receber*	
	a Caixa	*900*

Erro cometido: *TÍTULO, pois a conta que deveria ser debitada seria Duplicatas a Pagar e não Duplicatas a Receber.*

(1ª SOLUÇÃO)

Estorno:	*Caixa*	
	a Duplicatas a Receber	*900*
Lançamento correto:	*Duplicatas a Pagar*	
	a Caixa	*900*

(2ª SOLUÇÃO)

Transferência:	*Duplicatas a Pagar*	
	a Duplicatas a Receber	*900*

---

2) Depósito bancário no valor de R$ 900.

Lançamento incorreto:	*Caixa*	
	a BCM	*900*

Erro cometido: *INVERSÃO, pois, no depósito bancário, debita-se BCM e credita-se Caixa.*

(SOLUÇÃO)

Transferência:	*BCM*	
	a Caixa	*1.800*

NOTA: Em erros de inversão, a correção pode ser feita estornando-se o lançamento incorreto e fazendo-se o correto. Outra forma de corrigir é fazendo-se um único lançamento com o valor dobrado, no caso, 1.800 = 900 + 900.

3) Recebimento de duplicatas no valor de R$ 12.000.

Lançamento incorreto:	*Caixa*	
	a Duplicatas a Receber	*7.000*

Erro cometido: VALOR, pois faltam R$ 5.000

(SOLUÇÃO)

Complementação:	*Caixa*	
	a Duplicatas a Receber	*5.000*

5.5. Formalidades do Livro Diário

O Diário não é só um livro, mas também um documento. Por esta razão, deve observar as formalidades impostas pela legislação pertinente. Tais formalidades podem se referir ao livro antes de ser escriturado (formalidades extrínsecas), ou se referir ao próprio conteúdo da escrituração (formalidades intrínsecas). Assim:

⇨ FORMALIDADES EXTRÍNSECAS:

- O livro Diário deve ser encadernado.
- As folhas devem ser numeradas.
- O livro Diário deve ser autenticado na Junta Comercial do Estado (no caso das empresas mercantis) ou no Registro Civil de Pessoas Jurídicas (no caso das empresas prestadoras de serviços).
- No livro Diário, deve haver termo de abertura e termo de encerramento.

⇨ FORMALIDADES INTRÍNSECAS:

- A escrituração no Diário deve seguir uma ordem cronológica (dia, mês e ano).
- Na escrituração do Diário, não deve haver rasuras, borrões, sinais, linhas em branco, entrelinhas, folhas em branco etc.
- A escrituração deve ser feita em língua e moeda nacionais.

5.6. Interpretação Técnica Geral 2000 (R1) – ITG 2000 (R1)

ITG 2000 (R1) – ESCRITURAÇÃO CONTÁBIL

Sumário	*Item*
OBJETIVO	*1*
ALCANCE	*2*
FORMALIDADES DA ESCRITURAÇÃO CONTÁBIL	*3 – 36*
Livro Diário e livro Razão	*14 – 19*
Escrituração contábil de filial	*20 – 25*
Documentação contábil	*26 – 28*
Contas de compensação	*29 – 30*
Retificação de lançamento contábil	*31 – 36*

Objetivo

1. Esta Interpretação estabelece critérios e procedimentos a serem adotados pela entidade para a escrituração contábil de seus fatos patrimoniais, por meio de qualquer processo, bem como a guarda e a manutenção da documentação e de arquivos contábeis e a responsabilidade do profissional da contabilidade.

Alcance

2. Esta Interpretação deve ser adotada por todas as entidades, independente da natureza e do porte, na elaboração da escrituração contábil, observadas as exigências da legislação e de outras normas aplicáveis, se houver.

Formalidades da escrituração contábil

3. A escrituração contábil deve ser realizada com observância aos Princípios de Contabilidade.

4. O nível de detalhamento da escrituração contábil deve estar alinhado às necessidades de informação de seus usuários. Nesse sentido, esta Interpretação não estabelece o nível de detalhe ou mesmo sugere um plano de contas a ser observado. O detalhamento dos registros contábeis é diretamente proporcional à complexidade das operações da entidade e dos requisitos de informação a ela aplicáveis e, exceto nos casos em que uma autoridade reguladora assim o requeira, não devem necessariamente observar um padrão pré-definido.

5. A escrituração contábil deve ser executada:

a) em idioma e em moeda corrente nacionais;

b) em forma contábil;

c) em ordem cronológica de dia, mês e ano;

d) com ausência de espaços em branco, entrelinhas, borrões, rasuras ou emendas; e

e) com base em documentos de origem externa ou interna ou, na sua falta, em elementos que comprovem ou evidenciem fatos contábeis.

6. A escrituração em forma contábil de que trata o item 5 deve conter, no mínimo:

a) data do registro contábil, ou seja, a data em que o fato contábil ocorreu;

b) conta devedora;

c) conta credora;

d) histórico que represente a essência econômica da transação ou o código de histórico padronizado, neste caso baseado em tabela auxiliar inclusa em livro próprio;

e) valor do registro contábil;

f) informação que permita identificar, de forma unívoca, todos os registros que integram um mesmo lançamento contábil.

7. O registro contábil deve conter o número de identificação do lançamento em ordem sequencial relacionado ao respectivo documento de origem externa ou interna ou, na sua falta, em elementos que comprovem ou evidenciem fatos contábeis.

8. A terminologia utilizada no registro contábil deve expressar a essência econômica da transação.

9. Os livros contábeis obrigatórios, entre eles o Livro Diário e o Livro Razão,em forma não digital, devem revestir-se de formalidades extrínsecas, tais como:

a) serem encadernados;

b) terem suas folhas numeradas sequencialmente;

c) conterem termo de abertura e de encerramento assinados pelo titular ou representante legal da entidade e pelo profissional da contabilidade regularmente habilitado no Conselho Regional de Contabilidade.

10. Os livros contábeis obrigatórios, entre eles o Livro Diário e o Livro Razão, em forma digital, devem revestir-se de formalidades extrínsecas, tais como:

a) serem assinados digitalmente pela entidade e pelo profissional da contabilidade regularmente habilitado;

b) serem autenticados no registro público competente.

c) quando exigível por legislação específica, serem autenticados no registro público ou entidade competente. (Alterada pela ITG 2000 (R1))

11. Admite-se o uso de códigos e/ou abreviaturas, nos históricos dos lançamentos, desde que permanentes e uniformes, devendo constar o significado dos códigos e/ou abreviaturas no Livro Diário ou em registro especial revestido das formalidades extrínsecas de que tratam os itens 9 e 10.

12. A escrituração contábil e a emissão de relatórios, peças, análises, demonstrativos e demonstrações contábeis são de atribuição e de responsabilidade exclusivas do profissional da contabilidade legalmente habilitado.

13. As demonstrações contábeis devem ser transcritas no Livro Diário, completando-se com as assinaturas do titular ou de representante legal da entidade e do profissional da contabilidade legalmente habilitado.

Livro Diário e livro Razão

14. No Livro Diário devem ser lançadas, em ordem cronológica, com individualização, clareza e referência ao documento probante, todas as operações ocorridas, e quaisquer outros fatos que provoquem variações patrimoniais.

15. Quando o Livro Diário e o Livro Razão forem gerados por processo que utilize fichas ou folhas soltas, deve ser adotado o registro "Balancetes Diários e Balanços".

16. No caso da entidade adotar processo eletrônico ou mecanizado para a sua escrituração contábil, os formulários de folhas soltas, devem ser numerados mecânica ou tipograficamente e encadernados em forma de livro.

17. Em caso de escrituração contábil em forma digital, não há necessidade de impressão e encadernação em forma de livro, porém o arquivo magnético autenticado pelo registro público competente deve ser mantido pela entidade.

18. Os registros auxiliares, quando adotados, devem obedecer aos preceitos gerais da escrituração contábil.

19. A entidade é responsável pelo registro público de livros contábeis em órgão competente e por averbações exigidas pela legislação de recuperação judicial, sendo atribuição do profissional de contabilidade a comunicação formal dessas exigências à entidade.

Escrituração contábil de filial

20. A entidade que tiver unidade operacional ou de negócios, quer como filial, agência, sucursal ou assemelhada, e que optar por sistema de escrituração descentralizado, deve ter registros contábeis que permitam a identificação das transações de cada uma dessas unidades.

21. A escrituração de todas as unidades deve integrar um único sistema contábil.

22. A opção por escrituração descentralizada fica a critério da entidade.

23. Na escrituração descentralizada, deve ser observado o mesmo grau de detalhamento dos registros contábeis da matriz.

24. As contas recíprocas relativas às transações entre matriz e unidades, bem como entre estas, devem ser eliminadas quando da elaboração das demonstrações contábeis da entidade.

25. As despesas e as receitas que não possam ser atribuídas às unidades devem ser registradas na matriz e distribuídas para as unidades de acordo com critérios da administração da entidade.

Documentação contábil

26. Documentação contábil é aquela que comprova os fatos que originam lançamentos na escrituração da entidade e compreende todos os documentos, livros, papéis, registros e outras peças, de origem interna ou externa, que apoiam ou componham a escrituração.

27. A documentação contábil é hábil quando revestida das características intrínsecas ou extrínsecas essenciais, definidas na legislação, na técnica-contábil ou aceitas pelos "usos e costumes".

28. Os documentos em papel podem ser digitalizados e armazenados em meio magnético, desde que assinados pelo responsável pela entidade e pelo profissional da contabilidade regularmente habilitado, devendo ser submetidos ao registro público competente.

Contas de compensação

29. Contas de compensação constituem sistema próprio para controle e registro dos fatos relevantes que resultam em assunção de direitos e obrigações da entidade cujos efeitos materializar-se-ão no futuro e que possam se traduzir em modificações no patrimônio da entidade.

30. Exceto quando de uso mandatório por ato de órgão regulador, a escrituração das contas de compensação não é obrigatória. Nos casos em que não forem utilizadas, a entidade deve assegurar-se que possui outros mecanismos que permitam acumular as informações que de outra maneira estariam controladas nas contas de compensação.

Retificação de lançamento contábil

31. Retificação de lançamento é o processo técnico de correção de registro realizado com erro na escrituração contábil da entidade e pode ser feito por meio de:

a) estorno;

b) transferência; e

c) complementação.

32. Em qualquer das formas citadas no item 31, o histórico do lançamento deve precisar o motivo da retificação, a data e a localização do lançamento de origem.

33. O estorno consiste em lançamento inverso àquele feito erroneamente, anulando-o totalmente.

34. Lançamento de transferência é aquele que promove a regularização de conta indevidamente debitada ou creditada, por meio da transposição do registro para a conta adequada.

35. Lançamento de complementação é aquele que vem posteriormente complementar, aumentando ou reduzindo o valor anteriormente registrado.

36. Os lançamentos realizados fora da época devida devem consignar, nos seus históricos, as datas efetivas das ocorrências e a razão do registro extemporâneo.

EXERCÍCIO RESOLVIDO 1: A Cia. Selma, cujo exercício social coincide com o ano-calendário, pagou, em 30/08/X1, o prêmio correspondente a uma apólice de seguro contra incêndio de suas instalações para viger no período de 01/09/X1 a 30/08/X2. O valor pago de R$ 48.000,00 foi contabilizado como despesa operacional do exercício de X1. Observando o princípio contábil da competência, marque a opção que indica o lançamento de ajuste feito em 31/12/X1:

a) Seguros a Vencer
   a Despesas de Seguros......... 32.000

b) Despesas de Seguros
   a Seguros a Vencer............. 32.000

c) Seguros a Vencer
   a Despesas de Seguros........ 16.000

d) Despesas de Seguros
   a Seguros a Vencer............ 16.000
e) Seguros a Vencer
   a Lucros Acumulados......... 32.000

(SOLUÇÃO)
Pelo regime de competência, a despesa de seguros não é caracterizada pelo pagamento e sim pela ocorrência do fato gerador, sendo este a cobertura do patrimônio ao longo do tempo, que no caso é a cobertura pelo período de 12 meses, a contar de 01/09/X1. Assim:

Despesas de Seguros de X1 (4 meses) = $ 48.000 ÷ 12 × 4 = 16.000

Seguros a Vencer = $ 48.000 – $ 16.000 = $ 32.000 → Ativo Circulante em X1

Lançamento INCORRETO:	*Despesas de Seguros*		
	a Caixa	*48.000*	

Lançamento de AJUSTE:	*Seguros a Vencer*		
	a Despesas de Seguros	*32.000*	***(Opção a)***

EXERCÍCIO RESOLVIDO 2: (Técnico da Receita Federal/Esaf) Assinale a opção incorreta:

a) O Patrimônio é um conjunto de bens, direitos e obrigações vinculados a uma pessoa ou a uma entidade.
b) No balanço patrimonial, o total do Ativo é sempre igual ao do Passivo.
c) No lançamento, a data e o histórico exercem função histórica.
d) Método de escrituração é a forma de registrar os fatos administrativos.
e) O princípio fundamental do método das partidas dobradas é o de que não há devedor sem credor e vice-versa, correspondendo a cada débito, invariavelmente, um crédito de igual valor.

(SOLUÇÃO)

a) CORRETO. O Patrimônio é formado por uma parte positiva (bens+ direitos) e por uma parte negativa (obrigações)

b) CORRETO. No balanço, o total do Ativo (bens + direitos) é igual ao total do Passivo (Passivo Exigível + Passivo Não exigível).

c) CORRETO. Em qualquer lançamento no Diário, a data, juntamente com o histórico, exercem uma função histórica, pois retratam o fato ocorrido e a sua época.

*d) **INCORRETO**. As formas de registrar os fatos são: Manual, Maquinizada, Mecanizada e Informatizada. Estes são SISTEMAS DE ESCRITURAÇÃO, e não métodos de escrituração. **(Opção d)***

e) CORRETO. Partida dobrada significa que o débito se contrapõe ao crédito e vice-versa.

EXERCÍCIO RESOLVIDO 3: (TFC/Esaf - Adaptada) Observe o lançamento contábil abaixo:

Contas a Receber	17.000	
Depreciação Acumulada	5.000	
Máquinas		15.000
Outras Receitas		7.000

O lançamento registra contabilmente:

a) venda a prazo, por 17.000, de máquina de uso, de valor contábil 10.000;

b) baixa de máquina do ativo imobilizado, cujo valor contábil, levado a prejuízo do exercício, era de 7.000;

c) venda a prazo, por 17.000, de máquina de uso, cujo valor contábil era de 15.000;

d) baixa de máquina do ativo imobilizado por haver atingido depreciação total;

e) venda a prazo, por 17.000, de máquina de uso, com prejuízo de 7.000.

(SOLUÇÃO)

– *Neste tipo de lançamento, os valores à esquerda são os debitados, isto é, 17.000 e 5.000, e os valores à direita são os creditados, isto é, 15.000 e 7.000.*

– *O valor contábil da Máquina é a diferença entre o seu custo ($ 15.000) e a sua depreciação acumulada ($ 5.000), isto é, $ 10.000.*

– *Observemos que a máquina está sendo vendida a prazo por $ 17.000, visto o débito em Contas a Receber e o crédito em Máquinas. No caso da Depreciação Acumulada, que é uma conta credora, esta está sendo debitada, pois "sairá" junto com a máquina. Assim, na venda da máquina, está havendo um lucro de $ 17.000 – $ 10.000, isto é, $ 7.000, sendo este creditado à conta Outras Receitas.* ***(Opção a)***

EXERCÍCIO RESOLVIDO 4: O recebimento de uma duplicata com cheque de R$ 50.000, sendo que em tal recebimento foi concedido ao cliente um desconto de 20%, gera o seguinte lançamento no Diário do fornecedor:

a) Diversos
a Duplicatas a Receber
BCM 50.000
Descontos Concedidos 10.000 60.000

b) Diversos
a Duplicatas a Receber
Caixa 50.000
Descontos Concedidos 10.000 60.000

c) BCM
a Duplicatas a Receber 50.000

d) Diversos

a Duplicatas a Receber

BCM	50.000	
Descontos Concedidos	12.500	62.500

e) Diversos

a Duplicatas a Receber

Caixa	50.000	
Descontos Concedidos	12.500	62.500

(SOLUÇÃO)

– *O cheque recebido não entra no BCM, e sim no Caixa. Só entraria em BCM se houvesse depósito bancário. Logo, deve-se debitar Caixa de R$ 50.000.*

– *R$ 50.000 = 80% do valor das duplicatas a receber. Logo, deve-se creditar Duplicatas a Receber de R$ 50.000 ÷ 0,8 = R$ 62.500 e debitar Descontos Concedidos de R$ 62.500 – R$ 50.000 = R$ 12.500.* ***(Opção e)***

EXERCÍCIO RESOLVIDO 5: (Auditor da Receita Federal/Esaf) Lançamentos (só contas e valores):

1) Comissões sobre Vendas
a Bancos Conta Movimento $ 500

2) Bancos Conta Movimento
a Duplicatas a Receber $ 800

3) Bancos Conta Movimento
a Receita de Aluguéis de Equipamentos $ 60

4) Obrigações Fiscais
a Bancos Conta Movimento $ 200

5) Bancos Conta Movimento
a Fundo de Comércio Adquirido $ 5.000

Os lançamentos acima, apresentados de forma simplificada, não se referem a estornos, retificações, transferências, complementações ou venda de direitos.

Assim sendo, está errado, em função da natureza e finalidade das contas envolvidas, o registro contábil de número:

a) 1;

b) 2;

c) 3;

d) 4;

e) 5.

(SOLUÇÃO)

1) *Pagamento de comissões com emissão de cheque.*
2) *Recebimento de duplicata em cobrança pelo banco (cobrança simples).*
3) *Recebimento de aluguel com depósito bancário.*
4) *Pagamento de dívidas fiscais com emissão de cheque.*
5) *A aquisição de BEM implica debitar o bem e creditar uma disponibilidade ou uma obrigação. No caso, o lançamento está invertido.* ***(Opção e)***

Exercícios de Fixação

1. **(Marinha) Uma empresa paga com cheque uma despesa de salário, contabilizada no ano anterior e constante do Balanço Patrimonial como obrigação. O lançamento do fato contábil será:**
   a) Débito: Salários a Pagar
      Crédito: Despesas de Salários
   b) Débito: Despesa de Salários
      Crédito: Salários a Pagar
   c) Débito: Despesas de Salários
      Crédito: Encargos
   d) Débito: Salários a Pagar
      Crédito: Bancos c/Movimento
   e) Débito: Salários a Pagar
      Crédito: Caixa

2. **O lançamento abaixo registra um fato contábil:**
   Diversos
   a Fornecedores
   Material de Expediente
   Móveis e Utensílios
   Estoque de Mercadorias
   a) modificativo diminutivo;
   b) permutativo;
   c) misto aumentativo;
   d) misto diminutivo;
   e) modificativo aumentativo.

3. **A característica do Lançamento Contábil de 2ª fórmula é:**
   a) uma conta devedora e uma conta credora;
   b) diversas contas devedoras e diversas contas credoras;
   c) uma conta devedora e duas ou mais contas credoras;
   d) duas contas devedoras e duas credoras;
   e) duas ou mais contas credoras e uma conta devedora.

4. **(Técnico de Finanças e Controle/Esaf) Observe o lançamento contábil que vem a seguir:**
   Brasília – DF, 15 de março de 1993
   Mercadorias
   a Duplicatas a Receber
   Vr. Compra de mercadorias efetuadas na data, sendo 45 unidades o custo unitário de $ 150,00 e 95 unidades ao custo unitário de $ 65,00 .... $ 12.925
   O lançamento acima:
   a) está correto;
   b) apresenta erro de valor;
   c) apresenta erro de conta;
   d) está incompleto;
   e) representa uma venda a prazo e não uma compra.

5. **A contabilização do "IR a Pagar" sobre o lucro de uma empresa traduz um fato:**
   a) modificativo diminutivo;
   b) permutativo;
   c) misto diminutivo;
   d) modificativo aumentativo;
   e) misto aumentativo.

6. **Sobre o lançamento seguinte, é incorreto afirmar:**
   D – Lucros Acumulados
   C – Dividendos a Pagar
   a) Reduz a situação líquida patrimonial.
   b) É de primeira fórmula.
   c) Aumenta o capital de terceiros.
   d) Indica uma das destinações do lucro líquido.
   e) Caracteriza um fato permutativo.

7. **(Técnico de Finanças e Controle/Esaf) Determinada empresa contratou arrendamento mercantil de um computador, nas seguintes condições:**
   – **Valor do contrato** **$ 6.000.000**
   – **Prazo do contrato** **30 meses**
   – **Valor da contraprestação** **$ 200.000**

   Por ocasião da assinatura do contrato e recebimento do equipamento, a empresa fez o seguinte registro contábil:
   EQUIPAMENTOS DE ESCRITÓRIO
   a FORNECEDORES **6.000.000**
   Pela aquisição, a prazo e através de contrato de arrendamento mercantil, do computador marca SOL, modelo A1, série 001000

Examinando o registro contábil, conclui-se que o lançamento:

a) estaria correto, se o valor de $ 6.000.000 fosse contabilizado na medida em que as prestações fossem sendo contabilizadas;
b) está correto;
c) está correto, mas a depreciação do equipamento só poderá ser admitida em relação às parcelas já pagas;
d) está correto, e a depreciação do equipamento poderá ser admitida em relação ao valor total de $ 6.000.000;
e) não está correto.

8. Seja a seguinte relação de livros:
LALUR
Registro de Partes Beneficiárias
Registro de Inventário
Diário
Contas-Correntes
Registro de Entradas
Atas e Pareceres do Conselho Fiscal
Da relação anterior, o número de Livros Fiscais é de:

a) 1;
b) 2;
c) 3;
d) 4;
e) 5.

9. (Secretaria da Fazenda do Estado do Ceará – Analista/Esaf) A empresa Comercial do Ponto Ltda., ao contabilizar a quitação, por via bancária, de uma duplicata no valor de R$ 600,00, com acréscimo de 10% relativos a juros, terá de efetuar o seguinte lançamento no livro Diário (omitindo-se data e históricos para simplificação):

a) Bancos conta Movimento
a Diversos
a Duplicatas a Receber 600,00
a Juros Passivos 60,00 660,00

b) Diversos
a Bancos conta Movimento
Duplicatas a Receber 600,00
Juros Passivos 60,00 660,00

c) Bancos conta Movimento
a Diversos
a Duplicatas a Pagar 600,00
a Juros Passivos 60,00 660,00

d) Diversos
a Bancos conta Movimento
Duplicatas a Pagar 600,00
Juros Passivos 60,00 660,00

e) Duplicatas a Pagar
a Diversos
a Bancos conta Movimento 600,00
a Juros Passivos 60,00 660,00

10. Considere o seguinte lançamento contábil:
Despesas de Seguros
a Seguros a Vencer .... $ 3.000
Assim, com relação ao lançamento anterior, marque a opção incorreta:
a) É de primeira fórmula.
b) Representa um fato modificativo diminutivo.
c) Reduz o capital próprio.
d) Não altera o capital de terceiros.
e) É característico de uma empresa que trabalha com regime de caixa.

11. Não é formalidade do livro Diário:
a) encadernação;
b) língua e moeda nacionais;
c) escrituração sistemática;
d) termos de abertura e encerramento;
e) autenticação na Junta Comercial do Estado ou no Registro Civil de Pessoas Jurídicas.

12. (Técnico da Receita Federal/Esaf) A emissão de um cheque no valor de $ 500 para pagamento de uma duplicata, com juros de 25%, deve receber o seguinte lançamento contábil:

a) Diversos
a BCM

Duplicatas a Pagar	400	
Juros Passivos	100	500

b) Duplicatas a Pagar
a Diversos

a BCM		500
a Despesa de Juros	100	600

c) Diversos
a BCM

Duplicatas a Pagar	500	
Despesa de Juros	125	625

d) BCM
a Diversos

a Duplicatas a Pagar	400	
a Juros Passivos	100	500

e) Diversos
a Duplicatas a Pagar

BCM		500
Despesa de Juros	100	600

13. Associe:
I. Lançamento de 1ª fórmula
II. Lançamento de 2ª fórmula
III. Lançamento de 3ª fórmula
IV. Lançamento de 4ª fórmula

A – Diversas contas debitadas e uma creditada
B – Uma conta debitada e uma conta creditada
C – Diversas contas debitadas e diversas contas creditadas
D – Uma conta debitada e diversas contas creditadas

a) IB, IID, IIIA, IVC.
b) IB, IIA, IIID, IVC.
c) ID, IIB, IIIA, IVC.
d) IB, IID, IIIC, IVA.
e) IA, IID, IIIB, IVC.

14. O lançamento de terceira fórmula, no livro Diário, assume a seguinte forma:

a) Local e data
Conta Debitada
a Diversos
histórico........ valor

b) Local e data
Diversos
a Conta Debitada
histórico........ valor

c) Local e data
Conta creditada
a Diversos
histórico......... valor

d) Local e data
Diversos
a Conta Creditada
histórico......... valor

e) Local e data
Conta Debitada
a Conta Creditada
histórico................. valor

15. O pagamento de uma duplicata no valor de R$ 2.300 foi registrado mediante o seguinte lançamento:

Duplicatas a Receber
a Caixa 2.300

Para a correção, foi feito o seguinte lançamento:

Duplicatas a Pagar
a Duplicatas a Receber 2.300

Assim, o método de correção anterior é chamado de:

a) estorno;
b) transferência;
c) complementação;
d) ressalva;
e) estorno parcial.

16. (Técnico da Receita Federal/Esaf) Uma empresa que adquiriu um carro para seu próprio uso, pagando uma entrada de 20% e aceitando duplicatas no valor de $ 20.000, deverá fazer o seguinte lançamento contábil:

a) Diversos
a Duplicatas a Pagar
Caixa 5.000
Veículos 20.000 25.000

b) Veículos
a Diversos
a Caixa 5.000
a Duplicatas a Pagar 20.000 25.000

c) Diversos
a Duplicatas a Pagar
Caixa 4.000
Veículos 16.000 20.000

d) Veículos
a Diversos
a Caixa 4.000
a Duplicatas a Pagar 20.000 24.000

e) Veículos
a Diversos
a Caixa 4.000
a Duplicatas a Pagar 16.000 20.000

17. Marque a opção que indica um livro fiscal.

a) Diário.
b) Razão.
c) Registro de Atas de Assembleias de Acionistas.
d) LALUR.
e) Caixa.

18. É livro obrigatório, principal e cronológico:

a) Razão;
b) Caixa;
c) Diário;
d) Contas-Correntes;
e) LALUR.

19. (Técnico da Receita Federal/Esaf) Determinado cliente pagou duplicata de seu aceite no valor de $ 80.000, adicionado de juros e mora de $ 4.000. Assinale a opção que contém o lançamento contábil, na emitente da duplicata, considerando-se que sua liquidação foi feita através de cobrança bancária:

a) Diversos
a Duplicatas a Receber
Bancos 80.000
Receitas de Juros 4.000 84.000

b) Bancos
a Diversos
a Duplicatas a Receber 80.000
a Receitas de Juros 4.000 84.000

c) Duplicatas a Receber
a Diversos
a Bancos 80.000
a Receitas de Juros 4.000 84.000

d) Diversos
a Bancos
Duplicatas a Receber 80.000
Receitas de Juros 4.000 84.000

e) Duplicatas a Receber
a Diversos
a Duplicatas Descontadas 80.000
a Receitas de Juros 4.000 84.000

20. (Técnico da Receita Federal/Esaf) Caracterizam o livro Diário todos os atributos abaixo mencionados, exceto:

a) registro de todos os atos e fatos administrativos ocorridos na empresa;
b) registro no órgão competente;
c) ordem cronológica de escrituração;
d) faculdade de escrituração em partidas mensais;
e) obrigatoriedade.

21. Com relação ao livro Razão, marque a opção incorreta.

a) É um livro acessório.
b) É um livro sistemático.
c) É um livro facultativo pela legislação comercial e obrigatório pela legislaçao Fiscal às empresas que declaram imposto de renda com base no lucro real.
d) É um livro contábil.
e) Coluna de débito e coluna de crédito são essenciais no livro Razão.

22. Com relação ao lançamento abaixo, marque a opção incorreta.
Despesas de Salários
a Salários a Pagar

a) É um lançamento de 1ª fórmula.
b) Caracteriza um fato modificativo diminutivo.
c) Pode ser feito numa empresa que trabalha com regime de caixa.
d) Aumenta o capital de terceiros.
e) Diminui a situação líquida patrimonial.

23. Não é sistema de escrituração:

a) Digráfico;
b) Manual;
c) Maquinizado;
d) Mecanizado;
e) Eletrônico.

24. (Auditor da Receita Federal/Esaf - Adaptada) Lançamentos simplificados (contas e valores):

1) Perdas Estimadas em Créditos de Liquidação Duvidosa
a Duplicatas a Receber $ 36.000
2) Despesa c/ Perdas Estimadas em Créd. de Liq. Duvidosa
a Perdas Estimadas em Créditos de Liquidação Duvidosa $ 210.000
3) Encargos de Depreciação
a Depreciação Acumulada de Veículos $ 70.000
4) Contas a Pagar
a Caixa $ 26.000
5) Prêmios de Seguros a Vencer
a Contas a Pagar $ 44.000
6) Caixa
a Receitas Financeiras $ 2.000

Nos lançamentos acima, os valores debitados em contas de resultado totalizaram:

a) $ 306.000;
b) $ 280.000;
c) $ 254.000;
d) $ 150.000;
e) $ 114.000.

25. O recebimento de um cheque do cliente, em pagamento de uma duplicata no valor de $ 30.000, com juros de 20%, deve ser escriturado na empresa recebedora da seguinte forma:

a) Diversos
a Bancos c/Movimento
Duplicatas a Receber 30.000
Juros Passivos 6.000 36.000

b) Bancos c/Movimento
a Diversos
a Duplicatas a Receber.......................... 30.000
a Juros Ativos 6.000 36.000

c) Diversos
a Duplicatas a Receber
Caixa.. 30.000
Juros Passivos 6.000 6.000

d) Caixa
a Diversos
a Duplicatas a Receber.......................... 30.000
a Juros Ativos 6.000 36.000

e) Duplicatas a Receber
a Diversos
a Bancos c/Movimentos........................ 30.000
a Juros Passivos...................................... 6.000 36.000

26. Não é formalidade extrínseca do livro Diário:

a) encadernação;
b) língua e moeda nacionais;
c) numeração de folhas;
d) termos de abertura e encerramento;
e) autenticação.

27. São formas alternativas de se corrigir erro de valor a menor na escrituração do Diário:

a) estorno e complementação;
b) estorno e transferência;
c) transferência e complementação;
d) ressalva e complementação;
e) ressalva e transferência.

28. (Técnico da Receita Federal/Esaf)

1) Caixa
a Despesas Gerais
2) Salários
a Caixa
3) Caixa
a Bancos
4) Mercadorias
a Caixa
5) Bancos
a Caixa
6) Salários
a Salários a Pagar

Os lançamentos acima servem para registrar os seguintes eventos:

a) o de número 3 se refere a depósito em conta-corrente bancária e o de número 5 a saque em conta bancária;
b) o de número 1 se refere a pagamento de despesas gerais e o de número 2 a pagamento de salários;
c) o de número 4 se refere a aquisição de mercadorias e o de número 5 a saque em conta-corrente bancária;
d) o de número 6 se refere a pagamento de salários e o de número 3 a saques em conta-corrente bancária;
e) o de número 5 se refere a depósito em conta-corrente bancária e o de número 4 a aquisição de mercadorias para revenda.

29. A empresa Informática LINDOX Ltda. adquiriu de seu fornecedor cinco computadores, a prazo, a $ 800 cada, sendo um deles para uso em seu escritório e os outros quatro para revenda. O contador da empresa procedeu ao seguinte lançamento.

D Mercadorias	**4.000**
C Fornecedores	**4.000**

Assim, a correção do lançamento acima poderá ser feita através de outro lançamento, da seguinte forma:

a) debitanto-se Computadores e creditando-se Fornecedores de $ 800;
b) debitando-se Computadores e creditando-se Mercadorias de $ 800;
c) debitando-se Fornecedores e creditando-se Mercadorias de $ 800;
d) debitando-se Fornecedores e creditando-se Computadores de $ 800;
e) debitando-se Fornecedores e creditando-se Mercadorias de $ 4.000.

30. No Razão, as contas são analíticas ou sintéticas, conforme exijam, ou não, desdobramentos ou subdivisões. São contas analíticas:

a) Bancos conta Movimento e Caixa;
b) Mercadorias e Veículos;
c) Salários a Pagar e Duplicatas a Pagar;
d) Fornecedores e Bancos c/Movimento;
e) Veículos e Bancos c/Movimento.

31. Rio de Janeiro, 22 de agosto de 1999

D – Duplicatas a Pagar	**R$ 4.000**
Valor da duplicata nº 48/1999 da LUX S/A, vencida em 1º de março de 1999	
D – Juros Passivos	**R$ 320**
8% sobre valor da duplicata nº 48/1999 da LUX S/A	
C – Bancos c/Movimento	**R$ 4.320**
Emissão do cheque nº 0122, em 1º de março de 1999, para pagamento da duplicata nº 48/1999 no valor de R$ 4.000 mais juro de mora de 8%	

Com relação ao lançamento anterior, marque a opção incorreta.

a) É de 3ª fórmula.
b) Observou o método das partidas dobradas.
c) Indica um fato misto diminutivo.
d) Reduziu as disponibilidades e o passivo circulante.
e) É comum em empresas que trabalham com sistema manual de escrituração.

32. Não é elemento essencial na escrituração do livro Razão:

a) data;
b) conta debitada;
c) local;
d) conta creditada;
e) título.

33. São formalidades intrínsecas do livro Diário:

a) encadernação/escrituração cronológica;
b) autenticação/língua nacional;
c) inexistência de rasuras/escrituração cronológica;
d) autenticação/encadernação;
e) língua nacional/encadernação.

34. Assinale a opção com afirmativa incorreta.

a) O estorno consiste em lançamento inverso àquele feito erroneamente, anulando-o totalmente.
b) Lançamento de transferência é aquele que promove a regularização de conta indevidamente debitada ou creditada, através da transposição do valor para a conta adequada.
c) Lançamento de complementação é aquele que vem, posteriormente, complementar, aumentando ou reduzindo, o valor anteriormente registrado.
d) São elementos essenciais do lançamento: local e data, conta debitada, conta creditada, histórico e valor.
e) Ressalva é forma de correção normalmente utilizada para erro de inversão.

35. (Técnico da Receita Federal/Esaf) "A escrituração da companhia será mantida em registros ———, com obediência aos preceitos da legislação ——— e desta Lei e aos princípios de contabilidade geralmente aceitos, devendo observar métodos ou critérios contábeis uniformes no tempo e registrar as mutações patrimoniais segundo o regime de competência."
Completam corretamente o art. 177 da Lei nº 6.404/1976, que trata da escrituração, retrotranscrito com duas (2) omissões, as palavras:

a) permanentes e tributária;
b) confiáveis e comercial;
c) individualizados e comercial;
d) permanentes e comercial;
e) contábeis e fiscal.

36. Um lançamento a crédito de Salários a Pagar, se não for de estorno, representa:

a) uma redução do patrimônio líquido;
b) um aumento do ativo;
c) uma redução do passivo;
d) um fato permutativo;
e) uma redução do ativo.

37. É livro contábil:

a) Registro das Partes Beneficiárias;
b) Registro de Inventários;
c) Contas Correntes;
d) Registro de Empregados;
e) LALUR.

38. (Cedae – Técnico de Contabilidade/Fesp-RJ) Considere o lançamento contábil abaixo.
Débito: Despesas de Férias
Crédito: Provisão de Férias
Este lançamento representa:

a) despesa incorrida e não paga;
b) despesa incorrida e paga;
c) despesa antecipada e não paga;
d) despesa antecipada e paga.

39. (Cedae – Técnico de Contabilidade/Fesp-RJ) Na constituição de uma empresa, quando ocorre a integralização do capital pelos sócios, tem-se o seguinte registro:

a) Capital a realizar
a Capital subscrito
b) Caixa
a Capital a realizar
c) Caixa
a Capital subscrito
d) Capital subscrito
a Capital a realizar

40. (IRB – Analista/Esaf) A empresa Almondegarst S/A resolveu antecipar o pagamento de uma dívida de R$ 5.000,00, ainda não vencida, para aproveitar o desconto de 10% oferecido pelo fornecedor. Ao contabilizar o pagamento efetuado, o contador deverá realizar o seguinte lançamento:

a) Bancos conta Movimento
a Diversos
a Fornecedores 5.000,00
a Descontos Obtidos 500,00 5.500,00

b) Diversos
a Bancos conta Movimento
Fornecedores 5.000,00
Descontos Obtidos 500,00 5.500,00

c) Fornecedores
a Diversos
a Bancos conta Movimento 5.000,00
a Descontos Obtidos 500,00 5.500,00

d) Fornecedores
a Diversos
a Bancos conta Movimento 4.500,00
a Descontos Obtidos 500,00 5.000,00

e) Bancos conta Movimento
a Diversos
a Fornecedores 5.000,00
a Descontos Obtidos 500,00 5.500,00

41. (Técnico da Receita Federal/Esaf) Ao contratar um empréstimo no Banco do Brasil para reforço de capital de giro, a empresa Tomadora S/A contabilizou:
débito de Bancos c/ Movimento R$ 500,00
crédito de Empréstimos Bancários R$ 500,00
crédito de Juros Passivos R$ 40,00
Para corrigir esse lançamento em um único registro, a empresa deverá contabilizar:

a) débito de Bancos c/ Movimento R$ 500,00
débito de Juros Passivos R$ 40,00
crédito de Empréstimos Bancários R$ 540,00

b) débito de Bancos c/ Movimento R$ 460,00
débito de Juros Passivos R$ 40,00
crédito de Empréstimos Bancários R$ 500,00

c) débito de Bancos c/ Movimento R$ 540,00
crédito de Empréstimos Bancários R$ 500,00
crédito de Juros Ativos R$ 40,00

d) débito de Juros Passivos R$ 40,00
crédito de Bancos c/ Movimento R$ 40,00

e) débito de Juros Passivos R$ 80,00
crédito de Bancos c/ Movimento R$ 40,00

42. (PETROBRAS/Fundação Cesgranrio) Analise os livros fiscais informados a seguir.
I – Registro de Entradas, modelo 1.
II – Registro de Saídas, modelo 2.
III – Registro de Entrada e Saída do Selo de Controle, modelo 4.
Os contribuintes sujeitos tanto à Legislação do IPI quanto à do ICMS utilizam-se APENAS do(s) livro(s):

a) I;
b) II;
c) III;
d) I e II;
e) II e III.

43. (PETROBRAS/Fundação Cesgranrio) Em relação ao Sistema Público de Escrituração Digital, SPED, analise as competências a seguir.
I – Controlar os respectivos registros e os usuários.
II – Adotar medidas para viabilizar o funcionamento.
III – Compatibilizar as necessidades dos usuários.
Compete à Secretaria da Receita Federal, APENAS:

a) I;
b) II;
c) III;
d) I e II;
e) II e III.

44. (PETROBRAS/Fundação Cesgranrio) A Escrituração Fiscal Digital – EFD – é o arquivo digital constituído por um conjunto de escriturações de documentos fiscais e de outras informações de interesse dos fiscos das unidades federadas e da Secretaria da Receita Federal do Brasil, bem como dos registros de apuração de Impostos referentes às operações e prestações praticadas pelo contribuinte. Esse arquivo deverá ser assinado digitalmente e transmitido, via Internet, ao ambiente SPED.
A periodicidade da transmissão do EFD para o ambiente SPED, em regra geral, é:

a) anual;
b) semestral;
c) trimestral;
d) mensal;
e) quinzenal.

45. (PETROBRAS/Fundação Cesgranrio) Os livros fiscais do IPI só podem ser retirados do estabelecimento para serem levados à repartição fiscal ou salvo autorização prévia do Fisco:

a) estadual;
b) federal;
c) municipal;
d) estadual e federal;
e) estadual e municipal.

46. (PETROBRAS – Contador Júnior/Fundação Cesgranrio) O Decreto nº 6.022, de 22 de janeiro de 2007, instituiu o Sistema Público de Escrituração Digital. Com relação a esse assunto, analise a definição abaixo.

"Arquivo digital que se constitui de um conjunto de escriturações de documentos fiscais e de outras informações de interesse dos Fiscos das unidades federadas e da Secretaria da Receita Federal do Brasil, bem como de registros de apuração de impostos referentes às operações e prestações praticadas pelo contribuinte."

A definição corresponde ao conceito do instrumento técnico

a) CT-e;
b) NF-e;
c) NFS-e;
d) SPED Contábil;
e) SPED Fiscal.

47. (PETROBRAS – Contador Júnior/Fundação Cesgranrio) A Receita Federal do Brasil (RFB) instituiu no art. 1º da Instrução Normativa RFB nº 787, de 19 de novembro de 2007, a Escrituração Contábil Digital (ECD) e no art. 2º da referida Instrução Normativa estabelece que a ECD compreenderá a versão digital do livro Balancetes Diários, balanços e fichas de lançamento comprobatórias dos assentamentos neles feitos e dos seguintes livros e seus auxiliares, se houver:

a) Diário e LALUR;
b) Razão e LALUR;
c) Diário e Razão;
d) Diário, Razão e LALUR;
e) Caixa, Diário e Razão.

48. (PETROBRAS – Contador Júnior/Fundação Cesgranrio) O SPED contábil foi regulamentado através da Resolução CFC nº 1.020/2005, e reformulado parcialmente pela Resolução CFC nº 1.063/2005. Tal Resolução estabelece que determinados livros contábeis constituem-se em registros permanentes da entidade e, quando escriturados em forma eletrônica, serão constituídos por um conjunto único de informações das quais eles se originam.

Os livros a que se refere a citada Resolução são:

a) Diário, Razão, Contas Correntes, Caixa e Registro de Empregados;
b) Diário, Copiador de Cartas, Atas de Assembleias e Registro de Inventários;
c) Diário, Caixa e Registro de Inventários;
d) Diário, Balancetes Diários e Balanços e Registro de Inventários;
e) Diário e Razão.

49. (PETROBRAS/Fundação Cesgranrio) O Sistema Público de Escrituração Digital (SPED) pode ser contábil ou fiscal. O SPED fiscal é um arquivo digital formado por um conjunto de documentos fiscais e outras informações de interesse dos fiscos, referentes ao período de apuração de diferentes impostos, tais como:

- **IR – Imposto de renda pessoa jurídica**
- **ICMS – Imposto sobre operações relativas à Circulação de Mercadorias e Serviços de transporte intermunicipal e interestadual e de comunicações**

– IPI – Imposto sobre Produtos Industrializados
– ISS – Imposto Sobre Serviços de qualquer natureza
Os impostos a serem informados pelo SPED fiscal são:

a) IR e ICMS;
b) IR e IPI;
c) ICMS e IPI;
d) ICMS e ISS;
d) IPI e ISS.

50. (Tribunal Regional do Trabalho – 18ª Região – Analista Judiciário/FCC) Em relação à escrituração contábil, é correto afirmar:

a) Os lançamentos no livro Diário devem ser efetuados diariamente, não se admitindo exceções.
b) A escrituração correta e tempestiva do livro Razão permite saber, em qualquer data, o saldo das contas de resultado e patrimoniais.
c) O único livro contábil considerado obrigatório pela Receita Federal do Brasil para a apuração da base de cálculo do imposto de renda é o livro Diário.
d) No Brasil, existe um Plano de Contas padronizado que deve ser seguido por todas as entidades com fins lucrativos.
e) Segundo normas do Conselho Federal de Contabilidade, a escrituração contábil somente pode ser efetuada em sistemas informatizados.

51. (LIQUIGAS – Petrobras – Contador Júnior/Fundação Cesgranrio) O SPED (Sistema Público de Escrituração Digital) prevê que os livros e documentos que integram a escrituração comercial e fiscal dos empresários e das sociedades empresárias serão emitidos de forma eletrônica e assinados digitalmente pelo contribuinte, por seu representante legal ou por quem a legislação pertinente indicar, segundo as Normas da ICP – Brasil, que é um conjunto de entidades, padrões técnicos e regulamentos, elaborados para suportar um sistema criptográfico com base em certificados digitais.

A Certificação Digital garante os três princípios básicos da comunicação segura em ambiente de rede de computador: autenticidade, privacidade e inviolabilidade (segurança).

Com relação à segurança, dentre os principais requisitos oferecidos, está a autenticidade que representa a garantia de:

a) identificar as pessoas ou entidades envolvidas na comunicação;
b) possibilitar a identificação de todas as operações transmitidas de forma eletrônica pela rede;
c) estabelecer que o conteúdo de uma mensagem ou resultado de uma consulta não será alterado durante seu tráfego;
d) impossibilitar que o emissor de uma mensagem ou pessoa que executou determinada transação de forma eletrônica venha, posteriormente, a negar sua autoria;
e) restringir o acesso às informações transmitidas de forma eletrônica pela rede às pessoas envolvidas no processo.

52. (Transpetro – Técnico de Contabilidade/Fundação Cesgranrio) SPED-Contábil é a substituição da escrituração em papel pela Escrituração Contábil Digital – ECD, transmitida via sistema do(da):

a) Ministério Público de cada Estado;
b) Ministério Público Federal;
c) Receita Municipal de cada Município;
d) Secretaria da Receita Federal;
e) Receita Estadual de cada Estado.

53. (Petrobras – Técnico de Contabilidade/Fundação Cesgranrio) Considerando-se os avanços tecnológicos, surgiu o SPED-Contábil para substituir a escrituração em papel pela Escrituração Contábil Digital (ECD).
Os documentos obrigatórios à transmissão em versão digital pelo SPED-Contábil são:

a) Livro Diário e seus auxiliares; livro Razão e seus auxiliares, Balancetes, Balanços e fichas de lançamento comprobatórios dos assentamentos neles transcritos;
b) Livro de Inventário e seus auxiliares; livro Razão e seus auxiliares; Balancetes, Balanços e Demonstração do Resultado do Exercício;
c) Livro Diário e seus auxiliares; livro Fiscal e seus auxiliares; Balancetes, Balanços, Fluxos de Caixa e fichas de lançamento comprobatórias dos assentamentos neles transcritos;
d) Livro Fiscal e seus auxiliares; livro de Inventário e seus auxiliares; Livro Razão, Balancetes, Balanços e Demonstração do Valor Adicionado acompanhado das fichas de lançamento;
e) Livro Diário e seus auxiliares; livro Razão e seus auxiliares; Balancetes, Balanços, Demonstração do Valor Adicionado e Demonstração do Fluxo de Caixa.

54. (Petrobras – Técnico de Contabilidade/Fundação Cesgranrio) A Receita Federal do Brasil disponibiliza no programa do SPED Contábil as especificações dos registros e as validações que são realizadas no arquivo da escrituração a ser transmitida.

a) ReceitanetRFB.
b) ReceitanetBX.
c) Receitanet.
d) ReceitanetSF.
e) ReceitanetSC.

55. (Petrobras – Técnico de Contabilidade/ Fundação Cesgranrio) No que diz respeito ao SPED Contábil, os arquivos de dados que consistem na consolidação mensal de informações de saldos contábeis e nas demonstrações contábeis são denominados Dados

a) Consolidados;
b) Agregados;
c) Individualizados;
d) Processados;
e) Escriturados.

56. (UNESP – Contador/Vunesp) De acordo com as normas de contabilidade (ITG 2000), os livros contábeis obrigatórios, entre eles o Livro Diário e o Livro Razão, em forma digital, devem revestir-se de formalidades extrínsecas, tais como:

a) serem elaborados nos moldes do SPED contábil, apenas;

b) serem elaborados nos moldes do SPED fiscal, apenas;

c) serem elaborados nos moldes do SPED contábil e serem registrados na Junta Comercial;

d) conterem termo de abertura e de finalização assinados pelo titular ou representante legal da entidade e pelo advogado regularmente habilitado;

e) serem assinados digitalmente pela entidade e pelo profissional da contabilidade regularmente habilitado e serem autenticados no registro público competente.

57. (Iamspe – Contador/ Vunesp) De acordo com a resolução do CFC nº 1.330/11, que aprovou a ITG 2.000, a escrituração contábil, além da conta devedora, credora e o valor do lançamento deverá conter, no mínimo:

I. data do registro contábil, ou seja, a data em que o fato contábil ocorreu;

II. essência intrínseca e extrínseca da forma contábil;

III. histórico que represente a essência econômica da transação ou o código de histórico padronizado, neste caso baseado em tabela auxiliar inclusa em livro próprio;

IV. essência sobre a forma;

V. informação que permita identificar, de forma unívoca, todos os registros que integram um mesmo lançamento contábil.

Está correto o contido em:

a) I, II, III, IV e V;

b) I, III e V, apenas;

c) I, III, IV e V, apenas;

d) II, III, IV e V, apenas;

e) III, IV e V, apenas.

58. (Auditor Tributário Municipal – São José dos Campos – SP/ Vunesp) A escrituração deve ser realizada com observância aos Princípios de Contabilidade. O nível de detalhamento da escrituração contábil deve estar alinhado às necessidades de informação de seus usuários. Nesse sentido, esta interpretação não estabelece o nível de detalhe ou mesmo sugere um plano de contas a ser observado. O detalhamento dos registros contábeis é diretamente proporcional à complexidade das operações da entidade e dos requisitos de informação a ela aplicáveis e, exceto nos casos em que uma autoridade reguladora assim o requeira, não devem necessariamente observar um padrão predeterminado.

A escrituração contábil deve ser executada:

I. em idioma e em moeda corrente nacionais;

II. em idioma e em moeda do país de origem quando requerido pela matriz da empresa, se estrangeira;

III. em forma contábil;

IV. em ordem cronológica de dia, mês e ano;

V. com anuência de espaços em branco, entrelinhas, borrões, rasuras ou emendas;

VI. com base em documentos de origem externa ou interna ou, na sua falta, em elementos que comprovem ou evidenciem fatos contábeis.

Está correto apenas o contido em

a) I, II, IV e V.
b) II, III, e VI.
c) I, IV, V e VI.
d) I, III, IV e VI.
e) I, II, III, IV e V.

59. (Analista em Gestão Municipal – São José dos Campos – SP/ Vunesp) Um lançamento contábil efetuado incorretamente como débito na conta fornecedores e crédito na conta mercadorias, no valor de R$ 9.425,00, quando o total da operação é de R$ 11.310,00, deve ser retificado por

a) estorno de R$ 9.425,00.
b) transferência de R$ 1.885,00.
c) complementação de R$ 1.885,00.
d) estorno de R$ 9.425,00 e complementação de R$ 3.770,00.
e) inversão de R$ 18.850,00 e complementação de R$ 1.885,00.

60. (Analista em Gestão Municipal – São José dos Campos – SP/ Vunesp) A compra de equipamentos no valor de R$ 100.000,00, sendo 60% para revender e 40% para uso próprio, com pagamento de 20% à vista e o remanescente a curto prazo, ignorados os tributos, será contabilizado em lançamento de quarta fórmula com

a) débito em equipamentos no valor de R$ 50.000,00.
b) crédito em caixa no valor de R$ 35.000,00.
c) débito em mercadorias no valor de R$ 70.000,00.
d) crédito em fornecedores no valor de R$ 80.000,00.
e) débito em diversos e crédito em diversos no valor de R$ 120.000,00.

Capítulo 7

Provisões, Passivos Contingentes, Ativos Contingentes e Perdas Estimadas no Ativo

1. Provisões

Antes da adoção das normas internacionais de contabilidade através dos Pronunciamentos Técnicos do CPC, existiam as PROVISÕES tanto no ativo quanto no passivo, de modo que as provisões do ativo eram contas retificadoras desse grupo.

Atualmente, com base no Pronunciamento Técnico **CPC 25** – Provisões, Passivos Contingentes e Ativos Contingentes, o termo PROVISÃO se aplica EXCLUSIVAMENTE a itens do passivo de prazo ou valor incertos. **Em outras palavras, PROVISÕES são passivos apurados por ESTIMATIVAS que envolvem incertezas de graus variáveis em relação aos prazos de pagamento e valores a serem pagos.**

Cabe, no entanto, deixar claro que as contas que representavam as antigas provisões do ativo não foram extintas e sim mudaram de denominação, como, por exemplo, a antiga "Provisão para Devedores Duvidosos", retificadora da conta "Clientes", a qual passou a ser denominada "Perdas estimadas em Créditos de Liquidação Duvidosa". Outro exemplo é a antiga "Provisão para Perdas em Estoques", retificadora da conta "Estoques", a qual passou a ser chamada de "Perdas Estimadas em Estoques". Em suma, as antigas provisões do ativo passaram a ser chamadas de PERDAS ESTIMADAS, tendo em vista que todas essas contas, embora retificadoras do ativo, são também apuradas por ESTIMATIVAS que envolvem incertezas de graus variáveis, da mesma forma que as provisões do passivo.

Porém, no caso do passivo, apesar da expressão "provisão" continuar existindo, houve uma redução da aplicabilidade dessa expressão, pois, muitas contas do passivo que antes eram consideradas provisões, agora não correspondem a esse conceito, tendo em vista que não se enquadram como passivos de prazo ou valor incertos, tal como o caso das férias, do 13º salário e do imposto de renda. Com base no item 11 do CPC 25, a contabilização mensal ou trimestral ou anual da obrigação com essas contas está dentro do grupo de "contas a pagar" e não de provisões, pois nesses casos específicos esses são passivos de prazo e valores determináveis com pouca possibilidade de variação.

A seguir, reproduzimos o item 11 do CPC 25 (caixa alta e grifo nossos):

> ***Provisão e outros passivos***
>
> *11. As provisões podem ser distintas de outros passivos tais como contas a pagar e passivos derivados de apropriações por competência* (accruals) *porque há incerteza sobre o prazo ou o valor do desembolso futuro necessário para a sua liquidação. Por contraste:*
>
> *(a) as contas a pagar são passivos a pagar por conta de bens ou serviços fornecidos ou recebidos e que tenham sido faturados ou formalmente acordados com o fornecedor; e*
>
> *(b) os passivos derivados de apropriações por competência* (accruals) *são passivos a pagar por bens ou serviços fornecidos ou recebidos, mas que não tenham sido pagos, faturados ou formalmente acordados com o fornecedor,* ***INCLUINDO VALORES DEVIDOS A EMPREGADOS*** *(por exemplo, valores relacionados com pagamento de férias). Embora muitas vezes seja necessário estimar o valor ou o prazo desses passivos,* **A** ***INCERTEZA É GERALMENTE MUITO MENOR DO QUE NAS PROVISÕES.***
>
> *Os passivos derivados de apropriação por competência (*accruals*)* ***SÃO DIVULGADOS COMO PARTES DAS CONTAS A PAGAR,*** *enquanto as provisões são divulgadas separadamente.*

Assim, as **antigas expressões** "Provisão para 13º Salário", "Provisão para Férias" e "Provisão para IR" dão lugar às novas expressões "13º Salário a Pagar", "Férias a Pagar" e "Imposto de Renda a Pagar", tendo em vista que não são mais consideradas provisões e sim "contas a pagar", cujas despesas são apropriadas em função do tempo transcorrido, dado o princípio da competência.

Como exemplo de "autênticas" provisões do passivo, as quais atendem aos critérios estabelecidos pelo CPC 25, temos as seguintes:

- Provisão para riscos fiscais, trabalhistas e cíveis;
- Provisão para garantias de produtos, mercadorias e serviços;
- Provisão para reestruturação;
- Provisão para danos ambientais causados pela entidade;
- Provisão para compensações ou penalidades por quebra de contratos;

etc.

Conforme **o item 14** do **CPC 25**, uma PROVISÃO deve ser RECONHECIDA quando:

(a) a entidade tem uma obrigação presente (LEGAL ou NÃO FORMALIZADA) como resultado de evento passado;

(b) seja provável que será necessária uma saída de recursos que incorporam benefícios econômicos para liquidar a obrigação; e

(c) possa ser feita uma estimativa confiável do valor da obrigação.

Se essas condições não forem satisfeitas, nenhuma provisão deve ser reconhecida.

Com base no item 10 do CPC 25, temos:

OBRIGAÇÃO LEGAL	≠	OBRIGAÇÃO NÃO FORMALIZADA

É uma obrigação que deriva de: (a) Contrato (por meio de termos explícitos ou implícitos); (b) Legislação; ou (c) Outra ação da lei. **Exemplo:** Um fabricante dá garantias no momento da venda para os compradores do seu produto. De acordo com os termos do contrato de venda, o fabricante se compromete a consertar, por reparo ou substituição, defeitos de produtos que se tornarem aparentes dentro de três anos desde a data da venda. De acordo com a experiência passada, é provável (ou seja, mais provável que sim do que não) que haverá algumas reclamações dentro das garantias. Isso dá origem a uma obrigação presente como resultado de evento passado que gera obrigação. O evento que gera a obrigação é a venda do produto com a garantia, o que dá origem a uma **obrigação legal**. Saída de recursos envolvendo benefícios futuros na liquidação – **Provável** para as garantias como um todo. CONCLUSÃO: Uma provisão é reconhecida pela melhor estimativa dos custos para consertos de produtos com garantia vendidos antes da data do balanço.	É uma obrigação que decorre de ações da entidade que: (a) Por via de padrão estabelecido de práticas passadas, de políticas publicadas ou de declaração atual suficientemente específica, a entidade tenha indicado a outras partes que aceitará certas responsabilidades; e (b) Em consequência, a entidade cria uma expectativa válida nessas outras partes de que cumprirá com essas responsabilidades. **Exemplo:** Uma loja de varejo tem a política de reembolsar compras de clientes insatisfeitos, mesmo que não haja obrigação legal para isso. Isso dá origem a uma obrigação presente como resultado de evento passado que gera obrigação. O evento que gera a obrigação é a venda do produto, que dá origem à **obrigação não formalizada** porque a conduta da loja criou uma expectativa válida nos seus clientes de que a loja irá reembolsar as compras. Saída de recursos envolvendo benefícios futuros na liquidação – Provável, haja vista que bens, em certa proporção, são devolvidos para reembolso. CONCLUSÃO: Uma provisão é reconhecida pela melhor estimativa dos custos de reembolso.

Nota: O item 21 do CPC 25, o qual reproduzimos a seguir (caixa alta e grifo nossos), nos dá mais um exemplo comparando obrigação legal com obrigação não formalizada:

21. Um evento que não gera imediatamente uma obrigação pode gerá-la em data posterior, por força de ALTERAÇÕES NA LEI ***ou*** *porque um ATO DA ENTIDADE (por exemplo, uma declaração pública suficientemente específica) dá origem a uma obrigação não formalizada. Por exemplo, quando forem causados danos ambientais, pode não haver obrigação para remediar as consequências. Porém, o fato de ter havido o dano torna-se um evento que cria* ***obrigações quando***

uma nova lei exige *que o dano existente seja retificado* ***ou*** *quando a entidade publicamente aceita a responsabilidade pela retificação de modo a criar uma* ***obrigação não formalizada****.*

Abaixo, reproduzimos mais alguns itens importantes do CPC 25:

Item 17: Um evento passado que conduz a uma obrigação presente é chamado de UM EVENTO QUE CRIA OBRIGAÇÃO. Para um evento ser um evento que cria obrigação, é necessário que a entidade não tenha qualquer alternativa realista senão liquidar a obrigação criada pelo evento. Esse é o caso somente:

(a) Quando a liquidação da obrigação pode ser imposta legalmente; ou

(b) No caso de obrigação não formalizada, quando o evento (que pode ser uma ação da entidade) cria expectativas válidas em terceiros de que a entidade cumprirá a obrigação.

Item 18: As demonstrações contábeis tratam da posição financeira da entidade no fim do seu período de divulgação e não da sua possível posição no futuro. Por isso, NENHUMA PROVISÃO É RECONHECIDA PARA DESPESAS QUE NECESSITAM SER INCORRIDAS PARA OPERAR NO FUTURO. Os únicos passivos reconhecidos na entidade são os que já existem na data do balanço.

Item 19: São reconhecidas como PROVISÃO apenas as obrigações que surgem de eventos passados que existam independentemente de ações futuras da entidade (isto é, a conduta futura dos seus negócios). São EXEMPLOS de tais obrigações as **penalidades ou os custos de limpeza de danos ambientais ilegais**, que em ambos os casos dariam origem na liquidação a uma saída de recursos que incorporam benefícios econômicos independentemente das ações futuras da entidade. De forma similar, a entidade reconhece uma PROVISÃO para **os custos de descontinuidade de poço de petróleo ou de central elétrica nuclear** na medida em que a entidade é obrigada a retificar danos JÁ CAUSADOS. Por outro lado, devido a pressões comerciais ou exigências legais, a entidade pode pretender ou precisar efetuar gastos para operar de forma particular no futuro (por exemplo, montando filtros de fumaça em certos tipos de fábrica). **Dado que a entidade pode evitar os gastos futuros pelas suas próprias ações, por exemplo, alterando o seu modo de operar, ela não tem nenhuma obrigação presente relativamente a esse gasto futuro e nenhuma provisão é reconhecida**.

Item 23: Para que um passivo se qualifique para reconhecimento, é necessário haver não somente uma obrigação presente, mas também a probabilidade de saída de recursos que incorporam benefícios econômicos para liquidar essa obrigação. Para a finalidade deste Pronunciamento (CPC 25), uma saída de recursos ou outro evento é considerada como provável SE O EVENTO FOR MAIS PROVÁVEL QUE SIM DO QUE NÃO de ocorrer, isto é, a probabilidade de que o evento ocorrerá for maior do que a probabilidade de isso não acontecer. Quando **não for provável que exista uma obrigação presente**, a entidade divulga um PASSIVO CONTINGENTE, **a menos que a possibilidade de saída de recursos que incorporam benefícios econômicos seja** REMOTA.

Item 24: Quando há várias obrigações semelhantes (por exemplo, garantias sobre produtos ou contratos semelhantes), a avaliação da probabilidade de que uma saída de recursos será exigida na liquidação DEVERÁ CONSIDERAR O TIPO DE OBRIGAÇÃO COMO UM TODO. Embora possa ser pequena a probabilidade de uma saída de recursos para qualquer item isoladamente, pode ser provável que alguma saída de recursos ocorra para o tipo de obrigação. Se esse for o caso, uma provisão é reconhecida (se os outros critérios para reconhecimento forem atendidos).

Estimativa confiável da obrigação (itens 25 e 26)

Item 25: O uso de estimativa é uma parte essencial da elaboração de demonstrações contábeis e não prejudicará a sua confiabilidade. Isso é especialmente verdadeiro NO CASO DE PROVISÕES, que pela sua natureza são mais incertas do que a maior parte de outros elementos do balanço. Exceto em casos extremamente raros, a entidade é capaz de determinar um conjunto de desfechos possíveis e, dessa forma, fazer uma estimativa da obrigação que seja suficientemente confiável para ser usada no reconhecimento da provisão.

Item 26: Nos casos extremamente raros em que nenhuma estimativa confiável possa ser feita, existe um passivo que não pode ser reconhecido. Esse passivo é divulgado como PASSIVO CONTINGENTE.

Mensuração (da provisão) – melhor estimativa (itens 36 e 37):

Item 36: O valor reconhecido como provisão deve ser a **melhor estimativa** do desembolso exigido para liquidar a obrigação presente na DATA DO BALANÇO.

Item 37: A melhor estimativa do desembolso exigido para liquidar a obrigação presente é o valor que a entidade racionalmente pagaria para liquidar a obrigação na data do balanço ou transferi-la para terceiros nesse momento. É muitas vezes impossível ou proibitivamente dispendioso liquidar ou transferir a obrigação na data do balanço. Porém, a estimativa do valor que a entidade racionalmente pagaria para liquidar ou transferir a obrigação produz a melhor estimativa do desembolso exigido para liquidar a obrigação presente na data do balanço.

Possibilidade de reembolso da provisão (itens 53 e 54):

Item 53: Quando se espera que algum ou todos os desembolsos necessários para liquidar uma provisão sejam reembolsados por outra parte, o REEMBOLSO DEVE SER RECONHECIDO quando, e **somente quando**, for praticamente certo que o reembolso será recebido se a entidade liquidar a obrigação. O REEMBOLSO DEVE SER TRATADO COMO ATIVO SEPARADO (da provisão). O valor reconhecido para o reembolso não deve ultrapassar o valor da provisão.

Item 54: Na demonstração do resultado, a despesa relativa a uma provisão pode ser apresentada **líquida do valor reconhecido de reembolso**.

Com relação ao item 54, supondo que uma determinada provisão fosse de R$ 12.000,00 e o reembolso esperado de R$ 5.000,00, poderíamos ter a seguinte contabilização:

D – Despesa c/ Provisão (conta de resultado) 7.000,00

D – Reembolso de Provisão a Receber (conta do ativo) 5.000,00

C – Provisão (conta do passivo) 12.000,00

Mudança na provisão (itens 59 e 60):

Item 59: As PROVISÕES devem ser REAVALIADAS em **cada data do balanço** e ajustadas para refletir a melhor estimativa corrente. Se já não for mais provável que seja necessária uma saída de recursos que incorporam benefícios econômicos futuros para liquidar a obrigação, a provisão deve ser REVERTIDA.

Item 60: Quando for utilizado o desconto a valor presente, o valor contábil da provisão aumenta a cada período para refletir a passagem do tempo. Esse aumento deve ser reconhecido como DESPESA FINANCEIRA.

Uso (exclusivo) da provisão (itens 61 e 62):

Item 61: Uma provisão deve ser utilizada somente para os desembolsos para os quais a provisão foi originalmente reconhecida.

Item 62: Somente os desembolsos que se relacionem com a provisão original são compensados com a mesma provisão. Reconhecer os desembolsos contra uma provisão que foi originalmente reconhecida para outra finalidade esconderia o impacto de dois eventos diferentes.

2. Passivos Contingentes

No **item 10** do **CPC 25**, temos as seguintes definições:

PASSIVO é uma obrigação presente da entidade, derivada de eventos já ocorridos, cuja liquidação se espera que resulte em saída de recursos da entidade capazes de gerar benefícios econômicos.

EVENTO QUE CRIA OBRIGAÇÃO é um evento que cria obrigação LEGAL ou obrigação NÃO FORMALIZADA que faça com que a entidade não tenha nenhuma alternativa realista senão liquidar essa obrigação.

PASSIVO CONTINGENTE é: (a) uma obrigação possível que resulta de eventos passados e cuja existência será confirmada apenas pela ocorrência ou não de um ou mais eventos futuros incertos não totalmente sob controle da entidade; ou (b) uma obrigação presente que resulta de eventos passados, mas que não é reconhecida porque:

(i) Não é provável que uma saída de recursos que incorporam benefícios econômicos seja exigida para liquidar a obrigação; ou

(ii) O valor da obrigação não pode ser mensurado com suficiente confiabilidade.

Assim, a principal diferença entre PROVISÃO e PASSIVO CONTINGENTE é que aquela é contabilizada e esta não, de sorte que as provisões aparecerão no balanço como passivo exigível, ao passo que os passivos contingentes somente serão divulgados nas notas explicativas às demonstrações contábeis.

Tendo por base o item 12 do CPC 25, em sentido geral, TODAS AS PROVISÕES SÃO CONTINGENTES porque são incertas quanto ao seu prazo ou valor. Porém, no referido Pronunciamento Técnico o termo "contingente" é somente usado para **passivos** e **ativos** que NÃO SEJAM RECONHECIDOS (isto é, não sejam contabilizados) porque a sua existência somente será confirmada pela ocorrência ou não de um ou mais eventos futuros incertos não totalmente sob o controle da entidade. Adicionalmente, o termo PASSIVO CONTINGENTE é usado para **passivos que não satisfaçam os critérios de reconhecimento** do referido Pronunciamento.

Pode ocorrer, no entanto, que uma entidade seja CONJUNTA e SOLIDARIAMENTE responsável por determinada obrigação que gera provisão. Neste caso, com base no item 29 do CPC 25, a parte da obrigação que se espera que as outras partes liquidem é tratada como PASSIVO CONTINGENTE (e não como provisão). A entidade somente RECONHECE A PROVISÃO para a parte da obrigação para a qual é provável uma saída de recursos que incorporam benefícios econômicos, exceto em circunstâncias extremamente raras em que NENHUMA estimativa suficientemente confiável pode ser feita (nesse caso, a entidade somente reconhecerá em notas explicativas o passivo contingente).

PROVISÕES	≠	**PASSIVOS CONTINGENTES**
↓		↓
São reconhecidas como passivo (presumindo-se que possa ser feita uma estimativa confiável) porque são obrigações presentes e é provável que uma saída de recursos que incorporam benefícios econômicos seja necessária para liquidar a obrigação.		**Não** são reconhecidas como passivo porque são: (i) obrigações possíveis, visto que ainda há de ser confirmado se a entidade tem ou não uma obrigação presente que possa conduzir a uma saída de recursos que incorporem benefícios econômicos, ou (ii) obrigações presentes que não satisfazem os critérios de reconhecimento do item 14 do CPC 25 (porque não é provável que seja necessária uma saída de recursos que incorporem benefícios econômicos para liquidar a obrigação, ou não pode ser feita uma estimativa suficientemente confiável do valor da obrigação).

No entanto, os **passivos contingentes** podem se transformar em **provisões**. De acordo com o item 30 do CPC 25, os passivos contingentes podem desenvolver-se de maneira não inicialmente esperada. Por isso, são PERIODICAMENTE AVALIADOS para determinar se uma saída de recursos que incorporam benefícios econômicos se tornou provável. Se for provável que uma saída de benefícios econômicos futuros serão exigidos para um item previamente tratado como passivo contingente, **a provisão deve ser reconhecida** nas demonstrações contábeis do período no qual ocorre a mudança na estimativa de probabilidade (exceto em circunstâncias extremamente raras em que nenhuma estimativa suficientemente confiável possa ser feita).

O esquema a seguir, baseado no Apêndice "A" do CPC 25, determina quando uma obrigação dá origem a uma PROVISÃO ou a um PASSIVO CONTINGENTE ou a NADA que deva ser contabilizado ou divulgado:

Há obrigação presente que provavelmente irá requerer uma saída de recursos.	**Há obrigação possível ou presente que pode requerer, mas provavelmente não irá requerer, uma saída de recursos**	**Há obrigação possível ou presente, cuja probabilidade de uma saída de recursos é remota.**
A provisão é reconhecida (item 14 do CPC 25).	Nenhuma provisão é reconhecida (item 27 do CPC 25: "*A entidade não deve reconhecer um passivo contingente*").	Nenhuma provisão é reconhecida (item 27 do CPC 25).

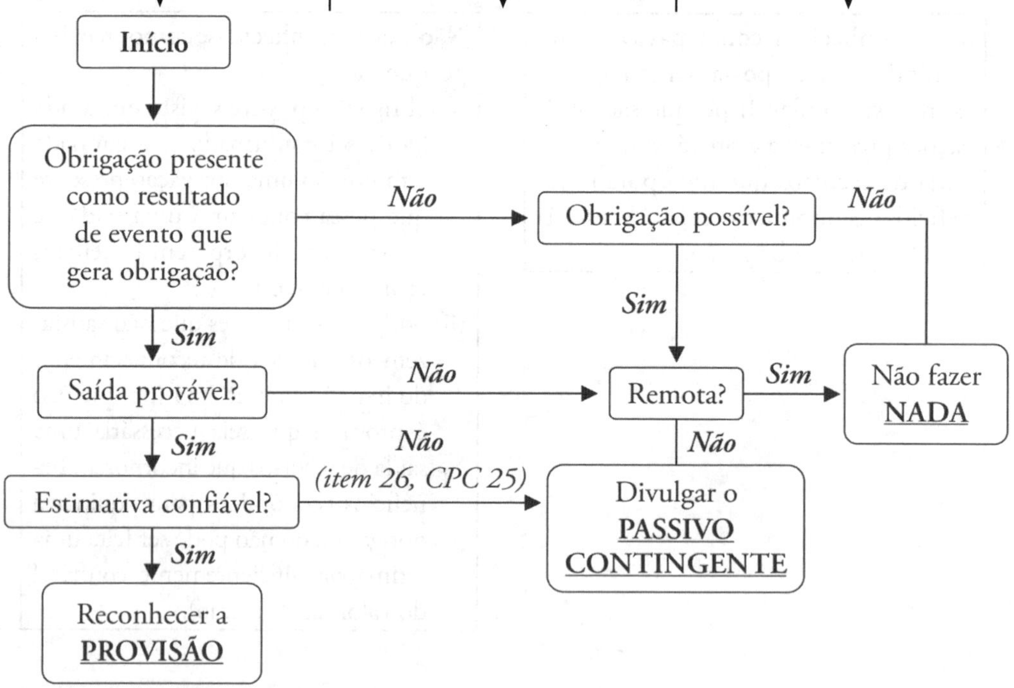

EXERCÍCIO RESOLVIDO 1: (TCE – RJ – Analista de Controle Externo/ Femperj) Um Auditor do Estado leu uma reportagem em que eram comparadas as 10 maiores empresas brasileiras do setor de produtos lácteos, considerando o volume de litros de leite coletado. Ao verificar no sistema de recolhimento de tributos, identificou que a segunda maior empresa na reportagem era a décima em recolhimento de tributos. A empresa alegou os seguintes fatos para se justificar ao Auditor:

I. As vendas da empresa são majoritariamente para recebimento no longo prazo e, portanto, reconhece a receita dessas vendas na sua demonstração de resultado apenas quando seus clientes liquidam os respectivos recebíveis.

II. A principal máquina de produção possui vida útil de 5 anos, depreciada com uma taxa de 20% ao ano. Logo, todos os outros itens que compõem o imobilizado da empresa são depreciados com a mesma taxa.

III. Uma parte dos produtos, em torno de 10%, é vendida para a família do proprietário da empresa em condições normais de mercado, mas sem pagar comissão a vendedores.

IV. Por orientação jurídica, a empresa parou de pagar os impostos PIS e Cofins. Como o processo está sendo julgado em primeira instância, a empresa não constitui nenhuma provisão por considerar que os tributos são indevidos. O advogado considera a perda como possível.

Considerando o exposto, divergem das práticas contábeis aceitas no Brasil somente:

a) III;

b) IV;

c) I, II e IV;

d) I e III;

e) I e II.

(SOLUÇÃO)

I. Prática contábil INCORRETA. Pelo princípio contábil da competência, as receitas são caracterizadas pelas ocorrências de seus fatos geradores e não pela forma de recebimento.

II. Prática contábil INCORRETA. Cada categoria de bem imobilizado tem um tempo de vida útil específico regulado pela legislação do IR. Logo, as taxas de depreciação variam em função desse tempo de vida útil.

III. Não pagar comissão aos vendedores em casos específicos é fato que não contraria nenhuma prática contábil vigente, visto que se trata de um acordo interno feito pela administração da empresa e seus vendedores.

*IV. Prática contábil CORRETA. Visto que a empresa considera que os tributos são indevidos, **não há** obrigação presente como resultado de evento que gera obrigação. Visto também que o advogado considera a perda como **possível**, independentemente da perda ser remota ou não, não será constituída nenhuma provisão (fluxograma do Apêndice B do CPC 25). No caso de ela ser remota, a empresa nada fará. Já, no caso de ela não ser remota, a empresa divulgará um passivo contingente, mas não uma provisão.*

(Opção e)

Exemplos de cálculos de provisões:

Exemplo 1 (Provisão para Riscos Trabalhistas): Existem 3 processos trabalhistas contra a empresa "X", julgados por juízes diferentes, onde é provável que a empresa tenha que pagar as indenizações. As probabilidades de ocorrência dos desembolsos futuros estão descritas na tabela abaixo:

Processos trabalhistas	Desembolso provável	Probabilidade de ocorrência
Processo A	R$ 120.000,00	60%
Processo B	R$ 90.000,00	70%
Processo C	R$ 80.000,00	80%

O valor adequado da PROVISÃO a ser feita pode ser obtido da seguinte forma:

R$ 120.000,00 × 60% + R$ 90.000,00 × 70% + R$ 80.000,00 × 80% = R$ 199.000,00

Contabilização:

D – Despesa c/ Provisão p/ Riscos Trabalhistas (outras despesas) 199.000,00

C – Provisão para Riscos Trabalhistas (passivo circulante) 199.000,00

Exemplo 2 (Provisão para Riscos Cíveis): Uma empresa vende bens com uma garantia segundo a qual os clientes estão cobertos pelo custo de reparação de qualquer defeito de fabricação que se torne evidente dentro dos primeiros 12 meses após a compra. Se forem detectados defeitos menores em todos os produtos vendidos, a empresa irá incorrer em custos de reparação de R$ 2.000.000,00. Se forem detectados defeitos maiores em todos os produtos vendidos, a entidade irá incorrer em custos de reparação de R$ 5.000.000,00. A experiência passada da empresa e as expectativas futuras indicam que, para o próximo ano, 65% dos bens vendidos não terão defeito, 30% terão defeitos menores e 5% terão defeitos maiores. Assim, o valor mais adequado para a constituição da provisão será obtido pelo seguinte cálculo:

(R$ 0,00 × 65%) + (R$ 2.000.000 × 30%) + (R$ 5.000.000 × 5%) = R$ 850.000,00

Contabilização:

D – Despesa c/ Provisão p/ Riscos Cíveis (outras despesas) 850.000,00

C – Provisão para Riscos Cíveis (passivo circulante).. 850.000,00

Obs.: A forma acima de estimar o valor da provisão está baseada no item 39 do CPC 25, o qual reproduzimos abaixo (caixa alta e grifo nossos):

> *39. As incertezas que rodeiam o valor a ser reconhecido como provisão são tratadas por vários meios de acordo com as circunstâncias. Quando a provisão a ser mensurada envolve uma grande população de itens, a* ***obrigação deve ser estimada ponderando-se todos os possíveis desfechos pelas suas probabilidades associadas****. O nome desse método de estimativa é VALOR ESPERADO. Portanto, a provisão será diferente dependendo de a probabilidade da perda de um dado valor ser, por exemplo, de 60% ou de 90%. Quando houver uma escala contínua de desfechos possíveis, e cada ponto nessa escala é tão provável como qualquer outro, é usado o ponto médio da escala.*

Exemplo de reconhecimento extraído do Apêndice "C" do CPC 25 (caso judicial): Após um casamento em 20X0, dez pessoas morreram, possivelmente por resultado de alimentos envenenados oriundos de produtos vendidos pela entidade. Procedimentos legais são instaurados para solicitar indenização da entidade, mas esta disputa o caso judicialmente. Até a data da autorização para a publicação das demonstrações contábeis do exercício findo em 31/12/20X0, os advogados da empresa aconselham que é provável que a entidade não será responsabilizada. Entretanto, quando a entidade elabora suas demonstrações contábeis para o exercício findo em 31/12/20X1, os seus advogados aconselham que, dado o desenvolvimento do caso, é provável que a entidade seja responsabilizada. Assim, teremos:

(a) **Em 31/12/20X0:** Obrigação presente como resultado de evento passado que gera obrigação – Baseado nas evidências disponíveis até o momento em que as demonstrações contábeis foram aprovadas, não há obrigação como resultado de eventos passados. Assim, NENHUMA PROVISÃO é reconhecida. Neste caso há apenas a divulgação (em notas explicativas) de um PASSIVO CONTINGENTE, a menos que a probabilidade de qualquer saída seja remota (neste caso, NADA seria divulgado).

(b) Em 31/12/20X1: Obrigação presente como resultado de evento passado que gera obrigação – Baseado na evidência disponível, há uma obrigação presente. Assim, a saída de recursos envolvendo benefícios futuros na liquidação é PROVÁVEL (= mais provável que sim do que não). Conclusão: Uma PROVISÃO é reconhecida pela melhor estimativa do valor necessário para liquidar a obrigação.

Exemplos de casos extraídos do Apêndice "C" do CPC 25 que NÃO GERAM PROVISÕES (e nem passivos contingentes):

Exemplo 1 (Custo de reforma no caso de não haver requisito legal): Um forno possui revestimento que precisa ser substituído a cada 5 anos por razões técnicas. Na data do balanço, o revestimento foi utilizado por três anos. Neste caso NÃO HÁ obrigação presente como resultado de evento passado que gera obrigação. Logo, NENHUMA PROVISÃO é reconhecida.

Isso se explica em vista do custo de substituição do revestimento não ser reconhecido porque, na data do balanço, não há obrigação de substituir o revestimento existente independentemente das ações futuras da companhia – mesmo que a intenção de incorrer no desembolso dependa da decisão da companhia de continuar operando o forno ou substituir o revestimento. No lugar de uma provisão ser reconhecida, a DEPRECIAÇÃO do revestimento leva em consideração o seu consumo, ou seja, é depreciado em 5 anos. Os custos do novo revestimento, quando incorridos, são capitalizados e o consumo de cada novo revestimento é capturado pela depreciação ao longo dos cinco anos subsequentes.

Exemplo 2 (Custo de reforma no caso de <u>haver</u> requisito legal): Uma companhia aérea é requerida por lei a vistoriar suas aeronaves a cada 3 anos. Neste caso, NÃO HÁ obrigação presente como resultado de evento passado que gera obrigação. Logo NENHUMA PROVISÃO é reconhecida.

Os custos de vistoria da aeronave não são reconhecidos como provisão pelas mesmas razões do exemplo anterior. Mesmo o requisito legal para realizar a vistoria NÃO TORNA OS CUSTOS DE VISTORIA UM PASSIVO, porque nenhuma obrigação existe para vistoriar a aeronave, independentemente das ações futuras da entidade – a entidade poderia evitar os desembolsos futuros, por exemplo, mediante a venda da aeronave. Ao invés da provisão ser reconhecida, a DEPRECIAÇÃO da aeronave leva em consideração a incidência futura de custos de manutenção, ou seja, um valor equivalente aos custos de manutenção esperados é depreciado em 3 anos.

EXERCÍCIO RESOLVIDO 2: (TCE – RJ – Analista de Controle Externo/ Femperj) Uma lei publicada pela prefeitura do Rio de Janeiro está causando dúvida entre os contadores dos clubes de futebol da cidade. De acordo com a nova legislação, os clubes precisarão, até 30 de junho de 2011, treinar e certificar jogadores do elenco profissional para atuar no novo estádio do Maracanã, sem danificar o gramado. No Clube de Regatas Cama de Gato, por exemplo, nenhum dos 30 jogadores do elenco principal terá sido treinado até 31 de dezembro de 2010. Entretanto, a diretoria do clube divulgou nota informando que o treinamento e a certificação estão previstos para acontecer em maio de 2011 a um custo de R$ 2.000,00 por atleta. Enquanto isso, a prefeitura tem feito campanhas educativas e ressaltado que os clubes inadimplentes com a determinação do município serão penalizados com multa de R$ 40.000,00 por atleta, devendo ser pagas até 20 dias após o prazo estipulado.

Em conformidade com as práticas de contabilidade adotadas no Brasil, deve ser feita em 31 de dezembro de 2010 a seguinte provisão:

a) R$ 1.200.000,00

b) R$ 60.000,00

c) R$ 1.260.000,00

d) R$ 42.000,00

e) Zero

(SOLUÇÃO)

*Observemos que no balanço de 31/12/2010 **não há** obrigação presente como resultado de evento passado que gera obrigação, visto que naquela data a empresa não estava devendo R$ 40.000,00 por atleta para o município e nem R$ 2.000,00 para custear nenhum jogador. Logo, nenhuma provisão será reconhecida no referido balanço.*

(Opção e)

3. Ativo Contingente

É um ativo possível que resulta de eventos passados e cuja existência será confirmada apenas pela ocorrência ou não de um ou mais eventos futuros incertos não totalmente sob controle da entidade.

Abaixo, descrevemos os itens 31 a 35 e item 89 do CPC 25, os quais tratam das principais características de ATIVO CONTINGENTE (caixa alta, grifo e comentários entre parênteses nossos):

Item 31: A entidade não deve RECONHECER (*significa: não deve contabilizar*) um ATIVO CONTINGENTE.

Item 32: Os ativos contingentes surgem normalmente de eventos não planejados ou de outros não esperados que dão origem à possibilidade de entrada de benefícios econômicos, para a entidade. Um exemplo é uma reivindicação que a entidade esteja reclamando por meio de processos legais, em que o desfecho seja incerto.

Item 33: Os ATIVOS CONTINGENTES NÃO SÃO RECONHECIDOS NAS DEMONSTRAÇÕES CONTÁBEIS, uma vez que pode tratar-se de resultado que nunca venha a ser realizado. Porém, quando a realização do ganho é praticamente certa, então o ativo relacionado **não é** um ativo contingente e o seu reconhecimento é adequado (podemos citar como exemplo o "IR a Compensar" o qual é recomendável que seja contabilizado como ativo no caso de uma entidade tributada pelo lucro real apurar em determinado período um prejuízo fiscal, **não sendo**, portanto, um ativo contingente).

Item 34: O ativo contingente é divulgado (em notas explicativas), como exigido pelo item 89, quando for provável a entrada de benefícios econômicos.

Item 35: Os ativos contingentes são avaliados periodicamente para garantir que os desenvolvimentos sejam apropriadamente refletidos nas demonstrações contábeis. Se for praticamente certo que ocorrerá uma entrada de benefícios econômicos, o ativo e o correspondente ganho são reconhecidos nas demonstrações contábeis do período em que ocorrer a mudança de estimativa. Se a entrada de benefícios econômicos se tornar provável, a entidade divulga o ativo contingente (ver item 89).

Item 89: Quando for provável a entrada de benefícios econômicos, a entidade deve divulgar breve descrição da natureza dos ativos contingentes na data do balanço e, quando praticável, uma estimativa dos seus efeitos financeiros.

4. Perdas Estimadas no Ativo

Como já comentado antes, em função da adoção das normas internacionais de contabilidade impostas pelos Pronunciamentos Técnicos do CPC, a expressão "provisão" só se aplica a itens do passivo de prazo ou de valor incertos. No caso de itens do ATIVO, não há mais que se falar em "provisões" e sim em "PERDAS ESTIMADAS", cujas despesas geradas, para efeitos de apuração do lucro tributável pelo IR e CSLL, são todas indedutíveis, da mesma forma que todas as despesas geradas pelas atuais provisões no passivo o são também.

No presente tópico, iremos estudar as principais contas retificadoras do ativo, as quais em outros tempos eram chamadas de "provisões", mas agora são chamadas de "PERDAS ESTIMADAS".

4.1. Perda Estimada em Créditos de Liquidação Duvidosa (PECLD)

Conta retificadora dos créditos a receber de CLIENTES (normalmente de "Duplicatas a Receber"), dada a possibilidade da inadimplência dos mesmos. Atualmente, existem dois critérios para a apuração das PECLD:

- Critério das perdas esperadas
- Critério das perdas efetivas

A) CRITÉRIO DAS PERDAS ESPERADAS

Apesar das normas internacionais "até o presente momento" só apoiarem o reconhecimento e mensuração de registro contábil de perdas já incorridas (perdas efetivas), ainda é prática comum no Brasil o reconhecimento da PECLD pelo critério das perdas esperadas (não incorridas ainda), as quais geram despesas indedutíveis do lucro tributável pelo IR e CSLL.

Exemplo: No encerramento do exercício social de X1, a empresa Delta S/A apurou os seguintes saldos de Duplicatas a Receber por classes de clientes em função do nível de riscos e suas respectivas perdas estimadas da seguinte forma:

CLIENTE	Duplicatas a Receber	Percentual de PECLD	PECLD
Classe A	R$ 80.000,00	1%	R$ 800,00
Classe B	R$ 40.000,00	1,5%	R$ 600,00
Classe C	R$ 70.000,00	3%	R$ 2.100,00

A contabilização da PECLD em 31/12/X1 pode ser feita simplificadamente da seguinte forma:

D – Despesa com PECLD (despesas de vendas) 3.500,00

C – PECLD 3.500,00

Assim, no balanço patrimonial de 31/12/X1, teremos, entre outros valores, os seguintes:

ATIVO CIRCULANTE

Duplicatas a Receber 190.000,00
PECLD .... (3.500,00)
186.500,00

Nota: Antes da referida perda estimada de R$ 3.500,00, os R$ 190.000,00 eram considerados o valor contábil das Duplicatas a Receber. Após a contabilização da referida perda, o novo valor contábil desses ativos passa a ser de R$ 186.500,00, valor este que pode ser considerado o "valor recuperável" desses ativos pelo recebimento dos clientes.

Ao longo do exercício social de X2, entre outros fatos, ocorreram os seguintes:

- Os clientes Classe "A" pagaram R$ 79.500,00
- Os clientes Classe "B" pagaram R$ 39.400,00
- Os clientes Classe "C" pagaram R$ 67.000,00

Assim, em X2 serão feitas as seguintes contabilizações:

Em relação aos clientes Classe "A":

Recebimento de clientes Classe "A":

D – Caixa 79.500,00
C – Duplicatas a Receber – Clientes "A" 79.500,00

Realização da PECLD:

D – PECLD 500,00
C – Duplicatas a Receber – Clientes "A" 500,00

Reversão da PECLD:

D – PECLD 300,00
C – Reversão de PECLD (outras receitas) 300,00

Em relação aos clientes Classe "B":

Recebimento de clientes Classe "B":

D – Caixa 39.400,00
C – Duplicatas a Receber – Clientes "B" 39.400,00

Realização da PECLD:

D – PECLD 600,00
C – Duplicatas a Receber – Clientes "B" 600,00

Em relação aos clientes Classe "C":

Recebimento de clientes Classe "C":

D – Caixa.. 67.000,00
C – Duplicatas a Receber – Clientes "C" 67.000,00

Realização da PECLD:

D – PECLD 2.100,00
C – Duplicatas a Receber – Clientes "C" 2.100,00

Reconhecimento das perdas dos clientes Classe "C":

D – Perdas com Incobráveis (despesas de vendas) 900,00
C – Duplicatas a Receber – Clientes "C" 900,00

B) CRITÉRIO DAS PERDAS EFETIVAS

Com base no artigo 340 do RIR/99 (Regulamento do Imposto de Renda de 1999), somente serão dedutíveis da base de cálculo do IR (Imposto de Renda) e CSLL (Contribuição Social sobre o Lucro Líquido) a contabilização da despesa com as perdas com créditos de clientes nas seguintes condições:

I. Já exista declaração de insolvência do devedor, por meio de sentença do Poder Judiciário.

II. Não exista garantia de valor para os créditos até R$ 5.000,00, por operação, vencidos há mais de 6 meses; não exista garantia de valor para os créditos entre R$ 5.000,00 e R$ 30.000,00 por operação, vencidos há mais de um ano e que estejam em processo de cobrança administrativa (ex.: protesto do título em cartório), e, finalmente, não exista garantia para os créditos de valor superior a R$ 30.000,00 e vencidos há mais de um ano, cujos procedimentos judiciais para recebimento já estejam em andamento (ex.: execução judicial);

III. Haja garantia para os valores a receber já vencidos há mais de dois anos e que já estejam contemplados em procedimentos judiciais para recebimento ou arresto das garantias em andamento. Consideram-se créditos com garantia aqueles decorrentes de vendas a prazo com reserva de domínio, de alienação fiduciária em garantia ou de operações com outras garantias reais;

IV. Haja declaração de falência ou concordata do devedor, em relação à parcela incobrável, observando-se que a dedução da perda será admitida a partir da data da declaração de falência ou da concordata, desde que a credora tenha adotado os procedimentos judiciais necessários para o recebimento do crédito, tais como a sua devida habilitação.

4.2. Perda Estimada em Estoques (PEE)

Tendo por base o item 9 do **CPC 16 (R1)** – Estoques, os ESTOQUES devem ser mensurados pelo valor do CUSTO ou pelo VALOR REALIZÁVEL LÍQUIDO, **dos dois o menor**. Caso o custo de aquisição seja superior ao valor realizável líquido, deve-se fazer a redução do valor dos estoques ao valor realizável líquido.

No entanto, com base no item 29 do referido CPC, os estoques devem ser reduzidos para o seu valor realizável líquido item a item, isto é, a apuração por este critério deve ser feita **separadamente** para cada tipo de estoque, conforme iremos analisar nos itens a seguir:

4.2.1. Estoques de Matérias-Primas Utilizadas na Produção e de Materiais de Almoxarifado de Uso Geral

Neste caso, a melhor referência legal válida está na alínea "a" do § 1º do artigo 183 da Lei nº 6.404/76 (o CPC 16 não fornece detalhes para esse caso específico), o qual reproduzimos a seguir: " ... *§ 1º Para efeitos do disposto neste artigo, considera-se valor justo: a) das matérias-primas e dos bens em almoxarifado, o preço pelo qual possam ser repostos, mediante compra no mercado;...*".

Assim, concluímos que a melhor estimativa de valor para esse tipo de estoque é o CUSTO DE REPOSIÇÃO, valor este que consideraremos como valor realizável líquido, devendo ser este o critério ideal para mensurar os estoques de matérias-primas e materiais de almoxarifado, quando tal custo for **inferior** ao custo de aquisição desses estoques.

Exemplo: No encerramento do exercício social em 31/12/X1, a indústria Safira S/A possuía em estoque três tipos de matérias-primas: A, B e C, com as seguintes características indicadas na tabela abaixo.

Matéria-Prima	Quantidade	Custo Unitário (R$)	Custo Total (R$)	Valor Realizável Líquido (custo de reposição)
A	800	1,50	1.200,00	1,30
B	1.000	2,50	2.500,00	2,62
C	1.500	0,60	900,00	0,50

Observemos que somente as matérias-primas "A" e "C" estão com valor realizável líquido inferior ao custo do estoque, de forma que o valor do ajuste será:

Perdas Estimadas = 800 × (1,50 – 1,30) + 1.500 × (0,60 – 0,50) = 310,00

Assim, teremos a seguinte contabilização:

D – Despesa com PEE (outras despesas).. 310,00

C – PEE (retificadora do ativo circulante) 310,00

Nota: Com base na Lei nº 9.249/95, toda e qualquer despesa com perda "estimada" no ativo e no passivo (no passado era chamada de "provisão") é INDEDUTÍVEL do lucro tributável pelo IR e CSLL para as pessoas jurídicas tributadas pela sistemática do lucro real.

No balanço de 31/12/X1, seria apresentado da seguinte forma:

ATIVO CIRCULANTE

Matérias-Primas (A, B e C)	4.600,00
Perdas Estimadas em Estoques	(310,00)
	4.290,00

Nota: Antes da referida perda estimada de R$ 310,00, os R$ 4.600,00 eram considerados o valor contábil das matérias-primas. Após a contabilização da referida perda, o novo valor contábil desses bens passa a ser de R$ 4.290,00, valor este que pode ser considerado o "valor recuperável" pelas vendas dos produtos que utilizarão essas matérias-primas para a sua produção.

4.2.2. Estoques de Produtos Acabados para Venda e de Mercadorias para Revenda

Nesse tipo de estoques, com base nas definições do item 6 do CPC 16 (R1), o VALOR REALIZÁVEL LÍQUIDO **não tem** o mesmo significado do caso anterior visto no item 4.2.1 (custo de reposição), pois agora é a diferença entre o preço de venda das mercadorias ou produtos acabados e as despesas necessárias para realizar as respectivas vendas (essas despesas incluem não só os gastos para vender, mas também para receber), como, por exemplo, impostos e contribuições incidentes sobre vendas, comissões sobre vendas, fretes sobre vendas, embalagens, despesas bancárias de cobrança de clientes etc.

Cabe ressaltar, no entanto, que as despesas não diretamente ligadas às vendas, mas indiretamente, tais como propaganda e publicidade, despesas gerais etc. não são consideradas na determinação do valor realizável líquido.

Abaixo, reproduzimos o **item 6 do CPC 16 (R1)**, o qual apresenta importantes definições (caixa alta e grifo nossos):

Os seguintes termos são usados neste Pronunciamento, com os significados especificados:

ESTOQUES são ativos:

(a) *Mantidos para venda no curso normal dos negócios;*

(b) *Em processo para venda; ou*

(c) *Na forma de materiais ou suprimentos a serem consumidos ou transformados no processo de produção ou na prestação de serviços.*

*VALOR REALIZÁVEL LÍQUIDO é o PREÇO DE VENDA estimado no curso normal dos negócios DEDUZIDO dos **custos estimados para a sua conclusão** e dos **gastos estimados necessários para se concretizar a venda**.*

VALOR JUSTO é aquele pelo qual um ativo pode ser trocado ou um passivo liquidado entre partes interessadas, conhecedoras do negócio e independentes entre si, com ausência de fatores que pressionem para a liquidação da transação ou que caracterizem uma transação compulsória.

Nota: O VALOR REALIZÁVEL LÍQUIDO (VRL) também pode ser entendido como o valor que se pode obter das mercadorias ou dos produtos acabados mediante suas vendas no MERCADO, devendo esse valor já estar deduzido dos impostos e demais despesas necessárias para concretizar tais vendas, incluindo os gastos para recebimento (ex.: despesas bancárias de cobrança). No caso das matérias-primas e materiais de almoxarifado, tendo em vista que esses bens não são para a venda, o VRL é o CUSTO DE REPOSIÇÃO dos mesmos, mediante suas compras no MERCADO.

Exemplo prático de avaliação de estoques de mercadorias ao custo ou valor realizável líquido, dos dois, o menor: Uma empresa comercial, que revende três tipos de mercadorias, forneceu, entre outras, as seguintes informações para levantamento do seu balanço de 31/12/X1:

	Mercadoria "A"	**Mercadoria "B"**	**Mercadoria "C"**
(1) Preço unitário de venda	15,00	9,00	4,00
(2) Despesas unitárias para vender:			
• Impostos sobre vendas	3,00	1,80	0,80
• Comissões sobre vendas	0,60	0,36	0,11
• Embalagens	0,20	0,10	0,02
• Fretes sobre vendas	0,14	0,02	0,03
• Despesas de cobrança bancária	0,06	0,08	0,04
(3) Valor realizável líquido (1) – (2)	**11,00**	**6,64**	**3,00**
(4) Custo de aquisição	8,00	7,50	3,70
(5) Unitário abaixo do mercado	Não há	0,86	0,70

Considerando que no estoque há 200 unidades da mercadoria "A", 180 unidades da mercadoria "B" e 240 unidades da mercadoria "C", teremos o seguinte cálculo das Perdas Estimadas em Estoques (PEE):

PEE = 180 × 0,86 + 240 × 0,70 = 322,80

- -

Nota: A mercadoria "A" não gerou PEE, pois o custo de aquisição é menor que o valor realizável líquido.

A contabilização será feita da seguinte forma:

D – Despesa com PEE (outras despesas) 322,80

C – PEE (retificadora do ativo circulante) 322,80

No balanço de 31/12/X1, seria apresentado da seguinte forma:

ATIVO CIRCULANTE

Mercadorias (8,00 × 200 + 7,50 × 180 + 3,70 × 240) 3.838,00

Perdas Estimadas em Estoques .... (322,80)

3.515,20

Obs.: No caso dos estoques mencionados no item 4.2.1 (matérias-primas e material de almoxarifado), mencionamos que a regra ideal para determinarmos o valor realizável líquido está descrita na alínea "a" do § 1º do art. 183 da Lei nº 6.404/76. No entanto, não podemos dizer o mesmo sobre a alínea "b" do § 1º do mesmo artigo, o qual reproduzimos: "... *§ 1º Para efeitos do disposto neste artigo, considera-se valor justo: ... b) dos bens ou direitos destinados à venda, o preço líquido de realização mediante venda no mercado, deduzidos os impostos e demais despesas necessárias para a venda, e a margem de lucro...*". Neste caso, se também deduzirmos a MARGEM DE LUCRO, voltaremos ao custo e não ao valor realizável líquido. Para termos uma melhor visão disso, suponhamos que determinada mercadoria fosse vendida com margem de lucro de 50% sobre o custo de R$ 1.000,00 e despesas de vendas (incluindo os impostos) de 10% sobre o preço de venda. Desta forma, teríamos o seguinte:

Preço de Venda (1.000,00 + 50% 1.000,00) 1.500,00

(–) Despesa de venda (10% 1.500,00) .... (150,00)

(=) Valor realizável líquido 1.350,00

(–) Margem de Lucro (1.350,00 – 1.000,00) .... (350,00)

(=) Custo de aquisição (e NÃO valor realizável líquido) 1.000,00

Com este último exemplo, concluímos que a forma de avaliação de estoques de mercadorias e produtos acabados descrita na Lei nº 6.404/76 é INADEQUADA, de modo que a forma correta é aquela descrita no item 6 do Pronunciamento Técnico CPC 16 (R1).

4.2.3. Estoques de Produtos em Fabricação

O custo dos estoques de produtos em fabricação é confrontado com o valor realizável líquido, mediante duas alternativas, dependendo **do estágio** de fabricação em que se encontram tais estoques.

Desta forma, se os referidos estoques estiverem no <u>início</u> do processo de fabricação, o mais recomendável é a sua decomposição pelas matérias-primas já requisitadas, tendo em vista que os demais custos no início do processo de fabricação tendem a ser bem menores ou quase desprezíveis em relação ao custo das matérias-primas já integrantes desses estoques, como se estes fossem as "próprias" matérias-primas, as quais terão seu valor realizável líquido determinado conforme já descrito no item 4.2.1.

No caso dos produtos em fabricação já em <u>fase final</u>, o ideal é apurar o seu custo já incorrido somado com uma estimativa de custos a completar para que os produtos em processo se tornem produtos acabados, de forma que esse valor total é tratado como se fosse o próprio custo do produto acabado para fins comparação com o valor de mercado, conforme já visto no item 4.2.2.

A fim de fixarmos melhor tudo o que foi visto até aqui no item 4.2, abaixo descrevemos "alguns" principais itens do CPC 16 (R1) (<u>caixa alta, grifo e comentários entre parênteses nossos</u>):

Item 7: O valor realizável líquido refere-se à quantia líquida que a entidade espera realizar com a venda do estoque no curso normal dos negócios. O valor justo reflete a quantia pela qual o mesmo estoque pode ser trocado entre compradores e vendedores conhecedores e dispostos a isso. O primeiro é um valor específico para a entidade, ao passo que o segundo já não é. Por isso, o valor realizável líquido dos estoques PODE NÃO SER equivalente ao valor justo (*valor realizável líquido e valor justo tendem a se aproximar, mas não são a mesma coisa*).

Item 8: Os estoques compreendem bens adquiridos e destinados à venda, incluindo, por exemplo, mercadorias compradas por um varejista para revenda ou terrenos e outros imóveis para revenda. Os estoques também compreendem produtos acabados e produtos em processo de produção pela entidade e incluem matérias primas e materiais aguardando utilização no processo de produção, tais como: componentes, embalagens e material de consumo. No caso de prestador de serviços, os estoques devem incluir os custos do serviço, tal como descrito no item 19, para o qual a entidade ainda não tenha reconhecido a respectiva receita – ver o Pronunciamento Técnico CPC 30 – Receita.

Item 10: O valor do custo do estoque deve incluir todos os custos de aquisição e de transformação, bem como outros custos incorridos para trazer os estoques à sua condição e localização atuais.

Item 11: O custo de aquisição dos estoques compreende o preço de compra, os impostos de importação e outros tributos (exceto os recuperáveis junto ao fisco), bem como os custos de transporte, seguro, manuseio e outros diretamente atribuíveis à aquisição de produtos acabados, materiais e serviços. Descontos comerciais, abatimentos e outros itens semelhantes devem ser deduzidos na determinação do custo de aquisição.

Item 28: O custo dos estoques pode não ser recuperável se esses estoques estiverem danificados, se se tornarem total ou parcialmente obsoletos ou se os seus preços de venda tiverem diminuído. O custo dos estoques pode também não ser recuperável se os custos estimados de acabamento ou os custos estimados a serem incorridos para realizar a venda tiverem aumentado. A prática de reduzir o valor de custo dos estoques (*write down*) para o valor realizável líquido é consistente com o ponto de vista de que os ativos não devem ser escriturados por quantias superiores àquelas que se espera que sejam realizadas com a sua venda ou uso.

Item 33: Em cada período subsequente deve ser feita uma **nova avaliação do valor realizável líquido**. Quando as circunstâncias que anteriormente provocaram a redução dos estoques abaixo do custo deixarem de existir ou quando houver uma clara evidência de um aumento no valor realizável líquido devido à alteração nas circunstâncias econômicas, a quantia da redução deve ser revertida – a reversão é limitada à quantia da redução original – de modo que o novo montante registrado do estoque seja o menor valor entre o custo e o valor realizável líquido revisto. Isso ocorre, por exemplo, com um item do estoque registrado pelo valor realizável líquido quando o seu preço de venda tiver sido reduzido e, enquanto ainda mantido em período posterior, tiver o seu preço de venda aumentado.

4.3. Perda Estimada por Redução ao Valor Recuperável

Conforme já mencionado antes, nenhum ativo deve ter seu valor contábil superior ao seu valor recuperável por uso ou por venda.

No caso dos estoques, esse princípio é regulado pelo CPC 16 (R1) – Estoques, o qual apoia a contabilização da "Perda Estimada em Estoques". Já no caso de ativos imobilizados ou intangíveis, o Pronunciamento Técnico CPC 01 (R1) – Redução ao Valor Recuperável é o que apoia a contabilização da "Perda Estimada por Redução ao Valor Recuperável", também chamada de "Perda Estimada por Valor Não Recuperável".

Antes da darmos um exemplo, daremos as seguintes definições básicas extraídas do item 6 do Pronunciamento Técnico CPC 01 (R1):

VALOR CONTÁBIL é o montante pelo qual o ativo está reconhecido no balanço depois da dedução de toda respectiva depreciação, amortização ou exaustão acumulada e ajuste para perdas.

UNIDADE GERADORA DE CAIXA é o menor grupo identificável de ativos que gera entradas de caixa, entradas essas que são em grande parte independentes das entradas de caixa de outros ativos ou outros grupos de ativos.

Nosso comentário: *O motor de um caminhão pertencente a uma empresa, por exemplo, que é um ativo da empresa, <u>não pode</u> ser considerado uma unidade geradora de caixa, visto que a entrada de caixa NÃO É independente de outro ativo, que, no caso, é o caminhão completo, este sim considerado a verdadeira unidade geradora de caixa. Desta forma, neste caso não é possível fazer o teste de recuperabilidade somente do motor e sim da unidade geradora de caixa como um todo (caminhão completo).*

ATIVOS CORPORATIVOS são ativos, exceto ágio por expectativa de rentabilidade futura (goodwill), que contribuem, mesmo que indiretamente, para os fluxos de caixa futuros tanto da unidade geradora de caixa sob revisão quanto de outras unidades geradoras de caixa.

Nosso comentário: *Conforme visto no comentário anterior, o caminhão, por exemplo, o qual é um ativo da empresa, foi considerado uma unidade geradora de caixa, ao passo que o motor, as rodas, a suspensão etc. são considerados ativos corporativos. Outro exemplo seria o prédio comercial de propriedade de determinada empresa, o qual pode ser considerado uma unidade geradora de caixa, ao passo que as instalações internas podem ser consideradas ativos corporativos.*

DESPESAS DE VENDA OU DE BAIXA são despesas incrementais diretamente atribuíveis à venda ou à baixa de um ativo ou de uma unidade geradora de caixa, excluindo as despesas financeiras e de impostos sobre o resultado gerado.

VALOR DEPRECIÁVEL, AMORTIZÁVEL OU EXAURÍVEL é o custo de um ativo, ou outra base que substitua o custo nas demonstrações contábeis, menos seu valor residual.

DEPRECIAÇÃO, AMORTIZAÇÃO E EXAUSTÃO são a alocação sistemática do valor depreciável, amortizável e exaurível de ativos durante sua vida útil.

VALOR JUSTO LÍQUIDO DA DESPESA DE VENDA é o montante a ser obtido pela venda de um ativo ou de unidade geradora de caixa em transações em bases comutativas, entre partes conhecedoras e interessadas, menos as despesas estimadas de venda.

Nosso comentário: *O VALOR JUSTO LÍQUIDO DA DESPESA DE VENDA tem o mesmo significado do VALOR REALIZÁVEL LÍQUIDO já visto em tópicos anteriores.*

PERDA POR DESVALORIZAÇÃO é o montante pelo qual o valor contábil de um ativo ou de unidade geradora de caixa excede seu valor recuperável.

Nosso comentário: *A PERDA POR DESVALORIZAÇÃO tem o mesmo significado da PERDA ESTIMADA já vista em tópicos anteriores*

VALOR RECUPERÁVEL de um ativo ou de unidade geradora de caixa é o maior montante entre o seu valor justo líquido de despesa de venda e o seu valor em uso.

Nosso comentário: *No caso dos estoques de mercadorias ou produtos acabados, por exemplo, os quais estão fora do Pronunciamento Técnico CPC 01 (R1), visto que são regulados pelo CPC 16 (R1), o valor recuperável é o próprio **valor realizável líquido**, mediante venda no mercado. Já no caso de bens do ativo imobilizado ou intangível, os quais estão dentro do alcance do CPC 01 (R1), o valor recuperável, de fato, é o MAIOR valor entre o **valor justo líquido de despesa de venda** ou o seu **valor em uso**. Assim, por exemplo, se determinado equipamento industrial na data do balanço pudesse ser vendido por R$ 46.000,00, de forma que as despesas necessárias para realizar tal venda fossem de R$ 5.000,00, então o valor justo líquido das despesas de venda seria de R$ 41.000,00. Se, por exemplo, pelos próximos três anos o referido equipamento pudesse fabricar produtos os quais vendidos pudessem gerar entradas de caixa de R$ 42.500,00, então o valor recuperável seria o maior, que no caso seria este último valor (= valor em uso). Caso o valor contábil do referido bem na data do balanço fosse, por exemplo, R$ 45.800,00, então a empresa reconheceria na data do balanço uma perda por desvalorização no valor de R$ 45.800,00 – R$ 42.500,00, isto é, R$ 3.300,00.*

VIDA ÚTIL é:

(a) o período de tempo durante o qual a entidade espera utilizar um ativo; ou

(b) o número de unidades de produção ou de unidades semelhantes que a entidade espera obter do ativo.

VALOR EM USO é o valor presente de fluxos de caixa futuros esperados que devem advir de um ativo ou de unidade geradora de caixa.

VALOR RESIDUAL é o valor estimado que a entidade obteria com a venda do ativo, após deduzir as despesas estimadas de venda, caso o ativo já tivesse a idade e a condição esperadas para o fim de sua vida útil.

Exemplo prático: Para o teste do valor recuperável de uma máquina no encerramento do exercício social de X1, a Indústria Cristal S/A dispõe das seguintes informações:

- O valor de mercado dessa máquina, na data do teste, é R$ 59.200,00. Caso a empresa vendesse a máquina, na data do teste (data do balanço), incorreria em gastos associados a tal transação no montante de R$ 9.600,00.
- Caso a empresa não vendesse a máquina e continuasse utilizando-a no processo produtivo, seria capaz de produzir mais 3.000 unidades do produto P1 em X2. 2.200 unidades do produto P1 em X3; e, em X4, 1.331 unidades do produto P1 (suponha que a produção anual ocorra no final de cada ano). Ao final desse período (no final de X4), a máquina poderia ser comercializada por R$ 12.800,00, e a Indústria Cristal S/A incorreria em gastos associados a tal transação no montante de R$ 8.540,80. O preço de venda do produto P1 é R$ 44,80 por unidade. Os gastos médios incorridos na produção e venda de uma unidade do produto P1 é R$ 36,00;
- O custo de capital da empresa é de 10% ao ano;
- O ativo imobilizado da empresa apurado em 31/12/X1, imediatamente antes do teste de recuperabilidade ter sido reconhecido contabilmente, era o seguinte:

Máquinas	96.000,00
Depreciação Acumulada	(40.000,00)

Assim, teremos:

Valor contábil da máquina = 96.000,00 – 40.000,00 = 56.000,00

Valor justo líquido da despesa de venda = 59.200,00 – 9.600,00 = 49.600,00

Caso esse valor fosse maior do que o valor contábil, o teste de recuperação terminaria aqui, ou seja, não se faria NENHUM ajuste ao valor recuperável, tendo em vista que o referido teste visa apenas garantir que o valor contábil não seja **maior** que o valor recuperável. No entanto, isso não ocorreu, pois 49.600,00 não é maior que 56.000,00. Assim, passaremos ao próximo cálculo, que é o do **Valor em Uso (VU)**, sendo este o valor presente (ou atual) do fluxo de caixa que se espera obter com o USO DO ATIVO, pelo critério de "juros compostos":

$$\frac{3.000 \times (44{,}80 - 36)}{1{,}10} + \frac{2.200 \times (44{,}80 - 36)}{1{,}10^2} + \frac{1.331 \times (44{,}80 - 36) + (12.800 - 8.540{,}80)}{1{,}10^3}$$

VU = 24.000,00 + 16.000,00 + 12.000,00 = 52.000,00

Finalmente, o VALOR RECUPERÁVEL será o maior valor entre o valor justo líquido da despesa de venda (49.600,00) e seu valor em uso (52.000,00), que, no caso, são os 52.000,00, valor este que será agora o novo valor contábil da máquina. Desta forma, o valor da Perda Estimada por Valor Não Recuperável será de 56.000,00 – 52.000,00 = 4.000,00. Assim, teremos a seguinte contabilização no encerramento do exercício social de X1:

D – Perda por Desvalorização (outras despesas) 4.000,00
C – Perda Estimada por Valor Não Recuperável (retif. do ativo imobilizado) 4.000,00

Finalmente, no balanço de 31/12/X1, teremos, entre outras contas, as seguintes:

ATIVO IMOBILIZADO

Máquina	96.000,00
Depreciação Acumulada	(40.000,00)
Perda Estimada por Valor Não Recuperável	(4.000,00)
	52.000,00

Obs. 1: Neste último exemplo a estimativa para a determinação do valor atual do fluxo de caixa teve a duração de 3 anos. Cabe ressaltar que, de acordo com o item 33 do CPC 01 (R1), as projeções baseadas nessas previsões ou orçamentos devem abranger, como regra geral, o período máximo de **5 ANOS**, a menos que se justifique, fundamentadamente, um período mais longo.

Obs. 2: A Perda Estimada por Valor Não Recuperável pode ser REVERTIDA, tornando-se assim uma RECEITA classificada no grupo "Outras Receitas". Abaixo, iremos reproduzir alguns principais itens do CPC 01 (R1) que tratam da referida reversão:

109. Os itens 110 a 116 estabelecem as exigências para reverter uma perda por desvalorização de um ativo ou de uma unidade geradora de caixa, reconhecida em períodos anteriores. Essas exigências utilizam o termo "um ativo", mas se aplicam igualmente a um ativo individual ou a uma unidade geradora de caixa. Exigências adicionais para um ativo individual são estabelecidas nos itens 117 a 121, para unidade geradora de caixa nos itens 122 e 123 e para o ágio por expectativa de rentabilidade futura (goodwill) *nos itens 124 e 125.*

110. A entidade deve avaliar, ao término de cada período de reporte, se há alguma indicação de que a perda por desvalorização reconhecida em períodos anteriores para um ativo, exceto o ágio por expectativa de rentabilidade futura (goodwill), *possa não mais existir ou ter diminuído. Se existir alguma indicação, a entidade deve estimar o valor recuperável desse ativo.*

113. Se houver indicação de que a perda por desvalorização reconhecida para um ativo, exceto o ágio por expectativa de rentabilidade futura (goodwill), *pode vir a não mais existir ou tenha diminuído, isso pode ser uma evidência de que a vida útil remanescente, o método de depreciação, amortização ou exaustão ou o valor residual necessitem ser revisados ou ajustados conforme Pronunciamentos aplicáveis ao ativo, mesmo se nenhuma perda por desvalorização for revertida para o ativo.*

114. Uma perda por desvalorização reconhecida em períodos anteriores para um ativo, exceto o ágio por expectativa de rentabilidade futura (goodwill), *deve ser revertida se, e somente se, tiver havido mudança nas estimativas utilizadas para determinar o valor recuperável do ativo desde a última perda por desvalorização que foi reconhecida. Se esse for o caso, o valor contábil do ativo deve ser aumentado, com plena observância do descrito no item 117, para seu valor recuperável. Esse aumento ocorre pela reversão da perda por desvalorização.*

116. O valor em uso de um ativo pode se tornar maior do que seu valor contábil simplesmente porque o valor presente de futuras entradas de caixa aumenta na medida em que essas entradas se tornam mais próximas da data atual. Entretanto, o potencial de serviços do ativo não aumentou. Portanto, a perda por desvalorização não deve ser revertida simplesmente por causa da passagem do tempo (algumas vezes reconhecida pelo termo "fluência" do desconto – unwinding of discount*), mesmo que o valor recuperável do ativo se torne maior do que seu valor contábil.*

Reversão de perda por desvalorização para ativo individual

117. O aumento do valor contábil de um ativo, exceto o ágio por expectativa de rentabilidade futura (goodwill), *atribuível à reversão de perda por desvalorização não deve exceder o valor contábil que teria sido determinado (líquido de depreciação, amortização ou exaustão), caso nenhuma perda por desvalorização tivesse sido reconhecida para o ativo em anos anteriores.*

119. A reversão de perda por desvalorização de um ativo, exceto o ágio por expectativa de rentabilidade futura (goodwill), *deve ser reconhecida imediatamente no resultado do período, a menos que o ativo esteja registrado por valor reavaliado de acordo com outro Pronunciamento. Qualquer reversão de perda por desvalorização sobre ativo reavaliado deve ser tratada como aumento de reavaliação conforme tal Pronunciamento.*

121. Depois que a reversão de perda por desvalorização é reconhecida, a despesa de depreciação, amortização ou exaustão para o ativo deve ser ajustada em períodos futuros para alocar o valor contábil revisado do ativo menos seu valor residual (se houver) em base sistemática sobre sua vida útil remanescente.

Reversão de perda por desvalorização para uma unidade geradora de caixa

122. A reversão de perda por desvalorização para uma unidade geradora de caixa deve ser alocada aos ativos da unidade, exceto o ágio por expectativa de rentabilidade futura (goodwill), *proporcionalmente ao valor contábil desses ativos. Esses aumentos em valores contábeis devem ser tratados como reversão de perdas por desvalorização de ativos individuais e reconhecidos de acordo com o item 119.*

Assim, em vista de tudo o que foi mencionado em relação à reversão da Perda Estimada por Valor Não Recuperável, supondo no exemplo da indústria Cristal S/A que no encerramento do exercício social de X2 tivesse sido feita uma nova estimativa do valor recuperável da máquina em R$ 43.400,00, de forma que a referida máquina tivesse sido depreciada em mais 10% (R$ 9.600,00). Então seriam revertidos R$ 1.000,00 da referida perda, mediante a seguinte contabilização:

D – Perda Estimada por Valor Não Recuperável 1.000,00
C – Reversão de Perda Estimada (outras receitas).. 1.000,00

Finalmente, no balanço de 31/12/X2, teríamos, entre outras contas, as seguintes:

ATIVO IMOBILIZADO

Máquina	96.000,00
Depreciação Acumulada	(49.600,00)
Perda Estimada por Valor Não Recuperável	(3.000,00)
	43.400,00

Exercícios de Fixação

1. **A Cia. Azul Marinho vende bens com uma garantia segundo a qual os clientes estão cobertos pelo custo de reparação de qualquer defeito de fabricação que se torna evidente dentro dos primeiros 6 meses após a compra. Por ocasião do encerramento do exercício social de X1, a empresa estimou que se forem detectados defeitos menores em todos os produtos vendidos, a empresa irá incorrer em custos de reparação de R$ 950.000,00 e se forem detectados defeitos maiores em todos os produtos vendidos, a mesma irá incorrer em custos de reparação de R$ 1.600.000,00. A experiência passada da empresa e as expectativas futuras indicam que, para o próximo ano, 70% dos bens vendidos não terão defeito, 20% terão defeitos menores e 10% terão defeitos maiores. Assim, com base no Pronunciamento Técnico CPC 25 – Provisões, Passivos Contingentes e Ativos Contingentes, o valor mais adequado da Provisão para Garantia de Produtos a ser constituída é de:**
   a) R$ 415.000,00;
   b) R$ 350.000,00;
   c) R$ 360.000,00;
   d) R$ 160.000,00;
   e) R$ 190.000,00.

2. **(TRANSPETRO – Contador(a) Júnior/Fundação Cesgranrio) Com as modificações introduzidas na contabilidade brasileira, algumas contas sofreram mudança de nomenclatura. Dentre essas contas, a tradicional PDD (Provisão para Devedores Duvidosos) foi modificada, e passou a ser chamada de Provisão para Créditos de Difícil Liquidação (PCDL). Mais recentemente passou a ser chamada, temporariamente, de Perdas Estimadas em Créditos de Liquidação Duvidosa (PECLD). Apesar dessas alterações de nomenclatura, a sistemática de funcionamento continua sendo a mesma.**
   Tendo em vista os aspectos teóricos da constituição de provisão para atender a perdas estimadas de créditos de liquidação duvidosa, analise a situação a seguir.

   2009
Duplicatas a Receber Classe C	**R$ 100.000,00**
Constituição PECLD Classe C	**R$ 15.500,00**

   2010
Baixa de Duplicata Classe C por falência da empresa	**R$ 4.500,00**
Recebimento de duplicatas Classe C	**R$ 95.500,00**

   Considerando-se exclusivamente as informações recebidas e que a empresa adota a sistemática de reversão da perda estimada, o lançamento que atende a essa metodologia, em reais, é:

a) Débito: PECLD 4.500,00
Crédito: Duplicatas a Receber 4.500,00
b) Débito: Outras Despesas Operacionais 11.000,00
Crédito: PECLD 11.000,00
c) Débito: PECLD 11.000,00
Crédito: Outras Receitas Operacionais 11.000,00
d) Débito: Outras Despesas Operacionais 15.500,00
Crédito: PECLD 15.500,00
e) Débito: PECLD 15.500,00
Crédito: Outras Receitas Operacionais 15.500,00

<u>Enunciado comum às questões 3 a 7</u>: No encerramento do exercício social em 31/12/X2, a Cia. Turim, ao analisar um Equipamento de uso no ativo imobilizado para fins de novo teste de recuperabilidade, identificou as seguintes características:

Valor justo líquido da despesa de venda	R$ 765.000,00
Valor em uso	R$ 750.000,00
Custo de aquisição	R$ 1.200.000,00
Depreciação acumulada (31/12/X2)	R$ 300.000,00
Perda estimada por valor não recuperável (31/12/X1)	R$ 90.000,00

3. O valor recuperável do referido bem em 31/12/X2 foi de:

a) R$ 750.000,00;
b) R$ 765.000,00;
c) R$ 810.000,00;
d) R$ 840.000,00;
e) R$ 900.000,00.

4. O Valor Contábil do referido bem em 31/12/X2 antes do teste de recuperabilidade foi de:

a) R$ 900.000,00;
b) R$ 840.000,00;
c) R$ 810.000,00;
d) R$ 765.000,00;
e) R$ 750.000,00.

5. A perda estimada por valor não recuperável no encerramento do exercício social de X2 foi de:

a) R$ 450.000,00;
b) R$ 390.000,00;
c) R$ 150.000,00;
d) R$ 90.000,00;
e) R$ 45.000,00.

6. A despesa com a perda estimada por redução ao valor recuperável é classificada na demonstração do resultado no grupo:

a) Despesas Administrativas;
b) Despesas Comerciais;
c) Despesas Financeiras;
d) Outras Despesas;
e) Despesas Gerais.

7. Caso o valor recuperável em 31/12/X2 fosse estimado em R$ 835.000,00, então a empresa faria a seguinte contabilização para ajuste ao valor recuperável:

a) D – Perda Estimada por Valor Não Recuperável 25.000,00
C – Outras Receitas 25.000,00

b) D – Perda por Desvalorização 25.000,00
C – Perda Estimada por Valor Não Recuperável 25.000,00

c) D – Perda Estimada por Valor Não Recuperável 65.000,00
C – Outras Receitas 65.000,00

d) D – Perda por Desvalorização 65.000,00
C – Perda Estimada por Valor Não Recuperável 65.000,00

e) D – Provisão para Perdas 25.000,00
C – Reversão de Provisão para Perdas 25.000,00

8. A empresa Anil S/A, a qual revende três tipos de mercadorias, forneceu, entre outras, as seguintes informações para levantamento do seu balanço de 31/12/X1 (valores em R$):

	Mercadoria "M1"	Mercadoria "M2"	Mercadoria "M3 "
• Preço unitário de venda	24,00	14,40	6,40
• Impostos sobre vendas	4,80	2,88	1,28
• Comissões sobre vendas	3,60	2,16	0,96
• Embalagens	0,20	0,10	0,02
• Fretes sobre vendas	0,18	0,09	0,08
• Despesas de cobrança bancária	0,12	0,08	0,04
• Custo unitário de aquisição	16,00	9,34	3,10

Considerando que no estoque há 1.500 unidades da mercadoria "M1", 2.000 unidades da mercadoria "M2" e 2.500 unidades da mercadoria "M3", podemos afirmar que o valor da <u>Perda Estimada em Estoques</u> no Balanço de 31/12/X1 foi de:

a) R$ 1.850,00;
b) R$ 2.300,00;
c) R$ 4.150,00;
d) R$ 450,00;
e) R$ 1.350,00.

9. Considerando a questão anterior, o valor contábil dos estoques no Balanço de 31/12/X1 foi de:

a) R$ 46.280,00;
b) R$ 48.130,00;
c) R$ 48.580,00;
d) R$ 50.430,00;
e) R$ 49.080,00.

10. Considerando o Pronunciamento Técnico CPC 25 – Provisões, Passivos Contingentes e Ativos Contingentes, marque a opção que indica afirmativa incorreta.

a) As provisões são passivos de prazo ou valor incertos.
b) Quando há obrigação possível ou presente, cuja probabilidade de uma saída de recursos é remota, deve ser divulgado um passivo contingente.
c) Ao passo que as provisões são reconhecidas contabilmente, os passivos contingentes são apenas divulgados em notas explicativas às demonstrações contábeis.
d) Na demonstração do resultado, a despesa relativa a uma provisão pode ser apresentada líquida do valor reconhecido de reembolso.
e) Quando há várias obrigações semelhantes (por exemplo, garantias sobre produtos ou contratos semelhantes), a avaliação da probabilidade de que uma saída de recursos será exigida na liquidação deverá considerar o tipo de obrigação como um todo.

11. Com relação às "contas a pagar" e "provisões", considerando o CPC 25, marque a opção que indica afirmativa incorreta.

a) As provisões podem ser distintas de outros passivos tais como contas a pagar e passivos derivados de apropriações por competência *(accruals)* porque há incerteza sobre o prazo ou o valor do desembolso futuro necessário para a sua liquidação.
b) As contas a pagar são passivos a pagar por conta de bens ou serviços fornecidos ou recebidos e que tenham sido faturados ou formalmente acordados com o fornecedor.
c) Os passivos derivados de apropriações por competência *(accruals)* são passivos a pagar por bens ou serviços fornecidos ou recebidos, mas que não tenham sido pagos, faturados ou formalmente acordados com o fornecedor, incluindo valores devidos a empregados, tais como o pagamento de férias.
d) A despesa com 13º salário apropriada mensalmente tem como contrapartida uma provisão (Provisão para 13º Salário).
e) Os passivos derivados de apropriação por competência (*accruals*) são divulgados como parte das contas a pagar, enquanto as provisões são divulgadas separadamente.

12. Marque a opção que contém o nome de uma conta adequada às normas contábeis determinadas pelos Pronunciamentos Técnicos do CPC.

a) Provisão para Devedores Duvidosos.
b) Provisão para Imposto de Renda.
c) Provisão para Ajuste de Estoques ao Valor de Mercado.
d) Provisão para Férias.
e) Provisão para Contingências Trabalhistas.

13. (TCE – RJ – Analista de Controle Externo/ Femperj) Com a convergência das normas contábeis brasileiras para as normas internacionais de contabilidade, sabe-se que as práticas contábeis locais foram sensivelmente modificadas. Quanto às funções e ao funcionamento das contas, é correto afirmar que:

a) o termo "Provisão" é corretamente empregado para denominar contas de passivos, tais como dividendos adicionais propostos; juros passivos a apropriar; e contingências trabalhistas;

b) o termo "Provisão" é corretamente empregado para denominar as contas de passivos, tais como: férias e 13º salários devidos aos funcionários; e dividendos mínimos obrigatórios;

c) a conta "Perdas Estimadas para Créditos de Liquidação Duvidosa" possui natureza credora e é classificada como uma conta do passivo;

d) a conta "Duplicatas Descontadas" possui natureza credora e representa, em sua essência, uma extensão da conta "duplicatas a receber".

e) o termo "Provisão" é corretamente empregado para denominar contas que representem passivos com prazo ou valor incertos.

14. (Tribunal de Justiça do Estado de Sergipe – Analista Judiciário/ FCC) O procedimento contábil a ser adotado por uma entidade, quando a determinação de um valor a receber, decorrente de ação judicial, não apresenta condições de utilização de uma base confiável para mensuração do valor desse evento, é:

a) estimar um custo provável para ação judicial e registrá-lo como ativo diferido;

b) divulgar o fato nas notas explicativas ou em demonstrações suplementares;

c) projetar um valor e registrar no patrimônio como Resultado de Exercícios Futuros;

d) reconhecer o evento e conta de ajuste patrimonial no Patrimônio Líquido;

e) estabelecer uma base para calcular uma provisão ativa e evidenciar o fato em demonstrações complementares.

15. (Tribunal Regional Eleitoral do Ceará – Analista Judiciário/ FCC) Os atributos a seguir são condicionantes para o reconhecimento de uma Provisão, quando:

a) a probabilidade de ocorrer uma obrigação presente é improvável, mesmo que seja decorrente de um evento tempestivo e presente, cuja mensuração do valor total não possa ser quantificada de forma segura;

b) há existência da probabilidade de um ingresso de recursos futuros, mesmo que a sua quantificação seja incerta;

c) o montante da obrigação pode ser estimado em base segura e confiável, a exigência de recursos para a liquidação da obrigatoriedade possa ser verificada e se constatar uma exigibilidade presente como consequência de um evento passado;

d) uma obrigação legal ou não formalizada futura for reconhecida como consequência de um evento futuro de prazo definido;

e) for identificada uma exigibilidade futura consequente de um evento futuro provável, mesmo que o seu valor não possa ser estimado com segurança e confiabilidade.

16. (TRT – 20ª Região – Analista Judiciário/ FCC) A empresa Moderna S.A. está elaborando um plano de reestruturação que atende aos critérios de reconhecimento geral das provisões. Considerando os novos pronunciamentos contábeis, podem compor sua base:

a) o retreinamento do pessoal e as despesas legais para viabilização do projeto de reestruturação;

b) os investimentos em novos sistemas e o retreinamento do pessoal;

c) os salários do plano de demissão voluntária e o custo dos planos de saúde dos demitidos no plano;

d) a estruturação de novas redes de distribuição e as despesas legais para viabilização do projeto;

e) a relocação de pessoal e os valores de indenização do plano de demissão voluntária.

17. (LIQUIGÁS – Petrobras – Contador Júnior/Fundação Cesgranrio) Uma companhia aberta que opera na área de petróleo lavrou um contrato de licença de extração de petróleo em que se comprometeu a remover o equipamento perfuratriz ao final da extração e a restaurar o solo oceânico. Uma estimativa confiável dos custos eventuais indica a seguinte distribuição: 55% instalação da perfuratriz, 25% restauração do solo oceânico e 20% extração de petróleo.

No encerramento do exercício social de 31 de dezembro de 2010, o equipamento perfuratriz estava completamente construído e instalado, pronto para operar, mas nenhum petróleo havia sido extraído ainda.

Considerando o disposto no CPC 25 e respectivos anexos, aprovado pela Deliberação CVM nº 549/2009, de 15 de setembro de 2009, e as informações recebidas, a companhia, no Balanço de 31 de dezembro de 2010, deve reconhecer a provisão competente, aplicando sobre o valor dos custos eventuais o percentual de:

a) 100%;

b) 80%;

c) 75%;

d) 55%;

e) 25%.

Capítulo 8

Depreciação, Amortização, Exaustão

1. Depreciação

1.1. Conceito

A DEPRECIAÇÃO é a despesa com a perda de valor de bens tangíveis do **ativo imobilizado,** sujeitos ao desgaste pelo uso, ação da natureza ou por se tornarem obsoletos. A contrapartida da *Despesa de Depreciação* é a conta *Depreciação Acumulada*, sendo esta uma conta retificadora do ativo imobilizado.

1.2. Vedações à Depreciação – Legislação do Imposto de Renda

Não são depreciados:

– terrenos, salvo em relação a benfeitorias e construções;

– bens que aumentam de valor com o tempo, como antiguidades e obras de arte;

– bens para os quais sejam registradas quotas de amortização ou exaustão;

– bens móveis ou imóveis que não estejam intrinsecamente relacionados à produção ou comercialização de bens e serviços.

1.3. Base de Cálculo

A base de cálculo da depreciação de um bem corresponde ao custo de aquisição, incluindo os gastos necessários à colocação do bem em funcionamento, e acréscimos posteriores, tais como correção monetária e reavaliação.

1.4. Início da Depreciação

A depreciação de um bem é contada não em função da data de aquisição, e sim a partir do mês em que o bem for instalado, posto em funcionamento ou em condições de produzir, independentemente do dia do mês, isto é, conta-se o primeiro mês integralmente, qualquer que seja o dia. Desta forma, se um bem for adquirido, por exemplo, no dia 13 de agosto, e posto em funcionamento em 22 de outubro, a depreciação será contada a partir de outubro, contando-se este mês integralmente, ou seja, sem divisão proporcional de dias.

1.5. Taxas de Depreciação

O RIR/1999 (Regulamento do Imposto de Renda de 1999), nos seus arts. 305 a 323, estabelece os critérios básicos de depreciação. No entanto, as taxas máximas anuais de depreciação permitidas, para os bens utilizados num período normal de oito horas diárias, são publicadas separadamente pela Secretaria da Receita Federal. Abaixo, daremos alguns exemplos de tempos de vida útil mínimos permitidos e suas respectivas taxas máximas permitidas:

BEM	VIDA ÚTIL	TAXA ANUAL
Veículos	5 anos	100% ÷ 5 = 20%
Imóveis (só edificações)	25 anos	100% ÷ 25 = 4%
Máquinas e Equipamentos	10 anos	100% ÷ 10 = 10%

Observações:

1) Evidentemente, se o fisco controla apenas as taxas máximas, não há nenhum problema em se adotar taxas inferiores. A preocupação do fisco na limitação somente do valor máximo se explica pelo fato de que quanto maior for a despesa de depreciação menor será o lucro e, consequentemente, menor será o imposto de renda.

2) Com base no art. 310 do RIR/1999, é permitida pelo fisco a adoção de taxas superiores às máximas permitidas, desde que haja comprovação por laudo pericial do Instituto Nacional de Tecnologia, ou de outra entidade oficial de pesquisa científica ou tecnológica.

1.6. Valor Contábil

O VALOR CONTÁBIL de um bem depreciado corresponde à diferença entre o **custo de aquisição** (este pode sofrer acréscimos posteriores) e a **depreciação acumulada**. Assim, se um equipamento foi adquirido por $ 12.000 e possui uma depreciação acumulada de 30%, teremos:

30% × $ 12.000

Equipamento .... $ 12.000

Depreciação Acumulada .... ($ 3.600) .... **$ 8.400** → *Valor contábil*

NOTA: No exemplo, observemos que, quando depreciarmos os 70% restantes do bem, este terá valor residual igual a zero.

1.7. Valor Residual

O VALOR RESIDUAL de um bem depreciado, que muitas vezes é impropriamente confundido com valor contábil, corresponde ao valor da provável realização do bem, após totalmente depreciado. Tendo em vista a dificuldade da precisa quantificação de tal valor, normalmente este é considerado igual a zero. Caso se estime um valor residual diferente de zero, este deverá ser subtraído do custo de aquisição do bem a ser depreciado, a fim de que a taxa de depreciação incida no resultado dessa diferença. Assim, no exemplo anterior, se fosse estimado um valor residual de $ 2.000, sendo a depreciação acumulada de 30%, teríamos:

→ *30% × ($ 12.000 – $ 2.000)*

Equipamento .... $ 12.000
Depreciação Acumulada .... ($ 3.000) .... **$ 9.000** → *Valor contábil*

1.8. Método de Depreciação

Entre os diversos métodos existentes, o método mais utilizado no Brasil é o chamado MÉTODO DAS QUOTAS CONSTANTES. Este também pode ser chamado de MÉTODO LINEAR, visto que a depreciação acumulada é diretamente proporcional ao tempo, gerando assim uma função linear. Por esse método, a depreciação pode ser calculada de duas formas:

1ª FORMA: Aplicando-se uma taxa constante sobre o valor a ser depreciado.
2ª FORMA: Dividindo-se o valor a ser depreciado pelo tempo de vida útil.

Exemplo: Um equipamento adquirido por $ 8.000, o qual teve estimado um tempo de vida útil de cinco anos, poderá ter a depreciação anual calculada das seguintes formas:

(1ª FORMA) *Taxa de depreciação anual = 100% ÷ 5 = 20%*
Depreciação anual = 20% × $ 8.000 = $ 1.600

(2ª FORMA) *Depreciação anual = $ 8.000 ÷ 5 = $ 1.600*

Observações:

1) Caso, no exemplo anterior, fosse estimado um VALOR RESIDUAL diferente de zero para o bem depreciado, por exemplo, $ 2.000, então a depreciação anual seria de 20%. ($ 8.000 – $ 2.000), isto é, $ 1.200. Desta forma, decorrido o tempo de vida útil, ao invés do VALOR RESIDUAL do bem ser ZERO, seria de $ 2.000.

2) Outro método de depreciação é o chamado MÉTODO DA SOMA DOS DÍGITOS ou MÉTODO DE COLE. Neste, a depreciação é calculada da seguinte forma:

1ª ETAPA: Somar os algarismos que compõem o número de anos de vida útil do bem a ser depreciado.

2ª ETAPA: Multiplicar o valor a ser depreciado a cada ano pela fração cujo denominador é a soma obtida na 1ª etapa, e o numerador, para o primeiro ano, é **n** (n = tempo de vida útil estimado), para o 2º ano, **n – 1**, para o 3º ano, **n – 2**, e assim sucessivamente até o último ano, onde o numerador é 1.

Exemplo: Depreciação de uma máquina adquirida por \$ 6.000, supondo o tempo de vida útil igual a quatro anos:

Soma dos dígitos = 1 + 2 + 3 + 4 = 10

Primeiro ano → Depreciação = $\frac{4}{10}$ × \$ 6.000 = \$ 2.400

Segundo ano → Depreciação = $\frac{3}{10}$ × \$ 6.000 = \$ 1.800

Terceiro ano → Depreciação = $\frac{2}{10}$ × \$ 6.000 = \$ 1.200

Quarto ano → Depreciação = $\frac{1}{10}$ × \$ 6.000 = \$ 600

A vantagem desse método em relação ao das quotas constantes é que proporciona maior uniformidade nos custos, visto que, com o passar do tempo, os gastos com manutenção do bem se tornam progressivamente crescentes. Sendo assim, ao fazermos os valores das depreciações decrescentes, tornamos a soma dos gastos de manutenção, ao longo do tempo, com suas respectivas depreciações, aproximadamente constante.

3) Pelas novas regras contábeis, o método linear de depreciação não é necessariamente o mais recomendado, apesar de normalmente ser o mais utilizado. De acordo com o item 60 do Pronunciamento Técnico CPC 27 – Ativo Imobilizado – o método de depreciação utilizado reflete o **padrão de consumo** pela entidade dos benefícios econômicos do bem a ser depreciado. Além disso, o item 61 do mesmo CPC determina que o método de depreciação aplicado a um ativo deve ser revisado pelo menos ao final de cada exercício e, se houver alteração significativa no padrão de consumo previsto, o método de depreciação deve ser alterado para refletir essa mudança. Tal mudança deve ser registrada como mudança nas estimativas contábeis, de acordo com o Pronunciamento Técnico CPC 23 – Políticas Contábeis, Mudanças de Estimativas Contábeis e Erros.

1.9. Contabilização

Ao depreciarmos um bem do ativo imobilizado, por um lado, geramos uma conta de despesa, a qual chamamos de *Despesas de Depreciação* (ou *Encargos de Depreciação* ou, simplesmente, *Depreciação*), sendo esta debitada. Por outro lado, geramos uma conta retificadora do ativo, a qual chamamos de *Depreciação Acumulada*, sendo esta creditada. A conta *Despesas de Depreciação* poderá receber débitos mensais, com a aplicação da taxa anual dividida por 12, até o fim do exercício social, onde então será encerrada juntamente com as outras despesas para a apuração do resultado. A conta *Depreciação Acumulada* irá acumular o valor das despesas de depreciação, desde a época em que o bem foi posto em condições de uso, até a época em que o bem for alienado ou baixado por perecimento, ou até que o valor contábil do bem seja NULO (100% depreciado).

Exemplo: A empresa Santos S/A, em 17 de julho de 20X1, adquiriu um caminhão por $ 20.000. Supondo a taxa de depreciação anual igual a 20%, teremos:

Em 20X1:

CÁLCULO: 20% em 12 meses → 10% em 6 meses → 10% × $ 20.000 = $ 2.000

- -

CONTABILIZAÇÃO:

Despesas de Depreciação	
2.000	

Depreciação Acumulada	
	2.000

- -

APRESENTAÇÃO NO BALANÇO:

Veículos	20.000	
Depreciação Acumulada	(2.000)	18.000
		Valor contábil

Em 20X2:

CÁLCULO: 20% × $ 20.000 = $ 4.000

- -

CONTABILIZAÇÃO:

Despesas de Depreciação	
4.000	

Depreciação Acumulada	
	2.000
	4.000

- -

APRESENTAÇÃO NO BALANÇO:

Veículos	20.000	
Depreciação Acumulada	(6.000)	14.000
		Valor contábil

Em 20X3:

CÁLCULO: 20% × $ 20.000 = $ 4.000

CONTABILIZAÇÃO:

Despesas de Depreciação	
4.000	

Depreciação Acumulada	
	6.000
	4.000

APRESENTAÇÃO NO BALANÇO:

Veículos	20.000	
Depreciação Acumulada	(10.000)	10.000
		Valor contábil

1.10. Depreciação Acelerada

Existem dois tipos de depreciação acelerada: normal e incentivada.

1.10.1. Depreciação Acelerada Normal (RIR/1999, art. 312)

Consiste em se atribuir coeficientes multiplicativos em função do número de horas trabalhadas por bens móveis sujeitos ao desgaste pelo uso.

Os coeficientes de aceleração são os seguintes:

Número de turnos de 8 h	Coeficiente contábil	Coeficiente fiscal
1	1,0	1,0
2	2,0	1,5
3	3,0	2,0

Exemplo: Uma máquina, cuja taxa de depreciação é de 8% a.a., está sendo utilizada em dois turnos de 8 h diárias. Assim, a taxa de depreciação passa a ser:

CONTÁBIL → 8% × **2,0** = 16% a.a.

FISCAL → 8% × **1,5** = 12% a.a.

EXERCÍCIO RESOLVIDO 1: Em 14/10/X1, a Cia. Industrial Silvestre adquiriu três máquinas nos valores de $ 3.000, $ 6.000 e $ 8.000, a serem utilizadas, respectivamente, nos departamentos de corte, pintura e montagem, operando, respectivamente, em um turno de 8 h diárias, dois turnos de 8 h diárias e três turnos de 8 h diárias. Sendo a taxa de depreciação anual de 10%, calcular:

1) O máximo valor da despesa de depreciação que poderá ser registrada pela contabilidade no exercício social de X1.

2) O máximo valor da despesa de depreciação que poderá ser deduzido do lucro para efeitos de imposto de renda.

(SOLUÇÃO)

$$10\%\ ao\ ano = \frac{10\%}{12}\ ao\ mês \rightarrow 3\ meses\ (out\ a\ dez) = \frac{10\%}{12} \times 3 = 2{,}5\%$$

---

1) Depreciação contábil máxima:

Corte	= 2,5% × $ 3.000 × 1 =	$ 75
Pintura	= 2,5% × $ 6.000 × 2 =	$ 300
Montagem	= 2,5% × $ 8.000 × 3 =	$ 600
TOTAL.		***$ 975***

2) Depreciação fiscal máxima:

Corte	= 2,5% × $ 3.000 × 1 =	$ 75
Pintura	= 2,5% × $ 6.000 × 1,5 =	$ 225
Montagem	= 2,5% × $ 8.000 × 2 =	$ 400
TOTAL.		***$ 700***

NOTA: Devemos observar que, contabilmente, **o certo** é registrar a despesa de depreciação por $ 975 e, consequentemente, a depreciação acumulada no primeiro exercício social de utilização dos bens por $ 975, em atendimento ao princípio contábil da prudência, o qual impõe a escolha do menor valor para o ativo, entre opções igualmente válidas. Porém, o excesso da depreciação contábil sobre a fiscal, no caso $ 275, deverá ser adicionado no cálculo do Lucro Real (Lucro Fiscal) para fins do cálculo do imposto de renda. Nas questões de concursos, quando se fala na utilização do bem por mais de um turno de oito horas, "normalmente", deve-se usar os coeficientes FISCAIS.

1.10.2. Depreciação Acelerada Incentivada

É feita não em função do desgaste efetivo dos bens, mas, sim, em função de um incentivo fiscal para a implantação, renovação ou modernização de instalações e equipamentos. Neste caso, poderão ser adotados coeficientes de depreciação acelerada, durante certo prazo, para determinadas indústrias ou atividades.

O benefício será utilizado da seguinte forma:

a. na escrituração comercial, será registrado o encargo de depreciação normal, calculado pela aplicação da taxa usualmente admitida;

b. a quota de depreciação acelerada incentivada, correspondente ao benefício fiscal, constituirá exclusão do lucro líquido na apuração do lucro real, devendo ser escriturada diretamente no LALUR (Livro de Apuração do Lucro Real);

c. o total da depreciação acumulada, incluindo a normal e a acelerada, não poderá ultrapassar o custo de aquisição do bem registrado contabilmente;

d. a partir do período-base em que for atingido o total do bem registrado contabilmente, item "c" anterior, o valor da depreciação normal, registrado na escrituração comercial, que continuar a ser reconhecido contabilmente, deverá ser adicionado ao lucro líquido para efeito de determinar o lucro real.

Exemplo: Suponhamos que uma indústria, a qual é tributada pelo IR com base no lucro real trimestral, adquirisse, em janeiro de X1, um equipamento no valor de R$ 9.000,00, sendo a taxa de depreciação igual a 20% ao ano (5% ao trimestre). Suponhamos também que a despesa de depreciação permitida para dedução do lucro tributável (lucro real) fosse, por exemplo, de 50% ao ano, isto é, 12,5% ao trimestre. Desta forma, a fim de facilitar o nosso raciocínio, vamos admitir que o Lucro antes da Depreciação (LAD) de todos os trimestres dos anos de X1 a X5 (20 trimestres ao todo) fossem todos iguais a R$ 1.650,00 (se os lucros fossem diferentes, nada, além dos valores, mudaria no nosso raciocínio). Supondo ainda que a depreciação (despesa) fosse contabilizada somente ao fim de cada trimestre no valor de 5% de R$ 9.000,00, ou seja, R$ 450,00, de forma que o LAIR (Lucro antes do IR) fosse constante de R$ 1.200,00, e admitindo que o alíquota do IR seja de 15% sobre o lucro real, poderíamos elaborar a seguinte tabela:

T	Valores Obtidos dos Registros Contábeis e/ou Escriturados nos Livros Contábeis					Valores Controlados no LALUR		
	LAD	**DD**	**LAIR**	**DIR** *(=15% LAIR)*	**IR a Pagar** *(= DIR – D)*	**DI**	**LR**	**D**
1º X1	1.650	(450)	1.200	180	78,75	(675)	525	101,25
2º X1	1.650	(450)	1.200	180	78,75	(675)	525	101,25
3º X1	1.650	(450)	1.200	180	78,75	(675)	525	101,25
4º X1	1.650	(450)	1.200	180	78,75	(675)	525	101,25
1º X2	1.650	(450)	1.200	180	78,75	(675)	525	101,25
2º X2	1.650	(450)	1.200	180	78,75	(675)	525	101,25
3º X2	1.650	(450)	1.200	180	78,75	(675)	525	101,25
4º X2	1.650	(450)	1.200	180	78,75	(675)	525	101,25
1º X3	1.650	(450)	1.200	180	247,50	450	1.650	(67,50)
2º X3	1.650	(450)	1.200	180	247,50	450	1.650	(67,50)
3º X3	1.650	(450)	1.200	180	247,50	450	1.650	(67,50)
4º X3	1.650	(450)	1.200	180	247,50	450	1.650	(67,50)
1º X4	1.650	(450)	1.200	180	247,50	450	1.650	(67,50)
2º X4	1.650	(450)	1.200	180	247,50	450	1.650	(67,50)
3º X4	1.650	(450)	1.200	180	247,50	450	1.650	(67,50)
4º X4	1.650	(450)	1.200	180	247,50	450	1.650	(67,50)
1º X5	1.650	(450)	1.200	180	247,50	450	1.650	(67,50)
2º X5	1.650	(450)	1.200	180	247,50	450	1.650	(67,50)
3º X5	1.650	(450)	1.200	180	247,50	450	1.650	(67,50)
4º X5	1.650	(450)	1.200	180	247,50	450	1.650	(67,50)
Total	-	**(9.000)**	-	**3.600**	**3.600**	**Zero**	-	**Zero**

Legenda:

LALUR – Livro de Apuração do Lucro Real

T – Trimestre

LAD – Lucro antes da Depreciação

DD – Despesa de Depreciação (= despesa normal que foi contabilizada)

LAIR – Lucro antes do IR

DIR – Despesa com IR

IR – Imposto de Renda

DI – Depreciação Incentivada

LR – Lucro Real

D – Diferença

NOTA: *O IR a Pagar é controlado no LALUR e, ao mesmo tempo, escriturado nos livros contábeis.*

O raciocínio de cálculo da depreciação incentivada até o 4º trimestre de X2 foi o seguinte: Se a depreciação trimestral que pode ser deduzida para fins fiscais foi de 12,5%, então para que a depreciação fiscal alcance a 100% do valor do equipamento (R$ 9.000,00) é necessário "acelerar" a depreciação por 8 trimestres (8 × 12,5% = 100%), isto é, até o final do 4º trimestre de X2. Como a despesa de depreciação trimestral contabilizada é de 5% e a despesa fiscal de depreciação (não é contabilizada) é de 12,5%, então até o fim do 4º trimestre de X2 a aceleração mensal é de 7,5% de R$ 9.000,00, ou seja, R$ 675,00. Desta forma, o Lucro Real trimestral calculado até o 4º trimestre de X2 será igual ao valor do LAIR de cada trimestre (R$ 1.200,00) menos a depreciação incentivada (R$ 675,00), isto é, R$ 525,00, fazendo com que o IR a Pagar trimestralmente até o 4º trimestre de X2 seja de 15% deste valor, ou seja, R$ 78,75.

Desta forma, a partir do 1º trimestre do ano de X3 até o 4º trimestre do ano de X5 (12 trimestres) chegará a "revanche" do FISCO, ou seja, a empresa terá que pagar todo o IR que deixou de pagar até o 4º trimestre de X2, em função de ter acelerado até o fim do ano de X2 um total de R$ 675,00 × 8 = R$ 5.400,00. Este valor será distribuído positivamente (será somado ao LAIR) de forma uniforme pelos 12 trimestres seguintes, obtendo-se R$ 5.400,00 ÷ 12 = R$ 450,00 por trimestre, valor este que será somado ao seu respectivo LAIR para o cálculo do Lucro Real. Assim, este lucro será agora (a partir do 1º trimestre de X3) igual à soma do LAIR de cada trimestre (R$ 1.200,00) com o valor positivo da depreciação incentivada referente a cada trimestre (R$ 450,00), ou seja, R$ 1.650,00, de forma que o IR a Pagar de cada trimestre, a partir do 1º trimestre de X3, seja de 15% desse valor, ou seja, R$ 247,50.

Os valores da última coluna da tabela foram obtidos pela diferença entre os valores da coluna de despesa com o IR e os valores da coluna de IR a Pagar. Visto que a soma dos valores dessa coluna é igual a ZERO, comprovamos que "ficou zero a zero", ou seja, nem o FISCO recebeu IR a mais e nem a empresa pagou IR a menos. Em outras palavras, o benefício fiscal não está na redução do IR total a pagar ao longo do tempo e sim na distribuição do pagamento, isto é, nos primeiros períodos a empresa paga menos IR do que deveria. Após isso, nos últimos períodos, paga mais IR do que deveria, de forma que a diferença total entre o que deixou de pagar nos primeiros períodos e o que pagou a mais nos últimos períodos seja sempre ZERO. Também podemos confirmar este fato, observando que o total da despesa com IR nos 20 trimestres é igual ao total do IR a Pagar no mesmo período, isto é, R$ 3.600,00.

A seguir, iremos contabilizar nos razonetes o IR a Pagar (Passivo Circulante – PC), o IR (despesa) e IR Diferido (Passivo Não Circulante – PNC), sendo este último o que podemos chamar de "passivo fiscal diferido":

Final do 1º Trimestre de X1:

IR (despesa)		IR a Pagar (PC)		IR Diferido (PNC)	
(1) 180			78,75 (1)		101,25 (1)

Final do 2º Trimestre de X1:

IR (despesa)		IR a Pagar (PC)		IR Diferido (PNC)	
180			78,75 (2)		101,25
(2) 180					101,25 (2)
360					202,50

Final do 3º Trimestre de X1:

IR (despesa)		IR a Pagar (PC)		IR Diferido (PNC)	
180			78,75 (3)		101,25
180					101,25
(3) 180					101,25 (3)
540					303,75

Final do 4º Trimestre de X1 (data do encerramento do exercício de X1):

IR (despesa)		IR a Pagar (PC)		IR Diferido (PNC)	
180			78,75 (4)		101,25
180					101,25
180					101,25
(4) 180					101,25 (4)
720					405

Desta forma, no balanço de encerramento do exercício social de X1, teremos no passivo circulante IR a Pagar com saldo de R$ 78,75, visto que o IR referente aos três primeiros trimestres já foram pagos em X1, restando apenas o IR a pagar referente ao 4º trimestre de X1, o qual será pago até o último dia útil de janeiro de X2 (o IR trimestral é sempre pago até o último dia útil do mês seguinte ao trimestre). No passivo não circulante, teremos o IR Diferido com saldo de R$ 405,00. Na Apuração do Resultado de X1, teremos o Despesa com o IR com saldo de R$ 720,00, valor este que será "zerado", tendo em vista o encerramento desta conta ao fim desse exercício social.

No exercício social de X2, teremos as seguintes contabilizações, partindo dos saldos anteriores:

Final do 1º Trimestre de X2:

IR (despesa)		IR a Pagar (PC)		IR Diferido (PNC)	
(5) 180			78,75 (5)		405
					101,25 (5)
				---	---
					506,25

Final do 2º Trimestre de X2:

IR (despesa)		IR a Pagar (PC)		IR Diferido (PNC)	
180			78,75 (6)		405
(6) 180					101,25
---	---				101,25 (6)
360				---	---
					607,50

Final do 3º Trimestre de X2:

IR (despesa)		IR a Pagar (PC)		IR Diferido (PNC)	
180			78,75 (7)		405
180					101,25
(7) 180					101,25
---	---				
540					101,25 (7)
				---	---
					708,75

Final do 4º Trimestre de X2 (data do encerramento do exercício de X2):

IR (despesa)	
180	
180	
180	
(8) 180	
720	

IR a Pagar (PC)	
	78,75 (8)
	202,50 (9)
	281

IR Diferido (PNC)	
	405
	101,25
	101,25
	101,25
	101,25 (8)
(9) 202,50	810
	607,50

Nota: *O lançamento (9) foi feito, tendo em vista que, a partir do ano de X3, a empresa começará a pagar o IR Diferido acumulado até o final de X2, ou seja, o valor acumulado de 8 cotas de R$ 101,25, totalizando R$ 810,00, será distribuído a partir do 1º trimestre de X3 em 12 cotas fixas trimestrais de R$ 67,50, devendo haver a transferência do valor de três dessas cotas (R$ 67,50 × 3 = R$ 202,50) para o passivo circulante.*

No balanço de encerramento do exercício social de X2, teremos no passivo circulante IR a Pagar com saldo de R$ 281,00, visto que o IR referente aos três primeiros trimestres já foram pagos em X2, restando apenas o IR a pagar referente ao 4º trimestre de X2 e as três cotas trimestrais do IR diferido de R$ 67,50 cada, ficando a conta IR Diferido (Passivo Não Circulante) com saldo de R$ 607,50, valor este que será pago somente após o exercício de X3.

No exercício social de X3, teremos as seguintes contabilizações, partindo dos saldos anteriores:

Final do 1º Trimestre de X3:

IR (despesa)	
(10) 180	

IR a Pagar (PC)	
	202,50
	180 (10)
	382,50

IR Diferido (PNC)	
	607,50

Nota: *A conta IR a Pagar ao fim do 1º trimestre de X3 estava com saldo inicial de R$ 202,50 e não de R$ 281,00, visto que em janeiro desse ano a empresa pagou os R$ 78,50 referentes ao 4º trimestre do exercício de X2. O saldo da conta IR Diferido (R$ 607,50) não sofrerá alteração em X3, pois indica o valor a pagar IR somente a partir do exercício de X4.*

Final do 2º Trimestre de X3:

IR (despesa)		IR a Pagar (PC)		IR Diferido (PNC)	
180			135		607,50
(11) 180			180 (11)		
360			315		

Nota: *A conta IR a pagar ficou ao fim do 2º trimestre de X3 com saldo de R$ 315,00, visto que em abril desse ano (mês subsequente ao 1º trimestre) a empresa pagou R$ 247,50, que é a soma da despesa de IR (R$ 180,00) com R$ 67,50.*

Final do 3º Trimestre de X3:

IR (despesa)		IR a Pagar (PC)		IR Diferido (PNC)	
180			67,50		607,50
180			180 (12)		
(12) 180			247,50		
540					

Nota: *A conta IR a Pagar ficou com saldo de R$ 247,50 ao fim do 3º trimestre de X3, pois no mês subsequente ao 2º trimestre (julho) a empresa pagou R$ 247,50 de IR, de forma que em julho ficasse com saldo de R$ 67,50, que, somados aos R$ 180,00 de despesa de IR do 3º trimestre, dará um saldo ao fim do 3º trimestre de R$ 247,50.*

Final do 4º Trimestre de X3:

IR (despesa)		IR a Pagar (PC)		IR Diferido (PNC)	
180			180 (13)	(14) 270	607,50
180			270 (14)		337,50
180			450		
(13) 180					

Nota: *O lançamento (14) no valor de R$ 270,00 representa as 4 cotas adicionais de R$ 67,50 (última coluna da tabela), as quais são referentes à diferença a maior do IR trimestral a pagar de X4 (R$ 247,50) em relação à despesa trimestral desse imposto referente ao mesmo período (R$ 180,00). O saldo da conta IR Diferido no valor de R$ 337,50 ficará inalterado ao longo de X4, visto que só começará a ser pago depois desse ano (a partir de X5), devendo assim ser classificado no passivo não circulante do balanço de 31/12/X3.*

No exercício social de X4, teremos as seguintes contabilizações, partindo dos saldos anteriores:

Final do 1º Trimestre de X4:

IR (despesa) – Débito	IR (despesa) – Crédito	IR a Pagar (PC) – Débito	IR a Pagar (PC) – Crédito	IR Diferido (PNC) – Débito	IR Diferido (PNC) – Crédito
(15) 180			202,50		337,50
			180 (12)		
			382,50		

Nota: *O saldo inicial ao fim do 1º trimestre de X4 era R$ 202,50, pois em janeiro desse ano a empresa pagou R$ 247,50 (R$ 450,00 – R$ 247,50 = R$ 202,50).*

Final do 2º Trimestre de X4:

IR (despesa) – Débito	IR (despesa) – Crédito	IR a Pagar (PC) – Débito	IR a Pagar (PC) – Crédito	IR Diferido (PNC) – Débito	IR Diferido (PNC) – Crédito
180			135		337,50
(16) 180			180 (16)		
360			315		

Final do 3º Trimestre de X4:

IR (despesa) – Débito	IR (despesa) – Crédito	IR a Pagar (PC) – Débito	IR a Pagar (PC) – Crédito	IR Diferido (PNC) – Débito	IR Diferido (PNC) – Crédito
180			67,50		337,50
180			180 (17)		
(17) 180			247,50		
540					

Final do 4º Trimestre de X4:

IR (despesa) – Débito	IR (despesa) – Crédito	IR a Pagar (PC) – Débito	IR a Pagar (PC) – Crédito	IR Diferido (PNC) – Débito	IR Diferido (PNC) – Crédito
180			180 (18)	(19) 270	337,50
180			270 (19)		67,50
180			450		
(18) 180					
720					

Nota: *O lançamento (19) no valor de R$ 270,00 representa as 4 cotas adicionais de R$ 67,50 (última coluna da tabela), as quais são referentes à diferença a maior do IR trimestral a pagar de X5 (R$ 247,50) em relação à despesa trimestral desse imposto referente ao mesmo período (R$ 180,00). O saldo da conta IR Diferido no valor de R$ 67,50 ficará inalterado ao longo de X5, visto que só será pago depois desse ano (janeiro de X6), devendo assim ser classificado no passivo não circulante do balanço de 31/12/X4.*

No exercício social de X5, teremos as seguintes contabilizações, partindo dos saldos anteriores:

Final do 1º Trimestre de X5:

IR (despesa) – D	IR (despesa) – C	IR a Pagar (PC) – D	IR a Pagar (PC) – C	IR Diferido (PNC) – D	IR Diferido (PNC) – C
(20) 180			202,50		67,50
			180 (15)		
			382,50		

Final do 2º Trimestre de X5:

IR (despesa) – D	IR (despesa) – C	IR a Pagar (PC) – D	IR a Pagar (PC) – C	IR Diferido (PNC) – D	IR Diferido (PNC) – C
180			135		67,50
(21) 180			180 (21)		
360			315		

Final do 3º Trimestre de X5:

IR (despesa) – D	IR (despesa) – C	IR a Pagar (PC) – D	IR a Pagar (PC) – C	IR Diferido (PNC) – D	IR Diferido (PNC) – C
180			67,50		67,50
180			180 (22)		
(22) 180			247,50		
540					

Final do 4º Trimestre de X5:

IR (despesa) – D	IR (despesa) – C	IR a Pagar (PC) – D	IR a Pagar (PC) – C	IR Diferido (PNC) – D	IR Diferido (PNC) – C
180			180 (23)	(24) 67,50	67,50
180			67,50 (24)		ZERO
180			247,50		
(23) 180					
720					

Comentário final: O diferimento da CSLL (Contribuição Social sobre o Lucro Líquido) segue o mesmo raciocínio do IR diferido. No entanto, deve-se atentar que nem todas as formas de diferimento do IR são aplicáveis à referida contribuição. A legislação pertinente é que irá determinar os casos de diferimento comuns a esses dois tributos. Atualmente, a regulamentação mais recente que trata dos casos de diferimento do IR e da CSLL, em função da depreciação acelerada incentivada, é a Lei nº 11.196/2005, nos seus artigos 17 e 26.

1.11. Depreciação de Bens Adquiridos Usados

Neste caso, o prazo de depreciação será o maior dentre os seguintes:

a) metade do prazo de vida útil do bem quando adquirido novo;

b) restante do prazo de vida útil do bem, considerado este em relação à primeira instalação ou utilização desse bem.

Exemplo: Um equipamento foi adquirido pela Cia. M, quando novo, em 21/03/X1, sendo o tempo de vida útil estimado em quatro anos. Dessa forma, em fevereiro de X5, estará 100% depreciado. No entanto, tal bem foi vendido para a Cia. P, em 04/11/X3. Assim, para a Cia. P:

Metade do tempo de vida útil = 2 anos

Tempo de vida útil restante = 2 + 12 + 2 = 1 ano e 4 meses

Logo, prevalecerá o tempo de 2 anos → Taxa de depreciação $= \frac{100\%}{2} = 50\%$ aa

1.12. Depreciação de Edificações

As seguintes normas devem ser observadas, com relação à depreciação de edifícios e construções:

a) a depreciação deve ser registrada a partir da conclusão da obra e do início da utilização do bem;

b) o valor das edificações deve estar destacado do valor do custo de aquisição do terreno, admitindo-se o destaque baseado em laudo pericial.

Observações:

1) Não é admitida a depreciação relativa a:

   a) terrenos, salvo em relação aos melhoramentos ou construções;

   b) prédios ou construções não alugados nem utilizados pelo proprietário na produção dos seus rendimentos ou que sejam destinados à revenda;

   c) bens que normalmente aumentam de valor com o tempo, como as obras de arte e as antiguidades;

   d) bens para os quais haja registro de exaustão.

2) Apesar da Lei nº 6.404/1976 referenciar a depreciação apenas no ativo imobilizado, é admitida também a depreciação no ativo investimentos, como é o caso dos imóveis alugados.

EXERCÍCIO RESOLVIDO 2: (Técnico da Receita Federal/Esaf) Determinada empresa adquiriu uma máquina em janeiro de 1988, colocando-a em funcionamento no mesmo mês. Sabendo-se que:

- a taxa de depreciação adotada foi de 20% ao ano;
- o valor de aquisição da máquina foi de $ 220.000;
- a depreciação é contabilizada ao final de cada mês;
- a máquina foi vendida por $ 200.000, em julho de 1991;
- não foram considerados os efeitos da correção monetária, pode-se afirmar que o valor residual da máquina, em 31/12/1990, era de:

a) $ 220.000;
b) $ 134.000;
c) $ 112.000;
d) $ 88.000;
e) $ 80.000.

(SOLUÇÃO)
Período de depreciação: janeiro de 88 a dezembro de 90 = 3 anos
Depreciação acumulada = $ 220.000 × 20% × 3 = 132.000

Valor residual = Valor de aquisição – Depreciação acumulada
Valor residual = $ 220.000 – $ 132.000 = $ 88.000 ***(Opção d)***

EXERCÍCIO RESOLVIDO 3: (Auditor da Receita Federal/Esaf) O Balancete Final, em 31/12/1988, da Indústria de Tecidos Estrela do Sul S/A apresentou, entre outros, os seguintes saldos:

Contas	Saldo ($)
Tear Howa	87.000
Depreciação acumulada do Tear Howa	50.025

Considerando que, desde o mês da sua entrada em funcionamento, o referido tear só foi utilizado em 1 (um) turno diário de 8 (oito) horas e que na contabilidade os encargos de depreciação pertinentes sempre foram registrados pela taxa anual de 10%, o período restante de depreciação, se mantidas a mesma taxa e a continuidade na contabilização dos encargos, era, naquela data, de:

a) 4 anos e 9 meses;
b) 4 anos e 3 meses;
c) 4 anos e 1 mês;
d) 5 anos e 3 meses;
e) 575 dias.

(SOLUÇÃO)

Tempo total de depreciação = 100% ÷ 10% = 10 anos

Falta depreciar ainda $ 87.000 – $ 50.025 = $ 36.975

Pelo método linear, a depreciação acumulada é diretamente proporcional ao tempo. Assim, podemos armar a seguinte proporção:

$$\frac{\text{Depreciação restante}}{\text{Tempo restante}} = \frac{\text{Depreciação total}}{\text{Tempo total}}$$

$$\frac{36.975}{T} = \frac{87.000}{10} \rightarrow T = 4{,}25 \text{ anos} = 4 \text{ anos e } 3 \text{ meses}$$ ***(Opção b)***

EXERCÍCIO RESOLVIDO 4: (FTE – Fiscal de Tributos Estaduais/UFSC) A Cia. Atenciosa Presta Serviços situa-se em um país onde não há qualquer tipo de tributação e encerra seus exercícios sociais a cada 31 de dezembro. Em suas atividades, a Cia. Atenciosa se vale de ***ajustões*** – um específico tipo de aparelho – e os registra na conta "*Ajustões*" no Ativo Imobilizado. Os ***ajustões*** são os únicos ativos da Cia. Atenciosa que sofrem depreciação, sendo, para tal, utilizada a taxa de 12,5% ao ano. Para fins desta Questão, não há fracionamento menor do que um mês para fins de depreciação. A despesa com depreciação é mensalmente registrada, desde o mês em que ativados os ***ajustões*** e até (inclusive) o mês em que baixados.

Sabe-se que é de $ 117,00 o saldo da conta "Despesa com Depreciação" **imediatamente antes** dos lançamentos de apuração do resultado do exercício social de 1997. Tal valor é o total de "despesas com depreciação" incorridas em 1997 e decorrentes dos únicos ***ajustões*** que ela adquiriu até 31/12/1997 e dos quais ainda é proprietária em tal data. Em 31/12/1997, estes ***ajustões*** estão 9,375% depreciados.

Em 1º de março de 1998, a Cia. Atenciosa comprou à vista ***três novos ajustões*** (mas iguais entre si). Além desta compra, nenhuma outra ocorre durante 1998 e, tampouco, qualquer baixa acontece em 1998. Sabe-se que o saldo de 30 de abril de 1998 da conta "*Depreciação Acumulada*" é de $ 199,00.

Os três novos ***ajustões*** adquiridos pela Cia. Atenciosa em 1º de março de 1998 lhe custaram:

a) $ 1.440,00;

b) $ 82,00;

c) $ 960,00;

d) $ 480,00;

e) $ 2.880,00.

(SOLUÇÃO)

Em primeiro lugar, iremos calcular o valor dos "antigos ajustões" dividindo o valor da depreciação acumulada pelo correspondente percentual:

Ajustões = $ 117 ÷ 9,375% = $ 1.248

Em segundo lugar, iremos calcular a depreciação de 1998:

Depreciação (1998) = Dep. Acum. (abril de 1998) – Dep. Acum. (dez de 1997)

Depreciação (1998) = $ 199 – $ 117 = $ 82

Em terceiro lugar, devemos observar que os $ 82 correspondem à depreciação de quatro meses dos antigos ajustões mais a depreciação de dois meses dos novos ajustões:

- *Taxa mensal de depreciação dos ajustões* $= \frac{12{,}5\%}{12}$
- *Depreciação (4 meses, antigos ajustões)* $= \frac{12{,}5\%}{12} \times 4 \times \$\ 1.248 = \$\ 52$
- *Depreciação (2 meses, novos ajustões)* $= \frac{12{,}5\%}{12} \times 2 \times \mathbf{V} = \frac{0{,}25\ \mathbf{V}}{12}$

*(**V** → Valor dos ajustões)*

Assim: $\frac{0{,}25V}{12} + 52 = 82 \rightarrow V = \$\ 1.440$ ***(Opção a)***

EXERCÍCIO RESOLVIDO 5: (Analista de Finanças e Controle/Esaf - Adaptada) Baixa, por venda, de bem do ativo imobilizado

– Bem: caminhão ALFA 2000

– Data da venda: 17/05/X0

– Condição de venda: a prazo (30 dias)

– Valores corrigidos até a data da venda:

	$
■ do bem	640.000
■ da depreciação acumulada do bem	448.000
– Valor de venda	400.000
– Tributos incidentes sobre a venda	48.000
– Juros pagos pelo adquirente por atraso na liquidação do seu débito	3.000

O Resultado, apurado com base nos elementos fornecidos, importou em:

a) ganho de $ 163.000;
b) perda de $ 736.000;
c) ganho de $ 160.000;
d) perda de $ 640.000;
e) ganho de $ 208.000.

(SOLUÇÃO)

Valor contábil do bem = Custo de aquisição corrigido – Dep. acum. corrigida

Valor contábil do bem = $ 640.000 – $ 448.000 = $ 192.000

Resultado = Valor de venda – Tributos s/Venda – Valor contábil do bem

Resultado = $ 400.000 – $ 48.000 – $ 192.000 = $ 160.000 ***(Opção c)***

EXERCÍCIO RESOLVIDO 6: (Petrobras – Contador/Cesgranrio) A Cia. Industrial apresentou o seguinte controle individual de seu Imobilizado, em 31/12/1996, devidamente conciliado com o saldo das respectivas contas do Balanço, elaborado na mesma data:

Bens	Custo Original Corrigido	Depreciação Acumulada
Máquina Um	45.880,00	36.704,00
Máquina Dois	62.400,00	54.080,00

Por necessidade imperiosa da produção, as máquinas foram utilizadas em três turnos de oito horas, ao longo de todo o ano de 1997. A empresa adota o método das quotas constantes de depreciação. A vida útil das máquinas é de dez anos. No balanço de 31/12/1997, o valor da depreciação de tais máquinas, a ser contabilizado pela empresa, em reais, será:

a) 21.656,00;
b) 17.496,00;
c) 16.242,00;
d) 15.872,00;
e) 10.828,00.

(SOLUÇÃO)

(2 → coeficiente fiscal para 3 turnos de 8h)

Em 1997 → Taxa de depreciação = 2 × 10% = 20%

Valor Total dos Bens = 45.880 + 62.400 = 108.280

Depreciação Acumulada Total dos Bens = 36.704 + 54.080 = 90.784

Valor Contábil dos Bens = 108.280 – 90.784 = 17.496

Depreciação (1997) = 20% × 108.280 = 21.656

Observemos que a depreciação de 1997 é maior que o valor contábil dos bens, isto é, 21.656 > 17.496. Como o máximo que se pode depreciar é 100% do valor dos bens, então a depreciação de 1997 não pode ser de 21.656. Esta será igual ao valor contábil dos bens, ou seja, $ 17.496, ficando tais bens 100% depreciados. ***(Opção b)***

EXERCÍCIO RESOLVIDO 7: (Auditor da Receita Federal/Esaf) Balancete final de 31/12/X2 da empresa VECTOR S/A

Valor corrigido da conta Veículos	$ 10.000
Valor corrigido da conta Depreciação Acumulada de Veículos	$ 8.000

Balancete final de 31/12/X3 da empresa VECTOR S/A

Valor corrigido da conta Veículos	$ 50.000
Valor corrigido da conta Depreciação Acumulada de Veículos	$?

Outros Dados:
– Taxa de Depreciação Anual Utilizada: 20%
– Não houve aquisição ou baixas de veículos no ano-base de X3.
– Na correção monetária foi utilizado o índice oficial de desvalorização da moeda nacional.

O valor corrigido da conta Depreciação Acumulada de Veículos no Balancete Final de 31/12/X3, após os registros contábeis do encargo de depreciação e da correção monetária do balanço concernentes, importou em:

a) $ 50.000;
b) $ 45.000;
c) $ 42.000;
d) $ 40.000;
e) $ 10.000.

(SOLUÇÃO)

Índice de correção monetária = $ 50.000 ÷ $ 10.000 = 5

Percentual de depreciação acumulada = $ 8.000 ÷ $ 10.000 = 0,8 = 80%

Como a depreciação anual é de 20% e a depreciação acumulada anterior é de 80%, a depreciação acumulada atual é de 80% + 20%, isto é, 100%. Logo:

Depreciação Acumulada (19X3) = 100% de $ 50.000 = $ 50.000 ***(Opção a)***

EXERCÍCIO RESOLVIDO 8: (Auditor da Receita Federal/Esaf) Um bem depreciável, com vida útil de 20 anos, foi comprado por nossa firma em 01/04/20X1, mas só foi instalado para uso em primeiro de julho. O valor total da aquisição foi R$ 20.000,00 e deverá ser depreciado com um valor residual de 10%, em contabilização anual.

Se a empresa adotar o método de depreciação conhecido como método linear, no balanço patrimonial de 20X3, este bem já terá sido depreciado em:

a) 15,00%;

b) 22,50%;

c) 11,25%;

d) 12,50%;

e) 23,75%.

(SOLUÇÃO)

A depreciação deve ser contada a partir do início da utilização do bem, isto é, a partir de primeiro de julho de X1. Desta forma, até 31/12/20X3, o tempo decorrido será de 2,5 anos. Sendo o valor residual em 20 anos de 10%, significa que, decorrido esse tempo, o bem estará depreciado em 90%. Logo, em 2,5 anos, o bem já terá sido depreciado 2,5 ÷ 20 × 90%, isto é, 11,25%. ***(Opção c)***

Obs.: *Na prova original, esta questão foi anulada, pois não havia nenhuma opção com 11,25%.*

EXERCÍCIO RESOLVIDO 9: (Auditor/TCE-ES-2001/Esaf) Certa empresa adquiriu uma máquina industrial por R$ 4.000,00, financiada em 60 meses e depreciável em cinco anos, com valor residual atribuído em R$ 1.000,00. Após três anos completos de uso, a máquina foi vendida por R$ 2.200,00 à vista.

Sabendo-se que a depreciação dessa máquina era feita pelo método de Cole, em forma decrescente, sem a imputação de nenhuma correção monetária, ao examinarmos o assunto chegaremos à conclusão de que:

a) o encargo de depreciação no segundo exercício foi de R$ 800,00;

b) a depreciação acumulada ao fim do segundo exercício foi de R$ 1.200,00;

c) a depreciação acumulada ao fim do terceiro exercício foi de R$ 1.800,00;

d) o valor contábil da máquina por ocasião da venda era de R$ 2.200,00;

e) a operação de venda da máquina rendeu um lucro de R$ 1.200,00.

(SOLUÇÃO)

O método de Cole, em forma decrescente, é o método da soma dos dígitos. Assim:

Soma dos dígitos = 1 + 2 + 3 + 4 + 5 = 15

- -

Valor depreciável = custo de aquisição – valor residual = 4.000 – 1.000 = 3.000

- -

Engargos de depreciação:

1º ano →	*5/15 × 3.000 = 1.000*		
2º ano →	*4/15 × 3.000 = 800*	→	***(Opção a)***
3º ano →	*3/15 × 3.000 = 600*		
4º ano →	*2/15 × 3.000 = 400*		
5º ano →	*1/15 × 3.000 = 200*		

Analisando as outras opções:

b) Depreciação acumulada (2º ano) = 1.000 + 800 = 1.800

c) Depreciação acumulada (3ºano) = 1.800 + 600 = 2.400

d) Valor contábil da máquina = Custo – Dep. Acum.= 4.000 – 2.400 = 1.600

e) Lucro = Preço de venda – Valor contábil = 2.200 – 1.600 = 600

EXERCÍCIO RESOLVIDO 10: (Bacen – Analista Geral/Esaf) A empresa industrial Aços & Móveis adquiriu uma máquina por R$ 12.000,00 instalando-a para funcionar a partir de 1º/8/1998. Tal máquina tem vida útil prevista para produzir 240.000 peças. A capacidade produtiva da empresa Aços & Móveis é de 30.000 peças anuais.

Tendo funcionado estritamente dentro do planejado nos anos de 1998, 1999 e 2000, e contabilizando o coeficiente 1,2 de depreciação acelerada no ano de 1999, podemos dizer que:

a) a depreciação acumulada até o final de 1999 foi de R$ 2.425,00;

b) a depreciação acumulada no balanço de 2000 foi de R$ 3.300,00;

c) o encargo de depreciação em 1999 foi de R$ 1.500,00;

d) para vender essa máquina em 30 de junho de 2001, ganhando R$ 1.000,00, o preço deveria ser de R$ 6.900,00;

e) o valor depreciável da máquina em 31/12/2001 será de R$ 6.900,00.

(SOLUÇÃO)

$$\text{Taxa anual de depreciação} = \frac{30.000}{240.000} \times 100\% = 12{,}5\%$$

---

a) Depreciação acumulada até o final de 1999:

1998 (5 meses) → Depreciação = (12,5% ÷ 12) × 5 × R$ 12.000 = R$ 625

1999(12 meses) → Depreciação = 12,5 × R$ 12.000 × ***1,2*** *= R$ 1.800*

Depreciação acumulada = R$ 625 + R$ 1.800 = R$ 2.425 ***(Opção a)***

ANALISANDO AS OUTRAS OPÇÕES:

b) Depreciação ac. (ano 2000) = R$ 2.425 + 12,5% × R$ 12.000 = R$ 3.925

---

c) Encargos de depreciação (1999) = 12,5 × R$ 12.000 × ***1,2*** *= R$ 1.800*

---

d) Depreciação acumulada (até 30 de junho de 2001) = R$ 3.925 + (12,5% ÷ 2) × R$ 12.000 = R$ 4.675

Valor contábil da máquina (em 30 de junho de 2001) = R$ 12.000 – R$ 4.675 = R$ 7.325

Lucro na venda = Preço de venda – valor contábil

R$ 1.000 = Preço de venda – R$ 7.325 → Preço de venda = R$ 8.325

---

e) Valor depreciável = Valor contábil = Custo de aquisição – Depreciação acumulada

Depreciação acumulada (31/12/2001) = R$ 3.925 + 12,5% × 12.000 = R$ 5.425

Valor depreciável = R$ 12.000 – R$ 5.425 = R$ 6.575

EXERCÍCIO RESOLVIDO 11: (Agente Tributário Estadual – MS/Esaf) A empresa Alfa encerra seu balanço em 31 de dezembro de cada ano. No dia 10 de janeiro de 2001, adquiriu da empresa Beta uma máquina industrial usada, cuja vida útil remanescente foi estimada em 5 anos.

Sabe-se que a empresa Beta adquiriu este equipamento para instalação em seu parque industrial em 1º de janeiro de 1998. O valor pelo qual a empresa Alfa adquiriu a máquina foi de R$ 750,00. Seu valor residual é de R$ 50,00.

Com estas considerações, podemos afirmar que o valor da depreciação anual a ser contabilizada em 31 de dezembro de 2001, pelo método de linha reta, será de:

a) R$ 140,00;
b) R$ 150,00;
c) R$ 280,00;
d) R$ 300,00;
e) R$ 700,00.

(SOLUÇÃO)

Pela legislação atual do imposto de renda, o prazo de depreciação de bens adquiridos usados será <u>o maior</u> dentre os seguintes:

I. metade do prazo de vida útil do bem quando adquirido novo;

II. restante do prazo de vida útil do bem, considerado este em relação à primeira instalação ou utilização desse bem. Assim, teremos:

Vida útil total → (jan/98 a dez/00) + 5 anos = 3 anos + 5 anos = 8 anos

Metade da vida útil total = 8 anos ÷ 2 = 4 anos

Assim, entre 4 anos e 5 anos, devemos optar pelo maior, isto é, 5 anos. Logo, a taxa de depreciação anual será de 100% ÷ 5 = 20%.

Por fim, a depreciação em 31/12/2001 será de 20% de (R$ 750,00 – R$ 50,00), ou seja, R$ 140,00. ***(Opção a)***

2. Amortização

2.1. Conceito

Como base no § 2º do art. 183 da Lei nº 6.404/76, podemos inferir que a diminuição do valor dos elementos do ativo imobilizado ou do ativo intangível será registrada periodicamente nas contas de amortização quando corresponder à perda do valor do capital aplicado na aquisição de direitos de propriedade comercial ou industrial (exemplo: patentes – ativo intangível) e quaisquer outros com existência ou exercício de duração limitada (exemplo: concessões obtidas – ativo intangível), ou cujo objeto seja bens de utilização por prazo legal ou contratualmente limitado (exemplo: benfeitorias em imóveis de terceiros – ativo imobilizado).

Obs.: Para a aplicação da amortização, devem ser observadas duas características básicas e cumulativas:

- prazo de duração limitado;
- inexistência de indenização.

Assim, por exemplo, as benfeitorias em imóveis de terceiros somente se sujeitam a amortização, caso sejam atendidas as seguintes condições cumulativas:

- o contrato de locação, arrendamento ou cessão seja celebrado por prazo determinado;
- não haja direito à indenização das benfeitorias edificadas por ocasião do término do prazo contratual estabelecido.

Caso o contrato seja celebrado por tempo indeterminado, serão computados os encargos de depreciação, em vez de encargos de amortização. Caso no contrato haja previsão de indenização das benfeitorias edificadas, não há sentido algum em se falar de amortização ou depreciação.

2.2. Bens Sujeitos a Amortização

– patentes de invenção, fórmulas e processos de fabricação, direitos autorais, licenças, autorizações ou concessões;

– direitos sobre bens que, nos termos da lei ou contrato que regule a concessão de serviço público, devem reverter ao poder concedente, ao fim do prazo da concessão, sem indenização;

– custo de aquisição, prorrogação ou modificação de contratos e direitos de qualquer natureza, inclusive de exploração de fundo de comércio;

– custo das construções ou benfeitorias em bens locados ou arrendados, ou em bens de terceiros, quando não houver direito ao recebimento de seu valor em restituição.

2.3. Taxa de Amortização

A taxa de amortização é função do tempo de utilização do bem, podendo tal tempo ser estabelecido em lei que regule os direitos sobre o bem; ser fixado no contrato de aquisição do bem; ou ser proveniente da natureza do bem de existência limitada.

De forma semelhante às taxas de depreciação, as taxas de amortização também são obtidas pelo método linear (ou método das quotas constantes), isto é, o custo de aquisição do bem amortizável é distribuído, através do seu prazo de duração ou existência, de forma uniforme. Assim, por exemplo, se uma empresa adquirir o direito de explorar, ao longo de 25 anos, uma marca, a taxa anual de amortização será de 100% ÷ 25 = 4%.

2.4. Cálculo

Para o cálculo da quota de amortização, aplica-se a taxa de amortização sobre a base de cálculo, sendo esta o custo de aquisição do bem amortizável, mais posteriores acréscimos. Se a taxa for mensal, a quota de amortização será mensal. Se a taxa de amortização for anual, a quota de amortização será anual. Assim, por exemplo, se uma patente de invenção foi adquirida em 13/10/X0 por $ 48.000, com duração de 10 anos, teremos:

– Taxa anual de amortização = 100% ÷ 10 = 10%

– Quota anual = 10% × $ 48.000 = $ 4.800

– Taxa mensal de amortização = 10% ÷ 12 = 5/6%

– Quota mensal de amortização = 5/6% × $ 48.000 = $ 400

2.5. Contabilização

Ao amortizarmos um bem, debitamos a conta Despesas de Amortização (conta de resultado – despesa) e creditamos a conta Amortização Acumulada (conta patrimonial – retificadora do ativo).

D – Despesas de Amortização

C – Amortização Acumulada

2.6. Amortização de Marcas e Patentes

■ MARCAS – Serão amortizadas por quem adquiriu o direito de uso das mesmas. Para os proprietários, o custo de aquisição das marcas não é amortizável, tendo em vista que os seus registros podem ser prorrogados a cada dez anos.

■ PATENTES DE INVENÇÃO ou FÓRMULAS E PROCESSOS DE FABRICAÇÃO ADQUIRIDOS – Poderão ser amortizados pelos prazos restantes de proteção do direito de privilégio.

A patente de invenção tem proteção pelo prazo de **20 anos**, a contar da data do depósito do pedido de privilégio. Findo este prazo, a criação cairá em domínio público. Assim, suponhamos, por exemplo, que uma empresa adquira uma patente de invenção para a fabricação de um determinado equipamento, quando faltarem quatro anos para cair em domínio público. Desta forma, a taxa anual de amortização será de 25%.

Observações:

1) As matérias referentes à propriedade industrial são reguladas pelo Código de Propriedade Industrial (Lei nº 5.772/1971).

PROPRIEDADE INDUSTRIAL
- Patentes
  - Invenções
  - Modelos de utilidade
  - Modelos industriais
  - Desenhos industriais
- Marcas
- Indicações de procedência
- Expressões ou sinais de propaganda
- Repressão à concorrência desleal

2) Ao passo que o prazo de proteção das patentes de invenção é de 20 anos, às demais criações (modelos de utilidade, modelos industriais e desenhos industriais) é concedido o prazo de proteção de 15 anos, todos eles a contar do depósito do pedido. Decorridos os referidos prazos, a criação cairá em domínio público.

3) Ao INPI (Instituto Nacional da Propriedade Industrial), que é uma autarquia federal, cabe a execução das normas da propriedade industrial, como, por exemplo, o exame e processamento dos pedidos de patentes e registros de marcas.

3. Exaustão

3.1. Conceito

A EXAUSTÃO corresponde à perda de valor, decorrente de sua exploração, de direitos cujo objeto sejam recursos minerais ou florestais, ou bens aplicados nessa exploração.

Observações:

1) As máquinas e os equipamentos de extração mineral ou florestal, opcionalmente, podem ser depreciados, ao invés de serem exauridos.

2) Somente se sujeitam à exaustão as minas que estejam sob regime de concessão. A exploração de recursos minerais sob a forma de arrendamento ou licenciamento não pode ser objeto de exaustão.

3) No caso da exploração de recursos florestais, temos quatro hipóteses:

(1ª HIPÓTESE) – Quando o prazo contratual for inferior ao período previsto para o esgotamento dos recursos florestais, a perda de valor será contabilizada como **amortização**, e não como exaustão, visto que, antes do esgotamento dos recursos, o direito de exploração terá terminado.

(2ª HIPÓTESE) – Quando o esgotamento dos recursos estiver previsto para ocorrer antes do fim do prazo contratual, a perda de valor será contabilizada como **exaustão.**

(3ª HIPÓTESE) – Quando o prazo de exploração dos recursos for indeterminado, a perda de valor será contabilizada como **exaustão**.

(4ª HIPÓTESE) – Os projetos florestais destinados à exploração dos respectivos frutos sujeitam-se à **depreciação**, e não à amortização ou exaustão. Tal depreciação será calculada com base na vida útil estimada dos recursos florestais objeto da exploração.

4) Não se há de confundir a exaustão de recursos florestais com a depreciação de projetos florestais destinados à exploração dos frutos. Ao passo que a exaustão é referente ao corte (exemplo: extração de madeira), a depreciação é relativa à extração de frutos (exemplo: extração de cacau). Assim, suponhamos que uma empresa agropecuária explore o cultivo de café. Considerando um tempo de vida útil de 20 anos para este plantio, a taxa anual de depreciação seria de 5%.

5) Ao passo que os gastos para a obtenção do direito de exploração de minas e jazidas estão sujeitos à exaustão, as despesas com prospecção e cubagem estão sujeitas à amortização.

3.2. Cálculo de Exaustão de Recursos Minerais

São dois os métodos para o cálculo de exaustão de recursos minerais:

(1º Método) Exaustão em função do prazo de concessão.

Exemplo:

Custo da concessão = $ 120.000

Prazo da concessão = 20 anos

Taxa de exaustão anual = 100% ÷ 20 = 5%

Despesa de Exaustão (anual) = 5% × $ 120.000 = $ 6.000

(2º Método) Exaustão em função da relação entre a produção do período e a possança conhecida da mina.

Exemplo:

Custo da concessão = $ 120.000

Possança conhecida = 50.000 m^3

Produção do ano = 2.000 m^3

Taxa de exaustão do ano = 2.000 ÷ 50.000 = 4%

Despesa de exaustão do ano = 4% × $ 120.000 = $ 4.800

Obs.: A escolha do primeiro ou segundo método dependerá da comparação entre o prazo de concessão dos direitos de exploração e o prazo previsto para o efetivo esgotamento dos recursos. Se o prazo da concessão for maior do que o prazo previsto para o esgotamento, deve-se exaurir com base nos recursos efetivamente extraídos (segundo método). No entanto, se o prazo da concessão for menor do que o prazo previsto para o esgotamento, deve-se exaurir em função do prazo da concessão (RIR 1999, art. 330, § 2º). Assim, suponhamos, por exemplo, que uma empresa mineradora tenha adquirido os direitos de exploração de uma mina por R$ 5.000.000,00, por meio de um contrato de 5 anos de vigência. Se, após dois anos de exploração, tiverem sido extraídos 30% da possança da mina, teremos o seguinte:

- Prazo da concessão (= prazo do contrato) = 5 anos
- Prazo previsto para o esgotamento = 2 anos ÷ 30% = 6,67 anos

---

Logo, como o prazo da concessão (5 anos) é menor do que o prazo previsto para esgotamento (6,67 anos), deve-se exaurir a referida mina em função do prazo da concessão, aplicando, no caso, uma taxa de exaustão de 100% ÷ 5 anos, ou seja, 20% ao ano. Desta forma, no exemplo dado, a exaustão acumulada ao fim de 2 anos será de 40% do valor do direito de exploração da mina, isto é, 40% de R$ 5.000.000,00, ou seja, R$ 2.000.000,00. Assim, o referido direito será classificado no ativo não circulante intangível da empresa e avaliado no balanço ao valor contábil de R$ 3.000.000,00.

3.3. Cálculo de Exaustão de Recursos Florestais

Com base no art. 330 do RIR/1999, o critério adotado para a exaustão de recursos florestais não é o mesmo para a exaustão de recursos minerais, pois, mesmo que a perda de valor dos recursos minerais seja em função do prazo contratual, e não no tempo de esgotamento dos recursos, deve ser sempre contabilizada como exaustão. Desta forma, com relação aos recursos florestais, só haverá exaustão quando o esgotamento dos recursos estiver previsto para ocorrer antes do fim do prazo contratual, ou quando o prazo de exploração dos recursos for indeterminado.

Exemplo:

Bem a ser exaurido: Plantação de eucaliptos para utilização numa siderúrgica

Valor de aquisição = $ 360.000

Quantidade total = 300 hectares de floresta com eucaliptos plantados

Extração do ano = 75 hectares de floresta

Taxa de exaustão do ano = 75 ÷ 300 = 25%

Despesa de exaustão do ano = 25% × $ 360.000 = $ 90.000

3.4. Contabilização

Ao exaurirmos do ativo intangível os direitos de exploração de minas, jazidas ou florestas, regra geral, debitamos a conta Despesa de Exaustão, que, apesar da impropriedade da palavra "despesa", não é considerada como tal e sim como custo de extração (obs. 4 do item 2.2.1.3 do Capítulo 3), e creditamos a conta Exaustão Acumulada.

D – Despesa de Exaustão

C – Exaustão Acumula

Em seguida, essa "falsa" despesa integrará o saldo dos minérios extraídos da seguinte forma:

D – Estoque de Minérios

C – Despesa de Exaustão

No entanto, há uma alternativa mais recomendável: Não utilizamos a conta "Despesa de Exaustão" e integramos diretamente o valor da exaustão aos estoques de minérios extraídos, fazendo o seguinte lançamento:

D – Estoque de Minérios

C – Exaustão Acumulada

Assim, por exemplo, suponhamos que uma empresa mineradora adquirisse em 1º de outubro de 2009 uma mina de cobre por R$ 5.000.000,00 e que essa mina tivesse capacidade para produzir 20.000 toneladas desse minério. Supondo que no referido mês a empresa extraísse 500 toneladas de cobre. Supondo também que a exaustão é calculada com base nas toneladas extraídas, ao fim de outubro teríamos o seguinte cálculo e a seguinte contabilização:

Exaustão = (500 ÷ 20.000) × R$ 5.000.000,00 = R$ 125.000,00

D – Estoque de Cobre	125.000,00
C – Exaustão Acumulada	125.000,00

Supondo que nos meses de novembro e dezembro a extração mensal fosse a mesma de outubro, então a exaustão acumulada até o fim do ano seria de R$ 375.000,00 e no balanço patrimonial teríamos:

Ativo Intangível

Direitos de Exploração de Minas	R$ 5.000.000,00
Exaustão Acumulada	(R$ 375.000,00)
	R$ 4.625.000,00

EXERCÍCIO RESOLVIDO 12: (Fiscal de Rendas – SP/Vunesp – Adaptada) A Empresa de Mineração Faca Amarela começou as suas atividades de exploração no começo do Ano 1.

No fim do ano, o seu contador preparou o resumo dos custos de mineração que foi o seguinte:

	$
Mão de obra	2.380.000
Material	245.000
Diversos	539.280

Estes itens não incluem nenhum custo de depreciação, amortização ou exaustão. Os dados referentes ao Ativo Não Circulante usados na mineração do ouro eram os seguintes:

– Custo de aquisição da mina (a capacidade estimada da jazida é de 10 mil toneladas; o valor residual da mina é estimado em $ 420.000)....... $ 2.100.000

– Benfeitorias (vida útil estimada: 15 anos; sem valor residual)....... $ 184.800

– Equipamento (vida útil estimada: seis anos; valor residual é estimado em $ 42.000)....... $ 336.000

Durante o Ano 1 foram extraídas 800 t (8%), das quais 600 t foram vendidas.

A Exaustão, Amortização e Depreciação Acumuladas no final do Ano 1 são, respectivamente, de $:

a) 134.400, 18.480 e 56.000;

b) 134.400, 12.320 e 49.000;

c) 168.000, 14.800 e 62.000;

d) 168.000, 12.320 e 49.000;

e) 154.000, 18.480 e 49.000.

(SOLUÇÃO)

Exaustão = $8\% \times (\$\ 2.100.000 \quad \$\ 420.000) = \$\ 134.400$

Amortização = $\dfrac{100\%}{15} \times \$\ 184.800 = \$\ 12.320$

Depreciação = $\dfrac{100\%}{6} \times (\$\ 336.000 - \$\ 42.000) = \$\ 49.000$ ***(Opção b)***

EXERCÍCIO RESOLVIDO 13: (Cedae – Técnico de Contabilidade/Fesp-RJ) Um computador foi adquirido, em 10 de maio de 1997, por R$ 3.000. A depreciação do bem no ano 2001 foi de:

a) R$ 200,00;

b) R$ 250,00;

c) R$ 400,00;

d) R$ 600,00.

(SOLUÇÃO)

Algumas questões de concursos não informam a taxa de depreciação. No entanto, essas taxas são reguladas pela legislação do IR. Dessa forma, temos três tipos de taxas (máximas):

4% – para imóveis (edificações);

10% – para móveis e utensílios, máquinas e equipamentos, e instalações;

20% – para veículos, computadores, impressoras etc.

Observações:

1) Para o Fisco, nada impede, no entanto, que esses bens mencionados acima sejam depreciados com taxas menores, pois as despesas seriam menores e, consequentemente, o lucro seria maior, ocasionando assim mais imposto de renda a pagar! Evidentemente, o empresariado irá optar pelas taxas máximas, evitando, assim, pagar muito imposto de renda e contribuição social sobre o lucro líquido.

2) O Fisco também admite que as empresas utilizem outras taxas, desde que haja laudo pericial do Instituto Nacional de Tecnologia ou de outra entidade oficial de pesquisa científica ou tecnológica (RIR/1999, art. 310, § 2º).

Assim, nessa questão, teremos:

Depreciação (2001) = 20% × R$ 3.000 = R$ 600 ***(Opção d)***

EXERCÍCIO RESOLVIDO 14: Em maio de 20X1, uma empresa adquiriu um prédio comercial por R$ 10.000.000,00. Esse imóvel tem uma edificação equivalente a 30% do seu valor, com vida útil estimada em 25 anos. Dessa forma, o valor contábil desse bem em outubro de 20X4 é de:

a) R$ 8.600.000,00
b) R$ 9.020.000,00
c) R$ 9.580.000,00
d) R$ 8.420.000,00
e) R$ 7.500.000,00

(SOLUÇÃO)

Maio de 20X1 a outubro de 20X4 = 42 meses

Taxa de depreciação = 100% ÷ 25 = 4% ao ano

Taxa de depreciação acumulada $= \frac{4\%}{12} \times 42 = 14\%$

- -

Valor contábil (imóvel):

Edificação = 30% × 10.000.000,00 - 14% × 30% × 10.000.000,00	*2.580.000,00*
Terreno = 70% × 10.000.000,00	*7.000.000,00*
Total	*9.580.000,00*

Obs.: *Só a edificação sofre depreciação. Terreno não sofre.*

(Opção c)

EXERCÍCIO RESOLVIDO 15: Em outubro de 20X1, a comercial LUAR S/A efetuou reformas num imóvel alugado da Cia. SOLAR desembolsando o total de R$ 40.800,00. O contrato de aluguel é de 5 anos e teve início em janeiro de 20X1. Desta forma, no balanço de 31/12/20X1, o valor da Amortização Acumulada de Benfeitorias em Imóveis de Terceiros irá constar no ativo imobilizado com valor de:

a) R$ 2.300,00;
b) R$ 2.400,00;
c) R$ 2.040,00;
d) R$ 2.160,00;
e) R$ 8.160,00.

(SOLUÇÃO)

De janeiro a setembro de 20X1 transcorreram 9 meses (= 0,75 anos). Logo, o tempo remanescente para o vencimento do contrato do aluguel é de 5 anos menos 0,75 anos, ou seja, 4,25 anos. Dessa forma, teremos neste prazo que amortizar 100% dos gastos com a referida benfeitoria. Logo:

- *Taxa anual de amortização* $= \dfrac{100\ \%}{4{,}25}$ *ao ano*
- *Taxa mensal de amortização* $= \dfrac{100\ \%}{4{,}25} \times \dfrac{1}{12}$
- *Amortização Acum. (out. a dez.)* $= \dfrac{100\ \%}{4{,}25} \times \dfrac{1}{12} \times 3 \times 40.800{,}00 = 2.400{,}00$

(Opção b)

Considerando ainda a questão anterior, pode-se afirmar que o valor contábil das Benfeitorias em Imóveis de Terceiros no balanço de encerramento do exercício de 20X2 é de:

a) R$ 24.480,00;
b) R$ 30.600,00;
c) R$ 32.640.00;
d) R$ 28.800,00;
e) R$ 15.000,00.

(SOLUÇÃO)

Uma forma simples de pensar é a seguinte: Se a despesa de amortização de 3 meses (4ª parte do ano) é de R$ 2.400,00, então a despesa de amortização do ano inteiro é de 4 vezes esse valor, ou seja, R$ 9.600,00. Assim, a amortização acumulada de 5 trimestres (1 trimestre de 20X1 e 4 trimestres de 20X2) é de 5 vezes R$ 2.400,00, isto é, R$ 12.000,00. Desta forma, o valor contábil das referidas benfeitorias no balanço de 31/12/20X2 é de R$ 40.800,00 menos R$ 12.000,00, ou seja, R$ 28.800,00.

(Opção d)

Exercícios de Fixação

1. (Técnico da Receita Federal/ESAF – Adaptada) A depreciação:

a) alcança todos os bens do ativo imobilizado;

b) é calculada em função da vida útil dos bens do imobilizado sujeitos a desgastes pelo uso;

c) registra, como despesa do exercício da aquisição, os gastos com inversões do ativo imobilizado;

d) representa um fundo criado pela empresa para possibilitar a aquisição de um bem de reposição;

e) visa apropriar, como custo do período, a parcela de desvalorização de bens do ativo não circulante.

2. Uma empresa possuía um veículo, utilizado no desempenho de suas atividades, registrado contabilmente por 20.000 (valor de aquisição + correção monetária) e depreciado em 40% do seu valor. Vendeu-o por 15.000, em 31 de outubro de 1995, concedendo prazo ao comprador para pagamento até o final de fevereiro de 1996, com juros de 5% ao mês, recebidos no ato da venda. A empresa encerra seu exercício social em 31 de dezembro de cada ano.

A operação proporcionou à empresa vendedora:

a) redução do ativo imobilizado no valor de 20.000,00;

b) resultado operacional positivo no valor de 6.000,00;

c) aumento do ativo circulante no valor de 6.000,00;

d) aumento da receita financeira do exercício de 1995 no valor de 1.500,00;

e) aumento do patrimônio líquido no valor de 3.000,00.

3. (Furnas – Contador/Cesgranrio) A empresa "ARG" adquiriu equipamentos, em 31/12/1994, no montante de R$ 5.000.000,00. A política da empresa é depreciar a partir do mês seguinte ao da aquisição. O prazo máximo para a depreciação é de 10 anos.

Considerando essas informações, o valor do montante de DESPESAS DE DEPRECIAÇÃO para 30/6/1995, em reais, é:

a) 208.333,33;

b) 250.000,00;

c) 291.666,67;

d) 301.441,00;

e) 342.441,00.

4. **Em maio de X2, a Industrial SP Ltda. alienou uma máquina de uso por $ 21.000. Nos registros da empresa constavam as seguintes informações:**
Valor de aquisição do bem no balanço de 31/12/X1 = $ 40.000
Taxa de depreciação acumulada até o balanço = 60%
Impostos incidentes sobre a venda = $ 3.000
Taxa anual de depreciação do bem = 15%
O resultado auferido na operação anterior foi de:
a) $ 4.200;
b) $ 4.300;
c) $ 4.400;
d) $ 4.500;
e) $ 4.600.

5. **O Balanço da Indústria Mel S/A, entre outos valores, apresentou os seguintes:**

Compressor	**$ 16.000**	
Depreciação Acumulada	**($ 5.200)**	**$ 10.800**

Considerando que, desde sua entrada em funcionamento, o referido bem só foi utilizado em um turno de 8 h diárias e que a taxa anual de depreciação é de 10%, o tempo restante de depreciação é igual a:
a) 6 anos;
b) 6 anos e 3 meses;
c) 6 anos e 9 meses;
e) 7 anos e 3 meses;
d) 8 anos.

6. **Um bem classificado no Ativo Imobilizado foi adquirido por R$ 6.000 e tem vida útil estimada em cinco anos. A diferença entre o valor da Depreciação Acumulada pelo método da Soma dos Dígitos e pelo método das Quotas Constantes, ao fim de três anos de uso, é igual a:**
a) $ 4.800;
b) $ 3.600;
c) $ 2.400;
d) $ 1.200;
e) $ 900.

7. **(BNDES/Cesgranrio) De acordo com a lei das sociedades anônimas, a diminuição de valor dos elementos do ativo imobilizado, quando corresponder à perda do valor dos direitos que têm por objeto bens físicos sujeitos a desgastes ou perda de utilidade por uso, ação da natureza ou obsolescência, será registrada periodicamente nas contas de:**
a) amortização;
b) exaustão;
c) depreciação;
d) provisão;
e) fundo.

8. **(Técnico da Receita Federal/Esaf) Um veículo adquirido em janeiro de 1989, por $ 250.000, foi vendido em 15 de janeiro de 1992 por $ 140.000.**
Sabendo-se que:
– **a empresa adotava a taxa de depreciação de 20% a.a. sobre o valor de aquisição;**
– **a depreciação era contabilizada ao final de cada mês;**
– **não se devem levar em conta os efeitos da correção monetária.**

Pode-se afirmar que o resultado da operação de venda foi de:
a) prejuízos de $ 10.000;
b) lucro de $ 40.000;
c) prejuízo de $ 40.000;
d) lucro de $ 110.000;
e) prejuízo de $ 110.000.

9. A Cia. de Mineração TATU iniciou suas atividades de exploração em janeiro de X1. Ao longo do exercício de X1, foram apurados os seguintes custos de extração:
– Mão de obra .... $ 648.000
– Materiais Aplicados .... $ 82.000
– Despesas Diversas de Extração.............. $ 150.000
Além dos custos anteriores, os quais não incluem a depreciação, a amortização e a exaustão, foram obtidas as seguintes informações:

MINA
- **Custo de Aquisição = $ 2.400.000**
- **Capacidade da jazida =15 mil t**
- **Valor residual = $ 480.000**

BENFEITORIAS
- **Custo = $ 150.000**
- **Vida útil = 12 anos**

EQUIPAMENTOS
- **Custo Aq.= $ 360.000**
- **Vida útil = 8 anos**
- **Valor residual = $ 72.000**

INFORMAÇÕES ADICIONAIS:
Quantidade de minério extraída em X1 = 1.200 toneladas
Quantidade de minério vendida = 900 toneladas
A empresa extrai um único tipo de minério
Assim, podemos afirmar que no balanço de 31/12/X1 os valores de Amortização Acumulada, Exaustão Acumulada e Depreciação Acumulada foram, respectivamente, em $:

a) 15.600, 122.500 e 36.000;
b) 12.500, 192.000 e 36.000;
c) 12.500, 153.600 e 36.000;
d) 12.500, 153.600 e 45.000;
e) 15.600, 125.600 e 36.000.

10. A Empresa Satélite S/C Ltda., cujo exercício social coincide com o ano calendário, utilizará em suas operações o equipamento XR. No exercício social de 1998, adquire, pela primeira vez, duas unidades do equipamento XR de tal forma que o valor das Despesas de Depreciação dos referidos bens, imediatamente antes do encerramento das contas de resultado, totalizou $ 375, estando tais bens 3,125% depreciados. Em 1º/2/1999, a empresa adquire mais três unidades do referido bem. Sabendo-se que a taxa anual de depreciação é de 12,5% ao ano e que o saldo, em 30 de abril de 1999, da conta Depreciação Acumulada era de $ 1.625, pode-se afirmar que o valor de cada equipamento XR adquirido em 1999 é de:

a) $ 13.000;
b) $ 12.000;
c) $ 11.000;
d) $ 6.000;
e) $ 8.000.

11. (Cedae – Técnico de Contabilidade/Fesp-RJ) A empresa Veloz Ltda., para iniciar suas atividades operacionais, adquiriu, em 1º/4/2000, dois veículos no valor de R$ 12.000,00 cada. O saldo da conta Depreciação Acumulada de Veículos, em 31/12/2000, é de:

a) R$ 1.800,00;
b) R$ 1.999,20;
c) R$ 3.600,00;
d) R$ 3.998,40.

12. (Petrobras – Contador Pleno/Cesgranrio) Uma empresa se utiliza de uma máquina que sofre sérios problemas de corrosão. Por esse motivo, a depreciação da máquina é realizada em função da matéria-prima processada. Ela foi adquirida por R$ 425.000,00 e sua vida útil é limitada ao processamento de 250 mil quilos de matéria-prima. Em determinado exercício, a empresa extraiu 5 mil quilos de matéria-prima, processados pela mesma máquina. Utilizando-se o método de depreciação das unidades produzidas, o valor da depreciação no exercício, em reais, será de:

a) R$ 850,00;
b) R$ 2.125,00;
c) R$ 8.500,00;
d) R$ 17.000,00;
e) R$ 21.250,00.

13. (IRB – Analista/Esaf) Possuindo, há três anos e meio, uma máquina comprada por R$ 120.000,00 e depreciada com base linear em vida útil de 5 anos e valor residual de 20%, a empresa Onetwoelen S/A promoveu sua alienação, a prazo, logrando obter margem bruta de lucro de 25%.
Observando as informações acima, pode-se dizer que a empresa obteve, nesta operação de venda, um lucro no valor de:

a) R$ 17.600,00;
b) R$ 13.200,00;
c) R$ 12.000,00;
d) R$ 9.600,00;
e) R$ 7.200,00.

14. (IRB – Analista/Esaf) A empresa Almeiderson S/A adquiriu por R$ 67.500,00 um equipamento industrial que, em junho de 2002, incorporou a seu Ativo Imobilizado, estimando sua vida útil em dez anos, desde que sobrasse um valor residual de 20% do custo de aquisição.
Se a empresa utiliza o método da linha reta para depreciar tal equipamento, em 31 de dezembro de 2005, ele deverá apresentar valor contábil de:

a) R$ 35.100,00;
b) R$ 43.875,00;
c) R$ 48.600,00;
d) R$ 54.000,00;
e) R$ 67.500,00.

15. (Auditor Fiscal da Receita Estadual – MG/Esaf) A mina Etereal, após a aquisição e instalação, custara R$ 300.000,00 aos cofres da nossa empresa, mas tinha capacidade estimada em 500 mil metros cúbicos de minério e foi instalada com capacidade de exploração em 8 anos, mantendo-se o residual de proteção de 20% da capacidade produtiva. Ao fim do quinto ano de exploração bem-sucedida, a mina foi alienada por R$ 200.000,00, com quitação em 20 duplicatas mensais.

Analisando essas informações, assinale abaixo a única assertiva que não é verdadeira.

a) A exploração anual será de 50 mil m^3 de minério.

b) A taxa de exaustão será de 10% ao custo total por ano.

c) A taxa de exaustão será de 12,5% ao ano.

d) Ao fim do quinto ano, a exaustão acumulada será de 50% do custo da mina.

e) O custo a ser baixado no ato da venda será de R$ 90.000,00.

16. (Auditor Fiscal da Receita Estadual – MG/Esaf) A empresa Paulistinha S/A possuía uma máquina, adquirida por R$ 7.680,00, instalada para utilização em 12 anos. Após nove anos de uso desse equipamento, tendo a depreciação adequada sido oportunamente contabilizada, foi ele vendido, ocasionando perda de R$ 720,00.

Para que as afirmações acima sejam corretas, podemos dizer que o valor obtido na venda foi de:

a) R$ 6.960,00;

b) R$ 5.040,00;

c) R$ 1.920,00;

d) R$ 1.200,00;

e) R$ 48,00.

17. (Analista de Finanças e Controle – STN/Esaf) Em 20 de outubro de 2004, a empresa Milícias S/A mandou contabilizar a baixa por venda de uma máquina de uso, auferindo um lucro da ordem de 20% sobre o preço obtido na alienação.

A referida máquina fora comprada por R$ 150.000,00, em 1º/4/1998, e seu valor tem sido atualizado, trimestralmente, por depreciação feita com base em vida útil estimada de 10 anos e saldo residual de 20% do custo.

A operação, devidamente contabilizada, vai nos mostrar que o preço de venda obtido na alienação foi de:

a) R$ 52.500,00;

b) R$ 63.000,00;

c) R$ 65.625,00;

d) R$ 86.400,00;

e) R$ 90.000,00.

18. (Técnico da Receita Federal/Esaf) Uma máquina de uso próprio, depreciável, adquirida por R$ 15.000,00, em março de 1999, e instalada no mesmo dia, com previsão de vida útil de dez anos e valor residual de 20%, por quanto poderá ser vendida no mês de setembro de 2006, sem causar ganhos nem perdas contábeis?

O referido bem, nas condições acima indicadas e sem considerar implicações de ordem tributária ou fiscal, poderá ser vendido por:

a) R$ 5.900,00;

b) R$ 5.400,00;

c) R$ 3.900,00;

d) R$ 3.625,00;

e) R$ 3.000,00.

19. (BACEN – Técnico/Fundação Cesgranrio) A Cia. Minas Gerais S/A adquiriu uma mina e ferro em 31/03/2008 por R$ 2.000.000,00. A mina tem capacidade estimada para produzir 250.000 toneladas de ferro. A exaustão será calculada com base nas toneladas de ferro extraídas da mina, levando em consideração o custo por tonelada. Entre 01/04/2008 e 31/12/2008, a companhia retirou, em média, 2.000 toneladas por mês. No final do exercício de 2008, encerrado em 31/12, procedeu ao registro contábil da exaustão.

Considerando exclusivamente as informações acima, o registro contábil de diário (sem data e histórico) da apuração da exaustão referente ao exercício de 2008 da Companhia Minas Gerais S/A, em reais, será

a) D: Estoque de ferro
C: Exaustão acumulada 144.000,00

b) D: Custo da mina de ferro
C: Estoque de ferro 192.000,00

c) D: Custo da mina de ferro
C: Despesa de amortização e exaustão 160.000,00

d) D: Exaustão acumulada
C: Estoque de ferro 144.000,00

e) D: Capacidade instalada
C: Exaustão acumulada 192.000,00

20. (Fiscal de ISS-RJ/Esaf) A Cia. das Máquinas faz seus balanços considerando um exercício coincidente com o ano-calendário. Nesse exercício a conta Máquinas e Equipamentos apresenta um saldo devedor de R$ 900.000,00.

A empresa utiliza contabilização mensal para os encargos de depreciação e uma taxa anual de 12% para os cálculos.

Entre os equipamentos, R$ 400.000,00 foram comprados em abril de 2008; R$ 300.000,00 foram comprados em abril de 2009 e o restante, em agosto de 2009.

Ao encerrar o ano de 2009, na Demonstração do Resultado do Exercício, os encargos de depreciação com esse equipamento terão o valor de:

a) R$ 144.000,00;
b) R$ 121.000,00;
c) R$ 108.000,00;
d) R$ 85.000,00;
e) R$ 60.000,00.

Capítulo 9

Operações com Mercadorias

1. Conceitos Básicos

COMPRA: Ato pelo qual uma empresa comercial adquire a propriedade sobre as mercadorias para revenda.

VENDA: Ato pelo qual uma empresa comercial revende suas mercadorias adquiridas de seus fornecedores, havendo assim transferência de propriedade do fornecedor ao cliente.

DEVOLUÇÃO: Ato pelo qual as mercadorias compradas retornam do cliente ao fornecedor, por estarem em desacordo com o pedido. No ato da devolução, é necessário que o cliente faça uma nota fiscal, a fim de acompanhá-las, havendo portanto a incidência do ICMS, caso o comprador seja contribuinte de tal imposto.

ABATIMENTO: Se o cliente estiver insatisfeito com a mercadoria adquirida, por culpa do fornecedor, e não julgar necessário devolvê-la, pode o mesmo entrar em acordo com o fornecedor e exigir um abatimento, a fim de evitar a devolução. Os fatos mais comuns que podem levar ao abatimento são: deteriorização parcial do lote adquirido; perda de qualidade; divergência nas especificações técnicas; e atraso na entrega. Tendo em vista que tal abatimento é **posterior ao ato da venda**, o mesmo não esteve e nem estará em nenhuma nota fiscal e, por conseguinte, não há ICMS no abatimento, visto que a mercadoria não circula. No entanto, no caso do PIS e da Cofins sobre o faturamento, os abatimentos serão subtraídos para o cálculo desses tributos, visto que os tais afetam o valor do faturamento.

DESCONTO INCONDICIONAL (ou COMERCIAL): É aquele dado incondicionalmente pelo fornecedor ao cliente, visto que não depende das condições de pagamento, e sim em função de outros fatores, tais como grande quantidade adquirida, interesse promocional ou cliente preferencial. Tendo em vista que tal desconto é concedido no ato da venda das mercadorias, este aparece na nota fiscal. Assim, por exemplo, se a Empresa X vende para a

Empresa Y mercadorias no valor de R$ 500 com desconto de 10%, o total da nota fiscal será de R$ 450. Para o fornecedor (Empresa X), houve um **Desconto Incondicional Concedido** de R$ 50. Para o cliente (Empresa Y), houve um **Desconto Incondicional Obtido** de R$ 50. Neste caso, o ICMS incidirá sobre os R$ 450 e não sobre os R$ 500, o que, no caso das empresas industriais, não ocorreria com o IPI, pois este incidiria sobre os R$ 500. Tal desconto não deve ser confundido com o DESCONTO CONDICIONAL, isto é, aquele obtido em função do pagamento da duplicata antecipadamente do cliente ao fornecedor. Este último tipo de desconto, para a empresa que o concedeu, é uma *Despesa Financeira*, e, para a empresa que o obteve, é uma *Receita Financeira*, não tendo nada a ver com operações com mercadorias, e sim com operações financeiras.

TRANSFERÊNCIA: É a movimentação de mercadorias entre estabelecimentos componentes da mesma empresa, tais como de filiais para filiais. Visto que na transferência há circulação de mercadorias, deve-se fazer também nota fiscal e, consequentemente, haverá incidência de ICMS.

CONSIGNAÇÃO: É a remessa de mercadorias de propriedade da empresa para terceiros, os quais, de posse das mesmas, se encarregarão da sua venda, ganhando estes comissão. Para a empresa proprietária das mercadorias, tal comissão será uma despesa operacional (despesa comercial) chamada "*Comissões Passivas*". Para a empresa que tem a posse, mas não tem a propriedade, a comissão recebida será uma receita operacional (outras receitas operacionais) chamada "*Comissões Ativas*".

NOTA FISCAL: Sempre que houver circulação de mercadorias, a qualquer título (vendas, devoluções, remessas para consignação, transferências etc.), deve ser emitida a nota fiscal. Também para as empresas prestadoras de serviços, deve ser emitida a nota fiscal de prestação de serviços. No caso das empresas comerciais varejistas, estas, em substituição à nota fiscal, podem emitir o CUPOM FISCAL, através de equipamento adequado, quando a mercadoria for retirada da empresa pelo próprio cliente, como ocorre com farmácias, mercearias, lanchonetes etc. Há vários tipos de notas fiscais. Nas vendas à vista realizadas entre empresas ou entre estas e consumidores finais, no caso em que tais empresas se comprometem a entregar a mercadoria na residência do cliente, é emitida a Nota Fiscal modelo 1 ou 1-A. Em substituição ao Cupom Fiscal, quando se deseja discriminar as mercadorias vendidas, deve ser emitida a Nota Fiscal de Venda ao Consumidor modelo 2.

DUPLICATA: É um título de crédito comercial, usado em vendas a prazo. Recebe este nome ("*dupli*"), não por ser uma segunda via da FATURA, que é o primeiro documento, mas por possuir os mesmos dados principais desta (número de notas fiscais, valores das vendas e vencimentos dos pagamentos). Quem emite a duplicata é o **credor** (vendedor ou fornecedor) e quem aceita a duplicata é o **devedor** (comprador ou cliente).

<u>ACEITE DE DUPLICATA</u>: É o ato pelo qual o cliente **assina** a duplicata, reconhecendo, assim, a autenticidade da dívida. Caso o cliente não concorde com a duplicata, não dará o aceite.

<u>FATURA</u>: Não é um título de crédito, mas é um documento comercial que comprova a(s) venda(s) a prazo efetuada(s) ao mesmo cliente, o qual pode englobar uma ou mais notas fiscais. A FATURA deve ser emitida pelas empresas que realizam venda de mercadorias a prazo não inferior a 30 (trinta) dias. Sua principal finalidade é informar ao cliente a relação das notas fiscais, para que o mesmo confira suas compras a prazo, e a(s) data(s) em que o mesmo deverá efetuar o pagamento parcelado ou em quota única.

<u>NOTA FISCAL FATURA</u>: Pode ser usada quando se deseja evitar o trabalho do faturamento após a emissão das notas fiscais. Tal documento é, ao mesmo tempo, uma nota fiscal e uma fatura.

2. Apuração Extracontábil (Matemática)

Neste item, iremos apurar todos os valores em operações com mercadorias, utilizando apenas <u>fórmulas matemáticas</u>. A apuração contábil será vista no item 3.

2.1. Compras Brutas (CB)

CB = Valor da compra + IPI – ICMS

Existem situações previstas em lei em que uma empresa comercial poderá estar sujeita à incidência **não cumulativa** do PIS/Pasep e da Cofins. Nesse caso, a fórmula anterior passará a ser apresentada da seguinte forma:

CB = Valor da compra + IPI – ICMS – PIS – Cofins

Observações:

1) Atualmente, pela Constituição Federal, o IPI (Imposto sobre Produtos Industrializados) e o ICMS (Imposto sobre a Circulação de Mercadorias e Serviços) são os únicos impostos não cumulativos, isto é, são compensados em cada operação com o montante cobrado nas anteriores. Em outras palavras, as empresas CONTRIBUINTES dos referidos impostos, ou seja, empresas que os cobram quando vendem suas mercadorias (empresas comerciais) ou produtos (empresas industriais), tornando-se, desta forma, devedoras do Estado (no caso do

ICMS) ou da União (no caso do IPI), ao adquirirem mercadorias para revenda (no caso das empresas comerciais) ou matérias-primas para a fabricação de produtos (no caso das empresas industriais), adquirem crédito contra o Estado (no caso do ICMS) ou contra a União (no caso do IPI). Assim, por exemplo, se uma empresa comercial, ao vender mercadorias num determinado mês, cobrasse de seus clientes R$ 4.700 de ICMS (ICMS a Recolher) e, ao comprar mercadorias de seus fornecedores, no mesmo mês, pagasse a estes R$ 3.600 de ICMS (ICMS a Recuperar), teria um débito com o Estado de R$ 1.100 (ICMS a Recolher), devendo este valor ser recolhido no mês subsequente. Caso contrário, se, por exemplo, num determinado mês, a empresa tivesse ICMS a Recolher = R$ 5.800, tendo em vista a venda de mercadorias, e ICMS a Recuperar = R$ 6.200, tendo em vista a compra de mercadorias, não havendo saldo do mês anterior a compensar, teria um saldo de ICMS a Recuperar = R$ 400 (crédito contra o Estado), sendo este compensado com o ICMS a Recolher do mês subsequente.

2) Pela legislação atual, o ICMS é um imposto "por dentro", isto é, já está embutido no valor da operação. Porém, o IPI é um imposto "por fora", ou seja, não está embutido no valor da operação. Assim, por exemplo, se uma empresa comprasse mercadorias para revenda no valor de R$ 1.000 com ICMS de 18% e IPI de 20%, os R$ 180 de ICMS já estariam embutidos nos R$ 1.000. Porém, os R$ 200 de IPI não estariam embutidos nos R$ 1.000. Logo, o total da nota fiscal de compra seria de R$ 1.200. Como a empresa comercial X cobra apenas o ICMS na venda de suas mercadorias, ela é contribuinte do ICMS, mas não é do IPI. Desta forma, só iria recuperar o ICMS (ICMS a Recuperar = R$ 180). O IPI não recuperável se tornaria um custo da mercadoria comprada. Desta forma:

Compras Brutas = R$ 1.000 + R$ 200 – R$ 180 = R$ 1.020

3) Todos os gastos assumidos pela empresa comercial para que as mercadorias adquiridas para revenda cheguem ao seu estabelecimento devem integrar o custo das mercadorias compradas, tais como os fretes, os seguros e as armazenagens. No caso do frete, independentemente do mesmo ser cobrado pelo próprio fornecedor da mercadoria (e incluído ou não na nota fiscal) ou por uma empresa transportadora, sobre ele deverá incidir o ICMS, no caso em que o transporte seja interestadual ou intermunicipal. Se o transporte for dentro do município, incidirá apenas o ISS.

Lei nº 2.657/1996, art. 5º, II: Integra(m) a base de cálculo do ICMS:

a. o seguro, o juro e qualquer importância paga, recebida ou debitada;

b. o frete, quando o transporte for efetuado pelo próprio remetente ou por sua conta e ordem, e seja cobrado em separado.

No caso do IPI, se o frete for efetuado em veículo da própria empresa, sem cobrá-lo do adquirente, ou em veículos de terceiros e cobrado pelo transportador ao adquirente, <u>não háverá incidência deste imposto.</u>

No entanto, se o frete for cobrado ao adquirente pelo vendedor, **há controvérsias** com relação à incidência ou não do IPI.

O CTN, ao tratar do IPI, estabelece que a base de cálculo desse tributo será o valor da operação de que decorrer o valor da saída da mercadoria do estabelecimento.

Desta forma, entendemos que somente os valores gastos durante o processo de fabricação dos produtos, bem como a matéria-prima utilizada, o produto intermediário e o material de embalagem, integrarão a base de cálculo do IPI.

No entanto, surgiu em 1989 a Lei nº 7.798, a qual alterou "indevidamente" a legislação do IPI, estabelecendo, no § 1º do seu art. 15, que ao valor da operação da qual decorrer a saída do produto do estabelecimento será incluído o valor despendido com o frete.

Porém, de forma diferente do ICMS, onde deve haver a incidência desse imposto sobre o frete, tendo em vista que seu fato gerador está diretamente relacionado com a "circulação dos produtos", sabemos que o frete é gasto não incluído na etapa de industrialização dos produtos, visto que, independentemente dele existir, os produtos serão fabricados.

Assim, inferimos que, apesar da referida lei estar em vigor, não goza de legalidade, visto que o CTN, ao tratar do IPI, estabelece que sua base de cálculo é a industrialização dos produtos, e o frete não se insere nessa etapa, e sim na etapa de circulação.

Assim, tendo em vista que a Lei nº 7.798/1989 é uma lei ordinária, concluímos que **não tem força para ampliar a base de cálculo do IPI** com o acréscimo do frete, pois o STJ e a boa doutrina jurídica entendem que a lei ordinária é hierarquicamente inferior ao CTN, por ser este uma lei complementar.

Sendo assim, o contribuinte lesado pela cobrança indevida do IPI sobre o frete poderá pleitear junto à Justiça o ressarcimento dos valores indevidamente pagos.

Por fim, concluímos que "o certo" (há quem não concorde) é **não** incluirmos o frete nacional "de produtos fabricados no Brasil" na base de cálculo do IPI em hipótese alguma. No caso do frete internacional, a fundamentação jurídica já é um pouco diferente, por se tratar de produtos fabricados em outro país. Neste caso, iremos manter a incidência do IPI incidente sobre o frete internacional, conforme veremos no item 5.2, deste capítulo.

Observação: Ao custo final das compras, convencionamos chamar de COMPRAS LÍQUIDAS, as quais veremos com maiores detalhes no item 2.2. Tal custo é aquele que integrará o valor dos estoques de mercadorias. Neste caso, "convencionamos" que os fretes e seguros sejam somados ao valor dessas compras, e não ao valor das compras brutas. No entanto, cabe ressaltar que essas convenções não são relevantes. Foram estabelecidas apenas para facilitar os cálculos e as contabilizações em algumas situações. Na realidade, o que importa realmente é o **custo final** das compras, custo este que convencionamos chamar de compras líquidas. Assim, em muitos casos, não há por que calcularmos o valor das compras brutas para depois calcularmos o valor das compras líquidas. Neste caso, seria mais prático estabelecermos uma **única fórmula** para o cálculo desse custo final dos estoques adquiridos, no caso, as Compras Líquidas (CL):

CL = Valor das compras + Fretes + Seguros + IPI – ICMS – Deduções

Na hipótese de recuperar também o PIS e a Cofins, teríamos a seguinte fórmula:

CL = Valor das compras + Fretes + Seguros + IPI – ICMS – PIS – Cofins – Deduções

Exemplo: A empresa comercial X Ltda., localizada no Rio de Janeiro, adquiriu da empresa industrial Y S.A., localizada em São Paulo, mercadorias para revenda no valor de R$ 10.000,00, com ICMS de 12% e IPI de 10%, conforme nota fiscal nº 123. Além disso, pagou à Transportadora Veloz Ltda., pelo transporte da mercadoria, R$ 400,00 de frete, conforme nota fiscal de serviços de transportes nº 37, e R$ 100,00 de seguro, conforme apólice de seguro nº 561. A X Ltda. recupera também o PIS com alíquota de 1,65% e a Cofins com alíquota de 7,6%. Assim:

Valor da compra = R$ 10.000,00

Frete e seguro (incide apenas o ICMS) = R$ 500,00

Base de cálculo do ICMS = R$ 10.000 + R$ 500 = R$ 10.500

Base de cálculo do IPI = R$ 10.000,00

IPI = 10% de R$ 10.000,00 = R$ 1.000,00

Base de cálculo do PIS e da Cofins (inclui o IPI) = R$ 11.000,00

PIS = 1,65% R$ 11.000 = R$ 181,50

Cofins = 7,6% R$ 11.000,00 = R$ 836,00

ICMS = 12% R$ 10.500,00 = R$ 1.260,00

Total da nota fiscal de compra = R$ 10.000,00 + 10% R$ 10.000,00 = R$ 11.000,00

CL = R$ 10.000 + R$ 400 + R$ 100 + R$ 1.000 – R$ 1.260 – R$ 181,50 – R$ 836

CL = R$ 9.222,50 (= valor que integrará o custo final dos estoques)

Obs. 1: Como podemos observar no exemplo acima, na base de cálculo do PIS e da Cofins foi incluído o IPI. Cabe ressaltar, no entanto, que isso só ocorre se a empresa compradora não for contribuinte do IPI, que é o caso das empresas comerciais. No caso das indústrias, visto que essas são contribuintes do IPI, as referidas contribuições não incidiriam sobre o IPI na compra de matérias-primas para fabricação de produtos.

Obs. 2: Em 15 de março de 2017, o Supremo Tribunal Federal julgou que o ICMS, por não se enquadrar no conceito de faturamento, não deve compor a base de cálculo do PIS e da Cofins. Desse modo, com A decisão do STF, muitas empresas entenderam que já podiam calcular o PIS e a COFINS sem o valor do ICMS. No entanto, a Receita Federal do Brasil, por meio da Solução de Consulta nº 6.012/2017, publicada no Diário Oficial da União no dia 04 de abril de 2017, esclareceu acerca da decisão do Supremo Tribunal Federal que excluiu o ICMS da base de cálculo do PIS e da Cofins.

Para a Receita Federal, em razão da ausência definitiva do mérito, o ICMS devido pela pessoa jurídica na condição de contribuinte do imposto (em virtude de operações ou prestações próprias) compõe o seu faturamento, **não havendo previsão legal que possibilite a sua exclusão da base de cálculo cumulativa das Contribuições para o PIS e a Cofins devidas nas operações realizadas no mercado interno**.

2.1.1. PIS/Pasep Cumulativo e Não Cumulativo

Leis Criadoras

■ PIS (Programa de Integração Social) – Tributo criado pela LC nº 7/1970.

■ Pasep (Programa de Formação do Patrimônio do Servidor Público) – Tributo criado pela LC nº 8/1970.

Tipos de PIS/Pasep, conforme base de cálculo

■ PIS/Pasep Faturamento – Incide sobre a receita bruta de vendas de mercadorias, produtos ou serviços (Lei nº 9.701/1998, Lei nº 9.715/1998 e Lei nº 9.718/1998).

■ PIS/Pasep de Pessoas Jurídicas de Direito Público Interno – Incide sobre o somatório das receitas correntes arrecadadas, das transferências correntes e das transferências de capital recebidas (Lei nº 9.715/1998, art. 2º, III).

■ PIS/Pasep Folha – Incide sobre o valor da folha de salários (MP nº 2.158, art. 13).

■ PIS/Pasep Importação – Incide sobre o valor na operação de importação de bens ou serviços (Lei nº 10.865/2004).

Contribuintes

Com base nas Leis nº 9.430/1996, nº 9.701/1998, nº 9.715/1998, nº 10.637/2002 e nº 10.865/2004, e na Medida Provisória nº 2.158, o PIS/Pasep será apurado **mensalmente**:

■ pelas pessoas jurídicas de direito privado e as que lhes são equiparadas pela legislação do imposto de renda, inclusive as empresas públicas e as sociedades de economia mista e suas subsidiárias, com base no faturamento do mês (PIS/Pasep Faturamento);

■ pelas pessoas jurídicas de direito público interno, com base no valor mensal das receitas correntes arrecadadas e das transferências correntes e de capital recebidas;

■ com base na folha de salários (PIS/Pasep Folha), pelas seguintes entidades:

a) templos de qualquer culto;

b) partidos políticos;

c) instituições de educação e assistência social (somente as relacionadas no art. 12 da Lei nº 9.532/1977);

d) instituições de caráter filantrópico, recreativo, cultural, científico e as associações (somente as relacionadas no art. 15 da Lei nº 9.532/1977);

e) sindicatos, federações e confederações;

f) serviços sociais autônomos, criados ou autorizados por lei;

g) conselhos de fiscalização de profissões regulamentadas;

h) fundações de direito privado e fundações públicas instituídas ou mantidas pelo Poder Público;

i) condomínios de proprietários de imóveis residenciais ou comerciais; e

j) a OCB (Organização das Cooperativas Brasileiras) e as OEC (Organizações Estaduais de Cooperativas);

- o importador, assim considerada pessoa física ou jurídica que promova a entrada de bens estrangeiros no território nacional (PIS/Pasep Importação – Lei nº 10.865/2004);
- a pessoa física ou jurídica contratante de serviços de residente ou domiciliado no exterior (PIS/Pasep Importação – Lei nº 10.865/2004);
- o beneficiário do serviço, na hipótese em que o contratante também seja residente ou domiciliado no exterior (PIS/Pasep Importação – Lei nº 10.865/2004).

Fatos Geradores

Considerando as leis citadas no item 3, a contribuição para o PIS/Pasep tem como fatos geradores:

- PIS/PASEP FATURAMENTO – Tem como fato gerador a RECEITA auferida pela pessoa jurídica de direito privado.
- PIS/PASEP DE PESSOA JURÍDICA DE DIREITO PÚBLICO INTERNO – Tem como fato gerador as receitas arrecadadas e as transferências correntes e de capital recebidas.
- PIS/PASEP FOLHA – Tem como fato gerador a folha de pagamento das entidades mencionadas no item III do tópico 3.
- PIS/PASEP IMPORTAÇÃO – Tem como fato gerador a entrada de bens estrangeiros no território nacional, ou a prestação de serviços em território nacional por residente ou domiciliado no exterior, independentemente de o contratante (beneficiário) ser residente ou domiciliado no exterior ou no Brasil.

Alíquotas

- **0,65%** – no caso do PIS/PASEP FATURAMENTO no regime **cumulativo,** isto é, no regime onde não há o valor a recuperar desse tributo (há somente valor a recolher), essa alíquota incide sobre a RECEITA BRUTA, que atualmente é interpretada como receita auferida na atividade fim de uma empresa. Antes da Lei nº 11.941/2009, conforme o § 1º do artigo 3º da Lei nº 9.718/1998, entendia-se como receita bruta a totalidade das receitas auferidas pela pessoa jurídica, sendo irrelevantes o tipo de atividade por ela exercida e a classificação contábil adotada por essas receitas. Atualmente, em consonância com o artigo 79 da Lei nº 11.941/2009, o qual revogou explicitamente o § 1º do artigo 3º da Lei nº 9.718/1998, entende-se que a base de cálculo será a receita bruta da pessoa jurídica, e não mais a totalidade das receitas auferidas, conforme definido anteriormente pela Lei nº 9.718/1998. Desta forma, entende-se que as receitas tributáveis serão as decorrentes das operações normais do negócio (atividade fim). Assim, por exemplo, se uma empresa comercial obteve num determinado mês R$ 120.000,00 de receita de vendas de mercadorias e R$ 30.000,00 de receita de aluguéis, pela Lei nº 9.718/1998, o PIS a recolher no regime cumulativo seria de 0,65% sobre R$ 150.000,00, ou seja, R$ 975,00. A partir da Lei nº 11.941/2009, o valor a recolher reduziria para 0,65% sobre R$ 120.000,00, ou seja, R$ 780,00. Havendo descontos incondicionais, vendas canceladas, devoluções de vendas e abatimentos sobre vendas, esses itens devem ser EXCLUÍDOS da receita bruta para fins de cálculo do Pis/Pasep Faturamento (e também da Cofins).

■ **1,65%** – no caso do PIS/PASEP FATURAMENTO no regime NÃO **cumulativo**, isto é, no regime onde pode haver o valor a recuperar desse tributo, o qual será compensado com o valor a recolher, essa alíquota incide sobre a mesma RECEITA BRUTA definida anteriormente sendo subtraídas desta as mesmas deduções já descritas no regime cumulativo (descontos incondicionais, vendas canceladas, devoluções de vendas, abatimentos sobre vendas) com base na Lei nº 11.941/2009. Excluídas as exceções, regra geral, somente as pessoas jurídicas tributadas pelo LUCRO REAL, anual ou trimestral, estão sujeitas à incidência do PIS/PASEP e da COFINS não cumulativos (IN da SRF nº 247/2002 e IN da SRF nº 404/2004). Em outras palavras, as pessoas jurídicas optantes pelo Simples Nacional ou Lucro Presumido sempre estarão sujeitas ao recolhimento dos referidos tributos com base no regime cumulativo.

■ **1%** – no caso do PIS/PASEP FOLHA incidente sobre o total da folha de pagamento mensal dos empregados de pessoas jurídicas **sem** fins lucrativos. Entende-se por folha de pagamento mensal o total dos rendimentos do trabalho assalariado de qualquer natureza, tais como salários, gratificações, comissões, adicional de função, ajuda de custo, aviso prévio trabalhado, adicional de férias, quinquênio, adicional noturno, hora extra, 13º salário e repouso semanal remunerado. Assim, **não** integra a base de cálculo: o salário-família; o aviso prévio indenizado; o FGTS pago diretamente ao empregado na rescisão contratual; a indenização por dispensa, desde que dentro dos limites legais.

Observações:

1) Com base no art. 8º da Lei nº 10.637/2002 e no art. 10 da Lei nº 10.833/2003, concluímos que, mesmo que sejam tributadas com base no LUCRO REAL, anual ou trimestral, as seguintes pessoas jurídicas estarão sujeitas à incidência cumulativa do PIS/Pasep e da Cofins:

- instituições financeiras, empresas de seguros privados, entidades de previdência privada e empresas de capitalização;
- pessoas jurídicas que tenham por objeto a securitização de créditos imobiliários, nos termos da Lei nº 9.514/1997, e financeiros (§ 8º, art. 3º, Lei nº 9.718/1998);
- operadores de planos de assistência à saúde;
- empresas particulares de serviços de vigilância e transporte de valores na forma da Lei nº 7.102/1993;
- pessoas jurídicas imunes a impostos;
- órgãos públicos, autarquias e fundações públicas federais, estaduais e municipais, e as fundações cuja criação tenha sido autorizada por lei, referidas no art. 61 do Ato das Disposições Constitucionais Transitórias da CF de 1988;
- sociedades cooperativas, com exceção das de produção agropecuária e das de consumo.

2) Existem diversas outras alíquotas diferenciadas (ou alíquotas específicas) para o PIS/Pasep e a Cofins, tais como as alíquotas sobre os derivados de petróleo, álcool para fins carburantes,

produtos farmacêuticos etc. Isso ocorre devido ao fato de que tais produtos são tributados com incidência monofásica, isto é, a tributação é feita em uma única fase (na fase da importação ou fabricação), visto que, em muitas situações, ficaria difícil para o Estado fiscalizar o vendedor atacadista ou varejista. Nessa situação, só o importador ou o fabricante são tributados pelos referidos tributos, fazendo com que as alíquotas sejam **maiores** do que o normal. Um exemplo é a alíquota de 4,21% para o PIS/Pasep e 47,4% para a Cofins, incidentes sobre a receita bruta decorrente da venda de gás liquefeito de petróleo e de gás natural.

2.1.2. Cofins Cumulativo e Não Cumulativo

Lei Criadora

A Cofins (Contribuição para Financiamento da Seguridade Social) foi instituída pela Lei Complementar nº 70, de 1991.

Tipos de COFINS

■ COFINS FATURAMENTO (Lei nº 9.718/1998 e Lei nº 10.833/2003) – Incide sobre a receita bruta de vendas de mercadorias, produtos ou serviços, de pessoa jurídica de direito privado.

■ COFINS IMPORTAÇÃO (Lei nº 10.865/2004) – Incide sobre o valor pago ou a pagar por beneficiário em território nacional de bens ou serviços vindos do exterior.

Contribuintes

São contribuintes da Cofins:

■ todas as pessoas jurídicas (LC nº 70/1991);

■ importador, pessoa física ou jurídica, que promova a entrada de bens estrangeiros em território nacional (Lei nº 10.865/2004);

■ pessoa física ou jurídica contratante de serviços de residente ou domiciliado no exterior (Lei nº 10.865/2004);

■ beneficiário do serviço, na hipótese em que o contratante também seja residente ou domiciliado no exterior (Lei nº 10.865/2004).

Observações:

1) Regra geral: todas as pessoas jurídicas são contribuintes da Cofins FATURAMENTO. No entanto, uma exceção à regra é o caso da isenção dessa contribuição para as entidades beneficentes de assistência social, as quais devem atender às exigências específicas estabelecidas em lei (CF, art. 195, § 7º).

2) A única forma de a **pessoa física** estar sujeita à tributação da contribuição para seguridade social é o caso da importação de bens ou serviços estrangeiros (Cofins IMPORTAÇÃO).

Fato Gerador

- Auferimento de receita pela pessoa jurídica de direito privado (Cofins Faturamento).
- Entrada de bens ou serviços vindos do exterior em território nacional (Cofins Importação).

Alíquotas

- 3% – sobre o faturamento (receita bruta), se calculado pelo regime cumulativo, isto é, no regime no qual não se pode compensar a Cofins a Recolher com a Cofins a Recuperar, pela inexistência desta última conta.
- 7,6% – sobre o faturamento, se calculado pelo regime não cumulativo, ou seja, no regime onde se pode compensar a Cofins a Recolher com a Cofins a Recuperar.

Observações:

1) As receitas auferidas nas vendas de alguns tipos de produtos estão sujeitas à alíquota "zero" para as contribuições do PIS/Pasep e da Cofins. Um exemplo é a receita auferida por comerciantes atacadistas ou varejistas (exceto os tributados pelo Simples) na venda de cerveja de malte e preparações compostas, não alcoólicas, para a elaboração de bebida refrigerante. Já no caso dos importadores e daqueles que industrializam os referidos produtos, as alíquotas **específicas** para o PIS/Pasep e para a Cofins são, respectivamente, de 2,5% e 11,9% sobre a receita na venda desses produtos. Outro caso de alíquota "zero", por exemplo, é o da receita auferida por comerciantes atacadistas ou varejistas na venda de pneus novos de borracha e câmaras de ar. Já no caso do importador ou fabricante desses produtos, ficam eles sujeitos à incidência sobre a receita auferida na venda de tais produtos às alíquotas **específicas** de 2% para o PIS/Pasep e de 9,5% para a Cofins.

2) Em alguns casos, em vez de o PIS/Pasep e a Cofins serem pagos com base num percentual sobre a receita de vendas, esses tributos são calculados em termos de unidade de produto, tal como é o caso dos importadores, fabricantes ou comerciantes de lata de alumínio ou de aço para bebidas, de modo que se deve pagar R$ 0,0094 (noventa e quatro décimos de milésimos de real) e R$ 0,0431 (quatrocentos e trinta e um décimos de milésimo de real) por litro de capacidade nominal de envasamento de refrigerantes, respectivamente, para o PIS/Pasep e para a Cofins.

3) Algumas empresas tributadas pelo Lucro Real e, portanto, sujeitas ao regime não cumulativo do PIS/Pasep e da Cofins terão parte ou a totalidade das receitas submetidas ao regime cumulativo. Assim, no cálculo dessas contribuições, parte poderá ser pelo regime não cumulativo e parte pelo regime cumulativo. Desta forma, como exemplos de receitas tributadas pelo regime cumulativo, temos: venda de álcool para fins carburantes; venda de produtos sujeitos à substituição tributária do PIS/Pasep e da Cofins; venda de veículos usados, considerando-se nesse caso receita bruta a diferença entre o valor de venda e o valor de alienação do veículo; prestação de serviços de telecomunicações; venda de jornais e periódicos; prestação de serviços de transporte coletivo rodoviário, metroviário, ferroviário e aquaviário de passageiros; serviços privados de hospital, pronto-socorro, clínica médica, odontológica, fisioterapia, fonoaudiologia, laboratório, diálise, raios-x, radiodiagnóstico, radioterapia, quimioterapia, banco de sangue; serviços de educação infantil, fundamental, média e superior; serviços postais e telegráficos prestados pela ECT; serviços públicos de concessionárias operadoras de rodovias (pedágios) etc.

Notas:

1) Como exemplos de **ALÍQUOTA ZERO** para o PIS/Pasep e para a Cofins, temos as auferidas nas vendas de livros técnicos ou científicos (na forma estabelecida em ato conjunto do Ministério da Educação e da SRF), as receitas financeiras das pessoas jurídicas sujeitas ao regime de **incidência não cumulativa** (art. 1º do Decreto nº 5.442, de 2005), exceto as receitas financeiras de juros sobre capital próprio (parágrafo único do Decreto nº 5.442, de 2005) etc.

2) Como exemplo de **Não INCIDÊNCIA** para o PIS/Pasep e a Cofins, temos a receita de venda de querosene de aviação auferida por pessoa jurídica não enquadrada na condição de importadora ou produtora (art. 2º da Lei nº 10.560, de 2002).

3) Como exemplos de **ISENÇÃO** do PIS/Pasep e da Cofins, temos as receitas:

- de exportação de mercadorias para o exterior;
- de serviços prestados à pessoa física ou jurídica residente ou domiciliada no exterior, cujo pagamento represente ingresso de divisas;
- de transporte internacional de cargas ou passageiros;
- de vendas realizadas pelo produtor ou vendedor às empresas comerciais exportadoras, desde que destinadas ao fim específico de exportação para o exterior etc.

Vencimento do PIS/Pasep e da Cofins

De acordo com o art. 18 da Medida Provisória nº 2.158, de 2001, esses tributos deverão ser pagos até o último dia útil da primeira quinzena do mês seguinte ao de ocorrência dos fatos geradores.

Créditos do PIS/Pasep e da Cofins para o sistema não cumulativo

Como já comentado, no sistema cumulativo não há que se falar em créditos para a recuperação desses tributos nas compras. No entanto, no caso do sistema não cumulativo, tais tributos podem gerar créditos a compensar em relação a:

- bens adquiridos para revenda, exceto nos casos de substituição tributária, de venda de álcool para fins carburantes, gasolina e suas correntes, produtos farmacêuticos, perfumaria, higiene pessoal, autopeças, pneus novos, embalagens, água mineral, refrigerante, cerveja etc.;
- bens e serviços utilizados como insumo na prestação de serviços e na produção ou fabricação de bens ou produtos destinados à venda, inclusive combustíveis e lubrificantes;
- energia elétrica consumida nos estabelecimentos da pessoa jurídica;
- aluguéis de prédios, máquinas e equipamentos, pagos à pessoa jurídica, utilizados nas atividades da empresa;
- máquinas, equipamentos e outros bens incorporados ao ativo imobilizado, adquiridos para utilização na produção de bens destinados à venda, ou na prestação de serviços;
- edificações e benfeitorias em imóveis próprios ou de terceiros, utilizados nas atividades da empresa;
- bens recebidos em devolução cuja receita de venda tenha integrado faturamento do mês ou de mês anterior, e tributada pelo regime não cumulativo etc.

Observações:

1) O crédito será determinado pela aplicação da alíquota de 1,65%, no caso do PIS/Pasep, e de 7,6%, no caso da Cofins.

Exemplo 1: a comercial Vieira Ltda., sujeita ao PIS e à Cofins pelo sistema não cumulativo, adquiriu para revenda mercadorias da comercial AsK S/A no valor de R$ 10.000,00, com a emissão de um cheque, sendo o ICMS de 18%, PIS de 1,65% e Cofins de 7,6%. Assim, teremos os seguintes lançamentos contábeis:

Na compradora (comercial Vieira Ltda.):

D – Mercadorias	7.275,00
D – ICMS a Recuperar (ou C/C ICMS)	1.800,00
D – PIS a Recuperar (ou C/C PIS)	165,00
D – Cofins a Recuperar (ou C/C Cofins)	760,00
C – Bancos c/Movimento	10.000,00

Na vendedora (comercial AsK S/A):

D – Caixa	10.000,00
C – Vendas	10.000,00
D – ICMS s/Vendas	1.800,00
C – ICMS a Recolher	1.800,00
D – PIS s/Faturamento	165,00
C – PIS a Recolher	165,00
D – Cofins s/Faturamento	760,00
C – Cofins a Recolher	760,00

2) O valor do crédito não compensado em determinado mês poderá ser compensado nos meses seguintes.

3) No caso de uma empresa comercial adquirir de uma empresa industrial mercadorias para revenda, em que o IPI é não recuperável e o ICMS, o PIS e a Cofins são recuperáveis, o valor do IPI **não** integrará a base de cálculo do ICMS, tendo em vista que a mercadoria adquirida é para a comercialização (CF, art. 155, § 2º, inciso XI). No entanto, o IPI integrará a base de cálculo do PIS (IN da SRF nº 247/2002, art. 66, § 3º) e da Cofins (IN SRF nº 404/2004, art. 8º, § 3º, inciso I).

Exemplo 2: a comercial Astro S/A, sujeita à tributação do PIS e da Cofins pelo regime não cumulativo, adquiriu, a prazo, para revenda, mercadorias da industrial Cia. Cosmos, no valor de R$ 40.000,00, com ICMS de 18%, IPI de 20%, PIS de 1,65% e Cofins de 7,6%. Assim:

Valor da compra	40.000,00
(+) IPI s/compra [20% 40.000]	8.000,00
(=) Total da nota fiscal [40.000,00 + 20% 40.000,00]	48.000,00
(–) ICMS s/compra [18% 40.000,00]	(7.200,00)
(–) PIS s/compra [1,65% 48.000]	(792,00)
(–) Cofins s/compra [7,6% 48.000]	(3.648,00)
(=) Valor que vai para o estoque de revenda	36.360,00

Lançamentos contábeis:

Na compradora (comercial Astro S/A):

D – Mercadorias	36.360,00
D – PIS a Recuperar (ou C/C PIS)	792,00
D – Cofins a Recuperar (ou C/C Cofins)	3.648,00
D – ICMS a Recuperar (ou C/C ICMS)	7.200,00
C – Fornecedores	48.000,00

Na vendedora (industrial Cia. Cosmos):

D – Clientes	48.000,00
C – Faturamento Bruto	48.000,00
D – IPI Faturado	8.000,00
C – IPI a Recolher (ou C/C IPI)	8.000,00
D – ICMS s/Vendas	7.200,00
C – ICMS a Recolher (ou C/C ICMS)	7.200,00
D – PIS s/Faturamento	660,00
C – PIS a Recolher (ou C/C PIS)	660,00
D – Cofins s/Faturamento	3.040,00
C – Cofins a Recolher	3.040,00

Nota: Observemos que, de forma diferente da compradora, onde o PIS e a Cofins incidiram sobre os R$ 48.000,00, na vendedora, esses tributos incidiram sobre os R$ 40.000,00.

4) No caso de uma indústria sujeita à tributação da contribuição para o PIS e para a Cofins pelo sistema não cumulativo, ao adquirir matérias-primas de outra indústria, todos os tributos nessa operação serão recuperáveis (IPI, ICMS, PIS e Cofins). Neste caso, a base de cálculo de todos esses tributos é a mesma, ou seja, o valor da compra (sem o IPI).

Exemplo 3: a Indústria X, sujeita à apuração do PIS e da Cofins pelo sistema não cumulativo, adquiriu da Indústria Y matérias-primas no total de R$ 40.000,00, com ICMS de 18%, IPI de 20%, PIS de 1,65% e Cofins de 7,6%. Assim:

Valor da compra	40.000,00
(+) IPI s/compra [20% 40.000]	8.000,00
(=) Total da nota fiscal [40.000,00 + 20% 40.000,00]	48.000,00
(–) IPI s/compra [20% 40.000]	(8.000,00)
(–) ICMS s/compra [18% 40.000,00]	(7.200,00)
(–) PIS s/compra [1,65% 40.000]	(660,00)
(–) Cofins s/compra [7,6% 40.000]	(3.040,00)
(=) Valor que vai para o estoque de matérias-primas	29.100,00

Lançamento contábil:

D – Matérias-primas	29.100,00
D – PIS a Recuperar (ou C/C PIS)	660,00
D – Cofins a Recuperar (ou C/C Cofins)	3.040,00
D – ICMS a Recuperar (ou C/C ICMS)	7.200,00
D – IPI a Recuperar (ou C/C IPI)	8.000,00
C – Fornecedores	48.000,00

5) Se uma empresa ou entidade sujeitar-se à incidência não cumulativa do PIS/Pasep e da Cofins com relação a apenas parte de suas receitas, o crédito será apurado, exclusivamente, em relação aos custos, despesas e encargos vinculados a essas receitas. Nesse caso, esses custos, despesas e encargos vinculados àquelas receitas, a critério da pessoa jurídica, serão determinados pelo método de:

a) apropriação direta, inclusive em relação aos custos, por meio de sistema de contabilidade de custos integrada e coordenada com a escrituração; ou

b) rateio proporcional, aplicando-se aos custos, despesas e encargos comuns a relação percentual existente entre a receita bruta sujeita à incidência não cumulativa e a receita bruta total, auferida em cada mês.

Exemplo:

Receita Bruta

(sujeita à incidência não cumulativa) (40%) ....R$ 40.000,00

(sujeita à incidência cumulativa) (60%) ....R$ 60.000,00

Total (100%) ....R$ 100.000,00

Custos, despesas e encargos
(vinculados às receitas com incidência não cumulativa) ....R$ 18.200,00
(vinculados às receitas com incidência cumulativa).....................................R$ 25.000,00
(comuns às receitas com incidência não cumulativa e cumulativa)...............R$ 12.000,00

Base de cálculo dos créditos do PIS/Pasep e da Cofins:
vinculados às receitas com incidência não cumulativa.................................R$ 18.200,00
comuns (40% R$ 12.000,00)...R$ 4.800,00
Total...R$ 23.000,00

Créditos na Aquisição de Bens do Ativo Imobilizado

Para a pessoa jurídica sujeita à incidência não cumulativa do PIS/Pasep e da Cofins, somente é possível o crédito em relação à aquisição de máquinas, equipamentos, bens incorporados ao ativo imobilizado adquiridos para utilização na produção de bens destinados à venda, ou na prestação de serviços, e ainda no caso de edificações e benfeitorias em imóveis próprios ou de terceiros, utilizados nas atividades da empresa.

Nesse caso, o crédito será determinado mediante a aplicação da alíquota de 1,65% para o PIS/Pasep e de 7,6% para a Cofins sobre o valor dos encargos de depreciação e amortização dos referidos bens (tangíveis ou intangíveis), incorridos no mês.

Como opção, a pessoa jurídica poderá calcular os créditos referentes às aquisições de máquinas e equipamentos do ativo imobilizado, no prazo de quatro anos, mediante a aplicação, a cada mês, das alíquotas de 1,65% para o PIS/Pasep e 7,6% para a Cofins, sobre o valor correspondente a 1/48 do valor da aquisição do bem.

2.2. Compras Líquidas (CL)

CL = CB + FRETES + SEGUROS - DEDUÇÃO

DEDUÇÕES:

- Devoluções de Compras
- Abatimentos sobre Compras
- Descontos Incondicionais (ou Comerciais) Obtidos

Observações:

1) As Deduções das Compras são "semelhantes" às receitas. Porém, contabilmente, não são tratadas como tais e sim como contas retificadoras das compras brutas.

2) Caso haja desconto comercial, o ICMS incidirá no valor da operação, líquido do desconto. Porém o IPI incidirá no valor original da operação. Assim, por exemplo, se a comercial X

adquirir mercadorias para revenda da industrial Y no valor de R$ 1.000, com desconto comercial de 20%, ICMS a 18% e IPI a 10%, o valor do ICMS a Recuperar será de 18% de R$ 800, mas o IPI será de 10% de R$ 1.000.

3) Havendo frete na compra, caso esta seja totalmente devolvida, tal frete será considerado despesa operacional (*Perdas com Fretes*) referente ao período em que ocorrer a devolução. Se a devolução for parcial, a perda com frete será proporcional ao valor da devolução.

Exemplos:

1) Suponhamos os seguintes valores:

Compras .... R$ 5.300
Fretes s/Compras .... R$ 400
Descontos Incondicionais Obtidos .... R$ 300
Descontos Condicionais Obtidos .... R$ 500
Abatimentos s/Compras .... R$ 100
Devoluções de Compras .... R$ 700

Assim, iremos determinar as CL (Compras Líquidas) da seguinte forma:

Compras Brutas = R$ 5.300

CL = R$ 5.300 + R$ 400 – R$ 300 – R$ 100 – R$ 700 = **R$ 4.600**

Obs.: Neste exemplo, notemos que:

– os *Descontos "Condicionais" Obtidos* não foram considerados no cálculo, pois representam <u>receitas financeiras</u> e não deduções das compras brutas;

– não houve referência a impostos sobre compras. Isto pode significar duas coisas: ou não houve incidência de impostos sobre as compras, ou, se houve incidência, o valor das compras já está adicionado ao IPI, caso haja tal imposto, e excluído do ICMS. Em outras palavras, o valor de R$ 5.300 já é efetivamente o valor das Compras Brutas. Consequentemente, os valores das Devoluções de Compras seguem o mesmo raciocínio, ou seja, já estão ajustados pelos impostos. Em questões de concursos públicos, quando não for dado o IPI ou o ICMS sobre as compras, devemos considerar o valor dado das compras como o valor das Compras Brutas;

– o valor considerado para os Fretes sobre Compras foi de R$ 400. Na prática, conforme já mencionado, quando há devoluções de compras, deve-se estornar proporcionalmente o valor dos fretes. Neste tipo de questão, onde os dados são apresentados como saldos de contas, regra geral, devemos supor que o valor dado dos fretes é o saldo da conta Fretes sobre Compras, isto é, já está líquido dos fretes sobre as devoluções.

2) A comercial Rio Ltda. adquiriu para revenda 20 unidades da mercadoria "X" a R$ 5,00 cada, com ICMS de 18%, pagando a uma transportadora R$ 30,00 de frete dentro do mesmo município (não incide ICMS, apenas ISS). Posteriormente, devolveu duas unidades da referida compra. Assim, iremos determinar o valor da compra líquida da seguinte forma:

Percentagem de devolução = 2/20 = 10%
Valor da Compra = 20 × R$ 5 = R$ 100
Devolução de Compras = 10% R$ 100 × 0,82 = R$ 8,20
Perda c/Frete = 10% × R$ 30 = R$ 3
Frete s/Compra = R$ 30 – R$ 3 = R$ 27
ICMS s/Compra = 18% R$ 100 = R$ 18
Compra Bruta = R$ 100 – R$ 18 = R$ 82
CL = CB + Frete – Devolução = R$ 82 + R$ 27 – R$ 8,20 = **R$ 100,80**

Obs.: Em concursos públicos, devemos "ganhar tempo", resolvendo rapidamente da seguinte forma:

$$(100 \times 0{,}82 + 30) \times 0{,}9 = \text{R\$ } 100{,}80$$

Ao multiplicarmos R$ 100 por 0,82, retiramos 18% do ICMS. Ao multiplicarmos a soma entre as compras sem o ICMS e os fretes por 0,9, retiramos, simultaneamente, os 10% das devoluções de compras sem o ICMS e os fretes sobre as devoluções.

2.3. Mercadorias Disponíveis para Venda

MDV = EI + CL

MDV → *Mercadorias Disponíveis para Venda*
EI → *Estoque Inicial*
CL → *Compras Líquidas*

Exemplos:

1) A empresa comercial Rio Ltda., cujo exercício social coincide com o ano-calendário, possuía, em 31/12/X1, um estoque de mercadorias para revenda no valor de R$ 12.000. Ao longo do Exercício Social de X2, efetuou um total de compras no valor de R$ 31.000, sendo que dessas compras devolveu R$ 4.000 aos seus fornecedores, por estarem fora das especificações. Assim:

Estoque Inicial (01/01/X2) = Estoque (31/12/X1) = R$ 12.000
Compras Líquidas = R$ 31.000 – R$ 4.000 = R$ 27.000

Mercadorias Disponíveis para Venda ao longo do Exercício de X2:
MDV = R$ 12.000 + R$ 27.000 = R$ 39.000

2) Em 01/03/X1, o estoque de mercadorias da Comercial Dutra S/A totalizava R$ 34.000. Ao longo do período (março de X1), a referida empresa adquiriu de seus fornecedores mercadorias para revenda no valor de R$ 18.000. Assim, o valor das Mercadorias Disponíveis para Venda no mês de março será:

MDV = R$ 34.000 + R$ 18.000 = **R$ 52.000**

Obs.: Notemos que, no primeiro exemplo, o valor do MDV se refere ao período de 1 (um) ano. No segundo exemplo, o valor do MDV se refere ao período de 1 (um) mês. Logo, de forma geral, quando se fala em MDV, o período pode ser mensal, trimestral, semestral, anual etc. Em questões de concursos públicos, normalmente, o MDV se refere ao período de um mês ou de um ano.

3) Ao fim de fevereiro, o estoque de mercadorias para revenda da Cia. Diniz era de R$ 15.000. Supondo que, ao longo de fevereiro, a empresa não conseguiu vender 3/7 das mercadorias que tinha disponíveis para venda, o valor destas, em fevereiro, será:

MDV = 7/3 × R$ 15.000 = R$ 35.000

Nota: A explicação do cálculo acima se dá pelo seguinte raciocínio: se a empresa não conseguiu vender 3/7 das mercadorias que tinha disponível para venda, então o Estoque Final (EF), que é aquilo que a empresa não conseguiu vender, é equivalente a 3/7 do MDV, ou seja, 3/7 × MDV = R$ 15.000,00. Logo, MDV = 7/3 × R$ 15.000,00.

2.4. Custo das Mercadorias Vendidas (CMV)

Se do valor das mercadorias disponíveis para venda subtrairmos o valor das mercadorias que sobraram após as vendas (estoque final), teremos o custo das mercadorias que foram vendidas, isto é:

$$CMV = EI + CL - EF$$

Exemplo:

Mercadorias:

Estoque Inicial	$ 12.000
Estoque Final	$ 9.000
Compras	$ 27.000
Devoluções de Compras	$ 5.000

CMV = $ 12.000 + ($ 27.000 – $ 5.000) – $ 9.000 = **$ 25.000**

2.5. Vendas Brutas

O valor das VENDAS BRUTAS corresponde ao valor original da operação. Assim, por exemplo, se uma empresa vender mercadorias no valor de $ 1.000, com ICMS de 18%, sendo concedido ao cliente um desconto de 20%, o valor das vendas brutas será de $ 1.000, sendo este o valor original da operação.

2.6. Vendas Líquidas

O valor de VL (Vendas Líquidas) é igual ao valor de VB (Vendas Brutas) menos as deduções, isto é:

VL = VB – Deduções

DEDUÇÕES
- – Devoluções de Vendas
- – Vendas Canceladas
- – Abatimentos sobre Vendas
- – Descontos Incondicionais Concedidos
- – Impostos sobre Vendas (**ICMS**, **ISS** e **IE**)
- – Contribuições Sociais sobre Vendas (**PIS** e **Cofins**)

Observações:

1) As DEDUÇÕES DAS VENDAS são despesas. Porém não são indicadas como tais e sim como contas RETIFICADORAS da Receita Bruta (ou Vendas Brutas).

2) O **ICMS** (Imposto sobre Circulação de Mercadorias e Serviços de Transporte Interestadual e Intermunicipal e de Comunicação) é um imposto de competência estadual, o qual incide sobre a circulação de mercadorias e produtos e sobre a prestação de serviços de transportes interestadual e intermunicipal, comunicações e fornecimento de energia elétrica.

3) O **IPI** (Imposto sobre Produtos Industrializados) **não é** uma DEDUÇÃO, pois o mesmo não está incluído no valor da Receita Bruta de Vendas, tendo em vista que é um imposto "por fora", ou seja, imposto que não faz parte da sua base de cálculo, que, no caso, é a Receita Bruta de Vendas. Assim, por exemplo, se uma empresa industrial vender produtos a uma empresa comercial revendedora destes no valor de $ 1.000, com ICMS a 18% e IPI a 20%, tanto o ICMS quanto o IPI terão a mesma base de cálculo (Receita Bruta), isto é, $ 1.000. Lembrando que o ICMS é um imposto "por dentro" (imposto que faz parte de sua própria base de cálculo), seu valor ($ 180) já estará incluído nos $ 1.000. Porém o IPI ($ 200) não estará incluído nos $ 1.000. Daí, o total da nota fiscal será de $ 1.200, correspondendo tal valor ao valor do *Faturamento Bruto*, isto é, *Receita Bruta + IPI*.

4) O **ISS** (Imposto sobre Serviços) é um imposto de competência municipal. É dedução da Receita de Vendas de Serviços (exceto os serviços relacionados no ICMS) para as empresas civis (empresas prestadoras de serviços). De forma semelhante ao ICMS, tal imposto deve ser recolhido no mês seguinte ao mês da ocorrência de seu fato gerador, que é a prestação de serviços. No caso do IPI, imposto de competência federal, o recolhimento deverá ser feito a cada decêndio (10 dias).

5) O **IE** (Imposto sobre Exportação) também é uma DEDUÇÃO para as empresas que vendem mercadorias ou produtos para o exterior.

6) O **PIS** (Programa de Integração Social) não é um imposto, mas uma contribuição social de competência federal. Atualmente, sua alíquota é de 0,65% sobre o faturamento mensal das empresas sujeitas à incidência cumulativa (não confundir com *Faturamento Bruto*), isto é, receita bruta da venda de bens ou serviços diminuída das vendas canceladas, das devoluções das vendas, dos descontos incondicionais concedidos e do IPI e ICMS retidos pelo vendedor na condição de substituto tributário.

7) A **Cofins** (Contribuição Social sobre o Faturamento), de forma semelhante ao PIS, também é uma contribuição de competência federal. Sua base de cálculo é a mesma do PIS, com a aplicação, porém, do percentual de 3%.

8) As Devoluções de Vendas e as Vendas Canceladas não são a mesma coisa. No caso das devoluções, as mercadorias foram entregues aos clientes e estes as devolveram, havendo, portanto, a incidência de ICMS nas devoluções. No caso das vendas canceladas, as mercadorias não chegaram a ser entregues aos clientes. No entanto, visto que a nota fiscal já estava pronta, há também incidência de ICMS, Pis e Cofins nas vendas canceladas. Em outras palavras, para efeitos de cálculo dos tributos sobre vendas, as devoluções de vendas e as vendas canceladas produzem o mesmo tratamento contábil.

Exemplo:

Vendas Brutas	$ 1.000,00
(–) Descontos Incondicionais Concedidos	($ 200,00)
(–) ICMS s/Vendas (= 18% de $ 800)	($ 144,00)
(–) PIS s/Faturamento (= 0,65% de $ 800)	($ 5,20)
(–) Cofins s/Faturamento (= 3% de $ 800)	($ 24,00)
Vendas Líquidas	$ 626,80

9) O DESCONTO INCONDICIONAL não integra mais a base de cálculo do IPI, tendo em vista que o Senado Federal, por meio da Resolução nº 01/2017 (DOU de 09/03) suspendeu a execução do § 2º do art. 14 da Lei nº 4.502, de 1964, com a redação conferida pelo art. 15 da Lei nº 7.798, de 1989, declarado inconstitucional por decisão definitiva proferida pelo Supremo Tribunal Federal nos autos do Recurso Extraordinário nº 567.935, apenas quanto à previsão de inclusão dos descontos incondicionais na base de cálculo do Imposto sobre Produtos Industrializados (IPI).

<u>Exemplo</u> (iremos supor apenas a existência de IPI de 5% e ICMS de 17%):

Faturamento Bruto .... R$ 140.000

(–) Desconto Incondicional .... (R$ 40.000)

(–) IPI (5% de R$ 100.000, e não mais de R$ 140.000) .... (R$ 5.000)

(=) Receita Bruta ....R$ 95.000

(–) ICMS (17% de R$ 95.000) .... (R$ 16.150)

(=) Receita Líquida ....R$ 78.850

10) De acordo com o inciso VIII do art. 183 da Lei nº 6.404/76, os elementos do ativo decorrentes de operações de longo prazo serão AJUSTADOS A VALOR PRESENTE, sendo os demais (curto prazo) ajustados quando houver efeito relevante. Assim, suponhamos, por exemplo, que a comercial atacadista Alfa S/A ao final de outubro de X1 vendeu para a comercial varejista Beta S/A mercadorias a prazo por R$ 10.000,00, ICMS de 17% (desconsidere os demais tributos sobre vendas), com a emissão de uma duplicata nesse valor para recebimento em cinco meses. No entanto, se tivesse vendido à vista, o valor seria de R$ 8.000,00. O Custo das Mercadorias Vendidas é de R$ 5.300,00. Assim, teremos as seguintes contabilizações na vendedora (Alfa S/A):

Final de outubro de X1 – ***Contabilização da venda (independentemente das apropriações posteriores das receitas financeiras serem feitas de <u>forma linear</u> (juros simples) ou de <u>forma exponencial</u> (juros compostos):***

D – Duplicatas a Receber 10.000,00

C – Ajuste a Valor Presente 2.000,00

C – Vendas 8.000,00

D – ICMS s/ Vendas (17% × 8.000,00) 1.360,00

D – ICMS s/ Receita Financeira a Apropriar (17% × 2.000,00) 340,00

C – ICMS a Recolher 1.700,00

D – CMV 5.300,00

C – Mercadorias 5.300,00

Comentário 1: Há quem faça o seguinte lançamento para a contabilização do ICMS acima:

D – ICMS s/ Vendas (17% de 10.000,00, e não de 8.000,00) 1.700,00
C – ICMS a Recolher 1.700,00

No entanto, apesar de "até aceitável" no anexo do CPC 12 – Ajuste a Valor Presente, essa forma é **INCORRETA** visto que não observa o Princípio Contábil da Competência, pois o ICMS s/ Receita Financeira deve ser apropriado como despesa financeira no período a que se refere a sua respectiva receita financeira.

Também, além de não observar o referido princípio, há o risco de apresentar na DRE uma Receita Líquida "negativa", o que, evidentemente, seria um ABSURDO CONTÁBIL, tal como seria, por exemplo uma venda realizada a prazo com duplicata de R$ 10.000,00, ICMS de 18% e PIS e COFINS a uma alíquota conjunta de 9,25%, sendo o valor da venda à vista, por exemplo, de R$ 2.500,00 (o ajuste a valor presente foi de R$ 7.500,00). Assim, teríamos uma Receita Líquida de R$ 2.500,00 – 27,5% × R$ 10.000,00 = "– R$ 250,00" (Absurdo !!!).

Comentário 2: A seguir, iremos apropriar as receitas financeiras referentes a Ajuste a Valor Presente em base linear (juros simples), a fim de facilitar os cálculos.

No entanto, de acordo com o item 22 do CPC 12, a quantificação do ajuste a valor presente deve ser realizada em **base exponencial** (juros compostos) *pro rata die* (proporcionalmente ao número de "dias"), a partir da origem de cada transação, sendo os seus efeitos apropriados nas contas a que se vinculam.

Desta forma, logo a seguir aos cálculos e contabilização da apropriação da receita financeira de forma linear, faremos a mesma coisa em regime de juros compostos, que é o procedimento a ser usado na prática contábil das empresas em geral.

É possível que em algumas questões de concursos públicos ainda existam questões supondo apropriação em base linear apenas por questões de simplicidade e possibilidade de cálculo sem o uso de máquinas de calcular financeiras.

Supondo JUROS SIMPLES, o cálculo da taxa mensal de juros seria feito com o uso da seguinte fórmula:

$$M = C(1+in)$$

10.000,00 = 8.000,00 × (1 + 5i)

$\frac{10.000,00}{8.000,00} = 1 + 5i \rightarrow 5i = 1,25 - 1 \rightarrow$ **i = 0,05 ao mês** ou **5% ao mês**

Planilha de cálculo dos JUROS SIMPLES do respectivo ICMS mensal:		
Mês	**Receita mensal de juros**	**ICMS s/ receita de juros (17%)**
1 (nov. X1)	0,05 × 8.000,00 = 400,00	68
2 (dez. X1)	0,05 × 8.000,00 = 400,00	68
3 (jan. X2)	0,05 × 8.000,00 = 400,00	68
4 (fev. X2)	0,05 × 8.000,00 = 400,00	68
5 (mar. X2)	0,05 × 8.000,00 = 400,00	68
Total	**2.000,00**	**17% × 2.000,00 = 340,00**

CONTABILIZAÇÃO DAS APROPRIAÇÕES:

Final de novembro de X1:

Apropriação das receitas financeiras

D – Ajuste a Valor Presente (5% × 8.000,00) 400,00
C – Juros Ativos (ou Receitas Financeiras) 400,00

Apropriação do ICMS sobre receitas financeiras

D – ICMS s/ Receitas Financeiras (17% × 400,00) 68,00
C – ICMS s/ Receita Financeira a Apropriar 68,00

Final de dezembro de X1:

Apropriação das receitas financeiras

D – Ajuste a Valor Presente (5% × 8.000,00) 400,00
C – Juros Ativos (ou Receitas Financeiras) 400,00

Apropriação do ICMS sobre receitas financeiras

D – ICMS s/ Receitas Financeiras (17% × 400,00) 68,00
C – ICMS s/ Receita Financeira a Apropriar 68,00

Nota: No lugar da conta "Ajuste a Valor Presente" também poderia ser utilizada a conta "Juros Ativos a Vencer" (ou "Juros Ativos a Apropriar" ou "Juros Ativos a Transcorrer"), pois os R$ 2.000,00 do referido ajuste, em essência, representam a receita antecipada de juros embutida no valor da duplicata. Desta forma, os lançamentos de apropriação dos juros também poderiam ser feitos da seguinte forma:

D – Juros Ativos a Vencer (5% × 8.000,00) 400,00
C – Juros Ativos (ou Receitas Financeiras) 400,00

- -

Apresentação no balanço de 31/12/X1:

ATIVO CIRCULANTE

Duplicatas a Receber	10.000,00
Ajuste a Valor Presente (ou Juros Ativos a Apropriar)	(1.200,00)
	8.800,00
ICMS s/ Receita Financeira a Apropriar (340,00 – 68,00 – 68,00)	204,00
	9.004,00

- -

Apresentação na DRE de 31/12/X1:

Receita Bruta (= Vendas)		8.000,00
(–) ICMS s/ Vendas (17% × 8.000,00)		(1.360,00)
(=) Receita Líquida		6.640,00
(–) CMV		(5.300,00)
(=) Lucro Bruto		1.340,00
(+) Receitas Financeiras		
Juros Ativos	800,00	
ICMS sobre Receitas Financeiras..............	(136,00)	664,00
(=) Lucro Operacional		2.004,00

Agora, supondo COMPOSTOS, o cálculo da taxa mensal de juros seria feito com o uso da seguinte fórmula:

$$M = C(1+i)^n$$

$$10.000,00 = 8.000,00 \times (1 + i)^5$$

$$(1 + i)^5 = \frac{10.000,00}{8.000,00} = 1,25$$

$i = (1,25)^{1/5} - 1 = 1,0456395526 - 1$ = **0,0456395526 a.m.** ou **4,56395526% a.m.**

Nota: A expressão 1,251/5, que é equivalente a extrair a raiz quíntupla de 1,25, atualmente é calculada com o uso de máquina científica ou financeira. Num passado distante, esse cálculo era feito por meio de logaritmos. Na máquina HP 12C, por exemplo, o referido cálculo é feito da seguinte forma:

(1) <**ON**> (para ligar a máquina)
(2) <**f**> <**REG**> (para zerar os registros anteriores)
(3) 1,25 <ENTER>
(4) 5 <1/x> <yx> (finalmente, seria encontrado 1,045639553, onde, para se ver o máximo número de casas decimais que a máquina pode fornecer, deve-se apertar as teclas "f" e "PREFIX". Numa máquina científica com mais dígitos do que a HP 12C, encontramos 1,0456395526, valor este que usaremos na planilha abaixo. No entanto, se utilizássemos o valor encontrado na HP 12C, encontraríamos, praticamente, os mesmos resultados finais devidamente arredondados na mesma planilha.)

Planilha de cálculo dos juros compostos e do respectivo ICMS mensal:

Mês	Receita mensal de juros	ICMS s/receita de juros (17%)
1 (nov. X1)	0,0456395526 × 8.000,00 = - - - - - - - - - - - - **365,1164208**	62,069791536
2 (dez. X1)	0,0456395526 × (8.000,00 + 365,1164208) = - - - - - - - - - - - - 0,0456395526 × 8.365,1164208 = - - - - - - - - - - - - **381,780170892**	64,9026290516
3 (jan. X2)	0,0456395526 × (8.365,1164208 + 381,780170892) = - - - - - - - - - - - - 0,0456395526 × 8.746,89659169 = - - - - - - - - - - - - **399,204447083**	67,8647560041
4 (fev. X2)	0,0456395526 × (8.746,89659169 + 399,204447083) = - - - - - - - - - - - - 0,0456395526 × 9.146,10103877 = - - - - - - - - - - - - **417,423959443**	70,9620731053
5 (mar. X2)	0,0456395526 × (9.146,10103877 + 417,423959443) = - - - - - - - - - - - - 0,0456395526 × 9.563,52499821 = - - - - - - - - - - - - **436,475002197**	74,2007503734
Total	**2.000,00**	**17% × 2.000,00 = 340,00**

Nota: Foram utilizadas muitas casas decimais nos valores acima, a fim de evitar diferenças significativas nos resultados finais.

CONTABILIZAÇÃO DAS APROPRIAÇÕES:

Final de novembro de X1:
Apropriação das receitas financeiras
D – Ajuste a Valor Presente 365,12
C – Juros Ativos (ou Receitas Financeiras) 365,12

Apropriação do ICMS sobre receitas financeiras
D – ICMS s/ Receitas Financeiras 62,07
C – ICMS s/ Receita Financeira a Apropriar 62,07

Final de dezembro de X1:
Apropriação das receitas financeiras
D – Ajuste a Valor Presente 381,78
C – Juros Ativos (ou Receitas Financeiras) 381,78

Apropriação do ICMS sobre receitas financeiras
D – ICMS s/ Receitas Financeiras 64,90
C – ICMS s/ Receita Financeira a Apropriar 64,90

- -

Apresentação no balanço de 31/12/X1:
ATIVO CIRCULANTE
Duplicatas a Receber 10.000,00
Ajuste a Valor Presente (2.000,00 – 365,12 – 381,78) .... (1.253,10)
8.746,90
ICMS s/ Receita Financeira a Apropriar (340,00 – 62,07 – 64,90) 213,03
8.959,93

- -

Apresentação na DRE de 31/12/X1:
Receita Bruta (= Vendas) 8.000,00
(–) ICMS s/ Vendas (17% × 8.000,00) .... (1.360,00)
(=) Receita Líquida 6.640,00
(–) CMV .... (5.300,00)
(=) Lucro Bruto 1.340,00
(+) Receitas Financeiras
Juros Ativos 746,90
ICMS sobre Receitas Financeiras.............. (126,97) 619,93
(=) Lucro Operacional 1.959,93

- -

Nota: Observemos que, independentemente do sistema de apropriação das receitas financeiras ter sido linear ou exponencial, o Lucro Bruto foi o mesmo, isto é, R$ 1.340,00. O que mudou foi o lucro operacional.

Comentário Final: No ato da venda, o comprador (comercial Beta S/A) faria a seguinte contabilização:

D – Mercadorias (10.000,00 – 17% × 10.000,00 – 2.000,00) 6.300,00
D – ICMS a Recuperar (17% × 10.000,00) 1.700,00
D – Ajuste a Valor Presente (ou Juros a Vencer) 2.000,00
C – Duplicatas a Pagar 10.000,00

Neste caso, o cálculo dos juros seria o mesmo feito no vendedor, ressaltando que tais juros para o comprador são Despesas Financeiras.

Desta forma, o comprador faria os seguintes lançamentos contábeis, considerando a apropriação exponencial (juros compostos):

Final de novembro de X1 - ***Apropriação das despesas financeiras***
D – Juros Passivos (ou Despesas Financeiras) 365,12
C – Ajuste a Valor Presente 365,12

Final de dezembro de X1 - ***Apropriação das despesas financeiras***
D – Juros Passivos (ou Despesas Financeiras) 381,78
C – Ajuste a Valor Presente 381,78

- -

Apresentação no balanço de 31/12/X1:
PASSIVO CIRCULANTE
Duplicatas a Pagar 10.000,00
Ajuste a Valor Presente (2.000,00 – 365,12 – 381,78) .... (1.253,10)
8.746,90

- -

Nota 1: Observemos que a conta "Ajuste a Valor Presente" como RETIFICADORA DO PASSIVO tem **saldo devedor** e equivale a "Juros a Vencer" (ou Juros a Apropriar ou Juros a Transcorrer). Como RETIFICADORA DO ATIVO tem **saldo credor** e equivale a "Juros Ativos a Vencer" (ou Juros Ativos a Apropriar ou Juros Ativos a Transcorrer).

Nota 2: No comentário extra da solução, ao final do livro, do Exercício 27 do Capítulo 11 há um exemplo de apropriação mensal da receita de juros no caso de ser fornecida a taxa de juro composto anual.

2.7. Resultado com Mercadorias (RCM)

O RCM é a diferença entre o valor das Vendas Líquidas (VL) e o CMV (Custo das Mercadorias Vendidas). Caso o valor das Vendas Líquidas seja maior que o valor do CMV, o RCM será *LUCRO BRUTO*. Caso contrário, isto é, se o valor das Vendas Líquidas for menor que o valor do CMV, o RCM será *PREJUÍZO BRUTO*.

$$RCM = VL - CMV$$

EXERCÍCIO RESOLVIDO 1: Em relação ao exercício social de X1, as seguintes informações foram obtidas nos registros contábeis da Cia. Silvestre, cujo exercício social coincide com o ano-calendário:

Estoque de Mercadorias (31/12/X0)	$ 13.000
Estoque de Mercadorias (31/12/X1)	$ 15.000
Compras	$ 37.000
Devoluções de Compras	$ 4.000
Fretes s/Compras	$ 3.000
Fretes s/Vendas	$ 1.000
Reversão Perdas Estimadas em Créditos de Liquidação Duvidosa	$ 5.900
Descontos Incondicionais Obtidos	$ 2.000
Descontos Condicionais Obtidos	$ 2.600
Juros Passivos	$ 1.000
Vendas	$ 98.000
Impostos e Contribuições sobre Vendas	$ 9.000
Abatimentos sobre Vendas	$ 3.700
Comissões s/Vendas	$ 5.000
Descontos Incondicionais Concedidos	$ 11.000
Lucro na Venda de Terreno	$ 3.100
Descontos Condicionais Concedidos	$ 1.500
Despesa com Provisão para Riscos Fiscais	$ 1.200
Juros Ativos	$ 4.000
Devoluções de Vendas (vendas de X1)	$ 4.100
Devoluções de Vendas (vendas de X0)	$ 1.300
Despesas Administrativas	$ 21.000
Aluguéis Ativos	$ 5.600
Despesa c/ Perdas Estimadas em Créditos de Liquidação Duvidosa	$ 1.000
Prejuízo na Venda de Equipamentos	$ 4.900

Assim, admitindo que não há operações em descontinuidade na empresa, apure:

(1) Vendas Brutas (VB)
(2) As Deduções das Vendas
(3) A Vendas Líquidas (VL)
(4) O Custo das Mercadorias Vendidas (CMV)
(5) O Lucro Bruto (LB)
(6) Despesas de Vendas
(7) Outras Despesas
(8) Outras Receitas
(9) Receitas Financeiras
(10) Despesas Financeiras
(11) O Lucro antes das Receitas e Despesas Financeiras (LARDF)
(12) O Lucro antes do IR e CSLL (LAIRCSLL)
(13) O Lucro Líquido (LL), supondo a despesa de IR e CSLL com alíquota conjunta de 24% sobre o lucro contábil

(SOLUÇÃO)

(1) VB = Vendas = $ 98.000

(2) Deduções:

Impostos e Contribuições s/Vendas	*($ 9.000)*
Abatimentos s/Vendas	*($ 3.700)*
Descontos Incondicionais Concedidos	*($ 11.000)*
Devoluções de Vendas	*($ 4.100)*
TOTAL	*($ 27.800)*

(3) VL = $ 98.000 – $ 27.800 = $ 70.200

(4) Custo das Mercadorias Vendidas:

Estoque Inicial	*$ 13.000*
(+) Compras	*$ 37.000*
(+) Fretes sobre Compras	*$ 3.000*
(–) Devoluções de Compras	*($ 4.000)*
(–) Descontos Incondicionais Obtidos	*($ 2.000)*
(–) Estoque Final	*($ 15.000)*
	$ 32.000

- -

(5) LB = VL – CMV = $ 70.200 – $ 32.000 = $ 38.200

---

(6) Despesas de Vendas:

Fretes sobre Vendas	*$ 1.000*
Comissões sobre Vendas	*$ 5.000*
Devoluções de Vendas (X0)	*$ 1.300*
Despesa c/ Perdas Estimadas	*$ 1.000*
	$ 8.300

---

(7) Outras Despesas:

Despesa com Provisão p/ Riscos Fiscais	*$ 1.200*
Prejuízo na Venda de Equipamentos	*$ 4.900*
	$ 6.100

---

(8) Outras Receitas:

Aluguéis Ativos	*$ 5.600*
Reversão de Perdas Estimadas	*$ 5.900*
Lucro na Venda de Terreno	*$ 3.100*
	$ 14.600

---

(9) Receitas Financeiras:

Juros Ativos	*$ 4.000*
Descontos Condicionais Obtidos	*$ 2.600*
	$ 6.600

---

(10) Despesas Financeiras:

Juros Passivos	*$ 1.000*
Descontos Condicionais Concedidos	*$ 1.500*
	$ 2.500

---

(11) LARDF:

Lucro Bruto	*$ 38.200*
(–) Despesas de Vendas	*($ 8.300)*
(–) Despesas Administrativas	*($ 21.000)*
(–) Outras Despesas	*($ 6.100)*
(+) Outras Receitas	*$ 14.600*
	$ 17.400

---

(12) LAIRCSLL:

LARDF	*$ 17.400*
(+) Receitas Financeiras	*$ 6.600*
(–) Despesas Financeiras	*($ 2.500)*
	$ 21.500

---

(13) LL = LAIRCSLL – IR e CSLL = $ 21.500 – 24% $ 21.500 = $ 16.340

EXERCÍCIO RESOLVIDO 2: Se do início para o fim de um período o estoque de mercadorias vem aumentando, pode-se afirmar que:

a) o estoque final é maior que o CMV;

b) o valor das MDV é menor que o CMV;

c) o valor das CL é menor que o valor das MDV;

d) o valor do estoque inicial é menor que o CMV;

e) o valor das CL é maior que o valor do CMV.

CL: Compras Líquidas

MDV: Mercadorias Disponíveis para Venda

CMV: Custo das Mercadorias Vendidas

(SOLUÇÃO)

Como o estoque está aumentando → EI < EF, ou seja, EI – EF < 0

CMV = EI + CL – EF → CMV – CL = EI – EF < 0 → CMV < CL ***(Opção e)***

EXERCÍCIO RESOLVIDO 3: As seguintes informações referentes às operações em continuidade foram obtidas ao final do exercício social de X1 dos registros contábeis da empresa comercial Asa Delta S/A:

Estoque (31/12/X0)	R$ 5.000,00
Estoque (31/12/X1)	R$ 3.000,00
Compras	R$ 11.000,00
Vendas	R$ 67.000,00
Vendas Anuladas	R$ 3.000,00
Impostos sobre Vendas	R$ 8.000,00
Despesas Operacionais	R$ 29.000,00
Receita de Aluguéis	R$ 6.000,00

Sabe-se ainda que:

– A alíquota conjunta do IR e CSLL foi de 24% incidente sobre o lucro contábil.

– O Lucro Líquido das Operações Descontinuadas em X1 foi de R$ 5.300,00.

Assim, pode-se afirmar que o Lucro Líquido do exercício foi de:

a) R$ 19.500,00;

b) R$ 20.500,00;

c) R$ 15.200,00;

d) R$ 21.000,00;

e) R$ 21.500,00.

(SOLUÇÃO)

Vendas	*67.000,00*
(–) Vendas Anuladas	*(3.000,00)*
(–) Impostos sobre Vendas	*(8.000,00)*
(=) Vendas Líquidas	*56.000,00*
(–) CMV (5.000,00 + 11.000,00 – 3.000,00)	*(13.000,00)*
(=) Lucro Bruto	*43.000,00*
(–) Despesas Operacionais	*(29.000,00)*
(+) Receita de Aluguéis	*6.000,00*
(=) Lucro antes do IR e CSLL	*20.000,00*
(–) IR e CSLL (24% 20.000,00)	*(4.800,00)*
(=) Lucro Líquido das Operações Continuadas	*15.200,00*
(+) Lucro Líquido das Operações Descontinuadas	*5.300,00*
(=) Lucro Líquido	*20.500,00*

(Opção b)

EXERCÍCIO RESOLVIDO 4: Sendo as deduções da Receita Bruta iguais a 5% desta e o CMV 60% da Receita Líquida, a margem de lucro é de:

a) 55%;
b) 65%;
c) 57%;
d) 40%;
e) 45%.

(SOLUÇÃO)

$$ML = \frac{Lucro\ Bruto}{Rec.\ Líquida} = \frac{0{,}95RB - 0{,}6 \times 0{,}95RB}{0{,}95\ RB} = \frac{0{,}38\ RB}{0{,}95\ RB} = 40\%\ \textbf{(Opção d)}$$

EXERCÍCIO RESOLVIDO 5: (Fiscal de Tributos Estaduais-SC/1998) A Cia. Alfa, empresa comercial típica, está situada em um país sem qualquer tipo de tributação e encerra seus exercícios sociais a cada 31 de dezembro.

Em 1993, as "deduções da receita operacional bruta" da Cia. Alfa foram de $ 320 e representam 5% da "receita operacional bruta". Em 1993, o "custo das mercadorias vendidas" foi 80% da "receita operacional líquida". O estoque de mercadorias existente em 31/12/93 valia $ 530.

Em 1993, o "lucro (prejuízo) operacional bruto", a "receita operacional líquida" e o "custo das mercadorias vendidas" foram, respectivamente:

a) $ 1.216, $ 6.080 e $ 4.864;
b) $ 1.216, $ 4.864 e $ 6.080;
c) $ 1.216, $ 6.400 e $ 5.184;
d) ($ 1.216), $ 4.864 e $ 6.080.
e) Impossível responder por falta de informações no enunciado.

(SOLUÇÃO)

Receita Operacional Bruta = $ 320 ÷ 5% = $ 6.400

Receita Operacional Líquida = $ 6.400 – $ 320 = $ 6.080

CMV = 80% × $ 6.080 = $ 4.864

LB = VL – CMV = $ 6.080 – $ 4.864 = $ 1.216 ***(Opção a)***

EXERCÍCIO RESOLVIDO 6: (Auditor de Tributos Municipais – CE/Esaf) A subavaliação de estoques no final do exercício:

a) reduz o lucro bruto do exercício findo e do exercício seguinte;
b) reduz o lucro bruto do exercício findo, mas não afeta o resultado do exercício seguinte;
c) aumenta o lucro bruto do exercício findo e do exercício seguinte;
d) aumenta o lucro bruto do exercício findo e reduz o do exercício seguinte;
e) reduz o lucro bruto do exercício findo e aumenta o do exercício seguinte.

(SOLUÇÃO)

Exercício findo → *CMV = EI + CL – EF* → *Se **EF** for subavaliado, observamos, na equação matemática, que o CMV será superavaliado. Como LB = VL – CMV, então o LB será subavaliado (redução do lucro bruto)*

Exercício seguinte → *EF do exercício findo é o mesmo que EI do exercício seguinte. Se EI for subavaliado, o CMV também o será. Consequentemente, o LB será superavaliado (aumento do lucro bruto). **(Opção e)***

EXERCÍCIO RESOLVIDO 7: (Auditor Fiscal da Receita Federal/Esaf) No primeiro ano de funcionamento da empresa "Alfa", ocorreram os seguintes fatos:

Vendas totais	\$ 60
Compras	\$ 46
Devoluções de Compras	\$ 5
Custo das Mercadorias Vendidas	\$ 24

Sabe-se que:

– das vendas totais foram devolvidas mercadorias que haviam sido vendidas por \$10,00;
– o saldo inicial da conta Mercadorias para Revenda era nulo;
– incidiram impostos de 20% sobre as compras e sobre as vendas;
– as despesas comerciais, financeiras, administrativas e gerais somaram \$ 12,00;
– a venda de bens do Ativo Imobilizado produziu um Lucro de \$ 2,00.

Considerando as informações anteriores, indique a opção que contém o valor do saldo final da conta Mercadorias para Revenda e do Resultado do Exercício antes da Contribuição Social sobre o Lucro e do Imposto de Renda, respectivamente:

a) \$ 8,80 e \$ 6,00;
b) \$ 17,00 e \$ 6,00;
c) \$ 12,80 e \$ 10,00;
d) \$ 36,80 e \$ 2,80;
e) \$ 21,00 e \$ 26,00.

(SOLUÇÃO)

CMV = EI + CL – EF → *24 = 0 + (46 – 5) × 0,8 – EF* → *EF = 8,8* ***(Opção a)***

Obs.:

1) Ao multiplicarmos a diferença entre as compras e as devoluções de compras por 0,8, isto é, 41 × 0,8, retiramos, simultaneamente, o ICMS de 20% de ambas.

2) Nessa questão, não foi necessário o cálculo do Resultado do Exercício, pois somente a Opção A contém 8,8 como Estoque Final. Caso fosse necessário esse cálculo, faríamos o seguinte:

(60 – 10) × 0,8 – 24 – 12 + 2 = 6,00 → confirmando a Opção A

EXERCÍCIO RESOLVIDO 8: (Auditor de Tributos Municipais – CE/Esaf) Dados extraídos da Demonstração do Resultado do Exercício e de registros auxiliares de contabilidade de uma sociedade anônima que se dedica às atividades de revenda de mercadorias e de prestação de serviços a terceiros:

– Receita da revenda de mercadorias	60.000
– Receita de serviços	40.000
– Receitas aplicações financeiras	20.000
– Receita de aluguel de imóvel de uso (durante o período de férias coletivas)	5.000
– Receita da venda de um veículo de uso (valor contábil = 5.000)	8.000
– ICMS incidente sobre vendas	10.000
– ISS	1.000
– Desconto a clientes, por antecipação de pagamento	4.000
– Custo das mercadorias vendidas	50.000

O lucro bruto do exercício foi, portanto:

a) 30.000;
b) 35.000;
c) 39.000;
d) 55.000;
e) 68.000.

(SOLUÇÃO)

O lucro bruto de uma empresa comercial e prestadora de serviços é o somatório do lucro com venda de mercadorias e o lucro com venda de serviços. Assim:

Lucro (Mercadorias) = VL – CMV

Lucro (Mercadorias) = (60.000 – 10.000) – 50.000 = 0

Lucro (Serviços) = Receita Líquida de Serviços – Custo dos Serviços Vendidos

Lucro (Serviços) = (40.000 – 1.000) – 0 = 39.000

Lucro Bruto = 0 + 39.000 = 39.000 ***(Opção c)***

EXERCÍCIO RESOLVIDO 9: No início de um período, o estoque da Comercial Cajueiro Ltda., empresa contribuinte do ICMS, era de $ 22.000. Ao longo do período, ocorreram as seguintes operações:

- Compras de mercadorias a prazo $ 50.000, sendo obtido um desconto incondicional de 20%.
- Devoluções referentes às últimas compras no valor de $ 6.000.
- Abatimentos referentes às últimas compras no valor de $ 4.000, a fim de evitar novas devoluções.
- Venda de mercadorias a prazo $ 150.000, sendo concedido um desconto incondicional de 20%.
- Devoluções referentes às últimas vendas no valor de $ 20.000.

Sabendo-se que o lucro bruto apurado no período foi de $ 50.920, então, o valor do estoque final foi de *(**Nota:** Suponha o ICMS 10%)*:

a) $ 7.000;

b) $ 8.000;

c) $ 9.000;

d) $ 10.000;

e) $ 13.080.

(SOLUÇÃO)

CMV = EI + CL – EF

CMV = 22.000 + [(50.000 × 0,8 – 6.000 × 0,8) × 0,9 – 4.000] – EF = 49.680 – EF

Observemos que, ao multiplicar o valor das compras por 0,8, estamos abatendo o desconto de 20%. As devoluções de compras seguem o mesmo raciocínio, visto que representam o estorno das compras. Também, ao multiplicarmos a diferença entre o valor das compras e o valor das devoluções de compras por 0,9, estamos abatendo o ICMS de 10% em ambas as operações. Nas compras, a empresa tem o direito de recuperar o ICMS (ICMS a Recuperar). Nas devoluções de compras, a empresa deverá fazer as notas fiscais de saída e, consequentemente, terá a obrigação de recolher o ***ICMS*** *(ICMS a Recolher). Notemos também que o ICMS incide sobre o valor líquido do desconto, o que não aconteceria com o IPI.*

LB = VL – CMV

50.920 = (150.000 × 0,8 – 20.000 × 0,8) × 0,9 – (49.680 – EF) = 93.600 – 49.680 + EF

EF = 50.920 + 49.680 – 93.600 = 7.000 ***(Opção a)***

Observemos também que o mesmo raciocínio usado no cálculo das Compras Líquidas foi usado no cálculo das Vendas Líquidas, isto é, multiplicamos o valor das Vendas e das Devoluções de Vendas por 0,8, a fim de abater o desconto incondicional de 20%, e multiplicamos a diferença entre as Vendas Líquidas e as Devoluções de Vendas por 0,9, a fim de abater o ICMS de 10%.

EXERCÍCIO RESOLVIDO 10: No início de um período, o estoque de mercadorias para revenda da Cia. Silvestre totalizava R$ 18.000. Ao longo do período, ocorreram os seguintes fatos em ordem cronológica:

- A empresa adquiriu a prazo da Industrial Martins Ltda. mercadorias para revenda no valor de R$ 25.000, sendo obtido no ato da compra um desconto de 20%, com ICMS a 18% e IPI a 10%, e pagando com a emissão de um cheque de R$ 1.600 o frete à transportadora Raio Ltda., a qual realizou o transporte dentro do mesmo Município.
- Devolução de R$ 7.500 das últimas compras.
- Abatimentos referentes às últimas compras no valor de R$ 1.000, a fim de evitar novas devoluções.
- Vendas de mercadorias a prazo no valor de R$ 75.000, sendo concedido no ato da venda um desconto de 20%, ICMS a 18%.
- Devolução referente às últimas vendas no valor de R$ 10.000.
- Pagamento de uma duplicata de R$ 8.000, com desconto de 10%.
- Apropriação de salários no valor de R$ 4.000.
- Pagamento de despesas gerais no valor de R$ 2.600.

Sabendo-se que o estoque de mercadorias no final do período totalizou R$ 7.000, pode-se afirmar que o Resultado Operacional Bruto foi de:

a) R$ 18.640;
b) R$ 19.120;
c) R$ 17.000;
e) R$ 20.000;
d) R$ 18.220.

(SOLUÇÃO)

CMV = EI + CL – EF

= 18.000 + [(25.000 × 0,8 × 0,82 + 25.000 ×0,8 ×0,1 + 1.600) × 0,7 – 1.000] – 7.000

= 24.000

LB = VL – CMV

LB = (75.000 × 0,8 – 10.000 × 0,8) × 0,82 – 24.000 = 18.640 ***(Opção a)***

Observações:

1) Ao multiplicarmos 25.000 por 0,8, abatemos o desconto de 20%. Ao multiplicarmos 25.000 × 0,8 por 0,82, abatemos o ICMS de 18% do valor das compras, líquidas do desconto.

2) Visto que a empresa é comercial, não haverá recuperação do IPI. Desta forma, tal imposto deverá ser somado "por fora" no valor de 10% de 25.000 × 0,8, ou seja, *25.000* × *0,8* × *0,1* (observemos que, da mesma forma que o ICMS, o IPI também incide sobre o valor das compras abatendo os descontos incondicionais, tendo em vista que, no ano de 2017, o DESCONTO INCONDICIONAL foi considerado não mais integrante da base de cálculo do IPI, tendo em vista que o Senado Federal, por meio da Resolução nº 01/2017 (DOU de 09/03) suspendeu a execução do § 2º do art. 14 da Lei nº 4.502 de 1964, com a redação conferida pelo art. 15 da Lei nº 7.798, de 1989, declarado inconstitucional por decisão definitiva proferida pelo Supremo Tribunal Federal nos autos do Recurso Extraordinário nº 567.935, apenas quanto à previsão de inclusão dos descontos incondicionais na base de cálculo do IPI).

3) A relação entre a devolução da compra e a compra é de 7.500 ÷ 25.000, isto é, 0,3 ou 30%. Desta forma, devemos multiplicar a expressão (25.000 × 0,8 × 0,82 + *25.000* × *0,8* × *0,1* + 1.600) por 0,7, a fim de estornarmos os 30% da devolução (observemos que o frete também será estornado na referida proporção, havendo assim uma Perda com Frete no valor de 0,3 × 1.600, sendo esta uma despesa comercial).

4) Observemos que não incidiram ICMS e IPI sobre o frete, dado que este não foi feito pela empresa vendedora e, portanto, não estava incluído na nota fiscal de venda. Caso o frete fosse feito pela empresa vendedora, ele estaria incluído na nota fiscal de venda e, com certeza, incidiria o ICMS sobre o frete. No caso do IPI, "em princípio" também incidiria sobre o frete, dado o disposto no § 1º do art. 15 da Lei nº 7.798, de 1989, que determina que ao valor da operação da qual decorrer a saída do produto do estabelecimento será incluído o valor despendido com o frete. No entanto, conforme o que foi comentado na observação 3 do item 2.1. do presente capítulo, o contribuinte que se sentir lesado pela cobrança indevida do IPI sobre o frete poderá pleitear judicialmente o ressarcimento dos valores indevidamente pagos, de sorte que se pode, nesse caso, refazer todos os cálculos sem a incidência do IPI sobre o frete.

5) No abatimento dado para evitar devolução, não há impostos e nenhum ajuste a fazer com relação ao frete. Assim, basta subtrairmos o seu valor, isto é, R$ 1.000 do valor da compra.

3. Apuração Contábil

No item anterior, estudamos as formas de apurarmos o CMV (Custo das Mercadorias Vendidas) e o RCM (Resultado com Mercadorias) utilizando apenas relações matemáticas. Agora estudaremos as formas de apurarmos os mesmos elementos contabilmente, isto é, através de lançamentos nos razonetes e no livro diário. Para isso, veremos os diferentes sistemas e critérios utilizados pelas empresas no controle de seus estoques e dos custos das mercadorias vendidas. Nas empresas comerciais, tal controle pode ser feito de duas formas:

- Periodicamente
- Continuamente

Ao controle periódico do estoque e do CMV, chamamos *Inventário Periódico*. Assim, fazer INVENTÁRIO é levantar o valor dos estoques. Se o levantamento é feito de forma contínua, o sistema é de *Inventário Permanente*.

3.1. Inventário Periódico

Nesse sistema, a empresa não controla seus estoques ao longo do período, havendo, portanto, a necessidade do seu **levantamento físico**, ao fim de cada período (mensal, trimestral, semestral, anual etc.), a fim de que se possa apurar o CMV (Custo das Mercadorias Vendidas) e o RCM (Resultado com Mercadorias).

Não é um sistema ideal em nível gerencial, pois não permite o controle do CMV e do RCM após cada operação de venda. No entanto, dada a sua praticidade nas pequenas e médias empresas, é o sistema mais utilizado, tendo em vista a relativa facilidade do levantamento físico dos estoques.

Se uma empresa trabalha com o sistema de inventário periódico, pode optar por dois métodos alternativos de contabilização:

- Conta Mercadorias Mista
- Conta Mercadorias Desdobrada

3.1.1. Conta Mercadorias Mista (ou Sistema de Conta Única)

Nesse método, a conta MERCADORIAS é, ao mesmo tempo, conta patrimonial e conta de resultado. Patrimonial, pois registra os estoques. De resultado, pois registra todas as compras, vendas, devoluções e abatimentos. Daí, o termo "conta mista", visto que a conta mercadorias é uma "mistura" entre conta patrimonial e conta de resultado.

Esse é um caso exclusivo em toda a Contabilidade, ou seja, em nenhum outro método uma conta é, simultaneamente, conta patrimonial e de resultado.

Exemplo: No início de um período, o estoque de mercadorias da Comercial Castelo Ltda. totalizava R$ 13.000. Ao longo do período, ocorreram as seguintes operações:

1) Compras de mercadorias a prazo no valor de R$ 20.000.
2) Devoluções de R$ 4.000 das compras anteriores.
3) Vendas de mercadorias a prazo no valor de R$ 40.000.
4) Recebimento em devolução de R$ 5.000 das vendas anteriores.

Sabendo-se que o inventário físico do estoque, ao fim do período, importou em R$ 8.000, apure o RCM:

A) Matematicamente

B) Contabilmente, pelo sistema de conta única (conta mista)

(SOLUÇÃO)

A) **CMV = EI + CL – EF** / CMV = 13.000 + (20.000 – 4.000) – 8.000 = 21.000

RCM = VL – CMV à RCM = (40.000 – 5.000) – 21.000 = **14.000**

B) Na apuração contábil, utilizaremos as seguintes contas: Mercadorias, RCM, Clientes e Fornecedores:

Mercadorias	
13.000	4.000 (2)
(1) 20.000	40.000 (3)
(4) 5.000	
	6.000 → ***saldo credor***

Fornecedores	
(2) 4.000	20.000 (1)

Clientes	
(3) 40.000	5.000 (4)

Observemos que a conta Mercadorias, ao fim do período, apresentou saldo credor de R$ 6.000. Isto é consequência da conta mista, pois, como tal, a conta Mercadorias poderá apresentar qualquer tipo de saldo, inclusive credor. No entanto, quando a empresa fizer, ao final do período, seu Balanço Patrimonial, a conta Mercadorias, como uma conta do Ativo, deverá apresentar saldo devedor, sendo este correspondente ao valor do estoque naquele momento (estoque final). Daí, faremos o seguinte AJUSTE: Debitaremos um valor na conta Mercadorias, de tal forma que o saldo credor de R$ 6.000 se "transforme" em saldo devedor de R$ 8.000 (estoque final). Desta forma, o valor a ser debitado será de R$ 6.000 + R$ 8.000, isto é, R$ 14.000. A contrapartida deste débito será um crédito na conta RCM no mesmo valor. Este será o valor do Lucro Bruto procurado. Assim, nos razonetes, teremos:

Mercadorias	
■	■
■	■
(5) 14.000	*6.000*

RCM	
	14.000 (5) → Lucro Bruto

No livro Diário, teremos os seguintes lançamentos:

(1) Mercadorias

a Fornecedores......................................20.000

(2) Fornecedores

a Mercadorias 4.000

(3) Clientes

a Mercadorias 40.000

(4) Mercadorias

a Clientes...5.000

(5) Mercadorias

a RCM 14.000

Tendo por base o raciocínio do exercício resolvido anterior, podemos generalizar as seguintes regras:

(REGRA 1) Conta MERCADORIAS com saldo CREDOR: Neste caso, a empresa sempre terá LUCRO, e este será igual à soma do valor do saldo credor com o valor do inventário físico do estoque ao fim do período. Exemplo:

Saldo Credor = $ 12.000

Estoque Final = $11.000 → RCM = $ 12.000 + $ 11.000 = $ 23.000 (Lucro)

(REGRA 2) Conta MERCADORIAS com saldo DEVEDOR: Neste caso, temos duas possibilidades:

1ª POSSIBILIDADE: Quando o valor do estoque final for maior que o valor do saldo devedor. Neste caso, o RCM será de LUCRO, sendo este igual à diferença entre o valor do estoque final e o valor do saldo devedor. Exemplo:

Saldo Devedor = $ 6.000

Estoque Final = $ 8.300 → RCM = $ 8.300 – $ 6.000 = $ 2.300 (Lucro)

2ª POSSIBILIDADE: Quando o valor do estoque final for menor que o valor do saldo devedor. Neste caso, o RCM será de PREJUÍZO, sendo este igual à diferença entre o valor do saldo devedor e o valor do estoque final. Exemplo:

Saldo Devedor = $ 7.800

Estoque Final = $ 5.100 → RCM = $ 7.800 – $ 5.100 = $ 2.700 (Prejuízo)

EXERCÍCIO RESOLVIDO 11: (Técnico da Receita Federal/Esaf) No encerramento do exercício social, a conta Mercadorias – usada para registro de estoques, compras e vendas de mercadorias – apresentava-se com saldo credor de R$ 240.000. Sabendo-se que o inventário final foi de R$ 195.000, pode-se afirmar que houve nas vendas do período:

a) prejuízo de R$ 45.000;
b) lucro de R$ 45.000;
c) prejuízo de R$ 240.000;
d) lucro de R$ 435.000;
e) prejuízo de R$ 435.000.

(SOLUÇÃO)

Como o saldo é credor, haverá lucro. Este, conforme visto na REGRA 1, será a soma do Estoque Final com o Saldo Credor, isto é, R$ 195.000 + R$240.000 = R$ 435.000. ***(Opção d)***

3.1.2. Conta Mercadorias Desdobrada

De forma diferente do método anterior (conta mista), nesse método a conta mercadorias assume apenas função de conta patrimonial, pois é utilizada exclusivamente para o registro dos estoques. As compras, vendas, devoluções e abatimentos são desdobrados em contas específicas, as quais são consideradas contas de resultado. Desta forma, *Compras*, *Abatimentos sobre Vendas* e *Devoluções de Vendas* representam contas de despesas; *Vendas*, *Devoluções de Compras* e *Abatimentos sobre Compras* representam contas de receitas.

Exemplo: Resolva contabilmente o exercício anterior (empresa Comercial Castelo Ltda.), utilizando a conta MERCADORIAS DESDOBRADA.

(SOLUÇÃO)

Inicialmente, utilizaremos as contas Mercadorias, Compras, Devoluções de Compras, Vendas, Devoluções de Vendas, Clientes e Fornecedores. Assim:

Mercadorias	
13.000	

Compras	
(1)20.000	

Dev. de Compras	
	4.000(2)

Vendas	
	40.000 (3)

Dev. de Vendas	
(4) 5.000	

Clientes	
(3) 40.000	*5.000 (4)*

Fornecedores	
(2) 4.000	*20.000 (1)*

Agora, iremos apurar contabilmente o CMV, tendo como base a fórmula matemática: CMV = EI + CL – EF. Nesta fórmula, observamos que o primeiro passo é transferir contabilmente o estoque inicial, as compras e as devoluções de compras para a conta CMV:

Mercadorias	
13.000	*13.000 (5)*

Compras	
20.000	*20.000 (5)*

Devol. de Compras	
(6) 4.000	*4.000*

CMV	
(5) 13.000	*4.000 (6)*
(5) 20.000	

Obs.: Opcionalmente, ao invés de termos transferido o valor das Devoluções de Compras para a conta CMV, poderíamos ter transferido para a conta Compras, ficando esta com o valor das Compras Líquidas, ou seja, R$ 16.000. Posteriormente, iríamos transferir este valor para a conta CMV. O resultado final seria o mesmo.

O próximo passo é atualizar a conta Mercadorias, debitando-a no valor do Estoque Final, isto é, R$ 8.000, e, em contrapartida, creditando a conta CMV no mesmo valor:

Mercadorias	
8.000	

CMV	
13.000	*4.000*
20.000	*8.000 (7)*
21.000	

Agora, iremos apurar contabilmente o RCM, com base na equação matemática: RCM = VL – CMV. Observando esta equação, a primeira coisa a fazer é transferir o valor das Vendas e das Devoluções de Vendas para a conta RCM:

Vendas	
(8) 40.000	*40.000*

Devol. de Vendas	
5.000	*5.000 (9)*

RCM	
(9) 5.000	*40.000 (8)*

Finalmente, iremos transferir o valor do CMV para a conta RCM, apurando assim o valor do Lucro Bruto:

CMV	
21.000	*21.000 (10)*

RCM	
5.000	*40.000*
(10) 21.000	
	14.000 → *Lucro Bruto*

No livro Diário, teremos os seguintes lançamentos:

(1) Compras
a Fornecedores..............................20.000

(2) Fornecedores
a Devoluções de Compras................4.000

(3) Clientes
a Vendas.......................................40.000

(4) Devoluções de Vendas
a Clientes.......................................5.000

(5) CMV
a Diversos
a Mercadorias.......... 13.000
a Compras .... 20.000.........33.000

(6) Devoluções de Compras
a CMV..4.000

(7) Mercadorias
a CMV..8.000

(8) Vendas
a RCM.......................................40.000

(9) RCM
a Devoluções de Vendas...................5.000

(10) RCM
a CMV..21.000

EXERCÍCIO RESOLVIDO 12: (Auditor da Receita Federal/Esaf) Ao encerrar determinado período, a empresa procedeu, na apuração de resultados, ao seguinte lançamento de ajuste, apresentado de forma simplificada:

Diversos		
a Compras		
Custo de Mercadorias Vendidas	22,00	
Mercadorias	1,00	23,00

a) O valor do estoque inicial de Mercadorias é maior que o valor do estoque final.
b) O valor do estoque inicial de Mercadorias é igual ao valor do estoque final.
c) O valor do estoque final de Mercadorias é maior que o valor do estoque inicial.
d) O registro não contém elementos suficientes para se saber se o estoque inicial é maior, igual ou menor que o estoque final de Mercadorias.
e) O valor do estoque final de Mercadorias é menor que o valor do estoque inicial, porque o Custo de Mercadorias Vendidas é menor do que o valor das Compras.

(SOLUÇÃO)

Com base na fórmula CMV = EI + C – EF, lembremos que, na apuração contábil do CMV, creditamos a conta Mercadorias pelo valor de EI, e debitamos a mesma pelo valor de EF, em contrapartida com a conta CMV, isto é:

(1) Baixa do Estoque Inicial e das Compras em contrapartida com CMV:

D – CMV

C – Mercadorias (pelo valor do Estoque Inicial)

C – Compras

(2) Atualização do saldo da conta Mercadorias pelo valor do Estoque Final:

D – Mercadorias (pelo valor do Estoque Final)

C – CMV

Unindo os dois lançamentos, se o valor de EF for maior que o valor de EI, então prevalecerá o débito sobre o crédito na conta Mercadorias, ficando o lançamento único (ou simplificado), conforme descrito no enunciado, ou seja:

D – Mercadorias (pela diferença entre EF e EI)

D – CMV

C – Compras ***(Opção c)***

EXERCÍCIO RESOLVIDO 13: Dados os fatos, faça os lançamentos no Diário utilizando a conta mercadorias desdobrada:

1) Compras a prazo de mercadorias para revenda no valor de $ 10.000, com ICMS a 18%.

(SOLUÇÃO)

Diversos

a Fornecedores

Compras 8.200

ICMS a Recuperar............................1.800............. 10.000

2) Devolução de metade das compras do número 1.

(SOLUÇÃO)

Fornecedores

a Diversos

a Devoluções de Compras 4.100

a ICMS a Recolher ....900............... 5.000

3) Abatimentos obtidos referentes às compras do número 1 no valor de R$ 600, a fim de evitar novas devoluções.

(SOLUÇÃO)

Fornecedores

a Abatimento sobre Compras 600

Obs.: Notemos que nas Devoluções de Vendas, tendo em vista que as mercadorias circulam, isto é, saem da empresa, esta irá fazer notas fiscais para tais devoluções e, consequentemente, haverá incidência de ICMS. No caso dos Abatimentos, não há circulação de mercadorias e, portanto, não há emissão de notas fiscais e nem incidência do ICMS.

4) Compras a prazo de mercadorias para revenda no valor de $ 10.000, com desconto incondicional de 20% e ICMS a 18%.

(SOLUÇÃO)

Diversos

a Diversos

Compras ....8.560 (10.000 – 18% × 80% × 10.000)

ICMS a Recuperar...1.440 (18% × 80% × 10.000)

a Fornecedores 8.000

a Descontos Incondicionais Obtidos...................2.000 ....10.000

Obs.: Notemos que o ICMS incide sobre o valor das compras líquidas dos descontos, isto é, incide sobre os 80% de $ 10.000.

5) Devoluções de metade das compras do número 4.

(SOLUÇÃO)
Diversos
a Diversos
Fornecedores 4.000
Descontos Incondicionais Obtidos 1.000
a Devoluções de Compras 4.280
a ICMS a Recolher .... 720 .... 5.000

6) Vendas de mercadorias a prazo no valor de $ 50.000, ICMS 18%.

(SOLUÇÃO)
Clientes
a Vendas 50.000

ICMS sobre Vendas
a ICMS a Recolher 9.000

Observações:

1. Notemos que, de forma diferente das compras, onde o ICMS é abatido logo no início, no valor das vendas o ICMS não é abatido. Só o será na apuração das Vendas Líquidas. Isso se explica em função da elaboração da Demonstração do Resultado do Exercício, a qual deve iniciar com o valor das Vendas Brutas.

2. No lugar de dois lançamentos de 1ª fórmula, poderíamos optar por um único de 4ª fórmula.

7) Recebimento em devolução da quinta parte das vendas anteriores.

(SOLUÇÃO)
Devolução de Vendas
a Clientes 10.000

ICMS a Recuperar
a ICMS sobre Vendas.. 1.800

8) Vendas de mercadorias a prazo no valor de $ 10.000, com desconto incondicional concedido ao cliente de 20%, ICMS 18%.

(SOLUÇÃO)

Diversos

a Vendas

Clientes... 8.000

Descontos Incondicionais Concedidos .... 2.000............. 10.000

ICMS sobre Vendas

a ICMS a Recolher.. 1.440

9) Compra de mercadorias a prazo para revenda no valor de $ 10.000, ICMS 18% e IPI 20%, supondo:

9.1) Empresa contribuinte dos dois impostos.

(SOLUÇÃO)

Diversos

a Fornecedores

Compras 8.200

ICMS a Recuperar..................................1.800

IPI a Recuperar.......................................2.000 .... 12.000

Obs.: Se a empresa é contribuinte dos dois impostos, então recupera ambos. Lembremos que o ICMS é um imposto "por dentro", isto é, já está embutido nos $ 10.000. Porém o IPI é um imposto "por fora", ou seja, não está embutido nos $ 10.000. Desta forma, o total da nota fiscal será de $ 12.000.

9.2) Empresa comercial revendedora da mercadoria.

(SOLUÇÃO)

Se a empresa é comercial, então é contribuinte do ICMS, mas não é do IPI. Desta forma, o IPI não recuperável integrará o custo das compras, ficando estas com o valor de $ 8.200 + $ 2.000, isto é, $ 10.200. Assim, teremos:

Diversos

a Fornecedores

Compras 10.200

ICMS a Recuperar..................................1.800 .... 12.000

Obs.: Em todos os lançamentos anteriores, utilizamos a conta *ICMS a Recuperar* para compras e devoluções de vendas, e *ICMS a Recolher* para vendas e devoluções de compras. No entanto, opcionalmente, poderíamos ter usado em todos os lançamentos uma conta chamada *C/C ICMS* (Conta-Corrente ICMS), a qual sempre poderá ser usada em qualquer hipótese. Porém, se ao fim do período, tal conta tiver saldo credor, terá que ser transferida para a conta *ICMS a Recolher*, através do seguinte lançamento:

C/C ICMS

a ICMS a Recolher

Caso tenha saldo devedor, terá que ser transferida para a conta *ICMS a Recuperar*, através do seguinte lançamento:

ICMS a Recuperar

a C/C ICMS

O mesmo vale para o IPI, ou seja, podemos, nos lançamentos, substituir as contas *IPI a Recuperar* e *IPI a Recolher* pela conta única C/C IPI, lembrando que, ao fim do período, tal conta deverá ser transferida para *IPI a Recuperar* ou *IPI a Recolher,* dependendo do saldo.

3.2. Inventário Permanente

O Inventário Permanente é um sistema utilizado normalmente nas grandes empresas, tendo em vista o grande volume de estoques e a necessidade de um controle mais preciso dos resultados brutos, pois, a cada venda, é possível se saber o valor do custo das mercadorias vendidas.

Ao contrário do sistema de Inventário Periódico, onde o valor dos estoques só é apurado de período em período, através de contagem física, no sistema de Inventário Permanente há um controle contínuo dos estoques, por meio da utilização de **fichas de controle** para cada espécie de mercadoria.

Para o controle contínuo dos estoques, deve-se adotar algum critério. Entre os critérios de controle de estoques existentes, podemos destacar os seguintes:

- Método do Custo Específico
- Método PEPS
- Método UEPS
- Método do Custo Médio (Móvel)

3.2.1. Método do Custo Específico

Método utilizado em mercadorias de valor significativo, distinguíveis entre si, tais como automóveis para revenda, imóveis, obras de arte para venda etc.

3.2.2. Método PEPS (a Primeira a Entrar é a Primeira a Sair)

Nesse método, dá-se primeiro saída nas mercadorias mais antigas, ficando nos estoques as mais recentes.

Comparativamente aos métodos já mencionados, num regime **inflacionário** (tendência crescente de preços ao longo do tempo), os valores do Estoque Final e do CMV são, respectivamente, maiores e menores, pois, na venda, sairão primeiro as mercadorias mais "baratas", ficando nos estoques as mais "caras". Consequentemente, o RCM é o maior possível e o CMV, o menor possível. Caso haja **deflação** (preços decrescentes no decorrer do tempo), sairão primeiro as mais caras (maior CVM), ficando nos estoques as mais baratas (menor Estoque Final). Consequentemente, o RCM será o menor possível, tendo em vista que o CMV será o maior possível. No caso de **estabilidade econômica de preços**, os valores do Estoque Final, do CMV e do RCM serão os mesmos que aqueles encontrados em qualquer outro método.

Exemplo: No início de um período, havia no estoque de mercadorias da Cia. Comercial Alfa 40 unidades da mercadoria X a $ 8 a unidade. Ao longo do período, ocorreram os seguintes fatos:

Compra de 60 unidades a $ 9 cada

Compra de 50 unidades a $ 10 cada

Venda de 120 unidades a $ 16 cada

Compra de 50 unidades a $ 12 cada

Assim, pelo método PEPS, teremos:

CMV = (40 × 8) + (60 × 9) + (20 × 10) = 1.060

Estoque Final = (30 × 10) + (50 × 12) = 900

Receita de Vendas = 120 × 16 = 1.920

RCM = V – CMV = 1.920 – 1.060 = 860

3.2.3. Método UEPS (a Última a Entrar é a Primeira a Sair)

Ao contrário do método PEPS, dá-se primeiro saída nas mercadorias mais recentes, ficando nos estoques as mais antigas. Desta forma, em comparação aos métodos já mencionados, num regime de tendência crescente de preços (inflação), os valores do Estoque Final e do CMV serão, respectivamente, os menores e o maiores possíveis. No caso de deflação, ocorrerá o inverso, isto é, os valores do Estoque Final e do CMV estarão, respectivamente, superavaliados e subavaliados. No caso de estabilidade econômica de preços, os valores seriam os mesmos daqueles apurados por outro método.

Assim, no exemplo da Cia. Comercial Alfa dado anteriormente, teríamos pelo método UEPS:

CMV = (50 × 10) + (60 × 9) + (10 × 8) = 1.120

Estoque Final = (30 × 8) + (50 × 12) = 840

RCM = V – CMV = 1.920 – 1.120 = 800

Obs.: Como podemos observar no exemplo dado, num regime inflacionário, em comparação com os métodos de controle de estoque já mencionados, o RCM pelo método UEPS é o menor possível, fazendo com que o Imposto de Renda sobre o lucro também o seja. Daí, o Regulamento do Imposto de Renda NÃO PERMITE que as empresas no Brasil, que estejam obrigadas a declarar tal imposto com base no lucro fiscal, utilizem o método UEPS.

3.2.4. Método do Custo Médio

Também chamado de Média Ponderada Móvel, pois a cada nova aquisição é calculada uma nova média. Assim, no exemplo da Cia. Comercial Alfa, teríamos:

$$\text{CMV} = 120 \times \frac{[(40 \times 8) + (60 \times 9) + (50 \times 10)]}{150} = 120 \times 9{,}0667 = 1.088$$

Estoque Final = (30 × 9,0667) + (50 × 12) = 872

RCM = 1.920 – 1.088 = 832

Comparando os métodos anteriores (regime inflacionário):

ITEM	PEPS	CUSTO MÉDIO	UEPS
CMV	$ 1.060	$ 1.088	$ 1.120
RCM	$ 860	$ 832	$ 800
Estoque Final	$ 900	$ 872	$ 840

Obs.: Além dos métodos vistos anteriormente, existe outro método, dentro do sistema de inventário permanente, conhecido como MÉTODO DA MÉDIA PONDERADA FIXA. Este consiste na apuração de uma única média para todo o período, independentemente das vendas intercaladas, ao contrário do método da média ponderada móvel, onde a cada nova aquisição é apurada uma nova média.

Assim, no exemplo da Cia. Comercial Alfa, teríamos por esse método:

$$\text{CMV} = 120 \times \frac{[(40 \times 8) + (60 \times 9) + (50 \times 10) + (50 \times 12)]}{200} = 1.176$$

$$\text{Estoque Final} = 80 \times \frac{[(40 \times 8) + (60 \times 9) + (50 \times 10) + (50 \times 12)]}{200} = 784$$

RCM = $ 1.920 – $ 1.176 = $ 744

Notemos que o RCM apurado por esse último método é menor que todos os outros, visto que, num regime de inflação, a última mercadoria que entrou é mais cara, forçando assim a uma superavaliação do CMV. Por essa razão, tal método não é permitido pela legislação fiscal, pois, num regime inflacionário, leva ao menor lucro e, consequentemente, ao menor imposto de renda.

3.2.5. Contabilização em Inventário Permanente

***Compras sem ICMS*:**

à vista	*a prazo*
Mercadorias a Caixa	Mercadorias a Fornecedores

***Compras com ICMS*:**

à vista	*a prazo*
Diversos a Caixa Mercadorias ICMS a Recuperar	Diversos a Fornecedores Mercadorias ICMS a Recuperar

Devolução de compras sem ICMS:

à vista	*a prazo*
Caixa a Mercadorias	Fornecedores a Mercadorias

***Devolução de compras com ICMS*:**

à vista	*a prazo*
Caixa a Diversos a Mercadorias a ICMS a Recolher	Fornecedores a Diversos a Mercadorias a ICMS a Recolher

Abatimento sobre compras *(não existe ICMS, visto que não há circulação de mercadorias)*

à vista	*a prazo*
Caixa a Mercadorias	Fornecedores a Mercadorias

Vendas sem ICMS:

à vista	*a prazo*
Caixa a Vendas CMV a Mercadorias	Clientes a Vendas CMV a Mercadorias

Abatimentos sobre vendas:

à vista	*a prazo*
Abatimento sobre vendas a Caixa	Abatimento sobre vendas a Clientes

Vendas com ICMS:

à vista	*a prazo*
Caixa a Vendas CMV a Mercadorias ICMS sobre Vendas a ICMS a Recolher	Clientes a Vendas CMV a Mercadorias ICMS sobre Vendas a ICMS a Recolher

Devolução de vendas sem ICMS:

à vista	*a prazo*
Devolução de Vendas a Caixa Mercadorias a CMV	Devolução de Vendas a Clientes Mercadorias a CMV

Devolução de vendas com ICMS:

à vista	*a prazo*
Devolução de Vendas a Caixa	Devolução de Vendas a Clientes
Mercadorias a CMV	Mercadorias a CMV
ICMS a Recuperar a ICMS sobre Vendas	ICMS a Recuperar a ICMS sobre Vendas

Observações:

1) Notemos que, nas compras, a conta MERCADORIAS é debitada. Isto se explica tendo em vista a filosofia do Sistema de Inventário Permanente, que é a de manter o estoque continuamente atualizado. Assim, jamais uma empresa que trabalhe com controle permanente de estoques poderia utilizar a conta COMPRAS. Esta conta é típica do Sistema de Inventário Periódico, pois não mantém os estoques em dia.

2) No caso das vendas de mercadorias, utilizamos, no Sistema de Inventário Permanente, a conta desdobrada VENDAS, pois registra a receita bruta. Porém, tendo em vista que os estoques devem estar continuamente atualizados, nas vendas, devem ser feitos lançamentos complementares, debitando-se a conta CMV e creditando-se a conta Mercadorias.

3.2.6. Ficha de Controle de Estoque

Essencialmente, possui três colunas principais:

- Coluna de ENTRADAS: É utilizada para Compras, Devoluções de Compras e Abatimentos sobre Compras.
- Coluna de SAÍDAS: É utilizada para Vendas e Devoluções de Vendas.
- Coluna de ESTOQUE: É utilizada para o SALDO de estoques, isto é, valor dos estoques existentes.

Cada coluna (Entradas, Saídas ou Estoque) possui três subcolunas:

- Coluna de QUANTIDADES (Q)
- Coluna de VALOR UNITÁRIO (U) da mercadoria
- Coluna de SALDO ou TOTAL (T = Q × U)

FICHA DE ESTOQUE (modelo simplificado):

ENTRADAS			SAÍDAS			SALDO		
Q	U	T	Q	U	T	Q	U	T

EXERCÍCIO RESOLVIDO 14: No início de um período, o estoque de mercadorias da Empresa Comercial São Luís S/A era de 45 unidades a $ 80 a unidade. Ao longo do período, ocorreram os seguintes fatos:

1) Compra de 80 unidades a $ 90.
2) Devolução de 25 unidades das últimas compras.
3) Abatimento sobre a última compra no valor de $ 165, a fim de evitar nova devolução.
4) Venda de 80 unidades a $ 180 cada.
5) Devolução de 40 unidades da última venda.
6) Abatimento sobre a última venda no valor de $ 1.200.

Assim, apure o CMV, o Estoque Final e o RCM, considerando:

A) Método PEPS;
B) Método UEPS;
C) Método do CUSTO MÉDIO.

(SOLUÇÃO)

A) Método PEPS

ENTRADAS			*SAÍDAS*			*SALDO*		
Q	*U*	*T*	*Q*	*U*	*T*	*Q*	*U*	*T*
						45	*80,00*	*3.600*
80	*90,00*	*7.200*				*45* *80*	*80,00* *90,00*	*3.600* *7.200*
(25)	*90,00*	*(2.250)*				*45* *55*	*80,00* *90,00*	*3.600* *4.950*
–	–	*(165)*				*45* *55*	*80,00* *87,00*	*3.600* *4.785*
			45 *35*	*80,00* *87,00*	*3.600* *3.045*	*20*	*87,00*	*1.740*
			(35) *(5)*	*87,00* *80,00*	*(3.045)* *(400)*	*5* *55*	*80,00* *87,00*	*400* *4.785*

CMV = Total da coluna de saída = $ 3.600 + $ 3.045 – $ 3.045 – $ 400 = $ 3.200

Estoque Final = $ 400 + $ 4.785 = $ 5.185

Vendas Líquidas = 80 × $ 180 – 40 × $ 180 – $ 1.200 = $ 6.000

RCM = $ 6.000 – $ 3.200 = $ 2.800

***Nota:** Observemos que o <u>Abatimento sobre Vendas</u> não aparece na ficha de estoques, pois não afeta o custo dos estoques e sim o valor das Vendas Líquidas.*

B) Método UEPS

ENTRADAS			SAÍDAS			SALDO		
Q	U	T	Q	U	T	Q	U	T
						45	80,00	3.600
80	90,00	7.200				45	80,00	3.600
						80	90,00	7.200
(25)	90,00	(2.250)				45	80,00	3.600
						55	90,00	4.950
–	–	(165)				45	80,00	3.600
						55	87,00	4.785
			55	87,00	4.785			
			25	80,00	2.000	20	80,00	1.600
			(25)	80,00	(2.000)	45	80,00	3.600
			(15)	87,00	(1.305)	15	87,00	1.305

CMV = $ 4.785 + $ 2.000 – $ 2.000 – $ 1.305 = $ 3.480

Estoque Final = $ 3.600 + $ 1.305 = $ 4.905

RCM = $ 6.000 – $ 3.480 = $ 2.520

C) Método do CUSTO MÉDIO

ENTRADAS			SAÍDAS			SALDO		
Q	U	T	Q	U	T	Q	U	T
						45	80,00	3.600
80	90,00	7.200				125	86.40	10.800
(25)	90,00	(2.250)				100	85.50	8.550
–	–	(165)				100	83.85	8.385
			80	83.85	6.708	20	8.85	1.677
			(40)	83,85	(3.354)	60	83.85	5.031

CMV = $ 6.708 – $ 3.354 = $ 3.354

Estoque Final = $ 5.031

RCM = $ 6.000 – $ 3.354 = $ 2.646

EXERCÍCIO RESOLVIDO 15: (Auditor da Receita Federal/Esaf) A CIA. AMAZÔNIA compra a prazo lotes de um determinado produto na seguinte ordem:

LOTES	DATA/AQUISIÇÃO	QTD	PREÇO UN.
A	04/01/X1	500	$ 400,00
B	20/01/X1	1.000	$ 450.00
C	27/01/X1	2.000	$ 520.00

Considerando-se ainda que:

I – sobre as compras do Lote A foram pagos fretes no valor de $ 20 por unidade transportada em 05/01/X1;

II – devolução em 21/01/X1 de 200 unidades do Lote B;

III – sobre as compras do Lote C foi concedido um abatimento no valor de $ 118.400 em 28/01/X1;

IV – no mês foram consumidas: 1.200 unidades em 23/01/X1 e 2.000 unidades em 30/01/X1.

Com base nestes dados, pode-se afirmar que o valor dos estoques consumidos, de acordo com a média ponderada fixa, foi de:

a) $ 1.445.626,38;

b) $ 1.570.000,00;

c) $ 1.449.600,00;

d) $ 1.446.400,00;

e) $ 1.445.520,00.

(SOLUÇÃO)

Valor dos Estoques

Lote A → *500 × ($ 400 + $ 20) = $ 210.000*

Lote B → *(1.000 – 200) × $ 450 = $ 360.000*

Lote C → *2.000 × $ 520 – $ 118.400 = $ 921.600*

TOTAL.. $ 1.491.600

Custo Médio Fixo Unitário = $ 1.491.600 ÷ (500 + 800 + 2.000) = $ 452

Estoques Consumidos = $ 452 × (1.200 + 2.000) = $ 1.446.400 ***(Opção d)***

EXERCÍCIO RESOLVIDO 16: (Analista de Finanças e Controle/Esaf) Em setembro de 1997, a conta Mercadorias para Revenda registrou a seguinte movimentação:

5/9/97 – Compra de 500 unidades ao preço de R$ 0,20 a unidade;

10/9/97 – Compra de 2.000 unidades, ao preço de R$ 0,25 a unidade;

15/9/97 – Venda de 300 unidades pelo valor total de 150;

20/9/97 – Compra de 600 unidades pelo valor total de 150;

25/9/97 – Compra de 800 unidades, pelo valor total de 200;

30/9/97 – Venda de 3.000 unidades, ao preço unitário de 0,60.

Considere que:

– as compras e as vendas estão sujeitas a ICMS de 20%;

– a empresa avalia seu estoque pelo método de custo médio ponderado;

– o estoque, em 31/8/97, era de 200 unidades, ao custo unitário de 0,30;

– nos cálculos devem ser consideradas duas casas decimais;

– o saldo da conta corrente ICMS, em 31/8/97, era nulo.

Levando-se em conta os dados acima, podemos afirmar que o:

a) lucro bruto na venda de 30/9/97 é de 1.110;

b) lucro bruto na venda de 15/9/97 é de 78;

c) valor do estoque final, em 30/9/97, é de 188;

d) lucro bruto nas vendas do período é de 1.200;

e) saldo da conta C/C ICMS, em 30/9/97, é de 200.

(SOLUÇÃO)

ENTRADAS			*SAÍDAS*			*SALDO*		
Q	*U*	*T*	*Q*	*U*	*T*	*Q*	*U*	*T*
						200	*0,30*	*60*
500	*0,16*	*80*				*700*	*0,20*	*140*
2.000	*0,20*	*400*				*2.700*	*0,20*	*540*
			300	*0,20*	*60*	*2.400*	*0,20*	*480*
600	*0,20*	*120*				*3.000*	*0,20*	*600*
800	*0,20*	*160*				*3.800*	*0,20*	*760*
			3.000	*0,20*	*600*	*800*	*0,20*	*160*

05/9/97 – ICMS = 500 × 0,20 × 20% = 20 (débito em C/C)

10/9/97 – ICMS = 2.000 × 0,25 × 20% = 100 (débito em C/C ICMS)

15/9/97 – ICMS = 150 × 20% = 30 (crédito em C/C ICMS)

20/9/97 – ICMS = 150 × 20% = 30 (débito em C/C ICMS)

25/9/97 – ICMS = 200 × 20% = 40 (débito em C/C ICMS)

30/9/97 – ICMS = 3.000 × 0,60 × 20% = 360 (crédito em C/C ICMS)

C/C	*ICMS*
20	*30*
100	*360*
30	
40	
	200 → ***Opção E***

Analisando as outras opções:

a) LB (30/9/97) = 3.000 × 0,60 × 80% – 600 = 840

b) LB (15/9/97) = 150 × 80% – 60 = 60

c) Estoque (30/9/97) = 160

d) LB (período) = 840 + 60 = 900

EXERCÍCIO RESOLVIDO 17: A Comercial Varejista Ltda., que vende um único tipo de mercadoria, apresentou as seguintes informações, com relação ao mês de outubro de X0:

vendas a prazo	12.000,00
vendas à vista	15.000,00
devolução de vendas	500,00
ICMS sobre vendas	2.500,00
ICMS sobre compras	2.200,00
estoque em 30 de setembro	4.000,00
compras à vista	7.000,00
compras a prazo	8.000,00
devolução de compras	1.000,00
abatimento no preço de compra	200,00

Considerando que durante todo o mês de outubro a empresa não conseguiu vender 2/5 da quantidade de mercadorias disponíveis para venda no período, e fazendo a contabilização correta do movimento realizado, podemos dizer em relação a esse mês que:

(NOTA: Suponha que o custo unitário do estoque em 30 de setembro e o custo unitário das mercadorias compradas em outubro sejam iguais)

a) o ICMS de outubro a recolher em novembro é de R$ 2.500,00;

b) o custo da mercadoria vendida no período alcançou R$ 7.120,00;

c) o estoque final de mercadorias foi avaliado em R$ 10.680,00;

d) as vendas do mês deram um lucro operacional bruto de R$ 14.640,00;

e) a receita líquida de vendas alcançou o montante de R$ 26.200,00.

(SOLUÇÃO)

Se a empresa não conseguiu vender 2/5 das mercadorias disponíveis para venda, então vendeu 3/5, isto é:

CMV = 3/5 das Mercadorias Disponíveis para Venda, ou seja,

CMV = 3/5 (EI + CL) = 3/5 [4.000 + (7.000 + 8.000 – 2.200 – 1.000 – 200)]

CMV = 9.360

LB = VL – CMV → LB = (12.000 + 15.000 – 500 – 2.500) – 9.360 = 14.640

(Opção d)

EXERCÍCIO RESOLVIDO 18: (Agente Tributário Estadual – MS/Esaf) O chapeleiro Sr. Francisco de Paula, fabricante dos chapéus Frapa, está planejando uma promoção de vendas em que possa oferecer a todos os clientes um desconto-padrão de 20%, mas precisa obter uma margem bruta sobre vendas também de 20%. Sabendo-se que o custo unitário dos chapéus é de R$ 80,00, qual será o preço bruto a ser marcado para cada unidade?

a) R$ 112,00.

b) R$ 115,20.

c) R$ 120,00.

d) R$ 125,00.

e) R$ 133,20.

(SOLUÇÃO)

Preço de venda (sem desconto) = V → preço indicado na tabela

Preço de venda (com desconto de 20%) = 0,8V → preço final do chapéu

Lucro sobre o preço final do chapéu = 0,2 × 0,8V = 0,16V

- -

Logo, podemos montar a seguinte equação:

Preço final do chapéu – Custo unitário do chapéu = Lucro, isto é,

0,8V – 80 = 0,16V → 0,64V = 80 → V = 80 ÷ 0,64 = 125 ***(Opção d)***

Comentário Extra: *Do resultado, interpretamos que sobre o preço de venda indicado na tabela (R$ 125,00) o vendedor dará um desconto ao cliente de 20%, vendendo assim o chapéu por R$ 100,00. Como, para o vendedor, o chapéu custou R$ 80,00, o lucro na venda será de R$ 20,00, que é exatamente 20% do preço pelo qual o chapéu está sendo realmente vendido ao cliente.*

EXERCÍCIO RESOLVIDO 19: (Agente Tributário Estadual – MS/Esaf) A empresa MIP Comercial utiliza o Método do Inventário Periódico, com avaliação pelo critério PEPS, para controlar os seus estoques. Durante o exercício de 2000, entretanto, houve um roubo de mercadorias que só foi descoberto em março de 2001 com a confissão do culpado.

No exercício de 2000, o "custo das mercadorias roubadas" foi incluído, despercebidamente:

a) no estoque inicial de mercadorias;

b) nas compras de mercadorias;

c) nas vendas de mercadorias;

d) no estoque final de mercadorias;

e) no custo das mercadorias vendidas.

(SOLUÇÃO)

Se uma empresa controla seus estoques periodicamente (inventário periódico), estes, ao fim do exercício social, serão apurados por contagem física. No entanto, caso ao longo do exercício haja roubo de mercadorias, o valor do estoque final seria menor do que aquele que realmente deveria ser. Desta forma, suponhamos o seguinte:

CMV1 → CMV caso não houvesse roubo

CMV2 → CMV caso haja roubo nos estoques

X → custo das mercadorias roubadas

Assim:

CMV1 = EI + C – EF

- -

CMV2 = EI + C – (EF – X) = EI + C – EF + X, isto é,

CMV2 = CMV1 + X, ou seja,

o custo das mercadorias roubadas estaria sendo incluído (somado) no custo das mercadorias vendidas. ***(Opção e)***

EXERCÍCIO RESOLVIDO 20: (Agente Tributário Estadual – MS/Esaf) A Firma Comserviçal Limitada, no exercício de 2000, apurou os resultados baseados nas seguintes informações:

Serviços prestados à vista	R$ 12.000,00
Serviços prestados a prazo	R$ 18.000,00

Materiais estocados no fim do período:	
para uso nos serviços oferecidos	R$ 1.400,00
para revenda direta *in natura*	R$ 7.000,00
Compras à vista:	
Materiais para uso nos serviços	R$ 4.000,00
Materiais para revenda direta	R$ 5.000,00
Compras a prazo:	
Materiais para uso nos serviços	R$ 6.000,00
Materiais para revenda direta	R$ 5.000,00
Estoques iniciais inexistentes em ambos os tipos de materiais	
Mão de Obra direta do serviço	R$ 6.200,00
Mão de Obra do restante da atividade	R$ 2.700,00
Despesas de Juros e Multas	R$ 1.000,00
Cofins e PIS/Faturamento: 4%	
ICMS e ISS: alíquota zero	
Lucro operacional bruto da atividade de revenda de materiais	R$ 6.500,00

A contabilização correta desses valores vai demonstrar, no referido exercício, a existência de:

a) custo das mercadorias vendidas no valor de R$ 3.260,00;

b) custo dos serviços prestados no valor de R$ 20.200,00;

c) custo total (de mercadorias e serviços) no valor de R$ 21.500,00;

d) lucro bruto na atividade de serviços no valor de R$ 14.000,00;

e) lucro líquido no valor de R$ 16.540,00.

(SOLUÇÃO)

Na atividade comercial da empresa, teremos:

CMV = EI + C – EF = 0 + 5.000 + 5.000 – 7.000 = 3.000

Na atividade de prestação de serviços, teremos:

Materiais Aplicados = EI + C – EF = 0 + (4.000 + 6.000) – 1.400 = 8.600

Mão de Obra Direta = 6.200

Custo dos Serviços Prestados = MA + MOD = 8.600 + 6.200 = 14.800

Assim, o LBS (Lucro Bruto dos Serviços) será a diferença entre a Receita Líquida de Serviços e o CSP (Custo dos Serviços Prestados), ou seja:

LBS = (12.000 + 18.000) × 0,96 – 14.800 = 14.000 ***(Opção d)***

- -

Nota: *Ao multiplicarmos a Receita Bruta de Serviços (12.000 + 18.000 = 30.000) por 0,96, estamos apurando a Receita Líquida de Serviços, que é a Receita Bruta menos 4% de seu valor, parcela esta destinada ao Cofins e PIS.*

EXERCÍCIO RESOLVIDO 21: (Agente Tributário Estadual – MS/Esaf) No mês de outubro de 2000 a empresa "M" apurou um lucro operacional bruto de R$ 3.000,00 nas operações de compra e venda de sua mercadoria "Beta", cuja tributação de ICMS é feita à alíquota de 17%.

O cálculo desse lucro considerou a contabilização de Receita Bruta de Vendas no valor de R$ 10.000,00 e de compras de mercadorias no valor de R$ 7.000,00.

O Custo das Mercadorias Vendidas foi equivalente a 50% do preço bruto de venda e a contribuição para o Cofins foi de 3%. Não houve PIS/Faturamento.

Após a contabilização dos fatos geradores do resultado acima listado, ocorreu a devolução de 20% das compras e de 10% das vendas do período.

A efetivação dos ajustes contábeis provocados pelas devoluções mencionadas vai evidenciar para o lucro operacional bruto o valor correto de:

a) R$ 2.000,00;

b) R$ 2.250,00;

c) R$ 2.700,00;

d) R$ 3.000,00;

e) R$ 3.200,00.

(SOLUÇÃO)

As devoluções de compras, feitas ***<u>após o cálculo do CMV</u>****, afetam, ao mesmo tempo, o valor das compras e o valor do estoque final no mesmo valor. Supondo que o valor de tal devolução seja "X", o "novo" CMV seria EI + (C – X) – (EF – X) = EI + C – X – EF + X = EI + C – EF = "antigo" CVM.*

Logo, as referidas devoluções não afetam <u>em nada</u> o valor do CMV já contabilizado ***antes das devoluções****. A única coisa que altera de fato o CMV neste tipo de situação (CVM já contabilizado) são as devoluções de vendas. No problema, tais devoluções são de 10%. Desta forma, a redução da Receita Líquida e do CVM serão proporcionais, ou seja, serão de 10%. Consequentemente, a redução Lucro Bruto também será proporcional.*

Assim, o "novo" Lucro Bruto será simplesmente o antigo reduzido em 10%, ou seja, 3.000 – 10% 3.000 = 2.700 ***(Opção c)****.*

- -

Outra forma de cálculo seria:

Fator de redução em 10%

$VL = 0{,}9 \times 10.000 \times (1 - 0{,}17 - 0{,}03) = 7.200$

$CMV = 0{,}9 \times 5.000 = 4.500$

$LB = 7.200 - 4.500 = 2.700$

EXERCÍCIO RESOLVIDO 22: (Fiscal de Rendas – Mato Grosso do Sul/ Fundação Getulio Vargas) Cia. Industrial e Comercial NECC apurou a contagem física de seu estoque (inventário) em 31/12/2005. Segundo identificado, seu estoque estava avaliado a $ 500.000,00, antes de qualquer ajuste eventualmente necessário para os seguinte eventos:

- Mercadorias adquiridas por $ 60.000,00, na modalidade "à disposição do comprador no estabelecimento do vendedor" (*free on bord* no embarque), embarcaram no dia 30/12/2005 e só chegaram ao estabelecimento da Cia. Industrial e Comercial NECC no dia 6/1/2006;
- Produtos em elaboração foram remetidos, em 15/12/2005, para beneficiamento numa terceira empresa, a Beneficiamentos Terceirizados Ltda. Esses produtos estavam avaliados ao custo de $ 30.000,00 e só retornaram ao estabelecimento da Cia. Industrial e Comercial NECC no dia 4/1/2006.

Com base, somente, nessas informações, apure o valor do Estoque Final da Cia. Industrial e Comercial NECC, em 31/12/2005.

a) $ 440.000,00;

b) $ 500.000,00;

c) $ 530.000,00;

d) $ 560.000,00;

e) $ 590.000,00.

(SOLUÇÃO)

Mercadorias (já existentes no estoque em 31/12/2005) .... $ 500.000,00

Mercadorias (adquiridas em 30/12/2005).. $ 60.000,00

Produtos em Elaboração (remetidos em 15/12/2005) .... $ 30.000,00

Estoque (31/12/2005)... $ 590.000,00

Comentário: *As mercadorias adquiridas em 30/12/2005 que chegaram à empresa só em 06/01/06 não estavam no estoque de 31/12/2005 fisicamente, mas estavam contabilmente, visto o princípio contábil da oportunidade, pois no momento da aquisição já existe o lançamento contábil a débito de mercadorias e a crédito de disponibilidades de $ 60.000,00. No caso dos produtos em* *elaboração, só houve movimentação física na remessa desses produtos para beneficiamento. Nesse caso, nenhuma contabilização é feita, visto que esse acontecimento é apenas um ato administrativo, ou seja, não é um fato contábil.*

(Opção e)

EXERCÍCIO RESOLVIDO 23: (Fiscal de Rendas – Mato Grosso do Sul/Fundação Getulio Vargas) A Cia. Comercial Norte-Nordeste adquiriu, em 29/12/2005, mercadorias pelo custo de $ 50.000,00. Os termos do contrato de compra previam que o vendedor traria as mercadorias ao estabelecimento da Cia. Comercial Norte-Nordeste (CIF ou FOB destino). O transporte custou:

- $ 200,00 de empacotamento;
- $ 500,00 de frete.

Essas mercadorias foram recebidas pela Cia. Comercial Norte-Nordeste no dia 31/12/2005.

No Balanço Patrimonial da Cia. Norte-Nordeste, apurado em 31/12/2005, qual valor deve ter sido adicionado aos Estoques?

a) zero;

b) $ 50.000,00;

c) $ 50.200,00;

d) $ 50.500,00;

e) $ 50.700,00.

(SOLUÇÃO)

Visto que o vendedor realizou o frete, o custo do estoque adquirido para a empresa é de apenas $ 50.000,00.

(Opção b)

Nota: *FOB significa* free on board *(tradução: livre no embarque), ou seja, é o custo original da mercadoria no embarque sem incorporar qualquer custo de frete ou seguro. Assim, "FOB no destino" significa que o vendedor está realizando o frete, pois no destino (mãos do comprador) a mercadoria tem que ser entregue pelo custo original da compra. Essa situação seria também equivalente para o comprador a valor CIF que significa* cost, insure and freight *(tradução: custo, seguro e frete), ou seja, valor total incluindo o custo original, o seguro e o frete. Desta forma, os $ 50.000,00 pagos já estariam incluindo todo o custo com seguro e frete, ou seja, o comprador não terá que pagar nada além dos $ 50.000,00 para que a mercadoria esteja em suas mãos. Situação diferente dessa é "FOB no embarque" significa que o custo original é no embarque. Quando chegar ao destino o comprador ainda terá que assumir o frete e o seguro adicionalmente ao custo original.*

EXERCÍCIO RESOLVIDO 24: (Agente Tributário Estadual – Mato Grosso do Sul/ Fundação Getulio Vargas) A Cia. Comercial Juliana é uma empresa mercantil, contribuinte do ICMS por movimentação econômica (alíquota = zero), contribuinte do IR pelo Lucro Real (25%) contribuinte da CS (10%), contribuinte de PIS e Cofins (2% e 8%, respectivamente) não contribuinte de IPI nem do ISS. (Observe que, para facilitar os cálculos, as alíquotas deste enunciado não correspondem às alíquotas verdadeiras. Portanto, considere as taxas apresentadas neste enunciado.)

No dia 31/8/2006, a Cia. Comercial Juliana adquiriu 100 unidades do produto "Alegria". Os dados na nota fiscal de compra eram os seguintes:

- O Fornecedor é um atacadista;
- A compra foi negociada FOB no estabelecimento do comprador (*free on board* no destino);
- Valor das mercadorias (com impostos) = $ 2.000,00 pelas 100 unidades;
- ICMS sobre as mercadorias (zero);
- PIS sobre as mercadorias (2%);
- Cofins sobre as mercadorias (8%).

Com base, somente, nessas informações, apure o custo unitário das mercadorias adquiridas em 31/8/2006, que foi lançado no Estoque da Cia. Comercial Juliana.

a) $ 18,00;

b) $ 18,40;

c) $ 19,60;

d) $ 20,00;

e) $ 22,00.

(SOLUÇÃO)

*Visto que a empresa é empresa mercantil tributada pelo **Lucro Real**, a tributação do PIS e da Cofins é pelo sistema **não cumulativo**, ou seja, esses tributos são recuperáveis nas compras. Assim:*

Estoque (100 unidades) = $ 2.000,00 – ICMS – PIS – Cofins

= $ 2.000,00 – (0% + 2% + 8%) de $ 2.000,00 = $ 1.800,00

---

*Custo unitário = $ 1.800,00 ÷ 100 = $ 18,00 **(Opção a)***

EXERCÍCIO RESOLVIDO 25: (Agente Tributário Estadual – Mato Grosso do Sul/ Fundação Getulio Vargas) A Cia. Comercial João Paulo é uma empresa mercantil, contribuinte do ICMS por movimentação econômica (alíquota zero), contribuinte do IR pelo Lucro Presumido, contribuinte de PIS e Cofins (1% e 3%, respectivamente), não contribuinte do IPI nem do ISS. (Observe que, para facilitar os cálculos, as alíquotas deste enunciado não correspondem às alíquotas verdadeiras. Portanto, considere as taxas apresentadas neste enunciado.)

No dia 22/10/2005, a Cia. Comercial João Paulo adquiriu 100 unidades do produto "Amor". Os dados na nota fiscal de compra eram os seguintes:

O Fornecedor é um atacadista;

A compra foi negociada FOB no estabelecimento do comprador (*free on board* no destino);

Valor das mercadorias (com impostos) = $ 2.000,00 pelas 100 unidades;

ICMS sobre as mercadorias (zero);

PIS sobre as mercadorias (1%);

Cofins sobre as mercadorias (3%).

Com base, somente, nessas informações, apure o custo unitário das mercadorias adquiridas em 22/10/2005, que foi lançado no Estoque.

a) $ 18,00;

b) $ 18,40;

c) $ 19,60;

d) $ 20,00;

e) $ 22,00.

(SOLUÇÃO)

*Visto que a empresa é tributada pelo **Lucro Presumido**, a tributação do PIS e da Cofins é pelo **sistema cumulativo**, ou seja, esses tributos não são recuperáveis nas compras de mercadorias. A existência do sistema não cumulativo para o PIS e Cofins só existe para as empresas tributadas pelo Lucro Real. Assim:*

Estoque = $ 2.000,00 – ICMS = $ 2.000,00 – 0% de $ 2.000,00 = $ 2.000,00

- -

*Custo unitário = $ 2.000,00 ÷ 100 = $ 20,00 **(Opção d)***

EXERCÍCIO RESOLVIDO 26: (Fiscal de Rendas – Mato Grosso do Sul/Fundação Getulio Vargas) Com base no enunciado a seguir, responda às questões 1 e 2.

A Cia. Comercial Ju-Ju é uma empresa mercantil contribuinte do ICMS por movimentação econômica (alíquota 20%), contribuinte do IR pelo Lucro Real (25%), contribuinte da CS (10%), contribuinte do PIS e Cofins (2% e 8%, respectivamente), não contribuinte de IPI nem do ISS. (Observe que, para facilitar os cálculos, as alíquotas deste enunciado não correspondem às alíquotas verdadeiras. Portanto, considere as taxas apresentadas neste enunciado.)

Seu estoque inicial de mercadorias, em maio (1º/5/2006), era composto por 100 unidades do produto "Felicidade" e estava avaliado pelo valor total de $ 1.000,00.

No dia 10/5/2006, a Cia. Comercial Ju-Ju adquiriu 100 unidades do produto "Felicidade". Os dados da nota fiscal de compra eram os seguintes:

- O Fornecedor é um fabricante;
- A compra foi negociada FOB no estabelecimento do fornecedor (*free on board* no embarque);
- Valor das mercadorias (com impostos) = $ 1.500,00 pelas 100 unidades;
- IPI sobre as mercadorias (10%), por fora;
- ICMS sobre as mercadorias (20%);
- PIS sobre as mercadorias (2%);
- Cofins sobre as mercadorias (8%);
- Frete intermunicipal (com impostos) = $ 500,00;
- ICMS sobre o frete (20%);
- PIS sobre o frete (2%);
- Cofins sobre o frete (8%).

1. De acordo com a Instrução SRF nº 404/2004 e com base, somente, nas informações deste enunciado, apure o custo unitário das mercadorias adquiridas em 10/5/2006, que foi lançado no Estoque.

a) $ 14,00;

b) $ 15,35;

c) $ 15,50;

d) $ 16,00;

e) $ 21,50.

(SOLUÇÃO)

Visto que a empresa compradora é tributada pelo Lucro real, o sistema de tributação do PIS e da Cofins é o não cumulativo para as mercadorias adquiridas. O fato do enunciado mencionar a Instrução da SRF nº 404/2004 é uma redundância, pois a referida instrução trata justamente da não cumulatividade do PIS e da Cofins. Também, nos é informado que a mercadoria foi negociada pelo valor FOB no estabelecimento do fornecedor, significando isso que o comprador assumirá o frete como custo adicional da mercadoria adquirida. Assim:

Valor da compra	*$ 1.500,00*
(+) IPI (10%)	*$ 150,00*
(+) Frete	*$ 500,00*
(–) ICMS, PIS e Cofins s/ frete (30% $ 500,00)	*($ 150,00)*
(–) ICMS s/ mercadorias (20% $ 1.500,00)	*($ 300,00)*
(–) PIS e Cofins s/ mercadorias (10% de 1.650,00)	*($ 165,00)*
(=) Custo do estoque (100 unidades)	*$ 1.535,00*
(÷) 100	
(=) Custo unitário do estoque	*$ 15,35*

Nota: *Observemos que o ICMS, o PIS e a Cofins são recuperáveis sobre o frete pago e a base de cálculo foi a mesma para esses tributos, ou seja, $ 500,00. Notemos também que o ICMS, o PIS e a Cofins são recuperáveis nas compras. A base de cálculo do ICMS é o valor da compra (R$ 1.500,00). No entanto, havendo IPI, a base de cálculo do PIS e da Cofins incluirá o IPI, ou seja, R$ 1.650,00 e não R$ 1.500,00. Isso é decorrência da legislação desses tributos.*

(Opção b)

2. Considere que a Cia. Comercial Ju-Ju avalia seu estoque pelo Custo Médio Ponderado Móvel e que no dia 15/5/2006 vendeu 150 unidades da mercadoria "Felicidade" pelo preço unitário de $ 40,00. Com base, somente, nessas informações, apure o Custo dos Produtos Vendidos em 15/5/2006.

a) $ 1.767,50;
b) $ 1.800,00;
c) $ 1.901,25;
d) $ 2.075,00;
e) $ 2.362,50.

(SOLUÇÃO)

O custo médio é a média aritmética ponderada da mercadoria existente no estoque. No caso, será a média entre $ 1.000,00 (100 unidades) e $ 1.535,00 (100 unidades), ou seja:

$$\text{Custo médio unitário} = \frac{\$\ 1.000,00 + \$\ 1.535,00}{100 + 100} = \$\ 12,675$$

Custo das Mercadorias Vendidas = $ 12,675 × 150 = $ 1.901,25 ***(Opção c)***

EXERCÍCIO RESOLVIDO 27: (Fiscal de Rendas – Mato Grosso do Sul/ Fundação Getulio Vargas) A Cia. Phillipe-Cruz, fabricante de cigarros, costuma comprar todas as folhas de tabaco fornecidas por seus produtores rurais na época da safra (março de cada ano), mesmo que tal quantidade seja superior à estimativa de consumo no processo produtivo de um ano (até a safra do próximo ano), porque, dessa forma, a empresa aproveita o baixo preço e armazena a matéria-prima em silos de última geração que lhe permitem manter as folhas de tabaco por 10 anos, preservando as características originais.

Considere que, no início de março de 2006 (antes da safra), a Cia. Pillipe-Cruz tinha em estoque de matéria-prima 100 kg de folhas de tabaco, avaliados pelo valor total de $ 10.000,00.

No mês de março de 2006, a safra foi excelente, e a Cia. Pillipe-Cruz comprou de seus produtores rurais 1.000 kg de folhas de tabaco ao valor total de $ 111.000,00.

Quando chega em 31/12/2006, o gerente do almoxarifado da Cia. Phillipe-Cruz identifica que foram consumidos efetivamente 450 kg de folhas de tabaco no processo produtivo. Nessa mesma data, o diretor de produção verifica no orçamento que a estimativa de consumo de folhas de tabaco para o próximo ano (2007) é de 530 kg.

Ignore qualquer tributo e considere, somente, as informações apresentadas neste enunciado. Considerando que a Cia. Phillipe-Cruz avalia seu estoque de matéria-prima pelo critério PEPS, determine o valor do estoque de matéria-prima (folhas de tabaco) classificado no Realizável a Longo Prazo.

a) zero;

b) $ 13.200,00;

c) $ 13.320,00;

d) $ 71.500,00;

e) $ 72.150,00.

(SOLUÇÃO)

Como no estoque inicial havia 100 kg num total de $ 10.000,00, ou seja, $ 100,00 o quilograma, e, logo em seguida, a empresa comprou mais 1.000 kg num total de $ 111.000,00, ou seja, $ 111,00 o quilograma, ao utilizar em 2006 450 kg pelo método PEPS, primeiro saem aqueles 100 kg de $ 100,00 e depois 350 kg desses 1.000 kg, restando no estoque final de 2006 apenas 650 kg de $ 111,00. Visto que o orçamento para 2007 é de 530 kg, então a previsão da matéria-prima que será utilizada depois de 2007 é de 650 kg – 530 kg = 120 kg de $ 111,00, totalizando no ativo realizável a longo prazo $ 111,00 X 120 = $ 13.320,00.

(Opção c)

EXERCÍCIO RESOLVIDO 28 (Academia do Concurso Público – Simulado/Itens 1 a 6): A Cia. Jaspe, empresa tributada pelo lucro real trimestral, apurou ao final do 1º trimestre de X1 os seguintes fatos (valores em R$):

Receita de vendas de mercadorias	87.000
Receita de aluguéis	20.000
Receita na venda de terreno	14.000
Receita de equivalência patrimonial	9.000
Receitas financeiras	1.000
Estoque inicial	6.200
Estoque final	1.275
Compras de mercadorias	10.000
Custo do terreno vendido	5.000
Água, luz, gás, telefone	6.300
Salários (auxiliares de escritório)	8.500
Depreciação (móveis e utensílios)	1.100
INSS	900

FGTS	700
Descontos incondicionais sobre vendas de mercadorias	500
Vendas canceladas	6.500
Comissões sobre vendas	1.300
Juros Passivos	800

Informações adicionais:

- As receitas financeiras não incluem receitas de juros sobre capital próprio;
- As alíquotas do ICMS, PIS e COFINS são, respectivamente, 18%, 1,65% e 7,6%;
- A alíquota do IR é de 15% e alíquota do adicional, de 10%;
- A alíquota da CSLL é de 9%.
- Não há operações em descontinuidade na Cia. Jaspe.

1. O Lucro Bruto do 1º trimestre de X1 foi de:

a) R$ 45.000,00;

b) R$ 46.000,00;

c) R$ 47.000,00;

d) R$ 47.575,00;

e) R$ 43.225,00.

(SOLUÇÃO)

Visto que a empresa comercial é tributada pelo lucro real, a tributação do PIS e da COFINS será pelo sistema não cumulativo, ou seja, esses tributos serão recuperáveis nas compras de mercadorias. Assim:

Estoque Inicial	*6.200*
(+) Compras	*10.000*
(–) ICMS, PIS, COFINS (27,25%)	*(2.725)*
(–) Estoque Final	*1.275*
(=) CMV	*12.200*

- -

Receita Bruta de Mercadorias	*87.000*	
(–) Vendas Canceladas	*(6.500)*	
(–) Descontos Incondicionais	*(500)*	
(–) ICMS, PIS, COFINS (27,25%)	*(21.800)*	
(=) Receita Líquida	*58.200*	
(–) CMV	*(12.200)*	
(=) Lucro Bruto	*46.000*	***(Opção b)***

2. O valor das despesas administrativas do 1º trimestre foi de:

a) R$ 17.500,00;

b) R$ 19.350,00;

c) R$ 16.400,00;

d) R$ 18.800,00;

e) R$ 19.600,00.

(SOLUÇÃO)

Água, luz, gás, telefone	*6.300*	
Salários	*8.500*	
Depreciação	*1.100*	
INSS	*900*	
FGTS	*700*	
TOTAL	*17.500*	***(Opção a)***

3. O valor das "Outras Receitas" do 1º trimestre foi de:

a) R$ 29.000,00;

b) R$ 30.000,00;

c) R$ 39.000,00;

d) R$ 34.000,00;

e) R$ 35.000,00.

(SOLUÇÃO)

Outras Receitas

Receita de Aluguéis	*20.000*
Lucro na Venda de Terreno (14.000 – 5.000)	*9.000*
TOTAL	*29.000*

(Opção a)

4. O Lucro antes das Receitas e Despesas Financeiras do 1º trimestre foi de:

a) R$ 75.000,00;

b) R$ 84.000,00;

c) R$ 66.500,00;

d) R$ 65.200,00;

e) R$ 63.350,00;

(SOLUÇÃO)

Lucro Bruto	*46.000*
(+) Outras Receitas	*29.000*
(+) Receita de Equivalência Patrimonial	*9.000*
(–) Despesas Administrativas	*(17.500)*
(–) Comissões sobre Vendas	*(1.300)*
(=) Lucro antes das Receitas e Despesas Financeiras	*65.200* ***(Opção d)***

5. O Lucro antes do IR e CSL do 1º trimestre foi de:

a) R$ 65.200,00;

b) R$ 66.200,00;

c) R$ 65.400,00;

d) R$ 65.000,00;

e) R$ 65.400,00.

(SOLUÇÃO)

Lucro antes das Receitas e Despesas Financeiras	*65.200*
(+) Receitas Financeiras	*1.000*
(–) Despesas Financeiras (Juros Passivos)	*(800)*
(=) Lucro antes do IR e CSLL (LAIRCSL)	*65.400* ***(Opção e)***

6. O valor do Lucro Líquido do 1º trimestre foi de:

a) R$ 51.864,00;

b) R$ 52.864,00;

c) R$ 53.864,00;

d) R$ 54.864,00;

e) R$ 55.864,00.

(SOLUÇÃO)

Lucro Real (base do IR e CSL) = LAIRCSL – Receita de Eq. Pat. = 65.400 – 9.000 = 56.400

- -

IR e CSL = (15% + 9%) × 56.400 = 13.536

- -

Lucro Líquido = LAIRCSL – IR e CSL = 65.400 – 13.536 = 51.864 ***(Opção a)***

4. Outros Métodos de Avaliação de Estoques

4.1. Preço de Venda a Varejo

Também chamado de Método do Valor de Mercado, consiste na avaliação a valores de entrada utilizando o mesmo raciocínio do método da média ponderada móvel. No entanto, os controles dos estoques são feitos a preço de venda, podendo tal controle ser por contagem física ou por inventário permanente.

Exemplo:

Data	Histórico	Quantidade	Preço de custo	Preço de venda
01/04	Estoque inicial	30	R$ 300	R$ 570
05/04	Compras	30	R$ 360	R$ 630
05/04	MDV	60	R$ 660	R$ 1.200

Percentual preço venda correspondente ao custo = $\frac{660}{1.200}$ = 0,55 = 55%

Supondo-se uma venda de 40 unidades ao preço de venda de R$ 800, o valor dos estoques será o seguinte:

MDV (Mercadorias Disponíveis p/ Venda) .... R$ 1.200

Saída por vendas, a preço de venda .... R$ 800

Estoque final a preço de venda .... R$ 400

Estoque final a preço de custo (R$ 400 x 0,55) .... R$ 220

Esse método é vantajoso para as empresas que possuem controle permanente de estoques, pois seus saldos estão disponíveis a qualquer momento, de tal forma que as compras são registradas a preços de venda, sendo que as remarcações ocorridas nos preços de venda devem ser controladas continuamente.

No entanto, o método do preço de venda a varejo para controle de estoques não é recomendável às empresas que possuem grandes variações nos percentuais de lucros sobre vendas.

4.2. Método NIFO (Next In, First Out – Próximo a Entrar, Primeiro a Sair)

Também conhecido como Custo a Valores de Reposição, o método NIFO, o qual pode ser entendido como o valor do próximo produto a ser adquirido, é aquele que servirá de base para a avaliação dos estoques, é o ideal em economia inflacionária, tendo em vista que os estoques ficam registrados pelos valores mais próximos do valor de mercado.

Tendo em vista que o método NIFO é o mais utilizado por empresas rurais (pecuárias e agrícolas) e extrativistas, a Lei nº 6.404/76 no seu art. 183, § 4º, determinou que os estoques de mercadorias fungíveis (= produtos extrativos, animais e agrícolas) destinadas à venda poderão ser avaliados pelo valor de mercado, quando esse for o costume mercantil aceito pela técnica contábil. Além disso, o Regulamento do IR no seu art. 188 também determinou que os estoques de produtos agrícolas, animais e extrativos podem ser avaliados aos preços correntes de mercado.

No caso do método UEPS, o qual em economias inflacionárias é o que mais se aproxima do preço de mercado, tendo em vista que toma como base o preço da última compra, não é admitido pela legislação do IR.

4.3. Método do Custo Arbitrado

Em geral, parte-se do princípio de que as empresas possuem sistema integrado de escrituração, ou seja, sua escrituração é feita simultaneamente às ocorrências de todos os fatos contábeis. Neste caso, com base no Regulamento do IR, elas podem avaliar seus estoques pelo custo de produção por elas apurado.

No entanto as empresas que não atenderem os critérios mínimos para que sua escrituração seja considerada integrada, sendo esses critérios mínimos a existência de um plano de contas que segregue os custos de produção, existência de inventário permanente, apuração mensal do custeio etc., deverão avaliar seus estoques com base em critério arbitrado, da seguinte forma:

- Produtos acabados – devem ser avaliados por 70% do maior preço de venda do ano.
- Produtos em processo – devem ser avaliados por 80% do valor dos produtos acabados, estes apurados na forma descrita anteriormente (70% x 80%), ou por 150% dos maiores valores pagos pelas matérias-primas.

5. Exportação e Importação de Mercadorias

A partir de janeiro de 1997, todas as atividades de licenciamento, despacho aduaneiro e controle cambial, referentes às operações de importação ou exportação, são exercidas, em suas respectivas áreas de competências, pela SECEX (Secretaria do Comércio Exterior), pela SRF (Secretaria da Receita Federal) e pelo BACEN (Banco Central do Brasil), através do SISCOMEX (Sistema Integrado de Comércio Exterior), o qual é um *software*, com interface gráfica, para a formulação orientada dos documentos informatizados de importação e exportação.

Desta forma, o primeiro passo para que o importador ou o exportador, os quais podem ser pessoas físicas ou jurídicas, possam atuar em operações com o comércio exterior é a inscrição no REI (Registro de Exportadores e Importadores) da SECEX (Secretaria do Comércio Exterior). No caso dos importadores e exportadores cadastrados antes de 1997, suas inscrições foram automaticamente mantidas com a implantação do SISCOMEX. Após a implantação desse sistema, os novos registros são efetuados automaticamente, sempre que os importadores ou exportadores realizarem a primeira operação.

Feita a inscrição no REI, o importador ou o exportador serão credenciados para atuar no SISCOMEX (Sistema Integrado de Comércio Exterior). Para se obter a senha que permite ao usuário o acesso ao SISCOMEX, é necessário apenas o seu credenciamento junto à SRF.

No SISCOMEX são acompanhadas todas as etapas das operações com o comércio exterior, através da troca eletrônica de dados, que se traduz no intercâmbio entre os importadores, exportadores, despachantes aduaneiros e bancos com a SECEX, o BACEN e a SRF.

Nas operações de importação ou exportação de mercadorias existem os "INCOTERMS" (*International Commercial Terms* – traduzindo: Termos do Comércio Internacional).

Os INCOTERMS, os quais podem ser entendidos como termos ou condições de venda, definem, nas operações de importação e exportação, as condições gerais em que as mercadorias e produtos devem ser negociados.

Tais expressões utilizadas no comércio internacional foram padronizadas e editadas pela ICC (*International Chamber of Commerce* – traduzindo: Câmara de Comércio Internacional). Esses termos, presentes nos contratos de operações de compra e venda realizadas entre diversos países, fixam direitos e obrigações, tanto do exportador como do importador, estabelecendo com precisão o significado dos valores negociados entre ambas as partes.

As operações de importação e exportação com a utilização dos INCOTERMS diminuem substancialmente a possibilidade de interpretações contraditórias, as quais podem resultar em prejuízos a uma das partes envolvidas na operação.

A relevância do uso dos INCOTERMS reside na definição do momento exato da transferência de obrigações, isto é, do ponto em que o exportador é considerado isento de responsabilidades legais sobre as mercadorias e produtos exportados.

Cabe ressaltar que esses termos utilizados no comércio internacional estabelecem apenas as regras para os exportadores e importadores, não produzindo quaisquer efeitos em relação às demais partes, tais como representantes no exterior, despachantes aduaneiros, transportadoras, seguradoras etc.

Abaixo, faremos um pequeno resumo dos 13 INCOTERMS padronizados pela ICC:

CFR (*Cost and Freight* – traduzindo: Custo e Frete)

Nessa modalidade é indicado o PORTO DE DESTINO. Neste caso, o exportador assume o custo e o transporte da mercadoria até o porto de destinação final, no país do importador. Caso haja seguro, ficará por conta do importador. Este termo aplica-se ao TRANSPORTE MARÍTIMO.

CIF (*Cost, Insurance and Freight* – traduzindo: Custo, Seguro e Frete)

Nessa Modalidade é indicado o PORTO DE DESTINO. Neste caso, o exportador assume colocar a mercadoria no porto de destinação final, no país do importador, responsabilizando-se por frete, movimentação na origem e seguro de transporte internacional. Este termo aplica-se ao TRANSPORTE MARÍTIMO.

CIP (*Carriage and Insurance Paid To* – traduzindo: Transporte e Seguro pago até)

Nessa modalidade é indicado o AEROPORTO DE DESTINO. Neste caso, o exportador assume colocar a carga no aeroporto de destinação final, responsabilizando-se por frete, movimentação na origem e seguro de transporte internacional. Este termo aplica-se ao TRANSPORTE AÉREO.

CPT (*Carriage Paid To* – traduzindo: Transporte Pago até)

Nessa modalidade é indicado o AEROPORTO DE DESTINO. Neste caso, o exportador assume colocar a carga no aeroporto do país do importador, não dando, no entanto, cobertura de seguro à carga, que fica sob responsabilidade do importador. Este termo aplica-se ao TRANSPORTE AÉREO.

DAF (*Delivered At Frontier* – traduzindo: Entregue na Fronteira)

Nessa modalidade é indicado o LOCAL NA FRONTEIRA DE DESTINO. Neste caso, o exportador entrega a mercadoria na fronteira, fora do recinto alfandegado, em local acordado com o importador, antes porém da linha limítrofe com o país de destino. O desembaraço na fronteira, o seguro e o transporte ao destino, no país do importador, cabem ao importador. Este termo aplica-se ao TRANSPORTE RODOVIÁRIO OU FERROVIÁRIO.

DDU (*Delivered Duty Unpaid* – traduzindo: Entregue, Impostos não Pagos)

Nessa modalidade é indicado o LOCAL DE DESTINO NO EXTERIOR. Neste caso, o exportador deve colocar a mercadoria à disposição do importador no local e ponto designados no exterior. O exportador arca com todas as despesas e riscos para levar a mercadoria até o destino indicado. No entanto, não assume os gastos com pagamento dos tributos na importação. Este termo aplica-se a QUALQUER MODALIDADE DE TRANSPORTE.

DDP (*Delivered, Duty Paid* – traduzindo: Entregue, Impostos Pagos)

Nessa modalidade é indicado o ENDEREÇO DE ENTREGA INDICADO PELO IMPORTADOR. É o INCOTERM que estabelece o maior grau de responsabilidade para o exportador, visto que este assume o compromisso de entregar a mercadoria, desembaraçada para importação, no local designado pelo importador, pagando todas as despesas, inclusive todos os tributos de importação, frete interno do local de desembarque até a "porta" do importador. A única coisa que não é de responsabilidade do exportador é o desembarque da mercadoria. Este termo aplica-se a QUALQUER MODALIDADE DE TRANSPORTE.

DEQ (*Delivered Ex-Quay* – tradução: Entregue a partir da plataforma do cais de descarga)

Nessa modalidade é indicado o PORTO DE DESTINO. Neste caso, o exportador deve colocar a mercadoria, já desembarcada do navio, mas não desembaraçada para importação, à disposição do importador no cais do porto de destino designado. Este termo aplica-se ao TRANSPORTE MARÍTIMO.

DES (*Delivered Ex-Ship* – traduzindo: Entregue a partir do Navio)

Nessa modalidade é indicado o PORTO DE DESTINO. Neste caso, o exportador tem a obrigação de colocar a mercadoria no destino estipulado, a bordo do navio, ainda não desembaraçada, assumindo integralmente todos os riscos e despesas até aquele ponto no país do importador. Desta forma, o importador receberá a carga diretamente no navio, no cais do porto de destino. Este termo aplica-se ao TRANSPORTE MARÍTIMO.

EXW (*Ex Works* – traduzindo: Nas Oficinas)

Nessa modalidade é indicado o LOCAL DE RETIRADA POR PARTE DO IMPORTADOR. Neste caso, o exportador entrega a carga, para exportação, nas suas instalações de produção, fabricação ou extração do seu país. É o INCOTERM que estabelece o menor grau de responsabilidade para o exportador, visto que todas as despesas e quaisquer perdas e danos a partir da entrega da mercadoria, inclusive o despacho da mercadoria para o país do importador, são da responsabilidade deste. Quando solicitado, o exportador deverá no máximo prestar ao importador assistência na obtenção de documentos para o despacho do produto. Este termo aplica-se a QUALQUER TIPO DE TRANSPORTE.

FAS (*Free Alongside Ship* – traduzindo: Livre ao lado do Navio)

Nesta modalidade é indicado o PORTO DE EMBARQUE. Neste caso, as obrigações do exportador são encerradas quando este coloca a mercadoria, já desembaraçada para exportação, no cais do porto, livre, junto ao costado do navio. A partir deste ponto, o importador assumirá todos os riscos, pagando também as despesas de colocação da mercadoria dentro do navio. Este termo aplica-se a TRANSPORTE MARÍTIMO.

FCA (*Free Carrier* – traduzindo: Livre no Transportador)

Nesta modalidade é indicado o LOCAL DE ENTREGA. Neste caso, o exportador entrega as mercadorias, já desembaraçadas para exportação, ao transportador, no local indicado pelo importador, para em sequência proceder-se ao embarque, cessando assim todas as responsabilidades do exportador. Aplica-se, em geral, ao TRANSPORTE AÉREO.

FOB (*Free On Board* – traduzindo: Livre a Bordo)

Nesta modalidade é indicado o PORTO DE EMBARQUE. Neste caso, o exportador deve entregar a mercadoria, já desembaraçada para a exportação, a bordo do navio indicado pelo importador, no porto de embarque. Todas as despesas, até o momento em que o produto é colocado a bordo do navio, são da responsabilidade do exportador. Ao importador cabem as despesas e os riscos de perda ou dano do produto a partir do momento que este transpuser a amurada do navio. Este termo aplica-se ao TRANSPORTE MARÍTIMO.

TABELA-RESUMO DOS 13 INCOTERMS E SUAS CARACTERÍSTICAS:

INCOTERMS / CARACTERÍSTICAS	CFR	CIF	CIP	CPT	DAF	DDU	DDP	DEQ	DES	EXW	FAS	FCA	FOB
Ponto da transferência da responsabilidade das mercadorias importadas	**(a)**	**(a)**	**(b)**	**(b)**	**(c)**	**(f)**	**(g)**	**(e)**	**(d)**	**(h)**	**(i)**	**(b)**	**(a)**
Cumprimento das exigências alfandegárias no país de origem	E	E	E	E	E	E	E	E	E	I	E	E	E
Seguro internacional	I	E	E	I	E	E	E	E	E	I	I	I	I
Responsabilidade pelo embarque	E	E	E	E	E	E	E	E	E	I	I	I	E
Transporte internacional	E	E	E	E	E	E	E	E	E	I	I	I	I
Responsabilidade pelo desembarque	I	I	I	I	I	I	I	E	I	I	I	I	I
Cumprimento das exigências alfandegárias no país de destino	I	I	I	I	I	I	E	I	I	I	I	I	I

LEGENDA:

E – Exportador

I – Importador

(a) A responsabilidade do exportador pelos riscos das mercadorias vai até o ponto em que as mercadorias, já desembaraçadas para exportação, ultrapassem a murada do navio no porto de embarque.

(b) A responsabilidade pelos riscos das mercadorias exportadas vai até o ponto da entrega dessas, já desembaraçadas para a exportação, à custódia do transportador.

(c) A responsabilidade do exportador pelos riscos das mercadorias ainda não desembaraçadas cessa quando o mesmo as coloca à disposição do importador no local de entrega na fronteira, dentro do meio de transporte.

(d) O exportador assume a responsabilidade por todos os riscos até o ponto em que a mercadoria é colocada no ponto de destino, a bordo do navio, à disposição do importador.

(e) A responsabilidade do exportador por todos os riscos das mercadorias exportadas vai até o momento em que essas, ainda não desembaraçadas para importação, sejam entregues no ponto acordado, no local de destino, sendo que o importador é que deverá providenciar as licenças de importação.

(f) A responsabilidade do exportador pelos riscos das mercadorias exportadas vai até o momento da entrega dessas no ponto acordado, no local de destino designado, ainda não desembaraçadas e nem desembarcadas, podendo ser qualquer um o meio de transporte.

(g) A responsabilidade do exportador pelos riscos das mercadorias vai até o momento em que essas sejam colocadas à disposição do importador, no meio de transporte determinado e no local de destino, não desembarcadas ainda, no entanto desembaraçadas.

(h) A responsabilidade do exportador pelos riscos das mercadorias vai até o momento da colocação dessas à disposição do importador, no estabelecimento do exportador.

(i) A responsabilidade do exportador pelos riscos das mercadorias vai até o momento da colocação dessas, já desembaraçadas para a exportação, junto ao costado do navio.

5.1. Exportação de Mercadorias

O documento onde constam as condições gerais de vendas de produtos para outros países é o RE (Registro de Exportação), o qual também servirá de base para a comprovação dos benefícios fiscais dados ao exportador.

Tendo em vista que o Governo visa incentivar as exportações, com a finalidade principal de promover o superávit da balança comercial, os exportadores recebem incentivos fiscais, através da desoneração dos encargos tributários.

Desta forma, sobre as vendas para o exterior NÃO incidirá o PIS/Pasep e a COFINS, independentemente do sistema de tributação das empresas para essas contribuições ser cumulativo ou não.

Também não há incidência do IPI e do ICMS sobre as receitas de vendas para outros países, sem prejuízo da manutenção do crédito tributário desses tributos incidentes sobre a aquisição de matérias-primas e mercadorias dentro do Brasil.

Além disso, as indústrias brasileiras que exportam seus produtos para outros países poderão se beneficiar do "drawback", o qual funciona como incentivo às exportações, tendo em vista que consiste na isenção, suspensão ou restituição do IPI, ICMS, II, PIS e COFINS incidentes nas importações de matérias-primas e outros insumos utilizados na fabricação de produtos, os quais posteriormente serão exportados.

Gastos na Exportação

Alguns desses gastos podem ser integralmente assumidos pelo vendedor (exportador) ou pelo comprador (importador), dependendo da responsabilidade descrita no contrato de vendas, tais como os gastos com fretes e seguros. Outros gastos são exclusivos do exportador, como, por exemplo, as comissões dos agentes representantes da empresa exportadora no exterior. Em geral, esses gastos são os seguintes:

- ⇨ Fretes
- ⇨ Seguros
- ⇨ Despesas com serviços de despachantes aduaneiros
- ⇨ Armazenagem
- ⇨ Comissão dos agentes
- ⇨ Despesas cambiais
- ⇨ Capatazia (gastos com a movimentação de mercadorias pelo pessoal do porto ou aeroporto)

Contratação de Câmbio de Exportação

É a operação realizada à vista ou a prazo, onde o vendedor (exportador) vende moeda estrangeira decorrente da exportação já realizada ou não a um banco autorizado a operações de câmbio, recebendo moeda nacional (reais) em forma de créditos ou direito de créditos.

As modalidades de contratação de câmbio de exportação mais conhecidas são as seguintes:

- ⇨ CARTA DE CRÉDITO: Por dar tanto ao exportador quanto ao importador a certeza da liquidação da operação de câmbio, é a modalidade mais utilizada, traduzindo-se num documento, onde o banco assume o compromisso de realizar o pagamento da exportação ao vendedor, tendo por base as informações repassadas pelo comprador (importador).
- ⇨ REMESSA ANTECIPADA: modalidade onde o vendedor (exportador) recebe antecipadamente do comprador (importador) o valor da exportação, ou seja, o recebimento do valor se dá antes do embarque das mercadorias.
- ⇨ COBRANÇA APÓS O EMBARQUE: nesse caso, o recebimento só se dará após o embarque das mercadorias exportadas, mediante a entrega para um banco da documentação referente à venda, a fim de que o banco faça a cobrança das quantias contratadas.

Financiamentos de Exportação

Entre as diversas modalidades de financiamento de exportação existentes, podemos destacar as seguintes:

- ⇨ ACC (Adiantamento sobre Contratos de Câmbio) – Objetivando fornecer moeda nacional ao exportador, a fim de que este tenha recursos de produzir o produto a ser exportado, tal modalidade é semelhante a um empréstimo. Nesse caso, a empresa exportadora recorre a um banco para financiar antecipadamente de forma total ou parcial sua operação de venda de seus produtos para outro país. Dessa forma, o contrato de câmbio entre o exportador e o banco é firmado antes da entrega de a documentação de embarque e será liquidado apenas quando o comprador (importador) efetuar o pagamento no exterior. Assim, a conta "Adiantamento sobre Contrato de Câmbio" é classificada na empresa exportadora como conta do Passivo Circulante.

⇨ ACE (Adiantamento sobre Cambiais Entregues) – Equivale a uma operação de desconto de duplicatas no banco, visto que nessa modalidade o vendedor (exportador) já embarcou o produto que fabricou, de tal forma que recebe antecipadamente do banco o valor da exportação, transferindo-lhe os créditos da venda a prazo. É possível também a conversão da modalidade ACC para a ACE, no caso de a empresa entregar ao banco os documentos de crédito contra o importador em outro país. Assim, a conta "Adiantamentos sobre Cambiais Entregues" é classificada no Ativo Circulante como conta retificadora de "Clientes – Mercado Externo".

Comissão dos Agentes

Em geral, as empresas que exportam têm um agente representante no exterior, o qual tem a função de lhes informar sobre o mercado exterior e realizar as vendas. Não havendo legislação específica estabelecendo percentuais de comissões dos agentes, a forma de pagamento dos agentes e a percentagem a ser paga são informados no Registro de Exportação. Sendo livre de tributação, o pagamento dos agentes é feito em moeda estrangeira, podendo ser efetuado de três modos:

⇨ Modalidade a remeter – Nesse caso, o exportador só paga a comissão do agente após receber o total da exportação e efetuar novo fechamento de câmbio, através da remessa posterior do pagamento da comissão do agente.

⇨ Modalidade em conta gráfica – Após receber o pagamento do importador, o banco no exterior já repassa ao agente sua comissão, pagando ao exportador no Brasil o valor da exportação líquido de tal comissão.

⇨ Modalidade a Deduzir da Fatura – O desconto concedido na fatura é repassado ao agente.

Exemplo prático de contabilização de exportação de mercadorias: A Indústria de Peças S/A exportou para em março de 20X8 para os EUA um lote de produtos no valor FOB de US$ 500.000,00. Dessa forma foram realizados os seguintes lançamentos:

(05/03/20X8) – Saída dos produtos para o local de embarque, com a emissão de nota fiscal (câmbio = R$ 1,70/dólar), sendo o custo dos produtos vendidos de R$ 230.000,00:

D – Clientes – Mercado Externo (500.000 × R$ 1,70) 850.000,00
C – Vendas – Mercado Externo 850.000,00

D – Custo dos Produtos Vendidos.. 230.000,00
C – Produtos Prontos... 230.000,00

(11/03/20X8) – Fechamento do contrato de câmbio, com o recebimento integral da operação, mediante um Adiantamento de Contrato de Câmbio, sendo retidos pelo banco 2% para pagamento de comissão do agente na modalidade em conta gráfica (câmbio = R$ 1,82/dólar). Assim, serão feitos 03 (três) lançamentos nessa data:

(1) Atualização da receita de vendas em função da diferença cambial [(R$ 1,82 – R$ 1,70) × 500.000)] = R$ 60.000,00:

D – Clientes – Mercado Externo 60.000,00

C – Vendas – Mercado Externo 60.000,00

(2) Recebimento do Adiantamento sobre Contrato de Câmbio (R$ 1,82 × 500.000 = R$ 910.000,00):

D – BCM 910.000,00

C – Adiantamento sobre Contrato de Câmbio (PC) 910.000,00

(3) Pagamento da comissão do agente (2% de R$ 910.000,00):

D – Comissão de Agentes 18.200,00

C – BCM 18.200,00

(19/03/20X8) – Embarque dos produtos vendidos ao exterior (câmbio = R$ 1,85/dólar). Nessa data a Indústria de Peças S/A entregará ao banco a documentação da exportação, a fim de comprovar seu direito de recebimento contra o importador no exterior. Assim, serão feitos 03 (três) lançamentos nessa data:

(1) Atualização da receita de vendas, em função da diferença cambial [(R$ 1,85 – R$ 1,82) × 500.000)] = R$ 15.000,00:

D – Clientes – Mercado Externo 15.000,00

C – Vendas – Mercado Externo 15.000,00

(2) Atualização do ACC, em função da diferença cambial [(R$ 1,85 – R$ 1,82) × 500.000)] = R$ 15.000,00:

D – Variações Cambiais Passivas (Despesas Financeiras) 15.000,00

C – Adiantamento sobre Contrato de Câmbio (PC) 15.000,00

(3) Conversão do ACC em ACE (Adiantamentos sobre Cambiais Entregues), pela entrega ao banco dos documentos de exportação:

D – Adiantamento sobre Contratos de Câmbio (PC) 925.000,00

C – Adiantamentos s/ Cambiais Entregues (Retif. do AC) 925.000,00

(27/01/20X8) – Aviso bancário da liquidação das cambiais por parte do cliente no exterior (câmbio = R$ 1,87/dólar). Nesse caso, serão feitos 03 (três) lançamentos:

(1) Atualização da receita de vendas, em função da diferença cambial [(R$ 1,87 – R$ 1,85) × 500.000)] = R$ 10.000,00:

D – Clientes – Mercado Externo 10.000,00
C – Vendas – Mercado Externo 10.000,00

(2) Atualização do ACE, em função da diferença cambial [(R$ 1,87 – R$ 1,85) × 500.000)] = R$ 10.000,00:

D – Variações Cambiais Passivas (Despesas Financeiras)........................ 10.000,00
C – Adiantamentos s/ Cambiais Entregues (Retif. do AC)........................ 10.000,00

(3) Baixa da ACE, em função do banco ter recebido os US$ 500.000,00 do cliente, que nesta data equivalem a R$ 935.000,00:

D – Adiantamentos s/ Cambiais Entregues (Retif. do AC) 935.000,00
C – Clientes – Mercado Externo.. 935.000,00

5.2. Importação de Mercadorias

As mercadorias importadas até US$ 50,00 enviadas por pessoas físicas pelos correios estão isentas de tributação. Já as mercadorias acima de U$ 50,00 com valor máximo de US$ 500,00 estão sujeitas ao RTS (Regime de Tributação Simplificada). No entanto, as compras acima de US$ 500,00 até US$ 3.000,00 destinadas para pessoa física ou pessoa jurídica podem ser feitas por meio de uma DSI (Declaração Simplificada de Importação). Esse tipo de importação só é possível se a mercadoria vier por correios ou empresas de "courier" (tipo Fedex, DHL etc.). Nesse caso, em geral, independentemente do tipo de mercadoria que está sendo importada, incluindo o frete e o seguro, incidirão apenas o II de 60% (só para a importação simplificada, pois para uma importação formal – acima de 3.000 dólares – a alíquota do II varia de acordo com a TEC – Tarifa Externa Comum) e o ICMS com alíquota variável em função do estado (normalmente 17% ou 18%). Desta forma, considerando que "VA" (Valor Aduaneiro) seja a soma do valor original da mercadoria com o frete e o seguro, teremos as seguintes expressões para o cálculo do II e do ICMS:

II = 0,6 × VA ou 60% do VA

ICMS = % ICMS × [(VA × 0,6) + VA] = % ICMS × 1,6 × VA

Assim, por exemplo, supondo o estado de São Paulo, onde a alíquota do ICMS é de 18%, teremos:

ICMS = 18% × 1,6 × VA = 0,288 × VA ou 28,8% do VA

Nota: Como podemos observar, no caso do Estado de São Paulo, o total do ICMS é de 28,8% do VA e não apenas de 18%, visto que o ICMS incide sobre o II (imposto sobre imposto), o que não deveria ser assim, mas na nossa legislação é.

No caso de importações formais, só pessoas jurídicas podem efetuar, de forma que o desembaraço será feito mediante DI (Declaração de Importação). Nesse caso, de forma diferente da exportação, onde a carga tributária é baixíssima (só incide o Imposto de Exportação), na importação amparada por DI a carga tributária é muito elevada. Dessa forma, temos os seguintes tributos nesse tipo de importação:

- II (Imposto de Importação) – É um imposto federal e tem como fato gerador a entrada das mercadorias estrangeiras no país, cuja finalidade é puramente econômica (regulatória) e de proteção. Ele age taxando produtos trazidos do exterior para que não haja concorrência desleal com os produtos brasileiros. Esse imposto é seletivo, visto que varia de acordo com o país de origem das mercadorias (devido aos acordos comerciais) e com as características do produto. Suas alíquotas estão definidas na Tarifa Externa Comum (TEC), que é a tarifa aduaneira utilizada pelos países do Mercosul e é baseada na Nomenclatura Comum do Mercosul (NCM). A base de cálculo do imposto de importação é o Valor Aduaneiro (VA) da mercadoria, sendo calculado pelo percentual TEC sobre essa base de cálculo (II = % TEC x Valor Aduaneiro).

- IPI (Imposto sobre Produtos Industrializados) – O fato gerador desse imposto não é exatamente o ato de industrialização, mas a simples existência de produto industrializado, o que justifica sua incidência sobre o produto importado no seu desembaraço aduaneiro. Cabe salientar que quando o inciso I do art. 46 do CTN estabelece que uma das hipóteses de fato gerador do IPI é o seu desembaraço aduaneiro (no caso de produtos de procedência estrangeira), o entendimento jurisprudencial e doutrinário predominante é de que isso se refere ao aspecto TEMPORAL do fator gerador do IPI, isto é, "quando" se considera ocorrida a hipótese abstratamente descrita na norma de imposição tributária. O aspecto MATERIAL do fato gerador do IPI está indicado no parágrafo único do referido artigo, o qual estabelece que, para efeitos desse imposto, *considera-se industrializado o produto que tenha sido submetido a qualquer operação que lhe modifique a natureza ou a finalidade, ou o aperfeiçoe para consumo.* No "mercado interno", o IPI só é recuperável para a indústria, visto que esta é contribuinte desse imposto. Já no caso de produtos importados, mesmo que o importador nacional seja apenas uma empresa comercial, o mesmo terá o direito de recuperação do IPI pago na importação, visto que o **importador que vende mercadorias no mercado interno procedentes do exterior é equiparado a indústria,** devendo, portanto, destacar na sua nota fiscal de mercadorias não só o ICMS, mas também o IPI.

- ICMS (Imposto sobre Circulação de Mercadorias e Prestações de Serviços de Transporte Interestadual e Intermunicipal e de Comunicação) – Tem como fato gerador a circulação das mercadorias e prestações dos referidos serviços, ainda que se iniciem no exterior. Como sabemos, o ICMS é um imposto "por dentro", isto é, já está incluso em sua própria base de cálculo. No entanto, até 31/12/2001, em relação às importações, não era calculado dessa forma. Neste caso, o ICMS era calculado "por fora", ou seja, não era incluído em sua base de cálculo. A partir de 01/01/2002, em virtude da Emenda Constitucional nº 33, de 11/12/2001 (Informativo 54/2001), incorporada pela Lei nº 3.733, de 13/12/2001 (Informativo 51/2001), também nas importações o imposto deve ser calculado "por dentro". Assim, por exemplo, supondo que uma empresa realizasse uma importação no valor de R$ 100.000,00 (cem mil reais) já incluídos o custo original das mercadorias, os fretes, seguros, IPI, II, PIS e COFINS com ICMS a alíquota de 12%, teríamos:

Como era antes	Como é agora
Base de cálculo: = R$ 100.000,00 ICMS a Recolher: = 12% × R$ 100.000,00 = R$ 12.000,00 Total da nota fiscal: = R$ 100.000,00 + R$ 12.000,00 = R$ 112.000,00	Tendo em vista que os 12% deverão agora estar incluídos na sua base de cálculo, os R$ 100.000,00, que são o valor sem o ICMS, deverão corresponder a 88% da referida base. Desta forma, teremos: Base de cálculo do ICMS: = R$ 100.000,00 ÷ 0,88 = R$ 113.636,36 = Total da nota fiscal ICMS a Recolher: = 12% × R$ 113.636,36 = R$ 13.636,36

Podemos então estabelecer a seguinte fórmula para o cálculo do ICMS nas importações:

$$\textbf{ICMS} = \%\textbf{ICMS} \times \frac{(\textbf{Custo + Fretes + Seguros + II + IPI + PIS + COFINS})}{(\textbf{1} - \%\ \textbf{ICMS})}$$

■ PIS/PASEP Importação e COFINS Importação – Têm como fato gerador a entrada de bens estrangeiros no território nacional ou o pagamento, o crédito, a entrega, o emprego ou a remessa de valores a residentes ou domiciliados no exterior como contraprestação por serviço prestado. Passaram a incidir sobre as importações de bens e serviços a partir de 01/05/2004, por força da Lei nº 10.865/04. Regra geral, as alíquotas do PIS – Importação e da COFINS – Importação são, respectivamente, 1,65% e 7,6%, sendo a base de cálculo para a importação de bens igual ao somatório do valor aduaneiro original da mercadoria no exterior (base também do II) com o ICMS na importação com o valor das próprias contribuições. No caso da base de cálculo para importação de serviços, será igual ao somatório do valor pago, creditado, entregue ou remetido para o exterior com o valor do ISS e com o valor das próprias contribuições. Com isso, concluímos que a base de cálculo é "por dentro" (inclui o valor das próprias contribuições) e "não é seca" (inclui outros tributos). Dada a complexidade do cálculo desses tributos, tendo em vista o cálculo "por dentro" e ainda que o ICMS, que também é calculado "por dentro", deve integrar a base do PIS e da COFINS, a Secretaria da Receita Federal, através da Instrução Normativa 572 de 2005, estabeleceu as fórmulas de cálculo para o PIS-Importação e COFINS-Importação. A seguir, temos a parte dessa instrução que trata do cálculo dessas contribuições na importação de bens:

INSTRUÇÃO NORMATIVA SRF Nº 572, DE 22 DE NOVEMBRO DE 2005

Dispõe sobre o cálculo da Contribuição para o PIS/Pasep-Importação e da Cofins-Importação.

O SECRETÁRIO DA RECEITA FEDERAL, *no uso da atribuição que lhe confere o inciso III do art. 230 do Regimento Interno da Secretaria da Receita Federal, aprovado pela Portaria MF nº 30, de 25 de fevereiro de 2005, e tendo em vista o disposto no art. 7º da Lei nº 10.865, de 30 de abril de 2004, com a redação dada pela Lei nº 11.196, de 22 de novembro de 2005, declara:*

Art 1º Os valores a serem pagos relativamente à Contribuição para o PIS/Pasep-Importação e à Contribuição para o Financiamento da Seguridade Social (Cofins-Importação) serão obtidos pela aplicação das seguintes fórmulas, exceto quando a alíquota do Imposto sobre Produtos Industrializados (IPI) for específica:

I – na importação de bens:

$$Cofins_{IMPORTAÇÃO} = d \times (VA \times X)$$

$$Pis_{IMPORTAÇÃO} = c \times (VA \times X)$$

onde,

$$X = \left[\frac{1 + e \times [a + b \times (1 + a)]}{(1 - c - d) \times (1 - e)}\right]$$

VA = Valor Aduaneiro

a = alíquota do Imposto de Importação (II)

b = alíquota do Imposto sobre Produtos Industrializados (IPI)

c = alíquota da Contribuição para o PIS/Pasep-Importação

d = alíquota da Cofins-Importação

e = alíquota do imposto sobre operações relativas à circulação de mercadorias e sobre prestação de serviços de transporte interestadual e intermunicipal e de comunicação (ICMS)

Além dos gastos com os tributos, temos os seguintes gastos na importação:

FRETES E SEGUROS – A contratação desses poderá ser feita pelo comprador (importador) ou pelo exportador (vendedor).

CAPATAZIA – São os gastos com a movimentação das mercadorias pelo pessoal da administração dos portos ou aeroportos.

ARMAZENAGEM – São os gastos para depósito das mercadorias nos armazéns, pátios etc. de propriedade da administração dos portos ou aeroportos.

Exemplo Completo de cálculo e contabilização nas importações: A empresa comercial MUNDIAL COMÉRCIO S/A, em maio de 20X1, importou um lote de mercadorias, para revenda no mercado interno, negociadas com o fornecedor Texas Company no valor de U$S 46.000,00 (câmbio na chegada da mercadoria: R$ 1,70/dólar). Os gastos que antecederam a chegada das mercadorias, os quais foram pagos pelo despachante Ajax Despachos Aduaneiros Ltda., por conta e ordem da MUNDIAL COMÉRCIO S/A, foram:

- Frete e Seguro....................R$ 21.800,00
- Taxa de Obtenção da Declaração de Importação....................R$ 260,00

Suponhamos as seguintes alíquotas fictícias dos tributos incidentes na importação: II = 60%; IPI = 20%, ICMS = 18%, PIS = 1,65% e COFINS = 7,6%, admitindo que a MUNDIAL COMÉRCIO S/A é tributada pelo PIS e pela COFINS no sistema não cumulativo. A comissão do despachante aduaneiro é de R$ 4.200,00.

Assim, teremos os seguintes cálculos dos tributos:

Valor das mercadorias (46.000 × R$ 1,70)....................R$ 78.200,00
(+) Frete e Seguro....................R$ 21.800,00
(=) Valor Aduaneiro – VA....................R$ 100.000,00
(+) II (60% R$ 100.000,00)....................R$ 60.000,00
(=) Base de cálculo do IPI....................R$ 160.000,00

IPI = 20% R$ 160.000,00 = R$ 32.000,00

$$PIS = 0{,}0165 \times R\$\ 100.000 \times \frac{1 + 0{,}18\ [0{,}60 + 0{,}20 \times (1 + 0{,}60)]}{(1 - 0{,}0165 - 0{,}076) \times (1 - 0{,}18)} = R\$\ 2.584$$

$$COFINS = 0{,}076 \times R\$\ 100.000 \times \frac{1 + 0{,}18\ [0{,}60 + 0{,}20 \times (1 + 0{,}60)]}{(1 - 0{,}0165 - 0{,}076) \times (1 - 0{,}18)} = R\$\ 11.904$$

$$ICMS = \frac{\%\ ICMS\ (VA + II + IPI + PIS + COFINS)}{(1 - \%\ ICMS)}$$

$$ICMS = \frac{0{,}18 \times (R\$\ 100.000 + R\$\ 60.000 + R\$\ 32.000 + R\$\ 2.584 + R\$\ 11.904)}{(1 - 0{,}18)}$$

ICMS = R$ 45.327

Faremos agora os lançamentos contábeis referentes às operações:

(03/05/20X1) – Gastos antes da chegada das mercadorias
D – Importações em Andamento (AC) 22.060
C – Ajax Despachos Aduaneiros Ltda. (PC) 22.060

(09/05/20X1) – Contabilização dos gastos totais no desembaraço das mercadorias, admitindo que a Ajax Despachos Aduaneiros pagou todos os tributos para a retirada da mercadoria:
D – Importações em Andamento (AC) 142.400
D – IPI a Recuperar 32.000
D – ICMS a Recuperar 45.327
D – PIS a Recuperar 2.584
D – COFINS a Recuperar 11.904
C – Fornecedores – Texas Company (PC) 78.200
C – Ajax Despachos Aduaneiros (PC) 156.015

(12/05/20X1) – Entrada das mercadorias nos estoques da empresa, mediante a conclusão da operação de importação:
D – Mercadorias 164.460
C – Importações em Andamento 164.460

(30/05/20X1) – Atualização do débito com o fornecedor Texas Company (câmbio = R$ 1,78/dólar) e pagamento da dívida:
D – Variações Cambiais Passivas [(1,78 – 1,70) × 46.000] 3.680
C – Fornecedores – Texas Company 3.680

D – Fornecedores – Texas Company 81.880
C – BCM 81.880

Pagamento do despachante aduaneiro:
D – Ajax Despachos Aduaneiros Ltda. 178.075
C – BCM 178.075

Nota: Na importação de bens, as variações cambiais passivas ocorridas **até** a data do desembaraço aduaneiro serão registradas como custo na conta de “Importação em Andamento”. A partir da data do desembaraço aduaneiro, devem ser registradas como despesa operacional, mediante obediência ao princípio contábil da competência.

COMENTÁRIO EXTRA: Caso a MUNDIAL COMÉRCIO S/A não utilizasse o serviço do despachante aduaneiro, teríamos as seguintes contabilizações:

(03/05/20X1) – Gastos antes da chegada das mercadorias

D – Importações em Andamento (AC) **22.060**

C – BCM **22.060**

(09/05/20X1) – Contabilização dos gastos totais no desembaraço das mercadorias, admitindo que a MUNDIAL COMÉRCIO S/A pagou todos os tributos para a retirada da mercadoria (não existe mais os R$ 4.200 de comissão do despachante):

D – Importações em Andamento (AC) **138.200**

D – IPI a Recuperar **32.000**

D – ICMS a Recuperar **45.327**

D – PIS a Recuperar **2.584**

D – COFINS a Recuperar **11.904**

C – Fornecedores – Texas Company (PC) **78.200**

C – Ajax Despachos Aduaneiros (PC) **151.815**

(12/05/20X1) – Entrada das mercadorias nos estoques da empresa, mediante a conclusão da operação de importação:

D – Mercadorias **160.260**

C – Importações em Andamento **160.260**

(30/05/20X1) – Atualização do débito com o fornecedor Texas Company (câmbio = R$ 1,78/dólar) e pagamento da dívida:

D – Variações Cambiais Passivas [(1,78 – 1,70) × 46.000] **3.680**

C – Fornecedores – Texas Company **3.680**

D – Fornecedores – Texas Company **81.880**

C – BCM **81.880**

Despacho Aduaneiro x Desembaraço Aduaneiro

Ao chegar a mercadoria importada no porto ou aeroporto, o primeiro passo é a Alfândega da Receita Federal verificar, com auxílio do SISCOMEX, a exatidão das informações declaradas pelos importadores em relação às mercadorias importadas, identificando esses importadores, conferindo fisicamente e/ou documentalmente as mercadorias importadas, em relação às quantidades, pesos, valores e cumprimento de todas as obrigações legais. Essa etapa é chamada de DESPACHO ADUANEIRO, tendo por início a data do registro da DI (Declaração de Importação) no SISCOMEX.

Ao longo de todo o processo de importação, o importador pagará todos os tributos devidos, as despesas de armazenagem e capatazia e outras taxas para que se possa finalmente nacionalizar as mercadorias importadas.

Findo o despacho aduaneiro e não constatada nenhuma irregularidade, o último passo, que é também executado pela Alfândega da Receita Federal, é nacionalizar as mercadorias importadas, ou seja, tornar essas mercadorias aptas legalmente para entrar no mercado interno, seja para uso, consumo ou revenda ou qualquer outro fim, sendo tal operação também feita com o auxílio do SISCOMEX, efetivando-se pela entrega da mercadoria ao importador. Essa etapa é chamada de DESEMBARAÇO ADUANEIRO.

EXERCÍCIO RESOLVIDO 29: (Contador/NCE – UFRJ – Adaptada) A Empresa de Comércio Exterior adquiriu na Coreia, em 01/12/X0, pelo sistema FOB (*Free On Board*), ou seja, o bem passa a ser de propriedade da empresa no momento em que sai do estabelecimento vendedor e é posto dentro do navio no país de origem, 100 computadores pelo valor total de US$ 100.000,00. Nessa data o câmbio era de R$ 2,50 por US$ 1,00, ocorrendo em sequência os seguintes eventos:

- Em 10/12/X0 a empresa vendedora entregou na Coreia os 100 computadores ao navio que traria a mercadoria para o Brasil.
- Em 20/12/X0 o câmbio foi alterado para R$ 2,80 por US$ 1,00.
- Em 21/12/X0 os 100 computadores entraram no estoque da Empresa de Comércio Exterior.
- As despesas com desembaraço dos 100 computadores totalizaram R$ 1.500,00 até 20/12/X0.
- As despesas de frete dos 100 computadores apuradas até 20/12/X0 somaram R$ 2.500,00.
- O IPI incidente sobre os 100 computadores representou 17% do valor total da mercadoria, calculado com base no valor dos computadores na data de chegada ao Brasil. O IPI pago na compra será compensado como o IPI apurado sobre o valor de venda.

Com base nos dados, pode-se afirmar que:

a) Em 10/12/X0 o valor dos Estoques – Importações em Andamento era de R$ 254.000,00.
b) As despesas financeiras da operação foram de R$ 30.000,00.
c) O estoque de computadores em 21/12/X0 estava avaliado em R$ 327.600,00.
d) As despesas financeiras da operação foram de R$ 31.500,00.
e) Em 20/12/X0 o valor dos Estoques – Importações em Andamento era de R$ 331.600,00.

(SOLUÇÃO)

Visto que no enunciado da questão não é informada a alíquota do II e demais tributos incidentes na importação (ICMS, PIS e COFINS), não é possível determinarmos o saldo de estoques e importações em andamento, eliminando com isso as opções (a), (c) e (e).

Assim, o máximo que podemos calcular são as despesas financeiras (variações cambiais passivas), referentes à correção da dívida da empresa importadora no Brasil com o exportador na Coreia, multiplicando a diferença do câmbio do dólar entre a data em que as mercadorias foram desembaraçadas no Brasil (20/12/X0) e a data em que as mercadorias foram postas dentro do navio na Coreia (10/12/X0) pelo total do valor da compra dos 100 computadores, ou seja, 100.000 × (2,80 – 2,50)= R$ 30.000,00 ***(Opção b)***

EXERCÍCIO RESOLVIDO 30: (PETROBRAS – Contador Júnior/Fundação Cesgranrio) Admita que uma empresa que importou uma máquina para o seu imobilizado apresentou as informações abaixo relativas a tal importação.

- Valor da máquina, em dólar, declarado nos documentos de importação – U$ 50.000
- Valor da máquina fixado pela autoridade aduaneira para a base de cálculo do imposto de importação – U$ 54.000
- Imposto de Importação (II) = 10%
- Taxa de câmbio na operação U$ 1 = R$ 1,50
- Imposto sobre Produtos Industrializados (IPI) = R$ 4.100,00
- Despesas aduaneiras = R$ 1.800,00
- Frete do porto até ao estabelecimento do importador = R$ 5.000,00

A base de cálculo do ICMS na importação dessa máquina, em reais, é:

a) 89.000,00;
b) 94.000,00;
c) 95.000,00;
d) 95.100,00;
e) 100.000,00.

(SOLUÇÃO)

Valor da máquina (54.000 × R$ 1,50)	*R$ 81.000,00*
(+) II (10% × R$ 81.000,00)	*R$ 8.100,00*
(+) IPI	*R$ 4.100,00*
(+) Despesas aduaneiras	*R$ 1.800,00*
(=) Base do ICMS	*R$ 95.000,00*

(Opção c)

Exercícios de Fixação

1. **Apure o Lucro Bruto, sendo:**
   Estoque Inicial de Mercadorias = $ 500
   Estoque Final de Mercadorias = $ 100
   Compras de Mercadorias = $ 1.200
   Fretes e Seguros s/Compras = $ 100
   Devoluções de Compras = $ 170
   Abatimentos sobre Compras = $ 30
   Devoluções de Vendas = $ 400
   Vendas de Mercadorias = $ 4.700
   Fretes sobre Vendas = $ 2.000
   Impostos e Contribuições sobre Vendas de Mercadorias = $ 600
   a) $ 1.800;
   b) $ 1.900;
   c) $ 2.000;
   d) $ 2.100;
   e) $ 2.200.

2. **(Auditor da Receita Federal/Esaf) Operações com Mercadorias isentas do ICMS:**

	$
Vendas	**336**
Devolução de Vendas	**9**
Abatimentos sobre Vendas	**6**
Estoque Inicial	**45**
Compras	**273**
Devolução de Compras	**14**
Abatimentos sobre Compras	**7**
Descontos Comerciais s/Vendas	**8**
Estoque Final	**42**
Tributos incidentes s/Vendas (PIS e Cofins)	**8**

   O <u>Lucro Bruto</u> calculado com base nos valores acima importa em:
   a) $ 66;
   b) $ 58;
   c) $ 56;
   d) $ 51;
   e) $ 50.

Enunciado comum às questões 03 a 05: Sejam os seguintes dados para avaliação do estoque da Comercial LUA S/A:

01/2 Estoque: 12 unidades a $ 9 cada
12/2 Compra: 18 unidades a $ 10 cada
17/2 Venda: 11 unidades a $ 20 cada
21/2 Venda: 14 unidades a $ 25 cada
25/2 Compra: 15 unidades a $ 12 cada
28/2 Venda: 10 unidades a $ 30 cada

3. Considerando o método do custo médio móvel, o valor do Lucro Bruto é de:

a) $ 512;
b) $ 513;
c) $ 514;
d) $ 515;
e) $ 516.

4. Considerando o método PEPS, o valor do Estoque Final é igual a:

a) $ 117;
b) $ 118;
c) $ 119;
d) $ 120;
e) $ 125.

5. Considerando o método do Custo Médio Fixo, o Estoque Final é igual a:

a) $ 104;
b) $ 105;
c) $ 106;
d) $ 107;
e) $ 108.

6. Não é redutora de Receita de Vendas a conta:

a) Devoluções de Vendas;
b) Abatimentos sobre Vendas;
c) Comissões sobre Vendas;
d) ICMS sobre Vendas;
e) Descontos Incondicionais Concedidos.

7. Marque a opção incorreta.

a) Num sistema inflacionário, o estoque final avaliado pelo método UEPS é menor do que se fosse avaliado pelo método PEPS.
b) Num sistema inflacionário, o CMV avaliado pelo método do Custo Médio Móvel é maior do que aquele avaliado pelo método PEPS.
c) Num sistema deflacionário, o Resultado apurado quando os estoques são avaliados pelo método UEPS é maior do que aquele que seria se os estoques fossem avaliados pelo método do Custo Médio Móvel.
d) Se o inventário final de mercadorias for subavaliado, isso implicará aumento do resultado do exercício findo e redução do resultado do exercício seguinte.
e) Um lançamento de compras de mercadorias feito em duplicidade pode gerar um estouro de caixa.

8. Num sistema inflacionário, a mudança do critério de avaliação de estoques pelo custo médio para o método PEPS determina:

a) o aumento do saldo do estoque;
b) o aumento do custo das mercadorias vendidas;
c) a redução do resultado bruto;
d) o aumento do volume do estoque;
e) a redução da receita líquida.

9. <u>Não é</u> conta utilizada numa empresa comercial na contabilização das operações de compras e vendas de mercadorias, quando a empresa adota o sistema de inventário periódico:

a) Vendas;
b) Compras;
c) Mercadorias;
d) ICMS sobre Vendas;
e) Custo das Mercadorias Vendidas.

10. Sendo o "Estoque Final" de mercadorias a terça parte do valor do "Estoque Inicial" e o valor do CMV o dobro do valor das "Compras", então podemos afirmar que:

a) o CMV é igual ao estoque inicial;
b) as Compras são iguais ao Estoque Final;
c) as Compras são iguais ao Estoque Inicial;
d) as Compras são a metade do Estoque Inicial;
e) as Compras são o dobro do Estoque Final.

11. Considerando ainda a questão anterior, caso o valor do "Estoque Inicial" fosse de R$ 15.000,00 e a "Receita Líquida" de vendas de R$ 28.000,00, então o Lucro Bruto seria de:

a) R$ 5.000,00;
b) R$ 6.000,00;
c) R$ 7.000,00;
d) R$ 8.000,00;
e) R$ 9.000,00.

12. Método onde há subavaliação do lucro num regime inflacionário:

a) PEPS;
b) UEPS;
c) Custo Médio Móvel;
d) Preço Específico;
e) Custo Médio Fixo.

13. A Metalúrgica Leal Ltda. recebeu, em devolução, produtos vendidos à empresa revendedora Dutra Ltda., realizando os seguintes lançamentos (valores em $):

Diversos
a Diversos

Devoluções de Vendas	**2.000**	
C/C IPI	**200**	
a Descontos Incondicionais	**400**	
a Duplicatas a Receber	**1.800**	**2.200**

C/C ICMS
a ICMS s/Vendas **288**

Produtos Prontos
a CPV **700**

Comissões a Pagar
a Comissões s/Vendas **100**

Em decorrência dos lançamentos anteriores, é correto afirmar:

a) O Lucro Bruto da empresa diminuiu de $ 612.
b) O Lucro Bruto da empresa diminuiu de $ 412.
c) O Lucro Bruto da empresa diminuiu de $ 512.
d) O Lucro Bruto da empresa diminuiu de $ 312.
e) O Lucro Operacional da empresa diminuiu de $ 412.

14. Sendo as deduções da Receita Bruta iguais a 20% desta e o CMV 40% da Receita Líquida, a margem de lucro é de:

a) 60%;
b) 55%;
c) 65%;
d) 57%;
e) 50%.

15. Não afeta o Resultado Operacional Bruto:

a) Fretes sobre Compras;
b) Devoluções de Vendas;
c) Descontos Incondicionais Obtidos;
d) Descontos Condicionais Concedidos;
e) PIS sobre Faturamento.

16. Em março de 20X9, houve a seguinte movimentação nos estoques de mercadorias para revenda da Comercial LX Ltda.:

3/3/20X9 – Compra de 300 unidades ao preço de $ 0,25 a unidade.
5/3/20X9 – Devoluções de 250 unidades das últimas compras, tendo em vista avarias.
9/3/20X9 – Abatimento referente às últimas compras no valor de $ 10, a fim de evitar novas devoluções.
21/3/20X9 – Venda de 200 unidades pelo valor total de $ 125, com desconto de 20% na nota fiscal.
25/3/20X9 – Abatimentos concedidos aos clientes, referentes às últimas vendas no valor de $ 20, a fim de evitar o recebimento de devoluções.

Considere que:

- **as compras e as vendas estão sujeitas a ICMS de 20%;**
- **a empresa avalia seus estoques pelo método de custo médio ponderado;**
- **o estoque, em 28/2/20X9, era de 200 unidades, ao custo unitário de 0,15;**
- **nos cálculos devem ser consideradas duas casas decimais;**
- **o saldo da conta corrente ICMS, em 28/2/20X9, era devedor de $ 8.**

Levando-se em conta os dados acima, podemos afirmar que o Resultado com Mercadorias no mês de março de X9 foi de:

a) $ 26;
b) $ 36;
c) $ 56;
d) $ 66;
e) $ 76.

17. Com relação à questão anterior, o saldo da C/C ICMS no final de março de 20X9 foi de:

a) $ 8,50 devedor;
b) $ 9,50 devedor;
c) $ 9,50 credor;
d) $ 8,50 credor;
e) $ 8,00 credor.

18. A empresa prestadora de serviços LINDOX S/C Ltda. importou materiais ao preço de US$ 45.000, pagando ainda frete internacional de US$ 4.000 e seguro de US$ 1.000. Câmbio: US$ 1 = R$ 2.

IMPOSTO	ALÍQUOTA
II	60%
IPI	20%
ICMS	18%

Desta forma, desprezados os centavos, o valor total desembolsado pela empresa será de:

a) R$ 198.000;
b) R$ 226.560;
c) R$ 234.146;
d) R$ 240.000;
e) R$ 225.000.

19. A Cia. Taurus adquiriu no mês de julho mercadorias para revenda no valor de R$ 40.000 (quarenta mil reais), com ICMS de 18%. Dessa compra, a empresa revendeu 80% ao preço de R$ 60.000 (sessenta mil reais), sendo a terça parte com ICMS a 15% e o restante com ICMS de 18%.

Desta forma, com base nas informações dadas, marque a opção incorreta.

a) A Receita Operacional Bruta foi de $ 60.000.
b) A Receita Operacional Líquida foi de $ 49.800.
c) O CMV foi de $ 26.240.
d) A C/C ICMS apresentou saldo credor de $ 3.000, supondo que o saldo anterior era nulo.
e) O Resultado Operacional Bruto foi de $ 23.000.

20. A conta "Compras":

a) pode ser utilizada no sistema de inventário permanente;

b) só pode ser utilizada no sistema inventário periódico com conta desdobrada;

c) é recomendável para uma empresa que utiliza o método UEPS;

d) é creditada no caso de devolução;

e) é encerrada em contrapartida com os estoques.

21. A Comercial LUMEN Ltda. registrou nos livros fiscais e comerciais a aquisição, em 05/10/X1, de 300 lustres para revenda, ao custo unitário de R$ 100,00. O ICMS destacado na nota fiscal, de R$ 5.400,00, foi calculado à alíquota de 18%. No livro Diário foram <u>debitadas</u> as contas "Compras" e "ICMS a Recuperar" e <u>creditada</u> a conta "Fornecedores". Toda a mercadoria adquirida foi inventariada em 31/12/X1, o que acarretou o lançamento no Diário a <u>débito</u> da conta "Mercadorias" e a <u>crédito</u> da conta "Compras". No dia 04/01/X2, mais um lançamento foi feito no Diário a <u>débito</u> da conta "Fornecedores" (R$ 30.000), a <u>crédito</u> de "Mercadorias" (R$ 24.600) e a <u>crédito</u> de "Receita Não Operacional" (R$ 5.400). O Fisco Estadual constatou, posteriormente, que a nota fiscal era "fria" e o fornecedor, "fantasma", concluindo, então, que a operação foi forjada. Em decorrência, autuou a empresa pelo crédito indevido do ICMS e enquadrou seus dirigentes como incursos em crime de sonegação fiscal. Assim, em função dos registros contábeis efetuados, o lucro líquido apurado e declarado pela empresa, em 31/12/X1, no montante de R$ 56.000:

a) foi reduzido em R$ 5.400,00;

b) foi aumentado em R$ 5.400,00;

c) foi reduzido em R$ 30.000,00;

d) foi aumentado em R$ 30.000,00;

e) não foi afetado.

Enunciado comum às questões 22 e 23: A Comercial Silva Ltda., que possuía no início de março 20 unidades de determinada mercadoria a $ 4 cada, ao longo de março realizou os seguintes fatos:

02/03: Compra de 30 unidades a $ 5,5 cada.

05/03: Devolução de 10 unidades da compra anterior.

06/03: Abatimento sobre a compra de 02/03 no valor de $ 5, a fim de evitar novas devoluções.

21/03: Venda de 25 unidades a $ 250.

22/03: Recebimento em devolução de 10 unidades das vendas anteriores.

23/03: Abatimento sobre as vendas de 21/03 no valor de $ 10, a fim de evitar novas devoluções.

Informações adicionais:

- **ICMS nas compras e vendas = 20%**
- **Sobre as compras do dia 02/03, houve pagamento de frete no valor de $ 18 à Transportadora Rio Ltda.**

22. O valor do RCM pelo Método PEPS é igual a:

a) $ 45;

b) $ 50;

c) $ 55;

d) $ 60;

e) $ 65.

23. Supondo que o saldo da C/C ICMS no início de março era devedor de $ 6, ao fim de março o saldo será:

a) devedor de $ 2;
b) credor de $ 2;
c) devedor de $ 13;
d) credor de $ 13;
e) devedor de $ 9.

24. A Comercial Bahia S/A adquiriu um lote de mercadorias para revenda por R$ 2.000, incidindo sobre a compra ICMS de 15% e IPI de 10%. Logo em seguida, revendeu o referido lote por R$ 3.000, com ICMS a 15%. Supondo, respectivamente, os sistemas de inventário periódico conta desdobrada, inventário periódico conta mista e inventário permanente, marque a opção que indica os valores pelos quais a conta Mercadorias foi creditada para registrar a operação de venda:

a) R$ Zero, R$ 3.000, R$ 1.700;
b) R$ Zero, R$ 3.000, R$ 1.900;
c) R$ 1.900, R$ 3.000, R$ 2.200;
d) R$ 3.000, R$ Zero, R$ 1.900;
e) R$ 2.550, R$ 3.000, R$ 1.900.

25. Com relação à questão anterior, supondo que a empresa paga 3% de comissão sobre a Receita Bruta ao vendedor, o Resultado Operacional Bruto vale:

a) $ 650;
b) $ 560;
c) $ 850;
d) $ 760;
e) $ 1.010.

26. Em agosto de X0, as seguintes movimentações foram registradas na conta Mercadorias p/Revenda:

03/08/X0 – Compra de 230 unidades a $ 5,00 cada.
07/08/X0 – Venda de 90 unidades a $ 10,00 cada.
11/08/X0 – Abatimento obtido do fornecedor no valor de $ 195,30, sobre a compra de 03/08/X0, a fim de evitar devolução.
16/08/X0 – Compra de 70 unidades a $ 5,25 cada.
21/08/X0 – Devolução ao fornecedor de 40 unidades adquiridas em 16/08/X0.
28/08/X0 – Abatimento concedido ao cliente sobre a venda de 07/08/X0 no valor de $ 90, a fim de evitar a devolução.

- **Nos cálculos deverão ser consideradas duas casas decimais.**
- **Os estoques são avaliados a custo médio ponderado.**
- **O estoque em 30/07/X0 era de 70 unidades a $ 3,70 cada, já excluído o ICMS, e o saldo da C/C ICMS era credor de $ 390,00.**
- **O ICMS nas operações é de 20%.**

Com base nas informações anteriores, marque a opção incorreta.

a) O saldo da C/C ICMS no final de agosto era credor de $ 308,50.
b) O estoque em 21/08/X0 era de $ 756.
c) O CMV em agosto era de $ 353,70.
d) O Lucro Bruto de agosto = $ 276,30.
e) O Estoque em 11/08/X0 era de $ 580.

27. (ARF/Esaf) Indique o lucro bruto sobre vendas, considerando que:

– o saldo inicial da conta Mercadorias para Revenda era de $ 200;

– no período foram feitas aquisições de mercadorias, sujeitas a ICMS de 20%, no montante de $ 800;

– o inventário, ao final do período, registrou o valor de $ 160, já excluído o ICMS;

– o montante das vendas foi equivalente a 200% do custo das mercadorias vendidas;

– os impostos incidentes sobre as vendas equivaleram a 20%.

a) $ 1.360.
b) $ 504.
c) $ 408.
d) $ 952.
e) $ 840.

28. A Comercial Chaves Ltda. comprou à vista, para revenda, 25 ventiladores ao preço unitário de R$ 40,00, com a incidência de ICMS a 18% e IPI a 20%. Marque a opção que indica o lançamento a ser feito no livro diário, sabendo-se que a empresa trabalha com controle permanente de estoques.

a)	D – Compras	1.020
	D – C/C ICMS	180
	C – Caixa	1.200
b)	D – Mercadorias	620
	D – C/C ICMS	180
	D – C/C IPI	200
	C – Caixa	1.000
c)	D – Mercadorias	1.020
	D – C/C ICMS	180
	C – Caixa	1.200
d)	D – Mercadorias	820
	D – C/C ICMS	180
	D – C/C IPI	200
	C – Caixa	1.200
e)	D – Mercadorias	820
	D – C/C ICMS	180
	C – Caixa	1.000

29. (Analista de Finanças e Controle/Esaf) A empresa S.A. Comércius Tributs adquiriu no mês de maio mercadorias no valor de R$ 3.500,00 com ICMS de 17%. Nesse mês a empresa manteve 30% das mercadorias em estoque e realizou 70% através de vendas ao preço total de R$ 6.000,00, sendo metade tributada a 17% e metade tributada a 13% de ICMS. Baseados nestas informações, conseguimos apurar que, no fim do referido mês, a empresa em questão terá:

a) Resultado Operacional Bruto no valor de R$ 5.100,00;
b) Receita Líquida de Vendas no valor de R$ 5.405,00;
c) Custo da Mercadoria Vendida no valor de R$ 3.067,00;
d) ICMS a Recuperar no valor de R$ 595,00;
e) ICMS a Recolher no valor de R$ 305,00.

30. Dados os valores seguintes, apure o valor do estoque final de mercadorias:

Estoque Inicial	**$ 42.000**
Compras	**$ 87.000**
Fretes s/ Compras	**$ 11.000**
Devoluções de Compras	**$ 7.000**
Devoluções de Vendas	**$ 26.000**
Vendas	**$ 195.000**
Impostos s/ Vendas	**$ 22.000**
Lucro Bruto	**$ 33.000**

a) $ 20.000.
b) $ 19.000.
c) $ 32.000.
d) $ 31.000.
e) $ 30.000.

31. Em 14/03/X7, a Cia. Comercial Alfa adquiriu da Cia. Industrial Beta mercadorias para revenda no valor de $ 20.000, sendo o ICMS 18% e o IPI 20%. Sabendo-se que a Cia. Comercial Alfa trabalha com controle permanente de estoques, então o lançamento no Diário de Alfa será:

a)	D – Compras	16.400	
	D – ICMS a Recuperar	3.600	
	D – IPI a Recuperar	4.000	
	C – Fornecedores		24.000
b)	D – Compras	20.400	
	D – ICMS a Recuperar	3.600	
	C – Fornecedores		24.000
c)	D – Mercadorias	20.400	
	D – ICMS a Recuperar	3.600	
	C – Fornecedores		24.000
d)	D – Mercadorias	16.400	
	D – ICMS a Recuperar	3.600	
	D – IPI a Recuperar	4.000	
	C – Fornecedores		24.000
e)	D – Mercadorias	24.000	
	D – ICMS a Recuperar	3.600	
	C – Fornecedores		27.600

32. A fim de retificar erros cometidos na escrituração da Empresa Comercial Bandeirantes Ltda., foram feitos os seguintes lançamentos (apenas contas e valores):

D – Vendas	**94.000**
C – Clientes	**94.000**
D – Mercadorias	**41.000**
C – CMV	**41.000**
D – ICMS a Recolher	**12.000**
C – ICMS s/Vendas	**12.000**
D – Comissões a Pagar	**5.000**
C – Comissões s/Vendas	**5.000**
D – Lucros Acumulados	**7.000**
C – Despesas de Aluguéis	**7.000**

D – Aluguéis Ativos 8.000
C – Cx 8.000

Assim, após os lançamentos anteriores, podemos afirmar:

a) A receita líquida diminuiu de 94.000.
b) O lucro bruto reduziu de 36.000.
c) O capital circulante líquido aumentou de 44.000.
d) O lucro operacional diminuiu de 32.000.
e) A situação líquida patrimonial reduziu de 44.000.

33. (BNDES/Cesgranrio) Uma empresa comercial avalia os seus estoques, com base no modelo PEPS. O resultado contábil das operações da empresa referente a um dado período, apurado segundo esse modelo, quando comparado àquele que seria apurado mediante a utilização do Custo Médio como critério de avaliação:

a) estará sempre superestimado;
b) estará sempre subestimado;
c) estará superestimado, se os custos de reposição dos estoques exibirem uma tendência decrescente;
d) estará subestimado, se os custos de reposição dos estoques exibirem uma tendência decrescente;
e) não estará superestimado nem subestimado.

34. (Analista de Finanças e Controle/Esaf - Adaptada) Considere os seguintes dados:

Saldos em 31/08/X1:

Ativo Circulante	**200**
Ativo Não Circulante	**800**
Passivo Circulante	**300**
Patrimônio Líquido	**700**

Fatos ocorridos em setembro de X1:

Compra de mercadorias a prazo	**400**
Compra de mercadorias à vista	**100**
Pagamento de despesas operacionais	**150**
Pagamento de duplicatas	**250**
Recebimento de duplicatas	**200**
Vendas a prazo	**2.000**
Vendas à vista	**1.000**

Sabendo-se que:

Estoque de mercadorias (31/08/X1)	**100**
Estoque de mercadorias (30/09/X1)	**50**
ICMS sobre compras e vendas	**20%**

Podemos afirmar que, no balanço de 30/09/X1, o:

a) CMV foi de 550;
b) passivo circulante aumentou de 450;
c) passivo circulante reduziu de 650;
d) lucro operacional foi de 1.800;
e) lucro operacional foi de 1.950.

35. Se o valor das compras é maior que o do CMV, pode-se afirmar que:

a) o valor do estoque final é menor que o valor do estoque inicial;

b) o valor das compras é menor que o valor das Mercadorias Disponíveis para venda;

c) não há estoque final;

d) o estoque inicial é menor que o valor das compras;

e) o valor do estoque final é maior que o valor do estoque inicial.

36. (Analista de Finanças e Controle/Esaf) Considere os seguintes dados:

Compras do período (valor da fatura)	**200**
Custo das mercadorias vendidas	**80**
Despesas operacionais	**60**
Devolução de compras	**20**
Devolução de vendas	**50**
Lucro na alienação de bens do ativo imobilizado	**30**
Mercadorias (estoque inicial)	**50**
Receita de vendas de mercadorias	**500**

Sabendo-se que:

– **as compras e as vendas estão sujeitas a impostos de 20%;**

– **as bases de cálculo da contribuição social sobre o lucro e do imposto de renda são negativas.**

Indique a opção que contém, respectivamente, os valores relativos ao saldo final da conta Mercadorias para Revenda e do Resultado do Exercício:

a) 170 e 340.

b) 150 e 290.

c) 150 e 220.

d) 130 e 390.

e) 114 e 250.

37. (Fiscal de Rendas – SP/Vunesp) Considere que a Cia. Domiraci tem os seguintes dados para avaliação do seu estoque:

1/1 Estoque: 10 unidades a $ 10 cada

2/1 Compra: 10 unidades a $ 15 cada

3/1 Venda: 5 unidades a $ 20 cada

4/1 Venda: 10 unidades a $ 25 cada

5/1 Compra: 15 unidades a $ 18 cada

6/1 Venda: 5 unidades a $ 22 cada

Considerando a apuração do Custo das Mercadorias Vendidas pelo método PEPS (Primeiro que Entra, Primeiro que Sai), num regime permanente, tem-se o valor do estoque final de:

a) $ 230;

b) $ 250;

c) $ 270;

d) $ 249,37;

e) $ 290.

38. (Analista de Finanças e Controle/Esaf - Adaptada) No balancete de 30/09/X1, encontramos os seguintes dados:

Ativo Não Circulante	**250**
Bancos	**70**
Caixa	**20**
Capital	**200**
Lucro na Venda de Imobilizado	**15**
Despesas Comerciais	**50**
Juros Passivos	**30**
Despesas Gerais	**100**
Duplicatas a Receber	**300**
Fornecedores	**250**
Impostos a Pagar	**85**
Impostos s/Vendas	**160**
Lucros Acumulados	**170**
Mercadorias p/ Revenda	**240**
Vendas	**800**

Sabendo-se que:

- **as compras, sujeitas a ICMS de 20%, somaram 375;**
- **as vendas estão sujeitas a ICMS de 20%;**
- **o estoque final de mercadorias para revenda foi de 100, já excluído o ICMS de 20%, podemos afirmar, considerando o CPC 26 – Apresentação das Demonstrações Contábeis, que o Lucro antes das Receitas e Despesas Financeiras foi de:**

a) 50;
b) 65;
c) 50;
d) 200;
e) 35.

39. Com relação à questão anterior, supondo que o balancete não está sujeito a ajustes, que as bases de cálculo da contribuição social sobre o lucro e do imposto de renda foram <u>negativas</u> e que não há participações estatutárias sobre o lucro, o Lucro Líquido foi de:

a) 35;
b) 45;
c) 46;
d) 20;
e) 25.

40. (Auditor da Receita Federal/Esaf) Em um dado período, os registros da "Comercial Brasileira Ltda." assinalam vendas a crédito de Cr$ 50,00, ao custo de Cr$ 30,00.

- **as compras sujeitas a ICMS de 20%, de Cr$ 60,00, foram feitas à vista;**
- **a empresa adota controle permanente de estoques e, no período, não se registraram perdas;**
- **os impostos incidentes sobre vendas foram de 20%;**
- **as vendas à vista somaram Cr$ 100,00, ao custo de Cr$ 60,00;**
- **os estoques iniciais de mercadorias eram de Cr$ 70,00.**

Dois lançamentos que se relacionam com as vendas das mercadorias, apresentados de forma unificada e simplificada (para maior facilidade), são:

a) *pela aquisição das mercadorias:*

Mercadorias
a Caixa 60,00

pela venda e apropriação dos custos das mercadorias vendidas:

Diversos
a Mercadorias

Caixa	100,00
Duplicatas a Receber	50,00
Custo das Mercadorias Vendidas	90,00
	240,00

b) *pela venda das mercadorias*:

Diversos
a Mercadorias para Revenda

Caixa	100,00
Duplicatas a Receber	50,00
	150,00

pela apropriação dos custos das mercadorias vendidas:

Custo das Mercadorias Vendidas
a Mercadorias para Revenda 90,00

c) *pelo registro das aquisições de mercadorias:*

Mercadorias
a Caixa 60,00

pela apropriação dos custos das mercadorias vendidas:

Custo das Mercadorias Vendidas
a Mercadorias 72,00

d) *pela venda das mercadorias*

Caixa
a Diversos

a Mercadorias	80,00
a ICMS a Pagar	20,00
	100,00

pela apropriação dos custos das mercadorias vendidas:

Custo das Mercadorias Vendidas
a Mercadorias 90,00

e) *pela apropriação dos custos das mercadorias vendidas*

Custo das Mercadorias Vendidas
a Mercadorias 90,00

pela venda das mercadorias:

Diversos
a Vendas

Caixa	100,00
Duplicatas a Receber	50,00
	150,00

41. (Técnico da Receita Federal/Esaf) No balancete levantado para a apuração de resultados do exercício registraram-se os seguintes saldos:

Compras	**R$ 1.200.000**
Mercadorias	**R$ 360.000**
Receitas de Vendas	**R$ 2.600.000**

Sabendo-se que o estoque existente, no momento, alcançava o valor de R$ 480.000, pode-se afirmar que:

a) o lucro bruto de vendas do período foi de R$ 1.080.000;

b) no período, registrou-se um prejuízo de R$ 1.080.000;

c) o custo das mercadorias vendidas foi de R$ 1.200.000;

d) o custo das mercadorias vendidas foi de R$ 1.400.000;

e) o saldo da conta Mercadorias, no balanço de encerramento do exercício social, é de R$ 480.000.

42. (Analista de Finanças e Controle/Esaf) Mediante contagem física, foram apuradas na loja de departamentos "Marielena S/A", entre uma infinidade de mercadorias para revenda, as seguintes existências:

Departamento de Caça e Pesca (Balanço de 31/12/X0)

Mercadoria	Quantidade	Preço de Venda	% de lucro
A	1.800	$ 560	40
B	1.200	$ 700	40

Departamento de Material Esportivo (Balanço de 31/12/X0)

Mercadoria	Quantidade	Preço de Venda	% de lucro
W	800	$ 300	50
Y	700	$ 450	50

Obs.: As mercadorias A, B, W e Y eram, nos anos calendários de 19X0 e 19X1, isentas do ICMS em todas as operações.

O montante do inventário final dessas mercadorias (Balanço de 31/12/X0), com base no critério de avaliação para lojas de departamentos em que o preço de venda é formado pelo custo de aquisição acrescido da margem de lucro, foi de:

a) $ 1.690.000;

b) $ 2.403.000;

c) $ 1.441.800;

d) $ 1.386.000;

e) $ 1.321.650.

43. (Técnico da Receita Federal/Esaf) Ao encerrar o exercício social, a Cia. Comércio e Comércio constatou as seguintes apurações:

1 – Receitas Brutas de Vendas do período: R$ 12.000,00

2 – Impostos faturados sobre vendas (ICMS): 17%

3 – Resultado Operacional Bruto: 30% do total das vendas

4 – Estoque inicial de mercadorias: R$ 1.160,00

5 – Valor das compras de mercadorias efetuadas no exercício (líquido de impostos): R$ 8.000,00

Com essas informações, podemos afirmar que o estoque de mercadorias, apurado em inventário, no final do exercício, corresponde, em relação às compras, a:

a) 35,0%;
b) 50,0%;
c) 24,5%;
d) 9,5%;
e) 35,5%.

44. Ao encerrar determinado período, na apuração contábil do CMV, a empresa realizou, de forma simplificada, um único lançamento:

CMV
a Diversos

a Compras	**12.800**	
a Mercadorias	**4.200**	**17.000**

Assim, pode-se afirmar que:

a) o valor do estoque inicial de Mercadorias é maior que o valor do estoque final;
b) o valor do estoque inicial de Mercadorias é igual ao valor do estoque final;
c) o valor do estoque final de Mercadorias é maior que o valor do estoque inicial;
d) o registro não contém elementos suficientes para se saber se o estoque inicial é maior, igual ou menor que o estoque final de Mercadorias;
e) o valor do estoque final de Mercadorias é menor que o valor do estoque inicial, porque o Custo de Mercadorias Vendidas é menor que o valor das Compras.

45. (Auditor da Receita Federal/Esaf) O recebimento em devolução, no próprio exercício da venda, de mercadorias vendidas a prazo deve ser assim registrado na escrituração da empresa comercial que as recebeu de volta e que adota o sistema de inventário periódico e que não utiliza a conta Mercadorias como conta mista (Nota: mercadorias tributadas pelo ICMS):

a) Devolução de Vendas
a Clientes
b) Devolução de Vendas/Contas correntes – ICMS
a Clientes
c) Devolução de Vendas
a Clientes
Contas correntes – ICMS
a ICMS s/Vendas
d) Clientes
a Devolução de Vendas
a Contas correntes – ICMS
e) Devolução de Vendas
a Clientes
ICMS s/Vendas
a Contas correntes – ICMS

46. (Auditor da Receita Federal/Esaf)

Devolução de Vendas
a Diversos

a Duplicatas a Receber	**100.000**
a Descontos Incondicionais	**25.000**
	125.000

C/C ICMS
a ICMS s/Vendas **15.000**
Mercadorias
a Custos de Mercadorias Vendidas **60.000**
Comissões a Pagar
a Despesas c/Comissões s/Venda **8.000**

Pela devolução, dentro do próprio exercício social, da venda de mercadorias entregues em desacordo com o pedido do cliente, a Comercial Messias S.A. efetuou os registros contábeis acima.

Em decorrência, é correto afirmar que o Lucro Bruto da empresa foi alterado em:

a) 17.000;
b) 25.000;
c) 33.000;
d) 77.000;
e) 85.000.

47. (Auditor da Receita Federal/Esaf) Ao contabilizar a devolução de 100 unidades de um lote de 1.000 camisas adquiridas de um fornecedor local, para revenda, a Cia. Comercial Camiseiro do Norte fez, em 23/08/1989, um crédito de $ 300,00 na conta "ICMS a Recolher".

Tendo sido de 10% a alíquota do ICMS incidente na aquisição, o valor do débito inicial feito na conta "Compras", com utilização de partida de 3ª fórmula, montou em:

a) $ 30.000;
b) $ 27.000;
c) $ 27.300;
d) $ 2.700;
e) $ 3.000.

48. (Auditor da Receita Federal/Esaf) A Cia. Comercial Sagitário adquiriu para revenda, em 8/11/1988, em primeira negociação, 20 (vinte) máquinas de calcular Atlas, sendo:

Preço unitário: $100,00
Condições de pagamento: 50% em 8/12/1988 e o restante em 9/01/1989
Alíquota do ICMS: 10% (dez por cento)

No período entre a data do recebimento da referida mercadoria e 31/12/1988 fez as seguintes operações:

- **vendeu 10 (dez) unidades ao preço unitário de $ 120,00;**
- **devolveu 2 (duas) unidades em 31/12/1988, por defeito de fabricação, sendo a nota de débito correspondente acatada pelo fornecedor em 20/12/1988;**
- **pagou no vencimento, sem qualquer abatimento, a primeira duplicata (50% do valor da compra);**
- **transferiu para uso próprio em 31/12/1988, Departamento de Contabilidade, uma unidade.**

Em decorrência, o valor do estoque final dessa mercadoria, no Balanço Patrimonial de 31/12/1988, importou em:

a) $ 600,00;
b) $ 720,00;
c) $ 810,00;
d) $ 700,00;
e) $ 630,00.

49. (Auditor da Receita Federal/Esaf) No mês de outubro, a firma Omar Telo de Barros realizou a seguinte movimentação de compras e vendas da única mercadoria com que trabalha e que é isenta de ICMS:

- **Estoque em 1/10: 2.200 unidades ao custo unitário de $ 0,50.**
- **Vendas em 5/10: 1.000 unidades ao preço unitário de $ 0,95.**
- **Compras em 10/10: 2.000 unidades ao custo unitário de $ 0,90.**
- **Vendas em 30/10: 1.400 unidades ao preço unitário de $ 0,95.**

Com estas operações, a empresa apresentará na Contabilidade um estoque final de mercadorias e um lucro operacional bruto, respectivamente, de:

a) $ 900,00 e $ 280,00, se adotar o critério de avaliação UEPS;
b) $ 900,00 e $ 280,00, se adotar o critério de avaliação PEPS;
c) $ 1.242,00 e $ 622,00, se adotar o critério de avaliação Preço Médio;
d) $ 1.620,00 e $ 1.000,00, se adotar o critério de avaliação UEPS;
e) $ 1.620,00 e $ 1.000,00, se adotar o critério de avaliação PEPS.

50. (Auditor-Fiscal da Receita Federal/Esaf - Adaptada) A empresa Comercial Santa Rita Ltda. registrou nos livros fiscais e comerciais a aquisição, em 28/09/X8, de 500 radiolas, ao preço unitário de $ 100. O ICMS destacado na nota fiscal, $ 6.000, foi calculado à alíquota de 12%.

No livro Diário foram debitadas as contas Compras ($ 44.000) e ICMS a Recuperar ($ 6.000) e creditada a conta Fornecedores ($ 50.000).

Toda a mercadoria adquirida foi inventariada em 31/12/X8, o que acarretou o lançamento contábil (Diário) a débito de estoques de mercadorias e a crédito da conta Compras.

No dia 03/01/X9 mais um lançamento foi feito no Diário a débito da conta Fornecedores ($ 50.000) e a crédito da conta Estoques de Mercadorias ($ 44.000) e Outras Receitas ($ 6.000).

O Fisco Estadual constatou, posteriormente, que a nota fiscal era "fria" e o fornecedor, fantasma, ou seja, a operação tinha sido forjada. Em decorrência, autuou a empresa pelo crédito indevido do ICMS e enquadrou seus dirigentes como incursos em crime de sonegação fiscal.

Em função dos registros contábeis, o lucro líquido apurado e declarado pela Comercial Santa Rita Ltda., em 31/12/X8, no montante de $ 100.000:

a) não foi afetado;
b) foi reduzido em $ 60.000;
c) foi aumentado em $ 60.000;
d) foi reduzido em $ 50.000;
e) foi reduzido em $ 44.000.

51. (Auditor da Receita Federal/Esaf) Considere os dados abaixo de uma empresa comercial varejista:

Vendas – 4.000 unidades a $ 15,00 cada	**$ 60.000**
ICMS – 18% s/vendas	**$ 10.800**
Compras – 3.600 unidades a $ 10,00 cada	**$ 36.000**
ICMS s/compras – 18%	**$ 6.480**
IPI s/Compras – 4%	**$ 1.440**
Frete e seguros s/compras	**$ 2.240**
Estoque inicial – 800 unidades a $ 8,00	**$ 6.400**
Lucro Bruto	**$ 13.200**

O valor do estoque final é de:

a) $ 3.018,18;

b) $ 3.265,45;

c) $ 3.600,00;

d) $ 3.854,54;

e) $ 4.058,18.

52. (Analista de Finanças e Controle/Esaf - Adaptada) Observando a relação de contas abaixo, verificamos que contém todas as contas e saldos respectivos que importam ao resultado do exercício na empresa Comércio Comercial Ltda.

Contas	Saldos
Aluguéis Passivos	300,00
Cofins	400,00
Compras do Período	9.000,00
Despesas Financeiras	160,00
Despesas Gerais	180,00
Devolução de Vendas	200,00
Encargos de Previdência	200,00
FGTS	260,00
Lucro na Venda de Imóvel	700,00
ICMS sobre Compras	1.200,00
ICMS sobre Vendas	1.700,00
Mercadorias	2.000,00
PIS sobre Faturamento	100,00
Imposto de Renda a Pagar	600,00
Receita Bruta de Vendas	10.000,00
Receitas de Aplicação Financeira	400,00
Salários e Ordenados	400,00

Ao elaborarmos a demonstração de resultado do exercício, considerando a existência de um estoque final de mercadorias no valor de R$ 5.000, com certeza vamos constatar que a receita líquida e o lucro bruto desta empresa alcançaram, respectivamente, os valores de:

a) R$ 7.600,00 e R$ 2.600,00;

b) R$ 7.600,00 e R$ 2.800,00;

c) R$ 8.100,00 e R$ 2.500,00;

d) R$ 8.100,00 e R$ 2.800,00;

e) R$ 8.800,00 e R$ 2.800,00.

53. (BNDES/Cesgranrio) Em consequência de superavaliação do estoque final de mercadorias, depreende-se que:

a) o lucro líquido do período fica subavaliado;

b) o inventário inicial foi superavaliado;

c) o CMV foi superavaliado;

d) o inventário inicial era nulo;

e) o lucro líquido do período fica superavaliado.

54. Seja a relação: Descontos Condicionais Concedidos, Fretes sobre Vendas, IPI Faturado, Devoluções de Vendas (referentes ao exercício social anterior), Devoluções de Vendas (exercício atual) e Abatimentos sobre Vendas.

O número de contas itens que não representam deduções da Receita Bruta é de:

a) zero;

b) 1;

c) 2;

d) 3;

e) 4.

55. (Petrobras/Cesgranrio) As deduções da receita bruta, que resultam na receita líquida na demonstração do resultado do exercício, compõem-se das seguintes contas:

a) vendas canceladas e IPI sobre faturamento;

b) vendas canceladas e devoluções, abatimentos e impostos incidentes s/vendas;

c) vendas canceladas e devoluções e impostos incidentes sobre vendas;

d) vendas canceladas, descontos condicionais e impostos incidentes sobre vendas;

e) abatimentos, descontos incondicionais e impostos incidentes sobre vendas.

56. (Fiscal de Tributos Estaduais/UFSC) Suponha uma empresa comercial situada em um país onde os preços das mercadorias que adquire para revender sempre decrescem a cada nova compra que ela efetua. Suponha que, ao longo de determinado período, tal empresa efetuou diversas compras e diversas vendas, intercaladamente. Tendo em vista o cenário descrito, pode-se afirmar que:

a) se a empresa adotar o método PEPS, os valores do estoque final e do custo das mercadorias vendidas serão, respectivamente, menor e maior do que se adotar o método UEPS;

b) se a empresa adotar o método PEPS, os valores do estoque final e do custo das mercadorias vendidas serão, respectivamente, maior e menor do que se adotar o método UEPS;

c) se a empresa adotar o método UEPS, os valores do estoque final e do custo das mercadorias vendidas serão, respectivamente, menor e maior do que se adotar o método PEPS;

d) se a empresa adotar o método PEPS, os valores do estoque final e do custo das mercadorias vendidas serão, respectivamente, maior e igual do que se adotar o método UEPS;

e) se a empresa adotar o método UEPS, os valores do estoque final e do custo das mercadorias vendidas serão, respectivamente, maior e igual do que se adotar o método PEPS.

57. (Analista de Comércio Exterior/Esaf) A Empresariado S/A tem atividade exclusivamente comercial. No mês de maio realizou uma compra de bens para revender, desembolsando a quantia de R$ 4.800,00, sendo R$ 4.000,00 referente ao preço, com ICMS incluso, e R$ 800,00 referente ao IPI adicionado ao preço. No fim do mês a mesma empresa vendeu, a prazo, um quarto das mercadorias compradas logrando um faturamento total de R$ 2.000,00.

No mês considerado vigora a seguinte tabela de impostos e contribuições:
IPI = 20%; ICMS = 17%; ISS = 12%; Cofins = 2%; PIS = 0,5%

Na operação realizada, essa empresa conseguiu auferir um lucro bruto de:

a) R$ 970,00;
b) R$ 680,00;
c) R$ 630,00;
d) R$ 590,00;
e) R$ 580,00.

58. (Analista de Comércio Exterior/Esaf) Observe os seguintes itens de resultado da firma Específica S/A:

Receita Bruta de Vendas	**R$ 2.500,00**
Vendas Canceladas no exercício anterior	**R$ 50,00**
PIS sobre o Faturamento	**R$ 19,00**
Descontos Financeiros Concedidos	**R$ 50,00**
Comissões sobre Vendas	**R$ 125,00**
Cofins s/Vendas	**R$ 12,50**
IPI s/Faturamento	**R$ 250,00**
Devoluções de Vendas	**R$ 250,00**
Contas Correntes – ICMS	**R$ 425,00**
Custo das Mercadorias Vendidas	**R$ 750,00**
Fretes sobre Vendas	**R$ 100,00**
ICMS sobre Vendas	**R$ 382,50**

Com base na relação dada acima, assinale a opção que contém a Receita Líquida de Vendas:

a) R$ 1.536,00;
b) R$ 1.641,00;
c) R$ 1.786,00;
d) R$ 1.836,00;
e) R$ 1.986,00.

59. (Analista de Comércio Exterior/Esaf) A Industrial & Cia. emitiu a seguinte nota fiscal de venda a prazo de um lote de produtos:

200 marretas de bater pneus, tamanho médio, a R$ 8,00 cada	**R$ 1.600,00**
Despesa com o transporte e seguro do produto até a loja do comprador	**R$ 50,00**
Imposto sobre Produtos Industrializados	**R$ 165,00**
Total da nota fiscal	**R$ 1.815,00**
ICMS (já incluso no preço)	**R$ 245,00**

O comprador dessa mercadoria, a empresa Comercial Ltda., adota o sistema de inventário permanente e mandou fazer a contabilização dessa partida de compra através do seguinte lançamento contábil, que está correto:

a) Estoque de Mercadorias

a Fornecedores		1.815,00

b) Diversos

a Fornecedores		
Estoque de Mercadorias	1.355,00	
Contas Correntes – ICMS	245,00	
Contas Correntes – IPI	165,00	
Despesa de Frete	50,00	1.815,00

c) Diversos

a Fornecedores		
Estoque de Mercadorias	1.570,00	
Contas Correntes – ICMS	245,00	1.815,00

d) Diversos

a Fornecedores		
Estoque de Mercadorias	1.405,00	
Contas Correntes – ICMS	245,00	
Contas Correntes – IPI	165,00	1.815,00

e) Diversos

a Fornecedores		
Compra de Mercadorias	1.570,00	
Contas Correntes – ICMS	245,00	1.815,00

60. A respeito do PIS/Pasep e da Cofins, marque a alternativa cuja afirmação está correta.

a) No sistema não cumulativo, as alíquotas gerais incidentes sobre faturamento são de 0,65% e de 3%, respectivamente, para o PIS/Pasep e para a Cofins.

b) Nem toda pessoa jurídica tributada com base no Simples, Lucro Presumido ou Lucro Arbitrado está submetida à incidência sobre o faturamento do PIS/Pasep e da Cofins no sistema cumulativo.

c) Numa indústria, o conceito contábil de faturamento é o mesmo que o jurídico, ou seja, é o somatório da receita bruta com o IPI. Dessa forma, o PIS/Pasep e a Cofins incidem sobre o referido faturamento.

d) Toda pessoa jurídica tributada com base no Lucro Real está sujeita à incidência não cumulativa do PIS/Pasep e da Cofins sobre o faturamento.

e) Se uma empresa comercial atacadista adquire de uma indústria mercadorias para revenda no valor de R$ 10.000,00, com ICMS de 12%, IPI de 20%, PIS de 1,65% e Cofins de 7,6%, se essa empresa é tributada pelo regime não cumulativo do PIS e da Cofins, então o valor que vai para o estoque é de R$ 9.690,00.

61. (Petrobras – Contador Pleno/Fundação Cesgranrio) O Supermercado Capixaba é uma empresa que fez a opção, em 2005, pelo Lucro Presumido. Em janeiro, adquiriu R$ 200.000,00 em mercadorias, além de ter R$ 100.000,00 de estoque inicial. A receita de revenda de mercadorias montou R$ 400.000,00, com o supermercado obtendo, ainda, receitas financeiras no valor de R$ 10.000,00. Sabendo-se que a alíquota da Cofins é de 7,6% para o método não cumulativo e de 3% para o método cumulativo, a Cofins devida pelo Supermercado Capixaba, em reais, referente ao mês de janeiro de 2005, será de:

a) 7.600,00;
b) 8.360,00;
c) 12.000,00;
d) 12.300,00;
e) 14.950,00.

62. (IRB – Analista/Esaf) A firma Lojas Entrepostos S/A, operando mercadorias isentas de tributação, inclusive quanto a PIS e Cofins, apresentou o seguinte movimento de estoques, o qual numeramos para indicar a ordem cronológica:

1 – compra de 15 unidades, por R$ 1.500,00;
2 – compra de 30 unidades, por R$ 4.000,00;
3 – venda de 48 unidades, por R$ 9.600,00;
4 – compra de 60 unidades, por R$ 9.600,00;
5 – venda de 67 unidades, por R$ 13.500,00.

Observação: O estoque inicial do período era de 18 unidades, avaliado em R$ 1.620,00.

De acordo com essas informações, podemos mensurar que o estoque final foi de apenas 8 unidades, ao custo unitário de:

a) R$ 160,00, se a avaliação for feita pelo critério Ueps;
b) R$ 150,00, se a avaliação for feita pelo critério Peps;
c) R$ 125,00, se a avaliação for feita pelo critério Preço Médio;
d) R$ 90,00, se a avaliação for feita pelo critério Ueps;
e) R$ 90,00, se a avaliação for feita pelo critério Peps.

63. (Susep – Agente Executivo/Esaf) A firma Agrária Agronegócios Ltda. utiliza a conta Mercadorias na modalidade de conta mista, sendo debitada pelo valor das compras e creditada pelo valor das vendas.

Se, no fim do período, a conta Mercadorias, que representa o item "geagá", inteiramente isento de tributação, apresentar saldo contábil credor, no valor de R$ 5.000,00, e o inventário físico final for avaliado em R$ 2.000,00, pode-se dizer que as operações com esse item ocasionaram:

a) prejuízo de R$ 2.000,00;
b) prejuízo de R$ 3.000,00;
c) lucro de R$ 3.000,00;
d) lucro de R$ 5.000,00;
e) lucro de R$ 7.000,00.

64. (Susep – Agente Executivo/Esaf) A Mercearia a Varejo Ltda. escolheu o item "zez" de seu estoque para demonstração e assim apresentou seu movimento semanal:

- **existências anteriores: 20 unidades, ao custo unitário de R$ 15,00;**
- **primeiras compras: 100 unidades, a R$ 16,00 cada uma;**
- **primeiras vendas: 80 unidades, ao preço unitário de R$ 20,00;**
- **últimas compras: 60 unidades, pelo valor total de R$ 1.020,00;**
- **últimas vendas: 60 unidades, pelo valor total de R$ 1.260,00.**

Organizando uma ficha de controle de estoques para esse item de Mercadorias, cuja movimentação ocorreu com isenção de qualquer tributação, a empresa vai apurar um estoque final de:

a) 40 unidades, ao custo unitário de R$ 15,00, se avaliadas pelo critério Ueps;
b) 40 unidades, ao custo unitário de R$ 16,00, se avaliadas pelo critério Preço Médio;
c) 40 unidades, ao custo unitário de R$ 16,22, se avaliadas pelo critério Preço Médio;
d) 40 unidades, ao custo unitário de R$ 17,00, se avaliadas pelo critério Peps;
e) 40 unidades, 20 ao custo unitário de R$ 15,00 e 20 ao custo unitário de R$ 16,00, se avaliadas pelo critério Peps.

65. (Auditor Fiscal da Receita Estadual – MG/Esaf) Ao efetuar, diretamente da fábrica, uma compra, a prazo, de 200 latas de tinta, de 18 litros cada uma, ao preço unitário de R$ 35,00, sofrendo incidência de IPI a 8% e ICMS a 12%, destinando essa tinta para revender ao preço de R$ 54,00 cada unidade, a empresa deverá lançar a débito da conta Estoques de Mercadorias o valor de:

a) R$ 7.560,00;
b) R$ 7.000,00;
c) R$ 6.720,00;
d) R$ 6.652,00;
e) R$ 6.160,00.

66. (Auditor Fiscal da Receita Estadual – MG/Esaf) O balancete de verificação da empresa Firma Livre Libery, levantado em 31 de dezembro, antes do ajuste de ICMS sobre compras e vendas, compunha-se das seguintes contas:

Bancos Conta Movimento	**R$ 49.000,00**
Caixa	**R$ 35.000,00**
Capital Social	**R$ 20.000,00**
Compras de Mercadorias	**R$ 120.000,00**
Cofins	**R$ 190,00**
Fornecedores	**R$ 40.000,00**
Impostos e Taxas	**R$ 2.300,00**
Juros Ativos	**R$ 1.100,00**
Mercadorias	**R$ 45.000,00**
Móveis e Utensílios	**R$ 60.000,00**
PIS sobre Faturamento	**R$ 210,00**
Prêmio de Seguros	**R$ 3.600,00**
Reserva Legal	**R$ 1.000,00**
Salários e Encargos	**R$ 8.000,00**
Salários e Encargos a Pagar	**R$ 1.200,00**
Vendas de Mercadorias	**R$ 300.000,00**
Veículos	**R$ 40.000,00**

O ICMS incidente sobre as vendas alcançou o valor de R$ 51.000,00.

Examinando-se o balancete anterior e considerando-se que o imposto sobre circulação de mercadorias e serviços incide sobre as compras à mesma alíquota incidente sobre as vendas, e que a empresa tem estoque atual de mercadorias no valor de R$ 2.000,00, pode-se afirmar que essa empresa tem ICMS a Recolher no valor de:

a) R$ 51.000,00;
b) R$ 30.600,00;
c) R$ 30.260,00;
d) R$ 22.950,00;
e) R$ 20.400,00.

67. (Auditor Fiscal da Receita Estadual – MG/Esaf) No início do mês de maio, o estoque de mercadorias estava avaliado ao custo unitário de R$ 15,00 e constava de 80 unidades. Durante o mês, ocorreram duas compras: uma, no dia três, de 120 unidades por R$ 2.400,00; e outra, no dia 10, de 160 unidades por R$ 4.000,00. A única venda do mês aconteceu no dia 8 e foi feita a prazo, por R$ 6.000,00. O inventário físico final acusa a existência de 200 unidades.

Considerando que as compras e vendas são tributadas com ICMS de 20% e que os estoques são avaliados pelo critério técnico-matemático do Custo Médio, podemos afirmar que o Custo das Mercadorias Vendidas (CMV), no aludido mês de maio, alcançou o valor de:

a) R$ 2.304,00;
b) R$ 2.496,00;
c) R$ 2.702,40;
d) R$ 2.808,00;
e) R$ 2.880,00.

68. (Simulado – Ed Luiz) A comercial Lua Luar S/A, a qual é tributada pelo lucro real trimestral, forneceu as seguintes informações relativas a seu movimento de negócios, durante o mês de julho:

- **o ICMS é apurado e ajustado mensalmente;**
- **o ICMS é incidente à alíquota de 18%;**
- **o PIS-Faturamento é calculado à alíquota de 1,65%;**
- **a Cofins é calculada à alíquota de 7,6%;**
- **os inventários físico e financeiro são realizados mensalmente;**
- **a conta Mercadorias tinha saldo de R$ 120.000,00 em 30 de junho;**
- **as compras do período foram de R$ 400.000,00;**
- **as vendas do período foram de R$ 600.000,00;**
- **o estoque de mercadorias em 31 de julho era de R$ 210.000,00;**
- **houve R$ 30.000,00 de abatimentos de vendas;**
- **as devoluções das vendas no mês de julho efetuadas no mesmo mês foram de R$ 80.000,00;**
- **em todas as vendas, foram concedidos, em nota fiscal, desconto de 10%;**
- **no referido período, foram anuladas compras de R$ 40.000,00.**

Considerando todas as informações acima, e apenas elas, pode-se dizer que essa empresa obteve lucro operacional bruto no valor de:

a) R$ 138.570,00;
b) R$ 146.745,00;
c) R$ 141.345,00;
d) R$ 132.750,00;
e) R$ 140.925,00.

69. (Técnico da Receita Federal/Esaf) Para manter a margem de lucro bruto de 10% sobre as vendas, a empresa Méritus e Pretéritus Limitada, cujo custo é composto de CMV de R$ 146.000,00 e ICMS sobre Vendas de 17%, terá de obter receitas brutas de vendas no montante de:

a) R$ 182.500,00;
b) R$ 185.420,00;
c) R$ 187.902,00;
d) R$ 193.492,00;
e) R$ 200.000,00.

(Petrobras – Contador Júnior/Cesgranrio) As questões 70 e 71 deverão ser respondidas com base no enunciado abaixo, tendo a tributação sido feita com a opção pela tributação monofásica.

A Refinaria Duque de Caxias (Reduc) refinou petróleo importado e comercializou 1 milhão de litros de gasolina destinados a veículos automotivos para a Petrobras Distribuidora, que os repassou para a Distribuidora Gama. Esta, por sua vez, os revendeu para a rede de postos e estes, finalmente, comercializaram para o consumidor final, tudo dentro dos limites do Estado do Rio de Janeiro, formando a seguinte rede de distribuição e respectivos valores de comercialização, entre o refino e o consumo da gasolina, pelos consumidores finais:

Rede de distribuição	Litros	Preço/litro (em reais)	Valor total (em reais)
Refinaria Duque de Caxias	1.000.000	2,2000	2.200.000,00
Petrobras Distribuidora	1.000.000	2,3330	2.333.000,00
Distribuidora Gama	1.000.000	2,4780	2.478.000,00
Rede de postos	1.000.000	2,6240	2.624.000,00
Consumidor final	1.000.000	2,7890	2.789.000,00

Informação adicional:

Alíquotas de Cofins e PIS, incidente sobre os derivados de petróleo, a partir de maio de 2004:

	COFINS	PIS
Gasolina e suas correntes, exceto a gasolina de avião	23,440%	5,080%

70. O valor total suportado pelos consumidores finais da gasolina, a título de Cofins, em reais, é de:

a) 515.680,00;
b) 546.855,00;
c) 580.843,20;
d) 615.065,60;
e) 653.471,60.

71. O valor total suportado pelos consumidores finais da gasolina, a título de PIS, em reais, é de:

a) 171.681,20;
b) 133.299,20;
c) 125.882,40;
d) 118.516,40;
e) 111.760,00.

(Auditor-Fiscal Tributário Municipal – SP/Fundação Carlos Chagas) Instruções: Utilize as informações a seguir, para responder às questões de números 72 e 73.

A Cia. Flor do Charco adquiriu à vista um lote de mercadorias, revendendo, em seguida, metade do mesmo, por R$ 280.000,00. A companhia está sujeita, nas suas operações de compra e venda, à incidência do ICMS à alíquota de 18% e à do PIS e da Cofins, no regime não cumulativo, com alíquotas, respectivamente, de 1,65% e 7,6%. O lucro bruto auferido pela sociedade nessas transações foi de R$ 58.200,00.

72. O custo das mercadorias vendidas na mencionada operação de venda foi igual a, em R$:

a) 143.400,00;
b) 145.500,00;
c) 166.780,00;
d) 171.400,00;
e) 200.000,00.

73. O valor pago pela companhia ao fornecedor, ao efetuar a referida aquisição, foi equivalente a, em R$:

a) 400.000,00;
b) 342.800,00;
c) 333.560,00;
d) 328.000,00;
e) 291.000,00.

74. (Fiscal de Tributos Municipais/Prefeitura de Niterói) Uma empresa atuante no comércio varejista, revendedora de diversas mercadorias, apresentava no final do exercício, entre outras, as seguintes contas e seus respectivos saldos (em R$):

Venda de Mercadorias	**45.000**
Compras de Mercadorias	**33.000**
Vendas Canceladas	**4.000**
Abatimentos sobre Vendas	**1.000**
Devolução de Compras	**3.000**
Descontos Financeiros Concedidos	**500**
Descontos Financeiros Obtidos	**800**
Descontos Incondicionais Concedidos	**2.000**

Sabe-se, ainda, que:

No início do exercício a empresa apresentava um estoque no valor de R$ 6.000 e o inventário, realizado em 31/12, indicou R$ 3.000;

A alíquota de ICMS incidente nas operações de compra e venda de mercadorias era de 10%;

A empresa efetuou todas as suas compras de mercadorias em outros revendedores, atuantes no mercado;

Nas operações de vendas incidiram Cofins e PIS, nas taxas respectivas de 3% e 0,65%.

Com base nos dados e informações acima, e após os ajustes necessários a serem realizados, o lucro bruto obtido pela empresa, no período, foi de:

a) R$ 2.640;
b) R$ 2.713;
c) R$ 2.813;
d) R$ 3.113.

75. (Petrobras – Contador Pleno/Fundação Cesgranrio - Adaptada) A Cia. Pomar é uma empresa comercial e apresenta os seguintes dados referentes ao mês de outubro de X3, em reais:

Receita Bruta	**10.000,00**
PIS /s Vendas	**165,00**
ICMS s/ Vendas	**1.835,00**
Resultado Positivo de Participação em Controladas	**500,00**
Receitas Financeiras	**300,00**
Despesas Financeiras	**800,00**
Ganho com venda de bens do Ativo Imobilizado	**100,00**
Custo das Mercadorias Vendidas	**5.000,00**
Despesas de Vendas	**1.400,00**
Despesas Administrativas	**1.000,00**

Sabendo que a Confins (alíquota de 3%) ainda não foi calculada, após o cálculo desta contribuição, o lucro bruto e o lucro antes dos tributos sobre o lucro da Cia. Pomar serão, considerando o Pronunciamento Técnico CPC 26 – Apresentação das Demonstrações Contábeis, respectivamente, em reais, de:

a) 2.676,00 e 376,00;
b) 2.691,00 e 276,00;
c) 2.691,00 e 391,00;
d) 2.700,00 e 376,00;
e) 2.700,00 e 391,00.

76. (Fiscal de ISS-RJ/Esaf – Corrigida) A empresa Varejo Comercial Ltda. opera sem controle permanente de estoque e, em 10 de março de 2009, efetuou adiantamento a fornecedores no valor de R$ 90.000,00 com vistas à futura aquisição de matérias-primas. Quando, em 05 de abril, a empresa receber as matérias-primas, com ICMS de 12%, e liquidar a operação, deverá contabilizá-la com o seguinte lançamento:

a) D – Matérias-Primas – Estoques 79.200
D – ICMS a Recuperar 10.800
C – Adiantamentos a Fornecedores 90.000

b) D – Adiantamentos a Fornecedores 79.200
D – ICMS a Recuperar 10.800
C – Matérias-Primas – Estoques 90.000

c) D – Matérias-Primas 90.000
C – Adiantamentos a Fornecedores 90.000

d) D – Matérias-Primas 90.000
C – ICMS a Recuperar 10.800
C – Adiantamentos a Fornecedores 79.200

e) D – Adiantamentos a Fornecedores 90.000
C – Matérias-Primas 79.200
C – ICMS a Recuperar 10.800

77. **(Cia. Docas – BA – Contador/FGV) A Cia. M efetuou a compra de mercadorias no valor de R$1.210, a serem pagos em 60 dias, e vendeu no mesmo dia 80% dessas mercadorias por R$1.650, para recebimento em 30 dias. A taxa mensal de juros é de 10% ao mês. Qual é o lucro da empresa considerando o método do valor presente conforme o pronunciamento CPC número 12?**

a) R$ 700.

b) R$ 500.

c) R$ 682.

d) R$ 620.

e) R$ 564.

78. **(CEDAE – Contador/CEPERJ) Em 10/04/2011, a Comercial Sintra Ltda. iniciou suas atividades, realizando, nessa data, aquisições de mercadorias para revenda de um fabricante situado em outro estado. Na Nota Fiscal de venda eram apresentados os seguintes dados:**

Quantidade adquirida .... 5.000 unidades
Preço de venda por unidade .... R$ 20
Desconto informado na nota 5%
IPI incidente 10%
ICMS destacado 20%
Frete/seguro cobrado .... R$ 2.000

Sabendo-se que, durante o mês, a empresa vendeu 60% do estoque disponível, o valor do estoque final, em 30/04, era igual a:

a) R$ 34.920,00;

b) R$ 35.000,00;

c) R$ 35.200,00;

d) R$ 35.120,00;

e) R$ 34.304,00.

79. **(Tribunal Regional Eleitoral do Piauí – Técnico Judiciário/FCC) Uma empresa foi assaltada no dia 31/01/X1 e precisa apurar o valor das mercadorias roubadas para pedir indenização à seguradora. Os assaltantes levaram tudo. O último inventário da empresa, realizado em 31/12/X0, apontava um saldo de R$ 200,00. Sabe-se que o estabelecimento adquiriu mercadorias no valor de R$ 450,00 e o valor das vendas realizadas em janeiro foram de R$ 600,00. O dono também sabe que o lucro bruto da empresa é de 40%. O valor das mercadorias roubadas é, em R$:**

a) 50,00;

b) 210,00;

c) 240,00;

d) 290,00;

e) 410,00.

Capítulo 10

Operações com Pessoal

1. Folha de Pagamento

Basicamente, uma FOLHA DE PAGAMENTO é o documento que deve ser elaborado, ao final de cada mês, por todas as entidades que possuem empregados, indicando seus nomes, remunerações, descontos, valores líquidos a serem pagos etc.

Em geral, podemos relacionar os seguintes itens PRINCIPAIS constantes numa folha de pagamento:

- Remuneração (salário bruto)
- 13º salário
- FGTS
- INSS patronal
- INSS dos empregados
- Repouso semanal remunerado
- Adicional noturno
- Adicional de insalubridade
- Adicional de periculosidade
- Adicional de transferência
- Vale-transporte
- Vale-refeição
- Aviso-prévio
- Salário líquido a pagar aos empregados

etc.

Secundariamente, numa folha de pagamento também poderão constar os seguintes itens:

- Empréstimos consignados
- Seguros de vida
- Contribuições sindicais
- Adiantamentos salariais
- Contribuição de previdência privada

etc.

2. Remuneração e Salário

A remuneração não é o mesmo que o salário, visto que este representa apenas **uma parte daquela**, isto é, o salário é a parte fixa da remuneração, o qual pode ser pago, segundo a CLT (Consolidação das Leis Trabalhistas), mensalmente, quinzenalmente, semanalmente ou por tarefas, de tal forma que, segundo o § 1º do art. 459 da CLT, o pagamento não poderá ser superior a 1 mês. Também, se o salário for mensal, seu pagamento deve ser feito até o 5º dia útil do mês seguinte. No entanto, caso o 5º dia útil seja um sábado e a empresa não trabalhe aos sábados, o pagamento deverá ser efetuado na sexta feira, de acordo com o art. 465 da CLT.

Cabe ressaltar que não se há de confundir "salário bruto" com "salário fixo". Aquele equivale ao conceito de "remuneração", ao passo que esse equivale ao conceito de "salário pelo qual o funcionário é contratado". Em outras palavras, o salário contratado é apenas uma das partes que compõe o salário bruto. Já diferente desses dois conceitos, temos o chamado "salário líquido", o qual é o valor efetivamente a ser pago ao empregado.

2.1. Tipos de Empregados

➢ EMPREGADO MENSALISTA – É aquele que no ato da contratação tem o valor de seu salário definido por mês de "30 dias" (convenção adotada, independentemente se é mês de 28, 29, 30 ou 31 dias), sendo este o caso mais comum. Além do salário fixo mensal, as informações básicas para que se possa calcular a remuneração total (salário fixo, horas extras, faltas e atrasos etc.) de um empregado mensalista são o SD (Salário-Dia) e o SH (Salário-Hora). Assim, por exemplo, se um determinado empregado mensalista é contratado com um salário mensal de R$ 1.650,00, com uma jornada mensal de 220 horas, teremos os seguintes cálculos:

- SD = R$ 1.650,00 ÷ 30 = R$ 55,00 (a divisão por 30 independe do mês de admissão, tendo em vista que o empregado mensalista não recebe o dia 31, de forma que a contagem de dias também será até o dia 30, mesmo que seja o mês de fevereiro)
- SH = R$ 1.650,00 ÷ 220 = R$ 7,50

Admitindo que o referido empregado foi contratado em 9 de março, até o dia 30 seriam contados 22 dias e o salário bruto de março será SD × 22 = R$ 55,00 × 22 = R$ 1.210,00.

O SH seria útil, por exemplo, para o cálculo dos descontos com faltas e atrasos, bem como os acréscimos com horas extras.

Obs. 1: A base legal da divisão por "30" é o art. 64 da CLT, o qual determina que o salário hora normal, no caso de empregado mensalista, será obtido dividindo-se o salário mensal correspondente à duração do trabalho, a que se refere o art. 58 (***Art. 58***. *"A duração normal do trabalho, para os empregados em qualquer atividade privada, não excederá de 8 (oito) horas diárias, desde que não seja fixado expressamente outro limite")*, por **30 (trinta)** vezes o número de horas dessa duração.

Obs. 2: Para entendermos O PORQUÊ de 44 horas semanais equivalerem a 220 horas mensais, daremos o seguinte exemplo: Se um empregado mensalista trabalha 8 horas de segunda a sexta e 4 horas aos sábados, então trabalhará efetivamente 44 horas semanais. No entanto "**a média**" diária de trabalho não é de 8 h, visto que aos sábados só trabalha 4 h. Assim, para acharmos a média, dividimos as 44 h semanais por 6 dias úteis (na legislação trabalhista, sábado também é considerado dia útil), encontrando uma média diária de 7 h 20 min (ou 7,33333 h), isto é, 7,33333 h × 6 = 44 horas semanais. Lembrando que o funcionário trabalhista é pago com base mensal de 30 dias, independentemente se o mês é de 28, 29, 30 ou 31 dias, então a jornada mensal total será de 7,33333 h × 30 = 220 h (observemos que os domingos e feriados estão inclusos nessas 220 h, levando-nos a concluir que também estão sendo remunerados).

Obs. 3: Na determinação do número de horas trabalhadas por dia, não se deve considerar o período de intervalo concedido ao empregado. **Ex.:** das 8:00 às 18:00 com 2:00 horas de intervalo temos 10hs na empresa, porém apenas 8hs de trabalho excluindo o intervalo (§ 2º do art. 71 da CLT).

Obs. 4: Tendo em vista que para o empregado mensalista o DSR (Descanso Semanal Remunerado = domingos + feriados do mês) está também sendo remunerado, conforme já demonstrado na obs. 2, daremos agora um exemplo prático provando o mesmo fato de outra forma. Suponhamos que um determinado trabalhador mensalista foi contratado com um salário mensal de R$ 1.320,00. Considerando que a jornada mensal é de 220 h, então o seu salário-hora será de R$ 1.320,00 ÷ 220 = R$ 6,00. Admitindo, por exemplo, o mês de maio (31 dias), o número de DSR em dias seria de 5 (1 feriado + 4 domingos) e o total do DSR em horas seria de 5 × 7,33333 h, ou seja, 36,66666 h. Desta forma, o total de dias úteis (sem contar o dia 31 de maio) em horas seria de 25 × 7,33333 h = 183,33333 h. Assim, teríamos os seguintes cálculos, com relação ao salário de maio:

- 5 dias de DSR (= 4 domingos e 1 feriado): A remuneração é de R$ 6,00 × 36,66666 = R$ 220,00;
- 25 dias úteis (sem contar o dia 31): A remuneração é de R$ 6,00 × 183,33333 = R$ 1.100,00.

- -

TOTAL = R$ 220,00 + R$ 1.100,00 = R$ 1.320,00 (provamos mais uma vez que o valor do DSR já está embutido nos 1.320,00 reais)

Obs. 5: O fato do empregado não receber pelo dia 31 não lhe dá o direito de faltar esse dia, mesmo porque, se assim fosse, em fevereiro, a empresa teria que descontar 2 dias do mês e só pagar 28 dias, o que também não seria correto, visto que a base é sempre de 30 dias, independentemente de qualquer outro fato. Assim, caso o funcionário faltasse o dia 31, seria descontado normalmente como em qualquer outro dia útil que não comparecesse ao trabalho.

- EMPREGADO HORISTA – É aquele que no ato da contratação tem o valor de seu salário definido por hora. Além do salário hora, para o cálculo da remuneração total a ser paga a um empregado horista, precisamos determinar do SD (Salário Dia), o SM (Salário Mês) e a JD (Jornada Diária). Com essas informações é possível calcular, por exemplo, os descontos com faltas e atrasos, os acréscimos com horas extras, o 13º salário, as férias etc. De forma diferente do empregado mensalista, onde todos os meses são considerados com 30 dias, nos cálculos do horista, consideram-se o número exato de dias do mês, isto é, 28, 29, 30 ou 31. Como exemplo, vamos admitir que um determinado empregado horista tenha sido contratado em 5 de janeiro com um salário de R$ 15,00 a hora e uma jornada mensal de 220 horas. Assim, teremos os seguintes cálculos:

  - JD = 220 h ÷ 30 = 7,33333 h
  - SD = R$ 15,00 × 7,33333 = R$ 110,00
  - SM = R$ 110,00 × 27 = R$ 2.970,00

  Nota: De 5 a 31 de janeiro contamos exatamente 27 dias. Se fosse empregado mensalista, contaríamos 26 dias.

- EMPREGADO COMISSIONADO – É aquele contratado com um percentual sobre o valor das vendas, podendo também, além da comissão, ter um salário fixo. Caso haja, além da comissão, um salário fixo, o cálculo da remuneração dessa parte fixa seguirá os mesmos parâmetros utilizados no cálculo da mesma efetuado no empregado mensalista. No entanto, de forma diferente do empregado mensalista, onde o DSR (Descanso Semanal Remunerado) já está incluído no salário fixo mensal contratado, no caso do empregado comissionado, o DSR deverá ser calculado e acrescido "por fora" da comissão auferida da seguinte forma:

$$\text{DSR s/Comissão} = \frac{\text{Comissão}}{\text{nº de dias úteis}} \times \text{nº de dias do DSR}$$

  Ex.: Um determinado empregado comissionado foi contratado com um percentual de comissão de 6% sobre o total de suas vendas realizadas no mês mais um salário fixo de R$ 900,00. Em abril de 2011 realizou um total de vendas de R$ 46.000,00. Lembrando que o referido mês possui 23 dias úteis (incluindo os sábados), 5 domingos e 2 feriados, teremos os seguintes cálculos:

- Comissão = R$ 46.000,00 × 6% = R$ 2.760,00
- DSR s/Comissão = R$ 2.760,00 ÷ 23 × 7 = R$ 840,00
- Remuneração (ou Salário Bruto) = Comissão + DSR + Salário fixo = R$ 4.500,00

Obs.: No caso dos empregados comissionados, as convenções sindicais coletivas de trabalho estabelecem um valor mínimo de remuneração, normalmente definida pela função que exercem. Desta forma, se a remuneração total auferida em determinado mês, isto é, se a soma da comissão com o DSR com o salário fixo for inferior ao piso da categoria, os empregados comissionados deverão receber a GARANTIA DE COMISSÃO (GC), a qual pode ser calculada da seguinte forma:

GC = Piso salarial – Comissão – DSR – Salário fixo

Ex.: Uma empresa apurou as seguintes informações referentes a um determinado funcionário comissionado, cuja jornada mensal é de 220 horas:

- Piso salarial da categoria = R$ 900,00
- Comissão = R$ 159,00
- Salário fixo = R$ 545,00
- DSR da comissão = R$ 60,00

GC = R$ 900,00 – R$ 159,00 – R$ 60,00 – R$ 545,00 = R$ 136,00

O SH (Salário Hora) e o SD (Salário Dia) do referido funcionário seriam calculados da seguinte forma:

SH = (Comissão + DSR + Salário fixo + GC) ÷ 220 = R$ 900,00 ÷ 220 = R$ 4,09

SD = (Comissão + DSR + Salário fixo + GC) ÷ 30 = R$ 900,00 ÷ 30 = R$ 30,00

2.2. Cálculo da Remuneração Total

Com base no artigo 457 da CLT, podemos montar a seguinte equação:

REMUNERAÇÃO = Salário fixo + Horas extras + Adicional noturno + Adicional de insalubridade + Adicional de periculosidade + Gratificações + Comissões + Outros complementos salariais – Faltas e atrasos

Em geral, costuma-se chamar a remuneração de SALÁRIO BRUTO, sendo sua contabilização feita ao final de cada mês da seguinte forma:

D – Salários (ou Despesas de Salários)

C – Salários a Pagar .... V, onde "V" é o total bruto da folha

Posteriormente, até o 5º dia útil do mês seguinte, serão pagos os salários referentes ao mês anterior e a contabilização do pagamento será feita mediante o seguinte lançamento:

D – Salários a Pagar

C – Caixa (ou Bancos).. V – D, onde "D" são os descontos

Obs.: O ADIANTAMENTO SALARIAL **<u>não</u>** afeta o cálculo da remuneração e sim a <u>época de pagamento</u> desta, isto é, no lugar do empregado receber todo o salário líquido do mês atual no mês seguinte, só recebe uma parte. Consequentemente, **<u>não</u>** incidirá sobre o adiantamento o INSS, o FGTS, o IRRF etc. Já no caso das FALTAS E ATRASOS, estes **<u>afetarão</u>** o valor da remuneração e **<u>não</u>** a época de pagamento, tendo em vista que reduzirão o IRRF, o INSS, o FGTS etc.

2.3. Horas Extras

A Constituição Federal em seu art. 7º, inciso XIII, determina que a duração do trabalho "normal" não seja superior a **<u>oito horas diárias</u>** e **<u>quarenta e quatro semanais</u>** (há outras situações, é claro, como, por exemplo, no caso dos bancários, cuja duração é de 180 horas mensais e 6 horas diárias), facultando a compensação de horários e a redução da jornada, mediante acordo ou convenção coletiva de trabalho.

Também, a CF estabelece em seu art. 7º, inciso XVI, que o valor do trabalho em horas extras deve ser acrescido de, no mínimo, **<u>mais 50%</u>** (esse percentual poderá ser maior, mediante acordo por escrito do empregado com empregador ou convenção coletiva do sindicato da categoria).

Além disso, com base no art. 59 da CLT, a duração normal do trabalho poderá ser acrescida de horas suplementares, **<u>em número não excedente de 2 (duas)</u>**, mediante acordo escrito entre empregador e empregado, ou mediante contrato coletivo de trabalho.

Assim, interpretamos que hora extra é <u>qualquer excesso sobre as 8 h diárias</u>, podendo chegar até <u>2 horas</u> (uma convenção coletiva de determinada classe de trabalhadores pode estabelecer um tempo maior), isto é, o trabalhador, "regra geral" só poderá trabalhar até 10 h diárias, independentemente do dia da semana, mesmo que trabalhe também aos domingos e feriados, não havendo distinção entre dias para efeitos de remuneração.

No entanto, há uma "má interpretação generalizada" da legislação trabalhista com relação ao trabalho aos domingos e feriados.

Desta forma, se um determinado empregado mensalista, por exemplo, trabalhar em cada semana de segunda a quinta-feira de 7 h às 16 h com 1 h de intervalo para almoço, sábados de 8 h às 12 h (sem intervalo) e domingo 8 horas, NÃO HÁ DE SE FALAR EM HORA EXTRA, apesar de domingo não ser dia útil, sendo sua jornada semanal considerada **normal** (44 h de trabalho). Ainda assim, se, além dos dias mencionados, trabalhasse 8 h também na sexta-feira, as horas trabalhadas no domingo **não seriam** consideradas extras. Neste caso, o empregador apenas teria que pagar em dobro (100% a mais) o domingo não compensado com 1 dia da semana. Porém, na 1ª hipótese, onde não trabalhasse sexta-feira, se trabalhasse 10 h no domingo essas 2 horas a mais, sim, seriam horas extras, independentemente se compensou ou não na semana, sendo o tratamento dessas horas suplementares igual a quaisquer horas extras realizadas em dias úteis.

Cabe, no entanto, ressaltar que "pagar o domingo ou feriado em dobro" deve ser interpretado corretamente. Lembrando que os domingos e feriados são DSR, esses já estão inclusos no valor do salário fixo do empregado mensalista, ou seja, já estão sendo pagos uma vez, mesmo que o empregado não trabalhe nesses dias, de forma que, se também trabalhasse nos dias de DSR, sem ter havido compensação em outro dia da semana, a empresa pagaria "por fora" o seu valor novamente (apenas mais uma vez e não duas vezes mais).

Resumindo tudo, hora extra é sempre o que ultrapasse a jornada "normal", em qualquer dia, inclusive em domingos e feriados.

Complementando, o **§ 2º** do art. 59 da CLT determina que poderá ser dispensado o acréscimo de salário se, por força de acordo ou convenção coletiva de trabalho, o **excesso de horas em um dia for compensado pela correspondente diminuição em outro dia**, de maneira que não exceda, no período máximo de um ano, à soma das jornadas semanais de trabalho previstas, nem seja ultrapassado o limite máximo de dez horas diárias.

Por fim, cabe mencionar que o valor das horas extras tem o mesmo tratamento que o das horas normais para todos os fins, isto é, compõe a base de cálculo do 13º salário, férias, descanso semanal remunerado etc.

Nota: Os acordos ou convenções coletivas são sempre "triangulares" entre sindicato, empregados e empregador.

Observações:

(1) De acordo com o art. 67 da CLT, será assegurado a todo empregado um DESCANSO SEMANAL de 24 horas consecutivas, o qual, salvo motivo de conveniência pública ou necessidade imperiosa do serviço, deverá coincidir com o domingo, no todo ou em parte. O inciso XV da CF/88 se refere a "**Repouso Semanal Remunerado**" (RSR), preferencialmente aos domingos, também conhecido como "**Descanso Semanal Remunerado"** (DSR), incluindo este, não só os domingos, mas também os feriados. Assim, por exemplo, se o salário fixo de determinado empregado mensalista fosse de R$ 1.980,00 com uma jornada mensal de 220 horas, ele receberia o DSR já incluso nesse valor, conforme já visto no item 2.1. Considerando o mês de março, seriam 27 os dias úteis e 4 os domingos (sem levar em conta a possibilidade de feriados municipais ou estaduais, visto que, se houver, a contagem será superior). Se o referido empregado trabalhasse, por exemplo, 15 horas a mais nos dias do mês que as 220 horas, além do salário normal, a empresa teria que pagá-lo, não só as 15 horas extras, mas também um **acréscimo sobre essas horas extras**, ao qual chamamos de "DSR sobre Horas Extras", conforme veremos na obs. 3.

(2) Para efeitos trabalhistas, os sábados são considerados dias úteis, exceto se caírem em feriados. No entanto, quando uma empresa concede, além do domingo, o sábado para descanso, isso é interpretado como LICENÇA REMUNERADA e não como DSR, tendo em vista que é uma faculdade da empresa, de forma que os sábados concedidos voluntariamente pela empresa não afetarão o cálculo do reflexo das horas extras sobre o DSR.

(3) A súmula do TST nº 172 e a Lei nº 7.415/85 determinam que as horas extras habitualmente prestadas devem ser computadas no cálculo do DSR, podendo o cálculo do reflexo das horas extras sobre o DSR ser feito na seguinte sequência:

(i) Somam-se as horas extras do mês;

(ii) Divide-se a soma anterior pelo número de dias úteis do mês (nessa contagem considera-se o número exato de dias do mês, ou seja, 28, 29, 30 ou 31 dias);

(iii) Multiplica-se o quociente anterior pelo total de domingos e feriados do mês, encontrando assim a quantidade em horas do reflexo das horas extras sobre o DSR;

(iv) Multiplica-se o resultado anterior pelo valor em R$ da hora extra, encontrando assim o total em R$ do reflexo das horas extras sobre o DSR.

Assim, considerando o exemplo da obs. 1 e supondo que o acréscimo da hora extra seja de 50% sobre o valor da hora normal, sendo esta de R$ 1.980,00 ÷ 220 = R$ 9,00, o valor de cada hora extra seria de R$ 9,00 + 50% R$ 9,00 = R$ 13,50.

Desta forma, além de pagar horas extras no valor de 15 × R$ 13,50 = R$ 202,50, teria que pagar o seguinte reflexo das horas extras sobre o DSR (DSR sobre HE):

$$\frac{15}{27} \times 4 \times R\$\ 13{,}50 = R\$\ 30{,}00$$

Obs. 1: 15 h ÷ 27 × 4 = 2,22222 h = quantidade em horas do reflexo das horas extras sobre o DSR.

Obs. 2: Uma outra forma de calcularmos o DSR s/Horas Extras é utilizando a seguinte fórmula:

$$\text{DSR s/HE} = \frac{\text{Valor das HE}}{\text{n}^{\text{o}} \text{ de dias úteis}} \times \text{n}^{\text{o}} \text{ de dias do DSR}$$

Assim, utilizando a fórmula acima, teríamos:

$$\text{DSR s/HE} = \frac{R\$\ 202{,}50}{27} \times 4 = R\$\ 30{,}00$$

Por fim, o total do **salário bruto** do funcionário no mês de março seria de R$ 1.980,00 + R$ 202,50 + R$ 30, ou seja, R$ 2.212,50 e a contabilização poderia ser feita da seguinte forma ao final de março:

D – Salários (despesa) 2.212,50

C – Salários a Pagar 2.212,50

Nota: No exemplo acima, para chegarmos ao valor líquido a ser pago no mês seguinte, teríamos que abater os descontos, tais como o IRRF, o INSS, as faltas e atrasos (caso haja), os adiantamentos (caso haja), etc.

2.4. Adicional de Insalubridade

Com base na Portaria nº 3.214/1978 do Ministério do Trabalho, os funcionários que trabalham em condições de agressividade à sua integridade física, em limites acima do tolerável, têm direito a receber esse adicional com acréscimo dos seguintes percentuais sobre o salário-mínimo vigente (veremos abaixo que "o certo" é sobre o salário da categoria e não sobre o salário-mínimo):

INSALUBRIDADE (GRAU)	ACRÉSCIMO S/SALÁRIO
Mínimo	10%
Médio	20%
Máximo	40%

Obs. 1: A definição da existência da insalubridade, bem como o seu respectivo grau (mínimo, médio ou máximo), serão definidos por laudo técnico de perito de segurança do trabalho.

Obs. 2: O referido adicional integra a base de cálculo da remuneração para todos os efeitos (IRRF, INSS, férias, 13º salário, DSR etc.).

No entanto, a questão da incidência dos percentuais de insalubridade não é pacífica juridicamente. Apesar do art. 192 da CLT determinar que o salário-mínimo é base de cálculo da insalubridade, esse artigo tem sido considerado INCONSTITUCIONAL pelo STF, o qual interpreta que **desde a Constituição Federal de 1988 não é permitido utilizar o salário-mínimo como indexador de vantagem trabalhista devida ao empregado (súmula nº 4 do STF)**.

Logo após o julgamento do STF, o TST editou a súmula 228, regulando a matéria para que o adicional de insalubridade fosse calculado **sobre o salário-base da categoria profissional** e não sobre o salário-mínimo.

Cabe lembrar que o STF e o TST não criam leis, apenas as interpretam.

Infelizmente, ainda haverá muita "guerra jurídica", visto que não é interesse do empresariado pagar o referido percentual com base no salário da categoria, em função de reduzir seus lucros.

2.5. Adicional de Periculosidade

Ao passo que a insalubridade se refere a agentes agressivos à saúde, tais como umidade, sol, chuva, ruídos, calor, produtos tóxicos etc., de acordo com o art. 193 da CLT, são classificados como perigosos os produtos inflamáveis, explosivos, alta tensão e radioativos.

O acréscimo ao empregado que trabalhar nas condições mencionadas acima é de 30% sobre o seu salário, de forma que se também trabalhar num ambiente insalubre só terá direito a um dos adicionais (dos dois, o maior).

Obs.: Da mesma forma que o adicional de insalubridade, o adicional de periculosidade também integrará a base de cálculo da remuneração para todos os efeitos (IRRF, INSS, férias, 13º salário, DSR etc.).

2.6. Adicional Noturno

Com base no art. 73 da CLT, considera-se noturno, o trabalho (na zona urbana) executado entre as 22 (vinte e duas) horas de um dia e as 5 (cinco) horas do dia seguinte, totalizando ao todo 7 horas "reais", ou seja, 420 minutos "reais", as quais, para efeito de pagamento, equivaleriam a 8 h diárias no horário diurno.

Em outras palavras, se 420 minutos, para efeitos de remuneração da hora noturna, devem equivaler a 8 h, então a hora noturna não tem 60 minutos e sim 420 ÷ 8, ou seja, 52,5 minutos (= 52 min 30 s).

Desta forma, para acharmos a quantidade de horas para efeitos de pagamento em função das horas noturnas reais trabalhadas, basta dividirmos as horas reais por 7 e multiplicarmos por 8, que é equivalente a multiplicarmos pelo fator **1,14286** (recomendamos o uso de 5 casas decimais, a fim de reduzir o erro de arredondamento). Sendo assim, para não confundirmos essa relação, podemos exemplificar com dois tipos opostos de perguntas:

> **1º tipo)** Trabalhando 6 horas à noite seria equivalente a trabalhar quantas horas ao dia? Resposta: Basta multiplicarmos as 6 h pelo fator 1,14286, encontrando = 6,8572 h ao dia (aproximadamente, 6 h 51 min).
>
> **2º tipo)** Quantas horas à noite seriam necessárias trabalhar para que equivalessem a 6 horas ao dia? Resposta: Agora é o contrário da conta anterior, ou seja, basta dividirmos as 6 h pelo fator 1,14286, encontrando 5,25 h à noite (= 5 h 15 min).

Ainda, complementando o raciocínio e lembrando que a carga horária normal máxima no horário diurno é de 8 horas diárias e 44 horas semanais, se um determinado empregado trabalhasse de segunda a sexta de 8 h às 17 h (com intervalo de 1 h para almoço) e aos sábados de 8h às 12 h (sem intervalo), estaria cumprindo a carga máxima semanal de 44 h e a carga máxima diária de 8h no **horário diurno**.

No entanto, se o mesmo funcionário fosse transferido para o horário noturno, iniciando de segunda a sexta às 22 h com intervalo de 0 h a 1 h e aos sábados às 22 h também, mas sem intervalo, teríamos o seguinte:

(1º) De segunda a sexta – Visto que 7 h noturnas equivalem a 8 h diurnas, então o funcionário trabalharia de segunda a sexta nos seguintes horários: 22 h a 0 h (2 horas noturnas de trabalho) e de 1 h às 6 hs (5 horas noturnas de trabalho), perfazendo ao todo 7 h × 5 = 35 h noturnas, que equivalem a 35 h × 1,14286, isto é, 40 horas diurnas para efeitos de remuneração.

(2º) Aos sábados – Do exposto acima, ainda faltariam 4 horas diurnas, o que equivaleria a exatamente 4 h ÷ 1,14286, isto é, 3,5 horas noturnas (3 h 30 min). Por fim, iniciando aos sábados às 22 h, sem intervalo, terminaria exatamente à 1 h 30 min nos domingos.

Nota: Observemos que o referido funcionário tem horário de saída às 6 h da manhã, apesar da legislação definir o horário noturno na zona urbana como aquele iniciado às 22 h de um dia e terminado às 5 h do dia seguinte. No entanto, o entendimento doutrinário unânime, apoiado pela jurisprudência do TST, é que, nesse tipo de situação, a prorrogação deve ser considerada como horário noturno também. Sendo assim, mesmo que o funcionário tivesse duas horas de intervalo e saísse às 7 h da manhã, esta hora também seria considerada noturna.

Adicionalmente à redução da hora noturna, o art. 73 da CLT determina outra vantagem para o trabalhador noturno: O ADICIONAL NOTURNO de, no mínimo, 20% a mais do que a hora diurna. Porém, para se ter certeza do valor exato desse adicional, o qual poderá ser superior a 20%, deve ser consultada a convenção coletiva da respectiva categoria de trabalhadores.

Exemplo: Um empregado mensalista foi contratado com um salário base de R$ 1.540,00 com uma jornada mensal de 220 h. No entanto, ele irá trabalhar de segunda a sexta no horário de 22 h de um dia até 6 h do dia seguinte (intervalo de 0 h a 1 h) e aos sábados iniciando às 22 h e terminando à 1 h 30 min nos domingos (sem intervalo). O adicional noturno é de 20% sobre a hora diurna. Assim, teremos os seguintes cálculos:

- Salário hora = R$ 1.540,00 ÷ 220 = R$ 7,00
- Adicional da hora noturna = 20% R$ 7,00 = R$ 1,40
- Hora noturna = R$ 7,00 + R$ 1,40 = R$ 8,40
- Remuneração total = R$ 8,40 × 220 = R$ 1.848,00

Nota: O fato de multiplicarmos o valor da hora noturna por 220 horas NÃO SIGNIFICA que ele trabalhou 220 horas à noite. Lembrando que a hora noturna é mais curta, isto é, 7 horas noturnas equivalem a 8 horas diurnas na zona urbana, de forma que 1 hora noturna trabalhada equivale a 1,14286 horas diurnas (1,14286 = 8/7), então 220 horas diurnas equivalem a 220 horas ÷ 1,14286 = 192,5 horas noturnas (192 horas 30 min). Em outras palavras, se a jornada máxima constitucional para as horas diárias é de 220 horas, concluímos que a jornada máxima para as horas noturnas na zona urbana é de 192,5 horas.

Obs. 1: No caso específico de trabalhadores agrícolas, com base no Decreto nº 73.626/74, o horário considerado noturno compreende o período de 21 horas de um dia até 5 horas do dia seguinte, ou seja, a hora noturna volta a ser de 60 minutos, mas o percentual de adicional noturno mínimo aumenta para 25%. Também, com base no mesmo decreto, o horário noturno para os trabalhadores pecuaristas compreende o período de 20 horas de um dia até 4 horas do dia seguinte, de forma que a hora continua com 60 minutos e o percentual mínimo de adicional noturno continua 25%.

Obs. 2: Com base na súmula 60, II, do TST, cumprida integralmente a jornada no período noturno e prorrogada esta, devido é, também, o adicional quanto às horas prorrogadas. Assim, se determinado empregado, em vez de trabalhar de 22 h de um dia até as 5 h do dia seguinte, trabalhasse até as 7 horas, a esse excesso de duas horas será devido também o adicional noturno.

2.6.1. Descanso Semanal Remunerado Sobre Adicional Noturno

Com base no art. 7º da Lei nº 605/49 e art. 10 do Decreto nº 27.048/49, a remuneração do DSR corresponde a um dia normal de trabalho. Consequentemente, se o empregado trabalhar em horário noturno, isso também fará parte da sua jornada normal, sendo, portanto, devido o **Desconto Semanal Remunerado s/Adicional Noturno** (DSR s/AN), o qual deverá ser acrescido à sua remuneração "por fora". No caso do valor do DSR s/a hora diurna, este já está embutido no valor da remuneração, não sendo feito, portanto, seu cálculo por fora.

Para o cálculo do DSR sobre o adicional noturno, podemos seguir a seguinte sequência:

(1º) Somam-se as horas noturnas normais realizadas no mês;

(2º) Divide-se pelo número de dias úteis do mês;

(3º) Multiplica-se pelo número de DSR (domingos e feriados);

(4º) Multiplica-se pelo valor da hora normal;

(5º) Multiplica-se pelo valor do adicional noturno, normalmente 20%, ou percentual superior a este, conforme convenção sindical coletiva da respectiva classe de empregados.

Desta forma, podemos montar a seguinte fórmula:

$$\text{DSR s/AN} = \frac{\text{n}^{\underline{o}}\ \text{horas noturnas}}{\text{n}^{\underline{o}}\ \text{de dias úteis}} \times \text{n}^{\underline{o}}\ \text{de DSR} \times \text{Valor da hora normal} \times \%\ \text{AN}$$

Assim, por exemplo, se um determinado empregado realizou, em maio/X1, 182 horas noturnas, sendo o valor da hora diurna igual a R$ 9,00 e o adicional noturno estabelecido pela convenção coletiva de trabalho de 25%, teremos:

$$\text{DSR s/AN} = \frac{182}{26} \times 5 \times \text{R\$ } 9{,}00 \times 25\% = \text{R\$ } 78{,}75$$

2.6.2. Hora Extra Noturna

Lembrando que no cálculo da hora extra normal (horário diurno), a regra geral é um acréscimo de 50% sobre a hora diurna normal e, no cálculo da hora noturna, a regra é um acréscimo de 20% sobre a hora diurna normal, ao conjugarmos esses dois acréscimos, teremos a <u>hora extra noturna</u>, lembrando ainda que, adicionalmente a isso, a hora noturna de 52,5 minutos (= 52 min 30 s) tem a mesma remuneração da hora diurna de 60 minutos, ou seja, ao dividirmos 60 por 52,5, encontramos o fator 1,14286, o qual multiplicamos pelo tempo real trabalhado no horário noturno para acharmos o equivalente no horário diurno para efeitos de remuneração salarial.

Por fim, para acharmos o valor da hora extra noturna com uma jornada mensal de 220 horas, com acréscimo de hora extra de 50% e acréscimo da hora noturna de 20%, seguimos os seguintes passos (é claro, no entanto, que a sequência de cálculos abaixo poderá ser outra, desde que sejam respeitadas as propriedades da aritmética elementar):

(1º) Dividimos o salário-base por 220 horas (ou outro valor, conforme a jornada mensal), a fim de acharmos o salário por hora diurna;

(2º) Acrescentamos 50% ao salário por hora diurna, a fim de acharmos o salário-hora extra diurna;

(3º) Acrescentamos 20% ao resultado anterior e multiplicamos essa soma por 1,14286, obtendo assim o valor da **hora extra noturna**.

Nota: Observemos que os cálculos acima se referem ao cálculo da hora extra noturna na zona **<u>urbana</u>**, onde a hora noturna é mais curta (52 min 30 s). Se fosse o cálculo na zona rural, a hora noturna teria a mesma duração que a hora diurna, ou seja, 60 minutos, de forma que, na sequência acima, a única diferença seria que não multiplicaríamos pelo fator 1,14286.

Ex.: Um empregado diurno, contratado com uma jornada mensal de 220 horas, trabalhou num determinado dia do mês de março das 19 h à 0 h a mais do período contratual, perfazendo assim 5 horas extras no referido mês. Sendo o salário-base de R$ 880,00 com uma jornada mensal de 220 horas, determine o valor da remuneração total do empregado no referido mês (considere para efeitos de cálculo do DSR sobre horas extras totais o mês de março composto por 26 dias úteis e 5 domingos)?

Salário-hora = R$ 880,00 ÷ 220 = R$ 4,00

Hora extra diurna = R$ 4,00 + 50% R$ 4,00 = R$ 6,00

Hora extra noturna = (R$ 6,00 + 20% R$ 6,00) × 1,14286 = R$ 8,23

Horas extras totais (3 diurnas e 2 noturnas) = R$ 6,00 × 3 + R$ 8,23 × 2 = R$ 34,46

DSR s/horas extras totais = $\frac{\text{R\$ } 34{,}46}{26} \times 5$ = R$ 6,63

Remuneração total = R$ 880,00 + R$ 34,46 + R$ 6,63 = R$ 921,09

2.6.3. Jornada Noturna com Início no Horário Diurno

Ex.: Os funcionários de uma determinada indústria são contratados para uma jornada mensal de 220 horas. No entanto, de segunda a sexta, iniciam às 20 horas, com intervalo de 0h a 1h, e aos sábados, também às 20 horas, mas sem intervalo. Assim, como ficará a jornada semanal completa?

SOLUÇÃO: A jornada de 220 horas mensais pode ser traduzida como 8 horas diárias normais de trabalho de segunda a sexta e aos sábados 4 horas.

No entanto, devemos converter "parte" das horas normais em horas noturnas, as quais não têm duração de 60 min e sim de 52 min 30 s.

Para tanto, utilizaremos o seguinte raciocínio: De segunda a sexta, de 20 h até as 22 h, eles já teriam trabalhado 2 horas normais, restando ainda trabalhar 6 horas normais, as quais divididas por 1,14286, chegariam a 5,25 h noturnas (5 h 15 min), dando uma quantidade total de 7 h 15 min. Assim, de segunda a sexta eles trabalharão de 20 h até 0 h e de 1 h até as 4 h 15 min.

Aos sábados, de 20 h até as 22 h, eles já teriam trabalhado 2 horas normais, restando ainda as outras 2 horas normais, as quais, convertidas para noturnas, serão de 2 h ÷ 1,14286 = 1,75 h = 1 h 45 min. Desta forma, a quantidade de horas trabalhadas aos sábados será de 3 h 45 min, iniciando às 20 h e terminando às 23 h 45 min, sem intervalo.

2.7. Adicional de Transferência

É pago aos empregados que são transferidos de cidade pela empresa. Para cada mês que o empregado estiver fora, a empresa pagará 25% dessa remuneração, a título de indenização.

2.8. Faltas e Atrasos

As faltas, atrasos e saídas antecipadas justificados não influirão no valor da remuneração. No entanto, no caso específico das **faltas injustificadas**, estas afetarão não só o valor da remuneração, mas também o cálculo do 13º salário e das férias. Já no caso dos **atrasos e saídas antecipadas injustificados**, esses afetarão somente a remuneração, não interferindo no cálculo das férias e do 13º salário.

Com relação aos atrasos, os quais podem ser considerados "faltas parciais", há uma tolerância legal de 5 a 10 minutos prevista no § 1º do art. 58 da CLT.

É claro, no entanto, que, dependendo da situação, o empregador poderá, por conta própria, não descontar atrasos superiores aos descritos acima e até mesmo a falta integral, caso o funcionário possa justificar seu atraso de "forma aceitável", como seria, por exemplo, o caso de acidente de trânsito, engarrafamento imprevisto, greve nos transportes, enchente, estado de calamidade pública etc.

Exemplo:

Jornada mensal de trabalho	220 horas
Horário de trabalho de segunda a sexta	8 h às 12 h e 14 h às 18 h
Horário de trabalho aos sábados	8 h às 12 h
Salário-base	R$ 1.320,0
Adicional de periculosidade	30%
Atrasos injustificados em abril	2 h no dia 4
Faltas injustificadas em abril	Dias 3, 9 e 20

Cálculos referentes à remuneração de abril:

Salário-dia = (R$ 1.320,00 + 30% R$ 1.320,00) ÷ 30 = R$ 57,20

Salário-hora = (R$ 1.320,00 + 30% R$ 1.320,00) ÷ 220 = R$ 7,80

Desconto de 3 dias = R$ 57,20 × 3 = R$ 171,60

Desconto de 2 horas = R$ 7,80 × 2 = R$ 15,60

Total do desconto = R$ 187,20

No entanto, com base nos arts. 1º e 6º e § 2º do art. 7º da Lei nº 605/49, a remuneração dos dias do DSR (Descanso Semanal Remunerado = domingos e feriados) da semana onde houve as faltas e os atrasos também deve ser descontada, apesar de nem todas as empresas adotarem esse procedimento. Desta forma, no exemplo acima, teríamos:

- Nº de DSR da semana do dia 3, onde houve 1 falta e 1 atraso = 2 (1 feriado e 1 domingo)
- Nº de DSR da semana do dia 9 = 1 (1 domingo)
- Nº de DSR da semana do dia 20 = 2 (1 feriado e 1 domingo)
- Total de DSR de abril das semanas onde houve faltas e atrasos = 5
- Total do desconto por DSR = 5 × R$ 57,20 = R$ 286,00

Finalmente, o desconto TOTAL pelas 3 faltas injustificadas e 1 atraso em abril será de R$ 187,20 + R$ 286,00, ou seja, R$ 473,20, de forma que a remuneração final do empregado seria de R$ 1.320,00 + 30% R$ 1.320,00 – R$ 473,20 = R$ 1.242,80.

Ressalta-se, no entanto, que várias empresas **não adotam** esse procedimento de descontar o valor dos DSR das semanas onde houve as faltas e os atrasos, principalmente em função de acordos com sindicatos de algumas categorias de trabalhadores, podendo, por exemplo, adotarem somente o critério proporcional, isto é, descontar apenas os dias de faltas e as horas de atraso pelos seus respectivos valores, mantendo assim a remuneração do DSR. Desta forma, se assim fosse no exemplo acima, a remuneração final do empregado seria de R$ 1.320,00 + 30% R$ 1.320,00 – R$ 187,20 = R$ 1.528,80.

Obs. 1: As faltas ou atrasos que sejam justificadas sem previsão legal podem ser abonadas ou não, dependendo da filosofia da empresa empregadora, como, por exemplo, seria o caso de uma mãe que faltasse ou chegasse atrasada por levar seu filho menor doente ao médico, ou chegasse atrasada em função de um acidente no trânsito. No entanto, independentemente se abonou ou não a falta justificada sem previsão legal, não poderá descontar a remuneração do DSR, pois a Lei nº 605/49 se refere apenas a esse tipo de desconto nos casos em que não haja motivo justificado.

Obs. 2: Caso a empresa já tenha adotado o critério de NÃO DESCONTAR a remuneração do DSR das semanas onde houve faltas e atrasos, **não poderá** de forma intempestiva começar a descontar, tendo em vista que estaria alterando o contrato de trabalho, transgredindo assim o artigo 468 da CLT.

2.8.1. Efeito das Faltas Injustificadas no Valor do 13º Salário

O 13º salário é calculado à base de 1/12 do salário a cada mês trabalhado. No entanto, caso haja faltas injustificadas no mês, o trabalhador só perderá o direito da referida fração se tais faltas acarretarem **menos de 15 dias trabalhados** no mês. Assim, por exemplo, se determinado trabalhador faltasse 16 dias em março e 16 dias em abril, no mês de março teria trabalhado 15 dias, pois março tem 31 dias, não perdendo 1/12 do salário de março. No entanto, com relação a abril, visto que este mês só possui 30 dias, teria trabalhado apenas 14 dias, perdendo assim o direito de 1/12 do salário desse mês a título de cálculo do valor do 13º salário.

2.8.2. Efeito das Faltas Injustificadas no Valor das Férias

Com base no art. 130 da CLT, após cada período de 12 meses de vigência de contrato de trabalho (período de aquisição do direito de férias), o trabalhador terá o direito às férias corridas de 30 dias quando não houver faltado injustificadamente ao trabalho em mais de 5 vezes no referido período de aquisição. Assim, com base no mesmo artigo, podemos montar a seguinte tabela de direito às férias em função das faltas injustificadas:

Faltas Injustificadas	Dias de Direito às Férias
De 0 a 5 faltas	30 dias
De 6 a 14 faltas	24 dias
De 15 a 23 faltas	18 dias
De 24 a 32 faltas	12 dias
Acima de 32 faltas	Nenhum dia

Exemplo prático: Um determinado empregado mensalista admitido em 01/03/2009, faltou injustificadamente os seguintes dias ao trabalho até junho de 2010: 05/04/2009; 09/06/2009; 02/09/2009; 03/09/2009; 11/10/2009; 20/12/2009; 02/02/2010; 05/03/2010 e 27/06/2010. Sabendo-se que suas férias estavam programadas para julho de 2010, onde sua remuneração nesse mês era de R$ 1.620,00. Teremos o seguinte:

- Período aquisitivo de férias: 01/03/2009 a 28/02/2010 (12 meses)
- Faltas injustificadas no período aquisitivo: 05/04/2009; 09/06/2009; 02/09/2009; 03/09/2009; 11/10/2009; 20/12/2009; 02/02/2010 (7 faltas)
- Dias de direito às férias: 24 dias
- Salário-dia = R$ 1.620,00 ÷ 30 = R$ 54,00
- Remuneração nas férias (julho 2010) = R$ 54,00 × 24 + (R$ 54,00 × 24) × 1/3 = R$ 1.728,00 (ainda desse valor seriam abatidos o INSS e o IRRF, além de outros possíveis descontos, e chegaríamos ao valor do salário líquido a ser pago pelas férias ao funcionário).

Nota: As faltas de 05/03/2010 e 27/06/2010 irão afetar as férias referentes ao próximo período aquisitivo (01/03/2010 a 28/02/2011).

3. Descontos

Os descontos que afetam o valor do salário bruto, isto é, afetam a remuneração são aqueles decorrentes das faltas e atrasos, os quais já vimos no item 2.7.

Agora, trataremos dos descontos que <u>não afetam</u> o valor do salário bruto, mas são abatidos deste, reduzindo assim o valor do salário líquido, ou seja, a quantia que efetivamente deverá ser paga ao empregado. Tais descontos podem ser de dois tipos:

- Retenções
- Compensações

3.1. Retenções

São os valores descontados dos salários brutos que serão repassados a terceiros. Entre as retenções mais conhecidas, podemos citar:

- IRRF (Imposto de Renda Retido na Fonte)
- Contribuições de Previdência (INSS)
- Contribuição Sindical
- Clube Social
- Sindicato de Classe

Ao fim do mês, na contabilização da folha de pagamento, será feito, por exemplo, o seguinte lançamento:

D – Salários a Pagar
C – INSS a Recolher (ou Contribuições de Previdência a Recolher)
C – IRRF a Recolher
C – Contribuições de Sindicato a Recolher
C – ...... etc.

Cabe ressaltar que as principais retenções são o INSS (Instituto Nacional do Seguro Social) dos empregados e o IRRF (Imposto de Renda Retido na Fonte), as quais estudaremos abaixo.

3.1.1. Instituto Nacional do Seguro Social (INSS)

O INSS é contribuição devida à Previdência Social por todo empregado, inclusive o doméstico, sendo que seus percentuais variam de acordo com o valor do salário de contribuição, de forma que os percentuais mais comuns são de 8%, 9% e 11%, mas **sempre limitados a um teto máximo**.

Constantemente a tabela para a aplicação dos referidos percentuais, bem como o teto máximo, estão sendo modificados pelo INSS, em alguns casos, mais de uma vez num mesmo ano-calendário. Assim, por exemplo, no **mês de setembro de 2010**, a tabela era a seguinte:

Salário de Contribuição (R$)	Alíquotas do INSS
até 1.040,22	8,00%
de 1.040,23 até 1.733,70	9,00%
de 1.733,71 até 3.467,40	11,00%

Desta forma, suponhamos as seguintes informações obtidas do demonstrativo de pagamento de um determinado trabalhador mensalista referentes a setembro de 2010:

ITEM	R$
Salário fixo mensal	2.700,00
Horas extras *DSR s/horas extras*	300,00 24,00
Adicional noturno *DSR s/adicional noturno*	140,00 21,00
Comissões *DSR s/comissões*	90,00 25,00
Salário-família	18,00
Faltas e atrasos	(100,00)
Vale-transporte	(120,00)
Adiantamento salarial	(480,00)

Neste caso, o **Salário de Contribuição** seria de R$ 2.700,00 + R$ 300,00 + R$ 24,00 + R$ 140,00 + R$ 21,00 + R$ 90,00 + R$ 25,00 – R$ 100,00, ou seja, R$ 3.200,00, de forma que a alíquota seria de 11%. Logo, o INSS retido seria de 11% × R$ 3.200,00, ou seja, R$ 352,00. Assim, teríamos as seguintes contabilizações:

(Nota: Sobre o vale-transporte e sobre o salário-família NÃO incide o INSS.)

Pela apropriação do salário bruto:

D – Salários 3.200,00
C – Salários a Pagar 3.200,00

Pela retenção do INSS:

D – Salários a Pagar 352,00
C – INSS a Recolher 352,00

Obs. 1: Caso, em vez de R$ 3.200,00, o salário de contribuição fosse, por exemplo, de R$ 4.000,00, a retenção estaria limitada ao **valor máximo** da tabela acima, que, no caso, seria de 11% de R$ 3.467,40, ou seja, R$ 381,41.

Obs. 2: Os adiantamentos salariais não são abatidos no cálculo do INSS, pois, como já comentado antes, não afetam a remuneração, afetando, tão somente, a época do pagamento do salário, isto é, em vez de pagar todo o salário do mês atual no mês seguinte, paga-se uma parte no mês atual e outra no mês seguinte.

3.1.2. Imposto de Renda Retido na Fonte (IRRF)

Para o cálculo desse imposto, a Receita Federal do Brasil, anualmente, fornece uma tabela com a variação das alíquotas em função da faixa salarial do contribuinte, sendo que cada faixa salarial possui sua respectiva parcela a deduzir do imposto após a aplicação da alíquota. Além disso, fornece também o valor da dedução por cada dependente. Abaixo, damos como exemplo a tabela progressiva para o cálculo mensal do IRPF a partir de 2011, **ano-calendário 2010**, onde a dedução era de R$ 150,69:

Nota: O que vale para efeitos de cálculo mensal é o ano-calendário ao qual se refere (2010), visto que 2011 é a época para declaração e pagamento ou restituição do IR relativo a 2010, isto é, se houve retenção na fonte em 2010 de um valor superior ao valor apurado em 2011, o contribuinte terá o direito de restituir o excesso do imposto pago. Caso contrário, ou seja, se o valor retido na fonte em 2010 for inferior ao valor apurado em 2011, o contribuinte terá que complementar o imposto retido na fonte a menor.

Base de cálculo mensal em R$	Alíquota %	Parcela a deduzir do imposto em R$
Até 1.499,15	-	-
De 1.499,16 até 2.246,75	7,5	112,43
De 2.246,76 até 2.995,70	15,0	280,94
De 2.995,71 até 3.743,19	22,5	505,62
Acima de 3.743,19	27,5	692,78

Assim, considerando ainda o exemplo do item 3.1.1, onde o valor apurado da remuneração de setembro de 2010 foi de R$ 3.200,00 e o INSS de R$ 352,00, iremos supor que o referido trabalhador possua 2 (dois) dependentes. Desta forma, o IRRF será apurado da seguinte forma:

Remuneração tributável...R$ 3.200,00
(–) INSS...(R$ 352,00)
(–) Dedução de 2 dependentes (R$ 150,69 × 2).................................(R$ 301,38)
(–) Pensão alimentícia...0,00
(–) Outras deduções (ex.: previdência privada).......................................0,00
(=) Base de cálculo do IRRF...R$ 2.546,62
(×) Alíquota...15%
(–) Parcela a deduzir conforme tabela...(R$ 280,94)
(=) IRRF...R$ 101,05

Nota 1: Observemos que o INSS retido deverá ser calculado antes do IRRF, isto reduzirá a base de cálculo deste último.

Nota 2: Se o valor do IRRF calculado acima for menor do que R$ 10,00, ele cairá para zero, ou seja, será dispensada a sua retenção.

Nota 3: A base legal para o procedimento anterior são os artigos 624 e 724 do RIR, art. 67 da Lei nº 9.430/96, art. 3º da Lei nº 11.482/07 e MP 451/08.

Nota 4: O cálculo do IRRF pode ser feito automaticamente no simulador da Receita Federal no seguinte site:

http://www.receita.fazenda.gov.br/Aplicacoes/ATRJO/Simulador/SimIRPFMensal.htm

3.2. Compensações

São valores descontados dos salários brutos que **não** serão repassados a outras entidades, pois representam créditos da entidade empregadora contra seus empregados.

O caso mais conhecido de compensações é o dos adiantamentos salariais, os quais, para as empresas que normalmente pagam salários no dia 5 de cada mês, são pagos no dia 20 do mês anterior ao do pagamento dos salários.

Ao pagar os referidos adiantamentos, a entidade adquire um direito de descontar os mesmos dos SALÁRIOS A PAGAR.

Exemplo: Um empregado de uma empresa, cujo salário mensal é de R$ 900,00, recebeu em 20 de abril de X1 um adiantamento de R$ 300,00. Admitindo que o único desconto seja o INSS a uma alíquota de 8%, teremos, entre outras, as seguintes contabilizações:

20 de abril (pagamento do adiantamento):

D – Adiantamentos a Empregados 300,00

C – Caixa (ou Bancos) 300,00

30 de abril (apropriação do salário de abril):

Posteriormente, ao contabilizar a folha de pagamento, entre outros, será feito o seguinte lançamento:

D – Salários 900,00

C – Salários a Pagar 900,00

Ainda 30 de abril (retenção do INSS):

D – Salários a Pagar 72,00

C – INSS a Recolher 72,00

05 de maio (pagamento do salário de abril):

D – Salários a Pagar 828,00

C – Adiantamentos a Empregados 300,00

C – Caixa (ou Bancos) 528,00

20 de maio (recolhimento do INSS de abril – essa data pode ser modificada pelo Governo):

D – INSS a Recolher 72,00

C – Caixa (ou Bancos) 72,00

4. Salário-Família

É pago pela previdência social aos trabalhadores de baixa renda que possuem filhos até 14 anos incompletos ou inválidos. Assim, o trabalhador enquadrado nestas condições terá direito a receber tantas quotas de salário-família quantos forem os filhos nesta faixa etária.

Apesar de ser uma obrigação do Governo, o pagamento é feito pela entidade empregadora, a qual terá um crédito tributário contra o Governo, de tal forma que a compensação se dará em contrapartida com as obrigações junto à Previdência Social:

D – INSS a Recolher

C – Salários a Pagar (pelo valor do salário-família)

Como exemplo prático, o valor do salário-família determinado pela Portaria Interministerial MPS/MF nº 568, de 31/12/2010, foi o seguinte:

Renda até R$ 573,58 → salário-família = R$ 24,91 por filho de até 14 anos incompletos ou inválido

Renda de R$ 573,59 até R$ 862,11 → salário-família = R$ 20,73 por filho de até 14 anos incompletos ou inválido.

Renda superior a R$ 862,11 → o trabalhador não terá direito a salário-família

Nota: Os valores acima estão sujeitos a constantes alterações pelo Governo.

Obs.: Além do Salário-Família, um outro benefício pago pelo governo na mesma sistemática, ou seja, o empregador paga e na época de recolhimento do INSS compensa o que pagou, é o SALÁRIO-MATERNIDADE, o qual é direito das trabalhadoras que contribuem para a Previdência Social, sendo esse benefício pago nos 120 dias em que ficam afastadas do emprego por causa do parto. Tal benefício foi estendido também para as mães adotivas.

5. Salário Líquido

Corresponde ao valor efetivamente a ser pago aos empregados, podendo ser obtido mediante a seguinte fórmula:

Salário Líquido = Salário Bruto + Salário Família – Descontos

6. Gastos Extras com Folha de Pagamento

Além das despesas com o valor bruto da folha de pagamento, as empresas ou quaisquer outras entidades que tenham empregados incorrem em outras despesas, tendo estas como base de cálculo o valor bruto da folha, isto é, o valor das despesas de salários. Os gastos extras mais conhecidos são:

- Encargos Sociais (INSS patronal e FGTS)
- 13º Salário
- Férias

6.1. Encargos Sociais

Atualmente, os encargos sociais são: o INSS parte patronal e o FGTS. Tais encargos são calculados sobre o valor bruto da folha e apropriados mensalmente, representando despesas operacionais, caso sejam referentes aos gastos com salários do pessoal da administração ou vendas, ou custos, caso sejam referentes aos gastos com a mão de obra numa empresa industrial ou prestadora de serviços.

Exemplo: Uma empresa levantou as seguintes informações referentes à folha de pagamento num determinado mês:

Valor bruto da folha: R$ 90.000

FGTS: 8%

INSS (patronal): 26,8%

Assim, teremos os seguintes lançamentos contábeis:

D – INSS	24.120
C – INSS a Recolher	24.120
D – FGTS	7.200
C – FGTS a Recolher	7.200

Opcionalmente, podemos unir os dois lançamentos anteriores, fazendo um único lançamento de 2ª fórmula:

D – Encargos Sociais	31.320
C – INSS a Recolher	24.120
C – FGTS a Recolher	7.200

Obs.: A conta *INSS a Recolher* também pode ser substituída por *Contribuições de Previdência a Recolher*, *Contribuições a Recolher* ou semelhante, lembrando que nesta conta também é contabilizado o INSS dos empregados, em contrapartida com um débito na conta *Salários a Pagar*.

6.2. 13º Salário

6.2.1. Conceito

O 13º salário, também conhecido como "gratificação natalina", foi instituído pela Lei nº 4.090/62 e posteriormente regulado pelo Decreto nº 57.155/65, sendo um direito de todos os empregados urbanos, rurais e domésticos, correspondendo a 1/12 da sua remuneração integral a cada mês trabalhado, no mínimo, 15 dias, sendo a obrigação do seu pagamento contabilizada ao final de cada mês, em obediência ao princípio da competência. Assim, por exemplo, se determinado empregado trabalhou de 1º de janeiro a 14 de maio, terá direito a apenas 4/12 do 13º proporcional, pelo fato de no mês de maio não ter trabalhado, no mínimo, 15 dias. Se, no entanto, tivesse trabalhado, pelo menos, até 15 de maio, então teria direito a 5/12.

Nota: Quando se fala em "pelo menos 15 dias trabalhados" estão sendo incluídos também os domingos e feriados, os quais são os DSR (Descanso Semanais Remunerados).

6.2.2. Contabilização

Antes da adoção das normas internacionais de contabilidade, a contabilização mensal era feita debitando-se uma despesa e creditando-se uma "provisão". Atualmente, com base no Pronunciamento Técnico **CPC 25 – Provisões, Passivos Contingentes e Ativos Contingentes**, a obrigação não é considerada uma "provisão", pois nestas, de acordo com o item 11 do referido CPC, há incerteza sobre o prazo ou o valor do desembolso futuro necessário para sua liquidação, o que não acontece no caso do 13º salário, cujo prazo e o valor desembolsado para o seu pagamento já estão previstos. No caso, o 13º salário é considerado uma espécie de "contas a pagar", sendo um passivo derivado apropriações por competência *(accruals)*. Assim, em vez de creditarmos "Provisão p/13º Salário", creditamos "13º Salário a Pagar".

D – Despesa c/~~Provisão~~ p/13º Salário
C – Provisão para 13º Salário **(ERRADO)**

↓

D – Despesa c/13º Salário
C – 13º Salário a Pagar **(CERTO)**

Ressalta-se que, além da contabilização mensal de 1/12 do salário a título de 13º salário, deve-se também contabilizar os encargos sociais incidentes sobre a referida fração (INSS e FGTS). Assim, por exemplo, se a folha de pagamento de maio de 20X1 tem um valor total de remuneração de R$ 36.000,00 do pessoal administrativo e de vendas, considerando o INSS patronal de 26% e FGTS de 8%, além da contabilização do salário do mês e seus respectivos encargos, teríamos as seguintes contabilizações referentes ao 13º salário:

D – Despesa c/13º Salário (36.000,00 × 1/12) 3.000,00
C – 13º Salário a Pagar 3.000,00

D – INSS s/13º Salário (despesa administrativa ou de vendas) 780,00
C – INSS s/13º Salário a Pagar 780,00

D – FGTS s/13º Salário (despesa administrativa ou de vendas) 240,00
C – FGTS s/13º Salário a Pagar 240,00

Obs.: No caso de uma microempresa ou empresa de pequeno porte, as quais poderão utilizar o regime de caixa na contabilização de suas operações, o procedimento de não realizar as contabilizações acima é consequência natural desse regime. No entanto, no caso das empresas de médio e grande porte, as quais, em geral, devem contabilizar suas operações pelo regime de competência, caso não contabilizem mensalmente as frações do 13º salário e seus respectivos encargos sociais, estarão em desacordo com o princípio da competência. Além disso, irão pagar mais IR e CSLL do que deveriam, no caso de serem tributadas com base no lucro real trimestral, visto que a despesa com o 13º salário mensal e seus encargos incidentes **dedutíveis** no cálculo do lucro real, o qual é a base de cálculo desses tributos.

Abaixo, reproduzimos o item 11 do CPC 25 (caixa alta e grifo nossos):

> ***Provisão e outros passivos***
>
> *11. As provisões podem ser distintas de outros passivos tais como contas a pagar e passivos derivados de apropriações por competência* (accruals) *porque há incerteza sobre o prazo ou o valor do desembolso futuro necessário para a sua liquidação. Por contraste:*
>
> *(a) as contas a pagar são passivos a pagar por conta de bens ou serviços fornecidos ou recebidos e que tenham sido faturados ou formalmente acordados com o fornecedor; e*
>
> *(b) os passivos derivados de apropriações por competência* (accruals) *são passivos a pagar por bens ou serviços fornecidos ou recebidos, mas que não tenham sido pagos, faturados ou formalmente acordados com o fornecedor,* ***INCLUINDO VALORES DEVIDOS A EMPREGADOS*** *(por exemplo, valores relacionados com pagamento de férias). Embora muitas vezes seja necessário estimar o valor ou o prazo desses passivos,* ***A INCERTEZA É GERALMENTE MUITO MENOR DO QUE NAS PROVISÕES.***
>
> *Os passivos derivados de apropriação por competência* (accruals) ***SÃO DIVULGADOS COMO PARTES DAS CONTAS A PAGAR,*** *enquanto as provisões são divulgadas separadamente.*

Cabe ressaltar que, com base no item 10 do CPC 25, o termo PROVISÃO se aplica **somente a itens do passivo** de prazos ou de valores incertos e NÃO MAIS a perdas estimadas em ativos, como, por exemplo, "Provisão para Devedores Duvidosos" e "Provisão para Ajuste de Estoques ao Valor de Mercado", as quais serão agora chamadas de "Perdas Estimadas com Devedores Duvidosos" e "Perdas Estimadas em Estoques".

No entanto, essas alterações são muito recentes de tal forma que "ainda" nos depararemos com muitos exercícios e questões de concursos utilizando as **inapropriadas** expressões "Provisão para 13º Salário", "Provisão para Férias", "Provisão para Imposto de Renda", "Provisão para Devedores Duvidosos", "Provisão para Perdas em Estoques" etc.

6.2.3. Prazo de Pagamento

O 13º salário será pago em duas parcelas, devendo a 1ª parcela ser paga entre os meses de fevereiro e novembro de cada ano, correspondendo à metade do salário recebido pelo empregado no mês anterior. A 2ª parcela deverá ser paga até o dia 20 de dezembro de cada ano, correspondendo ao salário devido nesse mês, descontado o valor recebido a título de adiantamento (1ª parcela).

Obs. 1: O empregado pode optar por receber o adiantamento do 13º salário (1ª parcela) juntamente com suas férias, na condição de que faça sua solicitação à empresa durante o mês de janeiro. No entanto, caso o empregado opte pelas férias no mês de janeiro, a empresa não estará obrigada ao pagamento da 1ª parcela do 13º salário junto com as férias desse mês (a obrigatoriedade é só a partir de fevereiro, na condição que seja solicitado o pagamento durante janeiro).

Obs. 2: No caso da extinção do contrato de trabalho por motivo de demissão sem justa causa, aposentadoria ou pedido de dispensa pelo empregado, será também devido o 13º salário, proporcionalmente até o mês em que o empregado deixar de trabalhar, lembrando que para que o mês de saída seja contado o empregado deverá ter trabalhado pelo menos 15 dias (são contados também os dias de DSR).

Obs. 3: Com relação ao pagamento do FGTS incidente sobre cada uma das duas parcelas do 13º salário, esse se dará até o dia 7 do mês seguinte ao do pagamento das respectivas parcelas. Não havendo expediente bancário no dia 7, o recolhimento deve ser antecipado. Já no caso do pagamento do INSS incidente sobre o 13º salário, esse se dará apenas quando for efetuado o pagamento da 2ª parcela do 13º salário, devendo ser recolhido até o dia 20 de dezembro.

Obs. 4: No caso dos empregados que possuem remuneração variável, tais como trabalhadores comissionados, trabalhadores com horas extras, trabalhadores tarefeiros etc., a empresa não consegue apurar o valor do 13º salário até o dia 20 de dezembro, tendo em vista que as variáveis referentes a esse mês ainda não estão apuradas. Nessa hipótese, com base no art. 2º e no § 3º do art. 3º do Decreto nº 57.155/1965, o adiantamento do 13º salário (1ª parcela) será calculado na base da média das remunerações devidas nos meses trabalhados até o anterior àquele em que ser realizar o mesmo adiantamento. Na época de pagamento da 2ª parcela, será calculado na base de 1/11 (um onze avos) da soma das importâncias variáveis devidas nos meses trabalhados até novembro de cada ano. Até o dia 10 de janeiro do ano seguinte, computada a parcela do mês de dezembro, o referido cálculo será revisto para 1/12 do total devido no ano anterior, processando-se a correção do valor da respectiva gratificação com o pagamento ou compensação das possíveis diferenças.

6.2.4. Ajustes na Despesa Mensal com 13º Salário

No caso de haver aumentos salariais ao longo do ano, a empresa deverá contabilizar a despesa mensal com base nos valores ajustados. Assim, suponhamos que a folha de pagamento dos funcionários de uma empresa importe num total de R$ 18.000,00 mensais e que no mês de agosto esse valor seja aumentado em 5% em virtude de dissídio coletivo da categoria profissional. Assim, podemos montar a seguinte tabela:

Mês	Valor da folha de pagamento	Despesa c/13º	13º a Pagar
Janeiro	R$ 18.000,00	R$ 1.500,00	R$ 1.500,00
Fevereiro	R$ 18.000,00	R$ 1.500,00	R$ 3.000,00
Março	R$ 18.000,00	R$ 1.500,00	R$ 4.500,00
Abril	R$ 18.000,00	R$ 1.500,00	R$ 6.000,00
Maio	R$ 18.000,00	R$ 1.500,00	R$ 7.500,00
Junho	R$ 18.000,00	R$ 1.500,00	R$ 9.000,00
Julho	R$ 18.000,00	R$ 1.500,00	R$ 10.500,00
Agosto	R$ 18.900,00	**R$ 2.100,00**	R$ 12.600,00
Setembro	R$ 18.900,00	R$ 1.575,00	R$ 14.175,00
Outubro	R$ 18.900,00	R$ 1.575,00	R$ 15.750,00
Novembro	R$ 18.900,00	R$ 1.575,00	R$ 17.325,00
Dezembro	R$ 18.900,00	R$ 1.575,00	R$ 18.900,00

No mês de agosto, além de 1/12 da nova remuneração (R$ 1.575,00), devemos somar o ajuste dos 7 meses anteriores (1/12 de 7 × R$ 900,00), encontrando um total de R$ 2.100,00. Assim, teríamos as seguintes contabilizações do que "antigamente" chamávamos de "provisão para 13º salário", ao final de agosto, admitindo o FGTS de 8% e o INSS de 26%:

D – Despesa c/13º Salário (36.000,00 × 1/12)..2.100,00
C – 13º Salário a Pagar..2.100,00

D – INSS s/13º Salário (despesa administrativa ou de vendas)..............................546,00
C – INSS s/13º Salário a Pagar..546,00

D – FGTS s/13º Salário (despesa administrativa ou de vendas)..............................168,00
C – FGTS s/13º Salário a Pagar..168,00

6.2.5. Exemplo Completo

A empresa Eletromar Ltda., a qual trabalha no ramo de revenda de eletrodomésticos e contabiliza suas operações pelo regime de competência, possui 3 funcionários com remunerações fixas e apresentou o seguinte demonstrativo para controle do 13º salário do exercício social de X2 (valores até novembro de X2):

DADOS DOS FUNCIONÁRIOS				VALORES "PROVISIONADOS"				ADIANTAMENTO (pagamento em agosto de X2)	
Funcionário	Admissão	Salário	Nº de 12 avos	13º Salário	INSS (26%)	FGTS (8%)	TOTAL	Valor pago (50%)	**FGTS pago**
Lucas	12/05/X1	1.200,00	11/12	1.100,00	286,00	88,00	1.474,00	600,00	48,00
Joana	21/06/X2	1.500,00	5/12	625,00	162,50	50,00	837,50	375,00	30,00
André	04/09/X0	1.800,00	11/12	1.650,00	429,00	132,00	2.211,00	900,00	72,00
TOTAIS				3.375,00	877,50	270,00	4.522,50	1.875,00	150,00

Nota 1: O valor pago a título de adiantamento do 13º salário (1ª parcela) a Joana é de 50% do total do 13º que ela tem direito até o final de X2, sendo este total de 6/12 de R$ 1.500,00 (5/12 é até novembro) = R$ 750,00 (50% de R$ 750,00 = R$ 375,00).

Nota 2: Pela legislação vigente, somente o FGTS sobre o adiantamento do 13º salário é pago na 1ª parcela (o restante do FGTS somente será pago na época da 2ª parcela do 13º salário), de forma diferente do INSS, o qual somente será pago de uma só vez após o pagamento da 2ª parcela até 20 de dezembro, razão pela qual na tabela acima só há o FGTS pago com relação à 1ª parcela.

Dessa forma, com base nas informações acima, teremos as seguintes contabilizações:

Pagamento da 1ª parcela do 13º salário em agosto de X2:

D – Adiantamento de 13º Salário 1.875,00

C – Bancos 1.875,00

Transferência do FGTS incidente sobre 13º salário:

D – FGTS s/13º Salário a Pagar 150,00

C – FGTS a Recolher 150,00

Pagamento do FGTS devido sobre o valor da 1ª parcela paga do 13º salário:

D – FGTS a Pagar 150,00

C – Bancos 150,00

Admitindo que a empresa tenha "provisionado" a cada mês o 13º salário, bem como os respectivos encargos sociais (INSS patronal e FGTS), teremos os seguintes **saldos** ao final de **novembro de X2**:

- Adiantamento de 13º Salário = 1.875,00
- 13º Salário a Pagar = 3.375,00
- FGTS s/13º Salário a Pagar = 270,00 – 150,00 = 120,00
- INSS s/13º Salário a Pagar = 877,50

Suponhamos agora que a empresa Eletromar Ltda. apresente em 20/12/X2 os seguintes dados na folha de pagamento do 13º salário (valores em R$):

13º Salário (valor bruto = 1.875,00 × 2) 3.750,00
(–) INSS retido (valor hipotético) .... (300,00)
(–) IRRF (valor hipotético) .... (200,00)
(–)Adiantamento (pagamento da 1ª parcela) .... (1.875,00)
(=) Valor líquido a pagar 1.375,00

Gastos patronais extras:
INSS patronal (parcela única = 26% 3.750,00) 975,00
FGTS (2ª parcela = 8% 3.750,00 – 150,00) 150,00

CONTABILIZAÇÕES:

Pela baixa da "provisão" do 13º salário até o limite do saldo provisionado até novembro:
D – 13º Salário a Pagar 3.375,00
C – Salários a Pagar 3.375,00

Pela diferença entre o "provisionado" e o total do 13º salário devido (3.750,00 – 3.375,00 = 375,00):
D – Despesa c/13º Salário 375,00
C – Salários a Pagar 375,00

Pela retenção do INSS e IRRF devidos pelo empregado:
D – Salários a Pagar 500,00
C – INSS a Recolher 300,00
C – IRRF a Recolher 200,00

Pela transferência do INSS "provisionado" sobre 13º salário:
D – INSS s/13º Salário a Pagar 877,50
C – INSS a Recolher 877,50

Pela transferência do FGTS "provisionado" sobre 13º salário:
D – FGTS s/13º Salário a Pagar 120,00
C – FGTS a Recolher 120,00

Pela diferença do INSS devido e o "provisionado" sobre 13º salário (975,00 – 877,50 = 97,50):

D – INSS s/13º Salário (despesa)...97,50

C – INSS a Recolher...97,50

Pela diferença do FGTS devido e o "provisionado" sobre 13º salário (150,00 – 120,00 = 30,00):

D – FGTS s/13º Salário (despesa)...30,00

C – FGTS a Recolher...30,00

Pela baixa do adiantamento do 13º salário (1ª parcela):

D – Salários a Pagar...1.875,00

C – Adiantamento de 13º Salário 1.875,00

Pelo pagamento do valor líquido do 13º salário:

D – Salários a Pagar...1.375,00

C – Bancos..1.375,00

Pelo pagamento do INSS, FGTS e IRRF devidos:

D – INSS a Recolher (975,00 + 300,00) 1.275,00

D – FGTS a Recolher (2ª parcela) 150,00

D – IRRF a Recolher..200,00

C – Bancos..1.625,00

6.3. Férias

O empregado só adquire o direito às férias no período subsequente a 12 meses trabalhados (base legal – art. 130 da CLT). Esse período de 12 meses trabalhados na empresa até adquirir o direito às férias é chamado de PERÍODO AQUISITIVO. Após isso, a empresa empregadora tem o período de 1 ano para lhe conceder férias, a contar da data em que adquiriu o direito às férias, tempo esse chamado de PERÍODO CONCESSIVO. Em outras palavras, apesar do empregado adquirir o direito às férias com 1 ano de trabalho, poderá efetivamente desfrutar das férias em até 2 anos. Assim, por exemplo, se o empregado começasse a prestar serviços em 01/04/2012, teria o direito às férias a partir de 01/04/2013. No entanto, a empresa poderia estender esse direito, no máximo, até 1 ano, ou seja, até 01/04/2014. Caso o empregado não desfrutasse de suas férias até esta última data, iria adquirir o direito de receber o salário em <u>dobro</u> assim que tirasse férias ou quando fosse demitido voluntária ou involuntariamente.

Deve ficar claro, no entanto, que há diferença entre férias VENCIDAS e férias PROPORCIONAIS. As férias vencidas, também chamadas de férias integrais, **são sempre devidas e pagas**, visto que se constituem em direito adquirido do empregado e, caso haja rescisão contratual de trabalho, persiste o direito, independentemente de dispensa com ou sem justa causa, aposentadoria, morte, invalidez ou pedido de demissão. Já no caso das férias proporcionais, essas se referem exclusivamente ao pagamento em dinheiro pelo **período aquisitivo não completado**, em razão da rescisão do contrato de trabalho, sem justa causa. Para o pagamento ao empregado com mais de 1 ano de trabalho, aplica-se a regra do parágrafo único do art. 146 da CLT. Já no caso do empregado com menos de 1 ano de trabalho, aplica-se o disposto no art. 147 da CLT. Em outras palavras, somente o empregado demitido com justa causa, com menos ou mais de 1 ano de trabalho, perde o direito às férias proporcionais. No entanto, terá o direito às férias proporcionais nos casos de demissão voluntária ou involuntária sem justa causa, qualquer que seja seu tempo de serviço, como também ao término de um contrato que tiver prazo determinado.

Além do direito ao recebimento das férias integrais, com ou sem desligamento do empregado, ou proporcionais (no caso de desligamento do empregado), existe o chamado "terço constitucional". Assim, o empregado receberá o valor das férias (proporcionais ou integrais) acrescidas de 1/3. Corroborando isso, abaixo reproduzimos o Enunciado 328 do TST (Tribunal Superior do Trabalho):

Enunciado 328 *– O pagamento das férias, integrais ou proporcionais, gozadas ou não na vigência da Constituição da República de 1988, sujeita-se ao acréscimo do terço previsto em seu art. 7º, inciso XVII.*

Complementando isso, abaixo reproduzimos os Enunciados nºs 141, 171 e 261 do TST:

Enunciado 141 *– Reconhecida a culpa recíproca na rescisão do contrato de trabalho (art. 484 da CLT), o empregado não fará jus ao aviso prévio, às férias proporcionais e à gratificação natalina do ano respectivo.*

- -

Enunciado 171 *– Salvo na hipótese de dispensa do empregado por justa causa, a extinção do contrato de trabalho, com mais de 1 (um) ano, sujeita o empregador ao pagamento da remuneração das férias proporcionais, ainda que incompleto o período aquisitivo de 12 (doze) meses (art. 142, parágrafo único, combinado com o art. 132 da CLT).*

- -

Enunciado 261 *– O empregado que se demite antes de completar 12 (doze) meses de serviço tem direito a férias proporcionais.*

Com relação aos Encargos Sociais patronais (FGTS e INSS) incidentes sobre as férias, somente o FGTS incide sobre as férias e sobre o terço constitucional. No caso do INSS, este só incide sobre as férias, não incidindo sobre o terço constitucional. Esse entendimento não está explícito na legislação trabalhista, mas é corroborado pelo STJ (Superior Tribunal de Justiça), o qual entende que o adicional de férias (1/3) tem como objetivo dar um acréscimo financeiro ao trabalhador relativamente à sua remuneração mensal para que possa usufruir de forma plena o direito constitucional ao descanso remunerado. Desta forma, o STJ, em recente decisão, atestou que o abono de férias (1/3 de férias) não possui natureza remuneratória, mas sim compensatória ou indenizatória, de sorte que NÃO CABE exigência de contribuição previdenciária sobre esse terço constitucional, implicando esse entendimento a redução da carga tributária das empresas em geral, de modo que as empresas que já recolheram o INSS sobre esse terço constitucional podem solicitar junto à Justiça o seu ressarcimento.

Com relação à forma de contabilização, as empresas que trabalham com regime de competência apropriam mensalmente para efeito da contabilização das "Férias a Pagar" (antigamente chamada de "Provisão para Férias") 1/12 do valor bruto da folha de pagamento mais 1/3 desse valor, sendo que somente o FGTS incide sobre essa soma (1/12 + 1/12 × 1/3) e o INSS só incide sobre 1/12.

Exemplo: Informações referentes à folha de pagamento do pessoal administrativo de determinada empresa:

Despesa de Salários .... R$ 90.000,00

FGTS (8% de R$ 90.000,00) .... R$ 7.200,00

INSS (26,8% de R$ 90.000,00) .... R$ 24.120,00

- -

Apropriação mensal:

- Férias = (R$ 90.000,00 × 1/12) + (R$ 90.000,00 × 1/12) × 1/3 = R$ 10.000,00
- FGTS = R$ 10.000,00 × 8% = R$ 800,00
- INSS = R$ 7.500,00 × 26,8% = R$ 2.010,00
- Encargos Sociais sobre Férias = R$ 800,00 + R$ 2.010,00 = R$ 2.810,00

Contabilização mensal:

D – Despesas c/Férias 10.000,00

C – Férias a Pagar 10.000,00

- -

D – Encargos Sociais s/Férias 2.810,00

C – Encargos Sociais a Pagar 2.810,00

Nota 1: Antes do Pronunciamento Técnico CPC 25 – Provisões, Passivos Contingentes e Ativos Contingentes, a apropriação mensal das férias era feita mediante a seguinte contabilização:

D – Despesa c/Provisão p/Férias

C – Provisão p/Férias

No entanto, com base no item 11 do referido CPC, a expressão "Provisão" passou a ser somente utilizada para passivos de prazo ou valor incertos, que NÃO É o caso das férias a pagar, visto que o prazo e o valor são certos. Assim, no lugar de "Provisão p/Férias", a expressão adequada é "Férias a Pagar", caso este análogo ao 13º salário, o qual antes das normas do CPC era contabilizado pela conta "Provisão p/13º Salário" e, pelas novas regras, essa expressão dá lugar a "13º Salário a Pagar".

Nota 2: No caso da folha de pagamento dos operários de uma indústria, as contas "Despesa c/Férias" e "Encargos Sociais sobre Férias" não serão apropriadas ao resultado como despesas e sim integrarão o custo dos produtos fabricados, assunto esse mais bem estudado em contabilidade de custos.

7. FUNDO DE GARANTIA DO TEMPO DE SERVIÇO (FGTS)

Seu valor é de 8% sobre o salário bruto. É depositado em conta vinculada do empregado, e só poderá ser resgatado pelo mesmo em casos específicos como demissão sem justa causa, aposentadoria, financiamento de casa própria, falecimento etc. Assim, suponhamos, por exemplo, que o total do salário bruto dos empregados de uma empresa comercial seja de R$ 100.000,00. Desta forma, a contabilização do FGTS pode ser feita da seguinte forma:

D – FGTS (despesa administrativa) 8.000,00

C – FGTS a Recolher 8.000,00

8. Instituto Nacional de Seguridade Social (INSS)

Existem dois tipos:

1º) O INSS dos empregados, o qual é descontado na folha de pagamento, constituindo assim custo para o empregado e não para o empregador. Este último apenas deverá recolher mensalmente essa contribuição à Receita Federal do Brasil. Assim, a contabilização se dará da seguinte forma:

D – Salários a Pagar

C – INSS a Recolher

2º) O INSS patronal, que é custo para a empresa e não para o empregado, calculado sobre o total bruto da folha de pagamento. Sua alíquota pode variar entre 26,8%, 27,8% e 28,8% ou outro valor em torno desses, sendo este valor destinado a vários órgãos, conforme indicado abaixo:

ÓRGÃO	*ALÍQUOTA*
INSS	*20%*
Seguro Acidente Trabalho (SAT)	*1%; 2% ou 3%*
Salário Educação	*2,5%*
Sesi	*1,5%*
Senai	*1,0%*
Sebrae	*0,6%*
INCRA	*0,2%*
TOTAL	*26,8%; 27,8% ou 28,8%*

Atenção: Os valores acima estão sujeitos a alterações pelo Governo. Em questões de provas de contabilidade de concursos públicos, por exemplo, normalmente as alíquotas são fornecidas e é comum o uso de alíquotas fictícias nas questões propostas pelas bancas elaboradoras.

Visto que o INSS patronal é custo adicional para a empresa sobre o salário bruto dos empregados, sua contabilização se dará da seguinte forma:

D – INSS (despesa)

C – INSS a Recolher

EXERCÍCIO RESOLVIDO 1: A empresa Bahia Ltda. elaborou sua folha de pagamento com salários totais de R$ 15.000 e alíquotas de previdência de 32%, sendo 21% da parte patronal e 11% da parte dos empregados. Assim, marque a opção que indica uma forma de contabilização das contribuições de previdência a recolher:

a) D – Despesas de Previdência
   C – Contribuições a Recolher 4.800
b) D – Despesas de Salários
   C – Contribuições a Recolher 4.800
c) D – Salários a Pagar
   C – Contribuições a Recolher 4.800
d) D – Salários a Pagar
   C – Contribuições a Recolher 3.150
e) D – Salários a Pagar 1.650
   D – Despesas de Previdência 3.150
   C – Contribuições a Recolher 4.800

(SOLUÇÃO)

1) Apropriação dos Salários:

D – Despesas de Salários 15.000
C – Salários a Pagar 15.000

2) Contabilização das retenções e encargos sociais:

D – Salários a Pagar 1.650
D – Despesas de Previdência 3.150
C – Contribuições a Recolher 4.800 ***(Opção e)***

EXERCÍCIO RESOLVIDO 2: Considerando a questão anterior, marque a opção que indica, além da anterior, outra opção de contabilização das contribuições de previdência a recolher:

a) D – Despesas de Previdência
   C – Contribuições a Recolher 4.800
b) D – Despesas de Salários
   C – Contribuições a Recolher 4.800
c) D – Salários a Pagar
   C – Contribuições a Recolher 4.800
d) D – Despesas de Salários 1.650
   D – Despesas de Previdência 3.150
   C – Contribuições a Recolher 4.800
e) Não há outra opção

(SOLUÇÃO)

1) Apropriação de "parte" da despesa de salários:

D – Despesas de Salários	*13.350*	
C – Salários a Pagar	*13.350*	

2) Apropriação dos encargos sociais e do "restante" da despesa:

D – Despesas de Salários	*1.650*	
D – Despesas de Previdência	*3.150*	
C – Contribuições a Recolher	*4.800*	***(Opção d)***

Obs.: Apesar de pouco usada, notemos que esta forma de contabilizar leva aos mesmos saldos que a vista no exercício resolvido 1.

EXERCÍCIO RESOLVIDO 3: (Fiscal do INSS/Universidade de Brasília) A folha de pagamento de uma empresa resume os valores financeiros de todos os empregados, especificando as parcelas de salários, descontos relativos a encargos sociais, imposto de renda, adiantamentos e outros. A contabilização da folha de pagamento segue as mesmas normas básicas aplicáveis aos fatos contábeis em geral. Relativamente a esse assunto, julgue os itens a seguir:

1) As despesas/custos de salários de uma empresa são representados pelos valores líquidos desembolsados, ou seja, depois de deduzidos os encargos sociais, impostos e demais descontos incidentes sobre os proventos dos empregados.
2) As contribuições previdenciárias a recolher compreendem as parcelas da empresa e dos empregados.
3) O Fundo de Garantia do Tempo de Serviço (FGTS) do pessoal que desenvolve tarefas na área de administração geral deve ser contabilizado como despesa operacional.
4) As contribuições previdenciárias a recolher e o FGTS a recolher são parcelas que, devidas e não pagas, devem ser demonstradas no passivo circulante com saldo devedor.
5) O desembolso com adiantamento a empregado implica um registro a débito da conta de adiantamentos a empregados e a crédito de uma das contas das disponibilidades.

(SOLUÇÃO)

1) Quando se apropriam as Despesas de Salários, estas são correspondentes ao valor bruto da folha de pagamento, isto é, ao valor antes de quaisquer descontos. Logo, a afirmativa 1 está ***ERRADA****.*

2) As contribuições do INSS compreendem a parte dos empregados (retenções da folha) e a parte patronal. Logo, a afirmativa 2 está ***CERTA****.*

3) A Despesa com FGTS é um gasto adicional ao valor bruto da folha de pagamento, correspondendo, no caso do pessoal administrativo, a despesas administrativas, sendo estas operacionais. Logo, a afirmativa 3 está ***CERTA****.*

*4) FGTS a Recolher é conta do passivo circulante e, portanto, tem saldo credor. Logo, a afirmativa 4 está **ERRADA**.*

*5) Nos adiantamentos concedidos a empregados, a contabilização é feita a débito da conta Adiantamentos a Empregados e a crédito da conta Caixa ou BCM. Logo, a afirmativa 5 está **CERTA**.*

EXERCÍCIO RESOLVIDO 4: (Ministério Público – Contador – RJ/UFRJ) A Cia. BLC possui 5 funcionários e decidiu constituir em seus livros uma provisão para férias. Os encargos de INSS e FGTS são, respectivamente, de 28% e 8%.

FUNCIONÁRIO	SALÁRIO(R$)	AVOS
João dos Santos	2.160	16
Maria Cristina Guedes	720	9
Sílvio Carlos Machado	5.160	3
Bruno Alencar Martins	1.680	13
Patrícia Roque	3.216	8

Com base nos dados acima, o valor total da provisão mais encargos sobre férias a ser reconhecido no resultado da companhia é igual a:

a) R$ 8.674,00;

b) R$ 11.565,33;

c) R$ 11.796,64;

d) R$ 11.990,00;

e) R$ 15.728,85.

(SOLUÇÃO)

Salário + INSS + FGTS = 100% + 28% + 8% = 136% = 1,36 → Coeficiente

---

Pela legislação trabalhista, a cada mês trabalhado, o empregado adquire o direito de 1/12 de 30 dias de férias. Desta forma, a cada mês, a empresa deveria apropriar 1/12 dos salários brutos mais INSS patronal mais FGTS. Além disso, pela mesma legislação, deve-se a este montante acrescentar 1/3 do seu valor. Em outras palavras, somar 1/3 ao referido montante é matematicamente equivalente a multiplicá-lo por (1 + 1/3), isto é, 4/3. Assim:

João: *1,36 × 16/12 × 2.160 × 4/3*

Maria: *1,36 × 9/12 × 720 × 4/3*

Sílvio: *1,36 × 3/12 × 5.160 × 4/3*

Bruno: *1,36 × 13/12 × 1.680 × 4/3*

Patrícia: *1,36 × 8/12 × 3.216 × 4/3* +

= 1,36 × 1/12 × 4/3 × [16 × 2.160 + 9 × 720 + 3 × 5.160 + 13 × 1.680 + 8 × 3.216]

= 1,36 × 1/12 × 4/3 × [34.560 + 6.480 + 15.480 + 21.840 + 25.728]

= 1,36 × 1/12 × 4/3 × 104.088

= 1,36 × 1/9 × 104.088

= 15.728,85 ***(Opção e)***

EXERCÍCIO RESOLVIDO 5: (Auditor-Fiscal da Receita Federal do Brasil/ESAF) Ao elaborar a folha de pagamento relativa ao mês de abril, a empresa Rosácea Areal Ltda. computou os seguintes elementos e valores:

Salários e ordenados	R$ 63.000,00
Horas extras	R$ 3.500,00
Salário-família	R$ 80,00
Salário-maternidade	R$ 1.500,00
INSS contribuição Segurados	R$ 4.800,00
INSS contribuição Patronal	R$ 9.030,00
FGTS	R$ 5.320,00

Considerando todas essas informações, desconsiderando qualquer outra forma de tributação, inclusive de imposto de renda na fonte, pode-se dizer que a despesa efetiva a ser contabilizada na empresa será de:

a) R$ 66.500,00;

b) R$ 80.850,00;

c) R$ 79.270,00;

d) R$ 77.630,00;

e) R$ 87.230,00.

(SOLUÇÃO)

Despesas de Salários (incluindo as horas extras)................................ 66.500,00

INSS patronal.. 9.030,00

FGTS... 5.320,00

Total.. 80.850,00 ***(Opção b)***

Comentário Extra: *A fim de facilitar o entendimento da solução acima, a seguir temos a contabilização dos fatos:*

(1) Apropriação do salário bruto, incluindo as horas extras:

D – Salários ***(despesa administrativa)*** ***..........66.500,00***

C – Salários a Pagar 66.500,00

(2) Retenção do INSS dos funcionários:

D – Salários a Pagar 4.800,00

C – INSS a Recolher 4.800,00

(3) Apropriação do INSS patronal:

D – INSS ***(despesa administrativa)*** ***..........9.030,00***

C – INSS a Recolher 9.030,00

(4) Apropriação do FGTS:

D – FGTS ***(despesa administrativa)*** ***..........5.320,00***

C – FGTS a Recolher 5.320,00

(5) Contabilização do salário-família:

D – INSS a Recolher 80,00

C – Salários a Pagar 80,00

(6) Contabilização do salário-maternidade:

D – INSS a Recolher 1.500,00

C – Salários a Pagar 1.500,00

EXERCÍCIO RESOLVIDO 6: (PETROBRAS – Contador(a) Júnior/Fundação Cesgranrio) A Empresa Capitão Ltda. elaborou o seguinte demonstrativo de pagamento salarial, referente ao mês de setembro de 2010:

<table>
<tr><th colspan="4">DEMONSTRATIVO DE PAGAMENTO</th></tr>
<tr><td colspan="2">Empregador
Capitão Ltda.</td><td colspan="2">CNPJ
00.000.000/0001-00</td></tr>
<tr><td>Registro
00.000</td><td colspan="2">Empregado
José Brasil</td><td>Mês/Ano
set/2010</td></tr>
<tr><td>Cargo
Assistente Contábil</td><td>Categoria
Mensalista</td><td>Departamento
Contabilidade</td><td>Admissão
20/março/2007</td></tr>
<tr><td>Salário-Base
R$ 3.300,00</td><td>Período
01/09 a 30/09/2010</td><td>Dependentes (IRRF)
1</td><td>Filhos (salário-família)
0</td></tr>
</table>

Cód.	Descrição	Ref.	ID	Unit	Vencimentos	Descontos
001	Salário mensal	220,00	h	15,00	3.300,00	
002	Horas extras a 50%	12,00	h	22,50	270,00	
003	Descanso semanal remunerado	3,60	h	22,50	81,00	
005	Faltas e atrasos	8,00	h	15,00		120,00
006	Adiantamento salarial					1.800,00

TABELA DE CONTRIBUIÇÃO DOS SEGURADOS EMPREGADO, EMPREGADO DOMÉSTICO E TRABALHADOR AVULSO

SALÁRIO DE CONTRIBUIÇÃO (R$)	ALÍQUOTA INSS
Até 1.040,22	8,00%
De 1.040,23 até 1.733,70	9,00%
De 1.773,71 até 3.467,40	11,00%

Admitindo-se a exatidão do demonstrativo de pagamento e considerando-se as determinações vigentes, à época, para a contribuição previdenciária dos empregados, a Empresa Capitão reteve do empregado José, a título de INSS, o valor, em reais, de:

a) 155,79;

b) 349,80;

c) 363,00;

d) 381,41;

e) 388,41.

(SOLUÇÃO)

Salário mensal..3.300,00

Horas extras..270,00

Descanso semanal remunerado..81,00

Faltas e atrasos..(120,00)

Base do INSS..3.531,00

Em princípio, o INSS retido seria de 11% de R$ 3.531,00. No entanto, o limite máximo de incidência na tabela é de R$ 3.467,40. Assim, o correto valor do INSS retido será de 11% de R$ 3.467,40, ou seja, R$ 381,41.

(Opção d)

EXERCÍCIO RESOLVIDO 7: (TCE – ES/Esaf) Ao encerrar o exercício social, a empresa Personal Ltda. constituiu a provisão para férias, segundo os critérios da legislação pertinente, com base na remuneração mensal dos empregados e no número de dias de férias a que já tinham direito na época do balanço, incluindo os encargos à base de 30%, sendo 10% dos segurados e 20% patronal. Apenas o acréscimo de um terço do valor das férias não foi incluído na provisão.

A situação descrita na época do balanço era a seguinte: 10 empregados com 12 meses de trabalho e salário mensal de R$ 1.500,00; 10 empregados com 6 meses de trabalho e salário mensal de R$ 1.200,00; 10 empregados com 3 meses de trabalho e salário mensal de R$ 1.000,00

Todos os empregados tinham mais de um ano de casa e não faltaram ao serviço durante o período aquisitivo.

Com estas informações o contador da empresa promoveu o lançamento para contabilizar a provisão para férias no valor de:

(SOLUÇÃO)

O valor das férias "provisionadas", ignorando o acréscimo de 1/3, será de:

$$\frac{10 \times 1.500,00}{12} \times 12 + \frac{10 \times 1.200,00}{12} \times 6 + \frac{10 \times 1.000,00}{12} \times 3 = 23.500,00$$

No entanto, devemos ainda acrescentar por fora o valor das contribuições patronais de 20% (os 10% não serão somados, pois são custos para o empregado e não para o empregador). Assim, o valor total a "provisionar" será de 23.500,00 + 20% 23.500,00 = ***28.200,00***

COMENTÁRIO EXTRA: *Conforme as informações do exercício, o valor "provisionado" (termo inadequado para esse caso – base: CPC 25, item 11) foi contabilizado ao final do exercício social de uma só vez. Na prática, o ideal é contabilizar a referida "provisão" ao final de cada mês à base de 1/12. Assim, ao final de cada mês, o valor da "provisão", incluindo os encargos patronais, seria de R$ 28.200,00/12, ou seja, R$ 2.350,00*

EXERCÍCIO RESOLVIDO 8: (EMBASA/Cespe – UnB) Julgue a seguinte afirmativa: "Uma empresa que apure o resultado e levante o balanço em 30 de junho, mas pague a primeira parcela do décimo terceiro salário até essa data, deverá ter representada em seu balanço uma provisão para o décimo terceiro salário correspondente a seis doze avos do valor bruto da folha de pagamento acrescido dos encargos sociais respectivos."

(SOLUÇÃO)

A afirmativa está ERRADA.

A "provisão" para 13º salário (termo inadequado para esse caso – base: CPC 25, item 11) remanescente após o pagamento da 1ª parcela tenderá a ser igual a ZERO e não a 6/12 (50%) do valor bruto da folha, tendo em vista que é feita mês a mês à base de 1/12 do valor bruto da folha.

Além disso, o valor da 1ª parcela já paga não será necessariamente 50% do valor bruto da folha, pois o valor "provisionado" é função do tempo em que cada empregado está na empresa. Assim, por exemplo, se determinado empregado começou a trabalhar na empresa a partir de 1º de março, terá direito até o final de junho a apenas 4/12 do salário bruto para efeitos de 13º salário e não a 6/12, fração esta que teria direito se já tivesse trabalhando na empresa, pelo menos, desde janeiro do mesmo ano.

EXERCÍCIO RESOLVIDO 9: (ENADE – Ciências Contábeis/INEP – Adaptada às normas do CPC 25) A empresa Conesul contratou o empregado 1 em 01/02/2011 com um salário base de R$ 3.600,00 e o empregado 2, em 01/07/2011, com um salário base de R$ 4.800,00, cujos proventos sofrem a incidência de Previdência Social de 20%, Contribuição para Terceiros de 5,8%, Seguro de Acidente do Trabalho de 2% e FGTS de 8%. Em um processo trabalhista envolvendo esses dois empregados, foi apresentada a seguinte planilha de cálculo, devidamente auditada, em 30/09/2011:

Itens	Empregado 1	Empregado 2	Total
SALÁRIO	3.600,00	4.800,00	8.400,00
13º	2.400,00	1.200,00	3.600,00
INSS s/13º	667,20	333,60	1.000,80
FGTS s/13º	192,00	96,00	288,00
Total 13º	3.259,20	1.629,60	4.888,80
//////////////////////	/////////////////////	/////////////////////	///////////////////
FÉRIAS	2.400,00	1.200,00	3.600,00
1/3 férias	800,00	400,00	1.200,00
INSS s/Férias	667,20	333,60	1.000,80
FGTS s/Férias	256,00	128,00	384,00
Total Férias	4.123,20	2.061,60	6.184,80

Com base nas informações disponibilizadas no mês de setembro de 2011, constatou-se, no Balanço Patrimonial referente ao terceiro trimestre de 2011, as seguintes acumulações de valores a pagar, considerando apenas esses dois empregados:

Passivo Circulante	Valores em 30/09/2011
Férias a Pagar	3.600,00
1/3 de Férias a Pagar	1.200,00
13º Salário a Pagar	3.600,00
Encargos Sociais sobre Férias a Pagar	1.384,80
Encargos Sociais sobre 13º Salário a Pagar	1.288,80

A partir dos valores acumulados no Balanço Patrimonial, analise os quesitos apresentados pelo juiz e avalie as respostas dadas pelo perito contador nomeado para o caso.

I. O juiz deseja saber se a empresa contabilizou adequadamente o 13º salário a pagar. O perito responde que o 13º salário a pagar está contabilizado de forma adequada, conforme os princípios de Contabilidade.

II. O juiz deseja saber se os direitos sociais e trabalhistas dos empregados estão reportados no Balanço Patrimonial. O perito responde que sim, pois consta a contabilização de Férias a Pagar, inclusive 1/3, e de 13º Salário, com seus respectivos encargos, revelando uma promessa de compromisso da empresa para com os seus empregados.

III. O juiz deseja saber se o cálculo das Férias a Pagar está adequado. Após refazer os cálculos, o perito confirma que os valores apresentados na planilha estão corretos.

É correto o que o perito contador afirma em:

a) I, apenas;

b) III, apenas;

c) I e II, apenas;

d) II e III, apenas;

e) I, II e III.

(SOLUÇÃO)

Direitos dos empregados adquirido em 8 meses de trabalho para o empregado 1 (01/02 a 30/09) e 3 meses de trabalho para o empregado 2 (01/07 a 30/9):

	Empregado 1	***Empregado 2***	***Total***
Férias a Pagar	*(3.600,00 ÷ 12) × 8 = 2.400,00*	*(4.800,00 ÷ 12) × 3 = 1.200,00*	***3.600,00***
1/3 Férias a Pagar	*2.400,00 × 1/3 = 800,00*	*1.200,00 × 1/3 = 400,00*	***1.200,00***
13º a Pagar	*(3.600,00 ÷ 12) × 8 = 2.400,00*	*(4.800,00 ÷ 12) × 3 = 1.200,00*	***3.600,00***

Encargos sociais sobre Férias:

	Empregado 1	***Empregado 2***	***Total***
INSS sobre Férias (não incide sobre 1/3)	*2.400,00 × 27,8% = 667,20*	*1.200,00 × 27,8% = 333,60*	*1.000,80*
FGTS sobre Férias (incide sobre 1/3)	*8% de (2.400,00 + 2.400,00/3) = 256,00*	*8% de (1.200,00 + 1.200,00/3) = 128,00*	*384,00*
Encargos Sociais sobre Férias (INSS + FGTS)	923,20	461,60	***1.384,80***

Encargos sociais sobre 13º Salário:

	Empregado 1	***Empregado 2***	***Total***
INSS sobre 13º Salário	*2.400,00 × 27,8% = 667,20*	*1.200,00 × 27,8% = 333,60*	*1.000,80*
FGTS sobre 13º Salário	*2.400,00 × 8% = 192,00*	*1.200,00 × 8% = 96,00*	*288,00*
Encargos Sociais sobre 13º Salário (INSS + FGTS)	*859,20*	*429,60*	***1.288,80***

Logo, todas as afirmações do perito contábil estão corretas.

(Opção e)

Exercícios de Fixação

1. Sejam os dados referentes à Folha de Pagamento de março de X1 da Comercial Limeira Ltda.:

Salário Bruto	**$ 90.000**
IRRF	**$ 8.000**
INSS (empregados)	**$ 7.000**
INSS (patronal)	**$ 19.000**
Adiantamentos	**$ 30.000**
FGTS	**$ 7.200**

Assim, pode-se afirmar que o valor do Salário Líquido importa em:

a) $ 72.000;
b) $ 37.800;
c) $ 26.000;
d) $ 45.000;
e) $ 18.800.

2. Com relação à questão anterior, o total das despesas do mês, no que se refere aos dados apresentados, importou em:

a) $ 116.200;
b) $ 90.000;
c) $ 94.000;
d) $ 74.200;
e) $ 49.000.

3. (Técnico da Receita Federal/Esaf) O pagamento de salários do mês de dezembro de 1992, feito em cheque, em 05/01/1993, foi registrado mediante o seguinte lançamento (exercício social: 01/01 a 31/12):

a) Bancos
   a Salários a Pagar
b) Despesas de Salários
   a Salários a Pagar
c) Salários a Pagar
   a Despesas de Salários
d) Salários a Pagar
   a Bancos
e) Despesas de Salários
   a Bancos

4. (Técnico de Finanças e Controle/Esaf) Uma empresa apropriou em 31 de dezembro de 1995 (data do encerramento do exercício social) as despesas de pessoal do mês de dezembro/95, cuja folha seria paga em 5 de janeiro de 1996.
Constavam da folha os seguintes valores:
- **Valor bruto da folha: $ 20.000**
- **Encargos sociais de responsabilidade da empresa: 20% do valor da folha**
- **FGTS: 8% do valor da folha**
- **Previdência social de responsabilidade dos empregados: 9% da folha**
- **Imposto de renda de responsabilidade dos empregados: $ 1.500**

Feitos os lançamentos devidos, a empresa verificou que as suas obrigações a curto prazo sofreram um aumento de:

a) $ 28.900,00;
b) $ 16.700,00;
c) $ 20.000,00;
d) $ 24.000,00;
e) $ 25.600,00.

5. (Analista de Finanças e Controle Externo/Esaf) A microempresa Global ME elaborou sua folha de pagamento com salários totais de R$ 2.000,00, e alíquotas de previdência de 21% a parte patronal e 11% a parte dos empregados.
A contabilização das contribuições previdenciárias sobre essa folha de pagamento vai provocar:

a) débito de 640,00 em despesa de previdência e crédito de 640,00 em contribuições a recolher;
b) débito de 640,00 em despesa de previdência, crédito de 420,00 em contribuições a recolher e crédito de 220,00 em Salários a Pagar;
c) débito de 640,00 em despesa de salários e crédito de 640,00 em contribuições a recolher;
d) débito de 220,00 em despesa de salários, débito de 420,00 em despesa de previdência e crédito de 640,00 em contribuições a recolher;
e) débito de 220,00 em despesa de salários, débito de 420,00 em despesa de previdência, crédito de 420,00 em contribuições a recolher e crédito de 220,00 em Salários a Pagar.

6. (Técnico da Receita Federal) Em 30/04/1991, verificou-se que a folha de pagamento do pessoal montava a $ 120.000. Sabendo-se que:
- **as despesas foram apropriadas no mês de abril de 1991**
- **a folha foi liquidada no mês de maio de 1991**
- **em 15/04/1991 foi feito um adiantamento de salários no valor de $ 40.000,00;**
- **não foram considerados os encargos previdenciários.**

Pode-se afirmar que o lançamento contábil relativo à liquidação da folha de pagamento do pessoal é o seguinte:

		Débito	Crédito
a)	Despesas de Pessoal	120.000	
	a Salários a Pagar		120.000
b)	Despesas de Pessoal	80.000	
	a Salários a Pagar		80.000
c)	Despesas de Pessoal	120.000	
	a Diversos		
	a Salários a Pagar		80.000
	a Adiantamentos de Salários		40.000

d) Salários a Pagar	80.000	
a Caixa		80.000
e) Caixa	80.000	
a Salários a Pagar		80.000

7. **Com relação à questão anterior, o lançamento de contabilização da folha, feito ao fim de abril de 1991, poderia ser:**

a) Despesas de Pessoal	120.000	
a Salários a Pagar		120.000
b) Despesas de Pessoal	80.000	
a Salários a Pagar		80.000
c) Despesas de Pessoal	120.000	
a Diversos		
a Salários a Pagar		80.000
a Adiantamentos de Salários		40.000
d) Salários a Pagar	80.000	
a Caixa		80.000
e) Caixa	80.000	
a Salários a Pagar		80.000

8. **(Analista de Finanças e Controle/Esaf) A empresa Saturno Ltda. preparou sua folha de pagamento de dezembro com os seguintes dados:**
   (1) salários e ordenados dos empregados R$ 3.000
   (2) horas extras trabalhadas no mês R$ 200
   (3) previdência social dos empregados à alíquota de 11%
   (4) Fundo de Garantia dos empregados à alíquota de 8% e
   (5) previdência social patronal à alíquota de 21%
   A contabilização dessa folha de pagamento foi efetuada, de forma correta, em um único lançamento. Assinale a opção que o contém.

a) Despesas de Salários e Ordenados
a Salários e Ordenados a Pagar
valor da folha de salários que ora se contabiliza 4.480

b) Despesas de Salários e Ordenados
a Diversos
valor da folha de salários que ora se contabiliza como segue:

a Salários e Ordenados a Pagar	4.128	
a Contribuições Sociais a Recolher	352	4.480

c) Diversos
a Diversos
valor da folha de salários que ora se contabiliza como segue:

Despesas de Salários e Ordenados	3.200	
Encargos Sociais e Trabalhistas	1.280	4.480
a Salários e Ordenados a Pagar	2.848	
a Contribuições Sociais a Recolher	1.632	4.480

d) Diversos
a Diversos
valor da folha de salários que ora se contabiliza como segue:

Despesas de Salários e Ordenados	3.200	
Encargos Sociais e Trabalhistas	928	4.128
a Salários e Ordenados a Pagar	2.848	
a Contribuições Sociais a Recolher	1.280	4.128

e) Diversos
a Diversos
valor da folha de salários que ora se contabiliza como segue:

Despesas de Salários e Ordenados	2.848	
Encargos Sociais e Trabalhistas	1.280	4.128
a Salários e Ordenados a Pagar	2.848	
a Contribuições Sociais a Recolher	1.280	4.128

9. (Agente Tributário Estadual – MS/Esaf) Em novembro passado, a folha de pagamento da empresa Rubi Vermelho Ltda. discriminava:

Salários e Ordenados	**R$ 120.000,00**
Horas extras trabalhadas	**R$ 8.000,00**

INSS patronal a 22%
INSS do segurado a 11%
FGTS do segurado a 8%
No mês de dezembro, não foi computado nenhum reajuste salarial e a jornada de trabalho foi absolutamente igual ao mês anterior. Esta folha está dividida de tal modo que não há imposto de renda recolhido na fonte.
Exclusivamente a partir desses dados, considerando que a empresa acima encerra o exercício em 31 de dezembro, podemos afirmar que esta folha de pagamento ocasionou para a empresa em questão uma despesa total de:

a) R$ 180.480,00;
b) R$ 166.400,00;
c) R$ 156.160,00;
d) R$ 152.320,00;
e) R$ 149.920,00.

10. (Ministério Público – RJ/UFRJ) Assinale a opção que relaciona apenas encargos sociais sobre a folha de pagamentos de uma empresa.

a) FGTS, ICMS, Sebrae, Salário-Educação e Sesi/Sesc.
b) FGTS, Senai, Sebrae, Salário-Educação e Sesi/Sesc.
c) FGTS, Senai, Sebrae, Salário-Educação e ISS.
d) FGTS, Senai, IPVA, Salário-Educação e Sesi/Sesc.
e) FGTS, Senai, Sebrae, IPTU e Sesi/Sesc.

11. (IRB – Analista/Esaf) A firma Serviciamentos Ltda. efetuou, em 5 de abril, o pagamento de seu único empregado, emitindo um cheque da Caixa Econômica Federal. Os componentes da operação eram: salário de R$ 500,00; horas extras de R$ 60,00; INSS de 11%; INSS patronal de 20%; FGTS de 8%.
Ao conferir o valor exato do salário a pagar, a empresa encontrou, na contabilidade, um lançamento que registrara uma despesa total no valor de:

a) R$ 655,20;
b) R$ 672,00;
c) R$ 716,80;
d) R$ 733,60;
e) R$ 778,40.

12. (Auditor-Fiscal da Receita Federal do Brasil/Esaf) A empresa Data Power S.A. apura sobre sua folha de pagamentos administrativa de R$ 100.000,00 o total de 20% de INSS, correspondente a 12% de contribuição da parcela de responsabilidade da empresa e 8% da parcela do empregado. A empresa efetuou a contabilização de R$ 20.000,00 como despesa de INSS no resultado. Ao fazer a conciliação da conta, deve o contador:

a) considerar o lançamento correto, uma vez que a folha refere-se a despesas administrativas;
b) estornar da despesa o valor de R$ 8.000,00, lançando a débito da conta salários a pagar;
c) reverter da despesa o valor de R$ 12.000,00, lançando contra a conta de INSS a recolher;
d) reconhecer mais R$ 8.000,00 a débito de despesa de INSS pertinente à parcela do empregado;
e) lançar um complemento de R$ 12.000,00 a crédito da conta salários a pagar.

13. (LIQUIGAS – Petrobras – Contador Júnior/Fundação Cesgranrio) Uma sociedade anônima apresentou as seguintes informações referentes à folha de pagamento do pessoal do escritório, encerrada em 30 de novembro de 2010, cujos valores foram contabilizados no mesmo dia, atendendo aos ditames do regime de competência:

Salários	Desconto INSS	Desconto IRF	Líquido a Pagar
12.000,00	400,00	2.600,00	9.000,00

No próprio dia 30 de novembro, a companhia provisionou, junto com a folha de pagamento:

– Férias a Pagar 1.300,00
– 13º a Pagar 1.000,00

Considerando exclusivamente as informações recebidas e que a companhia utilizou a alíquota de 8% no cálculo do FGTS, o valor da despesa de FGTS, contabilizada no dia 30 de novembro, em reais, é:

a) 720,00;
b) 904,00;
c) 936,00;
d) 960,00;
e) 1.144,00.

14. (Auditor-Fiscal da Receita Federal do Brasil/Esaf) Da folha de pagamento da Cia. Pagadora foram extraídos os dados abaixo:

Salários Brutos	**400.000**
Imposto de Renda Retido na Fonte Pessoa Física	**3.400**
INSS Retido	**6.000**
Salário Família	**1.500**
FGTS	**32.000**
Contribuição Patronal INSS	**40.000**
Auxílio Maternidade	**2.500**

Tomando como base apenas os dados fornecidos, pode-se afirmar que o total a ser apropriado como Despesas do Período é:

a) R$ 476.000,00.
b) R$ 472.000,00.
c) R$ 436.600,00.
d) R$ 400.000,00.
e) R$ 394.600,00.

Capítulo 11

Operações Financeiras

1. Conceito e Tipos

OPERAÇÕES FINANCEIRAS são todas as transações que envolvem a variação do dinheiro em função da passagem do tempo, havendo assim sempre três variáveis: tempo, capital e taxa de juro.
Entre os diversos tipos de operações financeiras, os mais conhecidos são:

- Aplicações Financeiras
- Empréstimos e Financiamentos
- Descontos de Duplicatas

2. Juro

A razão essencial do cálculo financeiro está focada num único conceito: o valor do dinheiro ao longo do tempo.

Em outras palavras, o tempo é o fator essencial em qualquer análise que envolva capitais.

Desta forma, no cálculo financeiro é necessário atribuir um valor ao tempo e esse valor denominamos JURO.

Em geral, o JURO corresponde à remuneração recebida na aplicação de dinheiro no mercado financeiro ou cobrada pelo empréstimo de dinheiro ou venda a prazo de algum bem (financiamento de bens).

Pode-se concluir, desta forma, que o JURO é equivalente a uma espécie de "aluguel do dinheiro", ou seja, dá o direito ao tomador do empréstimo ou receptor da aplicação financeira de usar o dinheiro recebido até o dia de sua devolução ao dono original do capital cedido (credor).

Ao mesmo tempo, o JURO representa a compensação recebida pelo credor, em função deste não poder usar o dinheiro até o dia do recebimento e também em razão do mesmo correr o risco de inadimplência do devedor.
Resumidamente, podemos concluir que a existência do JURO se justifica por três razões:

- PERDA DA LIQUIDEZ – Ao ceder um capital ao devedor, o credor perde a opção de escolher o que fazer com o dinheiro (aplicação do dinheiro ou compra de bens).
- PERDA DO PODER DE COMPRA – A inflação é a causa da perda de valor do dinheiro ao longo de o tempo.
- RISCO – Há sempre a possibilidade do devedor não pagar ao credor.

3. Taxa de Juro

Representa a percentagem incidente em cada período (mês, trimestre, semestre, ano etc.) sobre o dinheiro emprestado ou aplicado no mercado financeiro. Normalmente é representada pela letra "i", tendo em vista a origem da expressão inglesa "*Interest Rate*".

4. Taxa Básica de Juro

É a MENOR taxa de juro vigente numa economia, funcionando, assim, como a taxa de referência para todos os contratos.

No Brasil, por exemplo, essa taxa corresponde à TAXA SELIC, a qual é estabelecida pelo COPOM (Comitê de Política Monetária) do BACEN, sendo utilizada, por exemplo, em empréstimos de dinheiro de um banco para outro.

A taxa SELIC é também utilizada pela Receita Federal para parcelamento de débitos de contribuintes do IR e CSLL, ou para remunerar os títulos de dívida pública, representando assim um instrumento essencial de política fiscal e monetária.

5. Taxa Preferencial de Juro (em Inglês: *Prime Rate*)

Equivale à taxa de juro bancária cobrada dos clientes preferenciais, ou seja, os que têm as melhores avaliações de crédito, tendendo, portanto, a ser a melhor taxa do mercado, considerando todas as instituições financeiras.

Sua determinação é complexa, pois envolve diversos fatores, como expectativas inflacionárias, custos bancários, conjuntura econômica do mercado etc.

Apesar disso tudo, a taxa preferencial de juro, em geral, é maior que a taxa básica de juro, com algumas exceções, como, por exemplo, nos países cuja moeda é o euro (Eurozona), não havendo nos mesmos diferença em relação à taxa básica de juro, isto é, tal taxa é utilizada nas operações interbancárias, feitas em euro, na Eurozona, e recebe o nome de EURIBOR (*Euro Interbank Offered Rate*).

6. Juro Simples

O juro simples cresce ao longo do tempo de forma linear, ou seja, é diretamente proporcional ao tempo transcorrido, tendo em vista que a taxa de juro incide o tempo todo sobre o principal (valor original emprestado).

Assim, por exemplo, se alguém emprestasse R$ 1.000,00 com juro simples a uma taxa de 10% ao ano, após 1 ano o juro cobrado seria de R$ 100,00; após 2 anos, o juro cobrado seria de R$ 200,00; após 3 anos, o juro cobrado seria de R$ 300,00, e assim por diante.

Se pusermos isso num gráfico, teremos uma função linear, pois a função é representada por uma reta:

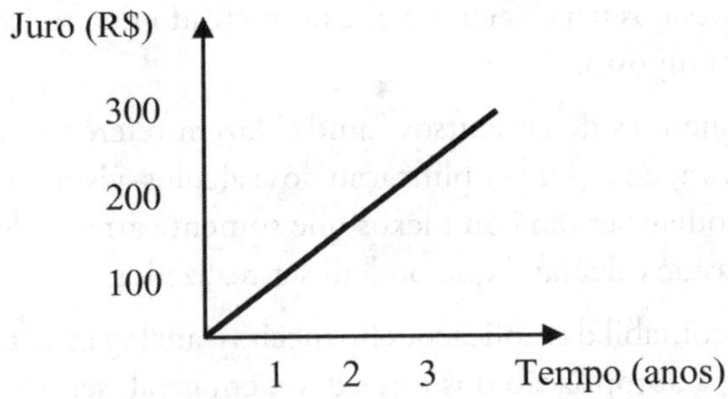

Admitindo que "J" são os juros totais, "C" é o capital inicial emprestado ou aplicado, que é o mesmo que principal; "i" é a taxa unitária de juro (ex.: taxa percentual de 24% corresponde à taxa unitária de 0,24; taxa percentual de 9% corresponde à taxa unitária de 0,09); "n" é o número de períodos (ou tempo transcorrido); e "M" é o montante, que é a soma do principal com os juros (M = C + J), teremos as seguintes fórmulas:

$$J = Cin \qquad M = C\,(1 + in)$$

No exemplo acima, supondo que o devedor só pagasse o empréstimo de R$ 1.000,00 após 8 anos, teríamos:

C = R$ 1.000,00
i = 10% = 0,1
n = 8

J = R$ 1.000,00 × 0,1 × 8 = R$ 800,00
M = C + J = R$ 1.000,00 + R$ 800,00 = R$ 1.800,00 (= total a pagar ao credor)
ou
M = R$ 1.000,00 (1 + 0,1 × 8) = R$ 1.000,00 × 1,8 = R$ 1.800,00

7. Juro Composto

De forma diferente do regime de juro simples, onde a taxa de juro incide o tempo todo somente sobre o principal, tendo em vista que o juro não pago não é capitalizado (unido ao principal), no regime de juro composto a taxa de juro incide em cada período sobre o montante do período anterior, ou seja, há incidência cumulativa de juro sobre juro (capitalização dos juros), razão pela qual esse tipo de juro é considerado exponencial (não linear).

Cabe ressaltar que todas as normas impostas pelos pronunciamentos técnicos do Comitê de Pronunciamentos Contábeis (CPC) no que se refere a **empréstimos e financiamentos** são baseadas em juros compostos.

Além disso, normalmente, todas as operações nos bancos em geral e no mercado financeiro também são realizadas em regime de juro composto.

No entanto, alguns exercícios e algumas questões de concursos "ainda" fazem referência à solução considerando regime de juro simples apenas por simplificação dos cálculos, visto que no regime de juro composto, os cálculos podem ser tão complexos que somente através do uso de planilhas ou de máquinas financeiras de calcular é que podem ser realizados.

Também, no caso específico do tratamento contábil das aplicações financeiras, analogamente ao caso dos empréstimos e financiamentos, a apropriação dos juros deve, em geral, ser feita de forma exponencial (juros compostos).

No entanto, por questões de simplicidade e conveniência, é possível que em alguns exercícios e questões de concursos públicos ainda se utilize a apropriação linear (juros simples), apesar de na prática este tipo de apropriação ser cada vez menos utilizada, principalmente com o advento das novas normas de contabilidade impostas pelo CPC.

Desta forma, se uma empresa aplicasse R$ 12.000,00 ao final de outubro de X1 no mercado financeiro de forma que irá resgatar R$ 13.500,00 ao final de 3 meses, se a apropriação dos R$ 1.500,00 de receita de juros fosse feita de forma linear (juros simples), geraria uma receita mensal de juros de R$ 500,00 (R$ 1.500,00 ÷ 3). Neste caso, teríamos as seguintes contabilizações:

Final de outubro de X1 – contabilização da aplicação:
D – Aplicações Financeiras 12.000,00
C – Bancos 12.000,00

Final de novembro de X1 – apropriação da receita de juros:
D – Aplicações Financeiras 500,00
C – Juros Ativos 500,00

Final de dezembro de X1 – apropriação da receita de juros:
D – Aplicações Financeiras 500,00
C – Juros Ativos 500,00

- -

Apresentação no balanço de 31/12/X1:
ATIVO CIRCULANTE
Aplicações Financeiras 13.000,00

- -

Final de janeiro de X2 – apropriação da receita de juros:
D – Aplicações Financeiras 500,00
C – Juros Ativos 500,00

Final de janeiro de X2 – Resgate da aplicação, supondo o IRRF (Imposto de Renda Retido na Fonte) com alíquota de 22,5%:
D – Bancos 13.162,50
D – IRRF a Compensar 337,50
C – Aplicações Financeiras 13.500,00

Obs. 1: 22,5% × R$ 1.500,00 (alíquota para aplicações financeiras com prazo de até 180 dias – Lei nº 11.033/2004, art. 1º, inciso I).

Obs. 2: O IRRF a Compensar será compensado com o IR a Pagar referente ao lucro da empresa.

Obs. 3: Evidentemente não estaria incorreta a apropriação da receita de juros acima de forma não linear. No entanto, num exercício ou questão de concurso teria que ser explicitamente informado no enunciado que os juros são compostos, visto que, se nada for informado, presumimos que se trata de juros simples.

Obs. 4: Uma outra opção de contabilização do exemplo acima é a seguinte:

Final de outubro de X1 – contabilização da aplicação:
D – Aplicações Financeiras 13.500,00
C – Juros Ativos a Vencer (ou a Apropriar) 1.500,00
C – Bancos 12.000,00

Final de novembro de X1 – apropriação da receita de juros:
D – Juros Ativos a Vencer 500,00
C – Juros Ativos 500,00

Final de dezembro de X1 – apropriação da receita de juros:
D – Juros Ativos a Vencer 500,00
C – Juros Ativos 500,00

- -

Apresentação no balanço de 31/12/X1:
ATIVO CIRCULANTE
Aplicações Financeiras 13.500,00
Juros Ativos a Vencer (ou Receitas Financeiras a Vencer) .... (500,00)
13.000,00

Final de janeiro de X2 – apropriação da receita de juros:
D – Juros Ativos a Vencer 500,00
C – Juros Ativos 500,00
Final de janeiro de X2 – Resgate da aplicação, supondo o IRRF (Imposto de Renda Retido na Fonte) com alíquota de 22,5%:
D – Bancos 13.162,50
D – IRRF a Compensar 337,50
C – Aplicações Financeiras 13.500,00

Notemos que nas duas opções de contabilização, os resultados finais são os mesmos. Apenas, na segunda opção, foi criada uma conta adicional (Juros Ativos a Vencer), a qual é retificadora do ativo circulante.

Obs. 5: Se a apropriação dos juros neste último exemplo fosse feita de forma exponencial (juros compostos), em vez de apropriarmos nos três meses R$ 500,00 em cada mês de receita de juros, teríamos que apropriar R$ 480,50 ao final do 1º mês; R$ 499,74 ao final do 2º mês; e R$ 519,76 ao final do 3º mês (os cálculos dos juros simples e dos juros compostos nesse exemplo serão explicados após as contabilizações a seguir). Assim, nesta hipótese teríamos as seguintes contabilizações:

Final de outubro de X1 – contabilização da aplicação:
D – Aplicações Financeiras 12.000,00
C – Bancos 12.000,00

Final de novembro de X1 – apropriação da receita de juros:
D – Aplicações Financeiras 480,50
C – Juros Ativos 480,50

Final de dezembro de X1 – apropriação da receita de juros:
D – Aplicações Financeiras 499,74
C – Juros Ativos 499,74

Apresentação no balanço de 31/12/X1:
ATIVO CIRCULANTE
Aplicações Financeiras 12.980,24

Final de janeiro de X2 – apropriação da receita de juros:
D – Aplicações Financeiras 519,76
C – Juros Ativos 519,76

Final de janeiro de X2 – Resgate da aplicação, supondo o IRRF (Imposto de Renda Retido na Fonte) com alíquota de 22,5%:

D – Bancos (12.980,24 + 519,76 – 337,50) 13.162,50
D – IRRF a Compensar (1.500,00 × 22,5%) 337,50
C – Aplicações Financeiras (12.980,24 + 519,76) 13.500,00

Abaixo, temos a explicação desses cálculos, onde a taxa de juro é a primeira coisa a ser calculada:

<u>**JURO SIMPLES**</u>:

$$M = C\,(1 + in) \;\rightarrow\; 1 + in = \frac{M}{C} \;\rightarrow\; in = \frac{M}{C} - 1 \;\rightarrow\; \boxed{i = \frac{M - C}{nC}}$$

- -

$$i = \frac{13.500{,}00 - 12.000{,}00}{3 \times 12.000{,}00} = \frac{1.500{,}00}{36.000{,}00} = 0{,}041666 \text{ ou } 4{,}1666\%$$

Tempo	JUROS SIMPLES	
	Cálculo	Valor
1º mês	4,1666% × R$ 12.000,00	**R$ 500,00**
2º mês	4,1666% × R$ 12.000,00	**R$ 500,00**
3º mês	4,1666% × R$ 12.000,00	**R$ 500,00**
Total	//	**R$ 1.500,00**

Obs. 6: No caso específico de JURO SIMPLES, os cálculos acima poderiam ser simplificados. Para acharmos o valor da despesa ou receita financeira a ser apropriado mensalmente, basta dividirmos os juros totais de R$ 1.500,00 (= R$ 13.500,00 – R$ 12.000,00) pela quantidade de períodos (3 meses), isto é, R$ 1.500,00 : 3 = R$ 500,00, coisa esta <u>impossível</u> de fazer no sistema de juros compostos.

<u>**JURO COMPOSTO**</u>:

$$M = C\,(1 + i)^n \;\rightarrow\; (1 + i)^n = M/C \;\rightarrow\; \boxed{i = (M/C)^{1/n} - 1}$$

- -

$$i = (13.500/12.000)^{1/3} - 1 = 1{,}1251/3 - 1 = 1{,}040042 - 1 = 0{,}040042 = 4{,}0042\%$$

- -

Nota: A expressão $1{,}125^{1/3}$, que é equivalente a extrair a raiz cúbica de 1,125, atualmente é calculada com o uso de máquina científica ou financeira. Num passado longínquo, esse cálculo era feito por meio de logaritmos. Na máquina <u>HP 12C</u>, por exemplo, o referido cálculo é feito da seguinte forma:

(5) <**ON**> (para ligar a máquina)

(6) <**f**> <**REG**> (para zerar os registros anteriores)

(7) 1,125 <ENTER>

(8) 3 <1/x> <yx> (finalmente, seria encontrado 1,040042, onde, para se ver o máximo número de casas decimais que a máquina pode fornecer, deve-se apertar as teclas "f" e "PREFIX")

Tempo	JUROS COMPOSTOS	
	Cálculo	Valor
1º mês 2º mês 3º mês	4,0042% × R$ 12.000,00 4,0042% × (R$ 12.000,00 + R$ 480,50) 4,0042% × (R$ 12.000,00 + R$ 480,50 + R$ 499,74)	**R$ 480,50** **R$ 499,74** **R$ 519,76**
Total	//	**R$ 1.500,00**

Considerando também o exemplo dado no item 6, onde o principal era de R$ 1.000,00 e taxa de 10% ao ano, temos a seguinte tabela comparando os dois casos do cálculo dos juros referente a cada ano:

Tempo	JUROS SIMPLES	JUROS COMPOSTOS
1 ano	0,1 × 1.000 = 100	0,1 × 1.000 = 100
2 anos	0,1 × 1.000 = 100	0,1 × 1.100 = 110
3 anos	0,1 × 1.000 = 100	0,1 × 1.210 = 121
4 anos	0,1 × 1.000 = 100	0,1 × 1.331 = 133,10

Sendo assim, temos a seguinte fórmula para o cálculo do montante:

$$M = C\,(1 + i)^n$$

Na tabela acima, os juros totais no 3º ano seriam de R$ 100,00 + R$ 110,00 + R$ 121,00 ou seja, R$ 331,00.

Desta forma, o montante no 3º ano, que é a soma do principal (R$ 1.000,00) com os juros totais (R$ 331,00), seria de R$ 1.331,00.

Utilizando a fórmula, teríamos:

$$M = R\$\ 1.000{,}00 \times (1 + 0{,}1)^3 = R\$\ 1.000{,}00 \times 1{,}331 = R\$\ 1.331{,}00$$

Obs. 7: É comum a fórmula anterior ser apresentada da seguinte forma:

$$FV = PV\,(1 + i)^n$$

Onde o montante estaria fazendo o papel de "FV" (*Future Value* – Valor Futuro) e o principal estaria fazendo o papel de "PV" (*Present Value* – Valor Presente), de forma que, se quisermos calcular o valor presente de determinado montante, utilizamos a seguinte expressão:

$$PV = \frac{FV}{(1 + i)^n}$$

Obs. 8: Sabendo o valor de "PV", "FV" e de "n", podemos determinar a taxa de juros da seguinte forma:

$$i = (FV/PV)^{1/n} - 1$$

Assim, no 3º ano, por exemplo, teríamos PV = 1.000,00, FV = 1.331,00 e n = 3. Então:

$i = (1.331/1.000)^{1/3} - 1 = 1,1 - 1 = 0,1 = 10\%$

8. Aplicações Financeiras

É comum o fato de as empresas que possuem folgas de caixa aplicarem esse excesso no mercado financeiro de renda fixa (aplicações financeiras de renda fixa) ou de renda variável (aplicações financeiras de renda variável).

Os impostos incidentes sobre os rendimentos das aplicações financeiras são:

- **IOF** (Imposto sobre Operações Financeiras) – Também chamado de Imposto sobre Operações de Crédito, Câmbio e Seguros, sendo que, no caso das aplicações financeiras (operações de crédito), esse imposto só incide nos rendimentos dessas aplicações quando sacadas até 29 dias, contando-se o 1º dia da aplicação, onde as alíquotas vão decrescendo no decorrer desses 29 dias, tendo em vista que a maioria dos fundos de aplicação no mercado tem liquidez diária. A partir do 30º dia NÃO há incidência de IOF sobre os rendimentos das aplicações sacadas. Assim, por exemplo, se a aplicação for sacada no 2º dia, o IOF incide com alíquota de 93% sobre o rendimento. Se o saque for no 25º dia, a alíquota será de 16%. Se o saque for no 29º dia, a alíquota será de 3%. A partir do 30º dia, a alíquota é zero.
- **IRRF** (Imposto de Renda Retido na Fonte) – Incide sobre os rendimentos das aplicações financeiras sacadas, de acordo com a Lei nº 11.033/2004, a partir de janeiro de 2005, com as seguintes alíquotas sobre as aplicações de **renda fixa**:

  22,5% - para aplicações com prazo de até 180 dias;
  20,0% - para aplicações com prazo de 181 até 360 dias;
  17,5% - para aplicações com prazo de 361 até 720 dias;
  15,0% - para aplicações com prazo acima de 720 dias.

Exemplo: Uma empresa aplicou em 1º de março de 2009 R$ 500.000,00 num fundo de renda fixa. Em 25 de março do mesmo ano sacou a aplicação e o rendimento no total de R$ 540.000,00. Assim, teremos:

IOF = R$ 40.000,00 × 16% = R$ 6.400,00
IRRF = (R$ 40.000,00 – R$ 6.400,00) × 22,5% = R$ 7.560,00

Contabilização do resgate:
D – Bancos 526.040,00
D – IOF (conta de despesa) 6.400,00
D – IRRF a Compensar (conta do ativo) 7.560,00
C – Aplicações Financeiras 540.000,00

No entanto, se sacasse, por exemplo, após 60 dias o mesmo valor, não haveria IOF, visto que a partir de 30 dias a alíquota é zero. Neste caso teria-se:

IRRF = R$ 40.000,00 × 22,5% = R$ 9.000,00

Contabilização do resgate:
D – Bancos 531.000,00
D – IRRF a Compensar (conta do ativo) 9.000,00
C – Aplicações Financeiras 540.000,00

Obs. 1: Os rendimentos obtidos em caderneta de poupança pela pessoa física estão isentos do imposto de renda (RIR/1999, art. 39, VIII; IN SRF nº 25, de 2001, art. 20). No caso do IOF, também não há incidência sobre rendimentos da poupança, visto que esta só rende após 30 dias, ou seja, se o investidor retirar antes de 30 dias, não haverá rendimento algum e, consequentemente, IOF zero, mesmo que a alíquota desse imposto não fosse zero.

Obs. 2: A alíquota do IRRF sobre aplicações em fundo de ações é de 15% e sobre os rendimentos de aplicações de renda variável é de 0,005%.

8.1. Aplicações Financeiras de Renda Variável

Quando a remuneração, que é o retorno do capital investido, não pode ser dimensionada no momento da aplicação. Ex.: aplicação em ações, aplicações em ouro etc.

8.2. Aplicações Financeiras de Renda Fixa

Quando o retorno do capital investido pode ser dimensionado no momento da aplicação. Tais aplicações em títulos de crédito e valores mobiliários podem ser feitas em títulos públicos ou títulos privados, podendo ser aplicações com liquidez imediata, aplicações com rendimentos prefixados e aplicações com correção pós-fixada.

Como títulos de **renda fixa públicos**, citam-se:

- NTN – Notas do Tesouro Nacional;
- BBC – Bônus do Banco Central;
- TDA – Títulos da Dívida Agrária;
- Títulos emitidos pelos Estados e Municípios etc.

Como títulos de **renda fixa privados**, citam-se:

- Debêntures;
- CDB – Certificados de Depósito Bancário;
- RDB – Recibos de Depósito Bancário etc.

8.2.1. Aplicações Financeiras de Liquidez Imediata

São aquelas com prazo máximo para resgate em 3 meses, onde a característica básica é que o dinheiro pode ser resgatado em qualquer dia dentro desse prazo máximo. Ex.: aplicações em títulos do Governo; aplicações em caderneta de poupança etc.

8.2.2. Aplicações com Rendimentos Prefixados

Quando o investidor já sabe o valor do rendimento no próprio dia da aplicação, podendo ou não tais aplicações serem de liquidez imediata.

Neste caso, o valor das Receitas Financeiras será apropriado, observando-se o regime de competência, e proporcionalmente ao número de dias da aplicação de forma linear (juros simples) ou de forma exponencial (juros compostos), excluindo o primeiro dia e incluindo o último, ressaltando que na prática a regra geral é a apropriação exponencial, analogamente ao caso dos empréstimos e financiamentos, tendo em vista as normas internacionais de contabilidade.

Assim, por exemplo, se uma empresa efetuar uma aplicação no dia 17 de dezembro para resgate em 20 de janeiro do ano seguinte, o tempo total de apropriação dos rendimentos será de 34 dias, independentemente de ser essa apropriação linear ou exponencial.

Exemplo 1: A Cia. Horizonte, a qual é atuante no mercado imobiliário, em 20/10/X1 fez uma aplicação financeira de R$ 2.000.000,00 em títulos de crédito resgatável em 90 dias com taxa mensal de juro composto de 1%, sendo o IRRF (Imposto de Renda Retido na Fonte) de 22,5%, incidente sobre o rendimento, o qual será compensável com o IR devido sobre o lucro apurado no período fiscal.

Contabilização em 20/10/X1:

D – Aplicações Financeiras 2.000.000,00
C – Bancos 2.000.000,00

Apropriação da receita de juros em 31/10/X1 (11 dias):

Sendo a taxa de juro mensal de 1%, devemos interpretar que a cada 30 dias o juro será de 1%.

Desta forma, se no mês de outubro fossem apropriados exatamente os 30 dias, os juros desse mês seriam calculados da seguinte forma: $2.000.000{,}00 \times (1{,}01)^{30/30} - 2.000.000{,}00 = 2.000.000 \times 1{,}01 - 2.000.000{,}00 = 20.000{,}00$, valor este que é simplesmente 1% de 2.000.000,00.

No entanto, em outubro serão apropriados apenas 11 dias.
Desta forma, a receita de juros desse mês será calculada da seguinte forma:
$2.000.000{,}00 \times (1{,}01)^{11/30} - 2.000.000{,}00 = 7.310{,}24$
Assim, teremos a seguinte contabilização:

D – Aplicações Financeiras 7.310,24

C – Juros Ativos 7.310,24

Apropriação da receita de juros em 30/11/X1 (30 dias):
O montante no início desse mês será igual à soma do montante no início do mês anterior somado ao juro do mês anterior, ou seja, 2.007.310,24.
Sendo o tempo de apropriação de novembro exatamente de 30 dias, o juro desse mês pode ser calculado aplicando simplesmente a taxa de 1% sobre 2.007.310,24, encontrando assim 20.073,10.
Desta forma, teremos a seguinte contabilização desse juro:
D – Aplicações Financeiras 20.073,10
C – Juros Ativos 20.073,10

Apropriação da receita de juros em 31/12/X1 (31 dias):
O montante no início desse mês será igual à soma do montante do início do mês anterior com o respectivo juro, ou seja, $2.007.310{,}24 + 20.073{,}10 = 2.027.383{,}34$. Assim, o juro de dezembro será de $2.027.383{,}34 \times (1{,}01)^{31/30} - 2.027.383{,}34 = 20.953{,}11$. Desta forma, teremos a seguinte contabilização desse juro:
D – Aplicações Financeiras 20.953,11
C – Juros Ativos 20.953,11

- -

Apresentação no balanço de 31/12/X1:
ATIVO CIRCULANTE
Aplicações Financeiras 2.048.336,45

- -

Apropriação da receita de juros em 18/01/X2 (18 dias):
O montante no início desse mês será igual à soma do montante do início do mês anterior com o respectivo juro, ou seja, $2.027.383{,}34 + 20.953{,}11 = 2.048.336{,}45$. Assim, o juro de dezembro será de $2.048.336{,}45 \times (1{,}01)^{18/30} - 2.048.336{,}45 = 12.265{,}55$. Assim, teremos a seguinte contabilização desse juro:
D – Aplicações Financeiras 12.265,55
C – Juros Ativos 12.265,55

Resgate em 18/01/X2:

D – Bancos (2.060.602,00 – 22,5% 60.602,00) 2.046.966,55
D – IRRF a Compensar 13.635,45
C – Aplicações Financeiras (2.048.336,45 + 12.265,55)..................... 2.060.602,00

Obs. 1: Podemos obter este último valor (2.060.602,00) diretamente através da fórmula $M = C(1 + i)^n$, pois os 90 dias da aplicação equivalem a 3 meses de 30 dias, ou seja, n = 3, i = 0,01 (= 1%) e C = 2.000.000,00: M = 2.000.000,00 × $(1,01)^3$ = 2.060.602,00. Essa também seria uma forma de tirarmos a "prova real" de todos os valores calculados anteriormente, visto que há grande probabilidade de erro nos cálculos, dada a relativa complexidade dos mesmos.

Obs. 2: Se em vez de juros compostos os rendimentos da aplicação financeira desse último exemplo fosse em regime de juros simples, os cálculos seriam bem mais simples. Neste caso, os juros totais nos 3 meses (90 dias) seriam de 2.000.000,00 × 0,01 × 3, ou seja, 60.000,00. Desta forma, o valor proporcional a cada dia transcorrido seria de 60.000,00 ÷ 90, isto, é 666,66667 (é recomendável manter o máximo número de casas decimais possíveis, a fim de reduzir os erros de arredondamento). Sendo assim, teríamos as seguintes contabilizações de apropriação dos juros mensais:

Apropriação da receita de juros em 31/10/X1 (11 dias):

D – Aplicações Financeiras 7.333,33
C – Juros Ativos (11 × 666,66667)... 7.333,33

Apropriação da receita de juros em 30/11/X1 (30 dias):

D – Aplicações Financeiras 20.000,00
C – Juros Ativos (30× 666,66667).. 20.000,00

Apropriação da receita de juros em 31/12/X1 (31 dias):

D – Aplicações Financeiras 20.666,67
C – Juros Ativos (31× 666,66667).. 20.666,67

Apropriação da receita de juros em 18/01/X2 (18 dias):

D – Aplicações Financeiras 12.000,00
C – Juros Ativos (18× 666,66667) 12.000,00

Exemplo 2: Suponhamos que a comercial Celta S/A aplicasse R$ 5.000.000,00 no dia 1º de dezembro de X1 num CDB (Certificado de Depósito Bancário), com taxa prefixada de 9% e prazo de 18 meses, com resgate programado para 31/05/X3. Observemos que nesse tipo de problema a instituição financeira se preocupou apenas em pagar 9% sobre o valor total aplicado (9% de R$ 5.000.000,00) pelo prazo de 18 meses, ou seja, não houve a preocupação se foi em regime de juros simples ou em regime de juros compostos, tendo em vista que o rendimento total será o mesmo (R$ 450.000,00), independentemente do regime de capitalização, coisa esta não verificada no exemplo anterior, visto que em regime de juros compostos o rendimento total foi de R$ 60.602,00 e em regime de juros simples seria de R$ 60.000,00.

Desta forma, tendo em vista que a apropriação linear é bem mais simples e dispensa o uso de máquinas financeiras ou científicas, em questões de concursos públicos com problemas desse tipo "provavelmente" a solução se dará através de apropriação linear, pela qual iremos optar nas contabilizações a seguir, ressaltando que na prática tal apropriação deve ser feita, preferencialmente, de forma exponencial, tendo em vista as normas internacionais de contabilidade.

Além disso, nesse tipo de problema podemos optar pela contabilização do valor da aplicação financeira pelo seu valor total de resgate (R$ 5.450.000,00) e utilizar a conta "Juros Ativos a Apropriar" (ou "Juros Ativos a Vencer" ou "Juros Ativos a Transcorrer" ou "Receita Antecipada de Juros" ou "Receita Diferida de Juros" ou "Receitas Financeiras a Apropriar" etc.), ou optar pela contabilização do valor da aplicação pelo seu valor inicial (R$ 5.000.000,00) e não utilizarmos a conta "Juros Ativos a Vencer", visto que as receitas mensais de juros seriam as mesmas nessas duas hipóteses e o saldo líquido de "Aplicações Financeiras" no balanço seria o mesmo.

Também é conveniente nesse tipo de problema trabalharmos com a hipótese de que todos os meses tenham 30 dias, visto que o erro em relação ao número exato de dias é mínimo e não compensa complicarmos os cálculos em função de diferenças irrelevantes. Sendo assim, teremos:

1ª OPÇÃO – Contabilização da aplicação pelo valor final (R$ 5.450.000,00):

Contabilização da aplicação (01/12/X1):
D – Aplicações Financeiras 5.450.000,00
C – Juros Ativos a Apropriar 450.000,00
C – Bancos 5.000.000,00

Apropriação dos juros em 31/12/X1:
D – Juros Ativos a Apropriar (450.000,00 ÷ 18) 25.000,00
C – Juros Ativos 25.000,00

- -

Apresentação no balanço de 31/12/X1:

ATIVO CIRCULANTE
Aplicações Financeiras 5.450.000,00
Juros Ativos a Apropriar .... (425.000,00)
5.025.000,00

- -

Obs.: Nos dezessete meses restantes (jan. de X2 a maio de X3), seriam feitos 17 lançamentos contábeis exatamente iguais do tipo:
D – Juros Ativos a Apropriar (450.000,00 ÷ 18) 25.000,00
C – Juros Ativos 25.000,00

Resgate da aplicação ao final de 18 meses, admitindo o IRRF com alíquota de 17,5%:
D – Bancos (5.450.000,00 – 17,5% 450.000,00) 5.371.250,00
D – IRRF a Compensar 78.750,00
C – Aplicações Financeiras 5.450.000,00

2ª OPÇÃO – Contabilização da aplicação pelo valor inicial (R$ 5.000.000,00):

Contabilização da aplicação (01/12/X1):
D – Aplicações Financeiras 5.000.000,00
C – Bancos 5.000.000,00

Apropriação dos juros em 31/12/X1:
D – Aplicações Financeiras 25.000,00
C – Juros Ativos 25.000,00

- -

Apresentação no balanço de 31/12/X1:
ATIVO CIRCULANTE
Aplicações Financeiras 5.025.000,00

- -

Resgate da aplicação ao final de 18 meses, admitindo o IRRF com alíquota de 17,5% (não muda nada em relação à opção anterior):
D – Bancos (5.450.000,00 – 17,5% 450.000,00) 5.371.250,00
D – IRRF a Compensar 78.750,00
C – Aplicações Financeiras 5.450.000,00

8.2.3. Aplicações Financeiras com Correção Pós-Fixada

São aquelas em que o investidor, em geral, sabe a taxa de juro, mas não sabe o valor total do rendimento, pois há correção monetária posterior em função da inflação do período.

Exemplo: A Cia. Alvorada fez uma aplicação em CDB no valor de R$ 200.000,00 no dia 1º de novembro de X1 a uma taxa de juro composto de 0,6% ao mês com correção pós-fixada, para resgate em 90 dias. Admitindo que as taxas de inflação de nov. de X1, dez. de X1 e jan. de X2 foram, respectivamente, de 1%, 0,8% e 1,2%, teremos:

Contabilização da aplicação (01/11/X1):
D – Aplicações Financeiras 200.000,00
C – Bancos 200.000,00

Apropriação da correção pós-fixada e dos juros (30/11/X1):
D – Aplicações Financeiras 3.212,00
C – Variações Monetárias Ativas (1% × 200.000,00) 2.000,00
C – Juros Ativos (0,6% × 202.000,00) 1.212,00

Apropriação da correção pós-fixada e dos juros (31/12/X1):
D – Aplicações Financeiras 2.854,73
C – Variações Monetárias Ativas (0,8% × 203.212,00) 1.625,70
C – Juros Ativos (0,6% × 204.837,70) 1.229,03

- -

Apresentação no balanço de 31/12/X1:
ATIVO CIRCULANTE
Aplicações Financeiras 206.066,73

- -

Nota: A conta "Variações Monetárias Ativas" é uma conta que representa um tipo de receita financeira e se traduz na correção monetária pós-fixada de um crédito da empresa.

9. Rendas Certas ou Anuidades

9.1. Renda Postecipada

Se alguém, por exemplo, contrai um empréstimo no valor de R$ 200.000,00 a ser pago em 10 prestações mensais "iguais" (se não fossem iguais, não seriam rendas "certas" ou "anuidades"), vencendo-se a primeira 1 mês após o início do negócio (renda postecipada), a uma taxa de 2% ao mês, o valor de cada prestação (R) poderia ser obtido resolvendo-se a seguinte equação:

$$200.000 = \frac{R}{(1 + 0{,}02)} + \frac{R}{(1 + 0{,}02)^2} + \frac{R}{(1 + 0{,}02)^3} + \ldots + \frac{R}{(1 + 0{,}02)^{10}}$$

Desta forma, podemos generalizar, estabelecendo a seguinte fórmula:

$$A = \frac{R}{(1+i)} + \frac{R}{(1+i)^2} + \frac{R}{(1+i)^3} + \ldots + \frac{R}{(1+i)^n}$$

Onde:

- "A" = valor atual da renda, também pode ser representado por "NPV" (*Net Present Value* – Valor Presente Líquido)
- "R" = valor de cada prestação
- "i" = taxa de juros
- "n" = número de prestações

Nota 1: Com o uso de somatório (Σ), podemos abreviar a expressão anterior:

$$A = \sum_{k=1}^{n} \frac{R}{(1+i)^k}$$

No entanto, não é recomendável que resolvamos o problema utilizando essa fórmula, tendo em vista o trabalho desnecessário.

Observando que a expressão anterior representa a soma dos termos de uma progressão geométrica de razão 1/(1 + i), podemos desenvolver algebricamente e finalmente chegarmos às seguintes expressões:

$$A = R \times \frac{(1+i)^n - 1}{i \times (1+i)^n} \quad \text{ou} \quad R = A \times \frac{i \times (1+i)^n}{(1+i)^n - 1}$$

Assim, resolvendo o problema acima por esta última fórmula, teremos:

$$R = R\$\ 200.000,00 \times \frac{0,02 \times (1 + 0,02)^{10}}{(1 + 0,02)^{10} - 1} = R\$\ 22.265,31$$

Porém, o fator $\frac{(1 + i)^n - 1}{i \times (1 + i)^n}$ é chamado de FATOR DE VALOR ATUAL

sendo TABELADO sob a notação $\mathbf{a}_{\overline{n|}i}$ **ou** $\mathbf{a}_{n,\,i}$ **ou** $\mathbf{a}_{n/1}$

Sendo assim, a resolução do problema anterior pode ser mais simplificada ainda com a obtenção do fator de valor atual $\mathbf{a}_{10/\,0,02}$ na tabela financeira, o qual acharemos 8,982585:

$$A = R \times a_{n/\,i} \quad \text{ou} \quad R = \frac{A}{a_{n/\,i}} = \frac{R\$\ 200.000,00}{8,982585} = R\$\ 22.265,31$$

Nota 2: Evidentemente, na prática das instituições financeiras e das empresas em geral, "ninguém mais" calcularia o valor da prestação mensal de R$ 22.265,31 nesse exemplo usando essas fórmulas (num passado "longínquo" já foi assim). No caso, seria utilizada uma MÁQUINA FINANCEIRA, como, por exemplo, a máquina HP 12C, na qual se faria o seguinte (5 etapas):

(1) <**ON**> (para ligar a máquina)

(2) <**f**> <**REG**> (para zerar os registros anteriores)

(3) <g> <**END**> (o primeiro pagamento se dá ao <u>final</u> do 1º período)

(4) 10 < **n** > 2 < **i** > (10 parcelas mensais a uma taxa de 2% ao mês)

(5) 200.000,00 <**CHS**> <**PV**> <**PMT**> (finalmente, seriam achados os 22.265,31)

9.2. Renda Antecipada

Supondo no exemplo do item 9.1. que o primeiro pagamento das 10 parcelas ocorresse no ato da realização do negócio, teríamos a seguinte expressão:

$$200.000 = R + \frac{R}{(1 + 0,02)} + \frac{R}{(1 + 0,02)^2} + \ldots + \frac{R}{(1 + 0,02)^9}$$

Generalizando:

$$A = R + \frac{R}{(1+i)} + \frac{R}{(1+i)^2} + \dots + \frac{R}{(1+i)^{n-1}}$$

Que desenvolvida algebricamente, chegaremos às seguintes fórmulas:

$$A = R \times \left(\frac{(1+i)^{n-1} - 1}{i \times (1+i)^{n-1}} + 1 \right)$$

ou

$$R = \frac{A}{\dfrac{(1+i)^{n-1} - 1}{i \times (1+i)^{n-1}} + 1}$$

Assim, no problema acima, teríamos:

$$R = \frac{R\$\ 200.000,00}{\dfrac{(1+0,02)^{10-1} - 1}{0,02 \times (1+0,02)^{10-1}} + 1} = \frac{R\$\ 200.000,00}{9,162236849} = R\$\ 21.828,73$$

No entanto, de forma análoga às rendas postecipadas, também podemos simplificar esse cálculo mediante o uso do fator de valor atual $\mathbf{a}_{n-1/i}$ da seguinte forma:

$$A = R \times (a_{n-1/i} + 1) \qquad R = \frac{A}{(a_{n-1/i} + 1)}$$

Exemplo prático de aplicação de rendas antecipadas: Um cliente do Banco do Brasil recebe, em novembro de X1, a fatura de seu cartão de crédito no valor total de R$ 4.366,17 a ser paga no dia 22 do mesmo mês. No entanto, o banco oferece a opção do referido valor ser parcelado em 12 prestações fixas a uma taxa anual de 104,39%, sendo a primeira prestação paga no mesmo dia do vencimento da fatura (22 de novembro). Desta forma, qual o valor de cada uma das 12 prestações?

(SOLUÇÃO)

O primeiro passo é acharmos a taxa mensal (i_m) equivalente à taxa anual de 104,39% da seguinte forma:

$$(1 + i_m)^{12} = (1 + 1,0439)$$

$$i_m = (2,0439)^{1/12} - 1 = 0,061381802 \quad (\text{ou } 6,1381802\% \text{ a.m.})$$

Agora, utilizaremos a fórmula para o cálculo do valor da prestação "R" de uma renda antecipada de valor atual "A", onde "A" = 4.366,17 utilizando a fórmula descrita acima:

$$R = \frac{4.366,17}{\dfrac{(1 + 0,061381802)^{12-1} - 1}{0,061381802 \times (1 + 0,061381802)^{12-1}} + 1} =$$

$$\frac{4.366,17}{\dfrac{(1,061381802)^{11} - 1}{0,061381802 \times (1,061381802)^{11}} + 1} =$$

$$\frac{4.366,17}{\dfrac{1,925697242 - 1}{0,061381802 \times 1,925697242} + 1} =$$

$$\frac{4.366,17}{\dfrac{0,925697242}{0,118202766} + 1} =$$

$$\frac{4.366,17}{8,831434689} = \underline{\mathbf{494,39}} \text{ (valor de cada uma das 12 prestações fixas)}$$

Nota: *Neste último exemplo, evidentemente, o cálculo do valor da prestação mensal de R\$ 494,39, na prática, não seria feito dessa forma extremamente trabalhosa. Utilizando a máquina HP 12C, podemos fazer em 5 etapas:*

*(1) <**ON**> (para ligar a máquina)*

*(2) <**f**> <**REG**> (para zerar os registros anteriores)*

*(3) <**g**> <**BEG**> (o primeiro pagamento se dá no início do período)*

*(4) 12 <**n**> 6,1381802 <**i**> (12 parcelas mensais a uma taxa de 6,1381802% ao mês)*

*(5) 4.366,17 <**CHS**> <**PV**> <**PMT**> (finalmente, seriam achados os 494,39 mensais)*

10. Fluxo de Caixa

Também designado em inglês por "Cash Flow" (CF), o FLUXO DE CAIXA se refere, essencialmente, ao dinheiro recebido e gasto por uma entidade ao longo de determinado período de tempo.
Há duas espécies de fluxos de caixa: o de saída (*outflow*), representando as saídas de dinheiro, e o de entrada (*inflow*), o qual representa as entradas de dinheiro.

Contabilmente, uma projeção de fluxo de caixa evidencia todos os recebimentos e pagamentos numa empresa em esperado período de tempo.

Para esse controle de fluxo de caixa, é necessária uma visão geral de todas as operações da empresa, tais como compras, vendas, pagamentos a fornecedores, recebimento de clientes, pagamentos de empréstimos e financiamentos, recebimentos de aplicações financeiras, compras de imobilizações, pagamentos de despesas administrativas etc.

Além de uso nas empresas, o fluxo de caixa também pode ser utilizado por pessoas físicas, a fim de que possam gerenciar melhor suas finanças pessoais.

Assim, por exemplo, se uma pessoa recebe mensalmente um salário de R$ 3.000,00 e gasta com suas despesas mensais algo em torno de R$ 2.500,00, terá uma economia anual de R$ 500 × 12, ou seja, R$ 6.000,00. Se aplicasse essa sobra mensalmente em caderneta de poupança, sua economia anual seria maior que R$ 6.000,00. Com esse fluxo de caixa poderia comprar um imóvel mediante financiamento de longo prazo, de forma que a soma anual das parcelas pagas teria que ser inferior a R$ 6.000,00, a fim de que não ficasse inadimplente.

11. Empréstimos e Financiamentos

Apesar da semelhança, há diferença entre EMPRÉSTIMO e FINANCIAMENTO.

EMPRÉSTIMOS representam operações financeiras sem comprovação de aplicações de recursos, isto é, obtenção de dinheiro sem o compromisso de destinação específica e NÃO estão sujeitos ao Ajuste a Valor Presente, pois, conforme veremos ainda neste capítulo, esse tipo de ajuste está diretamente relacionado a compras ou vendas de bens através de financiamentos, conforme o segundo exemplo a seguir.

Exemplo 1 (Empréstimo com juros compostos): Uma empresa contrai um empréstimo bancário, ao final de novembro de X1, captando um total de R$ 1.000.000,00 em dinheiro, a ser pago em uma única prestação, ao final de quatro meses, a uma taxa de juros compostos de 2% ao mês. Assim, teremos:

Cálculo do montante e dos juros totais:
$M = C\,(1 + i)^n$ = R$ 1.000.000,00 × $(1 + 0{,}02)^4$ = R$ 1.082.432,16
Juros = R$ 1.082.432,16 – R$ 1.000.000,00 = R$ 82.432,16

- -

Cálculo da despesa de juros de dezembro de X1:
2% × R$ 1.000.000,00 = R$ 20.000,00

- -

Contabilização da obtenção do empréstimo (final de novembro de X1):
D – Bancos 1.000.000,00
C – Empréstimos a Pagar 1.000.000,00

- -

Apropriação das despesas de juros de dezembro de X1:
D – Juros Passivos 20.000,00
C – Empréstimos a Pagar 20.000,00

- -

Apresentação no balanço de 31/12/X1:
PASSIVO CIRCULANTE
Empréstimos a Pagar 1.020.000,00

No caso dos FINANCIAMENTOS, estes representam operações financeiras direcionadas a recursos específicos aplicados no ativo das empresas, como é o caso, por exemplo, de financiamentos para obtenção de bens imobilizados (imóveis, máquinas, equipamentos, veículos etc.).

Desta forma, os títulos de crédito utilizados para tais financiamentos (duplicatas, promissórias etc.) estão sujeitos ao Ajuste a Valor Presente.

Exemplo 2 (Financiamentos com ajuste a valor presente): Uma empresa adquire um terreno mediante a emissão de uma nota promissória de R$ 1.000.000,00, a ser paga ao final de quatro meses, sendo a taxa mensal de juros compostos de 2%. Assim, teremos:

Cálculo do valor presente do imóvel:

$$PV = \frac{FV}{(1+i)^n}$$

Onde: PV (*Present Value*) é o Valor Presente do bem adquirido, o qual nem sempre coincide com o Valor Justo (*Fair Value*) desse bem, mas "tende", na maioria dos casos, a ser igual a esse valor; FV (*Future Value*) é o Valor Futuro, ou seja, o valor presente do imóvel mais os juros.

$$PV = \frac{R\$\ 1.000.000,00}{(1+0,02)^4} = R\$\ 923.845,43$$

- -

Cálculo da despesa de juros de dezembro de X1:
2% × R$ 923.845,43 = R$ 18.476,91

- -

Contabilização ao fim de novembro de X1 (aquisição do terreno):
D – Terrenos 923.845,43
D – Juros a Vencer (ou Juros a Apropriar ou Juros a Transcorrer) 76.154,57
C – Promissórias a Pagar 1.000.000,00

Apropriação dos juros ao final de dezembro de X1:

D – Juros Passivos 18.476,91
C – Juros a Vencer 18.476,91

Apresentação no balanço de 31/12/X1:

PASSIVO CIRCULANTE
Promissórias a Pagar 1.000.000,00
Juros a Vencer .... (57.677,66)
942.322,34

Obs. 1: A conta "Juros a Vencer", que é retificadora do passivo, na situação acima poderá também ser substituída pela conta "Ajuste a Valor Presente".

Obs. 2: Nesse último exemplo, a empresa vendedora do terreno faria a seguinte contabilização pela venda do mesmo, supondo que este possuía valor contábil na data da venda de R$ 870.000,00:

D – Promissórias a Receber 1.000.000,00
C – Juros Ativos a Vencer 76.154,57
C – Receita de Venda de Terrenos 923.845,43

D – Custo de Terreno Vendido 870.000,00
C – Terrenos 870.000,00

Ou, também:

D – Promissórias a Receber 1.000.000,00
C – Juros Ativos a Vencer 76.154,57
C – Outras Receitas (Resultado na Venda de Terreno) 53.845,43
C – Terrenos 870.000,00

Obs. 3: VALOR JUSTO (*fair value*) é o valor pelo qual um ativo pode ser negociado, ou um passivo liquidado, entre partes interessadas, conhecedoras do negócio e independentes entre si, com a ausência de fatores que pressionem para a liquidação da transação ou que caracterizem uma transação compulsória. Em outras palavras, é o valor "normal" de mercado. Desta forma, com base nos Pronunciamentos Técnicos do Comitê de Pronunciamentos Contábeis (CPC), o valor justo tem como objetivo principal demonstrar o valor de mercado de determinado ativo ou passivo; na impossibilidade disso, demonstrar o provável valor que seria o de mercado por comparação a outros ativos ou passivos que tenham valor de mercado; na impossibilidade dessa alternativa também, demonstrar o provável valor que seria o de mercado por utilização do ajuste a valor presente dos valores estimados futuros de fluxos de caixa vinculados a esse ativo ou passivo; finalmente, na impossibilidade dessas alternativas, pela utilização de fórmulas econométricas reconhecidas pelo mercado.

Obs. 4: VALOR PRESENTE (*present value*) é a estimativa do valor corrente de um fluxo de caixa futuro, no curso normal da entidade.

Exemplo 3 (Financiamento em moeda estrangeira sem taxa de juro): Dados de um financiamento externo obtido pela Exportadora Fast S/A, cujo exercício social coincide com o ano-calendário:

Valor do financiamento: U$ 100.000,00

Data da operação: 15/10/X0

Taxas de câmbio (hipotéticas):

15/10/X0 – U$ 1.00 = R$ 0,90

31/12/X0 – U$ 1.00 = R$ 1,00

15/02/X1 – U$ 1.00 = R$ 1,20

15/06/X1 – U$ 1.00 = R$ 1,50

15/10/X1 – U$ 1.00 = R$ 1,70

Amortizações efetuadas:

15/02/X1 – U$ 25.000

15/06/X1 – U$ 25.000

15/10/X1 – U$ 35.000

Com base nas informações anteriores, marque a opção que indica, respectivamente, em 15/10/X1, os saldos das contas Variações Cambiais Passivas e Financiamentos a Pagar, após as atualizações e os pagamentos:

a) R$ 62.500 e R$ 25.500;
b) R$ 42.500 e R$ 31.000;
c) R$ 62.500 e R$ 34.000;
d) R$ 52.500 e R$ 25.500;
e) R$ 52.500 e R$ 85.000.

(SOLUÇÃO)

Notemos que não há qualquer tipo de juro no problema. Só há variação cambial, a qual será tratada de forma semelhante à correção pós-fixada.

Devemos também tomar cuidado quando o exercício pergunta qual o saldo da conta "Variações Cambiais Passivas" (perda cambial), em 15/10/X1, pois **não devemos** contabilizar como parte desse saldo a perda cambial ocorrida entre 15/10/X0 e 31/12/X0, tendo em vista que a Variação Cambial Passiva correspondente a essa perda foi zerada (encerrada) em 31/12/X0.

Desta forma, devemos considerar como integrante do saldo da conta Variações Cambiais Passivas a perda cambial ocorrida entre 01/01/X1 e 15/10/X1. Assim:

Saldo = (1,2 – 1) × (100.000) + (1,5 – 1,2) × (100.000 – 25.000) + (1,7 – 1,5) × (75.000 – 25.000) = **R$ 52.500**

O saldo da conta "Financiamentos a Pagar", em 15/10/X1, será a quantidade devida em dólares pela empresa, multiplicada pelo câmbio em moeda nacional, na referida data, ou seja:

Fin. a Pagar. = (100.000 – 25.000 – 25.000 – 35.000) × 1,70 = R$ 25.500

(Opção d)

Exemplo 4 (Empréstimo em moeda estrangeira com taxa de juro simples): A Indústria Santos S/A, no ano de X0, contratou um empréstimo de U$ 300.000, nas seguintes condições:

Data da liberação: 20/05/X0

Taxa de juros simples: 12% a.a.

Forma de pagamento do principal acrescido dos juros: cinco parcelas semestrais, iguais e sucessivas, nas seguintes datas:

20/11/X0

20/05/X1

20/11/X1

20/05/X2

20/11/X2

Data	Taxas de Câmbio (R$/U$)
20/05/X0	1,00
20/11/X0	1,50
30/12/X0	2,00

Supondo unicamente esta operação e considerando o mês com 30 dias e o ano com 360 dias, pode-se afirmar que os saldos das contas referentes a BCM (Bancos Conta Movimento) e a Despesas Financeiras, em 30/12/X0, em reais, são, respectivamente:

a) 300.000 e 276.400;
b) 273.000 e 353.400;
c) 183.000 e 276.400;
d) 183.000 e 303.400;
e) 176.600 e 297.000.

(SOLUÇÃO)

Esta questão envolve, ao mesmo tempo, variação cambial e juros. Assim:

20/05/X0 a 20/11/X0: 6 meses → Taxa de Juros = 12% ÷ 2 = 6%

20/11/X0 a 30/12/X0: (1/3 + 1) me = 4/3 me→ Taxa de Juros = 4/3 × 1% = 4/3%

BCM = (300.000 × 1) – (300.000 × 1,5) ÷ 5 – (6% × 300.000 × 1,5) = R$ 183.000

(300.000 × 1) → Saldo inicial; (300.000 × 1,5) → 1ª parcela das 5; (6% × 300.000 × 1,5) → juros de 6 meses

Logo, o saldo de BCM em 30/12/X0 também será o mesmo que o saldo de 20/11/X0, isto é, R$ 183.000, visto que, no período compreendido por estas duas datas, não houve movimentação na conta BCM

Var. Camb. Pas. = 300.000 × (1,5 – 1) + (300.000 × 4/5) × (2 – 1,5) = R$ 270.000

(300.000 × 4/5) → pois já pagou 1/5

Juros Passivos = (6% × 300.000 × 1,5) + (4/3% × 300.000 × 4/5 × 2) = R$ 33.400

Despesas Financeiras = Variações Cambiais Passivas + Juros Passivos = R$ 303.400

(Opção d)

Comentário Extra: *Na solução acima consideramos despesas financeiras os juros e as variações monetárias. No entanto, alguns contabilistas consideram somente os juros como despesas financeiras, pelo fato de julgarem que somente os juros representam a remuneração de capitais de terceiros. No entanto, o item 3 do Pronunciamento Técnico CPC 08 (R1) – Custos de Transação e Prêmios na Emissão de Títulos e Valores Mobiliários dá a seguinte definição: DESPESAS FINANCEIRAS são os custos ou as despesas que representam o ônus pago ou a pagar como remuneração direta do recurso tomado emprestado do financiador derivado dos fatores tempo, risco, inflação, câmbio, índice específico de variação de preços e assemelhados; incluem, portanto, os **juros**, a atualização monetária, a **variação cambial** etc., mas não incluem taxas, descontos, prêmios, despesas administrativas, honorários etc. Daí, o correto é considerar as variações monetárias ou cambiais também como despesas financeiras.*

A fim de facilitar o entendimento da solução matemática acima, abaixo iremos apresentar todas as contabilizações da operação, em R$, até a data do balanço (30/12/X0), supondo que tais contabilizações só ocorreram nas datas descritas:

20/05/X0:

Obtenção do empréstimo:

D – Bancos (300.000,00 × 1,00)..300.000,00

C – Empréstimos a Pagar...300.000,00

20/11/X0:

Atualização cambial da dívida em dólares:

D – Variações Cambiais Passivas [300.000,00 × (1,50 – 1,00)]...................... 150.000,00

C – Empréstimos a Pagar... 150.000,00

Apropriação dos juros de 6% sobre a dívida ao câmbio atual:

D – Juros Passivos (300.000,00 × 1,50 × 6%)...27.000,00

C – Empréstimos a Pagar...27.000,00

Pagamento de 1/5 da dívida ao câmbio atual e dos juros:

D – Empréstimos a Pagar (1/5 × 300.000,00 × 1,50 + 27.000,00)................. 117.000,00

C – Bancos.. 117.000,00

30/12/X0:

Atualização cambial da dívida remanescente (300.000,00 – 60.000,00 = 240.000,00) em dólares:

D – Variações Cambiais Passivas [240.000,00 × (2,00 – 1,50)]...................... 120.000,00

C – Empréstimos a Pagar... 120.000,00

Apropriação dos juros de 4/3% sobre a dívida remanescente (U$ 300.000 – U$ 60.000 = U$ 240.000) ao câmbio atual:

D – Juros Passivos (240.000,00 × 2,00 × 4/3%)...6.400,00

C – Empréstimos a Pagar...6.400,00

Nota: *Neste último lançamento, os 4/3% são equivalentes aos juros de 10 dias, isto é, 20/11/X0 a 30/11/X0 (= 1/3%) mais os juros de 30 dias, ou seja, 01/12/X0 a 30/12/X0 (= 1%).*

Nos razonetes, teremos:

Bancos	
(1)300.000	*117.000 (4)*
183.000	

Empréstimos a Pagar	
(4) 117.000	*300.000 (1)*
	150.000 (2)
	27.000 (3)
	120.000 (5)
	6.400 (6)
	486.400

Juros Passivos	
(3) 27.000	
(6) 6.400	
33.400	

Var. Camb. Passivas	
(2) 150.000	
(5) 120.000	
270.000	

Exemplo 5 (Empréstimo em moeda estrangeira com taxa de juro composto): A Cia. Rio contratou no ano de X1 um empréstimo de U$ 500.000,00, nas seguintes condições:

Data da liberação: 30/09/X1

Taxa de juros compostos: 2% ao mês

Forma de pagamento: cinco parcelas mensais iguais e sucessivas nas seguintes datas:

31/10/X1

30/11/X1

31/12/X1

31/01/X2

29/02/X2

Data	**Taxa de Câmbio (R$/U$)**
30/09/X1	1,20
31/10/X1	1,50
30/11/X1	1,60
31/12/X1	1,67

Supondo que a operação descrita foi a única operação financeira ocorrida no exercício de X1 e desconsiderando a existência de custos de transação na referida operação, pode-se afirmar que na DRE de 31/12/X1 o valor das Despesas Financeiras foi, aproximadamente, de:

a) R$ 249.950,00;

b) R$ 38.143,00;

c) R$ 211.806,00;

d) R$ 212.143,00;

e) R$ 260.000,00.

(SOLUÇÃO)

*O primeiro passo é calcularmos **"em dólares"** o valor da prestação mensal através da seguinte fórmula, onde "A" é o valor do empréstimo, "P" é o valor de cada uma das prestações, "i" é a taxa de juros compostos e "n" a quantidade de meses:*

$$P = A \times \frac{i \times (1 + i)^n}{(1 + i)^n - 1}$$

$$P = 500.000,00 \times \frac{0,02 \times 1,025}{1,025 - 1} = 106.079,20$$

*O próximo passo é montarmos a planilha **"em dólares"** para o cálculo dos juros mensais:*

Data	*Pagamento mensal*	*Despesa de Juros*	*Redução da dívida*	*Dívida*
30/09/X1	–	–	–	*500.000,00*
31/10/X1	*106.079,20*	*2% × 500.000,00 = 10.000,00*	*106.079,20 – 10.000,00 = 96.079,20*	*500.000,00 – 96.079,20 = 403.920,80*
30/11/X1	*106.079,20*	*2% × 403.920,80 = 8.078,42*	*106.079,20 – 8.078,42 = 98.000,78*	*403.920,80 – 98.000,78 = 305.920,02*
31/12/X1	*106.079,20*	*2% × 305.920,02 = 6.118,40*	*106.079,20 – 6.118,40 = 99.960,80*	*305.920,02 – 99.960,80 = 205.959,22*
31/01/X2	*106.079,20*	*2% × 205.959,22 = 4.119,18*	*106.079,20 – 4.119,18 = 101.960,02*	*205.959,22 – 101.960,02 = 103.999,20*
29/02/X2	*106.079,20*	*2% × 103.999,20 = 2.080,00*	*106.079,20 – 2.080,00 = 103.999,20*	*103.999,20 – 103.999,20 = ZERO*
TOTAL	***530.396,00***	***30.396,00***	***500.000,00***	*///////////////////////*

Agora iremos calcular "em reais" as Despesas de Juros (Juros Passivos), até a data do encerramento do exercício social (31/12/X1), multiplicando as despesas em dólares calculadas na planilha acima pelas taxas de câmbio de suas respectivas datas:

Despesa de Juros = [10.000,00 × 1,50] + [8.078,42 × 1,60] + [6.118,40 × 1,67] = 38.143,20

- -

*Por fim, iremos calcular **"em reais"** as Variações Cambiais Passivas (VCP), até a data do encerramento do exercício social (31/12/X1), multiplicando a dívida do período anterior pela respectiva variação cambial:*

VCP = [500.000,00 × (1,50 – 1,20)] + [403.920,80 × (1,60 – 1,50)] + [305.920,02 × (1,67 – 1,60)] = 211.806,48

- -

Logo, o total das DESPESAS FINANCEIRAS será o somatório dos JUROS com as VARIAÇÕES CAMBIAIS:

Despesas Financeiras = 38.143,20 + 211.806,48 = 249.950,00 (aproximadamente)

(Opção a)

***Comentário Extra:** A fim de facilitar o entendimento contábil da solução acima, abaixo iremos fazer todas as contabilizações "em reais", até chegarmos aos saldos das contas envolvidas na operação na data do balanço (31/12/X1):*

30/09/X1

(1) Obtenção do empréstimo:

D – Bancos (500.000,00 × 1,20).. 600.000,00

C – Empréstimos a Pagar.. 600.000,00

- -

31/10/X1:

(2) Atualização cambial da dívida em dólares:

D – Variações Cambiais Passivas [500.000,00 × (1,50 – 1,20)]........................ 150.000,00

C – Empréstimos a Pagar.. 150.000,00

(3) Apropriação dos juros de 2% sobre a dívida ao câmbio atual:

D – Juros Passivos (10.000,00 × 1,50)... 15.000,00

C – Empréstimos a Pagar.. 15.000,00

(4) Pagamento da primeira parcela de 106.079,20 dólares convertida ao câmbio nessa data:

D – Empréstimos a Pagar (106.079,20 × 1,50) 159.118,80

C – Bancos 159.118,80

30/11/X1:

(5) Atualização cambial da dívida remanescente em dólares:

D – Variações Cambiais Passivas [403.920,80 × (1,60 – 1,50)] 40.392,08

C – Empréstimos a Pagar 40.392,08

(6) Apropriação dos juros de 2% sobre a dívida remanescente ao câmbio atual:

D – Juros Passivos (8.078,42 × 1,60) 12.925,47

C – Empréstimos a Pagar 12.925,47

(7) Pagamento da segunda parcela de 106.079,20 dólares convertida ao câmbio nessa data:

D – Empréstimos a Pagar (106.079,20 × 1,60) 169.726,72

C – Bancos 169.726,72

31/12/X1:

(8) Atualização cambial da dívida remanescente em dólares:

D – Variações Cambiais Passivas [305.920,02 × (1,67 – 1,60)] 21.414,40

C – Empréstimos a Pagar 21.414,40

(9) Apropriação dos juros de 2% sobre a dívida remanescente ao câmbio atual:

D – Juros Passivos (6.118,40 × 1,67) 10.217,73

C – Empréstimos a Pagar 10.217,73

(10) Pagamento da terceira parcela de 106.079,20 dólares convertida ao câmbio nessa data:

D – Empréstimos a Pagar (106.079,20 × 1,67) 177.152,26

C – Bancos 177.152,26

Contabilizações nos razonetes:

Bancos	
(1) 600.000,00	*159.118,80 (4)*
	169.726,72 (7)
	177.152,26 (10)
94.002,22	

Empréstimos a Pagar	
(4) 159.118,80	*600.000,00 (1)*
(7) 169.726,72	*150.000,00 (2)*
(10) 177.152,26	*15.000,00 (3)*
	40.392,08 (5)
	12.925,47 (6)
	21.414,40 (8)
	10.217,73 (9)
	343.951,90

Juros Passivos	
(3) 15.000,00	
(6) 12.925,47	
(9) 10.217,73	
38.143,20	

Variações Cambiais Passivas	
(2) 150.000,00	
(5) 40.392,08	
(8) 21.414,40	
211.806,48	

Comentário Final: *O exemplo anterior (exemplo 4) retrata uma situação <u>totalmente irreal</u> na prática atual do mercado financeiro mundial, tendo em vista o uso dos juros simples (na prática, "ninguém" utiliza juros simples). De forma diferente do exemplo 4, esse último exemplo (exemplo 5) é aquele que na prática segue o modelo utilizado pelas empresas que captam empréstimos ou financiamentos em moeda estrangeira, dado o uso da capitalização EXPONENCIAL (juros compostos), sendo este tipo de capitalização o direcionamento de todas as normas referentes a operações financeiras reguladas pelos Pronunciamentos Técnicos do CPC.*

12. Custos de Transação

12.1. Conceito

Com base no Pronunciamento Técnico CPC 08 (R1), Custos de Transação são somente aqueles incorridos e diretamente atribuíveis às atividades necessárias exclusivamente à consecução de **<u>transações</u>**, tais como:

- Distribuição primária de ações;
- Distribuição primária de bônus de subscrição;
- Aquisição ou alienação de ações próprias (ações em tesouraria);
- Captação de recursos por meio de empréstimos ou financiamentos, emissão de títulos de dívida da companhia (ex.: debêntures).

Tais custos são, por natureza, gastos incrementais, já que não existiriam ou teriam sido evitados se essas transações não ocorressem. Exemplos de custos das transações:

- Gastos com elaboração de prospectos e relatórios;
- Remuneração de serviços profissionais de terceiros (advogados, contadores, auditores, consultores, profissionais de bancos de investimento, corretores etc.);
- Gastos com publicidade (inclusive os incorridos nos processos de *road-shows*);
- Taxas e comissões;
- Custos de transferência;
- Custos de registro etc.

Obs.: Custos de Transação NÃO incluem ágios ou deságios na emissão dos títulos e valores mobiliários, despesas financeiras, custos internos administrativos ou custos de carregamento.

12.2. Despesas Financeiras

São os custos ou as despesas que representam o ônus pago ou a pagar como remuneração direta do recurso tomado emprestado do financiador, derivado dos fatores tempo, risco, inflação, câmbio, índice específico de variação de preços e assemelhados; incluem, portanto, os juros, a atualização monetária, a variação cambial etc., mas NÃO INCLUEM taxas, descontos, prêmios, despesas administrativas, honorários etc.

12.3. Encargos Financeiros

São a SOMA das despesas financeiras, dos custos de transação, prêmios, descontos, ágios, deságios e assemelhados, a qual representa a diferença entre os valores recebidos e os valores pagos (ou a pagar) a terceiros.

12.4. Debêntures

De acordo com o art. 52 da Lei nº 6.404/76, uma companhia poderá emitir debêntures que conferirão aos seus titulares direito de crédito contra ela, nas condições constantes da escritura de emissão e, se houver, do certificado. Isso significa que a emissão de debêntures por uma sociedade anônima é uma forma de a mesma captar recursos financeiros de investidores (debenturistas), conferindo aos mesmos vantagens, tais como juros, correção monetária, participação nos lucros da companhia, além da possibilidade da conversão das debêntures em ações da companhia, visto que existem debêntures conversíveis e debêntures não conversíveis em ações.

Sob a ótica da companhia emissora, as debêntures representam uma espécie de empréstimo de dinheiro, onde os credores são os próprios debenturistas.

Existem três formas de emissão de debêntures:

⇨ Emissão ao par – é aquela onde não há ágio ou deságio, visto que o valor bruto captado (valor do dinheiro recebido sem os custos de transação) é igual ao valor nominal. Assim, a contabilização da emissão nesse caso pode ser feita da seguinte forma (sem contar com a existência de custos de transação):

D – Caixa

C – Debêntures (conta do passivo exigível)

Caso sejam levados em consideração os custos de transação, a contabilização seria a seguinte:

D – Caixa

D – Custos a Amortizar (conta retificadora do passivo exigível)

C – Debêntures

⇨ Emissão abaixo do par – é aquela com deságio, ou seja, o valor de emissão é inferior ao valor nominal. Neste caso, a contabilização da emissão pode ser feita da seguinte forma (sem contar com os custos de transação):

D – Caixa

D – Deságio a Amortizar (conta retificadora do passivo exigível)

C – Debêntures

Caso sejam levados em consideração os custos de transação, a contabilização seria a seguinte:

D – Caixa

D – Custos a Amortizar (conta retificadora do passivo exigível)

D – Deságio a Amortizar (conta retificadora do passivo exigível)

C – Debêntures

⇨ Emissão acima do par – quando o valor de emissão for superior ao valor nominal, ou seja, emissão com ágio, onde este pode ser chamado de PRÊMIO. Nesta hipótese, a contabilização da emissão, considerando a existência dos custos de transação, pode ser feita da seguinte forma:

D – Caixa

D – Custos a Amortizar (conta retificadora do passivo exigível)

C – Debêntures

C – Prêmio a Amortizar

EXERCÍCIO RESOLVIDO 1: (Analista de Planejamento, Orçamento e Finanças Públicas – SP/Fundação Carlos Chagas) A empresa Gama S.A. emitiu 1.000 debêntures a R$ 10,00 cada, com taxa de juros compostos de 6% ao ano, com prazo de 5 anos e pagamentos anuais de R$ 2.374,00. Os custos de transação incorridos e pagos foram de R$ 100,00 e houve prêmio na emissão desses títulos, no valor de R$ 278,00. Na data da emissão das debêntures, a empresa:

a) debitou na conta Disponível o valor de R$ 10.000;
b) debitou na conta Despesa Financeira o valor de R$ 100,00;
c) creditou no Passivo o valor de R$ 10.000,00;
d) creditou na conta Receita Financeira o valor de R$ 278,00;
e) creditou no Passivo o valor de R$ 10.178,00.

(SOLUÇÃO)
Contabilização da emissão:

D – Caixa/Bancos (Disponível)	*10.178,00*
D – Custos a Apropriar	*100,00*
C – Prêmios a Apropriar	*278,00*
C – Debêntures	*10.000,00*

Apresentação no balanço na data da emissão:
PASSIVO EXIGÍVEL

Debêntures	*10.000,00*
Prêmios a Apropriar (ou "a Amortizar", "a Vencer" etc.)	*278,00*
Custos a Apropriar (ou "a Amortizar", "a Vencer" etc.)	*(100,00)*
	10.178,00

Conclusão: *O Passivo foi aumentado em 10.178,00, que é equivalente a dizer que o Passivo foi creditado nesse valor.*
(Resposta: opção e)

13. Taxa Interna de Retorno (TIR)

A TIR, também designada em inglês por IRR (*Internal Rate of Return*), é a taxa efetiva de juros que iguala o valor da captação líquida, que pode ser designada por NPV (*Net Present Value* – Valor Presente Líquido) (= entrada de dinheiro – custos de transação para que o dinheiro entre) ao valor presente (ou valor atual) dos pagamentos futuros.

De acordo com o item 3 do Pronunciamento Técnico CPC 08 – Custos de Transação e Prêmios na Emissão de Títulos e Valores Mobiliários, a TIR é a taxa efetiva de juros que iguala o valor presente dos fluxos de entrada de recursos ao valor presente dos fluxos de saída. Em outro, termos, é a taxa efetiva de juros que faz com que, por exemplo, o valor presente líquido dos fluxos de caixa de determinado título de dívida ou empréstimo seja igual a zero, considerando-se, necessariamente, a captação inicial líquida dos custos de transação.

Exemplo 1: A Cia. Alfa obteve em 30 de novembro de X1 um empréstimo bancário no valor de \$ 450.000,00, o qual será liquidado em um único pagamento ao fim de cinco meses. Para a captação do referido valor, a empresa incorreu em despesas bancárias de \$ 6.000,00 e gastos com consultores no valor de \$ 14.000,00. A taxa de juros mensal contratada é de 3%. Assim, teremos os seguintes cálculos:

A) Cálculo do montante a pagar em 5 meses, onde "C_B" é o valor da Captação Bruta

$M = C_B (1 + i)^n$ = \$ 450.000,00 × $(1 + 0{,}03)^5$ = \$ 521.673,33

B) Captação Líquida (C_L) = Captação Bruta – Custos de Transação

C_L = \$ 450.000,00 – \$ 20.000,00 = \$ 430.000,00

C) Cálculo da Taxa Interna de Retorno (TIR)

No caso, é a taxa que faz o valor da Captação Líquida (\$ 430.000,00) ser igual ao Montante (\$ 521.673,33) nos 5 meses. Assim, podemos estabelecer as seguintes igualdades:

$$M = C_L \times (1 + TIR)^n \quad \text{ou} \quad TIR = (M/C_L)^{1/n} - 1$$

$TIR = (521.673{,}33/430.000{,}00)^{1/5} - 1 = (1{,}213193791)^{1/5} - 1 = 1{,}039407954 - 1 = 0{,}039407954 = 3{,}9407954\%$

Nota: A expressão $(1{,}213193791)^{1/5}$, que é equivalente à raiz quíntupla de 1,213193791, na máquina HP 12C, é calculada da seguinte forma:

(1) <**ON**> (para ligar a máquina)

(2) <**f**> <**REG**> (para zerar os registros anteriores)

(3) 1,213193791 <ENTER>

(4) 5 <1/x> <y^x> (finalmente, seria encontrado 1,039407954, onde, para se ver o máximo número de casas decimais que a máquina pode fornecer, deve-se apertar as teclas "f" e "PREFIX")

D) Planilha de amortização (ou apropriação) dos juros:

Mês	**Pagamentos**	**Despesa com Juros (mensal)**	
1 (dez. X1)	-	3% × 450.000,00	13.500,00
2 (jan. X2)	-	3% × (450.000,00 + 13.500,00) = 3% × 463.500,00	13.905,00
3 (fev. X2)	-	3% × (463.500,00 + 13.905,00) = 3% × 477.405,00	14.322,15

4 (março X2)	-	3% × (477.405,00 + 14.322,15) = 3% × 491.727,15	14.751,8145
5 (abril X2)	521.673,33	3% × (491.727,15 + 14.751,8145) = 3% × 506.478,9645	15.194,3689
Total	**521.673,33**	///	**71.673,33**

Nota: Observemos que a diferença entre o total pago ($ 521.673,33) e o total dos juros apropriados nos cinco meses ($ 71.673,33) é exatamente igual ao valor da captação bruta ($ 450.000,00), como já havia de se esperar.

E) Planilha indicando os <u>Encargos Financeiros</u>, (= despesa com juros + despesa com amortização dos custos de transação), no total de 3,9407954% (TIR), sobre o valor da Captação Líquida de $ 430.000,00:

Mês	Encargos Financeiros (mensal)	
1 (dez. X1)	3,9407954% × 430.000,00	16.945,4202
2 (jan. X2)	3,9407954% × (430.000,00 + 16.945,4202) = 3,9407954% × 446.945,4202	17.613,2046
3 (fev. X2)	3,9407954% × (446.945,4202 + 17.613,2046) = 3,9407954% × 464.558,6248	18.307,3049
4 (março X2)	3,9407954% × (464.558,6248 + 18.307,3049) = 3,9407954% × 482.865,9297	19.028,7584
5 (abril X2)	3,9407954% × (482.865,9297 + 19.028,7584) = 3,9407954% × 501.894,6881	19.778,6428
Total	//	**91.673,33**

F) Planilha com a indicação da despesa <u>mensal</u> dos custos de transação a serem apropriadas:

Mês	Encargos Financeiros (EF)	Despesa com Juros (DJ)	Despesa com Amortização dos Custos de Transação = EF - DJ
1 (dez. X1)	16.945,4202	13.500,00	3.445,4202
2 (jan. X2)	17.613,2046	13.905,00	3.708,2046
3 (fev. X2)	18.307,3049	14.322,15	3.985,1549

4 (março X2)	19.028,7584	14.751,8145	4.276,9439
5 (abril X2)	19.778,6428	15.194,3689	4.584,2739
Total	**91.673,33**	**71.673,33**	**20.000,00**

Captação dos empréstimos em 30/11/X1:

D – Bancos (pela captação líquida) 430.000,00

D – Custos de Transação a Amortizar 20.000,00

C – Empréstimos a Pagar 450.000,00

Final de dezembro de X1 – Apropriação dos Encargos Financeiros (Custos de Transação e Despesas de Juros):

D – Encargos Financeiros

Juros Passivos 13.500,00

Custos de Transação .... 3.445,4202 .... 16.945,4202

C – Empréstimos a Pagar 13.500,00

C – Custos de Transação a Amortizar 3.445,4202

Apresentação no balanço de 31/12/X1:

PASSIVO CIRCULANTE

Empréstimos a Pagar (450.000,00 + 13.500,00) 463.500,00

Custos de Transação a Amortizar (20.000,00 – 3.445,4202) .... (16.554,5798)

446.945,4202

Nota: Os valores não foram arredondados a fim de evitar diferenças nos resultados finais.

Lançamentos contábeis em X2:

Final de janeiro de X2 – Apropriação dos Encargos Financeiros:

D – Encargos Financeiros

Juros Passivos 13.905,00

Custos de Transação .... 3.708,2046 .... 17.613,20

C – Empréstimos a Pagar 13.905,00

C – Custos de Transação a Amortizar 3.708,2046

Final de fevereiro de X2 – Apropriação dos Encargos Financeiros:

D – Encargos Financeiros

Juros Passivos 14.322,15

Custos de Transação .... 3.985,1549 .... 18.307,3049

C – Empréstimos a Pagar 14.322,15

C – Custos de Transação a Amortizar 3.985,1549

Final de março de X2 – Apropriação dos Encargos Financeiros:

D – Encargos Financeiros

Juros Passivos 14.751,8145

Custos de Transação .... 4.276,9439 .... 19.028,7584

C – Empréstimos a Pagar 14.751,8145

C – Custos de Transação a Amortizar 4.276,9439

Final de abril de X2 – Apropriação dos Encargos Financeiros:

D – Encargos Financeiros

Juros Passivos 15.194,3689

Custos de Transação .... 4.584,2739............... 19.778,6428

C – Empréstimos a Pagar 14.751,8145

C – Custos de Transação a Amortizar 4.584,2739

Final de abril de X2 – Pagamento do empréstimo:

D – Empréstimos a Pagar 521.673,33

C – Bancos 521.673,33

Exemplo 2: Uma empresa contraiu um empréstimo bancário de R$ 300.000,00, com uma taxa de juros anual contratada de 10%, por um prazo de três anos com pagamentos iguais e anuais durante esse período. Na obtenção desse empréstimo a empresa incorreu em custos de transação, pagando R$ 1.000,00 de despesas bancárias e R$ 12.000,00 de gastos com consultores. Desta forma, teremos os seguintes cálculos:

A) Valor de cada prestação anual (R):

$$\frac{R}{(1 + 0,1)} + \frac{R}{(1 + 0,1)^2} + \frac{R}{(1 + 0,1)^3} = \text{R\$ } 300.000,00 \quad (\times\ 1,1^3)$$

$$1,21R + 1,1R + R = \text{R\$ } 300.000,00 \times 1,331$$

$3{,}31R = R\$\ 399.300{,}00$

$$\boxed{R = R\$\ 120.634{,}44}$$

Obs. 1: Outra forma de calcularmos a prestação anual é utilizando a seguinte fórmula:

$$R = A \times \frac{i \times (1+i)^n}{(1+i)^n - 1} = R\$\ 300.000{,}00 \times \frac{0{,}1 \times 1{,}1^3}{1{,}1^3 - 1} = R\$\ 120.634{,}44$$

Obs. 2: Outra forma de calcularmos a prestação anual é utilizarmos o Fator de Valor Atual ($\mathbf{a}_{n/i}$), o qual é obtido de tabela financeira:

$$R = \frac{A}{a_{n/i}} = \frac{R\$\ 300.000{,}00}{a_{3/0,1}} = \frac{R\$\ 300.000{,}00}{2{,}486852} = R\$\ 120.634{,}44$$

B) Valor da captação líquida = Dinheiro recebido – Custos de transação

= R$ 300.000,00 – R$ 13.000,00 = R$ 287.000,00

C) Taxa Interna de Retorno (TIR)

Em princípio, para calcularmos a TIR devemos resolver a seguinte equação:

$$\frac{120.634{,}44}{(1+TIR)} + \frac{120.634{,}44}{(1+TIR)^2} + \frac{120.634{,}44}{(1+TIR)^3} = 287.000{,}00 \quad (\div\ 120.634{,}44)$$

$$\frac{1}{(1+TIR)} + \frac{1}{(1+TIR)^2} + \frac{1}{(1+TIR)^3} = 2{,}38$$

Agora, façamos a seguinte substituição algébrica:

$$\frac{1}{1+TIR} = x$$

Desta forma, a nova equação ficará:

$$x^3 + x^2 + x - 2{,}38 = 0$$

E caímos numa equação completa do 3º grau (ou equação cúbica).

Apesar de existirem as fórmulas de resolução por radicais de equações até 4º grau, é totalmente impraticável resolver o problema com o uso dessas fórmulas, visto o extremo trabalho que daria.

Não só por isso, mas para períodos iguais ou maiores que cinco, teríamos que resolver equações completas do 5º grau, 6º grau, 20º grau etc., sendo que NÃO existem fórmulas para resolução dessas equações, tornando impossível a resolução com o uso de fórmulas envolvendo radicais.

Assim, a solução mais recomendável é utilizarmos máquinas de calcular financeiras, as quais possuem programas que nos fornecem instantaneamente o valor da TIR.

Utilizando, por exemplo, a máquina financeira HP12C, podemos obter a TIR seguindo os seguinte passos:

1º) Apertar a tecla "ON" para ligar a máquina;

- -

2º) Apertar a tecla laranja "f", a qual acionará as funções escritas nas teclas em laranja;

- -

3º) Apertar a tecla "CLEAR REG" escrita em laranja para apagar todos os registros anteriores;

- -

4º) Digitar o valor da Captação Líquida (287.000,00);

- -

5º) Apertar a tecla "CHS", a fim de pôr o sinal negativo nos 287.000,00, tendo em vista que a máquina resolve a equação pela seguinte ótica:

$$-287.000,00+\frac{120.634,44}{(1+TIR)}+\frac{120.634,44}{(1+TIR)^2}+\frac{120.634,44}{(1+TIR)^3}=0$$

Generalizando:

$$-PV+\frac{PMT}{(1+TIR)}+\frac{PMT}{(1+TIR)^2}+\dots+\frac{PMT}{(1+TIR)^j}=0$$

- -

6º) Apertar a tecla "PV" (*Present Value*), a fim de incluir os 287.000,00 como valor presente.

- -

7º) Digitar o valor da prestação anual (120.634,44);

- -

8º) Apertar a tecla "PMT", a fim de incluir os 120.634,44 como valor de cada prestação;

- -

9º) Digitar o número 3, que é o número de prestações de 120.634,44;

- -

10º) Apertar a tecla da função "n", a fim de incluir o 3 como número de prestações;

11º) Por fim, apertar a tecla "i", a qual fornecerá a TIR de 12,555503%, ou, arredondando, 12,56%.

Exemplo 3: Considere-se que no fim do ano 0 tenha havido captação de $ 1.000.000,00, com taxa de juros anual contratada de 6,0%, com prazo de oito anos com pagamentos anuais e consecutivos. Também se considere que a empresa que obteve o empréstimo incorreu em custos de transação no montante de $ 108.695,18.

Assim, teremos:

A) Cálculo das prestações anuais (R) – Faremos esses cálculos de três formas, onde "A" é o valor da captação "bruta", ou seja, $ 1.000.000,00; "n" é o número de prestações (n = 8); e "i" é a taxa de juros anual contratada (i = 6,0% = 0,06):

1ª FORMA (com o uso de fórmula matemática):

$$R = A \times \frac{i \times (1+i)^n}{(1+i)^n - 1} = \$\ 1.000.000{,}00 \times \frac{0{,}06 \times 1{,}06^8}{1{,}06^8 - 1} = \$\ 161.035{,}94$$

2ª FORMA (com o uso de tabela financeira, a qual fornecerá o Fator de Valor Atual "$a_{n/i}$"):

$$R = \frac{A}{a_{n/i}} = \frac{\$\ 1.000.000{,}00}{a_{8/0{,}06}} = \frac{\$\ 1.000.000{,}00}{6{,}209794} = \$\ 161.035{,}94$$

3ª FORMA (com o uso da máquina financeira HP 12C):

1º) Apertar a tecla "ON" para ligar a máquina;

2º) Apertar a tecla laranja "f", a qual acionará as funções escritas nas teclas em laranja;

3º) Apertar a tecla "CLEAR REG" (escrita em laranja) para apagar todos os registros anteriores;

4º) Digitar o número de pagamentos (n = 8);

5º) Apertar a tecla "n"

6º) Digitar a taxa percentual de juros (6,00);

7º) Apertar a tecla "i" para incluir o último registro (6,00) como taxa de juros;

8º) Digitar o valor da captação bruta ($ 1.000.000,00);

9º) Apertar a tecla "PV" (*Present Value*), a fim de incluir o valor da captação bruta como valor presente;

10º) Apertar a tecla azul "g", a qual acionará as funções escritas nas teclas em azul;

11º) Apertar a tecla com a função escrita em azul "END", a fim de informar que a primeira prestação será paga "ao fim" de 1 ano após o recebimento do principal (principal = captação bruta).

12º) Por fim, apertar a tecla "PMT", a qual fornecerá o valor da prestação, ou seja, "– $ 161.035,94".

Obs.: Este último valor aparecerá no visor com valor negativo, pois o valor da captação bruta foi digitado como número positivo, tendo em vista que a máquina resolveu o problema pela seguinte ótica:

$$+\ 1.000.000{,}00 - \frac{PMT}{1{,}06} - \frac{PMT}{1{,}06^2} - \ldots - \frac{PMT}{1{,}06^8} = 0$$

Para que o valor da prestação viesse "+ 161.035,94" e não "– 161.035,94" seria necessário que se pusesse o sinal negativo no valor da captação bruta, ou seja, apertasse a tecla "CHS" logo após digitar os 1.000.000,00, pois neste caso a máquina faria a conta pela seguinte ótica:

$$-\ 1.000.000{,}00 + \frac{PMT}{1{,}06} + \frac{PMT}{1{,}06^2} + \ldots + \frac{PMT}{1{,}06^8} = 0$$

Ressaltando que esse detalhe do sinal é irrelevante, pois nos dois casos temos o mesmo valor absoluto da prestação.

B) Cálculo da Captação Líquida (CL)

CL = 1.000.000,00 – 108.605,18 = 891.304,82

C) Cálculo da Taxa Interna de Retorno (TIR)

Conforme já comentado no exemplo 1, para calcularmos manualmente a TIR num problema em que são oito anos, teríamos que resolver uma equação completa do 8º grau, onde não existe fórmula matemática para essa resolução. Apesar de existir fórmula matemática para resolução de equações completas até o 4º grau, é totalmente impraticável se pensar nesse tipo de solução em função de um trabalho "monstruoso" que daria e, além disso, estaríamos limitados a resolver problemas até um número máximo de períodos igual a 4, visto que a partir de 5 (5 meses, 5 anos etc.) seria totalmente impossível resolvermos por fórmulas matemáticas.

Assim, a solução mais recomendável é que utilizemos máquinas de calcular financeiras, as quais possuem programas que resolvem equações de "qualquer" grau, através de métodos de aproximação numérica, visto que as máquinas também "sabem" que não existem fórmulas de equações com grau superior a 4.

Neste caso, a "máquina" nos fornecerá a solução da seguinte equação:

$$-891.304{,}82 + \frac{161.035{,}94}{(1+\text{TIR})} + \frac{161.035{,}94}{(1+\text{TIR})^2} + \ldots + \frac{161.035{,}94}{(1+\text{TIR})^8} = 0$$

E os seguintes passos serão seguidos:

1º) Apertar a tecla "ON" para ligar a máquina;

2º) Apertar a tecla laranja "f", a qual acionará as funções escritas nas teclas em laranja;

3º) Apertar a tecla "CLEAR REG" para apagar todos os registros anteriores;

4º) Digitar o valor da Captação Líquida (891.304,82);

5º) Apertar a tecla "CHS", a fim de pôr o sinal negativo em 891.304,82;

6º) Digitar a tecla "PV", a fim de incluir os 891.304,82 como valor presente;

7º) Digitar o valor da prestação anual (161.035,94);

8º) Apertar a tecla "PMT", a fim de incluir os 161.035,94 como prestação;

9º) Digitar o número 8, que é o número de prestações de 161.035,94;

10º) Apertar a tecla "n", a fim de incluir 8 como número de prestações;

11º) Por fim, apertar a tecla "i", obtendo assim a Taxa Interna de Retorno no valor de 8,999999%, isto é, 9%.

Nota: O fato de a máquina fornecer 8,999999 em vez de 9,0 é decorrente dos arredondamentos nas informações fornecidas.

D) Planilha indicando a despesa de juros de 6% sobre o saldo devedor no processo de amortização da captação bruta de $ 1.000.000,00 após o pagamento de cada uma das 8 parcelas de $ 161.035,94:

Ano	Pagamentos	Despesa com Juros (anual)	
1	161.035,94	6% × 1.000.000,00	60.000,00
2	161.035,94	6% × (1.000.000,00 – 161.035,94 + 60.000,00 = 6% × 898.964,06	53.937,84
3	161.035,94	6% × (898.964,06 – 161.035,94 + 53.937,84) = 6% × 791.865,96	47.511,95
4	161.035,94	6% × (791.865,96 – 161.035,94 + 47.511,96) = 6% × 678.341,98	40.700,52
5	161.035,94	6% × (678.341,98 – 161.035,94 + 40.700,52) = 6% × 558.006,56	33.480,39
6	161.035,94	6% × (558.006,56 – 161.035,94 + 33.480,39) = 6% × 430.451,01	25.827,06
7	161.035,94	6% × (430.451,01 – 161.035,94 + 25.827,06) = 6% × 295.242,13	17.714,52
8	161.035,94	6% × (295.242,13 – 161.035,94 + 17.714,53) = 6% × 151.920,72	9.115,24
Total	**1.288.287,52**	//	**288.287,52**

Obs.: Sendo o montante total pago de $ 1.288.287,52, conforme indicado na tabela acima, então os juros totais pagos foram de $ 288.287,52, tendo em vista que o principal (= captação bruta) foi de $ 1.000.000,00.

E) Planilha indicando os encargos financeiros (= despesa com juros + despesa com amortização dos custos de transação) no total de 9% (TIR), sobre o saldo devedor no processo de amortização da captação líquida de $ 891.304,82 após o pagamento de cada uma das 8 parcelas de $ 161.035,94:

Ano	Pagamentos	Encargos Financeiros (= Despesa com Juros + Despesa com Amortização dos Custos de Transação)	
1	161.035,94	9% × 891.304,82 =	80.217,43
2	161.035,94	9% × (891.304,82 – 161.035,94 + 80.217,43 = 9% × 810.486,31	72.943,77

3	161.035,94	9% × (810.486,31 – 161.035,94 + 72.943,77) = 9% × 722.394,14	65.015,47
4	161.035,94	9% × (722.394,14 – 161.035,94 + 65.015,47) = 9% × 626.373,67	56.373,63
5	161.035,94	9% × (626.373,67 – 161.035,94 + 56.373,63) = 9% × 521.711,36	46.954,02
6	161.035,94	9% × (521.711,36 – 161.035,94 + 46.954,02) = 9% × 407.629,44	36.686,65
7	161.035,94	9% × (407.629,44 – 161.035,94 + 36.686,65) = 9% × 283.280,15	25.495,21
8	161.035,94	9% × (283.280,15 – 161.035,94 + 25.495,21) = 9% × 147.739,42	13.296,55
Total	**1.288.287,52**	//	**396.982,73**

F. Planilha com a indicação da despesa <u>anual</u> dos custos de transação a serem apropriadas:

Ano	Encargos Financeiros (EF)	Despesa com Juros (DJ)	Despesa com Amortização dos Custos de Transação = EF - DJ
1	80.217,43	60.000,00	20.217,43
2	72.943,77	53.937,84	19.005,93
3	65.015,47	47.511,95	17.503,52
4	56.373,63	40.700,52	15.673,11
5	46.954,02	33.480,39	13.473,63
6	36.686,65	25.827,06	10.859,59
7	25.495,21	17.714,52	7.780,69
8	13.296,55	9.115,24	4.181,31
Total	**396.982,73**	**288.287,52**	**108.695,21**

G. Planilha de amortização do principal:

Ano	Pagamentos = juros + principal	Pagamentos dos juros	Amortização do principal
1	161.035,94	60.000,00	101.035,94
2	161.035,94	53.937,84	107.098,10

3	161.035,94	47.511,95	113.523,98
4	161.035,94	40.700,52	120.335,42
5	161.035,94	33.480,39	127.555,55
6	161.035,94	25.827,06	135.208,88
7	161.035,94	17.714,52	143.321,41
8	161.035,94	9.115,24	151.920,70
Total	**1.288.287,52**	**288.287,52**	1.000.000,00

Nas tabelas anteriores, apresentamos as despesas de juros e as despesas com amortização dos custos de transação supondo apropriação anual.

Na prática, a apropriação é mensal, tendo em vista que muitas empresas precisam elaborar balancetes mensais.

Assim, os oito anos seriam divididos em noventa e seis meses e as taxas de juros de 6% e 9% ao ano seriam convertidas para taxas de juros equivalentes ao mês.

No entanto, supondo que a contabilização fosse anual, teríamos os seguintes lançamentos contábeis e apresentação no balanço de forma analítica, supondo que toda movimentação financeira foi realizada em conta-corrente da empresa:

Momento da captação do empréstimo (momento zero):
D – Bancos 1.000.000,00
C – Empréstimos a Pagar 1.000.000,00

D – Custos de Transação a Amortizar (ou "a Apropriar") 108.695,21
C – Bancos 108.695,21

Apresentação no balanço (momento zero):
Empréstimos a Pagar 1.000.000,00
(-) Custos de Transação a Amortizar .... (108.695,21)
891.304,79

Final do período 1
Apropriação dos Encargos Financeiros (juros + despesas com amortização de custos de transação):
D – Encargos Financeiros
Juros Passivos 60.000,00
Custos de Transação .... 20.217,43 .... 80.217,43
C – Empréstimos a Pagar 60.000,00
C – Custos de Transação a Amortizar 20.217,43

Pagamento da 1ª parcela, isto é, pagamento dos juros e amortização do principal):
D – Empréstimos a Pagar 161.035,94
C – Bancos 161.035,94

Apresentação no balanço (final do período 1):	
PASSIVO CIRCULANTE	
Empréstimos a Pagar	161.035,94
(-) Custos de Transação a Amortizar	(19.005,93)
	142.030,01
PASSIVO NÃO CIRCULANTE	
Empréstimos a Pagar	737.928,12
(-) Custos de Transação a Amortizar	(69.471,85)
	668.456,27

Exemplo 4: No início do exercício social de X1 uma companhia emitiu debêntures no valor nominal de \$ 1.000.000,00, com taxa de juros anual contratada de 6%, pelo prazo de oito anos. Para que fosse efetuada tal emissão, a empresa incorreu em custos de transação num total de \$ 60.000,00. Em função do bom desempenho da empresa, esta cobrou dos investidores na emissão dos títulos ágio (ou prêmio) no total de \$ 100.000,00.

Assim, teremos:

A) Cálculo das prestações anuais (R) – Faremos esses cálculos de três formas, onde "A" é o valor da captação "bruta", ou seja, \$ 1.000.000,00; "n" é o número de prestações (n = 8); e "i" é a taxa de juros anual contratada (i = 6,0% = 0,06):

1ª FORMA (com o uso de fórmula matemática):

$$R = A \times \frac{i \times (1+i)^n}{(1+i)^n - 1} = \$\ 1.000.000,00 \times \frac{0,06 \times 1,06^8}{1,06^8 - 1} = \$\ 161.035,94$$

2ª FORMA (com o uso de tabela financeira, a qual fornecerá o Fator de Valor Atual "$a_{n/i}$"):

$$R = \frac{A}{a_{n/i}} = \frac{\$\ 1.000.000,00}{a_{8/0,06}} = \frac{\$\ 1.000.000,00}{6,209794} = \$\ 161.035,94$$

3ª FORMA (com o uso da máquina financeira HP 12C):

1º) Apertar a tecla "ON" para ligar a máquina;

- -

2º) Apertar a tecla laranja "f", a qual acionará as funções escritas nas teclas em laranja;

- -

3º) Apertar a tecla "CLEAR REG" (escrita em laranja) para apagar todos os registros anteriores;

- -

4º) Digitar o número de pagamentos (n = 8);

5º) Apertar a tecla "n", a fim de incluir o 8 como número de prestações;

6º) Digitar a taxa percentual de juros (6,00);

7º) Apertar a tecla "i" para incluir o último registro (6,00) como taxa de juros;

8º) Digitar o valor da captação bruta (1.000.000,00);

9º) Apertar a tecla "PV" (*Present Value*), a fim de incluir o valor da captação bruta como valor presente;

10º) Apertar a tecla azul "g", a qual acionará as funções escritas nas teclas em azul;

11º) Apertar a tecla com a função escrita em azul "END", a fim de informar que a primeira prestação será paga "ao fim" de 1 ano após o recebimento do principal (principal = captação bruta);

12º) Por fim, apertar a tecla "PMT", a qual fornecerá o valor da prestação, ou seja, "– 161.035,94".

B) Cálculo da Captação Líquida (CL)

CL = 1.000.000,00 – 60.000 + 100.000 = 1.040.000,00

C) Cálculo da Taxa Interna de Retorno (TIR) com a máquina HP 12C

1º) Apertar a tecla "ON" para ligar a máquina;

2º) Apertar a tecla laranja "f", a qual acionará as funções escritas nas teclas em laranja;

3º) Apertar a tecla "CLEAR REG" para apagar todos os registros anteriores;

4º) Digitar o valor da Captação Líquida (1.040.000,00);

5º) Apertar a tecla "CHS", a fim de pôr o sinal negativo em 1.040.000,00;

6º) Digitar a tecla "PV", a fim de incluir os 1.040.000,00 como valor presente;

7º) Digitar o valor da prestação anual (161.035,94);

8º) Apertar a tecla "PMT", a fim de incluir os 161.035,94 como prestação;

9º) Digitar o número 8, que é o número de prestações de 161.035,94;

10º) Apertar a tecla "n", a fim de incluir 8 como número de prestações;

11º) Por fim, apertar a tecla "i", obtendo assim a Taxa Interna de Retorno no valor de 5,019253%.

D) Planilha indicando a despesa de juros de 6% sobre o saldo devedor no processo de amortização da captação bruta de $ 1.000.000,00 após o pagamento de cada uma das 8 parcelas de $ 161.095,94:

Ano	Pagamentos	Despesa com Juros (anual)	
X1	161.035,94	6% × 1.000.000,00	60.000,00
X2	161.035,94	6% × (1.000.000,00 – 161.035,94 + 60.000,00 = 6% × 898.964,06	53.937,84
X3	161.035,94	6% × (898.964,06 – 161.035,94 + 53.937,84) = 6% × 791.865,96	47.511,95
X4	161.035,94	6% × (791.865,96 – 161.035,94 + 47.511,96) = 6% × 678.341,98	40.700,52
X5	161.035,94	6% × (678.341,98 – 161.035,94 + 40.700,52) = 6% × 558.006,56	33.480,39
X6	161.035,94	6% × (558.006,56 – 161.035,94 + 33.480,39) = 6% × 430.451,01	25.827,06
X7	161.035,94	6% × (430.451,01 – 161.035,94 + 25.827,06) = 6% × 295.242,13	17.714,52
X8	161.035,94	6% × (295.242,13 – 161.035,94 + 17.714,53) = 6% × 151.920,72	9.115,24
Total	**1.288.287,52**	//	**288.287,52**

E) Planilha indicando os <u>encargos financeiros</u> (= despesa com juros + despesa com amortização dos custos de transação – receita de prêmio na emissão de debêntures) no total de 5,019253% (TIR), sobre o saldo devedor no processo de amortização da <u>captação líquida</u> de $ 1.040.000,00 após o pagamento de cada uma das 8 parcelas de $ 161.035,94:

Ano	Pagamentos	Encargos Financeiros (= Despesa com Juros + Despesa com Amortização dos Custos de Transação – receita de prêmio na emissão de debêntures)	
X1	161.035,94	5,019253% × 1.040.000,00	52.200,23
X2	161.035,94	5,019253% × (1.040.000,00 – 161.035,94 + 52.200,23) = 5,019253% × 931.164,29	46.737,49
X3	161.035,94	5,019253% × (931.164,29 – 161.035,94 + 46.737,49) = 5,019253% × 816.865,84	41.000,56
X4	161.035,94	5,019253% × (816.865,84 – 161.035,94 + 41.000,56) = 5,019253% × 696.830,46	34.975,68
X5	161.035,94	5,019253% × (696.830,46 – 161.035,94 + 34.975,68) = 5,019253% × 570.770,20	28.648,40
X6	161.035,94	5,019253% × (570.770,20 – 161.035,94 + 28.648,40) = 5,019253% × 438.382,66	22.003,53
X7	161.035,94	5,019253% × (438.382,66 – 161.035,94 + 22.003,53) = 5,019253% × 299.350,25	15.025,14
X8	161.035,94	5,019253% × (299.350,25 – 161.035,94 + 15.025,15) = 5,019253% × 153.339,46	7.696,49
Total	**1.288.287,52**	//	**248.287,52**

Nota: Observemos que a diferença entre o total pago ($ 1.288.287,52) e o total dos Encargos Financeiros ($ 248.287,52) é exatamente igual ao valor da captação líquida ($ 1.040.000,00).

F) Planilha com a indicação da amortização dos custos de transação e dos prêmios na emissão de debêntures <u>conjuntamente</u>:

Ano	Despesa com Juros (DJ)	Encargos Financeiros (EF)	Amortização dos Custos de Transação e Prêmio = DJ - EF
X1	60.000,00	52.200,23	7.799,77
X2	53.937,84	46.737,49	7.200,35
X3	47.511,95	41.000,56	6.511,39
X4	40.700,52	34.975,68	5.724,84
X5	33.480,39	28.648,40	4.831,99
X6	25.827,06	22.003,53	3.823,53
X7	17.714,52	15.025,14	2.689,38
X8	9.115,24	7.696,49	1.418,75
Total	**288.287,52**	**248.287,52**	**40.000,00**

G) Planilha com a indicação da amortização dos custos de transação e dos prêmios na emissão de debêntures <u>separadamente</u>:

O primeiro passo é entendermos como iremos calcular separadamente as parcelas amortizadas dos custos de transação e dos prêmios.

Para isso, devemos lembrar que o total dos custos de transação separadamente importou em $ 60.000,00 e o total dos prêmios separadamente importou em $ 100.000,00, razão pela qual o total da coluna de amortização dos custos de transação e dos prêmios conjuntamente importou em $ 40.000,00, ou seja, $ 100.000,00 – $ 60.000,00.

Com isso, devemos concluir que cada uma das oito quotas de amortização conjunta é formada pela diferença entre a correspondente quota de amortização dos prêmios e a quota de amortização dos custos de transação.

Uma das formas matemáticas de resolver o problema é estabelecendo as seguintes relações:

- Prêmio total = 100.000 → Proporcional a 10
- Custo total = 60.0000 → Proporcional a 6
- Diferença = 40.000 → Proporcional a 4

Assim, por exemplo, determinaremos a quota individual de amortização do prêmio no final do primeiro ano dividindo a diferença de 7.799,77 por 4 e multiplicando por 10, ou seja, 7.799,77 multiplicados por 2,50. Da mesma forma, a quota individual de amortização do custo de transação no mesmo ano será igual a 7.799,77 dividido por 4 e multiplicado por 6, ou seja, 7.799,77 multiplicados por 1,50, e assim por diante.

Ano	Amortização (prêmio – custo de transação = receita – despesa)	Amortização do prêmio na emissão das debêntures (= receita)	Amortização dos custos de transação (= despesa)
X1	7.799,77	7.799,77 × 2,50 = 19.499,42	7.799,77 × 1,50 = 11.699,65
X2	7.200,35	7.200,35 × 2,50 = 18.000,88	7.200,35 × 1,50 = 10.800,53
X3	6.511,39	6.511,40 × 2,50 = 16.278,48	6.511,40 × 1,50 = 9.767,08
X4	5.724,84	5.724,84 × 2,50 = 14.312,10	5.724,84 × 1,50 = 8.587,26
X5	4.831,99	4.831,99 × 2,50 = 12.079,98	4.831,99 × 1,50 = 7.247,99
X6	3.823,53	3.823,53 × 2,50 = 9.558,82	3.823,53 × 1,50 = 5.735,29
X7	2.689,38	2.689,38 × 2,50 = 6.723,45	2.689,38 × 1,50 = 4.034,07
X8	1.418,75	1.418,74 × 2,50 = 3.546,87	1.418,74 × 1,50 = 2.128,13
Total	**40.000,00**	**100.000,00**	**60.000,00**

Lançamentos contábeis:

Início do exercício de X1 (emissão das debêntures):

D – Caixa (captação líquida) 1.040.000,00

D – Custos de Transação a Amortizar 60.000,00

C – Debêntures 1.000.000,00

C – Prêmio a Amortizar 100.000,00

Apresentação no balanço no PASSIVO (sem divisão) no início de X1:

Debêntures 1.000.000,00

Prêmio a Amortizar 100.000,00

Custos de Transação a Amortizar .... (60.000,00)

1.040.000,00

Supondo apropriação anual, apropriação dos encargos financeiros ao fim de X1.

1ª Opção – Contabilização analítica:

D – Juros Passivos 60.000,00

D – Custos de Transação 11.699,65

D – Prêmio a Amortizar 19.499,42

C – Receita de Prêmio na Emissão de Debêntures 19.499,42

C – Custos de Transação a Amortizar 11.699,65

C – Debêntures 60.000,00

2ª Opção – Contabilização sintética:

D – Encargos Financeiros

Juros Passivos 60.000,00

Custos de Transação 11.699,65

Receita de Prêmio .... (19.499,42) 52.200,23

D – Prêmio a Amortizar 19.499,42

C – Custos de Transação a Amortizar 11.699,65

C – Debêntures 60.000,00

Pagamento da 1ª das 8 parcelas ao fim de X1:

D – Debêntures 161.035,94

C – Caixa 161.035,94

Apresentação no balanço ao fim de X1:

PASSIVO CIRCULANTE

Debêntures	161.035,94
Prêmio a Amortizar	18.000,88
Custos de Transação a Amortizar	(10.800,53)
	168.236,29

PASSIVO NÃO CIRCULANTE

Debêntures (1.000.000,00 – 161.035,94 – 161.035,94 + 60.000)	737.928,12
Prêmio a Amortizar (100.000,00 – 19.499,42 – 18.000,88)	62.499,70
Custos de Transação a Am. (60.000,00 – 11.699,65 – 10.800,53)	(37.499,82)
	762.928,00

Nota: Em todos os exemplos a expressão "a amortizar" pode ser substituída pelos seguintes sinônimos "a apropriar", "a vencer" ou "a transcorrer".

Comentário final: A conta "Prêmio a Amortizar" representa uma receita diferida. No entanto, apesar do art. 299-B da Lei nº 6.404/76 determinar que as receitas diferidas são classificadas no passivo não circulante, classificamos parte do referido prêmio como passivo circulante (18.000,88), visto que a apropriação se dará no exercício social seguinte. Desta forma, entendemos aqui que não se deve interpretar a Lei das Sociedades por Ações "ao pé da letra", e sim utilizarmos o bom-senso em alguns pontos "aparentemente" polêmicos, mesmo porque há várias partes na referida lei que contrariam <u>explicitamente</u> as atuais normas do CPC, as quais, em geral, têm prioridade em relação a essa lei.

14. Ajuste a Valor Presente

De acordo com o inciso VIII do art. 183 da Lei nº 6.404/76, os elementos do ativo decorrentes de operações de longo prazo serão ajustados a valor presente, sendo os demais ajustados quando houver efeito relevante.

Também de acordo com o inciso III do art. 184 da mesma lei, as obrigações, encargos e riscos classificados no passivo não circulante serão ajustados ao seu valor presente, sendo os demais ajustados quando houver efeito relevante.

O Pronunciamento Técnico que trata de Ajuste a Valor Presente é o CPC 12, o qual, entre outros itens, resumidamente, determina os seguintes:

- ⇨ Os elementos integrantes do ativo e do passivo decorrentes de operações de longo prazo, ou de curto prazo quando houver efeito relevante, devem ser ajustados a valor presente com base em taxas de desconto que reflitam as melhores avaliações do mercado quanto ao valor do dinheiro no tempo e os riscos específicos do ativo e do passivo em suas datas originais.
- ⇨ A mensuração contábil a valor presente, regra geral, é aplicada no **reconhecimento inicial** de ativos e passivos, isto é, no momento em que o ativo ou passivo sujeito a tal ajuste passe a fazer parte do patrimônio da entidade.
- ⇨ VALOR PRESENTE e VALOR JUSTO (ou Valor de Mercado) podem até coincidir em algumas situações, mas **não são sinônimos**. Assim, por exemplo, se o preço de um determinado imóvel no mercado é de R$ 500.000,00, que é o seu valor justo, e o mesmo for vendido mediante financiamento à taxa normal de mercado, de forma que será pago em 10 prestações mensais de R$ 58.000,00, o valor atual desse fluxo de caixa (ou valor presente) na data da compra coincidirá com seu valor justo. No entanto, se for vendido com uma taxa de juro abaixo daquela praticada no mercado, em função do comprador ser um cliente especial, as prestações serão menores que R$ 58.000,00 e o valor presente desse fluxo de caixa será menor do que seu valor justo, ou seja, menor do que seu valor de mercado.
- ⇨ A quantificação do ajuste a valor presente deve ser realizada em **base exponencial** (juros compostos) *pro rata die*, a partir da origem de cada transação, sendo os seus efeitos apropriados nas contas a que se vinculam.
- ⇨ As reversões dos ajustes a valor presente dos ativos e passivos monetários devem ser apropriadas como RECEITAS ou DESPESAS financeiras, a não ser que a entidade possa devidamente fundamentar que o financiamento feito a seus clientes faça parte de suas atividades operacionais, quando então as reversões serão apropriadas com receita operacional. Esse é o caso, por exemplo, quando a entidade opera em dois segmentos distintos: (i) venda de produtos e serviços; e (ii) financiamento das vendas a prazo, e desde que sejam relevantes esse ajuste e os efeitos de sua evidenciação.

Cabe ressaltar que Ajuste a Valor Presente tem relação direta com transações de COMPRA e VENDA, ou seja, tal ajuste é feito no reconhecimento inicial de compras e vendas a longo prazo e a curto prazo quando seus valores forem relevantes.

Desta forma, não há que se falar em Ajuste a Valor Presente, por exemplo, em operações de empréstimos obtidos ou concedidos, tendo em vista que essas operações não envolvem compras ou vendas financiadas.

Exemplo 1: Obs. 9 do item 2.6 do Capítulo 9 (Operações com Mercadorias).

Exemplo 2: Solução do exercício proposto nº 77 do Capítulo 9 (Operações com Mercadorias) ao final do livro.

Exemplo 3: A empresa Alfa S/A, ao final de outubro de X1, vendeu a prazo para a empresa Beta S/A um terreno de seu ativo não circulante recebendo desta 5 promissórias de R$ 2.000,00, vencendo a 1ª no final de novembro de X1 e as demais a cada 30 dias. A taxa de juros na data da venda era de 2% ao mês. O valor contábil do terreno antes da venda era de R$ 7.000,00. Assim, teremos:

1º) Cálculo do Valor Presente (PV – *Present Value*) das 5 promissórias (valor equivalente à venda à vista do terreno), onde "R" é o valor de cada promissória:

$$PV = R \times \frac{(1 + i)^n - 1}{(1 + i)^n \times i} = 2.000{,}00 \times \frac{1{,}02^5 - 1}{1{,}02 \times 0{,}02} = 2.000{,}00 \times 4{,}713459513 = 9.426{,}92$$

Nota: Na máquina financeira HP 12C, seriam seguidas as seguintes etapas para o cálculo do "PV" (Present Value):

(1) <**ON**> (para ligar a máquina)

(2) <**f**> <**REG**> (para zerar os registros anteriores)

(3) <**g**> <**END**> (a 1ª parcela vence ao final do 1º mês)

(4) 5 <**n**> 2 <**i**> (5 parcelas mensais a uma taxa de 2% ao mês)

(5) 2.000,00 <**CHS**> <**PMT**> <**PV**> (finalmente, seria encontrado o Valor Presente no total de 9.426,92)

2º) Cálculo do lucro na venda do terreno (Outras Receitas):

Lucro na venda do terreno = Preço de venda à vista – valor contábil = 9.426,92 – 7.000,00 = 2.426,92

3º) Cálculo do valor do Ajuste a Valor Presente na data da venda, que é o valor das receitas financeiras a apropriar:

Juros Ativos a Vencer = 10.000,00 – 9.426,92 = 573,08

4º) Contabilização na data da venda (final de outubro de X1):

D – Promissórias a Receber 10.000,00

C – Juros Ativos a Vencer (ou "a Apropriar" ou "a Transcorrer") 573,08

C – Terrenos 7.000,00

C – Outras Receitas (lucro na venda de terreno) 2.426,92

5º) Planilha de amortização do crédito e cálculo das receitas mensais de juros:

Data	Recebimento mensal	Receita de juros	Redução do crédito	Valor atual do crédito
Final de Out. X1	–	–	–	9.426,92
Final de nov. X1	2.000,00	2% × 9.426,92 = **188,54**	2.000,00 – 188,54 = **1.811,46**	9.426,92 – 1.811,46 = **7.615,46**
Final de dez X1	2.000,00	2% × 7.615,46 = **152,31**	2.000,00 – 152,31 = **1.847,69**	7.615,46 – 1.847,69 = **5.767,77**
Final de jan. X2	2.000,00	2% × 5.767,77 = **115,36**	2.000,00 – 115,36 = **1.884,64**	5.767,77 – 1.884,64 = **3.883,13**
Final de fev. X2	2.000,00	2% × 3.883,13 = **77,66**	2.000,00 – 77,66 = **1.922,34**	3.883,13 – 1.922,34 = **1.960,79**
Final de mar. X2	2.000,00	2% × 1.960,79 = **39,21**	2.000,00 – 39,21 = **1.960,79**	1.960,79 – 1.960,79 = **ZERO**
TOTAL	**10.000,00**	**573,08**	**9.426,92**	–

6º) Apropriação da Receita de Juros até a data do balanço de 31/12/X1:

Final de nov. de X1:

D – Juros Ativos a Vencer 188,54

C – Juros Ativos 188,54

Final de dez. de X1:

D – Juros Ativos a Vencer 152,31

C – Juros Ativos 152,31

7º) Apresentação do crédito a receber ajustado a valor presente no balanço de 31/12/X1:

ATIVO CIRCULANTE

Promissórias a Receber	6.000,00
Juros Ativos a Vencer (ou Ajuste a Valor Presente)	(232,23)
	5.767,77

EXERCÍCIO RESOLVIDO 2: (PETROBRAS/Fundação Cesgranrio) A Deliberação CVM 564/08 aprova o Pronunciamento Técnico – CPC 12 do Comitê de Pronunciamentos Contábeis – sobre o Ajuste a Valor Presente (AVP).

Sob o enfoque técnico acima, admita que uma empresa faça a venda de um bem por R$ 200.000,00, sendo R$ 80.000,00 em dinheiro e R$ 120.000,00 representados por 3 promissórias anuais de R$ 40.000,00 cada uma, e que, na data da operação, a taxa de juros seja de 18% ao ano. Feito o AVP dos fluxos futuros, foi apurado o valor arredondado de R$ 86.970,00.

O registro contábil a ser realizado pelo vendedor, nos termos da orientação do anexo da Deliberação CVM 564/08, na data da operação, em reais, é:

a)	D – Caixa	80.000,00	
	D – Notas Promissórias a Receber	120.000,00	
	C – Juros a Apropriar		33.030,00
	C – Receita de Venda do Bem		166.970,00
b)	D – Caixa	80.000,00	
	D – Notas Promissórias a Receber	120.000,00	
	C – Receita de Venda do Bem		200.000,00
c)	D – Caixa	80.000,00	
	D – Juros a Valor Presente	6.970,00	86.970,00
d)	D – Caixa	80.000,00	
	D – Notas Promissórias a Receber	86.970,00	
	C – Receita de Venda do Bem		166.970,00
e)	D – Caixa	80.000,00	
	D – Notas Promissórias a Receber	86.970,00	
	D – Desconto a Valor Presente	33.030,00	

(SOLUÇÃO)
Receita de venda = Receita à vista + Receita a prazo = 80.000,00 + 86.970,00 = 166.970,00

Nota: *o valor da Receita a Prazo é exatamente o valor atual do fluxo de caixa (86.970,00).*

- -

Ajuste a Valor Presente (Receita de Juros a Apropriar) = Promissórias a Receber – Valor atual do fluxo de caixa = 120.000,00 – 86.970,00 = 33.030,00

- -

Assim, a conta Caixa será debitada pela entrada do dinheiro à vista (80.000,00), a conta Notas Promissórias a Receber será debitada pela soma do valor das três promissórias (120.000,00), a conta "Receita" de Juros a Apropriar será creditada pelo ajuste a valor presente (33.030,00) e a conta Receita da Venda do Bem será creditada pela soma da receita à vista (80.000,00) com a receita a prazo (86.970,00), ou seja, creditada de 166.970,00.

(Opção a)

Comentário extra: *Para determinarmos o valor atual de um fluxo de caixa, precisamos do número de prestações (n), do valor de cada prestação (R) e da taxa de juros (i). Na questão, temos o seguinte:*

$n = 3$

$R = 40.000,00$
$i = 0,18$ *(ou 18%)*

Desta forma, o valor atual do fluxo de caixa seria:

$$\frac{R\$\ 40.000,00}{(1 + 0,18)} + \frac{R\$\ 40.000,00}{(1 + 0,18)^2} + \frac{R\$\ 40.000,00}{(1 + 0,18)^3} = R\$\ 86.970,00$$

Desta forma, mesmo que no enunciado da questão não fosse fornecido os R$ 86.970,00, daria para resolvê-la.
Ao fornecer esse valor, o objetivo da banca elaboradora foi facilitar o candidato, poupando-o de fazer a conta acima sem o uso de máquina de calcular, a qual sabemos que não é permitida nos concursos em geral.

No entanto, nem sempre os candidatos a concursos públicos devem contar com essa "boa vontade" da banca elaboradora!

EXERCÍCIO RESOLVIDO 3: (PETROBRAS – Contador Júnior/Fundação Cesgranrio) A Comercial de Máquinas Pesadas S.A. vendeu uma máquina nas seguintes condições: entrada R$ 500.000,00 e mais duas parcelas anuais iguais e sucessivas no valor de R$ 968.000,00 cada uma.

Admita a inexistência de impostos e que a taxa de juros para a empresa, na data da venda, seja de 10% ao ano.

O valor da receita de venda da máquina a ser contabilizado no ato da venda, em reais, é:

a) 500.000,00;

b) 1.468.000,00;

c) 2.180.000,00;

d) 2.268.000,00;

e) 2.436.000,00.

(SOLUÇÃO)

$$\textit{Receita a prazo} = \frac{R\$\ 968.000{,}00}{1 + 0{,}1} + \frac{R\$\ 968.000{,}00}{(1 + 0{,}1)^2} = R\$\ 1.680.000{,}00$$

Receita à vista = R$ 500.000,00

Receita de venda = Receita à vista + Receita a prazo

= R$ 1.680.000,00 + R$ 500.000,00 = R$ 2.180.000,00

(Opção c)

EXERCÍCIO RESOLVIDO 4: (Porto de Santos – Contador/Vunesp - Adaptada) A empresa Santista comprou R$ 150.000 de mercadoria em 30 de setembro para pagar em 15 de janeiro do ano subsequente, concordando com uma taxa de juros compostos de 4,5% ao mês comercial, adicionada no preço a prazo, desconsiderados os impostos. Desejando liquidar a dívida antecipadamente no dia 15 de dezembro, os valores das mercadorias à vista, os juros até o vencimento e os juros até a data que se deseja paga, seriam, respectivamente, representados pelas expressões:

a) $[150.000/(1{,}045)^{92/30}]$; $[150.000/(1{,}045)^{76/30}] - [150.000/(1{,}045)^{92/30}]$; $\{150.000 - [150.000/(1{,}045)^{92/30}]\}$

b) $[150.000/(1{,}045)^{102/30}]$; $\{150.000 - [150.000/(1{,}045)^{102/30}]\}$; $[150.000/(1{,}045)^{96/30}] - [150.000/(1{,}045)^{102/30}]$

c) $[150.000/(1{,}045)^{107/30}]$; $\{150.000 - [150.000/(1{,}045)^{107/30}]\}$; $[150.000/(1{,}045)^{76/30}] - [150.000/(1{,}045)^{107/30}]$

d) $[150.000/(1{,}045)^{107/30}]$; $[150.000/(1{,}045)^{76/30}] - [150.000/(1{,}045)^{107/30}]$; $\{150.000 - [150.000/(1{,}045)^{107/30}]\}$;

e) $[150.000/(1{,}045)^{107/30}]$; $\{150.000 - [150.000/(1{,}045)^{107/30}]\}$; $[150.000/(1{,}045)^{31/30}] - [150.000/(1{,}045)^{107/30}]$

(SOLUÇÃO)

Numa operação financeira iniciada em 30 de setembro e terminada em 15 de janeiro, não contamos o 1º dia e contamos o último. Assim, o total de dias será 31 dias + 30 dias + 31 dias + 15 dias = 107 dias.

Visto que a taxa é dada ao mês, 107 dias serão 107/ 30 meses.

- -

Nota: *Na conversão de número de dias para número de meses, a divisão por "30" se explica pelo fato de que toda taxa de juros "mensais" é sempre referenciada ao mês padrão, isto é, mês de 30 dias. Assim, uma taxa de 4,5 % ao mês é equivalente à taxa de 4,5% a cada 30 dias. Daí, 107 dias ser equivalente a 107/30 meses, para efeitos de aplicação da taxa de juros de 4,5% ao mês.*

- -

Assim, utilizaremos a seguinte fórmula para acharmos o ***Valor Presente*** *(PV -* present value*), isto é, valor à vista da mercadoria comprada a prazo pelo* ***Valor Futuro*** *(FV -* future value*):*

$PV = FV \ / \ (1 + i)^n$

$PV = 150.000/\ 1,045^{107/30}$ *(na máquina financeira ou científica encontramos 128.206,44)*

- -

Juros até o vencimento (107 dias) = $FV - PV = 150.000 - [150.000/(1,045)^{107/30}$

- -

Para o cálculo dos juros de 30 de setembro até 15 de dezembro, o "novo" FV será aquele obtido pela aplicação do valor presente de $150.000/1,045^{107/30}$ *a uma taxa de 4,5% ao mês durante 76 dias (= 31 dias + 30 dias + 15 dias = 76/30 meses):*

$$FV\ (15\ de\ dezembro) = \frac{150.000}{1,045^{107/30}} \times 1,045^{76/30} = \frac{150.000}{1,045^{31/30}}$$

- -

Finalmente, os juros até 15 de dezembro serão obtidos pelo seguinte cálculo:

$FV\ (15\ de\ dez.) - PV\ (30\ de\ set.) = 150.000/1,045^{31/30} - 150.000/1,045^{107/30}$

(Opção e)

Comentário extra: *Visto que num concurso público não se pode utilizar nenhum tipo de calculadora, as respostas tiveram que se apresentar em forma exponencial. No entanto, caso se quisesse saber o valor de* $150.000/1{,}045^{107/30}$, *utilizaríamos uma máquina financeira ou científica e encontraríamos, aproximadamente, 128.206,00 como valor da mercadoria à vista. Consequentemente, os juros a apropriar seriam de 21.794,00 e a contabilização na data da compra seria feita da seguinte forma:*

D – Mercadorias.. 128.206,00

D – Juros a Apropriar (ou Ajuste a Valor Presente).. 21.794,00

C – Duplicatas a Pagar.. 150.000,00

15. Operações com Duplicatas

15.1. Introdução

Em muitos casos, empresas que trabalham com vendas a prazo, mediante a emissão de duplicatas, realizam com os bancos operações envolvendo esses títulos.

Entre outras razões, uma das mais comuns é a necessidade imediata de dinheiro, visto que a duplicata tem data de vencimento, e nem sempre a empresa pode esperar.

As operações mais comuns são:

- Cobrança simples de duplicatas
- Desconto de duplicatas
- Empréstimos sob caução de duplicatas

15.2. Cobrança Simples de Duplicatas

Sendo uma empresa correntista de um determinado banco, este poderá prestar, entre outros serviços, a cobrança simples de duplicatas, a qual exige o envio desses títulos ao banco, através de um documento chamado "borderô", que é anexado às duplicatas, a fim de que o banco cobre dos respectivos devedores, em favor da empresa, de forma que, ao recebê-los, o banco creditará na conta da empresa, enviando então um aviso de crédito para a mesma.

As seguintes etapas devem ser seguidas na operação de cobrança simples:

1ª ETAPA: Remessa das duplicatas ao banco

2ª ETAPA: Recebimento das duplicatas via banco e envio do aviso de crédito para a empresa

Na primeira etapa, a empresa deverá:

➪ Registrar a operação utilizando contas de compensação, debitando a conta *Bancos Conta Cobrança* e creditando a conta *Endossos para Cobrança.*

➪ Registrar as despesas bancárias na cobrança das duplicatas, debitando a conta *Despesas Bancárias* e creditanto a conta *BCM.*

Na segunda etapa, a empresa, mediante aviso bancário de recebimento, deverá:

- ⇨ Estornar o lançamento de contas de compensação, debitando a conta *Endossos para Cobrança* e creditando a conta *Bancos Conta Cobrança.*
- ⇨ Registrar o recebimento debitando a conta *BCM* e creditando a conta *Duplicatas a Receber.*

Exemplo: Em 06/02/X1, a Comercial Simão Ltda. enviou ao banco duplicatas no valor de $ 12.000, para cobrança simples, sendo a data de vencimento dessas 17/05/X1. Na operação, o banco cobrou $ 240 de comissões e taxas. Logo:

Lançamentos efetuados na empresa em 06/02/X1:

Pelo envio dos títulos:

D – Bancos Conta Cobrança 12.000

C – Endossos para Cobrança 12.000

Pelas despesas bancárias:

D – Despesas Bancárias 240

C – BCM 240

Lançamentos efetuados na empresa em 17/05/X1, mediante aviso de crédito bancário, referente às duplicatas:

Pela baixa na compensação:

D – Endossos para Cobrança 12.000

C – Bancos Conta Cobrança 12.000

Pelo recebimento das duplicatas:

D – BCM 12.000

C – Duplicatas a Receber 12.000

15.3. Desconto de Duplicatas

De forma diferente do envio de duplicatas para cobrança simples, onde a empresa transfere a posse desses títulos, sem transferir a propriedade, no desconto de duplicatas a empresa transfere a posse e a propriedade.

No entanto, de forma semelhante à operação de cobrança simples, as duplicatas são endossadas e anexadas ao borderô no ato da remessa ao banco.

Ao enviar duplicatas ao banco, este será o novo proprietário, pagando pelas mesmas um valor descontado dos juros cobrados na operação, sendo estes em função do prazo que falta para a liquidação dos títulos. Porém, nessa operação, a empresa está coobrigada, juntamente com os devedores, ao pagamento das duplicatas, isto é, caso os devedores não paguem ao banco, a empresa arcará com a dívida. Esta só poderá dar baixa nas duplicatas descontadas, mediante aviso bancário de recebimento (não confundir com aviso de crédito). Caso contrário, o banco debitará na conta-corrente da empresa e, normalmente, passará os referidos títulos para cobrança simples, caso estes não sejam devolvidos à empresa.

Pelas regras contábeis "antigas", a conta "Duplicatas Descontadas" era posta como retificadora de Duplicatas a Receber no Ativo Circulante (ou Realizável a Longo Prazo), e a apropriação dos juros cobrados antecipadamente era feita pelo método linear (juros simples), sendo as despesas bancárias gastas na operação apropriadas no ato do desconto integralmente.

Atualmente, em função das novas normas contábeis impostas pelo Comitê de Pronunciamentos Contábeis, entendemos que a operação de desconto de duplicatas é semelhante a uma espécie de empréstimo bancário, onde as duplicatas são dadas ao banco em garantia e, portanto, a conta "Duplicatas Descontadas" não deverá mais ser tratada como retificadora do Ativo Circulante e sim como uma conta "normal" do Passivo Circulante (ou Não Circulante), sendo que a conta "Juros a Vencer" (ou "a Apropriar" ou "a Transcorrer") deverá ser tratada como retificadora do passivo, visto que retificará a conta "Duplicatas Descontadas", ressaltando que o tratamento para a apropriação contábil das despesas com esses juros deverá ser em base exponencial (juros compostos), e não mais em base linear como era antes.

Havendo também despesas bancárias em tal operação, essas deverão ser tratadas como Custos de Transação e apropriadas simultaneamente com os juros em base exponencial, através do uso da Taxa Interna de Retorno (*vide* exemplo 1 do item 13).

Exemplo: Ao fim de outubro de X1, a Cia. Pinheiros, que encerra o seu exercício social em 31 de dezembro de cada ano, descontou duplicatas vencíveis em três meses no valor de R$ 30.000,00 no Banco Norte S/A, cobrando, este, antecipadamente, juros de R$ 2.400,00 e mais despesas bancárias de R$ 300,00 pela operação, de tal forma que o mesmo creditou na conta corrente da empresa o valor líquido de R$ 27.300,00. Assim, teremos:

A) Lançamento efetuado na empresa ao final de outubro de X1:

D – BCM 27.300,00

D – Juros a Apropriar 2.400,00

D – Custos de Transação a Apropriar 300,00

C – Duplicatas Descontadas 30.000,00

B) Cálculo da taxa mensal de juro composto:

$$i = (FV/PV)^{1/n} - 1$$

Onde: FV (*Future Value* = Valor Futuro = R$ 30.000,00); PV (*Present Value* = Valor Presente = R$ 30.000,00 – 2.400,00 = 27.600,00); n = 3 meses.

$i = (30.000,00/27.600,00)^{1/3} - 1 = (1,086956522)^{1/3} - 1 = 0,028183723 = 2,8183723\%$

Mês	Despesa com Juros (mensal)	
1 (nov. X1)	2,8183723% × 27.600,00	777,8707548 = 777,87
2 (dez. X1)	2,8183723% × (27.600,00 + 777,8707548) = 2,8183723% × 28.377,8707548	799,794048683 = 799,79
3 (jan. X2)	2,8183723% × (28.377,8707548 + 799,794048683) = 2,8183723% × 29.177,6648034	822,335222605 = 822,34
Total	//	**2.400,00**

Obs: A apropriação linear seria "muito" mais fácil, pois apenas dividiríamos R$ 2.400,00 pelos três meses e encontraríamos R$ 800,00 por mês, em vez de R$ 777,87 no 1º mês; 799,79 no segundo mês; e 822,34 no 3º mês. No entanto, "infelizmente" essa não é mais a realidade contábil atual, ressaltando, no entanto, que é possível que alguns elaboradores de questões de concursos públicos ainda utilizem o critério linear (juros simples) para a apropriação dos juros por questões de simplicidade dos cálculos, apesar de tal procedimento não ser o correto.

C) Cálculo da TIR (Taxa Interna de Retorno):

No caso, é a taxa que faz o valor da Captação Líquida (R$ 27.600,00 – R$ 300,00 = R$ 27.300,00) ser igual ao Montante (R$ 30.000,00) nos três meses. Assim, podemos estabelecer as seguintes igualdades:

$$TIR = (M/CL)^{1/n} - 1$$

$TIR = (30.000,00/27.300,00)^{1/3} - 1 = (1,098901099)^{1/3} - 1 = 1,031936251 - 1 = 0,031936251 = 3,1936251\%$

D) Planilha indicando os Encargos Financeiros (= despesa com juros + despesa com amortização dos custos de transação), no total de 3,1936251% (TIR) sobre o valor da Captação Líquida de R$ 27.300,00:

Mês	Encargos Financeiros (mensal)	
1 (nov. X1)	3,1936251% × 27.300,00	871,85965 = 871,86
2 (dez. X1)	3,1936251% × (27.300,00 + 871,85965) = 3,1936251% × 28.171,85965	899,70358 = 899,70
3 (jan. X2)	3,1936251% × (28.171,85965 + 899,70358) = 3,1936251% × 29.071,56323	928,43674 = 928,44
Total	//	**2.700,00**

E) Planilha com a indicação da despesa <u>mensal</u> dos custos de transação a serem apropriados:

Mês	Encargos Financeiros (EF)	Despesa com Juros (DJ)	Despesa com Amortização dos Custos de Transação = EF - DJ
1 (nov. X1)	871,86	777,87	93,99
2 (dez. X1)	899,70	799,79	99,91
3 (jan. X2)	928,44	822,34	106,10
Total	**2.700,00**	**2.400,00**	**300**

F) Lançamento de apropriação dos encargos financeiros (juros + custos de transação) efetuado na empresa ao final de novembro de X1:

D – Juros Passivos 777,87
D – Custos de Transação 93,99
C – Juros a Apropriar 777,87
C – Custos de Transação a Apropriar 93,99

G) Lançamento de apropriação dos encargos financeiros (juros + custos de transação) efetuado na empresa ao final de dezembro de X1:

D – Juros Passivos 799,79
D – Custos de Transação 99,91
C – Juros a Apropriar 799,79
C – Custos de Transação a Apropriar 99,91

H) Apresentação no balanço de 31/12/X1:

PASSIVO CIRCULANTE

Duplicatas Descontadas	30.000,00
Juros a Apropriar (2.400,00 – 777,87 – 799,79)	(822,34)
Custos de Transação a Apropriar (300,00 – 93,99 – 99,91)	(106,10)
	29.071,56

I) Lançamento de apropriação dos encargos financeiros (juros + custos de transação) efetuado na empresa ao final de janeiro de X2:

D – Juros Passivos	822,34
D – Custos de Transação	106,10
C – Juros a Apropriar	822,34
C – Custos de Transação a Apropriar	106,10

J) Supondo que, em 31/01/X1, o banco receba os R$ 30.000,00 referentes às duplicatas, a empresa, mediante aviso, fará a baixa das duplicatas descontadas da seguinte forma:

D – Duplicatas Descontadas	30.000,00
C – Duplicatas a Receber	30.000,00

K) Supondo que o banco não recebesse as duplicatas, então este teria duas opções:

- Devolveria as duplicatas para a empresa; ou
- Passaria as duplicatas descontadas para cobrança simples.

De qualquer forma, a empresa teria que arcar com o pagamento da dívida, debitando o banco R$ 30.000,00 na conta-corrente da empresa, havendo nesta o seguinte lançamento:

D – Duplicatas Descontadas	30.000,00
C – BCM	30.000,00

EXERCÍCIO RESOLVIDO 5: A comercial atacadista Carioca Ltda., além das vendas à vista, também opera com vendas a prazo, alternando a cobrança de seus clientes em carteira e em bancos. Em 01/03/X1 mantinha as duplicatas de sua emissão nº 09, 11 e 12 descontadas no banco, as de nºs 10, 13 e 14 em carteira de cobrança e as de nºs 06 e 08 em cobrança simples. As duplicatas nºs 06, 08, 09, 10, 11, 12, 13 e 14 tinham, respectivamente, os seguintes valores de face: R$ 1.200, R$ 1.200, R$ 2.250, R$ 2.250, R$ 2.600, R$ 1.000, R$ 1.000 e R$ 1.600.

Ao longo do mês de março, ocorreram os seguintes fatos:

(1) recebimento em carteira das duplicatas nºs 10 e 14;

(2) vendas de mercadorias a prazo com a emissão das duplicatas nºs 15, 16 e 17 no valor de face de R$ 1.160 cada uma;

(3) vendas à vista no valor de R$ 3.400;
(4) desconto bancário das duplicatas n°s 16 e 17;
(5) baixa da duplicata nº 13 por ter sido considerada incobrável;
(6) devolução pelo banco das duplicatas n°s 08 e 09, sem cobrar;
(7) transferência feita pelo banco da duplicata nº 11 para cobrança simples;
(8) recebimento pelo banco das duplicatas n°s 06 e 12.

Assim, com base nas informações supracitadas, pode-se afirmar que os valores dos saldos de Duplicatas a Receber e Duplicatas Descontadas diferem de:

a) R$ 7.210;

b) R$ 6.790;

c) R$ 7.150;

d) R$ 9.300;

e) R$ 7.560.

(SOLUÇÃO)

Duplicatas a Receber (saldo inicial) = 1.200 + 1.200 + 2.250 + 2.250 + 2.600 + 1.000 + 1.000 + 1.600 = 13.100

Duplicatas Descontadas (saldo inicial) = 2.250 + 2.600 + 1.000 = 5.850

Duplicatas a Receber	
13.100	*3.850 (1)*
(2) 3.480	*1.000 (5)*
	1.200 (8)
	1.000 (8)
9.530	

Duplicatas Descontadas	
(6) 2.250	*5.850*
(7) 2.600	*2.320 (4)*
(8) 1.000	
	2.320

Caixa	
(1) 3.850	
(3) 3.400	

Vendas	
	3.480 (2)
	3.400 (3)

Bancos	
(4) 2.320	*2.250 (6)*
(8) 1.200	*2.600 (7)*

Perdas c/Clientes	
(5) 1.000	

Logo, a diferença entre os saldos de Duplicatas a Receber e Duplicatas Descontadas é igual a $ 9.530 – $ 2.320 = $ 7.210 ***(Opção a)***

15.4. Empréstimo sob Caução de Duplicatas

A caução consiste na entrega das duplicatas ao banco em garantia, para a obtenção de empréstimos, mediante endosso e utilização do borderô.

No empréstimo sob caução de duplicatas, de forma semelhante ao desconto de duplicatas, a empresa **transfere a posse e a propriedade das duplicatas** caucionadas, mediante a lavratura de um contrato, onde ficam determinados:

- o valor do empréstimo, geralmente de curto prazo, o qual deverá ser inferior ao valor das duplicatas caucionadas;
- o valor das duplicatas caucionadas;
- as despesas bancárias da empresa na operação.

Obs.: De acordo com a Resolução do Banco Central nº 695, além da lavratura de um contrato, a empresa beneficiária do empréstimo sob caução deverá também assinar uma promissória e entregá-la ao banco.

Exemplo: Em 01/02/X1, a Cia. Industrial Neiva contratou, junto ao Banco da Cidade S/A, a abertura de um crédito de R$ 40.000,00 por caução de duplicatas no valor total de R$ 50.000,00 por um prazo de oito meses. Na operação, o banco cobrou R$ 1.200,00 a título de comissão e despesas sobre o contrato. Assim, na empresa beneficiária do empréstimo, teremos os seguintes lançamentos contábeis:

Pela remessa, mediante borderô, das duplicatas caucionadas (uso de contas de compensação, pois tal remessa é um <u>ato administrativo</u>, e não um fato contábil):

D – Bancos Conta Caução (conta de compensação do ativo) 50.000,00

C – Endossos para Caução (conta de compensação do passivo) 50.000,00

Pela liberação do empréstimo:

D – BCM 40.000,00

C – Empréstimos sob Caução 40.000,00

Pela comissão e despesas cobradas pelo banco na operação:

D – Custos de Transação a Apropriar 1.200,00

C – BCM 1.200,00

OBSERVAÇÃO: *Os lançamentos de apropriação dos juros e dos custos de transação ao longo dos oito meses, ao final de cada mês, serão, respectivamente, os seguintes (excluídos os valores, visto que os mesmos irão variar ao longo dos oito meses de forma exponencial, ou seja, no sistema de juro composto):*

D – Juros Passivos

C – Empréstimos sob Caução

Nota 1: *No decorrer dos oito meses, esta última conta terá sido creditada num total de R$ 10.000,00, que são os juros cobrados pelo banco.*

- -

D – Custos de Transação

C – Custos de Transação a Apropriar

Nota 2: *No decorrer dos oito meses esta última conta terá sido creditada num total de R$ 1.200,00, que são o total das despesas com a operação.*

Findo os oito meses, a empresa dará baixa na conta "Empréstimos sob Caução", a qual já estará com saldo de R$ 50.000,00, tendo em vista o aumento de saldo de R$ 10.000,00 que são os juros totais cobrados pelo banco, sendo tal baixa feita em contrapartida com a conta Duplicatas a Receber, visto que o banco é que as recebeu dos clientes:

D – Empréstimos sob Caução 50.000,00

C – Duplicatas a Receber 50.000,00

Pela baixa no sistema de compensação ao final dos oito meses:

D – Endossos para Caução (conta de compensação do passivo) 50.000,00

C – Bancos Conta Caução (conta de compensação do ativo) 50.000,00

Exercícios de Fixação

1. **Ao efetuar o registro relativo ao aviso bancário de que o cliente, cuja duplicata de $ 700 fora descontada, não efetuou o pagamento, o contabilista responsável pela escrituração da empresa fez indevidamente o seguinte lançamento no livro Diário:**
Duplicatas a Receber
a Duplicatas Descontadas 700
Desta forma, a correção poderá ser feita mediante o seguinte lançamento:
    a) Duplicatas Descontadas
    a Duplicatas a Receber 1.400
    b) BCM
    a Duplicatas a Receber 700
    c) Duplicatas Descontadas
    a BCM 1.400
    d) Duplicatas Descontadas
    a Diversos
    a BCM 700
    a Duplicatas a Receber 700 1.400
    e) Duplicatas Descontadas
    a Duplicatas a Receber 700

2. **Com relação à questão anterior, caso o aviso bancário fosse de quitação da duplicata de $ 700, o lançamento de correção seria:**
    a) Duplicatas Descontadas
    a Duplicatas a Receber 1.400
    b) BCM
    a Duplicatas a Receber 700
    c) Duplicatas Descontadas
    a BCM 1.400
    d) Duplicatas Descontadas
    a Diversos
    a BCM 700
    a Duplicatas a Receber 700 1.400
    e) Duplicatas Descontadas
    a Duplicatas a Receber 700

3. **Em 01/12/X1, o saldo da conta Duplicatas a Receber da Comercial Taquara Ltda. era de $ 78.000. Ao longo de dezembro, ocorreram os seguintes fatos:**
    - **Vendas de mercadorias no valor de $ 80.000, com desconto incondicional concedido de 10%, ICMS 15%, sendo 40% do pagamento à vista e o restante com emissão de duplicatas**
    - **Recebimento de duplicatas no valor de $ 26.000**

– Envio de duplicatas ao Banco ABC S/A, sendo $ 11.000 para cobrança simples, e $ 25.000 em desconto, cobrando o banco 4% de juros

– Baixa de duplicatas incobráveis no valor de $ 5.000, sendo que havia uma provisão para devedores duvidosos no valor de $ 3.800

Sabendo-se que, em dezembro de X1, dos $ 11.000 de duplicatas em cobrança simples o banco recebeu $ 9.000, mantendo $ 2.000 em cobrança simples, e dos $ 25.000 de duplicatas descontadas o banco recebeu $ 21.000, devolvendo, sem cobrar, duplicatas descontadas no valor de $ 4.000, podemos afirmar que o saldo da conta Duplicatas a Receber, em 31/12/X1, era de:

a) $ 60.200;
b) $ 61.200;
c) $ 64.200;
d) $ 39.200;
e) $ 30.200.

4. **Com base no Pronunciamento Técnico CPC 08 – Custos de Transação e Prêmios na Emissão de Títulos e Valores Mobiliários, da relação de itens abaixo, marque a opção que indica o número de DESPESAS FINANCEIRAS:**

■ Juros
■ Atualização monetária
■ Variação cambial
■ Taxas
■ Prêmios
■ Ágios

a) 3;
b) 2;
c) 4;
d) 5;
e) 6.

5. **Em 18/11/X1, a Comercial Dilema S/A, cujo exercício social coincide com o ano-calendário, aplicou $ 60.000 no Banco AMS S/A, para que, em 10/02/X2, resgatasse o valor de $ 64.200. Assim, no exercício social de X1, a empresa irá apropriar como receitas financeiras o valor de (desconsidere o IRRF):**

a) $ 4.200.
b) $ 1.950.
c) $ 1.500.
d) $ 1.750.
e) $ 2.150.

6. **A Empresa KVA S/A, cujo exercício social coincide com o ano-calendário, obteve, em 31/03/X1, um financiamento no valor de US$ 60.000, com vencimento em 31/03/X2. Os juros foram de 16% do valor do financiamento, vencíveis na mesma data do pagamento do principal. Por ocasião do encerramento do exercício de X1, a dívida total da empresa junto ao credor era, de Câmbio:**

31/01/X1: US$ 1 = R$ 0,90
31/12/X1: US$ 1 = R$ 1,10

a) R$ 73.920;
b) R$ 76.560;
c) R$ 76.000;
d) R$ 73.000;
e) R$ 75.220.

7. **Em 13/11/X0, a Transportadora LUX S/A aplicou R$ 40.000,00 em CDB (Certificado de Depósito Bancário) com rendimento prefixado de R$ 2.400. Sendo a data de resgate 21/02/X1 e o IRRF (Imposto de Renda Retido na Fonte) de 15%, pode-se afirmar, considerando exclusivamente os lançamentos relacionados à referida operação a serem feitos em X0, que a variação do Ativo Circulante foi de:**

a) R$ 1.248;
b) R$ 1.152;
c) R$ 42.400;
d) R$ 37.600;
e) ZERO.

8. **O Pronunciamento Técnico CPC 08 regula a contabilização e evidenciação dos CUSTOS DE TRANSAÇÃO incorridos:**
I. na distribuição primária de ações ou bônus de subscrição;
II. na aquisição e alienação de ações próprias;
III. na captação de recursos por meio de empréstimos ou financiamentos;
IV. na captação de recursos pela emissão de títulos de dívida, bem como dos prêmios na emissão de debêntures.
Assim, estão corretas:

a) somente I e II;
b) somente I e III;
c) somente I, II e III;
d) todas;
e) nenhuma.

9. **Em 30/07/X2, a Indústria de Peças Roma Ltda., que encerra seu exercício social em 31 de dezembro de cada ano, obteve um financiamento externo no valor de US$ 50.000.**
Taxas de câmbio (hipotéticas):
30/07/X2 – US$ 1,00 = R$ 0,80
30/09/X2 – US$ 1,00 = R$ 0,90
30/11/X2 – US$ 1,00 = R$ 1,00
31/12/X2 – US$ 1,00 = R$ 1,20
Amortizações efetuadas:
30/09/X2 – US$ 10.000
30/11/X2 – US$ 10.000
Com base nas informações anteriores, marque a opção que indica, em 31/12/X2, antes do encerramento das contas de resultado, o saldo da conta Variações Cambiais Passivas:

a) R$ 14.000.
b) R$ 15.000.
c) R$ 10.000.
d) R$ 12.000.
e) R$ 18.000.

10. **(Auditor da Receita Federal/Esaf) A empresa Delta devia à empresa Gama duplicatas no valor de $ 100,00.**
Para liquidar a dívida, devolveu a mercadoria comprada, acrescido 6% de juros a serem pagos em 60 dias.
O registro, de forma simplificada, na contabilidade de Gama é:

a) Diversos

a Diversos	
Mercadorias	100,00
Juros a Receber	6,00
a Duplicatas a Receber	100,00
a Juros Ativos	6,00

b) Mercadorias

a Diversos	
a Duplicatas a Pagar	100,00
a Juros a Pagar	6,00
	106,00

c) Diversos

a Mercadorias	
Duplicatas a Pagar	100,00
Juros a Pagar	6,00
	106,00

d) Diversos

a Mercadorias	
Duplicatas a Receber	100,00
Juros a Receber	6,00
	106,00

e) Mercadorias

a Diversos	
a Duplicatas a Receber	100,00
a Juros a Receber	6,00
	106,00

11. **Os Ganhos Cambiais são registrados na conta:**
a) Variações Cambiais Ativas;
b) Juros Passivos;
c) Outras Receitas;
d) Prejuízos Eventuais;
e) Variações Monetárias Passivas.

12. **A Cia. Ônix emitiu 8.000 debêntures a R$ 6,00 cada, com taxa de juros compostos de 5% ao ano, com prazo de 4 anos e pagamentos anuais de R$ 13.536,57. Os custos de transação incorridos e pagos foram de R$ 540,00 e houve prêmio na emissão desses títulos, no valor de R$ 1.870,00. Considerando o Pronunciamento Técnico CPC 08**

– Custos de Transação e Prêmios na Emissão de Títulos e Valores Mobiliários, na data da emissão das debêntures, o passivo da empresa irá aumentar em:

a) R$ 48.000,00;
b) R$ 48.540,00;
c) R$ 49.870,00;
d) R$ 47.460,00;
e) R$ 49.330,00.

13. Com relação à questão anterior, a <u>Taxa Interna de Retorno</u> (TIR) pode ser obtida mediante a seguinte igualdade:

a) $\sum_{k=1}^{4} \frac{13.536,57}{(1 + TIR)^k} = 48.000,00$

b) $\sum_{k=1}^{4} \frac{13.536,57}{(1 + TIR)^k} = 50.410,00$

c) $\sum_{k=1}^{4} \frac{13.536,57}{(1 + TIR)^k} = 49.870,00$

d) $\sum_{k=1}^{4} \frac{13.536,57}{(1 + TIR)^k} = 47.460,00$

e) $\sum_{k=1}^{4} \frac{13.536,57}{(1 + TIR)^k} = 49.330,00$

14. A Industrial Siqueira S/A tinha duplicatas a receber descontadas no Banco do Brasil. Em 21/06, recebeu o aviso de que o banco recebera uma duplicata no valor de R$ 1.300. Assim, a contabilização do evento se dará pelo seguinte lançamento:

a) Bancos Conta Movimento
a Duplicatas a Receber 1.300

b) Duplicatas a Receber
a Duplicatas Descontadas 1.300

c) Duplicatas Descontadas
a BCM 1.300

d) Duplicatas a Receber
a BCM 1.300

e) Duplicatas Descontadas
a Duplicatas a Receber 1.300

15. Uma empresa, cujo exercício social coincide com o ano calendário, contraiu uma dívida junto ao Banco VIP S/A, mediante a assinatura de uma promissória nas seguintes condições:

– <u>Nota Promissória</u>:

Data da emissão: 23/11/X0

Vencimento: 13/03/X1

Valor do título: $ 80.000

– <u>Juro</u> = $ 22.000

– <u>Despesas Bancárias</u> = $ 900

– <u>IOF</u> = $ 1.100

Assim, com relação à operação descrita, marque a opção que indica, respectivamente, o valor da <u>captação líquida</u> a ser debitado à conta Banco VIP S/A – Conta Movimento, em 23/11/X0:

a) $ 58.000.
b) $ 56.000.
c) $ 57.100.
d) $ 56.900.
e) $ 80.000.

16. (Técnico da Receita Federal/Esaf) Uma duplicata descontada, paga no vencimento pelo sacado, origina na escrituração do sacador o seguinte lançamento:

a) Bancos – C/Movimento
 a Duplicatas a Receber
b) Bancos – C/Movimento
 a Duplicatas Descontadas
c) Duplicatas Descontadas
 a Duplicatas a Receber
d) Duplicatas a Receber
 a Bancos – C/Movimento
e) Duplicatas a Receber
 a Duplicatas Descontada

17. (Auditor-Fiscal da Receita Federal/Esaf) A firma Duplititus opera com vendas a prazo alternando a cobrança em carteira e em bancos, mediante desconto de duplicatas. Em primeiro de abril mantinha as duplicatas de sua emissão nºs 03, 05 e 08 em carteira de cobrança e as de nºs 04, 06 e 07 descontadas no banco. Cada uma dessas letras tinha valor de face de R$ 60,00, exceto a nº 07, cujo valor era R$ 70,00.

Durante o mês de abril ocorreram os seguintes fatos:

- **Vendas a prazo com emissão das duplicatas nºs 09, 10 e 11 (3 x 50): R$ 150,00**
- **Vendas à vista mediante notas fiscais: R$ 200,00**
- **Desconto bancário das duplicatas nºs 09 e 10: R$ 100,00**
- **Recebimento em carteira das duplicatas nºs 03 e 05: R$ 120,00**
- **Devolução pelo banco da duplicata nº 04, sem cobrar: R$ 60,00**
- **Recebimento pelo banco da duplicata nº 07: R$ 70,00**

Com essas informações podemos concluir que, após a contabilização, o saldo final das contas Duplicatas a Receber e Duplicatas Descontadas será, respectivamente, de:

a) R$ 160,00 e R$ 330,00;
b) R$ 330,00 e R$ 160,00;
c) R$ 140,00 e R$ 160,00;
d) R$ 200,00 e R$ 220,00;
e) R$ 330,00 e R$ 220,00.

18. (Técnico da Receita Federal/Esaf) Em 01/10/1990 foram descontadas duplicatas em Banco. Uma duplicata no valor de $10.000,00, com vencimento para 10/11/1990, não foi liquidada e o Banco transferiu para cobrança simples, no dia do vencimento. Em 01/12/1990, após conseguir um abatimento de 30% no valor da duplicata, o cliente liquidou a dívida junto ao Banco, pagando, ainda, juros de $ 70,00. O registro contábil da operação realizada no dia 01/12/1990 foi assim feito pelo emitente da duplicata:

a) Diversos
a Diversos

Abatimentos Concedidos	3.000,00
Bancos c/Movimento	7.070,00
a Duplicatas a Receber	10.000,00
a Juros Ativos	70,00

b) Diversos
a Diversos

Duplicatas Descontadas	10.000,00
Juros Ativos	70,00
a Bancos c/Movimento	7.070,00
a Abatimentos Concedidos	3.000,00

c) Diversos
a Diversos

Bancos c/Movimento	7.070,00
Abatimentos Auferidos	3.000,00
a Duplicatas Descontadas	10.000,00
a Juros Ativos	70,00

d) Duplicatas Descontadas 10.000,00
a Diversos

a Bancos c/Movimento	7.000,00
a Abatimentos Concedidos	3.000,00

e) Diversos
a Diversos

Duplicatas a Receber	10.000,00
Juros Ativos	70,00
a Abatimentos Concedidos	3.000,00
a Bancos c/Movimento	7.070,00

(Auditor-Fiscal da Receita Federal/Esaf - Alterada) Em 01/10/X1 a CIA. ALVORECER desconta uma nota promissória de $100.000, com vencimento previsto para 31/01/X2, e juros de $ 8.000.
Com base nesta afirmativa, assinale a opção correta nas questões 19 e 20.

19. Na data da operação o registro contábil efetuado foi:

a) débito de $ 92.000 na conta "Notas Promissórias a Pagar" e crédito de igual valor na conta "Banco C/Empréstimos";

b) débito de $ 8.000 em "Despesas Financeiras de Juros", $ 92.000 em "Bancos C/Movimento" e crédito de $ 100.000 em "Notas Promissórias a Pagar";

c) débito de $ 8.000 em "Encargos Financeiros a Transcorrer", $ 92.000 em "Bancos C/ Movimento" e crédito de $ 100.000 em "Notas Promissórias a Pagar";

d) débito de $ 8.000 em "Resultados de Exercícios Futuros – Juros Ativos", $ 92.000 em "Bancos C/Movimento, e crédito de $100.000 em "Notas Promissórias a Pagar";

e) débito de $ 92.000 na conta "Bancos C/Movimento" e crédito de igual valor na conta "Notas Promissórias a Pagar".

20. Em 31/12/X1, quando a empresa apresentar seu Balanço Patrimonial, o efeito gerado pela operação retrocitada na apuração do resultado da empresa, supondo apropriação linear (juros simples), será:

a) nulo, por se tratar de Resultados de Exercícios Futuros;

b) de apropriação de despesa financeira em $ 4.000;

c) de apropriação de despesa financeira em $ 8.000;

d) de apropriação de despesa financeira em $ 2.000;

e) de apropriação de despesa financeira em $ 6.000.

21. Admita que a Cia. TWA no final de X0 captou R$ 500.000,00 num empréstimo bancário com prazo de 3 anos à taxa de juro de 10% ao ano a ser pago em uma única prestação ao final desse prazo. Desta forma, considerando as normas do CPC e supondo não haver custos de transação na operação, o valor das despesas financeiras a serem apropriadas no exercício social de X3 será de:

a) R$ 50.000,00;

b) R$ 55.000,00;

c) R$ 55.500,00;

d) R$ 60.500,00;

e) R$ 165.500,00.

22. (Auditor-Fiscal da Receita Federal/Esaf – Adaptada) Dados de um financiamento externo obtido pela Comercial Exportadora Cajueiro S/A:

Valor do Financiamento: US$ 100,000.00

Data da operação: 31/12/89

Taxa de câmbio (hipotéticas):

31/12/89 $ 50,00/US$ 1.00

30/06/90 $ 70,00/US$ 1.00

31/12/90 $ 90,00/US$ 1.00

Amortizações Efetuadas:

30/06/90 US$ 50.000.00

31/12/90 US$ 25.000.00

As perdas cambiais, em função dos pagamentos efetuados e da avaliação do saldo da obrigação em moeda estrangeira no balanço, somente foram contabilizadas em 31/12/1990.

Analise os dados fornecidos, faça os cálculos necessários e, em seguida, assinale a opção que contenha a conta de resultado debitada e o montante das perdas, respectivamente:

a) Variações Cambiais Ativas e $ 3.000.000,00.

b) Despesas Financeiras e $ 2.250.000,00.

c) Variações Cambiais Passivas e $ 2.250.000,00.

d) Variações Cambiais Ativas e $ 4.000.000,00.

e) Variações Cambiais Passivas e $ 3.000.000,00.

23. Sejam os seguintes itens:

– Venda de mercadorias a prazo com emissão de duplicatas

– Envio de mercadorias para consignação

– Envio de duplicatas ao banco para cobrança simples

– Envio de duplicatas ao banco para desconto

– Envio de duplicatas ao banco para obtenção de um empréstimo sob caução das mesmas

Assim, há transferência de posse mas não de propriedade:

a) apenas em I;

b) apenas em II e V;

c) apenas em II e III;

d) apenas em III;

e) apenas em I e III.

24. (Auditor-Fiscal da Receita Federal/Esaf – Modificada) O saldo, em 01/06/X3, da conta Duplicatas a Receber era de $ 45,00.

No mês de junho ocorreram os seguintes fatos:

– Vendas a prazo	**$ 190,00**
– Venda à vista	**$ 240,00**
– Recebimento de duplicatas	**$ 030,00**
– Desconto de duplicatas, no Banco Segurança	**$ 110,00**
– Recebimento de duplicatas, pelo Banco Segurança	**$ 090,00**

Considerando que o Banco devolveu, sem cobrar, duplicatas descontadas no valor de $20,00, podemos afirmar que o saldo da conta Duplicatas a Receber, em 30/06/X3, era de:

a) $ 355,00;

b) $ 95,00;

c) $ 235,00;

d) $ 135,00;

e) $ 115,00.

<u>Enunciado comum às questões 25 a 27</u>: A revendedora de equipamentos industriais Falcão S/A vendeu um equipamento nas seguintes condições: entrada R$ 43.000,00 e mais duas parcelas anuais iguais e sucessivas no valor de R$ 58.320,00 cada uma, com o recebimento de duas promissórias.

Admita a inexistência de impostos e que a taxa de juros para a empresa, na data da venda, seja de 8% ao ano.

25. Considerando o Pronunciamento Técnico CPC 12 – Ajuste a Valor Presente, o valor da receita de venda da máquina a ser contabilizado no ato da venda é:

a) R$ 159.640,00;
b) R$ 151.000,00;
c) R$ 143.000,00;
d) R$ 147.000,00;
e) R$ 150.000,00.

26. A contabilização no ato da venda feito pela empresa Falcão S/A será feita da seguinte forma:

a)

D – Caixa	43.000,00
D – Promissórias a Receber	116.640,00
C – Juros Ativos a Apropriar	8.640,00
C – Receita de Venda	151.000,00

b)

D – Caixa	43.000,00
D – Promissórias a Receber	116.640,00
C – Juros Ativos a Apropriar	16.640,00
C – Receita de Venda	143.000,00

c)

D – Caixa	43.000,00
D – Promissórias a Receber	116.640,00
C – Juros Ativos a Apropriar	12.640,00
C – Receita de Venda	147.000,00

d)

D – Caixa	43.000,00
D – Promissórias a Receber	116.640,00
C – Receita de Vendas	159.640,00

e) Nenhum dos lançamentos anteriores

27. Supondo que a venda fosse feita ao final do ano 0, então ao final do ano 1 a apropriação da receita de juros será feita da seguinte forma:

a)

D – Juros Ativos a Apropriar	6.320,00
C – Juros Ativos	6.320,00

b)

D – Juros Ativos a Apropriar	8.320,00
C – Juros Ativos	8.320,00

c)

D – Juros Ativos a Apropriar	4.320,00
C – Juros Ativos	4.320,00

d)

D – Juros Ativos a Apropriar	5.320,00
C – Juros Ativos	5.320,00

e) Não há receita de juros a apropriar

28. (Bacen/Vunesp) Em 05/05/X4, determinada empresa fez uma aplicação financeira de 25.000; o resgate integral ocorreu em 16/05/X4; o rendimento bruto creditado foi de 2.500, o IRRF foi de 125 e o IOF retido na fonte foi de 78. Os valores a serem contabilizados, na data do resgate, a débito de Bancos C/Movimento e a crédito de Receitas Financeiras são, <u>respectivamente</u>:

a) 27.500 e 2.295;
b) 27.422 e 2.375;
c) 27.375 e 2.422;
d) 27.297 e 2.500;
e) 27.297 e 2.297.

<u>Enunciado comum às questões 29 a 31</u>: Uma empresa adquiriu em 10/10/X1 mercadorias a prazo aceitando uma duplicata de R$ 48.000,00 para 30/04/X2. Caso as mercadorias tivessem sido adquiridas à vista, o valor seria de R$ 40.000,00 (considere todos os meses com 30 dias).

29. Com base no Pronunciamento Técnico CPC 12 – Ajuste a Valor Presente, a taxa de juro mensal "i" cobrada na operação foi de:

a) $i = (1{,}2^{20/3} - 1) \times 100\%$ a.m.;
b) $i = (1{,}2^{0{,}15} - 1) \times 100\%$ a.m.;
c) $i = (1{,}2^{1/6} - 1) \times 100\%$ a.m.;
d) $i = (0{,}2)^{3/20} \times 100\%$ a.m.;
e) $i = (0{,}2)^{20/3} \times 100\%$ a.m.

30. Considerando a questão anterior, o lançamento contábil feito pela empresa compradora da mercadoria em 10/10/X1 será:

a) D – Mercadorias 48.000,00
C – Duplicatas a Pagar 48.000,00

b) D – Mercadorias 40.000,00
D – Juros Passivos 8.000,00
C – Duplicatas a Pagar 48.000,00

c) D – Mercadorias 48.000,00
C – Juros a Pagar 8.000,00
C – Duplicatas a Pagar 40.000,00

d) D – Mercadorias 40.000,00
C – Duplicatas a Pagar 40.000,00

e) D – Mercadorias 40.000,00
D – Juros a Apropriar 8.000,00
C – Duplicatas a Pagar 48.000,00

31. **Admitindo que a taxa de juro mensal na operação seja de 2,772563%, ao final de novembro a empresa apropriou as despesas financeiras do mês, fazendo a seguinte contabilização:**
D – Juros Passivos .... ?
C – Juros a Apropriar .... ?
Desta forma, o valor da despesa financeira de novembro foi, em R$, de:
a) $40.000 \times 1{,}02772563^{2/3} \times 0{,}02772563$;
b) $40.000 \times 1{,}02772563^{5/3}$;
c) $40.000 \times 1{,}02772563$;
d) $40.000 \times 0{,}02772563^{2/3}$;
e) $40.000 \times 0{,}02772563$.

32. **(PETROBRAS – Contador Júnior/Fundação Cesgranrio) Qual é a principal característica daTaxa Interna de Retorno (TIR)?**
a) A taxa de desconto apresentada, que torna o valor presente líquido negativo.
b) A taxa de desconto apresentada, que torna o valor presente líquido positivo.
c) O retorno do investimento necessariamente deve ser menor do que zero.
d) O retorno do investimento precisa ser maior do que zero.
e) O valor presente das entradas de caixa se iguala ao investimento inicial.

33. **(PETROBRAS – Auditor Júnior/Fundação Cesgranrio) Um investidor aplicou a quantia de R$ 20.000,00 a umataxa de 3% ao mês, por um período de 60 dias. Considerandoque a aplicação foi realizada com capitalização compostamensal, no final do período o investidor acumulará,em reais, um valor bruto de:**
a) 21.218,00;
b) 21.320,00;
c) 22.208,00;
d) 23.620,00;
e) 24.310,00.

34. **(PETROBRAS – Auditor Júnior/Fundação Cesgranrio) Luís decidiu aplicar R$ 10.000,00 durante 2 meses. Comisso, o Banco lhe ofereceu 5 tipos de investimento, todos com capitalização mensal, conforme descrito abaixo.**
Alfa – 0,5% ao mês – com capitalização simples
Beta – 0,5% ao mês – com capitalização composta
Gama – 0,4% ao mês – com capitalização simples
Teta – 0,4% ao mês – com capitalização composta
Ômega – 0,3% ao mês – com capitalização composta
Optando pelo investimento mais rentável e desconsiderando a carga tributária incidente, Luís deverá escolher a carteira:
a) Alfa;
b) Beta;
c) Gama;
d) Teta;
e) Ômega.

35. **(Cia. Docas – BA – Contador/FGV) A Cia. V obtém um empréstimo de um banco no exterior no valor de US$ 20,000, para pagamento em dez anos, com incorrência de juros mensais. Os juros têm carência de um ano. Qual é o tratamento contábil para reconhecimento dos juros?**

a) Os juros devem ser contabilizados mensalmente, a partir do primeiro pagamento.
b) Os juros devem ser contabilizados a cada mês.
c) Os juros devem ser contabilizados a cada ano, no momento de apuração do resultado.
d) Os juros devem ser contabilizados ao final dos dez anos.
e) Os juros devem ser contabilizados quando houver variação do dólar.

36. **(PETROBRÁS – Contador(a) Júnior/Fundação Cesgranrio) A Companhia Máquinas Pesadas Supimpa S/A vendeu um equipamento pesado nas seguintes condições:**

- **Valor de venda = R$ 22.500,00**
- **Entrada 20% e o restante em 3 parcelas anuais iguais e sucessivas**
- **Juros na data da operação = 10% a.a.**
- **Tabela das taxas de desconto a 10% a.a.:**

Período 0	**1,00000**
Período 1	**0,90909**
Período 2	**0,82645**
Período 3	**0,75131**
Período 4	**0,68301**

Considerando-se o disposto no CPC 12 – Ajuste a Valor Presente –, o valor da receita da Companhia Supimpa, apurado no mesmo dia da venda desse equipamento, é:

a) R$ 4.090.905,00;
b) R$ 4.500.000,00;
c) R$ 19.421.100,00;
d) R$ 20.454.525,00;
e) R$ 22.500.000,00.

37. **(Porto de Santos – Contador/Vunesp) Um determinado investimento de R$ 100.000,00 deve proporcionar entradas de caixa futuras de R$ 30.000,00; R$ 37.500,00 e R$ 57.500,00 em três períodos sucessivos. A taxa interna de retorno deste fluxo de caixa deve ser encontrada pela expressão:**

a) $\{[30.000/(1 + i)^3] + [37.500/(1 + i)^2] + [57.500/(1 + i)] - 100.000\} = 0$
b) $100.000 + \{[30.000/(1 + i)] + [37.500/(1 + i)^2] + [57.500/(1 + i)^3] = 0$
c) $\{- 100.000 + \{[30.000/(1 + i)^2] + [37.500/(1 + i)] + [57.500/(1 + i)^3]\} \neq 0$
d) $- 100.000 + \{[30.000^3/(1 + i)] + [37.500/(1 + i)^2] + [57.500/(1 + i)^3] = 0$
e) $\{- 100.000 + \{[30.000/(1 + i)] + [37.500/(1 + i)^2] + [57.500/(1 + i)^3]\} = 0$

38. (Tribunal Regional do Trabalho – 3ª Região – Analista Judiciário/ FCC) A empresa Falida S.A. obteve um empréstimo no valor de R$ 150.000,00 no Banco Sem Fundo S.A., no dia 30/11/08, com vencimento em quatro meses e com taxa de juros pré-fixada de 4% a.m. (juros simples). No dia da contratação do empréstimo, a empresa debitou a conta Bancos no valor de

a) R$ 150.000,00, debitou a conta Despesa de Juros no valor de R$ 24.000,00 e creditou a conta Empréstimos R$ 174.000,00.

b) R$ 150.000,00 e creditou a conta Empréstimos R$ 150.000,00.

c) R$ 150.000,00, debitou a conta Despesas de Juros no valor de R$ 6.000,00 e creditou a conta Empréstimos R$ 156.000,00.

d) R$ 174.000,00, creditou a conta Juros a Transcorrer (Ativo) no valor de R$ 24.000,00 e creditou a conta Empréstimos R$ 150.000,00.

e) R$ 150.000,00, debitou a conta Juros a Transcorrer (Passivo) no valor de R$ 24.000,00 e creditou a conta Empréstimos R$ 174.000,00.

39. (Agente Fiscal de Rendas – SP/FCC) Em 1º/03/2013, a Empresa Esperança fez uma captação de recursos no mercado financeiro, por meio de debêntures, no valor de R$ 5.000.000,00, incorrendo em custos de transação no valor de R$ 450.000,000. A taxa de juros compostos contratual da operação foi de 10% ao ano, sendo que a empresa fará o resgate das debêntures, num único pagamento (principal e juros), ao final de três anos. Pelas regras atuais, em 1º/03/2013, a Empresa Esperança:

a) não reconheceu Despesa com Encargos Financeiros;

b) reconheceu Despesa com Encargos Financeiros de 450.000,00;

c) reconheceu Despesa com Encargos Financeiros de 950.000,00;

d) reconheceu Despesa com Encargos Financeiros de 1.655.000,00;

e) reconheceu Despesa com Encargos Financeiros de 2.105.000,00.

Capítulo 12

Balanço Patrimonial

1. Conceito

O Balanço Patrimonial é a demonstração contábil que tem por objetivo evidenciar o patrimônio de uma entidade em dado momento (normalmente, em 31 de dezembro de cada ano).

2. Obrigatoriedade

De acordo com o inciso I do art. 176 da Lei nº 6.404/1976, ao fim de cada exercício social a diretoria fará elaborar, com base na escrituração mercantil da companhia, entre outras demonstrações contábeis, o balanço patrimonial e, posteriormente, publicá-lo juntamente com as demais demonstrações contábeis.

De acordo com o § 1º do referido artigo, as demonstrações de cada exercício serão publicadas com a indicação dos valores correspondentes das demonstrações do exercício anterior. Desta forma, ao publicar o balanço do exercício atual, uma companhia deverá publicar também o balanço do exercício anterior.

Exemplo:

ATIVO	20X1	20X0	PASSIVO	20X1	20X0
Circulante			**Circulante**		
Caixa e Bancos	18.000	15.000	Fornecedores	10.700	12.100
Clientes	32.000	29.000	Salários a Pagar	4.000	3.500
Estoques	7.000	11.000	INSS a Recolher	1.200	900
			FGTS a Recolher	320	280
Não Circulante			IRRF a Recolher	480	220
Realizável LP			IR a Pagar	-	2.000
Empréstimos a Sócios	-	14.000	CSLL a Pagar	-	1.000
			Não Circulante		
Investimentos			Financiamentos	31.000	31.000
Imóveis Alugados	23.000	23.000	Receitas Diferidas	1.300	1.000
Imobilizado			**Patrimônio Liquido**		
Veículos	20.000	20.000	Capital Social	50.000	50.000
Depreciação Acumulada	(10.000)	(6.000)	Reserva Legal	-	4.000
			Prejuízos Acumulados	(9.000)	-
TOTAL DO ATIVO	**90.000**	**106.000**	**TOTAL DO PASSIVO**	**90.000**	**106.000**

De acordo com o § 2º do mesmo artigo, nas demonstrações, as contas semelhantes poderão ser agrupadas; os pequenos saldos poderão ser agregados, desde que indicada a sua natureza e não ultrapassem um décimo do valor do respectivo grupo; mas é vedada a utilização de designações genéricas, como "diversas contas" ou "contas correntes". Assim, se uma empresa tiver, por exemplo, um estoque de "Materiais de Escritório" no valor de R$ 1.200,00 e "Materiais de Limpeza" no valor de R$ 400,00, seria aceitável a agregação em "Materiais de Consumo" no valor de R$ 1.600,00, desde que o valor do grupo de contas a que pertençam esses materiais fosse, no mínimo, de R$ 16.000,00.

3. Exercício Social (Lei nº 6.404/1976, art. 175)

O *caput* do art. 175 da Lei nº 6.404/1976 define o tempo de duração do exercício social. Segundo esse artigo, o exercício social terá a duração de 1 ano e a data do término será fixada no estatuto da companhia.

Observações:

1) Não há a obrigatoriedade de o exercício social seguir o ano-calendário. Porém, na maioria dos casos, as empresas preferem seguir o ano-calendário, ou seja, começam o exercício social no dia 1º de janeiro e encerram no dia 31 de dezembro. Consequentemente, os seus balanços representarão os seus patrimônios no dia 31 de dezembro de cada ano.

2) Na constituição da companhia e nos casos de alteração estatutária, o exercício social poderá ter duração diversa (art. 175, parágrafo único).

3) De acordo com o item 1 do Pronunciamento Técnico CPC 21 (R1) – Demonstração Intermediária, as companhias ABERTAS, quando não exigido de forma diferente legalmente, são incentivadas a divulgar demonstrações contábeis intermediárias de acordo com os princípios de reconhecimento, mensuração e de divulgação contidos nesse Pronunciamento. Especificamente, as companhias abertas são encorajadas a: (a) disponibilizar demonstrações contábeis intermediárias pelo menos semestralmente; e (b) provê-las em até 60 dias após o fim do período intermediário. De acordo com o item 4 do mesmo CPC, PERÍODO INTERMEDIÁRIO é um período inferior àquele do exercício social completo (inferior a 01 ano).

Complementando a observação 3, abaixo reproduzimos os itens 20 a 22 do CPC 21 (R1) e os índices A1 e A2 do apêndice desse CPC:

Item 20: Demonstrações contábeis intermediárias devem incluir as demonstrações contábeis (condensadas ou completas) para os seguintes períodos:
(a) balanço patrimonial ao fim do período intermediário corrente e o balanço patrimonial comparativo do final do exercício social imediatamente anterior;

(b) demonstração do resultado e demonstração do resultado abrangente do período intermediário corrente e acumulado no exercício social corrente, comparadas com as dos períodos intermediários do exercício social anterior (corrente e acumulado no ano). Conforme permitido no Pronunciamento Técnico CPC 26 – Apresentação das Demonstrações Contábeis, a demonstração do resultado abrangente pode ser apresentada em quadro demonstrativo próprio ou incluída dentro das mutações do patrimônio líquido;

(c) demonstração das mutações do patrimônio líquido acumuladas no ano, com demonstração comparativa também acumulada do exercício social anterior;

(d) demonstração dos fluxos de caixa acumulados no ano, com demonstração comparativa também acumulada do exercício social anterior.

Item 21: Para a entidade cujos negócios sejam altamente sazonais, podem ser úteis informações financeiras para os últimos doze meses terminados no final do período intermediário e para os doze meses anteriores comparáveis. Portanto, entidades cujos negócios são altamente sazonais são encorajadas a considerar a divulgação de tais informações em adição às informações referidas no item anterior.

Item 22: O Apêndice A ilustra os períodos requeridos a serem apresentados por entidade que divulga semestralmente e para a entidade que divulga trimestralmente.

Entidade que divulga ou publica demonstrações contábeis intermediárias SEMESTRALMENTE

Item A1: O exercício social da entidade se encerra em 31 de dezembro (ano calendário). A entidade vai apresentar as seguintes demonstrações contábeis (condensadas ou completas) no seu relatório intermediário semestral de 30 de junho de 20X1:

Balanço Patrimonial:
Em 30 de junho de 20X1 31 de dezembro de 20X0

Demonstração do Resultado e do Resultado Abrangente:
6 meses finalizando em 30 de junho de 20X1 30 de junho de 20X0
Demonstração dos Fluxos de Caixa:
6 meses finalizando em 30 de junho de 20X1 30 de junho de 20X0
Demonstração das Mutações do Patrimônio Líquido:
6 meses finalizando em 30 de junho de 20X1 30 de junho de 20X0

Entidade que divulga ou publica demonstrações contábeis intermediárias TRIMESTRALMENTE

Item A2: O exercício social da entidade se encerra em 31 de dezembro (ano calendário). A entidade vai apresentar as seguintes demonstrações contábeis (condensadas ou completas) nos seus três relatórios intermediários trimestrais, de 31 de março de 20X1 (1º trim 20X1), de 30 de junho de 20X1 (2º trim 20X1) e de 30 de setembro de 20X1 (3º trim 20X1):

Balanço Patrimonial no final do período intermediário e balanço comparativo do ano financeiro imediatamente anterior:

31-mar-20X1 e 31-dez-20X0

30-jun-20X1 e 31-dez-20X0

30-set-20X1 e 31-dez-20X0

Demonstrações do Resultado e do Resultado Abrangente do período intermediário corrente e acumulado do ano, comparadas com os mesmos períodos do ano anterior:

1º Trim 20X1:

(três meses) 01-jan-20X1 a 31-mar-20X1 e 01-jan-20X0 a 31-mar-20X0

2º Trim 20X1:

(seis meses) 01-jan-20X1 a 30-jun-20X1 e 01-jan-20X0 a 30-jun-20X0

(três meses) 01-abr-20X1 a 30-jun-20X1 e 01-abr-20X0 a 30-jun-20X0

3º Trim 20X1:

(nove meses) 01-jan-20X1 a 30-set-20X1 e 01-jan-20X0 a 30-set-20X0

(três meses) 01-jul-20X1 a 30-set-20X1 e 01-jul-20X0 a 30-set-20X0

Demonstração das Mutações do Patrimônio Líquido acumulada no ano até a data do período intermediário, comparada com o mesmo período do ano anterior:

1º Trim 20X1:

(três meses) 01-jan-20X1 a 31-mar-20X1 e 01-jan-20X0 a 31-mar-20X0

2º Trim 20X1:

(seis meses) 01-jan-20X1 a 30-jun-20X1 e 01-jan-20X0 a 30-jun-20X0

3º Trim 20X1:

(nove meses) 01-jan-20X1 a 30-set-20X1 e 01-jan-20X0 a 30-set-20X0

Demonstração dos Fluxos de Caixa acumulada no ano até a data do período intermediário, comparada com o mesmo período do ano anterior:

1º Trim 20X1:

(três meses) 01-jan-20X1 a 31-mar-20X1 e 01-jan-20X0 a 31-mar-20X0

2º Trim 20X1:

(seis meses) 01-jan-20X1 a 30-jun-20X1 e 01-jan-20X0 a 30-jun-20X0

3º Trim 20X1:

(nove meses) 01-jan-20X1 a 30-set-20X1 e 01-jan-20X0 a 30-set-20X0

4. Notas Explicativas

Com base no disposto no § 4º do art. 176 da Lei nº 6.404/1976, podemos concluir que o Balanço Patrimonial e as demais demonstrações contábeis serão complementados por **notas explicativas** e outros quadros analíticos ou demonstrações contábeis necessários para esclarecimento da situação patrimonial e dos resultados do exercício.

De acordo com o § 5º do referido artigo, as notas deverão indicar:

a) Os principais critérios de avaliação dos elementos patrimoniais, especialmente estoques, dos cálculos de depreciação, amortização e exaustão, de constituição de provisões para encargos ou riscos, e dos ajustes para atender a perdas prováveis na realização de elementos do ativo. **Exemplo:** As notas explicativas da Cia. ALFA indicaram os seguintes critérios de avaliação dos elementos patrimoniais:

– Os estoques de mercadorias foram registrados pelo custo médio de aquisição, ou valor de mercado, dos dois o menor.

– As aplicações financeiras a curto e longo prazos foram registradas pelo custo de aquisição mais juros e correção monetária até a data do encerramento do exercício social de 20X3.

– Os bens do ativo imobilizado tangível foram registrados pelo custo de aquisição deduzido da respectiva depreciação computada pelo método das quotas constantes, sendo utilizadas as seguintes taxas anuais, conforme determinação da Secretaria da Receita Federal: veículos 20%, móveis e utensílios 10% e edificações 4%.

b) Os investimentos em outras sociedades, quando relevantes (será visto no Capítulo 16).

c) O aumento de valor de elementos do ativo resultante de novas avaliações (será visto no item 11.5 deste capítulo).

d) Os ônus reais constituídos sobre elementos do ativo, as garantias prestadas a terceiros e outras responsabilidades eventuais ou contingentes. **Exemplo:** Entre outros fatos, as notas explicativas da Cia. ALFA indicaram os seguintes:

– Em 31/12/X3, a empresa tem em seu imobilizado um caminhão adquirido por R$ 35.000,00 mediante alienação fiduciária, faltando para a quitação 14 prestações de R$ 2.130,00.

– O prédio da fábrica localizada na Rua Pedro Alcântara nº 30 poderá ser desapropriado, pois está em litígio junto à Prefeitura.

– O prédio da fábrica localizada na Rua Alencar no valor de R$ 56.000,00 foi hipotecado para garantia de financiamentos bancários.

e) A taxa de juros, as datas de vencimento e as garantias das obrigações a longo prazo. **Exemplo:** A taxa mensal de juros dos empréstimos bancários a longo prazo é de 3,2%. Para a garantia de tais empréstimos, foram penhoradas mercadorias no valor de R$ 65.000,00. Na data do atual balanço (31/12/X0), os referidos empréstimos têm os seguintes vencimentos:

R$ 12.000,00	01/07/X2
R$ 23.000,00	01/11/X3
R$ 10.000,00	01/06/X4

f) O número, espécies e classes das ações do capital social. **Exemplo:** O Capital Social da companhia está dividido em 60.000 ações de valor nominal R$ 25,00 cada, sendo 40.000 ações ordinárias, 12.000 ações preferenciais de dividendos mínimos de R$ 4,50 e 8.000 ações preferenciais de dividendos fixos de R$ 3,00.

g) As opções de compra de ações outorgadas e exercidas no exercício. **Exemplo:** No exercício social de X1, foram emitidas 11.000 novas ações ordinárias de valor nominal R$ 25,00, com ágio de 20%.

h) Os ajustes de exercícios anteriores (será visto no item 4.2 do Capítulo 14).

i) Os eventos subsequentes à data do encerramento do exercício que tenham ou possam vir a ter efeito relevante sobre a situação financeira e os resultados futuros da companhia. **Exemplo:** Parte dos estoques evidenciados no ativo circulante no balanço de 31/12/X1, em 12/01/X2, foram destruídos, devido a um incêndio no depósito.

5. Formas de Apresentação

O balanço patrimonial pode ser apresentado em colunas justapostas ou colunas sobrepostas.

ATIVO	PASSIVO
Bens + Direitos	Exigível
	Não Exigível

Colunas justapostas

ATIVO
Bens + Direitos
PASSIVO
Exigível
Não Exigível

Colunas sobrepostas

Passivo (Total) = **Passivo** (Exigível) + **Passivo** (Não Exigível)

Observações:

1) Quando a Lei nº 6.404/1976 usa o termo "Passivo" ela está se referindo ao "Passivo Total", ou seja, Passivo Exigível + Passivo Não Exigível = Lado direito do balanço de colunas justapostas ou parte inferior do balanço de colunas sobrepostas. Doutrinariamente, quando se usa o termo "Passivo", normalmente, está-se referindo apenas ao "Passivo Exigível", isto é, apenas às obrigações.

2) Tendo em vista a equação patrimonial "Ativo = Passivo + PL", onde o valor do **Ativo** é o valor do "Total do Ativo no Balanço" e o valor do **Passivo** (ou Passivo Exigível) + **Patrimônio Líquido** (ou Passivo Não Exigível) é igual ao "Total do Passivo no Balanço", podemos concluir que, em todo balanço patrimonial, o total do ativo sempre será igual ao total do passivo. Assim, se num determinado balanço o Total do Ativo for de R$ 28.000, obrigatoriamente, o Total do Passivo também será de R$ 28.000.

6. Grupos de Contas (Lei nº 6.404/1976, art. 178)

A fim de facilitar o conhecimento e a análise da situação financeira da companhia, no balanço, o ativo e o passivo foram subdivididos da seguinte forma:

ATIVO

Ativo Circulante
Ativo Não Circulante } ↓ ***Ordem decrescente de liquidez***

PASSIVO

Passivo Circulante
Passivo Não Circulante } ↓ ***Passivo Exigível***
(Ordem decrescente de exigibilidade)

Patrimônio Líquido } ***Passivo Não Exigível***
(não há de se falar em ordem de exigibilidade)

Observações:

1) **Liquidez** é a facilidade de movimentar uma conta do ativo. Desta forma, visto que as contas do ativo circulante são as mais movimentadas, terão a maior liquidez. Por outro lado, as contas do ativo não circulante são as menos movimentadas, tendo, portanto, a menor liquidez.

2) De acordo com o parágrafo terceiro do art. 178 da Lei nº 6.404/1976, os saldos devedores e credores que a companhia não tiver direito de compensar serão classificados separadamente. Assim, por exemplo, se uma companhia tiver, por ocasião do encerramento do exercício social, ICMS a Recuperar no valor de R$ 12.000,00 e IPI a Recolher no valor de R$ 8.000,00, não poderá haver a compensação, devendo aquele ser classificado no ativo circulante e este,

no passivo circulante. Se, no entanto, tivesse ICMS a Recuperar no valor de R$ 12.000,00, em função de compras de mercadorias, e, em função de vendas de mercadorias, ICMS a Recolher no valor de R$ 7.000,00, no ativo circulante teria, após a compensação, ICMS a Recuperar de R$ 5.000,00.

EXERCÍCIO RESOLVIDO 1: (Auditor da Receita Federal/Esaf) Considere os seguintes dados:

ATIVO CIRCULANTE		**PASSIVO CIRCULANTE**	
Mercadorias	50	Impostos a Pagar	80
Duplicatas a Receber	70	Salários a Pagar	120
Caixa	10	Fornecedores	240
Bancos	30	Empréstimos bancários	180
Outras contas	60		
Matérias-Primas	60		
Máquinas	120		

A apresentação anterior, de acordo com as disposições da Lei nº 6.404/1976, incorre em algumas impropriedades. Elas são em número de:

a) 3;

b) 1;

c) 2;

d) 5;

e) 4.

(SOLUÇÃO)

*O primeiro erro encontrado é a ordem das contas. De acordo com o § 1º do art. 178 da Lei nº 6.404/1976, no ativo as contas devem ser dispostas em ordem **decrescente de liquidez**. Desta forma, o ativo circulante deveria ter começado com as contas "Caixa" e "Bancos", e não com a conta "Mercadorias".*

O segundo erro encontrado é a utilização do termo genérico "Outras Contas". De acordo com o § 2º do art. 176 da Lei nº 6.404/1976, não é permitida a utilização de designações genéricas.

O terceiro erro encontrado é a classificação de "Máquinas" como ativo circulante, pois tal conta pertence ao ativo imobilizado. ***(Opção a)***

7. Ativo Circulante

Conforme o inciso I do art. 179 da Lei nº 6.404/1976, o Ativo Circulante é composto por três partes:

- Disponibilidades
- Direitos Realizáveis no Curso do Exercício Social Subsequente
- Aplicações dos Recursos em Despesas do Exercício Seguinte

7.1. Disponibilidades

Parte do ativo circulante que compreende as contas que representam bens numerários (dinheiro).

Exemplos:

- Cx (Caixa)
- BCM (Bancos Conta Movimento)
- Aplicações Financeiras de Liquidez Imediata
- Numerário em Trânsito

7.2. Direitos Realizáveis no Exercício Seguinte

Parte do ativo circulante composta pelos direitos pessoais a curto prazo, isto é, créditos contra terceiros realizáveis no exercício seguinte, como, por exemplo, uma duplicata a receber que será recebida de clientes no exercício seguinte, ou direitos reais a curto prazo, ou seja, bens que serão realizáveis no exercício seguinte, como, por exemplo, estoques de mercadorias que serão vendidas no exercício seguinte ou estoques de materiais de escritório que serão consumidos no exercício seguinte.

DIREITOS REALIZÁVEIS

DIREITOS REAIS	DIREITOS PESSOAIS
(BENS)	*(CRÉDITOS A RECEBER)*

Obs.: Como podemos observar, a palavra "REALIZÁVEL" tem sentido amplo. Pode significar desde algum direito que será recebido, até algum bem que será consumido ou vendido.

Exemplos:

DIREITOS REAIS:

- Mercadorias
- Matérias-Primas
- Produtos em Elaboração
- Produtos Prontos
- Material de Expediente etc.

DIREITOS PESSOAIS:

- Duplicatas a Receber
- Promissórias a Receber
- Contas a Receber
- Adiantamentos a Fornecedores
- Adiantamentos a Empregados
- Impostos a Recuperar
- Dividendos a Receber etc.

7.3. Despesas do Exercício Seguinte

São despesas cujos fatos geradores ocorrerão no exercício seguinte. Desta forma, em vista do regime de competência, só serão despesas no exercício seguinte. No exercício atual, são classificadas como ativo circulante, tendo em vista a "semelhança" que têm com os créditos da empresa. Assim, por exemplo, se o aluguel de janeiro de 2008, no valor de R$ 4.000, for pago em dezembro de 2007, apesar de o pagamento ter sido em 2007, o aluguel compete (regime de competência) a 2008, ou seja, o fato gerador, que é o usufruir do imóvel, ocorrerá em 2008. Assim, *Despesa Antecipada de Aluguel*, para o exercício social de 2007, não é considerada despesa, e sim uma conta do ativo circulante, pois é "semelhante" a um direito (direito de usufruir do imóvel). Daí, sua classificação como ativo, visto que este é composto de **bens** e **direitos**. No exercício de 2008, tal despesa será apropriada (incorrida), isto é, será reconhecida a ocorrência do fato gerador, e assim tal despesa "sairá" do ativo circulante e se "transformará" efetivamente numa despesa.

No exemplo supracitado, seriam feitos os seguintes lançamentos:

Pagamento antecipado do aluguel (dezembro de 2007):

D – Aluguéis a Vencer	4.000,00
C – Caixa	4.000,00

Apropriação dos aluguéis pagos antecipadamente (janeiro de 2008):

D – Despesas de Aluguéis 4.000,00

C – Aluguéis a Vencer 4.000,00

Outros exemplos de contas que representam despesas antecipadas:

– Seguros a Vencer

– Juros a Vencer

etc.

Nota: *Apesar de representar uma despesa antecipada, a conta "Juros a Vencer" é classificada no passivo exigível como retificadora e não no ativo circulante (Ver Cap. 11).*

Observações:

1) Lembrando o que foi visto no Capítulo 3, temos:

REGIME DE CAIXA	X	REGIME DE COMPETÊNCIA
↓		↓
As despesas e receitas são caracterizadas, respectivamente, pelas **saídas** e **entradas** em dinheiro.		As despesas e receitas são caracterizadas, pelos seus respectivos **fatos geradores**, independentemente das saídas ou entradas de dinheiro.

Assim, no exemplo anterior, se a empresa adotasse o **regime de caixa**, teria, em dezembro de 2007, *Despesas de Aluguéis* = R$ 4.000 (despesa). Se, no entanto, adotasse **regime de competência**, em dezembro de 2007, teria *Aluguéis a Vencer* = R$ 4.000 (ativo circulante) e, em janeiro de 2008, *Despesas de Aluguéis* = R$ 4.000. Notemos que não existe a conta "*Aluguéis a Vencer*" no regime de caixa. Esta conta é exclusiva de empresas que adotam o regime de competência em sua escrituração.

2) Com base no disposto na Lei nº 6.404/1976, art. 187, § 1º, alíneas *a* e *b*, as SOCIEDADES ANÔNIMAS são obrigadas a adotar o REGIME DE COMPETÊNCIA em seu sistema contábil.

3) As entidades sem fins lucrativos e as pequenas empresas, desde que não sejam sociedades anônimas, podem usar REGIME DE CAIXA em seu sistema contábil.

4) O termo "*a vencer*" é equivalente ao termo "*a apropriar*". *Apropriar* significa **reconhecer a ocorrência do fato gerador**. Assim, "*a apropriar*" significa "*a reconhecer o fato gerador*", isto é, o fato gerador ainda vai ocorrer, portanto, ainda não existe a consumação da despesa. Desta forma, *Seguros a Vencer, Aluguéis a Vencer e Juros a Vencer,* são, respectivamente, equivalentes a *Seguros a Apropriar, Aluguéis a Apropriar* e *Juros a Apropriar.*

EXERCÍCIO RESOLVIDO 2: (Auditor-Fiscal da Receita Federal/Esaf – Adaptada) A empresa Sol S.A. apresentou valores correntes ou circulantes, com os seguintes saldos:

Caixa	40,00
Bancos c/Movimento	100,00
Valores Mobiliários	200,00
Mercadorias	600,00
Material de Consumo	120,00
Duplicatas a Pagar	800,00
Perdas Estimadas em Estoques	300,00
Duplicatas a Receber	500,00

No encerramento do exercício, para promover os ajustes necessários ao Balanço, o Contador apurou que:

1 – o extrato bancário indicava um cheque de R$ 20,00 emitido mas ainda não sacado pelo portador;

2 – os valores mobiliários são mil ações da CSN, avaliadas a vinte e cinco centavos de real, no dia do balanço;

3 – ainda faltam contabilizar R$ 40,00 de receitas antecipadas e R$ 150,00 de despesas antecipadas;

Feitas as atualizações contabilmente necessárias, o balanço patrimonial apresentará um Ativo Circulante no valor de:

a) R$ 1.150,00;
b) R$ 1.350,00;
c) R$ 1.320,00;
d) R$ 1.410,00;
e) R$ 1.370,00.

(SOLUÇÃO)

AC (inicial) = 40 + 100 + 200 + 600 + 120 – 300 + 500 = 1.260

■ *O cheque emitido e ainda não sacado pelo portador não gera nenhuma alteração no ativo circulante, pois, no momento que a empresa emite o cheque, já contabiliza um crédito em Bancos (princípio contábil da oportunidade), independentemente do que o portador fará com o cheque.*

■ *As ações de outras sociedades classificadas no ativo circulante, de acordo com a Lei nº 6.404/76, art. 18, inciso I, alínea "a", devem ser avaliadas a VALOR JUSTO (para maior ou para menor), isto é, o valor de cotação normal no mercado, que, no caso é de R$ 0,25 na data do balanço. Assim, as 1.000 ações da CSN de R$ 200,00 serão avaliadas por R$ 250,00, gerando um ajuste positivo de R$ 50,00.*

■ *A contabilização das receitas antecipadas aumentou o caixa de R$ 40,00, gerando mais um ajuste positivo no ativo circulante de R$ 40,00. Já a contabilização das despesas antecipadas não afeta o ativo circulante, visto que sai dinheiro do caixa mas entra uma despesa antecipada no mesmo valor.*

Finalmente, o valor do ativo circulante após os ajustes será de R$ 1.260,00 + R$ 50,00 + R$ 40,00, ou seja, R$ 1.350,00. ***(Opção b)***

8. Ativo Não Circulante

Divide-se em 4 subgrupos:

- Ativo Realizável a Longo Prazo
- Ativo Investimentos
- Ativo Imobilizado
- Ativo Intangível

8.1. Ativo Realizável a Longo Prazo

Tendo por base o inciso II do art. 179 da Lei nº 6.404/1976, podemos inferir que o Ativo Realizável a Longo Prazo é formado por duas partes:

1ª PARTE: Direitos realizáveis após o término do exercício seguinte. Exemplos:

– Duplicatas a Receber (LP)

– Promissórias a Receber (LP)

– Estoques (LP)

– Despesas Antecipadas (LP)

* LP: Longo Prazo

2ª PARTE: Direitos derivados de:

→ VENDAS → ADIANTAMENTOS → EMPRÉSTIMOS	**a**	Sociedades coligadas Sociedades controladas Diretores Acionistas Participantes no lucro da cia.

Obs.: Para serem classificados no Ativo Realizável a Longo Prazo, os direitos referidos anteriormente serão independentes do prazo, desde que não constituam **negócios usuais** na exploração do objeto da companhia. Assim, por exemplo, se uma empresa comercial vender mercadorias a prazo a uma empresa coligada, terá um *direito derivado de venda a coligada*. Porém, as Duplicatas a Receber referentes a tal venda dependerão do prazo, ou seja, se forem realizáveis no exercício seguinte, serão classificadas no ativo circulante; se forem realizáveis após o término do exercício seguinte, serão classificadas no ativo realizável a longo prazo, pois "vender mercadorias" constitui negócio usual na exploração do objeto de uma empresa comercial. No entanto, se a mesma empresa emprestar dinheiro à sua coligada, terá um *direito derivado de empréstimo a coligada*. Visto que emprestar dinheiro não constitui negócio usual na exploração do objeto de uma empresa comercial, tal empréstimo será sempre classificado no realizável a longo prazo, independentemente do prazo, isto é, até mesmo que seja a curto prazo, será classificado no realizável a longo prazo.

Exemplos:

– Empréstimos a Coligadas (ou Créditos de Coligadas em Transações Não Recorrentes)

– Empréstimos a Controladas (ou Créditos de Controladas em Transações Não Recorrentes)

– Empréstimos a Diretores (ou Créditos de Diretores em Transações Não Recorrentes)
– Empréstimos a Acionistas (ou Créditos de Acionistas em Transações Não Recorrentes)

Observações:

1) **Ciclo operacional**, no caso de uma empresa comercial, é o período que a empresa leva em média para adquirir mercadorias de seus fornecedores, vendê-las e receber as respectivas vendas de seus clientes. No caso de uma empresa industrial, é o período que a empresa leva em média desde a aquisição das matérias-primas de seus fornecedores até o recebimento de seus clientes pelas vendas dos produtos fabricados. No caso de uma empresa comercial, o valor aproximado do ciclo operacional pode ser calculado somando-se o prazo médio de rotação de estoques com o prazo médio de recebimento de clientes.

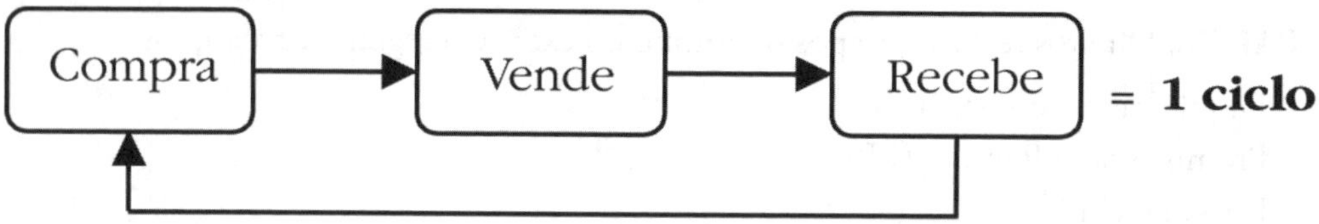

Também, conforme o item 68 do Pronunciamento Técnico **CPC 26** – Apresentação das Demonstrações Contábeis, o ciclo operacional da entidade é o tempo entre a aquisição de ativos para processamento e sua realização em caixa ou seus equivalentes. Quando o ciclo operacional normal da entidade não for claramente identificável, pressupõe-se que sua duração seja de doze meses.

2) De acordo com o parágrafo único do art. 179 da Lei nº 6.404/1976, na companhia em que o ciclo operacional tiver **duração maior que o exercício social**, isto é, maior que 1 (um) ano, a classificação no circulante ou longo prazo terá por base o prazo desse ciclo. Consequentemente, se o ciclo operacional tiver duração igual ou menor que um ano, os direitos realizáveis no exercício seguinte serão classificados no ativo circulante; os direitos realizáveis após o exercício seguinte (após um ano), no realizável a longo prazo. Este é o caso da maioria das empresas. Assim, por exemplo, uma Duplicata a Receber para o exercício seguinte, no atual balanço de encerramento, é classificada no ativo circulante; uma Duplicata a Receber após o término do exercício seguinte, no realizável a longo prazo. No entanto, se o ciclo operacional de uma empresa tiver duração, por exemplo, de 800 dias, circulante seria o direito ou obrigação até este prazo; longo prazo, após. Cabe ressaltar que, independentemente de o ciclo operacional ser menor, igual ou maior que o exercício social, este terá sempre a duração de um ano, e as demonstrações contábeis deverão continuar sendo feitas ao fim de cada exercício social, ou seja, de ano em ano.

3) A palavra "RECORRENTE" significa "ordinário", "comum", "que acontece regularmente", " que volta a acontecer depois de já ter acontecido" etc. Logo, a expressão "NÃO RECORRENTE" significa "incomum", "extraordinário", "que dificilmente acontece", "que não faz parte das operações normais" etc. Assim, por exemplo, se uma empresa comercial empresta dinheiro a um acionista, visto que "emprestar dinheiro" não faz parte das operações recorrentes (ordinárias) desse tipo de empresa, a conta na qual a empresa pode contabilizar esse direito é "Créditos de Acionistas em Transações

<u>Não</u> Recorrentes", sendo esta conta classificada no ativo realizável a longo prazo, independentemente do prazo, conforme já comentado antes. Ao mesmo tempo, se a mesma empresa comercial vendesse mercadorias a prazo para um acionista, poderia utilizar, por exemplo, a conta "Duplicatas a Receber" (ou Clientes), que, essencialmente seria equivalente a "Créditos de Acionistas em Transações Recorrentes", tendo em vista que "vender mercadorias" é transação recorrente (ordinária) desse tipo de empresa, sendo que a classificação dessa conta seria no ativo circulante ou realizável a longo prazo, dependendo do prazo. A mesma empresa poderia também utilizar para representar o referido empréstimo a conta "Empréstimos a Acionistas", sendo **<u>desnecessário</u>** acrescentar a expressão "em Transações Não Recorrentes", tendo em vista que a palavra "Empréstimo" já indica claramente uma transação não recorrente para uma empresa comercial, a menos que a entidade fosse uma instituição financeira, cujo ramo de atividades fosse "emprestar dinheiro". Neste caso, o empréstimo a acionistas, a uma empresa coligada ou controlada ou a diretores seria, por natureza, para esse tipo de entidade, uma transação recorrente e a classificação como ativo circulante ou realizável a longo prazo dependeria do prazo, sendo observada a regra do exercício social (1 ano) ou do ciclo operacional, dos dois, o maior.

4) No caso de créditos de coligadas ou controladas em transações não recorrentes, esses valores devem sempre ser indicados em notas explicativas às demonstrações contábeis para maiores detalhes (taxas de juros, forma de recebimento etc.). No caso de créditos de acionistas ou diretores em transações não recorrentes, esses também devem ser indicados em notas explicativas, indicando a origem da operação e forma de liquidação, no caso de seus valores serem relevantes.

5) De acordo com o item 68 do Pronunciamento Técnico CPC 26 (R1) – Apresentação das Demonstrações Contábeis, o ciclo operacional da entidade é o tempo entre a aquisição de ativos para processamento e sua realização em caixa ou seus equivalentes. Quando o ciclo operacional normal da entidade não for claramente identificável, **<u>pressupõe-se que sua duração seja de doze meses</u>**. Os ativos CIRCULANTES incluem ativos (tais como estoque e contas a receber comerciais) que são vendidos, consumidos ou realizados como parte do ciclo operacional normal, **<u>mesmo quando não se espera que sejam realizados no período de até doze meses após a data do balanço</u>**. Os ativos circulantes também incluem ativos essencialmente mantidos com a finalidade de serem negociados (por exemplo, ativos financeiros dentro dessa categoria classificados como <u>disponíveis para venda</u> de acordo com o Pronunciamento Técnico CPC 38 – Instrumentos Financeiros: Reconhecimento e Mensuração) e a parcela circulante de ativos financeiros não circulantes.

6) Do exposto na obs. 5, concluímos que a classificação, por exemplo, de ESTOQUES realizáveis após 12 meses na Lei nº 6.404/76 diverge do CPC 26 (R1). Por aquela lei, tais estoques seriam considerados direitos realizáveis após o exercício seguinte e, portanto, classificados como ativo realizável a longo prazo. Pelo item 68 do referido CPC, esses estoques seriam ainda classificados como ativo circulante, embora não se espere que sejam realizados no período de 12 meses. Em geral, observamos na prática contábil brasileira que ainda persiste o que reza a Lei nº 6.404/76, apesar da adoção obrigatória das normas do CPC.

EXERCÍCIO RESOLVIDO 3: (TCU – AFCE/Esaf) A empresa S.A. Indústria e Comércio produz tornos metálicos e outras ferramentas industriais que são comercializados em operações de venda, tanto à vista como a prazo. Seu exercício financeiro coincide com o ano-calendário. Em 21 de dezembro de 1999 o Diretor Financeiro dessa empresa, que também é seu acionista, obteve na Tesouraria um empréstimo de R$ 6.000,00, assinando uma promissória vencível em 25 do mês seguinte. No mesmo dia, esse Diretor comprou a prazo algumas ferramentas, na própria loja da fábrica, assinando três notas promissórias de R$ 600,00, vencíveis a 60, 120 e 180 dias. As operações foram debitadas em Títulos a Receber.

Ao encerrar o exercício em 31 de dezembro do referido ano, deverá constar no balanço patrimonial dessa empresa "Títulos a Receber" com saldo de:

a) R$ 1.800,00 no ativo circulante e de R$ 6.000,00 no ativo realizável a longo prazo;

b) R$ 7.800,00 no ativo realizável a longo prazo;

c) R$ 6.000,00 no ativo circulante;

d) R$ 6.000,00 no ativo circulante e de R$ 1.800,00 no ativo realizável a longo prazo;

e) R$ 7.800 no ativo circulante.

(SOLUÇÃO)

O empréstimo de R$ 6.000,00 não constitui negócio usual na exploração do objeto da empresa, pois esta comercializa produtos. Logo, independentemente do prazo, tal empréstimo será classificado no ativo realizável a longo prazo.

A venda de produtos a prazo no valor de 3 X R$ 600,00, isto é, R$ 1.800,00, constitui negócio usual na exploração do objeto da empresa. Logo, dependerá do prazo. Como tal importância será recebida no exercício seguinte, no balanço do exercício atual será classificada no ativo circulante. ***(Opção a)***

8.2. Ativo Investimentos

Com base no inciso III do art. 179 da Lei nº 6.404/1976, podemos inferir que o Ativo Investimentos é composto por duas partes:

1ª) Bens não destinados à manutenção das atividades da empresa:

– Obras de Arte

– Imóveis para Aluguel

– Terrenos (não utilizados) etc.

2ª) Participações permanentes no capital de outras sociedades:

– Ações de Coligadas

– Ações de Controladas etc.

Obs.: No caso dos **bens não destinados à manutenção das atividades da empresa**, podemos classificá-los em duas categorias distintas:

1ª) PROPRIEDADES PARA INVESTIMENTO – De acordo do com o **CPC 28** – Propriedade para Investimento, uma propriedade para investimento é a propriedade (terreno ou edifício – ou parte de um edifício – ou ambos) mantida (pelo dono ou pelo arrendatário em um arrendamento financeiro) para obter rendas ou para valorização do capital ou para ambas, e não para: (a) uso na produção ou fornecimento de bens ou serviços ou para finalidades administrativas; ou (b) venda no curso ordinário do negócio. Tais propriedades para investimento são normalmente avaliadas a valor justo, podendo também ser avaliadas ao custo e devem sempre ser classificadas no Ativo Investimentos com a rubrica "Propriedade para Investimento".

2ª) OUTROS INVESTIMENTOS PERMANENTES – São classificados nessa parte os seguintes itens:

– Terrenos não destinados a aluguel e sim a futuras instalações
– Obras de arte mantidas na empresa por prazo indefinido
etc

8.3. Ativo Imobilizado (Lei nº 6.404/76, art. 179, IV)

É composto pelos direitos que tenham por objeto bens corpóreos (bens materiais ou tangíveis) destinados à manutenção das atividades da companhia ou da empresa ou exercidos com essa finalidade, inclusive os decorrentes de operações que transfiram à companhia os benefícios, riscos e controle desses bens (ex.: *leasing*).

Exemplos:

– Imóveis
– Veículos
– Móveis e Utensílios
– Máquinas e Equipamentos
– Terrenos (em uso)
– Benfeitorias em Imóveis de Terceiros
– Instalações
etc.

Observação:

1) A conta BENFEITORIAS EM IMÓVEIS DE TERCEIROS, que é classificada no ATIVO IMOBILIZADO, tendo em vista que é considerada bem tangível, representa todos os gastos realizados com a conservação ou com o aumento de área de um imóvel, com a finalidade de adaptá-lo às necessidades de utilização de uma empresa, com prazo de vida útil superior a um ano e que NÃO estejam relacionados à conservação ou reparos do referido imóvel.

   No caso em que a benfeitoria tenha vida útil igual ou inferior a um ano ou que esteja relacionada à conservação ou reparo do imóvel, tal como a pintura do mesmo, será contabilizada diretamente como despesa do período, e não como ativo imobilizado (Parecer Normativo CST nº 104/1975).

As Benfeitorias em Imóveis de Terceiros classificadas como ativo imobilizado poderão ser depreciadas ou amortizadas, dependendo do caso.

O que distinguirá a depreciação da amortização é o fato de que a depreciação incide sobre os bens corpóreos de propriedade do contribuinte e a amortização está relacionada com a diminuição de valor dos direitos com prazo determinado por contrato ou legalmente.

Desta forma, de acordo com o art. 301, § 2º, do RIR/99, o custo das construções ou benfeitorias em bens locados ou arrendados de terceiros deverá ser registrado em conta do Ativo Imobilizado para ser depreciado ou amortizado, observando-se:

I – benfeitorias com direito a indenização – se no contrato de locação constar cláusula expressa prevendo o direito à indenização das benfeitorias ou construções realizadas, os valores despendidos poderão ser **depreciados** à taxa de 4% ao ano (Parecer Normativo CST nº 210/73);

II – benfeitorias sem direito a indenização – quando no contrato estiver previsto que, ao efetuar as construções ou benfeitorias, o locatário não poderá reclamar indenização dos gastos efetuados, os referidos gastos poderão ser **amortizados**, obedecendo-se ao prazo de vigência estipulado no contrato (Parecer Normativo CST nº 210/73);

III – contratos sem referência à clausula de indenização – nos contratos de locação que não façam referência à indenização dos dispêndios realizados pelo locatário, o tratamento aplicado será o mesmo utilizado nos contratos com previsão de indenização, conforme prevê o art. 1.255 da Lei nº 10.406/02 (Código Civil), transcrito a seguir:

"Aquele que semeia, planta ou edifica em terreno alheio perde, em proveito do proprietário, as sementes, plantas e construções; se procedeu de boa-fé, terá direito à indenização.

Parágrafo único. Se a construção ou a plantação exceder consideravelmente o valor do terreno, aquele que, de boa-fé, plantou ou edificou, adquirirá a propriedade do solo, mediante pagamento da indenização fixada judicialmente, se não houver acordo."

No caso dos contratos de locação por prazo indeterminado, os gastos realizados com benfeitorias ou construções em imóveis locados ou arrendados, ou pertencentes a terceiros, sem direito a indenização, estão sujeitos à depreciação, à taxa anual de 4% ao ano, de acordo com o prazo de vida útil do bem.

No entanto, se o contrato de locação for por prazo determinado, os gastos realizados com benfeitorias ou construções em imóveis locados ou arrendados, ou bens de terceiros, sem direito a indenização, podem ser amortizados de acordo com a taxa fixada em função do período de vigência restante do contrato (art. 325 do RIR/99).

2) As benfeitorias em IMÓVEIS PRÓPRIOS que não sejam contabilizadas como despesas do período, isto é, que não tenham prazo de duração igual ou inferior a um ano e que não estejam relacionadas com manutenção e reparos dos imóveis, tal como pintura dos imóveis, são incorporadas fisicamente a esses imóveis, mas NÃO contabilmente, pois

são contabilizadas numa conta específica chamada de "INSTALAÇÕES", as quais são consideradas bens móveis e classificadas no ativo imobilizado. Assim, tendo em vista que tais instalações são bens corpóreos de propriedade da empresa, estão sujeitas somente a depreciação.

3) Para alguns tipos de empresas, existem os chamados "Imobilizados Biológicos", tais como animais reprodutores, gado para a produção de leite, laranjais, cafezais etc. Esse assunto é regulado pelo **CPC 29** – Ativo Biológico e Produto Agrícola.

4) O principal pronunciamento técnico que trata do imobilizado é o **CPC 27** – Ativo Imobilizado. Abaixo reproduzimos os principais itens desse pronunciamento:

RECONHECIMENTO (itens 7 a 10 do CPC 27):

Item 7: O custo de um item de ativo imobilizado deve ser reconhecido como ativo se, e apenas se: (a) for provável que futuros benefícios econômicos associados ao item fluirão para a entidade; e (b) o custo do item puder ser mensurado confiavelmente.

Item 8: Sobressalentes e equipamentos de serviço são geralmente contabilizados como estoques e reconhecidos no resultado quando consumidos. Porém, os sobressalentes principais e equipamento de reserva classificam-se como ativos imobilizados quando uma entidade espera usá-los durante mais do que um período. Da mesma forma, se os sobressalentes e equipamentos de serviço puderem ser utilizados em ligação com um item do ativo imobilizado, eles são contabilizados como ativo imobilizado.

Item 9. Este Pronunciamento (CPC 27) não prescreve a unidade de medida para o reconhecimento, ou seja, aquilo que constitui um item do ativo imobilizado. Assim, é necessário exercer julgamento ao aplicar os critérios de reconhecimento às circunstâncias específicas de uma entidade. Pode ser apropriado agregar itens individualmente insignificantes, tais como moldes, ferramentas e bases, e aplicar os critérios do valor conjunto.

Item 10: Uma entidade avalia segundo este princípio de reconhecimento todos os seus custos de ativos imobilizados no momento em que eles sejam incorridos. Esses custos incluem custos incorridos inicialmente para adquirir ou construir um item do ativo imobilizado e os custos incorridos posteriormente para renová-lo, substituir suas partes, ou dar assistência ao mesmo.

CUSTOS SUBSEQUENTES

Item 12: Segundo o princípio de reconhecimento do item 7, uma entidade não reconhece no valor contábil de um ativo imobilizado os custos da assistência periódica ao item. Pelo contrário, esses custos são reconhecidos no resultado quando incorridos. Os custos da assistência periódica são principalmente os custos de mão de obra e de produtos consumíveis, e podem incluir o custo de pequenas peças. A finalidade desses gastos é muitas vezes descrita como sendo para 'reparo e manutenção' de item do ativo imobilizado.

Item 13: Partes de alguns itens do ativo imobilizado podem requerer substituição em intervalos regulares. Por exemplo, um forno pode requerer um novo revestimento após um número específico de horas de uso; ou o interior dos aviões, como bancos e equipamentos internos, pode exigir substituição diversas vezes durante a vida da estrutura. Itens do ativo imobilizado também podem ser adquiridos para efetuar uma substituição recorrente menos frequente, tal como a substituição das paredes interiores de um edifício, ou para efetuar uma substituição não recorrente. Segundo o princípio de reconhecimento do item 7, uma entidade reconhece no valor contábil de um item do ativo imobilizado o custo da peça reposta desse item quando o custo é incorrido se os critérios de reconhecimento forem atendidos. O valor residual das peças substituídas é baixado de acordo com as disposições de baixa deste Pronunciamento (itens 67-72 do CPC 27).

ELEMENTOS DO CUSTO

Item 16: O custo de um item do ativo imobilizado compreende:

(a) Seu preço de compra, acrescido de impostos de importação e impostos não recuperáveis sobre a compra, após deduzidos os descontos comerciais e os abatimentos;

(b) Quaisquer custos diretamente atribuíveis para colocar o ativo no local e condição necessárias para o mesmo ser capaz de funcionar da forma pretendida pela administração;

(c) A estimativa inicial dos custos de desmontagem e remoção do item e de restauração do local (sítio) no qual este está localizado. Tais custos representam a obrigação em que uma entidade incorre quando o item é adquirido ou como consequência de o usar durante um determinado período para finalidades diferentes da produção de estoques durante esse período.

Item 17: Exemplos de custos diretamente atribuíveis são:

(a) Custos de benefícios aos empregados (tal como definido no Pronunciamento Técnico CPC 33 – Benefício Pós-Emprego) decorrentes diretamente da construção ou aquisição de um item do ativo imobilizado.

(b) Custos de preparação do local;

(c) Custos iniciais de frete e manuseamento;

(d) Custos de instalação e montagem;

(e) Custos com testes para verificar se o ativo está funcionando corretamente, após dedução das receitas líquidas provenientes da venda de qualquer item produzido enquanto se coloca o ativo nessa localização e condição (tais como amostra produzida quando se testa o equipamento); e

(f) Honorários profissionais.

Item 18: Uma entidade aplica o Pronunciamento Técnico CPC 16 – Estoques – aos custos das obrigações de desmontagem, remoção e restauração do local em que um item está localizado que sejam incorridos durante um determinado período como consequência de ter usado o item para produzir estoques durante esse período. As obrigações decorrentes de custos contabilizados de acordo com o Pronunciamento Técnico CPC 16 ou este Pronunciamento (CPC 27) são reconhecidas e mensuradas de acordo com o Pronunciamento Técnico CPC 25 – Provisões, Passivos e Ativos Contingentes.

Item 19: Exemplos de custos que **não são** custos de um item do ativo imobilizado são:

(a) Custos de abertura de uma nova instalação;

(b) Custos incorridos na introdução de um novo produto ou serviço (incluindo propaganda e atividades promocionais);

(c) Custos de transferência das atividades para novo local ou para nova categoria de clientes (incluindo custos de treinamento); e

(d) Custos administrativos e outros custos indiretos.

Item 20: O reconhecimento dos custos no valor contábil de um item do ativo imobilizado cessa quando o item está no local e nas condições operacionais pretendidas pela administração. Portanto, os custos incorridos no uso ou na transferência ou reinstalação de um item **não são incluídos** no seu valor contábil, como, por exemplo, os seguintes custos:

(a) Custos incorridos durante o período em que um ativo capaz de operar nas condições operacionais pretendidas pela administração não é utilizado ou está sendo operado a uma capacidade inferior à sua capacidade total;

(b) Prejuízos operacionais iniciais, tais como os incorridos enquanto a demanda pelos produtos do ativo é estabelecida; e

(c) Custos de realocação ou reorganização de uma parte ou de todas as operações de uma entidade.

Item 22: O custo de um ativo construído pela própria empresa determina-se utilizando os mesmos princípios de um ativo adquirido. Se uma entidade produz ativos idênticos para venda no curso normal de suas operações, o custo do ativo é geralmente o mesmo que o custo de construir um ativo para venda (ver o Pronunciamento Técnico CPC 16 – Estoques). Por isso, quaisquer lucros internos são eliminados para determinar tais custos. De forma semelhante, o custo de valores anormais de construção de um ativo não é incluído no custo do ativo. O Pronunciamento Técnico CPC 20 – Custos de Empréstimos – estabelece critérios para o reconhecimento dos juros como componente do valor contábil e um item do ativo imobilizado construído pela própria empresa.

MENSURAÇÃO DO CUSTO

(Item 23) O custo de um item de ativo imobilizado é equivalente ao preço à vista na data do reconhecimento. Se o prazo de pagamento excede os prazos normais de crédito, a diferença entre o equivalente preço à vista e o total dos pagamentos deve ser reconhecida como DESPESA de juros durante o período, a menos que seja passível de capitalização de acordo com o Pronunciamento Técnico CPC 20 – Custos de Empréstimos.

8.4. Ativo Intangível

De acordo com o inciso VI do art. 179 da Lei nº 6.404/1976, o Ativo Intangível é composto pelos direitos que tenham por objeto bens incorpóreos destinados à manutenção da companhia ou exercidos com essa finalidade, inclusive o fundo de comércio adquirido.

Exemplos:

– Patentes

– Fundo de Comércio (ponto comercial)

– Concessões Obtidas

– Direitos de exploração de minas, jazidas ou florestas
etc.

O **CPC 04** – Ativo Intangível é principal pronunciamento técnico que trata desse tipo de ativo. Abaixo, reproduzimos "alguns dos principais" itens do CPC 04 (R1) (*"R1" significa que o referido pronunciamento está na 1ª revisão. Algumas partes foram ligeiramente modificadas e/ou sublinhadas e/ou postas em caixa alta por nossa conta, a fim de facilitar o entendimento do assunto)*:

- (Item 4) Alguns ativos intangíveis podem estar contidos em elementos que possuem substância física, como um disco (como no caso de *software*), documentação jurídica (no caso de licença ou patente) ou em um filme. Para saber se um ativo que contém elementos intangíveis e tangíveis deve ser tratado como ativo imobilizado de acordo com o Pronunciamento Técnico CPC 27 – Ativo Imobilizado ou como ativo intangível, nos termos do presente Pronunciamento, a entidade avalia qual elemento é mais significativo. Por exemplo, um *software* de uma máquina-ferramenta controlada por computador que não funciona sem esse *software* específico é parte integrante do referido equipamento, devendo ser tratado como ativo imobilizado. O mesmo se aplica ao sistema operacional de um computador. Quando o *software* **não é** parte integrante do respectivo *hardware*, ele deve ser tratado como ativo intangível.
- (Item 5) Entre outros, o presente Pronunciamento (CPC 04) aplica-se a gastos com propaganda, marcas, patentes, treinamento, início das operações (também denominados pré-operacionais) e atividades de pesquisa e desenvolvimento. As atividades de pesquisa e desenvolvimento destinam-se ao desenvolvimento de conhecimento. Por conseguinte, apesar de poderem gerar um ativo com substância física (por exemplo, um protótipo), o elemento físico do ativo é secundário em relação ao seu componente intangível, isto é, o conhecimento incorporado ao mesmo.
- (Item 6) No caso de arrendamento financeiro, o ativo correspondente pode ser tangível ou intangível. Após o reconhecimento inicial, o arrendatário deve aplicar o presente Pronunciamento (CPC 04) para a contabilização de um ativo intangível. Direitos cedidos por meio de contratos de licenciamento para itens como filmes cinematográficos, gravações em vídeo, peças, manuscritos, patentes e direitos autorais **estão fora** do alcance do Pronunciamento Técnico **CPC 06** – Operações de Arrendamento Mercantil, estando, por consequência, dentro deste Pronunciamento (CPC 04).

- (Item 7) As exclusões do alcance deste Pronunciamento (CPC 04) podem ocorrer no caso de determinadas atividades ou transações que são tão especializadas que dão origem a questões que requerem tratamento diferenciado. Essas questões ocorrem na contabilização de gastos com a exploração ou o desenvolvimento e a extração de petróleo, gás e depósitos minerais de indústrias extrativas (são regulados pelo CPC 34 – Exploração e Avaliação de Recursos Minerais) ou no caso de contratos de seguro (CPC 11 – Contratos de Seguros).
- (Item 8) Os termos abaixo são utilizados no presente Pronunciamento (CPC 04 (R1)) como os seguintes significados:

....

COMBINAÇÃO DE NEGÓCIOS é uma operação ou outro evento por meio do qual a adquirente obtém o controle de um ou mais negócios, independentemente da forma jurídica da operação.

AMORTIZAÇÃO é a alocação sistemática do valor amortizável de ativo intangível ao longo de sua vida útil.

ATIVO é um recurso: (a) controlado pela entidade como resultado de eventos passados; e (b) do qual se espera que resultem benefícios econômicos futuros para a entidade.

VALOR AMORTIZÁVEL é o custo de um ativo (intangível) ou outro valor que substitua o custo, menos o seu valor residual.

ATIVO INTANGÍVEL é um ativo **não monetário** identificável sem substância física.

VALOR JUSTO DE UM ATIVO é o valor pelo qual um ativo pode ser negociado entre partes interessadas, conhecedoras do negócio e independentes entre si, com ausência de fatores que pressionem para a liquidaçao da transação ou que caracterizem uma transação compulsória.

PERDA POR DESVALORIZAÇÃO é o valor pelo qual o valor contábil de um ativo ou de uma unidade geradora de caixa excede seu valor recuperável (Pronunciamento Técnico CPC 01 – Redução ao Valor Recuperável de Ativos).

ATIVO MONETÁRIO é aquele representado por dinheiro ou por direitos a serem recebidos em uma quantia fixa ou determinável em dinheiro (ex.: duplicatas a receber).

VALOR RESIDUAL de um ativo intangível é o valor estimado que uma entidade obteria com a venda do ativo, após deduzir as despesas estimadas de venda, caso o ativo já tivesse a idade e a condição esperadas para o fim de sua vida útil.

VIDA ÚTIL é: (a) o período de tempo no qual a entidade espera utilizar um ativo; ou (b) o número de unidades de produção ou de unidades semelhantes que a entidade espera obter pela utilização do ativo.

- (Item 9) As entidades frequentemente despendem recursos ou contraem obrigações com a aquisição, o desenvolvimento, a manutenção ou o aprimoramento de recursos intangíveis como conhecimento científico ou técnico, projeto e implantação de novos processos ou sistemas, licenças, propriedade intelectual, conhecimento mercadológico, nome, reputação, imagem e marcas registradas (incluindo nomes comerciais e títulos de publicações). Exemplos de itens que se enquadram nessas categorias amplas são: *softwares*, patentes, direitos autorais, direitos sobre filmes cinematográficos, listas de clientes, direitos sobre hipotecas, licenças de pesca, quotas de importação, franquias, relacionamentos com clientes ou fornecedores, fidelidade de clientes, participação no mercado e direitos de comercialização.
- (Item 10) Nem todos os itens descritos no item anterior se enquadram na definição de ativo intangível, ou seja, são **identificáveis**, **controlados** e **geradores de benefícios econômicos futuros**. Caso um item abrangido pelo presente Pronunciamento não atenda à definição de ativo intangível, o gasto incorrido na sua aquisição ou geração interna DEVE SER RECONHECIDO COMO **DESPESA** quando incorrido. No entanto, se o item for adquirido numa combinação de negócios (CPC 15 – Combinação de Negócios), passa a fazer parte do ágio derivado da expectativa de rentabilidade futura (*goodwill*) reconhecido na data da aquisição (ver item 68 do *CPC 04*).
- (Item 11) A definição de ativo intangível requer que ele seja identificável, para diferenciá-lo do ágio derivado da expectativa de rentabilidade futura (*goodwill*). Esse ágio reconhecido em uma combinação de negócios é um ativo que representa benefícios econômicos futuros gerados por outros ativos adquiridos em uma combinação de negócios, que não são identificados individualmente e reconhecidos separadamente. Tais benefícios econômicos futuros podem advir da sinergia entre os ativos identificáveis adquiridos ou de ativos que, individualmente, não se qualificam para reconhecimento em separado nas demonstrações contábeis.
- (Item 12) Um ativo satisfaz o critério de identificação, em termos de definição de ativo intangível, quando: (a) for separável, ou seja, puder ser separado da entidade e vendido, transferido, licenciado, alugado ou trocado, individualmente ou junto com um contrato, ativo ou passivo relacionado, independentemente da intenção de uso pela entidade; ou (b) resultar de direitos contratuais ou outros direitos legais, independentemente de tais direitos serem transferíveis ou separáveis da entidade ou de outros direitos e obrigações.
- (Item 13) A entidade **controla** um ativo quando detém o poder de obter benefícios econômicos futuros gerados pelo recurso subjacente e de restringir o acesso de terceiros a esses benefícios. Normalmente, a capacidade da entidade de controlar os benefícios econômicos futuros de ativo intangível advém de direitos legais que possam ser exercidos num tribunal. A ausência de direitos legais dificulta a comprovação do controle. No entanto, a imposição legal de um direito não é uma condição imprescindível para o controle, visto que a entidade pode controlar benefícios econômicos futuros de outra forma.

- (Item 17) Os **benefícios econômicos futuros gerados por ativo intangível** podem incluir a receita da venda de produtos ou serviços, redução de custos ou outros benefícios resultantes do uso do ativo pela entidade. Por exemplo, o uso da propriedade intelectual em um processo de produção pode reduzir os custos de produção futuros em vez de aumentar as receitas futuras.
- (Item 18) O **reconhecimento** de um item como ativo intangível exige que a entidade demonstre que ele atende: (a) a definição de ativo intangível (ver itens 8 a 17); e (b) os critérios de reconhecimento (ver itens 21 a 23).
- Este requerimento é aplicável a custos incorridos inicialmente para adquirir ou gerar internamente um ativo intangível e aos custos incorridos posteriormente para acrescentar algo, substituir parte ou recolocá-lo em condições de uso.
- (Item 19) Os **itens 25 a 32** (*do CPC 04*) tratam da aplicação dos critérios de reconhecimento de ativos intangíveis adquiridos separadamente, enquanto os **itens 33 a 43** tratam da sua aplicação a ativos intangíveis adquiridos em uma combinação de negócios. O **item 44** trata da avaliação inicial dos ativos intangíveis adquiridos por meio de subvenção ou assistência governamentais; os **itens 45 a 47**, das permutas de ativos intangíveis; os **itens 48 a 50**, do ágio derivado da expectativa de rentabilidade futura (*goodwill*) gerado internamente. Os **itens 51 a 67** tratam do reconhecimento e mensuração iniciais dos ativos intangíveis gerados internamente.
- (Item 20) A natureza dos ativos intangíveis implica, em muitos casos, não haver o que ser adicionado ao ativo nem se poder substituir parte dele (*de forma diferente do que acontece no ativo imobilizado*). Por conseguinte, na sua maioria os **gastos subsequentes** provavelmente são efetuados para manter a expectativa de benefícios futuros incorporados ao ativo intangível existente, e não atendem à definição de ativo intangível, tampouco aos critérios de reconhecimento do presente Pronunciamento (*CPC 04*). Além disso, dificilmente gastos subsequentes são atribuídos diretamente a determinado ativo intangível em vez da entidade como um todo. Portanto, somente **em raras ocasiões os gastos subsequentes** (incorridos após o reconhecimento inicial de ativo intangível adquirido ou a conclusão de item gerado internamente) **devem ser reconhecidos no valor contábil de um ativo**. Em conformidade com o item 63, gastos subsequentes com marcas, títulos de publicações, logomarcas, listas de clientes e itens de natureza similar (quer sejam eles adquiridos externamente ou gerados internamente) **sempre devem ser reconhecidos** no RESULTADO, quando incorridos, uma vez que não se consegue separá-los de outros gastos incorridos no desenvolvimento do negócio como um todo.
- (Item 21) Um **ativo intangível** deve ser RECONHECIDO apenas se: (a) for provável que os benefícios econômicos futuros esperados atribuíveis ao ativo serão gerados em favor da entidade; e (b) o custo do ativo possa ser mensurado com confiabilidade.
- (Item 24) Um ativo intangível deve ser **reconhecido** inicialmente **ao custo**.

- (Item 27) O custo de ativo intangível adquirido separadamente inclui: (a) seu preço de compra, acrescido de impostos de importação e impostos não recuperáveis sobre a compra, depois de deduzidos os descontos comerciais e abatimentos; e (b) qualquer custo diretamente atribuível à preparação do ativo para a finalidade proposta.
- (Item 28) Exemplos de **custos diretamente atribuíveis** são: (a) custos de benefícios aos empregados (conforme definido no Pronunciamento Técnico CPC 33 – Benefícios a Empregados) incorridos diretamente para que o ativo fique em condições operacionais (de uso ou funcionamento); (b) honorários profissionais diretamente relacionados para que o ativo fique em condições operacionais; e (c) custos com testes para verificar se o ativo está funcionando adequadamente.
- (Item 29) Exemplos de gastos que **não fazem parte** do custo de ativo intangível: (a) custos incorridos na introdução de novo produto ou serviço (incluindo propaganda e atividades promocionais); (b) custos de transferência das atividades para novo local ou para nova categoria de clientes (incluindo custos de treinamento); e (c) custos administrativos e outros custos indiretos.
- (Item 30) O reconhecimento dos **custos no valor contábil de ativo intangível cessa** quando esse ativo está nas condições operacionais pretendidas pela administração. Portanto, os custos incorridos no uso ou transferência ou reinstalação de ativo intangível não devem ser incluídos no seu valor contábil, como, por exemplo, os seguintes custos: (a) custos incorridos durante o período em que um ativo capaz de operar nas condições operacionais pretendidas pela administração não é utilizado; e (b) prejuízos operacionais iniciais, tais como os incorridos enquanto a demanda pelos produtos do ativo é estabelecida.
- (Item 33) De acordo com o Pronunciamento Técnico CPC 15 – Combinação de Negócios, se um **ativo intangível for adquirido em uma combinação de negócios**, o **seu custo deve ser o valor justo** na data da aquisição, o qual reflete as expectativas sobre a probabilidade de que os benefícios econômicos futuros incorporados no ativo serão gerados em favor da entidade. Em outras palavras, a entidade espera que haja benefícios econômicos em seu favor, mesmo se houver incerteza em relação à época e ao valor desses benefícios econômicos...
- (Item 34) De acordo com o Pronunciamento Técnico CPC 15 – Combinação de Negócios, o adquirente deve reconhecer na data da aquisição, **separadamente do ágio por expectativa de rentabilidade futura (*goodwill*)** apurado em uma combinação de negócios, um ativo intangível da adquirida, independentemente do ativo ter sido reconhecido pela adquirida antes da aquisição da empresa. Isso significa que a adquirente reconhece como ativo, separadamente do referido ágio, um projeto de pesquisa e desenvolvimento em andamento da adquirida se o projeto atender à definição de ativo intangível. Tal projeto atende à definição de ativo intangível quando: (a) corresponder à definição de ativo; e (b) for identificável, ou seja, é separável ou resulta de direitos contratuais ou outros direitos legais.

- (Item 44) Em alguns casos, um ativo intangível pode ser **adquirido sem custo** ou por valor nominal, por meio de **subvenção ou assistência governamentais**. Isso pode ocorrer quando um governo transfere ou destina a uma entidade ativos intangíveis, como direito de aterrissagem em aeroporto, licença para operação de estações de rádio ou televisão, licença de importação ou quotas ou direitos de acesso a outros recursos restritos. De acordo com o Pronunciamento Técnico CPC 07 – Subvenção e Assistência Governamentais, uma entidade tem a faculdade de reconhecer tanto o ativo intangível quanto a concessão governamental. Se uma entidade optar por não reconhecer inicialmente ao valor justo o ativo, ela deve reconhecer o ativo inicialmente ao valor nominal (o outro tratamento permitido pelo Pronunciamento Técnico CPC 07) acrescido de quaisquer gastos que sejam diretamente atribuídos à preparação do ativo para o uso pretendido.
- (Item 63) Marcas, títulos de publicações, listas de clientes e outros itens similares, **gerados internamente**, NÃO DEVEM ser reconhecidos como ativos intangíveis.
- (Item 64) Os gastos incorridos com marcas, títulos de publicações, listas de clientes e outros itens similares NÃO PODEM SER SEPARADOS dos custos relacionados ao desenvolvimento do negócio como um todo. Dessa forma, esses itens **não devem ser reconhecidos como ativos intangíveis**.
- (Item 65) O custo de **ativo intangível gerado internamente** que se qualifica para o reconhecimento contábil nos termos deste Pronunciamento como estabelecido no item 24 se restringe à soma dos gastos incorridos a partir da data em que o ativo intangível atende aos critérios de reconhecimento contidos nos itens 21, 22 e 57. O item 71 não permite a reintegração de gastos anteriormente reconhecidos como despesa.

Exemplo do item 65: *Uma entidade está desenvolvendo novo processo de produção. No exercício de 20X5, os gastos incorridos foram de $ 1.000, dos quais $ 900 foram incorridos antes de 1º de dezembro de 20X5 e $ 100 entre essa data e 31 de dezembro de 20X5. A entidade está apta a demonstrar que em 1º de dezembro de 20X5 o processo de produção atendia aos critérios de reconhecimento como ativo intangível. O valor recuperável do* know-how *incorporado no processo (inclusive futuras saídas de caixa para concluí-lo e deixá-lo pronto para uso) está estimado em $ 500.*

Ao final de 20X5, o processo de produção está reconhecido como ativo intangível ao custo de $ 100 (gasto incorrido desde a data em que os critérios de reconhecimento foram atendidos, ou seja, 1º de dezembro de 20X5). Os gastos de $ 900 incorridos antes de 1º de dezembro de 20X5 devem ser reconhecidos como despesa porque os critérios de reconhecimento só foram atendidos nessa data, não podendo ser incluídos no custo do processo de produção reconhecido na data do balanço.

No exercício de 20X6, os gastos incorridos são de $ 2.000. Ao final de 20X6, o valor recuperável do know-how *incorporado no processo (inclusive futuras saídas de caixa para concluí-lo e deixa-lo pronto para uso) está estimado em $ 1.900.*

Ao final de 20X6, o custo do processo de produção é de $ 2.100 (gastos de $ 100 reconhecidos no final de 20X5 mais $ 2.000 reconhecidos em 20X6). A entidade deve *reconhecer uma perda de valor de $ 200 para ajustar o valor contábil do processo antes dessa perda de valor ($ 2.100) ao seu valor recuperável ($ 1.900).*

Essa perda por redução no valor recuperável será revertida em um período posterior se os requerimentos de reversão de perda de valor, previstos no Pronunciamento Técnico CPC 01 – Redução ao Valor Recuperável de Ativos, forem atendidos.

- (Item 74) Após o seu reconhecimento inicial, um ativo intangível deve ser apresentado ao custo, menos a eventual amortização acumulada e a perda acumulada (CPC 01).
- (Item 89) A contabilização de ativo intangível baseia-se na sua vida útil. Um ativo intangível com vida útil definida deve ser amortizado, enquanto um **ativo intangível com vida útil indefinida não deve ser amortizad**o...
- (Item 91) O termo "**indefinida**" NÃO SIGNIFICA "**infinita**"...
- (Item 99) A **amortização** deve NORMALMENTE SER RECONHECIDA NO RESULTADO. No entanto, por vezes os benefícios econômicos futuros incorporados no ativo são absorvidos para a produção de outros ativos. Nesses casos, a amortização faz parte do custo de outro ativo, devendo ser incluída no seu valor contábil. Por exemplo, **a amortização de ativos intangíveis utilizados em processo de produção faz parte do valor contábil dos estoque**s (ver Pronunciamento Técnico CPC 16 – Estoques).
- (Item 100) Deve-se presumir que o VALOR RESIDUAL de ativo intangível com vida útil definida é ZERO, a não ser que: (a) haja compromisso de terceiros para comprar o ativo ao final da sua vida útil; ou exista mercado para ele e: (i) o valor residual possa ser determinado em relação a esse mercado; e (ii) seja provável que esse mercado continuará a existir ao final da vida útil do ativo.
- (Item 101) O valor amortizável de ativo com vida útil definida deve ser determinado após a dedução de seu valor residual. O VALOR RESIDUAL DIFERENTE DE ZERO implica que a entidade espera a alienação do ativo intangível antes do final de sua vida econômica.
- (Item 102) A estimativa de valor residual baseia-se no valor recuperável pela alienação, utilizando os preços em vigor na data de estimativa para a venda de ativo similar que tenha atingido o final de sua vida útil e que tenha sido operado em condições semelhantes àquelas em que o ativo será utilizado. O valor residual deve ser revisado pelo menos ao final de cada exercício. Uma alteração no valor residual deve ser contabilizada como mudança na estimativa contábil, de acordo com o Pronunciamento Técnico CPC 23 – Políticas Contábeis, Mudança de Estimativa e Retificação de Erro.
- (Item 107) Ativo com vida útil indefinida não deve ser amortizado.
- (Item 108) De acordo com o Pronunciamento Técnico CPC 01 – Redução ao Valor Recuperável de Ativos, a entidade deve testar a perda de valor dos ativos intangíveis com vida útil indefinida, comparando seu valor recuperável com seu valor contábil: (a) anualmente; e (b) sempre que existam indícios de que o ativo intangível pode ter perdido valor.

- (Item 113) Os GANHOS ou PERDAS decorrentes da **<u>baixa de ativo intangível</u>** devem ser determinados pela diferença entre o valor líquido da alienação, se houver, e o valor contábil do ativo. Esses ganhos ou perdas DEVEM SER RECONHECIDOS NO RESULTADO quando o ativo é baixado (a menos que o Pronunciamento Técnico CPC 06 – Operações de Arrendamento Mercantil venha a requerer outro tratamento em uma venda e *lease back*), mas os ganhos NÃO DEVEM ser classificados como receitas de venda.
- (Item 114) Existem várias FORMAS DE ALIENAÇÃO de ativo intangível (por exemplo, venda, arrendamento financeiro ou doação)...
- (Item 117) A AMORTIZAÇÃO de ativo intangível com vida útil definida **<u>não termina quando ele deixa de ser utilizado</u>**, a não ser que esteja completamente amortizado ou classificado como mantido para venda, de acordo com o Pronunciamento Técnico CPC 31 – Ativo Não Circulante Mantido para Venda e Operação Descontinuada.
- (Item 19) Uma classe de ativos intangíveis é um grupo de ativos de natureza e com utilização similar nas atividades da entidade. Entre os exemplos de classes distintas, temos:

  (a) Marcas;

  (b) Títulos de periódicos;

  (c) Softwares;

  (d) Licenças e franquias;

  (e) Direitos autorais, patentes e outros direitos de propriedade industrial, de serviços e operacionais;

  (f) Receitas, fórmulas, modelos, projetos e protótipos; e

  (g) Ativos intangíveis em desenvolvimento.

  As classes acima mencionadas devem ser separadas (agregadas) em classes menores (maiores) se isso resultar em informação mais relevante para os usuários das demonstrações contábeis.

- (Item 126) A entidade deve divulgar o total de GASTOS COM PESQUISA E DESENVOLVIMENTO DE PRODUTOS como DESPESAS do período.

9. Passivo Circulante

De acordo com o art. 180 da Lei nº 6.404/1976, o Passivo Circulante é composto pelas obrigações exigíveis no exercício seguinte.

Exemplos:

Duplicatas a Pagar → **Obrigações com Fornecedores**

Fornecedores

Duplicatas Descontadas
Promissórias a Pagar
Debêntures (conversíveis ou não em ações
Financiamentos
Empréstimos Bancários
Empréstimos sob Caução

⇒ **Obrigações Financeiras**

Salários a Pagar
Encargos Sociais a Recolher

⇒ **Obrigações Trabalhistas**

ICMS a Recolher
IPI a Recolher
ISS a Recolher
Cofins a Recolher
PIS a Recolher
IRRF a Recolher
Imposto de Renda a Pagar

⇒ **Obrigações Fiscais**

Dividendos a Pagar
Participações de Debenturistas a Pagar
Participações de Empregados a Pagar
Participações de Administradores a Pagar
Participações de Partes Beneficiárias a Pagar

⇒ **Obrigações com Sócios e Participantes do Lucro**

Provisão para Riscos Fiscais
Provisão para Riscos Trabalhistas
Provisão para Riscos Cíveis
Provisão para Garantias de Produtos, Mercadorias e Serviços;
Provisão para Reestruturação;
Provisão para Danos Ambientais Causados pela Entidade;
Provisão para Compensações ou Penalidades por Quebra de Contratos;

⇒ **Provisões**

Adiantamentos de Clientes
Aluguéis a Pagar
Multas a Pagar
etc.

⇒ **Outras Obrigações**

Observações:

1) Pelas normas atuais impostas pelo Comitê de Pronunciamentos Contábeis, conforme já estudado no Capítulo 7, NÃO EXISTEM MAIS algumas "antigas" contas que, <u>impropriamente</u>, eram chamadas de "provisões", tais como " Provisão para 13º Salário", "Provisão para Férias" e Provisão para Imposto de Renda". Atualmente, com base no item 11 do Pronunciamento Técnico **CPC 25 – Provisões, Passivos Contingentes e Ativos Contingentes**, essas contas são, respectivamente, chamadas de "13º Salário a Pagar", "Férias a Pagar" e "Imposto de Renda a Pagar", tendo em vista que estas contas correspondem ao conceito de "contas a pagar" e não ao conceito de provisões.

2) A conta *IRRF a Recolher* representa o imposto de renda descontado do salário bruto dos funcionários, o qual deverá ser recolhido (pago) pela empresa à Receita Federal, mediante guia de recolhimento.

3) A conta *Encargos Sociais a Recolher* engloba a parte dos <u>empregados</u> (*Contribuições da Previdência a Recolher* descontadas do salário bruto dos empregados) e a parte do <u>empregador</u> (*FGTS a Recolher + Contribuições da Previdência a Recolher* – Capítulo 10).

10. PASSIVO NÃO CIRCULANTE

Subgrupo composto pelas contas que representam obrigações exigíveis após o término do exercício seguinte.

Exemplos:

– Duplicatas a Pagar (LP)*
– Promissórias a Pagar (LP)
– Empréstimos a Pagar (LP)
– Financiamentos a Pagar (LP)
– Debêntures (LP) (conversíveis ou não em ações)
– Duplicatas Descontadas (LP) etc.
** LP: Longo Prazo*

Observações:

1) Com base no art. 299-B da Lei nº 6.404/76, as RECEITAS DIFERIDAS deverão ser classificadas também no passivo não circulante, independentemente do prazo a que se referem.

2) RECEITAS DIFERIDAS (ou Receitas Antecipadas ou Receitas Recebidas Antecipadamente) são aquelas que foram recebidas em dinheiro no exercício atual, mas seus fatos geradores competem a exercícios futuros. Da mesma forma que Despesas Pagas Antecipadamente são "semelhantes" a direitos e, portanto, são consideradas contas do ativo (ativo circulante ou ativo realizável a longo prazo), as Receitas Recebidas Antecipadamente são "semelhantes" a obrigações, sendo, portanto, consideradas contas do passivo (em geral, passivo não circulante). Assim,

por exemplo, se a Cia. Alfa alugar um imóvel para a Cia. Beta, e aquela receber antecipadamente o aluguel de janeiro de 2009 em dezembro de 2008 no valor de R$ 8.000,00, teremos, para a Cia. Alfa uma Receita Diferida de Aluguéis, a qual é "semelhante" a uma obrigação (obrigação de disponibilizar em janeiro de 2009 o imóvel alugado para a Cia. Beta). Desta forma, no balanço da Cia. Alfa referente a 31/12/2008 aparecerá como conta integrante do passivo não circulante Aluguéis Ativos a Vencer (ou Aluguéis Recebidos Antecipadamente ou Receita Antecipada de Aluguéis ou Receita Diferida de Aluguéis) no valor de R$ 8.000,00. Caso, no entanto, o aluguel seja intermediado por uma administradora de imóveis, esta, em geral, iria cobrar uma comissão de 10%, aparecendo, assim, no passivo não circulante da Cia. Alfa a conta retificadora "Custo dos Aluguéis Ativos a Vencer" no valor de R$ 800,00 da seguinte forma:

Passivo Não Circulante

Aluguéis Ativos a Vencer..8.000,00

Custo dos Aluguéis Ativos a Vencer ....(800,00) 7.200,00

Neste último caso, ao fim de janeiro de 2009, a Cia. Alfa iria apropriar os referidos aluguéis e os respectivos custos da seguinte forma:

D – Aluguéis Ativos a Vencer	8.000,00
C – Aluguéis Ativos (ou Receita de Aluguéis)	8.000,00

D – Custo dos Aluguéis Ativos (despesa operacional)	800,00
C – Custo dos Aluguéis Ativos a Vencer	800,00

3) Doutrinariamente, há um entendimento generalizado de que nem toda RECEITA DIFERIDA deve ser classificada no passivo não circulante "independentemente do prazo". Aquelas sobre as quais pese alguma obrigatoriedade futura de entrega de bens ou prestação de serviços, ou aquelas onde há a possibilidade de devolução pela entidade adquirente, são classificadas no passivo circulante ou passivo não circulante, dependendo do prazo. Assim, por exemplo, suponhamos que em novembro de 2008 uma empresa comercial receba um adiantamento de R$ 20.000,00 para entrega de mercadorias em março de 2009. Dessa forma, teremos a seguinte contabilização na vendedora:

D – Caixa	20.000,00
C – Adiantamentos de Clientes	20.000,00

No balanço de 31/12/2008, entre outras coisas, será indicado o seguinte:

Passivo Circulante

Adiantamentos de Clientes	20.000,00

Supondo que em março de 2009 a empresa entregue ao cliente a referida mercadoria ao custo de R$ 11.000,00, sendo o ICMS de 18%, teremos:

D – Adiantamentos de Clientes	20.000,00
C – Vendas	20.000,00

D – ICMS sobre Vendas	3.600,00
C – ICMS a Recolher	3.600,00

D – CMV	11.000,00
C – Mercadorias	11.000,00

4) Também, no caso das RECEITAS DIFERIDAS que representem Receita Antecipada de Juros, a classificação ideal não é como conta do passivo e sim como CONTA RETIFICADORA DO ATIVO CIRCULANTE OU ATIVO REALIZÁVEL A LONGO PRAZO. Dessa forma, suponhamos, por exemplo, que uma empresa efetue um empréstimo a uma sociedade controlada no valor de R$ 100.000,00 em 1º de dezembro de 2008, com prazo de 240 dias, sendo os juros recebidos antecipadamente no valor de R$ 12.000,00. Assim, teremos as seguintes contabilizações:

Em 1º de dezembro de 2008:

D – Empréstimos a Controladas	100.000,00
C – Juros Ativos a Vencer (ou Juros Ativos a Transcorrer)	12.000,00
C – Caixa	88.000,00

Em 31 de dezembro de 2008, supondo <u>juros simples</u> (apropriação linear da receita de juros), teremos:

D – Juros Ativos a Vencer	1.500,00
C – Juros Ativos	1.500,00

Nota: Para a apropriação dos juros de 2008, não se contou o primeiro dia (1º de dezembro) e contou-se o último dia (31 de dezembro), dando um total de 30 dias. Logo, os juros de dezembro serão R$ 12.000,00 ÷ 240 x 3 = 1.500,00.

11. Patrimônio Líquido (Lei nº 6.404/1976, art. 182)

➢ CONTAS **CREDORAS**

- CAPITAL SOCIAL
- RESERVAS DE CAPITAL
- OPÇÕES OUTORGADAS RECONHECIDAS
- RESERVAS DE LUCROS
- AJUSTES DE AVALIAÇÃO PATRIMONIAL *(ajustes POSITIVOS)*
- AJUSTES ACUMULADOS DE CONVERSÃO *(ajustes POSITIVOS)*

➢ CONTAS **DEVEDORAS** (Retificadoras do PL)

- CAPITAL A REALIZAR *(ou Capital a Integralizar)*
- GASTOS NA EMISSÃO DE AÇÕES
- PREJUÍZOS ACUMULADOS
- AÇÕES EM TESOURARIA
- AJUSTES DE AVALIAÇÃO PATRIMONIAL *(ajustes NEGATIVOS)*
- AJUSTES ACUMULADOS DE CONVERSÃO *(ajustes NEGATIVOS)*

Obs.: Apesar da conta Lucros Acumulados não ser indicada no balanço de encerramento do exercício social como integrante do patrimônio líquido (Lei nº 6.404/1976, art. 178, § 2º, alínea *d*), essa conta **não foi extinta da contabilidade**, visto que é usada para as destinações do resultado ao fim do exercício social (art. 186). Assim, nada impede, por exemplo, que num balanço patrimonial feito **numa data qualquer**, que não seja a data do balanço de encerramento do exercício social, apresente no seu patrimônio líquido a conta Lucros Acumulados com saldo diferente de zero. No entanto, se o balanço for o de encerramento, o saldo remanescente nessa conta, após a constituição das reservas de lucros, deverá ser distribuído como dividendos (Lei nº 6.404/1976, art. 202, § 6º).

11.1. Capital Social (ou Capital Subscrito ou Capital)

Corresponde à parte do patrimônio líquido formada pelas ações subscritas na constituição ou no aumento do capital de uma sociedade anônima. É composto por duas partes:

1ª) CAPITAL A REALIZAR (ou A INTEGRALIZAR ou NÃO REALIZADO): Corresponde às ações subscritas e não realizadas pelos acionistas. É a dívida dos acionistas diante da própria sociedade.

2ª) CAPITAL REALIZADO (ou INTEGRALIZADO): Corresponde às ações subscritas e realizadas pelos acionistas em dinheiro (mínimo 10%) ou quaisquer outros bens suscetíveis de avaliação em dinheiro.

EXEMPLO DE FORMAÇÃO DO CAPITAL E DO PATRIMÔNIO:

1) Constituição da Cia. Comercial JVM, com a subscrição de 10.000 ações de valor nominal R$ 30 cada, sendo integralizadas, no ato, 15% em dinheiro, 30% com mercadorias para revenda e 10% em móveis e utensílios. Assim:

Contabilização da subscrição das ações:

D – Capital a Realizar 300.000

C – Capital Social 300.000

Contabilização da integralização das ações:

D – Caixa 45.000

D – Mercadorias 90.000

D – Móveis e Utensílios 30.000

C – Capital a Realizar 165.000

Com base nos arts. 80 e 81 da Lei nº 6.404/1976, a realização do capital pelo fundador em dinheiro deverá ser feita no prazo de 5 dias, contados do recebimento das quantias, em nome dos subscritores e a favor da sociedade, mediante depósito no banco, ficando o valor depositado indisponível para movimentação, até que a companhia adquira personalidade jurídica. Assim, suponhamos que 3 dias após o recebimento da quantia em dinheiro, a Cia. Comercial JVM efetue o depósito bancário da parte do capital realizada em dinheiro. Desta forma, teremos:

D – Bancos Conta Vinculada 45.000

C – Caixa 45.000

Supondo agora que, 7 dias após o depósito bancário dos $ 45.000, seja concluído o arquivamento e a publicação dos atos de constituição da companhia, adquirindo esta personalidade jurídica. Desta forma, o banco irá liberar o depósito e a empresa fará a seguinte contabilização:

D – Bancos conta Movimento 45.000

C – Bancos conta Vinculada 45.000

Obs.: Caso a companhia não se constitua dentro de 6 meses da data do depósito, o banco restituirá as quantias depositadas diretamente aos subscritores.

Balanço Patrimonial:

ATIVO		PASSIVO		
Bancos	45.000			
Mercadorias	90.000	Capital Social		
Móveis e Utensílios	30.000	Subscrito	3000.000	
		a Realizar	(135.000)	165.000
	165.000			165.000

2) Realização de capital com a entrega de três caminhões para transporte de mercadorias no valor de R$ 45.000 cada.

Contabilização:

D – Veículos 135.000

C – Capital a Realizar 135.000

Balanço Patrimonial:

ATIVO		PASSIVO (Total)	
Bancos	45.000		
Mercadorias	90.000		
Móveis e Utensílios	30.000		
Veículos	135.000	Capital Social	300.000
	300.000		300.000

3) Emissão de cheques da empresa para pagamentos de despesas de implantação (antes de a empresa iniciar suas atividades), sendo:

– Despesas com registros no valor de R$ 600, conforme Nota Fiscal de Serviços nº 122, pagas à empresa contábil Consultec Ltda.

– Despesas com propaganda no valor de R$ 2.500, conforme recibo nº 043, pagas ao jornal Gazeta Comercial.

– Despesas com advogado no valor de R$ 900, conforme Nota Fiscal de Serviços nº 31.

Contabilização:

D – Despesas Pré-Operacionais 4.000

C – Bancos 4.000

D – Resultado 4.000

C – Despesas Pré-Operacionais 4.000

D – Prejuízos Acumulados 4.000

C – Resultado 4.000

Balanço patrimonial:

ATIVO		PASSIVO	
Bancos	41.000		
Mercadorias	90.000		
Móveis e Utensílios	30.000	Capital Social	300.000
Veículos	135.000	Prejuízos Acumulados	(4.000)
	296.000		296.000

4) Compras de mercadorias com aceite de duplicatas no valor de R$ 36.000.

Contabilização:

D – Mercadorias 36.000

C – Duplicatas a Pagar 36.000

Balanço Patrimonial:

ATIVO		PASSIVO	
Bancos	41.000	Duplicatas a Pagar	36.000
Mercadorias	126.000		
Móveis e Utensílios	30.000	Capital Social	300.000
Veículos	135.000	Prejuízos Acumulados	(4.000)
	332.000		332.000

5) Venda de mercadorias à vista no valor de R$ 41.000 ao custo de R$ 19.000.

Contabilização das vendas:

D – Caixa 41.000

C – Vendas 41.000

D – Custo das Mercadorias Vendidas 19.000

C – Mercadorias 19.000

Contabilização da apuração do resultado:

D – Vendas 41.000

C – Resultado 41.000

D – Resultado 19.000

C – Custo das Mercadorias Vendidas 19.000

Transferência do resultado para Lucros Acumulados:

D – Resultado 22.000

C – Lucros Acumulados 22.000

Transferência de Prejuízos Acumulados para Lucros Acumulados:

D – Lucros Acumulados 4.000

C – Prejuízos Acumulados 4.000

Balanço Patrimonial:

ATIVO		PASSIVO	
Caixa	41.000	Duplicatas a Pagar	36.000
Bancos	41.000		
Mercadorias	107.000		
Móveis e Utensílios	30.000	Capital Social	300.000
Veículos	135.000	Lucros Acumulados	18.000
	354.000		354.000

Obs.: Com base na alínea *d* do § 2º do art. 178 da Lei nº 6.404/1976, no balanço patrimonial de **encerramento do exercício social** o patrimônio líquido é dividido em capital social, reservas de capital, ajustes de avaliação patrimonial, reservas de lucros, ações em tesouraria e prejuízos acumulados. Desta forma, a conta Lucros Acumulados não deve integrar o balanço patrimonial ao fim do exercício social. No entanto, esta conta não foi extinta da contabilidade, tendo em vista que é utilizada para as destinações do resultado (art. 186). Assim, nada impede, por exemplo, que uma companhia que deseje elaborar um balanço patrimonial numa data qualquer, que não seja aquele obrigatório a ser feito ao fim do exercício social, apresente a conta Lucros Acumulados no patrimônio líquido. No caso do balanço de encerramento, esta conta não poderá aparecer. Após a constituição das reservas de lucros (veremos adiante), havendo saldo remanescente em Lucros Acumulados, essa sobra deverá ser distribuída como dividendos, conforme descrito no § 6º do art. 202 da mesma lei. Daí, concluímos que neste último balanço da Cia. Comercial JVM não há problema algum na inclusão de Lucros Acumulados de R$ 22.000,00 dentro do patrimônio líquido, tendo em vista que não é um balanço de encerramento do exercício social. Apenas um balanço feito numa data qualquer. Cabe ressaltar, no entanto, que, no caso de Prejuízos Acumulados, a lei deixa claro no art. 178 que essa conta integrará o patrimônio líquido no balanço de encerramento, podendo também integrar o patrimônio líquido no balanço de qualquer outra data.

6) Venda de mercadorias à vista no total de R$ 22.000 ao custo de R$ 58.000.

Contabilização das vendas:

D – Caixa	22.000
C – Vendas	22.000
D – Custo das Mercadorias Vendidas	58.000
C – Mercadorias	58.000

Contabilização da apuração do resultado:

D – Vendas	22.000
C – Resultado	22.000
D – Resultado	58.000
C – Custo das Mercadorias Vendidas	58.000

Transferência do resultado para Lucros/Prejuízos Acumulados:

D – Lucros Acumulados	18.000
C – Prejuízos Acumulados	18.000
C – Resultado	36.000

Balanço Patrimonial:

ATIVO		PASSIVO	
Caixa	63.000	Duplicatas a Pagar	36.000
Bancos	41.000		
Mercadorias	49.000		
Móveis e Utensílios	30.000	Capital Social	300.000
Veículos	135.000	Prejuízos Acumulados	(18.000)
	318.000		318.000

11.1.1. Adiantamentos para Aumento de Capital

Esses adiantamentos são recursos (normalmente dinheiro) recebidos pela empresa de seus sócios para posterior aumento do capital social. Dessa forma, no recebimento desses recursos a contabilização pode ser feita da seguinte forma:

D – Caixa ou Bancos

C – Adiantamentos para Aumento de Capital

Posteriormente, no efetivo aumento do Capital Social, teremos:

D – Adiantamentos para Aumento de Capital

C – Capital Social

A Lei nº 6.404/1976 é omissa quanto à classificação da conta Adiantamentos para Aumento de Capital. A legislação fiscal classifica essa conta como passivo exigível por entender que tais adiantamentos constituem obrigações da empresa junto aos sócios, visto que na possibilidade do aumento não se concretizar a empresa deverá restituir esses valores para os sócios (Pareceres Normativos CST nº 23/1981 e CST nº 28/1994). No entanto, contabilmente a classificação ideal é divergente da ótica do Fisco, visto que tais adiantamentos devem ser classificados juntamente com as contas do patrimônio líquido e não como exigibilidades, tendo em vista que na maioria dos casos é muito pouco provável que o aumento do capital não se formalize. Dessa forma, na elaboração do balanço deve ser feito claro destaque, tal como o exemplo abaixo:

Passivo Circulante

Contas a Pagar	R$ 12.000,00
Impostos a Recolher	R$ 7.000,00
	R$ 19.000,00

Passivo Não Circulante

Empréstimos Bancários	R$ 11.000,00
Financiamentos	R$ 24.000,00
	R$ 35.000,00

Patrimônio Líquido

Capital Social	R$ 56.000,00
Reservas de Capital	R$ 4.000,00
Reservas de Lucros	R$ 6.000,00
	R$ 66.000,00
Adiantamentos para Aumento de Capital	R$ 10.000,00
	R$ 76.000,00

11.2. Reservas

São valores acumulados no patrimônio líquido para uso posterior. Dependendo da forma como a reserva surgiu e de como será utilizada, temos dois grupos de reservas:

- Reservas de Capital
- Reservas de Lucros

11.2.1. Reservas de Capital

São geradas por valores recebidos dos proprietários ou de terceiros. Esses valores, em sua essência, são receitas, não sendo tratados, porém, como tais, pois não transitam por contas de resultado (não constam na DRE – Demonstração do Resultado do Exercício), entrando diretamente no patrimônio líquido.

De acordo com o art. 182 da Lei nº 6.404/1976, temos as seguintes Reservas de Capital:

- Reserva de Ágio na Emissão de Ações
- Reserva de Alienação de Partes Beneficiárias
- Reserva de Alienação de Bônus de Subscrição

} Art. 182, § 1º

\+

- Reserva da Correção Monetária do Capital Realizado } Art. 182, § 2º

Observações:

1) Títulos emitidos por sociedades anônimas:
   – Ações
   – Partes Beneficiárias (somente para Cias. fechadas – Lei nº 6.404/1976, art. 47, parágrafo único)
   – Debêntures
   – Bônus de Subscrição

2) AÇÕES: São títulos representativos do Capital Social de uma sociedade anônima, isto é, o Capital Social de qualquer companhia é formado pelo conjunto de todas as ações emitidas. De acordo com o art. 11 da Lei Societária (Lei nº 6.404/1976), o estatuto fixará o número de ações em que se divide o Capital Social e estabelecerá se as ações terão ou não **valor nominal**, sendo este o valor indicado em moeda na cautela de ações (certificado de propriedade do acionista). De acordo com o mesmo artigo, o valor nominal será o mesmo para todas as ações da companhia.

Com relação aos direitos ou vantagens que as ações dão aos seus titulares, as **ações ordinárias** são aquelas que, além dos dividendos, possibilitam o direito de voto nas assembleias de acionistas. As **ações preferenciais**, apesar de normalmente (há a possibilidade do direito do voto com restrições em alguns casos específicos) não darem o direito de voto, oferecem vantagens aos seus titulares com relação aos dividendos.

De acordo com o § 2º do art. 15 da mesma Lei (Lei nº 6.404/1976), o número de ações preferenciais sem direito a voto, ou sujeitas a restrições no exercício desse direito, não pode ultrapassar **50%** do total das ações emitidas.

3) ÁGIO NA EMISSÃO DE AÇÕES (AEA): Como visto anteriormente, ao emitir ações (= vender ações), uma sociedade anônima pode fazê-lo emitindo **ações com valor nominal** (quando o valor em moeda vem indicado no certificado de propriedade do acionista) e/ou **ações sem valor nominal** (quando nenhum valor em moeda vem indicado na cautela de ações, isto é, no certificado de propriedade). No caso de as ações terem valor nominal, o ágio é o excesso do preço de emissão (= preço de venda) sobre o valor nominal. Assim, por exemplo, se uma companhia emitir 1.000 ações de valor nominal R$ 21,00 cada por R$ 23,00 cada, teremos o seguinte lançamento:

D – Bancos Conta Movimento	23.000,00
C – Capital Social	21.000,00
C – Reservas de Capital – **AEA**	2.000,00

No caso de as ações emitidas não terem valor nominal, o AEA será a parte do preço de emissão que ultrapassar a importância destinada ao Capital Social, isto é, a parte do preço de venda que não irá para o Capital Social, constituindo assim uma Reserva de Capital. Desta forma, por exemplo, se uma companhia emitir 600 ações sem valor nominal por R$ 12.000, e deste valor destinar apenas R$ 9.000,00 para o Capital Social, o AEA será a parte desse valor que não foi para o Capital, ou seja, R$ 3.000,00. Neste caso, no livro Diário será feito o seguinte lançamento:

D – Bancos Conta Movimento	12.000,00
C – Capital Social	9.000,00
C – Reservas de Capital – **AEA**	3.000,00

Além dos casos anteriores, também é possível a existência do AEA na conversão de debêntures ou partes beneficiárias, as quais serão definidas logo a seguir, em ações da companhia. Se, por exemplo, uma companhia emitir debêntures cujo valor nominal é de R$ 15.000,00 e, expirado o seu prazo de emissão, ao convertê-las em ações, entregar aos debenturistas R$ 14.000,00 em ações, a companhia estará cobrando ágio de R$ 1.000,00. No livro Diário seria feito o seguinte lançamento:

D – Debêntures a Resgatar	15.000,00
C – Capital Social	14.000,00
C – Reservas de Capital – **AEA**	1.000,00

Cabe mencionar que, de acordo com o art. 13 da Lei nº 6.404/1976, não se pode emitir ações com deságio, isto é, não é permitido às companhias emitir ações por valor inferior ao valor nominal.

4) DEBÊNTURES: São títulos de dívida emitidos por companhias, os quais dão direito a seus proprietários (debenturistas) de participação nos seus lucros e recebimento de juros, podendo ser ou não conversíveis em ações da companhia emissora. A forma de pagamento dos juros e a amortização do principal são flexíveis, permitindo que as companhias emissoras adequem esses pagamentos, no caso de não serem convertidos em ações, às suas disponibilidades de caixa.

5) PARTES BENEFICIÁRIAS: São títulos sem valor nominal, emitidos por companhias fechadas, por um prazo máximo de dez anos, que dão a seus titulares o direito de participação, no máximo, em 10% nos lucros da empresa emissora e, se não resgatados no seu prazo de emissão, serão convertidos em ações da companhia, podendo, de forma análoga ao caso das debêntures, haver ágio na emissão de ações, em caso de conversão de tais títulos em ações da companhia. Ao contrário das debêntures, que como visto possuem valor nominal (= valor de resgate), as partes beneficiárias poderão ser resgatadas por algum critério de cálculo indicado no certificado de emissão, ou por valor simbólico.

Como visto na observação anterior, a emissão de debêntures só dará origem à reserva de capital se tais títulos forem emitidos com ágio, isto é, acima do par. No caso das partes beneficiárias, não existe emissão com ágio ou deságio, visto que as mesmas não têm valor nominal. A reserva de capital se dá pelo valor integral da emissão, ou seja, pelo valor de venda. Assim, por exemplo, se uma companhia emitir partes beneficiárias por R$ 18.000,00, será feito o seguinte lançamento no Diário:

D – Caixa	18.000,00
C – Reserva de Capital – **APB**	18.000,00

APB: Alienação de Partes Beneficiárias

Cabe ressaltar que as partes beneficiárias só darão origem à Reserva de Capital se forem vendidas. Caso sejam atribuídas gratuitamente a fundadores, acionistas ou terceiros, não darão origem à Reserva de Capital.

Exemplo prático: Balanço da Cia. Alfa antes da emissão de partes beneficiárias

ATIVO		**PASSIVO**	
Caixa	13.000	Fornecedores	21.000
Estoques	25.000		
Imóveis	80.000	Capital Social	64.000
		Reservas de Lucros	33.000
	118.000		118.000

Balanço da Cia. Alfa após a emissão de partes beneficiárias no valor de R$10.000:

ATIVO		**PASSIVO**	
Caixa	23.000	Fornecedores	21.000
Estoques	25.000		
Imóveis	80.000	Capital Social	64.000
		Reservas de Capital	10.000
		Reservas de Lucros	33.000
	128.000		128.000

6) BÔNUS DE SUBSCRIÇÃO: De forma diferente das debêntures, não são considerados títulos de dívida, visto que não geram passivo para a companhia emissora, mas sim títulos **patrimoniais**, visto que concedem a seus titulares o direito a subscreverem ações da companhia emissora, mediante a apresentação dos bônus e pagamento do valor das ações. É oportuno mencionar que títulos PATRIMONIAIS são aqueles que dão direito a parcelas do patrimônio líquido da entidade emissora desses títulos, não gerando passivos para a mesma. É o caso, por exemplo, das ações, visto que dão a seus titulares (acionistas) o direito a parcelas do patrimônio líquido, razão pela qual os bônus também são considerados títulos patrimoniais, pois terão como desfecho para seus titulares o direito a parcelas do patrimônio líquido da sociedade emissora quando finalmente esses subscreverem as ações que têm direito. A principal vantagem dos bônus é que os mesmos dão direito a seus possuidores de adquirem as ações diretamente da sociedade emissora, visto que, se não possuíssem esses bônus, teriam que adquirir as ações de "outros" proprietários e não da companhia emissora, pagando o preço normalmente maior do mercado especulativo. Outro detalhe é que os bônus são emitidos no limite do capital autorizado no estatuto, isto é, a assembleia geral da sociedade estabelece no seu estatuto um limite até o qual o capital poderá ser aumentado, sem que tenha que haver posterior alteração estatutária. Por fim, a emissão dos bônus gera para a companhia emissora reservas de capital. Assim, por exemplo, suponhamos que determinada companhia realizasse a emissão de 1.000 bônus a R$ 2,00 cada, os quais dessem direito à subscrição em tempo futuro de 1.000 ações da companhia. Nesse caso, a sociedade emissora faria a seguinte contabilização:

D – Caixa/Bancos 2.000,00

C – Reservas de Capital – Alienação de Bônus de Subscrição 2.000,00

Posteriormente, vamos supor que a sociedade emissora aumente seu capital social emitindo 1.000 novas ações a R$ 30,00 cada, de forma que os titulares dos bônus fossem os subscritores dessas ações. Assim, a companhia faria a seguinte contabilização:

D – Caixa/Bancos 30.000,00

C – Capital Social 30.000,00

Abaixo, reproduzimos os artigos 75 a 77 da Lei nº 6.404/76, os quais tratam dos BÔNUS DE SUBSCRIÇÃO:

Art. 75. *A companhia poderá emitir, dentro do limite de aumento de capital autorizado no estatuto (artigo 168), títulos negociáveis denominados "Bônus de Subscrição".*

Parágrafo único. *Os bônus de subscrição conferirão aos seus titulares, nas condições constantes do certificado, direito de subscrever ações do capital social, que será exercido mediante apresentação do título à companhia e pagamento do preço de emissão das ações.*

Competência

Art. 76. *A deliberação sobre emissão de bônus de subscrição compete à assembleia geral, se o estatuto não a atribuir ao conselho de administração.*

Emissão

Art. 77. *Os bônus de subscrição serão alienados pela companhia ou por ela atribuídos, como vantagem adicional, aos subscritos de emissões de suas ações ou debêntures.*

Parágrafo único. *Os acionistas da companhia gozarão, nos termos dos artigos 171 e 172, de preferência para subscrever a emissão de bônus.*

7) CORREÇÃO MONETÁRIA DO CAPITAL REALIZADO: será também considerada Reserva de Capital, enquanto não capitalizada, ou seja, enquanto não incorporada ao Capital.

Exemplo: Balanço da Cia. ABC antes da correção monetária:

ATIVO		PASSIVO	
Caixa	10.000	Fornecedores	30.000
Imóveis	80.000	Capital Social	40.000
		Correção do Capital	10.000
		Lucros Acumulados	10.000
	90.000		**90.000**

Corrigindo o balanço com um índice de 1,20, teremos:

Caixa – O dinheiro no caixa não pode ser corrigido monetariamente

Imóveis – irá de $ 80.000 para $ 80.000 × 1,20 = $ 96.000

Fornecedores – Não pode ser corrigido monetariamente

Capital Social – Continuará $ 40.000. Sua correção de $ 8.000 irá para a conta *Correção do Capital*, que representa correção de períodos passados, sendo considerada uma reserva de capital, enquanto não incorporada ao Capital Social

Correção do Capital – Receberá duas correções: A sua própria, isto é, $ 2.000, e a correção do período atual da conta *Capital Social*, isto é, $ 8.000, ficando desta forma com saldo final de $ 10.000 + $ 2.000 + $ 8.000, ou seja, $ 20.000

Lucros Acumulados – Receberá a sua correção, ou seja, $ 2.000, mais o resultado positivo da correção monetária, que é a diferença entre a correção das contas de saldo devedor (Imóveis) e as contas de saldo credor (Patrimônio Líquido), isto é, 20% de $ 80.000 – 20% de $ 60.000, ou seja, $ 4.000, ficando tal conta com saldo final de $ 10.000 + $ 2.000 + $ 4.000 = $ 16.000

Balanço da Cia. ABC após a correção monetária com índice de 1,20:

ATIVO		PASSIVO	
Caixa	10.000	Fornecedores	30.000
Imóveis	96.000	Capital Social	40.000
		Correção do Capital	20.000
		Lucros Acumulados	16.000
	106.000		**106.000**

Nota: De acordo com o § 2º do art. 178 da Lei nº 6.404/1976, o patrimônio líquido no balanço de encerramento do exercício social não poderá conter a conta Lucros Acumulados, pois é dividido em capital social, reservas de capital, ajustes de avaliação patrimonial, reservas de lucros, ações em tesouraria e prejuízos acumulados. Desta forma, o saldo remanescente em Lucros Acumulados ($ 16.000) deverá ser destinado às reservas de lucros e aos dividendos (art. 202, § 6º) a pagar aos acionistas. No entanto, se esse balanço não for o de encerramento do exercício social, **nada impede** que contenha a conta Lucros Acumulados no patrimônio líquido.

8) De acordo com o art. 200 da Lei nº 6.404/1976, as reservas de capital somente poderão ser usadas para:

– Absorção de prejuízos que ultrapassarem os lucros acumulados e as reservas de lucros (ver art. 189, parágrafo único).

– Resgate, reembolso ou compra de ações.

– Resgate de partes beneficiárias.

– Incorporação ao Capital Social.

– Pagamento de dividendos a ações preferenciais, quando essa vantagem lhes for assegurada (ver § 5º do art. 17).

***Art. 189, parágrafo único:** O prejuízo do exercício será obrigatoriamente absorvido pelos lucros acumulados, pelas reservas de lucros e pela reserva legal, nessa ordem.*

9) Para se resgatar partes beneficiárias, pode-se usar a Provisão para Resgate de Partes Beneficiárias (Passivo Exigível), ou Reserva de Alienação de Partes Beneficiárias (Reserva de Capital).

10) Com base no art. 167 da Lei nº 6.404, a Reserva de Correção Monetária do Capital Social só pode ser usada para aumentar o Capital Social e, na companhia aberta, tal capitalização será feita sem a modificação do número de ações emitidas e com o aumento do valor nominal das ações, se for o caso.

11) De acordo com o § 3º do art. 167, se a companhia tiver ações com e sem valor nominal, a correção do capital correspondente às ações com valor nominal será feita separadamente, sendo a reserva resultante capitalizada em benefício dessas ações.

12) De acordo com o art. 169, o aumento do Capital Social mediante a capitalização de lucros ou reservas importará alteração do valor nominal das ações ou distribuição das ações novas, correspondentes ao aumento, entre acionistas, na proporção do número de ações que possuírem.

13) REEMBOLSO é a operação na qual a companhia paga as ações aos acionistas dissidentes de deliberação da assembleia geral, ou seja, acionistas que não concordam com as decisões da assembleia geral, dentro dos casos previstos em lei.

14) RESGATE é a operação na qual a companhia compra suas ações de volta, a fim de tirá-las definitivamente de circulação, podendo implicar ou não a redução do Capital Social.

11.2.2. Reservas de Lucros (Lei nº 6.404, art. 182, § 4º)

Têm origem no lucro líquido da empresa, ou seja, representam um dos "pedaços" do lucro líquido no processo de suas destinações.

Como visto acima, as Reservas de Lucros constituem uma das partes do lucro líquido, quando de sua distribuição. No entanto, para se fazer tal distribuição existe uma sequência contábil, a qual representaremos pelo seguinte diagrama:

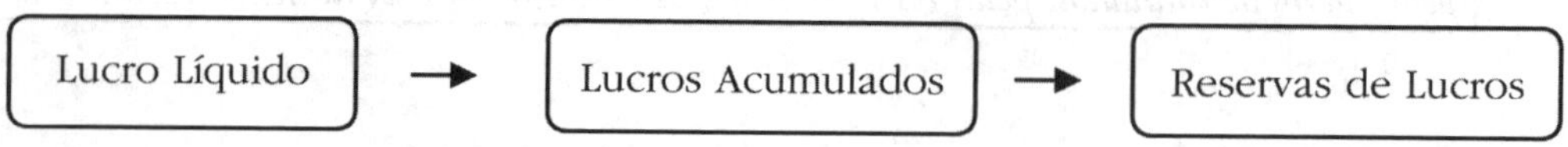

Do diagrama anterior, observamos que, uma vez apurado o lucro líquido, este será transferido para a conta "Lucros Acumulados". Logo após, um "pedaço" irá para as Reservas de Lucros. No livro Diário, teremos os seguintes lançamentos:

Pela transferência do lucro líquido para lucros acumulados:

D – Resultado do Exercício (lucro líquido)

C – Lucros Acumulados

Pela formação, por exemplo, de Reserva Legal:

D – Lucros Acumulados

C – Reserva Legal

De acordo com a Lei nº 6.404/1976, são reservas de lucros:

- Reserva Legal (art. 193)
- Reservas Estatutárias (art. 194)
- Reservas para Contingências (art. 195)
- Reserva de Incentivos Fiscais (art. 195-A)
- Reserva de Retenção de Lucros (art. 196)
- Reserva de Lucros a Realizar (art. 197)

+

- Reserva Especial (art. 202, §§ 4º e 5º)

11.2.2.1. Reserva Legal

Do lucro líquido do exercício, 5% serão aplicados, antes de qualquer outra destinação, na constituição da reserva legal, sendo que o saldo desta reserva não poderá exceder a 20% do capital social realizado mais a correção monetária deste, caso haja que, como visto anteriormente, é um tipo de reserva de capital.

Obs. 1: A Reserva Legal é a única reserva de lucro obrigatória às companhias, isto é, as demais reservas de lucros são facultativas. Daí o termo "Legal", visto a imposição da Lei Societária.

Obs. 2: Quando a Lei nº 6.404/76 se refere ao limite obrigatório da reserva legal, estabelece como tal 20% do capital social, sem deixar claro se é o subscrito ou o realizado. Nessa obra, entendemos que esse limite é de 20% do capital social realizado mais a correção monetária desse capital, caso haja. No entanto, não há um consenso geral entre doutrinadores em relação a isso. Alguns julgam que esse limite é de 20% do capital social subscrito, ou seja, mesmo havendo capital a integralizar, esse não deve ser subtraído do capital subscrito. Salientamos, no entanto, que, indiretamente, a Lei nº 6.404/76, ao se referir no § 2º do art. 182 à correção monetária do capital social, usa a expressão "capital social realizado": (*Art. 182, § 2º: Será ainda registrado como reserva de capital o resultado da correção monetária* *do capital realizado, enquanto não capitalizado.)* Desta forma, não haveria sentido algum somarmos o capital social subscrito com a correção monetária do capital realizado para o cálculo do limite obrigatório (20% dessa soma) e sim somarmos o capital social realizado com a correção desse capital para então calcularmos os 20% dessa soma. Infelizmente, essa divergência doutrinária, em virtude de interpretações equivocadas de muitos, ainda persiste. Há bancas elaboradoras de concursos públicos que parecem "oscilar" em relação às suas posições, pois, uma mesma banca, ora adota o capital subscrito, ora adota o capital realizado. Aconselhamos, nesse caso, a elaboração de recursos por parte dos candidatos "forçando" a banca a adotar o capital realizado, que é o correto. O Manual de Contabilidade das Sociedades por Ações da FIPECAFI (Fundação Instituto de Pesquisas Contábeis, Atuárias e Financeiras, FEA/USP), por exemplo, que é uma das referências mais conceituadas de informações na área contábil, estabelece como limite obrigatório 20% do capital social realizado.

Exemplo:

Reserva Legal (saldo de 31/12/X1).................................... $ 3.900

Capital Social... $ 21.000

Lucro Líquido (exercício de X2).. $ 8.000

Valor a ser destinado à Reserva Legal em 31/12/X2 =?

Limite da reserva = 20% de 21.000 = 4.200

5% do lucro líquido = 5% de 8.000 = 400

Saldo anterior da reserva + 5% do L.L. = 3.900 + 400 = 4.300 > 4.200

Logo, não se pode destinar $ 400 para a Reserva Legal, pois o saldo da mesma ultrapassaria os 20% do Capital Social. Desta forma, o valor a ser destinado a tal reserva, em 31/12/X2, será de $ 300.

Como visto anteriormente, o LIMITE OBRIGATÓRIO da reserva legal é de 20% do capital social, isto é, até esse limite é obrigatória a destinação de 5% do lucro líquido. Caso a soma do saldo inicial da reserva com os 5% do lucro líquido ultrapasse tal limite, então devemos transferir o máximo que pudermos, até o saldo da reserva ficar igual ao limite, isto é, devemos transferir a diferença entre o limite obrigatório e o saldo inicial. No entanto, existe ainda um 2º limite, ao qual chamamos de LIMITE FACULTATIVO. Tal limite corresponde a 30% do capital social. Se o saldo da reserva legal acrescido das reservas de capital (exceto a correção do capital) atingir esse limite, a partir daí torna-se facultativa a destinação de parte do lucro para a formação da reserva. Apesar de aparentemente simples, tal verificação não é tão simples quanto parece. Entre vários doutrinadores, há divergências em relação a esse assunto. Regra geral, nas questões de concursos públicos que se limitam a perguntar qual o valor a ser destinado à reserva legal, devemos preocupar-nos apenas com o limite obrigatório (20% do capital). No entanto, se porventura em alguma questão for perguntado se a empresa pode ou deve constituir reserva legal, devemos observar as seguintes regras:

LEGENDA:

S: Saldo inicial da Reserva Legal (saldo anterior, corrigido se for o caso)

LL: Lucro Líquido

C: Capital Social Realizado (caso haja a Reserva da Correção do Capital, a mesma deverá ser somada a C para o cálculo dos 20% e dos 30%)

RC: Saldo das Reservas de Capital (exceto a correção do capital)

X: parcela do LL a ser destinada à constituição da Reserva Legal

1º CASO:

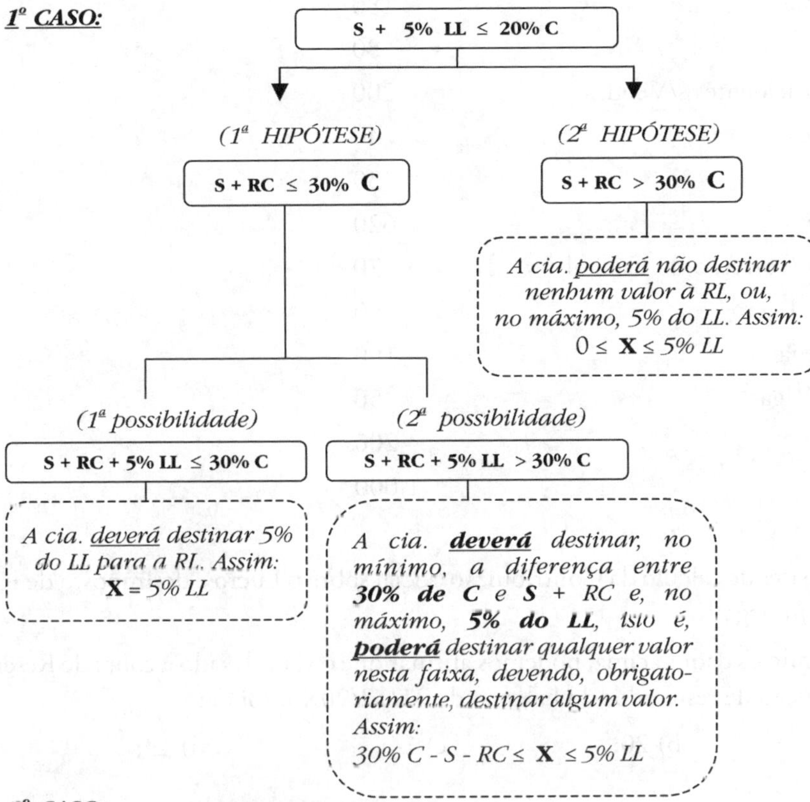

2º CASO:

S + 5% LL > 20% C

Segue o mesmo procedimento do 1º CASO, com a substituição dos 5% do LL pela diferença entre o limite obrigatório e o saldo anterior da reserva legal, isto é, 20% C – S.

EXERCÍCIO RESOLVIDO 4: (Auditor da Receita Federal/Esaf – Adaptada) Balancete em 31/12/20X3:

Bancos	10
Caixa	20
Capital	500

Clientes	350
Correção Monetária do Balanço	150
Custo das Mercadorias Vendidas	300
Depreciações Acumuladas	50
Despesas Comerciais	70
Despesas Financeiras	10
Despesas Tributárias	10
Fornecedores	180
Imóveis	80
Impostos Incidentes s/Vendas	200
Juros Ativos	40
Máquinas	30
Mercadorias	620
Reserva da Correção do Capital	70
Reserva de Lucros	60
Reserva Legal	100
Salários a Pagar	50
Veículos	200
Vendas	1.000

Obs.: As bases de cálculo da Contribuição Social sobre o Lucro e do Imposto de Renda (PJ) foram negativas.

Considerando os dados acima, podemos afirmar que o valor levado à conta de Reserva Legal, na distribuição de resultados do balanço de 31/12/20X3, foi de:

a) 15; b) 20; c) 14; d) 13; e) zero.

(SOLUÇÃO)

Em primeiro lugar, devemos calcular o valor do Lucro Líquido, subtraindo a soma das despesas da soma das receitas:

Receitas = 1.000 + 40 = 1.040

Despesas = 150 + 300 + 70 + 10 + 10 + 200 = 740

Lucro Líquido = 1.040 – 740 = 300

Como a questão já sugere que se determine o valor a ser levado à conta de Reserva Legal, ***não devemos preocupar-nos com o limite facultativo****, apenas, com o limite obrigatório. Assim:*

Limite obrigatório da reserva legal = 20% de (500 + 70) = 114

Saldo anterior da reserva legal = 100

5% do Lucro Líquido = 5% de 300 = 15

Saldo anterior + 5% LL = 115 > 114

Logo, como a soma do saldo anterior da reserva com 5% do Lucro Líquido ultrapassou o limite obrigatório, a empresa ***deverá destinar o máximo que puder****, até chegar ao limite, isto é, deverá destinar a diferença entre o limite obrigatório e o saldo inicial, ou seja, 114 – 100 = 14, ficando o saldo final da reserva com o valor do limite.* ***(Opção c)***

EXERCÍCIO RESOLVIDO 5: (Analista de Comércio Exterior/Esaf – Adaptada) A firma "Chis" apresenta o seguinte patrimônio líquido:

Capital Social	R$	30.000,00
Reserva de Alienação de Bônus de Subscrição	R$	1.300,00
Reserva de Ágio na Emissão de Ações	R$	2.000,00
Reserva Legal	R$	2.000,00
Reservas Estatutárias	R$	1.000,00

No exercício de 20X1 a empresa apurou um lucro líquido final (após o Imposto de Renda e as participações) no valor de R$ 76.000,00. Considerando-se as limitações impostas pela Lei nº 6.404/1976 (Lei das Sociedades por Ações), podemos dizer que, para constituir a Reserva legal no referido exercício, essa empresa:

a) poderá destinar R$ 3.700,00;
b) deverá destinar R$ 3.700,00;
c) deverá destinar R$ 3.800,00;
d) deverá destinar R$ 4.000,00;
e) poderá destinar R$ 4.000,00.

(SOLUÇÃO)

Limite obrigatório da Reserva Legal = 20% de 30.000 = 6.000

Saldo inicial da Reserva Legal = 2.000

5% do Lucro Líquido = 5% de 76.000 = 3.800

2.000 + 3.800 = 5.800 < 6.000 (1º CASO)

Logo, tendo em vista que, após somarmos o saldo inicial da reserva legal com 5% do lucro líquido, o seu saldo final não ultrapassou os 20% do Capital Social, em princípio a empresa seria obrigada a destinar 3.800 para tal reserva, havendo a possibilidade de a resposta ser Opção C. Porém, iremos agora verificar o limite facultativo, visto que as opções sugerem a possibilidade da facultatividade de algum valor, através do termo "poderá":

Limite facultativo = 30% de 30.000 = 9.000

Saldo anterior + Res. de Cap. = 2.000 + 3.300 = 5.300 < 9.000 (1ª HIPÓTESE)

Saldo anterior + Res. de Cap.+ 5% LL = 9.100 > 9.000 (2ª Possibilidade).

Logo, a empresa deverá destinar, no mínimo, 9.000 – 5.300, isto é, 3.700, e, no máximo, 3.800. Logo, a empresa ***poderá destinar 3.700. (Opção a)***

COMENTÁRIO EXTRA: *A resposta a esta questão não poderia ser, por exemplo, Opção B, pois se dissermos que a empresa deverá destinar 3.700, estaremos excluindo a possibilidade de destinar 3.800, e vice-versa.*

EXERCÍCIO RESOLVIDO 6: (Técnico da Receita Federal/Esaf) O Patrimônio Líquido de uma sociedade anônima estava assim constituído antes da destinação do resultado do exercício:

Capital Social	$	10.000.000,00
Ágio na Emissão de Ações	$	200.000,00
Reserva Legal	$	1.980.000,00
Reserva de Contingências	$	300.000,00

O lucro líquido do exercício foi de $ 2.000.000,00, do qual a sociedade deve destinar à Reserva Legal a importância de:

a) zero;

b) $ 20.000,00;

c) $ 100.000,00;

d) $ 200.000,00;

e) $ 520.000,00.

(SOLUÇÃO)

Como o enunciado da questão já usa a expressão "deve destinar", só devemos preocupar-nos com o limite obrigatório. Assim:

Limite obrigatório = 20% de 10.000.000 = 2.000.000

Saldo inicial + 5% LL = 1.980.000 + 5% de 2.000.000 = 2.080.000 > 2.000.000.

Logo, visto que a soma do saldo inicial com os 5% do LL ultrapassou o limite, a sociedade deve destinar para reserva legal a diferença entre o limite e o saldo anterior, isto é, 2.000.000 – 1.980.000 = 20.000. ***(Opção b)***

EXERCÍCIO RESOLVIDO 7: (Auditor da Receita Federal/Esaf - Adaptada) Indique a opção correta, levando em conta os seguintes dados:

Capital	200
Reserva Legal	30
Reservas de Capital	25
Resultado antes do imposto de renda	400
Participações	20
Imposto de renda a Pagar	80

O valor a ser destacado para constituição da Reserva Legal:

a) deverá ser de 15;

b) deve ser de 5;

c) pode ser de 15;

d) deve ser de 20;

e) pode ser de 5.

(SOLUÇÃO)

Lucro Líquido = REXAIR – PIR – Participações = 400 – 80 – 20 = 300

Limite obrigatório = 20% de 200 = 40

Saldo anterior = 30

5% LL = 5% de 300 = 15

30 + 15 = 45 > 40 (2º CASO)

Desta forma, em princípio, a empresa estaria obrigada a destinar apenas 10 para Reserva Legal, ficando o seu saldo final com 40, que é o limite obrigatório. Porém, verificaremos agora o limite facultativo:

Limite facultativo = 30% de 200 = 60

Saldo anterior + Reservas de Capital = 30 + 25 = 55 ≤ 60 (1ª HIPÓTESE)

Saldo anterior + Res. de Cap. + valor a ser destinado pelo limite obrigatório = 30 + 25 + 10 = 65 > 60 (2ª Possibilidade)

Logo, a empresa deverá destinar, no mínimo, a diferença entre o limite facultativo e a soma do saldo inicial da reserva com o saldo das reservas de capital, isto é, 60 – (30 + 25) = 5, e, no máximo, o valor apurado para se atingir o limite obrigatório, isto é, 10, podendo destinar, por exemplo, 5. ***(Opção e)***

Observações:

1) A reserva legal tem por fim assegurar a integridade do capital social e somente poderá ser utilizada para compensar prejuízos ou aumentar o capital.

2) De acordo com o parágrafo único do art. 189 da Lei nº 6.404/1976, o prejuízo do exercício será obrigatoriamente absorvido pelos lucros acumulados e pelas reservas de lucros, nessa ordem, devendo a reserva legal ser a última reserva de lucro a ser usada para absorver o prejuízo.

EXERCÍCIO RESOLVIDO 8: (Analista de Finanças e Controle/Esaf) A Nossa Firma, ao fim do exercício social de 19X1, ostentava um patrimônio líquido com a seguinte composição:

Capital Social	100.000,00
Capital a Realizar	(9.000,00)
Reservas de Capital	8.000,00
Reservas Estatutárias	7.000,00
Reserva Legal	6.000,00
Lucros Acumulados	5.000,00
Somatório	117.000,00

No resultado do exercício de 19X1, foi apurado um prejuízo líquido no valor de R$ 15.000,00, que deverá ser absorvido por recursos próprios anteriores. Assim sendo, o novo patrimônio líquido, após a absorção do prejuízo do exercício, deverá ter a seguinte composição:

a)	Capital Social	100.000,00
	Capital a Realizar	(9.000,00)
	Reservas de Capital	8.000,00
	Reservas Estatutárias	0,00
	Reserva Legal	3.000,00
	Lucros Acumulados	0,00
	Somatório	102.000,00

b)	Capital Social	100.000,00
	Capital a Realizar	(9.000,00)
	Reservas de Capital	8.000,00
	Reservas Estatutárias	3.000,00
	Reserva Legal	0,00
	Lucros Acumulados	0,00
	Somatório	102.000,00

c)	Capital Social	100.000,00
	Capital a Realizar	(9.000,00)
	Reservas de Capital	0,00
	Reservas Estatutárias	0,00
	Reserva Legal	6.000,00
	Lucros Acumulados	5.000,00
	Somatório	102.000,00
d)	Capital Social	100.000,00
	Capital a Realizar	(9.000,00)
	Reservas de Capital	4.000,00
	Reservas Estatutárias	7.000,00
	Reserva Legal	0,00
	Lucros Acumulados	0,00
	Somatório	102.000,00
e)	Capital Social	100.000,00
	Capital a Realizar	(9.000,00)
	Reservas de Capital	8.000,00
	Reservas Estatutárias	0,00
	Reserva Legal	0,00
	Lucros Acumulados	3.000,00
	Somatório	102.000,00

(SOLUÇÃO)

De acordo com o parágrafo único do art. 189 da Lei nº 6.404/1976, o prejuízo do exercício será obrigatoriamente absorvido pelos lucros acumulados e pelas reservas de lucros, nessa ordem, devendo a reserva legal ser a última reserva de lucro a ser usada para absorver o prejuízo. Assim, o prejuízo de 15.000,00 será absorvido, em 1º lugar, pelos 5.000,00 de Lucros Acumulados, ficando esta conta com saldo 0,00 (zero) e o prejuízo com saldo de 10.000,00. Em segundo lugar, o prejuízo será absorvido pelos 7.000,00 de Reservas Estatutárias, ficando esta conta com saldo 0,00 (zero) e o prejuízo com saldo de 3.000,00. Por fim, os 3.000,00 de prejuízos remanescentes serão absorvidos por 3.000,00 do saldo da Reserva Legal, ficando esta com saldo final de 3.000,00. ***(Opção a)***

EXERCÍCIO RESOLVIDO 9: (Casa da Moeda do Brasil – Contador/Fundação Cesgranrio - Adaptada) A Cia. Moderna apresentou o seguinte resultado, em reais, no final do ano de X4:

LUCRO ANTES DO IR E CSLL	5.200,00
(–) Imposto de Renda e Contribuição Social	(1.700,00)
LUCRO ANTES DAS PARTICIPAÇÕES	3.500,00
(–) Participações de Empregados nos Lucros	(300,00)
LUCRO LÍQUIDO DO EXERCÍCIO	3.200,00

A empresa tem saldo de prejuízos acumulados de R$ 100,00, referente a prejuízo apurado no ano anterior. Assim, a Reserva Legal (5%) a ser calculada, conforme legislação societária, em reais, é de:

a) 155,00;
b) 160,00;
c) 175,00;
d) 250,00;
e) 260,00.

(SOLUÇÃO)

Regra geral, o valor a ser destinado à Reserva Legal ao fim de cada exercício social é de 5% do Lucro Líquido do Exercício, observado o limite máximo de seu saldo (20% do Capital Social Realizado). No entanto, havendo prejuízos acumulados, a prioridade não é constituir a referida reserva e sim abater esse prejuízo do Lucro Líquido do Exercício (Lei nº 6.404/1976, art. 189, parágrafo único). Desta forma, o valor a ser destinado à Reserva Legal da Cia. Moderna será de 5% de (3.200,00 – 100,00) = 155,00. ***(Opção a)***

EXERCÍCIO RESOLVIDO 10: (CEDAE – Contador/CEPERJ) Antes da elaboração das demonstrações contábeis referentes a um determinado exercício, o balanço patrimonial de uma companhia apresentava o patrimônio líquido com a seguinte constituição (valores em R$):

Capital Social 800.000
Reservas de Capital 136.000
Reserva Legal 96.000

No final do período, em 31/12, o lucro líquido do exercício apurado foi de R$ 320.000. Com base nesses dados, o valor da Reserva Legal a ser constituída foi de:

a) R$ 3.200;
b) R$ 8.000;
c) R$ 16.000;
d) R$ 24.000;
e) R$ 19.200.

(SOLUÇÃO)

Em princípio, nos baseamos no teto obrigatório da reserva legal, o qual é de 20% de R$ 800.000,00, ou seja, R$ 160.000,00. Desta forma, ao somarmos 5% do lucro líquido (R$ 16.000) com o saldo anterior da reserva encontramos R$ 112.000, valor este menor que o limite. Desta forma, a resposta seria, em princípio, opção c.

No entanto, existe o segundo limite, o qual chamamos de facultativo, ou seja, se somarmos o saldo da reserva legal com as reservas de capital e essa soma exceder a 30% do montante do capital social (R$ 240.000), a empresa "poderá" (facultativo) deixar de constituir reserva que ultrapasse esse limite. Assim, se somarmos o saldo das reservas de capital (R$ 136.000) com o saldo anterior da reserva legal (R$ 96.000) encontraremos R$ 232.000,00.

Assim, para que não se ultrapasse o limite facultativo, não podemos somar aos R$ 232.000,00 os R$ 16.000. Somente podemos somar R$ 8.000. ***(Opção b)***

Comentário extra: *Não há um consenso geral entre doutrinadores sobre o limite facultativo. Alguns entendem que não se pode ultrapassar esse limite. Nesta obra entendemos que a empresa pode ultrapassar "se quiser", como também pode ficar restrita a esse limite. Visto que a pergunta da questão foi "qual o valor da reserva a ser constituída" entendemos que se quer saber qual o MÍNIMO dos R$ 16.000 que obrigatoriamente deverão ser destinados à reserva legal, que, no caso, é de R$ 8.000,00. Os R$ 8.000 remanescentes podem ou não ser destinados.*

11.2.2.2. Reservas Estatutárias

O estatuto da companhia poderá criar reservas desde que, para cada uma, indique, de modo preciso e completo, a sua finalidade; fixe os critérios para determinar a parcela anual do lucro líquido que será destinado à sua constituição; e estabeleça o limite máximo da reserva.

11.2.2.3. Reservas para Contingências

De acordo com a Lei nº 6.404/1976, a assembleia geral poderá, por proposta dos órgãos da administração, destinar parte do lucro líquido à formação de reserva com a finalidade de compensar, em exercício futuro, a diminuição do lucro decorrente de perda julgada provável, cujo valor possa ser estimado.

A proposta dos órgãos da administração deverá indicar a causa da perda prevista e justificar, com as razões de prudência que a recomendem, a constituição da reserva.

A reserva será revertida no exercício em que deixarem de existir as razões que justificarem a sua constituição ou em que ocorrer a perda. Assim, por exemplo, se estiver previsto numa empresa que haverá uma redução das vendas no próximo exercício em virtude de uma nova empresa concorrente, que entrará no mercado no próximo exercício, ocasionando um prejuízo previsto de, por exemplo, R$45.000,00, a administração da companhia poderá propor à assembleia geral que se destine parte do lucro líquido, se possível R$ 45.000,00, para a constituição de Reservas para Contingências. No encerramento do exercício seguinte, independentemente de ter havido ou não a perda prevista, a reserva será revertida, isto é, "retornará" para o lugar de onde saiu, ou seja, para a conta Lucros Acumulados.

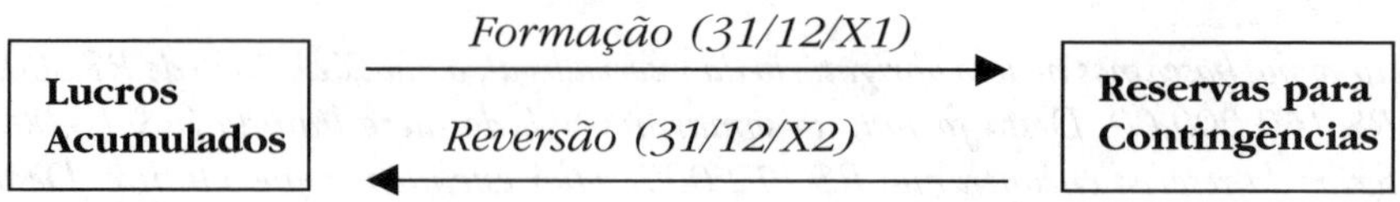

Lançamentos no Diário:

Formação da reserva:	*Reversão da reserva:*
D - Lucros Acumulados	D - Reservas para Contingências
C - Reservas para Contingências	C - Lucros Acumulados

Obs. 1: Basicamente, o objetivo principal da constituição da reserva para contingências é separar a parte do lucro destinada à sua constituição, a fim de não incluí-la na base de cálculo dos dividendos determinados ao fim do exercício social, os quais, regra geral, são estabelecidos pelo estatuto da companhia como um percentual desse lucro ajustado nos termos do art. 202 da Lei nº 6.404/76. No encerramento do exercício seguinte, a reversão da reserva funcionaria como uma espécie de compensação da redução dos dividendos anteriores, ou seja, seria somada ao lucro líquido atual para então se aplicar o percentual estabelecido pelo estatuto no cálculo desses dividendos. Cabe, no entanto, ressaltar que se o estatuto não estabelecer os dividendos como percentagem do lucro líquido ajustado nos termos do referido artigo, como, por exemplo, no caso em que estabeleça os dividendos num percentual do capital social (art. 202, § 1º), apesar da constituição da referida reserva não ser incorreta, não haveria muito sentido em tal constituição, mesmo havendo a previsão de perdas julgadas prováveis, cujos valores pudessem ser estimados.

Obs. 2: No caso da constituição da reserva para contingências, a regra geral é que seja feita no encerramento de determinado exercício social e a reversão se dê no encerramento do exercício social seguinte. No entanto, é possível que, diante da previsão de perdas cíclicas por períodos maiores que 1 ano, se possa "acumular" essa reserva por mais de um exercício social, sem a reversão ao fim do exercício seguinte. Assim, suponhamos, por exemplo, que determinada empresa industrial a cada três anos sofra uma perda em função da dificuldade de obtenção de matérias-primas. Desta forma, poderia acumular a reserva para contingências durante dois anos, sem a reversão, e, ao fim do 3º ano, faria a reversão de seu saldo acumulado pelos dois últimos exercícios sociais.

11.2.2.4. Reserva de Retenção de Lucros

Também chamada de **Reserva Orçamentária** ou **Reserva para Planos de Investimentos**, ou **Reserva de Lucros para Expansão** ou, simplesmente, **Retenção de Lucros**, é constituída para atender aos planos de expansão (projeto de investimento) da companhia.

Tendo em vista que de acordo com o art. 198 da Lei nº 6.404/76 essa reserva não poderá ser constituída em prejuízo dos dividendos "obrigatórios", a finalidade principal de sua formação é justificar a NÃO distribuição de dividendos "adicionais" aos obrigatórios. Assim, suponhamos, por exemplo, que uma determinada companhia irá expandir-se no próximo exercício social, mediante a abertura de uma nova filial. Suponhamos também que, para tal investimento, foi feito um orçamento de capital no valor de R$ 20.000,00. Desta forma, poderá ser feita uma Retenção de Lucros, isto é, uma Reserva de Lucros para Expansão nesse valor. Analisemos melhor essa situação nas tabelas abaixo, onde iremos supor que o lucro líquido da companhia fosse de R$ 100.000,00 e os dividendos obrigatórios fossem fixados no estatuto como 30% do Lucro líquido subtraído do valor destinado à Reserva Legal:

<u>Sem</u> a constituição de Reserva de Lucros para Expansão:

Lucro Líquido	Reserva Legal	Retenção de Lucros	Dividendo Obrigatório (30% do lucro ajustado)	Dividendo Adicional (sobra do lucro após a reserva legal e os dividendos obrigatórios)
R$ 100.000	R$ 5.000	ZERO	R$ 28.500	R$ 66.500

<u>Com</u> a constituição de Reserva de Lucros para Expansão:

Lucro Líquido	Reserva Legal	Retenção de Lucros	Dividendo Obrigatório (30% do lucro ajustado)	Dividendo Adicional (sobra do lucro após a reserva legal, a retenção de lucros e os dividendos obrigatórios)
R$ 100.000	R$ 5.000	R$ 20.000	R$ 28.500	R$ 46.500

Cabe lembrar que, de acordo com o § 6º do art. 202 da Lei nº 6.404/76, os lucros não destinados para as reservas de lucros referidas nos arts. 193 a 197 **<u>deverão</u>** ser distribuídos como dividendos, ou seja, é obrigatória a distribuição do dividendo adicional, no valor remanescente, após as destinações para as referidas reservas de lucros e após o dividendo obrigatório. Assim, na situação descrita na 1ª tabela, a empresa teria que distribuir como dividendos "totais" (obrigatório + adicional) o valor de R$ 66.500,00. Já, na situação descrita na 2ª tabela, teria que distribuir apenas R$ 46.500,00, visto que os R$ 20.000 destinados à retenção de lucros justificaram a NÃO distribuição de parte dos dividendos "adicionais". Cabe ressaltar que o dividendo obrigatório é o MÍNIMO que a companhia terá de pagar aos acionistas. Cabe ainda ressaltar que "distribuir" dividendos não é o mesmo que "pagar" dividendos, isto é, ao distribuir dividendos a companhia contabiliza o valor pago imediatamente ou a pagar no máximo em 60 dias após declarado (= após distribuído). (*Lei nº 6.404/76, art. 205, § 3º: O dividendo deverá* *ser pago, salvo deliberação em contrário da assembléia geral, no prazo de 60 (sessenta) dias da data em que for declarado e, em qualquer caso, dentro do exercício social*). É comum e **não** incorreto a utilização da expressão "provisionar dividendos" no sentido de escriturar a obrigação de pagá-los, debitando-se a conta Lucros Acumulados (patrimônio líquido) e creditando-se a conta Dividendos a Pagar (passivo circulante), observando-se neste caso que a palavra "provisionar" não tem nenhuma relação com as provisões contábeis propriamente ditas, as quais estão descritas no Capítulo 7 desta obra. No caso em que os dividendos fossem pagos concomitantemente à sua distribuição, que não é o caso mais comum, a escrituração se daria através do débito na conta Lucros Acumulados e no crédito de uma das Disponibilidades.

Observação: De acordo com o art. 196 da Lei nº 6.404/76, com relação à referida Retenção de Lucros, temos o seguinte:

- O orçamento, submetido pelos órgãos da administração com a justificação da retenção de lucros proposta, deverá compreender todas as fontes de recursos e aplicações de capital, fixo ou circulante, e poderá ter a duração de até 5 (cinco) exercícios, salvo no caso de execução, por prazo maior, de projeto de investimento.
- O orçamento poderá ser aprovado pela assembleia geral ordinária que deliberar sobre o balanço do exercício e revisado anualmente, quando tiver duração superior a um exercício social.

11.2.2.5. Reserva de Lucros a Realizar (RLAR)

O objetivo da constituição dessa reserva é postergar o pagamento de dividendos sobre os lucros que não se realizarão financeiramente no próximo exercício, isto é, lucros que não se transformarão em moeda no exercício social subsequente. No entanto, mesmo havendo tais lucros, poderá não haver postergação dos dividendos sobre os mesmos, caso em que a companhia opte por não constituir a referida reserva, visto que a formação da mesma é facultativa. Neste caso, seria maior a probabilidade de a empresa enfrentar dificuldades financeiras para o pagamento dos dividendos.

De acordo com o art. 197 da Lei nº 6.404/1976, no exercício em que o montante do dividendo obrigatório, calculado nos termos do estatuto ou do art. 202 ultrapassar a parcela realizada do lucro líquido do exercício, a assembleia geral poderá, por proposta dos órgãos de administração, destinar o excesso à constituição de reserva de lucros a realizar.

Considera-se realizada a parcela do lucro líquido do exercício que exceder a soma dos seguintes valores:

- o resultado líquido positivo da equivalência patrimonial (será visto no Capítulo 17);
- o lucro, rendimento ou ganho líquidos em operações ou contabilização de ativo e passivo pelo valor de mercado, cujo prazo de realização financeira ocorra após o término do exercício social seguinte.

A reserva de lucros a realizar somente poderá ser utilizada para pagamento do dividendo obrigatório e, para efeito do inciso III do art. 202 da Lei nº 6.404/1976, serão considerados como integrantes da reserva os lucros a realizar de cada exercício que forem os primeiros a serem realizados em dinheiro.

Art. 202. Os acionistas têm direito de receber como dividendo obrigatório, em cada exercício, a parcela dos lucros estabelecida no estatuto ou, se este for omisso, a importância determinada de acordo com as seguintes normas:

I – metade do lucro líquido do exercício diminuído ou acrescido dos seguintes valores:

a) importância destinada à constituição da reserva legal (art. 193);

b) importância destinada à formação da reserva para contingências (art. 195) e reversão da mesma reserva formada em exercícios anteriores;

II – o pagamento do dividendo determinado nos termos do inciso I poderá ser limitado ao montante do lucro líquido do exercício que tiver sido realizado, desde que a diferença seja registrada como reserva de lucros a realizar (art. 197);

III – os lucros registrados na reserva de lucros a realizar, quando realizados e se não tiverem sido absorvidos por prejuízos em exercícios subsequentes, deverão ser acrescidos ao primeiro dividendo declarado após a realização.

§ 1º. O estatuto poderá estabelecer o dividendo como porcentagem do lucro ou do capital social, ou fixar outros critérios para determiná-lo, desde que sejam regulados com precisão e minúcia e não sujeitem os acionistas minoritários ao arbítrio dos órgãos de administração ou da maioria.

§ 2º. Quando o estatuto for omisso e a assembleia geral deliberar alterá-lo para introduzir norma sobre a matéria, o dividendo obrigatório não poderá ser inferior a 25% (vinte e cinco por cento) do lucro líquido ajustado nos termos do inciso I deste artigo.

§ 3º. A assembleia geral pode, desde que não haja oposição de qualquer acionista presente, deliberar a distribuição de dividendo inferior ao obrigatório, nos termos deste artigo, ou a retenção de todo o lucro líquido, nas seguintes sociedades:

I – companhias abertas exclusivamente para a captação de recursos por debêntures não conversíveis em ações;

II – companhias fechadas, exceto nas controladas por companhias abertas que não se enquadrem na condição prevista no inciso I.

§ 4º. O dividendo previsto neste artigo não será obrigatório no exercício social em que os órgãos da administração informarem à assembleia geral ordinária ser ele incompatível com a situação financeira da companhia. O Conselho Fiscal, se em funcionamento, deverá dar parecer sobre essa informação e, na companhia aberta, seus administradores encaminharão à Comissão de Valores Mobiliários, dentro de 5 (cinco) dias da realização da assembleia geral, exposição justificativa da informação transmitida à assembleia.

> § 5º. Os lucros que deixarem de ser distribuídos nos termos do § 4º serão registrados como reserva especial e, se não absorvidos por prejuízos em exercícios subsequentes, deverão ser pagos como dividendo assim que o permitir a situação financeira da companhia.
>
> § 6º. Os lucros não destinados nos termos dos arts. 193 a 197 deverão ser distribuídos como dividendos.

Exemplo: Em relação ao exercício social encerrado em 31/12/X1, a Cia. Alfa apurou as seguintes informações:

– Lucro líquido (exercício de X1)	$ 36.000
– Lucro em vendas a prazo, cujas duplicatas a receber têm vencimento no exercício de X3	$ 17.200
– Receita de equivalência patrimonial	$ 11.300

No encerramento do exercício, além da Reserva de Lucros a Realizar, houve as seguintes destinações do Lucro Líquido para as reservas de lucros:

– Reserva legal	$ 1.800
– Reserva estatutária	$ 2.200
– Reserva para contingências	$ 6.000
– Reserva orçamentária	$ 8.000

Houve também no encerramento do exercício de X1 reversão de reservas para contingências no valor de $ 3.000.

Assim, tendo em vista que o estatuto é omisso, teremos:

$$\text{Dividendos a Pagar (saldo parcial)} = \frac{36.000 - 1.800 - 6.000 + 3.000}{2} = 15.600$$

(1ª OPÇÃO) – NÃO SERÁ CONSTITUÍDA RLAR

Neste caso, o próximo passo será calcularmos o lucro remanescente após as destinações para as reservas de lucros. Assim:

Lucros Acumulados (saldo transitório):

36.000 + 3.000 – 1.800 – 2.200 – 6.000 – 8.000 – 15.600 = 5.400

Porém, de acordo com o § 6º do art. 202 da Lei nº 6.404, os lucros não destinados nos termos dos arts. 193 a 197 (Reserva Legal, Estatutária, Contingências, Orçamentária e RLAR) **deverão** ser distribuídos como dividendos. Desta forma, o saldo remanescente em Lucros Acumulados deverá ser transferido para Dividendos a Pagar, assim:

Dividendos a Pagar (saldo final) = $ 15.600 + $ 5.400 = $ 21.000

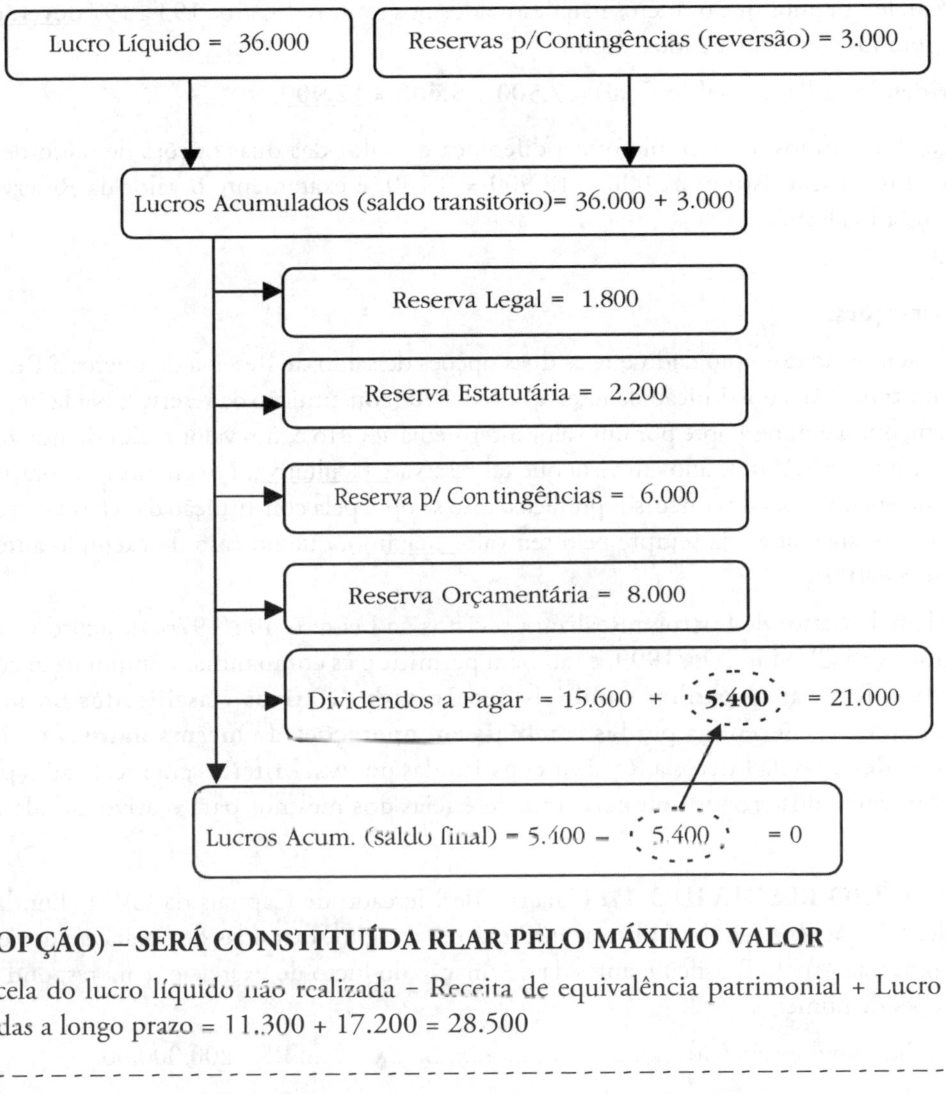

(2ª OPÇÃO) – SERÁ CONSTITUÍDA RLAR PELO MÁXIMO VALOR

Parcela do lucro líquido não realizada – Receita de equivalência patrimonial + Lucro nas vendas a longo prazo = 11.300 + 17.200 = 28.500

Parcela realizada do lucro líquido = 36.000 – 28.500 = 7.500

Em primeiro lugar, devemos observar que, dos $ 15.600 (valor calculado nos termos do art. 202), apenas $ 7.500 são considerados lucros realizados. Logo:

Dividendos a Pagar (saldo parcial) = 7.500

Reserva de lucros a realizar (saldo máximo) = 15.600 – 7.500 = 8.100

Assim, após as destinações anteriores, e supondo que nenhuma parcela do lucro líquido será utilizada para aumento do capital social, teremos:

Lucros Acumulados (saldo transitório) = 36.000 + 3.000 – 1.800 – 2.200 – 6.000 – 8.000 – 8.100 – 7.500 = 5.400 (o mesmo saldo que o da 1ª opção)

Porém, lembremos que os lucros não destinados nos termos dos arts. 193 a 197 **deverão** ser distribuídos como dividendos. Assim:

Dividendos a Pagar (saldo final) = 7.500 + 5.400 = 12.900

Logo, concluímos do exemplo que a diferença de valor das duas opções de saldo de Dividendos a Pagar, isto é, 21.000 – 12.900 = 8.100, é exatamente o valor da Reserva de Lucros a Realizar.

Observações:

1) Notemos no exemplo dado que as duas opções de saldo de Reserva de Lucros a Realizar foram: **zero** (não constituição da reserva) e **$ 8.100** (constituição da reserva). Nada impede, porém, que a empresa opte por um valor intermediário, isto é, um valor maior do que zero e menor do que 8.100, tendo em vista que tal reserva é facultativa. No entanto, na prática, e mesmo em questões de concursos públicos, caso se opte pela constituição da referida reserva, é mais provável que seja sempre pelo seu valor máximo, que no caso do exemplo anterior foi de $ 8.100.

2) Além dos casos de Lucros a Realizar previstos na Lei nº 6.404/1976, de acordo com a Deliberação CVM nº 294/1999, é também permitido às companhias computarem como Lucros a Realizar **os ganhos cambiais decorrentes de ativos classificados no longo prazo que excederem as perdas cambiais em operações de mesma natureza**. Neste caso, as Reservas de Lucros a Realizar constituídas por esse critério serão realizadas pelos recebimentos dos créditos ou pelas transferências dos mesmos para o ativo circulante.

EXERCÍCIO RESOLVIDO 11: (Analista de Mercado de Capitais da CVM/ Fundação Carlos Chagas) Instruções: utilize as informações a seguir, extraídas do balancete de verificação da Cia. Anglo Brasileira, antes da destinação do lucro do exercício, para responder às questões de números 1 e 2.

Lucro líquido do exercício .... R$ 200.000,00

Capital social, totalmente integralizado .... R$ 800.000,00

Saldo da reserva legal .... R$ 155.000,00

Resultado positivo da equivalência patrimonial .... R$ 180.000,00

1. A Cia. deverá acrescer à reserva legal, de acordo com o disposto na Lei nº 6.404/1976, a importância, em R$, de:

a) 5.000,00;
b) 7.500,00;
c) 10.000,00;
d) 15.000,00;
e) 40.000,00.

(SOLUÇÃO)

- *Limite da reserva legal = 20% de 800.000,00 = 160.000,00*
- *5% do lucro líquido = 10.000,00*
- *Saldo anterior + 5% LL = 165.000,00 > 160.000,00*

Logo, o valor a ser destinado à reserva legal não poderá ser de 10.000,00, pois ultrapassaria o limite obrigatório. Desta forma, serão destinados à reserva legal apenas 5.000,00. ***(Opção a)***

2. Sabendo-se que o dividendo fixado pelo estatuto da companhia corresponde a 30% do valor do lucro líquido do exercício, após a dedução do acréscimo da reserva legal, a companhia poderá constituir reserva de lucros a realizar, observando-se o disposto no art. 197 da Lei nº 6.404/1976, no montante, em R$, de:

a) 18.500,00;
b) 38.500,00;
c) 40.000,00;
d) 58.500,00;
e) 60.000,00.

(SOLUÇÃO)

- *Dividendo (estatuto) = 30% de (200.000,00 – 5.000,00) = 58.500,00*
- Parcela realizada do lucro líquido = 200.000,00 – 180.000,00 = 20.000,00
- *Res. luc. a real. = 58.500,00 – 20.000,00 = 38.500,00.* ***(Opção b)***

11.2.2.6. Reserva Especial (ou Reserva para Dividendos Obrigatórios)

É constituída quando os acionistas têm direito aos dividendos e a companhia não possui recursos financeiros para pagá-los. Os lucros que deixarem de ser distribuídos serão registrados como reserva especial e, se não absorvidos por prejuízos futuros, deverão ser pagos como dividendos assim que o permitir a situação financeira da companhia.

Assim, a companhia deixaria de fazer o seguinte lançamento:

~~D – Lucros Acumulados~~

~~C – Dividendos a Pagar~~

E, em substituição ao de cima, faria o seguinte lançamento no mesmo valor dos dividendos que ainda não podem ser pagos:

D – Lucros Acumulados

C – Reserva Especial

> ***Lei nº 6.404/76, art. 202, §§ 4º e 5º:***
>
> *§ 4º O dividendo previsto neste artigo não será obrigatório no exercício social em que os órgãos da administração informarem à assembleia geral ordinária ser ele incompatível com a situação financeira da companhia. O conselho fiscal, se em funcionamento, deverá dar parecer sobre essa informação*

> *e, na companhia aberta, seus administradores encaminharão à Comissão de Valores Mobiliários, dentro de 5 (cinco) dias da realização da assembleia geral, exposição justificativa da informação transmitida à assembléia.*
>
> *§ 5º Os lucros que deixarem de ser distribuídos nos termos do § 4º serão registrados como reserva especial e, se não absorvidos por prejuízos em exercícios subsequentes, deverão ser pagos como dividendo assim que o permitir a situação financeira da companhia.*

11.2.2.7. Reserva de Incentivos Fiscais

A assembleia geral poderá, por proposta dos órgãos de administração, destinar para a RESERVA DE INCENTIVOS FISCAIS a parcela do lucro líquido decorrente de **doações ou subvenções governamentais para investimentos**, que poderá ser excluída da base de cálculo do dividendo obrigatório (inciso I do *caput* do art. 202, Lei nº 6.404/76).

Assim, suponhamos, por exemplo, que a Cia. Industrial 4M recebesse em maio de X1 do Governo a doação de um terreno avaliado em R$ 360.000,00, assumindo o compromisso de instalar nessa propriedade um parque fabril modular no valor de R$ 500.000,00, com vida útil estimada em 10 anos. Dessa forma, o registro contábil dessa subvenção seria feito do seguinte modo:

D – Terrenos	360.000,00
C – Receita Diferida de Doações (conta do passivo não circulante)	360.000,00

Nota 1: A forma de contabilização acima tem por base legal o disposto nos itens "15" e "15A": do Pronunciamento Técnico CPC 07 (R1) – Subvenção e Assistência Governamentais, os quais reproduzimos abaixo (grifos nossos):

(Item 15) *O tratamento contábil da subvenção governamental como RECEITA deriva dos seguintes principais argumentos:*

(a) uma vez que a subvenção governamental é recebida de uma fonte que não os acionistas e deriva de ato de gestão em benefício da entidade, ***não deve ser creditada diretamente no patrimônio líquido****, mas, sim, reconhecida* ***como RECEITA nos períodos apropriados****;*

(b) subvenção governamental raramente é gratuita. A entidade ganha efetivamente essa receita quando cumpre as regras das subvenções e cumpre determinadas obrigações. A subvenção, dessa forma, ***deve ser reconhecida como RECEITA na demonstração do resultado nos períodos ao longo dos quais a entidade reconhece os custos relacionados à subvenção que são objeto de compensação****;*

(c) assim como os tributos são despesas reconhecidas na demonstração do resultado, é lógico registrar a subvenção governamental que é, em essência, uma extensão da política fiscal, como receita na demonstração do resultado.

- -

(Item 15A) *Enquanto não atendidos os requisitos para reconhecimento da RECEITA com subvenção na demonstração do resultado,* ***a contrapartida da subvenção governamental registrada no ativo deve ser feita em conta específica do PASSIVO****.*

Supondo que o referido parque fabril modular tivesse começado a funcionar a partir de abril de X2, então a taxa de depreciação desse ano seria de 10% ÷ 12 × 9 = 7,5%, sendo a RECEITA DE DOAÇÕES reconhecida no mesmo percentual utilizado para a despesa de depreciação anual, isto é, 7,5% de R$ 360.000,00, ou seja, R$ 27.000,00, sendo apropriados R$ 3.000,00 ao fim de cada mês da referida receita. Dessa forma, ao fim de cada mês, a contar de abril de X2, seria feita a seguinte contabilização:

D – Receita Diferida de Doações (conta do passivo não circulante)	3.000,00
C – Receita de Doações (Outras Receitas)	3.000,00

Nota 2: A base legal da contabilização acima está descrita no item 18 do CPC 07 (R1), o qual reproduzimos abaixo (grifos nossos):

(Item 18) *Subvenção relacionada a ativo não depreciável pode requerer o cumprimento de certas obrigações. O reconhecimento como RECEITA deve então acompanhar a apropriação das despesas necessárias ao cumprimento das obrigações. Exemplificando: uma subvenção que transfira a propriedade definitiva de um terreno pode ter como condição a construção de uma planta industrial e* ***deve ser apropriada como RECEITA na MESMA PROPORÇÃO da DEPRECIAÇÃO dessa planta****.*

Ao fim de X2, a conta "Receita de Doações" ficaria com saldo de R$ 27.000,00 e seria encerrada em contrapartida com a conta "Apuração do Resultado" da seguinte forma:

D – Receita de Doações	27.000,00
C – Apuração do Resultado	27.000,00

Em seguida, a conta "Apuração do Resultado" seria encerrada em contrapartida com a conta "Lucros (ou Prejuízos) Acumulados". Nesse caso, admitindo que o Lucro Líquido de X2 fosse, por exemplo, de R$ 100.000,00, lembrando que "dentro" de valor estariam os R$ 27.000,00 de "Receita de Doações", teríamos o seguinte lançamento:

D – Apuração do Resultado	100.000,00
C – Lucros Acumulados	100.000,00

Supondo que nas destinações do resultado, 5% fossem para "Reserva Legal" e R$ 27.000,00 para "Reserva de Incentivos Fiscais", teríamos a seguinte contabilização:

D – Lucros Acumulados	32.000,00
C – Reserva Legal	5.000,00
C – Reserva de Incentivos Fiscais	**27.000,00**

Nota 3: A base legal da contabilização acima está descrita no item "15B" do CPC 07 (R1), o qual reproduzimos abaixo (grifos nossos):

15B. Há situações em que é necessário que o valor da subvenção governamental não seja distribuído ou de qualquer forma repassado aos sócios ou acionistas, ***fazendo-se necessária a retenção, após trânsito pela demonstração do resultado, em conta apropriada de patrimônio líquido****, para comprovação do atendimento dessa condição. Nessas situações, tal valor, após ter sido reconhecido na demonstração do resultado, pode ser creditado à reserva própria (RESERVA DE INCENTIVOS FISCAIS), a partir da conta de lucros ou prejuízos acumulados.*

Admitindo que o estatuto da Cia. Industrial 4M fixasse os dividendos em 40% do lucro líquido ajustado nos termos do art. 202 da Lei nº 6.404/76, teríamos o seguinte cálculo:

Lucro líquido ajustado (art. 202) = Lucro líquido – Valor destinado à reserva legal – Valor destinado à reserva de contingências + Reversão de reserva de contingências – Valor destinado à reserva de incentivos fiscais (esta fórmula será melhor vista no Capítulo 14)

Assim teremos os seguintes cálculos para a determinação do dividendo total a distribuir:
Lucro líquido ajustado = R$ 100.000,00 – R$ 5.000,00 – R$ 27.000,00 = R$ 68.000,00

- -

Dividendo obrigatório (valor mínimo) = 40% R$ 68.000,00 = R$ 27.200,00

Dividendo adicional = R$ 100.000,00 – R$ 5.000 – R$ 27.000,00 – R$ 27.200,00 = R$ 40.800,00

- -

Dividendo total distribuído (obrigatório + adicional) = R$ 27.200,00 + R$ 40.800,00 = R$ 68.000,00

Finalmente, teremos o seguinte lançamento contábil de provisionamento dos dividendos:

D – Lucros Acumulados	68.000,00
C – Dividendos a Pagar	68.000,00

Cabe ressaltar que o dividendo obrigatório, ou seja, o dividendo fixado pelo estatuto da companhia é o MÍNIMO que seria pago aos acionistas, caso não houvesse valor remanescente do lucro líquido após as destinações para reservas de lucros. No exemplo da Cia. Industrial 4M, após contabilizadas a reserva legal e a reserva de incentivos fiscais, não havendo, no caso, mais nenhuma destinação para reservas de lucros, o saldo remanescente do lucro líquido (R$ 68.000,00) é o verdadeiro valor a ser contabilizado como Dividendos a Pagar, e não apenas o valor mínimo (R$ 27.200,00). Se essa empresa, por exemplo, quisesse constituir, além das reservas já escrituradas, reserva estatutária e/ou reserva orçamentária, o valor máximo que poderia ser destinado a elas seria o dividendo adicional (R$ 40.800,00), visto que essas reservas não poderão ser constituídas em prejuízo do dividendo "obrigatório", isto é, não podem afetar os R$ 27.200,00 (*Lei nº 6.404/76, art. 198: A destinação dos lucros para constituição das reservas de que trata o art. 194 (reserva estatutária) e a retenção nos termos do art. 196 (reserva orçamentária) não poderão ser aprovadas, em cada exercício, em prejuízo da distribuição do dividendo obrigatório (art. 202)).* No entanto, se, além da reserva legal e da reserva de incentivos fiscais, fossem constituídas a reserva de contingências e/ou a reserva de lucros a realizar, o dividendo obrigatório poderia ser reduzido, ou seja, poderia, no caso da Cia. Industrial 4M, ser menor que R$ 27.200,00, fazendo com que o dividendo adicional também fosse alterado em decorrência disso. Em outras palavras, as únicas reservas de lucros que PODEM afetar o valor do dividendo obrigatório estabelecido no estatuto são a reserva legal, a reserva para contingências, a reserva de incentivos fiscais e a reserva de lucros a realizar, ressaltando que somente as três primeiras afetam diretamente o cálculo do dividendo obrigatório pela sistemática descrita no início do art. 202 da Lei nº 6.404/76, mediante o uso da seguinte relação: lucro líquido ajustado (para os dividendos) = lucro líquido – valor destinado à reserva legal – valor destinado à reserva de contingências – valor destinado à reserva de incentivos fiscais + reversão de reserva de contingências. No caso da reserva de lucros a realizar, o valor do dividendo obrigatório é afetado indiretamente, tendo em vista a sistemática do seu cálculo já descrita no item 11.2.2.5 deste capítulo. Adicionalmente a tudo isso que foi descrito, cabe ainda lembrar que parte do lucro líquido do exercício poderia ter sido destinada para aumento do Capital Social (Lei nº 6.404/76, art. 186, III), alterando assim o valor do dividendo "adicional" (jamais altera o obrigatório).

Observações:

1) Há situações em que é necessário que o valor da subvenção governamental não seja distribuído ou de qualquer forma repassado aos sócios, fazendo-se necessária a retenção, após trânsito pelo resultado, em conta apropriada de patrimônio líquido para comprovação do atendimento dessa condição. Nessas situações, tal valor, após ter sido reconhecido no resultado, pode ser creditado à reserva própria (Reserva de Incentivos Fiscais), a partir da conta de Lucros ou Prejuízos Acumulados (item 15B do CPC 07 (R1) – Subvenção e Assistência Governamentais). Daí essa reserva ser abatida da base de cálculo dos dividendos obrigatórios, conforme exemplo anterior.

2) Somente as Reservas Estatutárias e Retenção de Lucros (Reserva Orçamentária) não podem ser aprovadas em prejuízo do dividendo obrigatório (Lei nº 6.404/76, art. 198). Dessa forma, concluímos que a **Reserva de Incentivos Fiscais** pode ser constituída em prejuízo do dividendo obrigatório.

3) O saldo das reservas de lucros, exceto as para Contingências, de **Incentivos Fiscais** e de Lucros a Realizar, não poderá ultrapassar o capital social. Atingindo esse limite, a assembleia deliberará sobre aplicação do excesso na integralização ou no aumento do capital social ou na distribuição de dividendos (Lei nº 6.404/76, art. 199).

11.3. Lucros ou Prejuízos Acumulados

Se o resultado do exercício apurado ao fim do exercício social for lucro líquido, este entrará na conta Lucros Acumulados ou na conta Prejuízos Acumulados. No primeiro caso, após entrar naquela conta, o lucro será totalmente distribuído entre as reservas de lucros, os dividendos a pagar aos acionistas e, eventualmente, para aumento do capital social, ficando a conta Lucros Acumulados com saldo zero. No entanto, se a entrada do lucro líquido for na conta Prejuízos Acumulados, a qual possui saldo devedor, só poderá haver distribuição para reservas de lucros do valor remanescente do lucro líquido após a absorção integral desses prejuízos. Isso também é válido para a distribuição de dividendos, apesar de não estar "muito claro" na Lei nº 6.404/76 (a correta interpretação da lei fica por conta da "boa" doutrina contábil), até mesmo por uma questão de lógica e bom senso. Assim, só poderá haver destinação de lucros para dividendos com base no lucro líquido "remanescente" após a absorção de Prejuízos Acumulados anteriores. Isto significa, por exemplo, que se o estatuto de determinada companhia fixasse os dividendos em 40% do lucro líquido após a dedução da Reserva Legal e o lucro líquido do exercício atual fosse de R$ 80.000,00 e houvesse saldo pendente em Prejuízos Acumulados de R$ 70.000,00 originários do exercício anterior, a Reserva Legal seria de 5% de R$ 10.000,00, ou seja, R$ 500,00 e os dividendos nos termos do estatuto seriam de 40% de (R$ 10.000,00 – R$ 500,00) = R$ 3.800,00. Se considerássemos que os Prejuízos Acumulados só reduzissem a base de cálculo da Reserva Legal e não dos dividendos, estes seriam de 40% (R$ 80.000,00 – R$ 500,00), isto é, R$ 31.800,00. Sendo assim, a empresa teria que distribuir aos acionistas R$ 31.800,00 de um lucro remanescente de R$ 10.000,00, o que evidentemente seria uma **inconsistência contábil** (como se pode "tirar" R$ 31.800,00 de R$ 10.000,00?). Infelizmente, alguns, por interpretarem a Lei nº 6.404/76 "ao pé da letra", insistirão que os Prejuízos Acumulados não reduzem a base dos dividendos, mesmo havendo essa inconsistência contábil. No entanto, reiteramos aqui nesta obra que "no seu escopo" a Lei nº 6.404/76 **recomenda** a distribuição de dividendos sobre o lucro líquido, somente APÓS este ter absorvido os Prejuízos Acumulados pendentes do balanço.

Caso o resultado do exercício seja prejuízo líquido, este deverá absorver as reservas de lucros e a reserva legal nessa ordem e, opcionalmente, após essa última absorção, poderá absorver as reservas de capital. *(Lei nº 6.404/76, art. 189, parágrafo único: o prejuízo do exercício será obrigatoriamente absorvido pelos lucros acumulados, pelas reservas de lucros e pela reserva legal, nessa ordem.)* (Breve comentário desse artigo: o fato de estar escrito "... pelas reservas de lucros e pela reserva legal, nessa ordem" NÃO deve se interpretado como se a reserva legal não fosse uma reserva de lucro, visto que ela **É**, e SIM que essa reserva é a ÚLTIMA reserva de lucro a ser absorvida pelo prejuízo).

11.4. Ações em Tesouraria

Uma companhia pode adquirir, no limite do saldo de lucros acumulados e reservas, exceto a reserva legal (§ 1º do art. 30 da Lei nº 6.404/76), parte de suas próprias ações e mantê-las em tesouraria para revenda futura.

De acordo com o § 5º do art. 182 da Lei nº 6.404/76, as ações em tesouraria deverão ser destacadas no balanço como DEDUÇÃO da conta do patrimônio líquido que registrar a origem dos recursos aplicados na sua aquisição. Além disso, com base no art. 30 da mesma lei, a companhia não pode negociar com as próprias ações, mas as ações em tesouraria são uma dessas exceções a essa restrição. Abaixo, reproduzimos o referido art. 30 (grifos nossos):

Art. 30. *A companhia **não** poderá negociar com as próprias ações.*

§ 1º *Nessa proibição não se compreendem:*

a) as operações de resgate, reembolso ou amortização previstas em lei;

*b) a aquisição, para permanência **em tesouraria** ou cancelamento, desde que até o valor do saldo de lucros ou reservas, exceto a legal, e sem diminuição do capital social, ou por doação;*

c) a alienação das ações adquiridas nos termos da alínea b e mantidas em tesouraria;

d) a compra quando, resolvida a redução do capital mediante restituição, em dinheiro, de parte do valor das ações, o preço destas em bolsa for inferior ou igual à importância que deve ser restituída.

§ 2º A aquisição das próprias ações pela companhia aberta obedecerá, sob pena de nulidade, às normas expedidas pela Comissão de Valores Mobiliários, que poderá subordiná-la à prévia autorização em cada caso.

§ 3º A companhia não poderá receber em garantia as próprias ações, salvo para assegurar a gestão dos seus administradores.

*§ 4º As ações adquiridas nos termos da alínea b do § 1º, enquanto mantidas em tesouraria, **não terão direito a dividendo nem a voto**.*

§ 5º No caso da alínea d do § 1º, as ações adquiridas serão retiradas definitivamente de circulação.

O art. 442 do RIR/99 determina que, no caso da venda das ações em tesouraria com LUCRO, **sendo este contabilizado diretamente a crédito da conta de reserva de capital** (reserva de ágio na alienação de ações próprias), esse lucro não sofre tributação pelo Imposto de Renda. Ao mesmo tempo, segundo o mesmo dispositivo legal, em caso de venda com PREJUÍZO, este não é dedutível para fins do Imposto de Renda.

Em vista disso tudo, concluímos que o LUCRO ou PREJUÍZO na venda de ações em tesouraria não transitam por contas de resultado, sendo o lucro creditado diretamente como reserva de capital e o prejuízo debitado diretamente na reserva de capital que sustentou a aquisição dessas ações ou, não havendo mais essa reserva, debitado diretamente na conta Lucros ou Prejuízos Acumulados. Assim, por exemplo, se uma companhia alienasse R$ 30.000,00 em bônus de subscrição, geraria reserva de capital nesse valor. Se, posteriormente, utilizasse parte ou a totalidade desse dinheiro recebido para adquirir parte de suas próprias ações a serem mantidas em tesouraria, caso no futuro alienasse essas ações com prejuízo, este seria debitado diretamente na reserva de capital formada quando da alienação dos referidos bônus.

Observações:

1) Conforme o § 4º do art. 30 descrito acima, as ações em tesouraria não terão direito a voto nas assembleias de acionistas e nem a dividendos. Essa restrição visa dificultar a manipulação, por parte da companhia, das cotações no mercado.

2) No caso de sociedades limitadas, utilizamos a expressão QUOTAS EM TESOURARIA (ou quotas liberadas). Em princípio, o tratamento tributário do lucro ou prejuízo deveria ser o mesmo que aquele das ações em tesouraria. Todavia, o art. 442 do RIR/99 é considerado uma norma ISENTIVA e, por sua interpretação literal, conforme determina o art. 111 do CTN, conclui-se ser ele aplicável somente ao lucro na venda de ações em tesouraria. Desta forma, inferimos que o lucro na venda de quotas em tesouraria, caso tenha sido contabilizado como reserva de capital, deve ser adicionado ao lucro real no LALUR. No entanto, se for contabilizado diretamente no resultado, não deve ser adicionado ao lucro real no LALUR, visto que já estaria automaticamente dentro do lucro tributável. Por outro lado, caso a venda dessas quotas seja com prejuízo, o entendimento geral é de que o mesmo poderá ser considerado dedutível, por não ficar sujeito à restrição constante do parágrafo único do art. 442 do RIR/99, que declara

indedutível na determinação do lucro real o prejuízo na venda de "ações" em tesouraria. Cabe ressaltar, no entanto, salvo exceções expressamente previstas na legislação (PN CST nº 96/78), que o LALUR não se presta a excluir do lucro líquido uma despesa não contabilizada no resultado, de forma que a dedutibilidade de determinada despesa exige que ela seja apropriada em conta de resultado. Abaixo, reproduzimos o art. 111 do CTN :

Art. 111. *Interpreta-se LITERALMENTE a legislação tributária que disponha sobre:*

I. suspensão ou exclusão do crédito tributário;

II. outorga de ISENÇÃO;

III. dispensa do cumprimento de obrigações tributárias acessórias.

ATIVO		**PASSIVO (Total)**	
Bancos	18.000	Duplicatas a Pagar	31.000
Mercadorias	23.000		
Ações de Coligadas	14.000	Capital Social	24.000
Veículos	20.000	Reservas de Lucros	20.000
	75.000		75.000

Suponhamos que, após a situação anterior, a empresa adquira parte de suas próprias ações no valor de $ 6.000. Assim, teremos a seguinte contabilização:

D – Ações em Tesouraria 6.000

C – Bancos 6.000

Balanço da Cia. LX após a aquisição de suas próprias ações no valor de $ 6.000:

ATIVO		**PASSIVO (Total)**	
Bancos	12.000	Duplicatas a Pagar	31.000
Mercadorias	23.000		
Ações de Coligadas	14.000	Capital Social	24.000
Veículos	20.000	Reservas de Lucros	20.000
		Ações em Tesouraria	(6.000)
	69.000		69.000

Se a empresa posteriormente alienasse as ações, por exemplo, por $ 7.300, seria feito o seguinte lançamento no Diário:

D – Caixa 7.300

C – Ações em Tesouraria 6.000

C – Reservas de Capital (lucro na venda das ações) 1.300

Se, em vez de vender por $ 7.300, vendesse por $ 5.400, seria feito o seguinte lançamento:

D – Caixa	5.400
D – Prejuízos Acumulados	600
C – Ações em Tesouraria	6.000

Nota: Neste último lançamento, o prejuízo na alienação das ações poderia também ser feito a débito de reservas de lucros ou de reservas de capital.

Abaixo, reproduzimos os itens 8, 9 e 10 do **CPC 08 (R1)** – Custos de Transação e Prêmios na Emissão de Títulos e Valores Mobiliários, os quais se referem aos custos de transação relacionados na aquisição e alienação de ações em tesouraria (grifo e caixa alta nossos):

- (Item 8) A aquisição de ações de emissão própria e sua alienação são também transações de capital da entidade com seus sócios e igualmente não devem afetar o resultado da entidade.
- (Item 9) Os custos de transação incorridos na AQUISIÇÃO de ações de emissão da própria entidade devem ser tratados **como acréscimo do custo de aquisição de tais ações**.
- (Item 10) Os custos de transação incorridos na ALIENAÇÃO de ações em tesouraria devem ser tratados **como redução do lucro ou acréscimo do prejuízo dessa transação**, resultados esses contabilizados diretamente no patrimônio líquido, na conta que houver sido utilizada como suporte à aquisição de tais ações, não afetando o resultado da entidade.

11.5. Ajustes de Avaliação Patrimonial (Lei nº 6.404/1976, art. 182, § 3º)

Serão classificadas como ajustes de avaliação patrimonial, enquanto não computadas no resultado do exercício em obediência ao regime de competência, as contrapartidas de aumentos ou diminuições de valor atribuídos a elementos do ativo e do passivo, em decorrência da sua avaliação a valor justo (valor de mercado), nos casos previstos na Lei nº 6.404/76 ou, em normas expedidas pela Comissão de Valores Mobiliários, com base na competência conferida pelo § 3º do art. 177 dessa lei. Assim, suponhamos, por exemplo, que uma companhia avalie um terreno adquirido por R$ 23.000,00 a preço de mercado no valor de R$ 30.000,00. Dessa forma, teremos a seguinte contabilização:

D – Terrenos	7.000,00
C – Ajustes de Avaliação Patrimonial	7.000,00

No entanto, se em vez de R$ 30.000,00 o preço de mercado fosse, por exemplo, R$ 20.000,00, então teríamos a seguinte contabilização:

D – Ajustes de Avaliação Patrimonial	3.000,00
C – Terrenos	3.000,00

Neste último caso, a conta Ajustes de Avaliação Patrimonial apareceria no patrimônio líquido com saldo devedor.

Nota: Até o presente momento, a reavaliação de bens do ativo está suspensa no Brasil por prazo indeterminado. No entanto, acreditamos que "um dia" terá, obrigatoriamente, que voltar, mas não com o nome de "Reservas de Reavaliação", como alguns insistem equivocadamente em acreditar, e sim com o nome de "Ajustes de Avaliação Patrimonial", visto que a reavaliação **nunca** foi e **nunca** será essencialmente uma "reserva" (as verdadeiras reservas só podem ser as de capital e as de lucros) e sim um "ajuste" em valores de itens patrimoniais defasados contabilmente em relação ao mercado.

11.6. Opções Outorgadas Reconhecidas (ou Instrumentos Patrimoniais Outorgados)

Atualmente, é cada vez mais comum o surgimento de anúncios de emprego nos classificados que mencionem **opções de ações** das empresas empregadoras. Essas empresas estão oferecendo esse benefício não apenas para administradores ou executivos bem pagos, mas também para funcionários comuns.

As OPÇÕES DE AÇÕES fornecidas (outorgadas) aos empregados, em troca de serviços ou bens fornecidos pelos mesmos, constituem-se em contratos firmados pela empresa com esses empregados, os quais dão o direito de compra de um número específico de ações da empresa durante um tempo a um valor especificado no contrato.

Ressalta-se que a expressão "empregados", nesse contexto, é utilizada no sentido amplo, sendo considerados como tais os funcionários comuns, diretores, administradores, membros do conselho fiscal, executivos etc., bem como os prestadores de serviços personalizados (ex.: consultores externos).

Diversas podem ser as razões pelas quais as empresas privadas (ou públicas) disponibilizam a seus empregados essas opções, tais como atrair bons funcionários, oferecendo compensações que vão além dos seus salários; manter os funcionários competentes, fazendo-os se sentir como donos do negócio; etc.

Esse fato é notório, principalmente nas empresas iniciantes que querem economizar o máximo de dinheiro possível, pois, em vez de remunerarem em dinheiro alguns serviços de empregados, oferecem a esses as referidas opções como forma de remuneração.

No entanto, sempre há o risco para aqueles que adquirem essas opções, podendo em algumas situações não serem para os empregados mais vantajosas do que a remuneração em dinheiro, tendo em vista a possibilidade de a empresa não ser bem sucedida. Contudo, a garantia para aquele que recebe o pagamento por opções de ações em vez de dinheiro é a mensuração do valor da opção na data da outorga, o qual não é alterado durante o período de aquisição (*vesting period*).

A expressão "opção" se dá em função do fato de que aquele que a recebe tem a opção de subscrever ou não as ações da companhia num determinado tempo futuro, isto é, o recebedor tem o "direito" e não a obrigação de subscrever as ações. No caso de optar por subscrever, deve ser observado que as opções de ações sempre têm uma data de validade, isto é, só podem ser utilizadas (exercidas) por um período pré-determinado no contrato, de forma que se não forem utilizadas nesse período (se as ações não forem subscritas nesse período), o direito da subscrição será perdido. Já no caso do empregado sair da empresa, não perderá o direito da opção já recebida, desde que não esteja vencida. Apenas não terá mais o direito de receber opções futuras.

Com base no item 91 da Orientação Técnica OCPC 02, pelo Pronunciamento Técnico CPC 10 – Pagamento Baseado em Ações, as empresas precisam reconhecer a despesa dos serviços prestados pelos seus empregados em função do valor dessas opções outorgada aos mesmos NÃO pela diferença entre o valor de mercado das ações na data da subscrição e o valor aceito para a integralização, e SIM pelo valor que seria possível vender as opções no mercado na data da outorga, sendo tal valor reconhecido paulatinamente como despesa durante a vigência do contrato, por regime de competência.

Tendo em vista que as opções de ações não podem ser exercidas por algum tempo (= prazo de carência), isto é, os empregados que as recebem não subscreverão de imediato as ações, a expectativa é de que o preço dessas ações aumente para que sejam vendidas depois por um preço de mercado maior, gerando ganho.

Desta forma, a menos que a empresa feche ou não venha a ser bem sucedida, a oferta dessas opções de ações é um bom modo para motivar os funcionários a permanecerem na empresa. Assim, essas opções prometem, além dos salários, ações da empresa ou, em última análise, dinheiro em potencial.

Digamos, por exemplo, que a Cia. X concede a um determinado empregado opções para comprar 100 ações a R$ 12 cada. Suponhamos que na data em que o empregado venha a exercer essas opções, as ações custem R$ 20. Desta forma, após o prazo de carência, ele poderia, por exemplo, exercer as 100 opções, pagando R$ 12 por ação e vendendo todas por R$ 20 cada, gerando um ganho (lucro) de R$ 800. Também, poderia, por exemplo, após exercer as 100 opções, não vender de imediato e, após um tempo as ações estivessem valendo R$ 23, de forma que as vendesse nessa época. Nesse caso, o ganho seria ainda maior, ou seja, R$ 11 por ação, dando um ganho total de R$ 1.100.

Assim, qualquer que seja a escolha do empregado, as opções têm de ser convertidas em ações, o que nos leva a outro aspecto das opções de ações: o **período de concessão**. No exemplo da Cia. X, o empregado poderia usar suas opções e comprar as 100 ações de uma só vez.

Normalmente, uma empresa estenderá o período de concessão por 3 anos ou mais e deixará que o empregado compre muitas cotas de acordo com uma programação. Assim, por exemplo, o empregado poderia obter as 100 opções de ações com período de concessão de 4 anos, de forma que em cada ano exercesse 1/4, com despesa anual por seus serviços em troca das opções no valor de R$ 12 × 100 × 1/4 = R$ 300. Neste caso, o empregado poderia, após comprar as 25 ações anuais (1/4 de 100), ficar com elas ou vendê-las pelo preço de mercado na época, e sempre torceria para que os preços das ações no mercado continuem a subir.

De acordo com o item 94 da Orientação Técnica OCPC 02 do Comitê de Pronunciamentos Contábeis, a contabilização dessas opções se dá com o crédito em conta especial de patrimônio líquido, junto com as Reservas de Capital, como por exemplo **Opções Outorgadas Reconhecidas** ou semelhante, quando for pagamento baseado em ações e liquidado com instrumentos patrimoniais, e no passivo, se for liquidado em caixa. A contrapartida, conforme o CPC 10, será em conta de ativo (por exemplo, custo para formação de estoques) ou em conta de despesa (por exemplo, despesa operacional, no caso de o custo dos serviços corresponderem a esse tipo de despesa, ou participação nos lucros, nos casos em que o direito aos instrumentos outorgados estiver relacionado ao atingimento de lucro líquido da companhia).

Exemplo Prático: A Cia. Copas concedeu 120 opções de ações para cada um dos seus 250 empregados, de forma que uma das cláusulas do contrato do pagamento baseado em ações exige que os empregados permaneçam trabalhando na empresa nos próximos três anos. O valor justo estimado de cada opção de ações foi de R$ 10. A empresa também estimou que em torno de 20% dos empregados sairão nos próximos 3 anos, de forma que não receberão as opções. Assim, supondo que as estimativas da empresa foram confirmadas, para calcular o valor da DESPESA pela remuneração em função do pagamento baseado em ações, deve-se multiplicar o número de opções a serem concedidas pelos seus valores justos, conforme tabela abaixo, de forma que a contabilização dessas despesas ao longo dos 3 anos se dará em contrapartida, mediante crédito, com a conta "Opções Outorgadas Reconhecidas":

Ano	Opções	Número de Empregados	Valor Justo	Parcela de cada Período	Despesa anual
1	120	80% 250 = 200	R$ 10	1/3	R$ 80.000
2	120	80% 250 = 200	R$ 10	1/3	R$ 80.000
3	120	80% 250 = 200	R$ 10	1/3	R$ 80.000

Contabilização:

D – Despesas de Remuneração (Resultado) 80.000

C – Opções Outorgadas Reconhecidas (PL) 80.000

11.7. Ajustes Acumulados de Conversão

É uma das contas do PL que compõem os "Outros Resultados Abrangentes", isto é, **valores que afetam diretamente o PL sem, no entanto, afetar o resultado**. Tal conta é utilizada para registrar as VARIAÇÕES CAMBIAIS de investimentos com outra moeda funcional que não seja o Real (R$) em COLIGADAS, CONTROLADAS (que não sejam filiais, sucursais ou extensão das atividades da controladora) e CONTROLADAS EM CONJUNTO (*joint ventures*) localizadas no exterior, tendo em vista que, em função do disposto no Pronunciamento Técnico **CPC 02 (R2)** – Efeitos das Mudanças nas Taxas de Câmbio e Conversão de Demonstrações Contábeis, tais variações cambiais **não podem afetar o resultado do exercício**, pelo fato dessas variações não terem nenhum efeito direto sobre os fluxos de caixa atuais e futuros advindos das operações, enquanto a entidade localizada no exterior não for baixada por alienação. Desta forma, o reconhecimento no resultado só poderá ocorrer na baixa dos referidos investimentos.

Cabe ressaltar que a conta "Ajustes Acumulados de Conversão" não é uma reserva e não deve ser confundida com a conta "Ajustes de Avaliação Patrimonial", sendo que também poderá ter saldo devedor ou credor, podendo ser apresentada logo abaixo da conta "Ajustes de Avaliação Patrimonial".

Abaixo reproduzimos o item 24 da Orientação Técnica **OCPC 02** do Comitê de Pronunciamentos Contábeis (grifo nosso):

> **Item 24:** Resta lembrar que as variações cambiais dos investimentos em controladas (aquelas que não possuem a característica de filial, sucursal ou extensão das atividades da controladora) e coligadas em outra moeda funcional que não o Real (R$) não podem, a partir de 2008, em função do CPC 02, afetar o resultado do exercício, sendo registradas diretamente em conta transitória do patrimônio líquido, sob o título Ajuste Acumulado de Conversão ou equivalente, que será reconhecida no resultado apenas quando da baixa do investimento. Essa conta não é uma Reserva, pode ter saldo negativo e pode ser apresentada logo a seguir à de Ajustes de Avaliação Patrimonial, não se confundindo, entretanto, com esta.

Antes de darmos o exemplo prático para o entendimento completo dessa conta, abaixo iremos reproduzir os principais itens do **CPC 02 (R2)** que servirão de base para o referido exemplo (***Nota:*** *Algumas partes foram destacadas com grifos ou em caixa alta por nossa conta. Também, por nossa conta, fizemos entre alguns itens comentários extras, a fim de facilitar o entendimento do tema*):

> **Item 38:** A entidade pode apresentar suas demonstrações contábeis em qualquer moeda (ou moedas). Se a moeda de apresentação das demonstrações contábeis difere da moeda funcional da entidade, seus resultados e sua posição financeira devem ser convertidos para a moeda de apresentação. Por exemplo, quando um grupo econômico é composto por entidades individuais com diferentes moedas funcionais, os resultados e a posição financeira de cada entidade devem ser expressos na mesma moeda comum a todas elas, para que as demonstrações contábeis consolidadas possam ser apresentadas.

> **Item 39:** Os resultados e a posição financeira da entidade, cuja moeda funcional não é moeda de economia HIPERINFLACIONÁRIA, devem ser convertidos para moeda de apresentação diferente, adotando-se os seguintes procedimentos:
>
> (a) ATIVOS e PASSIVOS para cada balanço patrimonial apresentado (incluindo os balanços comparativos) devem ser convertidos, utilizando-se a taxa de câmbio de FECHAMENTO na data do respectivo balanço.
>
> (b) RECEITAS e DESPESAS para cada demonstração do resultado abrangente ou demonstração do resultado apresentada (incluindo as demonstrações comparativas) devem ser convertidas pelas taxas de câmbio VIGENTES nas datas de ocorrência das transações; e.
>
> (c) Todas as VARIAÇÕES CAMBIAIS resultantes devem ser reconhecidas em outros resultados abrangentes.
>
> ***Nosso comentário extra para esse último subitem:*** *NÃO com o nome "outros resultados abrangentes", pois esta expressão não é o nome de uma conta e sim o nome de um grupo de contas, onde uma delas é "Ajustes Acumulados de Conversão", conta esta que deve ser utilizada para registrar as referidas variações cambiais).*

Item 40: Por razões práticas, uma taxa que se aproxime das taxas de câmbio vigentes nas datas das transações, por exemplo, a TAXA MÉDIA para o período, pode ser normalmente utilizada para converter itens de receita e despesa. Entretanto, se as taxas de câmbio flutuarem significativamente, o uso da taxa de câmbio média para o período é inapropriado.

Item 41: As variações cambiais mencionadas no item 39(c) são decorrentes de:

(a) Conversão de receitas e despesas pelas taxas de câmbio vigentes nas datas de ocorrência das transações e conversão de ativos e passivos pela taxa de câmbio de fechamento.

(b) Conversão dos saldos de abertura de ativos líquidos (patrimônio líquido) pela taxa de câmbio de fechamento atual, que difere da taxa de câmbio de fechamento anterior.

Essas variações cambiais não devem ser reconhecidas na demonstração do resultado porque as mudanças nas taxas de câmbio têm pouco ou nenhum efeito direto sobre os fluxos de caixa atuais ou futuros advindos das operações. O montante acumulado das variações cambiais deve ser apresentado em conta específica (nosso comentário extra: essa conta específica é chamada de "Ajustes Acumulados de Conversão") separada do patrimônio líquido até que ocorra a baixa da entidade no exterior. Quando as variações cambiais são relacionadas a uma entidade no exterior que é consolidada, porém não é controlada integralmente, as variações cambiais acumuladas advindas da conversão e atribuídas às participações de não controladores devem ser a estas alocadas e devem ser, dessa forma, reconhecidas no balanço patrimonial consolidado

EXEMPLO PRÁTICO: Em 01/01/X1, a Cia. Mártir e a Cia. Júpiter localizadas no Brasil constituíram a Cia. Lua, localizada em Portugal, de forma que a 1ª integralizou 70% do capital da investida e a segunda, 30%.

O Capital Social da investida é formado por 80.000 ações a 1 euro por ação, sendo a taxa de câmbio naquela data 2 reais por euro. Em 31/12/X1, a investida Lua apresentou as seguintes demonstrações contábeis (valores em **euros**):

DRE (Cia. Lua)

	Em EUR
Receita de Vendas	98.000
Custo dos Produtos Vendidos	(31.000)
Lucro Bruto	67.000
Despesas Operacionais	(22.000)
Lucro antes dos Tributos	45.000
Tributos sobre o Lucro	(11.000)
Lucro Líquido	34.000

BALANÇO (Cia. Lua)

ATIVO	Em EUR
CIRCULANTE	
Disponibilidades e Contas a Receber	125.000
NÃO CIRCULANTE	
Contas a Receber a Longo Prazo	42.000
Imobilizado	33.000
TOTAL DO ATIVO	200.000
PASSIVO CIRCULANTE	
Contas a Pagar	64.000
PASSIVO NÃO CIRCULANTE	
Contas a Pagar a Longo Prazo	22.000
PATRIMÔNIO LÍQUIDO	
Capital Social	80.000
Lucros Acumulados (valor do lucro líquido)	34.000
TOTAL DO PASSIVO	200.000

<u>Taxas de Câmbio</u>:

- Em 01/01/X1: 1 euro = 2,00 reais
- Em 31/12/X1: 1 euro = 2,38 reais
- Taxa média de X1: 1 euro = 2,25 reais

Ao fazermos a conversão das demonstrações acima para moeda nacional (real), irá aparecer a conta "Ajustes Acumulados de Conversão" tanto no PL da investida (Cia. Lua) quanto no PL das investidoras (Cia. Mártir e Cia. Júpiter), sendo o cálculo do saldo da referida conta (nas três empresas) e as contabilizações (nas duas investidoras) o nosso objetivo neste exemplo, bem como a determinação do saldo da conta "Investimentos" nos balanços das investidoras em 31/12/X1.

Observemos que a investidora Mártir, por possuir 70% do capital da investida, constitui-se na sua controladora. Já, a Cia. Júpiter, por possuir apenas 30% do capital da investida, é apenas coligada desta, mas ambas utilizarão os mesmos critérios para a determinação do saldo da conta Ajustes Acumulados de Conversão e para as respectivas contabilizações.

1º PASSO – Conversão da DRE da investida para valores **em reais**, utilizando o seguinte critério baseado no CPC 02 (R2): As receitas e despesas devem ser convertidas com utilização das <u>taxas de câmbio vigentes nas datas de ocorrência das transações</u> (= taxas históricas). No entanto, por razões práticas, pode-se utilizar a TAXA MÉDIA do período (no caso, anual), somente quando as taxas de câmbio não flutuarem significativamente.

Assim, na resolução deste exemplo, utilizaremos a taxa média para tal conversão, admitindo que não houve flutuações significativas das taxas de câmbio ao longo de X1.

***Nota:** "R2" significa a segunda revisão do CPC 02. Na versão "R2", os critérios utilizados na conversão das demonstrações contábeis para moeda nacional **são os mesmos** que aqueles utilizados na 1ª versão. O que mudou, na verdade, foi a forma de redigir algumas partes dos textos de alguns itens.*

DRE (Cia. Lua)

	Em EUR	Taxa	Em R$
Receita de Vendas	98.000	**2,25**	220.500
Custo dos Produtos Vendidos	(31.000)	**2,25**	(69.750)
Lucro Bruto	67.000	-	150.750
Despesas Operacionais	(22.000)	**2,25**	(49.500)
Lucro antes dos Tributos	45.000	-	101.250
Tributos sobre o Lucro	(11.000)	**2,25**	(24.750)
Lucro Líquido	34.000	-	76.500

2º PASSO – Conversão do Balanço da investida para valores **em reais**, utilizando os seguintes critérios, com base no CPC 02 (R2):

- ATIVOS e PASSIVOS para cada balanço patrimonial apresentado serão convertidos, utilizando-se a TAXA DE CÂMBIO DE FECHAMENTO (= Taxa Corrente) do respectivo balanço.
- TODAS a **variações cambiais** resultantes devem ser reconhecidas em outros resultados abrangentes numa conta específica, a qual chamaremos de "Ajustes Acumulados de Conversão", sendo tais variações cambiais decorrentes de:
  - (a) Conversão de receitas e despesas pelas taxas de câmbio vigentes nas datas de ocorrência das transações (ou, opcionalmente, a taxa média do período, quando não há flutuações significativas no câmbio, que é o caso utilizado na resolução do nosso exemplo) e conversão de ativos e passivos pela taxa de câmbio de fechamento.
  - (b) Conversão dos saldos de abertura de ativos líquidos (patrimônio líquido) pela taxa de câmbio de fechamento atual, que difere da taxa de câmbio de fechamento anterior. Em palavras "mais simples", isso se traduz, por exemplo, em calcular a variação cambial decorrente da diferença entre o Capital Social convertido em reais em 31/12/X1 (80.000 × R$ 2,38) e o seu valor convertido em reais em 01/01/X1 (80.000 × R$ 2,00).

Observações:

1) Notemos que os critérios de cálculo mencionados acima do saldo da conta "Ajustes Acumulados de Conversão" é para as demonstrações contábeis da investida e não das investidoras. No caso de calcular o saldo da mesma conta nas investidoras, os respectivos

saldos no PL de Mártir e no PL de Júpiter serão calculados aplicando-se, respectivamente, 70% e 30% sobre o saldo da referida conta na investida, conforme veremos adiante.

2) Apesar de não estar explícito no CPC 02 (R2) que os itens do PL devem ser convertidos pela taxa histórica e não pela taxa corrente na data do fechamento do balanço, como é o caso dos itens do ativo e do passivo, entendemos que este continua sendo o procedimento correto. Na primeira versão do referido CPC, esse fato estava explícito no item 45, o qual corresponde, atualmente, ao atual item 39 do CPC 02 (R2) com algumas modificações e omissões no seu novo texto em relação à versão mais antiga desse CPC.

3) Na conversão das demonstrações contábeis da investida para valores em reais, somente as investidoras farão lançamentos contábeis para apuração do saldo da conta "Ajustes Acumulados de Conversão" nos seus respectivos balanços. A investida não fará nenhuma contabilização, visto que nesta não está ocorrendo nenhum fato contábil e a mesma não veio para o Brasil, isto é, ainda continua no exterior, de sorte que suas demonstrações convertidas para reais são úteis apenas para as investidoras, e a conta "Ajustes Acumulados de Conversão" não existe, de fato, no balanço da investida. Existirá apenas no balanço das investidoras, pois essas é que estão no Brasil.

BALANÇO (Cia. Lua)

ATIVO	**Em EUR**	**Taxa**	**Em R$**
CIRCULANTE			
Disponibilidades e Contas a Receber	125.000	**2,38**	297.500
NÃO CIRCULANTE			
Contas a Receber a Longo Prazo	42.000	**2,38**	99.960
Imobilizado	33.000	**2,38**	78.540
TOTAL DO ATIVO	200.000	-	476.000
PASSIVO CIRCULANTE			
Contas a Pagar	64.000	**2,38**	152.320
PASSIVO NÃO CIRCULANTE			
Contas a Pagar a Longo Prazo	22.000	**2,38**	52.360
PATRIMÔNIO LÍQUIDO			
Capital Social	80.000	**2,00**	160.000
Lucros Acumulados (valor do lucro líquido)	34.000	**2,25**	76.500
Ajustes Acumulados de Conversão	-	-	?
TOTAL DO PASSIVO	200.000		476.000

Existem duas formas diferentes de calcularmos o saldo da conta "Ajustes Acumulados de Conversão" (AAC) no balanço da investida:

1ª FORMA – Utilizando-se a equação básica do balanço, ou seja, TOTAL DO ATIVO = TOTAL DO PASSIVO, ou ainda, ATIVO = PASSIVO EXIGÍVEL + PL. Assim, teremos:

152.320 + 52.360 + 160.000 + 76.500 + AAC = 476.000
AAC = 476.000 – 152.320 – 52.360 – 160.000 – 76.500 = **34.820**

2ª FORMA – Somando-se as variações cambiais das contas do PL da investida. Deste modo, teremos:

CAPITAL SOCIAL
80.000 × R$ 2,38 = R$ 190.400
80.000 × R$ 2,00 = R$ 160.000
Variação cambial = R$ 30.400

LUCROS ACUMULADOS
34.000 × R$ 2,38 = R$ 80.920
34.000 × R$ 2,25 = R$ 76.500
Variação cambial = R$ 4.420

- -

AAC = 30.400 + 4.420 = **34.820**

Finalmente, iremos determinar o saldo da conta "Investimentos" nas duas investidoras, mediante a contabilização da aquisição do mesmo em 01/01/X1 e da "Receita de Equivalência Patrimonial" e dos respectivos "Ajustes Acumulados de Conversão" em 31/12/X1:

Na Cia. Mártir:

(Em 01/01/X1) Aquisição do Investimento:
D – Investimentos em Controladas (70% × 80.000 × 2,00) 112.000
C – Bancos 112.000

(Em 31/12/X1) Apuração do resultado da equivalência e dos ajustes de conversão:
D – Investimentos em Controladas 77.794
C – Receita de Equivalência Patrimonial (70% × 76.500) 53.550
C – Ajustes Acumulados de Conversão (70% × 34.820) 24.374

Finalmente, o saldo de Investimentos na Cia. Mártir será de R$ 112.000 + R$ 77.794, ou seja, R$189.924.

<u>Na Cia. Júpiter</u>:

(Em 01/01/X1) Aquisição do Investimento:

D – Investimentos em Coligadas (30% × 80.000 × 2,00) 48.000

C – Bancos 48.000

(Em 31/12/X1) Apuração do resultado da equivalência e dos ajustes de conversão:

D – Investimentos em Coligadas 33.396

C – Receita de Equivalência Patrimonial (30% × 76.500) 22.950

C – Ajustes Acumulados de Conversão (30% × 34.820) 10.446

Finalmente, o saldo de Investimentos na Cia. Júpiter será de R$ 48.000 + R$ 33.396, ou seja, R$ 81.396.

11.8. Gastos na Emissão de Ações

Com base no Pronunciamento Técnico CPC 08 (R1) – Custos de Transação e Prêmios na Emissão de Títulos e Valores Mobiliários, os **<u>gastos</u>** com captação de recursos por emissão de ações (ou outros valores mobiliários – Ex.: bônus de subscrição) serão apresentados no PL como conta retificadora do Capital Social ou retificadora da Reserva de Capital referente ao ágio na emissão dessas ações. Consequentemente, o aumento do PL pela emissão das novas ações é avaliado pelo valor líquido efetivamente recebido.

A razão de se considerar os referidos gastos diretamente no PL como <u>conta redutora</u> e **<u>não</u>** como DESPESA no resultado se dá pelo fato de que não devem ser considerados encargo da sociedade os gastos para obtenção de mais recursos dos sócios, tendo em vista que a emissão de novas ações não é uma atividade relacionada às operações da entidade e sim uma <u>transação de capital</u> entre a entidade e os acionistas, a qual acarreta um aumento líquido do capital social. Assim, somente no caso em que a operação de captação de recursos por intermédio da emissão de títulos patrimoniais NÃO FOR CONCLUÍDA, inexistindo aumento de capital ou emissão de bônus de subscrição, os custos de transação **devem ser reconhecidos como despesa** destacada no resultado do período em que se frustrar a transação.

Nota: TRANSAÇÕES DE CAPITAL são todas as operações entre a entidade e os sócios, quando estes são qualificados como proprietários e não, por exemplo, como clientes ou fornecedores. Tais transações são sempre registradas diretamente no PL, tais como aumento ou redução de capital, distribuição de lucros (dividendos), aquisição de ações em tesouraria etc.

Abaixo, reproduzimos os itens 4 a 7 do CPC 08 (R1):

Contabilização das captações de recursos para o capital próprio

4. O registro do montante inicial dos recursos captados por intermédio da emissão de títulos patrimoniais deve corresponder aos valores líquidos disponibilizados para a entidade pela transação, pois essas transações são efetuadas com os sócios já existentes e/ou novos, não devendo seus custos influenciar o saldo líquido das transações geradoras de resultado da entidade.

5. Os custos de transação incorridos na captação de recursos por intermédio da emissão de títulos patrimoniais devem ser contabilizados, de forma destacada, em conta redutora de patrimônio líquido, deduzidos os eventuais efeitos fiscais, e os prêmios recebidos devem ser reconhecidos em conta de reserva de capital.

6. Nas operações de captação de recursos por intermédio da emissão de títulos patrimoniais em que exista prêmio (excedente de capital) originado da subscrição de ações aos quais os custos de transação se referem, deve o prêmio, até o limite do seu saldo, ser utilizado para absorver os custos de transação registrados na conta de que trata o item 5. Nos demais casos, a conta pode ser utilizada para redução do capital social ou absorção por reservas de capital.

7. Quando a operação de captação de recursos por intermédio da emissão de títulos patrimoniais não for concluída, inexistindo aumento de capital ou emissão de bônus de subscrição, os custos de transação devem ser reconhecidos como despesa destacada no resultado do período em que se frustra a transação.

Exemplo prático: A Indústria Astra S/A emitiu 300.000 novas ações de valor nominal R$ 4,00 por ação, sendo os gastos incorridos nessa emissão no total de R$ 90.000,00. Assim, poderá ser feita a seguinte contabilização:

D – Bancos 1.110.000,00
D – Gastos na Emissão de Ações (retificadora do PL) 90.000,00
C – Capital Social 1.200.000,00

12. Critérios de Avaliação do Ativo (Lei nº 6.404/76, art. 183)

I – as aplicações em instrumentos financeiros, inclusive derivativos, e em direitos e títulos de créditos, classificados no ativo circulante ou no realizável a longo prazo:

a) pelo seu valor justo, quando se tratar de aplicações destinadas à negociação ou disponíveis para venda; e

b) pelo valor de custo de aquisição ou valor de emissão, atualizado conforme disposições legais ou contratuais, ajustado ao valor provável de realização, quando este for inferior, no caso das demais aplicações e os direitos e títulos de crédito;

II – os direitos que tiverem por objeto mercadorias e produtos do comércio da companhia, assim como matérias-primas, produtos em fabricação e bens em almoxarifado, pelo custo de aquisição ou produção, deduzido de provisão para ajustá-lo ao valor de mercado, quando este for inferior;

III – os investimentos em participação no capital social de outras sociedades, ressalvados os investimentos em coligadas e controladas, pelo custo de aquisição, deduzido de provisão para perdas prováveis na realização do seu valor, quando essa perda estiver comprovada como permanente, e que não será modificado em razão do recebimento, sem custo para a companhia, de ações ou quotas bonificadas;

IV – os demais investimentos, pelo custo de aquisição, deduzido de provisão para atender às perdas prováveis na realização do seu valor, ou para redução do custo de aquisição ao valor de mercado, quando este for inferior;

V – os direitos classificados no imobilizado, pelo custo de aquisição, deduzido do saldo da respectiva conta de depreciação, amortização ou exaustão;

VI – *revogado*;

VII – os direitos classificados no intangível, pelo custo incorrido na aquisição deduzido do saldo da respectiva conta de amortização;

VIII – os elementos do ativo decorrentes de operações de longo prazo serão ajustados a valor presente, sendo os demais ajustados quando houver efeito relevante.

§ 1º Para efeitos do disposto neste artigo, considera-se valor justo:

a) das matérias-primas e dos bens em almoxarifado, o preço pelo qual possam ser repostos, mediante compra no mercado;

b) dos bens ou direitos destinados à venda, o preço líquido de realização mediante venda no mercado, deduzidos os impostos e demais despesas necessárias para a venda, e a margem de lucro;

c) dos investimentos, o valor líquido pelo qual possam ser alienados a terceiros.

d) dos instrumentos financeiros, o valor que pode se obter em um mercado ativo, decorrente de transação não compulsória realizada entre partes independentes; e, na ausência de um mercado ativo para um determinado instrumento financeiro:

1) o valor que se pode obter em um mercado ativo com a negociação de outro instrumento financeiro de natureza, prazo e risco similares;

2) o valor presente líquido dos fluxos de caixa futuros para instrumentos financeiros de natureza, prazo e risco similares; ou

3) o valor obtido por meio de modelos matemático-estatísticos de precificação de instrumentos financeiros.

§ 2º A diminuição do valor dos elementos dos ativos imobilizado e intangível será registrada periodicamente nas contas de:

a) depreciação, quando corresponder à perda do valor dos direitos que têm por objeto bens físicos sujeitos a desgaste ou perda de utilidade por uso, ação da natureza ou obsolescência;

b) amortização, quando corresponder à perda do valor do capital aplicado na aquisição de direitos da propriedade industrial ou comercial e quaisquer outros com existência ou exercício de duração limitada, ou cujo objeto sejam bens de utilização por prazo legal ou contratualmente limitado;

c) exaustão, quando corresponder à perda do valor, decorrente da sua exploração, de direitos cujo objeto sejam recursos minerais ou florestais, ou bens aplicados nessa exploração.

§ 3º A companhia deverá efetuar, periodicamente, análise sobre a recuperação dos valores registrados no imobilizado e no intangível, a fim de que sejam:

I – registradas as perdas de valor do capital aplicado quando houver decisão de interromper os empreendimentos ou atividades a que se destinavam ou quando comprovado que não poderão produzir resultados suficientes para recuperação desse valor; ou

II – revisados e ajustados os critérios utilizados para determinação da vida útil econômica estimada e para cálculo da depreciação, exaustão e amortização.

§ 4º Os estoques de mercadorias fungíveis destinadas à venda poderão ser avaliados pelo valor de mercado, quando esse for o costume mercantil aceito pela técnica contábil.

13. Critérios de Avaliação do Passivo (Lei nº 6.404/76, art. 184)

No balanço, os elementos do passivo serão avaliados de acordo com os seguintes critérios:

I – as obrigações, encargos e riscos, conhecidos ou calculáveis, inclusive Imposto sobre a Renda a pagar com base no resultado do exercício, serão computados pelo valor atualizado até a data do balanço;

II – as obrigações em moeda estrangeira, com cláusula de paridade cambial, serão convertidas em moeda nacional à taxa de câmbio em vigor na data do balanço;

III – as obrigações, encargos e riscos classificados no passivo não circulante serão ajustados ao seu valor presente, sendo os demais ajustados quando houver efeito relevante.

14. Teste de Recuperabilidade

Conforme já indicado no item 12, de acordo com o § 3º do art. 183 da Lei nº 6.404/76, a companhia deverá efetuar, periodicamente, análise sobre a recuperação dos valores registrados no imobilizado e no intangível.

A referida análise sobre a recuperação de bens do ativo imobilizado ou intangível é consequência natural do princípio da prudência, o qual determina que, diante de opções igualmente válidas, deve-se sempre adotar o menor valor para os itens do ativo. Assim, por exemplo, se uma empresa tivesse no seu imobilizado um equipamento adquirido por R$ 45.000,00 com uma depreciação acumulada de R$ 12.000,00, seu valor contábil seria de R$ 33.000,00. No entanto, se ao fazer o teste da recuperação desse valor (R$ 33.000,00), fosse constatado que o valor recuperável por uso ou por venda (destes dois valores, escolhe-se sempre o maior) desse ativo fosse, por exemplo, R$ 28.000,00, isto significaria que o referido bem estaria contabilmente registrado por R$ 5.000,00 a mais do que deveria. Neste caso, em estrita conformidade ao princípio da prudência, deve-se fazer uma Provisão para Ajuste ao Valor Recuperável, também chamada de Provisão para Perdas, no valor de R$ 5.000,00, fazendo com que o valor contábil do ativo caia para R$ 28.000,00.

Atualmente, o Pronunciamento Técnico que regula o **teste de recuperabilidade** (ou *impairment test*) é o **CPC 01 (R1)** – Redução ao Valor Recuperável de Ativos. O objetivo desse Pronunciamento Técnico é estabelecer procedimentos que a entidade deve aplicar para assegurar que seus ativos estejam registrados contabilmente por valor que não exceda seus valores de recuperação. Um ativo está registrado contabilmente por valor que excede seu valor de recuperação se o seu valor contábil exceder o montante a ser recuperado pelo uso ou pela venda do ativo. Se esse for o caso, o ativo é caracterizado como sujeito ao reconhecimento de perdas, e o Pronunciamento Técnico requer que a entidade reconheça um ajuste para perdas por desvalorização. O Pronunciamento Técnico também especifica quando a entidade deve reverter um ajuste para perdas por desvalorização e estabelece as divulgações requeridas.

Do referido pronunciamento, entendemos que o teste de recuperabilidade deve ser efetuado, no mínimo, ao final de cada exercício social, podendo ser realizado também em períodos menores do que 1 ano sempre que houver evidências de que um ativo sujeito ao referido teste esteja com valor contábil maior do que o valor recuperável por uso ou por venda.

Nem todos os ativos estão sujeitos à contabilização dos ajustes das perdas por desvalorização regulados pelo CPC 01 (R1). O item 2 deste Pronunciamento Técnico estabelece grupos de ativos que estão fora do seu alcance, tais como estoques (CPC 16 (R1)); ativos não circulantes mantidos para venda (CPC 31); ativos biológicos relacionados às atividades agrícolas (CPC 29); propriedades para investimentos avaliadas a valor justo (CPC 28); ativos fiscais diferidos (CPC 32); ativos advindos de contratos de construção (CPC 17); ativos advindos de planos de benefícios a empregados (CPC 33) etc. Também, o CPC 01 (R1) NÃO se aplica aos ativos financeiros regulados pelo CPC 38 – Instrumentos Financeiros. No entanto, o **CPC 01 (R1) SE APLICA** a um grupo restrito de ativos financeiros fora do alcance do CPC 38, a saber: investimentos em coligadas (CPC 18); investimentos em controladas (CPC 36(R1) e CPC 18); e investimentos em empreendimentos controlados em conjunto – *joint-venture* (CPC 19).

Nota: ATIVO FINANCEIRO é todo ativo representado por papéis (títulos) que representam direitos sobre patrimônios, tais como ações de outras sociedades, debêntures de outras sociedades, letras de câmbio etc. O dinheiro também é considerado por muitos uma espécie de ativo financeiro, pois é um papel que representa um valor que pode ser convertido em outros bens, apesar de não estar dentro do alcance dos Pronunciamentos Técnicos do CPC que regulam os instrumentos financeiros.

No entanto, cabe ressaltar que o fato de nem todos os ativos serem alcançados pelo CPC 01 (R1) não é sinônimo de dizer que nem todos os ativos estão sujeitos ao teste de recuperação. De acordo com o item 11 da Orientação Técnica OCPC 02, não é mais compatível com as práticas contábeis adotadas no Brasil a existência de **qualquer ativo**, num balanço patrimonial, por valor superior ao que ele é capaz de produzir de caixa líquido para a entidade, pela sua VENDA ou UTILIZAÇÃO. Em outras palavras, sempre se deve realizar a avalição periódica da recuperabilidade de TODOS OS ATIVOS, sem exceção. Algumas avaliações de ativos já eram expressamente exigidas anteriormente à adoção das normas internacionais de contabilidade, como, por exemplo, a antiga "Provisão para Créditos de Liquidação Duvidosa" (atualmente chamada de "Perdas Estimadas em Créditos de Liquidação Duvidosa", tendo em vista que a expressão "Provisão" só deve ser utilizada atualmente para itens do passivo, conforme já visto no Capítulo 7), a qual tinha por finalidade o ajuste do valor contábil dos créditos a receber de clientes a valor não superior ao que poderia ser "recuperado" pelo recebimento em dinheiro. Outro exemplo é a antiga "Provisão para Ajuste de Estoques ao Valor de Mercado" (atualmente chamada de "Perdas Estimadas em Estoques"), a qual tinha por objetivo o ajuste do valor contábil dos estoques a valor não superior àquele que poderia ser "recuperado" por venda, e assim por diante. Em vista disso tudo, concluímos que o CPC 01 (R1) tem por objetivo apenas o de "complementar" o que as normas antigas ignoravam, principalmente no caso específico de bens do ativo imobilizado ou intangível, os quais, normalmente, são recuperados por "uso", havendo também a possibilidade de serem recuperados por "venda".

Do item 6 do CPC 01 (R1), temos as seguintes definições básicas:

MERCADO ATIVO é um mercado no qual todas as seguintes condições existem:

(a) os itens transacionados no mercado são homogêneos;

(b) vendedores e compradores com disposição para negociar podem ser encontrados a qualquer momento para efetuar a transação; e

(c) os preços estão disponíveis para o público.

VALOR CONTÁBIL é o montante pelo qual o ativo está reconhecido no balanço depois da dedução de toda respectiva depreciação, amortização ou exaustão acumulada e ajuste para perdas.

UNIDADE GERADORA DE CAIXA é o menor grupo identificável de ativos que gera entradas de caixa, entradas essas que são em grande parte independentes das entradas de caixa de outros ativos ou outros grupos de ativos.

ATIVOS CORPORATIVOS são ativos, exceto ágio por expectativa de rentabilidade futura (*goodwill*), que contribuem, mesmo que indiretamente, para os fluxos de caixa futuros tanto da unidade geradora de caixa sob revisão quanto de outras unidades geradoras de caixa.

DESPESAS DE VENDA OU DE BAIXA são despesas incrementais diretamente atribuíveis à venda ou à baixa de um ativo ou de uma unidade geradora de caixa, excluindo as despesas financeiras e de impostos sobre o resultado gerado.

VALOR DEPRECIÁVEL, AMORTIZÁVEL OU EXAURÍVEL é o custo de um ativo, ou outra base que substitua o custo nas demonstrações contábeis, menos seu valor residual.

DEPRECIAÇÃO, AMORTIZAÇÃO E EXAUSTÃO é a alocação sistemática do valor depreciável, amortizável e exaurível de ativos durante sua vida útil.

VALOR JUSTO LÍQUIDO DA DESPESA DE VENDA é o montante a ser obtido pela venda de um ativo ou de unidade geradora de caixa em transações em bases comutativas, entre partes conhecedoras e interessadas, menos as despesas estimadas de venda.

PERDA POR DESVALORIZAÇÃO é o montante pelo qual o valor contábil de um ativo ou de unidade geradora de caixa excede seu valor recuperável.

VALOR RECUPERÁVEL de um ativo ou de unidade geradora de caixa é o maior montante entre o seu valor justo líquido de despesa de venda e o seu valor em uso.

VIDA ÚTIL é:

(a) o período de tempo durante o qual a entidade espera utilizar um ativo; ou

(b) o número de unidades de produção ou de unidades semelhantes que a entidade espera obter do ativo.

VALOR EM USO é o valor presente de fluxos de caixa futuros esperados que devem advir de um ativo ou de unidade geradora de caixa.

VALOR RESIDUAL é o valor estimado que a entidade obteria com a venda do ativo, após deduzir as despesas estimadas de venda, caso o ativo já tivesse a idade e a condição esperadas para o fim de sua vida útil.

EXERCÍCIO RESOLVIDO 12: (Agente Fiscal de Rendas – ICMS – SP/FCC - Adaptada)
Instruções: Para responder às questões de números 1 a 3, considere os dados a seguir.

A Cia. Alvorecer, ao analisar um determinado ativo, identifica as seguintes características:

Valor Líquido de Venda	R$ 5.100.000,00
Valor em Uso	R$ 5.000.000,00
Valor Contábil Bruto	R$ 8.000.000,00
Depreciações Acumuladas	R$ 2.000.000,00
Perda Estimada em Valor Não Recuperável	R$ 600.000,00

1. A perda por redução ao valor recuperável é, em R$:
   a) 3.000.000,00;
   b) 2.600.000,00;
   c) 1.000.000,00;
   d) 600.000,00;
   e) 300.000,00.

(SOLUÇÃO)

O primeiro passo é determinarmos o Valor Recuperável, o qual será o maior entre o Valor Justo Líquido de Despesa de Venda (R$ 5.100.000,00) e o Valor em Uso (R$ 5.000.000,00).

Concluímos então que o Valor Recuperável será de R$ 5.100.000,00, visto que é maior que R$ 5.000.000,00.

Agora iremos calcular o Valor Contábil Líquido, que é a diferença entre o Valor Contábil Bruto e a soma da Depreciação Acumulada com a Perda Estimada em Valor Não Recuperável, ou seja, R$ 8.000.000,00 – (R$ 2.000.000,00 + R$ 600.000,00) = R$ 5.400.000,00.

Finalmente, a perda por redução ao valor recuperável (essa perda é uma despesa operacional classificada em "outras despesas operacionais") será a diferença entre o Valor Contábil Líquido e o Valor Recuperável, ou seja, R$ 5.400.000,00 – R$ 5.100.000,00 = R$ 300.000,00 ***(Opção e)***

2. O valor recuperável desse ativo é, em R$:
   a) 5.000.000,00;
   b) 5.100.000,00;
   c) 5.400.000,00;
   d) 5.600.000,00;
   e) 6.000.000,00.

(SOLUÇÃO)

Conforme visto na solução anterior, o Valor Recuperável será o maior entre o Valor Justo Líquido de Despesa de Venda (R$ 5.100.000,00) e o Valor em Uso (R$ 5.000.000,00). No caso, o maior valor será de R$ 5.100.000,00. ***(Opção b)***

3. O valor líquido contábil é, em R$:
   a) 6.000.000,00;
   b) 5.600.000,00;
   c) 5.400.000,00;
   d) 5.100.000,00;
   e) 5.000.000,00.

(SOLUÇÃO)

Nesta questão não foi especificado se era o valor líquido contábil antes da última redução ao valor recuperável (R$ 8.000.000,00 – R$ 2.000.000,00 – R$ 600.000,00 = R$ 5.400.000,00) ou após a última redução ao valor recuperável (R$ 8.000.000,00 – R$ 2.000.000,00 – R$ 600.000,00 – R$ 300.000,00 = R$ 5.100.000,00).

A banca examinadora considerou <u>antes</u> do último teste. ***(Opção c)***

No entanto, o certo seria <u>anular</u> essa questão por falta de informação, pois a resposta poderia ser também. ***(Opção d)***

EXERCÍCIO RESOLVIDO 13: Com base no CPC 01 (R1), determine o valor do ativo imobilizado da Cia. Asa Delta a ser apurado logo após o reconhecimento contábil do teste de recuperabilidade do seu valor contábil.

Sabe-se que:

- o valor de mercado dessa máquina, na data do teste, era R$ 37.000,00. Caso a Cia. Asa Delta vendesse a máquina, na data do teste (t), incorreria em gastos associados a tal transação no montante de R$ 6.000,00;
- caso a Cia. Asa Delta não vendesse a máquina e continuasse utilizando-a no processo produtivo, seria capaz de produzir mais 3.000 unidades do produto Alfa 3 no próximo ano (t+1); 2.200 unidades do produto Alfa 3 em (t+2); e, em (t+3), 1.331 unidades do produto Alfa 3 (suponha que a produção anual ocorra no final de cada ano). Ao final desse período (no final de t+3), a máquina poderia ser comercializada por R$ 8.000,00, e a Cia. Asa Delta incorreria em gastos associados a tal transação no montante de R$ 5.338,00. O preço de venda do produto Alfa 3 é R$ 28,00 por unidade. Os gastos médios incorridos na produção e venda de uma unidade de produto Alfa 3 é R$ 22,50;
- o custo de capital da Cia. Asa Delta é de 10% ao ano;
- o ativo imobilizado da Cia. Asa Delta apurado em 31/12/20X8 (= igual data "t") imediatamente antes do teste de recuperabilidade em tela ter sido reconhecido contabilmente era o seguinte:

Máquinas	60.000,00
Depreciação Acumulada	(25.000,00)

a) Maior que R$ 34.000,00;
b) Entre R$ 30.000,00 e R$ 34.000,01;
c) Entre R$ 26.000,00 e R$ 30.000,01;
d) Entre R$ 22.000,00 e R$ 26.000,01;
e) Menor que R$ 22.000,01.

(SOLUÇÃO)

*O primeiro passo é calcularmos o **Valor Contábil (VC)** da referida máquina:*

Valor contábil = R$ 60.000,00 – R$ 25.000,00 = R$ 35.000,00

---

*O próximo passo é calcularmos o **Valor Justo Líquido de Despesa de Venda (VLV)**:*

VLV = Valor de venda – Despesas estimadas de venda = R$ 37.000,00 – R$ 6.000,00 = R$ 31.000,00.

Caso esse valor fosse maior do que o valor contábil, o teste de recuperação terminaria aqui, ou seja, NÃO se faria nenhuma Perda Estimada em Valor Não Recuperável, tendo em vista que o referido teste visa apenas garantir que o valor contábil não seja maior que o valor recuperável. No entanto, isso não ocorreu, pois 35.000 é maior que 31.000. Assim, passaremos ao próximo cálculo, que é o do ***Valor em Uso (VU)****:*

VU = Valor presente do fluxo de caixa que se espera gerar com o uso do ativo, utilizando o critério de juros compostos.

$$\text{Ano } (t+1) \rightarrow \frac{3.000 \text{ X } (R\$\ 28{,}00 - R\$\ 22{,}50)}{1{,}10} = R\$\ 15.000{,}00$$

$$\text{Ano } (t+2) \rightarrow \frac{2.200 \text{ X } (R\$\ 28{,}00 - R\$\ 22{,}50)}{1{,}10^2} = R\$\ 10.000{,}00$$

$$\text{Ano } (t+3) \rightarrow \frac{1.331 \text{ X } (R\$\ 28{,}00 - R\$\ 22{,}50) + (R\$\ 8.000{,}00 - R\$\ 5.338{,}00)}{1{,}10^3} = R\$\ 7.500$$

VU = R$ 15.000,00 + R$ 10.000,00 + R$ 7.500,00 = R$ 32.500,00

Finalmente, o VALOR RECUPERÁVEL será o maior valor entre o Valor Justo Líquido de Despesa de Venda de um ativo e seu valor em uso, que, no caso, são os R$ 32.500,00, valor este que será agora o novo valor contábil da máquina. Desta forma, o valor da Perda Estimada em Valor Não Recuperável será de R$ 35.000,00 – R$ 32.500,00,00 = R$ 2.500,00. Assim, no Ativo Imobilizado da empresa será indicado o seguinte:

Máquinas	*60.000,00*
Depreciação Acumulada	*(25.000,00)*
Perda Estimada em Valor Não Recuperável	*(2.500,00)*
	32.500,00 **(Opção b)**

Exercícios de Fixação

1. Dados extraídos de um Balanço Patrimonial de 31/12/X1:

Capital Social	
Não realizado	**R$ 40.000,00**
Realizado	**R$ 120.000,00**
Reservas de Capital	**R$ 27.000,00**
Prejuízos Acumulados	**R$ 11.000,00**
Ações em Tesouraria	**R$ 4.000,00**

A Situação Líquida, com base nos dados fornecidos, importou em:

a) R$ 172.000,00;
b) R$ 92.000,00;
c) R$ 132.000,00;
d) R$ 140.000,00;
e) R$ 136.000,00.

2. Com base na Lei das Sociedades por Ações (Lei nº 6.404/76), marque a opção que não indica reserva de lucro.

a) Reserva de Incentivos Fiscais.
b) Reserva de Ágio na Emissão de Ações.
c) Reserva de Contingências.
d) Retenção de Lucros.
e) Reserva Especial.

3. Considerando a relação abaixo e com base na Lei das Sociedades por Ações (Lei nº 6.404/76), marque a opção que indica o número de reservas de capital.

– **Ágio da emissão de ações**
– **Alienação de partes beneficiárias**
– **Alienação de bônus de subscrição**
– **Prêmios recebidos na emissão de debêntures**
– **Doações recebidas para investimentos**

a) 3.
b) 2.
c) 1.
d) 4.
e) 5.

(Técnico da Receita Federal/Esaf – Adaptada) Enunciado comum das questões 4 e 5: Para levantar um Balanço Patrimonial segundo a Lei nº 6.404/1976, foram fornecidos a um candidato a contador de uma sociedade mercantil os seguintes dados:

Contas	Saldos (R$)
Valores Mobiliários	270,00
Caixa	20,00
Bancos Conta Movimento	90,00
Contas a Receber	10,00
Clientes (Duplicatas a Receber)	400,00
Estoques de Mercadorias para Revenda	200,00
Adiantamentos a Fornecedores	120,00
Edifícios	700,00
Participação (Permanente) em Sociedade Controlada	200,00
Móveis, Utensílios e Instalações	300,00
Prêmios de Seguros a Vencer	12,00
Depreciação Acumulada de Edifícios	400,00
Depreciação Acumulada/Móveis, Utensílios e Instalações	60,00
Perdas Estimadas em Créditos de Liquidação Duvidosa	6,00
Contas a Pagar	70,00
Empréstimo a Sociedade Controlada	100,00
Fornecedores (Duplicatas a Pagar)	150,00
Capital Social Realizado	800,00
Ágio na Emissão de Ações	55,00
Reserva para Contingências	468,00
Ações em Tesouraria	22,00
Impostos, Taxas e Contribuições a recolher	45,00
Contribuição Social sobre o Lucro a Pagar	63,00
Imposto de Renda a Pagar	170,00
Reserva Legal	27,00
Dividendos a Pagar	130,00

Obs.: Todos os direitos e obrigações são, pela ordem, realizáveis e vencíveis a curto prazo. Prêmios de Seguros a Vencer representam aplicações de recursos em despesas do exercício seguinte. O empréstimo à controlada não constitui negócio usual.

4. **O Ativo Circulante importou em:**
   a) R$ 1.242,00;
   b) R$ 1.216,00;
   c) R$ 1.138,00;
   d) R$ 1.236,00;
   e) R$ 1.116,00.

5. **O Passivo Circulante importou em:**
   a) R$ 498,00;
   b) R$ 628,00;
   c) R$ 634,00;
   d) R$ 748,00;
   e) R$ 754,00.

6. (Técnico da Receita Federal/Esaf) Valores do Balanço Patrimonial da COMERCIAL LIG LIG S.A. em 31/12/20X3:

Itens	R$
Caixa	10,00
Bancos Conta Movimento	20,00
Estoque de Mercadorias para Revenda	30,00
Duplicatas a Receber	40,00
Duplicatas a Pagar	50,00
Duplicatas Descontadas	40,00
Tributos e Contribuições a Recolher	60,00
Capital Social Realizado	70,00
Prejuízos Acumulados (determine por dedução)	?
Correção Monetária do Capital Social	80,00

Com base nos dados fornecidos, estabeleça o valor (credor ou devedor) da Situação Líquida e assinale a opção que o contém:

Obs.: os valores entre parênteses são devedores.

a) (R$ 50,00).
b) (R$ 200,00).
c) R$ 50,00.
d) R$ 350,00.
e) R$ 150,00.

7. Considerando a questão anterior, o saldo da conta Prejuízos Acumulados é devedor de:

a) R$ 200,00;
b) R$ 190,00;
c) R$ 180,00;
d) R$ 170,00;
e) R$ 160,00.

8. (Auditor-Fiscal da Receita Federal/Esaf – Adaptada) No Balanço Patrimonial da Cia. Comercial de Móveis de Aço, levantado em 31/12/20X8 e publicado no Jornal dos balanços de 28/4/20X9, foram extraídos, de forma desordenada e sem preocupação com a natureza dos saldos, os seguintes itens:

Títulos	R$
Empréstimos a Sociedades Controladas	12.000,00
Aplicações Financeiras de Curto Prazo	20.000,00
Estoques	90.000,00
Terrenos	20.000,00
Despesas do Exercício Seguinte	5.000,00
Edifícios	30.000,00
Imóveis destinados a Venda	10.000,00
Veículos	8.000,00
Caixa	2.000,00
Bancos conta Movimento	4.000,00
Móveis e Utensílios	16.000,00
Instalações	26.000,00
Clientes (Curto Prazo)	100.000,00
Perdas Estimadas em Créditos de Liquidação Duvidosa	3.000,00
Participações Permanentes em Controladas	40.000,00
Depreciações Acumuladas	52.000,00
Adiantamentos a Fornecedores	25.000,00
Empréstimos a Acionistas	1.000,00

Com base nesses itens, assinale a alternativa que contém, pela ordem, os valores correspondentes ao Ativo Circulante e ao Ativo Não Circulante:

a) R$ 278.000,00 e R$ 98.000,00.
b) R$ 265.000,00 e R$ 140.000,00.
c) R$ 253.000,00 e R$ 101.000,00.
d) R$ 256.000,00 e R$ 93.000,00.
e) R$ 266.000,00 e R$ 150.000,00.

9. **A conta "Fundo de Comércio Adquirido" deve ser classificada como:**
a) Ativo Circulante;
b) Ativo Realizável a Longo Prazo;
c) Ativo Investimentos;
d) Ativo Imobilizado;
e) Ativo Intangível.

10. **Seja a seguinte relação de contas:**
– **Reserva de Alienação de Partes Beneficiárias**
– **Reserva Legal**
– **Reserva de Incentivos Fiscais**
– **Reserva de Ágio na Emissão de Ações**
– **Reserva Orçamentária**
– **Reserva de Alienação de Bônus de Subscrição**
– **Reserva Especial**

Assim, podemos afirmar que o número de contas representativas de reservas de capital existentes na relação anterior é:
a) 1;
b) 2;
c) 3;
d) 4;
e) 5.

11. **Marque a opção que indica, de acordo com a Lei nº 6.404/1976, as reservas que podem ultrapassar o valor do capital social:**
a) Reservas Estatutárias e Reservas para Contingências.
b) Reserva Legal e Reservas de Lucros a Realizar.
c) Reserva Orçamentária e Reservas para Contingências.
d) Reserva para Contingências e Reservas de Lucros a Realizar.
e) Reserva Especial e Reserva Orçamentária.

12. **Sejam os seguintes saldos no balanço da Cia. AT:**

Capital Social	**$ 100.000**
Reserva Legal	**$ 10.000**
Reserva Estatutária	**$ 30.000**
Reserva p/Contingências	**$ 50.000**
Reserva Orçamentária	**?**
Res. de Lucros a Realizar	**$ 10.000**
Reserva de Incentivos Fiscais	**$ 40.000**

Assim, o máximo valor que poderá ter o saldo da Reserva Orçamentária é de:
a) $ 20.000;
b) $ 30.000;
c) $ 40.000;
d) $ 50.000;
e) $ 60.000.

(Auditor-Fiscal da Receita Federal/Esaf – Adaptada) Enunciado comum das questões 13 a 15:

Empresa: Comercial Pedro Nunes S/A

SALDOS, SEM INDICAÇÃO DA NATUREZA, DO BALANCETE FINAL EM 31/12/X0:

Contas	Saldos (R$)
Caixa	15.000,00
Bancos conta Movimento	32.000,00
Duplicatas a Receber	246.000,00
Contas a Pagar	8.000,00
Estoques de Mercadorias	500.000,00
Reserva Legal	40.000,00
Seguros a Vencer	26.000,00
Reserva da Correção Monetária do Capital	160.000,00
Empréstimos a Acionistas	22.000,00
Capital Social	400.000,00
Participação Societária Permanente	120.000,00
Perdas Estimadas em Créditos de Liquidação Duvidosa	3.000,00
Aplicações Financeiras	149.000,00
Adiantamentos a Fornecedores	27.000,00
Móveis e Utensílios	120.000,00
Depreciação Acumulada de Móveis e Utensílios	36.000,00
Instalações	100.000,00
Depreciação Acumulada de Instalações	30.000,00
Benfeitorias em Imóveis de Terceiros	20.000,00
Amortização Acumulada de Benfeitorias	5.000,00
Fornecedores	330.000,00
ICMS a Recolher (Curto e Longo Prazos)	46.000,00
Encargos Sociais a Recolher	17.000,00
Contribuição Social a Recolher	20.000,00
Contas a Pagar	16.000,00
IR e CSLL a Pagar	60.000,00
Outros Tributos e Contribuições a Recolher	6.000,00
Reserva de Contingências	200.000,00

Esclarecimentos importantes:

- **Todos os direitos e obrigações são realizáveis ou exigíveis, respectivamente, a Curto Prazo, exceto duas quotas de um parcelamento de ICMS vencíveis em 20X2, no montante de R$ 9.000,00**
- **Alguns direitos independem do prazo de realização para efeito de classificação no Ativo, pois devem observar comando legal específico. Verifique se entre as contas relacionadas há algum direito desse tipo**

Analise a natureza dos saldos fornecidos e assinale nas questões 13 a 15, todas relacionadas com o Balanço Patrimonial, a opção que completa corretamente cada resposta.

13. O Ativo Circulante somou:

a) R$ 1.055.000,00;
b) R$ 1.082.000,00;
c) R$ 1.019.000,00;
d) R$ 1.022.000,00;
e) R$ 992.000,00.

14. O Passivo Circulante totalizou:

a) R$ 503.000,00;
b) R$ 533.000,00;
c) R$ 494.000,00;
d) R$ 530.000,00;
e) R$ 443.000,00.

15. O somatório do Ativo Imobilizado importou em:

a) R$ 220.000,00;
b) R$ 289.000,00;
c) R$ 169.000,00;
d) R$ 154.000,00;
e) R$ 274.000,00.

16. De acordo com a Lei nº 6.404/1976, as reservas que não podem ser aprovadas, em cada exercício, em prejuízo da distribuição do dividendo obrigatório, são:

a) Reserva Legal e Reserva Estatutária;
b) Reserva Estatutária e Reserva de Lucros a Realizar;
c) Reserva Estatutária e Reserva Orçamentária;
d) Reserva Orçamentária e Reserva para Contingências;
e) Reserva Estatutária e Reserva para Contingências.

17. O Ativo Imobilizado é formado:

a) pelos bens não destinados à manutenção das atividades da entidade;
b) pelos bens corpóreos e incorpóreos de uso próprio da entidade;
c) pelas ações permanentes de outras sociedades e pelos bens de uso;
d) pelos bens corpóreos usados na manutenção das atividades da entidade;
e) pelos bens sujeitos à perda de valor por amortização.

18. A assembleia geral poderá, por proposta dos órgãos da administração, destinar parte do lucro líquido à formação de reserva com a finalidade de compensar, em exercício futuro, a diminuição do lucro decorrente de perda julgada provável, cujo valor possa ser estimado. A reserva mencionada recebe o nome de:

a) Reserva Legal;
b) Reserva Estatutária;
c) Reserva para Contingências;
d) Reserva Orçamentária;
e) Reserva de Lucros a Realizar.

19. (Furnas – Contador/Cesgranrio) As Despesas Antecipadas são avaliadas pelo:

a) custo de aquisição menos as parcelas transferidas para resultado;
b) custo histórico mais atualização;
c) custo histórico menos variação monetária;
d) que for mais baixo entre custo histórico ou mercado;
e) que for mais baixo entre custo de reposição ou histórico.

20. Marque a opção que indica conta do Ativo Imobilizado.

a) Obras de arte.
b) Benfeitorias em Imóveis de Terceiros.
c) Despesas de Reorganização.
d) Ações de Coligadas.
e) Empréstimos a Coligadas.

21. A assembleia geral de companhia poderá, por proposta dos órgãos da administração, destinar parcela do lucro líquido decorrente de doações ou subvenções governamentais para investimentos, que poderá ser excluída da base de cálculo do dividendo obrigatório, para:

a) reserva para planos de investimentos;
b) reserva para contingências;
c) reserva estatutária;
d) reserva de incentivos fiscais;
e) reserva de lucros a realizar.

22. Caso uma companhia não tenha condições financeiras para pagar os dividendos dos acionistas, o procedimento correto a ser tomado é:

a) constituir uma reserva de retenção de lucros;
b) fazer uma provisão para pagamento de dividendos;
c) apenas indicar o fato em notas explicativas;
d) fazer uma reserva especial;
e) contabilizar os dividendos como passivo exigível a longo prazo.

23. (Petrobras – Contador/Fundação Cesgranrio – Adaptada) Um adiantamento de R$ 100.000,00, concedido pela controladora à controlada, no Balanço da controladora, redundará na:

a) manutenção do Ativo Circulante;
b) redução do Ativo Circulante e no aumento do Passivo Circulante;
c) redução do Ativo Circulante e no aumento do Passivo Não Circulante;
d) redução do Ativo Circulante e no aumento do Ativo Investimentos;
e) redução do Ativo Circulante e no aumento do Ativo Realizável a Longo Prazo.

24. Analise as afirmativas seguintes.

I. Regra geral, o exercício social terá a duração de 1 (um) ano e a data do término será fixada no estatuto da companhia.

II. O ciclo operacional de uma empresa comercial tem início com a aquisição das mercadorias para revenda e termina com a entrega das mercadorias aos clientes.

III. O ciclo operacional de uma empresa industrial começa com a aquisição das matérias-primas e termina com o recebimento da venda dos produtos.

IV. O ciclo operacional de uma empresa não afeta o tempo de duração do exercício social.

V. Se o ciclo operacional de uma companhia tiver duração inferior ao exercício social, a classificação no circulante ou realizável a longo prazo terá por base o tempo de duração do exercício social, isto é, 1 ano. Porém, se o ciclo operacional tiver duração superior ao exercício social, a classificação no circulante ou realizável a longo prazo terá por base o tempo de duração desse ciclo.

Assim, estão incorretas:

a) nenhuma;
b) uma;
c) duas;
d) três;
e) quatro ou cinco.

25. A Cia. Sião, atualmente, é composta por uma matriz e três filiais. No exercício social seguinte, a administração pretende constituir mais uma filial, estimando um gasto de R$ 60.000. Assim, por ocasião do encerramento do atual exercício, um procedimento correto que pode ser tomado pela empresa é:

a) não efetuar nenhum lançamento contábil;
b) evidenciar tal fato em notas explicativas, não efetuando nenhum lançamento contábil;
c) efetuar um lançamento contábil para a constituição de Provisões para Contingências no valor de R$ 60.000;
d) efetuar um lançamento contábil, destinando parte do resultado à constituição de Reservas para Contingências, se possível, no valor de R$ 60.000;
e) efetuar um lançamento contábil, destinando parte do lucro líquido à constituição de Reserva Orçamentária.

26. Considere os seguintes dados:

Saldos em 31/3/X1:	
Ativo Circulante	**3.000**
Ativo Não Circulante	**4.000**
Passivo Circulante	**2.800**
Passivo Não Circulante	**1.200**
Patrimônio Líquido	**3.000**
Fatos ocorridos em abril de X1:	
Compra de mercadorias a prazo	**1.100**
Devolução referente à compra anterior	**300**
Compra de mercadorias à vista	**700**
Pagamento de despesas operacionais	**600**
Pagamento de duplicatas	**600**
Recebimento de duplicatas	**1.300**
Venda à vista de imobilizado	**1.900**
Custo do imobilizado vendido	**2.200**
Venda a prazo	**5.000**
Devolução referente à venda anterior	**1.000**
Venda à vista	**2.000**
Sabendo-se que:	
Estoque de mercadorias (31/3/X1)	**500**
Estoque de mercadorias (30/4/X1)	**700**
ICMS nas operações 20%	

Assim, é incorreto afirmar que, no balanço de 30/4/X1, o:

a) CMV foi de 1.000;
b) lucro operacional foi de 3.200;
c) capital circulante líquido aumentou em 5.100;
d) lucro líquido foi de $ 2.900;
e) passivo circulante aumentou de 200.

27. **De acordo com o art. 199 da Lei nº 6.404/1976, o saldo das reservas de lucros, exceto ______, não poderá ultrapassar o capital social. Atingindo esse limite, a assembleia deliberará sobre aplicação do excesso na integralização ou no aumento do capital social ou na distribuição de dividendos.**
   a) reservas de contingências e reservas de lucros a realizar;
   b) reserva legal, reserva de contingências e reserva estatutária;
   c) reserva de contingências, reserva de lucros a realizar e reservas de incentivos fiscais;
   d) reserva de lucros a realizar e reserva de incentivos fiscais;
   e) reserva de lucros a realizar.

28. **Antes da distribuição dos resultados da Cia. Castelo, o patrimônio líquido desta, no encerramento do exercício social de X1, era o seguinte:**

Capital Social	**22.000**
Ágio na Emissão de Ações	**300**
Reserva Legal	**4.100**
Reserva Estatutária	**2.000**

   O Lucro Líquido apurado no exercício de X1 foi de 12.000.
   Assim, o valor a ser destinado à constituição da Reserva Legal no encerramento do exercício social de X1 será igual a:
   a) zero;
   b) 200;
   c) 300;
   d) 400;
   e) 600.

29. **Sejam as seguintes afirmativas:**
   I. Do lucro líquido do exercício, 5% podem ser aplicados antes de qualquer outra destinação na constituição da reserva legal, a qual não excederá a 20% do capital social.
   II. A companhia deverá deixar de constituir a reserva legal no exercício em que o saldo dessa reserva, acrescido do montante das reservas de capital, exceto a reserva da correção do capital, exceder de 30% o capital social.
   III. A reserva legal tem por fim assegurar a integridade do capital social e somente poderá ser utilizada para aumentar o valor deste.
   IV. A constituição de reserva legal não poderá ser aprovada em prejuízo do dividendo obrigatório.
   V. Os saldos das reservas de lucros, exceto para as contingências e de lucros a realizar, não poderá ultrapassar o capital social; atingindo esse limite, a assembleia deliberará sobre a aplicação do excesso na integralização ou no aumento do capital social, ou na distribuição de dividendos.
   Assim, das afirmativas anteriores, estão incorretas:
   a) todas;
   b) 4;
   c) 3;
   d) 2;
   e) 1.

30. Considere a relação de reservas abaixo:

- **Reserva Legal**
- **Reserva Estatutária**
- **Reserva de Contingências**
- **Reserva de Incentivos Fiscais**
- **Retenção de Lucros**
- **Reserva de Lucros a Realizar**

Assim, o número de reservas acima que poderão ultrapassar o valor do capital social é de:

a) 3;
b) 2;
c) 1;
d) 0;
e) 4.

31. Marque a opção que indica receita que não transita pela Demonstração do Resultado do Exercício.

a) Lucro na venda de ativo imobilizado.
b) Alienação de bônus de subscrição.
c) Ganhos na alienação de participações societárias.
d) Reversões de provisões.
e) Vendas canceladas.

32. Marque a opção que indica, respectivamente, reserva de lucro que pode ultrapassar o capital social e reserva de lucro que pode ser constituída em prejuízo do dividendo obrigatório.

a) Reserva para Contingências e Reserva Orçamentária.
b) Reserva Estatutária e Reserva Legal.
c) Reserva de Lucros a Realizar e Reserva para Contingências.
d) Reserva Orçamentária e Reserva Legal.
e) Reserva de Lucros a Realizar e Reserva Estatutária.

33. É, na distribuição do resultado, destinada aos planos de expansão da empresa:

a) reserva de doações e subvenções para investimentos;
b) reserva orçamentária;
c) reserva estatutária;
d) reserva para contingências;
e) reserva de lucros a realizar.

34. Marque a opção que indica conta que não pode ser retificada por nenhuma provisão.

a) Participações temporárias no capital de outras sociedades.
b) Participações permanentes no capital de outras sociedades (não coligadas e não controladas).
c) Mercadorias.
d) Duplicatas a receber.
e) Produtos em fabricação.

35. Com relação aos critérios de avaliação do ativo no balanço de encerramento do exercício social numa sociedade anônima, marque a opção correta.

a) As aplicações em instrumentos financeiros, inclusive derivativos, e em direitos e títulos de créditos, classificados no ativo circulante ou no realizável a longo prazo serão avaliadas pelo seu valor justo, quando não se tratar de aplicações destinadas à negociação ou disponíveis para venda.

b) Os direitos que tiverem por objeto mercadorias e produtos do comércio da companhia, assim como matérias-primas, produtos em fabricação e bens em almoxarifado, pelo custo de aquisição ou produção, deduzido de provisão para ajustá-lo ao valor de mercado, quando este for superior.

c) Os investimentos em participação no capital social de outras sociedades serão avaliados pelo custo de aquisição, deduzido de provisão para perdas prováveis na realização do seu valor, quando essa perda estiver comprovada como permanente, e que não será modificado em razão do recebimento, sem custo para a companhia, de ações ou quotas bonificadas.

d) Os demais investimentos, pelo custo de aquisição deduzido de provisão para atender às perdas prováveis na realização do seu valor, ou para redução do custo de aquisição ao valor de mercado, quando este for inferior.

e) Os direitos classificados no imobilizado, pelo custo de aquisição deduzido do saldo da respectiva conta de amortização.

36. Empresa J S/A, cujo exercício social coincide com o ano-calendário, vendeu, no exercício de X2, um equipamento de uso, cujo valor de aquisição era de $ 60.000 e a depreciação acumulada, $ 36.000, por $ 42.000. O valor de venda foi parcelado em 30 prestações mensais de $ 1.400, sendo a primeira em setembro de X2.
Em relação à operação, o valor dos Lucros a Realizar em 31/12/X2 importou em:

a) $ 8.400;
b) $ 15.600;
c) $ 28.000;
d) $ 4.200;
e) $ 11.200.

37. Com relação à questão anterior, o valor do Ganho de Capital na operação, em X2, foi de:

a) $ 15.600;
b) $ 18.000;
c) $ 2.400;
d) $ 10.800;
e) $ 7.200.

38. Com relação à modificação do Capital Social de uma sociedade anônima, marque a afirmação correta.

a) A capitalização da reserva de capital resultante da correção monetária do capital realizado, na cia. aberta, será feita com a modificação do número de ações emitidas ou com o aumento do valor nominal das ações, se for o caso.

b) Se a cia. tiver ações com e sem valor nominal, a correção do capital correspondente às ações com valor nominal será feita juntamente, sendo a reserva resultante capitalizada em benefício de todas as ações.

c) A capitalização da reserva da correção monetária do capital social só poderá ser feita mediante deliberação da assembleia geral ordinária que aprovar o balanço.

d) O estatuto pode conter autorização para aumento do capital social (capital autorizado), mas dependente de reforma estatutária.

e) O aumento do capital social mediante a capitalização de lucros ou reservas importará distribuição de novas ações aos acionistas, na proporção do número de ações que possuírem.

39. A Reserva de Alienação de Partes Beneficiárias deve ser classificada no subgrupo Reservas de:

a) Investimentos;
b) Lucros;
c) Retenção de Lucros;
d) Lucros a Realizar;
e) Capital.

40. De acordo com a Lei nº 6.404/76, serão classificadas como ____________, enquanto não computadas no resultado do exercício em obediência ao regime de competência, as contrapartidas de aumentos ou diminuições de valor atribuídos a elementos do ativo e do passivo, em decorrência da sua avaliação a valor justo.

a) reservas de reavaliação;
b) reservas de correção monetária;
c) ajustes de avaliação patrimonial;
d) ajustes de avaliação monetária;
e) variações monetárias.

41. Marque a opção que indica grupo do ativo extinto a partir da MP 449/2008, a qual se converteu na Lei nº 11.941/2009.

a) Ativo realizável a longo prazo;
b) Ativo diferido;
c) Ativo investimentos;
d) Ativo imobilizado;
e) Ativo intangível.

42. (Controladoria – Prefeitura RJ/FJG) Os dados abaixo definem a estrutura do Patrimônio Líquido de determinada entidade:

1) Capital Subscrito no valor de $ 3.000.
2) Capital a Integralizar no valor de $ 500.
3) Reserva de Correção Monetária do Capital Realizado no valor de $ 900.
4) Reserva Legal no valor de $ 700.
5) Reserva Estatutária no valor de $ 800.
6) Reserva para Contingências no valor de $ 200.
7) Reserva para Investimentos no valor de $ 2.000.
8) Reserva de Lucros a Realizar no valor de $ 300.

Considerando-se o que determina a Lei nº 6.404/1976, identifique os dois erros cometidos no cálculo das reservas.

a) A Reserva Legal ultrapassou os 20% do Capital Realizado e o somatório das Reservas de Lucros ultrapassou o Capital Social.
b) A Reserva Legal ultrapassou os 20% do Capital Realizado e a Reserva de Lucros a Realizar ultrapassou os 10% do Capital Subscrito e Integralizado.
c) A Reserva Estatutária ultrapassou os 20% do Capital Social e o somatório das Reservas de Lucros ultrapassou o Capital Subscrito e Integralizado.
d) O somatório das Reservas de Lucros, com exceção da Reserva Estatutária, ultrapassou os 30% do Capital Subscrito e a Reserva Legal ultrapassou os 20% do Capital Realizado.
e) A Reserva Legal ultrapassou os 10% do Capital Subscrito e a Reserva para Investimentos ultrapassou os 20% do Capital Realizado.

43. (Analista de Finanças e Controle Externo – TCDF/UnB) A provisão para contingências e a reserva para contingências devem ser registradas, respectivamente:

a) no patrimônio líquido e no passivo circulante;
b) em resultado de exercícios futuros e no patrimônio líquido;
c) em despesas do período seguinte e em resultados de exercícios futuros;
d) como passivo circulante ou exigível a longo prazo e no patrimônio líquido;
e) como realizável a longo prazo e como exigível a longo prazo.

44. (Analista de Finanças e Controle Externo – TCDF/UnB) De acordo com o parágrafo único do art. 189 da Lei nº 6.404/1976, o prejuízo do exercício será obrigatoriamente absorvido:

a) pelas reservas de capital previstas no art. 200 da referida lei;
b) pelos acionistas;
c) pelos possuidores das ações com direito a voto;
d) por lucros futuros;
e) pelos lucros acumulados, pelas reservas de lucros e pela reserva legal, nessa ordem.

45. Com base na Lei nº 6.404/1976, marque a opção que indica conta que não pode integrar o patrimônio líquido no balanço patrimonial de encerramento do exercício social numa companhia.

a) Reserva de ágio na emissão de ações.
b) Reserva de incentivos fiscais.
c) Ações em tesouraria.
d) Lucros acumulados.
e) Prejuízos acumulados.

46. (Marinha) Os Imóveis destinados à venda são classificados no Balanço Patrimonial como:

a) Ativo Circulante;
b) Ativo Permanente – Investimento;
c) Ativo Imobilizado;
d) Ativo Pendente;
e) Ativo Diferido.

47. A conta "Benfeitorias em Imóveis de Terceiros" é classificada no seguinte grupo.

a) Investimentos.
b) Intangível.
c) Imobilizado.
d) Diferido.
e) Despesas.

48. Considere a seguinte relação de contas extraídas de um plano de contas de uma indústria:

- **Obras de Arte**
- **Máquinas e Equipamentos**
- **Ações de Coligadas**
- **Concessões Obtidas**
- **Empréstimos a Coligadas**
- **Fundo de Comércio Adquirido**
- **Terreno (onde será construída uma fábrica em 2 anos)**
- **Patentes**

Assim, sendo "X" o número de contas do ativo investimentos, "Y" o número de contas do ativo imobilizado e "Z" o número de contas do ativo intangível, então X + 2Y + 3Z é igual a:

a) 14;
b) 13;
c) 12;
d) 11;
e) 10.

49. O ativo não circulante da empresa Faísca S/A é formado por:

Imóvel (terreno + edifício)	**R$ 86.400,00**
Móveis e utensílios	**R$ 79.200,00**
Concessões obtidas	**R$ 28.800,00**
Recursos florestais	**R$ 21.600,00**

O custo do terreno equivale a 2/3 do valor do imóvel. A apropriação do custo desses elementos ao resultado do exercício, quando cabível, é feita com base nas taxas anuais constantes e unificadas para todos os itens, separando-se as despesas apenas por natureza, sendo depreciação de 6%, exaustão de 8% e amortização de 10%.

Tendo essa empresa iniciado suas atividades em primeiro de julho de 20X8, já com todos os elementos acima incorporados ao patrimônio, podemos dizer que o valor contábil do ativo não circulante no balanço patrimonial de 31 de dezembro de 20X9 será de:

a) R$ 194.832,00;
b) R$ 199.368,00;
c) R$ 196.200,00;
d) R$ 170.064,00;
e) R$ 169.020,00.

50. A Cia. Alagoas apresentou as seguintes contas e respectivos saldos no dia 28 de dezembro de 20X8:

Contas	**Saldos (R$)**
IR e CSLL a Pagar	**2.520,00**
Ações de coligadas	**12.240,00**
Empréstimos a coligadas	**1.800,00**
Ações em tesouraria	**1.200,00**
Caixa	**3.360,00**
Capital social	**34.200,00**
Contribuições a recolher	**1.440,00**
Depreciação acumulada	**5.040,00**
Duplicatas a receber	**14.400,00**
Duplicatas descontadas	**4.200,00**

Fornecedores	**8.400,00**
Imóveis	**18.360,00**
Reserva para contingências	**4.800,00**
Máquinas e equipamentos	**9.000,00**
Mercadorias	**15.840,00**
Perdas estimadas em créditos de liquidação duvidosa	**960,00**
Férias a pagar	**1.560,00**
Reserva legal	**9.600,00**
Salários a pagar	**3.480,00**
Soma dos saldos	**152.400,00**

Após a apuração dos saldos anteriores, foram obtidas as seguintes informações para a elaboração do balanço de 31/12/20X8:

- **Em 29 de dezembro de 20X8, a empresa concedeu empréstimos a empregados no valor de R$ 1.200,00 para recebimento em 60 dias e empréstimos a acionistas no valor de R$ 780,00 para recebimento em 90 dias.**
- **As ações de coligadas representam participação acionária de 20%.**
- **As sociedades coligadas contabilizaram no período lucro líquido de R$ 60.000,00 e distribuíram 30% em dividendos a seus acionistas, os quais serão pagos em fevereiro de 20X9.**
- **A empresa promoveu em 30/12/20X8 um adiantamento a fornecedores (45 dias) no valor de R$ 2.400,00, um adiantamento a diretores (30 dias) no valor de R$ 600,00 e recebeu R$ 10.200,00 referentes a adiantamento de clientes.**
- **A empresa contabilizou em 31/12/20X8 a depreciação de máquinas e equipamentos referente ao mês de dezembro, considerando que as máquinas têm vida útil de 10 (dez) anos.**

O balanço patrimonial de 31/12/20X8, elaborado com base nas informações acima, demonstrará o ativo não circulante no valor de:

a) R$ 49.665,00;
b) R$ 44.265,00;
c) R$ 46.065,00;
d) R$ 45.465,00;
e) R$ 45.267,00.

51. **Do balanço da Cia. Troia, foram extraídos os seguintes valores, onde não constam apenas as contas do Patrimônio Líquido:**

Empréstimos a Coligadas	**R$ 12.000,00**
IR e CSLL a Pagar	**R$ 7.000,00**
Ações de Coligadas	**R$ 49.000,00**
ICMS a Recuperar	**R$ 5.000,00**
Caixa	**R$ 9.000,00**
Fundo de Comércio Adquirido	**R$ 12.000,00**
Mercadorias	**R$ 28.000,00**
Salários a Pagar	**R$ 3.000,00**
Móveis e Utensílios	**R$10.000,00**
Fornecedores	**R$ 22.000,00**
Debêntures (resgate em 3 anos)	**R$ 8.000,00**

Adiantamentos a Fornecedores .... R$ 6.000,00
Aluguéis Recebidos Antecipadamente.. R$ 2.000,00
Imóvel Alugado a Terceiros.. R$ 41.000,00
Depreciação Acumulada (Móveis e Utensílios) .... R$ 4.000,00
Assim, com base exclusivamente nos valores dados, pode-se afirmar que o ativo não circulante excede o ativo circulante em:

a) R$ 68.000,00;
b) R$ 69.000,00;
c) R$ 70.000,00;
d) R$ 71.000,00;
e) R$ 72.000,00.

52. Considerando a questão anterior, a soma do passivo não circulante com o patrimônio líquido é igual a:

a) R$ 133.000,00;
b) R$ 134.000,00;
c) R$ 135.000,00;
d) R$ 136.000,00;
e) R$ 137.000,00.

53. (Furnas – Contador/Cesgranrio) O Balanço Patrimonial tem por finalidade apresentar a posição:

a) econômica da empresa em qualquer data;
b) patrimonial da empresa em qualquer data;
c) patrimonial e social em determinada data;
d) financeira e patrimonial em determinada data;
e) financeira da empresa em determinada data.

54. (Furnas – Contador/Cesgranrio) Está correto afirmar que o Dividendo Obrigatório não distribuído deverá:

a) constituir Reserva Especial de Lucros;
b) constituir Reserva Especial de Capital;
c) contabilizar como Dividendos a Pagar no Passivo Exigível a Longo Prazo;
d) contabilizar como Dividendos a Pagar no Passivo Circulante;
e) ser pago no exercício seguinte, independentemente da situação financeira da empresa.

55. (Petrobras – Contador/Cesgranrio) Despesas que exigem, por parte de terceiros, a contrapartida de prestações de serviços em benefício da empresa analisada, cujos efeitos serão percebidos no exercício seguinte, pela Lei nº 6.404/1976, serão classificadas em:

a) Adiantamentos de Fornecedores – Passivo Circulante;
b) Despesas Antecipadas – Ativo Circulante;
c) Despesas Antecipadas – Ativo Realizável a Longo Prazo;
d) Despesas Pré-Operacionais – Ativo Diferido;
e) Despesas Operacionais do Exercício – Demonstração dos Resultados.

56. (Petrobras – Contador/Cesgranrio – Adaptada) A empresa Ájax S/A. elaborou o seguinte balancete de verificação:

ELEMENTOS	R$
Caixa	2.000
Aplicações Financeiras (3 anos)	8.000
Participação em Controladas	12.000
Capital Social	20.000
Adiantamentos a Diretores	5.000
Máquinas	4.000
Depreciação Acumulada	400
Dividendo Proposto	500
Imposto a Recuperar	4.500
Alienação de Bônus de Subscrição	5.000
Despesa a Apropriar	1.600
Adiantamento de Controlada	4.600
Financiamento Externo (2 anos)	8.600
Ações em Tesouraria	3.000
Reserva Legal	1.000
TOTAL	80.200

Os grupos do balanço, em reais, são:

a) PC = 500; ARLP = 8.000;
b) PC = 5.500; PELP = 13.200;
c) AC = 8.100; PL = 23.000;
d) ARLP = 8.000; PELP = 8.600;
e) ARLP = 18.000; PL = 18.000.

57. (TCU/UnB) Determinada empresa fez assinatura de uma revista fiscal pelo período de um ano, tendo pago no ato (dia 1º/5/X1) a importância de $ 24.000,00 pela assinatura anual. No dia 31/12/X1, dia do encerramento do exercício social, como consequência dessa operação, tem-se:

a) uma despesa operacional de $ 24.000,00;
b) uma despesa do exercício de $ 14.000,00;
c) uma despesa antecipada (Ativo) de $ 8.000,00;
d) um registro no Passivo de $ 16.000,00;
e) uma despesa antecipada (Ativo) de $ 10.000,00.

(ISS-SP/FCC) Instruções: Para responder às questões números 58 a 62, considere o balancete apresentado abaixo:

A Cia. Cuiabá é uma empresa comercial e seu balancete de 31/12/1997 apresentou os seguintes saldos contábeis:

Caixa	**400**
Contas a Pagar	**500**
Contas a Receber	**1.500**
Despesas de Vendas	**325**
Despesas Financeiras	**475**
Fornecedores	**600**

Perdas Estimadas em Créditos de Liquidação Duvidosa	**50**
Financiamento Curto Prazo	**625**
Móveis e Utensílios	**1.000**
Terrenos	**875**
Vendas	**2.000**
Financiamento Longo Prazo	**1.000**
Estoques	**600**
Custo de Mercadorias Vendidas	**600**
Capital	**1.115**
Depreciação Acumulada	**110**
Despesas Administrativas	**225**

58. O valor do Ativo é:

a) 1.625;
b) 1.765;
c) 2.450;
d) 4.215;
e) 5.840.

59. O valor do Resultado do Exercício é:

a) 375;
b) 475;
c) 600;
d) 1.400;
e) 2.000.

60. O valor do Ativo Circulante é:

a) 4.215;
b) 3.215;
c) 2.500;
d) 2.490;
e) 2.450.

61. O Capital Circulante Líquido é:

a) 625;
b) 725;
c) 1.225;
d) 1.725;
e) 2.450.

62. O valor do Patrimônio Líquido é:

a) 375;
b) 925;
c) 1.115;
d) 1.175;
e) 1.490.

63. Considerando a relação a seguir, marque a opção que indica o número de contas classificadas como ativo intangível.

- **Obras de Arte**
- **Concessões Obtidas**
- **Participações em Coligadas**
- **Despesas Pré-Operacionais**
- **Fundo de Comércio Adquirido**
- **Patentes**

a) 3.
b) 2.
c) 4.
d) 1.
e) 5.

64. (Auditor da Receita Federal/Esaf) Na conversão de debêntures em ações, as parcelas que ultrapassem o valor nominal da ação deverão ser registradas como:

a) reserva de lucros que poderá amortizar prejuízos futuros ou ser distribuída aos sócios no exercício social em que não forem apurados lucros;
b) reserva de lucros que poderá ser distribuída aos sócios, no próprio exercício;
c) reserva de capital;
d) reserva de lucros destinada, obrigatoriamente, a amortizar prejuízos;
e) receitas não operacionais do exercício.

65. (Auditor-Fiscal da Receita Federal/Esaf – Adaptada) Indique a opção correta.

a) Os financiamentos para aquisição de bens do ativo imobilizado, vencíveis após o término do exercício seguinte, são classificados no Ativo Realizável a Longo Prazo.
b) Os empréstimos recebidos de sociedades coligadas ou controladas, vencíveis no curso do exercício social seguinte, serão classificados no Ativo Circulante.
c) Os empréstimos recebidos de sociedades coligadas ou controladas, vencíveis após o término do exercício social seguinte, serão classificados no Passivo Não Circulante.
d) Os financiamentos para a aquisição de bens do Ativo Imobilizado, vencíveis após o término do exercício social seguinte, serão classificados no Passivo Circulante.
e) Os empréstimos recebidos de sociedades coligadas ou controladas, vencíveis no curso do exercício social seguinte, serão classificados no Ativo Realizável a Longo Prazo.

66. (BNDES – Contador/Cesgranrio) Os estoques de mercadorias fungíveis destinados à venda, na forma da lei das sociedades anônimas, poderão ser avaliados:

a) pela redução do custo de aquisição ao valor de mercado, quando este for inferior;
b) pelo custo de aquisição ou pelo valor de mercado, se este for menor;
c) pelo valor de mercado quando esse valor for o costume mercantil aceito pela técnica contábil;
d) pelo custo de aquisição ou produção, deduzido da provisão para ajustá-lo ao valor de mercado;
e) pelo custo de aquisição, deduzido de provisão para atender às perdas prováveis na realização do seu valor.

67. Marque a opção que indica conta sempre classificada no realizável a longo prazo, independentemente do prazo de realização.

a) Empréstimos a empregados.
b) Créditos contra diretores referentes a vendas de mercadorias a prazo.
c) Créditos contra acionistas referentes a vendas a prazo de bens do ativo imobilizado.
d) Adiantamentos a empregados.
e) Ações de coligadas.

68. Considere a seguinte relação de reservas:

- **Reserva Legal**
- **Reserva Estatutária**
- **Reserva para Contingências**
- **Reserva de Incentivos Fiscais**
- **Retenção de Lucros**
- **Reserva de Lucros a Realizar**

Assim, em vista dos dispositivos da Lei nº 6.404/1976, marque a opção que indica o número de reservas que podem ultrapassar o valor do Capital Social.

a) 1.
b) 2.
c) 3.
d) 4.
e) 5.

69. É sempre classificada no ativo realizável a longo prazo a conta:

a) Duplicatas a Receber;
b) Empréstimos a Debenturistas;
c) Empréstimos a Acionistas;
d) Aplicações Financeiras;
e) Adiantamentos a Fornecedores.

70. Se para o exercício social seguinte estiver prevista a redução do lucro, em virtude de uma nova empresa que entrará no mercado, concorrendo com a companhia na venda de determinado produto, pode-se, no atual exercício, fazer uma:

a) Provisão para Perdas Prováveis;
b) Reserva Estatutária;
c) Reserva de Lucros a Realizar;
d) Provisão para Contingências;
e) Reserva para Contingência.

71. Todas as opções abaixo indicam possíveis aplicações para as Reservas de Capital, exceto:

a) resgate de ações;
b) resgate de partes beneficiárias;
c) incorporação ao capital social;
d) pagamento de dividendos a ações preferenciais;
e) compensação de prejuízos fiscais.

72. **Seja a seguinte relação de contas:**
   – **Empréstimos Compulsórios**
   – **Empréstimos a Controladas**
   – **Ações de Controladas**
   – **Obras de Arte**
   – **Concessões Obtidas**
   – **Direitos de Exploração de Minas e Jazidas**
   – **Pesquisas e Desenvolvimento de Produtos**
   – **Terrenos de Uso**
   – **Terrenos não Utilizados**
   – **Ações Temporárias**

   O número de contas do ativo investimentos é de:
   a) 0;
   b) 1;
   c) 2;
   d) 3;
   e) 4.

73. **Com base no Pronunciamento Técnico CPC 04 (R1) – Ativo Intangível, julgue as afirmativas seguintes:**
   I. *PERDA POR DESVALORIZAÇÃO* é o valor pelo qual o valor contábil de um ativo ou de uma unidade geradora de caixa excede seu valor recuperável.
   II. *ATIVO MONETÁRIO* é aquele representado por dinheiro ou por direitos a serem recebidos em uma quantia fixa ou determinável em dinheiro (ex.: duplicatas a receber).
   III. *VALOR RESIDUAL* de um ativo intangível é o valor estimado que uma entidade obteria com a venda do ativo, após deduzir as despesas estimadas de venda, caso o ativo já tivesse a idade e a condição esperadas para o fim de sua vida útil.
   IV. *VIDA ÚTIL* é: (a) o período de tempo no qual a entidade espera utilizar um ativo; ou (b) o número de unidades de produção ou de unidades semelhantes que a entidade espera obter pela utilização do ativo.

   Assim, o número de afirmativas incorretas é:
   a) 4;
   b) 3;
   c) 2;
   d) 1;
   e) ZERO.

74. **(Petrobras – Contador Pleno/Cesgranrio – Adaptada) A constituição da Reserva de Lucros a Realizar é facultativa e tem como objetivo evidenciar a parcela de lucros não realizada financeiramente. São considerados Lucros a Realizar, para fins de constituição dessa reserva:**
   a) as receitas não operacionais e os dividendos recebidos de sociedades coligadas;
   b) as receitas não operacionais e os ganhos de capital sobre a alienação de bens do ativo permanente, realizáveis até o término do exercício seguinte;
   c) o resultado líquido positivo da equivalência patrimonial e os lucros em vendas a prazo, realizáveis após o término do exercício seguinte;

d) os prêmios recebidos na emissão de debêntures e o produto de alienação de partes beneficiárias;
e) os dividendos recebidos de sociedades coligadas e as reversões de perdas estimadas em créditos de liquidação duvidosa.

75. **(Auditor da Receita Federal/Esaf) Quando da Realização da Reserva de Lucros a Realizar, esta deve ser revertida para:**
a) lucros ou prejuízos acumulados, quando o evento realizar-se economicamente;
b) lucros ou prejuízos acumulados, quando o evento realizar-se financeiramente;
c) reserva de capital destinada diretamente para distribuição de dividendos;
d) resultado do exercício, quando o evento econômico realizar-se financeiramente;
e) resultado do exercício, quando o evento financeiro realizar-se economicamente.

76. **Com base no Pronunciamento Técnico CPC 02 (R2) – Efeitos das Mudanças nas Taxas de Câmbio e Conversão de Demonstrações Contábeis e na Orientação Técnica OCPC 02 do Comitê de Pronunciamentos Contábeis, marque a opção que indica a conta utilizada para registro das variações cambiais de investimentos em sociedades coligadas ou controladas localizadas no exterior.**
a) Resultado de Variações Cambiais.
b) Opções Outorgas Reconhecidas.
c) Outras Receitas/Despesas.
d) Ajustes de Avaliação Patrimonial.
e) Ajustes Acumulados de Conversão.

77. **Considerando os critérios de avaliação do passivo no balanço patrimonial de uma companhia, analise as afirmativas abaixo:**
I. As obrigações, encargos e riscos, conhecidos ou calculáveis, inclusive Imposto sobre a Renda a pagar com base no resultado do exercício, serão computados pelo valor atualizado até a data do balanço.
II. As obrigações em moeda estrangeira, com cláusula de paridade cambial, serão convertidas em moeda nacional à taxa de câmbio em vigor na data do balanço.
III. As obrigações, encargos e riscos classificados no passivo não circulante serão ajustados ao seu valor presente, sendo os demais ajustados quando houver efeito relevante.
Assim, estão corretas:
a) somente I e II;
b) todas;
c) somente I e II;
d) somente II e III;
e) nenhuma.

78. **O ágio na emissão de debêntures, no ato da emissão, deve ser classificado como:**
a) receita financeira;
b) receita financeira a vencer;
c) reserva de capital;
d) despesa financeira;
e) despesas financeira a vencer.

79. Marque a opção que indica uma conta classificada no Ativo Intangível:

a) Ações de Coligadas;
b) Despesas Pré-Operacionais;
c) Obras de Arte;
d) Direitos de Exploração de Minas e Jazidas;
e) Ágio a Amortizar na Aquisição de Ações.

80. (Auditor-Fiscal da Receita Federal/Esaf – Adaptada) A Empresa Café Torrado S/A fecha contrato de aluguel de imóvel que não utiliza mais em seu processo produtivo por 5 anos. A empresa Antecipa Tudo S/A, a qual pagou antecipadamente o valor de R$ 350.000,00, aceitou constar do contrato cláusula prevendo a não devolução de valores em caso de rescisão antecipada. Dessa forma, esses valores devem ser registrados na Empresa Café Torrado S/A, proprietária do imóvel, como:

a) receita antecipada de aluguéis no Grupo Passivo Não Circulante;
b) receita a apropriar no Passivo Circulante e Não Circulante;
c) outras receitas na Demonstração do Resultado;
d) despesa antecipada no Ativo Circulante e Realizável a Longo Prazo;
e) outras receitas operacionais, na Demonstração do Resultado.

81. (PETROBRAS/Fundação Cesgranrio) Uma sociedade anônima de capital fechado, atuando no ramo comercial, negocia diariamente com instrumentos financeiros, dentre eles os derivativos.
No balanço patrimonial dessa sociedade, esses elementos do ativo devem ser avaliados a valor:

a) presente;
b) justo;
c) de emissão atualizado conforme disposições legais;
d) de custo de aquisição ajustado a valor provável de realização, quando este for maior;
e) de custo de aquisição ajustado a valor provável de realização, quando este for menor.

82. (PETROBRAS/Fundação Cesgranrio) Admita que uma Sociedade Anônima fizesse aplicações temporárias em instrumentos financeiros com a intenção de resgate nas respectivas datas de vencimento.
Tais aplicações devem ser avaliadas pelo:

a) seu valor justo;
b) valor original, atualizado conforme disposições legais ou contratuais, ajustado ao valor provável de realização, quando este for inferior;
c) valor original, atualizado conforme disposições legais ou contratuais, ajustado ao valor provável de realização;
d) custo de aquisição, deduzido de provisão para atender às perdas prováveis na realização do seu valor, ou para redução do custo de aquisição ao valor de mercado, quando este for inferior;
e) custo de aquisição, deduzido de provisão para atender às perdas prováveis na realização do seu valor, ou para ajuste do custo de aquisição ao valor de mercado.

83. **(PETROBRAS/Fundação Cesgranrio) Uma sociedade anônima de capital aberto, por questões operacionais, possui pequenos investimentos em participações no capital social de outras sociedades de capital aberto, que não quer vender, apesar de sua irrelevância. No balanço, tais investimentos devem ser avaliados pelo custo de aquisição:**
   a) ajustado a valor presente;
   b) ajustado a valor de mercado;
   c) ajustado ao valor mais provável de realização pela cotação das ações na data do balanço da investidora;
   d) deduzido de provisão para perda provável de realização ou redução ao valor de mercado sempre que este for menor;
   e) deduzido de provisão para perda provável de realização, comprovada como permanente.

84. **(PETROBRAS/Fundação Cesgranrio) Em 2009, o Laboratório Drogal S.A. adquiriu por R$ 100.000,00 um projeto de pesquisa e desenvolvimento de um novo medicamento, com firme expectativa de geração de benefícios futuros para o laboratório. Adquirindo o projeto, o laboratório realizou, ainda no exercício de 2009, na fase da pesquisa, os gastos incorridos no período, relativos ao novo medicamento:**
   – Obtenção de novos conhecimentos – R$ 40.000,00
   – Busca de alternativas de processamento – R$ 20.000,00
   – Avaliação e seleção das alternativas de processamento – R$ 10.000,00
   No Balanço Patrimonial, encerrado em dezembro/09, considerando exclusivamente as informações recebidas e as determinações vigentes, o valor deste ativo intangível, em reais, é:
   a) 100.000,00;
   b) 130.000,00;
   c) 140.000,00;
   d) 160.000,00;
   e) 170.000,00.

85. **(PETROBRAS/Fundação Cesgranrio) O Comitê de Pronunciamentos Contábeis (CPC) editou o Pronunciamento Técnico CPC 27, Ativo Imobilizado, correlacionado com as normas internacionais de contabilidade, o IAS 16 que, no item 17, estabelece os custos diretamente atribuíveis.**
   Considere os seguintes tipos de custos:
   I – preço de aquisição;
   II – custo de frete e manuseio;
   III – custos de preparação do local;
   IV – custos de benefícios aos empregados;
   V – custo de transferência das atividades para outro local.

   De acordo com os termos do item 17 do CPC 27, são exemplos de custos diretamente atribuíveis APENAS:
   a) I, II e III;
   b) I, III e V;
   c) II, III e IV;
   d) II, IV e V;
   e) III, IV e V.

86. (Auditor-Fiscal da Receita Federal do Brasil/Esaf) A empresa Valorização S.A. tem como estratégia a compra de suas próprias ações para aumentar a liquidez de seus papéis no mercado e aproveitar a vantagem da diferença entre o valor patrimonial e o valor de mercado. O resultado obtido, quando da venda dessas ações em tesouraria, pela empresa Valorização S.A., deve ser contabilizado como:

a) reserva de capital, quando gerarem um ganho;

b) outras receitas operacionais, quando gerarem um ganho;

c) ágio na venda de ações, quando gerarem uma perda;

d) ações em tesouraria, quando gerarem uma perda;

e) despesas não operacionais, quando gerarem uma perda.

87. (Auditor-Fiscal da Receita Federal do Brasil/Esaf) São evidenciados nos Passivos os saldos finais das contas:

a) Ajustes de Avaliação Patrimonial e Provisões para Reestruturação.

b) Créditos de Acionistas Transações não Recorrente e Debêntures Conversíveis em Ações.

c) Perdas Estimadas para Redução ao Valor Recuperável e Duplicatas Descontadas.

d) Faturamento para Entrega Futura e Ajustes de Avaliação Patrimonial.

e) Duplicatas Descontadas e Debêntures Conversíveis em Ações.

88. (Tribunal de Justiça Militar – SP – Contador Jurídico/Vunesp) Em decorrência da assinatura de um contrato de prestação de serviços, está estipulado em cláusula contratual o pagamento, pela Contratante à Contratada, do equivalente a 40% do valor total do contrato, com a emissão da nota fiscal suportando esse valor e sem incidência de impostos. Diante disso, e considerando que os serviços não foram iniciados, a empresa contratada deverá escriturar na contabilidade a seguinte rubrica contábil em contrapartida da disponibilidade:

a) Receita de Venda de Serviços – Resultado;

b) Receita de Exercício Futuro – Passivo Não Exigível;

c) Adiantamento de Fornecedor – Passivo Circulante ou Não Circulante;

d) Receita a Apropriar – Passivo Circulante ou Não Circulante;

e) Receitas a Realizar - Resultado.

Capítulo 13

Demonstração do Resultado do Exercício (DRE) e Demonstração do Resultado Abrangente (DRA)

1. Conceito de DRE

A DRE é a demonstração contábil (ou relatório financeiro) que evidencia a situação econômica de uma entidade, através da apuração de seu resultado (lucro ou prejuízo), o qual se traduz na diferença entre o valor total das receitas realizadas e das despesas incorridas num determinado período (normalmente de 1 ano), segundo o regime de competência.

2. Apresentação da DRE

Com base no item 82 do **CPC 26 (R1) – Apresentação das Demonstrações Contábeis**, no Exemplo 11 do Apêndice C do **CPC 31 – Ativo Não Circulante Mantido para Venda e Operação Descontinuada**, no **CPC 41 – Resultado por Ação** e em parte do "inadequado" artigo 187 da Lei nº 6.404/76, já alterada pelas Leis nºs 11.638/07 e 11.941/09, podemos montar a seguinte sequência na elaboração da DRE:

OPERAÇÕES EM CONTINUIDADE (ou OPERAÇÕES CONTINUADAS)
Receita Bruta (Vendas de Mercadorias, Produtos ou Serviços)
(–) Devoluções de Vendas
(–) Descontos Incondicionais
(–) Abatimentos sobre Vendas
(–) Impostos e Contribuições sobre Vendas (ICMS, ISS, PIS, Cofins)
(=) Receita Líquida
(–) Custo dos Produtos, Mercadorias ou Serviços Vendidos (CPV, CMV ou CSV)
(=) Resultado Bruto (Lucro ou Prejuízo Bruto)

(–) Despesas com Vendas
(–) Despesas Administrativas
(–) Despesas gerais
(–) Outras Despesas
(+) Outras Receitas
(+) Receita de Equivalência Patrimonial
(–) Despesa de Equivalência Patrimonial
(=) Resultado antes das Receitas e Despesas Financeiras
(–) Despesas Financeiras
(+) Receitas Financeiras
(=) Resultado antes do IR e CSL
(–) Despesa com IR e CSL *(só das operações em continuidade)*
(=) Resultado Líquido das Operações em Continuidade (= Lucro ou Prejuízo Líquido das Operações Continuadas)
OPERAÇÕES EM DESCONTINUIDADE (ou OPERAÇÕES DESCONTINUADAS)
(+) Resultado Líquido das Operações Descontinuadas (Lucro ou Prejuízo Líquido das Operações Descontinuadas)
(–) Participações Estatutárias sobre o Lucro *(Lei nº 6.404/76, art. 187)*
(=) Resultado Líquido do Exercício (lucro ou prejuízo líquido do exercício)
Resultado Básico por Ação *(Segundo o CPC 41 – Resultado por Ação)*
Resultado Diluído por Ação *(Segundo o CPC 41 – Resultado por Ação)*

Observações:

(1) O art. 187 da Lei nº 6.404/76 apresenta um modelo de DRE diferente daquele proposto pelas normas do CPC, pois não foi adequadamente adaptado às normas internacionais de contabilidade. No entanto, apesar da referida lei estar em vigor, ressaltamos que o "certo" é priorizar as normas do CPC nos "pontos de divergência" com a Lei nº 6.404/76, tendo em vista o processo de convergência das normas contábeis brasileiras aos IFRS (*International Financial Reporting Standard* – Padrões Internacionais de Relatório Financeiro). Essa obrigatoriedade de priorização das normas internacionais de contabilidade tem base legal "explícita" nos §§ 3º e 5º do art. 177 da "própria" Lei nº 6.404/76, os quais reproduzimos abaixo (grifo nosso):

***§ 3º** As demonstrações financeiras das companhias abertas observarão, ainda, as normas expedidas pela Comissão de Valores Mobiliários e serão obrigatoriamente submetidas a auditoria por auditores independentes nela registrados.*

***§ 5º** As normas expedidas pela Comissão de Valores Mobiliários a que se refere o § 3º deste artigo DEVERÃO ser elaboradas **em consonância com os padrões internacionais de contabilidade** adotados nos principais mercados de valores mobiliários.*

(2) Observemos que o modelo de DRE apresentado anteriormente possui a divisão entre OPERAÇÕES CONTINUADAS e OPERAÇÕES DESCONTINUADAS, de forma que no caso das continuadas é apresentada a sequência completa da DRE, começando da receita

de vendas e terminando no resultado líquido das operações continuadas. Já no caso das operações descontinuadas, é apresentado diretamente na DRE o seu resultado líquido, pois normalmente a apuração completa das apurações descontinuadas é apresentada em notas explicativas às demonstrações contábeis. Veremos as definições e exemplos de operações continuadas e descontinuadas no tópico 2.2.

2.1. Receita de Vendas

A RECEITA DE VENDAS pode ser bruta ou líquida. No caso da RECEITA BRUTA de vendas, é a receita obtida com a atividade principal da empresa. Assim, por exemplo, a Receita Bruta de uma empresa comercial é aquela com a revenda de suas mercadorias. A Receita Bruta de uma indústria é a obtida com a venda de seus produtos fabricados. No caso de uma empresa prestadora de serviços, é a receita obtida na prestação de serviços aos clientes. Na hipótese de uma empresa de atividade mista, como, por exemplo, uma empresa simultaneamente comercial, industrial e de prestação de serviços, é o somatório das respectivas receitas.

A RECEITA LÍQUIDA de vendas é obtida subtraindo-se da RECEITA BRUTA os seguintes itens, os quais podemos chamar de "DEDUÇÕES":

- **Devoluções de Vendas** – Quando os clientes devolvem as mercadorias que receberam dos fornecedores.

- **Vendas Canceladas** – Quando as notas fiscais de vendas foram confeccionadas, mas as mercadorias nem chegaram a ser entregues aos clientes.

- **Descontos Comerciais (ou Incondicionais) Concedidos** – É dado por vontade do vendedor ao cliente no ato da venda, aparecendo, portanto, na nota fiscal de venda, reduzindo, em consequência, a base de cálculo dos impostos sobre vendas que aparecem na nota fiscal, como é o caso, por exemplo, do ICMS. Também reduzem os tributos que não aparecem na nota fiscal, que é o caso do PIS e da Cofins.

- **Abatimentos sobre Vendas** – São concedidos por acordo com o cliente, posteriormente ao ato da venda, para que ele não necessite devolver as mercadorias, em função de algum defeito ou divergência no pedido. Visto que é posterior à venda, não consta na nota fiscal de vendas, de forma diferente do desconto incondicional. Consequentemente, não reduzem o valor dos tributos que aparecem na nota fiscal, como é o caso do ICMS, por exemplo. No entanto, REDUZEM o valor dos tributos que NÃO aparecem na nota fiscal, que é o caso do PIS e da Cofins.

- **Impostos e Contribuições sobre Vendas (ICMS, ISS, PIS, Cofins)** – No caso das empresas comerciais, são eles o ICMS, o PIS e a Cofins. No caso das empresas prestadoras de serviços, são eles o ISS, PIS e a Cofins. No caso das indústrias, são eles o ICMS, o PIS e a Cofins. O IPI (Imposto sobre Produtos Industrializados) não é considerado como dedução da RECEITA BRUTA para se chegar à RECEITA

LÍQUIDA, tendo em vista que é um imposto "por fora", ou seja, NÃO está incluído "dentro" do valor da RECEITA BRUTA, como no caso do ICMS, ISS, PIS e Cofins.

Resumidamente:

RECEITA LÍQUIDA = RECEITA BRUTA – DEDUÇÕES

2.2. Operações Continuadas e Operações Descontinuadas

As OPERAÇÕES CONTINUADAS, também chamadas de operações em continuidade, são aquelas que a empresa pretende realizar para o presente e para o futuro, pois tais operações têm por prazo indeterminado o potencial de gerar receitas e atrair a atenção dos consumidores.

No caso das OPERAÇÕES DESCONTINUADAS *(descontinuing operations)*, as quais também são chamadas de operações em descontinuidade, essas são todas as operações que a empresa apoiou no passado mas não irá dar continuidade no futuro, tendo como consequência a venda ou abandono de operações que representem linhas principais e separadas de negócios da empresa e das quais os ativos, resultados líquidos e atividades possam ser operacionalmente e fisicamente distinguidos.

Cabe ressaltar, no entanto, que a expressão "operações descontinuadas" deve ser entendida como aquelas que estão "em processo de acabar" até acabar e não necessariamente aquelas que já acabaram, de forma que num determinado período presente "ainda" podem gerar resultados para a empresa até o momento de efetivamente acabarem. Um exemplo disso são algumas empresas que no século passado fabricavam e vendiam máquinas de escrever manuais e elétricas, as quais, na virada do século, foram "gradativamente" sendo substituídas por computadores, isto é, essas empresas foram "aos poucos" abandonando a produção das antigas máquinas e investindo ascendentemente na fabricação e venda de computadores. Neste caso, houve uma determinada **época de transição** que essas empresas apresentavam em suas demonstrações do resultado, simultaneamente, os resultados das operações continuadas (no caso, resultado das vendas de computadores) e os resultados das operações descontinuadas (no caso, resultado das vendas das antigas máquinas) até o dia em que suas demonstrações do resultado só apresentavam os resultados das vendas dos computadores, não havendo mais a apresentação dos resultados das operações descontinuadas.

O Pronunciamento Técnico **CPC 31 – Ativo Não Circulante Mantido para Venda e Operação Descontinuada**, no seu item 32, dá o seguinte conceito para operação descontinuada: Uma operação DESCONTINUADA é um componente da entidade que foi baixado ou está classificado como mantido para venda e: (a) representa uma importante linha separada de negócios ou área geográfica de operações; (b) é parte integrante de um único plano coordenado para a venda de uma importante linha separada de negócios ou área geográfica de operações; ou (c) é uma controlada adquirida exclusivamente com o objetivo da revenda.

EXEMPLO PRÁTICO: A Cia. Ômega, que trabalha no ramo de venda de roupas para crianças e adultos, é composta por uma matriz e duas filiais ("A" e "B"), onde a matriz e a filial "A" vendem roupas no atacado para homens e mulheres, e a filial "B" vende exclusivamente roupas no atacado para crianças. A administração da empresa decidiu no exercício social de X0 que, a partir de setembro de X1, a empresa não iria mais vender roupas para crianças, de forma que a filial "B" seria desativada no referido mês, operando com vendas de roupas infantis até agosto de X1. A empresa possuía 3 caminhões para entrega de roupas, sendo o 1º caminhão da matriz, o 2º da filial "A" e o 3º da filial "B". Em novembro de X1, a empresa vendeu os três caminhões por R$ 15.000,00 cada um, sendo o valor contábil de cada caminhão na data da venda de R$ 20.000,00, de tal forma que os dois que eram utilizados na matriz e na filial "A" foram substituídos por dois novos e o caminhão utilizado na filial "B" não foi substituído, tendo em vista que esta filial deixou de operar em setembro de X1. Além disso, as seguintes informações foram obtidas dos registros contábeis da Cia. Ômega, referentes ao exercício social de X1, para a elaboração da DRE (valores em R$):

	MATRIZ	FILIAL "A"	FILIAL "B"
Receita de Vendas	69.600	34.400	25.600
CMV	39.150	19.350	14.400
Despesas c/Vendas	2.200	1.500	900
Despesas Administrativas	15.300	6.700	2.300
Outras Despesas (prejuízo na venda de veículos)	5.000	5.000	5.000
Despesas Financeiras	3.000	-	1.000
Receitas Financeiras	2.100	1.100	-

Supondo a alíquota conjunta do IR e CSLL de 24%, podemos montar a seguinte DRE da Cia. Ômega em 31/12/X1 (os resultados da Matriz e da Filial "A" irão compor as operações em continuidade e os resultados da Filial "B" irão compor as operações descontinuadas):

OPERAÇÕES EM CONTINUIDADE	
Receita de Vendas	104.000
(–) CMV	(58.500)
(=) Lucro Bruto	**45.500**
(–) Despesas c/Vendas	(3.700)
(–) Despesas Administrativas	(22.000)
(–) Outras Despesas (prejuízo na venda de veículos)	(10.000)
(=) Lucro antes das Despesas e Receitas Financeiras	**9.800**
(–) Despesas Financeiras	(3.000)
(+) Receitas Financeiras	3.200
(=) Lucro antes do IR e CSLL	**10.000**
(–) IR e CSLL (24%)	(2.400)
(=) Lucro Líquido das Operações Continuadas	**7.600**
OPERAÇÕES DESCONTINUADAS	
(+) Lucro Líquido das Operações Descontinuadas	**1.520**
(=) Lucro Líquido do Exercício	**9.120**

Em NOTAS EXPLICATIVAS, seria apresentada a apuração completa dos resultados decorrentes das **operações descontinuadas** da seguinte forma:

OPERAÇÕES DESCONTINUADAS	
Receita de Vendas	25.600
(–) CMV	(14.400)
(=) Lucro Bruto	11.200
(–) Despesas c/Vendas	(900)
(–) Despesas Administrativas	(2.300)
(–) Outras Despesas (prejuízo na venda de veículos)	(5.000)
Lucro antes das Despesas e Receitas Financeiras	3.000
(–) Despesas Financeiras	(1.000)
(+) Receitas Financeiras	-
(=) Lucro antes do IR e CSLL	2.000
(–) IR e CSLL (24%)	(480)
(=) Lucro Líquido das Operações Descontinuadas	1.520

No entanto, com base no **item 33 do CPC 31**, apesar de não ser o mais usado, nada impede que na mesma DRE sejam apresentadas as apurações completas dos resultados das operações continuadas e das operações descontinuadas, dispensando assim a apresentação separada da apresentação dos resultados em notas explicativas. Abaixo, reproduzimos parte do referido item (grifo nosso):

A análise (das operações descontinuadas) ***pode ser apresentada nas notas explicativas ou na demonstração do resultado****. Se for na demonstração do resultado, deve ser apresentada em seção identificada e que esteja relacionada com as operações descontinuadas, isto é, separadamente das operações em continuidade.*

A DRE apresentada pelo INADEQUADO art. 187 da Lei nº 6.404/76 seria a seguinte (nesse caso não haveria divisão entre operações continuadas e descontinuadas, de forma que seriam somados os resultados da matriz e das duas filiais):

Receita de Vendas	129.600
(–) CMV	(72.900)
(=) Lucro Bruto	**56.700**
(–) Despesas c/Vendas	(4.600)
(–) Despesas Administrativas	(24.300)
(–) Despesas Financeiras	(4.000)
(+) Receitas Financeiras	3.200
(=) Lucro Operacional	**27.000**

(–) Outras Despesas	(15.000)
(=) Lucro antes do IR e CSLL	**12.000**
(–) IR e CSLL (24%)	(2.880)
(=) Lucro Líquido	**9.120**

Observemos que o Lucro Líquido do Exercício nos dois modelos de DRE é o mesmo, ou seja, R$ 9.120,00. Observemos também que a Despesa com IR e CSLL nesta última DRE (R$ 2.880,00) é exatamente o somatório da referida despesa na apuração dos resultados das operações continuadas (R$ 2.400,00) com aquele apurado em notas explicativas referentes às operações descontinuadas (R$ 480,00).

No entanto, podemos observar na DRE pelas normas do CPC que não existe indicação do valor do Lucro Operacional. No novo modelo de DRE, o **Resultado Operacional** (Lucro ou Prejuízo Operacional) é o próprio **"Resultado do Exercício antes do IR e CSLL"**. Isso se explica pelo fato de que pelas novas normas **não mais existem** as chamadas receitas e despesas não operacionais. Pelas regras internacionais de contabilidade, todos os fatos ocorridos numa empresa contribuem de uma forma ou de outra para suas operações, de sorte que TODAS as receitas e despesas são consideradas operacionais.

Assim, o prejuízo na venda dos veículos, que foi posto como "Outras Despesas" na DRE em conformidade com o art. 187 da referida lei após o lucro operacional, na DRE pelas normas do CPC esse prejuízo é considerado **operacional**, isto é, integra também o Lucro Operacional, sendo este o próprio Lucro antes do IR e CSLL. Ressalta-se que a expressão "Lucro (ou Prejuízo) Operacional" não deixou de ser correta com as normas do CPC, visto que apenas **deixou de ser útil**, pois, em vista das regras internacionais, **nenhuma** despesa ou receita é posta após o Resultado Operacional (Lucro ou Prejuízo Operacional), mesmo os ganhos ou perdas na venda ou baixa de bens do ativo fixo (ativo fixo = ativo investimentos + ativo imobilizado + ativo intangível).

Sendo assim, a apresentação da DRE pelas normas do CPC com a utilização da expressão "Lucro (ou Prejuízo) Operacional" é totalmente desnecessária e não recomendável, visto que esse resultado já é o próprio "Lucro (ou Prejuízo) antes do IR e CSL". Em outras palavras, utilizar numa mesma DRE as expressões "Resultado Operacional" e "Resultado antes do IR e CSL" é uma redundância sem nenhum propósito. Desta forma, a tendência é a expressão "Resultado Operacional" não ser mais utilizada, dando lugar à expressão "Resultado do Exercício antes do IR e CSL". No entanto, infelizmente, ainda é possível encontrarmos diversos exercícios e questões de concursos públicos e, até mesmo, empresas utilizando as referidas expressões. Da mesma forma, a tendência é que as tradicionais expressões "Receita Operacional Bruta" e "Resultado Operacional Bruto" sejam substituídas, simplesmente, por "Receita Bruta" e "Resultado Bruto" dispensando a expressão "operacional", pois, como já comentado antes, TUDO é operacional, sendo desnecessária, porém não incorreta, a expressão "operacional".

Abaixo, iremos reproduzir os itens 136 e 137 da Orientação Técnica <u>**OCPC 02**</u> do Comitê de Pronunciamentos Contábeis (grifo nosso):

Eliminação de receitas e despesas não operacionais

> ***(Item 136)*** *A Medida Provisória nº 449/08 acatou mais essa regra existente nas normas internacionais: a* ***não segregação dos resultados em operacionais e não operacionais****. Assim, no âmbito do processo de convergência com as normas internacionais (leitura sistemática das normas e orientações), as entidades deverão apresentar as "outras receitas/despesas" no grupo operacional e não após a linha do "resultado operacional".*

> ***(Item 137)*** *A classificação nessas normas é a divisão dos resultados em resultados das atividades continuadas e resultado das atividades não continuadas. Isso facilita, enormemente, a capacidade de o usuário prospectar com relação ao futuro da entidade. O CFC emitirá em 2009, para validade em 2010, Norma a respeito da matéria, mas por enquanto apenas salienta a não existência, já a partir de 2008, dessa figura das receitas e despesas não operacionais.*

Haja vista que essas mudanças ainda são muito recentes na contabilidade brasileira, cabe às bancas elaboradoras das provas de concursos públicos, ao pedirem o valor do Lucro (ou Prejuízo) Operacional em determinada questão, especificarem se o mesmo deve ser calculado com base na Lei nº 6.404/76 ou com base nas normas do CPC, visto que se for pelas normas do CPC as "Outras Despesas/Receitas" integrarão o resultado operacional, mas se for pela Lei das Sociedades por Ações, não integrarão tal resultado.

Outro detalhe importante é que na Lei nº 6.404/76 <u>há distinção</u> entre "outras despesas/receitas operacionais" e "outras despesas/receitas" (sem a expressão "operacionais"), **filosofia essa que adotamos nas edições de Contabilidade Geral "anteriores" à 12ª edição**, visto que aquelas são postas <u>antes</u> do resultado operacional e essas últimas <u>após</u> esse resultado.

A partir da 12ª edição desta obra, estamos dando <u>ênfase</u> à padronização pelas normas do CPC, onde não há distinção entre as referidas expressões, isto é, "outras despesas/receitas operacionais" <u>**SÃO A MESMA COISA**</u> que "outras despesas/receitas" (sem a expressão "operacionais").

Conforme já comentado, o que houve na referida lei foi uma <u>má interpretação</u> dos legisladores ao tentarem adaptá-la às normas internacionais de contabilidade.

Cabe ressaltar que pelas <u>**novas regras**</u> tanto os prejuízos na venda de bens do ativo investimentos, imobilizado ou intangível são considerados "outras despesas" (ou "outras despesas operacionais"), quanto qualquer despesa operacional que não possa ser classificada como comercial, administrativa, financeira ou de equivalência patrimonial, como, por exemplo, a despesa com redução ao valor recuperável ou a despesa com perdas estimadas em estoques, além de outras.

Por fim, cabe ainda ressaltar que muitos dispositivos da Lei nº 6.404/76 <u>não</u> contrariam as normas internacionais de contabilidade, de forma que ainda **são muito úteis**, tendo em vista a omissão dos Pronunciamentos Técnicos do CPC em alguns pontos específicos tratados pela Lei das Sociedades por Ações. Devemos, então, ter muito cuidado para não cairmos no erro de afirmar que a referida lei deixou de ser útil, visto que muitos artigos complementam o que o Comitê de Pronunciamentos Contábeis não regulou.

Comentário extra: No exemplo anterior, apresentamos a DRE da Cia. Ômega admitindo que a mesma não pagasse participações estatutárias sobre o lucro a ninguém. No entanto, suponhamos agora que a referida empresa tenha estabelecido no seu estatuto a participação de 10% do seu lucro a seus empregados (não inclui os administradores). Neste caso, o 1º passo é determinarmos a base de cálculo dessa participação com base no art. 189 da Lei nº 6.404/76 (será visto melhor mais à frente). Assim:

Base de cálculo = Lucro antes do IR e CSL – IR e CSL – Prejuízos Acumulados

No entanto, a fórmula acima se refere ao "antigo" modelo de DRE apresentado na Lei nº 6.404/76.

Agora, <u>**como então determinar a referida base de cálculo com base numa DRE apresentada pelas novas regras contábeis?**</u>

A solução não é difícil, pois, como pudemos observar no exemplo da Cia. Ômega, o Lucro antes do IR e CSL será o SOMATÓRIO daquele obtido na apuração das OPERAÇÕES CONTINUADAS (R$ 10.000,00) com aquele obtido nas notas explicativas referentes às operações DESCONTINUADAS (R$ 2.000,00), ou seja, R$ 12.000,00. Admitindo também que o saldo de Prejuízos Acumulados antes da incorporação do resultado do exercício fosse, por exemplo, de R$ 3.120,00, teríamos o seguinte:

Base de cálculo da part. de empregados = 12.000 – 24% 12.000 – 3.120 = 6.000

Participação de empregados = 10% × 6.000 = 600

Porém, pela legislação tributária, a participação de empregados é dedutível da base de cálculo do IR e CSL (veremos ainda neste capítulo). Assim, o IR e CSLL deverão ser "inevitavelmente" calculados "pela segunda vez", deduzindo agora o valor da referida participação, tendo em vista (no <u>Exercício Resolvido 1</u> mais à frente iremos explicar esse assunto):

IR e CSL = 24% (12.000 – 600) = 2.736.

Agora, tendo em vista que a despesa com IR e CSL é apresentada no novo modelo de DRE de forma separada entre as operações continuadas e operações descontinuadas, o procedimento lógico é fazermos uma **divisão proporcional** do valor desses tributos (R$ 2.736,00) entre o Lucro antes do IR e CSL das operações continuadas (R$ 10.000,00) e o mesmo referente às operações descontinuadas, da seguinte forma:

$$\text{IR e CSL (operações continuadas)} = \frac{2.736}{10.000 + 2.000} \times 10.000 = 2.280$$

$$\text{IR e CSL (operações descontinuadas)} = \frac{2.736}{10.000 + 2.000} \times 2.000 = 456$$

Finalmente, a DRE apresentada pelas normas do CPC conjugadas aos dispositivos da Lei nº 6.404/76 que ainda são muito úteis seria a seguinte:

OPERAÇÕES EM CONTINUIDADE	
Receita de Vendas	104.000
(–) CMV	(58.500)
(=) Lucro Bruto	**45.500**
(–) Despesas c/Vendas	(3.700)
(–) Despesas Administrativas	(22.000)
(–) Outras Despesas (prejuízo na venda de veículos)	(10.000)
(=) Lucro antes das Despesas e Receitas Financeiras	**9.800**
(–) Despesas Financeiras	(3.000)
(+) Receitas Financeiras	3.200
(=) Lucro antes do IR e CSL	**10.000**
(–) IR e CSL	(2.280)
(=) Lucro Líquido das Operações Continuadas	**7.720**
OPERAÇÕES DESCONTINUADAS	
(+) Lucro Líquido das Operações Descontinuadas	**1.544**
(–) Participação de Empregados	(600)
(=) Lucro Líquido do Exercício	**8.664**

Em NOTAS EXPLICATIVAS, seria apresentada a apuração completa dos resultados decorrentes das **operações descontinuadas** da seguinte forma:

OPERAÇÕES DESCONTINUADAS	
Receita de Vendas	25.600
(–) CMV	(14.400)
(=) Lucro Bruto	11.200
(–) Despesas c/Vendas	(900)
(–) Despesas Administrativas	(2.300)
(–) Outras Despesas (prejuízo na venda de veículos)	(5.000)
Lucro antes das Despesas e Receitas Financeiras	3.000
(–) Despesas Financeiras	(1.000)
(+) Receitas Financeiras	-
(=) Lucro antes do IR e CSL	2.000
(–) IR e CSL	(456)
(=) Lucro Líquido das Operações Descontinuadas	1.544

Observemos, com esse último exemplo, que é **perfeitamente possível** conciliar as novas regras contábeis às legislações tributária e societária, as quais ainda não foram adequadamente adaptadas às novas regras.

2.3. Modelos de DRE por Subclassificação de Despesas

De acordo com o item 101 do Pronunciamento Técnico CPC 26 (R1) – Apresentação das Demonstrações Contábeis, as DESPESAS devem ser SUBCLASSIFICADAS a fim de destacar componentes do desempenho que possam diferir em termos de frequência, potencial de ganho ou de perda e previsibilidade. Essa análise deve ser proporcionada em uma das duas formas descritas a seguir, obedecidas as disposições legais, ressaltando que o modelo adotado pela a Lei nº 6.404/76 e utilizado pelas maiorias das empresas brasileiras é o segundo método (Método da Função da Despesa), de modo que dificilmente as empresas brasileiras apresentarão a DRE pelo primeiro método (Método da Natureza da Despesa):

2.3.1. Método da Natureza da Despesa

As despesas são agregadas na demonstração do resultado de acordo com a sua natureza (por exemplo, depreciações, compras de materiais, despesas com transporte, benefícios aos empregados e despesas de publicidade), não sendo realocados entre as várias funções dentro da entidade. Esse método pode ser simples de aplicar porque não são necessárias alocações de gastos a classificações funcionais.

Exemplo: DRE da Comercial Satélite S/A pelo Método da Natureza da Despesa:

Receitas de vendas		170.000,00
Outras Receitas		19.000,00
Variação do estoque de mercadorias	(55.000,00)	
Compras de Mercadorias	(23.000,00)	
Salários e benefícios a empregados	(34.000,00)	
Depreciações e amortizações	(11.000,00)	
Despesas com comissões	(3.000,00)	
Fretes sobre vendas	(1.000,00)	
Prejuízo na venda de imobilizado	(5.000,00)	
Total das despesas		(132.000,00)
Resultado antes dos tributos		57.000,00
IR e CSLL		(13.680,00)
Lucro líquido		43.320,00

2.3.2. Método da Função da Despesa (ou Método do Custo dos Produtos e Serviços Vendidos)

Por esse método, as despesas são classificadas de acordo com a sua FUNÇÃO como parte do custo dos produtos ou serviços vendidos ou, por exemplo, das despesas de distribuição ou das atividades administrativas. No mínimo, a entidade deve divulgar o custo dos produtos e serviços vendidos segundo esse método separadamente das outras despesas. Esse método pode proporcionar informação mais relevante aos usuários do que a classificação de gastos por natureza, mas a alocação de despesas às funções pode exigir alocações arbitrárias e envolver considerável julgamento.

O modelo de DRE proposto no art. 187 da Lei nº 6.404/76, por exemplo, utiliza o método da função da despesa.

Considerando ainda o exemplo acima da Comercial Satélite S/A, a DRE pelo presente método ficaria da seguinte forma:

Receitas de vendas	170.000,00
Custo da mercadorias vendidas	(78.000,00)
Lucro bruto	92.000,00
Despesas de vendas	(4.000,00)
Despesas administrativas	(45.000,00)
Prejuízo na venda de imobilizado	(5.000,00)
Outras Receitas	19.000,00
Resultado antes dos tributos	57.000,00
IR e CSLL	(13.680,00)
Lucro líquido	43.320,00

3. Resultado Bruto

Também chamado de "Resultado Operacional Bruto" (a expressão "operacional" é dispensável, conforme já comentado) representa exclusivamente o resultado obtido com atividade principal da empresa, sem levar em consideração as demais despesas necessárias à sua obtenção. Desta forma, no caso de empresa COMERCIAL, o Resultado Bruto será aquele obtido na venda de mercadorias, ou seja, será a diferença algébrica entre o valor da Receita Líquida nas vendas de mercadorias (ou Vendas Líquidas) e o CMV (Custo das Mercadorias Vendidas). Se a empresa for INDUSTRIAL, o Resultado Bruto será o obtido na venda dos produtos, isto é, será a diferença entre o valor da Receita Líquida nas vendas de produtos e o CPV (Custo dos Produtos Vendidos). Caso a empresa seja PRESTADORA DE SERVIÇOS, o Resultado Bruto será o obtido na venda dos serviços, ou seja, será a diferença entre o valor da Receita Líquida nas vendas de serviços e o CSV (Custo dos Serviços Vendidos, ou CSP – Custo dos Serviços Prestados). Caso a empresa seja uma combinação entre as modalidades anteriores, o Resultado Bruto será o somatório das respectivas Receitas Líquidas subtraídas do somatório dos respectivos Custos. Em qualquer desses casos, enquanto positiva a diferença entre a Receita Líquida e os respectivos Custos, será chamada de **Lucro Bruto (LB)**. Se negativa a diferença, corresponderá ao **Prejuízo Bruto**.

EMPRESA COMERCIAL		LB = VL – CMV
EMPRESA INDUSTRIAL		LB = VL – CPV
EMPRESA PRESTADORA DE SERVIÇOS		LB = VL – CSV
COMÉRCIO E INDÚSTRIA		LB = VL – CMV – CPV
EMPRESA MISTA		LB = VL – CMV – CPV – CSV

EXEMPLO 1: A Cia. ABC comprou um lote de mercadorias por R$ 12.000,00 e, posteriormente, vendeu esse mesmo lote por R$ 20.000,00. Desta forma, o valor adicionado (bruto) à empresa por essa venda é de R$ 8.000,00. A empresa, além do ICMS 17%, também recupera o PIS e a Cofins com as alíquotas de 1,65% e 7,6%, respectivamente.

A apresentação da Demonstração do Resultado até o Lucro Bruto ficaria da seguinte forma:

Receita Bruta	**20.000,00**
(–) ICMS sobre Vendas (17% 20.000,00)	(3.400,00)
(–) PIS sobre Vendas (1,65% 20.000,00)	(330,00)
(–) Cofins sobre Vendas (7,6% 20.000,00)	(1.520,00)
Receita Líquida	**14.750,00**
(–) CMV (12.000 – 17% 12.000 – 1,65% 12.000 – 7,6% 12.000)	(8.850,00)
(=) Lucro Bruto	**5.900,00**

EXEMPLO 2: A Industrial ABC S/A vendeu produtos no total de R$ 100.000,00 com ICMS a 17%, IPI a 10%, PIS a 1,65%, e Cofins a 7,6%. Consideremos que os produtos vendidos tiveram os seguintes custos de fabricação:

Matérias-Primas Aplicadas	R$ 14.750,00
Mão de Obra Direta	R$ 8.200,00
Custos Indiretos de Fabricação	R$ 3.700,00

Assim, a Demonstração do Resultado até o Lucro Bruto ficaria da seguinte forma:

Faturamento Bruto (100.000 + 10% 100.000)	**110.000,00**
(–) IPI Faturado (10% 100.000)	(10.000,00)
Receita Bruta	**100.000,00**
(–) ICMS sobre Vendas (17% 100.000)	(17.000,00)
(–) PIS sobre Vendas (1,65% 100.000)	(1.650,00)
(–) Cofins sobre Vendas (7,6% 100.000)	(7.600,00)
Receita Líquida	**73.750,00**
(–) CPV (14.750 + 8.200 + 3.700)	(26.650,00)
Lucro Bruto	**47.100,00**

EXEMPLO 3: As seguintes operações foram registradas no mês de maio na Comercial Safira Ltda.:

- Vendas de mercadorias no valor de R$ 50.000,00, com desconto incondicional concedido de 8%.
- Dos R$ 50.000,00 das mercadorias vendidas anteriormente, houve o recebimento de R$ 12.500,00 em devolução.
- Abatimentos concedidos aos clientes no valor de R$ 8.000, a fim de evitar novas devoluções.

Assim, supondo ICMS, PIS e Cofins, respectivamente, 17%, 0,65% e 3%, teremos os seguintes valores:

RECEITA BRUTA = 50.000

ICMS = 17% × [(50.000 – 8% × 50.000) – (12.500 – 8% × 12.500)] = 5.865

PIS = 0,65% × [(50.000 – 8% × 50.000) – (12.500 – 8% × 12.500) – 8.000] = 172,25

Cofins = 3% × [(50.000 – 8% × 50.000) – (12.500 – 8% × 12.500) – 8.000] = 795,00

Descontos Incondicionais Concedidos = 8% × (50.000 – 12.500) = 3.000,00

Devoluções de Vendas = 12.500,00

Abatimentos s/Vendas = 8.000,00

DEDUÇÕES = 5.865 + 172,25 + 795 + 3.000 + 12.500 + 8.000 = 30.332,25

RECEITA LÍQUIDA = RECEITA BRUTA – DEDUÇÕES = 50.000 – 30.332,25 = 19.667,75

Supondo, ainda no mesmo exemplo, que as mercadorias cujas vendas geraram a Receita Líquida de R$ 19.667,75 foram anteriormente compradas pela empresa à vista por R$ 15.000,00 com ICMS de 17% (a empresa não recupera o PIS e a Cofins nas compras), podemos apurar o lucro bruto na venda dessas mercadorias da seguinte forma na demonstração do resultado, conforme Lei nº 6.404/1976:

Receita Bruta	**50.000,00**
(–) Devoluções de Vendas	(12.500,00)
(–) Descontos Incondicionais (8% 37.500,00)	(3.000,00)
(–) Abatimentos s/Vendas	(8.000,00)
(–) ICMS sobre Vendas (17% 34.500,00)	(5.865,00)
(–) PIS e Cofins sobre Vendas (3,65% 26.500,00)	(967,25)
Receita Líquida	**19.667,75**
(–) CMV (15.000,00 – 17% 15.000,00)	(12.450,00)
Lucro Bruto	**7.217,75**

EXEMPLO 4: A comercial Satélite Natural S/A apresentou a seguinte DRE ao final do exercício social de X1:

OPERAÇÕES EM CONTINUIDADE	
Receita Bruta	60.000,00
(–) ICMS s/Vendas (17% 60.000)	(10.200,00)
(–) PIS s/Vendas (1,65% 60.000)	(990,00)
(–) Cofins s/Vendas (7,6% 60.000)	(4.560,00)
(=) Receita Líquida	44.250,00
(–) CMV (Custo das Mercadorias Vendidas)	(12.000,00)
(=) Lucro Bruto	32.250,00
(–) Despesas de Vendas	(2.000,00)
(–) Despesas Administrativas	(5.000,00)
(–) Outras Despesas	(1.600,00)
(=) Lucro antes do IR e CSLL	23.650,00
(–) IR e CSLL (alíquota conjunta de 24%)	(5.676,00)
(=) Lucro Líquido das Operações em Continuidade	17.974,00
OPERAÇÕES DESCONTINUADAS	
(+) Lucro Líquido das Operações Descontinuadas	4.826,00
(=) Lucro Líquido do Exercício	22.800,00

Em NOTAS EXPLICATIVAS, a Satélite Natural S/A apresentou, entre outras informações, a apuração do resultado das operações descontinuadas da seguinte forma:

OPERAÇÕES DESCONTINUADAS	
Receita Bruta	20.000,00
(–) ICMS s/Vendas (17% 20.000)	(3.400,00)
(–) PIS s/Vendas (1,65% 20.000)	(330,00)
(–) Cofins s/Vendas (7,6% 20.000)	(1.520,00)
(=) Receita Líquida	14.750,00
(–) CMV (Custo das Mercadorias Vendidas)	(4.000,00)
(=) Lucro Bruto	10.750,00
(–) Despesas de Vendas	(1.000,00)
(–) Despesas Administrativas	(3.000,00)
(–) Outras Despesas	(400,00)
(=) Lucro antes do IR e CSLL	6.350,00
(–) IR e CSLL (alíquota conjunta de 24%)	(1.524,00)
(=) Lucro Líquido	4.826,00

Observações:

(1) Lembrando o que foi visto nos Capítulos 4 e 9, para chegarmos ao valor da Receita Líquida tradicionalmente definida no art. 187 da Lei nº 6.404/76, subtraímos da Receita Bruta as Deduções da Receita Bruta (devoluções de vendas, cancelamento de vendas, descontos incondicionais e impostos e contribuições sobre vendas). No caso das devoluções no exercício atual de vendas efetuadas em exercícios anteriores, devemos tratá-las não como deduções, e sim como despesas com vendas. Assim, por exemplo, suponhamos que uma determinada empresa comercial, no exercício social de X2, receba em devolução uma venda de mercadorias à vista efetuada em X1 no valor de $ 5.000, ao custo de $ 2.800, sendo o ICMS de 18%. Assim, teríamos os seguintes lançamentos contábeis: No exercício social de X1:

D – Caixa	5.000
C – Vendas	5.000
D – ICMS s/Vendas	900
C – C/C ICMS	900
D – CMV	2.800
C – Mercadorias	2.800

No exercício social de X2:

D – Despesas c/Devoluções de Vendas	1.300
D – C/C ICMS	900
D – Mercadorias	2.800
C – Caixa	5.000

(2) Na DRE só serão postas as receitas ganhas (receitas realizadas). No caso das vendas de mercadorias e produtos, a receita só é considerada realizada quando da efetiva entrega aos clientes. No caso da prestação de serviços, a realização da receita ocorre quando da efetiva prestação do serviço. No entanto, tal critério não poderia, por exemplo, ser utilizado no caso da construção civil e de construção naval, ou em qualquer outro tipo de empresa em que a produção demande largo espaço de tempo. Não seria correto, por exemplo, para uma empresa de construção de imóveis, o reconhecimento da receita somente quando da entrega do imóvel, tendo em vista o grande espaço de tempo para a construção.

Assim, suponhamos, por exemplo, que uma empreiteira assine um contrato com determinado município para a construção de um viaduto no preço total de R$ 9.360.000,00, estimando um custo total da obra de R$ 6.840.000,00 diretamente vinculado à construção, com tempo total de 2 anos e 6 meses estimado para a conclusão da obra. Se no 1º ano a empreiteira incorre em custos de construção no total de R$ 1.620.000,00, teríamos a seguinte:

- % da Receita total em relação ao Custo = 9.360.000,00 ÷ 6.840.000,00 = 136,8421%
- Receita do 1º ano = 1.620.000,00 × 136,8421% = 2.216.842,00
- Lucro Bruto (1º ano) = 2.216.842,00 – 1.620.000,00 = 596.842,00

Nota: Observemos nesse exemplo específico que os custos incorridos no 1º ano determinaram o <u>estágio de execução da obra</u>, o qual, por sua vez, determinou a parcela da receita total que deve ser considerada na apuração do resultado do 1º ano.

4. Resultado antes das Receitas e Despesas Financeiras

Este poderá ser Lucro ou Prejuízo antes das Despesas e Receitas Financeiras. Supondo Lucro antes das Receitas e Despesas Financeiras (LARDF), teremos:

LARDF = LB – DV – DG – DA – OD + OR + REP – DEP

Legenda:

LB: Lucro Bruto (poderá ser também “PB” – Prejuízo Bruto)

DV: Despesas com Vendas

DG: Despesas Gerais

DA: Despesas Administrativas

OD: Outras Despesas

OR: Outras Receitas

REP: Receita de Equivalência Patrimonial

DEP: Despesa de Equivalência Patrimonial

Obs. 1: Conforme já comentado anteriormente, as "outras despesas", também chamadas de "outras despesas operacionais", representam todos os prejuízos pela baixa ou alienação de bens do ativo investimentos, imobilizado ou intangível, bem como todas as demais despesas que não possam ser classificadas como de vendas, gerais, administrativas, financeiras ou de equivalência patrimonial. Pelo INAPROPRIADO art. 187 da Lei nº 6.404/76, conforme já comentando em tópicos anteriores, há diferença entre "outras despesas operacionais" e "outras despesas", pois aquelas são apresentadas no referido artigo antes do resultado operacional e essas, após esse resultado, posição essa que **não adotamos mais** a partir da 12ª edição desta obra.

Como exemplo, suponhamos que uma empresa possua em 31/12/X1 um equipamento adquirido por R$ 36.000,00 com uma depreciação acumulada de R$ 12.000,00. Suponhamos que foi realizado o teste de recuperabilidade conforme o CPC 01 (R1) – Redução ao Valor Recuperável de Ativos e chegou-se à conclusão de que o valor recuperável é de R$ 15.000,00 e não de R$ 24.000,00 que é o seu valor contábil. Assim, a empresa faria a seguinte contabilização para ajuste do bem ao valor recuperável:

D – Perda por Desvalorização (outras despesas) 9.000,00

C – Perda Estimada por Valor Não Recuperável (retif. do ativo circ.)............ 9.000,00

Notemos que pelo fato da "Perda por Desvalorização" não poder ser classificada como despesa de venda, geral, administrativa, financeira ou de equivalência patrimonial, então foi classificada no grupo das "Outras Despesas".

No Balanço de 31/12/X1 seria apresentado da seguinte forma:

ATIVO IMOBILIZADO	
Equipamentos	36.000,00
(–) Depreciação Acumulada	(12.000,00)
(–) Perda Estimada por Valor Não Recuperável	(9.000,00)
	15.000,00

Supondo que em 31/12/X1 a empresa vendesse o referido bem por R$ 11.000,00, teríamos a seguinte contabilização:

D – Caixa.. 11.000,00

D – Depreciação Acumulada.. 12.000,00

D – Perda Estimada por Valor Não Recuperável.................................... 9.000,00

D – Outras Despesas... 4.000,00

C – Equipamentos 36.000,00

Observemos agora que as "Outras Despesas" representam o prejuízo de R$ 4.000,00 na venda do equipamento, pois é a diferença entre o valor contábil desse bem (R$ 15.000,00) e o valor de venda (R$ 11.000,00).

Na DRE de 31/12/X1:

Outras Despesas

Perda por Desvalorização	9.000,00
Prejuízo na Venda de Equipamentos	4.000,00
	13.000,00

Obs. 2: As "outras receitas", também chamada de "outras receitas operacionais", representam os lucros na venda de bens do ativo investimentos, imobilizado ou intangível, bem como todas as demais receitas que não possam ser classificadas como de vendas, financeiras ou de equivalência patrimonial, tais como as receitas de dividendos, as receitas de *royalties*, as receitas de aluguéis etc. Assim, supondo que uma empresa possuísse um terreno no valor de R$ 34.000,00 e o vendesse por R$ 40.000,00, teríamos a seguinte contabilização:

D – Caixa.. 40.000,00

C – Terrenos.. 34.000,00

C – Outras Receitas.. 6.000,00

5. Resultado antes do IR e CSL

5.1. Lucro antes do IR e CSL (LAIRCSL)

Podemos achar esse lucro, através da seguinte fórmula:

LAIRCSL = LARDF + RF – DF

Legenda:

LARDF: Lucro antes das Receitas e Despesas Financeiras

RF: Receitas Financeiras

DF: Despesas Financeiras

Obs. 1: Caso o LAIRCSL dê um número negativo, então será chamado de Prejuízo antes do IR e CSL (PAIRCSL).

Obs. 2: Lembrando que a DRE é dividida em **operações em continuidade** e **operações descontinuadas** (ou em descontinuidade), a fórmula acima é comum para ambas as operações. Assim, numa MESMA DRE poderíamos ter LAIRCSL das operações em continuidade e LAIRCSL das operações descontinuadas (esta última, normalmente em notas explicativas), valores esses que, em geral, são distintos. Da mesma forma, na mesma DRE temos a despesa com IR e CSL das operações em continuidade e a despesa com IR e CSL das operações descontinuadas. Há uma tendência nas questões de concursos públicos em geral em supor, a fim de facilitar a solução das questões, que não há operações em descontinuidade. Mas, se houver, é só somar os resultados, a fim de se chegar ao lucro ou prejuízo líquido final do exercício apurado na DRE.

5.2. Despesas Financeiras (DF)

São classificados como DESPESAS FINANCEIRAS os seguintes itens:

- Juros Passivos (juros de empréstimos, juros de mora etc.)
- Descontos Concedidos (descontos na antecipação de recebimentos)
- Comissões e Despesas Bancárias

etc.

Obs. 1: As variações monetárias pós-fixadas de obrigações em função da inflação (Variações Monetárias Passivas) e as variações de obrigações em moeda estrangeira em função do câmbio quando a moeda nacional desvaloriza (Variações Cambiais Passivas) não são consideradas despesas financeiras por alguns. No entanto, o Pronunciamento Técnico **CPC 08 (R1)** – Custos de Transação e Prêmios na Emissão de Títulos e Valores Mobiliários, no seu item 3, CONSIDERA tais variações como despesas financeiras. Isso se explica pelo fato de que, "indiretamente", essas variações também estão de certa forma remunerando os credores, tendo em vista que disponibilizaram valores, que na mão dos devedores desvalorizaram em função da inflação ou do câmbio, de sorte que tais devedores teriam por obrigação remunerar os credores pois impossibilitaram os mesmos de aplicar seu dinheiro que disponibilizaram aos devedores no mercado financeiro, resguardando assim o real valor de seus capitais. Cabe ressaltar que **vale mais** na resolução de questões de concursos públicos o que está explícito nos Pronunciamentos Técnicos do Comitê de Pronunciamentos Contábeis do que as opiniões divergentes de contabilistas renomados, mesmo que tais opiniões sejam bem fundamentadas.

Obs. 2: Evidentemente, tanto pode haver despesas financeiras numa mesma DRE referentes às operações em continuidade como também aquelas referentes às operações descontinuadas. Assim, por exemplo, suponhamos que uma indústria adquiriu, mediante financiamento de longo prazo, dois equipamentos: o Equipamento Alfa é utilizado na fabricação do Produto X; o Equipamento Beta é utilizado na fabricação do Produto Y. Admitindo que a empresa, apesar de ainda estar fabricando o Produto Y, já tenha decidido que irá tirá-lo de linha, de forma que o Equipamento Beta será vendido e não mais será reposto, todas as receitas e despesas decorrentes do Produto X irão compor na DRE os resultados das operações em continuidade, inclusive os juros do financiamento do Equipamento Alfa. Já todas as despesas e receitas decorrentes do Produto Y irão compor os resultados das operações descontinuadas, inclusive os juros do financiamento do Equipamento Beta, lembrando que tais juros, pelas normas do CPC, são apropriados exponencialmente (juros compostos) à medida do tempo transcorrido.

5.3. Juros sobre o Capital Próprio (JSCP)

As empresas em geral, por opção própria (não há obrigatoriedade), podem pagar juros aos seus acionistas, quotistas ou titular de empresa individual, a título de remuneração do capital próprio. No entanto, apesar da expressão "juros" carregar a ideia de despesa financeira, a contabilização "ideal" desses juros não deve ser como despesa financeira e sim como distribuição de lucros, juntamente com os dividendos distribuídos aos sócios, conforme veremos melhor no Capítulo 14.

Para que os JSCP sejam considerados pelo Fisco como despesas dedutíveis do lucro real para o cálculo do IR (Imposto de Renda) e também do lucro tributável pela CSL (Contribuição Social sobre o Lucro), a legislação estabelece as seguintes condições (base legal – art. 29 da IN nº 93/1997 da SRF):

1º) O valor dos JSCP seja limitado à aplicação *pro rata* dia da TJLP (Taxa de Juros de Longo Prazo) aplicada sobre o montante do Patrimônio Líquido deduzido do saldo da Reserva de Reavaliação (exceto se esta tiver sido adicionada ao lucro tributável pelo IR e pela CSL), do saldo de Ajustes de Avaliação Patrimonial e do saldo de Ajuste Acumulado de Conversão.

2º) O valor apurado dos JSCP seja limitado ao MAIOR valor entre:
(a) 50% do lucro líquido do exercício, após a dedução da CSL, antes da despesa do IR e antes da dedução dos JSCP.
(b) 50% da soma das Reservas de Lucros e dos Lucros Acumulados.

Obs. 1: Com o advento da Lei nº 11.638/07, a Reserva de Reavaliação foi extinta, dando lugar à conta "Ajustes de Avaliação Patrimonial".

Obs. 2: O saldo das Reservas de Lucros a que se refere a letra "b" acima é aquele "antes" da incorporação do resultado do exercício atual.

Obs. 3: Com a nova Lei nº 6.404/76, as companhias não poderão ter no seu balanço de "encerramento" a conta Lucros Acumulados. Assim, a letra "b" da 2ª condição acima, para o caso dos JSCP determinados ao final do exercício social, será de 50% das Reservas de Lucros.

Obs. 4: Conforme já comentado, a aplicação da TJLP sobre o valor do PL com as devidas exclusões é feita *pro rata* dia (proporcional ao número de dias). Assim, por exemplo, caso haja alteração no valor do Capital Social ao longo do exercício social, o valor da TJLP será aplicado em cada intervalo de tempo em que o PL se manteve com determinado valor.

Na tabela a seguir, daremos 6 exemplos de cálculo dos JSCP, onde nos três primeiros os resultados do período após a CSL serão de prejuízo e os três últimos serão de lucro:

	Exemplo 1	Exemplo 2	Exemplo 3	Exemplo 4	Exemplo 5	Exemplo 6
TJLP	10%	10%	10%	10%	10%	10%
Resultado após CSL	(13.000)	(13.000)	(13.000)	17.000	17.000	17.000
PL	92.700	92.700	64.500	92.700	91.900	89.100
PL ajustado	89.600	89.600	61.400	89.600	88.800	86.000
Capital Social	65.000	65.000	65.000	65.000	65.000	89.000
Reservas de Capital	6.400	10.400	6.400	6.400	6.400	7.000
Reservas de Lucros	18.200	14.200	-	18.200	17.400	-
Prejuízos Acumulados	-	-	(10.000)	-	-	(10.000)
Ajustes de Avaliação Pat.	2.000	2.000	2.000	2.000	2.000	2.000
Ajustes Acumulados de Conversão	1.100	1.100	1.100	1.100	1.100	1.100
Limite máximo JCP (PL ajustado × TJLP)	8.960	8.960	6.140	8.960	8.880	8.600
50% do lucro após CSL	-	-	-	8.500	8.500	8.500
50% do saldo "inicial" de Reservas de Lucros	9.100	7.100	-	9.100	8.700	-
JCP ("máximos" dedutíveis do lucro tributável)	8.960	7.100	Zero	8.960	8.700	8.500

Nota: No Capítulo 14 estudaremos a contabilização e a forma de apresentação dos JSCP nas demonstrações contábeis.

QUESTÃO RESOLVIDA: (ENADE 2012 – Ciências Contábeis/Inep) Uma empresa deseja subtrair o valor dos Juros sobre o Capital Próprio da base de cálculo do Imposto de Renda e da Contribuição Social. A empresa apresentou Patrimônio Líquido de acordo com os dados abaixo.

Capital social	R$ 60.000,00
Reserva legal	R$ 5.000,00
Reserva estatutária	R$ 10.000,00
Reserva de capital	R$ 15.000,00
Total	R$ 90.000,00

Considerando a TJLP (taxa de juros de longo prazo) igual a 10% e o Lucro do Exercício no valor de R$ 15.000,00, qual é o valor dos Juros sobre Capital Próprio a ser subtraído da base de cálculo do Imposto de Renda e da Contribuição Social?

a) R$ 6.000,00.

b) R$ 7.500,00.

c) R$ 9.000,00.

d) R$ 12.500,00.

e) R$ 15.000,00.

(SOLUÇÃO)

Máximo valor dos JCP dedutíveis = 10% 90.000,00 = 9.000,00

50% do Lucro = 50% 15.000,00 = 7.500,00

50% das Reservas de Lucros = 50% (5.000,00 + 10.000,00) = 7.500,00

Observado o limite máximo dos JCP para que sejam dedutíveis do lucro tributável (R$ 9.000,00), o valor desses será o MAIOR entre R$ 7.500,00 e R$ 7.500,00, que são os próprios R$ 7.500,00.

(Resposta: opção b)

5.4. Receitas Financeiras (RF)

- Juros Ativos (recebidos ou a receber de aplicações financeiras, de mora, de empréstimos concedidos etc.)
- Descontos Obtidos (descontos financeiros obtidos por antecipação de pagamento de dívidas)
- Receitas de Títulos Vinculados ao Mercado Aberto ("Open Market" – o valor dessa receita é a diferença entre o valor de resgate e o valor aplicado)
- Receitas de Investimentos Temporários (CPC 38)
- Prêmios na Emissão de Debêntures

etc.

Obs.: Analogamente ao caso das variações monetárias e cambiais passivas, as quais, com base no item 3 do CPC 08 (R1) foram consideradas despesas financeiras, também iremos considerar as variações monetárias e cambiais ativas como receitas financeiras.

6. Contribuição Social Sobre o Lucro Líquido (CSLL)

A "CSLL", também chamada de "CSL" (Contribuição Social sobre o Lucro), ou, simplesmente "CS" (Contribuição Social), não é um imposto, segundo as definições apresentadas no Código Tributário Nacional. No entanto, da mesma forma que os impostos, também é um tributo, o qual é instituído exclusivamente pela União (art. 149 e art. 195, I, c, Constituição Federal de 1988).

Esse tributo foi criado pela Lei nº 7.689/1989, visando financiar a seguridade social, incidindo sobre as pessoas jurídicas domiciliadas no Brasil e sobre as entidades que lhes são equiparadas pela legislação do Imposto de Renda.

No caso das empresas sujeitas à tributação com base no Lucro Real, a base de cálculo da referida contribuição pode ser determinada da seguinte forma:

LAIRCSL – PEL + Adições – Exclusões – Compensações

- LAIRCSL: Lucro antes do IR e CSL (caso seja PREJUÍZO, será "PAIRCSL": Prejuízo antes do IR e CSL)
- PEL: Participações Estatutárias sobre o Lucro (somente as participações dedutíveis, no caso, as participações de empregados nos lucros da empresa e as participações de debenturistas nos lucros da empresa)

Em outras palavras, a base de cálculo da CSL é o Resultado do Exercício antes da CSL e do IR e após as Participações Estatutárias sobre o Lucro, ajustado pelas Adições, Exclusões e Compensações previstas ou autorizadas pela legislação do Imposto de Renda, que "na grande maioria dos casos" COINCIDE com o mesmo Lucro Real utilizado como base para o cálculo do Imposto de Renda (existem poucas exceções).

Observações:

(1) O LAIRCSL da fórmula acima é o SOMATÓRIO do mesmo obtido numa mesma DRE nas operações em continuidade com aquele obtido nas operações descontinuadas (este último, normalmente obtido em notas explicativas às demonstrações contábeis) . Assim, por exemplo, se numa DRE o LAIRCSL das operações em continuidade fosse de R$ 34.000,00 e, nas notas explicativas da mesma DRE, o LAIRCSL das operações descontinuadas fosse de R$ 11.000,00, então o LAIRCSL da referida fórmula seria de R$ 45.000,00. Por questões de simplicidade, há uma tendência geral nos exercícios e questões de concursos públicos em supor que numa DRE não há operações em descontinuidade, de forma que no cálculo desse lucro não haveria o referido somatório. No entanto, caso haja, não seria difícil: só daria algum trabalho a mais nos cálculos.

(2) As participações de debenturistas e empregados são dedutíveis no cálculo do IR e da CSL. As participações de administradores e partes beneficiárias não são no cálculo IR, mas, no caso da CSL, a legislação não deixa muito claro se são ou não dedutíveis. Interpretaremos aqui que **não são** dedutíveis. Assim, se na fórmula acima considerarmos que as "PEL" são todas, isto é, debenturistas, empregados, administradores e partes beneficiárias, considerando que essas duas últimas são indedutíveis, elas entram como uma das adições na determinação do Lucro Real. Dessa forma, assim procedendo, estaríamos subtraindo essas duas participações quando subtrairmos "PEL" e, ao mesmo tempo, somando de volta no cálculo das adições. Nesse caso, seria mais prático incluirmos como PEL apenas as participações de debenturistas e empregados, e assim não precisamos pôr as participações de administradores e partes beneficiárias como adições.

(3) O resultado obtido pela fórmula acima é chamado de LUCRO REAL, o qual não é necessariamente o mesmo para o cálculo do IR, pois nem todas as adições e exclusões no cálculo da CSL são também adições e exclusões no cálculo do IR. No entanto, conforme já comentado antes, na maioria dos casos há coincidência, visto que normalmente as adições e exclusões são comuns para os dois tributos. Assim, se isso acontecer, pode-se na DRE apresentar esses tributos, conjuntamente, mediante a SOMA das alíquotas.

(4) Como pudemos notar na fórmula anterior, as participações estatutárias de debenturistas e empregados sobre o lucro são deduzidas do Lucro Real para o cálculo da CSL. Isso inicialmente parece estranho, pois normalmente na DRE esse tributo é apresentado antes das participações. No entanto, devemos ressaltar que o modelo original da DRE data de 1976 com o advento da Lei nº 6.404 e a CSL foi criada em 1989. Uma das formas de resolver essa contradição é apresentar na DRE esse tributo após as participações sobre o lucro. Outra solução é apresentar esse tributo antes das participações, mesmo sabendo que essas participações foram calculadas antes da CSL. Ao fim desse capítulo, apresentaremos os EXERCÍCIOS RESOLVIDOS 6 e 7, nos quais simularemos situações reais de aplicação da conciliação da legislação societária com a legislação tributária. No exercício resolvido 6, simularemos como seria a apuração do IR e CSL com base no Lucro Real anual e pagamento mensal por estimativa. No exercício resolvido 7, simularemos como seria a apuração do IR e CSL com base no Lucro Real trimestral. Em nível de concursos públicos, ainda há muita persistência por parte das bancas na elaboração de questões fora da realidade tributária atual, onde subsiste a ideia de apuração anual do IR e CSL, sem pagamentos mensais por estimativa, e o uso de alíquotas fictícias, razão pela qual a grande parte dos exercícios do presente capítulo é muito simples, visto que em sua maioria é extraída de diversos concursos públicos.

(5) Outro problema no uso da fórmula apresentada acima é que as participações estatutárias sobre o lucro a pagar aos debenturistas, empregados, administradores e partes beneficiárias, na DRE, são calculadas após o IR, pois, de acordo com o artigo 189 da Lei nº 6.404/1976, a base de cálculo dessas participações é o lucro antes do IR, menos o IR, menos prejuízos acumulados (será visto ainda neste capítulo). Desta forma temos uma contradição: Como podem as participações ser calculadas depois do IR, se a CSL é calculada antes do IR, e para o cálculo da CSL as participações já devem estar determinadas? Resposta: Dada a "explícita contradição" nas legislações societárias e tributárias, a solução é calcular o IR e a CSL **duas vezes** cada um. A primeira vez, a fim de determinarmos a base de cálculo das participações e o valor dessas. Na segunda vez, encontramos os valores definitivos desses tributos, abatendo do Lucro Real tributável as participações de debenturistas e empregados. Esses valores serão aqueles indicados na DRE de encerramento.

ADIÇÕES – Representam valores a serem somados à base de cálculo da CSL. De forma geral, podemos dividi-las da seguinte forma:

- Despesas Indedutíveis
- Perdas ou Prejuízos em Investimentos no exterior
- Outras Adições

As **Despesas Indedutíveis** representam as despesas que não devem ser subtraídas para o cálculo da CSL. As principais são as seguintes:

– Excesso de depreciação. Assim, por exemplo, se a taxa máxima de depreciação permitida pela legislação do Imposto de Renda para imóveis for de 4% ao ano, e a empresa depreciar, por exemplo, 6%, os 2% excessivos deverão ser somados à base de cálculo da CSL e o do IR.

– Despesas c/provisões, exceto a Despesa c/Provisão p/Férias e a Despesa c/Provisão para 13º Salário (com base no item 11 do **CPC 25**, Férias e 13º Salário não são provisões e sim "contas a pagar"), pois a legislação do Imposto de Renda permite que sejam subtraídas antes do cálculo da CSL e do IR; e a Despesa c/Imposto de Renda, pois esta não pode ser somada, tendo em vista que não foi subtraída anteriormente.

  Nota: As despesas com "perdas estimadas" (já vistas no Capítulo 7), que tomaram lugar das "antigas" provisões do ativo (essas não mais existem) são todas indedutíveis do lucro tributável pelo IR e CSL (exceção: perdas estimadas com créditos de liquidação duvidosa pelo critério das perdas "efetivas" regulado pela legislação do IR , as quais são dedutíveis do lucro tributável).

– Despesas de equivalência patrimonial (será visto no Capítulo 17).

– Despesas c/depreciação, amortização, manutenção, seguros, impostos, taxas, etc., com bens não relacionados com a produção ou a comercialização de bens e serviços. Assim, por exemplo, a despesa de depreciação de um imóvel, onde uma empresa comercial localiza uma de suas lojas, é dedutível. Porém, se essa mesma empresa tiver um imóvel alugado, a despesa com a depreciação desse bem será indedutível, devendo portanto ser somada ao LAIRCSL (Lucro antes do IR e CSL).

– Despesas com brindes. Desta forma, por exemplo, se o valor das Despesas Comerciais de uma empresa for de R$ 12.800,00, sendo que dessa quantia R$ 1.100,00 são despesas com brindes e R$ 1.200,00, despesas com perdas estimadas em créditos de liquidação duvidosa, não será admitida como dedutível do LAIRCSL a parcela correspondente a R$ 2.300,00. Somente os R$ 10.500,00 serão deduzidos para o cálculo da CSL e do IR.

– Despesas com alimentação de sócios, acionistas e administradores.

As outras adições podem ser encontradas no MAJUR (Manual de Preenchimento da Declaração de Rendimentos da Pessoa Jurídica).

EXCLUSÕES – Representam valores a serem subtraídos da base de cálculo da CSL. A maioria das exclusões são as Receitas não Tributáveis. Exemplos:

– Receita de equivalência patrimonial (será visto no Capítulo 17)
– Receita de dividendos (será visto no Capítulo 17)
– Reversões de provisões do passivo e de perdas estimadas em ativos
– Rendimentos e ganhos de capital decorrentes de investimentos no exterior

COMPENSAÇÕES – Se, ao determinarmos o valor da base de cálculo da CSL, encontrarmos um valor NEGATIVO, este não será tributado, e sim compensado no próximo período, isto é, será subtraído do valor da base de cálculo da CSL do próximo período. Porém, pela legislação do IR, a compensação não poderá reduzir a base de cálculo da CSL em mais de 30% do valor desta antes de ser compensada. Assim, por exemplo, suponhamos que num determinado período o valor de LAIRCSL – PEL (de empregados e debenturistas) + Adições – Exclusões seja positivo de R$ 50.000,00. Suponhamos também que no período anterior o valor da referida expressão fosse negativo em R$ 40.000,00. Desta forma, não se poderia compensar todos os R$ 40.000,00, pois reduziria os R$ 50.000,00 em 80%. Dos R$ 40.000,00 do período passado, a empresa só poderia compensar, no máximo, R$ 15.000,00.

Exemplo prático (valores em R$):

Resultado do Exercício antes da CSL e IR	36.700,00	
(+) ADIÇÕES		
Despesa de equivalência patrimonial	6.700,00	
Despesa c/perdas estimadas em créditos de liquidação duv.	3.400,00	10.100,00
(–) EXCLUSÕES		
Receita de dividendos	(2.900,00)	
Reversão de perdas estimadas em créditos de liquidação duv.	(1.300,00)	(4.200,00)
(–) COMPENSAÇÕES		
Valor negativo da base de cálculo da CSL do período anterior	(2.600,00)	
(=) Base de cálculo da CSL	40.000,00	

Admitindo que a alíquota da CSL seja de 9%, o valor desta seria de R$ 3.600,00. Assim, a contabilização seria feita da seguinte forma:

D – CSL (despesa)	3.600,00
C – CSL a Pagar	3.600,00

Observações:

(1) Em regra, o período-base para a apuração da CSL é trimestral. No entanto, no caso das empresas tributadas pelo Lucro Real, a época de apuração e pagamento do IR **vincula** a época de apuração e pagamento da CSL, ou seja, se o IR é trimestral, a CSL também o será. Se o IR é anual, a CSL também o será.

(2) Da mesma forma que o IR, a CSL pode incidir sobre o Lucro Real, Lucro Presumido ou Lucro Arbitrado, ressaltando que o Lucro Presumido e o Lucro Arbitrado dificilmente serão os mesmos para os dois tributos e, no caso específico do Lucro Real, há coincidência na maioria dos casos para os dois tributos. No caso em que esses lucros coincidam para os dois tributos, é muito comum o uso de "alíquotas conjuntas", ou seja, no lugar de apurar

o IR de 15% sobre o Lucro Real e a CSL de 9% sobre o Lucro Real, pode-se apurar 24% conjuntamente sobre esse lucro. Uma despesa, por exemplo, que não é dedutível da base do IR mas é dedutível da base da CSL é o caso das multas de trânsito (pois inexiste previsão legal impedindo a dedução dessas multas no cálculo da CSL), as quais são adições ao Lucro Real para o IR e não são para a CSL. Neste caso, havendo tais multas, não se poderá utilizar as alíquotas conjuntas. Outra situação que não se pode utilizar alíquota conjunta para o IR e a CSL é no caso de "alíquota adicional" do IR (10%), a qual incidiria sobre o excesso do lucro real trimestral sobre R$ 60.000,00, ou sobre o excesso do lucro real anual sobre R$ 240.000,00, ou sobre o excesso do lucro estimado mensal sobre R$ 20.000,00, adicional esse que não existe para a CSL.

7. Imposto de Renda

7.1. Fato Gerador

De acordo com o art. 43 do Código Tributário Nacional, o imposto, de competência da União, sobre a renda e proventos de qualquer natureza tem como fato gerador a aquisição da disponibilidade econômica ou jurídica:

I – de **renda**, assim entendido o produto do capital, do trabalho ou da combinação de ambos;

II – de **proventos** de qualquer natureza, assim entendidos os acréscimos patrimoniais não compreendidos no inciso anterior.

Observações:

(1) De acordo com o § 2º do art. 153 da Constituição Federal, o Imposto de Renda será informado, na forma de lei, pelos critérios da:

- **GENERALIDADE** – qualquer pessoa, independentemente de idade, profissão ou capacidade civil, pode ser abrangida pelo imposto de renda.
- **UNIVERSALIDADE** – todos os rendimentos e proventos são objeto de tributação.
- **PROGRESSIVIDADE** – quanto maior a renda, maior deverá ser a alíquota.

(2) São contribuintes do imposto de renda PJ (pessoa jurídica), independentemente de serem registradas ou não, ou seja, independentemente de serem PJ de fato ou de direito: as pessoas jurídicas (exceto aquelas que pela lei são isentas, imunes ou não incidentes do imposto); e as empresas individuais;

(3) De acordo com o art. 173, § 1º, da Constituição Federal, as empresas públicas e as sociedades de economia mista, bem como suas subsidiárias, são contribuintes nas mesmas condições das demais pessoas jurídicas.

(4) Consideram-se pessoas jurídicas: aquelas de direito privado, domiciliadas no País, sejam quais forem seus fins, ou nacionalidade; as filiais, sucursais, agências ou representações no País das pessoas jurídicas com sede no exterior; os comitentes domiciliados no exterior, quanto aos resultados das operações realizadas por seus mandatários ou comissários no País.

(5) Para efeitos de imposto de renda, as empresas individuais, que podem ser firmas individuais ou até mesmo pessoas físicas que exerçam determinadas atividades de natureza econômica, são equiparadas às pessoas jurídicas. No entanto, há casos em que determinadas pessoas físicas, mesmo que tenham cadastro no CNPJ, têm seus rendimentos tributados como pessoas físicas e não como pessoas jurídicas, visto que o serviço é pessoal. É o caso, por exemplo, de pessoas físicas que exerçam individualmente (pessoalmente) as atividades de médico, engenheiro, advogado, dentista, veterinário, professor, economista, contador, jornalista, pintor, escritor, escultor e de outras que lhes possam ser assemelhadas. No entanto, se uma firma de engenharia, por exemplo, contrata um engenheiro para realizar um projeto, sob a ótica do Fisco, quem realiza esse projeto é a pessoa jurídica e não a pessoa física. Haverá neste caso duas declarações independentes: uma da empresa (pessoa jurídica) e outra do engenheiro (pessoa física). Outro caso em que a pessoa física seria considerada pelo Fisco como pessoa jurídica é aquele em que um profissional contrata outro de mesma qualificação que a sua para prestar determinado serviço, como, por exemplo, um veterinário contratando outro veterinário, tendo em vista que nesse caso o serviço passa a não ser considerado como pessoal, ou, no caso, por exemplo, em que um taxista contrata outro para dirigir o seu táxi. Neste caso, para o Fisco, o taxista contratante é equiparado à pessoa jurídica, mesmo que só esteja cadastrado como pessoa física, visto que o serviço passa a não ser mais considerado pessoal. Só poderia ser tributado como pessoa física se ele mesmo dirigisse o seu táxi.

7.2. Formas de Tributação

No caso das empresas em geral, por força de lei ou por opção própria, dependendo do caso, existem quatro formas de tributação:

- SIMPLES NACIONAL (ou SUPER SIMPLES)
- LUCRO PRESUMIDO
- LUCRO REAL (= ou LUCRO FISCAL)
- LUCRO ARBITRADO

Observações:

(1) Regra geral, observadas as diversas exceções, o SIMPLES NACIONAL é a forma de tributação para o MICROEMPREENDEDOR INDIVIDUAL (= empresário individual a que se refere o art. 966 da Lei nº 10.406/2002 – Código Civil – que tenha auferido receita bruta , no ano-calendário anterior, de até R$ 60.000,00. No caso de início das atividades, tal limite será de R$ 5.000,00 multiplicados pelo número de meses do início da atividade e o final do respectivo ano-calendário), para as MICROEMPRESAS (receita **bruta** anual até R$ 360.000,00) e empresas de PEQUENO PORTE (receita **bruta** anual superior a R$ 360.000,00 até R$ 3.600.000,00). O Lucro Presumido é para as empresas com receita **bruta** anual superior a R$ 3.600.000,00 e receita **"total"** até R$ 48.000.000,00. O Lucro Real é para as empresas com receita **"total"** anual superior a R$ 48.000.000,00. Esses valores

são referentes ao exercício social anterior. Assim, por exemplo, se uma determinada empresa no ano de 20X1 obteve receita bruta superior a R$ 56.000.000,00, em 20X2 a forma de tributação será pelo Lucro Real. Caso uma empresa faça opção indevida, a forma de tributação será pelo Lucro Arbitrado, que é a forma imposta pelo Fisco nesses casos. Também será o Lucro Arbitrado no caso em que a documentação exigida pelo Fisco não esteja correta. Cabe ressaltar que se uma microempresa, por exemplo, optar pelo Lucro Presumido ou pelo Lucro Real, ou uma empresa dentro da faixa do Lucro Presumido optar pelo Lucro Real isto NÃO é optar indevidamente. O contrário sim.

(2) Tendo em vista a legislação do IR, entendemos que a definição de "microempresa" e "empresa de pequeno porte" está vinculada à RECEITA BRUTA ANUAL. Em nenhum momento a legislação fiscal menciona as expressões "médio porte" e "grande porte", sendo essas denominações puramente doutrinárias. Isso pode ser explicado em função das definições dos limites mencionados na legislação do IR, a qual, no caso das microempresas e empresas de pequeno porte, estabelece como limites a RECEITA BRUTA, e, quando se refere aos limites das empresas que estão fora do SIMPLES, utiliza o conceito de RECEITA TOTAL, assim definida na legislação como o somatório da receita bruta com todas as demais receitas não incluídas na receita bruta, tais como os ganhos de capital (= lucro na venda de bens do ativo investimentos, imobilizado ou intangível), os ganhos líquidos obtidos em operações realizadas nos mercados de renda variável, os rendimentos nominais produzidos por aplicações financeiras de renda fixa, etc. Sendo assim, uma empresa que seja considerada de pequeno porte em função de ter, por exemplo, uma receita bruta num determinado ano-calendário anterior ao da declaração do IR no valor de R$ 900.000,00 e nesse mesmo ano por vender um bem do ativo imobilizado obtiver um ganho de capital de, por exemplo, R$ 3.000.000,00 teria uma receita total nesse ano de R$ 3.900.000,00, no ano seguinte poderia optar pelo SIMPLES, pelo Lucro Presumido ou pelo Lucro Real. Já uma outra empresa que no ano-calendário anterior obtivesse uma receita bruta total de R$ 3.700.000,00 e um ganho de capital de R$ 200.000,00, apesar de ter a mesma receita total que a empresa anterior (R$ 3.900.000,00), não poderia optar no ano seguinte pelo SIMPLES, sendo incluída no Lucro Presumido ou no Lucro Real. Se ainda uma outra empresa num determinado ano-calendário obtivesse, por exemplo, uma receita bruta de R$ 800.000,00 mais ganhos de capital de, por exemplo, R$ 50.000.000,00, dando uma receita total de R$ 50.800.000,00, mesmo sendo de pequeno porte pelas definições da legislação, sua tributação no ano-calendário posterior deve ser pelo Lucro Real. Isso explica por que a legislação do IR não poderia realmente utilizar as expressões "médio" e "grande" porte visto que em muitos casos haveria contradições nas definições dadas, ou seja, uma empresa que seria considerada de pequeno porte por ter uma **receita bruta** superior a R$ 360.000,00 e não superior a R$ 3.600.000,00 poderia, ao mesmo tempo, ser considerada de grande porte por ter uma **receita total** superior a R$ 48.000.000,00. Para as pessoas jurídicas que iniciaram suas atividades no ano anterior, os referidos limites serão proporcionais ao número de meses que exerceu suas atividades, desconsideradas as frações de mês. Assim, por exemplo, se uma empresa iniciou suas atividades em setembro do ano anterior, a receita total desse ano terá que ser superior a R$ 48.000.000,00 ÷ 12 x 4 = R$ 16.000.000,00 para que no ano seguinte essa empresa tenha o Lucro Real como forma de tributação obrigatória.

(3) Com relação ao período de incidência do IR das pessoas jurídicas, até 31/12/1991, esse período era anual. De 1992 a 1996, o período passou a ser mensal, isto é, as pessoas jurídicas contribuintes do IR apuravam seus resultados e pagavam o IR mensalmente. A partir de 1º/1/1997, o período de apuração do IR passou a ser trimestral (com a opção de também ser lucro mensal estimado).

7.2.1. Simples Nacional (ou Supersimples)

7.2.1.1. Pequeno Histórico – Transição do Simples Federal para o Simples Nacional

Em 1996 foi elaborada a Lei Federal nº 9.317/1996, a qual criou o SIMPLES FEDERAL, que era um sistema simplificado de pagamento de tributos **federais**, objetivando fortalecer e incentivar as ME (Micro Empresas) e EPP (Empresas de Pequeno Porte), mediante a redução de alíquotas de tributos e diminuição da burocracia.

Embora o Simples Federal fosse um sistema criado para "facilitar a vida" das ME e EPP, ele deixava muito a desejar, visto que unificava apenas os principais tributos federais (IR, CSLL, IPI, PIS/Pasep, Cofins e INSS), de sorte que a União e cada ente federativo tinha o seu próprio "simples" separadamente. Desse modo, havia, por exemplo, o Simples Paulista, o Simples Goiano etc., todos funcionando de forma independente e paralela ao Simples Federal.

A história mostra que "ninguém" (nenhum Estado) chegou a abrir mão do seu próprio simples, embora no Simples Federal houvesse a previsão do recolhimento e repasses dos valores para os respectivos Estados e Municípios, principalmente porque corriam o risco da retenção dos valores recolhidos, em virtude dos repasses estarem condicionados a casos previstos na Lei de Responsabilidade Fiscal.

Posteriormente, com o objetivo de eliminar todos os entraves existentes no Simples Federal, foi criada em 15 de dezembro de 2006 a Lei Complementar nº 123 (**LC 123/2006**), a qual REVOGOU a Lei nº 9.317/1996, instituindo o **Estatuto Nacional da ME e EPP**, com aplicação a partir de 1º de julho de 2007, nascendo então o SIMPLES NACIONAL, também "apelidado" de SUPERSIMPLES, que é uma forma simplificada e englobada de recolhimento de impostos e contribuições, a partir de um ÚNICO documento de arrecadação, não só de tributos federais, mas também estaduais (ICMS) e municipais (ISS), tendo como base de apuração a RECEITA BRUTA da ME ou EPP, a qual, conforme veremos mais adiante, poderá ser apurada pela ótica do Regime de Caixa ou do Regime de Competência, conforme opção da ME ou EPP.

Abaixo, reproduzimos o art. 12 da LC nº 123/2006:

Art. 12. Fica instituído o Regime Especial Unificado de Arrecadação de Tributos e Contribuições devidos pelas Microempresas e Empresas de Pequeno Porte – Simples Nacional.

O retardo de 1 (um) semestre de 2007 para aplicação da LC 123/2006 se deu, principalmente, em virtude da dificuldade de pôr em prática um sistema tributário de arrecadação única com a coordenação integrada da União, Estados e Municípios, especialmente pelo fato de que alguns desses entes fizeram forte oposição a esse novo sistema, visto que retiraria o seu poder de arrecadar seus próprios tributos (ICMS e ISS) devidos pelas ME e EPP.

> NOTA: A partir de 1º de julho de 2007, as empresas optantes pelo Simples Nacional que não passaram pela migração automática por não estarem cadastradas no Simples Federal só puderam fazer a adesão ao Simples Nacional através do PORTAL DO SIMPLES NACIONAL no site da Receita Federal do Brasil:
>
> - Em janeiro de cada ano, para empresas que já estavam em atividade; ou
> - A qualquer momento do ano, para empresas em inicio de atividade.

Com a criação do SIMPLES NACIONAL, uma das novidades mais marcantes foi a arrecadação direta de tributos, de forma que, ao pagar a guia de arrecadação chamada de Documento de Arrecadação do Simples (DAS), o valor pago ao banco é repassado a um sistema gerenciado pelo Banco do Brasil, o qual reparte automaticamente os valores arrecadados para os respectivos entes. Além disso, o Simples Nacional, por ser o sucessor do Simples Federal, herdou no início de sua implantação algumas de suas características, como, por exemplo, a de não abarcar os profissionais liberais, atributo esse que começou a mudar logo em seguida com a inclusão da categoria dos contadores e profissionais de produção artística, aceitando-se esses primeiros profissionais liberais em um regime tributário de ME e EPP.

Mais adiante, com a vigência da LC nº 147/2014, vários outros profissionais liberais foram aceitos para inclusão no Simples Nacional, de modo que, a partir de 2015, mediante a vigência daquela lei, a opção pelo Simples Nacional passou a ser permitida para profissionais liberais de diversas outras atividades, tais como advogados, engenheiros, médicos e profissionais de representação comercial.

A intenção principal dessa inclusão foi a de que mais profissionais liberais saíssem da informalidade e que a abertura de novas ME e EPP seja simplificada pela redução da burocracia com a adoção de um cadastro único por CNPJ.

7.2.1.2. Comitê Gestor do Simples Nacional (CGSN)

O CGSN, o qual foi criado pela LC 123/2006, é composto por 4 representantes da Receita Federal do Brasil (representantes da União), 2 representantes dos Estados e do Distrito Federal e 2 representantes dos Municípios.

O referido comitê tem por objetivo geral tratar dos aspectos tributários referentes ao Simples Nacional, de modo que irá regulamentar, através de suas RESOLUÇÕES, os seguintes itens:

- A opção pelo Simples Nacional
- A exclusão do Simples Nacional
- A tributação pelo Simples Nacional
- A fiscalização no Simples Nacional
- A arrecadação pelo Simples Nacional
- A cobrança no Simples Nacional

- A dívida ativa no Simples Nacional
- O recolhimento no Simples Nacional

7.2.1.3. Vantagens do Simples Nacional

- Possibilidade de tributação somente das receitas de vendas efetivamente recebidas (Regime de Caixa), caso a ME ou EPP opte por esse regime.
- Possibilidades de menor tributação do que em relação a outros regimes tributários (como Lucro Real ou Presumido).
- Maior facilidade no atendimento da legislação tributária, previdenciária e trabalhista.
- Simplificação no pagamento de diversos tributos abrangidos pelo sistema, mediante uma única guia.
- Nas licitações será assegurada, como critério de desempate, preferência de contratação para as ME e EPP.
- Possibilidade de formar SPE – Sociedade de Propósito Específico (Consórcio Societário, onde os sócios são exclusivamente ME e/ou EPP) nos moldes do art. 56 da LC 123/2006 alterado pela LC 128/2008.
- Regras especiais para protesto de títulos, com redução de taxas e possibilidade de pagamento com cheque.
- As ME e EPP que se encontrem sem movimento há mais de três anos poderão dar baixa nos registros dos órgãos públicos federais, estaduais e municipais, independentemente do pagamento de débitos tributários, taxas ou multas devidas pelo atraso na entrega das respectivas declarações nesses períodos.

7.2.1.4. Escolha da Melhor Opção de Tributação para as Microempresas (ME) e Empresas de Pequeno Porte (EPP)

Embora o Simples Nacional seja, em geral, a melhor opção de tributação para as ME e EPP, dada sua simplicidade de aplicação e alíquotas relativamente baixas, há casos em que a ausência de créditos do IPI e a existência de sublimites estabelecidos para alguns estados (veremos mais adiante o que são esses sublimites) podem gerar uma carga tributária maior para essas empresas, principalmente aquelas prestadoras de serviços, especialmente no caso das EPP, as quais têm receitas nas faixas superiores na tabela de alíquotas do Simples.

Dessa forma, em algumas situações a opção pelo Lucro Presumido ou Lucro Real acarreta um menor valor de tributos para algumas empresas que poderiam optar pelo Simples Nacional.

Em vista disso tudo, é recomendável que a ME ou EPP utilize o auxílio de um profissional especializado para análise da melhor opção de tributação, ressaltando que a opção pelo Simples Nacional é FACULTATIVA às ME e EPP, de modo que essas podem optar livremente pelo Lucro Presumido ou Lucro Real, caso julguem conveniente.

7.2.1.5. Formas de Adesão ao Simples Nacional

O INGRESSO da ME e da EPP no Simples Nacional se dá por uma das seguintes formas:

- POR OPÇÃO PRÓPRIA: Ocorre quando a própria empresa formaliza sua opção no Portal do Simples Nacional na RFB.
- POR INCLUSÃO ADMINISTRATIVA: Ocorre quando a administração tributária indefere a opção da ME ou da EPP pelo Simples Nacional. Desse modo, caso a empresa não concorde com o indeferimento, deverá entrar com um processo administrativo em algum órgão de administração tributária da RFB.
- POR INCLUSÃO JUDICIAL: É praticada pela administração tributária em decorrência de um mandado judicial.

7.2.1.6. Adesão ao Simples Nacional por Opção Própria

A solicitação para aderir ao Simples Nacional só pode ser feita atualmente pela INTERNET, através do Portal do Simples Nacional, e será irrevogável até o fim do ano-calendário. Para tanto, é necessário informar os números de Inscrição Municipal e Inscrição Estadual (para contribuintes de ICMS) e, como a análise é feita em conjunto por União, Estados e Municípios, o deferimento depende da total ausência de pendências cadastrais e fiscais em nome da empresa.

As empresas que já estiverem em atividade antes do ano-calendário da opção pelo Simples Nacional têm até o dia 30 de janeiro para comunicar a opção e, caso haja deferimento, os efeitos da opção retroagem para 1º de janeiro.

No caso das empresas em início de atividades, essas devem solicitar a adesão ao Simples até 30 dias após a obtenção do CNPJ. Nesse caso, os efeitos retroagem à data de início da obtenção do CNPJ.

No entanto, caso o pedido da adesão ao Simples Nacional seja indeferido, o contribuinte pode contestar a negativa por meio de documento enviado à administração tributária que apontou as irregularidades.

7.2.1.7. Microempresa (ME) e Empresa de Pequeno Porte (EPP)

Com base no art. 3º da LC 123/2006, já alterada pela LC 147/2014, uma ME ou EPP pode ser:

- Sociedade Simples;
- Empresa Individual de Responsabilidade Limitada; ou
- Empresário a que se refere o art. 966 da Lei nº 10.406/2002 (Código Civil) (*Comentário nosso: Nessa terceira possibilidade é que se enquadram os profissionais liberais, os quais, em sua maioria, não eram aceitos no início do Simples Nacional, mas que atualmente estão sendo aceitos nessa forma de tributação*).

Todos esses três tipos acima devem ser devidamente registrados no Registro de Empresas Mercantis ou no Registro Civil de Pessoas Jurídicas.

Além disso, para que os três tipos acima sejam considerados ME ou EPP num determinado ano-calendário, com base também no artigo referido acima, é necessário que:

No caso das MICROEMPRESAS, essas sejam aquelas que auferiram, no ano-calendário anterior, **RECEITA BRUTA** igual ou inferior a R$ 360.000,00.

No caso das EMPRESAS DE PEQUENO PORTE, essas sejam aquelas que auferiram, no ano-calendário anterior, **RECEITA BRUTA** superior a R$ 360.000,00 e igual ou inferior a R$ 3.600.000,00.

Obs. 1: No caso de início de atividade no próprio ano-calendário, os limites acima serão PROPORCIONAIS ao número de meses, inclusive as frações de meses.

Obs. 2: Considera-se RECEITA BRUTA, para fins de determinação de ME e EPP, o produto da venda de bens e serviços nas operações de conta própria, o preço dos serviços prestados e o resultado nas operações em conta alheia, não incluída as vendas canceladas e os descontos incondicionais concedidos.

Obs. 3: As operações em CONTA PRÓPRIA são aquelas efetuadas com bens e serviços de propriedade da empresa; as operações de CONTA ALHEIA são as realizadas por acordo contratual com bens e serviços de propriedade de terceiros, tais como vendas em consignação, representação comercial etc.

Obs. 4: Com base na Resolução do CGSN (Comitê Gestor do Simples Nacional) nº 94/2011 e na LC nº 123/2006, a ME que no ano-calendário exceder R$ 360.000,00 de receita bruta anual passa, no ano-calendário seguinte, automaticamente, à condição de EPP. Também, a EPP que no ano-calendário não ultrapassar a R$ 360.000,00 de receita bruta anual passa, no ano-calendário seguinte, automaticamente à condição de ME.

Obs. 5: Visando incentivar as exportações, a partir de 01/01/2012, no caso específico das EPP EXPORTADORAS, a Lei Complementar nº 139/2011 concede adicionalmente o limite anual de R$ 3.600.000,00 para receitas decorrentes de exportação de mercadorias, inclusive quando realizada por meio de comercial exportadora ou da sociedade de propósito específico. Consequentemente, a EPP exportadora poderá auferir receita bruta até R$ 7.200.000,00 anualmente, sendo que metade desse valor (R$ 3.600.000,00) se refere às vendas no mercado interno e a outra metade no mercado externo. Cabe ressaltar, no entanto, que esse limite extra não se aplica para as receitas advindas da exportação de serviços.

7.2.1.8. Vedações ao Ingresso ao Simples Nacional

(A) VEDAÇÕES REFERENTES À ESTRUTURA DAS EMPRESAS QUE NÃO PODEM OPTAR PELO SIMPLES NACIONAL – De acordo com o § 4º do art. 3º da LC nº 123/2006, não poderá se beneficiar do tratamento jurídico diferenciado previsto nessa lei e nem do Simples Nacional a pessoa jurídica:

I. De cujo capital participe outra pessoa jurídica;

II. Que seja filial, sucursal, agência ou representação, no País, de pessoa jurídica com sede no exterior.

III. De cujo capital participe pessoa física que seja inscrita como empresário ou seja sócia de outra empresa que receba tratamento jurídico diferenciado nos termos da LC nº 123/2006, desde que a Receita Bruta GLOBAL ultrapasse o limite de R$ 3.600.000,00.

IV. Cujo titular ou sócio participe com mais de 10% do capital de outra empresa não beneficiada pela LC 123/2006, desde que a Receita Bruta GLOBAL ultrapasse o limite de R$ 3.600.000,00.

V. Cujo sócio ou titular seja administrador ou equiparado de outra pessoa jurídica com fins lucrativos, desde que a Receita Bruta GLOBAL ultrapasse o limite de R$ 3.600.000,00.

VI. Constituída sobre a forma de cooperativas, salvo as de consumo.

VII. Que participe do capital de outra pessoa jurídica.

VIII. Que exerça atividade de banco comercial, de investimentos e de desenvolvimento, de caixa econômica, de sociedade de crédito, financiamento e investimento ou de crédito imobiliário de corretora ou de distribuidora de títulos, valores mobiliários e câmbio, de empresa de arrendamento mercantil, de seguros privados e de capitalização ou de previdência complementar.

IX. Resultante ou remanescente de cisão ou outra forma de desmembramento de pessoa jurídica que tenham ocorrido em um dos 5 anos-calendário anteriores.

X. Constituída sob a forma de sociedade por ações.

XI. Cujos titulares ou sócios guardem, cumulativamente, com o contratante do serviço, relação de pessoalidade, subordinação e habitualidade.

(B) VEDAÇÕES REFERENTES ÀS ATIVIDADES OU CARACTERÍSTICAS DOS SÓCIOS DAS EMPRESAS QUE NÃO PODEM OPTAR PELO SIMPLES NACIONAL – De acordo com o art. 17 da LC nº 123/2006, não poderão recolher os impostos e contribuições na forma do Simples Nacional a microempresa ou empresa de pequeno porte:

(1) Que explore atividade de prestação cumulativa e contínua de serviços de assessoria creditícia, gestão de crédito, seleção e riscos, administração de contas a pagar e a receber, gerenciamentos de ativos (assetmanegement), compra de direitos creditórios resultantes de vendas mercantis a prazo ou prestação de serviços (factoring).

(2) Que tenha sócio domiciliado no exterior.

(3) De cujo capital participe entidade da administração pública direta ou indireta, federal, estadual ou municipal.

(4) Que possua débito com o INSS ou com as Fazendas Públicas, Federal, Estadual ou Municipal, cuja exigibilidade não esteja suspensa.

(5) Que preste serviço de transporte intermunicipal e interestadual de passageiros, exceto quando na modalidade fluvial ou quando possuir características de transporte urbano ou metropolitano ou realizar-se sob fretamento contínuo em área metropolitana para o transporte de estudantes ou trabalhadores.

(6) Que seja geradora, transmissora, distribuidora ou comercializadora de energia elétrica.

(7) Que exerça atividade de importação ou fabricação de automóveis ou motocicletas.

(8) Que exerça atividade de importação de combustíveis.

(9) Que exerça atividade de produção ou venda no atacado de:

- Cigarros, cigarrilhas, charutos, filtros para cigarros, armas de fogo, munições e pólvoras, explosivos e detonantes.
- Bebidas a seguir descritas: alcoólicas; refrigerantes, inclusive água saborizadas gaseificadas; preparações compostas não alcoólicas (extratos concentrados ou sabores concentrados), para elaboração de bebida refrigerante, com capacidade de diluição de até 10 partes da bebida para cada parte do concentrado; cervejas sem álcool.

(10) Que realize cessão ou locação de mão de obra.

(11) Que se dedique ao loteamento e à incorporação de imóveis.

(12) Que realize atividade de locação de imóveis próprios, exceto quando se referir a prestação de serviços tributadas pelo ISS.

(13) Com ausência de inscrição ou com irregularidade em cadastro federal, municipal ou estadual, quando exigível.

7.2.1.9. Regime Unificado de Arrecadação

O REGIME UNIFICADO DE ARRECADAÇÃO se traduz no recolhimento mensal,mediante documento único de arrecadação, o qual terá uma combinação entre 8 (oito) tipos de tributos, sendo 6 (seis) federais (IR, CSLL, IPI, Cofins, PIS e CPP), 1 (um) estadual (ICMS) e 1 (um) municipal (ISS), da seguinte forma:

- **COMÉRCIO:** IR, CSLL, Cofins, PIS/Pasep, CPP, ICMS
- **INDÚSTRIA:** IR, CSLL, Cofins, PIS/Pasep, CPP, ICMS, IPI
- **SERVIÇOS:** IR, CSLL, Cofins, PIS/Pasep, CPP, ISS

Nota: A CPP (Contribuição Patronal Previdenciária) é equivalente ao INSS (Instituto Nacional do Seguro Social).

Abaixo, reproduzimos parte do art. 13 da LC nº 123/2006:

Art. 13. O Simples Nacional implica o recolhimento mensal, mediante documento único de arrecadação, dos seguintes impostos e contribuições:

I. *Imposto de Renda da Pessoa Jurídica – IRPJ.*

II. *Imposto sobre Produtos Industrializados – IPI, observado o disposto no inciso XII do § 1º deste artigo.*

III. *Contribuição Social sobre o Lucro Líquido – CSLL.*

IV. *Contribuição para Financiamento da Seguridade Social – Cofins, observado o disposto no inciso XII do § 1º deste artigo.*

V. *Contribuição para o PIS/Pasep, observado o disposto no inciso XII do § 1º deste artigo.*

VI. *Contribuição Patronal Previdenciária – CPP para a Seguridade Social, a cargo da pessoa jurídica, exceto no caso da microempresa e da empresa de pequeno porte que se dedique às atividades de prestação de serviços referidas no § 5º-C do art. 18 desta Lei Complementar.*

VII. *Imposto sobre Operações Relativas à Circulação de Mercadorias e sobre a Prestação de Serviços de Transportes Interestadual e Intermunicipal e de Comunicação – ICMS.*

VIII. *Imposto sobre Serviços de Qualquer Natureza – ISS.*

O referido recolhimento ÚNICO só é possível graças às tabelas de percentuais fornecidas na LC 123/2006, as quais são distribuídas em 6 (seis) anexos, da seguinte forma:

ANEXO I	Comércio
ANEXO II	Indústria
ANEXO III	Locação de Bens Móveis e Prestação de Serviços não relacionados nos §§ 5º-C e 5º-D do art. 18 da LC 123/2006
ANEXO IV	Prestação de Serviços relacionados no § 5º-C do art. 18 da LC nº 123/2006.
ANEXO V	Prestação de Serviços relacionados no § 5º-D do art. 18 da LC nº 123/2006.
ANEXO VI	Prestação de Serviços relacionados no § 5º-I do art. 18 da LC nº 123/2006.

Como exemplo, abaixo indicamos as três primeiras linhas da tabela do ANEXO I (Comércio):

Receita Bruta em 12 meses (em R$)	Alíquota	IRPJ	CSLL	Cofins	PIS/ Pasep	CPP	ICMS
Até 180.000,00	**4%**	0,00%	0,00%	0,00%	0,00%	2,75%	1,25%
De 180.000,01 a 360.000,00	**5,47%**	0,00%	0,00%	0,86%	0,00%	2,75%	1,86%
De 360.000,01 a 540.000,00	**6,84%**	0,27%	0,31%	0,95%	0,23%	2,75%	2,33%

Uma das coisas que se pode observar na tabela acima é que as Microempresas comerciais (Receita Bruta até R$ 360.000,00) apresentam percentuais de IRPJ e CSLL iguais a 0%. Outra coisa que também se pode observar é que a Empresa de Pequeno Porte (Receita Bruta superior a R$ 360.000,00 e não superior a R$ 3.600.000,00) apresenta percentuais do IRPJ e CSLL superiores a 0%.

É importante mencionar, no entanto, que o recolhimento sob a forma de Simples Nacional NÃO EXCLUI a incidência de diversos outros tributos não abrangidos por esse sistema em operações específicas, tais como:

- ICMS devido nas operações ou prestações sujeitas ao regime de SUBSTITUIÇÃO TRIBUTÁRIA
- ICMS devido no desembaraço aduaneiro
- ICMS em operações ou prestações sem notas fiscais
- ISS de serviços sujeitos à substituição tributária
- ISS na importação de serviços
- II, IE, IOF
- FGTS
- PIS/Pasep e Cofins de receitas sujeitas à incidência monofásica de importadores e fabricantes de autopeças, medicamentos, perfumaria, cosméticos etc.
- CPMFetc.

Nota: O §1º do art. 13 da LC 123/2006 dá a relação completa de todos os tributos que podem ser pagos fora do recolhimento único abrangido pelo Simples Nacional.

7.2.1.10. Regimes de Apuração de Receitas no Simples Nacional

REGIME DE CAIXA: A alíquota conjunta do Simples Nacional incide sobre a receita RECEBIDA no mês
■ Tem por base os valores obtidos escrituração no LIVRO CAIXA ou nas contas "Caixa" e/ou "Bancos" no LIVRO RAZÃO. ■ Requer atualização da escrituração contábil mediante conciliação com os extratos bancários, cheques devolvidos, cheques reapresentados, controle de descontos de duplicatas etc. ■ A opção pela determinação da base de cálculo pelo regime de caixa deverá ser registrada quando da apuração dos valores devidos relativos ao mês de janeiro de cada ano-calendário no aplicativo do PGDAS-D, disponível no Portal do Simples Nacional.

REGIME DE COMPETÊNCIA: Alíquota incide sobre a receita AUFERIDA no mês
■ Tem por base os valores obtidos das NOTAS FISCAIS de mercadorias, produtos ou serviços vendidos no mês, à vista ou a prazo. ■ A decisão pelo recolhimento de tributos pelo regime de competência ou pelo regime de caixa é irretratável para todo o ano-calendário, de modo que uma vez feita no mês de janeiro de cada ano, não poderá ser modificada durante todo o respectivo ano.

Obs. 1: Na hipótese de a ME ou a EPP possuir filiais, deverá ser considerado o somatório das receitas recebidas por todos os estabelecimentos.

Obs. 2: A opção pelo regime de caixa, em geral, é vantajosa para as empresas que vendem a prazo, visto que não têm que pagar tributos de imediato sobre valores ainda não recebidos, seja pelo prazo, seja pela inadimplência dos clientes.

A Resolução do CGSN nº 38/2008 estabelece alguns cuidados a serem tomados pela ME ou EPP que optar pelo REGIME DE CAIXA:

I. **Nas prestações de serviços ou operações com mercadorias A PRAZO, a parcela não vencida deverá obrigatoriamente integrar a base de cálculo dos tributos abrangidos pelo Simples Nacional até o último mês do ano-calendário subsequente àquele em que tenha ocorrido a respectiva prestação de serviço ou operação com mercadorias. Além disso, a receita auferida e ainda não recebida também deverá integrar a base de cálculo dos tributos abrangidos pelo Supersimples nas hipóteses de encerramento de atividade (no mês em que ocorrer esse evento), retorno ao regime de competência (no último dia de vigência do regime de caixa) e exclusão do Supersimples (no mês anterior ao dos efeitos da exclusão).**

   Assim, suponhamos, por exemplo, uma nota fiscal de serviços emitida em agosto de 2012 com recebimento previsto para novembro de 2012 no valor de R$ 7.000,00, onde o cliente ficou inadimplente e não há previsão de data para que o mesmo pague esse valor. Nesse caso, a ME ou EPP deverá incluir como receita bruta esse valor até, no máximo, dezembro de 2013.

II. **A empresa optante pelo regime de caixa deve MANTER REGISTRO DOS VALORES A RECEBER, de acordo com o modelo constante do Anexo Único da Resolução CGSN 45/2008, no qual constarão, no mínimo, as seguintes informações, relativas a cada prestação de serviço ou operação com mercadorias a prazo:**

   (i) **número e data de emissão de cada documento fiscal;**

   (ii) **valor da operação ou prestação;**

   (iii) **quantidade e valor de cada parcela, bem como a data dos respectivos vencimentos;**

   (iv) **a data de recebimento e o valor recebido;**

   (v) **saldo a receber;**

   (vi) **créditos considerados não mais cobráveis.**

   Na hipótese de descumprimento do registro dos valores não recebidos, pode vir a ser desconsiderada a opção pelo regime de caixa, nos anos-calendário em que tenha ocorrido o descumprimento, havendo o recálculo do imposto pelo regime de competência, sem prejuízo dos acréscimos legais correspondentes.

   Nota: Fica dispensado o registro em relação às prestações e operações realizadas por meio de administradoras de cartões, inclusive de crédito, desde que a ME ou a EPP anexe ao respectivo registro os extratos emitidos pelas administradoras relativos às vendas e aos créditos respectivos.

III. **A adoção do REGIME DE CAIXA pela ME ou EPP não a desobriga de manter em boa ordem e guarda osdocumentos e livros previstos da Resolução CGSN 10/2007, inclusive com a discriminação completa de toda a sua movimentação financeira e bancária, constante do Livro Caixa.**

7.2.1.11. Tabelas de Alíquotas e Cálculo do Valor a Pagar no Simples Nacional

Dependendo do ramo de atividades da ME ou EPP, a LC nº 123/2006 estabelece ao todo 6 ANEXOS, os quais contêm as TABELAS de percentuais crescentes unificados a serem aplicados sobre a receita bruta mensal da empresa (por regime de caixa ou competência), de modo que a faixa que contém a alíquota a ser usada é determinada em função da RECEITA BRUTA ACUMULADA nos 12 meses anteriores ao mês de apuração (ou proporcional, no caso da empresa existir há menos de 12 meses). Desse modo, temos o seguinte:

ANEXO I	**Empresas comerciais**	**IRPJ, CSLL, Cofins, PIS/Pasep, CPP e ICMS**
ANEXOII	**Empresas industriais**	**IRPJ, CSLL, Cofins, PIS/Pasep, CPP, ICMS e IPI**
ANEXO III	**Empresas de serviços**	**IRPJ, CSLL, Cofins, PIS/Pasep, CPP, ISS**
ANEXO IV	**Empresas de serviços**	**IRPJ, CSLL, Cofins, PIS/Pasep, ISS**
ANEXO V	**Empresas de serviços**	**IRPJ, CSLL, Cofins, PIS/Pasep, ISS, CPP**
ANEXO VI	**Empresas de serviços**	**IRPJ, CSLL, Cofins, PIS/Pasep, ISS, CPP**

Além disso, tendo em vista que o Governo verificou que alguns ramos de atividades de empresas têm maior margem de lucro que outros, astabelas dos três primeiros anexos apresentam as ALÍQUOTAS CONJUNTAS variáveis também de forma crescente em função desses anexos (I a III), bem como a PARTILHA dessas alíquotas para cada faixa dos oito tributos mencionados, fazendo com que as alíquotas nos seis anexos fossem diferenciadas, ou seja, o ramo de atividades que tem maior lucratividade deve pagar mais tributos.

Em geral, as empresas comerciais têm menor lucratividade que as industriais e estas, por sua vez, têm menor lucrativida de que as empresas prestadoras de serviços, justificando, então, o aumento das alíquotas do primeiro ao terceiro anexo.

No caso dos anexos III a VI, os quais se referem exclusivamente a empresas prestadoras de serviços, adiferenciação das alíquotas é em função dos tipos de serviços quesão prestados, isto é, alguns serviços têm lucratividade maior do que outros, justificando assim a diferenciação das alíquotas nesses anexos.

Em vista disso tudo, por exemplo, para uma receita bruta acumulada entre R$ 720.000,01 e R$ 900.000,00, as alíquotas conjuntas dos anexos I a III são: Anexo I = 7,60%; Anexo II = 8,10%; e Anexo III = 11,40%.

Dessa forma, suponhamos, por exemplo, que a receita bruta de determinada empresa comercial no mês de abril de X1 fosse de R$ 87.500,00 e que a receita bruta acumulada nos 12 meses anteriores (abril de X0 amarço de X1) fosse de R$ 941.000,00. Assim, o valor conjunto dos tributos desse mês seria de 8,28% (alíquota conjunta) de R$ 87.500,00, ou seja, R$ 7.245,00, valor este que deveria ser pago até o último dia útil da 1ª quinzena do mês seguinte.

Nessa situação, a partilha seria a seguinte: IRPJ = 0,38% × R$ 87.500,00; CSLL = 0,38% × R$ 87.500,00; Cofins = 1,15% × R$ 87.500,00; PIS/Pasep = 0,27% × R$ 87.500,00; CPP (INSS) = 3,28% × R$87.500,00; e ICMS = 2,82% × R$ 87.500,00.

Cabe ressaltar que tal partilha, sob a ótica da empresa, é útil somente para efeitos de contabilização separada dos tributos, visto que o pagamento é feito de forma unificada através de um único DARF (Documento de Arrecadação de Receitas Federais).

No caso específico do anexo cinco, a tabela das ALÍQUOTAS CONJUNTAS não apresenta a partilha e as alíquotas a serem aplicadas sobre a receita bruta e não variam somente de forma crescente em função da receita bruta acumulada nos 12 meses anteriores ao mês do qual se pretende determinar o valor conjunto dos tributos a pagar, mas também em função de um fator chamado "r", o qual comentaremos mais adiante. No caso dos anexos III e VI, os quatro se referem a empresas prestadoras de serviços, sendo as alíquotas diferenciadas em função do tipo de serviços prestados, conforme veremos também mais adiante.

Obs. 1: Conforme já comentado, do ANEXO I ao III, as alíquotas conjuntas referentes às mesmas faixas de valores são crescentes, dado que, em geral, a lucratividade das empresas prestadoras de serviços é maior do que a das empresas industriais e a lucratividade destas é maior do que a das empresas comerciais.

Obs. 2: A CPP(Contribuição Patronal Previdenciária = INSS patronal) não está incluída no anexo V, devendo ser calculada normalmente como em qualquer outra empresa não optante pelo Simples Nacional.

Obs. 3: O ISS do Anexo V não está incluído no percentual conjunto, devendo ser somado a esse percentual com base nos valores fornecidos pelo Anexo IV.

Obs. 4: De modo diferente dos Anexos I a IV, o anexo V não fornece "diretamente" as partilhas dos tributos incluídos, contendo, por essa razão, DUAS tabelas:

- Tabela V-A: Fornece DIRETAMENTE a alíquota conjunta dos seguintes tributos: CPP, IRPJ, CSLL, Cofins, PIS/Pasep. Nesse caso, são duas as variáveis para que se possa localizar a alíquota única a ser aplicada sobre a receita bruta de determinado mês: (1º) Faixa da receita bruta acumulada nos 12 meses anteriores (ou proporcional, no caso de a empresa existir há menos de 12 meses); e (2º) Valor do fator "r", o qual é calculado dividindo-se o valor da folha de salários dos 12 meses anteriores (ou proporcional) pela receita bruta dos 12 meses anteriores (ou proporcional).
- Tabela V-B: Utilizada para o cálculo das partilhas dos seguintes tributos: CPP, IRPJ, CSLL, Cofins e PIS/Pasep.

Posto tudo isso, agora iremos apresentar os 6 anexos, bem como exemplos de alguns cálculos:

ANEXO I (para empresas comerciais): compreende seis dos oito tributos mencionados anteriormente: IRPJ, CSLL, Cofins, PIS/Pasep, CPP (INSS) e ICMS. Assim, temos a seguinte tabela de alíquotas e partilha:

Receita Bruta em 12 meses (em R$)	Alíquota	IRPJ	CSLL	Cofins	PIS/ Pasep	CPP	ICMS
Até 180.000,00	4,00%	0,00%	0,00%	0,00%	0,00%	2,75%	1,25%
De 180.000,01 a 360.000,00	5,47%	0,00%	0,00%	0,86%	0,00%	2,75%	1,86%
De 360.000,01 a 540.000,00	6,84%	0,27%	0,31%	0,95%	0,23%	2,75%	2,33%
De 540.000,01 a 720.000,00	7,54%	0,35%	0,35%	1,04%	0,25%	2,99%	2,56%
De 720.000,01 a 900.000,00	7,60%	0,35%	0,35%	1,05%	0,25%	3,02%	2,58%
De 900.000,01 a 1.080.000,00	8,28%	0,38%	0,38%	1,15%	0,27%	3,28%	2,82%
De 1.080.000,01 a 1.260.000,00	8,36%	0,39%	0,39%	1,16%	0,28%	3,30%	2,84%
De 1.260.000,01 a 1.440.000,00	8,45%	0,39%	0,39%	1,17%	0,28%	3,35%	2,87%
De 1.440.000,01 a 1.620.000,00	9,03%	0,42%	0,42%	1,25%	0,30%	3,57%	3,07%
De 1.620.000,01 a 1.800.000,00	9,12%	0,43%	0,43%	1,26%	0,30%	3,60%	3,10%
De 1.800.000,01 a 1.980.000,00	9,95%	0,46%	0,46%	1,38%	0,33%	3,94%	3,38%
De 1.980.000,01 a 2.160.000,00	10,04%	0,46%	0,46%	1,39%	0,33%	3,99%	3,41%
De 2.160.000,01 a 2.340.000,00	10,13%	0,47%	0,47%	1,40%	0,33%	4,01%	3,45%
De 2.340.000,01 a 2.520.000,00	10,23%	0,47%	0,47%	1,42%	0,34%	4,05%	3,48%
De 2.520.000,01 a 2.700.000,00	10,32%	0,48%	0,48%	1,43%	0,34%	4,08%	3,51%
De 2.700.000,01 a 2.880.000,00	11,23%	0,52%	0,52%	1,56%	0,37%	4,44%	3,82%
De 2.880.000,01 a 3.060.000,00	11,32%	0,52%	0,52%	1,57%	0,37%	4,49%	3,85%
De 3.060.000,01 a 3.240.000,00	11,42%	0,53%	0,53%	1,58%	0,38%	4,52%	3,88%
De 3.240.000,01 a 3.420.000,00	11,51%	0,53%	0,53%	1,60%	0,38%	4,56%	3,91%
De 3.420.000,01 a 3.600.000,00	11,61%	0,54%	0,54%	1,60%	0,38%	4,60%	3,95%

Exemplo:A empresa comercial Bahia Ltda., optante pelo Simples Nacional, a qual iniciou suas atividades em setembro de X0, apresentou as seguintes receitas brutas até dezembro de X1 (valores em R$):

Mês	Receita Bruta (X0)	Receita Bruta (X1)	Receita Bruta Acumulada em X0	Receita Bruta Acumulada em X1
Janeiro	-	95.600,00	-	876.900,00
Fevereiro	-	84.400,00	-	930.960,00
Março	-	90.000,00	-	944.600,00
Abril	-	86.300,00	-	963.942,86
Maio	-	92.000,00	-	972.900,00
Junho	-	90.200,00	-	987.466,67
Julho	-	94.000,00	-	996.960,00
Agosto	-	116.700,00	-	1.008.872,73
Setembro	67.200,00	129.900,00	**806.400,00**	1.041.500,00
Outubro	75.000,00	132.000,00	**806.400,00**	1.104.200,00
Novembro	68.900,00	120.000,00	853.200,00	1.161.200,00
Dezembro	81.200,00	118.600,00	844.400,00	1.212.300,00

Os critérios de cálculo da receita bruta acumulada nos 12 meses anteriores a cada período de apuração na tabela acima foram os seguintes:

(1) Excepcionalmente nos dois primeiros meses de atividade da empresa, a receita bruta acumulada é igual ao valor do 1º mês multiplicado por 12.

(2) No terceiro mês (novembro de X0) será igual à média aritmética dos dois meses anteriores multiplicada por 12, ou seja, (67.200,00 + 75.000,00) ÷ 2 × 12 = 853.200,00.

(3) No quarto mês será a média aritmética dos três meses anteriores multiplicada por 12, ou seja, (67.200,00 + 75.000,00 + 68.900,00) ÷ 3 × 12 = 844.400,00, e assim por diante, até chegar ao 12º mês de atividade, onde a receita bruta acumulada será de (67.200,00 + 75.000,00 + 68.900,00 + 81.200,00 + 95.600,00 + 84.400,00 + 90.000,00 + 86.300,00 + 92.000,00 + 90.200,00 + 94.000,00) ÷ 11 × 12 = 1.008.872,73.

(4) Apartir do 13º mês de atividade (a partir de setembro de X1), não haverá mais a média aritmética, visto que a receita bruta acumulada nesse mês será a soma da receita bruta acumulada nos 12 meses anteriores.

É importante mencionar, no entanto, que se o valor da receita bruta auferida durante o ano-calendário ultrapassar o limite de R$ 300.000,00 (trezentos mil reais) multiplicados pelo número de meses do período de atividade, a parcela de receita que exceder o montante assim determinado estará sujeita às alíquotas máximas previstas nos Anexos I a VI, proporcionalmente conforme o caso, acrescidas de **20%** (vinte por cento).

Assim, por exemplo, suponhamos que a receita bruta de determinada empresa comercial no mês de dezembro de X1 fosse de R$ 130.000,00, sendo a receita bruta acumuladado mês anterior (acumulada de janeiro a novembro de X1) de R$ 3.490.000,00. Nesse caso, a receita bruta acumulada em dezembro de X1 seria deR$3.620.000,00 (ultrapassaria R$ 20.000,00 os R$ 3.600.000,00) (= 300.000,00 × 12 meses). Assim, teríamos o seguinte cálculo do valor total apagar referente ao mês de dezembro de X1:

(R$ 130.000,00 – R$ 20.000,00) × 11,61% .... R$ 12.771,00

(+) R$ 20.000,00 × (11,61% + 20% × 11,61%).. R$2.786,40

(=)Total a Pagar .... R$15.557,40

Na tabela seguinte, temos os cálculos dos tributos a pagar de setembro de X0 a dezembro de X1 no exemplo acima:

Mês	Receita Bruta (X0)	% em X0	Tributos a pagar em X0	Receita Bruta (X1)	% em X1	Tributos a pagar em X1
Janeiro	-	-		95.600,00	7,60%	7.265,60
Fevereiro	-	-		84.400,00	8,28%	6.988,32
Março	-	-		90.000,00	8,28%	7.452,00
Abril	-	-		86.300,00	8,28%	7.145,64
Maio	-	-		92.000,00	8,28%	7.617,60
Junho	-	-		90.200,00	8,28%	7.468,56
Julho	-	-		94.000,00	8,28%	7.783,20
Agosto	-	-		116.700,00	8,28%	9.662,76
Setembro	67.200,00	7,60%	5.107,20	129.900,00	8,28%	10.755,72
Outubro	75.000,00	7,60%	5.700,00	132.000,00	8,36%	11.035,20
Novembro	68.900,00	7,60%	5.236,40	120.000,00	8,36%	10.032,00
Dezembro	81.200,00	7,60%	6.171,20	118.600,00	8,36%	9.914,96

Obs.: Atualmente todos os cálculos referentes ao Simples Nacional são feitos automaticamente através do programa PGDAS-D, o qual é baixado no site da Receita Federal do Brasil, conforme veremos no item 7.2.1.13.

<u>ANEXO II</u> (para empresas industriais): compreende sete dos oito tributos mencionados: IRPJ, CSLL, Cofins, PIS/Pasep, CPP (INSS), ICMS e IPI.

Receita Bruta em 12 meses (em R$)	Alíquota	IRPJ	CSLL	Cofins	PIS/ Pasep	CPP	ICMS	IPI
Até 180.000,00	4,50%	0,00%	0,00%	0,00%	0,00%	2,75%	1,25%	0,50%
De 180.000,01 a 360.000,00	5,97%	0,00%	0,00%	0,86%	0,00%	2,75%	1,86%	0,50%
De 360.000,01 a 540.000,00	7,34%	0,27%	0,31%	0,95%	0,23%	2,75%	2,33%	0,50%
De 540.000,01 a 720.000,00	8,04%	0,35%	0,35%	1,04%	0,25%	2,99%	2,56%	0,50%
De 720.000,01 a 900.000,00	8,10%	0,35%	0,35%	1,05%	0,25%	3,02%	2,58%	0,50%
De 900.000,01 a 1.080.000,00	8,78%	0,38%	0,38%	1,15%	0,27%	3,28%	2,82%	0,50%
De 1.080.000,01 a 1.260.000,00	8,86%	0,39%	0,39%	1,16%	0,28%	3,30%	2,84%	0,50%
De 1.260.000,01 a 1.440.000,00	8,95%	0,39%	0,39%	1,17%	0,28%	3,35%	2,87%	0,50%
De 1.440.000,01 a 1.620.000,00	9,53%	0,42%	0,42%	1,25%	0,30%	3,57%	3,07%	0,50%
De 1.620.000,01 a 1.800.000,00	9,62%	0,42%	0,42%	1,26%	0,30%	3,62%	3,10%	0,50%
De 1.800.000,01 a 1.980.000,00	10,45%	0,46%	0,46%	1,38%	0,33%	3,94%	3,38%	0,50%
De 1.980.000,01 a 2.160.000,00	10,54%	0,46%	0,46%	1,39%	0,33%	3,99%	3,41%	0,50%
De 2.160.000,01 a 2.340.000,00	10,63%	0,47%	0,47%	1,40%	0,33%	4,01%	3,45%	0,50%
De 2.340.000,01 a 2.520.000,00	10,73%	0,47%	0,47%	1,42%	0,34%	4,05%	3,48%	0,50%
De 2.520.000,01 a 2.700.000,00	10,82%	0,48%	0,48%	1,43%	0,34%	4,08%	3,51%	0,50%
De 2.700.000,01 a 2.880.000,00	11,73%	0,52%	0,52%	1,56%	0,37%	4,44%	3,82%	0,50%
De 2.880.000,01 a 3.060.000,00	11,82%	0,52%	0,52%	1,57%	0,37%	4,49%	3,85%	0,50%
De 3.060.000,01 a 3.240.000,00	11,92%	0,53%	0,53%	1,58%	0,38%	4,52%	3,88%	0,50%
De 3.240.000,01 a 3.420.000,00	12,01%	0,53%	0,53%	1,60%	0,38%	4,56%	3,91%	0,50%
De 3.420.000,01 a 3.600.000,00	12,11%	0,54%	0,54%	1,60%	0,38%	4,60%	3,95%	0,50%

<u>ANEXO III</u> (serviços e locação de bens móveis): compreende seis dos oito tributos mencionados: IRPJ, CSLL, Cofins, PIS/Pasep, CPP (INSS) e ISS.

As seguintes atividades de prestação de serviços são abrangidas pela tabela do Anexo III:

- creche, pré-escola e estabelecimento de ensino fundamental, escolas técnicas, profissionais de ensino médio, de línguas estrangeiras, de artes, cursos técnicos de pilotagem, preparatórios para concursos, gerenciais e escolas livres;
- agência terceirizada de correios;
- agência de viagem e turismo;
- centro de formação de condutores de veículos automotores de transporte terrestre de passageiros e de carga;
- agência lotérica;
- serviços de instalação, de reparos e de manutenção em geral, bem como de usinagem, solda, tratamento e revestimento em metais;
- transporte municipal de passageiros; e
- escritórios de serviços contábeis, observado o disposto nos §§ 22-B e 22-C do artigo18 da Lei Complementar nº 123.
- produções cinematográficas, audiovisuais, artísticas e culturais, sua exibição ou apresentação, inclusive no caso de música, literatura, artes cênicas, artes visuais, cinematográficas e audiovisuais.

Receita Bruta em 12 meses (em R$)	Alíquota	IRPJ	CSLL	Cofins	PIS/ Pasep	CPP	ISS
Até 180.000,00	6,00%	0,00%	0,00%	0,00%	0,00%	4,00%	2,00%
De 180.000,01 a 360.000,00	8,21%	0,00%	0,00%	1,42%	0,00%	4,00%	2,79%
De 360.000,01 a 540.000,00	10,26%	0,48%	0,43%	1,43%	0,35%	4,07%	3,50%
De 540.000,01 a 720.000,00	11,31%	0,53%	0,53%	1,56%	0,38%	4,47%	3,84%
De 720.000,01 a 900.000,00	11,40 %	0,53%	0,52%	1,58%	0,38%	4,52%	3,87%
De 900.000,01 a 1.080.000,00	12,42%	0,57%	0,57%	1,73%	0,40%	4,92%	4,23%
De 1.080.000,01 a 1.260.000,00	12,54%	0,59%	0,56%	1,74%	0,42%	4,97%	4,26%
De 1.260.000,01 a 1.440.000,00	12,68%	0,59%	0,57%	1,76%	0,42%	5,03%	4,31%
De 1.440.000,01 a 1.620.000,00	13,55%	0,63%	0,61%	1,88%	0,45%	5,37%	4,61%
De 1.620.000,01 a 1.800.000,00	13,68%	0,63%	0,64%	1,89%	0,45%	5,42%	4,65%
De 1.800.000,01 a 1.980.000,00	14,93%	0,69%	0,69%	2,07%	0,50%	5,98%	5,00%
De 1.980.000,01 a 2.160.000,00	15,06%	0,69%	0,69%	2,09%	0,50%	6,09%	5,00%
De 2.160.000,01 a 2.340.000,00	15,20%	0,71%	0,70%	2,10%	0,50%	6,19%	5,00%
De 2.340.000,01 a 2.520.000,00	15,35%	0,71%	0,70%	2,13%	0,51%	6,30%	5,00%
De 2.520.000,01 a 2.700.000,00	15,48%	0,72%	0,70%	2,15%	0,51%	6,40%	5,00%
De 2.700.000,01 a 2.880.000,00	16,85%	0,78%	0,76%	2,34%	0,56%	7,41%	5,00%
De 2.880.000,01 a 3.060.000,00	16,98%	0,78%	0,78%	2,36%	0,56%	7,50%	5,00%
De 3.060.000,01 a 3.240.000,00	17,13%	0,80%	0,79%	2,37%	0,57%	7,60%	5,00%
De 3.240.000,01 a 3.420.000,00	17,27%	0,80%	0,79%	2,40%	0,57%	7,71%	5,00%
De 3.420.000,01 a 3.600.000,00	17,42%	0,81%	0,79%	2,42%	0,57%	7,83%	5,00%

ANEXO IV (serviços): compreende cinco dos oito tributos mencionados: IRPJ, CSLL, Cofins, PIS/Pasep e ISS.

Observemos que este anexo não abrange na partilha a CPP (INSS) a cargo da pessoa jurídica, de forma que o INSS será calculado separadamente como em qualquer outro tipo de empresa não tributada pelo Simples Nacional.

As seguintes atividades de prestação de serviços são abrangidas pela tabela do Anexo IV:

– construção de imóveis e obras de engenharia em geral, inclusive sob a forma de subempreitada, execução de projetos e serviços de paisagismo, bem como decoração de interiores;
– serviço de vigilância, limpeza ou conservação.

Receita Bruta em 12 meses (em R$)	Alíquota	IRPJ	CSLL	Cofins	PIS/Pasep	ISS
Até 180.000,00	4,50%	0,00%	1,22%	1,28%	0,00%	2,00%
De 180.000,01 a 360.000,00	6,54%	0,00%	1,84%	1,91%	0,00%	2,79%
De 360.000,01 a 540.000,00	7,70%	0,16%	1,85%	1,95%	0,24%	3,50%
De 540.000,01 a 720.000,00	8,49%	0,52%	1,87%	1,99%	0,27%	3,84%
De 720.000,01 a 900.000,00	8,97%	0,89%	1,89%	2,03%	0,29%	3,87%
De 900.000,01 a 1.080.000,00	9,78%	1,25%	1,91%	2,07%	0,32%	4,23%
De 1.080.000,01 a 1.260.000,00	10,26%	1,62%	1,93%	2,11%	0,34%	4,26%
De 1.260.000,01 a 1.440.000,00	10,76%	2,00%	1,95%	2,15%	0,35%	4,31%
De 1.440.000,01 a 1.620.000,00	11,51%	2,37%	1,97%	2,19%	0,37%	4,61%
De 1.620.000,01 a 1.800.000,00	12,00%	2,74%	2,00%	2,23%	0,38%	4,65%
De 1.800.000,01 a 1.980.000,00	12,80%	3,12%	2,01%	2,27%	0,40%	5,00%
De 1.980.000,01 a 2.160.000,00	13,25%	3,49%	2,03%	2,31%	0,42%	5,00%
De 2.160.000,01 a 2.340.000,00	13,70%	3,86%	2,05%	2,35%	0,44%	5,00%
De 2.340.000,01 a 2.520.000,00	14,15%	4,23%	2,07%	2,39%	0,46%	5,00%
De 2.520.000,01 a 2.700.000,00	14,60%	4,60%	2,10%	2,43%	0,47%	5,00%
De 2.700.000,01 a 2.880.000,00	15,05%	4,90%	2,19%	2,47%	0,49%	5,00%
De 2.880.000,01 a 3.060.000,00	15,50%	5,21%	2,27%	2,51%	0,51%	5,00%
De 3.060.000,01 a 3.240.000,00	15,95%	5,51%	2,36%	2,55%	0,53%	5,00%
De 3.240.000,01 a 3.420.000,00	16,40%	5,81%	2,45%	2,59%	0,55%	5,00%
De 3.420.000,01 a 3.600.000,00	16,85%	6,12%	2,53%	2,63%	0,57%	5,00%

ANEXO V (serviços): compreende seis dos oito tributos mencionados: CPP, IRPJ, CSLL, Cofins, PIS/Pasep e ISS, sendo que a primeira tabela desse anexo não apresenta as partilhas das alíquotas conjuntas e sim a redução dessas alíquotas em função do aumento de um fator chamado "r", o qual é calculado da seguinte forma:

$$r = \frac{\text{Folha de salários incluindo os encargos (nos 12 meses anteriores ou proporcional)}}{\text{Receita bruta (nos 12 meses anteriores ou proporcional)}}$$

A razão das alíquotas diminuírem em função do aumento do fator "r" se explica pelo fato de que quanto maior for esse fator, menor será a margem de lucro da empresa, visto que a mesma está utilizando um maior percentual de sua receita bruta para pagar os salários. Desta forma, nada mais justo do que pagarem menos tributos sobre a receita bruta.

As seguintes atividades de prestação de serviços são abrangidas pela tabela do AnexoV:

- cumulativamente administração e locação de imóveis de terceiros;
- academias de dança, de capoeira, de ioga e de artes marciais;
- academias de atividades físicas, desportivas, de natação e escolas de esportes;
- elaboração de programas de computadores, inclusive jogos eletrônicos, desde que desenvolvidos em estabelecimento do optante
- licenciamento ou cessão de direito de uso de programas de computação;
- planejamento, confecção, manutenção e atualização de páginas eletrônicas, desde que realizados em estabelecimento do optante;
- empresas montadoras de estandes para feiras;
- laboratórios de análises clínicas ou de patologia clínica;
- serviços de tomografia, diagnósticos médicos por imagem, registros gráficos e métodosóticos, bem como ressonância magnética;
- serviços de prótese em geral.

Nas hipótes e sem que (r) corresponda aos intervalos centesimais da Tabela V-A, onde "<" significa menor que, ">" significa maior que, "=<" significa igual ou menor que e ">=" significa maior ou igual a, as alíquotas do Simples Nacional relativas ao IRPJ, PIS/Pasep, CSLL, Cofinse CPP corresponderão ao seguinte:

TABELA V-A

Receita Bruta em 12 meses (em R$)	(r)<0,10	0,10=<(r) e(r) <0,15	0,15=< (r) e (r) < 0,20	0,20=< (r) e (r) < 0,25	0,25=< (r) e (r) < 0,30	0,30=< (r) e (r) < 0,35	0,35=< (r) e (r) < 0,40	(r)>= 0,40
Até 180.000,00	17,50%	15,70%	13,70%	11,82%	10,47%	9,97%	8,80%	8,00%
De 180.000,01 a 360.000,00	17,52%	15,75%	13,90%	12,60%	12,33%	10,72%	9,10%	8,48%
De 360.000,01 a 540.000,00	17,55%	15,95%	14,20%	12,90%	12,64%	11,11%	9,58%	9,03%
De 540.000,01 a 720.000,00	17,95%	16,70%	15,00%	13,70%	13,45%	12,00%	10,56%	9,34%
De 720.000,01 a 900.000,00	18,15%	16,95%	15,30%	14,03%	13,53%	12,40%	11,04%	10,06%
De 900.000,01 a 1.080.000,00	18,45%	17,20%	15,40%	14,10%	13,60%	12,60%	11,60%	10,60%
De 1.080.000,01 a 1.260.000,00	18,55%	17,30%	15,50%	14,11%	13,68%	12,68%	11,68%	10,68%
De 1.260.000,01 a 1.440.000,00	18,62%	17,32%	15,60%	14,12%	13,69%	12,69%	11,69%	10,69%
De 1.440.000,01 a 1.620.000,00	18,72%	17,42%	15,70%	14,13%	14,08%	13,08%	12,08%	11,08%
De 1.620.000,01 a 1.800.000,00	18,86%	17,56%	15,80%	14,14%	14,09%	13,09%	12,09%	11,09%
De 1.800.000,01 a 1.980.000,00	18,96%	17,66%	15,90%	14,49%	14,45%	13,61%	12,78%	11,87%
De 1.980.000,01 a 2.160.000,00	19,06%	17,76%	16,00%	14,67%	14,64%	13,89%	13,15%	12,28%
De 2.160.000,01 a 2.340.000,00	19,26%	17,96%	16,20%	14,86%	14,82%	14,17%	13,51%	12,68%
De 2.340.000,01 a 2.520.000,00	19,56%	18,30%	16,50%	15,46%	15,18%	14,61%	14,04%	13,26%
De 2.520.000,01 a 2.700.000,00	20,70%	19,30%	17,45%	16,24%	16,00%	15,52%	15,03%	14,29%
De 2.700.000,01 a 2.880.000,00	21,20%	20,00%	18,20%	16,91%	16,72%	16,32%	15,93%	15,23%
De 2.880.000,01 a 3.060.000,00	21,70%	20,50%	18,70%	17,40%	17,13%	16,82%	16,38%	16,17%
De 3.060.000,01 a 3.240.000,00	22,20%	20,90%	19,10%	17,80%	17,55%	17,22%	16,82%	16,51%
De 3.240.000,01 a 3.420.000,00	22,50%	21,30%	19,50%	18,20%	17,97%	17,44%	17,21%	16,94%
De 3.420.000,01 a 3.600.000,00	22,90%	21,80%	20,00%	18,60%	18,40%	17,85%	17,60%	17,18%

Somar-se-á a alíquota do Simples Nacional relativa ao IRPJ, PIS/Pasep, CSLL, Cofins e CPP apurada na forma acima à parcela correspondente ao ISS prevista no Anexo IV.

A partilha das receitas relativas ao IRPJ, PIS/Pasep, CSLL, Cofins e CPP arrecadadas na forma deste Anexo será realizada com base nos parâmetros definidos na Tabela V-B, onde:

(I) = pontos percentuais da partilha destinada à CPP;

(J) = pontos percentuais da partilha destinada ao IRPJ, calculados após o resultado do fator (I);

(K) = pontos percentuais da partilha destinada à CSLL, calculados após o resultado dos fatores (I) e (J);

(L) = pontos percentuais da partilha destinada à Cofins, calculados após o resultado dos fatores (I), (J) e (K);

(M) = pontos percentuais da partilha destinada à contribuição para o PIS/Pasep, calculados após os resultados dos fatores (I), (J), (K) e (L);

(I) + (J) + (K) + (L) + (M) = 100

(N) = relação (r) dividida por 0,004, limitando-se o resultado a 100; (P) = 0,1 dividido pela relação (r), limitando-se o resultado a 1.

TABELA V-B

Receita Bruta em 12 meses (em R$)	CPP	IRPJ	CSLL	Cofins	PIS/Pasep
	I	J	K	L	M
Até 180.000,00	N x0,9	0,75 X(100 – I) X P	0,25 X(100 – I) X P	0,75 X(100 – I – J – K)	100 – I – J – K – L
De 180.000,01 a 360.000,00	N x0,875	0,75 X(100 – I) X P	0,25 X(100 – I) X P	0,75 X(100 – I – J – K)	100 – I – J – K – L
De 360.000,01 a 540.000,00	N x0,85	0,75 X(100 – I) X P	0,25 X(100 – I) X P	0,75 X(100 – I – J – K)	100 – I – J – K – L
De 540.000,01 a 720.000,00	N x0,825	0,75 X(100 – I) X P	0,25 X(100 – I) X P	0,75 X(100 – I – J – K)	100 – I – J – K – L
De 720.000,01 a 900.000,00	N x0,8	0,75 X(100 – I) X P	0,25 X(100 – I) X P	0,75 X(100 – I – J – K)	100 – I – J – K – L
De 900.000,01 a 1.080.000,00	N x0,775	0,75 X(100 – I) X P	0,25 X(100 – I) X P	0,75 X(100 – I – J – K)	100 – I – J – K – L
De 1.080.000,01 a 1.260.000,00	N x0,75	0,75 X(100 – I) X P	0,25 X(100 – I) X P	0,75 X(100 – I – J – K)	100 – I – J – K – L
De 1.260.000,01 a 1.440.000,00	N x0,725	0,75 X(100 – I) X P	0,25 X(100 – I) X P	0,75 X(100 – I – J – K)	100 – I – J – K – L
De 1.440.000,01 a 1.620.000,00	N x0,7	0,75 X(100 – I) X P	0,25 X(100 – I) X P	0,75 X(100 – I – J – K)	100 – I – J – K – L
De 1.620.000,01 a 1.800.000,00	N x0,675	0,75 X(100 – I) X P	0,25 X(100 – I) X P	0,75 X(100 – I – J – K)	100 – I – J – K – L
De 1.800.000,01 a 1.980.000,00	N x0,65	0,75 X(100 – I) X P	0,25 X(100 – I) X P	0,75 X(100 – I – J – K)	100 – I – J – K – L
De 1.980.000,01 a 2.160.000,00	N x0,625	0,75 X(100 – I) X P	0,25 X(100 – I) X P	0,75 X(100 – I – J – K)	100 – I – J – K – L
De 2.160.000,01 a 2.340.000,00	N x0,6	0,75 X(100 – I) X P	0,25 X(100 – I) X P	0,75 X(100 – I – J – K)	100 – I – J – K – L
De 2.340.000,01 a 2.520.000,00	N x0,575	0,75 X(100 – I) X P	0,25 X(100 – I) X P	0,75 X(100 – I – J – K)	100 – I – J – K – L

De 2.520.000,01 a 2.700.000,00	N x0,55	0,75 X(100 – I) X P	0,25 X(100 – I) X P	0,75 X(100 – I – J – K)	100 – I – J – K – L
De 2.700.000,01 a 2.880.000,00	N x0,525	0,75 X(100 – I) X P	0,25 X(100 – I) X P	0,75 X(100 – I – J – K)	100 – I – J – K – L
De 2.880.000,01 a 3.060.000,00	N x0,5	0,75 X(100 – I) X P	0,25 X(100 – I) X P	0,75 X(100 – I – J – K)	100 – I – J – K – L
De 3.060.000,01 a 3.240.000,00	N x0,475	0,75 X(100 – I) X P	0,25 X(100 – I) X P	0,75 X(100 – I – J – K)	100 – I – J – K – L
De 3.240.000,01 a 3.420.000,00	N x0,45	0,75 X(100 – I) X P	0,25 X(100 – I) X P	0,75 X(100 – I – J – K)	100 – I – J – K – L
De 3.420.000,01 a 3.600.000,00	N x0,425	0,75 X(100 – I) X P	0,25 X(100 – I) X P	0,75 X(100 – I – J – K)	100 – I – J – K – L

<u>ANEXO VI</u> – Para receitas decorrentes de PRESTAÇÃO DE SERVIÇOS relacionadas no § 5º- I do art. 18 da LC nº 123/2006. Nesse caso, tem-se as seguintes particularidades:

(1) Será apurada a relação (r) conforme abaixo indicado:

$$(r) = \frac{\text{Folha de Salários incluídos encargos (em 12 meses)}}{\text{Receita Bruta (em 12 meses)}}$$

(2) A partilha das receitas relativas ao IRPJ, PIS/Pasep, CSLL, Cofins e CPP arrecadadas na forma deste Anexo será realizada com base nos parâmetros definidos na Tabela V-B do Anexo V da LC 123/2006.

(3) Independentemente do resultado da relação (r), as alíquotas do Simples Nacional corresponderão ao seguinte:

Receita Bruta em 12 meses (em R$)	Alíquota	IRPJ, PIS/Pasep, CSLL, Cofins e CPP	ISS
Até 180.000	16,93%	14,93%	2,00%
De 180.000,01 a 360.000,00	17,72%	14,93%	2,79%
De 360.000,01 a 540.000,00	18,43%	14,93%	3,50%
De 540.000,01 a 720.000,00	18,77%	14,93%	3,84%
De 720.000,01 a 900.000,00	19,04%	15,17%	3,87%
De 900.000,01 a 1.080.000,00	19,94%	15,71%	4,23%
De 1.080.000,01 a 1.260.000,00	20,34%	16,08%	4,26%
De 1.260.000,01 a 1.440.000,00	20,66%	16,35%	4,31%
De 1.440.000,01 a 1.620.000,00	21,17%	16,56%	4,61%
De 1.620.000,01 a 1.800.000,00	21,38%	16,73%	4,65%
De 1.800.000,01 a 1.980.000,00	21,86%	16,86%	5,00%
De 1.980.000,01 a 2.160.000,00	21,97%	16,97%	5,00%
De 2.160.000,01 a 2.340.000,00	22,06%	17,06%	5,00%
De 2.340.000,01 a 2.520.000,00	22,14%	17,14%	5,00%
De 2.520.000,01 a 2.700.000,00	22,21%	17,21%	5,00%
De 2.700.000,01 a 2.880.000,00	22,21%	17,21%	5,00%

7.2.1.12. Sublimites do Simples Nacional

Com relação aos 6 (seis) tributos federais (IR, CSLL, Cofins, PIS, IPI e CPP) o teto de R$ 3.600.000,00 vale para todos os estados brasileiros. No entanto, com relação ao ICMS e ao ISS, os tetos de faturamento bruto anual variam de acordo com a participação de cada Estado no PIB brasileiro. Isso determina o que chamamos de SUBLIMITES. Assim, temos:

Amapá e Roraima	R$ 1.260.000,00
Acre, Alagoas, Pará, Piauí, Rondônia, Sergipe e Tocantins	R$ 1.800.000,00
Ceará, Maranhão, Mato Grosso do Sul, e Mato Grosso	R$ 2.520.000,00
Todos os demais Estados e Distrito Federal	R$ 3.600.000,00

Abaixo, daremos um exemplo prático incluindo o cálculo do valor devido pelo Simples Nacional extraído do Manual do PGDAS-D disponibilizado no site da Receita Federal:

A empresa Epsilon Ltda., aberta em 2012, com matriz localizada no Estado de São Paulo, e filial localizada no Estado de Rondônia (que adotou, para o ano-calendário de 2015, o sublimite de R$ 1.800.000,00), com receitas decorrentes da prestação de serviços de manutenção de aparelhos de refrigeração (anexo III da LC123/06), apresentou os seguintes valores da Receita Bruta de julho de 2014 a julho de 2015:

JUL	AGO	SET	OUT	NOV	DEZ	JAN	FEV	MAR	ABR	MAI	JUN	JUL
10.000	10.000	10.000	10.000	10.000	50.000	50.000	50.000	50.000	50.000	500.000	500.000	800.000

- PA = JULHO/2015
- RBT = R$ 800.000,00 (Matriz Anexo III = 600.000,00; Filial 1Anexo III = 200.000,00)
- RBT12 = R$ 1.300.000,00 (JUL/2014 a JUN/2015)
- RBA = R$ 2.000.000,00 (JAN/2015 a JUL/2015)

Legenda:

PA – Período de Apuração

RBT – Receita Bruta Total (do período de apuração)

RBT12 – Receita Bruta Total acumulada nos 12 meses anteriores ao período de apuração

RBA – Receita Bruta Acumulada no ano do período de apuração

Para efeito de cálculo do valor devido pela filial, como a RBA (R$ 2.000.000,00) ultrapassou o sublimite de R$ 1.800.000,00, a alíquota a ser aplicada sobre a parcela excedente da filial será a alíquota correspondente à faixa de receita (RBT12) subtraída do percentual do ISS, acrescida do percentual de ISS da faixa de receita do sublimite majorado em 20%.

Abaixo, parte da tabela do Anexo III (receita de prestação de serviços, sem retenção/substituição tributária do ISS, com ISS devido ao próprio Município):

De 1.260.000,01 a 1.440.000,00	12,68%	0,59%	0,57%	1,76%	0,42%	5,03%	4,31%
De 1.440.000,01 a 1.620.000,00	13,55%	0,63%	0,61%	1,88%	0,45%	5,37%	4,61%
De 1.620.000,01 a 1.800.000,00	13,68%	0,63%	0,64%	1,89%	0,45%	5,42%	4,65%

Assim, teremos:

- RBT = 800.000,00
- Parcela da RBT que excedeu o sublimite = RBA – Sublimite = 200.000,00 – 1.800.000,00 = 200.000,00
- Parcela da RBT dentro do sublimite = RBT – parcela que excedeu = 800.000,00 – 200.000,00 = 600.000,00
- Relação entre a parcela que não excedeu o sublimite e a receita do PA = 600.000,00/800.000,00 = 0,75

- Cálculo do valor devido referente à Matriz, cuja receita foi de R$ 600.000,00: Nesse caso, como não há sublimite, basta aplicarmos sobre esse valor a alíquota referente à faixa que contém a RBT12 (R$ 1.300.000,00), ou seja, 600.000,00 × 12,68% = 76.080,00
- Cálculo do valor devido referente à Filial: Nesse caso, o primeiro passo é determinarmos a parcela dos R$ 200.000,00 dentro do sublimite (R$ 200.000,00 × 0,75 = R$ 150.000,00) e a parcela que excedeu o sublimite (R$ 200.000,00 – R$ 150.000,00 = R$ 50.000,00).

No caso da parcela da RBT da filial dentro do sublimite, o valor devido será calculado normalmente, aplicando-se o percentual de 12,68% sobre essa parcela, ou seja, R$ 150.000,00 × 12,68% = R$ 19.020,00.

No caso da parcela da RBT da filial que excedeu o sublimite, devemos partir do percentual anterior (12,68%), subtraindo desse valor o ISS (4,31%) e acrescentando o ISS da faixa que contém o respectivo sublimite majorado em 20% (4,65% × 1,2). Assim, a alíquota final a ser aplicada sobre essa parcela excedente será de 12,68% – 4,31% + 4,65% × 1,2 = 13,95%. Desse modo, o valor devido pela parcela que excedeu será de R$ 50.000,00 × 13,95 = R$ 6.975,00.

Por fim, o valor devido pela empresa Epsilon do Simples Nacional no PA JULHO/2015 será de R$ 76.080,00 + R$ 19.020,00 + R$ 6.975,00 = R$ 102.075,00

7.2.1.13. Programa Gerador do Documento de Arrecadação do Simples Nacional – Declaratório (PGDAS-D)

Atualmente, todos os cálculos referentes aos valores a pagar no Simples Nacional são feitos por meio do PGDAS-D, sendo o mesmo um programa disponibilizado no site da Receita Federal do Brasil através do endereço: "*www8.receita.fazenda.gov.br/Simples Nacional*"

O PGDAS-D deverá ser utilizado para o recolhimento do valor devido, o qual deverá ser efetuado até o dia 20 (vinte) do mês subsequente ao período de apuração.

Segundo o Manual do PGDAS-D disponibilizado pela Receita Federal do Brasil, as informações do PGDAS-D têm caráter declaratório, constituindo confissão de dívida e instrumento hábil e suficiente para a exigência dos tributos e contribuições que não tenham sido recolhidos, e deverão ser fornecidos à Secretaria da Receita Federal do Brasil até o vencimento do prazo para pagamento dos tributos devidos no Simples Nacional em cada mês, relativamente aos fatos geradores ocorridos no mês anterior.

Ainda,segundo o Manual do PGDAS-D, são dois os OBJETIVOS desse programa:

(1) Declarar o valor mensal devido referente ao Simples Nacional pelo contribuinte e gerar o Documento de Arrecadação do Simples Nacional (DAS) para recolhimento na rede bancária.

(2) Efetuar a Declaração de Informações Socioeconômicas e Fiscais (DEFIS) de toda empresa, conforme determina a LC 123/2006, art. 25, caput, e a Resolução do CGSN 94/2011.

Embora o PGDAS-D se destine às ME e EPP optantes pelo Simples Nacional, as pessoas jurídicas que se encontrem como não optantes no Cadastro do Simples Nacional poderão preencher e transmitir o PGDAS-D desde que tenham formalizado processo administrativo no Simples Nacional. Por ocasião do preenchimento, o contribuinte deverá informar o número do processo e o ente onde foi protocolado o mesmo.

7.2.2. Lucro Presumido

O LUCRO PRESUMIDO é uma base de cálculo simplificada, tanto para o imposto de renda, quanto para a contribuição social sobre o lucro, para as pessoas jurídicas que não estiverem obrigadas, no ano-calendário, à tributação com base no lucro real e também não puderam optar pelo Simples Nacional.

O período de apuração para o IR e a CSL calculados com base no lucro presumido é trimestral, encerrando nos dias 31 de março, 30 de junho, 30 de setembro e 31 de dezembro.

A seguir, temos alguns percentuais a serem aplicados sobre a RECEITA BRUTA (ou faturamento) trimestral, para o cálculo do lucro presumido que servirá de base para o IR e para a CSL, de sorte que, na maioria dos casos, o lucro presumido para o IR não é o mesmo para a CSL, conforme veremos na tabela:

SETOR	Percentuais p/o cálculo do lucro presumido base do IR	Percentuais p/o cálculo do lucro presumido base da CSL
Revenda de combustível	1,6%	12%
Comércio e indústria	8,0%	12%
Serviço hospitalar	8,0%	12%
Transporte de carga	8,0%	12%
Transporte, exceto carga	16%	12%
Serviço profissional	32%	32%
Serviços em geral	32%	32%
Intermediação de negócios	32%	32%
Administração, locação ou cessão de bens imóveis, móveis e direitos de qualquer natureza	32%	32%

Observações:

(1) Os percentuais mencionados acima serão aplicados apenas sobre as receitas brutas provenientes da atividade principal da pessoa jurídica. No caso da existência de atividades mistas, serão aplicados os percentuais correspondentes a cada atividade.

(2) Na receita bruta, não são incluídos as vendas canceladas, os descontos incondicionais concedidos e os tributos não cumulativos cobrados destacadamente do comprador ou do contratante (não é o caso do ICMS, ISS, PIS e Cofins, mas é o caso do IPI).

(3) As outras receitas não incluídas como receita bruta, os resultados positivos das demais receitas não incluídas na receita bruta, os ganhos de capital (= lucro na venda de bens do ativo investimentos, imobilizado ou intangível), os rendimentos de aplicações financeiras, os ganhos líquidos em operações de renda variável e os juros sobre o patrimônio líquido serão adicionados ao resultado obtido pela aplicação dos percentuais, anteriormente mencionados, sobre a receita bruta das atividades da empresa.

(4) O IRRF (Imposto de Renda Retido na Fonte) e o imposto pago mensalmente em separado, no caso de ganho líquido, incidente sobre os rendimentos citados na obs. 3, serão considerados como antecipação do devido na apuração trimestral.

(5) Considera-se resultado positivo a receita deduzida da respectiva despesa.

(6) Considera-se ganho de capital nas alienações de bens e investimentos, do ativo investimentos, imobilizado ou intangível e de aplicações em ouro não tributados em separado (renda variável), a diferença positiva verificada entre o valor da alienação e o respectivo valor contábil.

(7) Considera-se ganho líquido o resultado positivo auferido nas operações ou contratos liquidados em cada mês, admitida a dedução dos custos e despesas efetivamente incorridos,

inclusive IOF, necessários à realização das operações, bem como os resultados negativos apurados em operações desta natureza em meses anteriores.

(8) A pessoa jurídica tributada pelo Lucro Presumido, para efeitos de legislação do IR, está dispensada de escrituração contábil no livro Diário e no livro Razão. No entanto, deve manter escrituração no livro Registro de Inventário e no livro Caixa.

ALÍQUOTA DO IR COM BASE NO LUCRO PRESUMIDO E ADICIONAL

Será utilizada a alíquota de 15% sobre a soma trimestral da base de cálculo apurada.

A parcela do lucro presumido que exceder o resultado da multiplicação de R$ 20.000,00, pelo número de meses do respectivo período de apuração, estará sujeita à incidência do adicional de imposto de renda, à alíquota de 10%. Em outras palavras: se a empresa, no trimestre de apuração, obtiver lucro presumido superior a R$ 60.000,00, deverá pagar, além dos 15% do lucro presumido, 10% do excesso desse lucro sobre os R$ 60.000,00, devendo tudo ser pago até o último dia útil do mês subsequente ao do encerramento do período de apuração, havendo a possibilidade do parcelamento em até três quotas mensais, iguais e sucessivas, vencíveis no último dia útil dos três meses subsequentes ao do encerramento do período de apuração a que corresponder. Neste caso, as duas últimas quotas serão atualizadas pela taxa Selic (Sistema Especial de Liquidação e Custódia), a partir do primeiro dia do segundo mês subsequente ao do encerramento do período de apuração até o último dia do mês anterior ao do pagamento, mais 1% no mês do pagamento. Em outras palavras, se o parcelamento for, por exemplo, em três quotas mensais, os juros da primeira quota são iguais a zero. Os juros da segunda seriam de apenas 1% (não seria adicionada a taxa Selic do primeiro mês a esse 1%). Os juros da terceira quota seriam de 1%, mais a taxa Selic do mês anterior. No entanto, não poderá haver tal parcelamento, se o imposto devido for inferior a R$ 2.000,00 (neste caso, o pagamento será em cota única) e, no caso do referido parcelamento, nenhuma das cotas poderá ter valor inferior a R$ 1.000,00.

Exemplo de apuração do IR e CSL numa empresa comercial com base no Lucro Presumido:

– Receita bruta (auferida de 1º de janeiro a 31 de março) .... R$ 900.000,00
– Juros ganhos em aplicações financeiras.. R$ 8.000,00
– Receita de aluguel de imóvel.. R$ 3.000,00
– Ganho de capital na venda de ativo imobilizado....................................... R$ 7.000,00

Assim, teremos:

- Lucro Presumido (p/IR) = 8% R$ 900.000,00 + R$ 8.000,00 + R$ 3.000,00 + R$ 7.000,00 = R$ 90.000,00
- IR a Pagar (1º trimestre) = 15% R$ 90.000,00 + 10% (R$ 90.000,00 – R$ 60.000,00) = R$ 16.500,00

- -

- Lucro Presumido (p/CSL) = 12% R$ 900.000,00 + R$ 8.000,00 + R$ 3.000,00 + R$ 7.000,00 = R$ 126.000,00
- CSL a Pagar (1º trimestre) = 9% R$ 126.000,00 = R$ 11.340,00

Nota: Observemos que, de forma diferente do IR, a CSL NÃO possui adicional, bastando aplicar o seu percentual (9%) sobre o Lucro Presumido.

Caso a empresa queira parcelar os R$ 16.500,00 em três quotas de R$ 5.500,00 e supondo os valores da taxa Selic do ano XX: abril = 1,62%; maio = 1,68%; e junho = 1,73%, teremos:

VENCIMENTO	JUROS	VALOR DA QUOTA (PRINCIPAL + JUROS)
30.04.XX	0%	R$ 5.500,00
30.05.XX	1%	R$ 5.500,00 + 1% de R$ 5.500,00 = R$ 5.555,00
30.06.XX	1,68% + 1%	R$ 5.500,00 + 2,68% de R$ 5.500,00 = R$ 5.647,40

As obrigações acessórias da empresa que utiliza o regime de tributação com base no lucro presumido são as de:

- escriturar todos os recebimentos e pagamentos de cada mês em livro CAIXA, salvo se mantiver escrituração contábil nos termos da legislação comercial;
- escriturar, ao término do ano-calendário, o livro Registro de Inventário de seus estoques;
- apresentar, até o último dia útil de maio do ano-calendário seguinte, ou no mês seguinte ao do encerramento da atividade, declaração de rendimentos;
- manter em boa guarda e ordem, enquanto não decorrido o prazo decadencial e não prescritas eventuais ações que lhes sejam pertinentes, todos os livros de escrituração obrigatórios por legislação fiscal específica, bem como os documentos e demais papéis que serviram de base para apurar os valores indicados na declaração de rendimentos.

7.2.3. Lucro Real

De acordo com o art. 247 do RIR (Regulamento do IR), LUCRO REAL é o lucro líquido do período de apuração ajustado pelas adições, exclusões e compensações prescritas ou autorizadas pelo referido regulamento. Cabe ressaltar que "REAL" não está no sentido de realidade e sim no sentido de "realeza", ou seja, o lucro estabelecido pela realeza (realeza = FISCO). Daí, também esse lucro poder ser chamado de LUCRO FISCAL. Assim:

LUCRO REAL = LAIR + ADIÇÕES – EXCLUSÕES – COMPENSAÇÕES

LAIR: Lucro antes do Imposto de Renda

ADIÇÕES

São valores que, pela legislação do IR, devem ser adicionados ao LAIR para o cálculo do Lucro Real, aumentando o valor deste.

Regra geral, em sua maioria as adições para o cálculo da CSL também são adições para o cálculo do IR.

Apesar da previsão legal, cada adição tem sua razão de ser. A Despesa com Multas, por exemplo, é indedutível, pois é uma despesa não necessária à manutenção das atividades da empresa (se a empresa foi multada é porque algo estava errado). Assim, se uma determinada empresa, por exemplo, apurasse um LAIR no valor de $ 50.000, sem contar com uma multa de $ 6.000, ao contabilizar tal multa o LAIR cairia para $ 44.000. Porém, o LUCRO REAL seria de $ 44.000 + $ 6.000, ou seja, LAIR + Adições = $ 50.000, sendo esse a base de cálculo do IR. A Despesa de Equivalência Patrimonial, por exemplo, é indedutível, pois a coligada ou controlada não teve lucro, não pagando, portanto, IR sobre o lucro. Desta forma, não seria razoável para o Fisco que a investidora, baseada no prejuízo da investida, também não pagasse o IR.

Com base na legislação do IR, entre outras, temos as seguintes ADIÇÕES:

- CSL (Contribuição Social sobre o Lucro);
- Despesas com multas;
- Despesas com provisões do passivo e perdas estimadas no ativo;
- Despesa de equivalência patrimonial;
- Despesas com alimentação de sócios, acionistas e administradores;
- Despesas com brindes;
- Gratificações pagas aos administradores da empresa; etc.

Nota: Com relação às despesas com MULTAS, somente aquelas referentes a <u>infrações</u> (multa de trânsito, multas fiscais por falta de cumprimento das obrigações principais ou acessórias etc.) são indedutíveis, sendo, portanto, adições. Já no caso das multas <u>compensatórias</u>, como, por exemplo, as multas de mora pagas por atraso no recolhimento de tributos, são <u>dedutíveis</u> do lucro tributável, ou seja, não são adições ao lucro tributável.

EXCLUSÕES

São valores que, pela legislação do IR, podem ser subtraídos do LAIR para o cálculo do Lucro Real.

Da mesma forma que as Adições, as Exclusões, apesar de previstas na legislação, também têm sua razão de ser. A Receita de Equivalência Patrimonial, por exemplo, não é tributável, pois é decorrente de lucro na coligada ou controlada, o qual já foi tributado. Desta forma, não seria justo que a investidora fosse tributada por esta receita, pois haveria um tributo duplicado.

Também, além de ter por objetivo a eliminação de receitas não tributáveis do resultado contábil, as Exclusões visam deduzir do resultado despesas que, apesar de dedutíveis do lucro para o cálculo do IR, não foram computadas no lucro contábil (LAIR), como, por exemplo, a despesa de depreciação acelerada incentivada, a qual vimos no item 1.10.2 do Capítulo 8.

COMPENSAÇÕES

Se no final do trimestre (declaração trimestral) ou no fim do ano (declaração anual com pagamentos mensais por estimativa), ao utilizarmos a fórmula LAIR + Adições – Exclusões, acharmos um resultado **negativo**, estaremos diante de um PREJUÍZO FISCAL, o qual poderá ser compensado no próximo trimestre (declaração trimestral) ou no próximo ano (declaração anual), através de sua dedução parcial ou integral no cálculo do Lucro Real. Porém, a parcela do prejuízo fiscal a ser compensada em períodos posteriores não poderá reduzir o Lucro Real em mais de 30% antes de ser compensado. Assim, por exemplo, se num determinado período o Lucro Real antes de ser compensado for de R$ 1.000,00 e houver prejuízos fiscais a compensar no valor de R$ 460,00, estes não poderão ser totalmente compensados no período atual. Nesse período, o máximo que a empresa poderá compensar serão R$ 300,00. Desta forma, o Lucro Real (ou Lucro Fiscal) após a compensação será de R$ 700,00, sendo este valor a base de cálculo do IR do período atual. Os R$ 160,00 não compensados serão compensados em períodos posteriores, sempre observando o limite de 30%.

ALÍQUOTA DO IR E ADICIONAL

Sobre o lucro real trimestral, será aplicada a alíquota de 15%, mais um adicional de 10% sobre o excesso do lucro real sobre R$ 20.000,00, vezes o número de meses do período de apuração. Em outras palavras, se a empresa optar por declaração trimestral com base no lucro real, a parte desse lucro que exceder a R$ 60.000,00 (R$ 20.000,00 × 3 meses) será tributada com um adicional de 10%. Desta forma, se a empresa optar por declaração anual com base no lucro real anual, o IR será de 15% desse lucro, mais um adicional de 10% sobre a parte desse lucro que exceder a R$ 240.000,00 (R$ 20.000,00 × 12 meses). Neste caso (declaração anual), o IR calculado será comparado com o já pago mensalmente por estimativa.

Obs.: Em questões de concursos públicos, é comum o uso de alíquotas fictícias para o cálculo do IR. Assim, por exemplo, se, numa questão de concurso, a alíquota fornecida for de 20% sobre o lucro contábil ou sobre o lucro real, não há nenhum sentido em se pensar em adicional de 10%. E, mesmo a alíquota fornecida pelo enunciado da questão sendo de 15%, não significa, necessariamente, que se esteja sugerindo o cálculo do adicional de 10%. Neste caso, cabe à banca elaboradora deixar claro no enunciado da questão que não se deve considerar a referida quota adicional.

OBRIGATORIEDADE DO IR PELO LUCRO REAL

Estão obrigadas à apuração do IR, com base no lucro real, as pessoas jurídicas:

a) cuja receita total, no ano-calendário anterior, seja superior ao limite de R$ 48.000.000,00 ou proporcional ao número de meses do período (R$ 4.000.000,00 × número de meses do período), quando inferior a doze meses;

b) cujas atividades sejam de bancos comerciais, bancos de investimentos, bancos de desenvolvimento, caixas econômicas, sociedades de crédito, financiamento e investimento, sociedade de crédito imobiliário, sociedades corretoras de títulos, valores mobiliários e câmbio, distribuidoras de títulos e valores mobiliários, empresas de arrendamento mercantil, cooperativas de crédito, empresas de seguros privados e de capitalização e entidades de previdência privada aberta;

c) que tenham lucros, rendimentos ou ganhos de capital oriundos do exterior (Lei nº 8.981/1995, art. 36);

d) que, autorizadas pela legislação tributária, queiram usufruir de benefícios fiscais relativos à isenção ou redução do IR;

e) que, no decorrer do ano-calendário, tenham suspendido ou reduzido o pagamento do imposto, na forma do art. 35 da Lei nº 8.981/1995 (em razão do levantamento de balanços ou balancetes, que demonstraram que o valor pago por antecipação excedeu o valor do imposto, inclusive adicional, calculado com base no lucro real do período em curso);

f) que explorem as atividades de prestação cumulativa e contínua de serviços de assessoria creditícia, mercadológica, gestão de crédito, seleção e risco, administração de contas a pagar e a receber, compras de direitos creditórios resultantes de vendas mercantis a prazo ou de prestação de serviços *factoring* (Lei nº 8.981/1995, art. 36, e Lei nº 9.430/1996, art. 58).

Exemplo: As seguintes informações foram obtidas numa empresa, onde não há operações em descontinuidade:

LAIR = R$ 89.000 (primeiro trimestre)

CSL = R$ 6.000

Multas de trânsito = R$ 3.600

Despesas c/perdas estimadas em créditos de liquidação duvidosa = R$ 2.400

Receita de dividendos = R$ 5.000

Reversão de perdas estimadas em estoques = R$ 6.000

Prejuízo fiscal (a compensar) = R$ 23.000

Assim:

ADIÇÕES = 6.000 + 3.600 + 2.400 = 12.000

EXCLUSÕES = 5.000 + 6.000 = 11.000

LUCRO REAL (antes da compensação) = 89.000 + 12.000 – 11.000 = 90.000

LIMITE DA COMPENSAÇÃO = 30% 90.000 = 27.000 > 23.000

Logo, para a determinação do Lucro Real final, poderão ser compensados os 23.000, pois não reduzem esse lucro em mais de 30% antes de ser compensado. Assim:

LUCRO REAL (após a compensação) = 90.000 – 23.000 = 67.000

Por fim, o Imposto de Renda será de 15% de R$ 67.000,00 (R$ 10.050,00), mais um adicional de 10% sobre R$ 67.000,00 – R$ 60.000,00 (R$ 700,00), e teremos a seguinte contabilização:

D – IR (despesa)	10.750,00
C – IR a Pagar	10.750,00

Obs.: O valor de R$ 10.750,00 poderá ser parcelado em até três quotas mensais, utilizando-se a taxa Selic, da mesma forma como já foi exemplificado no cálculo do lucro presumido.

PERÍODO DE APURAÇÃO E PAGAMENTO

Apesar da DIPJ (Declaração de Informações da Pessoa Jurídica) ser obrigatoriamente apresentada no ano-calendário seguinte ao da apuração do IR, este, por opção do contribuinte, deve ser apurado mensalmente (com base em lucro estimado), ou trimestralmente (com base no lucro real dos trimestres encerrados em 31 de março, 30 de junho, 30 de setembro e 31 de dezembro).

No caso de pagamento com base no lucro trimestral, o prazo de pagamento do imposto é até o último dia útil do mês seguinte ao do trimestre encerrado, podendo, à opção da pessoa jurídica, ser parcelado em até três quotas mensais iguais e sucessivas, vencíveis no último dia útil dos três meses seguintes ao encerramento do trimestre, sendo que a legislação estabelece limites mínimos para que haja tal parcelamento. Nessa hipótese de pagamento, ao fim do ano, não deve haver IR a pagar, a restituir ou a compensar, e, por conseguinte, a DIPJ não deverá apresentar imposto a pagar ou a restituir (ou compensar).

No caso de o contribuinte optar pelo recolhimento mensal do imposto, este deverá ser apurado por estimativa, utilizando a mesma tabela de percentuais de presunção de margem de lucro fornecida pela Receita Federal para o cálculo do imposto com base no Lucro Presumido. No entanto, nessa opção de pagamento, a empresa deverá, ao fim do ano (31 de dezembro), determinar o Lucro Real anual, para confronto do imposto efetivamente pago ao longo do ano com o Imposto de Renda calculado com base no Lucro Real anual. Caso a diferença nesse confronto seja a favor da empresa, no ano seguinte será restituída ou compensada. Caso seja a favor do governo, deverá tal diferença ser paga. Assim, suponhamos que os valores do IR apurados por estimativa e pagos ao fim do último dia útil do respectivo mês subsequente referentes aos meses de janeiro a novembro de determinado ano numa empresa fossem os seguintes: janeiro = R$ 12.000; fevereiro = R$ 9.000; março = R$ 15.000; abril = R$ 6.000; maio = R$ 12.000; junho = R$ 18.000,00; julho = R$ 3.000,00; agosto = R$ 9.000,00; setembro = R$ 3.600; outubro = R$ 15.000 e novembro = R$ 2.400. Dessa forma, teríamos as seguintes contabilizações (desconsiderando qualquer valor a pagar do exercício social anterior):

Mês	Contabilização ao fim do mês		
Janeiro	*Pagamento do mês anterior*	*Não há, pois estamos supondo que não há saldo do exercício anterior.*	
	Apropriação do IR do mês	*D – IR (despesa)*	*12.000*
		C – IR a Pagar	*12.000*

Mês	Contabilização ao fim do mês		
Fevereiro	*Pagamento do mês anterior*	*D – IR a Pagar*	*12.000*
		C – Caixa (ou Bancos)	*12.000*
	Apropriação do IR do mês	*D – IR (despesa)*	*9.000*
		C – IR a Pagar	*9.000*

Mês	Contabilização ao fim do mês		
Março	*Pagamento do mês anterior*	*D – IR a Pagar*	*9.000*
		C – Caixa (ou Bancos)	*9.000*
	Apropriação do IR do mês	*D – IR (despesa)*	*15.000*
		C – IR a Pagar	*15.000*

Mês	Contabilização ao fim do mês		
Abril	*Pagamento do mês anterior*	*D – IR a Pagar*	*15.000*
		C – Caixa (ou Bancos)	*15.000*
	Apropriação do IR do mês	*D – IR (despesa)*	*6.000*
		C – IR a Pagar	*6.000*

Mês	Contabilização ao fim do mês		
Maio	*Pagamento do mês anterior*	*D – IR a Pagar*	*6.000*
		C – Caixa (ou Bancos)	*6.000*
	Apropriação do IR do mês	*D – IR (despesa)*	*12.000*
		C – IR a Pagar	*12.000*

Mês	Contabilização ao fim do mês		
Junho	*Pagamento do mês anterior*	*D – IR a Pagar*	*12.000*
		C – Caixa (ou Bancos)	*12.000*
	Apropriação do IR do mês	*D – IR (despesa)*	*18.000*
		C – IR a Pagar	*18.000*

Mês	**Contabilização ao fim do mês**		
Julho	*Pagamento do mês anterior*	*D – IR a Pagar*	*18.000*
		C – Caixa (ou Bancos)	*18.000*
	Apropriação do IR do mês	*D – IR (despesa)*	*3.000*
		C – IR a Pagar	*3.000*

Mês	**Contabilização ao fim do mês**		
Agosto	*Pagamento do mês anterior*	*D – IR a Pagar*	*3.000*
		C – Caixa (ou Bancos)	*3.000*
	Apropriação do IR do mês	*D – IR (despesa)*	*9.000*
		C – IR a Pagar	*9.000*

Mês	**Contabilização ao fim do mês**		
Setembro	*Pagamento do mês anterior*	*D – IR a Pagar*	*9.000*
		C – Caixa (ou Bancos)	*9.000*
	Apropriação do IR do mês	*D – IR (despesa)*	*3.600*
		C – IR a Pagar	*3.600*

Mês	**Contabilização ao fim do mês**		
Outubro	*Pagamento do mês anterior*	*D – IR a Pagar*	*3.600*
		C – Caixa (ou Bancos)	*3.600*
	Apropriação do IR do mês	*D – IR (despesa)*	*15.000*
		C – IR a Pagar	*15.000*

Mês	**Contabilização ao fim do mês**		
Novembro	*Pagamento do mês anterior*	*D – IR a Pagar*	*15.000*
		C – Caixa (ou Bancos)	*15.000*
	Apropriação do IR do mês	*D – IR (despesa)*	*2.400*
		C – IR a Pagar	*2.400*

Dessa forma, o valor pago até o fim de dezembro seria de R$ 12.000 + R$ 9.000 + R$ 15.000 + R$ 6.000 + R$ 12.000 + R$ 18.000,00 + R$ 3.000,00 + R$ 9.000,00 + R$ 3.600 + R$ 15.000 + R$ 2.400 = R$ 105.000,00.

Supondo que ao fim do ano a despesa com IR calculada com base no lucro real anual fosse, por exemplo, de R$ 97.000,00, então a empresa teria o direito de compensar R$ 105.000 – R$ 97.000 = R$ 8.000 no próximo período. Desta forma, poderiam ser feitos os seguintes lançamentos ao fim do ano:

D – IR a Pagar 2.400
C – Caixa (ou Bancos) 2.400

D – IR a Compensar (ativo circulante) 8.000
C – IR (despesa) 8.000

Ou seja, o saldo da despesa com IR, que estava com saldo de R$ 105.000, ficaria com saldo final de 97.000, valor este a ser indicado na DRE.

No entanto, se, em vez de R$ 97.000, a despesa com IR calculada com base no lucro real anual fosse, por exemplo, R$ 119.000, então a empresa ainda teria que pagar R$ 119.000 – R$ 105.000 = R$ 14.000. Assim, poderiam ser feitos os seguintes lançamentos ao fim do ano:

D – IR a Pagar 2.400
C – Caixa (ou Bancos) 2.400

D – IR (despesa) 14.000
C – IR a Pagar (passivo circulante) 14.000

Neste caso, a conta despesa com IR, que estava com saldo de R$ 105.000, ficaria com saldo final de R$ 105.000 + R$ 14.000 = R$ 119.000, valor este a ser indicado na DRE.

LALUR (Livro de Apuração do Lucro Real)

O LALUR foi criado em 1977 pelo Decreto-Lei nº 1.598. É um livro fiscal obrigatório às pessoas jurídicas que, pela legislação fiscal, são obrigadas a declarar o Imposto de Renda com base no Lucro Real (= Lucro Fiscal). Regra geral, as sociedades anônimas e as sociedades por quotas de responsabilidade limitada de grande porte estão obrigadas a escriturar esse livro.

O LALUR é composto por duas partes:

Parte A: É utilizada para a apuração do Lucro Real do período (trimestral ou anual, exceto em casos especiais, tais como incorporação, fusão, cisão e extinção da pessoa jurídica, onde o período de apuração pode ser diferente), mediante os ajustes do lucro líquido (lucro apurado pela contabilidade) pelas ADIÇÕES, EXCLUSÕES e COMPENSAÇÕES.

Parte B: É exclusivamente destinada ao controle de valores não contabilizados na escrituração comercial, mas que influenciarão o cálculo do Lucro Real de períodos futuros, tais como os prejuízos fiscais a compensar e as despesas com provisões que não são dedutíveis no período atual, mas serão quando da ocorrência dos fatos provisionados (adições temporárias). Um exemplo de adição temporária é a "Despesa com Perdas Estimadas em Créditos de Liquidação Duvidosa". Essa despesa é acrescentada na Parte A do LALUR como adição por ser despesa indedutível e, ao mesmo tempo, é indicada na Parte B do LALUR, pois se no período seguinte ocorrer a inadimplência dos clientes essa despesa será dedutível nesse período, sendo pois considerada no período da contabilização da perda estimada como adição temporária.

Com relação à época da escrituração no LALUR, a Parte A poderá ser escriturada ao fim do período base (trimestral ou anual) de uma só vez, ou, gradativamente, à medida que os fatos vão ocorrendo. Consequentemente, na coluna das datas os registros serão feitos sequencialmente em ordem cronológica, ou num único dia. Da mesma forma, a escrituração na Parte B poderá ser feita simultaneamente à Parte A, ou, juntamente com a Parte A, de uma só vez ao fim do período-base.

DIFERIMENTO DO IMPOSTO DE RENDA

Para o entendimento completo desse assunto, em primeiro lugar, deve-se ter em mente que "diferir" significa "postergar" (deixar para depois).

Assim, de forma geral, temos dois casos "distintos" de diferimento (postergação) do IR (não se há de confundir esses dois casos, visto que são completamente diferentes):

(1º CASO) – DIFERIMENTO DA DESPESA COM IMPOSTO DE RENDA

Como já comentado, no cálculo do Imposto de Renda, devemos somar as ADIÇÕES ao LAIR (Lucro antes do Imposto de Renda), a fim de acharmos o Lucro Real. Assim, suponhamos os seguintes valores apurados por uma empresa, ao fim de um período-base:

	R$
Lucro antes do IR	**12.000**
Adições:	
Multas de trânsito	1.000
Despesa de equivalência patrimonial	2.000
Despesa c/perdas estimadas em créditos de liquidação duvidosa	4.000
Despesa c/perdas estimadas em estoques	3.000
Lucro real	**22.000**
Imposto de renda (alíquota 15%)	3.300

Contabilização "incorreta":

D – IR (despesa)	3.300
C – IR a Pagar (passivo)	3.300

Logo, o lucro líquido, incorretamente apurado, seria de R$ 12.000 – R$ 3.300, ou seja, R$ 8.700. No entanto, das adições acima, algumas podem se tornar dedutíveis em períodos futuros, quando comprovadas as suas realizações, como é o caso, por exemplo, da perda estimada em créditos de liquidação duvidosa e da perda estimada em estoques. Uma vez efetivadas as perdas previstas por essas provisões, as mesmas se tornarão dedutíveis. Desta forma, em estrita observância ao PRINCÍPIO DA COMPETÊNCIA, o procedimento contábil correto é diferir a parte da despesa com o Imposto de Renda (Imposto de Renda Diferido = despesa diferida = conta do ativo circulante ou realizável a longo prazo = ativo fiscal diferido) referente a essas adições que provavelmente se tornarão dedutíveis. No exemplo dado, o IR diferido seria de 15% (R$ 4.000 + R$ 3.000) = R$ 1.050.

Contabilização "correta":

D – IR (despesa)	2.250
D – IR Diferido (AC ou ARLP)	1.050
C – IR a Pagar (Passivo Circulante)	3.300

Nesta última hipótese de contabilização, o lucro líquido, em vez de R$ 8.700, seria de R$ 12.000 – R$ 2.250, isto é, R$ 9.750, sendo este o valor mais adequado do lucro líquido diante do regime de competência.

No próximo período, supondo que as perdas previstas nos estoques e com clientes efetivamente ocorressem, haveria apropriação da despesa diferida do IR, mediante a seguinte contabilização:

D – IR (despesa)	1.050
C – IR Diferido	1.050

Nota: Os procedimentos para o diferimento da despesa com CSLL (Contribuição Social sobre o Lucro Líquido) são exatamente os mesmos descritos para a despesa com o IR.

(2º CASO) – DIFERIMENTO DA OBRIGAÇÃO DE PAGAR O IR

As três formas mais conhecidas de postergar (diferir) a obrigação de pagar o IR, gerando assim um "passivo fiscal diferido", são as seguintes:

A) Diferimento da obrigação de pagar o IR em função da depreciação acelerada incentivada (ver item 1.10.2 do Capítulo 8).

B) Diferimento da obrigação de pagar o IR (se aplica também à CSLL) em função de receitas já contabilizadas, mas não recebidas, as quais se referem a contratos de longo prazo de construção por empreitada ou de fornecimento de bens ou serviços, quando contratados com **empresas ou entidades pertencentes ao Governo ou com o próprio**.

Exemplo: (Fiscal de Rendas – RJ/Fundação Getulio Vargas) A Cia. Turfa efetuou as seguintes operações em 2008:

Receitas operacionais	$ 500.000
Despesas de salários (totalmente dedutíveis)	$ 100.000
Despesas administrativas (totalmente dedutíveis)	$ 200.000

Do total das Receitas, 15% são auferidas de instituições governamentais e ainda não foram recebidas.

Além das despesas de salários e administrativas, foram provisionadas contingências trabalhistas no valor de $ 40.000. Desse montante foi efetuado um depósito judicial de $ 20.000.

Considerando que a alíquota do Imposto de Renda e da Contribuição Social (somadas) é de 34%, assinale a alternativa que indique, respectivamente, os saldos ativos e passivos do Imposto de Renda e da Contribuição Social diferidos.

Obs.: A empresa reconhece de forma plena o efeito sobre variações temporárias.

a) zero e $ 42.500.

b) $ 6.800 e zero.

c) $ 11.900 e zero.

d) $ 13.600 e $ 25.500.

e) $ 6.800 e $ 25.500.

(SOLUÇÃO)

Ativo fiscal diferido (IR e CSL diferidos) = 34% $ 40.000 = $ 13.600

Passivo fiscal diferido (IR e CSL diferidos) = 34% 15% $ 500.000 = $ 25.500

(Opção d)

C) Diferimento da obrigação de pagar o IR em função dos ganhos de capital (resultados não operacionais positivos) na venda a prazo de bens do ativo investimentos, imobilizado ou intangível, já contabilizado no resultado no momento da venda, mas que, para fins fiscais, poderá o IR sobre tal ganho ser reconhecido como obrigação de pagar nos próximos períodos na medida da proporção da venda recebida nesses períodos.

Por fim, cabe mencionar com relação ao diferimento do IR (também da CSL) que eventuais MUDANÇAS DE ALÍQUOTAS OU DE LEGISLAÇÃO em função de alterações na legislação tributária, as quais venham afetar o cálculo do IR diferido, deverão ser reconhecidas na época de suas efetivas ocorrências. Neste caso, o IR diferido, seja ele um ativo fiscal ou um passivo fiscal, será tratado como os demais direitos e obrigações, os quais podem ter seus valores alterados contabilmente tão logo sejam conhecidos os fatos que levaram a tais alterações.

IMPOSTO DE RENDA SOBRE PREJUÍZO FISCAL

Uma outra forma de geração de "Ativo Fiscal Diferido", além daquela estudada anteriormente, onde o diferimento da despesa com o IR (e da CSL também) dava origem a uma despesa diferida com IR (IR diferido – AC ou ARLP), é o IR (e CSL) incidente sobre PREJUÍZO FISCAL.

Neste caso, a Deliberação CVM nº 273/1998, aprovou o pronunciamento do Ibracon, o qual criou o Imposto de Renda e Contribuição Social sobre prejuízos fiscais, os quais poderão ser utilizados para compensar lucros tributáveis em períodos futuros. No entanto, há condições a serem observadas para que se possa contabilizar o referido imposto.

De forma geral, a condição necessária para tal contabilização é que seja provável haver no futuro lucro tributável suficiente para compensar os referidos prejuízos. Caso essa condição não seja observada, não se deve contabilizar o IR e CSL incidentes sobre tais prejuízos.

Na hipótese dada constituição do IR e CSL sobre prejuízos fiscais, a contabilização se dará da seguinte forma:

D – IR a Compensar (AC ou ARLP)

C – IR (entra na DRE como receita)

D – CSL a Compensar (AC ou ARLP)

C – CSL (entra na DRE como receita)

Exemplo de DRE (Demonstração do Resultado do Exercício) com IR e CSL sobre prejuízo fiscal:

Receita Bruta	58.000
Impostos e Contribuições s/vendas	(7.000)
Receita Líquida	51.000
Custo das Mercadorias Vendidas	(23.000)
Lucro Bruto	28.000
Despesas Comerciais	(15.000)
Despesas Administrativas	(19.000)
Prejuízo antes do IR e CSL	(6.000)
IR e CSL (receita)	2.040
Prejuízo Líquido	(3.960)

7.2.4. Lucro Arbitrado

Tal modalidade não é uma penalidade, visto que esta forma é utilizada para suprir o descumprimento de condições impostas pela legislação tributária. Neste caso, a autoridade tributária ou o próprio contribuinte (caso conheça a receita bruta) arbitrará o lucro.

O cálculo do IR com base no lucro arbitrado é muito semelhante ao cálculo do IR com base no lucro presumido. No entanto, os percentuais de arbitramento são mais elevados, se comparados àqueles utilizados no cálculo do IR com base o lucro presumido.

Observações:

(1) O IR terá por base o lucro arbitrado quando:

a) o contribuinte obrigado à tributação com base no lucro real não mantiver escrituração na forma das leis comerciais e fiscais, ou deixar de elaborar as demonstrações financeiras exigidas pela legislação fiscal;

b) a escrituração a que estiver obrigado o contribuinte revelar evidentes indícios de fraude ou contiver vícios, erros ou deficiências que a tornem imprestável para identificar a efetiva movimentação financeira (inclusive a movimentação bancária) ou imprestável para determinar o lucro real;

c) o contribuinte deixar de apresentar à autoridade tributária os livros e documentos da escrituração comercial e fiscal, ou o livro CAIXA, na hipótese da pessoa jurídica optante pelo lucro presumido (Lei nº 8.981/1995, art. 47, III), nos quais deverá estar escriturada toda a movimentação financeira, incluindo a bancária (Instrução Normativa nº 11, de 1996, art. 43, III);

d) o contribuinte optar indevidamente pela tributação com base no lucro presumido ou deixar de atender as obrigações acessórias;

e) o comissário ou representante da pessoa jurídica estrangeira deixar de elaborar a escrita, isto é, deixar de escriturar e apurar o lucro de sua atividade separadamente do lucro do comitente residente ou domiciliado no exterior;

f) o contribuinte não mantiver, em boa ordem, e segundo as normas contábeis recomendadas, livro Razão ou fichas utilizadas para resumir e totalizar, por conta ou subconta, os lançamentos no Diário.

(2) Existem duas formas de apurar-se o lucro arbitrado:

- com base em percentual, conforme ramo da pessoa jurídica, a ser aplicado sobre a receita bruta, quando esta é conhecida;
- com base em outros valores, quando não se conhece a receita bruta.

(3) Da mesma forma que no cálculo do IR com base no lucro presumido ou no lucro real, sobre o lucro arbitrado do trimestre será aplicada a alíquota de 15%. A parcela deste lucro que exceder a R$ 60.000,00 (R$ 20.000,00 × 3 meses) está sujeita a um adicional de 10%.

(4) O IR com base no lucro arbitrado vence no último dia útil do mês seguinte ao do encerramento do período de apuração, podendo também ser pago em até três quotas mensais atualizadas pela taxa Selic, com o mesmo critério utilizado para as formas de tributação já estudadas.

8. Participações Estatutárias

Com base no art. 187 da Lei nº 6.404/76, a companhia poderá pagar participações sobre os seus lucros, caso essas já estejam determinadas no seu estatuto.

Tais participações podem ser, abreviadamente, chamadas de "PEL" (Participações Estatutárias sobre os Lucros). São elas as participações de:

- Debenturistas
- Empregados
- Administradores
- Partes Beneficiárias

A base de cálculo das PEL é determinada no art. 189 da Lei nº 6.404/76 da seguinte forma:

LAIR – IR – Prejuízos Acumulados

LAIR: Lucro antes do Imposto de Renda

Obs. 1: O LAIR da fórmula acima é obtido pelo SOMATÓRIO do mesmo referente às **operações em continuidade** com aquele referente às **operações descontinuadas**. Da mesma forma, o IR da fórmula acima corresponde ao somatório daquele obtido das operações em continuidade com aquele referente às operações descontinuadas (este último, em geral, obtido das notas explicativas às demonstrações contábeis).

Obs. 2: Os Prejuízos Acumulados da fórmula acima, em geral, são aqueles indicados no balanço do exercício anterior. Caso haja os ajustes desses prejuízos indicados no § 1º do art. 186 da Lei nº 6.404/76, então deve ser utilizado o valor ajustado desses prejuízos. No Capítulo 14 estudaremos esses ajustes.

A forma de cálculo das PEL é determinada no art. 190. Em consonância com esse artigo, as participações de empregados, administradores e partes beneficiárias serão determinadas, sucessivamente e nessa ordem, com base nos lucros que remanescerem depois de deduzida a participação anteriormente calculada.

Apesar do art. 190 não fazer menção à participação dos debenturistas, esta deverá ser a primeira a ser calculada, aplicando-se o seu percentual já determinado no estatuto sobre a base de cálculo definida no art. 189.

Em seguida, aplica-se o percentual definido no estatuto para os empregados sobre a base de cálculo definida no art. 189 excluída da participação de debenturistas.

Em seguida, aplica-se o percentual definido no estatuto para os administradores sobre a base de cálculo definida no art. 189 excluída da participação de debenturistas e de empregados.

Por fim, aplica-se o percentual definido no estatuto para os titulares de partes beneficiárias sobre a base de cálculo definida no art. 189 excluída da participação de debenturistas, de empregados e de administradores.

Exemplo: As seguintes informações foram obtidas dos registros contábeis da Cia. Prata, onde há operações em descontinuidade:

LAIR (operações continuadas) 19.500
LAIR (operações descontinuadas) 6.500
IR (operações continuadas) 3.000
IR (operações descontinuadas) 1.000
Prejuízos Acumulados 2.000

Percentuais de participações definidas no estatuto:
Debenturistas 10%
Empregados 10%
Administradores 10%
Partes Beneficiárias 10%

Assim, teremos:

LAIR = 19.500 + 6.500 = 26.000
IR = 3.000 + 1.000 = 4.000

Base de cálculo das PEL = 26.000 – 4.000 – 2.000 = 20.000

Debenturistas = 10% 20.000 = 2.000
Empregados = 10% (20.000 – 2.000) = 1.800
Administradores = 10% (18.000 – 1.800) = 1.620
Partes Beneficiárias = 10% (16.200 – 1.620) = 1.458
PEL = 2.000 + 1.800 + 1.620 + 1.458 = 6.878

A contabilização das PEL poderá ser feita da seguinte forma:

D – Participação de Debenturistas (despesa)	2.000
D – Participação de Empregados (despesa)	1.800
D – Participação de Administradores (despesa)	1.620
D – Participação de Partes Beneficiárias (despesa)	1.458
C – Participação de Debenturistas a Pagar (passivo)	2.000
C – Participação de Empregados a Pagar (passivo)	1.800
C – Participação de Administradores a Pagar (passivo)	1.620
C – Participação de Partes Beneficiárias a Pagar (passivo)	1.458

9. Lucro Líquido (LL)

É o último lucro apurado na DRE. Pode ser obtido subtraindo-se do LAIR (Lucro Antes do IR) o IR (despesa como IR) e as Participações Estatutárias sobre o Lucro (PEL). Assim, teremos:

LL = LAIR – IR – PEL

Onde:

- LAIR = LAIR (das operações continuadas) + LAIR (das operações descontinuadas)
- IR = IR (das operações continuadas) + IR (das operações descontinuadas)

Nota: Obviamente, nem sempre o resultado do exercício de uma empresa é Lucro Líquido. Poderá ser também Prejuízo Líquido. Neste caso, não haveria despesa com IR e em participações estatutárias.

Finalmente, no exemplo do item 8, teremos:

LL = 26.000 – 4.000 – 6.878 = 15.122

10. Resultado Líquido por Ação

Antes da adoção das normas internacionais de contabilidade, o "Resultado Líquido por Ação" (Lucro ou Prejuízo Líquido por Ação) podia ser determinado de forma simples, dividindo-se o "Lucro (ou Prejuízo) Líquido" determinado ao final da DRE pelo número total de ações do capital social da companhia. No caso desse último exemplo, admitindo que o Capital Social da empresa fosse composto por 10.000 ações ordinárias, o Lucro Líquido por Ação seria de R$ 15.122,00 ÷ 10.000 ações, ou seja, R$ 1,5122 por ação.

Porém, o "Resultado Líquido por Ação", pelas novas regras contábeis adotadas no Brasil, recebe a denominação "Resultado por Ação" (sem a expressão "Líquido"), de modo que seu cálculo não é tão simples assim.

Por essa razão, o Comitê de Pronunciamentos Contábeis, através do Pronunciamento Técnico **CPC 41 – Resultado por Ação**, estabeleceu a obrigatoriedade do cálculo do Resultado por Ação, conforme as normas internacionais de contabilidade.

Antes da adoção das novas regras contábeis, o resultado líquido por ação era um índice pouquíssimo utilizado no Brasil por investidores e analistas de mercado em geral, sendo uma informação inclusa na DRE, em geral, somente para fins de cumprimento do artigo 187 da Lei 6.404/76, não constituindo, até então, informação útil para os referidos agentes.

A partir da adoção dos "Padrões Internacionais de Relatório Financeiro" (IFRS – International Financial Reporting Standard), que se traduz na adoção das normas internacionais de contabilidade, mediante a aprovação do CPC 41, o "Resultado por Ação" passa a seguir os parâmetros internacionais, ganhando sofisticação e complexidade no seu cálculo, tornando-se uma informação que poderá ser de grande utilidade no Brasil aos diversos investidores e analistas de mercado em geral.

Uma evidência imediata dessa superioridade no cálculo do resultado por ação conforme o CPC 41 em relação ao "tradicional" resultado líquido por ação mencionado de forma simplória no artigo 187 da Lei nº 6.404/76 é o fato de existirem "diferentes espécies de resultado por ação", coisa esta não prevista na lei societária.

Nesse contexto, o CPC 41 menciona dois tipos distintos de "Resultado por Ação": "Resultado BÁSICO por Ação" e "Resultado DILUÍDO por Ação", os quais iremos comentar nos próximos tópicos.

Com relação à obrigatoriedade de apresentação na DRE dos diferentes tipos de resultado por ação, o item 7 do Apêndice A2 do CPC 41 determina que na FACE DA DEMONSTRAÇÃO DO RESULTADO, deve ser divulgado o resultado por ação para todos os períodos indicados nas demonstrações contábeis e para CADA CLASSE E ESPÉCIE DE AÇÃO (ação ordinária e preferencial e instrumentos conversíveis, entre outros, quando utilizados no cálculo do resultado por ação) com características específicas, mesmo que essas informações estejam divulgadas em nota explicativa própria. Observa-se que é INCORRETA a não apresentação pela entidade de tal detalhamento na face da Demonstração do Resultado.

Conforme já visto no Capítulo 1, sabemos que existem dois tipos de ações que podem compor o Capital Social de uma companhia: ações ordinárias e ações preferenciais.

Além dos conceitos já vistos para esses tipos de ações, o item 4 do Apêndice A2 do CPC 41 dá as seguintes definições:

AÇÕES ORDINÁRIAS são ações de emissão obrigatória que conferem aos seus acionistas titulares os direitos que a lei reserva ao acionista comum. Os titulares de ações ordinárias deliberam (em assembleia dos acionistas), por exemplo, sobre a atividade da companhia, votam na aprovação das contas patrimoniais, na destinação dos lucros, na eleição dos administradores e nas alterações estatutárias de interesse da companhia.

AÇÕES PREFERENCIAIS são ações que conferem aos seus titulares um conjunto complexo de direitos diferenciados, como a prioridade na distribuição de dividendos (fixo ou mínimo) ou no reembolso do capital (com ou sem prêmio) etc. As ações preferenciais podem, ou não, conferir direito de voto a seus titulares. Ações nominativas circulam mediante registro no livro próprio da sociedade.

INSTRUMENTOS CONVERSÍVEIS EM AÇÕES são valores mobiliários de qualquer natureza que conferem a seus titulares o direito de conversão do direito de crédito em ações da companhia conforme condições definidas contratualmente. (ex. nosso: bônus de subscrição, opções de compra de ações, debêntures etc.)

OPÇÃO, BÔNUS DE SUBSCRIÇÃO e seus equivalentes são instrumentos financeiros que dão ao seu titular o direito de adquirir ações.

Nota: O item 4 do Apêndice A2 do CPC 41 complementa esse último conceito, definindo que os BÔNUS DE SUBSCRIÇÃO conferem a seus titulares o direito de subscrever ações da companhia emissora, quando do futuro aumento de capital social desta.

Embora a Lei nº 6.404/76 e o próprio CPC 41 façam distinção entre ações ordinárias e ações preferenciais, o item 3A do mesmo CPC determina que TUDO o que nesse Pronunciamento se aplicar ao CÁLCULO e à DIVULGAÇÃO do resultado por **ação ordinária** básico e diluído aplica-se, no que couber, ao cálculo e à divulgação do resultado por **ação preferencial** básico e diluído, por classe, independentemente da classificação como instrumento patrimonial ou de dívida, se essas ações estiverem em negociação ou em processo de virem a ser negociadas em mercados organizados.

10.1. Número Médio Ponderado de Ações Ordinárias (ou Preferenciais)

De acordo com o item 20 do CPC 41, o número médio ponderado de ações ordinárias totais em poder dos acionistas (em circulação) durante o período é o número de ações ordinárias totais com os acionistas no início do período, ajustado pelo número de ações ordinárias readquiridas ou emitidas durante o período multiplicado por fator ponderador de tempo. O FATOR PONDERADOR DE TEMPO é o número de dias que as ações totais, exceto as em tesouraria, estão com os acionistas como proporção do número total de dias do período; uma aproximação razoável da média ponderada é adequada em muitas circunstâncias.

Abaixo, reproduzimos o Exemplo 2 do Apêndice B do CPC 41, onde será calculado o número médio ponderado de ações ordinárias (esse cálculo vale também para as ações preferenciais, tendo em vista o disposto no item 3A do CPC 41):

		Ações emitidas	**Ações em tesouraria**	**Ações em poder dos acionistas**
1º de janeiro de 20X1	Saldo no início do ano	2.000	300	1.700
31 de maio de 20X1	Emissão de novas ações em dinheiro	800	-	2.500
1º de dezembro de 20X1	Compra de ações em tesouraria por caixa	-	250	2.250
31 de dezembro de 20X1	Saldo no final do ano	2.800	550	2.250

Cálculo da média ponderada (duas opções distintas de cálculo):

(1.700 × 5/12) + (2.500 × 6/12) + (2.250 × 1/12) = 2.146 ações ou

(1.700 × 12/12) + (800 × 7/12) – (250 × 1/12) = 2.146 ações

10.2. Resultado Básico por Ação

Conforme o item 10 do CPC 41, o resultado básico por ação deve ser calculado dividindo-se o lucro ou prejuízo atribuível aos titulares de ações ordinárias da companhia (o numerador) pelo número médio ponderado de ações ordinárias em poder dos acionistas (excluídas as mantidas em tesouraria) (o denominador) durante o período.

Nota 1: O mesmo cálculo é válido para as ações preferenciais, tendo em vista o disposto no item 3A do CPC 41. Corroborando isso, o item 11 do Apêndice A2 do CPC 41 deixa mais evidente esse fato, determinando que o resultado básico por ação deve ser calculado para cada classe e espécie de ação, dividindo-se o resultado atribuível aos titulares de capital próprio (ações ordinárias e preferenciais) da companhia pelo número médio ponderado de ações em poder dos acionistas durante o período.

Nota 2: O item 12 do Apêndice A2 do CPC 41 determina que o resultado por ação deve ser computado tanto nos casos de apuração do lucro quanto nos casos em que a companhia apresente prejuízo no período.

10.3. Resultado Diluído por Ação

No cálculo do "Resultado Básico por Ação", só se leva em consideração a existência efetiva das ações ordinárias ou preferenciais em poder dos acionistas ao longo do período. No entanto, existem as chamadas ações ordinárias POTENCIAIS, isto é, instrumentos financeiros ou outros contratos que, apesar de não serem efetivamente as próprias ações, darão aos seus titulares em prazo determinado ou não o direito a ações ordinárias, tais como passivos financeiros ou instrumentos patrimoniais, incluindo ações preferenciais ou debêntures conversíveis em ações ordinárias, opções de compra de ações, bônus de subscrição, ações ordinárias que sejam emissíveis após o cumprimento de condições resultantes de instrumentos contratuais, tais como a aquisição de empresa ou de outros ativos etc., de forma que no cálculo do "Resultado Diluído por Ação" também se leva em consideração (no denominador) a existência dessas "potenciais" ações (não são ações ainda, mas um dia serão).

Nota: Com base no item 3A do CPC 41, tudo exposto acima também é válido para as ações PREFERENCIAIS, ou seja, podemos também considerar que existem as chamadas ações preferenciais POTENCIAIS, instrumentos financeiros ou outros contratos que darão a seus titulares no futuro o direito a ações preferenciais.

Assim, antes da definição de "Resultado Diluído por Ação", é importante apresentarmos o conceito dado no item 5 do CPC 41, o qual estabelece que DILUIÇÃO é a redução no lucro por ação ou o aumento no prejuízo por ação resultante do pressuposto de que os instrumentos conversíveis sejam convertidos, de que as opções ou bônus de subscrição sejam exercidos ou de que sejam emitidas ações após satisfação das condições especificadas.

O item 19 do Apêndice A2 do CPC 41 determina que o cômputo das potenciais ações na apuração do resultado por ação pode ter efeito diluidor (quando a potencial conversão em ações diminuir o resultado por ação ou aumentar a perda por ação) ou "ANTIDILUIDOR" (quando a sua conversão em ações aumentar o resultado por ação ou diminuir a perda por ação). A companhia deve usar o lucro ou o prejuízo das operações continuadas atribuível à companhia como número de controle para estabelecer se as ações potenciais são diluidoras ou "ANTIDILUIDORAS".

Corroborando isso, o item 5 do CPC 41 define que ANTIDILUIÇÃO é o aumento no lucro por ação ou a redução no prejuízo por ação resultante do pressuposto de que os instrumentos conversíveis sejam convertidos, de que as opções ou bônus de subscrição sejam exercidos ou de que sejam emitidas ações após satisfação das condições especificadas.

Por essa razão, em vista da possibilidade do efeito "antidiluidor" na conversão de ações potenciais, o item 43 do CPC 41 determina que o cálculo do resultado DILUÍDO por ação NÃO PRESUME a conversão, o exercício ou outra emissão de ações ordinárias potenciais que teria efeito "antidiluidor" sobre o resultado por ação.

Desse modo, entendemos que as ações potenciais com efeito "antidiluidor" devem ser desconsideradas no cálculo do resultado DILUÍDO por ação (como o próprio nome já sugere: resultado "diluído" e não "antidiluído").

Reforçando essa ideia, abaixo reproduzimos o item 62 do CPC 41 (grifo nosso):

> ***Item 62:*** *Os contratos como opções* put *compradas e opções* call *compradas (ou seja, opções da companhia sobre as suas próprias ações ordinárias)* ***não devem ser incluídos no cálculo*** *do resultado DILUÍDO por ação porque a sua inclusão seria ANTIDILUIDORA. A opção* put *seria exercida apenas se o preço de exercício fosse superior ao preço de mercado e a opção* call *seria exercida apenas se o preço de exercício fosse inferior ao preço de mercado.*

OBS.: Como o próprio nome já sugere, contrato de "OPÇÃO" de ações é um contrato que dá ao seu titular (investidor que adquiriu as opções por meio desse contrato) a opção (= a faculdade) de exercer ou não o seu direito de comprar ações (opções de compra ou opções *calls*) ou vender ações (opções de venda ou opções *puts*). Dessa forma, num contrato de opções, existem os seguintes agentes:

(1) LANÇADOR da opção (de compra ou de venda) - É o VENDEDOR da opção, o qual tem a **obrigação** (e não a faculdade) de vender para o titular as ações objeto das opções ou comprar do titular as ações objeto das opções.

(2) TITULAR da opção (de compra ou de venda) – É o COMPRADOR da opção, o qual tem o **direito** (e não a obrigação) de comprar do lançador as ações objeto das opções de compra (opções *calls*) ou de vender para o lançador as ações objeto das opções de venda (opções *puts*).

Logo, mediante o exposto acima, concluímos que, na realidade, existem QUATRO agentes:

Comprador (titular) de opção *call*, o qual tem o **direito** de COMPRAR as ações pelo *strike price* (preço de exercício).

Vendedor (lançador) de opção *call*, o qual tem a **obrigação** de VENDER as ações pelo preço de exercício.

Comprador (titular) de opção de *put*, o qual tem o **direito** de VENDER as ações pelo preço de exercício.

Vendedor (lançador) de opção *put*, o qual tem a **obrigação** de COMPRAR as ações pelo preço de exercício.

Assim, suponhamos, por exemplo, que determinado investidor adquirisse na bolsa de valores 1.000 opções de ações *call* de determinada S/A, as quais darão direito de "comprar" ações dessa companhia em determinada data ao preço de exercício indicado no contrato de R$ 30,00. Caso na data do exercício da opção o valor de cada ação fosse, por exemplo, de R$ 37,00, seria vantagem para o referido investidor exercer o direito das opções adquirindo as 1.000 ações às quais ele tem direito, visto que estaria pagando somente R$ 30,00 por ação, quando o seu preço de mercado é de R$ 37,00, confirmando a lógica do disposto no item 62 do CPC 41, onde a opção *call* seria exercida apenas se o preço de exercício fosse inferior ao preço de mercado. Se, ao invés de ter adquirido 1.000 opções *call*, tivesse adquirido 1.000 opções *put*, a lógica seria inversa, ou seja, só seria vantagem o investidor vender as ações objeto de suas opções *put* para o lançador das ações (este seria obrigado a comprar essas ações) apenas se o preço de exercício fosse superior ao preço de mercado, visto que venderia as ações mais caras que o mercado para o lançador, o qual seria obrigado a comprá-las, mesmo levando prejuízo.

Nos itens 17 e 18 do Apêndice A2 do CPC 41, encontramos a definição e a forma geral de cálculo do "Resultado DILUÍDO por Ação". Abaixo, reproduzimos esses itens:

Item 17: *O resultado diluído por ação refere-se ao resultado por ação ajustado por todos os efeitos de todas as POTENCIAIS conversões de instrumentos (debêntures ou outros instrumentos de dívida) ou direitos (opções de ações emitidas para empregados como parte de sua remuneração) em ações que possam alterar a remuneração por ação dos detentores de capital próprio da companhia.*

> ***Item 18:** Para o cálculo do resultado diluído por ação, devem ser ajustadas todas as receitas ou despesas (dividendos, juros e outros – líquidos dos efeitos tributários) computadas no resultado atribuível ao acionista (numerador), bem como a quantidade de instrumentos decorrentes da conversão computados na média ponderada de ações em poder dos acionistas durante o período (denominador).*

EXEMPLO 1: (Exemplo 5 do Apêndice B do CPC 41: Efeito de OPÇÃO DE AÇÃO no cálculo do Lucro Diluído por Ação – Base: itens 45 a 47 do CPC 41):

- Resultado atribuível aos detentores de ações ordinárias da controladora para o ano de 20X1 = R$ 1.200.000,00
- Número médio ponderado de ações ordinárias em poder dos acionistas durante o ano de 20X1 = 500.000 ações
- Preço médio de mercado da ação ordinária durante o ano de 20X1 = R$ 20,00
- Número médio ponderado de ações sujeitas a opção durante o ano de 20X1 = 100.000 ações
- Preço de exercício para as ações sujeitas a opção durante o ano de 20X1 = R$ 15,00
- Número médio ponderado de ações que teriam sido emitidas ao preço médio de mercado = (100.000 × R$ 15,00) ÷ R$ 20,00 = 75.000 ações

Nota: Esse último resultado pode ser interpretado da seguinte forma: 100.000 ações ordinárias POTENCIAIS a R$ 15,00 cada, para efeitos de determinação do lucro diluído por ação, é equivalente a 75.000 ações ordinárias a R$ 20,00 cada (tem efeito nulo, isto é, não são diluidoras nem antidiluidoras, por isso não entrarão no cálculo do lucro diluído por ação, conforme letra "a" do item 46 do CPC 41) e 25.000 ações ordinárias emitidas a ZERO real cada (essas são DILUIDORAS, conforme letra "b" do item 46 do CPC 41). Abaixo, reproduzimos os itens 45 a 47 do CPC 41, os quais regulam, no caso desse exemplo, como se dá o cálculo da transformação de ações ordinárias potenciais sob a forma de "opções de ações" em "equivalentes" ações ordinárias (grifos nossos):

> ***Item 45:** Para calcular o RESULTADO DILUÍDO POR AÇÃO, a companhia deve presumir o exercício de opções, bônus de subscrição e semelhantes diluidores da companhia. Os valores presumidos provenientes desses instrumentos devem ser considerados como tendo sido recebidos da emissão de ações ordinárias ao preço médio de mercado das ações ordinárias durante o período. A diferença entre o número de ações ordinárias emitidas e o número de ações ordinárias que teriam sido emitidas ao preço médio de mercado das ações ordinárias durante o período deve ser tratada como emissão de ações ordinárias sem qualquer contrapartida.*

Item 46: *As opções e os bônus de subscrição são DILUIDORES quando resultar na emissão de ações ordinárias por MENOS do que o preço médio de mercado das ações ordinárias durante o período. O valor da diluição é o preço médio de mercado das ações ordinárias durante o período menos o preço de emissão. Desse modo, para calcular o resultado diluído por ação, as ações ordinárias potenciais devem ser tratadas como consistindo nas duas situações seguintes:*

(a) um contrato para emitir certo número de ações ordinárias pelo seu preço médio de mercado durante o período. Pressupõe-se que essas ações ordinárias têm preço justo e não são diluidoras nem antidiluidoras. Devem ser IGNORADAS no cálculo de resultado diluído por ação.

(b) um contrato para emitir ações ordinárias remanescentes SEM QUALQUER CONTRAPARTIDA. Tais ações ordinárias não geram ingressos e não têm efeitos no lucro ou prejuízo atribuível às ações ordinárias totais com os investidores. Por isso, tais ações SÃO DILUIDORAS e ***devem ser adicionadas ao número de ações ordinárias totais*** *(comentário nosso: no exemplo dado, essa soma será de 500.000 ações + 25.000 ações = 525.000 ações) com os acionistas no cálculo do resultado diluído por ação.*

Item 47: *Opções e bônus de subscrição só têm efeito DILUIDOR quando o preço médio de mercado das ações ordinárias durante o período exceder o preço de exercício das opções e dos bônus.*

Lucro Básico por Ação (LBA)

LBA = R$ 1.200.000,00 ÷ 500.000 ações = R$ 2,40

Lucro Diluído por Ação (LDA)

LDA = R$ 1.200.000,00 ÷ 525.000 = R$ 2,29

Adicionalmente ao exposto acima, abaixo reproduzimos o item 31 do CPC 41:

Item 31: *Para a finalidade de calcular o resultado diluído por ação, a companhia deve AJUSTAR o lucro ou prejuízo atribuível aos titulares de ações ordinárias (capital próprio ordinário) da companhia, bem como o número médio ponderado de ações totais em poder dos acionistas (em circulação), para refletir os efeitos de todas as ações ordinárias potenciais diluidoras.*

Nota 1: De acordo com o item 38 do CPC 41, as ações ordinárias potenciais que são convertidas em ações ordinárias durante o período devem ser incluídas no cálculo do resultado diluído por ação, desde o começo do período até a data da conversão; A PARTIR DA DATA DA CONVERSÃO, **as ações ordinárias resultantes devem ser incluídas tanto no cálculo do resultado básico por ação como no resultado diluído por ação**.

Nota 2: Conforme o item 8 do Apêndice A2 do CPC 41, se os resultados básico e diluído por ação forem IGUAIS, pode ser feita a apresentação em apenas uma linha na face da Demonstração do Resultado, desde que claramente indicado, como: "Resultado Básico e Diluído por Ação". Isso acontece quando não há ações potenciais, que é o que faz a diferença entre os dois tipos de resultado.

Assim, considerando esta última nota, suponhamos, por exemplo, que o Capital Social da Cia. Alfa seja composto por 10.000 ações ordinárias e 10.000 ações preferenciais. Suponhamos também que as ações preferenciais não têm direito ao voto, porém recebem dividendos 10% maior que as ordinárias. Vamos admitir que não há ações potenciais, de forma que o resultado básico por ação e o resultado diluído por ação sejam iguais, sendo o lucro líquido do exercício de R$ 63.000,00. Admitindo também que não há na Cia. Alfa operações descontinuadas, isto é, só há operações continuadas, na última linha da DRE da Cia. Alfa teríamos:

Resultado Básico e Diluído por Ação	
Preferencial	3,30
Ordinária	3,00

Os cálculos são indicados na tabela seguinte:

	Ordinárias	Preferenciais	Total
Número de ações	10.000	10.000	20.000
Número de ações equivalentes de ação ordinária	10.000	10.000 + 10% 10.000 = 11.000	21.000
Lucro por ação	R$ 63.000,00 ÷ 21.000 = R$ 3,00	R$ 3,00 + 10% R$ 3,00 = R$ 3,30	Não aplicável
Lucro atribuível	R$ 3,00 × 10.000 = R$ 30.000,00	R$ 3,300 × 10.000 = R$ 33.000,00	R$ 63.000,00

EXEMPLO 2: (Exemplo 5 do Apêndice C do CPC 41, com resolução baseada nos itens 45 a 47 desse CPC) A Cia. Mega apurou lucro líquido no exercício de 20X1 no montante de R$ 384.583.000,00. O capital subscrito e integralizado da companhia, em 31 de dezembro de 20X1, é dividido em 57.542.982 ações ordinárias e 9.800.000 ações preferenciais.

Para as ações preferenciais, é assegurado o recebimento de dividendos, em dinheiro, 5% maior que o pago às ações ordinárias, e a prioridade no reembolso, em caso de liquidação da companhia, sem prêmio, pelo valor patrimonial.

A companhia lançou opções de compra de 5.000.000 de ações ordinárias (emissão de novas ações) ao preço de exercício de R$ 6,00 por ação. O preço médio de mercado (valor justo) de uma ação ordinária durante o ano de 20X1 é de R$ 8,00.

	Ações Ordinárias	Ações Preferenciais	TOTAL
Número de ações	57.542.982	9.800.000	67.342.982
Número de ações "equivalentes" a ações ordinárias para efeitos de cálculo do lucro **básico** por ação	57.542.982	9.800.000 + 5% 9.800.000 = 10.290.000	67.832.982
LUCRO BÁSICO POR AÇÃO	R$ 384.583.000,00 ÷ 67.832.982 = R$ 5,66955762	R$ 5,66955762 + 5% R$ 5,66955762 = R$ 5,9530355	Não aplicável
Lucro atribuível para o cálculo do Lucro Básico por Ação	R$ 5,66955762 × 57.542.982 = R$ 326.243.252,00	R$ 5,9530355 × 9.800.000 = R$ 58.339.748,00	R$ 384.583.000,00
Ajuste de ações potenciais (*)	5.000.000 – 5.000.000 × R$ 6,00 ÷ R$ 8,00 = 1.250.000	ZERO	Não aplicável
Número médio de ações após o ajuste	57.542.982 + 1.250.000 = 58.792.982	10.290.000	69.082.982
LUCRO DILUÍDO POR AÇÃO	R$ 384.583.000,00 ÷ 69.082.982 = R$ 5,566971617	R$ 5,566971617 + 5% R$ 5,566971617 = R$ 5,845320198	Não aplicável
Lucro atribuível para o cálculo do Lucro Diluído por Ação	R$ 5,566971617 × 58.792.982 = R$ 327.298.862,00	R$ 5,845320198 × 9.800.000 = R$ 57.284.138,00	R$ 384.583.000,00

(*) O AJUSTE de ações potenciais pode ser interpretado da seguinte forma: 5.000.000 de opções de ações ordinárias ao preço de exercício de R$ 6,00 cada, sendo o preço médio de mercado das ações ordinárias R$ 8,00 cada, para efeitos de determinação do lucro diluído por ação, é equivalente a 5.000.000 × R$ 6,00 ÷ R$ 8,00 = 3.750.000 ações ordinárias a R$ 8,00 cada (tem efeito nulo, isto é, não são diluidoras nem antidiluidoras, razão pela qual não entrarão no cálculo do lucro diluído por ação, conforme letra "a" do item 46 do CPC 41) e 1.250.000.000 ações ordinárias emitidas a ZERO real cada (essas são DILUIDORAS, conforme letra "b" do item 46 do CPC 41, sendo somadas no denominador ao total de ações ordinárias emitidas para o cálculo do lucro diluído por ação). Complementando o item 46 do CPC 41, abaixo reproduzimos o item 36 desse CPC:

> ***Item 36:*** *Para calcular o RESULTADO DILUÍDO POR AÇÃO, o número de ações ordinárias deve ser o número médio ponderado de ações ordinárias, calculado de acordo com os itens 19 e 26, mais o número médio ponderado de ações ordinárias que seriam emitidas na conversão de todas as ações ordinárias potenciais diluidoras em ações ordinárias. As ações ordinárias potenciais diluidoras devem ser consideradas como tendo sido convertidas em ações ordinárias no início do período ou, se mais tarde, na data de emissão das ações ordinárias potenciais.*

A seguir iremos "simular" um exemplo de DRE sem operações em descontinuidade, ou seja, só com operações continuadas para a Cia. Mega, de forma que o lucro líquido ao final da DRE seja de R$ 384.583.000,00 , onde será feita a DIVULGAÇÃO do resultado por ação na própria DRE, conforme determinado no CPC 41:

OPERAÇÕES CONTINUADAS	**R$**
Receita de Vendas	925.237.981
Custo das Mercadorias Vendidas	(307.225.380)
Lucro Bruto	618.012.601
Despesas Comerciais	(18.445.347)
Despesas Administrativas	(87.567.254)
Outras Receitas (lucro na venda de terreno)	2.777.333
Lucro antes das Receitas e Despesas Financeiras	514.777.333
Despesas Financeiras	(2.000.000)
Lucro antes do IR e CSL	512.777.333
IR e CSL (supondo alíquota conjunta de 25%)	(128.194.333)
Lucro Líquido do Exercício	384.583.000
Lucro Básico por Ação	
Ação preferencial	5,953
Ação ordinária	5,670
Lucro Diluído por Ação	
Ação preferencial	5,845
Ação ordinária	5,567

Em NOTAS EXPLICATIVAS, seriam feitas as seguintes DIVULGAÇÕES:

Nota "x" – Resultado por ação

A tabela a seguir estabelece o cálculo de lucros por ação para o exercício findo em 31 de dezembro de 20X1:

	R$
Lucro básico por ação	
Numerador	
Lucro líquido do exercício atribuído aos acionistas da companhia	
Lucro disponível aos acionistas preferenciais	58.339.748
Lucro disponível aos acionistas ordinários	326.243.352
Denominador	
Média ponderada do número de ações preferenciais	9.800.000
Média ponderada do número de ações ordinárias	57.542.982
Lucro básico por ação	
Ação preferencial	5,953
Ação ordinária	5,670
Lucro diluído por ação	
Numerador	
Lucro líquido do exercício atribuído aos acionistas da companhia	
Lucro disponível aos acionistas preferenciais	57.284.138
Lucro disponível aos acionistas ordinários	327.298.862
Denominador	
Média ponderada do número de ações preferenciais	9.800.000
Média ponderada do número de ações ordinárias	58.792.982
Lucro diluído por ação	
Ação preferencial	5,845
Ação ordinária	5,567

11. Demonstração do Resultado Abrangente

11.1. Introdução

Em geral, a expressão "RESULTADO" se refere a lucro ou prejuízo, os quais são consequência do confronto entre as despesas e receitas indicadas na DRE (Demonstração do Resultado do Exercício). No entanto, há itens que não integram essa demonstração, mas têm o mesmo efeito final, que é o aumento ou redução do valor do patrimônio líquido. Daí a expressão "RESULTADO ABRANGENTE", visto que este inclui, além das contas de resultado propriamente ditas (receitase despesas), as contas que não comparecem na DRE, mas também alteram o valor do patrimônio líquido, dado que são contas do patrimônio líquido, as quais integram o que chamamos de "outros resultados abrangentes".

Abaixo, temos a definição de "Resultado Abrangente" extraída do item 7 do Pronunciamento Técnico CPC 26 (R1) – Apresentação das Demonstrações Contábeis:

RESULTADO ABRANGENTE é a mutação que ocorre no patrimônio líquido durante um período que resulta de transações e outros eventos que não sejam derivados de transações com sócios na qualidade de proprietários. Compreende TODOS os componentes da "demonstração do resultado" e da "demonstração dos outros resultados abrangentes".

Resultado Abrangente = Resultado do Período + Outros Resultados Abrangentes

Assim, por exemplo, a "Receita de Vendas" integra o resultado do período e, consequentemente, integra o "Resultado Abrangente" da empresa, sendo indicada, portanto, na DRE. Já, por exemplo, um "Ajuste de Avaliação Patrimonial" em função da reavaliação de algum ativo não é uma conta de resultado, mas integra o valor do patrimônio líquido da empresa, sendo desta forma considerada "Outros" Resultados Abrangentes.

Cabe mencionar que os "Outros Resultados Abrangentes" se transformarão em algum momento no futuro em RESULTADO, integrando assim a DRE como receita ou despesa. Esse fenômeno contábil é denominado de AJUSTE DE RECLASSIFICAÇÃO, o qual é definido no item 7 do CPC 26 (R1)como *o valor reclassificado para o resultado no período corrente que foi inicialmente reconhecido como outros resultados abrangentes no período corrente ou em período anterior.*

Assim, por exemplo, suponhamos que a Cia. Franciscana, adquiriu em 01/12/X1 R$ 12.000,00 em ações da Cia. Azul, sendo esses ativos financeiros classificados como disponíveis para venda. Supondo que na data do balanço de 31/12/X1 avaliasse essas ações a valor justo de R$ 15.000,00, o seguinte lançamento contábil seria feito ao final do exercício de X1 para ajustar as referidas ações a valor justo:

D – Ativos Financeiros Disponíveis para Venda..3.000,00

C – Outros Resultados Abrangentes– Ajustes de Avaliação Patrimonial...............3.000,00

Supondo que em X2 as referidas ações fossem reclassificadas como ativos financeiros mantidos para negociação imediata, sendo seu valor justo estimado em R$ 17.600,00, essas ações seriam avaliadas a valor JUSTO por meio do RESULTADO. Assim, teríamos as seguintes contabilizações:

Ajuste de Reclassificação:

D – Outros Resultados Abrangentes – Ajuste de Avaliação Patrimonial...............3.000,00

C – Receita de Ajustes de Avaliação Patrimonial...3.000,00

Reclassificaçãode ativos financeiros disponíveis para venda mantidos para negociação imediata:

D – Ativos Financeiros Mantidos p/ Negociação Imediata..................................15.000,00

C – Ativos Financeiros Disponíveis para Venda 15.000,00

Avaliação a valor justo de R$ 15.000,00 para R$ 17.600,00:

D – Ativos Financeiros Mantidos p/ Negociação Imediata....................................2.600,00

C – Receita de Ajuste a Valor Justo...2.600,00

Observemos que no lançamento de ajuste de reclassificação houve a reclassificação de "Outros Resultados Abrangentes" para o resultado como "receita" (também poderia haver a reclassificação como "despesa", caso a avaliação anterior a valor justo fosse para menor, antes da referida reclassificação).

Complementando o estudo dos AJUSTES DE RECLASSIFICAÇÃO, os itens 94 a 96 do CPC 26 (R1) determinam algumas regras com relação a esses ajustes. Abaixo, reproduzimos esses itens:

94. Os ajustes de reclassificação podem ser apresentados na demonstração do resultado abrangente ou nas notas explicativas. A entidade que apresente os ajustes de reclassificação nas notas explicativas deve apresentar os componentes dos outros resultados abrangentes após os respectivos ajustes de reclassificação.

95. Os ajustes de reclassificação são cabíveis, por exemplo, na baixa de investimentos em entidade no exterior (ver CPC 02), no desreconhecimento (baixa) de ativos financeiros disponíveis para venda (ver CPC 38) e quando transação anteriormente prevista e sujeita a hedge de fluxo de caixa afeta o resultado líquido do período (ver item 100 do CPC 38 no tocante à contabilização de operações de hedge de fluxos de caixa).

96. Ajustes de reclassificação não decorrem de mutações na reserva de reavaliação (quando permitida pela legislação vigente) reconhecida de acordo com os Pronunciamentos Técnicos CPC 27 – Ativo Imobilizado e CPC 04 – Ativo Intangível ou de ganhos e perdas atuariais de planos de benefício definido reconhecidos em consonância com o Pronunciamento Técnico CPC 33 – Benefícios a Empregados. Esses componentes são reconhecidos como outros resultados abrangentes e não são reclassificadospara o resultado líquido em períodos subsequentes. As mutações na reserva de reavaliação podem ser transferidas para reserva de lucros retidos (ou nos prejuízos acumulados) no período em que forem reconhecidos como outros resultados abrangentes (ver CPC 33).

11.2. Outros Resultados Abrangentes

O item 7 do CPC 26 (R1) determina que OUTROS RESULTADOS ABRANGENTES compreendem itens de receita e despesa (incluindo ajustes de reclassificação) que **não são** reconhecidos na demonstração do resultado como requerido ou permitido pelos Pronunciamentos, Interpretações e Orientações emitidos pelo CPC. Os componentes dos outros resultados abrangentes incluem:

- variações na reserva de reavaliação quando permitidas legalmente (veja Pronunciamentos Técnicos CPC 27 – Ativo Imobilizado e CPC 04 – Ativo Intangível);
- ganhos e perdas atuariais em planos de pensão com benefício definido reconhecidos conforme item 93A do Pronunciamento Técnico CPC 33 – Benefícios a Empregados;
- ganhos e perdas derivados de conversão de demonstrações contábeis de operações no exterior (ver Pronunciamento Técnico CPC 02 – Efeitos das Mudanças nas Taxas de Câmbio e Conversão de Demonstrações Contábeis);
- ajuste de avaliação patrimonial relativo aos ganhos e perdas na remensuração de ativos financeiros disponíveis para venda (ver Pronunciamento Técnico CPC 38 – Instrumentos Financeiros: Reconhecimento e Mensuração);
- ajuste de avaliação patrimonial relativo à efetiva parcela de ganhos ou perda de instrumentos de hedge em hedge de fluxo de caixa (ver também Pronunciamento Técnico CPC 38).

Nota: O Pronunciamento Técnico CPC 38 – Instrumentos Financeiros: Reconhecimento e Mensuração – foi REVOGADO a partir de 1º de janeiro de 2018 e substituído pelo CPC 48 – Instrumentos Financeiros, o qual também trata de reconhecimento e mensuração dos instrumentos financeiros.

11.3. Demonstração do Resultado Abrangente (DRA)

A DRA é a demonstração contábil que,partindo do Lucro ou Prejuízo Líquido apurado ao final da DRE (Demonstração do Resultado do Exercício), indica em sequência todos os "Outros Resultados Abrangentes".

Exemplo de DRA:

Lucro Líquido	**97.000,00**
Outros Resultados Abrangentes	
Ajuste de Avaliação Patrimonial	10.000,00
Ajuste de Avaliação Patrimonial (reclassificado para o resultado)	(2.500,00)
Ajuste Acumulado de Conversão	(3.000,00)
Equivalência Patrimonial s/ Ganhos Abrangentes de Controladas	1.000,00
IR e CSLL s/ Outros Resultados Abrangentes	(1.080,00)
Total de Outros Resultados Abrangentes	**4.420,00**
Resultado Abrangente Total do Período	**101.420,00**

Obs. 1: O item 90 do CPC 26 (R1) determina que a entidade deve divulgar o montante do efeito tributário relativo a cada componente dos outros resultados abrangentes, incluindo os ajustes de reclassificação na demonstração do resultado abrangente ou nas notas explicativas.

Obs. 2: O item 91 do CPC 26 (R1), determina que os componentes dos outros resultados abrangentes podem ser apresentados: (a) líquidos dos seus respectivos efeitos tributários; ou (b) antes dos seus respectivos efeitos tributários, sendo apresentado em montante único o efeito tributário total relativo a esses componentes. No exemplo acima apresentamos a DRA conforme a alínea (b) do item 91 do CPC 26 (R1), visto que cada item componente dos Outros Resultados Abrangentes foi apresentado pelo seu valor bruto, ou seja, antes da dedução dos tributos sobre os lucros (IR e CSLL), de modo que esses tributos foram calculados em montante único da seguinte forma, supondo uma alíquota conjunta de 24%:

IR e CSLL = 24% (10.000,00 – 2.500,00 – 3.000,00) = 1.080,00

Nota: *No cálculo do IR e CSLL não foi computada a Equivalência Patrimonial s/ Ganhos Abrangentes de Controladas, visto que pela legislação desses tributos a Receita de Equivalência Patrimonial é considerada "não tributável".*

EXERCÍCIO RESOLVIDO 1: (Agente Tributário Estadual – MS/Esaf – Adaptada) O Contador da Empresa Comércio Com S/A já havia contabilizado as operações do encerramento do exercício de 20X0, inclusive o imposto de renda, quando se apercebeu que não havia calculado as participações estatutárias de empregados e de diretores, previstas nos Estatutos à alíquota de 10%, para cada tipo.

O imposto de renda fora calculado à alíquota de 25% do lucro real, tendo o lucro líquido do exercício, no valor de R$ 27.000,00, sido creditado na conta Lucros (ou Prejuízos) Acumulados.

Após sanar a falha anterior, contabilizando as participações estatutárias corretamente e recalculando o imposto, a provisão para o imposto de renda deverá ir a balanço com o novo valor de:

a) R$ 6.075,00;

b) R$ 7.650,00;

c) R$ 7.717,50;

d) R$ 8.325,00;

e) R$ 8.730,00.

(SOLUÇÃO)

De acordo com o art. 189 da Lei nº 6.404/1976, a base de cálculo das participações sobre o lucro é igual ao REXAIR (Resultado do Exercício antes do Imposto de Renda) menos o Imposto de Renda menos os Prejuízos Acumulados. Assim, em vista dos dados do problema, os 27.000 já seriam a base de cálculo das participações de empregados, ou seja, estas seriam de 10% de 27.000, isto é, 2.700.

- -

27.000 corresponderiam a 75% do REXAIR, isto é, REXAIR = 27.000 ÷ 0,75 = 36.000.

(Neste caso, estamos supondo que o REXAIR coincide com o Lucro Real, isto é, não há adições, exclusões ou compensações para o ajuste do REXAIR. Esta omissão de informação no enunciado da questão é uma falha, podendo até levar à anulação da questão)

- -

Pela atual legislação do Imposto de Renda, somente as participações de debenturistas e empregados são dedutíveis para o cálculo do IR. Quando a Lei nº 6.404/1976 foi elaborada, tais participações não eram dedutíveis. Desta forma, quando as referidas participações passaram a ser dedutíveis, surgiu um problema matemático para o cálculo do IR: Como se pode deduzir da base de cálculo do IR (Lucro Real) as participações sobre o lucro se as mesmas são calculadas após o IR? Este problema tem sido resolvido atualmente efetuando-se os seguintes passos:

1º Calculamos um Lucro Real preliminar, isto é, sem deduzir as participações;

2º determinamos um Imposto de Renda preliminar, aplicando a alíquota deste sobre o Lucro Real preliminar;

3º calculamos as participações sobre o lucro, conforme o art. 190 da Lei nº 6.404/1976;

4º subtraímos as participações de debenturistas e empregados do Lucro Real preliminar e assim temos o Lucro Real definitivo;

5º aplicamos <u>novamente</u> a alíquota do IR, mas agora sobre o Lucro Real definitivo; e

6º finalmente, determinamos o IR definitivo.

Cabe ressaltar que, para Receita Federal, não há nenhum problema em se calcular o IR sem deduzir as participações. Poder-se-ia muito bem calcular o IR na sequência da Lei nº 6.404/76 (Pagar imposto de renda a mais não é nenhum problema. O que não se pode é pagar imposto de renda a menos!).

A nível de questões de concursos públicos, é mais provável que se calcule o IR da "forma antiga", isto é, na sequência da Lei nº 6.404/1976 (sem deduzir nenhuma participação). Na prática, certamente os empresários vão optar pela "nova forma" de se calcular o IR.

Assim, na questão, o Lucro Real definitivo será a diferença entre o Lucro Real preliminar (36.000) e a participação dos empregados (2.700), dando o valor de 33.300. Como a alíquota do IR é de 25%, seu valor definitivo será de 25% de 33.300, ou seja, 8.325. ***(Opção d)***

EXERCÍCIO RESOLVIDO 2: Enunciado comum às questões de 1 a 10: Balanço de 30/11/20X8 (valores em R$) – Cia. Ipanema:

ATIVO		PASSIVO	
Circulante		**Circulante**	
Caixa	4.000	Salários a Pagar	800
BCM	3.600	ICMS a Recolher	1.920
Clientes	7.200	IR e CSLL a Pagar	708
Mercadorias	21.200	Fornecedores	19.972
Não Circulante			
Investimentos		**Não Circulante**	
Imóveis (alugados)	8.000	Receitas Diferidas	200
Terreno	1.920		
		Patrimônio Líquido	
Imobilizado		Capital Social	8.708
Veículos	6.400	Reserva Legal	570
Depreciação Acumulada	(480)	Lucro (jan. a nov., 20X8)	18.962
TOTAL	51.840	**TOTAL**	51.840

No mês de dezembro de 20X8, a empresa efetuou as seguintes operações:

- Vendeu metade do estoque por R$ 20.000,00 com ICMS de 12% (desconsidere a incidência de outros tributos), sendo metade do recebimento à vista e metade a prazo de 90 dias.
- Pagou R$ 1.920,00 de ICMS.
- Apropriou e pagou R$ 1.160,00 de despesas gerais (água, luz, telefone e material de escritório).
- Pagou os salários de novembro de 20X8 no valor de R$ 800,00 e apropriou os salários de dezembro de 20X8 no valor de R$ 1.000,00, os quais serão pagos em janeiro de 20X9 (desconsidere a existência de férias, 13º salário, encargos sociais e IRRF).
- Apropriou as receitas diferidas no valor de R$ 200,00, as quais representavam os aluguéis de dezembro de 20X8 recebidos antecipadamente em novembro de 20X8.
- Recebeu antecipadamente o aluguel de janeiro de 20X9 no valor de R$ 250,00.
- Vendeu seu único terreno à vista por R$ 2.020,00.
- Aumentou seu Capital, mediante a emissão de 2.000 novas ações ordinárias de valor nominal R$ 2,00 cada, sendo o valor de emissão R$ 2,40 por ação, tudo em dinheiro depositado no banco.
- Adquiriu mercadorias no total de R$ 15.000,00 com ICMS de 12%, sendo 40% do pagamento à vista e o restante a prazo de 90 dias.
- Pagou R$ 8.300,00 a seus fornecedores.
- Recebeu R$ 5.100,00 de seus clientes.
- Contabilizou a depreciação de seus veículos referente ao mês de dezembro de 20X8, sendo o tempo de vida útil desses bens de 5 anos e valor residual de R$ 1.000,00.

Informações Adicionais:

I. O exercício social da Cia. Ipanema coincide com o ano-calendário.

II. A empresa é tributada pelo IR e CSLL com base no lucro real trimestral. O lucro contábil antes do IR e CSLL referente aos meses de outubro e novembro, o qual coincidiu com o lucro tributável, foi de R$ 2.950,00, sendo que o IR e CSLL do 4º trimestre de 20X8 serão pagos em janeiro de 20X9. Também para efeitos de apuração do resultado mensal e em função do fato da obrigação a pagar do IR e CSLL ser considerada passivo derivado de apropriações por competência (*accruals*), a empresa contabilizou o IR e a CSLL referentes aos meses de outubro e novembro, apesar do valor total a pagar desses tributos com relação ao 4º trimestre ser conhecido somente ao fim de dezembro de 20X8.

III. 5% do lucro líquido do exercício de 20X8 serão destinados à reserva legal e o restante distribuído como dividendos, os quais serão pagos no final de fevereiro de 20X9. O lucro antes do IR e CSLL referente aos três primeiros trimestres de 20X8 foi de R$ 22.000,00, coincidindo esse com lucro tributável pelo IR e CSLL.

IV. As alíquotas do IR e CSLL são, respectivamente, 15% e 9%.

V. Não há participações estatutárias sobre o lucro.

1. O lucro bruto de dezembro de 20X8 foi de:

a) R$ 8.000,00;

b) R$ 7.000,00;

c) R$ 6.000,00;

d) R$ 4.000,00;

e) R$ 3.000,00.

(SOLUÇÃO)

Vendas	*20.000*	
(–) ICMS (12%)	*(2.400)*	
(–) CMV (21.200/2)	*(10.600)*	
(=) Lucro bruto (dezembro)	*7.000*	***(Opção b)***

2. O Lucro antes do IR e CSLL de dezembro de 20X8 foi de:

a) R$ 5.040,00;

b) R$ 4.840,00;

c) R$ 5.090,00;

d) R$ 5.050,00;

e) R$ 4.750,00.

(SOLUÇÃO)

Lucro Bruto (dez.)	*7.000*	
(–) Despesas gerais	*(1.160)*	
(–) Salários	*(1.000)*	
(–) Depreciação [20%(6.400 – 1.000/12]	*(90)*	
(+) Receitas de aluguéis	*200*	
(+) Lucro na venda do Terreno (2.020 – 1.920)	*100*	
(=) Lucro antes do IR e CSLL (dez.)	*5.050*	***(Opção d)***

3. O lucro líquido de janeiro a novembro de 20X8 foi de:

a) R$ 18.962,00;

b) R$ 24.950,00;

c) R$ 16.720,00;

d) R$ 19.670,00;

e) R$ 22.000,00.

(SOLUÇÃO)

Lucro antes do IR e CSLL (jan. a set.)	*22.000*	
(+) Lucro antes do IR e CSLL (out. e nov.)	*2.950*	
(=) Lucro antes do IR e CSLL (jan. a nov.)	*24.950*	
(–) IR e CSLL (15% + 9% de 24.950)	*(5.988)*	
(=) Lucro líquido (jan. a nov.)	*18.962*	***(Opção a)***

4. O lucro antes do IR e CSLL do <u>quarto trimestre</u> de 20X8 foi de:
a) R$ 8.100,00;
b) R$ 5.050,00;
c) R$ 4.950,00;
d) R$ 7.900,00;
e) R$ 8.000,00.

(SOLUÇÃO)

Lucro antes do IR e CSLL (out. e nov.)	*2.950*	
(+) Lucro antes do IR e CSLL (dez.)	*5.050*	
(=) Lucro antes do IR e CSLL (4º trimestre)	*8.000*	***(Opção e)***

5. O lucro líquido do <u>exercício social</u> de 20X8 foi de:
a) R$ 30.000,00;
b) R$ 25.600,00;
c) R$ 22.800,00;
d) R$ 22.000,00;
e) R$ 20.750,00.

(SOLUÇÃO)

Lucro antes do IR e CSLL (1º ao 3º trim.)	*22.000*	
(+) Lucro antes do IR e CSLL (4º trim.)	*8.000*	
(=) Lucro antes do IR e CSLL (20X8)	*30.000*	
(–) IR e CSLL (24% de 30.000)	*(7.200)*	
(=) Lucro líquido (20X8)	*22.800*	***(Opção c)***

6. O ativo circulante no balanço de 31/12/20X8 foi de:
a) R$ 47.490,00;
b) R$ 46.490,00;

c) R$ 45.490,00;

d) R$ 44.490,00;

e) R$ 43.490,00.

(SOLUÇÃO)

Caixa

Saldo (01/12/20X8)	*4.000*
(+) Venda de metade do estoque por 20.000 (recebido metade)	*10.000*
(–) Pagamento de ICMS	*(1.920)*
(–) Pagamento de despesas	*(1.160)*
(–) Pagamento de salários	*(800)*
(+) Recebimento de aluguéis	*250*
(+) Venda de terreno	*2.020*
(+) Emissão de 2.000 ações a 2,40	*4.800*
(–) Aquisição de mercadorias no valor de 15.000 (pagamento de 40%)	*(6.000)*
(–) Pagamento de fornecedores	*(8.300)*
(+) Recebimento de clientes	*5.100*
Saldo (31/12/20X8)	***7.990***

BCM	***3.600***

Clientes

Saldo (01/12/20X8)	*7.200*
(+) Venda de metade do estoque por 20.000 (metade a prazo)	*10.000*
(–) Recebimento de clientes	*(5.100)*
Saldo (31/12/20X8)	***12.100***

Mercadorias

Saldo (01/12/20X8)	*21.200*
(–) Saída de metade do estoque (21.200 ÷ 2)	*(10.600)*
(+) Aquisição de mercadorias no valor de 15.000 – ICMS de 12%	*13.200*
Saldo (31/12/20X8)	***23.800***

Total do Ativo Circulante (31/12/20X8)	*47.490*
	(Opção a)

7. O ativo não circulante no balanço de 31/12/20X8 foi de:

a) R$ 13.920,00;
b) R$ 15.750,00;
c) R$ 14.750,00;
d) R$ 13.830,00;
e) R$ 12.830,00.

(SOLUÇÃO)

Imóveis (alugados a terceiros)	*8.000*
Terrenos (foi vendido)	*0*
Veículos	*6.400*
Depreciação Acumulada (480 + 90)	*(570)*
Total do Ativo Não Circulante (31/12/20X8)	***13.830***
	(Opção d)

8. O passivo circulante no balanço de 31/12/20X8 foi de:

a) R$ 24.192,00;
b) R$ 46.560,00;
c) R$ 43.932,00;
d) R$ 45.012,00;
e) R$ 45.852,00.

(SOLUÇÃO)

Salários a Pagar (800 – 800 + 1.000)	*1.000*
ICMS a Recolher [1.920 – 1920 + 12% (20.000 – 15.000)]	*600*
IR e CSLL a Pagar (4º trimestre = 24% de 8.000)	*1.920*
Fornecedores (19.972 + 60% de 15.000 – 8.300)	*20.672*
Dividendos a Pagar (95% do Lucro Líquido de 20X8)	*21.660*
Total do Passivo Circulante (31/12/20X8)	***45.852***
	(Opção e)

9. O passivo não circulante no balanço de 31/12/20X8 foi de:

a) zero;
b) R$ 200,00;

c) R$ 250,00;

d) R$ 450,00;

e) R$ 50,00.

(SOLUÇÃO)

*De acordo com o art. 180 da Lei nº 6.404/76, as obrigações da companhia, inclusive financiamentos para aquisição de direitos do ativo não circulante, serão classificadas no passivo circulante, quando se vencerem no exercício seguinte, e no **passivo não circulante**, se tiverem vencimento em prazo maior, observado o disposto no parágrafo único do art. 179.*

Dessa forma, como não há na Cia. Ipanema obrigações vencíveis após 20X9, o valor do passivo não circulante seria, em princípio, zero. No entanto, com base no art. 299-B da referida lei, as receitas diferidas integrarão o passivo não circulante, a partir das alterações impostas pela Lei nº 11.941 sobre a Lei nº 6.404.

Assim, concluímos que o saldo da conta Aluguéis Recebidos Antecipadamente (ou Aluguéis Ativos a Vencer) no valor de R$ 250,00 será o único valor que integrará o passivo não circulante da Cia. Ipanema no balanço de 31/12/20X8. ***(Opção c)***

10. O patrimônio líquido no balanço de 31/12/20X8 foi de:

a) R$ 14.078,00;

b) R$ 10.418,00;

c) R$ 9.278,00;

d) R$ 15.218,00;

e) R$ 11.050,00.

(SOLUÇÃO)

Capital Social (8.708 + 2.000 ações × 2,00)	*12.708*
Reservas de Capital (ágio na emissão de ações 2.000 × 0,40)	*800*
Reserva Legal (570 + 5% do lucro líquido de 20X8)	*1.710*
Total do PL (31/12/20X8)	***15.218***

(Opção d)

Comentário Extra: *Podemos também achar o valor do patrimônio líquido pela equação básica: PL = A – P, assim:*

Ativo (47.490 + 13.830)	*61.320*
Passivo Exigível (PC + PNC = 45.852 + 250)	*46.102*

PL = 61.320 – 46.102 = 15.218

EXERCÍCIO RESOLVIDO 3: (Auditor-Fiscal da Receita Federal/Esaf – Adaptada) A empresa Pedras & Pedrarias S/A demonstrou no exercício de 20X1 os valores como seguem:

Lucro Bruto	R$ 90.000,00
Lucro antes do IR e CSLL	R$ 70.000,00
Outras Receitas	R$ 7.500,00
Despesas de Vendas, Gerais e Administrativas	R$ 27.500,00
Participação de Administradores	R$ 2.500,00
Participação de Debenturistas	R$ 3.500,00
Participação de Empregados	R$ 3.000,00

A tributação do lucro dessa empresa deverá ocorrer à alíquota de 30% para Imposto de Renda e Contribuição Social sobre o Lucro Líquido, conjuntamente.

Assim, se forem calculados corretamente o IR e a CSLL, certamente o valor destinado, no exercício, à constituição da reserva legal deverá ser de:

a) R$ 2.000,00;

b) R$ 2.070,00;

c) R$ 2.090,00;

d) R$ 2.097,50;

e) R$ 2.135,00.

(SOLUÇÃO)

No enunciado foi mencionado "se forem calculados corretamente o IR e a CSLL". Desta forma, presumimos que devemos nos basear na legislação tributária atual, onde as participações de debenturistas e empregados são dedutíveis do lucro real base desses tributos. Assim:

Lucro antes do IR e CSLL	*R$ 70.000,00*
(–) Participação de Debenturistas	*(R$ 3.500,00)*
(–) Participação de Empregados	*(R$ 3.000,00)*
(=) Lucro Real	*R$ 63.500,00*
(×) Alíquota conjunta IR e CSLL	*30%*
(=) IR e CSLL	*R$ 19.050,00*

Nota: *Na apuração do lucro antes do IR e CSLL sempre são consideradas todas as receitas e despesas. Daí, na determinação dos R$ 70.000,00 já foram computadas as outras receitas de R$ 7.500,00 e as despesas de vendas, gerais e administrativas de R$ 27.500,00.*

Na DRE, teremos então:

Lucro antes do IR e CSLL	*R$ 70.000,00*
(–) IR e CSLL	*(R$ 19.050,00)*
(–) Participação de Debenturistas	*(R$ 3.500,00)*
(–) Participação de Empregados	*(R$ 3.000,00)*
(–) Participação de Administradores	*(R$ 2.500,00)*
(=) Lucro Líquido	*R$ 41.950,00*

Reserva Legal = 5% de R$ 41.950,00 = R$ 2.097,50 ***(Opção d)***

EXERCÍCIO RESOLVIDO 4: (Analista de Finanças e Controle/STN/Esaf) A empresa Nove Adm S/A, ao encerrar o exercício social, apurou o Lucro Líquido antes do Imposto de Renda e da Contribuição Social sobre o Lucro Líquido no valor de R$ 20.000,00. Em seguida, calculou: a Provisão de 30% para o Imposto de Renda, encontrando R$ 6.000,00; e a participação de empregados no lucro, encontrando R$ 1.200,00. Calculou, ainda, sobre a base correta, a participação de Administradores e a Contribuição Social sobre o Lucro, ambas à taxa de 10%.

Feitos estes cálculos, segundo a Lei nº 6.404/1976, o lucro líquido do exercício a ser indicado na linha final da Demonstração do Resultado do Exercício será de:

a) R$ 9.720,00;
b) R$ 10.240,00;
c) R$ 10.260,00;
d) R$ 10.320,00;
e) R$ 10.368,00.

(SOLUÇÃO)

Visto que o enunciado da questão menciona "segundo a Lei nº 6.404/1976", no lucro real base do IR e CSLL não será deduzida a participação de empregados, pois por essa lei todas as participações são determinadas após o cálculo desses tributos.

LAIRCSLL	*R$ 20.000,00*
(–) CSLL (10%)	*(R$ 2.000,00)*
(–) IR (30%)	*(R$ 6.000,00)*
(=) Base das Participações	*R$ 12.000,00*
(–) Participação de Empregados	*(R$ 1.200,00)*
(–) Participação de Administradores [10% de R$ 10.800,00]	*(R$ 1.080,00)*
(=) Lucro Líquido	*R$ 9.720,00*

(Opção a)

EXERCÍCIO RESOLVIDO 5: As contas abaixo representam um grupo de receitas e despesas e, embora distribuídas, aqui, aleatoriamente, compõem a demonstração do resultado do exercício da empresa Servebem S/A.

Impostos e Taxas	250,00
Receitas de Serviços Prestados	100.000,00
Propaganda e Publicidade	900,00
Outras Despesas	1.250,00
Contribuição Social	10%
Depreciação	350,00
Serviços Cancelados	10.000,00
PIS/PASEP	1%
Despesas Bancárias	400,00
Custos dos Serviços Prestados	65.200,00
Descontos Incondicionais Concedidos	10.000,00
Descontos Condicionais Concedidos	1.000,00
Comissões Pagas sobre Serviços Líquidos	2.000,00
Juros Pagos	250,00
COFINS	2%
Salários e Encargos	1.500,00
Água e Energia	100,00
Imposto de Renda	15%
Imposto sobre Serviço de Qualquer Natureza	3%

Ordenando-se as contas, adequadamente, com base nas normas do CPC, qual o Lucro Líquido?

(SOLUÇÃO)

Receitas de Serviços	*100.000,00*
(–) Serviços Cancelados	*(10.000,00)*
(–) Descontos Incondicionais Concedidos	*(10.000,00)*
(–) ISS, PIS, COFINS [(3% + 1% + 2%) de 80.000]	*(4.800,00)*
(=) Receita Líquida	***75.200,00***
(–) CSP	*(65.200,00)*
(=) Lucro Bruto	***10.000,00***
(–) Impostos e Taxas	*(250,00)*
(–) Propaganda e Publicidade	*(900,00)*

(–) Depreciação	*(350,00)*
(–) Despesas Bancárias	*(400,00)*
(–) Descontos Condicionais Concedidos	*(1.000,00)*
(–) Comissões Pagas sobre Serviços Líquidos	*(2.000,00)*
(–) Salários e Encargos	*(1.500,00)*
(–) Água e Energia	*(100,00)*
(–) Outras Despesas	*(1.250,00)*
(=) Lucro antes das Rec. e Despesas Financeiras	***2.250,00***
(–) Juros Pagos	*(250,00)*
(=) Lucro antes do IR e CSLL	***2.000,00***
(–) IR e CSLL (10% + 15%))	*(500,00)*
(=) Lucro Líquido	***1.500,00***

EXERCÍCIO RESOLVIDO 6: Considerando os dados a seguir (valores em R$), os quais foram obtidos dos registros contábeis da Cia. Safira e se referem ao exercício social de X1, elabore a DRE completa (até lucro líquido), considerando a legislação societária (Lei nº 6.404/1976), as normas do CPC (Comitê de Pronunciamentos Contábeis) e a legislação fiscal atual:

Receita Bruta	200.000,00
(–) ICMS, PIS, COFINS	(54.500,00)
(=) Receita Líquida	145.500,00
(–) CMV	(62.000,00)
(=) Lucro Bruto	83.500,00
(–) Despesas de Vendas, Gerais e Administrativas	(41.500,00)
(+) Receita de Equivalência Patrimonial	10.000,00
(–) Outras Despesas	(2.000,00)
(+) Outras Receitas	20.000,00
(=) Lucro antes do IR e CSLL (LAIRCSLL)	70.000,00

Informações adicionais:

- Não há operações descontinuadas na Cia. Safira;
- A Cia. Safira é tributada pelo Lucro Real anual;

- A referida empresa paga participações sobre os seus lucros a debenturistas (10%), empregados (10%) e administrados (10%);
- Na composição das despesas de vendas está incluída a despesa com perdas estimadas em créditos de liquidação duvidosa no valor de R$ 3.000,00;
- As multas de trânsito no total de R$ 2.000,00 não foram consideradas despesas de vendas, gerais ou administrativas. Desta forma, tais despesas foram classificadas como outras despesas.
- A alíquota do IR é de 15% e da CSLL é de 9%;
- Não há base de cálculo negativa de anos anteriores (compensações) do IR e da CSLL;
- Há Prejuízos Acumulados no balanço do exercício social anterior no valor de R$ 14.580,00.

(SOLUÇÃO)

Com relação às participações estatutárias de debenturistas, empregados, administradores e partes beneficiárias sobre o lucro da companhia, o art. 189 da Lei nº 6.404/1976 definiu a base de cálculo como Lucro antes do IR (LAIR) – IR – Prejuízos Acumulados. Na época da criação dessa lei não havia a CSLL (Contribuição Social sobre o Lucro Líquido). Posteriormente, a Lei nº 7.689/1989 criou esse tributo, passando o mesmo a integrar a estrutura da DRE, antes de se chegar ao LAIR. Assim, a base de cálculo das referidas participações também pode ser apresentada da seguinte forma: Lucro antes do IR e CSLL (LAIRCSLL) – IR e CSLL – Prejuízos Acumulados. No entanto, a fórmula original ainda pode ser usada, pois LAIR = LAIRCSLL – CSLL. No entanto, para a conciliação da lei societária (Lei nº 6.404/1976) com a legislação tributária atual existe um problema: A legislação tributária determina que as participações de debenturistas e empregados são dedutíveis do lucro real tributável pelo IR e pela CSLL. Assim, como podemos deduzir da base de cálculo desses tributos essas participações, se para o cálculo das mesmas já devemos ter os valores desses tributos determinados? Essa contradição tem sido resolvida calculando-se o IR e a CSLL duas vezes cada um. Na primeira vez calculamos seus valores apenas para que possamos determinar a base de cálculo das referidas participações, ignorando assim a dedutibilidade das mesmas, ressaltando que esses valores não serão aqueles postos na DRE, pois apenas servem para acharmos a base de cálculo das participações de debenturistas, empregados, administradores e partes beneficiárias. Em seguida, recalculamos os valores desses tributos pela segunda e última vez, deduzindo do lucro real tributável apenas as participações de debenturistas e empregados, visto que as participações de administradores e partes beneficiárias são indedutíveis. Cabe ressaltar, no entanto, que o lucro real do IR não é necessariamente o mesmo da CSLL, visto que nem todas as adições e exclusões são comuns. Porém, quando na prática há coincidência, é muito comum a utilização de alíquotas conjuntas, ou seja, no lugar de calcularmos o IR de 15% sobre o lucro real e a CSLL de 9% sobre esse mesmo lucro, calculamos esses tributos de uma só vez, utilizando a alíquota conjunta de 24%, e na DRE apresentamos os dois conjuntamente na mesma linha. No entanto, no caso do IR, ultrapassados determinados limites, pode ainda haver quota adicional de 10%, tornando assim inviável o cálculo e a apresentação conjunta desses tributos, visto que não existe esse adicional para a CSLL. Por fim, esses valores encontrados na segunda vez para o IR e a CSLL serão os definitivos, ou seja, serão aqueles indicados na DRE.

Assim, daremos os seguintes passos para a solução desse exercício:

*[1º **PASSO**] – Cálculo da CSLL não definitiva ignorando a dedutibilidade das participações de debenturistas e empregados:*

LAIRCSLL	*70.000,00*
(+) Adições	
Despesa c/Perdas Estimadas em Créditos de Liquidação Duvidosa	*3.000,00*
(–) Exclusões	
Receita de Equivalência Patrimonial	*(10.000,00)*
(=) LUCRO REAL (não definitivo)	*63.000,00*
(×) Alíquota da CSLL	*9%*
(=) CSLL	*5.670,00*

***Nota:** Com o cálculo acima, o LAIR, o qual não será o definitivo (não é o LAIR que irá para a DRE), será de R$ 70.000,00 menos R$ 5.670,00, ou seja, R$ 64.330,00. Esse lucro será o utilizado na determinação da base de cálculo das participações, conforme o artigo 189 da Lei nº 6.404/1976, ou seja, LAIR – IR – Prejuízos Acumulados.*

*[2º **PASSO**] – Cálculo do IR não definitivo ignorando a dedutibilidade das participações de debenturistas e empregados:*

LAIR	*64.330,00*
(+) Adições	
CSLL	*5.670,00*
Despesa c/Perdas Estimadas em Créditos de Liquidação Duvidosa	*3.000,00*
Multas de Trânsito	*2.000,00*
(–) Exclusões	
Receita de Equivalência Patrimonial	*(10.000,00)*
(=) LUCRO REAL (não definitivo)	*65.000,00*
(×) Alíquota do IR	*15%*
(=) IR	*9.750,00*

***Nota:** Observemos que o lucro real (não definitivo) do IR não é o mesmo da CSLL, pois as multas de trânsito são dedutíveis para o cálculo desse tributo, mas não são no cálculo daquele.*

[3º PASSO] – Cálculo das participações estatutárias sobre o lucro:

LAIR	*64.330,00*
(–) IR	*(9.750,00)*
(–) Prejuízos Acumulados	*(14.580,00)*
(=) Base de Cálculo das Participações sobre o Lucro	*40.000,00*

Participação de Debenturistas (10% de 40.000,00) = 4.000,00

Participação de Empregados (10% de 36.000,00) = 3.600,00

Participação de Administradores (10% de 32.400) = 3.240,00

[4º PASSO] – Cálculo da CSLL (definitiva), mediante o cálculo do lucro real (definitivo) que servirá de base para esse tributo:

LAIRCSLL	*70.000,00*
(–) Participação de Debenturistas	*(4.000,00)*
(–) Participação de Empregados	*(3.600,00)*
(–) Participação de Administradores	*(3.240,00)*
(+)Adições	
Participação de Administradores	*3.240,00*
Despesa c/Perdas Estimadas em Créditos de Liquidação Duvidosa	*3.000,00*
(–) Exclusões	
Receita de Equivalência Patrimonial	*(10.000,00)*
(=) Lucro Real (Base da 2ª CSLL)	*55.400,00*
(×) Alíquota da CSLL	*9%*
(=) CSSL (definitiva)	***4.986,00***

[5º PASSO] – Determinação do 2º lucro real, isto é, lucro real definitivo para o cálculo do 2º IR (IR definitivo), deduzindo as participações de debenturistas e empregados:

LAIRCSLL	*70.000,00*
(–) CSLL	*(4.986,00)*
(–) Participação de Debenturistas	*(4.000,00)*
(–) Participação de Empregados	*(3.600,00)*
(–) Participação de Administradores	*(3.240,00)*
(=) Lucro antes do IR e após as Participações	***54.174,00***

(+)Adições	
CSLL	*4.986,00*
Participação de Administradores	*3.240,00*
Despesa c/Perdas Estimadas em Créditos de Liquidação Duvidosa	*3.000,00*
Multas de Trânsito	*2.000,00*
(–) Exclusões	
Receita de Equivalência Patrimonial	*(10.000,00)*
(=) Lucro Real (base do 2º IR)	*57.400,00*
(×) Alíquota do IR	*15%*
(=) IR (definitivo)	***8.610,00***

Nota: *Observemos que nos cálculos anteriores, ao determinarmos o lucro antes do IR e após participações, subtraímos a CSLL e a participação de administradores e, em seguida, somamos de volta esses itens como adições do lucro real. Esse procedimento é apenas para cumprir mera formalidade legal, pois pela legislação tributária esses itens são adições no cálculo do lucro real base do IR. Na prática, poderíamos não ter subtraído os referidos itens no cálculo do lucro antes do IR e após as participações, e dessa forma não entrariam como adições no cálculo do lucro real. Daria o mesmo resultado final.*

Finalmente, podemos elaborar a DRE completa, a qual concilia a legislação tributária com a legislação societária, determinando assim o lucro líquido do exercício:

Receita Bruta	*200.000,00*
(–) ICMS, PIS, COFINS	*(54.500,00)*
(=) Receita Líquida	*145.500,00*
(–) CMV	*(62.000,00)*
(=) Lucro Bruto	*83.500,00*
(–) Despesas de Vendas, Gerais e Administrativas	*(43.500,00)*
(+) Receita de Equivalência Patrimonial	*10.000,00*
(+) Outras Receitas	*20.000,00*
(–) CSLL	*(4.986,00)*
(=) LAIR	*65.014,00*
(–) IR	*(8.610,00)*
(–) Participação de Debenturistas	*(4.000,00)*
(–) Participação de Empregados	*(3.600,00)*
(–) Participação de Administradores	*(3.240,00)*
(=) Lucro Líquido	***45.564,00***

COMENTÁRIO EXTRA: *Nesse exercício, nos aproximamos bastante da realidade de apuração do IR e da CSLL das empresas brasileiras, mas ainda não chegamos totalmente, pois atualmente o IR e a CSLL para as empresas tributadas pelo lucro real são trimestrais e nesse exercício calculamos esses tributos com base anual. No entanto, alternativamente à opção de apuração trimestral para as pessoas jurídicas tributadas pelo lucro real, há também a opção pelo pagamento mensal do IR e da CSLL por estimativa e determinação do lucro real anual apenas em 31 de dezembro do ano-calendário. Nesse caso, a diferença entre o IR e a CSLL devidos com base no lucro real anual e o somatório das importâncias pagas mensalmente por estimativa será, se* ***positiva*** *(pagou menos do que devia), paga em quota única até o último dia do mês de março do ano seguinte, acrescida de juros equivalentes à soma da taxa Selic a partir de 1º de fevereiro até o último dia do mês anterior ao do pagamento, e de um por cento no mês do pagamento; se* ***negativa*** *(pagou mais do que devia), compensada com o IR e a CSLL devidos a partir do mês de janeiro do ano-calendário seguinte, assegurada a alternativa de requerer a restituição do montante pago a maior; esse saldo será acrescido de juros equivalentes à taxa Selic, acumulada mensalmente a partir do mês seguinte ao do encerramento do período de apuração até o mês anterior ao da restituição ou compensação, mais um por cento relativamente ao mês em que estiver sendo efetuada. Pelo ADN (Ato Declaratório Normativo) nº 3, de 7 de janeiro de 2000, editado pela SRF, essa compensação ou restituição podem ser efetuadas a partir de janeiro do ano-calendário seguinte ao do período de apuração.*

Assim, com relação ainda à Cia. Safira, suponhamos que essa empresa ao longo do exercício social de X1 tenha pago mensalmente por estimativa o total de R$ 5.300,00 de CSLL e R$ 7.800,00 de IR. Dessa forma, no caso da CSLL teria pago R$ 5.300,00 – R$ 4.986,00 = R$ 314,00 a mais do que devia pelo lucro real apurado em 31/12/X1. No caso do IR, teria pago R$ 8.610,00 – R$ 7.800,00 = R$ 810,00 a menos do que devia pelo lucro real apurado em 31/12/X1. Nesse caso, no exercício social de X1, teriam ocorrido 11 pagamentos do IR e da CSLL, ou seja, o IR e a CSLL de janeiro teriam sido pagos em fevereiro, o IR e a CSLL de fevereiro teriam sido pagos em março, até chegar a dezembro, onde a empresa teria pago o IR e a CSLL de novembro. Dessa forma, no exercício social de X1 seriam feitos 11 lançamentos, a partir de janeiro até novembro, de apropriação da despesa com CSLL, debitando-se esta conta e creditando-se a conta CSLL a Pagar num total de R$ 5.300,00, e 11 lançamentos de pagamento da CSLL, a partir de fevereiro até dezembro, debitando-se a conta CSLL a Pagar e creditando-se Caixa ou Bancos num total de R$ 5.300,00. Em dezembro de X1 a empresa faria o seguinte lançamento de ajuste:

D – CSLL a Compensar (ativo circulante)	*314,00*
C – CSLL	*314,00*

Com esse lançamento, o saldo de CSLL (despesa) ***cairia*** *para o valor indicado na DRE de 31/12/X1 (R$ 4.986,00) e apareceria no ativo circulante um direito de compensação para o próximo ano no valor de R$ 314,00.*

De forma análoga à CSLL, a conta IR (despesa) teria sido debitada 11 vezes ao longo de X1 num total de R$ 7.800,00. Em dezembro de X1 a empresa faria o seguinte lançamento de ajuste:

D – IR	*810,00*
C – IR a Pagar	*810,00*

Com esse lançamento, o saldo de IR (despesa) ***subiria*** *para o valor indicado na DRE de 31/12/X1(R$ 8.610,00) e apareceria no passivo circulante uma obrigação de pagar esse tributo para o próximo ano no valor de R$ 810,00.*

Finalmente, concluímos que a DRE já apresentada acima NÃO SOFRERIA NENHUMA ALTERAÇÃO, ou seja, seria apresentada da mesma forma como se a empresa ao longo de X1 não tivesse pago nenhum dos dois referidos tributos por estimativas mensais. Este fato justifica-se pelo princípio contábil da competência, onde a despesa com esses tributos é função do fato gerador e não do pagamento.

Observações:

(1) A base de cálculo do IR por estimativa corresponde ao resultado da multiplicação de percentuais determinados pela legislação tributária sobre a receita bruta mensal da pessoa jurídica, sendo esta receita o produto da venda de bens ou serviços prestados, excluídas as vendas canceladas, as devoluções de vendas e os descontos incondicionais concedidos. Esses percentuais incidentes sobre a referida receita variam de acordo com a atividade exercida pela pessoa jurídica, sendo os mais comuns o de 8% para vendas de mercadorias e o de 32% para prestação de serviços. Ao resultado da referida multiplicação, devem ser adicionados para se obter a base de cálculo do imposto por estimativa a receita de locação de imóvel, ou de outros bens do Ativo Imobilizado, quando não for este o objeto social da pessoa jurídica; os juros ativos; os descontos financeiros obtidos; os ganhos de capital na alienação de bens do Ativo Imobilizado e os outros valores definidos pela legislação tributária. No caso dos rendimentos financeiros de títulos de renda fixa e os ganhos líquidos de mercado de renda variável, apesar de integrarem o lucro real, não integram o lucro por estimativa. No caso da CSLL, em regra, a apuração do lucro estimado para esse tributo é análoga à do lucro presumido para o IR. Porém, os lucros presumidos para esses tributos não são os mesmos, visto que há diferenças com relação aos percentuais a serem aplicados sobre a receita bruta. Os percentuais a serem aplicados sobre a mesma receita bruta utilizada para o cálculo do IR são para a CSLL de 12% (venda de mercadorias ou produtos) ou 32% (prestação de serviços).

Exemplo de apuração do IR e CSLL do mês de março numa empresa comercial com base em lucro estimado, onde foram apuradas receita de vendas de mercadorias no total de R$ 200.000,00; juros ativos de R$ 3.000,00 e ganhos de capital de venda de bens do ativo imobilizado de R$ 27.000,00:

CÁLCULO DO IR:

Receita de revenda de mercadorias	*R$ 200.000,00*
(×) Percentual de estimativa do lucro (p/IR)	*8%*
(=) Lucro estimado da receita de vendas	*R$ 16.000,00*
(+) Juros Ativos	*R$ 3.000,00*
(+) Ganhos de Capital	*R$ 27.000,00*
(=) Lucro estimado (base do IR)	*R$ 46.000,00*
(×) Alíquota do IR	*15%*

(+) Adicional [10% de (R$ 46.000,00 – R$ 20.000,00)]	*R$ 2.600,00*
(=) IR a Pagar	***R$ 9.500,00***

CÁLCULO DA CSLL

Receita de revenda de mercadorias	*R$ 200.000,00*
(×) Percentual de estimativa do lucro (p/CSLL)	*12%*
(=) Lucro estimado da receita de vendas	*R$ 24.000,00*
(+) Juros Ativos	*R$ 3.000,00*
(+) Ganhos de Capital	*R$ 27.000,00*
(=) Lucro estimado (base da CSLL)	*R$ 54.000,00*
(×) Alíquota da CSLL	*9%*
(=) CSLL a Pagar	***R$ 4.860,00***

Nota: *O IR e a CSLL deverão ser pagos até o último dia útil do mês seguinte, no caso do exemplo, até o último dia útil de abril. Cabe lembrar que o IR é calculado à base de 15% do lucro real, lucro presumido ou lucro arbitrado mais o adicional de 10% sobre o excesso dos referidos lucros sobre R$ 20.000,00 multiplicados pelo número de meses que compreende o período de declaração. Dessa forma, no caso de estimativa mensal, seria então o excesso do lucro estimado sobre R$ 20.000,00. Com relação à CSLL, não existe adicional em nenhum caso.*

(2) A pessoa jurídica poderá suspender ou reduzir o pagamento do IR mensal por estimativa, caso demonstre que os valores já pagos, correspondentes aos meses anteriores, excedem o valor do imposto, inclusive adicional, calculado com base no lucro real do período em curso. Isso pode ser provado pela elaboração de balanços ou balancetes levantados para tal fim.

(3) Lucro Presumido e Lucro Estimado não são sinônimos, visto que o primeiro é uma forma de tributação para as empresas que não estejam obrigadas à apuração do IR e CSLL com base no Lucro Real e o segundo é uma condição para as empresas tributadas com base no Lucro Real anual. No entanto, a filosofia de cálculo do Lucro Presumido e do Lucro Estimado é a mesma, ou seja, são aplicados na maioria dos casos (exceção: instituições financeiras e assemelhadas e as empresas de factoring*, entidades essas que estão obrigadas à tributação pelo Lucro Real, razão pela qual só existem os percentuais para o Lucro Estimado, mas não existem para o Lucro Presumido) os mesmos percentuais sobre a receita bruta (com os devidos ajustes), sendo que no primeiro é a receita bruta trimestral e no segundo é a receita bruta mensal. Cabe ressaltar que quando mencionamos no presente capítulo as possíveis formas de tributação (SIMPLES, Lucro Presumido, Lucro Real e Lucro Arbitrado) <u>não</u> poderíamos incluir Lucro Estimado como uma 5ª forma de tributação, visto que este não é forma de tributação e sim uma condição para que uma empresa tributada pelo Lucro Real apure esse lucro apenas ao fim do ano-calendário. Outra diferença entre Lucro Presumido e Lucro Estimado é que os rendimentos financeiros de títulos de renda fixa e os ganhos líquidos de mercados de renda variável não são incluídos na base de cálculo deste (embora integrem*

o Lucro Real), e no caso de Lucro Presumido integram a base de cálculo, podendo o IRRF sobre esses rendimentos ser compensado com o imposto devido com base nesse lucro.

EXERCÍCIO RESOLVIDO 7: Elabore a DRE completa (até lucro líquido) da Cia. Beta, referente ao exercício social encerrado em 31/12/X1, a qual é tributada pelo lucro real trimestral, onde **não há** operações em **descontinuidade**, considerando as seguintes informações (valores em R$ 1,00):

	1º trimestre	*2º trimestre*	*3º trimestre*	*4º trimestre*
Receita Bruta	*90.000*	*80.000*	*75.000*	*78.000*
(–) ICMS, PIS, COFINS	*(18.000)*	*(16.000)*	*(15.000)*	*(15.600)*
(=) Receita Líquida	*72.000*	*64.000*	*60.000*	*62.400*
(–) CMV	*(22.000)*	*(19.000)*	*(18.000)*	*(19.400)*
(=) Lucro Bruto	*50.000*	*45.000*	*42.000*	*43.000*
(–) Despesas de Vendas e Adm.	*(17.000)*	*(24.000)*	*(27.000)*	*(40.000)*
(+) Receita de Equivalência Pat.	–	–	–	*10.000*
(+) Outras Receitas	*23.000*	–	–	–
(=) Lucro antes do IR e CSLL	*56.000*	*21.000*	*15.000*	*13.000*

Alíquota do IR 15%

Alíquota da CSLL 9%

Participações estatutárias sobre o lucro:

Debenturistas 10%

Empregados 10%

Administradores 10%

Informações Adicionais:

- No primeiro trimestre de X1, a empresa alienou um equipamento de seu ativo imobilizado por R$ 50.000,00, sendo o valor contábil desse bem (já depreciado) de R$ 27.000,00, contabilizando o resultado de R$ 23.000,00 a título de Outras Receitas.
- Na composição do lucro do 2º trimestre, foram computadas multas de trânsito no valor de R$ 4.000,00.
- Na composição do lucro do 4º trimestre foi computada despesa com perdas estimadas em créditos de liquidação duvidosa de R$ 1.000,00.
- Não há base de cálculo negativa (prejuízos fiscais) a compensar de períodos anteriores tanto para o IR quando para a CSLL.
- Há prejuízos acumulados no balanço de 31/12/X0 no valor de R$ 1.360,00.

(SOLUÇÃO)

Como já comentado na solução do exercício anterior, para conciliarmos a legislação societária com a legislação tributária, é inevitável que calculemos o IR e a CSLL duas vezes. Na primeira vez iremos determinar os valores desses tributos para efeitos de cálculo das participações estatutárias de debenturistas, empregados e administradores, ou seja, esses primeiros resultados encontrados para esses tributos não constarão da DRE de 31/12/X1. Na segunda vez, determinaremos seus valores definitivos, os quais serão aqueles indicados na DRE, deduzindo dos seus respectivos lucros reais do 4º trimestre as participações de debenturistas e empregados. As participações de administradores são indedutíveis. Assim, daremos os seguintes passos:

*[**1º PASSO**] – Cálculo da 1ª CSLL (não definitiva):*

LAIRCSLL	*R$ 105.000,00*
(+) Adições	
Despesa c/Perdas Estimadas em Créditos de Liquidação Duvidosa	*R$ 1.000,00*
(–) Exclusões	
Receita de Equivalência Patrimonial	*(R$ 10.000,00)*
***(=) Lucro Real** (não definitivo)*	*R$ 96.000,00*
(×) % da CSLL	*9%*
***(=) CSLL** (não definitiva)*	*R$ 8.640,00*

***Nota:** O LAIRCSLL (Lucro antes do IR e CSLL) foi obtido somando os 4 lucros operacionais indicados (R$ 56.000,00; R$ 21.000,00; R$ 15.000,00 e R$ 13.000,00) com o resultado não operacional da venda do referido equipamento no 1º trimestre, ou seja, R$ 23.000,00.*

*[**2º PASSO**] – Cálculo do 1º IR (não definitivo):*

LAIR	*R$ 96.360,00*
(+) Adições	
CSLL	*R$ 8.640,00*
Despesas com Perdas Estimadas	*R$ 1.000,00*
Multas de Trânsito	*R$ 4.000,00*
(–) Exclusões	
Receita de Equivalência Patrimonial	*(R$ 10.000,00)*
***(=) Lucro Real** (não definitivo)*	*R$ 100.000,00*
(×) Alíquota do IR	*15%*
***(=) IR** (não definitivo)*	*R$ 15.000,00*

Nota: *O LAIR foi determinado subtraindo-se a 1ª CSLL (R$ 8.640,00) do LAIRCSLL (R$ 105.000,00).*

[3º PASSO] – Cálculo das participações estatutárias sobre o lucro:

LAIR R$ 96.360,00
(–) IR (R$ 15.000,00)
(–) Prejuízos Acumulados (R$ 1.360,00)
(=) Base das Participações R$ 80.000,00

- -

- *Participação de Debenturistas = 10% R$ 80.000,00 = R$ 8.000,00*
- *Participação de Empregados = 10% R$ 72.000,00 = R$ 7.200,00*
- *Participação de Administradores = 10% R$ 64.800,00 = R$ 6.480,00*

[4º PASSO] – Agora vamos calcular a CSLL, determinando os 4 lucros reais trimestrais que servirão de base para esse tributo:

Lucro Real (da CSLL)	**1º trimestre**	**2º trimestre**	**3º trimestre**	**4º trimestre**
Lucro antes do IR e CSLL	*56.000,00*	*21.000,00*	*15.000,00*	*13.000,00*
Part. Debenturistas	–	–	–	*(8.000,00)*
Part. Empregados	–	–	–	*(7.200,00)*
Part. Administradores	–	–	–	*(6.480,00)*
(+) Adições				
Part. Administradores	–	–	–	*6.480,00*
Despesa c/Perdas Estim.	–	–	–	*1.000,00*
(–) Exclusões				
Rec. Equiv. Patrimonial	–	–	–	*(10.000,00)*
(=) Lucro Real	*56.000,00*	*21.000,00*	*15.000,00*	*(11.200,00)*
CSLL (9%)	*5.040,00*	*1.890,00*	*1.350,00*	*(1.008,00)*

Assim, com relação à contabilização trimestral da CSLL, teremos:

Final do 1º Trimestre (contabilização da CSLL):
D – CSLL 5.040,00
C – CSLL a Pagar 5.040,00

Até o último dia útil de abril (pagamento da CSLL do primeiro trimestre):
D – CSLL a Pagar 5.040,00
C – Caixa ou Bancos 5.040,00

Final do 2º Trimestre (contabilização da CSLL):
D – CSLL *1.890,00*
C – CSLL a Pagar *1.890,00*

Até o último dia útil de julho (pagamento da CSLL do segundo trimestre):
D – CSLL a Pagar *1.890,00*
C – Caixa ou Bancos *1.890,00*

Final do 3º Trimestre (contabilização da CSLL):
D – CSLL *1.350,00*
C – CSLL a Pagar *1.350,00*

Até o último dia útil de outubro (pagamento da CSLL do terceiro trimestre):
D – CSLL a Pagar *1.350,00*
C – Caixa ou Bancos *1.350,00*

Final do 4º Trimestre (contabilização da CSLL sobre prejuízo fiscal):
D – CSLL a Compensar (ativo circulante) *1.008,00*
C – CSLL (receita ou redução da despesa) *1.008,00*

Com os lançamentos anteriores, vemos que o saldo da conta CSLL (despesa) será de R$ 5.040,00 + R$ 1.890,00 + R$ 1.350,00 – R$ 1.008,00 = R$ 7.272,00, valor este exatamente igual àquele calculado com base no lucro real anual, isto é, 9% de (R$ 96.000 – R$ 15.200,00) = R$ 7.272,00, que é o valor definitivo desse tributo, ou seja, aquele que será indicado na DRE de 31/12/X1.

Obs.: *O procedimento anterior de contabilizar a CSLL sobre prejuízo fiscal tem base na Deliberação CVM nº 273, de 1998, a qual comentamos nesse capítulo. No entanto, mesmo que essa deliberação não existisse, pelo princípio contábil da competência o procedimento correto é contabilizar a despesa ou receita não em função dos pagamentos ou recebimentos em dinheiro e sim em função do fato gerador.*

*[**5º PASSO**] – Agora iremos calcular o "2º IR" que é o definitivo:*

Lucro Real (do IR)	**1º trimestre**	**2º trimestre**	**3º trimestre**	**4º trimestre**
Lucro antes do IR e CSLL	*56.000,00*	*21.000,00*	*15.000,00*	*13.000,00*
Part. Debenturistas	–	–	–	*(8.000,00)*
Part. Empregados	–	–	–	*(7.200,00)*
Part. Administradores	–	–	–	*(6.480,00)*
(+) Adições				

Part. Administradores	–	–	–	*6.480,00*
Multas de Trânsito	–	*4.000,00*	–	–
Despesa c/Perdas Estim.	–	–	–	*1.000,00*
(–) Exclusões				
Rec. Equiv. Patrimonial	–	–	–	*(10.000,00)*
(=) Lucro Real	*56.000,00*	*25.000,00*	*15.000,00*	*(11.200,00)*
IR (15%)	*8.400,00*	*3.750,00*	*2.250,00*	*(1.680,00)*

Assim, teremos as seguintes contabilizações no ano-calendário de X1:

Final do 1º Trimestre (contabilização do IR):

D – IR *8.400,00*

C – IR a Pagar *8.400,00*

Até o último dia útil de abril (pagamento do IR do primeiro trimestre):

D – IR a Pagar *8.400,00*

C – Caixa ou Bancos *8.400,00*

Final do 2º Trimestre (contabilização do IR):

D – IR *3.750,00*

C – IR a Pagar *3.750,00*

Até o último dia útil de julho (pagamento do IR do segundo trimestre):

D – IR a Pagar *3.750,00*

C – Caixa ou Bancos *3.750,00*

Final do 3º Trimestre (contabilização do IR):

D – IR *2.250,00*

C – IR a Pagar *2.250,00*

Até o último dia útil de outubro (pagamento do IR do terceiro trimestre):

D – IR a Pagar *2.250,00*

C – Caixa ou Bancos *2.250,00*

Final do 4º Trimestre (contabilização do IR sobre prejuízo fiscal):

D – IR a Compensar (ativo circulante) *1.680,00*

C – IR (receita ou redução da despesa) *1.680,00*

Assim, o valor da despesa com IR a ser indicada na DRE de 31/12/X1 será de R$ 8.400,00 + R$ 3.750,00 + R$ 2.250,00 – R$ 1.680,00 = R$ 12.720,00 (valor definitivo a ser indicado na DRE), o mesmo que seria se fosse calculado com base no lucro real anual. Isso se explica pelo princípio da competência, onde a despesa com IR não é função da forma de pagamento e sim do fato gerador. Também, como já comentado anteriormente, tem base na Deliberação CVM nº 273, de 1998.

Assim, conciliando a legislação societária com a legislação fiscal, chegamos à seguinte DRE em 31/12/X1:

Receita Bruta	323.000,00
(–) ICMS, PIS, COFINS	(64.600,00)
(=) Receita Líquida	258.400,00
(–) CMV	(78.400,00)
(=) Lucro Bruto	180.000,00
(–) Despesas de Vendas e Administrativas	(108.000,00)
(+) Receita de Equivalência Patrimonial	10.000,00
(+) Outras Receitas	23.000,00
(–) CSLL	(7.272,00)
(=) LAIR	97.728,00
(–) IR	(12.720,00)
(–) Participação de Debenturistas	(8.000,00)
(–) Participação de Empregados	(7.200,00)
(–) Participação de Administradores	(6.480,00)
(=) Lucro Líquido	63.328,00

COMENTÁRIO EXTRA: *OPCIONALMENTE, podemos também "unir" a despesa com IR e CSLL e apresentar a DRE da seguinte forma:*

Receita Bruta	323.000,00
(–) ICMS, PIS, COFINS	(64.600,00)
(=) Receita Líquida	258.400,00
(–) CMV	(78.400,00)
(=) Lucro Bruto	180.000,00
(–) Despesas de Vendas e Administrativas	(108.000,00)
(+) Receita de Equivalência Patrimonial	10.000,00
(+) Outras Receitas	23.000,00
(=) LAIRCSLL	105.000,00
(–) IR e CSLL	(19.992,00)

(–) Participação de Debenturistas	(8.000,00)
(–) Participação de Empregados	(7.200,00)
(–) Participação de Administradores	(6.480,00)
(=) Lucro Líquido	63.328,00

COMENTÁRIO FINAL: *Como pudemos observar no exercício acima, a conciliação da legislação societária mais as normas do CPC com a legislação atual do IR e CSLL, no que se refere ao cálculo e à dedutibilidade das participações estatutárias sobre o lucro, é possível mas não é simples, visto que os critérios de cálculo são diferentes. Não havendo participações estatutárias sobre o lucro, os cálculos anteriores seriam bem mais simples, ou seja, não precisaríamos determinar o IR e a CSLL duas vezes. Os primeiros valores já seriam os definitivos.*

EXERCÍCIO RESOLVIDO 8: Considere os saldos extraídos do livro Razão da Sociedade Mercantilista S/A, ao fim do exercício social de X1, para responder às questões de número 1 a 14.

Contas	Saldos (R$)
Debêntures (LP)	1.500,00
Ágio a Vencer (Debêntures)	360,00
Receita de Ágio (Debêntures)	15,00
Bancos conta Movimento	2.515,00
Amortização	60,00
Amortização Acumulada (Patentes)	180,00
Financiamentos Bancários	4.100,00
Empréstimos a Diretores (60 dias)	240,00
CMV	1.600,00
Vendas de Mercadorias	8.660,00
Mercadorias	2.605,00
Salários	2.200,00
Outras Receitas	1.705,00
Duplicatas a Receber	6.580,00
Imóveis (alugados a terceiros)	3.465,00
Depreciação	80,00
Reserva Legal	150,00
Aplicações Financeiras (LP)	3.260,00

Fornecedores	1.440,00
Despesa c/ IR e CSLL (1º a 3º trimestre)	800,00
Juros Ativos	220,00
ICMS a Recolher	300,00
Depreciação Acumulada (veículos)	286,00
Depreciação Acumulada (móveis e utensílios)	49,00
Despesas Gerais	140,00
Alienação de Bônus de Subscrição	1.500,00
Caixa	300,00
Investimentos (ações de outras cias.)	1.420,00
Provisão para Contingências Fiscais	480,00
Receita Antecipada de Aluguéis	340,00
Veículos	2.860,00
Capital Social	9.020,00
ICMS s/Vendas	700,00
Patentes	600,00
Móveis e Utensílios	1.960,00
PIS e COFINS sobre Faturamento	200,00
Outras Despesas	320,00
Juros Passivos	100,00
Ajustes de Avaliação Patrimonial (credora)	1.700,00

Informações adicionais:

- A empresa adota o Pronunciamento Técnico CPC 26 (R1) (Apresentação das Demonstrações Contábeis) para elaboração de suas demonstrações contábeis.
- Todas as operações da empresa estão em continuidade, ou seja, não há operações descontinuadas na empresa.
- As Outras Despesas correspondem ao prejuízo na venda de móveis e utensílios, os quais foram usados pela empresa por vários exercícios sociais, sendo substituídos por móveis e utensílios novos.
- As Outras Receitas correspondem à Receita de Aluguéis de imóveis pertencentes à empresa.
- Os salários de dezembro de X1 no valor de R$ 200,00, os quais serão pagos em janeiro de X2, não foram contabilizados.
- A empresa é tributada com base no LUCRO REAL TRIMESTRAL, o qual iremos supor que no exercício social de X1 coincidiu com o lucro apurado pela contabilidade nos quatro

trimestres. O IR e a CSLL dos três primeiros trimestres foram contabilizados e pagos em X1. Falta contabilizar a despesa com IR e CSLL do 4º trimestre (alíquota conjunta de 24%), os quais serão pagos em X2.

– Na distribuição do resultado, 5% do lucro líquido foram destinados à reserva legal. O lucro remanescente foi destinado aos dividendos, os quais serão pagos em 60 dias da data do balanço.

1. Na DRE de 31/12/X1, o Lucro antes das Receitas e Despesas Financeiras (LARDF) foi de:

a) R$ 4.880,00;
b) R$ 5.080,00;
c) R$ 4.865,00;
d) R$ 5.065,00;
e) R$ 4.965,00.

(SOLUÇÃO)

Vendas	*8.660,00*
(–) ICMS	*(700,00)*
(–) PIS e COFINS	*(200,00)*
(–) CMV	*(1.600,00)*
(=) Lucro Bruto	*6.160,00*
(–) Salários [2.200,00 + 200,00]	*(2.400,00)*
(–) Amortização	*(60,00)*
(–) Depreciação	*(80,00)*
(–) Despesas Gerais	*(140,00)*
(–) Outras Despesas	*(320,00)*
(+) Outras Receitas	*1.705,00*
(=) Lucro antes das Receitas e Despesas Financeiras	***4.865,00***

(Opção c)

2. A despesa com IR e CSLL indicada na DRE de 31/12/X1 foi de:

a) R$ 400,00;
b) R$ 800,00;
c) R$ 1.200,00;
d) R$ 480,00;
e) R$ 960,00.

(SOLUÇÃO)

Lucro antes das Receitas e Despesas Financeiras	*4.865,00*
(+) Receita de Ágio	*15,00*
(+) Juros Ativos	*220,00*
(–) Juros Passivos	*(100,00)*
(=) LAIRCSLL	*5.000,00*

Despesa com IR e CSLL = 24% de R$ 5.000,00 = R$ 1.200,00 ***(Opção c)***

Comentário Extra: *Apesar da empresa somente ter pago o IR e CSLL referente aos 3 primeiros trimestres, a despesa com IR e CSLL a ser indicada na DRE se refere aos 4 trimestres, tendo em vista o regime de competência, ou seja, a forma de pagamento não influencia a despesa com esses tributos.*

3. No Passivo Circulante do Balanço de 31/12/X1, será indicado IR e CSLL a Pagar no valor de:

a) R$ 400,00;

b) R$ 800,00;

c) R$ 1.200,00;

d) R$ 480,00;

e) R$ 960,00.

(SOLUÇÃO)

IR e CSLL a Pagar (4º trimestre) = IR e CSLL indicada na DRE – IR e CSLL do 1º ao 3º trimestre = R$ 1.200,00 – R$ 800,00 = R$ 400,00 ***(Opção a)***

4. O Lucro Líquido do exercício de X1 foi de:

a) R$ 5.000,00;

b) R$ 4.200,00;

c) R$ 4.600,00;

d) R$ 3.800,00;

e) R$ 3.000,00.

(SOLUÇÃO)

Lucro Líquido = LAIRCSLL – IR e CSLL = R$ 5.000,00 – R$ 1.200,00 = R$ 3.800,00 ***(Opção d)***

5. O Ativo Circulante no Balanço de 31/12/X1 foi de:

a) R$ 8.000,00;

b) R$ 9.000,00;

c) R$ 10.000,00;

d) R$ 11.760,00;

e) R$ 12.000,00.

(SOLUÇÃO)

ATIVO CIRCULANTE

Caixa	*300,00*	
BCM	*2.515,00*	
Mercadorias	*2.605,00*	
Duplicatas a Receber	*6.580,00*	
Total	*12.000,00*	***(Opção e)***

6. O Ativo Realizável a Longo Prazo foi de:

a) R$ 3.500,00;

b) R$ 3.260,00;

c) R$ 240,00;

d) R$ 4.100,00;

e) R$ 5.180,00.

(SOLUÇÃO)

ATIVO REALIZÁVEL A LONGO PRAZO

Empréstimos a Diretores	*240,00*	
Aplicações Financeiras	*3.260,00*	
Total	*3.500,00*	***(Opção a)***

7. No balanço de 31/12/X1, o Ativo Intangível foi de:

a) R$ 600,00;

b) R$ 1.920,00;

c) R$ 2.520,00;

d) R$ 420,00;

e) R$ 1.740,00.

(SOLUÇÃO)

ATIVO INTANGÍVEL

Patentes	*600,00*
Amortização Acumulada	*(180,00)*
Total	*420,00* **(Opção d)**

8. No balanço de 31/12/X1, o Ativo Imobilizado foi de:
a) R$ 4.905,00;
b) R$ 4.885,00;
c) R$ 4.485,00;
d) R$ 9.855,00;
e) R$ 9.970,00.

(SOLUÇÃO)

Veículos	*2.860,00*
Depreciação Acumulada	*(286,00)*
Móveis e Utensílios	*1.960,00*
Depreciação Acumulada	*(49,00)*
Total	*4.485,00* **(Opção c)**

9. No balanço de 31/12/X1, o Ativo Investimentos foi de:
a) R$ 4.905,00;
b) R$ 4.885,00;
c) R$ 4.485,00;
d) R$ 9.855,00;
e) R$ 9.970,00.

(SOLUÇÃO)

ATIVO INVESTIMENTOS

Imóveis (alugados a terceiros)	*3.465,00*
Investimentos	*1.920,00*
Total	*4.885,00* **(Opção b)**

10. No balanço de 31/12/X2, o Ativo Não Circulante foi de:

a) R$ 8.405,00;

b) R$ 8.385,00;

c) R$ 7.985,00;

d) R$ 13.355,00;

e) R$ 13.290,00.

(SOLUÇÃO)

ANC = ARLP + AINV + AIMOB + AINT = 3.500,00 + 4.885,00 + 4.485,00 + 420,00 = 13.290,00 ***(Opção e)***

11. O total do Ativo no balanço de 31/12/X1 foi de:

a) R$ 25.050,00;

b) R$ 25.290,00;

c) R$ 21.970,00;

d) R$ 13.470,00;

e) R$ 26.000,00.

(SOLUÇÃO)

ATIVO TOTAL = AC + ANC = 12.000,00 + 13.290,00 = 25.290,00 ***(Opção b)***

12. No balanço de 31/12/X2, o valor total das Receitas Diferidas foi de:

a) R$ 700,00;

b) R$ 340,00;

c) R$ 360,00;

d) R$ 400,00;

e) R$ 500,00.

(SOLUÇÃO)

Ágio a Vencer (debêntures)	*360,00*	
Receita Antecipada de Aluguéis	*340,00*	
Total das Receitas Diferidas	*700,00*	***(Opção a)***

13. No balanço de 31/12/X2, o Passivo Exigível foi de:

a) R$ 12.700,00;

b) R$ 12.730,00;

c) R$ 12.230,00;

d) R$ 12.130,00;

e) R$ 8.720,00.

(SOLUÇÃO)

Com base no art. 180 da Lei nº 6.404/76, o Passivo Exigível é o somatório do Passivo Circulante com o Passivo Não Circulante. Neste último, com base no art. 299-B da mesma lei, serão incluídas as Receitas Diferidas, que na antiga lei era integrante do extinto grupo Resultados de Exercícios Futuros, ressaltando que agora todas as contas que eram componentes deste grupo são integrantes do Passivo Não Circulante. Assim, teremos:

Financiamentos Bancários	*4.100,00*
Fornecedores	*1.440,00*
ICMS a Recolher	*300,00*
Provisão para Contingências Fiscais	*480,00*
Salários a Pagar	*200,00*
IR e CSLL a Pagar (4º trimestre)	*400,00*
Dividendos a Pagar (lucro líquido – reserva legal)	*3.610,00*
Debêntures (LP)	*1.500,00*
Ágio a Vencer (debêntures)	*360,00*
Receita Antecipada de Aluguéis	*340,00*
Total	*12.730,00* ***(Opção b)***

14. O Patrimônio Líquido no Balanço de 31/12/X1 foi de:

a) R$ 12.030,00;

b) R$ 12.560,00;

c) R$ 16.145,00;

d) R$ 16.200,00;

e) R$ 18.000,00.

(1ª SOLUÇÃO) – Utilizando a equação patrimonial básica (PL = ATIVO – PASSIVO EXIGÍVEL):

PL = R$ 25.290,00 – R$ 12.730,00 = R$ 12.560,00

- -

(2ª SOLUÇÃO) – Somando os "antigos" saldos das contas do PL, que, em geral, são os saldos das contas do PL do balanço do exercício anterior, ao Lucro Líquido e subtraindo o saldo dos dividendos provisionados (Dividendos a Pagar):

Capital Social	*9.020,00*
Alienação de Bônus de Subscrição	*1.500,00*
Reserva Legal (saldo anterior)	*150,00*
Ajustes de Avaliação Patrimonial	*1.700,00*
(+) Lucro Líquido	*3.800,00*
(–) Dividendos a Pagar	*(3.610,00)*
Total	*12.560,00*

(3ª SOLUÇÃO) – Somando os "novos" saldos das contas do PL, ou seja, os saldos das contas do PL que serão apresentados no balanço atual:

Capital Social	*9.020,00*	
Alienação de Bônus de Subscrição	*1.500,00*	
Reserva Legal (saldo anterior + 5% 3.800)	*340,00*	
Ajustes de Avaliação Patrimonial	*1.700,00*	
Total	*12.560,00*	***(Opção b)***

EXERCÍCIO RESOLVIDO 9: (Senado Federal – Analista Legislativo – Contabilidade/ Fundação Getulio Vargas) Um estaleiro assina um contrato de longo prazo para a construção de um navio. O preço total é $ 520.000 e o custo estimado da obra é de $ 380.000. No primeiro ano, o estaleiro incorre em custos de $ 90.000 diretamente vinculados à produção do navio. O valor do lucro bruto a ser apresentado pelo estaleiro no primeiro ano, considerando as Normas Brasileiras de Contabilidade, é de:

a) $ 430.000;

b) $ 140.000;

c) zero;

d) $ 283.800;

e) $ 33.158.

(SOLUÇÃO)

Regra geral, tendo em vista o regime de competência e em conformidade com o Pronunciamento Técnico CPC 30 (R1) – Receitas, as RECEITAS de vendas de mercadorias e produtos só serão reconhecidas contabilmente quando da efetiva entrega desses bens aos clientes. No caso das empresas prestadoras de serviços, a receita é reconhecida quando da efetiva prestação dos serviços. No entanto, como exceção à regra geral, temos o caso das empresas cujos itens vendidos demandem ***grande espaço de tempo até a entrega aos clientes****, tais como as empresas de construção civil e as empresas de construção naval. Neste caso, a forma de apropriar as receitas de vendas é regulada pelo Pronunciamento Técnico CPC 17 – Contratos de Construção. Basicamente, uma das formas de apropriar as receitas desses tipos de empresas, conforme o CPC 17, é pelo MÉTODO DA PERCENTAGEM COMPLETADA. Por esse método, a receita contratual é confrontada com os custos contratuais incorridos proporcionalmente ao estágio de execução do trabalho, sendo uma das formas de determinar tal estágio de execução a proporção dos custos incorridos até determinada data, que no caso do estaleiro referido no enunciado desse exercício é de $ 90.000. Assim, teremos:*

- *% do Receita total em relação ao Custo = 520.000,00 ÷ 380.000,00 = 136,8421%*
- *Receita do 1º ano = $ 90.000 × 136,8421% = $ 123.15*
- *Lucro Bruto (1º ano) = $ 123.158 – $ 90.000 = $ 33.158* ***(Opção e)***

EXERCÍCIO RESOLVIDO 10: Responda às questões de nºs 1 a 4 com base nas informações:

A empresa de prestação de serviços de segurança Protege Ltda. apresenta os seguintes dados em 31.12.X8, antes dos cálculos dos ajustes constantes nos itens 1 a 4 (valores em R$):

Caixa	3.400
Duplicatas a Receber	5.150
Material de Escritório (estoque em 31/12/X7)	500
Computadores	15.000
Fornecedores	1.600
Despesa c/IR e CSLL (1º ao 3º trimestre de X8)	600
Contas a Pagar	800
Capital Social	10.000
Pis e Cofins s/Serviços Prestados	600
Lucros Acumulados	2.600
ISS	400
Depreciação Acumulada	5.750
Gastos com uniformes e munições	4.300
Despesas administrativas	3.100
Salários e encargos sociais dos guardas de segurança	2.900
Receitas de serviços de segurança	20.000
Vale-transporte e vale-refeição dos guardas de segurança	900
Salários e encargos sociais dos supervisores de segurança	3.900

– Havia, no final do período (31/12/X8), um saldo de R$ 150 de Material de Escritório em estoque (não houve compras em X8).

- O tempo de vida útil dos computadores é de 5 anos, sendo que a depreciação de dezembro não foi contabilizada.
- A empresa não contabilizou a despesa de salários, do mês de dezembro de X8, do pessoal administrativo, que será paga (salários a pagar) até o dia 05.01.X9, no total de RS 300.
- A empresa é tributada pelo IR e CSLL com base no lucro real trimestral, sendo que esses tributos são calculados, respectivamente, à base de 15% e 9% sobre o lucro encontrado pela contabilidade.

O Lucro Bruto a ser indicado na DRE de 31/12/X8 foi de:

a) R$16.100;
b) R$ 15.200;
c) R$ 10.900;
d) R$ 7.000;
e) R$ 8.000.

(SOLUÇÃO)

Numa empresa prestadora de serviços o Lucro Bruto (LB) é a diferença entre a Receita Líquida (RL) na prestação dos serviços e o Custo dos Serviços Prestados (CSP). Assim, teremos:

CSP = Materiais diretos aplicados + Mão de Obra Direta + Custos indiretos

Materiais diretos aplicados (gastos com uniformes e munições	*4.300,00*
(+) Mão de Obra Direta (salários, encargos, transporte, refeição)	*3.800,00*
(+) Custos indiretos (salários e encargos dos supervisores)	*3.900,00*
(=) CSP	*12.000,00*

Receita Bruta de Serviços	*20.000,00*
(–) Pis e Cofins	*(600,00)*
(–) ISS	*(400,00)*
(=) Receita Líquida de Serviços	*19.000,00*
(–) CSP	*(12.000,00)*
(=) Lucro Bruto	*7.000,00*

(Opção d)

2. O Lucro antes do IR e CSLL a ser indicado na DRE de 31/12/X8 foi de:

a) R$ 12.100;

b) R$ 11.200;

c) R$ 6.900;

d) R$ 3.000;

e) R$ 4.000.

(SOLUÇÃO)

Lucro Bruto	*7.000,00*
(–) Despesas administrativas	*(3.100,00)*
(–) Despesa c/material de escritório (500,00 – 150,00)	*(350,00)*
(–) Depreciação de computadores (15.000,00 × 20%/12)	*(250,00)*
(–) Salários de dezembro	*(300,00)*
(=) Lucro antes do IR e CSLL	*3.000,00*

(Opção d)

3. Considerando que não houve ao fim do exercício de X8 a distribuição de dividendos e nem a formação de reservas de lucros, pode-se afirmar que o PL no balanço de 31/12/X8 foi de:

a) R$ 13.880;

b) R$ 14.880;

c) R$ 15.600;

d) R$ 14.280;

e) nada disso.

(SOLUÇÃO)

Capital Social	*10.000,00*
(+) Lucros Acumulados	*2.600,00*
(+) Lucro Líquido (3.000 – 15% 3.000 – 9% 3.000)	*2.280,00*
(=) PL	*14.880,00*

(Opção b)

4. O Passivo Circulante no balanço de 31/12/X8 foi de:

a) R$ 2.400;

b) R$ 2.700;

c) R$ 3.420;

d) R$ 2.620;

e) R$ 2.820.

(SOLUÇÃO)

PASSIVO CIRCULANTE

Fornecedores	*1.600,00*
Contas a Pagar	*800,00*
Salários a Pagar (dezembro)	*300,00*
IR e CSLL a Pagar do 4º t (24% 3.000,00 – 600,00)	*120,00*
TOTAL	*2.820,00*

(Opção e)

Nota: *O IR e o CSLL a Pagar do 4º trimestre, que é a obrigação a pagar, visto que o seu valor referente aos três primeiros trimestres já foi pago dentro do exercício, é igual à despesa desses tributos do ano todo (24% de 3.000,00) menos a despesa desses tributos referente aos três primeiros trimestres (600,00).*

EXERCÍCIO RESOLVIDO 11: (Serviço Autônomo de Água e Esgoto – Município de São Carlos – Contador/Vunesp) Com base nas informações apresentadas, responda às questões 1 a 4:

Uma empresa prestadora de serviços, com sede na cidade de São Paulo, tributada pelo lucro presumido trimestral, tem as seguintes alíquotas:

ISS = 5%

PIS = 0,65%

COFINS = 3%

Imposto de Renda = base de 32%

IR = 15%

Adicional de IR = 10%

CSL = 9%

Faturamento mensal – Reais:

Janeiro	*100.000,00*
Fevereiro	*110.000,00*
Março	*120.000,00*
Abril	*220.000,00*
Maio	*240.000,00*
Junho	*260.000,00*
Julho	*300.000,00*
Agosto	*330.000,00*
Setembro	*360.000,00*
Outubro	*400.000,00*
Novembro	*440.000,00*
Dezembro	*480.000,00*
Total	***3.360.000,00***

1. PIS e COFINS, no mês de março serão, respectivamente:

a) 40,00 e 3.200,00;

b) 780,00 e 3.600,00;

c) 780,00 e 3.800,00;

d) 980,00 e 3.600,00;

e) 1.980,00 e 9.120,00.

(SOLUÇÃO)

PIS = 0,65% 120.000,00 = 780,00

COFINS = 3% 120.000,00 = 3.600,00

(Opção b)

2. A CSL do terceiro trimestre será:

a) 8.640,00;

b) 9.504,00;

c) 28.512,00;

d) 89.000,00;

e) 89.100,00.

(SOLUÇÃO)

Lucro presumido (3º t) = 32% (300.000,00 + 330.000,00 + 360.000,00) = 316.800,00

CSL (3º t) = 9% 316.800,00 = 28.512,00

(Opção c)

3. O Imposto de Renda do quarto trimestre será:

a) 30.576,00;

b) 27.888,00;

c) 47.424,00;

d) 38.688,00;

e) 63.360,00.

(SOLUÇÃO)

Lucro presumido (4º t) = 32% (400.000,00 + 440.000,00 + 480.000,00) = 422.400,00

IR (4º t sem adicional) = 15% 422.400,00 = 63.360,00

(Opção e)

4. O adicional de Imposto de Renda para o quarto trimestre é de:

a) 12.800,00;

b) 21.120,00;

c) 23.040,00;

d) 36.240,00;

e) 198.000,00.

(SOLUÇÃO)

Adicional = 10% (422.400,00 – 20.000,00 × 3) = 36.240,00

(Opção d)

Exercícios de Fixação

1. **Os dados abaixo foram extraídos de um balancete:**

Compras	**100**
Custo de bens do ativo imobilizado vendidos	**10**
Despesas Comerciais	**50**
Despesas Gerais	**110**
ICMS sobre Vendas	**80**
Mercadorias	**100**
Receita de Vendas de bens do ativo imobilizado	**20**
Vendas	**400**

   - **estoque final de Mercadorias é de 50;**
   - **desconsidere impostos sobre compra.**

   Com base <u>exclusivamente</u> no art. 187 da Lei nº 6.404/76, já alterada pelas Leis nºs 11.638/2007 e 11.941/2009, o LUCRO OPERACIONAL é de:
   a) 10;
   b) 90;
   c) (40);
   d) 100;
   e) 170.

2. **Considerando ainda a questão anterior, com base <u>exclusivamente</u> nas normas do CPC (Comitê de Pronunciamentos Contábeis), principalmente o CPC 26 – Apresentação das Demonstrações Contábeis, o LUCRO OPERACIONAL é de:**
   a) 20;
   b) 100;
   c) (30);
   d) 110;
   e) o mesmo valor do que aquele apurado pela Lei nº 6.404/76.

3. **Na Demonstração do Resultado do Exercício pelas normas do CPC, o prejuízo na venda de bens do ativo imobilizado é classificado no subgrupo de:**
   a) Despesas Financeiras;
   b) Despesas Administrativas;
   c) Outras Despesas;
   d) Despesas Comerciais;
   e) Despesas Não Operacionais.

4. (Auditor-Fiscal da Receita Federal/Esaf – Adaptada)

Histórico	Quantidade	Valor total
Estoque inicial	120	1.200
Compras	400	5.040
Estoque final	20	240

O Lucro Bruto é de 2.000.
Desconsidere impostos incidentes sobre compras e vendas.
Assinale a opção correta, levando em conta os dados acima:

a) A Receita Bruta de Vendas é de 8.240.
b) O custo unitário das compras é de 12,60.
c) A Receita Líquida de Vendas é 8.240.
d) O Custo de Mercadorias Vendidas é de 6.240.
e) O custo unitário das compras é de 12,00.

5. (Braspetro – Contador/Cesgranrio) A Cia. Guararapes apresentou, em 31/12/X6, um lucro após o imposto de renda de R$ 10.000,00, sendo, portanto, este valor, a base de cálculo para as diversas participações estatutárias. Sabendo-se que as participações de debenturistas, empregados e administradores eram de 5%, cada uma, o lucro líquido da empresa correspondeu, em reais, a:

a) 8.735,75;
b) 8.573,75;
c) 8.555,35;
d) 8.550,00;
e) 8.500,00.

6. Considere as seguintes afirmativas:
I. Pela Lei nº 6.404/76, "outras despesas operacionais" e "outras despesas" não têm o mesmo significado, pois aquelas integram o valor do lucro operacional e essas não integram.
II. Pelas normas do CPC, especialmente o CPC 26 – Apresentação das Demonstrações Contábeis, "outras despesas" e "outras despesas operacionais" são a mesma coisa, visto que não existem, pelas normas internacionais de contabilidade, receitas e despesas não operacionais.
III. Com base no CPC 26, a Despesa de Equivalência Patrimonial não é considerada despesa de venda, geral, administrativa ou financeira, sendo, portanto, classificada como "outras despesas operacionais".
Assim, estão CORRETAS:

a) todas;
b) somente I e II;
c) somente I;
d) somente II;
e) somente II e III.

7. A Comercial Jurema S/A encerra seus exercícios sociais em 31 de dezembro de cada ano. Na Demonstração do Resultado do Exercício de X1, as únicas despesas operacionais foram: Despesas Comerciais de $ 14.000 e Despesas Administrativas de $ 26.000. O Lucro Operacional Líquido foi de $ 39.000. Ao longo do exercício de X1, a conta Fornecedores foi debitada em $ 9.000 por pagamentos efetuados pela referida empresa. As compras de mercadorias para revenda efetuadas à vista em X1 totalizaram $ 5.000. As vendas de mercadorias à vista realizadas em X1 totalizaram $ 34.000. Os créditos

na conta Duplicatas a Receber ao longo de X1, em virtude de recebimentos de clientes, totalizaram $ 27.000. Os saldos seguintes constavam nos Balanços Patrimoniais da referida empresa:

	31/12/X0	**31/12/X1**
Fornecedores	**$ 13.000**	**$ 19.000**
Duplicatas a Receber	**$ 28.000**	**?**
Mercadorias	**$ 15.000**	**$ 10.000**

O valor das Vendas a Prazo foi de:

a) $ 70.000;
b) $ 69.000;
c) $ 68.000;
d) $ 67.000;
e) $ 66.000.

8. **Com relação à questão anterior, o saldo da conta Duplicatas a Receber em 31/12/X1 foi de:**

a) $ 71.000;
b) $ 70.000;
c) $ 69.000;
d) $ 68.000;
e) $ 67.000.

9. **Com relação à despesa com o imposto de renda numa DRE elaborada segundo as normas do Comitê de Pronunciamentos Contábeis, marque a alternativa incorreta.**

a) Numa DRE que apresente resultados positivos de operações descontinuadas a despesa com IR obtida das operações em continuidades representa apenas uma parte da despesa total desse imposto.
b) Não afeta o resultado bruto, mas afeta o resultado líquido do exercício.
c) Tem como contrapartida uma exigibilidade.
d) É obtida a partir da aplicação de um percentual sobre o lucro real.
e) Numa DRE onde há operações em descontinuidade, a despesa desse imposto incidente sobre sua base de cálculo positiva das operações em continuidade sempre será menor do que a despesa total desse imposto referente ao total das operações.

10. **No encerramento do exercício social de X1, o balancete da Cia. Astra, cujo exercício social coincide com o ano-calendário, apresentou os seguintes valores:**

	$
Veículos	**25.000**
Caixa	**9.000**
Impostos a Recolher	**3.000**
Mercadorias	**47.000**
Fornecedores	**49.000**
Seguros a Vencer	**4.000**
Ações em Tesouraria	**5.000**
Salários	**33.000**
Depreciação Acumulada (Veículos)	**4.000**

Duplicatas a Pagar (LP)	**19.000**
Vendas de Mercadorias	**178.000**
Impostos/Vendas	**18.000**
Capital Social	**59.000**
Móveis e Utensílios	**10.000**
Despesas Gerais	**27.000**
Compras de Mercadorias	**28.000**
Bancos Conta Movimento	**17.000**
Fretes sobre Compras	**3.000**
Duplicatas a Receber	**75.000**
Compras Anuladas	**5.000**
Prejuízos Acumulados	**7.000**
Material de Expediente (estoque)	**4.000**
Depreciação Acumulada (Móveis e Utensílios)	**2.000**
Adiantamentos a Fornecedores	**7.000**

O balancete acima está sujeito aos seguintes ajustes:

– **Os salários de dezembro no valor de $ 3.000, que serão pagos em janeiro, não foram contabilizados.**

– **Os seguros pagos no valor de $ 4.000 referem-se ao período de 01/10/X1 a 30/09/X2.**

– **Depreciação dos Veículos a 20% e Móveis e Utensílios a 10%.**

– **O inventário físico dos estoques no encerramento de X1 foram os seguintes:**
Mercadorias = $ 6.000
Material de Expediente = $ 1.000

– **No exercício social de X0, a depreciação dos veículos foi subavaliada em $ 1.000.**

– **O imposto de renda será de 15% sobre o lucro contábil.**

– **A empresa paga participações sobre os lucros nos seguintes percentuais:**
Empregados = 10%
Administradores = 10%

Assim, com base nas informações anteriores, podemos afirmar que o Lucro Líquido da empresa na Demonstração do Resultado do Exercício de 31/12/X1 importou em:

a) $ 14.000;
b) $ 14.500;
c) $ 15.290;
d) $ 16.250;
e) $ 15.100.

11. Considere a seguinte relação: Comissões sobre Vendas; Juros Passivos; Honorários da Diretoria; Despesa c/ Perdas Estimadas em Créditos de Liquidação Duvidosa; Variações Monetárias Passivas.

O número de Despesas Administrativas é de:

a) 1;
b) 2;
c) 3;
d) 4;
e) 5.

12. Com base nos saldos abaixo, apurados no final do período-base, assinale a opção que indica o lucro real da Industrial V8 S/A (de acordo com a legislação do Imposto de Renda):

- **Resultado antes da contribuição social: 4.300**
- **Contribuição social: 320**
- **Multas de trânsito: 120**
- **Receita de equivalência patrimonial: 1.500**
- **Despesa c/provisão para contingências trabalhistas: 1.700**
- **Despesas de depreciação de bens do ativo investimentos: 1.100**
- **Despesas de depreciação de bens do ativo imobilizado: 900**

a) 5.720.
b) 5.400.
c) 5.900.
d) 6.620.
e) 6.500.

13. No exercício social de X1, a Cia. Lar Brilhante, empresa que trabalha no ramo de revenda de eletrodomésticos, obteve os seguintes resultados referentes às operações em continuidade, considerando que não há operações descontinuadas na referida empresa:

– **Lucro Bruto**	**$ 43.000**
– **Lucro antes do IR e CSLL**	**$ 31.000**
– **Lucro antes das Receitas e Despesas Financeiras**	**$ 34.000**
– **Lucro Líquido**	**$ 23.560**

Em fevereiro de X2, após realizada uma auditoria nas demonstrações da Cia. Lar Brilhante, foram apuradas as seguintes irregularidades:

- **O estoque de mercadorias para revenda, em 31/12/X1, foi superavaliado em $ 2.000.**
- **A depreciação de veículos utilizados para transporte do pessoal administrativo foi calculada a menor em $ 3.000.**
- **Em novembro de X1, houve a venda de um equipamento de uso, cujo valor de aquisição era de $ 15.000 e a depreciação acumulada, $ 6.000, sendo o valor de venda $ 10.000. Porém, tal venda não foi contabilizada.**
- **Os salários do pessoal de vendas referentes a dezembro de X1 no valor de $ 7.000 não foram contabilizados.**

Assim, em vista das informações anteriores e considerando as normas contábeis do CPC (Comitê de Pronunciamentos Contábeis), marque a opção que indica o resultado correto, referente ao exercício de X1, caso não se tivesse cometido as irregularidades anteriormente descritas:

(Considere a alíquota conjunta do IR e CSLL de 24% aplicada sobre o lucro contábil.)

a) Lucro Bruto = $ 45.000.
b) Lucro antes das Receitas e Despesas Financeiras = $ 25.000.
c) Lucro antes do IR e CSLL = $ 19.000.
d) Lucro Líquido = $ 15.200.
e) Lucro Operacional = $ 21.000.

14. Com relação à questão anterior, após efetuados os devidos ajustes, em fevereiro de X2, a situação líquida patrimonial da Cia. Lar Brilhante:

a) reduziu em $ 8.360;
b) reduziu em $ 11.000;
c) reduziu em $ 10.000;
d) aumentou em $ 10.000;
e) reduziu em $ 9.000.

15. Na Demonstração do Resultado do Exercício da empresa Pague e Leve S/A, apurou-se o lucro do exercício antes do imposto de renda e da contribuição social no valor de 10.000,00. A alíquota conjunta desses tributos é de 25%. Pelo estatuto da sociedade, os empregados e os administradores têm direito a uma participação nos lucros de 15% e 10%, respectivamente (suponha que nenhuma participação é dedutível da base de cálculo dos tributos sobre o lucro).
Admitindo que na empresa todas as operações estão em continuidade, ou seja, não há operações descontinuadas, cada um dos três administradores recebeu, em partes iguais:

a) 212,50;
b) 250,00;
c) 333,33;
d) 637,50;
e) 750,00.

<u>Enunciado comum às questões 16 a 22</u>: No encerramento do exercício social de X1, os saldos extraídos do balancete da Comercial Tigre S/A, a qual elabora suas demonstrações contábeis em conformidade com o Pronunciamento Técnico CPC 26 – Apresentação das Demonstrações Contábeis, cujo exercício social coincide com o ano-calendário, eram os seguintes:

<u>CONTAS</u>	$
Financiamentos (longo prazo)	12.000
Imóveis (terrenos + edificações)	80.000
Mercadorias	17.000
Despesas Gerais	8.000
Duplicatas a Pagar	24.000
Custo das Mercadorias Vendidas	21.000
Capital	60.000
Reserva Legal	9.000
Bancos	11.000
Vendas	99.000
Outras Despesas	2.000
Impostos e Contribuições sobre Vendas	12.000
Depreciação Acumulada (Edificações)	16.000
Juros Ativos	2.000
Vendas Canceladas	5.000
Duplicatas a Receber	47.000

Ágio na Emissão de Ações	**6.000**
Salários	**24.000**
Aluguéis Ativos	**8.000**
Salários a Pagar	**2.000**
Depreciação	**4.000**
ICMS a Recolher	**700**
Caixa	**7.400**
PIS a Recolher	**100**
COFINS a Recolher	**200**
Comissões s/Vendas	**3.000**
Reservas p/Contingências	**6.000**

Informações adicionais:

– **Todas as operações da empresa estão em continuidade, ou seja, não há operações descontinuadas.**

Na relação de contas acima, faltam os saldos da despesa com IR e CSLL total dos quatro trimestres e o saldo da dívida do IR e CSLL a pagar referente ao 4º trimestre.

As Outras Despesas correspondem a um prejuízo na alienação de um bem do Ativo Imobilizado.

– **Suponha que a despesa total do IR e CSLL é equivalente a 20% do lucro contábil antes desses tributos referente ao exercício social de X1.**

A empresa é tributada pelo IR e CSLL com base no lucro real trimestral, o qual nos 4 trimestres coincidiu com o lucro contábil. 3/5 da despesa de X1 com esses tributos se refere aos 3 primeiros trimestres e foram pagas no próprio exercício, sendo o restante (2/5) referentes ao 4º trimestre, os quais serão pagos em X2.

– **As reservas p/contingências serão revertidas.**

– **Haverá constituição de Reserva Legal.**

– **O estatuto da empresa é omisso com relação aos dividendos.**

– **Há participações estatutárias nos seguintes percentuais: Empregados 10% e Administradores 10% (suponha que nenhuma participação é dedutível da base de cálculo dos tributos sobre o lucro).**

16. Na Demonstração do Resultado do Exercício, em 31/12/X1, o Resultado Bruto da empresa foi de:

a) $ 60.000;
b) $ 61.000;
c) $ 66.000;
d) $ 63.000;
e) $ 63.000.

17. Na Demonstração do Resultado do Exercício, em 31/12/X1, o Resultado antes das Receitas e Despesas Financeiras da empresa foi de:

a) $ 36.000;
b) $ 29.000;
c) $ 28.000;
d) $ 31.000;
e) $ 30.000.

18. Na Demonstração do Resultado do Exercício, em 31/12/X1, o Resultado do Exercício antes do IR e CSLL foi de:

a) $ 36.000;
b) $ 29.000;
c) $ 32.000;
d) $ 31.000;
e) $ 30.000.

19. Na Demonstração do Resultado, em 31/12/X1, o valor das Participações Estatutárias sobre o Lucro foi de:

a) $ 4.060;
b) $ 4.800;
c) $ 4.500;
d) $ 4.430;
e) $ 4.560.

20. Na distribuição do resultado do exercício de X1, o valor destinado à Reserva Legal foi de:

a) $ 980;
b) $ 900;
c) $ 975;
d) $ 972;
e) $ 800.

21. Na distribuição do resultado do exercício de X1, o valor dos Dividendos a Pagar, supondo que o saldo remanescente em Lucros Acumulados após a distribuição do dividendo mínimo foi utilizado para constituição de Reserva Especial, foi de:

a) $ 12.000;
b) $ 12.400;
c) $ 12.234;
d) $ 15.000;
e) $ 15.600.

22. No Balanço Patrimonial, em 31/12/X1, o valor do Passivo Circulante foi de:

a) $ 49.794;
b) $ 49.194;
c) $ 47.880;
d) $ 47.560;
e) $ 48.900.

23. Tendo por base o Pronunciamento Técnico CPC 26 – Apresentação das Demonstrações Contábeis, <u>não</u> integra o resultado antes das receitas e despesas financeiras:

a) receita de aluguel;
b) receita de *royalty*;
c) receita de equivalência patrimonial;
d) descontos incondicionais obtidos;
e) receita de prêmios na emissão de debêntures.

24. Devido a uma devolução de vendas de mercadorias, foram feitos os seguintes lançamentos (valores em R$):

D – Devoluções de Vendas	**5.000**
C – Clientes	**4.000**
C – Descontos Incondicionais	**1.000**
D – C/C ICMS	**720**
C – ICMS s/Vendas	**720**
D – Mercadorias	**1.800**
C – CMV	**1.800**
D – Comissões a Pagar	**200**
C – Comissões s/Vendas	**200**

Assim, tendo em vista os lançamentos anteriores, pode-se afirmar que os mesmos geraram:

a) redução da receita líquida de vendas em R$ 5.720;
b) redução do lucro bruto em R$ 1.280;
c) aumento dos estoques em R$ 1.080;
d) redução do lucro antes das receitas e despesas financeiras em R$ 1.280;
e) redução do lucro líquido em R$ 1.480.

25. Considere as seguintes informações, as quais foram obtidas da Demonstração do Resultado do Exercício da Industrial Gama S/A:

- **Lucro líquido do exercício = $ 15.700**
- **Prejuízo na venda de item do ativo imobilizado = $ 2.100**
- **Receita de aluguéis = 5.900**
- **Despesas administrativas = $ 9.600**
- **Imposto de renda e contribuição social sobre o lucro = $ 3.400**
- **Custo dos Produtos Vendidos = $ 15.000**
- **Impostos e contribuições sobre vendas = $ 8.500**
- **Despesas de vendas = $ 7.500**

Assim, com base exclusivamente nas informações supra, a Receita Bruta é de:

a) $ 55.900;
b) $ 56.100;
c) $ 57.000;
d) $ 48.900;
e) $ 50.500.

26. O Resultado do Exercício de X1 da Comercial Tijuca S/A antes do Imposto de Renda e CSLL foi de R$ 9.400. O seu capital social importava em R$ 26.000. A referida empresa calculou os referidos tributos com alíquota conjunta de 25% sobre o Lucro Real. No cálculo desse lucro, foram considerados os seguintes ajustes:

- **Multas fiscais = R$ 900**
- **Receita de Equivalência Patrimonial = R$ 300**

O Estatuto da empresa prevê participações sobre o lucro, nos seguintes percentuais:

Debenturistas = 10%

Empregados = 10%

Sabe-se ainda que:

- **O saldo Prejuízos Acumulados no balanço de 31/12/X0 era de R$ 2.300.**
- **No exercício social anterior (X0) a amortização das Patentes foi superavaliada em R$ 400 (desconsidere os efeitos sobre o IR e CSLL).**
- **No encerramento do exercício de X1, além dos dividendos, houve as seguintes destinações do resultado:**
  - **Reserva Legal (conforme a lei)**
  - **Reservas Estatutárias (4%)**
  - **Reserva para Contingências (15%)**
  - **Reserva Orçamentária (6%)**
  - **Parcela para aumento do Capital Social .... R$ 500**

Assim, considerando as informações dadas, e que houve uma época de omissão estatutária sobre os dividendos e, posteriormente, foram introduzidos no estatuto os dividendos pelo mínimo possível, esse mínimo, em 31/12/X1 será de (desconsidere a dedutibilidade de qualquer participação nos lucros no cálculo do Lucro Real):

a) R$ 1.450,00;
b) R$ 810,00;
c) R$ 1.385,00;
d) R$ 1.630,00;
e) R$ 1.250,00.

27. Considerando a questão anterior, e supondo que a situação financeira da empresa seja incompatível com o pagamento dos dividendos acima do mínimo obrigatório, o valor da Reserva Especial a ser constituída será de:

a) R$ 700;
b) R$ 750;
c) R$ 800;
d) R$ 850;
e) R$ 1.525.

28. Tendo por base o CPC 26 e a boa doutrina contábil, avalie as seguintes afirmativas:

I. Na Demonstração do Resultado do Exercício, o Resultado do Exercício antes dos Tributos sobre o Lucro é equivalente ao Resultado Operacional Líquido, visto que todas as receitas e despesas incorridas numa entidade são consideradas operacionais.

II. As comissões sobre vendas não afetam o Lucro Bruto, mas afetam o Lucro antes das Receitas e Despesas Financeiras.

III. As comissões pagas aos vendedores são despesas administrativas.

IV. A despesa de equivalência patrimonial não é classificada no grupo Outras Despesas.

V. A depreciação de móveis e utensílios utilizados na administração de uma empresa industrial é considerada despesa administrativa. No entanto, a depreciação de equipamentos fabris não é despesa e sim custos de produção, os quais serão apropriados indiretamente ao resultado através do Custo dos Produtos Vendidos.

Das afirmações anteriores, o número de incorretas é de:

a) zero;
b) 1;
c) 2;
d) 3;
e) 4.

29. Considere os seguintes itens:

- **Lucro líquido do exercício**
- **Lucro bruto**
- **Lucro antes do IR e CSLL**
- **Lucro antes das receitas e despesas financeiras**
- **Receita bruta**
- **Dividendos distribuídos**
- **Destinação para reserva legal**
- **Participação de empregados sobre os lucros**
- **Lucro real**

Assim, da relação anterior, o número de itens que não são indicados na demonstração do resultado do exercício é de:

a) um;
b) dois;
c) três;
d) quatro;
e) cinco.

Enunciado comum às questões nºs 30 a 44: Seja o balancete da Cia. CK, cujo exercício social coincide com o ano calendário, em 31/12/X0:

Móveis e Utensílios	**25.000**
Caixa	**19.000**
Ágio na Emissão de Ações	**10.000**
Fornecedores	**55.000**
Despesas Comerciais	**5.000**
Adiantamentos a Fornecedores	**6.000**
Juros Passivos	**3.000**
Juros a Pagar	**1.000**
Juros Ativos	**2.000**
Custo das Mercadorias Vendidas	**36.000**
Adiantamentos de Clientes	**11.000**
Clientes	**64.000**
Mercadorias	**30.000**
Capital	**54.500**
Salários	**36.000**
Salários a Pagar	**3.000**
Despesas Gerais	**12.000**
Prejuízos Acumulados	**8.000**
Depreciação Acumulada	**5.000**

Depreciação	**2.500**
Bancos Conta Movimento	**13.000**
Vendas	**128.500**
Impostos e Contribuições s/Vendas	**16.000**
Impostos a Recolher	**3.000**
Perdas Estimadas em Créditos de Liq. Duvidosa	**5.500**
IR e CSLL a Pagar (4º trimestre de X0)	**1.000**
Despesa c/IR e CSLL (exercício de X0)	**4.000**

Informações adicionais:

- **Consta do saldo de Despesas Gerais prêmio de seguro de $ 3.000, cuja apólice cobre o período de 01/09/X0 a 31/08/X1.**
- **A empresa é tributada com base no lucro real trimestral, o qual coincidiu com o lucro contábil nos quatro trimestres. A despesa total com esses tributos referente aos quatro trimestres foi de $ 4.000, sendo que 3/4 desse valor são referentes aos três primeiros trimestres e foram pagos em X0 e 1/4 é referente ao 4º trimestre e será pago em X1.**
- **Há participações sobre os lucros de empregados 10% e administradores 10%.**
- **O estatuto da empresa determina que os dividendos sejam de 40% do lucro ajustado nos termos da lei societária.**
- **O saldo remanescente em lucros acumulados após a distribuição dos dividendos conforme estatuto foi utilizado para aumento do Capital Social.**

30. O valor da Receita Bruta foi de:

a) 128.500;
b) 112.500;
c) 76.500;
d) 22.000;
e) 16.100.

31. O valor da Receita Líquida foi de:

a) 128.500;
b) 112.500;
c) 76.500;
d) 22.000;
e) 16.100.

32. O valor do Lucro Bruto foi de:

a) 128.500;
b) 112.500;
c) 76.500;
d) 22.000;
e) 16.100.

33. O valor do Lucro antes das Receitas e Despesas Financeiras foi de:

a) 128.500;
b) 112.500;
c) 76.500;
d) 23.000;
e) 16.100.

34. O valor do Lucro Líquido foi de:

a) 128.500;
b) 112.500;
c) 76.500;
d) 22.000;
e) 16.100.

35. O valor destinado à Reserva Legal foi de:

a) 605;
b) 705;
c) 405;
d) 905;
e) 915.

36. O valor do Passivo Circulante no Balanço Patrimonial de 31/12/X0 foi de:

a) 56.180;
b) 57.200;
c) 55.022;
d) 78.978;
e) 58.018.

37. O valor do Ativo Circulante no Balanço Patrimonial de 31/12/X0 foi de:

a) 128.500;
b) 131.000;
c) 132.500;
d) 133.000;
e) 133.500.

38. O valor do Ativo Não Circulante no Balanço Patrimonial de 31/12/X0 foi de:

a) 20.000;
b) 21.000;
c) 22.000;
d) 23.000;
e) 25.000.

39. O total do Ativo no Balanço Patrimonial de 31/12/X0 foi de:

a) 131.500;
b) 148.500;
c) 161.000;
d) 171.500;
e) 182.000.

40. O valor do Patrimônio Líquido no Balanço Patrimonial de 31/12/X0 foi de:

a) 67.000;
b) 65.382;
c) 64.282;
d) 66.400;
e) 69.522.

41. O total do Passivo no Balanço Patrimonial de 31/12/X0 foi de:

a) 131.500;
b) 148.500;
c) 161.000;
d) 171.500;
e) 182.000.

42. O valor do Capital Circulante Líquido foi de:

a) 49.522;
b) 51.552;
c) 54.600;
d) 61.000;
e) 59.662.

43. No balanço de 31/12/X0, o total dos saldos devedores foi de:

a) 148.000;
b) 156.500;
c) 170.000;
d) 151.500;
e) 159.000.

44. Na DRE de 31/12/X0, o Lucro Operacional:

a) 128.500;
b) 112.500;
c) 76.500;
d) 22.000;
e) 16.100.

Enunciado comum às questões 45 e 46: Na elaboração da DRE da Cia. Industrial Omar em 31/12/X0, a qual elabora suas demonstrações contábeis segundo o CPC 26, foram obtidas, entre outras, as seguintes informações (valores em R$ 1,00):

Faturamento Bruto	**150.000**
IPI	**(15.000)**
Receita Bruta	**135.000**
ICMS	**(24.300)**
Receita Líquida	**110.700**
Custo dos Produtos Vendidos	**(54.200)**
Lucro Bruto	**56.500**
Despesas Comerciais	**(9.200)**
Despesas Administrativas	**(32.300)**
Receita de Equivalência Patrimonial	**5.000**
Outras Receitas	**6.000**
Lucro antes das Receitas e Despesas Financeiras	**26.000**
Despesas Financeiras Líquidas	**(2.000)**
CSLL	**(3.000)**
Lucro antes do IR	**21.000**

Informações adicionais:

- **Não há na Cia. Industrial Omar operações em descontinuidade.**
- **Das despesas comerciais, R$ 1.000,00 correspondem a Despesas c/Perdas Estimadas em Créditos de Liquidação Duvidosa, não havendo na composição das mesmas nenhuma outra despesa indedutível para o cálculo do IR.**
- **Na composição das despesas financeiras e administrativas não há despesas indedutíveis para o cálculo do IR.**
- **A CSLL é indedutível para o cálculo do IR.**
- **O Estatuto da empresa prevê participações sobre o lucro para debenturistas a 10%, para empregados a 10% e para administradores a 10%.**
- **A alíquota do IR é de 15%.**
- **Não há prejuízos fiscais de períodos anteriores a compensar; porém o saldo anterior da conta Prejuízos Acumulados é devedor de R$ 8.000,00.**

45. Considerando exclusivamente as informações dadas e a legislação do IR, não deduzindo nenhuma participação sobre o lucro para o cálculo do Lucro Real, pode-se afirmar que o Lucro Líquido da Cia. Industrial Omar em 31/12/X0 foi de:

a) R$ 15.290,00;
b) R$ 15.610,00;
c) R$ 15.575,00;
d) R$ 14.210,00;
e) R$ 15.000,00.

46. Considerando a questão anterior, e admitindo que a legislação do IR permite que sejam dedutíveis para o cálculo do Lucro Real as participações de debenturistas e empregados, o "novo" Lucro Líquido da Cia. Industrial Omar em 31/12/X0, caso as referidas participações sejam deduzidas, seria de:

a) R$ 15.290,00;
b) R$ 15.610,00;
c) R$ 15.575,00;
d) R$ 14.210,00;
e) R$ 15.000,00.

47. (IRB – Analista/Esaf) A nossa pequena empresa Filicite & Facilite Ltda. demonstrou Receita Bruta de Vendas de R$ 700.000,00, Deduções de Vendas de R$ 58.000,00, Custo de Vendas de R$ 400.000,00, Despesas Operacionais de R$ 32.000,00, Provisão para Imposto de Renda e CSLL de R$ 10.000,00.

O lucro decorrente dessas contas de resultado foi distribuído como segue:

- **5% para constituição da reserva legal;**
- **10% para constituição de reserva estatutária;**
- **10% para pagamento de participação estatutária de empregados;**
- **10% para pagamento de participação estatutária de administradores.**

A reserva legal foi constituída no exercício no valor de R$ 8.100,00.

Com base nessas informações, pode-se dizer que a participação estatutária de administradores foi constituída na forma da lei no valor de:

a) R$ 20.000,00;
b) R$ 18.000,00;
c) R$ 16.990,00;
d) R$ 16.200,00;
e) R$ 16.000,00.

48. (Auditor da Receita Federal/Esaf) Assinale abaixo a opção que contém a afirmação correta.

a) O lucro da pessoa jurídica será arbitrado quando o contribuinte optar indevidamente pela tributação com base no lucro presumido.
b) Lucro presumido é uma forma simplificada de apuração da base de cálculo dos tributos com o imposto de renda e da contribuição social, aplicável a todas as pessoas jurídicas que fizerem opção para esse fim.
c) Lucro real é o lucro líquido do período apurado na escrituração comercial, mas diferente do lucro contábil, porque é ajustado pelas adições, exclusões e compensações.
d) Lucro arbitrado é a forma utilizada pelo Fisco apenas no caso em que o contribuinte se recusar ou dificultar o acesso da autoridade fiscal à documentação comprobatória das atividades.
e) Lucro contábil é aquele apurado na contabilidade, mas que não serve de base para a tributação do imposto de renda porque é conhecido apenas como lucro escritural.

49. (Técnico da Receita Federal/Esaf – Adaptada) A Lei nº 6.404/1976 e as alterações pertinentes estabelecem que, na Demonstração de Resultado do Exercício, seja evidenciada a lucratividade absoluta, indicando-se o montante, em reais ou fração, do lucro obtido por ação do capital social.

A empresa Revendas Comerciais S/A, cujo capital social é constituído de 600 mil ações, apresentou os seguintes dados em relação ao exercício de 20X5:

Reserva Legal	**R$ 30.000,00**
Reservas Estatutárias	**R$ 45.000,00**
Participações Estatutárias	**R$ 18.000,00**
Imposto de Renda a Pagar	**R$ 40.000,00**
Receita Líquida de Vendas	**R$ 225.000,00**
Lucro Operacional Bruto	**R$ 145.000,00**
Lucro Operacional Líquido	**R$ 130.000,00**
Capital Social	**R$ 800.000,00**

No caso ora apresentado, baseado apenas nas informações fornecidas, podemos dizer que o lucro por ação do capital social a ser indicado na última linha da DRE foi da ordem de:

a) R$ 0,15 por ação;
b) R$ 0,12 por ação;
c) R$ 0,11 por ação;
d) R$ 0,09 por ação;
e) R$ 0,08 por ação.

(Petrobras – Contador Júnior/Cesgranrio) As questões 50 e 51 deverão ser respondidas com base no enunciado a seguir.

A Rede Unida de Postos de Gasolina S/A, submetida à tributação com base no lucro real, optou pelo pagamento do imposto mensal, por estimativa, apurando o lucro real anualmente. Em agosto de 2005, apresentou as seguintes informações:

	Em Reais
Revenda de gasolina	**1.200.000,00**
Revenda de mercadorias	**300.000,00**
Serviços de lavagem	**150.000,00**
ICMS	
Revenda de gasolina (alíquota de 30%)	**348.000,00**
Revenda de mercadorias (alíquota 19%)	**57.000,00**
ISS (alíquota de 5%)	**7.500,00**
Vendas canceladas (gasolina)	**33.500,00**
Descontos incondicionais (gasolina)	**6.500,00**
Ganho na venda de imobilizado	**38.000,00**

Informações adicionais:
Percentuais para estimativa de IR e CSLL

ATIVIDADES	BaseIR	BaseCSLL
Comércio e indústria	8,0%	12,0%
Revenda de combustíveis derivados de petróleo e álcool, inclusive gás natural	1,6%	12,0%
Prestação de serviços em geral	32,0%	32,0%

Alíquotas incidentes sobre a base de cálculo:
Imposto de Renda (IR)

Normal	**15%**
Adicional	**10%**

Contribuição Social sobre o Lucro Líquido (CSLL)

Normal	**9%**

50. O valor do Imposto de Renda (IR), no mês de agosto de 2005, da Rede Unida de Postos de Gasolina S/A, calculado por estimativa, em reais, foi de:

a) 19.284,00;
b) 30.140,00;
c) 32.140,00;
d) 121.800,00;
e) 179.625,00.

51. O valor da Contribuição Social sobre o Lucro Líquido (CSLL), no mês de agosto de 2005, da Rede Unida de Postos de Gasolina S/A, calculado por estimativa, em reais, foi de:

a) 11.570,40;
b) 19.284,00;
c) 20.088,00;
d) 23.508,00;
e) 24.543,00.

52. (BNDES – Contador/Fundação Cesgranrio) Lucro Presumido é uma modalidade optativa de apurar o lucro que:

a) considera o resultado líquido do período de apuração, sem o imposto de renda, ajustado por adições, exclusões e compensações determinadas pela legislação tributária;
b) estima o pagamento mensal do IRPJ apurando a base de cálculo em 31 de dezembro do ano-calendário ou na data de encerramento de atividades e efetua o ajuste entre os dois valores na declaração de rendimentos correspondentes;
c) estima o lucro a ser tributado a partir de valores globais da receita, dispensando a escrituração contábil, exceto a do livro de registro de inventário e do livro caixa, observados determinados limites e condições;
d) serve de base para cálculo de benefícios fiscais de isenção ou redução do IRPJ;
e) corresponde ao produto da diferença com perdas de ativos ou com constituição de obrigações cujo fato gerador contábil já tenha ocorrido, não podendo ser medidas com exatidão, tendo, portanto, caráter estimativo.

53. (BNDES – Contador/UFRJ – Núcleo de Computação Eletrônica) A alíquota aplicável sobre a base de cálculo apurada na forma do lucro real, presumido ou arbitrado, para determinar o imposto de renda devido pela pessoa jurídica em cada período-base, a partir do ano-calendário de 1996 é:

a) 27,5%;
b) 19,0%;
c) 1,2%,
d) 15,0%;
e) 4,8%.

54. (BNDES – Contador/UFRJ – NCE) Levando em consideração que o regime de tributação adotado pelo contribuinte é o Lucro Real Anual com levantamento mensal de balanços ou balancetes, para fins de suspensão ou redução do imposto de renda, os lançamentos no LALUR devem ser feitos:

a) anualmente apenas, em caso de lucro;
b) mensalmente apenas, em caso de lucro;
c) anualmente apenas, em caso de prejuízo;
d) mensalmente em caso de lucro ou prejuízo;
e) anualmente em caso de lucro ou prejuízo.

55. **(BNDES – Contador/UFRJ – NCE) A parcela do lucro que exceder o valor resultante da multiplicação de vinte mil reais pelo número de meses do respectivo período de apuração se sujeita à incidência de adicional de imposto de renda à alíquota de dez por cento. Esta regra é usada sobre a(s) seguinte(s) forma(s) de tributação:**

a) lucro real, presumido e arbitrado;
b) lucro real e presumido, apenas;
c) lucro presumido e arbitrado;
d) lucro real e arbitrado;
e) lucro real.

56. **(BNDES – CONTADOR/Fundação Cesgranrio – Adaptada) Em X2, a Cia. Zarca S/A, tributada pelo lucro real, antes de fazer a sua declaração anual do Imposto de Renda ano base X1, fez as seguintes anotações de despesas incluídas na apuração do resultado do exercício, em reais, evidenciadas na Demonstração do Resultado, encerrado em 31/12/X1:**

Despesa de:
Brindes = 10.000,00
Perdas Estimadas em Créditos de Liquidação Duvidosa = 50.000,00
Provisão para Perdas em Processos Trabalhistas = 20.000,00
Considerando-se os aspectos técnicos conceituais e a legislação tributária do Imposto de Renda, o valor de adições temporárias, a ser incluído no LALUR, para determinação do lucro real, em reais, é:

a) 20.000,00;
b) 30.000,00;
c) 60.000,00;
d) 70.000,00;
e) 80.000,00.

(BNDES – CONTADOR/Fundação Cesgranrio – Adaptada) Considere as informações abaixo para responder às questões de números 57 e 58:
A Zelote S/A apresentou as seguintes informações parciais, em reais, referentes ao mês de janeiro de 20X6:

Receita de vendas............ 1.800.000,00
Receita de aplicações financeiras............ 50.000,00
IR na Fonte s/aplicações financeiras 10.000,00
Ganho de equivalência patrimonial............ 120.000,00
Ganhos de capital (lucro na venda de bens do ativo investimentos, imobilizado ou intangível)..... .... 80.000,00

57. **Considerando-se as informações parciais recebidas da Cia. Zelote e a legislação tributária do Imposto de Renda, aplicável à apuração do Imposto de Renda por estimativa (antecipações mensais em bases estimadas), o valor do Imposto de Renda, apurado por estimativa, em janeiro, em reais, é:**

a) 21.600,00;
b) 46.000,00;
c) 47.100,00;
d) 54.000,00;
e) 58.500,00.

58. Considerando-se as informações parciais recebidas da Cia. Zelote e a legislação tributária do Imposto de Renda, aplicável à apuração da contribuição social sobre o Lucro Líquido por estimativa (antecipações mensais em bases estimadas), o valor da Contribuição Social Sobre o Lucro Líquido (CSLL), apurado por estimativa, no mês de janeiro, em reais, é:

a) 13.940,00;
b) 19.440,00;
c) 21.140,00;
d) 30.240,00;
e) 31.140,00.

59. (Petrobras – Contador Júnior/Fundação Cesgranrio) Os princípios constitucionais tributários prevalecem sobre as demais normas tributárias. No campo do Imposto de Renda, atendidos tais princípios constitucionais, o critério básico que tem por objetivo aplicar a justiça tributária é o princípio da:

a) progressividade;
b) generalidade;
c) legalidade;
d) autenticidade;
e) universalidade.

60. (Petrobras/Fundação Cesgranrio) Analise, sob o enfoque da tomada de decisão pelo Lucro Presumido, na tributação do Imposto de Renda das pessoas jurídicas, a empresa:

I – de *factoring;*

II – que, autorizada pela legislação tributária, usufrua benefícios fiscais relativos à isenção ou redução de impostos;

III – com Receita Bruta de R$ 55 milhões incluindo ICMS ST de R$ 7 milhões, registrados como Receita no ano-calendário anterior ao da opção;

IV – com receita bruta de R$ 15 milhões, constituída em 28 setembro do ano-calendário anterior ao da opção.

Podem optar pelo Lucro Presumido APENAS as empresas:

a) I e II;
b) II e III;
c) III e IV;
d) I, II e III;
e) II, III e IV.

61. (Petrobras/Fundação Cesgranrio) A tributação do Lucro no Brasil difere do padrão mundial, com a incidência de dois tributos, Imposto de Renda das Pessoas Jurídicas (IRPJ) e Contribuição Social sobre o Lucro Líquido (CSLL), contra um no aludido padrão. A justificativa da incidência desses dois tributos recai na destinação dos valores arrecadados. A arrecadação da CSLL tem a seguinte destinação:

a) 50% União; 25% Estados e 25% Municípios;
b) 59% União; 40% Estados e 10% Municípios;
c) 50% União; 10% Estados e 40% Municípios;
d) 50% Estados e 50% Municípios;
e) 100% União.

62. (Petrobras/Fundação Cesgranrio) Admita que, no balanço de 2008, uma Companhia, atuando no ramo comercial, apurasse um prejuízo fiscal, adequadamente registrado no LALUR.

Tal prejuízo poderá ser compensado na base de cálculo de lucros futuros, entretanto, o prazo limite para usufruir dessa prerrogativa legal é:

a) 4 anos;
b) 4,5 anos;
c) 5 anos;
d) 5,5 anos;
e) sem limite.

(Auditor-Fiscal da Receita Federal do Brasil/Esaf) Enunciado para as questões 63 e 64. Os estatutos da Cia. Ômega estabelecem que, dos lucros remanescentes, após as deduções previstas pelo artigo 189 da Lei 6.404/76 atualizada, deverá a empresa destinar aos administradores, debêntures e empregados uma participação de 10% do lucro do exercício a cada um.
Tomando como base as informações constantes da tabela abaixo:

63. O valor das Participações dos Administradores é:

a) R$ 40.000,00;
b) R$ 36.000,00;
c) R$ 32.400,00;
d) R$ 22.500,00;
e) R$ 20.250,00.

64. Pode-se afirmar que o valor do Lucro Líquido do Exercício é:

a) R$ 350.000,00;
b) R$ 332.250,00;
c) R$ 291.600,00;
d) R$ 182.500,00;
e) R$ 141.600,00.

65. (Auditor-Fiscal da Receita Federal do Brasil/Esaf) A Demonstração do Resultado Abrangente deve evidenciar:

a) somente as parcelas dos resultados líquidos apurados que afetem os acionistas não controladores;
b) ajustes de instrumentos financeiros de participações societárias avaliadas pelo método do custo;
c) o resultado líquido após tributos das operações descontinuadas das entidades controladas;
d) parcela dos outros resultados abrangentes de empresas investidas, reconhecida por meio do método de equivalência patrimonial;
e) o resultado antes do imposto sobre a renda e contribuições apuradas no período.

66. (TCE – RJ – Analista de Controle Externo/Femperj) Para identificar uma conta de resultado, basta lembrar que ela invariavelmente estará na Demonstração do Resultado do Exercício (DRE). Assim, na DRE:

a) as contas de resultado de natureza credora sempre representam receita;

b) as contas de resultado sempre são encerradas ao final do exercício, exceto a conta que indica o lucro do período;

c) a depreciação do período, quando reconhecida como despesa, não representa um desembolso efetivo de caixa e por isso não representa uma conta de resultado;

d) todo registro contábil iniciado em uma conta de resultado exige como contrapartida ao menos um lançamento em conta patrimonial;

e) a conta "Custo das Mercadorias Vendidas" indica o consumo de estoques no processo de obtenção de receitas, logo não é uma despesa e tampouco uma conta de resultado.

67. (INFRAERO – Analista Superior II – Contador/FCC) É um valor que deve ser adicionado ao lucro contábil antes do imposto de renda para obter o lucro real de uma companhia:

a) Resultado positivo da equivalência patrimonial.

b) Gratificação paga aos administradores da companhia.

c) Despesa de depreciação de bens utilizados na produção de bens e serviços.

d) Multa de mora paga por atraso no recolhimento de tributos.

e) Receita de subvenção governamental para investimento.

68. (TRT – 23ª Região – Analista Judiciário/FCC) De acordo com as Normas Brasileiras de Contabilidade, convergidas para o IFRS, devem ser classificados na Demonstração de Resultado como outros resultados abrangentes:

a) as receitas e despesas financeiras;

b) os resultados (positivos ou negativos) da avaliação de investimentos pelo método da equivalência patrimonial;

c) as receitas e as despesas não operacionais;

d) os ajustes de avaliação patrimonial;

e) as reversões de provisões.

69. (LIQUIGÁS – Petrobras – Contador Júnior/Fundação Cesgranrio) Os relatórios contábeis apresentam, resumidamente e de forma ordenada, os dados colhidos pela contabilidade, ao longo de um determinado período de tempo, normalmente de doze meses, denominado exercício social.

Tais relatórios visam a apresentar aos usuários da contabilidade os principais fatos por ela registrados nesses mesmos períodos de tempo. Dentre eles, os mais importantes são as demonstrações contábeis ou demonstrações financeiras, na terminologia da lei societária.

A demonstração contábil, na qual os usuários podem observar o indicador global de eficiência da empresa consubstanciado no retorno que a mesma propicia ao investimento nela feito pelos respectivos donos, é a demonstração do(a):

a) Fluxo de Caixa;

b) Valor Adicionado;

c) Resultado do Exercício;

d) Lucro ou Prejuízo Acumulado;

e) Mutação do Patrimônio Líquido.

70. (Agência Reguladora de Serviços Públicos – CE – Analista de Regulação/FCC) Considere as seguintes assertivas em relação aos Juros sobre o Capital Próprio:

I. O montante dos juros sobre o capital próprio a ser pago ou creditado aos beneficiários limita-se ao menor valor entre 50% do lucro líquido do exercício e 50% do somatório dos lucros acumulados e reservas de lucro.

II. Os juros sobre o capital próprio são considerados despesa dedutível para fins de apuração do lucro real e da base de cálculo da contribuição social sobre o lucro líquido.

III. Os juros sobre o capital próprio podem ser imputados aos dividendos obrigatórios.

Está correto o que se afirma em:

a) I, apenas;

b) II, apenas;

c) III, apenas;

d) II e III, apenas;

e) I, II e III.

CAPÍTULO 14

DEMONSTRAÇÃO DOS LUCROS OU PREJUÍZOS ACUMULADOS

1. CONCEITO

A DLPA (Demonstração dos Lucros ou Prejuízos Acumulados) é a demonstração contábil que tem por objetivo principal evidenciar a DISTRIBUIÇÃO do resultado do exercício, isto é, mostrar as destinações do lucro ou prejuízo líquido obtido no final da DRE (Demonstração do Resultado do Exercício). Em outras palavras, ao passo que a DRE mostra como a empresa chegou a determinado lucro ou prejuízo líquido, a DLPA mostra o que é que a empresa fará com aquele lucro ou prejuízo líquido, isto é, como esse lucro ou prejuízo líquido será "fatiado" e distribuído.

Apesar da DLPA não estar explicitada no item 10 do Pronunciamento Técnico **CPC 26 – Apresentação das Demonstrações Contábeis**, ela está implícita nesse CPC quando o mesmo relaciona a DMPL (Demonstração das Mutações do Patrimônio Líquido) como integrante do conjunto completo das demonstrações contábeis, visto que, ao fazer a DMPL, uma empresa estará "embutindo" a DLPA no seu conteúdo. Desta forma, apesar de na prática as sociedades anônimas, em geral, não estarem mais fazendo a DLPA isoladamente, estão fazendo <u>implicitamente</u> "dentro" da DMPL, a qual veremos no final do presente capítulo. Resumidamente, podemos afirmar que não se pode fazer corretamente uma DMPL se não houver conhecimento dos itens integrantes da DLPA.

Caso o resultado do exercício seja LUCRO LÍQUIDO, esse será distribuído de acordo com a seguinte sequência:

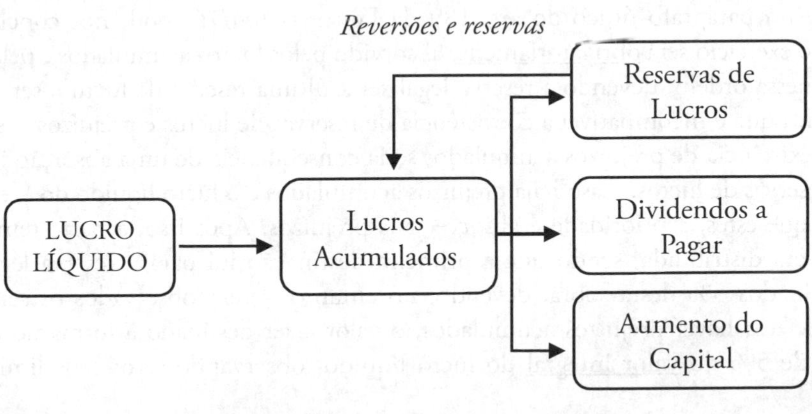

Do diagrama anterior, observamos que, uma vez apurado o lucro líquido, este será integralmente transferido para a conta *Lucros Acumulados*. Após, um "pedaço" do lucro líquido irá para as *Reservas de Lucros*, onde a *Reserva Legal* é a **única** reserva de lucro obrigatória às sociedades anônimas. O outro "pedaço" poderá ser utilizado para aumentar o Capital Social da empresa. Outro "pedaço" irá para a conta *Dividendos a Pagar*. A parte remanescente ficará na conta *Lucros Acumulados* como sobra, pois não teve nenhuma destinação específica. No entanto, mediante o acréscimo do § 6º ao art. 202 da Lei nº 6.404/1976, através da Lei nº 10.303, de 31 outubro de 2001, os lucros não destinados nos termos dos arts. 193 a 197 (Reserva Legal, Reservas Estatutárias, Reservas para Contingências, Reserva de Incentivos Fiscais, Reservas de Retenção de Lucros e Reserva de Lucros a Realizar) **DEVERÃO** ser distribuídos como dividendos. Também, de acordo com o art. 178 da Lei nº 6.404/1976, já alterada pelas Leis nºs 11.638/2007 e 11.941/2009, o patrimônio líquido no balanço patrimonial de encerramento do exercício social é dividido em capital social, reservas de capital, ajustes de avaliação patrimonial, reservas de lucros, ações em tesouraria e prejuízos acumulados. Daí, concluímos com base na Lei nº 6.404/76, já alterada pelas referidas leis, que nenhuma companhia poderá ter no balanço de encerramento do exercício social a conta lucros acumulados. Assim, como já mencionado, havendo saldo remanescente nessa conta após as destinações para reservas de lucros, essa sobra deverá ser distribuída como dividendos. No entanto, se uma determinada companhia elaborar balanços patrimoniais que não sejam aquele de encerramento do exercício social, NADA IMPEDE que haja saldo em lucros acumulados nesses balanços, visto que essa conta só não poderá aparecer no balanço de encerramento do exercício social. Assim, por exemplo, se uma companhia encerra seu exercício social em 31 de dezembro de cada ano, e, ao fim de cada trimestre elabora um balanço patrimonial, nada impede que nos balanços dos três primeiros trimestres apareça a conta lucros acumulados com saldo diferente de zero. No entanto, no balanço do 4º trimestre, que é o de encerramento, NÃO poderá aparecer a conta lucros acumulados.

Outra consequência das alterações da Lei nº 6.404/76 pelas referidas leis é que a DLPA de uma companhia começará com prejuízos acumulados com saldo diferente de zero ou com lucros acumulados com saldo igual a ZERO, ou seja, a conta lucros acumulados NÃO FOI EXTINTA. Apenas, ao fim do exercício social, terá que ficar com saldo igual a zero, caso não haja prejuízos acumulados.

2. Compensação de Prejuízos

Com base no parágrafo único do art. 189 da Lei nº 6.404/76, podemos concluir que o prejuízo do exercício será obrigatoriamente absorvido pelos lucros acumulados e pelas reservas de lucros nessa ordem, devendo a reserva legal ser a última reserva de lucro a ser absorvida. Isto significa que é incompatível a coexistência de reservas de lucros e prejuízos acumulados, ou seja, a existência de prejuízos acumulados seria consequência de uma absorção integral de todas as reservas de lucros. Caso haja prejuízos acumulados e o lucro líquido do exercício seja maior do que estes, a prioridade é absorver tais prejuízos. Após isso, a parte remanescente do lucro será distribuída, sendo que a primeira destinação irá para a reserva legal, à qual serão destinados 5% desta sobra, devendo, no entanto, serem observados os seus limites. No caso de não haver prejuízos acumulados, o valor a ser destinado à formação da reserva legal será de 5% do valor integral do lucro líquido, observando-se os seus limites. Além disso, entendemos também, com base no *caput* do referido artigo (***Art. 189:*** *Do resultado do exercício serão deduzidos,* ***antes de qualquer participação****, os prejuízos acumulados e a provisão para o Imposto sobre a Renda)*, que, havendo Prejuízos Acumulados advindos do balanço do exercício anterior e lucro líquido do exercício atual, os dividendos só podem ser distribuídos dos lucros que remanescerem depois de haver a absorção total desses prejuízos. Assim, por exemplo, se o estatuto de determinada companhia fixar os dividendos como 30% do lucro líquido após a dedução da Reserva Legal e a companhia apurar lucro líquido do exercício de R$ 200.000,00, havendo Prejuízos Acumulados advindos do exercício anterior no valor de R$ 120.000,00, teríamos os seguintes cálculos:

- Lucro Líquido remanescente = R$ 200.000,00 – R$ 120.000,00 = R$ 80.000,00
- Valor destinado à Reserva Legal = 5% R$ 80.000,00 = R$ 4.000,00
- Dividendos = 30% (R$ 80.000,00 – R$ 4.000,00) = R$ 22.800,00

3. ESTRUTURA DA DLPA

De acordo com o art. 186 da Lei nº 6.404/1976, a DLPA (Demonstração dos Lucros ou Prejuízos Acumulados) discriminará:

Saldo no início do período	
(±) Ajustes de exercícios anteriores	
(+) Reversões de reservas de lucros	
(+) Lucro líquido/(–) Prejuízo líquido	
(–) Transferências para reservas de lucros	
(–) Dividendos (indicando também o dividendo por ação)	
(–) Parcela dos lucros incorporada ao capital	
(–) Dividendos antecipados (ou intermediários)	*(art. 204)*
(=) Saldo ao fim do período	

Obs.: Os DIVIDENDOS ANTECIPADOS, opcionalmente, poderão ser um dos itens a serem deduzidos na DLPA, ou serem tratados como conta retificadora do patrimônio líquido. Assim, na contabilização de tais dividendos, poderíamos ter:

Caso sejam deduzidos como item na DLPA:

D – Lucros Acumulados

C – Caixa (ou BCM)

Caso sejam tratados como conta retificadora do patrimônio líquido:

D – Dividendos Antecipados

C – Caixa (ou BCM)

Exemplo: DLPA, em 31/12/X1, da Cia. Astra, que é uma companhia fechada, cujo Capital Social é formado por 2.000 ações ordinárias:

Saldo inicial (31/12/X0)		**0**
(+) Ajustes		1.000
(+) Reservas para contingências (reversão)		4.000
(+) Lucro líquido		40.000
(–) Transferências para reservas		
Reserva legal *(5% de 40.000)*	(2.000)	
Reserva estatutária	(3.000)	
Reserva orçamentária	(6.000)	(11.000)
(–) Dividendos ($ 5,00 por ação)		(10.000)
(–) Parcela incorporada ao capital		(24.000)
Saldo final (31/12/X1)		**0**

Suponhamos que, ao longo do exercício social de X2, a Cia. Astra tenha um prejuízo líquido de $ 46.000. Assim, a DLPA, em 31/12/X2, será:

Saldo inicial (31/12/X1)	**0**
(–) Prejuízo líquido	(46.000)
(+) Reserva orçamentária	6.000
(+) Reserva estatutária	3.000
(+) Reserva legal	2.000
Saldo final (31/12/X2)	**(35.000)**

Suponhamos agora, que, ao longo do exercício social de X3, a Cia. Astra tenha um lucro líquido de $ 55.000,00. Assim, a DLPA, em 31/12/X3, será:

Saldo inicial (31/12/X2)	(35.000)
(+) Lucro líquido	55.000
(–) Reserva legal *(5% de 20.000)*	(1.000)
(–) Dividendos ($ 3,50 por ação)	(19.000)
Saldo final (31/12/X3)	**0**

Obs.: Na DLPA de 31/12/X3, como podemos observar, o saldo inicial da conta Prejuízos Acumulados é o saldo final do exercício anterior, o qual é devedor.

4. Componentes da DLPA

4.1. Saldo Inicial

Corresponde ao valor do saldo da conta Lucros Acumulados (= ZERO) ou Prejuízos Acumulados (saldo devedor diferente de zero) no encerramento do último exercício social.

4.2. Ajustes de Exercícios Anteriores

De acordo com o § 1º do art. 186 da Lei nº 6.404/1976, são considerados ajustes de exercícios anteriores apenas os decorrentes de efeitos da mudança de critério contábil, ou da retificação de erro imputável a determinado exercício anterior, e que não possam ser atribuídos a fatos subsequentes.

AJUSTES
- Mudança de critério contábil
- Retificação de erros cometidos em exercícios anteriores

O Pronunciamento Técnico CPC 23 – Políticas Contábeis, Mudanças de Estimativa e Retificação de Erro – fornece os critérios adotados internacionalmente para o que a Lei 6.404/76 chama de "Ajustes de Exercícios Anteriores". Abaixo, reproduzimos alguns dos principais itens desse CPC (grifos nossos):

(Item 1) O objetivo deste Pronunciamento (CPC 23) é definir critérios para a seleção e a mudança de políticas contábeis, juntamente com **o tratamento contábil e divulgação de mudança nas políticas contábeis, a mudança nas estimativas contábeis e a retificação de erro**. O Pronunciamento tem como objetivo melhorar a relevância e a confiabilidade das demonstrações contábeis da entidade, bem como permitir sua comparabilidade ao longo do tempo com as demonstrações contábeis de outras entidades.

(Item 4) Os **efeitos tributários** de retificação de erros de períodos anteriores e de ajustes retrospectivos feitos para a aplicação de alterações nas políticas contábeis são contabilizados e divulgados de acordo com o Pronunciamento Técnico CPC 32 – Tributos sobre o Lucro.

(Item 5) Os termos que se seguem são usados neste Pronunciamento com os seguintes significados:

POLÍTICAS CONTÁBEIS são os princípios, as bases, as convenções, as regras e as práticas específicas aplicados pela entidade na elaboração e na apresentação de demonstrações contábeis.

MUDANÇA NA ESTIMATIVA CONTÁBIL é um ajuste nos saldos contábeis de ativo ou de passivo, ou nos montantes relativos ao consumo periódico de ativo, que decorre da avaliação da situação atual e das obrigações e dos benefícios futuros esperados associados aos ativos e passivos. As alterações nas estimativas contábeis decorrem de nova informação ou inovações e, portanto, **não são retificações de erros**.

OMISSÃO MATERIAL ou INCORREÇÃO MATERIAL é a omissão ou a informação incorreta que puder, individual ou coletivamente, influenciar as decisões econômicas que os usuários das demonstrações contábeis tomam com base nessas demonstrações. A materialidade depende da dimensão e da natureza da omissão ou da informação incorreta julgada à luz das circunstâncias às quais está sujeita. A dimensão ou a natureza do item, ou a combinação de ambas, pode ser o fator determinante.

ERROS DE PERÍODOS ANTERIORES são omissões e incorreções nas demonstrações contábeis da entidade de um ou mais períodos anteriores decorrentes da falta de uso, ou uso incorreto, de informação confiável que:

(a) estava disponível quando da autorização para divulgação das demonstrações contábeis desses períodos; e

(b) pudesse ter sido razoavelmente obtida e levada em consideração na elaboração e na apresentação dessas demonstrações contábeis.

Tais erros incluem os efeitos de erros matemáticos, erros na aplicação de políticas contábeis, descuidos ou interpretações incorretas de fatos e fraudes.

APLICAÇÃO RETROSPECTIVA é a aplicação de nova política contábil a transações, a outros eventos e a condições, como se essa política tivesse sido sempre aplicada.

REAPRESENTAÇÃO RETROSPECTIVA é a correção do reconhecimento, da mensuração e da divulgação de valores de elementos das demonstrações contábeis, como se um erro de períodos anteriores nunca tivesse ocorrido.

APLICAÇÃO IMPRATICÁVEL de requisito ocorre quando a entidade não pode aplicá-lo depois de ter feito todos os esforços razoáveis nesse sentido. Para um período anterior em particular, é impraticável aplicar retrospectivamente a mudança em política contábil ou fazer a reapresentação retrospectiva para corrigir um erro se:

(a) os efeitos da aplicação retrospectiva ou da reapresentação retrospectiva não puderem ser determinados;

(b) a aplicação retrospectiva ou a reapresentação retrospectiva exigir premissas baseadas no que teria sido a intenção da Administração naquele momento passado; ou

(c) a aplicação retrospectiva ou a reapresentação retrospectiva exigir estimativas significativas de valores e se for impossível identificar objetivamente a informação sobre essas estimativas que:

  (i) proporciona evidências das circunstâncias que existiam à data em que esses valores deviam ser reconhecidos, mensurados ou divulgados; e

  (ii) estaria disponível quando as demonstrações contábeis desse período anterior tiveram autorização para divulgação.

APLICAÇÃO PROSPECTIVA de mudança em política contábil e de reconhecimento do efeito de mudança em estimativa contábil representa, respectivamente:

(a) a aplicação da nova política contábil a transações, a outros eventos e a condições que ocorram após a data em que a política é alterada; e

(b) o reconhecimento do efeito da mudança na estimativa contábil nos períodos corrente e futuro afetados pela mudança.

EXERCÍCIO RESOLVIDO 1: A Comercial Aurora Ltda. até 31/12/X1 contabilizou suas operações sob a ótica do regime de caixa. A partir de janeiro de X2, a empresa passou a contabilizar suas operações sob a ótica do regime de competência. Desta forma, a empresa deverá contabilizar, em janeiro de X2, os salários de dezembro de X1 no valor de R$ 6.000,00, os quais foram pagos com cheque no dia 05/01/X2, debitando a conta:

a) Salários a Pagar;

b) Despesas de Salários;

c) Resultado do Exercício;

d) Despesas Eventuais;

e) Lucros ou Prejuízos Acumulados.

(SOLUÇÃO)

Trata-se de um caso de mudança de critério contábil, visto que a empresa está mudando sua forma de contabilizar, passando do regime de caixa para o regime de competência. Assim, teremos:

Em dezembro de X1: *Nenhum lançamento foi feito, pois, pelo regime de caixa, a despesa só seria contabilizada em janeiro de X2, em função da saída do dinheiro.*

Em janeiro de X2: *Como nenhum lançamento foi feito em dezembro, não existe ainda a conta Salários a Pagar, a qual, caso existisse, seria debitada em janeiro, em contrapartida com um crédito em Bancos. Também não se pode debitar, em janeiro, a conta Despesas de Salários, pois, se assim fosse, estaríamos contrariando o regime da competência, tendo em vista que tal despesa compete ao exercício de X1, e não ao exercício de X2. Logo, com base no disposto no § 1º do art. 186 da Lei nº 6.404/1976, a solução é debitar a conta Lucros (ou Prejuízos) Acumulados.* ***(Opção e)***

EXERCÍCIO RESOLVIDO 2: Na realização de uma auditoria na Cia. Lunar, cujo exercício social coincide com o ano-calendário, foi constatado que, no exercício anterior, a depreciação dos bens imobilizados foi superavaliada em R$ 2.300,00. Desta forma, o lançamento de ajuste a ser feito no exercício atual deverá ser:

a)	D – Despesas de Depreciação	2.300
	C – Depreciação Acumulada	2.300
b)	D – Depreciação Acumulada	2.300
	C – Despesas de Depreciação	2.300
c)	D – Despesas de Depreciação	2.300
	C – Lucros ou Prejuízos Acumulados	2.300
d)	D – Depreciação Acumulada	2.300
	C – Lucros ou Prejuízos Acumulados	2.300
e)	D – Lucros ou Prejuízos Acumulados	2.300
	C – Despesas de Depreciação	2.300

(SOLUÇÃO)

Trata-se de um caso de "erro imputável a determinado exercício anterior". Como a depreciação foi superavaliada em R$ 2.300,00, a conta Depreciação Acumulada, cujo saldo é credor, deverá ser debitada de R$ 2.300,00, em contrapartida com a conta Lucros (ou Prejuízos) Acumulados, sendo esta creditada. ***(Opção d)***

4.3. Reversões de Reservas de Lucros

Quando as reservas de lucros são constituídas, a contabilização se dá por débito em Lucros Acumulados e crédito na reserva de lucros formada. Genericamente, temos a seguinte forma de contabilizar:

D – Lucros Acumulados

C – Reserva de Lucros

A reversão é exatamente a operação inversa à formação, isto é, sua contabilização se dá por débito na reserva de lucros revertida, em contrapartida com crédito na conta Lucros Acumulados:

D – Reserva de Lucros

C – Lucros Acumulados

Das reservas de lucros existentes, a que normalmente é revertida é a Reserva para Contingências. Esta, de acordo com o § 2º do art. 195 da Lei nº 6.404/1976, será revertida no exercício em que deixarem de existir as razões que justificarem sua constituição ou em que ocorrer a perda.

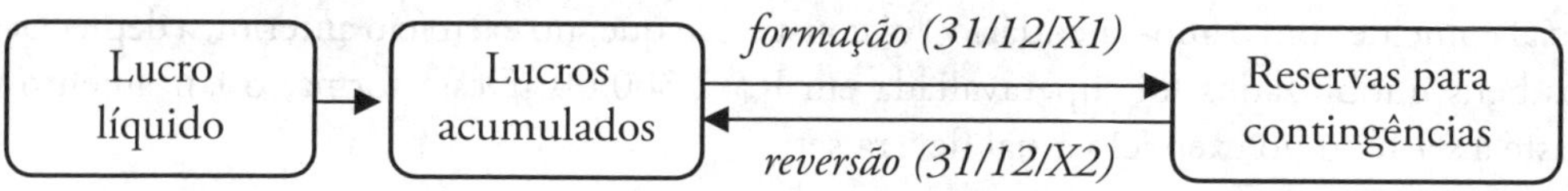

Nota: Regra geral, a reversão da reserva de contingências é feita no encerramento do exercício seguinte à sua formação. No entanto, nada impede que a reversão seja em outros exercícios (ver item 11.2.2.3. do Capítulo 12).

4.4. Lucro/Prejuízo Líquido do Exercício

No caso do Resultado do Exercício ser Lucro Líquido, será feito o seguinte lançamento:

D – Resultado do Exercício (ou Apuração do Resultado)

C – Lucros ou Prejuízos Acumulados

No entanto, caso o Resultado do Exercício seja Prejuízo Líquido, será feito o seguinte lançamento:

D – Lucros ou Prejuízos Acumulados

C – Resultado do Exercício (ou Apuração do Resultado)

4.5. Transferências para Reservas

As transferências para reservas equivalem à formação de reservas. Conforme visto anteriormente, tal transferência se dá por débito na conta Lucros Acumulados, em contrapartida com créditos nas reservas de lucros. Todos os detalhes sobre as reservas de lucros são abordados no Capítulo 12.

4.6. Juros sobre o Capital Próprio (JSCP)

Desde os primórdios de sua existência, as sociedades anônimas e demais tipos de empresas com fins lucrativos existentes no Brasil sempre tiveram o pagamento de dividendos como forma de remuneração de seus sócios ou proprietários.

Porém, a partir de 1995, a Lei nº 9.249/1995, alterada pela Lei nº 9.430/1996, concedeu às pessoas jurídicas tributadas pelo **lucro real** a opção de remunerar seus sócios ou proprietários por meio de "juros" justificados pela indisponibilidade de seus capitais aplicados no patrimônio líquido da empresa (capital próprio da empresa), conhecidos como "Juros sobre o Capital Próprio", os quais, apesar da designação "juros", não devem contabilmente ser tratados como despesas financeiras e sim como destinações do lucro, juntamente com os dividendos, de forma que serão evidenciados na DLPA ou na DMPL, tendo em vista o entendimento predominante de que os mesmos são "muito semelhantes" aos dividendos, principalmente pelo fato de serem calculados com base no maior valor entre 50% do lucro da empresa (antes desses juros e após a CSL – Contribuição Social sobre o Lucro) e 50% das reservas de lucros (incluindo os lucros acumulados) e não mediante a mera aplicação de uma taxa percentual sobre o patrimônio líquido, o que seria o "normal" em se tratando de "juros", visto que estes gerariam encargos financeiros para a empresa ao final de cada período, mediante capitalização, em geral, composta.

O tratamento dos JSCP como "despesas financeiras" se dá exclusivamente para fins "fiscais", visto que são dedutíveis do lucro tributável pelo IR e pela CSL, juntamente com as demais despesas financeiras, observados os critérios de cálculo e o limite máximo determinados pela legislação tributária, conforme já visto no item 5.3. do Capítulo 13.

De acordo com o artigo 347 do RIR/1999, os JSCP estão sujeitos à incidência de imposto de renda na fonte, **à alíquota de 15%**, na data do pagamento ou crédito, os quais terão o seguinte tratamento tributário **NO BENEFICIÁRIO**:

(a) No caso de pessoas jurídicas tributadas com base no lucro real, o valor dos juros deverá ser considerado como RECEITA FINANCEIRA e o imposto retido pela fonte pagadora será considerado como antecipação do devido no encerramento do período de apuração ou, ainda, poderá ser compensado com aquele que houver retido, por ocasião do pagamento ou crédito de juros a título de remuneração do capital próprio, ao seu titular, sócios ou acionistas (***comentário nosso:*** *é oportuno mencionar, com base na Deliberação CVM 207/1996, que os JSCP recebidos de investimentos avaliados por equivalência patrimonial não são contabilizados como receitas financeiras e sim como redução do investimento. Dessa forma, neste caso são receitas financeiras só para "fins de tributação" pelo IR e CSL, pois para fins contábeis são redução do investimento, tal como os dividendos os são – estudaremos a contabilização dos dividendos recebidos de investimentos avaliados por equivalência patrimonial no Capítulo 17)*;

(b) Em se tratando de pessoas jurídicas tributadas pelo lucro presumido ou lucro arbitrado, a partir de 01/01/1997, os juros recebidos integram a base de cálculo do imposto de renda e o valor do imposto retido na fonte será considerado antecipação do devido no período de apuração.

(c) No caso de pessoas jurídicas não tributadas com base no lucro real, lucro presumido ou arbitrado, inclusive isentas, e de pessoas físicas, os juros são considerados como rendimento de tributação definitiva, ou seja, os respectivos valores não são incluídos nas declarações de rendimentos nem o imposto de renda que for retido na fonte poderá se objeto de qualquer compensação.

Assim, supondo que determinada empresa distribua JSCP de R$ 10.000,00, a contabilização mais recomendável seria contabilizá-los como uma das destinações do resultado da seguinte forma:

D – Lucros ou Prejuízos Acumulados 10.000,00
C – Juros sobre Capital Próprio a Pagar 8.500,00
C – IRRF a Recolher (15%) 1.500,00

No entanto, se "indevidamente" tais juros forem contabilizados como despesas financeiras indicadas na DRE, teríamos primeiramente o seguinte lançamento contábil:

D – Juros sobre Capital Próprio (despesa financeira) 10.000,00
C – Juros sobre Capital Próprio a Pagar 8.500,00
C – IRRF a Recolher 1.500,00

Ao final do exercício social, tais juros seriam encerrados, juntamente com as demais despesas, da seguinte forma:

D – Apuração do Resultado 10.000,00
C – Juros sobre Capital Próprio 10.000,00

Porém, visto que esses juros são opcionais, algumas empresas os contabilizam e outras não, gerando assim dificuldade de comparabilidade das demonstrações contábeis. Por essa razão, a CVM, através da Deliberação nº 207, de 1996, determinou que as companhias abertas que tiverem contabilizado esses juros como despesas financeiras revertam os mesmos na última linha da DRE, imediatamente antes do Lucro ou Prejuízo Líquido do Exercício, acarretando assim a seguinte contabilização no nosso exemplo:

D – Lucros ou Prejuízos Acumulados 10.000,00
C – Apuração do Resultado 10.000,00

Exemplo prático: No total das despesas financeiras de 19.000,00 apresentadas na DRE abaixo, estão embutidos 8.000,00 de JCP, os quais foram revertidos na penúltima linha dessa demonstração:

Receita Bruta	100.000,00
(–) ICMS, PIS, COFINS	(18.000,00)
(=) Receita Líquida	82.000,00
(–) CMV	(31.000,00)
(=) Lucro Bruto	51.000,00
(–) Despesas Comerciais	(6.000,00)
(–) Despesas Administrativas	(12.000,00)
(+) Outras Receitas	6.000,00
(=) Lucro antes das Receitas e Despesas Financeiras	39.000,00
(–) Despesas Financeiras	(19.000,00)
(=) Lucro antes IR e CSLL	20.000,00
(–) IR e CSLL	(4.800,00)
(+) Juros sobre Capital Próprio	**8.000,00**
(=) Lucro Líquido (exercício social de X2)	23.200,00

Nota: *A alíquota conjunta do IR e CSLL é de 24% sobre o Lucro Real, o qual supomos que coincidiu com o Lucro Contábil (LAIRCSLL) no valor de 20.000,00.*

A reversão dos JCP acima foi feita mediante a seguinte contabilização:

D – Lucros ou Prejuízos Acumulados 8.000,00

C – Apuração do Resultado 8.000,00

Consequentemente, a DLPA da empresa incluirá tais juros como item de dedução. Supondo que seja a seguinte, teríamos:

Lucros Acumulados (saldo 31/12/X1)	0,00
(+) Lucro Líquido (exercício social de X2)	23.200,00
(–) Reserva Legal (5% 23.200,00)	(1.160,00)
(–) Reserva Estatutária (9% 23.200,00)	(2.088,00)
(–) Dividendos (0,3984 por ação)	(11.952,00)
(–) Juros sobre Capital Próprio	**(8.000,00)**
(=) Lucros Acumulados (saldo 31/12/X2)	0,00

No entanto, caso os JCP não tivessem sido incluídos no total das despesas financeiras, teríamos a seguinte DRE:

Receita Bruta	100.000,00
(–) ICMS, PIS, COFINS	(18.000,00)
(=) Receita Líquida	82.000,00
(–) CMV	(31.000,00)
(=) Lucro Bruto	51.000,00
(–) Despesas Comerciais	(6.000,00)
(–) Despesas Administrativas	(12.000,00)
(+) Outras Receitas	6.000,00
(=) Lucro antes das Receitas e Despesas Financeiras	39.000,00
(–) Despesas Financeiras	(11.000,00)
(=) Lucro antes IR e CSLL	28.000,00
(–) IR e CSLL	(4.800,00)
(=) Lucro Líquido (exercício social de X2)	23.200,00

Assim, apesar de agora o Lucro Contábil (LAIRCSLL) ser de 28.000,00, o Lucro Real continua sendo de 20.000,00 (= 28.000,00 – 8.000,00), tendo em vista que, observadas as condições de dedutibilidade dos JCP já comentadas no Capítulo 13, esses são dedutíveis do Lucro Contábil (28.000,00) para a determinação do Lucro Real.

Cabe ressaltar que a DLPA continuará **exatamente a mesma** apresentada anteriormente.

4.7. Dividendos

4.7.1. Introdução

Ao final do exercício social de uma companhia (ou sociedade limitada), o DIVIDENDO representa uma das destinações do seu lucro líquido, sendo, em geral, fixado no estatuto da companhia (ou no contrato social da sociedade limitada) como uma percentagem desse lucro ajustado nos termos do artigo 202 da Lei nº 6.404/76.

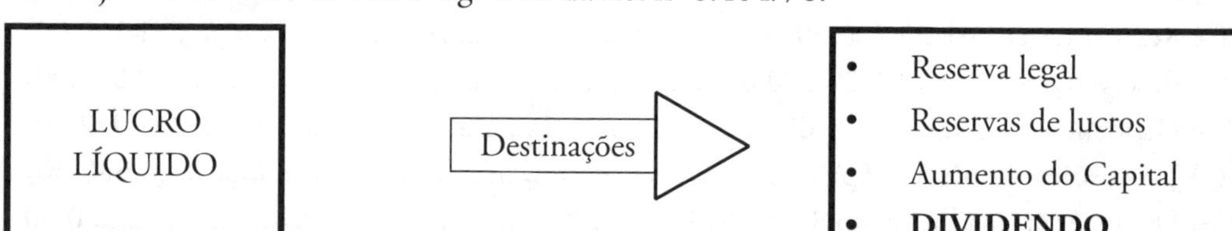

No entanto, em função da possibilidade da existência de dividendos PRIORITÁRIOS "fixo" ou "mínimo" os quais, em geral, são pagos às ações preferenciais (art. 203 da Lei nº 6.404/76) e podem, em muitos casos, "ultrapassar" o lucro líquido do exercício, a Lei nº 6.404/76, em seu art. 201, estabelece, além desse lucro, outras alternativas de fontes dos dividendos. A seguir, reproduzimos o referido artigo:

> ***Art. 201.*** *A companhia somente pode pagar dividendos à conta de lucro líquido do exercício, de lucros acumulados e de reserva de lucros; e à conta de reserva de capital, no caso das ações preferenciais de que trata o § 5º do art. 17.*

Nota 1: Apesar da RESERVA LEGAL ser também uma reserva de lucro, visto que tem origem no lucro líquido da sociedade, em todas as vezes que a Lei nº 6.404/76 se refere à expressão "reservas de lucros", não está incluída a reserva legal, tendo em vista que essa reserva é a única reserva de lucro obrigatória às companhias (daí a expressão "legal"), sendo todas as demais "reservas de lucros" opcionais. Além disso, a reserva legal é a única reserva que tem PRIORIDADE sobre quaisquer tipos de dividendos, incluindo os dividendos prioritários fixos ou mínimos. Por essa razão, destacamos no esquema anterior a reserva legal das outras reservas de lucros, procedimento esse também muito comum em diversas questões de concursos públicos e em diversos exercícios de contabilidade.

Nota 2: Distribuição (ou declaração) de dividendo não é necessariamente sinônimo de pagamento de dividendo. Só há coincidência no caso do dividendo ser pago "simultaneamente" à sua declaração, podendo o pagamento ser feito, no máximo, após 60 dias da data em que for declarado e, em qualquer caso, dentro do exercício social (Lei nº 6.404/76, art. 205, § 3º). Assim, por exemplo, se uma companhia distribui e não paga os dividendos em 31/12/X1, a contabilização é feita da seguinte forma:

D – Lucros Acumulados

C – Dividendos a Pagar

No máximo, 60 dias após, o pagamento será efetuado mediante a seguinte contabilização:

D – Dividendos a Pagar

C – Caixa/ Bancos

Caso, no entanto, o dividendo seja pago "simultaneamente" à sua distribuição, isto é, não seja "provisionado" (= não seja contabilizado como "passivo exigível"), a contabilização se daria da seguinte forma:

D – Lucros Acumulados

C – Caixa/ Bancos

Nota 3: Conforme comentado, os dividendos normalmente são declarados ao final do exercício social e pagos, no máximo, em 60 dias. No entanto, de acordo com o artigo 204 da Lei nº 6.404/76, a companhia que, por força de lei ou de disposição estatutária, levantar balanço semestral, poderá declarar, por deliberação dos órgãos de administração, se autorizados pelo estatuto, dividendo à conta do lucro apurado nesse balanço. Abaixo, reproduzimos os parágrafos 1º e 2º desse artigo:

§ 1º A companhia poderá, nos termos de disposição estatutária, levantar balanço e distribuir dividendos em períodos menores, desde que o total dos dividendos pagos em cada semestre do exercício social não exceda o montante das reservas de capital de que trata o § 1º do artigo 182.

§ 2º O estatuto poderá autorizar os órgãos de administração a declarar dividendos intermediários, à conta de lucros acumulados ou de reservas de lucros existentes no último balanço anual ou semestral.

4.7.2. Dividendo Obrigatório

Antes da Lei nº 6.404/76, não havia no Brasil a figura do dividendo obrigatório, de sorte que se o estatuto de uma companhia não fixasse um percentual para os dividendos a serem distribuídos aos acionistas, o montante a ser pago ficaria ao "livre arbítrio" dos membros de sua diretoria, podendo, até mesmo, não haver nenhum pagamento de dividendos, sem nenhuma justificativa de força maior, mesmo que a companhia auferisse um grande lucro, prejudicando assim os acionistas minoritários, os quais não têm o poder do voto "majoritário" nas assembleias gerais de acionistas, além de desestimular o fortalecimento do mercado de capitais de risco no País, visto que esse fato gerava pouco interesse nos investidores em ações, dada a insegurança com relação ao retorno de seus capitais investidos em ações de companhias, as quais poderiam nem pagar dividendos.

Com o intuito de fomentar a cultura do mercado de capitais no Brasil, juristas e membros do Governo, em 1976, elaboraram a chamada "Lei das Sociedades por Ações" (Lei nº 6.404/76), introduzindo o conceito de **dividendo obrigatório** no seu art. 202, o qual entendemos que é equivalente ao dividendo "MÍNIMO" obrigatório, visto que poderá haver distribuição superior ao dividendo obrigatório, mas, se não houver motivação de "força maior", não poderá ser distribuído valor inferior a esse dividendo.

Abaixo, reproduzimos a parte do art. 202 da Lei nº 6.404/76 que se refere ao dividendo obrigatório e o que deve ser feito em caso de omissão estatutária com relação à fixação desse dividendo (grifo nosso):

> ***Art. 202.*** *Os acionistas têm direito de receber como dividendo obrigatório, em cada exercício, a parcela dos lucros estabelecida no estatuto ou, se este for* ***omisso****, a importância determinada de acordo com as seguintes normas:*
>
> *I – metade do lucro líquido do exercício diminuído ou acrescido dos seguintes valores:*
>
> *a) importância destinada à constituição da reserva legal (art. 193); e*
>
> *b) importância destinada à formação da reserva para contingências (art. 195) e reversão da mesma reserva formada em exercícios anteriores;*

Observemos que o dividendo (mínimo) obrigatório é uma percentagem do lucro líquido AJUSTADO nos termos do art. 202 da lei societária, de sorte que o ajuste é feito subtraindo-se do lucro líquido as parcelas do mesmo destinadas à reserva legal e à reserva de contingências, somando-se, no entanto, o valor revertido da reserva de contingências formada em exercícios anteriores.

Assim, suponhamos, por exemplo, que a Cia. Ninja apresentou ao final do exercício social de X1 as seguintes informações:

Lucro Líquido (exercício de X1) 20.000
Lucros Acumulados (saldo em 31/12/X0) .... ZERO
Reserva Legal (saldo em 31/12/X0) 780
Reserva Estatutária (saldo em 31/12/X0) 450

Reserva de Contingências (saldo em 31/12/X0)... 5.000
Reserva Orçamentária (saldo em 31/12/X0) 1.100

Destinações do lucro líquido para reservas em 31/12/X1:
Reserva Legal.. 1.000
Reserva Estatutária 1.800
Reserva de Contingências.. 3.000
Reserva Orçamentária 2.600

Reversões de reservas em 31/12/X1:
Reserva de Contingências.. 5.000

Admitindo que o estatuto da Cia. Ninja fixasse o dividendo MÍNIMO obrigatório em 30%, teríamos:

Lucro Líquido ajustado (art. 202) = 20.000 – 1.000 – 3.000 + 5.000 = 21.000

Dividendo (Mínimo) Obrigatório = 21.000 × 30% = 6.300

Nos razonetes:

Apuração do Resultado

Débito	Crédito
	–
	–
(1) 20.000	20.000

Lucros Acumulados

Débito	Crédito
(3) 1.000	20.000 (1)
(3) 1.800	5.000 (2)
(3) 3.000	
(3) 2.600	
(4) 6.300	
	10.300

Reserva Legal

Débito	Crédito
	780
	1.000 (3)

Reserva Estatutária

Débito	Crédito
	450
	1.800 (3)

Reserva de Contingências

Débito	Crédito
(2) 5.000	5.000
	3.000 (3)

Reserva Orçamentária

Débito	Crédito
	1.100
	2.600 (3)

DIVIDENDOS A PAGAR

Débito	Crédito
	6.300 (4)

Porém, de acordo com o § 6º do art. 202 da Lei nº 6.404/76, os lucros não destinados nos termos dos arts. 193 a 197 (reserva legal e todas as demais reservas de lucros: reserva estatutária, reserva de contingências, reserva de incentivos fiscais, reserva orçamentária = retenção de lucros e reserva de lucros a realizar) DEVERÃO ser distribuída como dividendos. Assim, entendemos que não poderá haver saldo de 10.300 na conta Lucros Acumulados, a qual deverá ficar com saldo ZERO em 31/12/X1, de forma que esse valor integrará o saldo de Dividendos a Pagar.

Finalmente, teremos:

Lucros Acumulados	
–	–
–	–
	10.300 (5)

DIVIDENDOS A PAGAR	
	6.300
	10.300 (5)
	16.600

Comentários Extras:

(1º Comentário) Se em vez do estatuto da Cia. Ninja ter fixado os dividendos obrigatórios em 30%, houvesse omissão estatutária em relação aos dividendos, o dividendo (mínimo) obrigatório seria a METADE do lucro ajustado nos termos do artigo 202:

Dividendo (Mínimo) Obrigatório = 21.000 ÷ 2 = 10.500

Apesar disso, o saldo "final" de Dividendos a Pagar continuaria de 16.600, visto que o saldo remanescente em "Lucros Acumulados", que nessa hipótese seria de 6.100, também seria somado àquele valor, ou seja, 10.500 + 6.100 = 16.600.

Dessa forma, como podemos notar, o que o faz a diferença não é o saldo em "Dividendos a Pagar" e sim o valor MÍNIMO desses, tendo em vista que há reservas de lucros que não podem ser constituídas em prejuízo do dividendo (mínimo) obrigatório, conforme determina o artigo 198 da Lei nº 6.404/76, o qual reproduzimos abaixo:

> ***Art. 198.*** *A destinação dos lucros para constituição das reservas de que trata o artigo 194 e a retenção nos termos do art. 196 não poderão ser aprovadas, em cada exercício, em prejuízo da distribuição do dividendo obrigatório (artigo 202).*

Concluímos desse artigo que não se pode constituir reserva estatutária (art. 194) e reserva orçamentária (= retenção de lucros – art. 196) em prejuízo do dividendo (mínimo) obrigatório.

No exemplo acima, na hipótese onde o estatuto havia fixado os dividendos em 30%, a empresa constituiu reserva estatutária e reserva orçamentária no total de 4.400, de forma que o saldo final de "Lucros Acumulados", após a constituição de todas as reservas, foi de 10.300. Assim, se a empresa quisesse, poderia ter constituído reserva estatutária e reserva orçamentária no total "até" de 4.400 + 10.300 = 14.700, sem prejudicar o dividendo "mínimo" obrigatório. Nesse caso, a conta "Dividendos a Pagar" ficaria exatamente com o saldo desse dividendo mínimo, ou seja, 6.300. Já, no caso do estatuto ser omisso, não daria para constituir essas reservas com saldo total de 14.700, visto que nessa nova hipótese o dividendo obrigatório seria de 10.500, de sorte que o "máximo" valor que poderia ser destinado para essas reservas agora seria de apenas 4.400 + 6.100 = 10.500 (= "outra metade" de 21.000), ficando o saldo de "Dividendos a Pagar" com o valor exato de 10.500.

(2º Comentário) Além da reserva legal e da reserva de contingências, as quais, conforme indicado no próprio artigo 202 da lei societária, reduzem explicitamente a base de cálculo do dividendo obrigatório, existem mais três reservas que podem afetar ou mesmo abortar o dividendo obrigatório:

- Reserva de Incentivos Fiscais (art. 195-A)
- Reserva de Lucros a Realizar (art. 197)
- Reserva Especial (art. 202, §§ 4º e 5º)

A seguir, reproduzimos os respectivos artigos dessas reservas (grifos nossos):

> ***Art. 195-A.*** *A assembleia geral poderá, por proposta dos órgãos de administração, destinar para a* ***reserva de incentivos fiscais*** *a parcela do lucro líquido decorrente de doações ou subvenções governamentais para investimentos, que* ***poderá ser excluída da base de cálculo do dividendo obrigatório*** *(inciso I do* caput *do art. 202 desta Lei).*

> **Art. 197.** *No exercício em que o montante do dividendo obrigatório, calculado nos termos do estatuto ou do art. 202, ultrapassar a parcela realizada do lucro líquido do exercício, a assembleia geral poderá, por proposta dos órgãos de administração,* ***destinar o excesso à constituição de reserva de lucros a realizar****.*
>
> *§ 1º Para os efeitos deste artigo, considera-se realizada a parcela do lucro líquido do exercício que exceder da soma dos seguintes valores:*
>
> *I - o resultado líquido positivo da equivalência patrimonial (art. 248); e*
>
> *II – o lucro, rendimento ou ganho líquidos em operações ou contabilização de ativo e passivo pelo valor de mercado, cujo prazo de realização financeira ocorra após o término do exercício social seguinte.*
>
> *§ 2º A reserva de lucros a realizar somente poderá ser utilizada para pagamento do dividendo obrigatório e, para efeito do inciso III do art. 202, serão considerados como integrantes da reserva os lucros a realizar de cada exercício que forem os primeiros a serem realizados em dinheiro.*

> ***Art. 202***
>
> ....
>
> *§ 4º O dividendo previsto neste artigo* ***não será obrigatório*** *no exercício social em que os órgãos da administração informarem à assembleia geral ordinária ser ele incompatível com a situação financeira da companhia. O conselho fiscal, se em funcionamento, deverá dar parecer sobre essa informação e, na companhia aberta, seus administradores encaminharão à Comissão de Valores Mobiliários, dentro de 5 (cinco) dias da realização da assembleia geral, exposição justificativa da informação transmitida à assembleia.*
>
> *§ 5º Os lucros que deixarem de ser distribuídos nos termos do § 4º serão registrados como RESERVA ESPECIAL e, se não absorvidos por prejuízos em exercícios subsequentes, deverão ser pagos como dividendo assim que o permitir a situação financeira da companhia.*

De tudo isso, podemos concluir que, apesar dessas três reservas terem o poder de reduzir ou abortar o dividendo obrigatório, as formas pelas quais elas fazem isso são DISTINTAS entre si do seguinte modo:

(1) A RESERVA DE INCENTIVOS FISCAIS poderá reduzir <u>diretamente</u> a “base de cálculo” do dividendo (mínimo) obrigatório indicada no artigo 202 da lei societária. Nesse caso, o lucro líquido ajustado que serviria de base de cálculo dos dividendos (mínimos) obrigatórios seria obtido da seguinte forma:

Lucro Líquido Ajustado (art. 202) = Lucro Líquido – RL – RC + RC – RIF, onde:

– RL = Valor destinado à Reserva Legal

– RC = Valor destinado à Reserva de Contingências

+ RC = Valor revertido da Reserva de Contingências

– RIF = Valor destinado à Reserva de Incentivos Fiscais

Caso, no exemplo da Cia. Ninja, essa empresa destinasse, por exemplo, R$ 2.600 para a reserva de incentivos fiscais, teríamos:

Lucro Líquido ajustado (art. 202) = 20.000 – 1.000 – 3.000 + 5.000 – 2.600 = 18.400

Dividendo Obrigatório = 18.400 × 30% = 5.520

(2) A RESERVA DE LUCROS A REALIZAR **<u>não reduz</u>** a base de cálculo do dividendo (mínimo) obrigatório, mas poderá reduzir diretamente o valor desse dividendo, no caso em que seu valor ultrapasse a parcela realizada do lucro líquido. Assim, suponhamos na hipótese em que o dividendo obrigatório da Cia. Ninja fosse calculado em 6.300, mas a empresa tivesse apurado que a parcela realizada do lucro líquido fosse, por exemplo, de 4.900. Nesse caso, se a empresa optasse por constituir a reserva de lucros a realizar (poderia também não optar, dado que a única reserva que é obrigatória é a “legal”, sendo facultativa a constituição de qualquer outra reserva), destinaria o excesso do dividendo obrigatório sobre a parcela realizada do lucro líquido (1.400) para essa reserva, de modo que o dividendo obrigatório cairia de 6.300 para 4.900.

(3) A RESERVA ESPECIAL não reduz a base de cálculo do dividendo obrigatório, como a reserva de incentivos fiscais, e nem reduz diretamente o valor desse dividendo, como a reserva de lucros a realizar. Ela, simplesmente, “aborta” a <u>obrigatoriedade</u> do pagamento integral ou parcial do dividendo obrigatório já devidamente calculado com a influência das reservas anteriores, até que a situação financeira da companhia seja favorável ao pagamento dos mesmos, caso prejuízos futuros não absorvam essa reserva.

Nota 1: Além desses três casos acima, a lei societária prevê no § 3º de seu artigo 202 outra situação em que o dividendo obrigatório pode ser reduzido ou, até mesmo, abortado. A seguir, reproduzimos esse parágrafo do art. 202 (grifos nossos):

> *Art. 202*
>
> *. . . . .*
>
> *§ 3º A assembleia geral pode, desde que não haja oposição de qualquer acionista presente, deliberar a distribuição de dividendo* ***inferior ao obrigatório****, nos termos deste artigo,* ***ou a retenção de todo o lucro líquido****, nas seguintes sociedades:*
>
> *I – companhias abertas exclusivamente para a captação de recursos por debêntures não conversíveis em ações;*
>
> *II – companhias fechadas, exceto nas controladas por companhias abertas que não se enquadrem na condição prevista no inciso I.*

Nota 2: Conforme já visto, caso o estatuto da companhia seja OMISSO com relação aos dividendos obrigatórios, o valor desses será METADE do lucro líquido ajustado nos termos do art. 202, podendo haver também ajuste adicional pela constituição da reserva de incentivos fiscais (art. 195-A). No entanto, é possível que determinada companhia, cujo estatuto "era" omisso com relação aos dividendos, decida acrescentar um percentual no seu estatuto que incidirá sobre o lucro líquido ajustado nos termos do art. 202. Nesse caso, com base no § 2º do art. 202 da lei societária, a companhia não poderá fixar no estatuto percentual inferior a 25%, isto é, o dividendo obrigatório não poderá ser inferior à quarta parte do lucro líquido ajustado nos termos da lei. Abaixo, reproduzimos esse parágrafo:

> ***Art. 202***
>
> *. . . . .*
>
> *§ 2º Quando o estatuto for omisso e a assembleia geral deliberar alterá-lo para introduzir norma sobre a matéria, o dividendo obrigatório não poderá ser inferior a 25% (vinte e cinco por cento) do lucro líquido ajustado nos termos do inciso I deste artigo.*

No exemplo da Cia. Ninja, caso o estatuto tivesse sido omisso com relação aos dividendos, antes do exercício de X1, nesse exercício ela poderia, por exemplo, fixá-los em 25% do seu lucro líquido ajustado (é claro que poderia também ser de 30%), de sorte que teríamos os seguintes cálculos, na hipótese de constituição de reserva de incentivos fiscais de 2.600:

Lucro Líquido ajustado (art. 202) = 20.000 – 1.000 – 3.000 + 5.000 – 2.600 = 18.400

Dividendo Obrigatório = 18.400 × 25% = 4.600

Nota 3: Apesar de não estar diretamente explícito no artigo 202 da Lei nº 6.404/76, havendo saldo na conta "Prejuízos Acumulados" anterior à apuração do resultado atual, a prioridade TOTAL é de retirar tais prejuízos do balanço, antes de "quaisquer" destinações do lucro líquido, inclusive o próprio dividendo obrigatório. A base legal desse fato se encontra no parágrafo único do art. 189 da Lei nº 6.404/76, segundo o qual o prejuízo do exercício será obrigatoriamente absorvido pelos lucros acumulados, pelas reservas de lucros e pela reserva legal, nessa ordem. Mediante esse disposto, concluímos que é incompatível a coexistência de prejuízos acumulados e reservas de lucros no mesmo balanço, visto que antes de haver prejuízos acumulados no balanço, todas as reservas de lucros já teriam sido absorvidas, inclusive a reserva legal. Nesse caso, havendo esses prejuízos, o cálculo do lucro líquido ajustado nos termos do artigo 202 da lei societária se daria da seguinte forma:

Lucro Líquido Ajustado (art. 202) = Lucro Líquido – PA – RL – RC + RC, onde:
– PA = Saldo de Prejuízos Acumulados
– RL = Valor destinado à Reserva Legal
– RC = Valor destinado à Reserva de Contingências
+ RC = Valor revertido da Reserva de Contingências

Nota 4: Ao passo que o DIVIDENDO OBRIGATÓRIO previsto no estatuto é obrigação indicada no PASSIVO, o **"Dividendo Adicional Proposto"** é indicado no balanço como parte positiva do Patrimônio Líquido. Isso se explica com base no item 13 do Pronunciamento Técnico CPC 24 – Evento Subsequente, o qual determina que os dividendos declarados após o período contábil a que se refere as demonstrações contábeis, mas antes da data da autorização de emissão dessas demonstrações **não devem ser reconhecidos como passivo** ao final daquele período em virtude de não atenderem os critérios de OBRIGAÇÃO PRESENTE na data das demonstrações contábeis como definido no Pronunciamento Técnico CPC 25 – Provisões, Passivos Contingentes e Ativos Contingentes. Assim, suponhamos, por exemplo, que a Cia. Delta declarasse em 14 de fevereiro de X1 que iria distribuir dividendos no total de R$ 500.000,00 referentes ao exercício findo em 31/12/X0 e que a data de autorização para emissão das demonstrações contábeis seja de 4 de março de X1. Suponhamos também que o estatuto da Cia. Delta estabelecesse o dividendo obrigatório como 40% do lucro líquido após a reserva legal. Admitindo que o lucro líquido do exercício de X0 fosse de R$ 600.000,00, teríamos:

Dividendos a Pagar = 40% (600.000,00 – 5% 600.000,00) = 228.000,00
Dividendo Adicional Proposto = 500.000,00 – 228.000,00 = 272.000,00

A contabilização poderia ser feita da seguinte forma:

D – Lucros Acumulados	500.000
C – Dividendos a Pagar (passivo)	228.000
C – Dividendo Adicional (patrimônio líquido)	272.000

4.7.3. Critérios de Classificação dos Dividendos

Critério	Classificação
Quanto à possibilidade de recebimento futuro referente a exercício passado onde não houve lucro suficiente	Dividendo cumulativo Dividendo não cumulativo
Quanto à prioridade na participação nos lucros	Dividendo prioritário Dividendo não prioritário
Quanto à forma de apropriação dos lucros a distribuir	Dividendo mínimo Dividendo fixo Dividendo obrigatório

- DIVIDENDO CUMULATIVO: Seu beneficiário tem o direito de recebê-lo em exercício futuro ao de sua competência, dado que o lucro foi insuficiente para sua distribuição.
- DIVIDENDO NÃO CUMULATIVO: Se num determinado exercício não houver lucro suficiente para sua distribuição, esse dividendo não acumulará para pagamento em exercício futuro.
- DIVIDENDO PRIORITÁRIO: É o dividendo **fixo** ou **mínimo** distribuído aos acionistas preferencialistas, o qual tem prioridade sobre o dividendo pago aos acionistas ordinaristas, caso o lucro não seja suficiente para distribuir dividendos a todos os acionistas. Abaixo, reproduzimos parte do art. 17 da Lei nº 6.404/76, o qual corrobora esse fato:

Art. 17. As preferências ou vantagens das ações PREFERENCIAIS podem consistir:

I. em PRIORIDADE na distribuição de dividendo FIXO ou MÍNIMO;

II. em prioridade no reembolso do capital, com prêmio ou sem ele;

III. na acumulação das preferências e vantagens de que tratam os incisos I e II.

Além disso, o § 4º do referido art. 17 determina que, salvo disposição em contrário no estatuto, **o dividendo prioritário não é cumulativo**, a ação com dividendo FIXO não participa dos lucros remanescentes, e a ação com dividendo MÍNIMO participa dos lucros (remanescentes) distribuídos em IGUALDADE de condições com as ordinárias, depois de a estas ser assegurado dividendo igual ao mínimo.

- DIVIDENDO NÃO PRIORITÁRIO: É aquele distribuído, em geral, aos acionistas ordinaristas, os quais em raríssimos casos têm direito ao dividendo fixo ou mínimo (é até possível os acionistas ordinaristas terem direito à dividendo fixo ou mínimo, mas pouco provável, estatisticamente falando).
- DIVIDENDO FIXO: É o dividendo prioritário com valor fixo determinado no estatuto, independentemente de haver lucro ou não no exercício de sua competência, lembrando que o mesmo, em geral, não é cumulativo e não participa dos lucros remanescentes a serem distribuídos.

Exemplo:

Dividendos a Pagar = 36.000,00

Nº de ações ordinárias = 4.000

Nº de ações preferenciais (dividendo fixo de 6,00 por ação) = 1.000

- -

Assim, teremos:

Dividendo (ações preferenciais) = 1.000 × 6,00 = 6.000,00

Dividendo (ações ordinárias) = 36.000,00 – 6.000,00 = 30.000,00

Dividendo por ação ordinária = 30.000,00 ÷ 4.000 = 7,50

- -

Notemos que as ações preferenciais de dividendos fixos não participam dos lucros remanescentes, pois estes são totalmente atribuídos às ações ordinárias.

- DIVIDENDO MÍNIMO: É o dividendo prioritário com valor mínimo fixado no estatuto da companhia, de forma que participará dos lucros remanescentes em igualdade de condições com os dividendos a serem distribuídos às ações ordinárias, depois de assegurado às ações com dividendos mínimos valor pelo menos igual ao mínimo.

Exemplo:

Dividendos a Pagar = 48.000,00

Nº de ações ordinárias = 8.000

Nº de ações preferenciais (dividendo mínimo de 4,60) = 2.000

- -

Assim, teremos:

Dividendo por ação (preferencial e ordinária) = 48.000,00 ÷ 10.000 = 4,80

- -

Como 4,80 é maior ou igual a 4,60, o dividendo de 4,80 seria igual para todas as ações.

Considerando ainda o mesmo exemplo, suponhamos que, em vez de o dividendo mínimo ser de 4,60, fosse de 5,00. Desta forma, o dividendo não poderia ser de 4,80 para todas as ações. Teríamos que dar prioridade ao dividendo mínimo que seria de 2.000 × 5,00 = 10.000,00. Os 38.000,00 remanescentes seriam distribuídos entre as ações ordinárias, ficando o dividendo por ação destas igual a 38.000,00 ÷ 8.000 = 4,75.

Obs. 1: Se o dividendo (mínimo) obrigatório já visto no item 4.7.2 for maior que o dividendo prioritário (fixo ou mínimo), este último estará embutido ("por dentro") naquele. Caso contrário, se o dividendo obrigatório for menor que o dividendo prioritário, então o obrigatório é que estará embutido no prioritário. Assim, por exemplo, se o dividendo obrigatório calculado nos termos do art. 202 fosse de R$ 23.000,00 e o dividendo prioritário fosse de R$ 11.000,00, então este valor estaria "por dentro" dos R$ 23.000,00. Já, por exemplo, se o dividendo obrigatório fosse de R$ 15.000,00 e o prioritário de R$ 28.000,00, então os R$ 15.000,00 estariam embutidos nos R$ 28.000,00.

Obs. 2: Conforme já comentado, regra geral os dividendos prioritários não são cumulativos. No entanto, como exceção disso, de acordo com o § 6º do referido art. 17, o estatuto pode conferir às ações preferenciais com prioridade na distribuição de dividendo cumulativo o direito de recebê-lo, no exercício em que o lucro for insuficiente, à conta das reservas de capital de que trata o § 1º do art. 182.

Obs. 3: Com relação à hierarquia de prioridades na destinação do lucro líquido ao final do exercício social, com base na Lei nº 6.404/76, podemos estabelecer a seguinte sequência em ordem decrescente de prioridade:

(1) Prejuízos Acumulados (art. 189, parágrafo único)
(2) Reserva Legal (art. 193)
(3) Dividendo prioritário (fixo ou mínimo), inclusive o atrasado, se cumulativo (art. 203)
(4) Reserva de Contingências (art. 195)
(5) Reserva de Incentivos Fiscais (art. 195-A)
(6) Reserva Especial (art. 202, § 4º e § 5º)
(7) Reserva de Lucros a Realizar (art. 197 e art. 202, II)
(8) Dividendo Obrigatório (art. 202)
(9) Reserva Estatutária (art. 194) e Reserva de Retenção de Lucros (art. 196 + art. 198)

Lucro Líquido
(prioridade de distribuição)

Obs. 4: Além da possibilidade de atribuição de dividendo fixo ou mínimo às ações preferenciais, o referido art. 17 prevê outras possibilidades de atribuição de dividendos a ações preferenciais. De acordo com o § 1º do referido artigo, independentemente do direito de receber ou não o valor de reembolso do capital com prêmio ou sem ele, as ações preferenciais sem direito de voto ou com restrição ao exercício deste direito somente serão admitidas à negociação no mercado de valores mobiliários se a elas for atribuída pelo menos uma das seguintes preferências ou vantagens (grifos nossos):

I – direito de participar do dividendo a ser distribuído, correspondente a, pelo menos, 25% (vinte e cinco por cento) do lucro líquido do exercício, calculado na forma do art. 202, de acordo com o seguinte critério:

a) prioridade no recebimento dos dividendos mencionados neste inciso correspondente a, no mínimo, **3% (três por cento) do valor do patrimônio líquido da ação**; e

b) direito de participar dos lucros distribuídos em igualdade de condições com as ordinárias, depois de a estas assegurado dividendo igual ao mínimo prioritário estabelecido em conformidade com a alínea a; ou

II – direito ao recebimento de dividendo, por ação preferencial, **pelo menos 10% (dez por cento) maior do que o atribuído a cada ação ordinária**; ou

III – direito de serem incluídas na oferta pública de alienação de controle, nas condições previstas no art. 254-A, assegurado o dividendo pelo menos igual ao das ações ordinárias.

Assim, suponhamos as seguintes informações apuradas por uma companhia que deseja que suas ações preferenciais sem direito a voto sejam admitidas para negociação nas bolsas de valores:

Dividendos a Pagar = 28.800,00

Nº de ações ordinárias = 500

Nº de ações preferenciais = 200

- -

Supondo ainda que o dividendo preferencial fosse 10% superior ao das ações ordinárias, teríamos:

D = valor do dividendo por ação ordinária

1,1 D = valor do dividendo por ação preferencial

Consequentemente:

500D = dividendo total das ações ordinárias

200 × 1,1 D = 220D = dividendo total das ações preferenciais

- -

Logo, teríamos a seguinte equação:

500D + 220D = 28.800

D = 40 (dividendo por ação ordinária)

1,1D = 44 (dividendo por ação preferencial)

4.7.4. Exemplos Práticos de Distribuição de Lucros para Dividendos

Exemplo 1 (Envolvendo Dividendo Prioritário e Dividendo Não Prioritário): A Cia. Samurai, empresa de capital aberto, tem a seguinte composição de seu Capital Social:

- **25.000 ações preferenciais Classe "A":** O estatuto da companhia determina a essas ações direito a um dividendo mínimo prioritário de 10% do valor patrimonial, com relação às ações Classe "B" e às ações ordinárias;
- **25.000 ações preferenciais Classe "B":** O estatuto da companhia determina a essas ações direito a um dividendo mínimo prioritário de 8% do valor patrimonial, com relação às ações ordinárias;
- **50.000 ações ordinárias:** O estatuto da companhia determina a essas ações direito a um dividendo mínimo de 6% do valor patrimonial.

Sabe-se ainda que:

- O estatuto da Cia. Samurai estabeleceu dividendo obrigatório de 30% do lucro líquido ajustado, nos termos do artigo 202 da Lei nº 6.404/76;
- O valor patrimonial das ações é de R$ 30,00;
- A Cia. Samurai apurou no exercício social encerrado em 31/12/X1 um lucro líquido de R$ 120.000,00.

Assim, teremos os seguintes cálculos nas tabelas abaixo, os quais se referem ao exercício encerrado em X1:

	R$
Lucro Líquido	120.000
Reserva Legal (5%)	(6.000)
Base do dividendo obrigatório	114.000
Dividendo Obrigatório (30%)	34.200
Dividendo por ação (34.200 ÷ 100.000)	0,342

Ações	**Número (N)**	**Valor Patrimonial da Ação (VPA)**	**Base = N × VPA**	**%**	**Dividendo (não definitivo)**	**Ajuste**	**Dividendo a Pagar**
Pref. "A"	25.000	30,00	750.000	10%	75.000	0	75.000
Pref. "B"	25.000	30,00	750.000	8%	60.000	(21.000)	39.000
Ordinárias	50.000	30,00	1.500.000	6%	90.000	(90.000)	0
Total	100.000	//////////	///////	/////	225.000	(111.000)	114.000

Por fim, dos resultados obtidos nas tabelas acima, podemos tirar as seguintes conclusões:

- Apesar do dividendo obrigatório ser de apenas R$ 34.200,00, o dividendo total distribuído às ações preferenciais teve como limite o valor do lucro líquido subtraído da reserva legal (R$ 120.000,00 – R$ 6.000,00 = R$ 114.000,00), visto que essa reserva é a única que tem prioridade sobre qualquer tipo de dividendo, inclusive o prioritário (fixo ou mínimo);
- Apesar dos acionistas ordinaristas fazerem jus a R$ 90.000,00 de dividendos, nada receberam, e, apesar dos acionistas preferencialistas classe "B" fazerem jus a R$ 60.000,00, receberam apenas R$ 39.000,00, tendo em vista as "prioridades" e o montante total ser limitado a R$ 114.000,00;
- Visto que o dividendo obrigatório foi de R$ 34.200,00 e o total dos dividendo distribuído foi de R$114.000,00, aquele está "por dentro" deste, de sorte que ocorreu o seguinte:

	Preferenciais "A"	Preferenciais "B"	TOTAL
Dividendo obrigatório	R$ 0,342 × 25.000 = R$ 8.550,00	R$ 0,342 × 25.000 = R$ 8.550,00	R$ 17.100,00
(+) Complemento	R$ 66.450,00	R$ 30.450,00	R$ 96.900,00
(=) Dividendo mínimo	R$ 75.000,00	R$ 39.000,00	R$ 114.000,00

Em outras palavras, com base nos resultados obtidos na tabela acima, concluímos que os acionistas preferencialistas "A" e "B" receberam R$ 8.550,00 de dividendo obrigatório cada e os acionistas ordinaristas NADA receberam de dividendo obrigatório.

Exemplo 2 (Envolvendo Dividendo Cumulativo e Não Cumulativo): Considerando ainda o exemplo da Cia. Samurai, suponhamos que no exercício social de X2 a ação preferencial classe "B" tivesse direito a dividendo CUMULATIVO de 8% do valor patrimonial da ação; que a ação ordinária tivesse direito tão somente ao dividendo obrigatório; e que o lucro líquido da empresa referente ao exercício social de X2 fosse de R$ 140.000,00.

	R$
Lucro Líquido	180.000
Reserva Legal (5%)	(9.000)
Base do dividendo obrigatório	171.000
Dividendo Obrigatório (30%)	51.300
Dividendo por ação (51.300 ÷ 100.000)	0,513

Ações	Número (N)	Valor Patrimonial da Ação (VPA)	Base = N × VPA	%	Dividendo (não definitivo)	Ajuste	Dividendo a Pagar
Pref. "A"	25.000	30,00	750.000	10%	75.000	0	75.000
Pref. "B"	25.000	30,00	750.000	8%	60.000	21.000	81.000
Ordinárias	50.000	////////////	////////	/////	25.650	(10.650)	15.000
Total	100.000	///////////	///////	/////	160.650	10.350	171.000

Conclusões dos resultados acima:

- As ações preferenciais classe "A" receberam exatamente a sua totalidade de dividendo mínimo e obrigatório do exercício de X2 (R$ 75.000,00);
- As ações preferenciais classe "B" receberem a sua totalidade de dividendo mínimo e obrigatório do exercício de X2 e ainda a parte do dividendo mínimo do exercício de X1 (R$ 21.000,00), a qual não pode ser distribuída por insuficiência de lucro em X1;
- A distribuição do dividendo cumulativo atrasado às ações preferenciais classe "B" prejudicou a distribuição integral do dividendo obrigatório às ações ordinárias em R$ 10.650,00. Isso se dá em obediência ao art. 203 da Lei nº 6.404/76, o qual determina que o disposto nos art. 194 a 197 (reservas de lucros), e 202 (dividendo obrigatório), **não prejudicará o direito dos acionistas preferenciais de receber os dividendos fixos ou mínimos a que tenham prioridade, inclusive os atrasados, se cumulativos.**
- Mais uma vez o dividendo obrigatório (art. 202) ficou "por dentro" do dividendo mínimo nas ações preferenciais classes "A" e "B", conforme indicado na tabela a seguir:

	Preferenciais "A"	Preferenciais "B"	TOTAL
Dividendo obrigatório	R$ 0,513 × 25.000 = R$ 12.825,00	R$ 0,513 × 25.000 = R$ 12.825,00	R$ 25.650,00
(+) Complemento	R$ 62.175,00	R$ 47.175,00	R$ 109.350,00
(=) Dividendo mínimo	R$ 75.000,00	R$ 60.000,00	R$ 135.000,00
(+) Dividendo cumulativo	-	R$ 21.000,00	R$ 21.000,00
(=) Total	R$ 75.000,00	R$ 81.000,00	R$ 156.000,00

<u>Exemplo 3</u> (Envolvendo Dividendo Fixo, Dividendo Mínimo e Dividendo Obrigatório): A Cia. Ardósia, empresa de capital aberto, tem a seguinte composição de seu Capital Social:

- **200 ações preferenciais Classe "A":** O estatuto da companhia determina a essas ações direito a um dividendo fixo prioritário de 10% do valor patrimonial da ação;
- **300 ações preferenciais Classe "B":** O estatuto da companhia determina a essas ações direito a um dividendo mínimo cumulativo de 8% do valor patrimonial da ação;
- **500 ações ordinárias:** O estatuto da companhia determina a essas ações direito somente ao dividendo obrigatório.

Sabe-se ainda que:

– O estatuto da companhia estabeleceu dividendo obrigatório de 30% do lucro líquido ajustado, nos termos do art. 202 da Lei nº 6.404/76;

– O valor patrimonial das ações é de R$ 2,00;

– A companhia apurou no exercício social encerrado em 31/12/X1 um lucro líquido de R$ 400,00.

Assim, teremos os seguintes cálculos nas tabelas abaixo, os quais se referem ao exercício encerrado em X1:

	R$
Lucro Líquido	400
Reserva Legal (5%)	(20)
Base do dividendo obrigatório	380
Dividendo Obrigatório (30%)	114
Dividendo por ação (228 ÷ 1.000)	0,114

Ações	Número (N)	Valor Patrimonial da Ação (VPA)	Base = N × VPA	%	Dividendo	Dividendo (não definitivo)	Ajuste	Dividendo a Pagar
Pref. "A"	200	2,00	400	10%	40	0,20	-	40
Pref. "B"	300	2,00	600	8%	48	0,16	79,50 (*)	127,50(**)
Ordinárias	500				57	0,114	23 + 132,50 (*)	212,50(**)
Total	1.000	/////////	//////	/////	145	////////	////////	380

(*) De acordo com o § 4º do art. 17 da Lei nº 6.404/76, a ação com dividendo FIXO não participa dos lucros remanescentes e a ação com dividendo MÍNIMO participa dos lucros (remanescentes) distribuídos em **IGUALDADE** de condições com as ordinárias, depois de a estas assegurado dividendo igual ao mínimo. Dessa forma, devemos ajustar o dividendo obrigatório da ação ordinária (R$ 0,114) e o dividendo mínimo da ação preferencial "B" (R$ 0,16) para que tenham o MESMO VALOR da seguinte forma: em primeiro lugar, calculamos a diferença entre ambos, ou seja, R$ 0,16 – R$ 0,114 = R$ 0,046 e em segundo lugar, calculamos a 1ª parte do ajuste a ser somada ao total das ações ordinárias multiplicamos essa diferença pelo total de ações ordinárias, ou seja, R$ 0,046 × 500 = R$ 23,00; em terceiro lugar, calculamos o lucro remanescente a ser distribuído pela diferença entre o lucro após a reserva legal a ser distribuído (R$ 380,00) e R$ 145,00, encontrando R$ 235,00. Este valor será distribuído da seguinte forma: R$ 23,00, os quais serão somados às ações ordinárias e o remanescente de R$ 212,00, os quais serão divididos proporcionalmente às ações preferenciais "B" e às ações ordinárias, de sorte que para aquelas ficará [R$ 212 ÷ (300 + 500)] × 300 = R$ 79,50 e para essas [R$ 212 ÷ (300 + 500)] × 500 = R$ 132,50.

(**) Um outro raciocínio para calcularmos o total dos dividendos a pagar às ações preferenciais "B" (R$ 127,50) e às ações ordinárias (R$ 212,50) é mais simples que o descrito acima: Do total do lucro a ser distribuído após a reserva legal (R$ 380,00) subtraímos o total do dividendo fixo (R$ 40,00), encontrando R$ 340,00. Este valor será distribuído "proporcionalmente" entre o total das ações preferencias "B" e as ações ordinárias, de sorte que para aquelas encontraremos [R$ 340,00 ÷ (300 + 500) × 300] = R$ 127,50 e para essas [R$ 340,00 ÷ (300 + 500) × 500] = R$ 212,50.

Conclusões:

(1ª) Com relação às ações preferenciais "A", conforme indicado na tabela abaixo, concluímos que o dividendo obrigatório de R$ 22,80 ficou "por dentro" do dividendo fixo de R$ 40,00.

	Ações preferenciais "A"
Dividendo obrigatório	200 × R$ 0,114 = R$ 22,80
(+) Complemento	R$ 17,20
(=) Dividendo fixo	R$ 40,00

(2ª) Com relação às ações preferenciais "B", o dividendo obrigatório no valor de R$ 34,20 ficou "por dentro" do dividendo mínimo de R$ 48,00, de forma que os acionistas preferencialistas "B" ainda receberam dividendos excedentes de R$ 79,50, tendo direito a um dividendo total de R$ 127,50, conforme tabela abaixo:

	Ações preferenciais "B"
Dividendo obrigatório	300 × R$ 0,114 = R$ 34,20
(+) Complemento mínimo	R$ 13,80
(=) Dividendo mínimo	R$ 48,00
(+) Dividendo extra	R$ 79,50
(=) Total	R$ 127,50
(÷) Total de ações preferenciais "B"	R$ 127,50 ÷ 300
(=) Div. por ação pref. "B" a pagar	R$ 0,425

(3ª) Por fim, em relação às ações ordinárias, essas receberam a totalidade do dividendo obrigatório que lhe cabe no valor de R$ 57,00, foram equiparadas às ações preferenciais "B", tendo direito a mais R$ 23,00 como complemento ao mínimo e receberam dividendo extra de R$ 132,50, a fim de que estejam em igualdade de condições com as ações preferenciais "B", de forma que estas últimas e as ordinárias recebam cada uma delas um dividendo final por ação de R$ 0,425, conforme indicado na tabela abaixo:

	Ações ordinárias
Dividendo obrigatório	500 × R$ 0,114 = R$ 57,00
(+) Complemento mínimo	R$ 23,00
(=) Dividendo equiparado ao mínimo	R$ 80,00
(+) Dividendo extra	R$ 132,50
(=) Total	R$ 212,50
(÷) Total de ações ordinárias	R$ 212,50 ÷ 500
(=) Dividendo por ação ordinária a pagar	R$ 0,425

4.7.5. Juros sobre o Capital Próprio Imputados ao Dividendo Obrigatório

Com base no § 7º do art. 9º da Lei nº 9.249/95 e na Deliberação da CVM nº 207/96, o valor dos JSCP (Juros sobre o Capital Próprio) **poderá ser imputado líquido do IRRF ao valor dos dividendos OBRIGATÓRIOS** a que têm direito os acionistas, na forma do art. 202 da Lei nº 6.404, de 1976 (Lei das S/A). Assim, em vista disso tudo, cabe destacar que:

1º) Os JSCP só podem ser imputados exclusivamente ao dividendo obrigatório de que trata o artigo 202 da Lei nº 6.404/76.

2º) Os JSCP só podem ser imputados ao dividendo obrigatório se estiverem líquidos do IRRF de 15%.

Exemplo: O Capital Social da Cia. Ipanema é composto por 25.000 ações de valor nominal R$ 3,00 cada, distribuídas entre controlador e acionistas minoritários da seguinte forma:

- **12.500 ações ordinárias:** Dão direito apenas ao dividendo obrigatório;
- **6.500 ações preferenciais classe "A":** Dão direito a um dividendo prioritário em relação às ações preferenciais classe "B" e em relação às ordinárias, fixo e não cumulativo correspondente a 10% do valor patrimonial da ação;
- **6.000 ações preferenciais classe "B":** Dão direito prioritário em relação às ações ordinárias, mínimo e cumulativo equivalente a 8% do Capital Social.

Sabe-se que:

– Todas as ações têm direito ao dividendo obrigatório equivalente a 25% do lucro líquido ajustado nos termos do art. 202 da Lei nº 6.404/76.

– A Cia. Ipanema apurou no exercício social de X1 um lucro líquido antes das destinações de R$ 4.000,00, sendo desse total R$ 3.300,00 de lucros a realizar.

– Não há saldo em Prejuízos Acumulados.

– O valor patrimonial das ações é de R$ 4,00.

– A Cia. Ipanema decidiu pagar R$ 2.400,00 a título de Juros sobre o Capital Próprio (JSCP), sendo o cálculo desses juros feito no limite máximo dedutível aceito pela legislação tributária, ou seja, 50% do lucro líquido após a CSL e antes do IR.

Assim, teremos:

	R$
Lucro Líquido	4.000
Reserva Legal (5%)	(200)
Base do dividendo obrigatório	3.800
Dividendo Obrigatório (25%)	950
Dividendo por ação (950 ÷ 25.000)	0,038

Ações	**Número (N)**	**Valor Patrimonial da Ação (VB)**	**Base = N × VB**	**%**	**Dividendo (não definitivo)**	**Ajuste**	**Dividendo a Pagar**	**Saldo a receber (só dividendo cumulativo)**
Pref. "A"	6.500	4,00	26.000	10%	2.600	0	2.600	0
Pref. "B"	6.000	3,00	18.000	8%	1.440	(240)	1.200	240
Ordinárias	12.500	/////////	////////	/////	475	(475)	0	0
Total	25.000	/////////	//////	/////	4.515	(715)	3.800	240

Nota: *Observemos que as ações preferenciais "A" e "B" têm como limite o lucro líquido após a reserva legal (R$ 3.800), ou seja, a reserva legal tem prioridade sobre os dividendos prioritários (fixo e mínimo). Já, no caso da reserva de lucros a realizar no valor do excesso do dividendo obrigatório (R$ 950) sobre a parcela realizada do lucro líquido (R$ 4.000 – R$ 3.300 = R$ 700), ou seja, reserva de lucros a realizar de R$ 250,00, esta não poderá reduzir o dividendo prioritário.*

Considerando que o JSCP a serem pagos à cada classe de ações são proporcionais aos seus respectivos números, teremos:

Ações	**Número**	**%**	**JSCP**	**IRRF (15%)**	**JSCP (líquidos)**
Pref. "A"	6.500	6.500 ÷ 25.000 = 26%	2.400 × 26% = 624	94	530
Pref. "B"	6.000	6.000 ÷ 25.000 = 24%	2.400 × 24% = 576	86	490
Ordinárias	12.500	12.500 ÷ 25.000 = 50%	2.400 × 50% = 1.200	180	1.020
Total	25.000	100%	2.400	360	2.040

Na tabela seguinte, temos o cálculo da COMPENSAÇÃO dos JSCP líquidos do IR de 15% "apenas" com o dividendo obrigatório **embutido** no dividendo fixo das ações preferenciais "A" e no dividendo mínimo das ações preferenciais "B", lembrando que tais juros só podem ser compensados com o dividendo obrigatório nos termos do art. 202 da Lei nº 6.404/76 (jamais com o "complemento" fixo ou mínimo do dividendo prioritário):

Ações	**Dividendo obrigatório "embutido"**	**Complemento fixo ou mínimo**	**Excedente dos JSCP líquidos**	**Total distribuído (JSCP + Dividendo)**
Pref. "A"	6.500 × 0,038 = 247	2.600 – 247 = 2.353	530 – 247 = 283	2.883
Pref. "B"	6.000 × 0,038 = 228	1.200 – 228 = 972	490 – 228 = 262	1.462
Ordinárias	0	0 – 0 = 0	1.020 – 0 = 1.020	1.020
Total	475	3.325	1.565	5.365

Por fim, observamos que, se não houvesse compensação dos JSCP líquidos com o dividendo obrigatório, a companhia teria que distribuir de lucros um total de R$ 3.800 + R$ 2.040 = R$ 5.840, valor este muito acima do limite dos lucros permitidos (R$ 3.800). Como se pôde imputar os JSCP aos dividendos obrigatórios embutidos nas ações preferenciais "A" e "B" no total de R$ 475, o total distribuído pela companhia foi de R$ 5.840 – R$ 475 = R$ 5.365, valor este que continua maior do limite dos lucros permitidos (R$ 3.800), nos levando a concluir que, apesar do benefício de se poder imputar os JSCP ao dividendo obrigatório, há ainda a tendência da descapitalização da companhia, mas em menor grau do que se não se pudesse imputar parte de tais juros aos dividendos obrigatórios.

Contabilizações:

Transferência do resultado para Lucros Acumulados:

D – Apuração do Resultado... 4.000

C – Lucros Acumulados 4.000

Destinação de 5% do resultado para Reserva Legal:

D – Lucros Acumulados.. 200

C – Reserva Legal.. 200

Destinação do dividendo obrigatório para o dividendo prioritário fixo e mínimo:

D – Lucros Acumulados.. 475

C – Dividendos a Pagar.. 475

Complemento do dividendo prioritário fixo e mínimo:

D – Lucros Acumulados.. 3.325

C – Dividendos a Pagar.. 3.325

Contabilização dos JSCP líquidos do IR de 15%:

D – Lucros Acumulados.. 2.400

C – Juros sobre Capital Próprio a Pagar... 2.040

C – IRRF a Recolher (15%)... 360

Imputação de parte dos JSCP líquidos do IR aos dividendos obrigatórios embutidos nas ações preferenciais de dividendo fixo e mínimo:

D – Juros sobre Capital Próprio a Pagar (85%).. 475

D – IRRF a Recolher (15%)... 83,82

C – Lucros Acumulados (100%) 558,82

Admitindo que não houvesse anteriormente nenhuma reserva de lucro na Cia. Ipanema, o saldo da conta "Lucros Acumulados" após as contabilizações acima ficaria de 4.000 – 200 – 475 – 3.325 – 2.400 + 558,82 = – 1.841,18, ou seja, teríamos um "Prejuízo Acumulado" de 1.841,18.

No entanto, conforme já visto na obs. 3 do tópico 4.7.3 deste capítulo, a absorção de "Prejuízos Acumulados" é PRIORIDADE sobre quaisquer reservas de lucros (inclusive a reserva legal) e quaisquer tipos de dividendos, sendo que a reserva legal é a **única** reserva que é prioridade sobre os dividendos fixos ou mínimos. Assim, não se pode complementar o valor a pagar aos dividendos prioritários com 3.325,00, conforme contabilizado acima, mas somente com a diferença entre 3.325,00 e 1.841,18, ou seja, 1.483,82.

Assim, as ações preferenciais classe "B", que, em princípio, receberiam 228,00 + 972,00 = 1.200,00 de dividendo, **não receberiam mais nada**, e as ações preferenciais classe "A", que, em princípio, receberiam 247,00 + 2.353,00 = 2.600,00 de dividendos, só receberiam 475,00 + 1.483,82 = 1.958,82, de sorte que se faria o seguinte lançamento de ajuste:

D – Dividendos a Pagar 1.841,18

C – Lucros Acumulados 1.841,18

Por fim, a Cia. Ipanema apresentaria a seguinte DLPA:

Lucros Acumulados (saldo anterior)	Zero
(+) Lucro Líquido do Exercício	4.000
(–) Reserva Legal	(200)
(–) Dividendo – Ações pref. "A"	(1.958,82)
(–) Juros sobre Capital Próprio (2.400,00 – 558,82)	(1.841,18)
(=) Lucros Acumulados (saldo atual)	Zero

No entanto, caso a Cia. Ipanema possuísse, por exemplo, saldo "anterior" de reserva legal no valor de 300,00 e reservas de lucros (não inclui a reserva legal) de 1.900,00, não poderia utilizar a reserva legal anterior (300,00) para pagar os dividendos (base: § 2º do art. 193 da Lei nº 6.404/76), mas poderia usar os 1.900,00 de reservas de lucros (base: art. 201 da Lei nº 6.404/76), de sorte que nessa hipótese as ações preferenciais "A" receberiam todo o dividendo (2.600,00), as ações preferenciais "B" também receberiam todo o dividendo (1.200,00) e as ações ordinárias receberiam o valor de 1.958,82 + 1.900,00 – 2.600,00 – 1.200,00 = 58,82, ficando a DLPA da Cia. Ipanema da seguinte forma:

Lucros Acumulados (saldo anterior)	Zero
(+) Lucro Líquido do Exercício	4.000
(–) Reserva Legal	(200)
(+) Reservas de Lucros	1.900,00
(–) Dividendo – Ações pref. "A"	(2.600,00)
(–) Dividendo – Ações pref. "B"	(1.200,00)
(–) Dividendo – Ações ordinárias	(58,82)
(–) Juros sobre Capital Próprio (2.400,00 – 558,82)	(1.841,18)
(=) Lucros Acumulados (saldo atual)	Zero

Nota: Em todas as vezes que a Lei nº 6.404/76 se refere à expressão "RESERVAS DE LUCROS", só estão incluídas as reservas do art. 194 ao 197, ou seja, reserva estatutária, reserva de contingências, reserva de incentivos fiscais, reserva de retenção de lucros e reserva de lucros a realizar (**não inclui** reserva legal – art. 193 – e nem reserva especial – art. 202, § 5º). Desta forma, as reservas de lucros às quais o art. 201 se refere para pagamento de dividendos são exatamente as reservas no rol dos referidos artigos.

Por fim, complementando e corroborando tudo o que foi visto até agora sobre DIVIDENDOS e JUROS SOBRE CAPITAL PRÓPRIO, abaixo reproduzimos todos os itens da Interpretação Técnica **ICPC 08 (R1) – Contabilização da Proposta de Pagamento de Dividendos**:

DIVIDENDO OBRIGATÓRIO

1. A legislação societária brasileira, Lei nº 6.404/76, determina a distribuição de dividendo obrigatório aos acionistas por meio do artigo 202:

*"**Art. 202.** Os acionistas têm direito de receber como dividendo obrigatório, em cada exercício, a parcela dos lucros estabelecida no estatuto ou, se este for omisso, a importância determinada de acordo com as seguintes normas..."*

2. A lei societária prevê que o dividendo obrigatório pode deixar de ser distribuído ou pode ser distribuído por valor inferior ao determinado no estatuto social da entidade, quando não houver lucro realizado em montante suficiente (art. 202, inciso II). Quando o dividendo obrigatório, devido por força do estatuto social ou da própria lei, excede o montante do lucro líquido do exercício realizado financeiramente, pode a parcela não distribuída ser destinada à constituição da reserva de lucros a realizar.

3. A lei societária ainda prevê que o dividendo obrigatório pode deixar de ser distribuído quando os órgãos da administração informarem à Assembleia Geral Ordinária ser ele incompatível com a situação financeira da companhia (art. 202, § 4º). É uma discricionariedade conferida por lei aos administradores com vistas a evitar o comprometimento da gestão de caixa e equivalente de caixa da entidade, desde que observadas outras condicionantes legais. A parcela dos lucros não distribuída deve ser destinada à constituição de reserva especial.

4. Em ambos os casos, o procedimento estabelecido em lei é a retenção de lucros por meio da constituição de reservas de lucros que poderão não necessariamente ser destinadas ao pagamento de dividendos, já que poderão vir a ser absorvidas por prejuízos em exercícios subsequentes. Consta na lei:

"os lucros registrados na reserva de lucros a realizar, quando realizados e se não tiverem sido absorvidos por prejuízos em exercícios subsequentes, deverão ser acrescidos ao primeiro dividendo declarado após a realização." (Art. 202, inciso III)

"os lucros que deixarem de ser distribuídos nos termos do § 4º serão registrados como reserva especial e, se não absorvidos por prejuízos em exercícios subsequentes, deverão ser pagos como dividendo assim que o permitir a situação financeira da companhia" (Art. 202, § 5º) (sublinhados adicionados)

5. O dividendo obrigatório pode também deixar de ser distribuído, ou pode ser distribuído por um valor inferior ao determinado no estatuto social da entidade ou na lei, por decisão soberana e unânime da Assembleia Geral de Acionistas de:

(a) companhia aberta, se com registro na CVM exclusivamente para captação de recursos por debêntures não conversíveis em ações; ou

(b) companhia fechada, exceto se controlada por companhia aberta registrada na CVM para captação de recursos por meio de qualquer valor mobiliário que não seja uma debênture não conversível em ações (Art. 202, § 3º).

DIVIDENDO FIXO OU MÍNIMO

6. No que concerne aos acionistas preferencialistas, a lei societária brasileira, Lei nº 6.404/76, em seu art. 17, fixa uma série de preferências e vantagens que deve ser a eles conferida. Entre elas o direito a um dividendo prioritário fixo ou mínimo, a ser disciplinado com minúcia e precisão no estatuto social.

7. Dividendos fixos ou mínimos podem ou não ser cumulativos (para serem pagos no exercício social em que houver lucros suficientes para tal); podem ou não participar de lucros remanescentes (lucros distribuídos a título de dividendos além do previsto). Consta na lei:

"salvo disposição em contrário no estatuto, o dividendo prioritário não é cumulativo, a ação com dividendo fixo não participa dos lucros remanescentes e a ação com dividendo mínimo participa dos lucros distribuídos em igualdade de condições com as ordinárias, depois de a estas assegurado dividendo igual ao mínimo." (Art. 17, § 4º) (sublinhado adicionado)

8. Cumpre salientar também que, nos termos da Lei nº 6.404/76 (Art. 17, § 6º), o estatuto social pode conferir às ações preferenciais com prioridade na distribuição de dividendo cumulativo o direito de recebê-lo, no exercício em que houver lucro insuficiente, à conta de reservas de capital.

9. Outro aspecto relevante da lei diz respeito à proteção conferida aos acionistas preferencialistas em matéria de destinação dos lucros da companhia. Preferencialistas com direito a receber dividendos fixos ou mínimos a que tenham prioridade, inclusive os atrasados, se cumulativos, não terão o direito prejudicado pela constituição de reservas estatutárias, reserva para contingências, reserva para incentivos fiscais, reserva de retenção de lucros, reserva de lucros a realizar, reserva especial ou mesmo o pagamento do dividendo obrigatório. Consta na lei:

"o disposto nos arts. 194 a 197 e 202 não prejudicará o direito dos acionistas preferenciais de receber os dividendos fixos ou mínimos a que tenham prioridade, inclusive os atrasados, se cumulativos." (Art. 203) (sublinhado adicionado)

JUROS SOBRE CAPITAL PRÓPRIO (JCP)

10. Os juros sobre o capital próprio – JCP são instituto criado pela legislação tributária, incorporado ao ordenamento societário brasileiro por força da Lei nº 9.249/95. É prática usual das sociedades distribuírem-nos aos seus acionistas e imputarem-nos ao dividendo obrigatório, nos termos da legislação vigente.

11. Assim, o tratamento contábil dado aos JCP deve, por analogia, seguir o tratamento dado ao dividendo obrigatório. O valor de tributo retido na fonte que a companhia, por obrigação da legislação tributária, deva reter e recolher não pode ser considerado quando se imputam os JCP ao dividendo obrigatório.

DIVIDENDO INTERMEDIÁRIO

12. Além do dividendo obrigatório, prevê a Lei brasileira a possibilidade de o estatuto de uma sociedade por ações prever o pagamento de dividendo intermediário. Nesse caso, obedecidos o estatuto e a Lei, a deliberação da administração é final, não sendo submetida à apreciação dos acionistas. A previsão estatutária já significa a aprovação assemblear.

ALCANCE

13. Esta Interpretação Técnica deve ser aplicada:

a) ao dividendo de que trata o art. 202 da Lei nº 6.404/76 ("dividendo obrigatório");

b) aos dividendos de que trata o art. 17 da Lei nº 6.404/76 ("dividendos fixos e mínimos");

c) aos juros sobre o capital próprio – JCP, previstos na legislação tributária;

d) Aos dividendos intermediários, declarados nos termos do art. 204 da Lei nº 6.404/76.

ASSUNTOS TRATADOS

14. O item 12 do Pronunciamento Técnico CPC 24 – Evento Subsequente determina que "se a entidade declarar dividendos aos detentores de instrumentos patrimoniais (como definido no Pronunciamento Técnico CPC 39 – Instrumentos Financeiros: Apresentação) após o período contábil a que se referem as demonstrações contábeis, a entidade não deve reconhecer esses dividendos como passivo ao final daquele período."

15. O item 13 do CPC 24 adverte para o fato de que "se forem declarados dividendos após o período contábil a que se referem as demonstrações contábeis, mas antes da data da autorização de emissão dessas demonstrações, esses dividendos não devem ser reconhecidos como passivo ao final daquele período, em função de nenhuma obrigação existir nessa data. Tais dividendos devem ser divulgados nas notas explicativas em conformidade com o Pronunciamento Técnico CPC 26 – Apresentação das Demonstrações Contábeis".

16. A questão que se coloca é se os dividendos previstos na legislação societária brasileira (dividendo obrigatório, dividendos fixos e mínimos, JCP e dividendo intermediário) atendem às três condições para reconhecimento de um passivo na data das demonstrações contábeis, quais sejam: (i) de obrigação presente; (ii) de probabilidade provável de saída de recursos que incorporam benefícios econômicos; e (iii) de estimativa confiável passível de elaboração para chegar ao seu montante.

CONSENSO

17. O Pronunciamento Técnico CPC 25 – Provisões, Passivos Contingentes e Ativos Contingentes estabelece que um passivo deve ser reconhecido quando três condicionantes forem observadas. Assim determina o Pronunciamento Técnico CPC 25, em seu item 14:

"14. Uma provisão deve ser reconhecida quando:

(a) a entidade tem uma obrigação presente (legal ou não formalizada) como resultado de evento passado;

(b) seja provável que será necessária uma saída de recursos que incorporam benefícios econômicos para liquidar a obrigação; e

(c) possa ser feita uma estimativa confiável do valor da obrigação.

Se essas condições não forem satisfeitas, nenhuma provisão deve ser reconhecida."

18. Pelos itens precedentes, os dividendos intermediários, declarados por decisão dos órgãos da administração de acordo com as formalidades previstas no estatuto social e na Lei, são deliberações finais e enquadram-se no item 14 do Pronunciamento Técnico CPC 25; portanto, se não pagos devem figurar no passivo da entidade como uma obrigação.

19. Igual entendimento deve ser dispensado aos dividendos fixos e mínimos devidos aos acionistas preferencialistas, ainda que declarados após o período contábil a que se referem as demonstrações contábeis. O caráter de exigibilidade – obrigação presente - é ainda maior nesse caso, dado que a Assembleia Geral de Acionistas não possui poder discricionário para decidir a respeito de sua distribuição ou não, servindo tão somente para endossar o que já está disciplinado em previsões legais e estatutárias. Devem ser registrados como obrigação na data do encerramento do exercício social a que se referem as demonstrações contábeis.

20. Quanto ao dividendo obrigatório, as previsões da legislação para sua distribuição abaixo do previsto legal ou estatutariamente, ou para sua não distribuição já disciplinam de modo incontroverso o tratamento contábil a ser dado: a parcela não distribuída deve figurar como uma retenção de lucro, via reservas de lucro. Já a parcela dos lucros destinada para distribuição como dividendo obrigatório, em proposta encaminhada à Assembleia Geral de Acionistas pelos administradores, representa de fato uma obrigação presente na data das demonstrações contábeis, ainda que os dividendos sejam também declarados após o período contábil a que se referem as demonstrações contábeis.

21. Devido então a essas características especiais de nossa legislação, considera-se que o dividendo obrigatório deva ser registrado como uma obrigação na data do encerramento do exercício social a que se referem as demonstrações contábeis. Essa já vem sendo a prática adotada pelas empresas brasileiras que têm apresentado demonstrações contábeis de acordo com a prática contábil norte-americana, notadamente as que têm registro na Comissão de Valores Mobiliários daquela jurisdição (SEC), bem como aquelas empresas brasileiras que já vêm elaborando e divulgando demonstrações contábeis de acordo com as normas internacionais emitidas pelo IASB.

22. Os JCP, quando imputados ao dividendo obrigatório, devem receber tratamento análogo, como vem sendo também a prática adotada pelas empresas brasileiras. O montante de tributo retido na fonte a ser recolhido ao fisco é uma obrigação presente dissociada da obrigação de pagar dividendos. Quando essa obrigação for assumida pela companhia, e esse é o caso em que a deliberação é pelo não pagamento dos JCP aos sócios e sim por sua retenção, inclusive para futuro aumento de capital, o tributo retido na fonte não deve ser debitado ao resultado, e sim à conta para onde forem destinados esses JCP. Com isso, quando da utilização desses valores, como no caso de aumento de capital, ela só poderá ser feita pelo valor líquido efetivamente retido, ou seja, dos JCP deduzidos do tributo recolhido ao governo, se esse imposto for efetivamente pago.

23. Outra questão a ser avaliada relacionada ao tema é o requerimento da Lei das Sociedades por Ações que consta no art. 176, § 3º:

"As demonstrações financeiras registrarão a destinação dos lucros segundo a proposta dos órgãos da administração, no pressuposto de sua aprovação pela assembleia geral."

24. Visando atender à conceituação de provisão, reproduzida no item 17 desta Interpretação, a parcela do dividendo que se caracterize efetivamente como obrigação presente deve figurar no passivo da entidade. Mas a parcela que exceder ao previsto legal ou estatutariamente deve ser mantida no patrimônio líquido, em conta específica, do tipo "dividendo adicional proposto", até a deliberação definitiva que vier a ser tomada pelos sócios. Afinal, esse dividendo adicional não se caracteriza como obrigação presente na data do balanço, já que a assembleia dos sócios ou outro órgão competente poderá, não havendo qualquer restrição estatutária ou contratual, deliberar ou não pelo seu pagamento ou por pagamento por valor diferente do proposto.

25. Conforme requerido pelos itens 12 e 13 do Pronunciamento Técnico CPC 24 – Evento Subsequente, qualquer declaração de dividendo adicional ao previsto legal ou estatutariamente ou outra forma de distribuição de resultado que ocorrer após a data do balanço e antes da data da autorização de emissão dessas demonstrações não gerará registro no passivo da entidade na data do balanço, por também não representar qualquer obrigação presente nessa data.

NOTA EXPLICATIVA

26. Consta no art. 192 da Lei nº 6.404/76:

"Juntamente com as demonstrações financeiras do exercício, os órgãos da administração da companhia apresentarão à assembleia geral ordinária, observado o disposto nos arts. 193 a 203 e no estatuto, proposta sobre a destinação a ser dada ao lucro líquido do exercício."

27. Em função do que consta no item precedente, o Comitê de Pronunciamentos Contábeis entende que a administração deve, ao elaborar as demonstrações contábeis, detalhar em nota explicativa sua proposta para destinação dos lucros apurados no exercício, independentemente de referida divulgação ter sido feita no Relatório da Administração.

DISPOSIÇÕES TRANSITÓRIAS

28. Esta Interpretação Técnica substitui a ICPC 08 – Contabilização da Proposta de Pagamento de Dividendos, aprovada em 04.09.2009.

4.8. Parcela dos Lucros Incorporada ao Capital

Conforme já comentado anteriormente, ao distribuir o lucro líquido do exercício, opcionalmente, mediante prévia aprovação em assembleia geral, pode-se destinar uma parte ao aumento do capital social. Neste caso, será feita a seguinte contabilização:

D – Lucros Acumulados

C – Capital Social

4.9. Saldo Final da DLPA

Caso haja valor remanescente em Lucros Acumulados, este deverá ser revertido para os dividendos, ficando aquela conta com saldo ZERO, não aparecendo, portanto, no balanço patrimonial. No caso de saldo devedor, esse valor será indicado no balanço patrimonial como Prejuízos Acumulados.

5. DEMONSTRAÇÃO DAS MUTAÇÕES DO PATRIMÔNIO LÍQUIDO

É a demonstração contábil que tem por objetivo evidenciar as movimentações ocorridas no patrimônio líquido ao longo do exercício social.

De acordo com a Instrução CVM nº 59/1986, as companhias abertas são obrigadas a elaborar e publicar tal demonstração. Como normalmente a Demonstração dos Lucros ou Prejuízos Acumulados está incluída na referida demonstração, a cia. não precisará elaborar e publicar, separadamente, a DLPA.

Exemplo:

ITENS	CAPITAL SOCIAL	RESERVAS		Lucros/ Prejuízos Acumulados	TOTAL
		De Capital	De Lucros		
Saldos (31/12/X1)	**180.000**	**30.000**	**0**	**(10.000)**	**200.000**
Lucro líquido (X2)	-	-	-	70.000	70.000
Reserva Legal [5% (70.000 – 10.000)]	-	-	3.000	(3.000)	0
Dividendos	-	-	-	(25.000)	(25.000)
Ágio na emissão de ações	-	36.000	-	-	36.000
Aumento do Capital:					
■ com lucros	32.000	-	-	(32.000)	0
■ com reservas de capital	24.000	(24.000)	-	-	0
■ pelos sócios	45.000	-	-	-	45.000
Saldos (31/12/X2)	**281.000**	**42.000**	**3.000**	**0**	**326.000**

Nota 1: Observemos que a soma horizontal da última linha é igual à soma vertical da última coluna, isto é, 326.000. Esta é a forma de tirarmos a "prova real" da referida demonstração.

Nota 2: A Lei nº 6.404/76 exige a DLPA (Demonstração dos Lucros ou Prejuízos Acumulados), de forma que por essa lei a DMPL é facultativa. No entanto, o item 10 do Pronunciamento Técnico CPC 26 (R1) – Apresentação das Demonstrações Contábeis – apresenta a DMPL como obrigatória e nem menciona a DLPA, de forma que entendemos que a DLPA, pelas novas regras contábeis, não deve ser feita, visto que todas as informações contidas na DLPA necessariamente devem ser indicadas na DMPL, de sorte que se alguma companhia fizesse separadamente a DLPA estaria cometendo o erro da "redundância de informações". Abaixo, reproduzimos o item 10 do referido Pronunciamento:

Item 10: *O conjunto COMPLETO de demonstrações contábeis inclui:*

(a) balanço patrimonial ao final do período;

(b1) demonstração do resultado do período;

(b2) demonstração do resultado abrangente do período;

(c) demonstração das mutações do patrimônio líquido do período;

(d) demonstração dos fluxos de caixa do período;

(e) notas explicativas, compreendendo um resumo das políticas contábeis significativas e outras informações elucidativas;

(f) balanço patrimonial do início do período mais antigo, comparativamente apresentado, quando a entidade aplica uma política contábil retrospectivamente ou procede à reapresentação retrospectiva de itens das demonstrações contábeis, ou ainda quando procede à reclassificação de itens de suas demonstrações contábeis; e

(g) demonstração do valor adicionado do período, conforme Pronunciamento Técnico CPC 09, se exigido legalmente ou por algum órgão regulador ou mesmo se apresentada voluntariamente.

Nota 3: Os itens 106 a 110 do Pronunciamento Técnico CPC 26(R1) estabelecem regras a serem observadas na elaboração da DMPL. Abaixo, reproduzimos esses itens:

Item 106: *A entidade deve apresentar a demonstração das mutações do patrimônio líquido conforme requerido no item 10. A demonstração das mutações do patrimônio líquido inclui as seguintes informações:*

(a) o resultado abrangente do período, apresentando separadamente o montante total atribuível aos proprietários da entidade controladora e o montante correspondente à participação de não controladores;

(b) para cada componente do patrimônio líquido, os efeitos da aplicação retrospectiva ou da reapresentação retrospectiva, reconhecidos de acordo com o Pronunciamento Técnico CPC 23 – Políticas Contábeis, Mudança de Estimativa e Retificação de Erro;

(c) [eliminado];

(d) para cada componente do patrimônio líquido, a conciliação do saldo no início e no final do período, demonstrando-se separadamente as mutações decorrentes: (i) do resultado líquido; (ii) de cada item dos outros resultados abrangentes; e (iii) de transações com os proprietários realizadas na condição de proprietário, demonstrando separadamente suas integralizações e as distribuições realizadas, bem como modificações nas participações em controladas que não implicaram perda do controle.

Item 106A: *Para cada componente do patrimônio líquido, a entidade deve apresentar, ou na demonstração das mutações do patrimônio líquido ou nas notas explicativas, uma análise dos outros resultados abrangentes por item (ver item 106 (d)(ii)).*

Item 106B: *O patrimônio líquido deve apresentar o capital social, as reservas de capital, os ajustes de avaliação patrimonial, as reservas de lucros, as ações ou quotas em tesouraria, os prejuízos acumulados, se legalmente admitidos os lucros acumulados e as demais contas exigidas pelos Pronunciamentos Técnicos emitidos pelo CPC.*

Item 107: *A entidade deve apresentar, na demonstração das mutações do patrimônio líquido ou nas notas explicativas, o montante de dividendos reconhecidos como distribuição aos proprietários durante o período e o respectivo montante dos dividendos por ação.*

Item 108: *Os componentes do patrimônio líquido referidos no item 106 incluem, por exemplo, cada classe de capital integralizado, o saldo acumulado de cada classe do resultado abrangente e a reserva de lucros retidos.*

Item 109: *As alterações no patrimônio líquido da entidade entre duas datas de balanço devem refletir o aumento ou a redução nos seus ativos líquidos durante o período. Com a exceção das alterações resultantes de transações com os proprietários agindo na sua capacidade de detentores de capital próprio (tais como integralizações de capital, reaquisições de instrumentos de capital próprio da entidade e distribuição de dividendos) e dos custos de transação diretamente relacionados com tais transações, a alteração global no patrimônio líquido durante um período representa o montante total líquido de receitas e despesas, incluindo ganhos e perdas, gerado pelas atividades da entidade durante esse período.*

> ***Item 110:*** *O Pronunciamento Técnico CPC 23 – Políticas Contábeis, Mudança de Estimativa e Retificação de Erro requer ajustes retrospectivos ao se efetuarem alterações nas políticas contábeis, até o ponto que seja praticável, exceto quando as disposições de transição de outro Pronunciamento Técnico, Orientação ou Interpretação do CPC requererem de outra forma. O Pronunciamento Técnico CPC 23 também requer que reapresentações para corrigir erros sejam feitas retrospectivamente, até o ponto em que seja praticável. Os ajustes retrospectivos e as reapresentações retrospectivas para corrigir erros não são alterações do patrimônio líquido, mas são ajustes aos saldos de abertura da reserva de lucros retidos (ou prejuízos acumulados) exceto quando um Pronunciamento Técnico, Interpretação ou Orientação do CPC exigir ajustes retrospectivos de outro componente do patrimônio líquido. O item 106(b) requer a divulgação na demonstração das mutações do patrimônio líquido do ajuste total para cada componente do patrimônio líquido resultante de alterações nas políticas contábeis e, separadamente, de correções de erros. Esses ajustes devem ser divulgados para cada período anterior e no início do período corrente.*

EXERCÍCIO RESOLVIDO 3: A Cia. Esmeralda, cujo estatuto era omisso com relação ao dividendo, mediante proposta à AGO, fixou em seu estatuto o valor do dividendo mínimo obrigatório, cabendo a cada uma das 7.600 ações a importância de $ 4,60. Sabe-se que nesse exercício só foi constituída pela primeira vez a Reserva Legal. Sabe-se ainda que o lucro líquido do exercício alcançou apenas 40% do Capital Social e que a única participação existente era a dos administrados, fixada esta no estatuto em 8%. Desta forma, pode-se afirmar que o valor da referida participação é de:

a) $ 12.000,00;

b) $ 10.600,00;

c) $ 12.800,00;

d) $ 15.000,00;

e) $ 11.500,00.

(SOLUÇÃO)

Em primeiro lugar, iremos determinar o Lucro Líquido, utilizando a fórmula do dividendo mínimo (25% do Lucro Líquido Ajustado nos termos do art. 202):

$$Dividendos\ a\ Pagar = \frac{LLA}{4} \rightarrow 4{,}60 \times 7.600 = \frac{LL - 5\%\ LL}{4} \rightarrow LL = 147.200$$

Agora, levando em conta que a base de cálculo da Participação de Administradores é o LAPIR (Lucro Após o Imposto de Renda = REXAIR – PIR), montaremos a seguinte equação:

LAPIR – 8% do LAPIR = Lucro Líquido, ou seja,

$$0{,}92\ LAPIR = 147.200 \rightarrow LAPIR = 160.000$$

Finalmente, Participação de Administradores = 8% de 160.000 = 12.800

(Opção c)

EXERCÍCIO RESOLVIDO 4: No exercício social de X1, o lucro líquido da Bandeirantes S/A foi de R$ 53.000,00. Nesse exercício, o Capital Social da cia. estava dividido da seguinte forma:

– Número de ações ordinárias = 9.000

– Número de ações preferenciais (dividendo fixo de 4,50) = 1.000

– Número de ações preferenciais (dividendo mínimo de 4,00) = 1.500

– Número de ações preferenciais (dividendo não fixo e não mínimo) = 2.500

Supondo que do lucro, 6.100,00 foram destinados à constituição de reservas, e que o dividendo preferencial não prioritário é 10% superior ao das ações ordinárias, o dividendo por ação ordinária será, aproximadamente, igual a:

a) 3,20;

b) 3,10;

c) 2,90;

d) 2,80;

e) 2,70.

(SOLUÇÃO)

***Em primeiro lugar**, iremos calcular o valor do dividendo total:*

Dividendos a Pagar = 53.000,00 – 6.100,00 = 46.900,00

***Em segundo lugar**, iremos considerar o seguinte:*

***D** = Dividendo por ação ordinária = Dividendo por ação preferencial de dividendo mínimo (supondo que D seja maior ou igual a 4,00)*

***1,1 D** = Dividendo por ação preferencial de dividendo não prioritário*

Desta forma, teremos:

1) *Dividendo total fixo = **4,50** × 1.000 = 4.500,00*

2) *Dividendo total das ações ordinárias = **D** × 9.000 = 9.000 D*

3) *Dividendo total das ações preferenciais de dividendo mínimo = **D** × 1.500 = 1.500 D*

4) *Dividendo total das ações preferenciais de dividendo não prioritário = **1,1 D** × 2.500 = 2.750 D*

Finalmente, tendo em vista que o somatório de todos os dividendos totais terá que ser igual aos Dividendos a Pagar, montaremos a seguinte equação:

4.500 + 9.000 D + 1.500 D + 2.750 D = 46.900

13.250 D = 42.400 → D = 3,20 → <u>Não pode</u>, pois 3,20 < 4,00.

Desta forma, teremos que fazer uma nova distribuição, considerando o seguinte:

1) *D = Dividendo por ação ordinária, que desta vez não será igual ao dividendo das ações preferenciais de dividendo mínimo, pois este será fixado pelo valor mínimo, ou seja, por 4,00.*
2) *Dividendo total das ações ordinárias =* ***D*** *× 9.000 = 9.000 D*
3) *Dividendo total das ações preferenciais de dividendo não prioritário =* ***1,1 D*** *× 2.500 = 2.750 D*
4) *Dividendo total das ações preferenciais de dividendo mínimo =* ***4,00*** *× 1.500 = 6.000*
5) *Dividendo total fixo =* ***4,50*** *× 1.000 = 4.500,00*

Finalmente, montaremos a seguinte equação:

4.500 + 9.000 D + ***6.000*** *+ 2.750 D = 46.900*

11.750 D = 36.400 → D = 3,10 ***(Opção b)***

EXERCÍCIO RESOLVIDO 5: (Petrobras – Contador(a) Júnior/Fundação Cesgranrio) Uma companhia de capital fechado, no encerramento do exercício de 2009, na Demonstração do Resultado do Exercício, em 31 de dezembro de 2009, apurou, depois das Participações, um Lucro Líquido de R$ 1.500.000,00.

Informações adicionais apresentadas pela companhia.

– Patrimônio Líquido em 31 de dezembro de 2008:

Capital Social	R$ 1.658.000,00
(–) Prejuízo Acumulado	(R$ 500.000,00)

Elementos inclusos no Resultado do Exercício em 31 de dezembro de 2009:

– Ganho pelo método da equivalência patrimonial	R$ 800.000,00
– Duplicatas a Receber – vencimento em 2010	R$ 100.000,00
– Duplicatas a Receber – vencimento em 2011	R$ 500.000,00

Outras informações

– Dividendos omissos no estatuto da companhia

– Reservas já propostas pela Administração:

• Reserva para Contingências	R$ 200.000,00
• Reserva Estatutária	R$ 150.000,00

A companhia adotou como política ter a menor descapitalização possível. Para tal, tornou-se necessário fazer a distribuição menor possível dos dividendos obrigatórios, ao abrigo da lei, por meio da constituição da Reserva de Lucros a Realizar.

Considerando-se exclusivamente as informações recebidas e as determinações da legislação social, o valor da Reserva de Lucros a Realizar (RLR) máxima, em reais, é:

a) 512.500,00;
b) 337.500,00;
c) 275.000,00;
d) 200.000,00;
e) 175.000,00.

(SOLUÇÃO)

Para determinarmos o valor da RLR, o primeiro passo é apurarmos o valor dos dividendos, visto que a RLR é a única reserva de lucro cujo cálculo depende do valor dos dividendos.

No caso do estatuto OMISSO, conforme já comentamos, em princípio, os dividendos mínimos a serem pagos aos acionistas são determinados pela seguinte fórmula, onde RL é a Reserva Legal e RC a Reserva de Contingências:

$$\frac{\text{Lucro Líquido} - \text{Destinação p/RL e Cont.} - \text{Destinação p/RC} + \text{Reversão de RC}}{2}$$

O valor a ser destinado à Reserva Legal (RL), "em princípio", é de 5% do Lucro Líquido, observado o limite obrigatório (20% do Capital Social). No entanto, havendo saldo em Prejuízos Acumulados originários do exercício anterior, a PRIORIDADE, com base no artigo 189 da Lei 6.404/76, é retirar tais prejuízos do balanço, antes de QUAISQUER destinações, inclusive a Reserva Legal. Abaixo, reproduzimos o referido artigo:

> ***Art. 189:*** *Do resultado do exercício serão deduzidos, **antes de qualquer participação**, os prejuízos acumulados e a provisão para o Imposto sobre a Renda.*
> ***Parágrafo único:*** *o prejuízo do exercício será obrigatoriamente absorvido pelos lucros acumulados, pelas reservas de lucros e pela reserva legal, nessa ordem.*

Assim, o "novo" Lucro Líquido que servirá de base não será de R\$ 1.500.000,00 e sim de R\$ 1.500.000,00 – R\$ 500.000,00, ou seja, R\$ 1.000.000,00. Desta forma, os dividendos mínimos, em princípio, serão obtidos pelo seguinte cálculo:

$$\frac{\text{R\$ 1.000.000,00} - 5\%\ \text{R\$ 1.000.000,00} - \text{R\$ 200.000,00}}{2} = \text{R\$ 375.000,00}$$

Nota: *Não só porque está determinado na lei, mas também por uma questão de lógica e bom senso, ou seja, haver reservas de lucros e prejuízos acumulados num mesmo balanço seria equivalente a dizer que a empresa teve "ao mesmo tempo" lucro e prejuízo, o que seria uma inconsistência contábil. Além disso, não seria coerente distribuir dividendos como participação dos acionistas sobre lucros da empresa se esta tem prejuízo pendente (prejuízos acumulados).*

O próximo passo é determinarmos a parcela REALIZADA do Lucro Líquido, a qual é a diferença entre o Lucro Líquido original (R$ 1.500.000,00, pois neste caso NÃO abatemos os Prejuízos Acumulados, visto que não há base na Lei 6.404/76 para tal procedimento) e a soma do resultado positivo na equivalência patrimonial (R$ 800.000,00) com os lucros em vendas para recebimento após o exercício seguinte (R$ 500.000,00). Assim, a parcela realizada do Lucro Líquido será de R$ 1.500.000,00 – R$ 800.000,00 – R$ 500.000,00 = R$ 200.000,00.

- -

Por fim, o MÁXIMO a ser destinado à RLR será a diferença entre o valor dos dividendos mínimos e a parcela realizada do Lucro Líquido, ou seja, R$ 375.000,00 – R$ 200.000,00 = R$ 175.000,00.

(Opção e)

Comentário extra: *Se não houvesse saldo em Prejuízos Acumulados originários do exercício anterior, os dividendos mínimos pela omissão estatutária da companhia em questão teriam sido obtidos pelo seguinte cálculo:*

$$\frac{R\$\ 1.500.000{,}00 - 5\%\ R\$\ 1.500.000{,}00 - R\$\ 200.000{,}00}{2} = R\$\ 612.500{,}00$$

EXERCÍCIO RESOLVIDO 6: (Analista de Finanças e Controle – STN/Esaf) Na demonstração de lucros ou prejuízos acumulados, na linha que indicar os dividendos propostos, deve ser informado o montante, em reais, do dividendo distribuído por ação do capital social.

A empresa Cia. de Alimentação & Merendas tem capital formado de onze milhões de ações, dos quais um milhão está em tesouraria. Dessas ações, dois milhões são preferenciais classe A, com dividendo fixo de R$ 0,06 por ação; dois milhões são preferenciais classe B, com dividendo mínimo de R$ 0,12 por ação; e as restantes são ordinárias, inclusive as que estão em tesouraria.

Considerando-se o caso da empresa supracitada, em que o valor total do dividendo proposto foi de R$ 920.000,00, na aludida demonstração de lucros ou prejuízos acumulados, deve constar a seguinte informação:

a) dividendos propostos (R$ 0,084 por ação do capital social) R$ 920.000,00;
b) dividendos propostos (R$ 0,092 por ação do capital social) R$ 920.000,00;
c) dividendos propostos (R$ 0,090 por ação preferencial e R$ 0,093 por ação ordinária) R$ 920.000,00;
d) dividendos propostos (R$ 0,060 por ação preferencial classe A; R$ 0,120 por ação preferencial classe B; R$ 0,093 por ação ordinária) R$ 920.000,00;
e) dividendos propostos (R$ 0,060 por ação preferencial classe A; R$ 0,120 por ação preferencial classe B; R$ 0,080 por ação em tesouraria e R$ 0,080 por ação ordinária) R$ 920.000,00.

(SOLUÇÃO)

De acordo com o § 4º do art. 30 da Lei nº 6.404/1976, ações em tesouraria não terão direito ao dividendo. Dessa forma, os R$ 920.000,00 serão distribuídos apenas entre os dez milhões de ações, *sendo a prioridade para as ações de dividendos fixos (R$ 0,06 × 2.000.000 = R$ 120.000,00). Assim, os R$ 800.000,00, em princípio, serão distribuídos entre os 2 milhões de ações preferenciais de dividendo mínimo de R$ 0,12, e os 2 milhões de ações ordinárias, em* ***igualdade*** *de condições, depois de garantido a essas ações preferenciais dividendo igual ao mínimo (art. 17, § 4º), ou seja, não se pode pagar às ações ordinárias valor superior ao dividendo mínimo. Dessa forma, ao dividirmos R$ 800.000,00 por 8 milhões de ações (dois milhões de preferenciais de dividendos mínimos e 6 milhões de ordinárias), encontraremos dividendo por ação de R$ 0,10, valor este menor que o mínimo. Logo, devemos* ***priorizar*** *o dividendo mínimo, isto é, pagar a essas ações preferenciais R$ 0,12 × 2.000.000 = R$ 240.000,00. Os R$ 560.000,00 restantes serão distribuídos entre os 6 milhões de ações ordinárias, fazendo com que o dividendo por ação ordinária seja de R$ 560.000,00 ÷ 6.000.000 = R$ 0,093.*

Resumindo:

Dividendo das ações classe A (R$ 0,06 × 2.000.000)................................. R$ 120.000,00

Dividendo das ações classe B (R$ 0,12 × 2.000.000)................................. R$ 240.000,00

Dividendo das ações ordinárias (R$ 0,093 × 6.000.000)........................... R$ 560.000,00

TOTAL.. R$ 920.000,00

(Opção d)

EXERCÍCIO RESOLVIDO 7: (PETROBRAS/Fundação Cesgranrio) Admita as seguintes informações da Sociedade Anônima antes do cálculo dos dividendos.

- Lucro líquido do exercício – R$ 2.000.000,00.
- Proposta para constituição das seguintes Reservas, no exercício findo:
  - Legal – R$ 100.000,00;
  - Estatutária – R$ 150.000,00;
  - Para Contingências – R$ 200.000,00.
- Dividendos no estatuto – 20%.

Considerando exclusivamente as informações acima e as determinações da Legislação Societária, os dividendos mínimos propostos, em reais, são:

a) 310.000,00;
b) 330.000,00;
c) 340.000,00;
d) 380.000,00;
e) 400.000,00.

(SOLUÇÃO)

Dividendos = 20% × (2.000.000,00 – 100.000,00 – 200.000,00) = 340.000,00

(Opção c)

Exercícios de Fixação

1. Em relação à distribuição de resultados, marque a opção correta:

a) A companhia somente pode pagar dividendos à conta de lucro líquido do exercício ou de reservas de lucros.

b) Os acionistas não são obrigados a restituir os dividendos que tenham recebido sem o levantamento do balanço ou em desacordo com os resultados deste.

c) O estatuto poderá estabelecer o dividendo como porcentagem do lucro ou do capital social, ou fixar outros critérios para determiná-lo, desde que sejam regulados com precisão e minúcia e não sujeitem os acionistas minoritários ao arbítrio dos órgãos da administração ou da maioria.

d) Havendo lucro líquido, o dividendo obrigatório previsto na Lei nº 6.404/1976 deverá invariavelmente ser pago em cada exercício social.

e) Nas cias. abertas ou fechadas, o dividendo mínimo obrigatório não poderá ser inferior a 25% do lucro líquido ajustado nos termos da Lei nº 6.404/1976.

2. Em vista dos dispositivos da Lei das Sociedades por Ações com as suas mais recentes alterações, analise as seguintes afirmativas:

I. No exercício em que o montante do dividendo obrigatório, calculado nos termos do estatuto ou do art. 202 da Lei nº 6.404/1976, ultrapassar a parcela realizada do lucro líquido do exercício, a assembleia geral poderá, por proposta dos órgãos da administração, destinar o excesso à constituição de reserva de lucros a realizar.

II. Para efeitos de constituição de reserva de lucros a realizar, considera-se realizada a parcela do lucro líquido do exercício que exceder da soma do resultado líquido positivo da equivalência patrimonial com o lucro, rendimento ou ganho líquidos em operações ou contabilização de ativo e passivo pelo valor de mercado, cujo prazo de realização financeira ocorra após o término do exercício social seguinte.

III. O prejuízo líquido do exercício será obrigatoriamente absorvido pelos lucros acumulados, pelas reservas de lucros e pela reserva legal, nessa ordem.

IV. Os lucros não destinados para as reservas de lucros (reserva legal, reservas estatutárias, reservas para contingências, reservas de incentivos fiscais, retenção de lucros e reserva de lucros a realizar) deverão ser distribuídos como dividendos.

Quantas dessas afirmativas estão corretas?

a) 3.

b) 4.

c) 2.

d) 1.

e) 0.

3. Considere os elementos seguintes, os quais foram extraídos da DLPA da Cia. Neves, em 31/12/X2:
Lucros Acumulados (31/12/X1): ZERO
Reversão de Reservas para Contingências: R$ 6.400
Constituição de Reserva Legal: R$ 300
Reversão de Reserva Estatutária: R$ 1.830
Lucro Líquido do Exercício: R$ 6.000
Dividendos a Pagar (conforme estatuto): 30% do Lucro Líquido ajustado nos termos da lei
Além do exposto anteriormente, no exercício de X1, a depreciação foi calculada a menor em R$ 400. O ajuste foi feito no exercício de X2 (desconsidere os efeitos sobre o cálculo dos dividendos segundo o estatuto). Assim, com base nas informações anteriores, pode-se afirmar que o saldo remanescente em Lucros Acumulados, o qual deverá ser adicionado ao saldo dos dividendos calculados conforme estatuto, será de:

a) R$ 10.300;
b) R$ 10.700;
c) R$ 9.900;
d) R$ 12.100;
e) R$ 12.000.

4. A empresa F S/A, cujo exercício social coincide com o ano-calendário, pagou, em 31/5/20X8, o prêmio correspondente a uma apólice de seguro contra incêndio de suas instalações para viger no período de 1º/6/20X8 a 31/5/20X9. O valor pago de R$ 36.000,00 foi contabilizado como despesa operacional do exercício de 20X8. Observando o princípio contábil da competência, o lançamento de ajuste, feito em 31/12/20X8, foi:

a) Despesas de Seguros
   a Seguros a Vencer 15.000
b) Seguros a Vencer
   a Despesas de Seguros 15.000
c) Despesas de Seguros
   a Seguros a Vencer 21.000
d) Seguros a Vencer
   a Despesas de Seguros 21.000
e) Seguros a Vencer
   a Lucros Acumulados 15.000

5. Com relação à questão anterior, caso o ajuste fosse feito em 08/02/20X9, o lançamento de ajuste seria:

a) Despesas de Seguros
   a Seguros a Vencer 15.000
b) Seguros a Vencer
   a Despesas de Seguros 15.000
c) Despesas de Seguros
   a Seguros a Vencer 21.000
d) Seguros a Vencer
   a Despesas de Seguros 21.000
e) Seguros a Vencer
   a Lucros Acumulados 15.000

6. As modificações do patrimônio líquido são evidenciadas na Demonstração das Mutações do Patrimônio Líquido. É exemplo de mutação que afeta o valor do patrimônio líquido:

a) Aumento do capital social.
b) Reversão de reserva de lucros a realizar.
c) Alienação de debêntures.
d) Alienação de partes beneficiárias.
e) Constituição de reservas para contingências.

7. A Cia. Célula, cujo exercício social coincide com o ano-calendário, em 20X8 registrou R$ 32.000 a menos na conta Receita de Vendas. Em fevereiro de 20X9, mediante auditoria, foi detectado tal erro. Assim, para que a empresa possa regularizar a sua situação, deverá, na mesma época:
(Obs.: Desconsidere os efeitos tributários.)

a) debitar Caixa (ou Clientes) e creditar Receita de Vendas de $ 32.000;
b) debitar Caixa (ou Clientes) e creditar Lucros Acumulados de $ 32.000;
c) debitar Lucros Acumulados e creditar Receita de Vendas de $ 32.000;
d) debitar Caixa (ou Clientes) e creditar Resultado do Exercício de $ 32.000;
e) debitar Resultado do Exercício e creditar Receita de Vendas de $ 32.000.

8. Uma empresa adotou até 31/12/X1 o regime de Caixa para a escrituração de suas operações. A partir de 1º de janeiro de X2, passou a adotar o regime de Competência de exercício. Assim sendo, o aluguel relativo ao mês de dezembro de X1, pago em 8 de janeiro de X2, deve ser escriturado, nesta data, debitando-se a conta:

a) Aluguéis a Vencer;
b) Aluguéis Pagos Antecipadamente;
c) Despesas de Aluguéis;
d) Aluguéis a Pagar;
e) Lucros ou Prejuízos Acumulados.

9. Não é item contemplado na Demonstração das Mutações do Patrimônio Líquido:

a) ajustes de avaliação patrimonial de itens do ativo avaliados a preço de mercado;
b) constituição de reserva de incentivos fiscais;
c) participações de empregados sobre o lucro;
d) alienação de partes beneficiárias;
e) dividendo por ação do capital social.

10. A Comercial Teca Ltda. adotou em sua escrituração, até 31/12/X0, o regime de caixa. A partir de 1º de janeiro de X1, passou a adotar o regime de competência. Desta forma, marque a opção que indica o(s) lançamento(s) referente(s) à folha de pagamento de dezembro de X0 feito(s) em janeiro de X1:

a) D – Salários a Pagar
C – Cx
b) D – Despesas de Salários
C – Cx

c) D – Despesas de Salários
   C – Salários a Pagar
d) D – Salários a Pagar
   C – Cx
e) D – Lucros ou Prejuízos Acumulados
   C – Cx

11. Marque a opção que indica item não contemplado na distribuição do resultado do exercício:

a) Dividendos a Pagar.
b) Reserva Estatutária.
c) Reserva de Lucros a Realizar.
d) Reserva Especial.
e) Participação de Administradores.

12. Considere os seguintes valores apurados por uma empresa, os quais se referem ao exercício social encerrado em 31/12/20x1:

- **Lucro líquido do exercício: R$ 20.000,00**
- **Lucro em vendas a prazo para recebimento em 20x3: R$ 11.000,00**
- **Resultado líquido positivo na equivalência patrimonial: R$ 4.000,00**
- **Dividendos: fixados no estatuto em 30% do lucro líquido**

Assim, tendo por base as informações dadas, pode-se dizer que a parcela do lucro líquido considerada realizada para o exercício de 20x2 vale:

a) R$ 15.000,00;
b) R$ 20.000,00;
c) R$ 6.000,00;
d) R$ 1.000,00;
e) R$ 5.000,00.

13. Considerando a questão anterior, caso haja a constituição de reserva de lucros a realizar, seu máximo valor seria de:

a) R$ 15.000,00;
b) R$ 5.000,00;
c) R$ 6.000,00;
d) R$ 1.000,00;
e) R$ 20.000,00.

14. Marque a opção incorreta.

a) Os acionistas de sociedades por ações têm direito de receber como dividendo obrigatório, em cada exercício, a parcela dos lucros estabelecida no estatuto, ou, se este for omisso, metade do lucro líquido do exercício ajustado nos termos da Lei nº 6.404/1976.
b) A companhia somente pode pagar dividendos à conta de lucro líquido do exercício, de lucros acumulados e de reservas de lucros, sendo que, no caso das ações preferenciais, é possível também pagar dividendos com reservas de capital.
c) Os acionistas não são obrigados a restituir os dividendos que em boa-fé tenham recebido.
d) O estatuto da companhia poderá estabelecer o dividendo com porcentagem no lucro ou no capital social, ou fixar outros critérios para determiná-lo, desde que estes sejam regulados com precisão e minúcia e não sujeitem os acionistas minoritários ao arbítrio dos órgãos de administração ou da maioria acionária.
e) Havendo lucro líquido, o dividendo obrigatório previsto na Lei nº 6.404/1976 deverá ser pago em cada exercício social, mesmo sendo ele incompatível com a situação financeira da companhia.

15. São reservas de lucros que não podem ser constituídas em prejuízo do dividendo obrigatório:

a) retenção de lucros e reserva estatutária;

b) reserva legal e reserva estatutária;

c) retenção de lucros e reserva de incentivos fiscais;

d) reserva de lucros a realizar e reserva legal;

e) reserva para contingências e reserva estatutária.

16. Considere a seguinte relação de reservas:

– Reserva Legal
– Reserva de Ágio na Emissão de Ações
– Reserva Orçamentária
– Reserva de Alienação de Bônus de Subscrição
– Reserva de Lucros a Realizar

Da relação acima, o número de reservas que devem ser usadas para a compensação de prejuízos contábeis excede o número de reservas que podem ser usadas para a compensação de prejuízos contábeis em:

a) 5;

b) 2;

c) 3;

d) 4;

e) 1.

17. As seguintes informações foram obtidas da Cia. Azul, empresa de capital aberto, com relação ao exercício social encerrado em 31/12/20x2 (valores em R$ 1,00):

Lucro líquido	**48.000**
Lucro em vendas a prazo cujas duplicatas serão recebidas em 20x4	**21.000**
Receita de equivalência patrimonial	**14.000**
Destinações para reservas:	
Reserva legal	**2.400**
Reserva estatutária	**1.700**
Reserva p/ contingências	**3.600**
Reserva orçamentária	**2.300**
Reservas de lucros a realizar	**?**
Reversão de reservas para contingências	**1.000**

Sabe-se que o estatuto da empresa é omisso com relação aos dividendos e que foi constituída a reserva de lucros a realizar pelo seu máximo valor possível. Desta forma, considerando os dispositivos da Lei nº 6.404, de 15 de dezembro de 1976, alterada pela Lei nº 10.303, de 31 de outubro de 2001, pode-se afirmar que o saldo final de Dividendos a Pagar e o valor destinado à referida reserva foram, respectivamente, de:

a) R$ 13.000,00 e R$ 8.500,00;

b) R$ 29.500,00 e R$ 8.500,00;

c) R$ 21.500,00 e R$ 8.500,00;

d) R$ 30.500,00 e R$ 8.500,00;

e) R$ 13.500,00 e R$ 8.000,00.

18. Considerando ainda a questão anterior e supondo que o valor da receita de equivalência patrimonial fosse nulo, o saldo de Dividendos a Pagar seria de:

a) R$ 39.000,00;
b) R$ 21.500,00;
c) R$ 38.000,00;
d) R$ 16.500,00;
e) R$ 8.500,00.

19. Numa sociedade anônima, cujo estatuto era omisso com relação aos dividendos obrigatórios, foi proposto à AGO, ao fim do exercício social, a distribuição do valor mínimo obrigatório, cabendo a cada uma das 60.750 ações a importância de $ 0,50. Sabe-se que foram constituídas as seguintes reservas:
Reserva Legal
Reserva Estatutária para Aumento de Capital (8%)
Reserva para Contingências (20%)
Reserva Orçamentária (3%)
Sabe-se ainda que há participações estatutárias sobre os lucros nos seguintes percentuais: Empregados = 10%
Administradores = 10%
Desta forma, pode-se afirmar que o valor da Participação dos Administradores é de:

a) $ 20.000,00;
b) $ 25.000,00;
c) $ 28.550,00;
d) $ 18.000,00;
e) $ 35.500,00.

20. De acordo com o art. 199 da Lei nº 6.404/1976, o saldo das reservas de lucros, exceto ...., não poderá ultrapassar o capital social. Atingindo esse limite, a assembleia deliberará sobre aplicação do excesso na integralização ou no aumento do capital social ou na distribuição de dividendos.

a) para contingências e de incentivos fiscais;
b) para contingências, de incentivos fiscais e de lucros a realizar;
c) reserva legal e de lucros a realizar;
d) para contingências, de incentivos fiscais e estatutária;
e) de incentivos fiscais e de lucros a realizar.

21. (AFTE RN/Esaf) Uma empresa adotou até 31/12/1996 o regime de Caixa para a escrituração de suas operações. A partir de 1º de janeiro de 1997, passou a adotar o regime de Competência de exercício. Assim sendo, a folha de pagamento relativa ao mês de dezembro de 1996, paga com cheque em 10 de janeiro de 1997, deve ser escriturada, nesta data, debitando-se a conta:

a) Restos a Pagar;
b) Salários a Pagar;
c) Resultado do Exercício;
d) Lucros (ou Prejuízos) Acumulados;
e) Despesas com Salários e Encargos Sociais.

22. O Capital Social da Cia. Pedra Azul possui a seguinte composição:
Ações Preferenciais:
De dividendos fixos de $ 2,50 por ação: 2.000 ações
Sem dividendos fixos ou mínimos: 4.000 ações
Ações ordinárias: 8.600 ações
Sabendo-se que o dividendo total a ser distribuído é de $ 31.000 e que o dividendo não prioritário por ação preferencial é 10% superior ao das ações ordinárias, o valor do dividendo por ação ordinária é de:

a) $ 0,50;
b) $ 1,00;
c) $ 2,00;
d) $ 2,50;
e) $ 3,00.

23. Marque a opção que indica, respectivamente, fato que não afeta a Demonstração dos Lucros Acumulados e fato que afeta a Demonstração das Mutações do Patrimônio Líquido:

a) Formação de Reservas de Capital/Contabilização dos dividendos a receber de investimentos avaliados pelo método da equivalência patrimonial.
b) Formação de Reserva Orçamentária/Aumento do Capital com reservas de lucros.
c) Reversão de Reservas de Contingências/Constituição de Reserva de Alienação de Partes Beneficiárias.
d) Distribuição de Dividendos/Aquisição de ações em tesouraria.
e) Ágio na emissão de ações/Conversão de debêntures em ações.

24. Marque a opção que indica a única reserva de lucro que pode ser revertida para a conta Lucros ou Prejuízos Acumulados, pois é de constituição obrigatória pela Lei das Sociedades por Ações.

a) Reserva legal.
b) Reserva estatutária.
c) Reserva de incentivos fiscais.
d) Reserva para contingências.
e) Reserva de retenção de lucros.

25. Marque a opção que indica reserva que não pode ser calculada sem que se calcule antes os dividendos nos termos do estatuto ou da lei societária.

a) Retenção de lucros.
b) Reserva de incentivos fiscais.
c) Reserva de lucros a realizar.
d) Reserva para contingências.
e) Reserva estatutária.

26. (Auditor da Receita Federal/Esaf) Em conformidade com a legislação societária e para que se beneficie da dedutibilidade do valor do imposto de renda, devem as empresas de capital aberto contabilizar o pagamento dos juros sobre o capital próprio como:

a) dividendos pagos, estornando-se para receita financeira na demonstração de resultados;
b) destinação da conta de reserva de capital, revertendo o valor para resultado do exercício;
c) despesas financeiras, revertendo o valor na última linha da demonstração de resultados;
d) conta redutora do capital social, por tratar-se de remuneração para o acionista do capital emprestado;
e) destinação de lucros acumulados sem transitar pela demonstração de resultados.

27. (Auditor-Fiscal da Receita Federal do Brasil/Esaf) Com relação à distribuição de dividendos de sociedades abertas, pode-se afirmar que:

a) o dividendo deverá ser pago ou creditado, salvo deliberação em contrário da assembleia geral, no prazo de sessenta dias da data em que for declarado e, em qualquer caso, dentro do exercício social;

b) em casos nos quais o estatuto da empresa for omisso quanto à distribuição do dividendo obrigatório, o acionista minoritário terá direito a 50% do total do lucro líquido apurado no exercício, acrescido pelos saldos das reservas de lucro;

c) a companhia que, por força de lei ou de disposição estatutária, levantar balanço semestral, não poderá declarar, por deliberação dos órgãos de administração, dividendo à conta do lucro apurado nesse balanço;

d) a companhia somente pode pagar dividendos à conta de lucro líquido do exercício, de lucros acumulados e de reserva de lucros para proprietários de ações ordinárias;

e) a legislação societária veta a fixação de qualquer outra forma de cálculo dos dividendos, seja de acionistas controladores ou não controladores, que não contemple no mínimo 30% dos lucros líquidos de cada exercício.

28. (TRT – 20ª Região – Analista Judiciário/FCC) Com relação à Demonstração das Mutações do Patrimônio Líquido (DMPL), pode-se afirmar que

a) esta demonstração é de apresentação obrigatória de acordo com as normas emanadas pela Lei das Sociedades por Ações;

b) nela são evidenciadas todas as alterações ocorridas no Patrimônio Líquido da entidade e o Resultado Abrangente total do período, segregando-se o montante total atribuível aos controladores e o montante correspondente à participação de não controladores;

c) a DMPL deve evidenciar somente as alterações ocorridas no Patrimônio Líquido relativas à parte do acionista controlador;

d) as empresas de capital aberto estão desobrigadas de apresentar a DMPL se divulgarem em notas explicativas a apuração do Resultado Abrangente;

e) as pequenas e médias empresas estão totalmente desobrigadas da apresentação desta demonstração, sendo a mesma, substituída integralmente pela Demonstração de Lucros/ Prejuízos Acumulados.

29. (LIQUIGÁS – Petrobras – Contador Júnior/Fundação Cesgranrio) Numa sociedade anônima de capital fechado, a Demonstração das Mutações do Patrimônio Líquido (DMPL), levando em conta os aspectos técnico-conceituais e as determinações da Lei Societária, é considerada uma demonstração

a) obrigatória, nos dizeres exclusivos da Lei das Sociedades por Ações;

b) utilizada somente para evidenciar as mutações ocorridas nas contas de Capital Subscrito e Capital a Realizar;

c) que pode ser substituída pela Demonstração do Lucro ou Prejuízo Acumulado (DLPA), nos termos da legislação social vigente;

d) menos completa que a Demonstração do Lucro ou Prejuízo Acumulado, vez que não apresenta informações sobre a distribuição do resultado;

e) para evidenciar as alterações das contas de Capital Social, Reservas de Capital e de Lucros, Ajustes de Avaliação Patrimonial, Ações em Tesouraria e Lucros ou Prejuízos Acumulados.

30. (LIQUIGÁS – Petrobras – Contador Júnior/Fundação Cesgranrio) Uma sociedade anônima, com elevada disponibilidade financeira, no início do exercício social de 20X0, incorporou todas as reservas ao capital social e, no final desse mesmo exercício social, apurou um lucro líquido menor que a soma das reservas incorporadas.

Na demonstração do Lucro ou Prejuízo Acumulado, foi evidenciado que o lucro não destinado foi integralmente distribuído como dividendo, nos termos da legislação societária vigente.

Considerando exclusivamente as informações recebidas e as imposições da legislação societária, no que tange à distribuição do resultado, na comparação com o Patrimônio Líquido anterior, o Patrimônio Líquido apurado no balanço de 20X0:

a) reduziu em valor igual ao das reservas incorporadas;
b) reduziu em valor igual à diferença entre as reservas incorporadas e o lucro;
c) manteve o mesmo valor, uma vez que o lucro apurado foi totalmente distribuído;
d) aumentou em valor igual ao do lucro apurado no exercício;
e) aumentou em valor igual ao da reserva legal constituída.

31. (TERMOBAHIA – Técnico de Contabilidade/Fundação Cesgranrio) Quando do encerramento do exercício social, em 31 de dezembro de 2011, uma companhia apresentou as seguintes informações:

Patrimônio Líquido em 31 de dezembro de 2010

Capital Social	**10.000.000,00**
(–) Prejuízo Acumulado	**1.000.000,00**

Informações relativas ao exercício social encerrado em 31 de dezembro de 2011, antes da apresentação da proposta de destinação do lucro elaborada pela administração para aprovação da assembleia geral:

Lucro Líquido do Exercício	**3.000.000,00**
Constituição de Reserva para Contingências	**500.000,00**
Dividendos omissos no Estatuto	

Considerem-se exclusivamente as informações recebidas e as determinações da lei societária sobre a matéria. Na situação apresentada, deve-se desconsiderar qualquer probabilidade de constituição de Reserva de Lucros a Realizar ou o pagamento de lucros não destinados como dividendo.

Nessas circunstâncias, os dividendos, em reais, são:

a) 475.000,00.
b) 700.000,00.
c) 950.000,00.
d) 1.175.000,00.
e) 1.425.000,00.

Capítulo 15

Demonstração dos Fluxos de Caixa (DFC)

1. Conceito

A DFC é a demonstração contábil que tem por objetivo evidenciar os fatos que modificaram o valor das disponibilidades em determinado exercício social.

Assim, por exemplo, suponhamos os seguintes valores extraídos dos balanços de 31/12/X0 e 31/12/X1 da Cia. Y:

Item	31/12/X0	31/12/X1
Caixa	R$ 12.000,00	R$ 9.000,00
BCM	R$ 25.000,00	R$ 39.000,00
Aplicações de Liquidez Imediata	R$ 5.000,00	R$ 22.000,00
Total das disponibilidades	**R$ 42.000,00**	**R$ 70.000,00**

Dessa forma, ao elaborar a DFC de 31/12/X1, a Cia. Y irá indicar todos os fatos que levaram as disponibilidades a subirem R$ 28.000,00, ou seja, subirem de R$ 42.000,00 para R$ 70.000,00.

Cabe ressaltar que a expressão "fluxos de caixa" não se refere apenas à conta Caixa, mas a todas as disponibilidades.

2. Obrigatoriedade

Com base no art. 176 da Lei nº 6.404/1976, a partir das alterações impostas pela Lei nº 11.638/2007, a DFC é obrigatória às sociedades por ações. No entanto, de acordo com o § 6º do mesmo artigo, a companhia fechada com patrimônio líquido, na data do balanço, inferior a R$ 2.000.000,00 (dois milhões de reais) não será obrigada à elaboração e publicação da demonstração dos fluxos de caixa.

Além disso, o Pronunciamento Técnico CPC 26 (R1) – Apresentação das Demonstrações Contábeis – no seu item 10 indica a DFC como uma das demonstrações contábeis que compõe o seu conjunto completo, sendo que o CPC 03 (R2) – Demonstração dos Fluxos de Caixa – é o Pronunciamento que regula as regras para a correta elaboração e apresentação dessa demonstração.

3. Equivalentes de Caixa

São investimentos que, apesar de não estarem em forma de moeda, podem ser instantaneamente convertidos nesta, sendo pouco provável a alteração de seus valores. Havendo aplicações em equivalentes de caixa numa sociedade anônima, esta deverá em notas explicativas às demonstrações contábeis esclarecer sobre os critérios utilizados para a identificação de tais investimentos.

Em geral, as aplicações em títulos, públicos ou privados, de renda fixa resgatáveis num prazo máximo de 3 meses da data de aquisição do título, tais como CDB e RDB prefixados, poupança e títulos de dívida pública são considerados equivalentes de caixa.

Abaixo reproduzimos os itens 7 a 9 do CPC 03 (R2), os quais tratam de Equivalentes de Caixa (grifos e caixa alta nossos):

Item 7: *Os equivalentes de caixa são mantidos com a finalidade de atender a compromissos de caixa de curto prazo, e não para investimento ou outros propósitos. Para que um investimento seja qualificado como equivalente de caixa, ele precisa ter conversibilidade imediata em montante conhecido de caixa e estar sujeito a um insignificante risco de mudança de valor.* ***Portanto, um investimento normalmente qualifica-se como equivalente de caixa somente quando tem vencimento de curto prazo, por exemplo, três meses ou menos, a contar da data da aquisição.*** *Os investimentos em instrumentos patrimoniais (de patrimônio líquido) não estão contemplados no conceito de equivalentes de caixa, a menos que eles sejam, substancialmente, equivalentes de caixa, como, por exemplo, no caso de ações preferenciais resgatáveis que tenham prazo definido de resgate e cujo prazo atenda à definição de curto prazo.*

Item 8: *Empréstimos bancários são geralmente considerados como atividades de financiamento. Entretanto,* ***saldos bancários a descoberto, decorrentes de empréstimos obtidos por meio de instrumentos como cheques especiais ou contas-correntes garantidas que são liquidados em curto lapso temporal compõem parte integral da gestão de caixa da entidade. Nessas circunstâncias, saldos bancários a descoberto são incluídos como componente de caixa e equivalentes de caixa.*** *Uma característica desses arranjos oferecidos pelos bancos é que frequentemente os saldos flutuam de devedor para credor.*

Item 9: *Os fluxos de caixa EXCLUEM movimentos entre itens que constituem caixa ou equivalentes de caixa porque esses componentes são parte da gestão de caixa da entidade, e não parte de suas atividades operacionais, de investimento e de financiamento. A gestão de caixa inclui o investimento do excesso de caixa em equivalentes de caixa.*

Observações:

1) Um título de dívida pública com vencimento máximo de 3 meses ou adquirido no máximo em 3 meses da data de seu vencimento é considerado equivalente de caixa. No entanto, um título de dívida pública comprado há dois anos não será considerado equivalente de caixa quando faltarem 3 meses para a sua maturidade.

2) Do item 6 do CPC 03 (R2), extraímos as seguintes definições básicas:

CAIXA compreende numerário em espécie e depósitos bancários disponíveis.

EQUIVALENTES DE CAIXA são aplicações financeiras de curto prazo, de alta liquidez, que são prontamente conversíveis em montante conhecido de caixa e que estão sujeitas a um insignificante risco de mudança de valor.

FLUXOS DE CAIXA são as entradas e saídas de caixa e equivalentes de caixa.

Nota: A definição de CAIXA dada acima é só para efeitos de aplicação do CPC 03 (R2), de forma que, contabilmente, a conta "Caixa" e a conta "Bancos" continuam distintas entre si.

4. Apresentação da DFC

Na elaboração da DFC, são evidenciados 3 (três) tipos diferentes fluxos de caixa, sendo que em cada um deles são apresentadas as entradas e saídas de disponibilidades:

- Fluxos das Atividades Operacionais (FAO)
- Fluxos das Atividades de Investimento (FAI)
- Fluxos das Atividades de Financiamento (FAF)

Com relação ao teor desses fluxos, o item 6 do CPC 03 (R2) dá as seguintes definições:

ATIVIDADES OPERACIONAIS são as principais atividades geradoras de receita da entidade e outras atividades que não são de investimento e tampouco de financiamento (**Exemplos nossos:** recebimento de clientes, pagamentos de fornecedores, pagamento de despesas administrativas, gerais, comerciais etc.).

ATIVIDADES DE INVESTIMENTO são as referentes à aquisição e à venda de ativos de longo prazo e de outros investimentos não incluídos nos equivalentes de caixa (**Exemplos nossos:** compra à vista de móveis e utensílios, compra à vista de veículos, venda à vista de bens imobilizados etc.).

ATIVIDADES DE FINANCIAMENTO são aquelas que resultam em mudanças no tamanho e na composição do capital próprio e no capital de terceiros da entidade (**Exemplos nossos:** obtenção de empréstimo bancário, pagamento de empréstimo bancário, aumento do capital social em dinheiro, compra de ações em tesouraria etc.).

Assim, suponhamos, por exemplo, que a Cia. Astro apresentasse no exercício social de X1 os seguintes fluxos de entradas e saídas de dinheiro:

- Recebimento de clientes 34.600,00
- Pagamento de fornecedores 5.100,00
- Compra à vista de um caminhão para uso próprio 14.000,00
- Pagamento de empréstimo bancário 8.500,00
- Pagamento de despesas comerciais e administrativas 9.300,00
- Venda de um terreno à vista 2.400,00
- Integralização de capital em dinheiro 11.000,00

Desta forma, ao elaborar a DFC em 31/12/X1, essa demonstração poderia ter os seguinte aspecto:

FLUXOS DAS ATIVIDADES OPERACIONAIS (FAO)	
Recebimento de clientes	34.600,00
Pagamento de fornecedores	(5.100,00)
Pagamento de despesas comerciais e administrativas	(9.300,00)
Total do CAIXA gerado pelas atividades operacionais	**20.200,00**
FLUXOS DAS ATIVIDADES DE INVESTIMENTO (FAI)	
Venda de terreno à vista	2.400,00
Compra de caminhão para uso próprio	(14.000,00)
Total do CAIXA consumido pelas atividades de investimento	**(11.600,00)**
FLUXOS DAS ATIVIDADES DE FINANCIAMENTO (FAF)	
Integralização de capital em dinheiro	11.000,00
Pagamento de empréstimo bancário	(8.500,00)
Total do CAIXA gerado pelas atividades de financiamento	**2.500,00**
Variação do CAIXA (FAO + FAI + FAF)	**11.100,00**

Observemos na DFC acima que os fluxos de caixa podem ser positivos (entradas maiores que saídas) ou negativos (saídas maiores que entradas), de sorte que **a soma algébrica dos três tipos de fluxos de caixa** deverá ser exatamente igual à variação final das disponibilidades (Caixa, Bancos e Equivalentes de Caixa) do início para o término do exercício social.

Assim, se nesse exemplo o valor das disponibilidades da Cia. Astro no balanço de 31/12/X0 fosse, por exemplo, de R$ 7.400,00, no balanço de 31/12/X1 seria de R$ 7.400,00 + R$ 11.100,00, ou seja, R$ 18.500,00.

Nota: *De acordo com o item 12 do CPC 03 (R2), uma única transação pode incluir fluxos de caixa classificados em mais de uma atividade. Por exemplo, quando o desembolso de caixa para pagamento de empréstimo inclui tanto os juros como o principal, a parte dos juros pode ser classificada como atividade operacional, mas a parte do principal deve ser classificada como atividade de financiamento.*

Regra geral, os itens componentes dos três fluxos são bem definidos quanto às suas classificações como fluxos operacionais, de investimento ou de financiamento.

No entanto, a exceção à regra geral é o caso dos JUROS (pagos ou recebidos) e dos DIVIDENDOS (pagos ou recebidos) em entidades que não sejam instituições financeiras.

No caso específico de entidades que SEJAM instituições financeiras, "não há dúvida" quanto à classificação dos juros **pagos e recebidos** e dos dividendos e os juros sobre o capital próprio **recebidos**, visto que são comumente classificados nessas entidades como fluxos de caixa OPERACIONAIS.

Já nas entidades que não sejam instituições financeiras a REGRA GERAL é que a classificação seja a mesma das instituições financeiras, ou seja, os juros pagos ou recebidos e os dividendos e juros sobre o capital próprio recebidos também sejam classificados como fluxos de caixa OPERACIONAIS, principalmente pelo fato de entrarem na determinação do lucro ou prejuízo líquido da entidade. A outra opção, a qual não é a mais recomendável pelo CPC 03 (R2), porém aceita, é que os juros **pagos** sejam classificados como fluxos de FINANCIAMENTO, visto que representam custos de obtenção de recursos financeiros, e os juros, os dividendos e os juros sobre capital próprio **recebidos** sejam classificados como fluxo de caixa de INVESTIMENTOS, visto que representam retorno sobre investimentos.

Com relação aos dividendos e os juros sobre o capital próprio **pagos**, a REGRA GERAL é que sejam classificados como fluxo de caixa de FINANCIAMENTO porque são custos da obtenção de recursos financeiros. A outra opção, a qual não é a mais recomendável pelo CPC 03 (R2), porém aceita, é que os dividendos e os juros sobre o capital próprio **pagos** sejam classificados como componente dos fluxos de caixa das atividades OPERACIONAIS, a fim de auxiliar os usuários a determinar a capacidade de a entidade pagar dividendos e juros sobre o capital próprio utilizando os fluxos de caixa operacionais.

Resumindo tudo, com base no item 34A do CPC 03 (R2), a preferência é que os juros, recebidos ou pagos, e os dividendos e juros sobre capital próprio **recebidos** sejam classificados como fluxos de caixa das atividades OPERACIONAIS, e os dividendos e juros sobre o capital próprio **pagos** sejam classificados como fluxos de caixa das atividades de FINANCIAMENTO, de forma que alternativa diferente dessa deve ser evidenciada em nota explicativa esclarecendo esse fato.

5. Fluxos das Atividades Operacionais (FAO)

São aqueles ligados às atividades principais da entidade. No caso de uma sociedade comercial, por exemplo, são os fluxos de caixa relacionados à compra e revenda de mercadorias, incluindo os gastos com despesas comerciais, gerais e administrativas. Esses fluxos são evidenciados pelas entradas (recebimentos) e pelas saídas (pagamentos) da seguinte forma:

ENTRADAS

- Recebimentos de clientes, tanto das vendas à vista, quanto das duplicatas referentes às vendas a prazo.
- Recebimento de dividendos e de juros sobre capital próprio (Regra geral. A exceção é que seja classificado como fluxo das atividades de investimento).
- Recebimento de juros (Regra geral. A exceção é que seja classificado como fluxo das atividades de investimento.).
- Recebimentos de *royalties*, honorários e comissões.
- Recebimentos de seguradoras por sinistros ocorridos.
- Recebimentos de caixa de contratos mantidos para negociação imediata ou disponíveis para venda futura (*).
- Recebimentos diversos, os quais, regra geral, não podem ser classificados como atividades de investimento ou financiamento, tais como recebimento de aluguéis de imóveis, recebimentos referentes a ganhos de causa em sentenças judiciais etc.

SAÍDAS

- Pagamentos a fornecedores, tanto os referentes às compras à vista, quanto os referentes ao pagamento das duplicatas das compras a prazo.
- Pagamento de salários e encargos sociais.
- Pagamento de tributos e multas.
- Pagamento de despesas comerciais, gerais e administrativas.
- Pagamento de seguros.
- Pagamento de juros (Regra geral. A exceção é que seja classificado como fluxo das atividades de financiamento.).
- Pagamento de caixa de contratos mantidos para negociação imediata ou disponíveis para venda futura (*) etc.

(*) A entidade pode manter títulos e empréstimos para fins de negociação imediata ou futura *(dealing or trading purposes)*, os quais, no caso, são semelhantes a estoques adquiridos especificamente para revenda. Dessa forma, os fluxos de caixa advindos da compra e venda desses títulos são classificados como atividades operacionais.

Obs. 1: De acordo com o item 14 do CPC 03 (R2), algumas transações, como a venda de item do imobilizado, podem resultar em ganho ou perda, que é incluído na apuração do lucro líquido ou prejuízo. Os fluxos de caixa relativos a tais transações são fluxos de caixa provenientes de atividades de INVESTIMENTO. Entretanto, pagamentos em caixa para a produção ou a aquisição de ativos mantidos para aluguel a terceiros que, em sequência, são vendidos, conforme descrito no item 68A do Pronunciamento Técnico CPC 27 – Ativo Imobilizado, são fluxos de caixa advindos das atividades OPERACIONAIS. Os recebimentos de aluguéis e das vendas subsequentes de tais ativos são também fluxos de caixa das atividades OPERACIONAIS.

Obs. 2: Conforme o item 35 do CPC 03 (R2), os fluxos de caixa referentes ao imposto de renda (IR) e contribuição social sobre o lucro líquido (CSLL) devem ser divulgados separadamente e devem ser classificados como fluxos de caixa das atividades operacionais, a menos que possam ser identificados especificamente como atividades de financiamento e de investimento. Além disso, o item 36 do mesmo CPC corrobora e explica esse fato, determinando que os tributos sobre o lucro (IR e CSLL) resultam de transações que originam fluxos de caixa que são classificados como atividades operacionais, de investimento ou de financiamento na demonstração dos fluxos de caixa. Embora a despesa com impostos possa ser prontamente identificável com as atividades de investimento ou de financiamento, torna-se, às vezes, impraticável identificar os respectivos fluxos de caixa dos impostos, que podem, também, ocorrer em período diferente dos fluxos de caixa da transação subjacente. Portanto, os impostos pagos são comumente classificados como fluxos de caixa das atividades operacionais. Todavia, quando for praticável identificar o fluxo de caixa dos impostos com uma determinada transação, da qual resultem fluxos de caixa que sejam classificados como atividades de investimento ou de financiamento, o fluxo de caixa dos impostos deve ser classificado como atividade de investimento ou de financiamento, conforme seja apropriado. Quando os fluxos de caixa dos impostos forem alocados em mais de uma classe de atividade, o montante total dos impostos pagos no período também deve ser divulgado.

Exemplo Prático de FAO: Entre outros fatos, os seguintes ocorreram na empresa comercial Roma S/A ao longo do exercício social de 20x1):

Vendas de mercadorias à vista 12.800,00
Vendas de mercadorias a prazo (recebimento em 20x2) 23.500,00
Recebimento de vendas a prazo realizadas em 20x0 .... 17.600,00
Compra de mercadorias à vista 8.700,00
Compra de mercadorias a prazo (pagamento em 20x2) 11.200,00
Pagamento de compras a prazo realizadas em 20x0 .... 7.100,00
Pagamento de despesas administrativas referentes a 20x1 .... 9.900,00
Pagamento de tributos referentes ao exercício de 20x0 .... 1.300,00
Pagamento de tributos referentes ao exercício de 20x1 .... 2.400,00
Adiantamentos de clientes referentes a vendas de 20x2 .... 5.600,00
Pagamento antecipado dos aluguéis de janeiro de 20x2 700,00

Assim, na elaboração da DFC de 31/12/20x1, teremos o seguinte:

Fluxos das Atividades Operacionais (FAO)

Recebimento de clientes [12.800,00 + 17.600,00 + 5.600] 36.000,00
Pagamento de fornecedores [8.700,00 + 7.100,00] .... (15.800,00)
Pagamento de despesas administrativas [9.900,00 + 700,00] .... (10.600,00)
Pagamento de tributos [1.300,00 + 2.400,00] .... (3.700,00)
Caixa líquido gerado pelas atividades operacionais 5.900,00

Observemos que na descrição dos fluxos de entradas e saídas de disponibilidades não importa a competência e sim os efetivos recebimentos e pagamentos em dinheiro.

Exemplo Prático: Entre outros fatos, os seguintes ocorreram na empresa comercial Roma S/A ao longo do exercício social de 20x1):

Vendas de mercadorias à vista 12.800,00
Vendas de mercadorias a prazo (recebimento em 20x2) 23.500,00
Recebimento de vendas a prazo realizadas em 20x0 .... 17.600,00
Compra de mercadorias à vista 8.700,00
Compra de mercadorias a prazo (pagamento em 20x2) 11.200,00
Pagamento de compras a prazo realizadas em 20x0 .... 7.100,00
Pagamento de despesas administrativas referentes a 20x1 .... 9.900,00
Pagamento de tributos referentes ao exercício de 20x0 .... 1.300,00
Pagamento de tributos referentes ao exercício de 20x1 .... 2.400,00
Adiantamentos de clientes referentes a vendas de 20x2 .... 5.600,00
Pagamento antecipado dos aluguéis de janeiro de 20x2 700,00

Assim, na elaboração da DFC de 31/12/20x1, teremos o seguinte:

Fluxos das Atividades Operacionais (FAO)

Recebimento de clientes [12.800,00 + 17.600,00 + 5.600]	36.000,00
Pagamento de fornecedores [8.700,00 + 7.100,00]	(15.800,00)
Pagamento de despesas administrativas [9.900,00 + 700,00]	(10.600,00)
Pagamento de tributos [1.300,00 + 2.400,00]	(3.700,00)
Caixa líquido proveniente das atividades operacionais	**5.900,00**

Observemos que na descrição dos fluxos de entradas e saídas de disponibilidades não importa a competência e sim os efetivos recebimentos e pagamentos em dinheiro.

6. Fluxos das Atividades de Investimento (FAI)

De forma geral, esses fluxos estão relacionados às reduções ou aumentos referentes às compras e vendas de ativos não circulantes. Além disso, também são incluídos nesses fluxos as compras e vendas de títulos e valores mobiliários emitidos por outras entidades, bem como os desembolsos ou recebimentos de empréstimos concedidos.

De acordo com o item 16 do CPC 03 (R2), tais fluxos de caixa representam a extensão em que os dispêndios de recursos são feitos pela entidade com a finalidade de gerar lucros e fluxos de caixa no futuro. Somente desembolsos que resultam em ativo reconhecido nas demonstrações contábeis são passíveis de classificação como atividades de investimento.

Assim, podemos exemplificar as entradas e saídas de disponibilidades componentes desses fluxos da seguinte forma:

ENTRADAS

- Recebimentos referentes às vendas de ativos investimentos, imobilizados e intangíveis.
- Recebimentos referentes às vendas de instrumentos patrimoniais de outras sociedades (ações de outras sociedades) ou instrumentos de dívida de outras sociedades (exceto aqueles recebimentos aos títulos considerados como equivalentes de caixa, visto que são disponibilidades, e aqueles mantidos para negociação imediata ou futura, visto que são considerados como fluxos das atividades operacionais).
- Resgate de aplicações financeiras de prazo superior a 3 meses.
- Recebimento do principal de empréstimos concedidos (exceto para as instituições financeiras, visto que nesse caso o recebimento de empréstimos é considerado fluxo das atividades operacionais).
- Recebimentos referentes à liquidação de adiantamentos em caixa, exceto aqueles realizados por instituições financeiras, visto que são fluxos de caixa operacionais.
- Recebimentos de caixa por contratos futuros, a termo, de opção e swap, exceto quando tais contratos forem mantidos para negociação imediata ou venda futura (pois são considerados fluxos operacionais), ou os recebimentos forem classificados como atividades de financiamento etc.

SAÍDAS

- Pagamentos em caixa para aquisição de ativo imobilizado, intangíveis e outros ativos de longo prazo. Esses pagamentos incluem aqueles relacionados aos custos de desenvolvimento ativados e aos ativos imobilizados de construção própria.
- Pagamentos referentes às vendas de instrumentos patrimoniais de outras sociedades (ações de outras sociedades) ou instrumentos de dívida de outras sociedades (exceto aqueles recebimentos aos títulos considerados como equivalentes de caixa, visto que são disponibilidades, e aqueles mantidos para negociação imediata ou futura, visto que são considerados como fluxos das atividades operacionais).
- Adiantamentos em caixa e empréstimos feitos a terceiros (exceto aqueles adiantamentos e empréstimos feitos por instituição financeira).
- Pagamentos em caixa por contratos futuros, a termo, de opção e *swap*, exceto quando tais contratos forem mantidos para negociação imediata ou futura, ou os pagamentos forem classificados como atividades de financiamento etc.

Em vista disso tudo, considerando ainda o exemplo da comercial Roma S/A, suponhamos que a mesma, entre outros fatos, tenha realizado os seguintes no exercício de 20x1:

Venda à vista de um veículo de uso próprio 9.340,00
Compra à vista de um terreno 16.100,00
Empréstimo a acionistas 11.000,00

Assim, na elaboração da DFC de 31/12/20x1, teremos o seguinte:

Fluxos das Atividades de Investimento (FAI)
Venda à vista de um veículo de uso próprio 9.340,00
Compra à vista de um terreno .... (16.100,00)
Empréstimo a acionistas .... (11.000,00)
Caixa líquido usado nas atividades de investimento .... (17.760,00)

7. Fluxo das Atividades de Financiamento (FAF)

Estão relacionados aos fornecedores de capital à entidade, tanto capitais de terceiros (ex.: empréstimos obtidos) quanto capitais próprios (ex.: aumento de capital em dinheiro). Como exemplos de entradas e saídas desses fluxos, temos:

ENTRADAS

- Caixa recebido pela emissão de ações ou outros instrumentos patrimoniais.
- Caixa recebido pela emissão de debêntures, empréstimos, notas promissórias, outros títulos de dívida, hipotecas e outros empréstimos de curto e longo prazos.
- Recebimentos referentes à constituição de reservas de capital, tais como ágio na emissão de ações, alienação de bônus de subscrição e alienação de partes beneficiárias etc.

SAÍDAS

- Pagamentos em caixa a investidores para adquirir ou resgatar ações da entidade.
- Amortização de empréstimos e financiamentos obtidos (somente o principal, visto que os juros são normalmente classificados em fluxos de caixa operacionais).
- Pagamento das parcelas de arrendamento mercantil financeiro.
- Pagamento de dividendos (regra geral).
- Pagamento de participações estatutárias sobre os lucros da entidade etc.

Considerando ainda o exemplo da comercial Roma S/A dado no item anterior, suponhamos que a mesma no exercício social de 20x1, entre outros fatos, tenha realizado os seguintes:

Obtenção de empréstimo bancário para pagamento em 20x2 .... 2.310,00
Pagamento das parcelas vencidas em 20x1 de um veículo
comprado a prazo no exercício de 20x0 .... 1.314,00
Integralização de capital em dinheiro 2.127,00
Pagamento de dividendos 1.455,00

Assim, na elaboração da DFC de 31/12/20x1, teremos o seguinte:

Fluxos das Atividades de Financiamento (FAF)

Obtenção de empréstimo bancário para pagamento em 20x2 .... 2.310,00
Pagamento das parcelas vencidas em 20x1 de um veículo
comprado a prazo no exercício de 20x0 .... (1.314,00)
Integralização de capital em dinheiro 2.127,00
Pagamento de dividendos .... 1.455,00)
Caixa líquido proveniente das atividades de financiamento 1.668,00

8. Variação das Disponibilidades

Como já visto no item1, podemos obter a variação das disponibilidades diretamente através dos saldos fornecidos pelo balanço atual e pelo balanço anterior. Assim, suponhamos no exemplo da comercial Roma S/A que a mesma apresente os seguintes saldos de disponibilidades nos balanços de 20x0 e 20x1:

Item	**31/12/20x0**	**31/12/20x1**
Caixa	R$ 8.600,00	R$ 5.800,00
BCM	R$ 15.900,00	R$ 8.100,00
Aplicações de Liquidez Imediata	R$ 9.472,00	R$ 9.880,00
Total das disponibilidades	**R$ 33.972,00**	**R$ 23.780,00**

Variação das disponibilidades = R$ 23.780,00 – R$ 33.972,00 = – 10.192,00

No entanto, somando-se algebricamente os totais dos três fluxos, obteremos também a variação das disponibilidades:

Variação das disponibilidades = FAO + FAF + FAI = R$ 5.900,00 + R$ 1.668,00 – R$ 17.760,00 = – R$ 10.192,00

9. Métodos de Elaboração da DFC

São dois os métodos de elaboração: **método direto** e **método indireto**. O que irá diferenciar um método do outro é a forma de apresentar o Fluxo das Atividades Operacionais, pois a forma de apresentar o Fluxo das Atividades de Investimento e o Fluxo das Atividades de Financiamento nos dois métodos é exatamente a mesma.

Em relação à normas gerais que regem a elaboração da DFC pelo método direto ou pelo método indireto, o item 18 do CPC 03 (R2) determina que a entidade deve apresentar os fluxos de caixa das atividades operacionais, usando alternativamente:

(a) o método DIRETO, segundo o qual as principais classes de recebimentos brutos e pagamentos brutos são divulgadas; ou

(b) o método INDIRETO, segundo o qual o lucro líquido ou o prejuízo é ajustado pelos efeitos de transações que não envolvem caixa, pelos efeitos de quaisquer diferimentos ou apropriações por competência sobre recebimentos de caixa ou pagamentos em caixa operacionais passados ou futuros, e pelos efeitos de itens de receita ou despesa associados com fluxos de caixa das atividades de investimento ou de financiamento.

10. Método Direto

Para a elaboração da DFC, deve-se evidenciar os fluxos das atividades operacionais, os fluxos das atividades de investimento e os fluxos das atividades de financiamento. Conforme comentado anteriormente, na descrição dos referidos fluxos, o que irá fazer a diferença entre o método direto e o indireto é a forma de apresentar os fluxos das atividades operacionais. No método direto, a apresentação desses fluxos consiste na exposição direta das entradas (recebimentos) e saídas (pagamentos).

Além disso, o item 18 do CPC 03 (R2) estabelece que, pelo método DIRETO, as informações sobre as principais classes de recebimentos brutos e de pagamentos brutos podem ser **obtidas alternativamente**:

(a) dos registros contábeis da entidade; ou

(b) pelo ajuste das vendas, dos custos dos produtos, mercadorias ou serviços vendidos (no caso de instituições financeiras, pela receita de juros e similares e despesa de juros e encargos e similares) e outros itens da demonstração do resultado ou do resultado abrangente referentes a:

   (i) variações ocorridas no período nos estoques e nas contas operacionais a receber e a pagar;

   (ii) outros itens que não envolvem caixa; e

   (iii) outros itens tratados como fluxos de caixa advindos das atividades de investimento e de financiamento.

Nota: A aplicação prática do item b acima pode ser exemplificada na solução do EXERCÍCIO RESOLVIDO 4 mais adiante, ainda no presente capítulo.

Exemplo: Suponhamos que o balanço da Cia. América em 31/12/20x1 seja o seguinte (valores em R$):

Ativo		**Passivo**	
Caixa	11.300	Salários a Pagar	500
Bancos	2.100	Dividendos a Pagar	1.800
Duplicatas a Receber	21.300	Duplicatas a Pagar	17.000
Mercadorias	34.100		
		Capital Social	48.900
		Reserva Legal	600
Total	**68.800**	**Total**	**68.800**

Suponhamos agora que no exercício de 20x2 a Cia. América realizasse as seguintes operações, não necessariamente na ordem em que aparecem:

- Pagamento de salários de dezembro de 20x1 em janeiro de 20x2 no valor de R$ 500.
- Pagamento de dividendos no valor de R$ 1.800.
- Apropriação e pagamento dos salários de janeiro a novembro de 20x2 no total de R$ 6.600, sendo que os salários de dezembro de 20x2 no valor de R$ 600 só serão pagos em janeiro de 20x3.
- Recebimento de duplicatas referentes às vendas realizadas em 20x1 no valor de R$ 21.300.
- Compras de mercadorias à vista no valor de R$ 12.500.
- Vendas de mercadorias à vista no valor de R$ 17.320 ao custo de R$ 5.110.
- Pagamento de duplicatas referentes a compras a prazo realizadas em 20x1 no total de R$ 17.000.
- Pagamento de despesas gerais no total de R$ 2.900.
- Compra de mercadorias a prazo com aceite de duplicatas para 20x3 no total de R$ 12.610.
- Vendas de mercadorias a prazo com emissão de duplicatas no valor de R$ 36.080, sendo o custo das mercadorias vendidas de R$ 11.790.
- Compra à vista de um caminhão para uso da empresa no valor de R$ 8.000.
- Aumento do capital social com depósito bancário de R$ 11.490.
- Depreciação do caminhão adquirido em 5%.

Assim, a DFC de 31/12/20x2 pelo método direto ficará da seguinte forma:

FLUXOS DAS ATIVIDADES OPERACIONAIS

Recebimento de clientes [21.300 + 17.320] 38.620

Pagamento de fornecedores [12.500 + 17.000] .... (29.500)

Pagamento de salários [500 + 6.600] .... (7.100)

Pagamento de despesas gerais.. (2.900)

Caixa líquido usado nas atividades operacionais .... (880)

FLUXOS DAS ATIVIDADES DE INVESTIMENTO

Compra de veículo .... (8.000)

Caixa líquido usado nas atividades de investimento .... (8.000)

FLUXOS DAS ATIVIDADES DE FINANCIAMENTO

Aumento do capital social 11.490

Pagamento de dividendos .... (1.800)

Caixa líquido proveniente das atividades de financiamento 9.690

Variação das disponibilidades [– 880 – 8.000 + 9.690] 810

Supondo que 5% do lucro líquido de 20x2 foram destinados à reserva legal e o restante distribuído como dividendos, os quais serão pagos somente em janeiro de 20x3, teremos o seguinte balanço patrimonial da Cia. América em 31/12/20x2:

Ativo		**Passivo**	
Caixa	620	Salários a Pagar	600
Bancos	13.590	Dividendos a Pagar	24.700
Duplicatas a Receber	36.080	Duplicatas a Pagar	12.610
Mercadorias	42.310		
Veículos	8.000	Capital Social	60.390
Depreciação Acumulada	(400)	Reserva Legal	1.900
Total	**100.200**	**Total**	**100.200**

Calculando a variação das disponibilidades do balanço de 20x1 para o balanço de 20x2, teremos:

Disponibilidades (20x1)

Caixa	11.300
Bancos	2.100
Total	13.400

Disponibilidades (20x2)

Caixa	620
Bancos	13.590
Total	14.210

Variação das disponibilidades = 14.210 – 13.400 = 810, que é exatamente a soma algébrica dos três fluxos indicada na DFC.

11. Ativos e Passivos Operacionais

No próximo item estudaremos que as variações em ativos e passivos operacionais constituem ajustes do lucro ou prejuízo líquido na elaboração da DFC pelo método indireto. Para isso, daremos aqui as seguintes definições:

- ATIVO CIRCULANTE FINANCEIRO – É a parte do ativo circulante composta exclusivamente pelas disponibilidades, ou seja:
  - Caixa
  - BCM
  - Aplicações de Liquidez Imediata
- ATIVO CIRCULANTE OPERACIONAL – É todo o ativo circulante, exceto as disponibilidades:
  - Duplicatas a Receber
  - Estoques
  - Impostos a Recuperar
  - Despesas Pagas Antecipadamente etc.
- ATIVO REALIZÁVEL A LONGO PRAZO FINANCEIRO – NÃO existe.
- ATIVO REALIZÁVEL A LONGO PRAZO OPERACIONAL – É raro, mas pode ocorrer, como, por exemplo, duplicatas a receber após o exercício seguinte, despesas antecipadas a serem apropriadas após o exercício seguinte, estoques realizáveis após o exercício seguinte etc.

Obs.: No caso do ATIVO INVESTIMENTOS, IMOBILIZADO ou INTANGÍVEL, **não há sentido algum**, para efeitos de elaboração da DFC, a classificação desses grupos em ativo operacional ou financeiro.

- PASSIVO CIRCULANTE FINANCEIRO – Basicamente, é composto pela captação de recursos junto a terceiros, através de empréstimos, financiamentos ou emissão de debêntures. Também é considerado nesse grupo os dividendos a pagar aos acionistas e as participações estatutárias sobre o lucro a pagar aos empregados, administradores, debenturistas e titulares de partes beneficiárias.
- PASSIVO CIRCULANTE OPERACIONAL – É composto pelas obrigações ordinárias do dia a dia da empresa no seu funcionamento, tais como, duplicatas a pagar, salários a pagar, impostos a recolher, encargos sociais a recolher etc. Basicamente, podemos dizer que essa parte do passivo é composta por todo o passivo circulante, exceto o passivo circulante financeiro.
- PASSIVO NÃO CIRCULANTE FINANCEIRO – É composto pelos mesmos itens do passivo circulante financeiro, com prazo de pagamento após o exercício seguinte.
- PASSIVO NÃO CIRCULANTE OPERACIONAL – É de existência menos comum, mas possível, como, por exemplo, duplicatas a pagar após o exercício seguinte e impostos parcelados a pagar com vencimento das prestações após o término do exercício seguinte.

12. MÉTODO INDIRETO

Conforme já mencionado, a diferença entre a elaboração da DFC pelo método direto e pelo método indireto está na forma de apresentação do Fluxo das Atividades Operacionais, tendo em vista que a apresentação do Fluxo dos Financiamentos e do Fluxo dos Investimentos é exatamente a mesma nos dois métodos.

O ponto de partida da elaboração do Fluxo das Atividades Operacionais pelo método indireto é o lucro (ou prejuízo) líquido obtido no fim da DRE, que, como sabemos, é apurado pelo regime de competência, não tendo relação com movimentação de dinheiro e sim com a ocorrência dos fatos geradores.

Basicamente, a montagem do Fluxo das Operações pelo método indireto consiste em transformar o lucro (ou prejuízo) líquido, o qual foi apurado segundo a ótica do regime de competência, naquele que seria se fosse apurado pela ótica do regime de caixa, ou seja, o lucro (ou prejuízo) líquido obtido pela diferença entre as receitas recebidas em dinheiro e as despesas pagas em dinheiro, independentemente da competência.

Para a transformação do lucro (ou prejuízo) líquido obtido pelo regime de competência em lucro (ou prejuízo) líquido pelo regime de caixa, devemos considerar duas etapas de ajustes:

1ª ETAPA DE AJUSTES – Etapa onde serão excluídas do lucro (ou prejuízo) líquido obtido no final da DRE as receitas e despesas de sua competência que não implicaram em entradas e saídas de dinheiro e incluídas nesse lucro (ou prejuízo) as receitas e despesas de competência de outros exercícios sociais, cujos recebimentos e pagamentos ocorreram no seu exercício. Também, além dessas inclusões e exclusões, nessa etapa serão excluídos do lucro (ou prejuízo) líquido os resultados não operacionais referentes a lucros ou prejuízos na venda **à vista** de bens do ativo investimentos, imobilizado ou intangível. Assim, supondo que o ajuste seja do lucro líquido (os ajustes do prejuízo são os mesmos), podemos citar os seguintes casos mais comuns:

- **Despesas de Depreciação, Amortização, Exaustão e Despesa de Equivalência Patrimonial** – Devem ser somadas ao lucro líquido, pois o fizeram cair sem a correspondente saída de dinheiro.

Obs.: A EXAUSTÃO, apesar de ser frequentemente chamada de "Despesa de Exaustão, NÃO é uma despesa operacional e sim um valor a ser integrado ao CUSTO DOS ESTOQUES dos produtos extraídos de minas, jazidas ou florestas. Desta forma, não encontraremos na DRE (Demonstração do Resultado do Exercício) a exaustão no rol das despesas operacionais, como é o caso da despesa de depreciação e despesa de amortização. Apesar disso, essa "falsa" despesa deve ser somada INTEGRALMENTE ao lucro líquido, da mesma forma que a depreciação e amortização, a fim de ajustá-lo, para a determinação do valor dos Fluxos das Atividades Operacionais na elaboração da DFC pelo método indireto. No EXERCÍCIO RESOLVIDO 10 deste Capítulo, será vista essa situação.

■ **Receita de Equivalência Patrimonial** – Deve ser subtraída do lucro líquido, pois o fez subir sem a correspondente entrada de dinheiro.

■ **Variações Monetárias ou Cambiais Passivas** – Quando se referem a correção pós-fixada de dívidas ainda não pagas (Variações Monetárias Passivas) ou correção cambial de dívidas em moeda estrangeira ainda não pagas (Variações Cambiais Passivas), devem ser somadas ao lucro líquido, visto que o fizeram cair sem a correspondente saída de dinheiro.

■ **Variações Monetárias ou Cambiais Ativas** – Quando se referem a correção pós-fixada de aplicações financeiras não imediatas ainda não resgatadas (Variações Monetárias Ativas) ou correção cambial de dívida em moeda estrangeira que se desvalorizou em relação à moeda nacional e ainda não foi paga (Variações Cambiais Ativas), devem ser subtraídas do lucro líquido, pois o fizeram subir sem a correspondente entrada de dinheiro.

■ **Variações Positivas em Receitas Diferidas** – Devem ser somadas ao lucro líquido do exercício onde houve essa variação. Assim, suponhamos, por exemplo, que uma empresa alugue um imóvel de sua propriedade a outra empresa, de tal forma que os aluguéis sempre sejam recebidos com 1 mês de antecedência. Suponhamos também que no balanço de 31/12/20X1 no grupo Passivo Não Circulante existe a conta Aluguéis Recebidos Antecipadamente no valor de R$ 12.000,00 e no balanço de 31/12/20X2 a mesma conta esteja com saldo de R$ 13.700,00. Admitindo, por exemplo, que o lucro líquido de 20X2 seja de R$ 96.000,00, significaria que os R$ 12.000,00 estariam dentro desse valor, visto que a receita compete a janeiro de 20X2, mas o dinheiro não teria entrado em 20X2 e sim em 20X1. Ao contrário, os R$ 13.700,00 não estariam dentro do referido lucro, mas o dinheiro teria entrado em 20X2. Desta forma, ao ajustarmos o lucro líquido para a elaboração do DFC de 20X2 pelo método indireto, deveriam ser somados os R$ 13.700,00 e subtraídos os R$ 12.000,00 desse lucro, ou seja, deveria ser somada a esse lucro a variação positiva em receitas diferidas no valor de R$ 1.700,00.

■ **Variações Negativas em Receitas Diferidas** – Com raciocínio análogo ao caso anterior, essas variações devem ser subtraídas do lucro líquido do exercício onde ocorreram.

■ **Lucro na Venda de Bens do Ativo Investimentos, Imobilizado ou Intangível** – Deve ser subtraído do lucro líquido (no caso de prejuízo líquido, seria somado). Assim, suponhamos, por exemplo, que uma empresa que possua um terreno no valor de R$ 15.000,00 realize a venda desse bem, à vista, por R$ 19.300,00, obtendo assim um lucro de R$ 4.300,00. Desta forma, tanto na elaboração da DFC pelo método direto, quanto no método indireto, os R$ 19.300,00 integrarão o Fluxo das Atividades de Investimento (FAI). Ao mesmo tempo, o lucro líquido indicado na elaboração do Fluxo das Atividades Operacionais (FAO) pelo método indireto terá como item integrante de seu valor os R$ 4.300,00. Assim, se não for excluído este valor do lucro líquido, haverá erro de duplicidade, pois os R$ 4.300,00 aparecerão duas vezes: uma vez dentro do lucro líquido no FAO; outra vez dentro dos R$ 19.300,00, dentro do FAI. No caso do resultado obtido da DRE ser de prejuízo líquido em vez de lucro, excluir contabilmente os R$ 4.300,00 desse prejuízo líquido significa, algebricamente, somar esse valor ao mesmo.

Exemplo 1: Lucro líquido = R$ 12.500,00 e Lucro na venda de imóvel = R$ 2.100,00. Assim, ignorando qualquer outro ajuste, na elaboração do FAO pelo método indireto, seria apresentado da seguinte forma:

Lucro líquido .... R$ 12.500,00
(–) Lucro na venda de imóvel ....(R$ 2.100,00)
(=) Lucro líquido ajustado .... R$ 10.400,00

Exemplo 2: Prejuízo líquido = R$ 12.500,00 e Lucro na venda de imóvel = R$ 2.100,00. Assim, ignorando qualquer outro ajuste, na elaboração do FAO pelo método indireto, seria apresentado da seguinte forma:

Prejuízo líquido .... (R$ 12.500,00)
(–) Lucro na venda de imóvel .... (R$ 2.100,00)
(=) Prejuízo líquido ajustado... (R$ 14.600,00)

■ **Prejuízo na Venda de Bens do Ativo Investimentos, Imobilizado ou Intangível** – Analogamente ao raciocínio anterior, excluir contabilmente esse prejuízo do lucro líquido obtido da DRE implica, algebricamente, somar esse prejuízo a esse lucro líquido. Da mesma forma, excluir contabilmente esse prejuízo do prejuízo líquido obtido da DRE implica, algebricamente, subtrair.

Exemplo 3: Lucro líquido = R$ 12.500,00 e Prejuízo na venda de imóvel = R$ 2.100,00. Assim, ignorando qualquer outro ajuste, na elaboração do FAO pelo método indireto, seria apresentado da seguinte forma:

Lucro líquido .... R$ 12.500,00
(+) Prejuízo na venda de imóvel.. R$ 2.100,00
(=) Lucro líquido ajustado .... R$ 14.600,00

Exemplo 4: Prejuízo líquido = R$ 12.500,00 e Prejuízo na venda de imóvel = R$ 2.100,00. Assim, ignorando qualquer outro ajuste, na elaboração do FAO pelo método indireto, seria apresentado da seguinte forma:

Prejuízo líquido .... (R$ 12.500,00)
(+) Prejuízo na venda de imóvel.. R$ 2.100,00
(=) Prejuízo líquido ajustado .... (R$ 10.400,00)

2ª ETAPA DE AJUSTES – Devemos somar ou subtrair ao lucro (ou prejuízo) líquido que está sendo ajustado as variações em ativos e passivos operacionais.

Assim, para entendermos isso, suponhamos os seguintes balanços da Cia. Alfa, referentes aos exercícios sociais de 20x1 e 20x2, considerando que o lucro líquido do exercício social de 20x2 fosse, por exemplo, de R$ 40.000,00, dos quais 5% foram destinados à Reserva Legal e o restante distribuído como dividendos, os quais são sempre pagos 60 dias após a distribuição (valores em R$ 1,00):

ATIVO	31/12/20x1	31/12/20x2
Circulante		
Caixa	5.700	8.640
BCM	13.300	30.880
Mercadorias	58.620	39.410
Duplicatas a Receber	59.100	85.990
Não Circulante		
Realizável a Longo Prazo		
Empréstimos a Diretores (90 dias)	3.900	-
Investimentos		
Terreno	18.000	-
Imobilizado		
Veículos	40.000	60.000
Depreciação Acumulada	(12.000)	(18.000)
TOTAL	**186.620**	**206.920**
PASSIVO	**31/12/20x1**	**31/12/20x2**
Circulante		
Salários a Pagar	1.000	1.200
IR e CSLL a Pagar	5.200	6.000
Duplicas a Pagar	19.600	16.200
Dividendos a Pagar	20.300	38.000
Empréstimos a Pagar (CP)	13.500	13.700
Não Circulante		
Empréstimos a Pagar (LP)	31.500	17.800
Patrimônio Líquido		
Capital Social	75.000	90.000
Reservas de Capital	13.320	14.820
Reserva Legal	7.200	9.200
TOTAL	**186.620**	**206.920**

Informações adicionais:

■ Em 20x2, a Cia. Alfa alienou por R$ 21.400,00 seu único terreno, cujo valor contábil era de R$ 18.000,00.

■ Em 20x2, a Cia. Alfa adquiriu à vista um caminhão no valor de R$ 20.000,00.

■ Em 20x2, a Cia. Alfa aumentou seu capital no valor de R$ 15.000,00 com a emissão de novas ações, cobrando ainda 10% de ágio nessa emissão.

■ Dos R$ 31.500,00 dos Empréstimos a Pagar a longo prazo do balanço de 20x1, R$ 13.700,00 vencerão em 20x3, integrando, portanto, o passivo circulante no balanço de 31/12/20x2.

Assim, teremos:

VARIAÇÕES EM ATIVOS OPERACIONAIS

- Variação em Mercadorias = 39.410 – 58.620 = – 19.210 (variação negativa)
- Variação em Duplicatas a Receber = 85.990 – 59.100 = 26.890 (variação positiva)

VARIAÇÕES EM PASSIVOS OPERACIONAIS:

- Variação em Salários a Pagar = 1.200 – 1.000 = 200 (variação positiva)
- Variação em IR e CSLL a Pagar = 6.000 – 5.200 = 800 (variação positiva)
- Variação em Duplicatas a Pagar = 16.200 – 19.600 = – 3.400 (variação negativa)

Finalmente, teremos as seguintes regras gerais para ajuste do lucro (ou prejuízo) líquido na elaboração do fluxo das operações pelo método indireto:

1º) As variações POSITIVAS em ativos operacionais devem ser SUBTRAÍDAS do lucro líquido.

2º) As variações NEGATIVAS em ativos operacionais devem ser SOMADAS ao lucro líquido.

3º) As variações POSITIVAS em passivos operacionais devem ser SOMADAS ao lucro líquido.

4º) As variações NEGATIVAS em passivos operacionais devem ser SUBTRAÍDAS do lucro líquido.

Assim, no exemplo da Cia. Alfa, teremos a seguinte DFC pelo método indireto:

FLUXOS DAS ATIVIDADES OPERACIONAIS

Lucro líquido	40.000
(+) Depreciação	6.000
(–) Lucro na venda de terreno	(3.400)
(+) Variação negativa em Mercadorias	19.210
(+) Variação positiva em Salários a Pagar	200
(+) Variação positiva em IR e CSLL a Pagar	800
(–) Variação positiva em Duplicatas a Receber	(26.890)
(–) Variação negativa em Duplicatas a Pagar	(3.400)
TOTAL	32.520

FLUXOS DAS ATIVIDADES DE INVESTIMENTO

Recebimento de Empréstimos a Diretores	3.900
Venda de terreno	21.400
Compra de caminhão	(20.000)
TOTAL	5.300

FLUXOS DAS ATIVIDADES DE FINANCIAMENTO

Pagamento de Empréstimos a Pagar (CP)	(13.500)
Pagamento de Dividendos	(20.300)
Aumento do Capital Social com integralização em dinheiro	15.000
Ágio na emissão de ações	1.500
TOTAL	(17.300)

Variação das disponibilidades [32.520 + 5.300 – 17.300] **..........20.520**

Calculando a variação das disponibilidades diretamente dos balanços, teremos:

Disponibilidades (20x1)

Caixa	5.700
Bancos	13.300
Total	19.000

Disponibilidades (20x2)

Caixa	8.640
Bancos	30.880
Total	39.520

Variação das disponibilidades = 39.520 – 19.000 = 20.520, valor este exatamente igual à soma algébrica dos três fluxos, ou seja, a PROVA REAL da DFC é a verificação da igualdade entre a soma algébrica dos três fluxos e a variação das disponibilidades obtida diretamente através da comparação nos dois balanços.

EXPLICAÇÃO DOS AJUSTES DO LUCRO OU PREJUÍZO LÍQUIDO PELAS VARIAÇÕES EM ATIVOS E PASSIVOS OPERACIONAIS.

Conforme estudado anteriormente, vimos que as variações positivas e negativas em ativos operacionais devem ser, respectivamente, subtraídas e somadas ao lucro líquido. No caso das variações positivas e negativas em passivos operacionais, essas devem ser, respectivamente, somadas e subtraídas ao lucro líquido. Isso pode ser explicado pelo seguinte:

■ Em 20x1 o saldo de Mercadorias era de R$ 58.620,00 e no balanço de 20x2 de R$ 39.410,00. Lembrando que CMV = EI + Compras – EF, concluímos no exemplo que a diferença entre EI e EF é igual a R$ 58.620,00 – R$ 39.410,00 = R$ 19.210,00, valor esse que aumentou o CMV e, consequentemente, reduziu o lucro líquido, sem, no entanto, ter saído dinheiro, ou seja, o lucro líquido reduziu de R$ 19.210,00 não porque saiu dinheiro e sim porque o estoque final reduziu em R$ 19.210,00 em relação ao estoque inicial. Assim, para ajustarmos o lucro líquido, devemos somar essa variação negativa a fim de que esse lucro corresponda efetivamente às entradas de dinheiro. Se tivesse ocorrido o contrário, todo o raciocínio seria análogo, ou seja, a variação positiva em Mercadorias seria subtraída do lucro líquido para que este correspondesse efetivamente à entrada de dinheiro.

- Em 20x1 o saldo de Duplicatas a Receber era de R$ 59.100,00 e em 20x2 de R$ 85.990,00. Isso significa que as vendas realizadas a prazo em 20x1 foram recebidas em 20x2 e que as vendas realizadas a prazo em 20x2 só serão recebidas em 20x3. Em outras palavras, dentro do lucro líquido de 20x2 não estão incluídos os R$ 59.100,00, mas o dinheiro entrou e, nesse mesmo lucro líquido estão incluídos os R$ 85.990,00, mas o dinheiro não entrou. Como queremos que o lucro líquido corresponda efetivamente à entrada de dinheiro, devemos a ele somar os R$ 59.100,00 e subtrair os R$ 85.990,00, isto é, subtrair a variação positiva em Duplicatas a Receber no valor de R$ 26.890,00. Analogamente, se a variação nessa conta fosse negativa, o ajuste seria feito mediante a soma dessa variação ao lucro líquido.
- Em 20x1 o saldo de Salários a Pagar era de R$ 1.000,00 e em 20x2 de R$ 1.200,00. Isso significa que os R$ 1.000,00 não afetaram o lucro líquido de 20x2, mas o dinheiro saiu nesse ano. Ao contrário, os R$ 1.200,00 afetaram o lucro líquido de 20x2, mas o dinheiro não saiu nesse ano, pois só sairá em 20x3. Assim, para que o lucro líquido de 20x2 corresponda efetivamente à entrada de dinheiro, devemos subtrair os R$ 1.000,00 e somar os R$ 1.200,00, ou seja, somar a variação positiva em Salários a Pagar. Se tivesse ocorrido o contrário, ou seja, a variação em Salários a Pagar fosse negativa, o ajuste do lucro líquido se daria pela subtração dessa variação negativa. O mesmo raciocínio pode ser usado no caso do IR e CSLL a Pagar, ou qualquer outro tributo a pagar ou a recolher.
- Em 20x1 o saldo de Duplicatas a Pagar era de R$ 19.600,00 e em 20x2 de R$ 16.200,00. Lembrando que CMV = EI + Compras – EF, concluímos que as compras efetuadas em 20x1 foram pagas em 20x2, ou seja, não afetaram o CVM e o lucro líquido de 20x2, mas o dinheiro saiu nesse ano. Assim, o lucro líquido de 20x2 ficou inalterado mas o dinheiro de 20x2 caiu de R$ 19.600,00. Daí, para que o lucro líquido diminua junto com o dinheiro, devemos no seu ajuste subtrair os R$ 19.600,00. Ao contrário, os R$ 16.200,00 fizeram as compras de 20x2 e o CMV aumentarem desse valor e, consequentemente, o lucro líquido de 20x2 diminuir desse valor, mas o dinheiro de 20x2 não diminuiu desse valor. Dessa forma, para que o lucro líquido de 20x2 corresponda efetivamente ao dinheiro, devemos a ele somar os R$ 16.200,00. Resumindo, devemos ao lucro líquido de 20x2 subtrair os R$ 19.600,00 e somar os R$ 16.200,00, ou seja, subtrair a variação negativa em Duplicatas a Pagar no valor de R$ 3.400,00. Analogamente a todo esse raciocínio, se a variação em Duplicatas a Pagar fosse positiva, no ajuste do lucro líquido somaríamos tal variação.

Em relação à normas gerais que regem a elaboração da DFC pelo método INDIRETO, o item 20 do Pronunciamento Técnico CPC 03 (R2) – Demonstração dos Fluxos de Caixa estabelece que o fluxo de caixa líquido advindo das atividades operacionais é determinado ajustando o lucro líquido ou prejuízo quanto aos efeitos de:

(g) variações ocorridas no período nos estoques e nas contas operacionais a receber e a pagar;

(h) itens que não afetam o caixa, tais como depreciação, provisões, tributos diferidos, ganhos e perdas cambiais não realizados e resultado de equivalência patrimonial quando aplicável; e

(i) todos os outros itens tratados como fluxos de caixa advindos das atividades de investimento e de financiamento.

Também, o referido item 20 determina que **alternativamente**, o fluxo de caixa líquido advindo das atividades operacionais pode ser apresentado pelo método indireto, mostrando-se as receitas e as despesas divulgadas na demonstração do resultado ou resultado abrangente e as variações ocorridas no período nos estoques e nas contas operacionais a receber e a pagar.

O item 20A do CPC 03(R2) determina que a conciliação entre o lucro líquido e o fluxo de caixa líquido das atividades operacionais deve ser fornecida, **obrigatoriamente**, caso a entidade use o método DIRETO para apurar o fluxo líquido das atividades operacionais. A conciliação deve apresentar, separadamente, por categoria, os principais itens a serem conciliados, à semelhança do que deve fazer a entidade que usa o método indireto em relação aos ajustes ao lucro líquido ou prejuízo para apurar o fluxo de caixa líquido das atividades operacionais.

EXERCÍCIO RESOLVIDO 1: (Comissão de Valores Mobiliários/Fundação Carlos Chagas) Instruções: As informações a seguir e somente elas, extraídas da contabilidade da Cia. Cruzeiro do Sul, relativas ao exercício de 20X0, devem ser utilizadas para responder às questões 1 a 3. As variações dos saldos das contas *Clientes* e *Fornecedores* foram calculadas diminuindo-se seu saldo, no final do exercício de 20X0, dos saldos do ano-calendário anterior.

Elementos	**R$**
Vendas	800.000,00
Custo das Mercadorias Vendidas	400.000,00
Aquisição de imobilizado à vista	100.000,00
Pagamento de dividendos não provisionados	30.000,00
Empréstimo efetuado à coligada	50.000,00
Despesas de depreciação	180.000,00
Resultado positivo da equivalência patrimonial	10.000,00
Integralização de capital, em espécie	45.000,00
Venda de imobilizado à vista, sem ganho ou perda de capital	70.000,00
Receitas financeiras líquidas	15.000,00
Despesas operacionais	250.000,00
Variação positiva do saldo da conta *Clientes*	110.000,00
Variação positiva do saldo da conta *Fornecedores*	60.000,00

1. A Demonstração do Resultado do Exercício (DRE) da companhia, em 20X0, evidenciava:
   a) prejuízo de R$ 30.000,00;
   b) lucro de R$ 125.000,00;
   c) prejuízo de R$ 15.000,00;
   d) lucro de R$ 10.000,00;
   e) prejuízo de R$ 5.000,00.

(SOLUÇÃO)

Vendas *800.000,00*

(–) CMV .... *(400.000,00)*

(–) Despesas Operacionais .... *(250.000,00)*

(–) Depreciação .... *(180.000,00)*

(+) Resultado positivo na equivalência patrimonial *10.000,00*

(+) Receitas financeiras líquidas *15.000,00*

(=) Prejuízo líquido .... *(5.000,00)* **(Opção e)**

2. A variação do Patrimônio Líquido da companhia em 20X0, apurado na Demonstração das Mutações do Patrimônio Líquido (DMPL), correspondeu, em R$, a:
   a) R$ 10.000,00 negativos;
   b) R$ 5.000,00 negativos;
   c) R$ 5.000,00 positivos;
   d) R$ 10.000,00 positivos;
   e) R$ 15.000,00 positivos.

(SOLUÇÃO)

Integralização de Capital *45.000,00*

Pagamento de dividendos não provisionados .... *(30.000,00)*

Prejuízo líquido .... *(5.000,00)*

Variação do PL .... *10.000,00* **(Opção d)**

3. A variação do Disponível, evidenciada na Demonstração do Fluxo de Caixa de 20X0, foi:
   a) positiva em R$ 50.000,00;
   b) negativa em R$ 130.000,00;
   c) positiva em R$ 80.000,00;
   d) negativa em R$ 100.000,00;
   e) positiva em R$ 100.000,00.

(SOLUÇÃO)

A forma como as informações foram dadas só deixa a alternativa da elaboração da DFC pelo método indireto. Assim:

FLUXO DAS OPERAÇÕES

Prejuízo Líquido..(5.000,00)
(+) Depreciação 180.000,00
(–) Resultado positivo na equivalência patrimonial.......................(10.000,00)
(–) Variação positiva do saldo de clientes ....(110.000,00)
(+) Variação positiva do saldo de fornecedores 60.000,00
TOTAL 115.000,00

FLUXO DOS INVESTIMENTOS

Aquisição de imobilizado à vista..(100.000,00)
Empréstimo a coligada ....(50.000,00)
Venda de imobilizado à vista... 70.000,00
TOTAL...(80.000,00)

FLUXO DOS FINANCIAMENTOS

Pagamento de dividendos .... (30.000,00)
Integralização de capital...45.000,00
TOTAL..15.000,00

*Variação do disponível = 115.000,00 – 80.000,00 + 15.000,00 = 50.000,00**(Opção a)***

EXERCÍCIO RESOLVIDO 2: (Casa da Moeda do Brasil/Fundação Cesgranrio/ Adaptada) Considere o Balanço Patrimonial dos exercícios 20X3 e 20X4 e a Demonstração de Resultado do ano de 20X4 da Cia. São Leopoldo para responder às questões 1 a 5:

BALANÇO PATRIMONIAL DA CIA. SÃO LEOPOLDO EM DEZ/X3 E DEZ/X4

ATIVO	Dez/X3	Dez/X4
Disponibilidades	100,00	125,00
Contas a Receber	520,00	500,00
Estoques	400,00	380,00
Adiantamentos a Fornecedores	80,00	75,00
Bens do Ativo Imobilizado	900,00	1.120,00
Total do Ativo	2.000,00	2.200,00

PASSIVO	Dez/X3	Dez/X4
Fornecedores	250,00	280,00
Contas a Pagar	100,00	120,00
Empréstimos a Pagar	350,00	360,00
Capital	1.100,00	1.100,00
Reservas de Lucros	200,00	340,00
Total do Passivo	2.000,00	2.200,00

DRE DA CIA. SÃO LEOPOLDO DO EXERCÍCIO ENCERRADO EM DEZ/X4

Receita Bruta	5.000,00
(-)Deduções	(700,00)
Receita Líquida	4.300,00
(-) Custo das Mercadorias Vendidas	(2.800,00)
Lucro Bruto	1.500,00
(-) Despesas Operacionais	(1.300,00)
Lucro Antes do Imposto de Renda	(200,00)
(-) IR	(60,00)
Lucro Líquido do Exercício	140,00

1. Com base apenas nos dados apresentados, o valor do pagamento de fornecedores a ser apresentado na Demonstração de Fluxo de Caixa, como variação das atividades operacionais, pelo método direto, em reais, é de:

   a) 2.760,00;
   b) 2.745,00;
   c) 2.770,00;
   d) 2.800,00;
   e) 2.810,00.

(SOLUÇÃO)

O primeiro passo para a determinação do valor pago aos fornecedores em 20X4 é determinarmos o total das compras efetuadas nesse ano da seguinte forma:

CMV = EI + C – EF → 2.800,00 = 400 + Compras – 380 → Compras = 2.780

Assim teremos:

Compras totais em 20X4 .... 2.780,00

(–) Compras a prazo em 20X4 .... (280,00)

(–) Adiantamentos a fornecedores em 20X3 (estão nas compras de 20X4) ..... (80,00)

(=) Compras de 20X4 que foram pagas em 20X4 .... 2.420,00

(+) Compras a prazo em 20X3 que foram pagas em 20X4 250,00

(+) Adiantamentos a fornecedores em 20X4 75,00

(=) Pagamento de fornecedores em 20X4 .... 2.745,00

(Opção b)

Comentário extra: *Observemos que um dos ajustes do lucro líquido na determinação do Fluxo das Atividades Operacionais foi a subtração do aumento "LÍQUIDO" em duplicatas a receber, o qual foi obtido pela diferença entre as diferenças dos saldos de duplicatas a receber e suas respectivas PECLD [= (71.000 – 3.000) – (6.000 – 400) = 62.400]. No entanto, uma outra opção de ajuste do lucro líquido seria somar a despesa com PECLD (= 3.000 – 400 = 2.600) ao lucro líquido, tendo em vista que essa despesa diminui o seu valor mas não representa saída de caixa, e ajustar o lucro líquido pela subtração do aumento "BRUTO" em duplicatas a receber (= 71.000 – 6.000 = 65.000), procedimento esse que resulta no mesmo valor que foi subtraído na primeira opção, ou seja, somar 2.600 e subtrair 65.000 é o mesmo que subtrair diretamente 62.400. Porém, cabe ressaltar que a 1ª opção é mais utilizada, ou seja, não é somada a despesa com PECLD ao lucro líquido, o qual será ajustado diretamente pela variação líquida em duplicatas a receber.*

2. Na elaboração da DFC de 20X4, o total dos Fluxos das Atividades Operacionais, em reais, é de:
   a) 140,00;
   b) 180,00;
   c) 185,00;
   d) 215,00;
   e) 235,00.

(SOLUÇÃO)
FLUXOS DAS ATIVIDADES OPERACIONAIS
Lucro líquido..140,00
(+) Redução em contas a receber..20,00
(+) Redução em estoques...20,00
(+) Redução em adiantamentos a fornecedores...........................5,00
(+) Aumento em fornecedores...30,00
(+) Aumento em contas a pagar...20,00
TOTAL...235,00
(Opção e)

3. Na elaboração da DFC de 20X4, o total dos Fluxos das Atividades de Financiamento, em reais, é de
   a) 10,00;
   b) 15,00;
   c) 20,00;
   d) 25,00;
   e) 30,00.

(SOLUÇÃO)
Aumento em empréstimos a pagar...10,00
(Opção a)

Comentário extra: *Uma das interpretações que se pode dar ao aumento em Empréstimos a Pagar é que a empresa pagou em 20X4 os 350,00 do empréstimo de 20X3 e contraiu um novo empréstimo em 20X4 no valor de 360,00, fazendo com que as disponibilidades em 20X4 aumentassem em 10,00. "Outra hipótese seria que a empresa não teria pago o empréstimo de 20X3 no valor de R$ 350,00 e, em 20X4, contraiu um novo empréstimo em dinheiro de R$ 10,00. Nessas duas hipóteses, as disponibilidades teriam aumentado em R$ 10,00. Uma terceira hipótese seria que o aumento de R$ 10,00 em empréstimos a pagar seria uma correção monetária pós-fixada desse empréstimo. Neste caso, não haveria aumento das disponibilidades neste valor e o fluxo das atividades de financiamento seria zero. No entanto, não há essa opção de resposta na questão 3."*

4. Na elaboração da DFC de 20X4, o total dos Fluxos das Atividades de Investimento, em reais, é de

a) 0,00;
b) 10,00;
c) (220,00);
d) 220,00;
e) 25,00.

(SOLUÇÃO)

Compra de ativo imobilizado .... (220,00)

(Opção c)

Comentário extra: *Pelas informações fornecidas no enunciado, não podemos afirmar ao certo se realmente o aumento de saldo de 900,00 para 1.120,00 no ativo imobilizado foi compra à vista de ativo imobilizado. No entanto, a elaboração completa da DFC com as informações fornecidas pelos dois balanços e pela DRE corrige automaticamente qualquer divergência entre as variações apresentadas nos dois balanços e os fatos que realmente ocorreram na empresa.*

5. A variação das disponibilidades, em reais, é de:

a) 0,00;
b) 10,00;
c) 220,00;
d) 30,00;
e) 25,00.

(SOLUÇÃO)

Variação das disponibilidades = 125,00 – 100,00 = 25,00

(Opção e)

Comentário extra: *Outra forma de determinarmos a variação das disponibilidades é somarmos algebricamente os três fluxos, ou seja, 235,00 + 10,00 – 220,00 = 25,00*

EXERCÍCIO RESOLVIDO 3: Considere os BPs da Cia. Pérola, referentes aos exercícios encerrados em dezembro de 20X1 e 20X2 para responder às questões 1 a 4 (valores em R$ 1,00):

GRUPO	31/12/20X2	31/12/20X1
Ativo Circulante		
Caixa	9.300	1.600
BCM	26.700	4.500
Duplicatas a Receber	71.000	6.000
PECLD	(3.000)	(400)
Estoques	40.200	42.100
Seguros a Vencer	4.800	1.200
Ativo Não Circulante		
Realizável a LP		
Empréstimos a Diretores	27.000	35.000
Investimentos		
Imóveis (alugados a terceiros)	15.000	15.000
Imobilizado		
Veículos	80.000	75.000
Depreciação Acumulada (veículos)	(45.000)	(30.000)
Terrenos (em uso)	24.000	56.000
TOTAL	250.000	206.000
Passivo Circulante		
Salários a Pagar	3.500	2.200
ICMS a Recolher	900	1.100
Duplicatas a Pagar	52.200	35.300
Contas a Pagar	2.400	700
IR e CSLL a Pagar	17.000	11.000
Dividendos a Pagar	2.000	1.400
Empréstimos a Pagar	-	3.000
Passivo Não Circulante		
Financiamentos	90.000	88.600
Aluguéis Ativos a Vencer	1.000	3.000

Patrimônio Líquido		
Capital	59.000	52.000
Reservas de Capital	4.000	-
Ajustes de Avaliação Patrimonial	2.000	-
Reservas Estatutárias	1.200	500
Reserva Legal	800	200
Retenção de Lucros	14.000	7.000
TOTAL	250.000	206.000

Nota: PECLD – Perdas Estimadas em Créditos de Liquidação Duvidosa

Informações adicionais:

- Parte do capital social foi aumentada com incorporação de reservas de capital de R$ 1.400. Outra parte do aumento, R$ 2.300, se deu em função da incorporação de parcela do lucro líquido de 20X2. O restante do aumento se deu em função de emissão de novas ações.
- Em 20X1 a empresa possui dois terrenos usados para estacionamento de veículos: O terreno localizado na rua "A" tem valor contábil de R$ 22.000. Outro, localizado na rua "B", tem valor contábil de R$ 34.000. No exercício de 20X2 a empresa alienou o terreno da rua "B" por R$ 39.000. O terreno da rua "A" foi avaliado a preço de mercado em R$ 24.000.
- Os dividendos distribuídos em 31/12/20X1 no valor de R$ 1.400 foram pagos 60 dias após essa data.
- Em 20X2, os financiamentos a longo prazo, 70% para pagamento em 20X4 e 30% para pagamento em 20X5, foram corrigidos em R$ 1.400.

1. Na elaboração da DFC, as atividades operacionais contribuíram para uma variação nas disponibilidades:

   a) positiva de R$ 78.800;

   b) negativa de R$ 16.400;

   c) positiva de R$ 22.000;

   d) negativa de R$ 50.200;

   e) positiva de R$ 5.200.

(SOLUÇÃO)

Tendo em vista que a questão não nos fornece a DRE, o primeiro passo é determinarmos o Lucro Líquido (LL) pelas variações de valores relacionados com esse lucro nos dois balanços, exceto os dividendos, visto que os R$ 2.000 do balanço de 20X2 já são a própria parcela originária do lucro de 20X2. Os dividendos de 20X1 no valor de R$ 1.400 não têm nenhuma relação com o lucro de 20X2, e, portanto, não irão influenciar o seu cálculo. No caso do aumento de capital no valor de R$ 2.300 em função do uso de parcela do lucro, esse valor também será somado integralmente. Assim:

Variação em Reserva de Retenção de Lucros = 14.000 – 7.000 = 7.000

Variação em Reserva Legal = 800 – 200 = 600

Variação em Reservas Estatutárias = 1.200 – 500 = 700

Aumento do capital com parcela do lucro = 2.300

Dividendos distribuídos = 2.000

- -

TOTAL = 7.000 + 600 + 700 + 2.300 + 2.000 = 12.600 → Lucro Líquido

Visto que só dispomos de dois balanços e de algumas informações, não é possível determinar o valor dos FAO (Fluxos das Atividades Operacionais) pelo método direto. No entanto, podemos determinar pelo método indireto, partindo do Lucro Líquido e fazendo os devidos ajustes:

FLUXOS DAS ATIVIDADES OPERACIONAIS

Lucro Líquido 12.600

(+) Depreciação [45.000 – 30.000] 15.000

(+) Variações Monetárias Passivas (correção dos financiamentos de LP)........... 1.400

(–) Variação negativa em aluguéis ativos a vencer ....(2.000)

(–) Lucro na venda de terreno...(5.000)

(+) Redução em Estoques [42.100 – 40.200] 1.900

(+) Aumento em Salários a Pagar [3.500 – 2.200].. 1.300

(+) Aumento em Duplicatas a Pagar [52.200 – 35.300] 16.900

(+) Aumento em Contas a Pagar [2.400 – 700] 1.700

(+) Aumento em IR e CSLL a Pagar [17.000 – 11.000] 6.000

(–) Aumento líquido em Dup. a Rec. [(71.000 – 3.000) – (6.000 – 400)](62.400)

(–) Aumento em Seguros a Vencer [4.800 – 1.200]...................................(3.600)

(–) Redução em ICMS a Recolher [1.100 – 900]..(200)

TOTAL...(16.400)

(Opção b)

2. Na elaboração da DFC, as atividades de investimento contribuíram para uma variação nas disponibilidades:
   a) positiva de R$ 8.000;
   b) positiva de R$ 39.000;
   c) positiva de R$ 47.000;
   d) positiva de R$ 42.000.
   e) nula

(SOLUÇÃO)

FLUXOS DAS ATIVIDADES DE INVESTIMENTO

Recebimento de empréstimos concedidos [35.000 – 27.000] 8.000

Venda de Terreno 39.000

Compra de Veículos [80.000 – 75.000] .... (5.000)

TOTAL 42.000

(Opção d)

3. Na elaboração das DFC, as atividades de financiamento contribuíram para uma variação das disponibilidades:
   a) positiva de R$ 4.300;
   b) nula;
   c) positiva de R$ 8.700;
   d) negativa de R$ 3.000;
   e) negativa de R$ 4.400.

(SOLUÇÃO)

FLUXOS DAS ATIVIDADES DE FINANCIAMENTO

Realização de Capital 3.300

Formação de Reservas de Capital [4.000 + 1.400] 5.400

Pagamento de dividendos .... (1.400)

Pagamento de empréstimos obtidos .... (3.000)

TOTAL 4.300

(Opção a)

4. A variação total das disponibilidades foi de:
   a) R$ 27.800;
   b) R$ 7.700;
   c) R$ 22.200;
   d) R$ 29.900;
   e) R$ 17.400.

(1ª SOLUÇÃO) – Podemos obter diretamente a variação das disponibilidades com os seus saldos nos dois balanços:

Balanço de 31/12/X1:

Caixa.. 1.600

BCM.. 4.500

Disponibilidades.......................... 6.100

Balanço de 31/12/X2:

Caixa.. 9.300

BCM.. 26.700

Disponibilidades.......................... 36.000

- -

Variação das Disponibilidades = 36.000 – 6.100 = 29.900

- -

(2ª SOLUÇÃO) – Podemos também obter a variação das disponibilidades somando algebricamente os valores dos três fluxos (FAO + FAI + FAF):

Variação das Disponibilidades = – 16.400 + 42.000 + 4.300 = 29.900

(Opção d)

EXERCÍCIO RESOLVIDO 4: (Auditor-Fiscal da Receita Federal/Esaf – Adaptada) Instruções para a resolução das questões 1 a 7.

Em uma operação de verificação dos livros contábeis, realizada na Cia. Luanda, foi possível identificar os seguintes dados:

O Balanço Patrimonial dos exercícios 20x1 e 20x2

CONTAS DO ATIVO	20x1	20x2
Disponibilidades	8.000	6.000
Clientes	12.000	22.500
(–) PECLD (Perdas Estimadas em Créditos de Liquidação Duvidosa)	(300)	(800)
Estoques	2.000	6.500
Participações Societárias	5.300	5.300
Imóveis	12.000	12.000
Equipamentos	15.000	20.000
Veículos	20.000	20.000
(-) Depreciação Acumulada	2.000	7.500
TOTAL DO ATIVO	72.000	84.000
CONTAS DO PASSIVO + PL	20x1	20x2

Contas a Pagar	1.000	4.000
Fornecedores	9.000	6.000
Dividendos a Pagar	-	3.000
IR a Pagar	1.000	2.000
Notas Promissórias a Pagar	10.000	-
Financiamentos de Longo Prazo	16.000	22.000
Capital Social	30.000	40.000
Reservas de Lucros	5.000	7.000
TOTAL DO PASSIVO + PL	72.000	84.000

A Demonstração das Mutações do Patrimônio Líquido

	Capital Social	Reservas de Lucros	Lucro Acumulado	Total
Saldo em 31.12.20x1	30.000	5.000	0	35.000
Transferências p/ Capital	4.000	(4.000)	-	-
Novas Subscrições	6.000	-	-	6.000
Incorporação do Resultado Líquido 20x2	-	-	9.000	9.000
Reservas de lucros	-	6.000	(6.000)	-
Dividendos	-	-	(3.000)	(3.000)
Saldo em 31.12.20x2	40.000	7.000	0	47.000

Itens da Demonstração do Resultado do Exercício

	20x1	20x2
Vendas	100.000	152.000
CMV	64.000	82.000
Despesas totais do período	34.000	59.000
Resultado antes do IR	2.000	11.000
Variações cambiais passivas	-	6.000
Despesas de depreciações	2.000	5.500
Despesa com IR	1.000	2.000
Despesa com PECLD	300	800

Outras informações adicionais:

- As Notas Promissórias vencem em 180 dias.
- Os financiamentos foram contratados junto ao Banco ABC em 30.12.20x1 pelo prazo de 8 anos, com carência de 3 anos e juros de 5% anuais, pagáveis ao final de cada período contábil. O saldo devedor é corrigido pela variação da moeda x, com pagamento do principal em 5 parcelas anuais após o período de carência.

1. O valor dos ingressos de caixa gerado pelas vendas no período examinado foi:
   a) 159.500;
   b) 150.000;
   c) 141.200;
   d) 139.500;
   e) 139.200.

(SOLUÇÃO)

Vendas totais (20x2) *152.000*
(–) Vendas a prazo realizadas em 20x2 para recebimento em 20x3 ....*(22.500)*
(=) Vendas realizadas em 20x2 e recebidas no mesmo ano.................... *129.500*
(+) Vendas realizadas em 20x1 e recebidas em 20x2.............................. *11.700*
(=) Vendas recebidas em 20x2, independentemente da competência....... *141.200*
(Opção c)

Comentário extra: *As vendas realizadas em 20x1 e recebidas em 20x2 correspondem ao total dos Clientes de 20x1 (12.000) menos a PECLD de 300, ou seja, 11.700, supondo que a inadimplência em 20x2 foi exatamente igual à PECLD de 20x1. Se assim não fosse, teria que ser indicado como itens da DRE de 20x2 a conta Perdas com Clientes (excesso da inadimplência dos clientes em relação à PECLD) ou a conta Reversão de PECLD (excesso da PECLD em relação à inadimplência dos clientes).*

2. Examinando os dados, verifica-se que a empresa pagou aos fornecedores o valor de:
   a) 89.500;
   b) 86.500;
   c) 85.000;
   d) 82.000;
   e) 75.500.

(SOLUÇÃO)

Em primeiro lugar, iremos determinar o total das compras em 20x2, utilizando a fórmula do CMV:

CVM (20x2) = EI (Estoque em 20x1) + Compras (20x2) – EF (Estoque em 20x2)

82.000 = 2.000 + C – 6.500 → C = 86.500

- -

Compras totais em 20x2.. *86.500*
(–) Compras realizadas em 20x2 pagas em 20x3 (Fornecedores 20x2).........*(6.000)*
(=) Compras realizadas em 20x2 e pagas no mesmo ano............................ *80.500*
(+) Compras realizadas em 20x1 e pagas em 20x2..*9.000*
(=) Total pago aos fornecedores em 20x2.. *89.500*
(Opção a)

3. Com base nos dados identificados, pode-se afirmar que a saída de caixa para o pagamento de despesas foi:
   a) 52.700;
   b) 50.700;
   c) 44.700;
   d) 45.500;
   e) 43.700.

(SOLUÇÃO)

Despesas totais em 20x2 ....59.000
(–) Despesas competentes a 20x2 pagas em 20x3 (Contas a Pagar 20x2) .. (4.000)
(–) Variações cambiais passivas .... (6.000)
(–) Despesas de depreciações.. (5.500)
(–) Despesa com PECLD... (800)
(=) Despesas competentes a 20x2 e pagas no mesmo ano 42.700
(+) Despesas competentes a 20x1 (Contas a Pagar em 20x1).......................1.000
(=) Total das despesas pagas em 20x2 ....43.700
(Opção e)

4. No período a empresa efetuou compras de estoques no valor de:
   a) 89.500;
   b) 86.500;
   c) 85.000;
   d) 82.000;
   e) 75.500.

(SOLUÇÃO)

$CMV = EI + C - EF \rightarrow 82.000 = 2.000 + C - 6.500 \rightarrow C = 86.500$

(Opção b)

5. Com os dados fornecidos e aplicando o método indireto para elaborar o fluxo de caixa, pode-se afirmar que a contribuição do resultado ajustado para a formação das disponibilidades é:
   a) 21.300;
   b) 12.000;
   c) 17.500;
   d) 20.500;
   e) 6.000.

(SOLUÇÃO)

O primeiro passo é observarmos que o Lucro Líquido está indicado na DMPL (9.000). No entanto, podemos também obter esse lucro montando a seguinte DRE:

Vendas 152.000

(–) CMV .... (82.000)

(=) Lucro Bruto 70.000

(–) Despesas .... (59.000)

(=) LAIR 11.000

(–) IR .... (2.000)

(=) Lucro Líquido 9.000

O resultado ajustado para a formação das disponibilidades é aquele obtido somando-se de volta ao Lucro Líquido as despesas indicadas na DRE que reduziram o lucro mas não afetaram as disponibilidades. Nesse caso, NÃO entrarão como ajustes as variações em ativos e passivos operacionais. Assim:

Lucro Líquido 9.000

(+) Depreciação 5.500

(+) Variações Cambiais Passivas 6.000

20.500

(Opção d)

6. O valor dos itens de investimentos que contribuíram para a variação das disponibilidades é:
   a) (5.500);
   b) (5.000);
   c) (500);
   d) 5.000;
   e) 5.500.

(SOLUÇÃO)

O FAI (Fluxo das Atividades de Investimento) está normalmente relacionado a empréstimos concedidos e operações de compra ou venda à vista de itens do ativo investimentos, imobilizado ou intangível. Na empresa em questão, a única operação que pode ser considerada FAI é a aquisição de Equipamentos no valor da diferença entre 20.000 e 15.000, isto é, no valor de 5.000. Visto que se trata de compra (saída de dinheiro) o fluxo é negativo de 5.000, ou seja, (5.000). Mas, como saberemos se essa compra foi à vista mesmo, ou seja, implicou saída de dinheiro? Nas demonstrações contábeis fornecidas poderíamos pensar na possibilidade de a compra desses bens ter sido feita mediante os financiamentos na diferença entre 22.000 e 16.000, ou seja, em 6.000. No entanto, este valor corresponde à correção cambial (Variações Cambiais Passivas) e não à dívida contraída na aquisição de equipamentos de 5.000. Outra possibilidade seria os Equipamentos terem sido avaliados a valor de mercado de 15.000 para 20.000, coisa esta que não ocorreu, pois não há no balanço Ajustes de Avaliação Patrimonial. Outra possibilidade seria que os sócios integralizassem ações mediante a entrega dos Equipamentos, coisa esta que não ocorreu, pois na DMPL não está indicado tal fato na coluna de Capital Social. Finalmente, não resta dúvida! Os 5.000 de aumento de saldo de Equipamentos só podem ser oriundos de compras à vista, implicando assim saída de disponibilidades no FAI.

(Opção b)

7. O valor do caixa líquido consumido nas atividades operacionais é:
   a) (9.300);
   b) (8.000);
   c) (3.000);
   d) 7.000;
   e) 9.000.

(SOLUÇÃO)

Lucro Líquido	*9.000*
(+) Depreciação	*5.500*
(+) Variação Cambial Passiva	*6.000*
(–) Aumento liquido em Clientes [(22.500 – 800) – (12.000 – 300)]	*(10.000)*
(–) Aumento em Estoques	*(4.500)*
(+) Aumento em Contas a Pagar	*3.000*
(–) Redução em Fornecedores	*(3.000)*
(+) Aumento em Impostos Provisionados	*1.000*
TOTAL	*7.000*

Obs.: *Há uma impropriedade no enunciado da questão. No lugar de "caixa líquido consumido nas atividades operacionais" o certo é "o caixa líquido gerado pelas atividades operacionais" pois seu valor é positivo, isto é, + 7.000.*

(Opção d)

Comentário extra: *Na Cia. Luanda, para que se possa ter uma melhor visão de tudo que foi visto, eis a DFC apresentada de forma completa:*

FAO	
Lucro Líquido	*9.000*
(+) Depreciação	*5.500*
(+) Variação Cambial Passiva	*6.000*
(–) Aumento líquido em Clientes [(22.500 – 800) – (12.000 – 300)]	*(10.000)*
(–) Aumento em Estoques	*(4.500)*
(+) Aumento em Contas a Pagar	*3.000*
(–) Redução em Fornecedores	*(3.000)*
(+) Aumento em Impostos Provisionados	*1.000*
TOTAL	*7.000*
FAI	
Aquisição de Equipamentos	*(5.000)*
FAF	
Realização de Capital	*6.000*
Pagamento de Promissórias	*(10.000)*
Total dos FAF	*(4.000)*
Variação das Disponibilidades (FAO + FAI + FAF)	***(2.000)***

Nota: *Como podemos observar, a variação das disponibilidades, que é a soma algébrica dos três fluxos, isto é, 7.000 + (– 5.000) + (– 4.000) = – 2.000, corresponde exatamente à variação das disponibilidades indicadas nos balanços, ou seja, 6.000 – 8.000 = – 2.000.*

COMENTÁRIO FINAL: Como podemos observar nos balanços da Cia. Luanda, o item "IR a Pagar" dos exercícios de 20x1 e 20x2, nos valores respectivos de 1.000 e 2.000, corresponde nas DRE exatamente às despesas com o IR, levando-nos a concluir que a empresa é tributada com base no lucro anual e paga o IR apenas com base nesse lucro, coisa essa que pela legislação atual NÃO existe mais, pois o IR é pago trimestralmente com base no lucro real ou mensalmente com base no lucro estimado. Infelizmente, muitos INSISTEM de forma equivocada em IR anual com pagamento anual, o que é nos dias atuais totalmente fora da realidade tributária das empresas brasileiras. No caso, se a Cia. Luanda fosse tributada, por exemplo, com base no lucro real trimestral, nas DRE as despesas com esses tributos poderiam, sem problema algum, continuar 1.000 e 2.000. No entanto, nos balanços os saldos de IR a Pagar seriam menores que 1.000 e 2.000, pois seriam referentes apenas aos valores não pagos do 4º trimestre de cada ano.

EXERCÍCIO RESOLVIDO 5: Considere os balanços da Cia. 547ZERO8, referentes aos exercícios sociais encerrados em 31/12/X0 e 31/12/X1, e a DRE de 31/12/X1 para responder às questões 1 a 4.

ATIVO	31/12/X0	31/12/X1
CIRCULANTE	**8.912,00**	**11.951,00**
Caixa	500,00	251,00
Bancos conta Movimento	780,00	2.515,00
Mercadorias	2.870,00	2.605,00
Duplicatas a Receber	4.762,00	6.580,00
NÃO CIRCULANTE	**9.519,00**	**13.339,00**
Realizável LP	**1.000,00**	**3.500,00**
Empréstimos a Diretores (90 dias)	1.000,00	240,00
Aplicações Financeiras	-	3.260,00
Investimentos	**5.385,00**	**4.885,00**
Imóveis (alugados a terceiros)	3.465,00	3.465,00
Obras de Arte	1.920,00	1.420,00
Imobilizado	**2.654,00**	**4.534,00**
Veículos	2.860,00	2.860,00
Depreciação Acumulada	(206,00)	(237,00)
Móveis e Utensílios	-	1.960,00
Depreciação Acumulada	-	(49,00)
Intangível	**480,00**	**420,00**
Concessões Obtidas	600,00	600,00
Amortização Acumulada	(120,00)	(180,00)
TOTAL DO ATIVO	**18.431,00**	**25.290,00**

PASSIVO	31/12/X0	31/12/X1
CIRCULANTE	**8.404,00**	**10.530,00**
Fornecedores	6.154,00	5.540,00
ICMS a Recolher	400,00	780,00
Salários a Pagar	170,00	210,00
IR e CSLL a Pagar (4º trimestre)	96,00	504,00
Dividendos a Pagar	1.584,00	3.496,00

NÃO CIRCULANTE	**310,00**	**2.200,00**
Debêntures	-	1.500,00
Ágio a Vencer (na emissão de debêntures)	-	360,00
Receita Antecipada de Aluguéis	310,00	340,00
Patrimônio Líquido	**9.717,00**	**12.560,00**
Capital Social	8.590,00	9.020,00
Alienação de Bônus de Subscrição	977,00	3.206,00
Reserva Legal	150,00	334,00
TOTAL DO PASSIVO	**18.431,00**	**25.290,00**

DRE – 31/12/X1

Vendas	8.660,00
(–) ICMS.	(700,00)
(–) PIS e COFINS	(200,00)
(=) Receita Líquida	7.760,00
(–) CMV	(1.600,00)
(=) Lucro Bruto	**6.160,00**
(–) Salários	(1.900,00)
(–) Aluguéis	(420,00)
(–) Amortização	(60,00)
(–) Depreciação	(80,00)
(+) Aluguéis Ativos	1.705,00
(–) Outras Despesas	(500,00)
(–) Despesas Gerais	(140,00)
Lucro antes das Receitas e Desp. Financeiras	**4.765,00**
(+) Receita de Ágio	15,00
(+) Juros Ativos	220,00
(=) Lucro antes do IR e CSLL	**5.000,00**
(–) IR e CSLL (24% sobre lucro real)	(1.320,00)
(=) Lucro Líquido	3.680,00

Informações adicionais:

- Em X1 uma obra de arte avaliada em 500,00 foi destruída, sendo tal perda contabilizada como "Outras Despesas".
- Em X1, a empresa comprou mesas, cadeiras e armários para uso próprio no total de 1.960,00.
- A empresa é tributada com base no LUCRO REAL TRIMESTRAL. No exercício social de X0 a despesa total do IR e CSLL dos 4 trimestres foi de R$ 552,00, sendo que o IR e CSLL do 4º trimestre no valor de R$ 96,00 foram pagos no exercício social de X1. O IR e a CSLL dos três primeiros trimestres de X1 foram contabilizados e pagos em X1. O IR e a CSLL do 4º trimestre serão pagos em X2.
- Na distribuição do resultado de X1, 5% do lucro líquido foram destinados à reserva legal. O lucro remanescente foi destinado aos dividendos, os quais serão pagos em 60 dias da data do balanço.
- Em X1, a empresa aumentou seu capital social em R$ 430,00 com a emissão de novas ações, mediante depósito bancário em dinheiro.

1. Em relação à DFC de 31/12/X1, na apresentação dos fluxos de caixa das atividades operacionais, o valor do caixa líquido proveniente dessas atividades foi de:

   a) 3.680,00;
   b) 5.000,00;
   c) 4.710,00;
   d) 5.140,00;
   e) 3.371,00.

(SOLUÇÃO)

FLUXOS DE CAIXA DAS ATIVIDADES OPERACIONAIS

Lucro Líquido	*3.680,00*
(+) Depreciação	*80,00*
(+) Amortização	*60,00*
(+) Outras Despesas	*500,00*
(+) Variação positiva em receita antecipada de aluguéis	*30,00*
(+) Variação positiva em receita de ágio a vencer	*360,00*
(+) Redução no saldo de Mercadorias	*265,00*
(–) Aumento no saldo de Duplicatas a Receber	*(1.818,00)*
(–) Redução no saldo de Fornecedores	*(614,00)*
(+) Aumento de saldo em ICMS a Recolher	*380,00*
(+) Aumento em Salários a Pagar	*40,00*
(+) Aumento em IR e CSLL a Pagar	*408,00*
Caixa líquido proveniente das atividades operacionais	*3.371,00*

(Opção e)

(2ª SOLUÇÃO) – A forma de expor o Fluxo das Atividades Operacionais anterior é correta, mas não é a ideal quando se quer deixar claro o valor exato que a empresa pagou de IR e CSLL no exercício social de X1. Apenas indica a diferença de saldo entre IR e CSLL a Pagar nos dois balanços (R$ 408,00). Desta forma, se quisermos apresentar esse fluxo de tal maneira que fique evidente o verdadeiro valor pago do IR e CSLL no exercício social de X1, devemos partir não do Lucro Líquido indicado ao fim da DRE e sim do ***Lucro Líquido antes do IR e CSLL****:*

Lucro Líquido antes do IR e CSLL	***5.000,00***
(+) Depreciação	*80,00*
(+) Amortização	*60,00*
(+) Outras Despesas	*500,00*
(+) Variação positiva em receita antecipada de aluguéis	*30,00*
(+) Variação positiva em receita de ágio a vencer	*360,00*
(+) Redução no saldo de Mercadorias	*265,00*
(–) Aumento no saldo de Duplicatas a Receber	*(1.818,00)*
(–) Redução no saldo de Fornecedores	*(614,00)*
(+) Aumento de saldo em ICMS a Recolher	*380,00*
(+) Aumento em Salários a Pagar	*40,00*
(–) IR e CSLL pagos	***(912,00)***
Caixa líquido proveniente das atividades operacionais	*3.371,00*

Nota: *O valor do IR e CSLL pagos em X1 foi obtido da seguinte forma:*

Pagamento do IR e CSLL (4º trimestre de X0)	*96,00*
(+) Despesa com IR e CSLL (exercício de X1)	*1.320,00*
(–) IR e CSLL (4º trimestre de X1 a pagar em X2)	*(504,00)*
(=) IR e CSLL pagos em X1	*912,00*

Lembremos que na DFC ***não importa*** *a competência e sim o pagamento. Desta forma, o valor da despesa com IR e CSLL indicada na DRE de X1 é irrelevante para efeitos de informações apresentadas na DFC de X1. O que importa de fato é o valor que foi efetivamente pago, independentemente da competência.*

2. Na DFC de 31/12/X1, a apresentação dos fluxos de caixa das atividades de investimento apresentará:
   a) caixa líquido proveniente das atividades de investimento no valor de R$ 1.000,00;
   b) caixa líquido usado nas atividades de investimento no valor de R$ 2.500,00;
   c) caixa líquido proveniente das atividades de investimento no valor de R$ 760,00;
   d) caixa líquido usado nas atividades de investimento no valor de R$ 4.460,00;
   e) caixa líquido proveniente das atividades de investimento no valor de R$ 4.460,00.

(SOLUÇÃO)

FLUXOS DE CAIXA DAS ATIVIDADES DE INVESTIMENTO

Recebimento de empréstimos a diretores	*1.000,00*
Concessão de empréstimos a diretores	*(240,00)*
Aplicações financeiras	*(3.260,00)*
Compra de móveis e utensílios	*(1.960,00)*
Caixa líquido usado nas atividades de investimento	*(4.460,00)*

(Opção d)

3. Na DFC de 31/12/X1, a apresentação dos fluxos de caixa das atividades de financiamento apresentará:
   a) caixa líquido proveniente das atividades de financiamento no valor de R$ 346,00;
   b) caixa líquido usado nas atividades de financiamento no valor de R$ 84,00;
   c) caixa líquido proveniente das atividades de financiamento no valor de R$ 2.575,00;
   d) caixa líquido usado nas atividades de financiamento no valor de R$ 2.575,00;
   e) caixa líquido usado nas atividades de financiamento no valor de R$ 1.584,00.

(SOLUÇÃO)

FLUXOS DE CAIXA DAS ATIVIDADES DE FINANCIAMENTO

Pagamento de dividendos	*(1.584,00)*
Emissão de debêntures	*1.500,00*
Aumento do capital social	*430,00*
Alienação de bônus de subscrição	*2.229,00*
Caixa líquido proveniente das atividades de financiamento	*2.575,00*

(Opção c)

Comentário extra: *De acordo com o Pronunciamento Técnico CPC 03, o pagamento de dividendos pode, opcionalmente, ser apresentado no fluxo de caixa das atividades operacionais. No entanto, a mesma deliberação deixa claro no item 36 que a PREFERÊNCIA é classificação desse pagamento como fluxo de caixa das atividades de financiamento. Caso contrário, ou seja, caso tal pagamento seja indicado como fluxo das operações, esse fato* ***deve ser indicado em nota****. Em questões de concursos públicos ou exercícios propostos, se nada for informado em relação a esse fato, devemos sempre incluir o pagamento de dividendos com fluxo das atividades de financiamento.*

4. A variação das disponibilidades no exercício social de X1 foi de:
   a) R$ 249,00;
   b) R$ 1.280,00;
   c) R$ 2.766,00;
   d) R$ 1.486,00;
   e) R$ 1.235,00.

(SOLUÇÃO)

Disponibilidades (X0):

Caixa.. 500,00

BCM.. 780,00

TOTAL.................................. 1.280,00

Disponibilidades (X1):

Caixa.. 251,00

BCM.................................... 2.515,00

TOTAL.................................. 2.766,00

Variação das disponibilidades = 2.766,00 – 1.280,00 = 1.486,00

(Opção d)

(2ª SOLUÇÃO) – Outra forma de obtermos a variação das disponibilidades é somarmos algebricamente os valores dos três fluxos:

FAO + FAI + FAF = 3.371,00 – 4.460,00 + 2.575,00 = 1.486,00

EXERCÍCIO RESOLVIDO 6: O enunciado a seguir se refere às questões 1 a 7.

A Cia. Comercial Complicada e Longa apurou o seguinte Balanço Patrimonial em 01/01/20X1:

ATIVO	**PASSIVO**
Circulante	**Patrimônio Líquido**
Caixa.................................... 300.000,00	Capital Social 300.000,00
Total do Ativo 300.000,00	Total do Passivo....................... 300.000,00

Durante o primeiro semestre de 20X1, ocorreram as seguintes transações:

I. Os sócios da Cia. Comercial Complicada e Longa aumentaram o Capital Social da empresa em R$ 300.000 da seguinte forma:

– R$ 150.000,00 integralizados, imediatamente, em dinheiro;

– R$ 90.000,00 integralizados, imediatamente, em um terreno localizado na cidade de Taubaté; e

– R$ 60.000,00 a serem integralizados no ano de 20X4.

II. A Cia. Comercial Complicada e Longa comprou 50.000 unidades da mercadoria "Trabalhosa", por R$ 4,50 a unidade (desconsidere os impostos). O pagamento ao fornecedor foi realizado à vista.

III. A Cia. Comercial Complicada e Longa vendeu 45.000 unidades da mercadoria "Trabalhosa" por R$ 6,00 a unidade (desconsidere os impostos). A venda foi negociada a prazo.

IV. A Cia. Comercial Complicada e Longa recebeu de seus clientes metade das Duplicatas a Receber. O restante das duplicatas vencerá, ainda, em 20X1 (no segundo semestre).

V. No início de abril, a Cia. Comercial Complicada e Longa obteve um empréstimo bancário no valor de R$ 210.000,00. O principal deverá ser pago em 20X5, mas os juros mensais de R$ 1.200,00 devem ser pagos ao final de cada mês. A Cia. Comercial Complicada e Longa honrou os pagamentos dos juros nos prazos acordados (inclusive no mês de abril).

VI. No início de maio, a Cia. Comercial Complicada e Longa comprou um caminhão, à vista, por R$ 180.000,00. Espera-se que esse veículo tenha uma vida útil de 5 anos, ao final do qual se reduzirá a sucata, e o método de depreciação adotado é o linear – cotas constantes. A Cia. Comercial Complicada e Longa reconheceu a depreciação mensalmente (inclusive no mês de maio).

VII. A Cia. Comercial Complicada e Longa incorreu e pagou despesas administrativas de R$ 30.000,00 e despesas comerciais de R$ 15.000,00. Dessas despesas, R$ 24.000,00 eram referentes a Pessoal e Encargos; e o restante, referente a Serviços Contratados de Terceiros.

Informações adicionais:

- Desconsidere a incidência de qualquer tributo, bem como qualquer outra variável não apresentada neste enunciado.
- Sabe-se que 25% do lucro do semestre foram provisionados como dividendos, mas ainda não foram pagos.

1. O saldo do Lucro Líquido, evidenciado na DRE apurada em 30/06/20X1, é:

   a) 67.500,00;

   b) 63.900,00;

   c) 12.900,00;

   d) 61.500,00;

   e) 18.900,00.

(SOLUÇÃO)

Vendas [45.000 × 6,00]..270.000,00

(–) CMV [45.000 × 4,50].. (202.500,00)

(–) Despesas de juros [1.200,00 × 3] .... (3.600,00)

(–) Depreciação [180.000,00 × 20% ÷ 12 × 2]............................ (6.000,00)

(–) Despesas administrativas.. (30.000,00)

(–) Despesas comerciais.. (15.000,00)

(=) Lucro líquido...12.900,00

(Opção c)

2. O Ativo Circulante no balanço de 30/06/20X1 foi de:

   a) 341.400,00;

   b) 476.400,00;

   c) 363.900,00;

   d) 498.900,00;

   e) 157.500,00.

(SOLUÇÃO)

Caixa

Saldo (01/01/20X1)...300.000,00

(+) Integralização de capital em dinheiro 150.000,00

(–) Compras à vista [4,50 × 50.000].. (225.000,00)

(+) Recebimento de clientes [6,00 × 45.000,00 ÷ 2]........................135.000,00

(+) Empréstimo bancário 210.000,00

(–) Pagamento de juros [1.200,00 × 3]... (3.600,00)

(–) Compra de caminhão .... (180.000,00)

(–) Pagamento de despesas comerciais e administrativas................. (45.000,00)

(=) Saldo (30/06/20X1)...341.400,00

Clientes

Saldo (01/01/20X1)..0,00

(+) Vendas a prazo [6,00 × 45.000,00]...270.000,00

(–) Recebimento de clientes [6,00 × 45.000,00 ÷ 2].................. (135.000,00)

(=) Saldo (30/06/20X1)...135.000,00

Mercadorias

Saldo (01/01/20X1).. 0,00

(+) Compras à vista [4,50 × 50.000] 225.000,00

(–) Vendas a prazo [4,50 × 45.000] .... (202.500,00)

(=) Saldo (30/06/20X1).. 22.500,00

Total do AC = 341.400,00 + 135.000,00 + 22.500,00 = 498.900,00

(Opção d)

3. O valor do Fluxo das Operações, evidenciado na DFC pelo método direto apurada em 30/06/20X1, é:
   a) 135.000,00 positivos;
   b) 135.000,00 negativos;
   c) 90.000,00 negativos;
   d) 144.600,00 negativos;
   e) 138.600,00 negativos.

Fluxo das Operações (método direto)

Recebimento de clientes 135.000,00

Pagamento de fornecedores.. (225.000,00)

Pagamento de Juros .... (3.600,00)

Pagamento de despesas comerciais e administrativas....................... (45.000,00)

Total.. (138.600,00)

(Opção e)

4. O somatório das variações dos ativos e passivos operacionais, evidenciado na DFC pelo método indireto apurada em 30/06/20X1, é:
   a) – 135.000,00;
   b) – 270.000,00;
   c) – 157.500,00;
   d) 135.000,00;
   e) – 151.500,00.

(SOLUÇÃO)

Pelo método indireto, o Fluxo das Operações seria o seguinte:

Lucro Líquido .... R$ 12.900,00
(+) Depreciação .... R$ 6.000,00
(–) Aumento do saldo de Clientes .... (R$ 135.000,00)
(–) Aumento do saldo de Mercadorias .... (R$ 22.500,00)
Total .... (R$ 138.600,00)

Assim, o somatório das variações dos ativos e passivos operacionais foi de – R$ 135.000,00 – R$ 22.500,00, ou seja, – R$ 157.500,00. ***(Opção c)***

5. O valor do Fluxo dos Financiamentos, apresentado na DFC apurada em 30/06/20X1, é:
   a) $ 150.000,00 positivos;
   b) $ 210.000,00 positivos;
   c) $ 206.400,00 positivos;
   d) $ 360.000,00 positivos;
   e) $ 356.400,00 positivos.

(SOLUÇÃO)

Fluxo dos Financiamentos
Aumento do Capital Social em dinheiro 150.000,00
Empréstimos Obtidos... 210.000,00
Total 360.000,00
(Opção d)

6. O valor do Fluxo dos Investimentos, apresentado na DFC apurada em 30/06/20X1, é:
   a) 273.225,00 negativos;
   b) 270.000,00 negativos;
   c) 180.000,00 negativos;
   d) 41.400,00 positivos;
   e) 341.400,00 positivos.

(SOLUÇÃO)

Fluxo dos Investimentos

Compra de veículo ....(R$ 180.000,00)

(Opção c)

7. A variação das disponibilidades indicada na DFC, em 30/06/20X1, é:
   a) 273.225,00 negativos;
   b) 270.000,00 negativos;
   c) 180.000,00 negativos;
   d) 41.400,00 positivos;
   e) 341.400,00 positivos.

(SOLUÇÃO)

Variação das disponibilidades = R$ 341.400,00 – R$ 300.000,00 = R$ 41.400,00

ou

Variação das disponibilidades = FO + FF + FI = – R$ 138.600,00 + R$ 360.000,00 – R$ 180.000,00 = R$ 41.400,00 ***(Opção d)***

Comentário extra: *A fim de facilitar o entendimento das soluções anteriores, eis o balanço patrimonial da Cia. Comercial Complicada e Longa em 30/06/X1:*

ATIVO		*PASSIVO*	
Circulante	***498.900,00***	***Circulante***	***3.225,00***
Caixa	*341.400,00*	*Dividendos a Pagar*	*3.225,00*
Clientes	*135.000,00*		
Mercadorias	*22.500,00*		
Não Circulante	***264.000,00***	***Não Circulante***	***210.000,00***
Terrenos	*90.000,00*	*Empréstimos*	*210.000,00*
Veículos	*180.000,00*		
Depreciação Acumulada	*(6.000,00)*	***Patrimônio Líquido***	***549.675,00***
		Capital Social	*600.000,00*
		Capital a Integralizar	*(60.000,00)*
		Reservas de Lucros	*9.675,00*
Total do Ativo	***762.900,00***	***Total do Passivo***	***762.900,00***

EXERCÍCIO RESOLVIDO 7: Com base no enunciado a seguir, responda às questões 1 a 7.

A Cia. VRX vende o produto XRV. A empresa apresenta o seguinte Balanço em 31/03/X1:

ATIVO		PASSIVO + PATRIMÔNIO LÍQUIDO	
Disponibilidades	30.000	Fornecedores	13.200
Estoques	12.000	Contas a Pagar	18.800
Móveis e Utensílios	60.000	Capital Social	50.000
(-) Depreciação acumulada	- 3.000	Lucros Acumulados	17.000
Total	99.000		99.000

Informações adicionais:

i) o Estoque é constituído por 1.000 unidades adquiridas por R$ 12,00 cada. A empresa adota o CMPM (Custo médio ponderado móvel) – controle permanente;

ii) os Móveis e Utensílios são depreciados à taxa de 10% ao ano.

A empresa efetuou as seguintes operações no mês de abril de X1:

Data	Evento
01	A empresa efetuou o seguro anual de seu patrimônio, mediante o pagamento do prêmio de seguro no valor total de R$ 3.000,00, à vista.
03	Compra de 1.000 unidades de XRV por R$ 15,00 cada, para pagar em maio/X1.
07	Compra de 2.000 unidades por R$ 14,00 cada, à vista.
09	Venda de 2.500 unidades de XRV por R$ 20,00 cada, sendo metade à vista e metade a prazo para recebimento em 60 dias.
12	Venda de 800 unidades de XRV por R$ 18,00 cada, à vista.
17	Compra de 1.300 unidades de XRV por R$ 12,75 cada, para pagamento em 30 dias
21	Aumento do Capital Social em R$ 15.000,00, sendo R$ 6.000,00 em dinheiro e o restante em integralização de parte do saldo de Lucros Acumulados.
22	Pagamento de R$ 15.200,00 aos fornecedores e da metade de Contas a Pagar.
30	Reconhecimento e pagamento de despesas administrativas e comerciais no montante total de R$ 9.475,00, sendo R$ 3.100,00 relativos a serviços de terceiros e o restante a pessoal próprio.
30	Apropriação mensal da despesa de seguro e depreciação dos móveis e utensílios.
30	Constatou que o valor realizável líquido, por unidade de XRV, é de R$ 11,50.
30	Pagamento de dividendos, em dinheiro, no valor correspondente a 30% do lucro líquido.

1. Considerando somente os dados do enunciado, determine o valor do lucro bruto do mês de abril/X1.
   a) Menor que 18.000,00.
   b) Entre 18.000,01 e 19.000,00.
   c) Entre 19.000,01 e 20.000,00.
   d) Entre 20.000,01 e 22.000,00.
   e) Maior que 22.000,00.

(SOLUÇÃO)

O primeiro passo é determinarmos o CMPM unitário até a data da primeira venda (dia 07):

$$CMPMu = \frac{12{,}00 \times 1.000 + 15{,}00 \times 1.000 + 14{,}00 \times 2.000}{1.000 + 1.000 + 2.000} = 13{,}75$$

Agora iremos determinar o CMV das vendas totais dos dias 9 e 12, multiplicando a quantidade vendida total pelo custo médio unitário do estoque anteriormente calculado:

$$CMV = 13{,}75 \times (2.500 + 800) = 45.375{,}00$$

Finalmente, acharemos o lucro bruto pela diferença entre a receita de vendas, que, no caso, é de 20,00 × 2.500 + 18,00 × 800, ou seja, 64.400,00. Assim:

Lucro bruto = 64.400,00 – 45.375,00 = 19.025,00 ***(Opção c)***

2. Considerando somente os dados do enunciado, determine o valor do lucro operacional do mês de abril/X1.
   a) Menor que 5.000,00.
   b) Entre 5.000,01 e 5.100,00.
   c) Entre 5.100,01 e 5.200,00.
   d) Entre 5.200,01 e 5.300,00.
   e) Maior que 5.300,00.

(SOLUÇÃO)

O lucro operacional será a diferença entre o lucro bruto e as seguintes despesas operacionais: depreciação de móveis e utensílios, despesa de seguros, despesas administrativas e comerciais e a Despesa com Ajuste de Estoque ao Valor de Mercado (DAEVM).

Assim, começaremos calculando esta última determinando, em primeiro lugar, o novo CMPM no dia 17, através da média ponderada entre o CMPM já calculado anteriormente, isto é, 13,75, e 12,75, que é o custo unitário da compra do dia 17, considerando que o primeiro possui 4.000 unidades menos 3.300 unidades, ou seja, 700 unidades, e o segundo possui a quantidade da compra do dia 17, ou seja, 1.300 unidades:

$$CMPMu = \frac{13{,}75 \times 700 + 12{,}75 \times 1.300}{2.000} = 13{,}10$$

Assim, a Despesa com Ajuste de Estoque ao Valor de Mercado (DAEVM) será o produto da quantidade existente no estoque, ou seja, 2.000 unidades pela diferença 13,10 e 11,50:

$$DAEVM = (13{,}10 - 11{,}50) \times 2.000 = 3.200{,}00$$

Assim, teremos:

Lucro bruto 19.025,00
(–) DAEVM .... (3.200,00)
(–) Depreciação [60.000,00 × 10% ÷ 12] .... (500,00)
(–) Despesa de seguros [3.000,00 ÷ 12] .... (250,00)
(–) Despesas administrativas e comerciais .... (9.475,00)
(=) Lucro operacional 5.600,00
(Opção e)

3. Considerando somente os dados do enunciado, determine o valor do patrimônio líquido no balanço de 30 de abril/X1.
   a) Menor que 77.000,00.
   b) Entre 77.000,01 e 78.000,00.
   c) Entre 78.000,01 e 79.000,00.
   d) Entre 79.000,01 e 80.000,00.
   e) Maior que 80.000,00.

(SOLUÇÃO)

PATRIMÔNIO LÍQUIDO:
Capital social [50.000,00 + 15.000] 65.000,00
Lucros acumulados [17.000,00 + 5.600,00 – 9.000,00 – 30% 5.600] 11.920,00
Total 76.920,00

(Opção a)

Comentário extra: *Antes da Lei nº 11.638/2007, era indicada como parte do patrimônio líquido no balanço patrimonial a conta Lucros Acumulados. Com o advento dessa lei, essa conta foi eliminada do patrimônio líquido para efeitos de* ***balanço patrimonial de encerramento do exercício social****. No entanto, cabe ressaltar que nada impede que esta conta apareça como integrante de um balanço patrimonial feito* ***numa data qualquer que não seja aquela do encerramento do exercício social****. Assim, se uma companhia, por exemplo, encerra seu exercício social em 31 de dezembro de cada ano, o balanço nesta data não poderá conter a conta Lucros Acumulados como integrante do patrimônio líquido, tendo em vista a alínea* d *do § 2º do art. 178, a qual determina que no balanço elaborado ao fim do exercício social o patrimônio líquido é dividido em capital social, reservas de capital, ajustes de avaliação patrimonial, reservas de lucros, ações em tesouraria e prejuízos acumulados. Todavia, se essa mesma companhia decide, por conta própria, elaborar um balanço patrimonial ao fim do primeiro trimestre, por exemplo, e nesse trimestre a empresa apurou lucro,* ***não há problema algum*** *na inclusão da conta Lucros Acumulados no patrimônio líquido nesse balanço com saldo diferente de zero, tendo em vista que não é o balanço de encerramento do exercício social. Observemos que isso acontece no caso da Cia. VRX, que possui nos balanços de 31 de março e 30 de abril a conta Lucros Acumulados. Assim, diante da Lei nº 6.404/1976 modificada a partir da Lei nº 11.638/2007, NÃO há problema algum nisso. No entanto, no balanço de 31/12/X1, essa companhia não poderá apresentar a conta Lucros Acumulados com saldo diferente de zero. Outro detalhe a ser observado é em relação aos dividendos. Com base no § 6º do art. 202 da Lei nº 6.404/1976, os lucros não destinados às reservas de lucros (reserva legal, reservas estatutárias, reservas para contingências, reservas de incentivos fiscais, retenção de lucros e reserva de lucros a realizar) DEVERÃO ser distribuídos como dividendos. No entanto, cabe lembrar que as reservas de lucros* ***só são constituídas ao fim do exercício social****, quando é apurado o lucro líquido do exercício que está sendo encerrado. Assim, se o balanço da Cia. VRX fosse aquele do encerramento do exercício social, o saldo em Lucros Acumulados (11.920,00) teria que ser distribuído como dividendos. Porém, como esse balanço não é aquele do encerramento do exercício social, não há problema algum na distribuição de apenas 30% do lucro líquido, que, no caso, coincidiu com o lucro operacional da referida companhia. Mas, ainda resta uma dúvida: É legal a distribuição ou pagamento dos dividendos numa data qualquer que não seja aquela de encerramento do exercício social? A resposta é SIM, tendo em vista o disposto no § 3º do art. 205 da Lei nº 6.404/1976, o qual determina que o dividendo deverá ser pago, salvo deliberação em contrário da assembleia geral, no prazo de 60 (sessenta) dias da data em que for declarado e,* ***em qualquer caso****, dentro do exercício social.*

4. Considerando somente os dados do enunciado, determine o valor do fluxo de caixa líquido da atividade operacional do mês de abril/X1.

a) Menor que – 26.000,00.

b) Entre – 24.000 e – 21.000,00.

c) Menor que – 24.000,00.

d) Menor que – 27.000.

e) Entre – 20.000 e + 20.000.

(SOLUÇÃO)

Nesse tipo de exercício, visto que apenas nos é fornecido o balanço patrimonial do início do período e os fatos ocorridos no período, o método mais indicado para a determinação dos fluxos das atividades operacionais é o direto. Assim, teremos:

Recebimento de clientes [20,00 × 2.500 ÷ 2 + 18,00 × 800]............ 39.400,00
Pagamento de fornecedores [14,00 × 2.000 + 15.200,00]..............(43.200,00)
Pagamento de contas a pagar [18.800,00 ÷ 2]...............................(9.400,00)
Pagamento de seguro ....(3.000,00)
Pagamento de despesas administrativas e comerciais..........................(9.475,00)
Total dos fluxos das atividades operacionais.....................................(25.675,00)
(Opção c)

5. Considerando somente os dados do enunciado, determine o valor do fluxo de caixa líquido da atividade de financiamento do mês de abril/X1.
   a) Menor que 3.000,00.
   b) Entre 3.000,01 e 3.500,00.
   c) Entre 3.500,01 e 3.600,00.
   d) Entre 3.600,01 e 4.400,00.
   e) Maior que 4.400,00.

(SOLUÇÃO)
Aumento do capital social em dinheiro 6.000,00
Pagamento de dividendos [30% × 5.600,00] ....(1.680,00)
Total dos fluxos das atividades de financiamentos 4.320,00
(Opção d)

6. Considerando somente os dados do enunciado, determine o valor do fluxo de caixa líquido da atividade de investimento do mês de abril/X1.
   a) Menor que 1.000,00.
   b) Entre 1.000,01 e 1.200,00.
   c) Entre 1.200,01 e 1.300,00.
   d) Entre 1.300,01 e 1.400,00.
   e) Maior que 1.400,00.

(SOLUÇÃO)
Não há fluxos de atividades de investimento no período. ***(Opção a)***

7. Considerando somente os dados do enunciado, determine o valor da variação das disponibilidades do mês de abril/X1.
   a) Menor que 0,00.
   b) Entre 0,00 e 1.000,00.
   c) Entre 1.000,01 e 6.000,00.
   d) Entre – 2.000,00 e 2.000,00.
   e) Entre – 14.000,00 e 500,00.

(SOLUÇÃO)

A variação das disponibilidades será igual ao somatório dos três fluxos, ou seja, – 25.675,00 + 4.320,00 + 0,00 = – 21.355,00 ***(Opção a)***

EXERCÍCIO RESOLVIDO 8: (BNDES – Contador Júnior/ Fundação Cesgranrio) Analise as transações a seguir, efetuadas pela Companhia Z.

	R$
Recebimentos de juros	1.000,00
Empréstimos contraídos a curto prazo	4.000,00
Venda de ações emitidas pela Cia. Z	14.000,00
Pagamento pela compra de imobilizado	10.000,00
Distribuição de dividendos pela Cia. Z	3.000,00
Pagamento a fornecedores de mercadorias	1.000,00

O caixa líquido gerado nas atividades de financiamento, na Demonstração do Fluxo de Caixa, pelo método direto, em reais, será de:

a) 15.000,00;

b) 16.000,00;

c) 18.000,00;

d) 22.000,00;

e) 23.000,00.

(SOLUÇÃO)

Os FAF (Fluxos das Atividades de Financiamento) são aqueles relacionados a empréstimos e financiamentos obtidos e a fluxos de disponibilidades com contrapartida no patrimônio líquido. Em outras palavras, são aqueles que relacionam entradas ou saídas de disponibilidades a passivo financeiro e patrimônio líquido. Também, é considerado parte integrante dos FAF o pagamento de dividendos. Assim, teremos:

Empréstimos contraídos a curto prazo 4.000,00

Venda de ações emitidas pela Cia. Z... 14.000,00

Distribuição de dividendos pela Cia. Z ....(3.000,00)

TOTAL.. 15.000,00

(Opção a)

Comentário extra: *Na elaboração da questão, a distribuição de dividendos foi considerada como equivalente a pagamento de dividendos. Na realidade, a maioria das companhias distribui dividendos em 31 de dezembro de cada ano e os paga no máximo em 60 dias após essa distribuição, tendo em vista o § 3º do art. 205 da Lei nº 6.404/1976, o qual dispõe que o dividendo deverá ser pago, salvo deliberação em contrário da assembleia geral, no prazo de 60 (sessenta) dias da data em que for declarado e, em qualquer caso, dentro do exercício social.*

Assim, na prática, são feitas as seguintes contabilizações:

Distribuição (ou Declaração ou Provisionamento) dos dividendos:

D – Lucros Acumulados

C – Dividendos a Pagar

Pagamento dos dividendos (60 dias no máximo após a declaração):

D – Dividendos a Pagar

C – Caixa (ou Bancos)

No entanto, se a companhia pagar dividendos que ***não sejam aqueles declarados ao fim do exercício social****, isto é, pagar dividendos referentes aos lucros de qualquer período (mensal, trimestral, semestral etc.) dentro do exercício social, normalmente esses dividendos* ***não são provisionados****, ou seja, não é utilizada a conta Dividendos a Pagar. Neste caso, a contabilização é feita da seguinte forma:*

D – Lucros Acumulados

C – Caixa (ou Bancos)

EXERCÍCIO RESOLVIDO 9: Instruções: Utilize os dados fornecidos a seguir para responder às questões 01 a 11:

A Cia. Safári apresentou as seguintes informações extraídas de sua contabilidade (valores em reais):

I. Balanços patrimoniais de 20X1/20X2 (Valores em R$)

Cia. Safári – Balanços Patrimoniais		
ATIVO	**20X1**	**20X2**
Circulante		
Disponibilidades	1.760	260
Duplicatas a Receber	12.800	48.000
(-) Perdas Estimadas em Créd. de Liq. Duvidosas (PECLD)	(320)	(800)
Mercadorias	3.360	64.000
Seguros Antecipados	320	480
Não Circulante		
INVESTIMENTOS		
Terreno	4.112	-
IMOBILIZADO		
Imóveis	8.000	8.000
Veículos	9.600	9.600
Depreciação Acumulada	(1.920)	(3.680)
Total	**37.712**	**125.860**
PASSIVO	**20X1**	**20X2**
Circulante		
Duplicatas a Pagar	5.920	54.400
Contas a Pagar	3.200	5.280
Juros a Pagar	800	2.400
Adiantamentos de Clientes	1.600	6.400
IR e CSLL a Pagar	320	6.816
Dividendos a Pagar	220	0
Salários a Pagar	1.600	1.600
Empréstimos Bancários	1.400	
Não Circulante		
Empréstimos Bancários	1.800	16.000
Patrimônio Líquido		
Capital Social	13.120	13.120
Capital a Integralizar	(320)	0
Reserva Legal	640	640
Retenção de Lucros	7.412	7.412
Lucros Acumulados	-	11.792
Total	37.712	125.860

II. Fluxo financeiro do exercício de 20X2 (Valores em R$):

Cia. Safári – Movimento Financeiro Exercício de 20X2	
Recebimentos:	
Duplicatas a Receber	152.000
Adiantamento de Clientes	22.400
Empréstimos Bancários	32.000
Integralização de Capital	320
Receita de Vendas à Vista	65.600
Venda de Terreno	5.112
Total dos Recebimentos:	277.432
Pagamentos:	
Compras à vista	104.000
Duplicatas a Pagar	87.520
Seguros Antecipados	640
Contas a Pagar	33.120
IR e CSLL a Pagar	5.432
Juros a Pagar	6.400
Dividendos a Pagar	220
Salários a Pagar	22.400
Empréstimos Bancários	19.200
Total dos Pagamentos	278.932

III. **Informações complementares:**

- Ignore a existência de impostos e contribuições incidentes sobre vendas.
- Nos valores apresentados no balanço patrimonial de 20X2, não está computada a destinação do resultado líquido, a saber: a constituição de reserva legal e o restante do lucro líquido para os dividendos.
- O endividamento bancário foi renegociado e o vencimento previsto para a última parcela se dará após 20X5. Os juros incidentes são semestrais e pagos no primeiro dia útil após cada semestre.
- Os créditos de liquidação duvidosa, em 20X2, foram provisionados no valor de 800, não havendo nesse ano reversão de provisão formada em 20X1 e nem despesa de perdas com clientes referentes a 20X1.
- Com base nessas informações, identifique os valores solicitados a seguir, referentes ao exercício de 20X2.
- As despesas gerais operacionais tramitam por contas a pagar.
- O único terreno desocupado que a empresa possuía em 20X1 foi vendido em 20X2 com um lucro de R$ 1.000.

1. Vendas a Prazo em 20X2:
   a) R$ 270.720;
   b) R$ 275.200;
   c) R$ 187.520;
   d) R$ 83.200;
   e) R$ 65.600.

(SOLUÇÃO)

Recebimento de Duplicatas a Receber em 20X2.................................. 152.000
(–) Vendas a prazo em 20X1 recebidas em 20X2 (12.800 – 320).........(12.480)
(=) Vendas a prazo em 20X2 recebidas em 20X2................................ 139.520
(+) Vendas a Prazo em 20X2 para recebimento em 20X3...................... 48.000
(=) Vendas a Prazo em 20X2.. 187.520

(Opção c)

2. Compras a prazo em 20X2:
   a) 240.000;
   b) 184.000;
   c) 160.000;
   d) 152.000;
   e) 136.000.

(SOLUÇÃO)

Pagamento de Duplicatas a Pagar em 20X2 .... 87.520
(–) Compras a prazo em 20X1 pagas em 20X2....................................(5.920)
(=) Compras a prazo em 20X2 pagas em 20X2 .... 81.600
(+) Compras a Prazo em 20X2 para pagamento em 20X3 .... 54.400
(=) Compras a Prazo em 20X2 .... 136.000

(Opção e)

3. Custo das Mercadorias Vendidas em 20X2:
   a) 243.360;
   b) 240.000;
   c) 179.360;
   d) 147.200;
   e) 131.360.

(SOLUÇÃO)

Estoque Inicial de 20X2 (= Estoque Final de 20X1) 3.360
(+) Compras a Prazo em 20X2 .... 136.000
(+) Compras à Vista em 20X2 .... 104.000
(–) Estoque Final de 20X2 .... (64.000)
(=) CMV (20X2) 179.360
(Opção c)

4. Lucro Bruto:
   a) 91.360;
   b) 92.000;
   c) 93.500;
   d) 84.750;
   e) 90.000.

(SOLUÇÃO)

Recebimento de Adiantamentos de Clientes em 20X2 .... 22.400
(+) Adiantamentos de Clientes de 20X1 (mercadorias entregues em 20X2) 1.600
(–) Receb. de Adiant. de Clientes em 20X2 (mercadorias entregues em 20X3) .... (6.400)
(=) Adiantamentos de Clientes em 20X2 (mercadorias entregues em 20X2) 17.600
(+) Vendas a Prazo em 20X2 .... 187.520
(+) Vendas à Vista em 20X2 .... 65.600
(=) Receita de Vendas (20X2) 270.720
(–) CMV (20X2) .... (179.360)
(=) Lucro Bruto (20X2) 91.360
(Opção a)

5. Despesas Operacionais de 20X2:
   a) 62.560;
   b) 68.640;
   c) 115.200;
   d) 179.360;
   e) 248.000.

(SOLUÇÃO)

SEGUROS ANTECIPADOS

Saldo (20X1)..320

(+) Pagamento em 20X2..640

(–) Saldo (20X2)..(480)

(=) Despesa de Seguros (20X2) 480

- -

Despesa c/ PECLD (20X2) 800

- -

Despesa de Depreciação de 20X2 (3.680 – 1.920) 1.760

- -

CONTAS A PAGAR

Pagamento em 20X2, referente a despesas gerais a prazo de 20X1 e 20X2.......33.120

(–) Despesas gerais de 20X1 pagas em 20X2 ....(3.200)

(=) Despesas gerais a prazo de 20X2 pagas em 20X2 .... 29.920

(+) Despesas gerais a prazo de 20X2 para pagamento em 20X3............... 5.280

(=) Despesas gerais de 20X2 (pagas ou não nesse ano) 35.200

- -

JUROS A PAGAR

Pagamento em 20X2, referente a juros de 20X1 e 20X2 .... 6.400

(–) Juros de 20X1 pagos em 20X2...(800)

(=) Juros de 20X2 pagos em 20X2.. 5.600

(+) Juros de 20X2 para pagamento em 20X3... 2.400

(=) Despesas de Juros de 20X2 (pagos ou não nesse ano) 8.000

- -

SALÁRIOS A PAGAR

Pagamento em 20X2, referente a salários de 20X1 e 20X2..................... 22.400

(–) Salários de 20X1 pagos em 20X2 ....(1.600)

(=) Salários de 20X2 pagos em 20X2 .... 20.800

(+) Salários de 20X2 para pagamento em 20X3 .... 1.600

(=) Despesas de Salários de 20X2 (pagos ou não nesse ano) 22.400

- -

Total das Despesas Operacionais de 20X2 = 480 + 800 + 1.720 + 35.200 + 8.000 + 22.400 = 68.640

(Opção b)

Obs.: *Uma outra forma de calcularmos o total das despesas operacionais é "de trás para frente", ou seja, com base na seguinte equação:*

Lucro Líquido = Lucro Bruto – Despesas Operacionais + Outras Receitas – Despesa c/ IR e CSLL

ou

Despesas Operacionais = Lucro Bruto – Lucro Líquido + Outras Receitas – Despesa c/ IR e CSLL

Nota: *Outras Receitas = Lucro na venda do terreno*

- -

Antes de montarmos a equação acima, o primeiro passo é determinarmos a despesa com IR e CSLL da seguinte forma:

Pagamento de IR e CSLL em 20X2.. 5.432

(–) IR e CSLL de 20X1 pagos em 20X2...(320)

(+) IR e CSLL de 20X2 para pagamento em 20X3................................. 6.816

(=) Despesa de IR e CSLL de 20X2... 11.928

- -

Assim, teremos o seguinte:

Despesas Operacionais = 91.360 – 11.792 + 1.000 – 11.928 = 68.640

Comentário extra: *O Lucro Líquido corresponde ao saldo de Lucros Acumulados no balanço de 20X2 (R$ 11.792), pois nas informações complementares foi informado que, nos valores apresentados no balanço patrimonial de 20X2, não está computada a destinação do resultado líquido, a saber: a constituição de reserva legal e o restante do lucro líquido para os dividendos. Desta forma, após as destinações do resultado, não aparecerá a conta Lucros Acumulados no balanço de 20X2, o que está em conformidade com a Lei nº 6.404/76, isto é, a referida conta não pode fazer parte do PL no balanço patrimonial referente ao fim do exercício social. Cabe ressaltar que, apesar da conta Lucros Acumulados ser classificada no PL (a conta ainda existe), a partir das novas alterações da Lei nº 6.404/76, essa conta não poderá mais aparecer no balanço "de encerramento" visto que, de acordo com o § 2º do artigo 178 da referida lei, o patrimônio líquido (no balanço de encerramento) é dividido em capital social, reservas de capital, ajustes de avaliação patrimonial, reservas de lucros, ações em tesouraria e prejuízos acumulados. Logo, NÃO HÁ PROBLEMA ALGUM em aparecer a referida conta no PL de um balanço qualquer que não seja aquele referente ao fim do exercício social. Reforçando isso, o artigo 186 dessa lei continua regulando a Demonstração dos "Lucros" ou Prejuízos Acumulados. Assim, se a conta Lucros Acumulados não existisse mais, essa demonstração teria que ser chamada "somente" de Demonstração dos Prejuízos Acumulados!!! Na prática, caso sobre saldo em Lucros Acumulados após as destinações para reservas de lucros, essa sobra DEVERÁ ser distribuída como dividendos aos acionistas (artigo 202, § 6º), ficando essa conta com saldo ZERO e, portanto, não aparecendo no PL do balanço final. Alguns interpretam EQUIVOCADAMENTE que a referida conta não existe mais, pois não entendem a diferença entre "não existir" e ter "saldo zero" no balanço.*

6. Resultado antes do IR e CSLL:
   a) 27.832;
   b) 23.720;
   c) 26.320;
   d) 25.904;
   e) 16.720.

(SOLUÇÃO)

Lucro Bruto...91.360
(–) Despesas Operacionais ....(68.640)
(+) Outras Receitas (lucro na venda do terreno)...1.000
(=) Lucro antes do IR e CSLL..23.720
(Opção b)

7. Resultado apurado utilizando o regime de caixa:
   a) (18.512);
   b) (14.400);
   c) (20.896);
   d) 15.904;
   e) (19.512).

(SOLUÇÃO)

***RECEITAS RECEBIDAS** (independentemente da competência):*
Recebimento de Duplicatas a Receber..152.000
Adiantamentos de Clientes 22.400
Vendas de mercadorias à vista...65.600
Venda de terreno à vista 5.112
Total...245.112

***DESPESAS PAGAS** (independentemente da competência):*
Compras à vista...(104.000)
Pagamento de Duplicatas a Pagar..(87.520)
Pagamento de Seguros ....(640)
Pagamento de Contas a Pagar (despesas gerais).....................................(33.120)
Pagamento de impostos e contribuições (IR e CSLL)..............................(5.432)
Pagamento de Juros...(6.400)
Pagamento de Salários...(22.400)
Total...(259.512)

RESULTADO (Regime de Caixa) = 245.112 – 259.512 = (14.400) prejuízo
(Opção b)

8. Fluxo de Caixa das Atividades Operacionais:
   a) (19.512);
   b) (14.400);
   c) (20.896);
   d) 15.904;
   e) 14.400.

(SOLUÇÃO)

Iremos apurar o valor do Fluxo das Atividades Operacionais pelo método indireto, ou seja, partiremos do lucro líquido, o qual foi apurado pelo regime de competência, e faremos os devidos ajustes para transformá-lo naquele que seria pelo regime de caixa:

Lucro Líquido	*11.792*
(+) Depreciação	*1.760*
(–) Lucro na venda de terreno	*(1.000)*
(–) Aumento líquido em Dup. a Receber [(48.000 – 800) – (12.800 – 320)]	*(34.720)*
(–) Aumento em Mercadorias	*(60.640)*
(–) Aumento em Seguros Antecipados	*(160)*
(+) Aumento em Duplicatas a Pagar	*48.480*
(+) Aumento em Contas a Pagar	*2.080*
(+) Aumento em Juros a Pagar	*1.600*
(+) Aumento em Adiantamento de Clientes	*4.800*
(+) Aumento em Impostos e Contribuições a Pagar	*6.496*
(=) Fluxo das Atividades Operacionais	*(19.512)*

(Opção a)

Comentário extra: Na questão anterior, se não existisse a receita de venda à vista do terreno, o resultado apurado pelo regime de caixa teria sido de – 19.512, valor este exatamente igual ao FAO apurado pelo método indireto. *Cabe assim ressaltar que isso já era previsto, pois a técnica do método indireto para a determinação do valor do referido fluxo na DFC nada mais é do que transformar o resultado apurado pelo regime de competência naquele que seria pelo regime de caixa, se não houvesse fluxos de dinheiro relacionados às atividades de investimento.*

9. Fluxo de Caixa das Atividades de Investimento:
   a) Zero;
   b) 4.112;
   c) 5.112;
   d) 320;
   e) (5.112).

(SOLUÇÃO)

No caso da Cia. Safári, o único item que integrará o Fluxo das Atividades de Investimentos é a venda do terreno, cujo valor contábil é de 4.112, com um lucro de 1.000, ou seja, o terreno foi vendido por 5.112. ***(Opção c)***

10. Fluxo de Caixa das Atividades de Financiamento:

 a) 320;
 b) (320);
 c) Zero;
 d) 8.368;
 e) 12.900.

(SOLUÇÃO)

Integralização de Capital.. 320
Pagamento de dividendos ....(220)
Recebimentos de empréstimos bancários 32.000
Pagamentos de empréstimos bancários..(19.200)
(=) Fluxo das Atividades de Financiamento.. 12.900

(Opção e)

Comentário extra: *A tabela de fluxo financeiro do exercício de 20X2 fornecida no enunciado da questão nos mostrou que a empresa pagou em dinheiro R$ 19.200 referentes a empréstimos bancários e recebeu R$ 32.000 referentes à obtenção de novos empréstimos bancários, dando assim uma variação total de R$ 12.800. Se não tivéssemos acesso a essas informações financeiras, ainda assim seria possível determinarmos o valor do Fluxo das Atividades de Financiamento, mediante a variação total dos saldos de Empréstimos a Pagar obtidos dos dois balanços da seguinte forma: R$ 16.000 – (R$ 1.800 + R$ 1.400) = R$ 12.800. Neste caso, montaríamos o referido fluxo da seguinte forma:*

Integralização de Capital.. 320
Pagamento de dividendos ....(220)
Variação positiva em Empréstimos a Pagar 12.800
(=) Fluxo das Atividades de Financiamento.. 12.900

Em outras palavras, é, regra geral, possível em alguns casos sabermos o valor dos fluxos das atividades operacionais, das atividades de investimento e das atividades de financiamento, mesmo não tendo informações financeiras de pagamentos e recebimentos, apenas pela análise da variação entre saldos de dois balanços sucessivos. Cabe, no entanto, ressaltar que há a possibilidade de distorções nos verdadeiros valores dos três fluxos pela omissão de informações financeiras precisas. Um exemplo seria a variação do saldo de Capital Social entre dois balanços sucessivos, a qual poderia ser em função de integralização em dinheiro (aí essa variação seria dada como integrante das atividades de financiamento), ou em função de integralização com a entrega de bens imobilizados (nesse caso não integraria fluxo nenhum, visto que não entrou dinheiro). Concluímos assim que o ideal para elaboração da DFC sem a possibilidade de erros e distorções é o fornecimento de informações financeiras complementares, além dos balanços patrimoniais.

11. A variação das Disponibilidades no exercício de 20X2:
    a) 1.500;
    b) (1.500);
    c) 260;
    d) (260);
    e) 1.760.

(SOLUÇÃO)

Temos três formas distintas de sabermos a variação das disponibilidades em 20X2:

1ª FORMA – Pela diferença do saldo entre os dois balanços, ou seja, R$ 260 – R$ 1.760 = (R$ 1.500).

2ª FORMA – Pela diferença entre os recebimentos e pagamentos em 20X2, ou seja, R$ 277.432 – R$ 278.932 = (R$ 1.500)

3ª FORMA – Pela soma algébrica dos valores dos três fluxos, ou seja, – R$ 19.512 + R$ 5.112 + R$ 12.900 = (R$ 1.500)

(Opção b)

EXERCÍCIO RESOLVIDO 10: A Cia. de Mineração Itapipoca, a qual trabalha na extração de ferro em minas e jazidas, apresentou em 31/12/X1 o seguinte Balanço Patrimonial:

ATIVO		PASSIVO	
CIRCULANTE		**CIRCULANTE**	
Caixa	47.000	Duplicatas a Pagar	26.000
Estoque de Ferro	53.000	Dividendos a Pagar	15.000
NÃO CIRCULANTE		**PATRIMÔNIO LÍQUIDO**	
Mina de Ferro	200.000	Capital Social	180.000
Exaustão Acumulada	(30.000)	Reservas de Lucros	49.000
TOTAL DO ATIVO	**270.000**	**TOTAL DO PASSIVO**	**270.000**

Ao longo do exercício social de X2 ocorreram os seguintes fatos (desconsidere a existência de quaisquer tributos):

(1) Pagamento integral das duplicatas.

(2) Pagamento dos dividendos provisionados.

(3) Venda à vista de todo o estoque de ferro por R$ 74.000,00.

(4) Apropriação e pagamento dos salários dos trabalhadores da mina no total de R$ 28.000,00 e do pessoal administrativo no valor de R$ 22.000,00 (os salários são sempre pagos no mesmo mês a que competem).

(5) Exaustão da mina de ferro referente ao exercício de X2 em 10%.

(6) Contabilização do ferro extraído em X2, mediante a incorporação da mão de obra direta (salários dos trabalhadores da mina) e da despesa de exaustão da mina referente ao exercício de X2 (além desses custos de extração, suponha não haver nenhum outro).

(7) Venda à vista de 80% desse estoque de ferro extraído em X2 por R$ 101.000,00.

(8) Compra de móveis e utensílios para uso na administração da empresa no total de R$ 60.000,00, sendo 40% do pagamento feito em X2 e o restante com aceite de duplicatas para X3.

(9) Depreciação dos móveis e utensílios em 5%.

(10) Aumento do capital social com a subscrição e integralização de novas ações pagas em dinheiro no total de R$ 11.000,00.

(11) Pagamento de despesas gerais de administração e vendas no total de R$ 47.000,00.

Nota: Do resultado de X2, 75% foram destinados às reservas de lucros e o restante para dividendos, os quais serão pagos em X3.

Desta forma, considerando exclusivamente as informações fornecidas, faça o seguinte:

I. Contabilização de todos os fatos ocorridos em X2 nos razonetes, inclusive a Apuração do Resultado (ARE) e suas destinações.

II. Elaboração da Demonstração do Resultado do Exercício de 31/12/X2.

III. Elaboração do Balanço Patrimonial de 31/12/X2.

IV. Elaboração da DFC pelo método indireto de 31/12/X2.

(SOLUÇÃO)

I. Contabilização nos Razonetes:

Caixa	
47.000	26.000 (1)
(3) 74.000	15.000 (2)
(7)101.000	50.000 (4)
(10)11.000	24.000 (8)
	47.000 (11)
71.000	

Duplicatas a Pagar	
26.000	26.000 (1)
	36.000 (8)
	36.000

Dividendos a Pagar	
15.000	15.000 (2)

Estoque de Ferro	
53.000	53.000 (3)
(6) 48.000	38.400 (7)
9.600	

Mina de Ferro	
	200.000

Exaustão acumulada	
	30.000
	20.000 (5)
	50.000

Capital Social	
	180.000
	11.000 (10)
	191.000

Reservas de Lucros	
	49.000

Móveis e Utensílios	
(8) 60.000	

Exaustão	
(5) 20.000	20.000 (6)

Depreciação	
(9) 3.000	

Depreciação Acumulada	
	3.000 (9)

Vendas	
	74.000 (3)
	101.000 (7)
	175.000

Custo do Ferro Vendido	
(3) 53.000	
(7)38.400	
91.400	

Salários	
(4) 50.000	28.000 (6)
22.000	

Despesas Gerais	
(11) 47.000	

Agora iremos apurar o resultado do exercício, mediante o encerramento das contas de resultado:

Depreciação	
3.000	***3.000 (12)***

Salários	
22.000	***22.000 (12)***

Despesas Gerais	
47.000	***47.000 (12)***

Vendas	
(13) 175.000	*175.000*

Custo do Ferro Vendido	
91.400	***91.400 (12)***

ARE	
(12) 3.000	***175.000 (13)***
(12) 22.000	
(12) 47.000	
(12) 91.400	
	11.600

Agora, iremos destinar o lucro líquido de R$ 11.600,00 da seguinte forma: 75% (R$ 8.700,00) para reservas de lucros e os 25% restantes (R$ 2.900,00) para dividendos.

ARE	
(14) 11.600	*11.600*

Lucros Acumulados	
(15) 2.900	*11.600 (14)*
(16) 8.700	

Dividendos a Pagar	
	2.900 (15)

Reservas de Lucros	
	49.000
	8.700
	57.700

II. Demonstração do Resultado do Exercício (31/12/X2):

Receita de Vendas	*175.000*
Custo do Ferro Vendido	*(91.400)*
Lucro Bruto	***83.600***
Salários	*(22.000)*
Despesas Gerais	*(47.000)*
Depreciação	*(3.000)*
Lucro Líquido	***11.600***

Nota: *Observemos na DRE acima que somente apareceu a Despesa de Depreciação. A Despesa de Exaustão (R$ 20.000,00) NÃO apareceu, tendo em vista que não foi tratada como despesa, apesar do nome, e sim como CUSTO DE EXTRAÇÃO do ferro, de forma que uma parte da exaustão integrou o Custo dos Ferros Vendidos (80% R$ 20.000,00) e a outra integrou o Estoque de Ferro (20% R$ 20.000,00).*

III. Balanço Patrimonial (31/12/X2):

ATIVO		PASSIVO	
CIRCULANTE		***CIRCULANTE***	
Caixa	*71.000*	*Duplicatas a Pagar*	*36.000*
Estoque de Ferro	*9.600*	*Dividendos a Pagar*	*2.900*
NÃO CIRCULANTE			
Móveis e Utensílios	*60.000*		
Depreciação Acumulada	*(3.000)*	***PATRIMÔNIO LÍQUIDO***	
Mina de Ferro	*200.000*	*Capital Social*	*191.000*
Exaustão Acumulada	*(50.000)*	*Reservas de Lucros*	*57.700*
TOTAL DO ATIVO	***287.600***	***TOTAL DO PASSIVO***	***287.600***

IV. Demonstração dos Fluxos de Caixa (31/12/X2):

FLUXOS DAS ATIVIDADES OPERACIONAIS (FAO)	
Lucro Líquido	*11.600*
(+) Depreciação	*3.000*
(+) Exaustão	*20.000*
(+) Redução em Estoques	*43.400*
(+) Aumento de Duplicatas a Pagar	*10.000*
	88.000
FLUXOS DAS ATIVIDADES DE INVESTIMENTO (FAI)	
Compra de móveis e utensílios	*(60.000)*
FLUXOS DAS ATIVIDADES DE FINANCIAMENTO (FAF)	
Pagamento de dividendos	*15.000)*
Integralização de capital	*11.000*
	(4.000)
Variação das disponibilidades (88.000 – 60.000 – 4.000)	*24.000*

***Comentário final:** Observemos na DFC acima que, apesar da EXAUSTÃO não aparecer na DRE, tendo em vista que não foi tratada como despesa operacional e sim como custo do ferro extraído, ela foi INTEGRALMENTE somada no ajuste do lucro líquido da mesma forma que seria se fosse tratada como despesa operacional, tal como a depreciação. Considerando a fórmula seguinte, a qual é utilizada para calcularmos o Custo do Ferro Vendido (CFV), iremos explicar a razão desse procedimento:*

CFV = Estoque Inicial de Ferro + Custo Produção do Ferro – Estoque Final de Ferro

Da despesa total de exaustão (R$ 20.000,00), 80% (R$ 16.000,00) foram somados ao Custo do Ferro Vendido, tendo em vista na fórmula acima que 100% da despesa de exaustão integraram o Custo de Produção do Ferro e 20% (R$ 4.000,00) foram subtraídos, pois integram o Estoque Final de Ferro. No ajuste do lucro líquido, ao somarmos integralmente os R$ 20.000,00, estamos compensando os R$ 16.000,00 que fizeram o lucro líquido cair em função da subida do CFV neste valor, sem a correspondente saída de disponibilidade, e, ao mesmo tempo, compensando os R$ 4.000,00 que fizeram o valor da variação negativa do estoque de ferro ser menor do que deveria neste valor, isto é, deveria ser de R$ 47.400,00, no entanto foi de R$ 43.400,00 em função da incorporação dos R$ 4.000,00 ao saldo final do ferro, fazendo com que esta diferença reduza o lucro ajustado em R$ 4.000,00, sem a correspondente saída de disponibilidade.

Cabe também salientar que o mesmo raciocínio se aplica no caso das indústrias, isto é, no ajuste do lucro líquido na DFC, deve-se somar a depreciação que aparece na DRE como despesa, bem como a depreciação que não aparece na DRE, isto é, aquela que integra os custos de fabricação dos produtos.

EXERCÍCIO RESOLVIDO 11: (Auditor-Fiscal da Receita Federal do Brasil/Esaf) Dos registros da Cia. Boreal, foram extraídos os dados relativos aos exercícios contábeis de 2009/2010, a seguir:

Contas do Ativo	2009	2010	Demonstração do Resultado do Exercício 2010		
Disponibilidades	2.000	1.000	Vendas		190.000
Estoques	3.000	5.900	(-) CMV		(100.000)
Clientes	6.300	8.000	Resultado Bruto Operacional		90.000
Provisão p/ Créditos de Liquidação Duvidosa (PCLD)	(300)	(400)	(-) Despesas:		
Participações Societárias	13.500	23.500	Administrativas	(40.000)	
Imobilizado Custo	36.000	40.000	Financeiras	(10.000)	
Depreciação Acumulada	(8.000)	(5.000)	de Vendas	(45.500)	
Marcas e Patentes	2.500	2.000	de Depreciações	(3.000)	
Total do Ativo	55.000	75.000	de Amortização	(500)	(99.000)

Contas de Passivo e Patrimônio Líquido	**2009**	**2010**	Resultado de Equivalência Patrimonial		10.000
Contas a Pagar	4.000	5.000	Resultado com Venda de Imobilizado		15.000
Fornecedores	14.000	6.900	Resultado antes do Imposto de Renda		16.000
Dividendos	4.000	6.400	Provisão p/ Imposto de Renda e Contribuições		(3.200)
Provisão p/Imposto de Renda e Contribuições	2.500	3.200	Resultado Líquido do Exercício		12.800
Títulos a Pagar (I)	-	5.000	**Distribuição do Resultado do Exercício 2010**		
Capital Social	28.400	40.000	Reserva Legal		640
Reserva Legal	100	740	Dividendos		6.400
Reservas de Lucros	2.000	7.760	Reservas de Lucros		5.760
Total do Passivo + Patrimônio Líquido	55.000	75.000	Total do Resultado Apurado		12.800

Informação adicional

I. Títulos com vencimento previsto para 30 dias.

II. Com relação a PCLD, a provisão em 2010 correspondeu a R$ 400,00. Não houve registro de reversão dos saldos anteriores.

III. O Resultado c/Venda do Imobilizado corresponde a 75% do valor líquido do bem vendido.

Com base nos dados fornecidos, responder às questões 1 e 2.

1. O resultado apurado no período:
   a) gerou um ingresso total de caixa de R$ 16.300,00;
   b) quando ajustado, é negativo em R$ 8.700,00;
   c) contribuiu para ingresso financeiro de R$ 12.800,00;
   d) representa um uso total de disponibilidades de R$ 12.300,00;
   e) indica que a atividade operacional foi positiva em R$ 1.300,00.

(SOLUÇÃO)

Em geral, para efeitos de elaboração da DFC, quando se utiliza a expressão "Resultado Ajustado", que poderá ser Lucro ou Prejuízo Líquido Ajustado, isso está ser referindo ao resultado ajustado pelas receitas e despesas que não correspondem a fluxos de caixa, tais como a despesa de depreciação ou amortização, as quais reduzem o resultado apurado pelo regime de competência, mas não se traduzem em saídas de caixa, devendo, portanto, serem somadas para a obtenção do resultado ajustado. Da mesma forma, o resultado positivo na equivalência patrimonial aumenta o resultado líquido apurado pelo regime de competência, mas não se traduz em entradas de caixa, devendo, portanto, ser subtraído para a obtenção do resultado ajustado. Além disso, outro ajuste seria o resultado na venda de ativo investimentos, imobilizado ou intangível, o qual já está implícito no cálculo dos fluxos das atividades de investimento e, portanto, não deve figurar no resultado líquido ajustado para efeitos de determinação dos fluxos das atividades operacionais, evitando assim erro de duplicidade de valor. Assim, teremos:

Resultado Líquido do Exercício...	*12.800*
(+) Depreciação	*3.000*
(+) Amortização	*500*
(–) Resultado Positivo de Equivalência Patrimonial	*(10.000)*
(–) Resultado com Venda de Imobilizado	*(15.000)*
(=) Resultado Líquido do Exercício (Ajustado)	*(8.700)*

(Opção b)

Comentário extra: *Cabe mencionar que o resultado acima denominado "ajustado" AINDA NÃO É aquele equivalente ao resultado FINAL ajustado para o regime de caixa, que é o próprio valor dos Fluxos das Atividades Operacionais (FAO), visto que seria ainda necessário continuar os ajustes pelas variações em ativos e passivos operacionais, conforme indicamos abaixo:*

FAO

Resultado Líquido do Exercício	*12.800*
(+) Depreciação	*3.000*
(+) Amortização	*500*
(–) Resultado Positivo de Equivalência Patrimonial	*(10.000)*
(–) Resultado com Venda de Imobilizado	*(15.000)*
(–) Variação Positiva em Estoques (5.900 – 3.000)	*(2.900)*
(–) Variação Líquida Positiva em Clientes [(8.000 – 400) – (6.300 – 300)]	*(1.600)*
(+) Aumento em Contas a Pagar (5.000 – 4.000)	*1.000*
(–) Redução em Fornecedores (14.000 – 6.900)	*(7.100)*
(+) Aumento em IR e Contribuição Social a Pagar (3.200 – 2.500)	*700*
(+) Aumento de Títulos a Pagar	*5.000*
(=) Total FAO	*(13.600)*

2. Para a elaboração da Demonstração dos Fluxos de Caixa da Cia. Boreal, deve-se considerar que:
   a) ocorreu uma aquisição de participações societárias em outras empresas;
   b) as atividades operacionais foram alteradas pelo ganho com a venda do Imobilizado;
   c) os dividendos distribuídos devem ser demonstrados como atividade de investimento;
   d) as atividades de financiamento geram um ingresso positivo no fluxo de caixa;
   e) a movimentação dos Fornecedores provoca aumento nas atividades de financiamento.

(SOLUÇÃO)

Analisando as opções:

a) INCORRETA. Não ocorrer uma aquisição de participações societárias, pois o aumento de saldo de 13.500 para 23.500 se deu em função do Resultado Positivo na Equivalência Patrimonial de 10.000 indicado na DRE de 2010.

b) INCORRETA. O ganho na venda de imobilizado integrará as atividades de ***investimento*** *e não as atividades operacionais.*

c) INCORRETA. Os dividendos pagos em 2010 (R$ 4.000) devem ser demonstrados como atividade de financiamento e os distribuídos em 2010 (R$ 6.400) não integram fluxo algum em 2010, pois o desembolso dos R$ 6.400 só se dará em 2011.

d) CORRETA. Abaixo, apuramos o Fluxo das Atividades de Financiamento (FAF) e constatamos que seu valor é positivo:

FAF

Aumento em dinheiro do Capital Social (40.000 – 28.400)	*11.600*
Pagamento de dividendos	*(4.000)*
(=) Total FAF	*7.600*

e) INCORRETA. A variação em Fornecedores afetará o Fluxo das Atividades Operacionais e não as Atividades de Financiamento.

(Opção d)

Comentário final: *Pelas novas regras contábeis, as expressões "Provisão p/Créditos de Liquidação Duvidosa" e "Provisão p/ Imposto de Renda e Contribuições" no balanço são INADEQUADAS. As expressões corretas deveriam, respectivamente, ser: "Perdas Estimadas em Créditos de Liquidação Duvidosa" e "Imposto de Renda e Contribuição Social a Pagar". Na DRE, o termo "Provisão" também é inadequado, sendo a expressão correta "Despesa c/Imposto de Renda e Contribuição Social", ou, simplesmente, "Imposto de Renda e Contribuição Social". Outro erro no balanço é a coincidência da despesa com IR e Contribuição Social da DRE com o valor desses tributos a pagar no balanço (R$ 3.200,00). Há muitos anos esses tributos são pagos "trimestralmente" nas grandes empresas, de forma que é muito pouco provável tal coincidência, visto que a despesa desses tributos indicada na DRE deve corresponder à despesa dos 4 trimestres, ao passo que o valor desses tributos* *a pagar indicado no balanço corresponde apenas ao 4º trimestre. Uma das poucas chances dessa coincidência ocorrer seria, por exemplo, se o resultado dos 3 primeiros trimestres fosse NULO e a empresa só tivesse lucro tributável no 4º trimestre, o que é muitíssimo improvável na maioria dos casos. Por fim, além dessas incorreções, outro erro é a indicação das despesas financeiras juntamente com as demais despesas operacionais. Em conformidade com o Pronunciamento Técnico CPC 26 (R1) – Apresentação das Demonstrações Contábeis, as despesas e receitas financeiras devem ser indicadas <u>após</u> o lucro antes das despesas e receitas financeiras na DRE. Infelizmente, é muito provável que muitos ainda <u>insistam</u> em aplicar as regras desatualizadas e incorretas em questões de concursos vindouros.*

Exercícios de Fixação

1. **(BNDES – Contador/UFRJ – NCE) A Cia. JAX efetuou as seguintes transações durante o período de 19X1:**
   I. Captação de empréstimo bancário
   II. Pagamento de dividendos
   III. Recebimento de juros sobre aplicações financeiras
   IV. Pagamento de uma parcela de imobilizado adquirido a prazo, com financiamento obtido diretamente junto ao vendedor
   V. Pagamento de juros sobre empréstimos obtidos
   Considerando-se a norma norte-americana de contabilidade, mais precisamente o SFAS nº 95/1987, indique, respectivamente, quais fluxos de caixa foram impactados por essas transações, ou seja, Operacional (O), Investimento (I) ou Financiamento (F):
   a) F – I – O – I – F;
   b) F – I – O – F – O;
   c) F – F – O – F – O;
   d) F – F – I – I – F;
   e) I – O – O – I – O.

(Fiscal de Rendas – SP/ Fundação Carlos Chagas – Adaptada) Instruções: Das demonstrações publicadas da Cia. Poente foram extraídas algumas informações organizadas na tabela abaixo. Com base nesses dados, identifique os valores, em (R$), solicitados nas questões 2 a 4

Itens	20X0	20X1
Estoques	110.000	208.000
Fornecedores	125.000	232.000
Clientes	228.000	450.000
CMV	1.200.000	2.600.000
Despesa com PECLD	6.600	13.500
Perdas com Clientes	-	1.400
Vendas	2.500.000	3.300.000
Despesas Antecipadas	24.000	36.000
Contas a Pagar	15.000	26.000
PECLD	6.600	13.500

Nota: PECLD = Perdas Estimadas em Créditos de Liquidação Duvidosa

2. **Valor das compras de estoques efetuadas em 20X1:**
   a) 2.932.000,00;
   b) 2.906.000,00;
   c) 2.808.000,00;
   d) 2.725.000,00;
   e) 2.698.000,00.

3. **O valor pago aos fornecedores no último período:**
   a) 2.591.000,00;
   b) 2.698.000,00;
   c) 2.725.000,00;
   d) 2.808.000,00;
   e) 2.906.000,00.

4. **Valor dos ingressos de caixa gerados pelas receitas de vendas:**
   a) 3.068.000,00;
   b) 3.070.000,00;
   c) 3.106.000,00;
   d) 3.294.000,00;
   e) 3.289.400,00.

5. **(Petrobras – Contador Júnior/Fundação Cesgranrio) Analise as informações a seguir, em reais, dadas pela Companhia Financeira S/A.**

Aumento de capital	**25.000,00**
Compras de Imobilizado	**15.000,00**
Despesas pagas antecipadamente	**5.000,00**
Distribuição de dividendos	**14.000,00**
Duplicatas descontadas	**20.000,00**
Pagamento a fornecedores	**104.000,00**
Recebimento de clientes	**180.000,00**
Venda de Imobilizado	**40.000,00**

   Na Demonstração do Fluxo de Caixa (DFC), feito pelo método direto, o caixa líquido gerado pelas atividades operacionais, em reais, é de:
   a) 11.000,00;
   b) 25.000,00;
   c) 76.000,00;
   d) 91.000,00;
   e) 96.000,00.

6. **(Petrobras – Auditor(a) Júnior/Fundação Cesgranrio) A Lei nº 11.638, sancionada em 28 de dezembro de 2007, alterou dispositivos relativos à elaboração e divulgação das demonstrações financeiras. A principal alteração em relação às disposições para elaboração das demonstrações financeiras foi a:**
   a) obrigatoriedade da elaboração da demonstração do valor adicionado para todas as companhias e sociedades limitadas;
   b) liberação da exigência de elaboração da demonstração das origens e aplicações de recursos, passando a ser exigida a demonstração dos fluxos de caixa e, em caso de companhia aberta, a demonstração do valor adicionado;
   c) decisão pela não obrigatoriedade da elaboração das demonstrações dos fluxos de caixa, sendo exigida, em caso de companhia aberta, a elaboração da demonstração das origens e aplicações de recursos;
   d) liberação da exigência de elaboração da mutação do patrimônio líquido, sendo substituída pela demonstração do fluxo de caixa e pela demonstração do valor adicionado;
   e) obrigatoriedade de elaboração das demonstrações do fluxo de caixa e do valor adicionado, facultando à companhia a elaboração da demonstração dos lucros ou prejuízos acumulados.

7. **(Petrobras – Auditor(a) Júnior/Fundação Cesgranrio) A demonstração dos fluxos de caixa tem como objetivo primário o fornecimento de informações relevantes sobre os pagamentos e recebimentos, em dinheiro, de uma empresa em um determinado período. Quando analisadas em conjunto com as demais informações financeiras, podem permitir que investidores, credores e outros usuários avaliem a:**

I. capacidade de a empresa honrar seus compromissos, pagar dividendos e retornar empréstimos obtidos;
II. liquidez, solvência e flexibilidade financeira da empresa;
III. taxa de conversão de lucro em caixa;
IV. flexibilidade dos controles de caixa;
V. capacidade de a empresa gerar fluxos líquidos positivos de caixa.

Estão corretos apenas os itens:

a) I, II e IV; b) II, III e IV; c) II, III e V; d) I, II, III e IV; e) I, II, III e V.

8. **(Petrobras – Auditor(a) Júnior/Fundação Cesgranrio) A demonstração dos fluxos de caixa indicará as alterações ocorridas durante o exercício no saldo das disponibilidades (caixa e equivalentes de caixa) das empresas, e será segregada em três fluxos: operacional, de investimento e de financiamento, podendo ser elaborada pelos métodos direto e indireto. Na elaboração dos fluxos de caixa pelo método direto, as empresas devem:**
   a) detalhar os fluxos de investimento financeiro em pagamentos de longo prazo, recebimentos correntes, créditos tributários, ativos diferidos e financiamento de ativo imobilizado;
   b) detalhar os fluxos das operações em recebimentos de clientes, recebimentos de juros e dividendos, pagamentos a empregados e fornecedores, juros pagos, impostos e outros recebimentos e pagamentos, se houver;
   c) realizar a conciliação bancária alinhada com a demonstração de mutação do patrimônio líquido do exercício;
   d) remover do lucro líquido as alocações ao período do consumo de ativos de longo prazo e itens cujos efeitos de caixa sejam classificados como atividades de investimento e financiamento das operações;
   e) remover do lucro líquido os diferimentos de transações que foram caixa no passado, como gastos antecipados e créditos tributários.

Enunciado comum às questões 9 a 14: As informações a seguir e somente elas, extraídas da contabilidade da Cia. ELM, relativas ao exercício de 20X0. As variações dos saldos das contas *Clientes* e *Fornecedores* foram calculadas diminuindo-se seu saldo, no final do exercício de 20X0, dos saldos do ano-calendário anterior.

Elementos	**R$**
Venda à vista de equipamento de uso, cujo valor contábil é de R$ 42.000,00	**35.000,00**
Alienação de bônus de subscrição	**3.000,00**
Despesas financeiras	**2.200,00**
Receitas financeiras	**9.700,00**
Despesas administrativas	**125.000,00**
Vendas	**390.000,00**
Custo das Mercadorias Vendidas	**190.000,00**
Aquisição de imobilizado à vista	**50.000,00**
Pagamento de dividendos não provisionados	**15.000,00**

Empréstimo efetuado a coligada	**25.000,00**
Despesas de depreciação	**90.000,00**
Resultado positivo da equivalência patrimonial	**5.000,00**
Integralização de capital, em espécie	**22.500,00**
Variação positiva do saldo da conta *Clientes*	**55.000,00**
Variação positiva do saldo da conta *Fornecedores*	**30.000,00**

9. A Demonstração do Resultado do Exercício (DRE) da companhia, em 20X0, evidenciava:

a) prejuízo líquido de R$ 22.000,00;
b) lucro líquido de R$ 65.500,00;
c) prejuízo líquido de R$ 14.500,00;
d) prejuízo líquido de R$ 2.000,00;
e) prejuízo líquido de R$ 9.500,00.

10. A variação do Patrimônio Líquido da companhia em 20X0, apurado na Demonstração das Mutações do Patrimônio Líquido (DMPL), correspondeu, em R$, a:

a) (R$ 10.000,00); b) (R$ 5.000,00); c) R$ 2.000,00; d) (R$ 2.000,00); e) R$ 1.000,00.

11. Na DFC, o total dos fluxos das atividades operacionais foi de:

a) R$ 50.500,00;
b) R$ 57.500,00;
c) (R$ 32.500,00);
d) R$ 55.500,00;
e) R$ 62.500,00.

12. Na DFC, o total dos fluxos das atividades de financiamento foi de:

a) R$ 7.500,00; b) R$ 10.500,00; c) R$ 25.500,00; d) (R$ 22.500,00); e) R$ 22.500,00.

13. Na DFC, o total dos fluxos das atividades de investimento foi de:

a) (R$ 75.000,00); b) (R$ 15 000,00; c) (R$ 40.000,00); d) R$ 40.000,00; e) R$ 15.000,00.

14. A variação do Disponível, evidenciada na Demonstração do Fluxo de Caixa de 20X0, foi:

a) R$ 28.000,00;
b) (R$ 21.000,00);
c) R$ 18.000,00;
d) R$ 21.000,00;
e) R$ 131.000,00.

<u>Enunciado comum às questões 15 a 18</u>: As Demonstrações Contábeis de três períodos consecutivos da Cia. União registram abaixo os seguintes saldos:

SALDOS FINAIS	20X1	20X2	20X3
Vendas	375.000,00	625.000,00	703.000,00
Custo das Mercadorias Vendidas	212.500,00	362.500,00	450.000,00
Despesa c/PECLD	6.500,00	11.000,00	12.600,00
Clientes	325.000,00	550.000,00	630.000,00
Mercadorias	72.000,00	81.000,00	99.800,00
PECLD	6.500,00	11.000,00	12.600,00
Reversão de PECLD	-	-	4.100,00
Fornecedores	81.000,00	76.000,00	90.500,00
Despesas do Período	132.300,00	145.000,00	162.400,00
Contas a Pagar	15.800,00	16.100,00	21.500,00
Perdas com Clientes	-	9.000,00	-

Nota: PECLD = Perdas Estimadas em Créditos de Liquidação Duvidosa

O Balanço Patrimonial de 20X0 evidenciava como saldos finais das contas a seguir os valores:

Mercadorias	Fornecedores	Clientes	PECLD	Contas a Pagar
61.900,00	79.200,00	288.000,00	5.700,00	11.700,00

Obs.: A empresa utilizava Contas a Pagar somente para registrar despesas a prazo.

15. O valor das compras efetuadas pela empresa em 20X3 é:

a) 468.800,00; b) 369.000,00; c) 431.200,00; d) 422.000,00; e) 486.000,00.

16. Os valores dos ingressos no Fluxo de Caixa em 20X1, 20X2 e 20X3, proveniente das vendas foram, respectivamente, de:

a) 282.300,00; 309.500,00; 543.100,00;
b) 657.300,00; 934.500,00; 1.246.100,00;
c) 332.300,00; 384.500,00; 616.100,00;
d) 288.000,00; 325.000,00; 550.000,00;
e) 338.000,00; 400.000,00; 623.000,00.

17. Se 10% das Despesas do ano de 20X2 representam valores ligados a itens provisionados, pode-se afirmar que o valor das saídas de caixa decorrentes de pagamentos de despesas em 20X2 é:

a) 130.500,00; b) 146.300,00; c) 114.700,00; d) 145.000,00; e) 130.200,00.

18. No período de 20X3 os pagamentos efetuados pela empresa aos fornecedores foram no valor de:

a) 468.800,00; b) 378.300,00; c) 544.800,00; d) 454.300,00; e) 500.000,00.

19. (Ministério da Integração Nacional – Contador/FCC) As informações abaixo foram extraídas do Balanço Patrimonial e da Demonstração de Resultado do Exercício da Cia. Horto Florestal, relativas ao exercício encerrado em 31/12/2008 (em R$):

Lucro líquido do exercício 380.000,00
Despesas de depreciação 70.000,00
Resultado positivo da equivalência patrimonial 90.000,00
Aumento de Duplicatas a Receber 65.000,00
Aumento de Fornecedores 40.000,00
Aumento de Contas a Pagar 20.000,00
Diminuição de estoques 35.000,00

Utilizando apenas as informações fornecidas acima, é correto afirmar que o fluxo de caixa derivado das atividades operacionais da companhia, nesse exercício, correspondeu a uma entrada líquida de recursos de, em R$,

a) 380.000,00; b) 390.000,00; c) 295.000,00; d) 335.000,00; e) 355.000,00.

20. (Cia. Docas – SP – Contador/FGV)A Cia. Mato Grosso efetuou a emissão de uma Debênture em 2006 no valor de R$ 1.000.000,00 com juros de 10% ao ano. O valor recebido com a emissão da Debênture foi integralmente utilizado para a compra de estoques. Em 2009, a empresa efetuou a liquidação integral do Passivo, incluindo os juros incidentes.

Como o resgate da Debênture deve ser evidenciado na DFC da Cia. Mato Grosso em 31 de dezembro de 2009?

a) Fluxo de Caixa gerado pela Atividade Operacional
b) Fluxo de Caixa gerado pela Atividade de Financiamento
c) Fluxo de Caixa consumido pela Atividade Operacional
d) Fluxo de Caixa consumido pela Atividade de Investimento
e) Fluxo de Caixa consumido pela Atividade de Financiamento

21. (Cia. Docas – BA – Contador/FGV) A Cia. W apresentava o seguinte Balanço Patrimonial em31/12/2009:

ATIVO	
Disponibilidades	100.000
Clientes	60.000
Aluguel pago antecipadamente	12.000
Máquinas	55.000
Total	227.000
PASSIVO E PATRIMÔNIO LÍQUIDO	
Capital Social	227.000
Total	227.000

As seguintes operações ocorreram durante o ano de 2010:

- **Do saldo de clientes, 80% foram integralmente recebidos.**
- **Compra de um terreno à vista: R$ 23.000.**
- **O aluguel foi 100% apropriado.**
- **A empresa auferiu receitas de vendas no valor de R$ 180.000. Metade do valor foi recebida em 2010 e o restante será recebido em 2011.**
- **As máquinas são depreciadas à taxa de 10% ao ano, sem considerar valor residual.**
- **A empresa incorreu em despesas operacionais no valor de R$ 30.000, que foram pagas imediatamente.**
- **Ao final do ano, foram pagos dividendos no valor de R$ 27.000.**

Qual é o valor do caixa gerado pela atividade operacional daempresa durante o ano de 2010?

a) R$ 102.500.
b) R$ 40.500.
c) R$ 52.500.
d) R$ 85.000.
e) R$ 108.000.

22. (Cia. Docas – BA – Contador/FGV) A Cia. T apresentou a seguinte Demonstração do Resultado do Exercício em 31/01/2010:

Receita de Serviços	**500.000**
Despesas de salários	**100.000**
Despesas Financeiras	**–150.000**
Despesas de Depreciação	**–70.000**
Receita de Equivalência Patrimonial	**50.000**
Lucro na venda de Ativo Imobilizado	**130.000**
Lucro Líquido	**360.000**

Qual é o valor do Lucro Líquido Ajustado integrante do cálculo do Fluxo de Caixa Operacional, conforme o método indireto?

a) R$ 400.000. b) R$ 430.000. c) R$ 300.000. d) R$ 380.000. e) R$ 250.000.

23. (Cia. Docas – BA – Contador/FGV) A Cia. G efetuou um aumento em seu capital social por meio do lançamento de ações, que gerou uma capitalização de R$ 10.000 em caixa. Nesse processo, a empresa incorreu emum custo de R$ 1.000 para cobrir os gastos com a emissão das ações. Como essa operação deve ser evidenciada na Demonstração dos Fluxos de Caixa da Cia G?

a) R$ 10.000 gerados pela atividade de financiamento e R$ 1.000 consumidos pela atividade operacional.
b) R$ 10.000 gerados pela atividade de investimento e R$ 1.000 consumidos pela atividade operacional.
c) R$ 9.000 gerados pela atividade operacional.
d) R$ 9.000 gerados pela atividade de financiamento.
e) R$ 9.000 gerados pela atividade de investimento.

24. (SAAE – Prefeitura de São Carlos – SP – Contador/Vunesp) O objetivo primário da Demonstração dos Fluxos de Caixa (DFC) é prover informações relevantes sobre os pagamento se recebimentos, em dinheiro, de uma empresa, ocorridos durante um determinado período. Quando analisadas em conjunto com as demais demonstrações financeiras, podem permitir que os investidores, credores e outros usuários avaliem: Capacidade de geração de Fluxos de Caixa Futuros, Capacidade de Honrar Compromissos e Pagar Dividendos, Liquidez, Solvência e Flexibilidade Financeira. Existem dois métodos na preparação da DFC, sendo:

a) Direto e Singular;
b) Indireto e Plural;
c) Direto e Consolidada;
d) Indireto e Consolidada;
e) Direto e Indireto.

25. (Universidade Estadual Paulista – Contador/Vunesp) A demonstração do fluxo de caixa é considerada uma ferramenta muito importante para diversas análises e tomada de decisão. Mediante sua análise, os investidores ou administradores poderão analisar a capacidade da empresa de gerar futuros fluxos líquidos positivos de caixa, a capacidade da empresa de honrar seus compromissos, incluindo dividendos, entre outras análises. Há dois métodos de se preparar um fluxo de caixa, sendo que aquele em que se faz necessária a conciliação entre o lucro líquido e o caixa gerado pelas operações é denominado de método:

a) conjugado; b) simples; c) indireto; d) direto; e) composto.

26. (INFRAERO – Contador/ FCC) Ao final do exercício de 2008, a contabilidade da Cia. Misericórdia informa a relação dos saldos finais das contas de resultados a seguir:

Saldos	Devedores (R$)	Credores (R$)
Aluguéis	38.000,00	
CMV	120.000,00	
Depreciações e Amortizações	8.500,00	
Despesa c/INSS	4.500,00	
Despesas c/FGTS	4.000,00	
Despesas de Juros	15.000,00	
Despesas de Salários	50.000,00	
Impostos Diretos s/Vendas	30.000,00	
Outras Despesas Comerciais	23.000,00	
Outras Despesas Administrativas	13.000,00	
Receitas Financeiras		5.000,00
Resultado c/Venda de Imobilizado	2.000,00	
Resultado de Equivalência Patrimonial		3.000,00
Vendas Brutas		300.000,00

O valor a ser considerado na identificação do fluxo do caixa proveniente das operações é:

a) R$ 7.500,00;
b) R$ 8.500,00;
c) R$ 9.500,00;
d) R$ 10.500,00;
e) R$ 11.500,00.

27. **(Analista Judiciário – Amapá – Contador/FCC – Adaptada) Na elaboração do fluxo de caixa pelo método indireto, para a determinação do fluxo de caixa líquido das atividades operacionais, correspondem a ajustes do resultado líquido:**

a) as variações cambiais não realizadas, o resultado da equivalência patrimonial e as perdas com clientes;
b) a despesa com perdas estimadas em créditos de liquidação duvidosa, as recuperações de perdas com clientes e as receitas eventuais recebidas;
c) as depreciações reconhecidas no período e os resultados líquidos com alienação de investimentos;
d) os dividendos recebidos, a amortização de parcelas de empréstimos de longo prazo e os recebimentos por alienação de imobilizados;
e) a conversão de passivos de longo prazo em capital, os valores correspondentes a descontos de duplicatas e as aquisições de imobilizados.

28. **(INFRAERO – Analista Superior II – Contador/FCC) São dadas as seguintes informações, em R$, extraídas da escrituração contábil da Cia. ABC, que elabora a Demonstração dos Fluxos de Caixa pelo método direto:**

– Saldo da conta Duplicatas a Receber em 31-12-2009 .... 385.890,00
– Saldo da conta Duplicatas a Pagar em 31-12-2010 .... 388.650,00
– Vendas efetuadas pela companhia no exercício de 2010 .... 956.230,00
– Compras efetuadas pela companhia no exercício de 2010 .... 487.340,00
– Saldo da conta Duplicatas a Pagar em 31-12-2009 .... 416.220,00
– Saldo da conta Duplicatas a Receber em 31-12-2010 .... 352.810,00

O valor das vendas recebidas dos clientes no exercício de 2010 foi, em R$,

a) 923.150,00;
b) 928.660,00;
c) 983.800,00;
d) 989.310,00;
e) 738.000,00.

29. (Tribunal Regional Eleitoral do Piauí – Analista Judiciário/FCC) A Lei nº 11.638/07 instituiu a obrigatoriedade da elaboração e divulgação da Demonstração do Fluxo de Caixa (DFC) no Brasil e definiu sua estrutura. Com base em tal estrutura, o aumento de capital em dinheiro e os pagamentos de dividendos devem ser classificados, respectivamente, no Fluxo de Caixa das Atividades:

a) Operacionais e no Fluxo de Caixa das Atividades de Investimento;
b) de Financiamento e no Fluxo de Caixa das Atividades de Financiamento;
c) de Investimento e no Fluxo de Caixa das Atividades Operacionais;
d) de Investimento e no Fluxo de Caixa das Atividades de Investimento;
e) de Financiamento e no Fluxo de Caixa das Atividades Operacionais.

30. (TRT – 20ª Região – Analista Judiciário/FCC) Na elaboração da Demonstração dos Fluxos de Caixa são classificadas como Atividades de Financiamento:

a) a aquisição de títulos patrimoniais de outras empresas e os contratos de mútuo concedidos às empresas controladas;
b) o aumento de capital social com saldos de reservas e as vendas de imobilizados à vista;
c) a obtenção de novos empréstimos de longo prazo e o resgate de aplicações financeiras de longo prazo;
d) o pagamento de juros sobre capital próprio e a venda de novas ações;
e) a quitação de passivos não circulantes e os ganhos com alienação de participações societárias.

31. (TRT – 20ª Região – Analista Judiciário/FCC) Um dos eventos que afetam financeiramente os Fluxos de Caixa das empresas é:

a) a despesa de depreciação;
b) a venda de imobilizado;
c) a variação cambial apropriada;
d) o ajuste de diferenças de inventário;
e) a equivalência patrimonial negativa.

32. (Tribunal de Justiça – Pernambuco – Analista Judiciário/ FCC) Na Demonstração dos Fluxos de Caixa, os juros recebidos de aplicações financeiras e a amortização de empréstimos obtidos são classificados, respectivamente, como caixa das atividades:

a) das operações e de financiamento;
b) das operações e de investimento;
c) de investimento e de investimento;
d) de investimento e de financiamento;
e) de financiamento e de financiamento.

33. (Tribunal Regional do Trabalho – 18ª Região/FCC) Um dos objetivos da Demonstração do Fluxo de Caixa, recém tornada obrigatória em virtude da modificação introduzida pela Lei nº 11.638/2007 na Lei das Sociedades por Ações, é:

a) permitir calcular o índice de liquidez corrente;

b) avaliar quanto do lucro da entidade foi aplicado no seu Disponível;

c) evidenciar a variação do Capital Circulante Líquido da entidade de um exercício para outro;

d) avaliar a situação financeira da empresa no curto prazo (até um ano);

e) permitir a auditoria das disponibilidades da empresa com custo menor.

(Ministério Público do Estado de Sergipe – Analista do Ministério Público/FCC) **<u>Instruções:</u> Para responder às questões 34 a 37, considere as informações a seguir oriundas do Departamento de Contabilidade da Cia. Margarida.**

I. Os saldos finais de suas contas no período 20X1/20X2 eram:

Saldos Devedores	20X1	20X2	Saldos Credores	20X1	20X2
Amortizações	1.000,00	1.000,00	Amortização Acumulada	1.000,00	2.000,00
Benfeitorias e Propriedades de Terceiros	4.000,00	4.000,00	Capital Social	15.000,00	27.000,00
Caixa	500,00	1.500,00	Contas a Pagar	2.000,00	3.000,00
Clientes	18.000,00	27.500,00	Depreciação Acumulada	3.000,00	2.000,00
Custo da Mercadoria Vendida	20.000,00	30.000,00	Duplicatas Descontadas	0	10.000,00
Depreciações	1.000,00	2.000,00	Encargos e Salários a Pagar	600,00	1.200,00
Despesas de Juros	4.000,00	4.500,00	Empréstimos a Pagar	5.400,00	10.000,00
Despesas Administrativas	3.000,00	5.000,00	Fornecedores	5.000,00	6.800,00
Despesas Comerciais	4.300,00	5.100,00	Juros a Pagar	3.000,00	1.000,00

Despesas Tributárias	**4.400,00**	**6.100,00**	**Perdas Estimadas em Créditos de Liquidação Duvidosa (PECLD)**	**300,00**	**500,00**
Encargos e Salários	**12.000,00**	**16.100,00**	**Reservas**	**1.000,00**	**0**
Estoques	**1.800,00**	**3.000,00**	**Resultado c/ Alienação de Veículos**	**0**	**1.000,00**
Imóveis	**2.500,00**	**12.500,00**	**Vendas de Mercadorias**	**50.000,00**	**70.000,00**
Participações em Outras Companhias	**4.500,00**	**4.000,00**			
Perdas com Clientes	**0**	**1.200,00**			
Despesa c/ Perdas Estimadas em Créditos de Liquidação Duvidosa	**300,00**	**500,00**			
Resultado de Equivalência	**0**	**500,00**			
Veículos	**5.000,00**	**10.000,00**			
Total	**86.300,00**	**134.500,00**	**Total**	**86.300,00**	**134.500,00**

II. Dados complementares relativos a operações realizadas, na empresa, no exercício de 20X2:

- **No início do período a empresa renova integralmente sua frota, leiloando todos os veículos antigos e adquirido novos veículos, mais adequados às necessidades previstas para os próximos 5 anos.**
- **Aumenta seu capital por meio da utilização do saldo anterior das Reservas e de subscrições de novos sócios.**
- **Altera o perfil de sua dívida de longo prazo, quitando os empréstimos anteriores, cujo vencimento era previsto para o final de 20X3 e assume novo compromisso com quitação prevista para o final de 20X6.**
- **A empresa adquiriu novos imóveis, preparando-se para expansão futura, no final do período.**

34. O valor recebido na alienação dos veículos foi, em R$:

a) 1.000,00;
b) 2.000,00;
c) 3.000,00;
d) 4.000,00;
e) 5.000,00.

35. Na elaboração do Fluxo de Caixa indireto, o valor do resultado ajustado é, em R$:

a) 2.400,00;
b) 2.000,00;
c) 1.500,00;
d) 1.000,00;
e) (1.500,00).

36. O valor total do fluxo de caixa gerado pelas atividades de Investimento corresponde a, em R$:

a) um ingresso de caixa de 20.000,00;
b) um ingresso de caixa de 7.000,00;
c) uma saída de recursos de 7.000,00;
d) uma entrada de recursos de 17.000,00;
e) uma saída de caixa de 17.000,00.

37. O valor das compras de mercadorias efetuadas no período é, em R$:

a) 29.000,00;
b) 30.200,00;
c) 31.000,00;
d) 31.200,00;
e) 33.000,00.

38. (Defensoria Pública do Estado de São Paulo – Agente de Defensoria/FCC) Com relação à demonstração dos Fluxos de Caixa, o resultado obtido com a alienação de imobilizado representa:

a) um acréscimo de recurso evidenciado nesta demonstração como atividade de investimento;
b) um ajuste de resultado se o método utilizado para elaboração dessa demonstração for o indireto;
c) um ingresso de recurso e por esta razão evidenciada como atividade de financiamento;
d) um ganho, reconhecido pelo seu valor líquido como atividade operacional;
e) uma atividade operacional se a empresa utilizar, para elaboração dessa demonstração, o método direto.

39. (INFRAERO – Auditor de Entidades de Previdência Complementar/FCC) Dados extraídos da escrituração contábil da Cia. Juazeiro do Sul, relativos ao exercício encerrado em 31-12-2010:

Saldo inicial de Fornecedores...250.000,00
Saldo final de Fornecedores 280.000,00
Custo das Mercadorias Vendidas...620.000,00
Estoque Inicial de Mercadorias..150.000,00
Estoque Final de Mercadorias...170.000,00

A companhia elabora o fluxo de caixa das atividades operacionais pelo método indireto. Abstraindo-se os tributos incidentes sobre as compras, o valor pago pela entidade aos seus fornecedores no exercício de 2010 correspondeu, em R$, a:

a) 610.000,00;
b) 640.000,00;
c) 590.000,00;
d) 620.000,00;
e) 630.000,00.

40. (Departamento Nacional de Obras contra as Secas – Contador/FCC) As informações abaixo foram extraídas do Balanço Patrimonial e da Demonstração de Resultado do Exercício da Cia. Horto Florestal, relativas ao exercício encerrado em 31/12/2008 (em R$):

Lucro líquido do exercício..380.000,00
Despesas de depreciação 70.000,00
Resultado positivo da equivalência patrimonial 90.000,00
Aumento de Duplicatas a Receber 65.000,00
Aumento de Fornecedores..40.000,00
Aumento de Contas a Pagar..20.000,00
Diminuição de estoques 35.000,00

Utilizando apenas as informações fornecidas acima, é correto afirmar que o fluxo de caixa derivado das atividades operacionais da companhia, nesse exercício, correspondeu a uma entrada líquida de recursos de, em R$:

a) 380.000,00;
b) 390.000,00;
c) 295.000,00;
d) 335.000,00;
e) 355.000,00.

41. (INFRAERO – Analista Superior II – Auditor/FCC) O Pronunciamento Técnico CPC 03, que trata da elaboração da Demonstração dos Fluxos de Caixa, encoraja fortemente as entidades a classificar os dividendos e juros sobre o capital próprio pagos como fluxo de caixa das atividades:

a) operacionais e de financiamento, respectivamente;
b) de financiamento;
c) de investimento;
d) de financiamento e de investimento, respectivamente;
d) operacionais.

42. (LIQUIGÁS – Petrobras – Contador Júnior/Fundação Cesgranrio) Uma empresa comercial, sociedade anônima de capital aberto, apresentou as seguintes informações parciais retiradas de suas demonstrações contábeis, no encerramento do exercício social de 20X1:

Ativo	20X0	20X1	Passivo	20X0	20X1
Circulante			Circulante		
Duplicatas a Receber	1.500,00	3.000,00	Fornecedores	3.000,00	6.000,00
Estoque de Mercadorias	3.000,00	4.500,00	Empréstimos	500,00	800,00

DEMONSTRAÇÃO DO RESULTADO DO EXERCÍCIO/20X1

Receita Operacional Bruta	30.000,00
(–) Custo das Mercadorias Vendidas	(16.500,00)
(=) Lucro Operacional Bruto	13.500,00
(–) Despesas operacionais	(4.500,00)
(=) Resultado operacional	9.000,00

Considerando exclusivamente as informações recebidas, na Demonstração dos Fluxos de Caixa (DFC), elaborada pelo método direto, o pagamento a fornecedores, em reais, é:

a) 13.500,00;
b) 30.000,00;
c) 16.500,00;
d) 18.000,00;
e) 15.000,00.

43. (LIQUIGÁS – Petrobras – Contador Júnior/Fundação Cesgranrio) Quando da elaboração da Demonstração dos Fluxos de Caixa (DFC), pelo método indireto, uma sociedade anônima de capital aberto apresentou as seguintes informações parciais:

• Aumento do saldo de Duplicatas a Receber	2.000,00
• Aumento do saldo da conta Fornecedores	1.800,00
• Depreciação do período	1.200,00

Considerando exclusivamente as informações recebidas, é lícito afirmar que o Caixa gerado pelas Atividades Operacionais, apurado pelo método indireto:

a) aumentou R$ 1.000,00;
b) aumentou R$ 2.000,00;
c) aumentou R$ 3.200,00;
d) reduziu R$ 1.200,00;
e) reduziu R$ 800,00.

CAPÍTULO 16

DEMONSTRAÇÃO DO VALOR ADICIONADO (DVA)

1. CONCEITO E OBJETIVO

A DVA é a demonstração contábil que evidencia a riqueza criada por uma entidade ao longo do exercício social (ou período menor), sob a ótica do regime de competência, e a forma como essa riqueza foi distribuída a:

- empregados (salários, FGTS, participações sobre os lucros, assistência médica, transporte, alimentação, planos de aposentadoria, ...)
- bancos e financiadores (juros, aluguéis, ...)
- governo (impostos, taxas, contribuições sociais, INSS patronal, ...)
- sócios (dividendos e juros sobre capital próprio)
- parcela dos lucros retida para reinvestimento (reservas de lucros)

2. OBRIGATORIEDADE

De acordo com o inciso V do art. 176 da Lei nº 6.404/76, a DVA é obrigatória somente às companhias abertas. No entanto, de acordo com o § 6º do art. 177, as companhias fechadas poderão optar por observar as normas sobre demonstrações financeiras expedidas pela Comissão de Valores Mobiliários para as companhias abertas.

Além disso, o item 10 do Pronunciamento Técnico CPC 26 (R1) – Apresentação das Demonstrações Contábeis – indica como componente do conjunto completo das demonstrações contábeis a DEMONSTRAÇÃO DO VALOR ADICIONADO do período, conforme Pronunciamento Técnico CPC 09, se exigido legalmente ou por algum órgão regulador ou mesmo se apresentada voluntariamente.

3. RELAÇÃO DA DVA COM A DRE

Ao passo que a DRE evidencia a riqueza criada que permanece na empresa na forma de lucro líquido, a DVA indica, além disso, as destinações da riqueza gerada a empregados, Governo, sócios, etc.

De acordo com o item 23 do Pronunciamento Técnico **CPC 09 – Demonstração do Valor Adicionado**, a DVA está estruturada para ser elaborada a partir da Demonstração do Resultado do período. Assim, há uma estreita vinculação entre essas duas demonstrações e essa vinculação deve servir para sustentação da consistência entre elas. Mas ela tem também uma interface com a Demonstração dos Lucros ou Prejuízos Acumulados na parte em que movimentações nesta conta dizem respeito à distribuição do resultado do exercício apurado na demonstração própria.

4. Definições Básicas

4.1. Valor Adicionado

Representa a riqueza criada pela empresa, de forma geral medida pela diferença entre o valor das vendas e os insumos adquiridos de terceiros. Inclui também o valor adicionado recebido em transferência, ou seja, produzido por terceiros e transferido à entidade.

4.2. Receita de Venda de Mercadorias, Produtos e Serviços

Representa os valores reconhecidos na contabilidade a esse título pelo regime de competência e incluídos na demonstração do resultado do período.

4.3. Outras Receitas

Representam os valores que sejam oriundos, principalmente, de baixas por alienação de ativos não circulantes, tais como resultados na venda de imobilizado, de investimentos, e outras transações incluídas na demonstração do resultado do exercício que não configuram reconhecimento de transferência à entidade de riqueza criada por outras entidades.

Diferentemente dos critérios contábeis, também incluem valores que não transitam pela demonstração do resultado, como, por exemplo, aqueles relativos à construção de ativos para uso próprio da entidade (conforme item 19 da CFC 1.138/08) e aos juros pagos ou creditados que tenham sido incorporados aos valores dos ativos de longo prazo (normalmente, imobilizados).

No caso de estoques de longa maturação, os juros a eles incorporados deverão ser destacados como distribuição da riqueza no momento em que os respectivos estoques forem baixados; dessa forma, não há que se considerar esse valor como outras receitas.

4.4. Insumos Adquiridos de Terceiros

Representa os valores relativos às aquisições de matérias-primas, mercadorias, materiais, energia, serviços, etc. que tenham sido transformados em despesas do período. Enquanto permanecerem nos estoques, não compõem a formação da riqueza criada e distribuída.

4.5. Depreciação, Amortização e Exaustão

Representam os valores reconhecidos no período e normalmente utilizados para conciliação entre o fluxo de caixa das atividades operacionais e o resultado líquido do exercício

4.6. Valor Adicionado Recebido em Transferência

Representa a riqueza que não tenha sido criada pela própria entidade, e sim por terceiros, e que a ela é transferida, como por exemplo receitas financeiras, de equivalência patrimonial, dividendos, aluguel, *royalties*, etc. Precisa ficar destacado, inclusive para evitar dupla-contagem em certas agregações.

5. Estrutura da DVA

Na elaboração da DVA, são evidenciadas duas partes:

1ª PARTE – Geração do Valor Adicionado: Nessa etapa são indicados os itens componentes da riqueza gerada pela entidade da seguinte forma:

RECEITAS
(–) INSUMOS ADQUIRIDOS DE TERCEIROS
(=) VALOR ADICIONADO BRUTO
(–) DEPRECIAÇÃO, AMORTIZAÇÃO E EXAUSTÃO
(=) VALOR ADICIONADO LÍQUIDO PRODUZIDO PELA ENTIDADE
(+) VALOR ADICIONADO RECEBIDO EM TRANSFERÊNCIA
(=) VALOR ADICIONADO TOTAL A DISTRIBUIR

2ª PARTE – Distribuição do Valor Adicionado: Nessa etapa são indicadas as destinações da riqueza gerada pela entidade da seguinte forma:

⇨PESSOAL
⇨IMPOSTOS, TAXAS E CONTRIBUIÇÕES
⇨REMUNERAÇÃO DE CAPITAIS DE TERCEIROS
⇨REMUNERAÇÃO DE CAPITAIS PRÓPRIOS

Cabe ressaltar que o valor total encontrado na 1ª parte (valor adicionado total a distribuir) deverá ser exatamente igual ao valor total encontrado na 2ª parte (valor adicionado total distribuído).

6. Resolução do CFC nº 1.138/2008

Essa resolução revogou a Resolução do CFC nº 1.010/2005. Ao mesmo tempo, equivale à Deliberação CVM nº 557/2008. Eis a resolução:

RESOLUÇÃO CFC Nº 1.138/08

Aprova a NBC T 3.7 – Demonstração do Valor Adicionado.

O CONSELHO FEDERAL DE CONTABILIDADE, no exercício de suas atribuições legais e regimentais,

CONSIDERANDO que o Conselho Federal de Contabilidade, em conjunto com outras entidades, é membro do Comitê de Pronunciamentos Contábeis (CPC), criado pela Resolução CFC nº 1.055/05;

CONSIDERANDO que o Comitê de Pronunciamentos Contábeis (CPC) tem por objetivo estudar, preparar e emitir Pronunciamentos Técnicos sobre procedimentos de contabilidade e divulgar informações dessa natureza, visando permitir a emissão de normas uniformes pelas entidades-membro, levando sempre em consideração o processo de convergência às normas internacionais;

CONSIDERANDO que o Comitê de Pronunciamentos Contábeis aprovou o Pronunciamento Técnico CPC 09 – Demonstração do Valor Adicionado;

RESOLVE:

Art. 1º Aprovar a NBC T 3.7 – Demonstração do Valor Adicionado.

Art. 2º Esta Resolução entra em vigor na data da sua publicação, revogando a Resolução CFC nº 1.010, de 21 de janeiro de 2005, publicada no D.O.U., Seção I, de 25/01/2005.

Brasília, 21 de novembro de 2008.

NORMAS BRASILEIRAS DE CONTABILIDADE

NBC T 3.7 – DEMONSTRAÇÃO DO VALOR ADICIONADO

Índice

Objetivo

1. O objetivo desta Norma é estabelecer critérios para elaboração e apresentação da Demonstração do Valor Adicionado (DVA), a qual representa um dos elementos componentes do Balanço Social e tem por finalidade evidenciar a riqueza criada pela entidade e sua distribuição, durante determinado período.
2. Sua elaboração deve levar em conta a NBC T 1 – Estrutura Conceitual Básica para a Elaboração e Apresentação das Demonstrações Contábeis, e seus dados, em sua grande maioria, são obtidos principalmente a partir da Demonstração do Resultado.

Alcance e apresentação

3. A entidade deve elaborar a DVA e apresentá-la como parte integrante das suas demonstrações contábeis divulgadas ao final de cada exercício social.
4. A elaboração da DVA consolidada deve basear-se nas demonstrações consolidadas e evidenciar a participação dos sócios não controladores conforme o modelo anexo.
5. A DVA deve proporcionar aos usuários das demonstrações contábeis informações relativas à riqueza criada pela entidade em determinado período e a forma como tais riquezas foram distribuídas.
6. A distribuição da riqueza criada deve ser detalhada, minimamente, da seguinte forma:
   (a) pessoal e encargos;
   (b) impostos, taxas e contribuições;
   (c) juros e aluguéis;
   (d) juros sobre o capital próprio (JCP) e dividendos;
   (e) lucros retidos/prejuízos do exercício.

7. As entidades mercantis (comerciais e industriais) e prestadoras de serviços devem utilizar o Modelo I, aplicável às empresas em geral, enquanto que para atividades específicas, tais como atividades de intermediação financeira (instituições financeiras bancárias) e de seguros, devem ser utilizados os modelos específicos (II e III) incluídos nesta Norma.
8. Os itens mínimos do modelo para as entidades mercantis (empresas em geral) estão apresentados na sequência, e o modelo propriamente dito está ao final desta Norma.

Definições

9. Os termos abaixo são utilizados nesta Norma com os seguintes significados:
   Valor adicionado representa a riqueza criada pela empresa, de forma geral medida pela diferença entre o valor das vendas e os insumos adquiridos de terceiros. Inclui também o valor adicionado recebido em transferência, ou seja, produzido por terceiros e transferido à entidade.

Receita de venda de mercadorias, produtos e serviços representa os valores reconhecidos na contabilidade a esse título pelo regime de competência e incluídos na demonstração do resultado do período.

Outras receitas representam os valores que sejam oriundos, principalmente, de baixas por alienação de ativos não circulantes, tais como resultados na venda de imobilizado, de investimentos, e outras transações incluídas na demonstração do resultado do exercício que não configuram reconhecimento de transferência à entidade de riqueza criada por outras entidades.

Diferentemente dos critérios contábeis, também incluem valores que não transitam pela demonstração do resultado, como, por exemplo, aqueles relativos à construção de ativos para uso próprio da entidade (conforme item 19) e aos juros pagos ou creditados que tenham sido incorporados aos valores dos ativos de longo prazo (normalmente, imobilizados).

No caso de estoques de longa maturação, os juros a eles incorporados deverão ser destacados como distribuição da riqueza no momento em que os respectivos estoques forem baixados; dessa forma, não há que se considerar esse valor como outras receitas.

Insumo adquirido de terceiros representa os valores relativos às aquisições de matérias-primas, mercadorias, materiais, energia, serviços, etc. que tenham sido transformados em despesas do período. Enquanto permanecerem nos estoques, não compõem a formação da riqueza criada e distribuída.

Depreciação, amortização e exaustão representam os valores reconhecidos no período e normalmente utilizados para conciliação entre o fluxo de caixa das atividades operacionais e o resultado líquido do exercício.

Valor adicionado recebido em transferência representa a riqueza que não tenha sido criada pela própria entidade, e sim por terceiros, e que a ela é transferida, como por exemplo receitas financeiras, de equivalência patrimonial, dividendos, aluguel, *royalties,* etc. Precisa ficar destacado, inclusive para evitar dupla-contagem em certas agregações.

Características das informações da DVA

10. A DVA está fundamentada em conceitos macroeconômicos, buscando apresentar, eliminados os valores que representam dupla-contagem, a parcela de contribuição que a entidade tem na formação do Produto Interno Bruto (PIB). Essa demonstração apresenta o quanto a entidade agrega de valor aos insumos adquiridos de terceiros e que são vendidos ou consumidos durante determinado período.

11. Existem, todavia, diferenças temporais entre os modelos contábil e econômico no cálculo do valor adicionado. A ciência econômica, para cálculo do PIB, baseia-se na produção, enquanto a contabilidade utiliza o conceito contábil da realização da receita, isto é, baseia-se no regime contábil de competência. Como os momentos de realização da produção e das vendas são normalmente diferentes, os valores calculados para o PIB por meio dos conceitos oriundos da Economia e os da Contabilidade são naturalmente diferentes em cada período. Essas diferenças serão tanto menores quanto menores forem as diferenças entre os estoques inicial e final para o período considerado. Em outras palavras, admitindo-se a inexistência de estoques inicial e final, os valores encontrados com a utilização de conceitos econômicos e contábeis convergirão.

12. Para os investidores e outros usuários, essa demonstração proporciona o conhecimento de informações de natureza econômica e social e oferece a possibilidade de melhor avaliação das atividades da entidade dentro da sociedade na qual está inserida. A decisão de recebimento por uma comunidade (Município, Estado e a própria Federação) de investimento pode ter nessa demonstração um instrumento de extrema utilidade e com informações que, por exemplo, a demonstração de resultado por si só não é capaz de oferecer.
13. A DVA elaborada por segmento (tipo de clientes, atividades, produtos, área geográfica e outros) pode representar informações ainda mais valiosas no auxílio da formulação de predições e, enquanto não houver uma norma específica sobre segmentos, sua divulgação é incentivada.

Formação da riqueza

Riqueza criada pela própria entidade

14. A DVA, em sua primeira parte, deve apresentar de forma detalhada a riqueza criada pela entidade. Os principais componentes da riqueza criada estão apresentados a seguir nos seguintes itens:

Receitas

Venda de mercadorias, produtos e serviços – inclui os valores dos tributos incidentes sobre essas receitas (por exemplo, ICMS, IPI, PIS e COFINS), ou seja, corresponde ao ingresso bruto ou faturamento bruto, mesmo quando na demonstração do resultado tais tributos estejam fora do cômputo dessas receitas.

Outras receitas – da mesma forma que o item anterior, inclui os tributos incidentes sobre essas receitas.

Provisão para créditos de liquidação duvidosa – Constituição/Reversão – inclui os valores relativos à constituição e reversão dessa provisão.

Insumos adquiridos de terceiros

Custo dos produtos, das mercadorias e dos serviços vendidos – inclui os valores das matérias-primas adquiridas junto a terceiros e contidas no custo do produto vendido, das mercadorias e dos serviços vendidos adquiridos de terceiros; não inclui gastos com pessoal próprio.

Materiais, energia, serviços de terceiros e outros – inclui valores relativos às despesas originadas da utilização desses bens, utilidades e serviços adquiridos junto a terceiros.

Nos valores dos custos dos produtos e mercadorias vendidos, materiais, serviços, energia, etc. consumidos, devem ser considerados os tributos incluídos no momento das compras (por exemplo, ICMS, IPI, PIS e COFINS), recuperáveis ou não. Esse procedimento é diferente das práticas utilizadas na demonstração do resultado.

Perda e recuperação de valores ativos – inclui valores relativos a ajustes por avaliação a valor de mercado de estoques, imobilizados, investimentos, etc. Também devem ser incluídos os valores reconhecidos no resultado do período, tanto na constituição quanto na reversão de provisão para perdas por desvalorização de ativos, conforme aplicação da NBC T 19.10 – Redução ao Valor Recuperável de Ativos (se no período o valor líquido for positivo, deve ser somado).

Depreciação, amortização e exaustão – inclui a despesa ou o custo contabilizados no período.

Valor adicionado recebido em transferência

Resultado de equivalência patrimonial – o resultado da equivalência pode representar receita ou despesa; se despesa, deve ser considerado como redução ou valor negativo.

Receitas financeiras – inclui todas as receitas financeiras, inclusive as variações cambiais ativas, independentemente de sua origem.

Outras receitas – inclui os dividendos relativos a investimentos avaliados ao custo, aluguéis, direitos de franquia, etc.

Distribuição da riqueza

15. A segunda parte da DVA deve apresentar de forma detalhada como a riqueza obtida pela entidade foi distribuída. Os principais componentes dessa distribuição estão apresentados a seguir:

Pessoal – valores apropriados ao custo e ao resultado do exercício na forma de:

- *Remuneração direta* – representada pelos valores relativos a salários, 13º salário, honorários da administração (inclusive os pagamentos baseados em ações), férias, comissões, horas extras, participação de empregados nos resultados, etc.
- *Benefícios* – representados pelos valores relativos a assistência médica, alimentação, transporte, planos de aposentadoria, etc.
- *FGTS* – representado pelos valores depositados em conta vinculada dos empregados.

Impostos, taxas e contribuições – valores relativos ao imposto de renda, contribuição social sobre o lucro, contribuições ao INSS (incluídos aqui os valores do Seguro de Acidentes do Trabalho) que sejam ônus do empregador, bem como os demais impostos e contribuições a que a empresa esteja sujeita. Para os impostos compensáveis, tais como ICMS, IPI, PIS e COFINS, devem ser considerados apenas os valores devidos ou já recolhidos, e representam a diferença entre os impostos e contribuições incidentes sobre as receitas e os respectivos valores incidentes sobre os itens considerados como "insumos adquiridos de terceiros".

- *Federais* – inclui os tributos devidos à União, inclusive aqueles que são repassados no todo ou em parte aos Estados, Municípios, Autarquias, etc., tais como: IRPJ, CSSL, IPI, CIDE, PIS, COFINS. Inclui também a contribuição sindical patronal.

- *Estaduais* – inclui os tributos devidos aos Estados, inclusive aqueles que são repassados no todo ou em parte aos Municípios, Autarquias, etc., tais como o ICMS e o IPVA.
- *Municipais* – inclui os tributos devidos aos Municípios, inclusive aqueles que são repassados no todo ou em parte às Autarquias, ou quaisquer outras entidades, tais como o ISS e o IPTU.

Remuneração de capitais de terceiros – valores pagos ou creditados aos financiadores externos de capital.

- *Juros* – inclui as despesas financeiras, inclusive as variações cambiais passivas, relativas a quaisquer tipos de empréstimos e financiamentos junto a instituições financeiras, empresas do grupo ou outras formas de obtenção de recursos. Inclui os valores que tenham sido capitalizados no período.
- *Aluguéis* – inclui os aluguéis (inclusive as despesas com arrendamento operacional) pagos ou creditados a terceiros, inclusive os acrescidos aos ativos.
- *Outras* – inclui outras remunerações que configurem transferência de riqueza a terceiros, mesmo que originadas em capital intelectual, tais como *royalties*, franquia, direitos autorais, etc.

Remuneração de capitais próprios – valores relativos à remuneração atribuída aos sócios e acionistas.

- *Juros sobre o capital próprio (JCP) e dividendos* – inclui os valores pagos ou creditados aos sócios e acionistas por conta do resultado do período, ressalvando-se os valores dos JCP transferidos para conta de reserva de lucros. Devem ser incluídos apenas os valores distribuídos com base no resultado do próprio exercício, desconsiderando-se os dividendos distribuídos com base em lucros acumulados de exercícios anteriores, uma vez que já foram tratados como "lucros retidos" no exercício em que foram gerados.
- *Lucros retidos e prejuízos do exercício* – inclui os valores relativos ao lucro do exercício destinados às reservas, inclusive os JCP quando tiverem esse tratamento; nos casos de prejuízo, esse valor deve ser incluído com sinal negativo.
- As quantias destinadas aos sócios e acionistas na forma de JCP, independentemente de serem registradas como passivo (JCP a pagar) ou como reserva de lucros, devem ter o mesmo tratamento dado aos dividendos no que diz respeito ao exercício a que devem ser imputados.

Casos especiais – alguns exemplos

Depreciação de itens reavaliados ou avaliados ao valor justo (*fair value*).

16. A reavaliação de ativos e a avaliação de ativos ao seu valor justo provocam alterações na estrutura patrimonial da empresa e, por isso, normalmente requerem o registro contábil dos seus efeitos tributários.

17. Os resultados da empresa são afetados sempre que houver a realização dos respectivos ativos reavaliados ou avaliados ao valor justo. Quando a realização de determinado ativo ocorrer pelo processo normal de depreciação, por consequência, a DVA também é afetada. Assim, no momento da realização da reavaliação ou da avaliação ao valor justo, deve-se incluir esse valor como "outras receitas" na DVA, bem como se reconhecem os respectivos tributos na linha própria de impostos, taxas e contribuições.

Ajustes de exercícios anteriores

18. Os ajustes de exercícios anteriores, decorrentes de efeitos provocados por erro imputável a exercício anterior ou da mudança de critérios contábeis que vinham sendo utilizados pela entidade, devem ser adaptados na demonstração de valor adicionado relativa ao período mais antigo apresentado para fins de comparação, bem como os demais valores comparativos apresentados, como se a nova prática contábil estivesse sempre em uso ou o erro fosse corrigido.

Ativos construídos pela empresa para uso próprio

19. A construção de ativos dentro da própria empresa para seu próprio uso é procedimento comum. Nessa construção diversos fatores de produção são utilizados, inclusive a contratação de recursos externos (por exemplo, materiais e mão de obra terceirizada) e a utilização de fatores internos como mão de obra, com os consequentes custos que essa contratação e utilização provocam. Para elaboração da DVA, essa construção equivale à produção vendida para a própria empresa, e por isso seu valor contábil integral precisa ser considerado como receita. A mão de obra própria alocada é considerada como distribuição dessa riqueza criada, e eventuais juros ativados e tributos também recebem esse mesmo tratamento. Os gastos com serviços de terceiros e materiais são apropriados como insumos.
20. À medida que tais ativos entrem em operação, a geração de resultados desses ativos recebe tratamento idêntico aos resultados gerados por qualquer outro ativo adquirido de terceiros; portanto, sua depreciação também deve receber igual tratamento.
21. Para evitar o desmembramento das despesas de depreciação, na elaboração da DVA, entre os componentes que serviram de base para o respectivo registro do ativo construído internamente (materiais diversos, mão de obra, impostos, aluguéis e juros), os valores gastos nessa construção devem, no período da construção, ser tratados como Receitas relativas à construção de ativos próprios. Da mesma forma, os componentes de seu custo devem ser alocados na DVA seguindo-se suas respectivas naturezas.
22. Referido procedimento de reconhecimento dos valores gastos no período como outras receitas, além de aproximar do conceito econômico de valor adicionado, evita controles complexos adicionais, que podem ser custosos, durante toda a vida útil econômica do ativo.

Distribuição de lucros relativos a exercícios anteriores

23. A Demonstração do Valor Adicionado está estruturada para ser elaborada a partir da Demonstração do Resultado do período. Assim, há uma estreita vinculação entre essas duas demonstrações e essa vinculação deve servir para sustentação da consistência entre elas. Mas ela tem também uma interface com a Demonstração dos Lucros ou Prejuízos Acumulados na parte em que movimentações nesta conta dizem respeito à distribuição do resultado do exercício apurado na demonstração própria.

24. A entidade é livre, dentro dos limites legais, para distribuir seus lucros acumulados, sejam eles oriundos do próprio exercício ou de exercícios anteriores. Porém, pela vinculação referida no item anterior, os dividendos que compõem a riqueza distribuída pela entidade devem restringir-se exclusivamente à parcela relativa aos resultados do próprio período. Dividendos distribuídos relativos a lucros de períodos anteriores não são considerados, pois já figuraram como lucros retidos naqueles respectivos períodos.

Substituição tributária

25. A legislação brasileira, por meio de dispositivos legais próprios, permite a transferência de responsabilidade tributária a um terceiro, desde que vinculado ao fato gerador do tributo. Essa transferência de responsabilidade, que pode ser total ou parcial e tem como finalidade precípua a garantia de recolhimento do tributo, é efetivada de duas formas: progressiva e regressiva.

26. A substituição tributária progressiva ocorre com a antecipação do pagamento do tributo que só será devido na operação seguinte. Do ponto de vista do substituto tributário (normalmente fabricante ou importador), deve-se incluir o valor do "imposto antecipado" no faturamento bruto e depois apresentá-lo como dedução desse faturamento para se chegar à receita bruta.

27. No caso da substituição tributária regressiva, por exemplo, quando o comerciante realiza operação com produtor rural e é responsável pelo recolhimento do tributo, podem ocorrer duas situações: no caso de o comerciante ter direito ao crédito na operação seguinte, quando o valor do tributo recolhido deve ser tratado como impostos a recuperar, na DVA o valor dos impostos incidentes sobre as vendas deve ser considerado pelo valor total, uma vez que foi recolhido pelo próprio comerciante; se o comerciante não fizer jus ao crédito do tributo, o valor recolhido deve ser tratado como custo dos estoques.

O modelo a seguir apresentado deve ser entendido como indicativo, e um maior detalhamento, em nome da maior transparência, poderá ser utilizado.

Modelo – Demonstração do Valor Adicionado – EMPRESAS EM GERAL

DESCRIÇÃO
1 – RECEITAS
1.1) Vendas de mercadorias, produtos e serviços
1.2) Outras receitas
1.3) Receitas relativas à construção de ativos próprios
1.4) Provisão para créditos de liquidação duvidosa – Reversão/(Constituição)
2 – INSUMOS ADQUIRIDOS DE TERCEIROS (inclui os valores dos impostos – ICMS, IPI, PIS e COFINS)
2.1) Custos dos produtos, das mercadorias e dos serviços vendidos
2.2) Materiais, energia, serviços de terceiros e outros
2.3) Perda/Recuperação de valores ativos
2.4) Outras (especificar)
3 – VALOR ADICIONADO BRUTO (1-2)
4 – DEPRECIAÇÃO, AMORTIZAÇÃO E EXAUSTÃO
5 – VALOR ADICIONADO LÍQUIDO PRODUZIDO PELA ENTIDADE (3-4)
6 – VALOR ADICIONADO RECEBIDO EM TRANSFERÊNCIA
6.1) Resultado de equivalência patrimonial
6.2) Receitas financeiras
6.3) Outras
7 – VALOR ADICIONADO TOTAL A DISTRIBUIR (5+6)
8 – DISTRIBUIÇÃO DO VALOR ADICIONADO (*)
8.1) Pessoal
8.1.1 – Remuneração direta
8.1.2 – Benefícios
8.1.3 – F.G.T.S
8.2) Impostos, taxas e contribuições
8.2.1 – Federais
8.2.2 – Estaduais
8.2.3 – Municipais
8.3) Remuneração de capitais de terceiros
8.3.1 – Juros
8.3.2 – Aluguéis
8.3.3 – Outras
8.4) Remuneração de capitais próprios
8.4.1 – Juros sobre o capital próprio
8.4.2 – Dividendos
8.4.3 – Lucros retidos/Prejuízo do exercício
8.4.4 – Participação dos não controladores nos lucros retidos (só p/consolidação)

(*) O total do item 8 deve ser exatamente igual ao item 7.

EXERCÍCIO RESOLVIDO 1: Considere a DRE de 31/12/X1 e os balanços de 31/12/X0 e 31/12/X1 da Cia. KSA abaixo para responder às questões 1 a 8 (valores em R$ 1,00):

Receita Bruta	54.000
(–) Devoluções de vendas	(3.000)
(–) Descontos incondicionais	(6.000)
(–) ICMS	(3.200)
(–) PIS e COFINS	(1.000)
Receita Líquida	40.800
(–) CMV	(15.300)
Lucro bruto	**25.500**
Comissões sobre vendas	(1.090)
Despesa c/ PECLD	(450)
Despesas gerais (água, luz, gás, telefone, café etc.)	(920)
Aluguéis	(3.000)
Salários	(6.000)
INSS	(1.608)
FGTS	(480)
Depreciação	(400)
Amortização	(1.400)
Resultado positivo na equivalência patrimonial	2.500
Aluguéis Ativos	6.000
Reversão de PECLD	100
Lucro na Venda de Terreno	4.100
Lucro antes das Receitas e Despesas Financeiras	**22.852**
Juros Passivos	(960)
Juros Ativos	2.608
Lucro antes da IR e CSLL	**24.500**
IR e CSLL	(4.500)
Lucro líquido	**20.000**

Nota: PECLD – Perdas Estimadas em Créditos de Liquidação Duvidosa

ATIVO	31/12/X1	31/12/X0
CIRCULANTE		
Caixa	1.300	700
BCM	2.800	11.300
Clientes	15.650	9.400
PECLD	(450)	(500)
Dividendos a Receber	1.000	3.000
Estoques para revenda	11.400	12.200
Aluguéis a Vencer	2.300	2.000
NÃO CIRCULANTE		
Realizável Longo Prazo		
Empréstimos a Diretores	5.000	7.300
Investimentos		
Ações de Coligadas	6.500	5.000
Terrenos	-	2.900
Imóveis (alugados a terceiros)	15.400	17.000
Imobilizado		
Veículos	10.000	7.000
(Depreciação Acumulada)	(6.000)	(5.600)
Intangível		
Concessões Obtidas	9.000	9.000
(Amortização Acumulada)	(3.200)	(1.800)
Total do Ativo	**70.700**	**78.900**

PASSIVO	31/12/X1	31/12/X0
CIRCULANTE		
Salários a Pagar	500	450
Encargos Sociais a Recolher	40	36
Fornecedores	13.760	8.914
IR e CSLL a Pagar	2.900	3.100
Dividendos a Pagar	6.000	-
Financiamentos	--------	40.000
NÃO CIRCULANTE		
Empréstimos Bancários	8.000	8.000
Aluguéis Ativos a Vencer	500	400
PATRIMÔNIO LÍQUIDO		
Capital Social	28.000	22.000
Reservas de Capital	2.600	-
Ajustes de Avaliação Patrimonial	(1.600)	-
Reserva Legal	800	-
Reservas de Lucros	9.200	-
Prejuízos Acumulados	-	(4.000)
Total do Passivo	**70.700**	**78.900**

Informações adicionais:

- A participação da Cia. KSA no capital de sua única coligada, Cia. ZETA, é de 25%, sendo o Capital desta formado apenas por ações ordinárias. Em X1, a investida apurou lucro líquido de R$ 10.000,00, distribuindo 40% desse lucro a título de dividendos, os quais são pagos 60 dias após a data do balanço.
- O imóvel alugado a terceiros foi avaliado a valor de mercado e, em X1, sofreu uma redução de R$ 1.600,00 em relação ao seu valor no ano de X0. Além dessa avaliação, nenhuma outra ocorreu no ativo ou no passivo.
- O empréstimo bancário no valor de R$ 8.000,00 foi contraído em X0 com carência de 3 anos. A taxa de juros simples é de 12% ao ano e os juros são pagos ao fim de cada mês de sua competência. Supondo que não houve variação do poder aquisitivo da moeda nos anos de X0 e X1, não houve correção pós-fixada desse empréstimo.

- Em agosto de X1, a Cia. KSA alienou bônus de subscrição no total de R$ 2.600,00.
- O aumento do capital social no valor de R$ 6.000,00 foi realizado pela emissão de novas ações, todas integralizadas em dinheiro.
- Desconsidere a incidência de tributos nas compras de mercadorias.

1. O valor pago aos fornecedores em X1 foi de:
   a) R$ 740,00;
   b) R$ 14.500,00;
   c) R$ 9.654,00;
   d) R$ 13.760,00;
   e) com as informações apresentadas, não dá para saber.

(SOLUÇÃO)

O primeiro passo para acharmos o total pago aos fornecedores em X1é determinarmos o total das compras nesse ano, através da fórmula do CMV:

CMV = EI + C – EF → 15.300 = 12.200 + C – 11.400 → C = 14.500

- -

Finalmente, o valor pago aos fornecedores em X1 será:

Compras totais em X1 .... 14.500

(–) Compras feitas em X1 que serão pagas em X2 .... (13.760)

(=) Compras feitas em X1 e pagas em X1 740

(+) Compras a prazo em X0 e pagas em X1 .... 8.914

(=) Total pago aos fornecedores em X1 .... 9.654

(Opção c)

2. Na elaboração da DFC (Demonstração dos Fluxos de Caixa) de 31/12/X1, o valor do fluxo das atividades operacionais foi de:
   a) 17.100,00;
   b) 19.700,00;
   c) 9.300,00;
   d) 17.200,00;
   e) nada disso.

(SOLUÇÃO)

Lucro líquido *20.000,00*
(+) Depreciação *400,00*
(+) Amortização *1.400,00*
(+) Variação positiva em Aluguéis Ativos a Vencer *100,00*
(–) Resultado positivo na equivalência patrimonial .... *(2.500,00)*
(–) Lucro na venda de terreno .... *(4.100,00)*
(–) Var. líquida positiva Clientes [(15.650 – 450) – (9.400 – 500)] .... *(6.300,00)*
(+) Variação negativa em estoques *800,00*
(–) Variação positiva em Aluguéis a Vencer .... *(300,00)*
(+) Recebimento de dividendos *3.000,00**
(+) Variação positiva em Salários a Pagar *50,00*
(+) Variação positiva em Encargos Sociais a Recolher *4,00*
(+) Variação positiva em Fornecedores *4.846,00*
(–) Variação negativa em IR e CSLL a Pagar .... *(200,00)*
TOTAL *17.200,00*

(Opção d)

** Na apresentação dos fluxos das atividades operacionais, os dividendos a receber não devem ser indicados pela variação de saldo e sim pelo efetivo recebimento, que, no caso, é de 3.000,00.*

Comentário extra: *A forma acima, que é a forma "tradicional" de apresentação dos fluxos das atividades operacionais, está correta. No entanto, não deixa claro o verdadeiro valor do pagamento do IR e CSLL no exercício social de X1, que, no caso, pode ser obtido da seguinte forma:*

IR e CSLL a pagar de X0 pagos em X1 .... *3.100,00*
(+) Despesa de IR e CSLL de X1 .... *4.500,00*
(–) IR e CSLL de X1 que serão pagos em X2 .... *(2.900,00)*
(=) IR e CSLL total pagos em X1 .... ***4.700,00***

Desta forma, podemos apresentar os fluxos das operações de modo a indicar o verdadeiro valor do IR e CSLL pagos, em vez de indicar apenas a variação. Para tal, em vez de partirmos do Lucro Líquido, partiremos do Lucro antes do IR e CSLL:

Lucro líquido antes do IR e CSLL *24.500,00*
(+) Depreciação *400,00*
(+) Amortização *1.400,00*
(+) Variação positiva em Aluguéis Ativos a Vencer *100,00*
(–) Resultado positivo na equivalência patrimonial .... *(2.500,00)*

(–) Lucro na venda de terreno...(4.100,00)
(–) Var. líquida positiva Clientes [(15.650 – 450) – (9.400 – 500)]...................(6.300,00)
(+) Variação negativa em estoques..800,00
(–) Variação positiva em Aluguéis a Vencer ....(300,00)
(+) Recebimento de dividendos 3.000,00
(+) Variação positiva em Salários a Pagar..50,00
(+) Variação positiva em Encargos Sociais a Recolher..4,00
(+) Variação positiva em Fornecedores...4.846,00
(–) IR e CSLL pagos .... (4.700,00)
TOTAL...17.200,00

3. Na DFC de 31/12/X1, o valor do fluxo das atividades de financiamento foi de:
   a) (R$ 31.400,00);
   b) (R$ 40.000,00);
   c) R$ 9.600,00;
   d) R$ 6.000,00;
   e) (R$ 34.000,00).

(SOLUÇÃO)

Pagamento de financiamentos..(40.000,00)
Aumento do Capital Social em dinheiro 6.000,00
Alienação de bônus de subscrição...2.600,00
TOTAL...(31.400,00)
(Opção a)

4. Na DFC de 31/12/X1, o valor do fluxo das atividades de investimentos foi de:
   a) R$ 9.300,00;
   b) R$ 4.000,00;
   c) (R$ 700,00);
   d) R$ 6.300,00;
   e) (R$ 4.000,00).

(SOLUÇÃO)

Recebimento de empréstimos a diretores 2.300,00
Venda de terreno...7.000,00
Compra de veículos ....(3.000,00)
TOTAL...6.300,00
(Opção d)

5. O valor indicado na DFC de 31/12/X1 como variação das disponibilidades foi de:
   a) R$ 7.900,00;
   b) (R$ 7.900,00);
   c) R$ 600,00;
   d) (R$ 600,00);
   e) (R$ 8.500,00).

(1ª SOLUÇÃO)

Disponibilidades	X1	X0
Caixa	1.300,00	700,00
BCM	2.800,00	11.300,00
Total	4.100,00	12.000,00

Variação das disponibilidades = 4.100,00 – 12.000,00 = (7.900,00)

(Opção b)

(2ª SOLUÇÃO)

Variação das disponibilidades = FAO + FAF + FAI = 17.200,00 + 6.300,00 – 31.400,00 = (7.900,00)

6. Na elaboração da DVA (Demonstração do Valor Adicionado) de 31/12/X1, o valor distribuído ao Governo foi de:
   a) R$ 4.200,00;
   b) R$ 5.808,00;
   c) R$ 4.500,00;
   d) R$ 5.500,00;
   e) R$ 10.308,00.

(SOLUÇÃO)

ICMS 3.200,00

PIS e COFINS 1.000,00

INSS 1.608,00

CSLL e IR 4.500,00

Total distribuído ao Governo 10.308,00

(Opção e)

7. Na elaboração da DVA (Demonstração do Valor Adicionado) de 31/12/X1, o valor adicionado a distribuir foi de:

   a) R$ 48.750,00;

   b) R$ 20.000,00;

   c) R$ 41.838,00;

   d) R$ 43.638,00;

   e) R$ 46.950,00.

(SOLUÇÃO)

RECEITAS

Vendas de mercadorias	*54.000,00*
Devoluções de vendas	*(3.000,00)*
Descontos incondicionais	*(6.000,00)*
Despesa com PECLD	*(450,00)*
Reversão de PECLD	*100,00*
Lucro na venda de terreno	*4.100,00*
	48.750,00
INSUMOS	
CMV	*(15.300,00)*
Despesas gerais	*(920,00)*
	(16.220,00)
DEPRECIAÇÃO, AMORTIZAÇÃO E EXAUSTÃO	
Depreciação	*(400,00)*
Amortização	*(1.400,00)*
	(1.800,00)
VALOR ADICIONADO RECEBIDO EM TRANSFERÊNCIA	
Juros Ativos	*2.608,00*
Aluguéis Ativos	*6.000,00*
Resultado positivo na equivalência patrimonial	*2.500,00*
	11.108,00
TOTAL DO VALOR ADICIONADO A DISTRIBUIR	*41.838,00*

(Opção c)

8. O percentual do valor adicionado que foi distribuído aos empregados, evidenciado na DVA de 31/12/X1, foi de:
   a) 18,09%;
   b) 14,34%;
   c) 15,49%;
   d) 16,95%;
   e) 20%.

(SOLUÇÃO)

Salários..6.000,00
FGTS..480,00
Comissões sobre vendas..1.090,00
7.570,00

% distribuída aos empregados = 7.570,00 ÷ 41.838,00 = 18,09%
(Opção a)

Comentário extra: *A fim de facilitar o entendimento da DVA, apresentaremos abaixo a distribuição completa do valor adicionado:*

PESSOAL
Salários..6.000,00
FGTS..480,00
Comissões sobre vendas..1.090,00
7.570,00

IMPOSTOS, TAXAS E CONTRIBUIÇÕES
FEDERAIS
PIS e COFINS..1.000,00
INSS..1.608,00
CSLL e IR...4.500,00
ESTADUAIS
ICMS..3.200,00
10.308,00

REMUNERAÇÃO DE CAPITAIS DE TERCEIROS
Juros Passivos..960,00
Aluguéis..3.000,00
3.960,00

REMUNERAÇÃO DE CAPITAIS PRÓPRIOS

Dividendos *6.000,00*

Lucros Retidos:

Absorção de Prejuízos Acumulados *4.000,00*

Reserva Legal *800,00*

Reservas de Lucros (exceto a Reserva Legal) *9.200,00*

20.000,00

TOTAL DO VALOR ADICIONADO DISTRIBUÍDO *41.838,00*

Nota: *Observemos que, apesar do FGTS e do INSS serem ambos encargos sociais referentes aos salários, somente o primeiro deve integrar o valor adicionado distribuído aos empregados. No caso do INSS, este deverá integrar o valor adicionado distribuído ao Governo. A base legal desse procedimento encontra-se no item 15 da Resolução do CFC nº 1.138/2008, a qual equivale à Deliberação da CVM nº 557/2008 e também ao Pronunciamento Técnico CPC 09 – Demonstração do Valor Adicionado, o qual, até o presente momento de elaboração desta obra, não sofreu nenhuma revisão, razão pela qual utiliza termos desatualizados como, por exemplo, "Provisão p/ Devedores Duvidosos" em vez de "Perdas Estimadas em Créditos de Liquidação Duvidosa".*

2º Comentário extra: *Observemos que nas informações adicionais dadas no enunciado do exercício, foi mencionado que os tributos sobre compras devem ser desconsiderados. No entanto, caso houvesse ICMS incidente nas compras de, por exemplo, R$ 935,00, esse valor deveria ser acrescentado ao valor do CMV, pois, de acordo com o* ***item 14 do CPC 09****, nos valores dos custos dos produtos e mercadorias vendidos, materiais, serviços, energia, etc. consumidos, devem ser considerados os tributos incluídos no momento das compras (por exemplo, ICMS, IPI, PIS e COFINS), recuperáveis ou não. Esse procedimento é diferente das práticas utilizadas na demonstração do resultado. Se fosse assim, a DVA ficaria da seguinte forma:*

RECEITAS

Vendas de mercadorias *54.000,00*

Devoluções de vendas .... *(3.000,00)*

Descontos incondicionais .... *(6.000,00)*

Despesa com PECLD .... *(450,00)*

Reversão de PECLD *100,00*

Outras receitas *4.100,00*

48.750,00

INSUMOS

CMV (15.300,00 + 935,00)* .... *(16.235,00)

Despesas gerais .... *(920,00)*

(17.155,00)

DEPRECIAÇÃO, AMORTIZAÇÃO E EXAUSTÃO

Depreciação .... *(400,00)*
Amortização .... *(1.400,00)*
(1.800,00)

VALOR ADICIONADO RECEBIDO EM TRANSFERÊNCIA

Juros Ativos *2.608,00*
Aluguéis Ativos *6.000,00*
Resultado positivo na equivalência patrimonial *2.500,00*
11.108,00

TOTAL DO VALOR ADICIONADO A DISTRIBUIR *40.903,00*

Desta forma, na apresentação da distribuição do valor adicionado, o ICMS efetivamente pago (ou a pagar) ao Governo não seria o valor total indicado como dedução das vendas (3.200,00) e sim a diferença entre o ICMS incidente nas vendas e o ICMS incidente nas compras, ou seja, 3.200,00 – 935,00 = 2.265,00, ficando a distribuição do valor adicionado da seguinte forma:

PESSOAL

Salários *6.000,00*
FGTS *480,00*
Comissões sobre vendas *1.090,00*
7.570,00

IMPOSTOS, TAXAS E CONTRIBUIÇÕES

FEDERAIS
PIS e COFINS *1.000,00*
INSS *1.608,00*
CSLL e IR *4.500,00*
ESTADUAIS
ICMS (3.200,00 – 935,00)* *2.265,00
9.373,00

REMUNERAÇÃO DE CAPITAIS DE TERCEIROS

Juros Passivos *960,00*
Aluguéis *3.000,00*
3.960,00

REMUNERAÇÃO DE CAPITAIS PRÓPRIOS

Dividendos *6.000,00*
Lucros Retidos:

Absorção de Prejuízos Acumulados *4.000,00*
Reserva Legal *800,00*
Reservas de Lucros (exceto a Reserva Legal) *9.200,00*
20.000,00

TOTAL DO VALOR ADICIONADO DISTRIBUÍDO *40.903,00*

EXERCÍCIO RESOLVIDO 2: (Tribunal de Contas do Município do Rio de Janeiro/Fundação Getulio Vargas) Com base no enunciado a seguir, responda às questões 1 a 4.

A Cia. JMAP vende o produto PAMJ. A empresa apresenta o seguinte Balanço em 31/08/X8:

ATIVO	–	PASSIVO + PATRIMÔNIO LÍQUIDO	–
Disponibilidades	76.000	Fornecedores	26.500
Estoques	25.000	Contas a Pagar	20.000
Móveis e Utensílios	200.000	Capital Social	180.000
Depreciação acumulada	– 16.000	Lucros Acumulados	58.500
Total	285.000	Total	285.000

Informações adicionais:

i) o Estoque é constituído por 1.000 unidades adquiridas por R$ 25,00 cada. A empresa adota o CMPM (Custo médio ponderado móvel) – controle permanente;

ii) os Móveis e Utensílios são depreciados à taxa de 12% ao ano.

A empresa efetuou as seguintes operações no mês de setembro de X8:

Data	Evento
01	A empresa efetuou o seguro anual de seu patrimônio, mediante o pagamento do prêmio de seguro no valor total de R$ 6.000,00 à vista.
02	Compra 1.000 unidades de PAMJ por R$ 26,00 cada, para pagar em outubro/X8.
05	Compra 2.500 unidades de PAMJ por R$ 24,80 cada, à vista.
10	Venda de 3.000 unidades e PAMJ por R$ 35,00 cada, sendo que metade à vista e metade a prazo para recebimento em 30 dias.
15	Venda de 1.100 unidades de PAMJ por R$ 30,00 cada, à vista.
22	Compra 2.000 unidades de PAMJ por R$ 25,50, para pagamento em 60 dias.
25	Aumento do Capital Social em R$ 35.000,00, sendo R$ 5.000,00 em dinheiro e o restante em integralização de parte do saldo de lucros acumulados.
26	Pagamento de R$ 38.000,00 aos fornecedores e da totalidade do saldo das contas a pagar.
30	Reconhecimento e pagamento de despesas administrativas e comerciais no montante total de R$ 18.000,00, sendo R$ 8.000,00 relativos a serviços de terceiros e o restante a pessoal próprio.
30	Apropriação mensal da despesa de seguro e depreciação dos móveis e utensílios.
30	Constatou que o valor realizável líquido, por unidade de PAMJ, é R$ 25,00.
30	Pagamento de dividendos, em dinheiro, no valor correspondente a 40% do lucro do período.

1. Considerando somente os dados do enunciado, determine o valor do lucro operacional do mês de setembro/X8.
   a) Menor que 10.000,00.
   b) Entre 10.000,01 e 14.000,00.
   c) Entre 14.000,01 e 18.000,00.
   d) Entre 18.000,01 e 22.000,00.
   e) Maior que 22.000,01.

(SOLUÇÃO)

O primeiro passo é calcularmos o Lucro Bruto, através da fórmula LB = V – CMV. O valor das vendas será 3.000 × 35,00 + 1.100 × 30,00 = 138.000,00.

No entanto, para acharmos o CMV, devemos calcular o custo médio unitário do estoque até o dia 5 e multiplicarmos esse custo pelo total da quantidade vendida (4.100 unidades):

Custo médio unitário do estoque (no dia 05):

$$\frac{1.000 \times 25,00 + 1.000 \times 26,00 + 2.500,00 \times 24,80}{1.000 + 1.000 + 2.500} = 25,11$$

CMV = 4.100 × 25,11 = 102.951,00

LB =138.000,00 – 102.951,00 = 35.049,00

Agora, iremos determinar o total das despesas operacionais::

Seguros [6.000,00 ÷ 12] .... (500,00)
Gastos com pessoal .... (10.000,00)
Serviços de terceiros .... (8.000,00)
Depreciação [12% ÷ 12 × 200.000,00] .... (2.000,00)
Despesa c/ Perdas Estimadas em Estoques .... ?

Para calcularmos esta última despesa, devemos primeiro calcular o novo custo médio no dia 22 da seguinte forma:

$$\frac{400 \times 25,11 + 2.000 \times 25,50}{400 + 2.000} = 25,435$$

Assim, Perdas Estimadas em Estoques = 2.400 × (25,435 – 25,00) = 1.044,00

*Finalmente, **Lucro Operacional** = 35.049,00 – 500,00 – 10.000,00 – 8.000,00 – 2.000,00 – 1.044,00 = 13.505,00 **(Opção b)***

2. Considerando somente os dados do enunciado, determine o percentual do valor adicionado que foi distribuído aos empregados em setembro/X8.
   a) Menor que 10%.
   b) Entre 10,01% e 20%.
   c) Entre 20,01% e 30%.
   d) Entre 30,01% e 40%.
   e) Maior que 40%.

(SOLUÇÃO)

RECEITAS

Vendas de mercadorias *138.000,00*

INSUMOS

CMV .... *(102.951,00)*

Perdas Estimadas em Estoques .... *(1.044,00)*

Seguros [6.000,00 ÷ 12] .... *(500,00)*

Serviços de terceiros .... *(8.000,00)*

(112.495,00)

DEPRECIAÇÃO, AMORTIZAÇÃO E EXAUSTÃO

Depreciação [12% ÷ 12 X 200.000,00] .... *(2.000,00)*

TOTAL DO VALOR ADICIONADO A DISTRIBUIR............ 23.505,00

Finalmente, o percentual do valor adicionado que foi distribuído aos empregados foi de 10.000,00 ÷ 23.505,00 = 42,54%. ***(Opção e)***

3. Considerando somente os dados do enunciado, quando da apropriação da despesa de seguro relativa ao mês de setembro/X8, assinale o lançamento contábil adequado.

a)	D – Despesas Antecipadas – seguro (AC)	6.000,00
	C – Disponibilidades (AC)	6.000,00
b)	D – Despesas Operacionais – seguro (DRE)	500,00
	C – Disponibilidade (AC)	500,00
c)	D – Despesas Operacionais – seguro (DRE)	500,00
	C – Seguros a Pagar (PC)	500,00
d)	D – Despesas Antecipadas – seguro (AC)	500,00
	C – Disponibilidades (AC)	500,00
e)	D – Despesas Operacionais – seguro (DRE)	500,00
	C – Despesas Antecipadas – seguro (AC)	500,00

(SOLUÇÃO)

A contabilização do pagamento do seguro no dia primeiro foi a seguinte:

D – Despesas Antecipadas – seguro (AC) 6.000,00

C – Disponibilidades (AC) 6.000,00

Ao fim do mês, a empresa irá apropriar 1/12 do valor pago:

D – Despesas Operacionais – seguro (DRE) 500,00

C – Despesas Antecipadas – seguro (AC) 500,00

(Opção e)

4. Considerando somente os dados do enunciado, determine o valor do fluxo de caixa líquido da atividade de financiamento do mês de setembro/X8.
   a) Menor que – 5.000,00.
   b) Entre – 4.999,99 e – 1.000,00.
   c) Entre – 999,00 e + 3.000,00.
   d) Entre 20.000,01 e + 24.000,00.
   e) Maior que + 24.000,00.

(SOLUÇÃO)

Visto que não há resultados não operacionais, IR, CSLL e participações sobre o lucro, o lucro líquido coincidirá com o lucro operacional, ou seja, 13.505,00.

Assim:

Pagamento de dividendos [40% de 13.505,00] .... (5.402,00)

Aumento do capital social em dinheiro 5.000,00

Total dos fluxos das atividades de financiamento .... (402,00)

(Opção c)

EXERCÍCIO RESOLVIDO 3: (Termoaçu - Contador Júnior/Fundação Cesgranrio – Adaptada) Analise a demonstração de resultado a seguir, apresentada pela empresa Natal S.A. em dezembro de X1.

RESULTADO	R$ mil
Receita Bruta	1.000,00
(-) ICMS sobre Vendas *1	(120,00)
Receita Líquida	880,00
(-) Custo das Vendas	480,00
Lucro Bruto	400,00

(-) Despesas Comerciais (de vendas) *2	(180,00)
(-) Despesas Administrativas *3	(100,00)
(+) Outras Receitas (lucro na venda de imobilizado)	20,00
Lucro antes das Receitas e Despesas Financeiras	140,00
(-) Despesas Financeiras	(20,00)
Lucro Antes do IR	120,00
(-) Imposto de Renda	(30,00)
Lucro Antes das Participações	90,00
(-) Participações de Empregados nos Lucros	(12,00)
Lucro Líquido	78,00

*1 – O ICMS incluído nas compras monta a R$ 55,00.

*2 – Remuneração de vendedores = R$ 70,00; Frete e Propaganda = R$ 80,00; Perdas Estimadas em Créditos de Liquidação Duvidosa = R$ 30,00.

*3 – Gastos de pessoal = R$ 60,00; Despesas tributárias = R$ 10,00; Gastos diversos = R$ 30,00.

Com base apenas nos dados apresentados, o Valor Adicionado a Distribuir pelos fatores de produção monta, em R$ mil, a:

a) 325;
b) 345;
c) 355;
d) 375;
e) 400.

(SOLUÇÃO)

RECEITAS

Vendas de mercadorias *1.000,00*
Despesa com perdas estimadas em créditos de liquidação duvidosa .... *(30,00)*
Outras receitas *20,00*
990,00

INSUMOS

Custo das vendas (480,00 + 55,00) .... *(53500)*
Frete e propaganda .... *(80,00)*
Gastos diversos .... *(30,00)*
(645,00)

VALOR ADICIONADO A DISTRIBUIR [990,00 – 645,00]................................345,00

(Opção b)

Comentário extra: *De acordo com o item 14 do CPC 09, nos valores dos custos dos produtos e mercadorias vendidos, materiais, serviços, energia, etc. consumidos,* ***devem ser considerados os tributos incluídos no momento das compras*** *(por exemplo, ICMS, IPI, PIS e COFINS), recuperáveis ou não. Daí a razão de termos acrescentado os 55,00 ao valor do CMV.*

Por outro lado, na elaboração da 2ª parte da DVA, ao apresentarmos o ICMS efetivamente distribuído ao Governo pela empresa Natal S.A, não apresentaremos exclusivamente no valor do ICMS s/Vendas (120,00), e sim pela diferença entre o ICMS s/Vendas e ICMS s/Compras, ou seja, 120,00 – 55,00 = 65,00.

Cabe ressaltar que "ICMS efetivamente distribuído pela empresa ao Governo" não significa necessariamente o ICMS efetivamente pago, e sim o ICMS ***incorrido****, ou seja, o ICMS pago ou a pagar, lembrando que a DVA não se baseia em regime de caixa e sim em regime de competência, tendo em vista que utiliza os dados obtidos da DRE e não da DFC.*

Dessa forma, a apresentação da 2ª parte da DVA da empresa Natal S.A. ficaria da seguinte forma:

PESSOAL

Remuneração dos vendedores..70,00

Gastos c/ pessoal..60,00

Participação de empregados nos lucros 12,00

142,00

IMPOSTOS, TAXAS E CONTRIBUIÇÕES

ICMS...65,00

IR 30,00

Despesas tributárias 10,00

105,00

REMUNERAÇÃO DE CAPITAIS DE TERCEIROS

Despesas financeiras 20,00

REMUNERAÇÃO DE CAPITAIS PRÓPRIOS

Dividendos + Juros s/Capital Próprio + Lucros Retidos......................................78,00

TOTAL DO VALOR ADICIONADO DISTRIBUÍDO 345,00

Exercícios de Fixação

1. **Ao passo que a DRE evidencia a riqueza gerada pela empresa que permanece na mesma em forma de lucro líquido, a DVA, além disso, mostra:**
   a) as destinações do lucro líquido para as reservas de lucros;
   b) a parcela do lucro líquido incorporada ao capital social;
   c) os principais critérios de avaliação dos itens do ativo;
   d) a conversão do lucro líquido em disponibilidades;
   e) a forma como a empresa distribuiu a riqueza gerada entre os empregados, governo, sócios, financiadores etc.

2. **Na elaboração da DVA, não é considerado item componente para a determinação do valor adicionado a distribuir:**
   a) CMV;
   b) Aluguéis Ativos;
   c) Salários;
   d) Receita de Vendas;
   e) Serviços de Terceiros.

3. **A Cia. Selênio, ao elaborar a DVA em 31/12/X1, apurou, entre outros valores, os seguintes:**

■ **Salários**	**R$ 13.500,00**
■ **Juros**	**R$ 4.100,00**
■ **Comissões Passivas**	**R$ 3.700,00**
■ **Honorários da diretoria**	**R$ 6.400,00**
■ **FGTS**	**R$ 900,00**
■ **Comissões Ativas**	**R$ 1.100,00**

   Assim, na referida demonstração, com base exclusivamente nas informações acima, o valor adicionado distribuído aos empregados foi de:
   a) R$ 24.500,00;
   b) R$ 13.500,00;
   c) R$ 17.200,00;
   d) R$ 23.600,00;
   e) R$ 14.400,00.

4. **Considere a relação seguinte:**
   – **Resultado positivo na equivalência patrimonial**
   – **Resultado positivo na venda de imobilizado**
   – **Vendas de mercadorias**
   – **Juros Ativos**
   – **Aluguéis Ativos**

Assim, o número de itens que na DVA são classificados como valor adicionado recebido em transferência é de:

a) 1;
b) 2;
c) 3;
d) 4;
e) 5.

(Fiscal de Rendas – MS/Fundação Getulio Vargas) Com base no enunciado a seguir, responda às questões 5 a 7 (na prova original, somente a 5).

A Cia. Comercial Complexa e Extensa apurou o seguinte Balanço Patrimonial em 1º/1/2005:

ATIVO	$	PASSIVO + PL	$
Ativo circulante	**100.000,00**	**Patrimônio líquido**	**100.000,00**
Caixa	100.000,00	Capital Social	100.000,00

Durante o primeiro semestre de 2005, ocorreram as seguintes transações:

- **Os sócios da Cia. Comercial Complexa e Extensa aumentaram o Capital Social da empresa em $ 100.000,00, da seguinte forma:**
  - **$ 50.000,00 integralizados, imediatamente, em dinheiro;**
  - **$ 30.000,00 integralizados, imediatamente em um terreno localizado na cidade de Corumbá; e**
  - **$ 20.000,00 a serem integralizados no ano de 2008.**
- **A Cia. Comercial Complexa e Extensa comprou 50.000 unidades da mercadoria "Dificuldade", por $ 1,50 a unidade (desconsidere os impostos). O pagamento ao fornecedor foi realizado à vista.**
- **A Cia. Comercial Complexa e Extensa vendeu 45.000 unidades da mercadoria "Dificuldade" por $ 2,00 a unidade (desconsidere os impostos). A venda foi negociada a prazo.**
- **A Cia. Comercial Complexa e Extensa recebeu de seus clientes metade (1/2) das Duplicatas a Receber. O restante das duplicatas vencerá, ainda, em 2005 (no segundo semestre).**
- **No início de abril, a Cia. Comercial Complexa e Extensa obteve um empréstimo bancário no valor de $ 70.000,00. O principal deverá ser pago em 2009, mas os juros mensais de $ 400,00 devem ser pagos ao final de cada mês. A Cia. Comercial Complexa e Extensa honrou o pagamento dos juros nos prazos acordados (inclusive no mês de abril).**
- **No início de maio, a Cia. Comercial Complexa e Extensa comprou um caminhão, à vista, por $ 60.000,00. Espera-se que esse veículo tenha uma vida útil de 5 anos, ao final do qual se reduzirá a sucata, e o método de depreciação adotado é o linear – cotas constantes. A Cia. Comercial Complexa e Extensa reconheceu a depreciação mensalmente (inclusive no mês de maio).**
- **A Cia. Comercial Complexa e Extensa incorreu e pagou despesas administrativas de $ 10.000,00 e despesas comerciais de $ 5.000,00. Dessas despesas, $ 8.000,00 eram referentes a pessoal e encargos; e o restante, referente a serviços contratados de terceiros.**

Desconsidere a incidência de qualquer tributo, bem como qualquer outra variável não apresentada neste enunciado.

Sabe-se que 25% do lucro do semestre foram provisionados como dividendos, mas ainda não foram pagos.

5. **De acordo com o Ofício-Circular CVM/SNC/SEP nº 1/2006, determine o Valor Adicionado Total a Distribuir da Cia. Comercial Complexa e Extensa, apresentado na Demonstração do Valor Adicionado apurada em 30/6/2005.**
   a) $ 4.300,00. b) $ 13.500,00. c) $ 14.700,00. d) $ 20.500,00. e) $ 21.500,00.

6. **Na DVA de 30/6/2005, o percentual do valor adicionado que foi distribuído aos sócios foi, aproximadamente, de:**
   a) 25%; b) 7,96%; c) 32%; d) 20%; e) 10%.

7. **Na DVA de 30/6/2005, o percentual do valor adicionado que foi distribuído aos empregados foi, aproximadamente, de:**
   a) 35%; b) 30%; c) 45%; d) 59%; e) 10%.

8. **(SAAE – Prefeitura de São Carlos – SP – Contador/Vunesp) A riqueza gerada por uma empresa, medida num determinado conceito, é calculada a partir da diferença entre o valor de sua produção e o dos bens produzidos por terceiros, utilizados no processo de produção da empresa. A atual e a potencial aplicações do valor adicionado mostram o aspecto econômico e social que o seu conceito envolve: (i) como índice de avaliação do desempenho na geração da riqueza, ao medir a eficiência da empresa na utilização dos fatores de produção, comparando o valor das saídas com o valor das entradas, e (ii) como índice de avaliação do desempenho social à medida que demonstra, na distribuição da riqueza gerada, a participação dos empregados, do Governo, dos Agentes Financiadores e dos Acionistas. Esse conceito é aplicado a qual demonstração financeira?**
   a) EVA – Demonstração do valor econômico agregado.
   b) EBITDA – Demonstração do lucro antes das despesas financeiras, impostos, depreciação e amortização.
   c) DFC – Demonstração do fluxo de caixa.
   d) DVA – Demonstração do Valor Adicionado.
   e) DOAR – Demonstração das origens e aplicações de recursos.

9. **(Sergipe Gás S.A. – Contador/FCC)Dados da Cia. Miramar, referentes ao exercício encerrado em 31/12/2008, em R$:**

Custo das Mercadorias Vendidas	**250.000,00**
Serviços adquiridos de terceiros	**70.000,00**
Receita de dividendos	**30.000,00**
Despesas financeiras	**25.000,00**
Outros materiais adquiridos de terceiros	**20.000,00**
Despesas de depreciação	**40.000,00**
Receita de vendas	**540.000,00**
Pagamento de mão de obra e encargos trabalhistas	**60.000,00**

Com estas informações, o Valor Adicionado a Distribuir dacompanhia nesse exercício correspondeu, em R$, a:

a) 160.000,00 b) 200.000,00 c) 190.000,00 d) 170.000,00 e) 220.000,00

10. (Sergipe Gás S.A. – Contador/FCC) É demonstração financeira não obrigatória para as companhias fechadas:

a) Demonstração dos Fluxos de Caixa.
b) Balanço Patrimonial.
c) Demonstração dos Lucros e Prejuízos Acumulados.
d) Demonstração do Valor Adicionado.
e) Demonstração do Resultado do Exercício.

(BADESC – SC – Contador/FGV)As questões 11 e 12 devem ser respondidas a partir dos dados apresentados na tabela a seguir.

Custo de mercadorias vendidas..............................	**230.000,00**
Exaustão	**85.000,00**
Amortização...	**9.900,00**
Receitas Financeiras...	**410.000,00**
FGTS..	**25.000,00**
Juros sobre o Capital Próprio	**88.800,00**
Lucro do Exercício	**1.725.830,00**
Impostos Municipais...	**3.860,00**
Remuneração direta	**7.800,00**
Receita de vendas de mercadorias.........................	**1.900.500,00**
Materiais, energia e serviços de terceiros	**129.000,00**
Impostos Federais	**13.220,00**
Contribuições Previdenciárias	**4.490,00**
Resultado de equivalência patrimonial...................	**72.700,00**
Aluguéis	**52.500,00**
Impostos Estaduais	**7.500,00**
Intangível..	**310.025,00**
Investimentos...	**125.830,00**
Ajustes a Valor Presente	**79.850,00**

11. O Valor Adicionado Total a Distribuir é de:

a) 2.106.900,00; b) 2.018.100,00; c) 1.446.600,00; d) 1.725.830,00; e) 1.929.300,00.

12. O Valor Adicionado Recebido em Transferência é de:

a) 482.700,00; b) 435.000,00; c) 450.850,00; d) 571.500,00; e) 498.800,00.

(INFRAERO – Contador/FCC) Instruções: Para responder às questões de números 13 e 14, utilize os dados a seguir.

Ao final do exercício de 2008, a contabilidade da Cia. Misericórdia informa a relação dos saldos finais das contas de resultados a seguir:

Saldos	Devedores (R$)	Credores (R$)
Aluguéis	38.000,00	
CMV	120.000,00	
Depreciações e Amortizações	8.500,00	
Despesa c/INSS	4.500,00	
Despesas c/FGTS	4.000,00	
Despesas de Juros	15.000,00	
Despesas de Salários	50.000,00	
Impostos Diretos s/Vendas	30.000,00	
Outras Despesas Comerciais	23.000,00	
Outras Despesas Administrativas	13.000,00	
Receitas Financeiras		5.000,00
Resultado c/Venda de Imobilizado	2.000,00	
Resultado de Equivalência Patrimonial		3.000,00
Vendas Brutas		300.000,00

13. O valor adicionado total a distribuir corresponde a:

a) R$ 133.500,00;
b) R$ 133.000,00;
c) R$ 142.500,00;
d) R$ 142.000,00;
e) R$ 141.500,00.

14. O valor adicionado recebido em transferência é:

a) R$ 3.000,00;
b) R$ 5.000,00;
c) R$ 8.000,00;
d) R$ 10.000,00;
e) R$ 13.000,00.

15. (Analista Judiciário – Amapá – Contador/FCC – Adaptada) Na Demonstração do Valor Adicionado, constituem itens de distribuição do valor adicionado:

a) as receitas e as despesas de aluguéis, as despesas de FGTS e os juros pagos;
b) as despesas de juros, as reversões de perdas estimadas em créditos de liquidação duvidosa e as perdas de ativos;
c) as despesas de depreciação do período, as receitas de juros e os resultados de equivalência patrimonial;
d) os benefícios pagos a empregados, os juros sobre capital próprio e os lucros retidos;
e) os gastos com serviços de terceiros, os valores relativos à construção de ativos próprios e as amortizações.

Considere a DRE da comercial Asa Delta S/A abaixo para responder às questões de número 16 a 25 com base no CPC 09 – Demonstração do Valor Adicionado (valores em R$):

Receita Bruta de Vendas	**453.000,00**
Devoluções e Abatimentos	**(38.200,00)**
ICMS s/ Vendas	**(94.000,00)**
PIS e COFINS	**(12.800,00)**
Receita Líquida	**308.000,00**
CMV	**(196.200,00)**
Lucro Bruto	**111.800,00**
Despesas Comerciais	**(15.000,00)**
Despesas Administrativas	**(44.000,00)**
Outras Receitas	**11.200,00**
Lucro antes das Receitas e Despesas Financeiras	**64.000,00**
Despesas de Juros	**(10.000,00)**
Receitas de Juros	**3.200,00**
Lucro Antes do IR e CSLL	**57.200,00**
IR e CSLL	**(10.560,00)**
Participação de Empregados	**(2.860,00)**
Lucro Líquido	**43.780,00**

Composição das Despesas Comerciais:

– Despesa com PECLD	R$ 3.000,00
– Comissões s/Vendas	R$ 12.000,00
	R$ 15.000,00

Composição das Despesas Administrativas:

– Salários	R$ 18.000,00
– INSS	R$ 3.700,00
– FGTS	R$ 1.600,00
– Despesas de Aluguéis	R$ 3.100,00
– Serviços de Terceiros	R$ 7.920,00
– Água, Luz, Gás, Telefone	R$ 5.104,00
– Depreciação	R$ 3.696,00
– IPTU	R$ 880,00
	R$ 44.000,00

Composição das Outras Receitas:

– Receitas de Aluguéis	R$ 9.000,00
– Reversão de PECLD	R$ 1.000,00
– Lucro na Venda de Imobilizado	R$ 1.200,00
	R$ 11.200,00

Informações adicionais:

- 30% do resultado líquido do exercício foram destinados ao pagamento de dividendos e o restante às reservas de lucros.
- O ICMS recuperável nas compras de mercadorias foi de 15.200,00.

16. Na DVA, o valor total das RECEITAS foi de:

a) R$ 453.000,00;
b) R$ 414.800,00;
c) R$ 416.000,00;
d) R$ 417.000,00;
e) R$ 414.000,00.

17. O valor dos INSUMOS foi de:

a) R$ 224.424,00;
b) R$ 211.400,00;
c) R$ 209.224,00;
d) R$ 217.144,00;
e) R$ 222.248,00.

18. O Valor Adicionado Bruto foi de:

a) R$ 204.776,00;
b) R$ 189.576,00;
c) R$ 203.756,00;
d) R$ 188.376,00;
e) R$ 185.880,00.

19. O Valor Adicionado Líquido foi de:

a) R$ 189.576,00;
b) R$ 185.880,00;
c) R$ 204.776,00;
d) R$ 203.756,00;
e) R$ 188.376,00.

20. O Valor Adicionado Recebido em Transferência foi de:

a) R$ 9.000,00;
b) R$ 3.200,00;
c) R$ 11.200,00;
d) R$ 12.200,00;
e) R$ 14.000,00.

21. O Valor Adicionado Total a Distribuir foi de:

a) R$ 196.880,00;
b) R$ 213.280,00;
c) R$ 212.080,00;
d) R$ 188.376,00;
e) R$ 198.080,00.

22. O valor adicionado distribuído ao Pessoal foi de:

a) R$ 18.000,00;
b) R$ 20.860,00;
c) R$ 34.460,00;
d) R$ 19.600,00;
e) R$ 31.600,00.

23. O valor adicionado distribuído ao Governo (Federal, Estadual e Municipal) foi de:

a) R$ 27.060,00;
b) R$ 121.060,00;
c) R$ 121.940,00;
d) R$ 106.740,00;
e) R$ 105.860,00.

24. O valor adicionado distribuído para Remuneração do Capital de Terceiros foi de:

a) R$ 13.100,00;
b) R$ 10.000,00;
c) R$ 3.100,00;
d) R$ 12.000,00;
e) R$ 15.750,00.

25. O valor adicionado distribuído para Remuneração do Capital Próprio foi de:

a) R$ 41.200,00;
b) R$ 42.000,00;
c) R$ 43.780,00;
d) R$ 44.520,00;
e) R$ 45.000,00.

26. (Auditor-Fiscal da Receita Federal do Brasil/Esaf) Nas empresas industriais são classificados como valor adicionado recebido em transferência os:

a) resultados de equivalência patrimonial e os dividendos relativos a investimentos avaliados ao custo;

b) dividendos de participações societárias avaliadas pelo método de equivalência e os aluguéis;

c) dividendos distribuídos e os resultados da avaliação de ativos ao seu valor justo;

d) juros sobre o capital próprio creditados e as receitas financeiras de qualquer natureza;

e) gastos com ativos construídos pela empresa para uso próprio e os resultados obtidos com aquisições societárias vantajosas.

27. (INFRAERO – Analista Superior II – Contador/FCC – Adaptada) Na Demonstração do Valor Adicionado:

a) o valor das vendas de mercadorias, produtos e serviços não inclui o valor dos tributos recuperáveis;

b) a constituição de perdas estimadas em créditos de liquidação duvidosa deve ser somada ao valor das vendas para determinar o valor total das receitas da entidade;

c) as receitas financeiras auferidas pela entidade integram o cálculo da riqueza criada pela própria entidade;

d) os impostos e contribuições não cumulativos, na distribuição do valor adicionado, devem ser calculados somente pelos valores devidos nas operações de venda;

e) o resultado positivo da equivalência patrimonial integra o valor adicionado transferido por terceiros para a entidade.

28. (TRT – 20ª Região – Analista Judiciário/FCC) Na elaboração da Demonstração do Valor Adicionado (DVA) são identificados como Valor Adicionado Recebido em Transferência:

a) as receitas financeiras obtidas e os dividendos recebidos;

b) os resultados na venda de imobilizados, as depreciações e as amortizações;

c) os *royalties* recebidos e os insumos adquiridos de terceiros;

d) os serviços profissionais contratados de terceiros e os aluguéis obtidos;

e) os impostos recuperáveis e as recuperações de perdas.

29. (Tribunal de Justiça – Piauí – Analista Judiciário/FCC – Adaptada) Na Demonstração do Valor Adicionado, constituem itens de distribuição do valor adicionado:

a) as receitas e despesas de aluguéis, as despesas de FGTS e os juros pagos;

b) as despesas de juros, as reversões de perdas estimadas em créditos de liquidação duvidosa e as perdas de ativos;

c) as despesas de depreciação do período, as receitas de juros e os resultados de equivalência patrimonial;

d) os benefícios pagos a empregados, os juros sobre capital próprio e os lucros retidos;

e) os gastos com serviços de terceiros, os valores relativos à construção de ativos próprios e as amortizações.

30. (INFRAERO – Auditor de Entidades de Previdência Complementar/FCC - Adaptada) Em relação à elaboração da Demonstração do Valor Adicionado, é correto afirmar que:

a) o Resultado Positivo na Equivalência Patrimonial integra o Valor Adicionado produzido pela entidade;

b) o valor contabilizado para Perdas Estimadas em Créditos de Liquidação Duvidosa deve ser somado ao valor das vendas para o cálculo do Valor Adicionado Bruto;

c) o valor da alienação de ativos não circulantes não deve ser computado no cálculo do Valor Adicionado a distribuir pela entidade;

d) na distribuição do valor adicionado, os juros sobre capital próprio devem ser computados como remuneração do capital de terceiros;

e) no valor dos insumos adquiridos de terceiros devem estar incluídos os impostos incidentes sobre a aquisição, sejam recuperáveis ou não.

31. (Departamento Nacional de Obras contra as Secas – Contador/FCC) Dados da Cia. Miramar, referentes ao exercício encerrado em 31/12/2008, em R$:

Custo das Mercadorias Vendidas..250.000,00
Serviços adquiridos de terceiros..70.000,00
Receita de dividendos..30.000,00
Despesas financeiras..25.000,00
Outros materiais adquiridos de terceiros..............................20.000,00
Despesas de depreciação...40.000,00
Receita de vendas...540.000,00
Pagamento de mão de obra e encargos trabalhistas.............60.000,00

Com estas informações, o Valor Adicionado a Distribuir da companhia nesse exercício correspondeu, em R$, a:

a) 160.000,00;

b) 200.000,00;

c) 190.000,00;

d) 170.000,00;

e) 220.000,00.

32. (Serviço Autônomo de Água e Esgoto – SP – Contador) A riqueza gerada por uma empresa, medida num determinado conceito, é calculada a partir da diferença entre o valor de sua produção e o dos bens produzidos por terceiros, utilizados no processo de produção da empresa. A atual e a potencial aplicações do valor adicionado mostram o aspecto econômico e social que o seu conceito envolve: (i) como índice de avaliação do desempenho na geração da riqueza, ao medir a eficiência da empresa na utilização dos fatores de produção, comparando o valor das saídas com o valor das entradas, e (ii) como índice de avaliação do desempenho social à medida que demonstra, na distribuição da riqueza gerada, a participação dos empregados, do Governo, dos Agentes Financiadores e dos Acionistas.

Esse conceito é aplicado a qual demonstração financeira?

a) EVA – Demonstração do Valor Econômico Agregado.

b) EBITDA – Demonstração do Lucro antes das Despesas Financeiras, Impostos, Depreciação e Amortização.

c) DFC – Demonstração do Fluxo de Caixa.

d) DVA – Demonstração do Valor Adicionado.

e) DOAR – Demonstração das Origens e Aplicações dos Recursos.

33. **(LIQUIGÁS – Petrobras – Contador Júnior/Fundação Cesgranrio) Uma sociedade anônima de capital aberto apresentou as seguintes informações parciais retiradas da Demonstração do Resultado do Exercício, elaborada no encerramento do exercício social de 20X0:**

Custo das Mercadorias Vendidas (CMV)	**21.000,00**
Depreciação	**8.000,00**
Energia Elétrica	**7.000,00**
ICMS sobre Vendas	**9.000,00**
Juros sobre Capital Próprio	**5.000,00**
Receita de Vendas	**56.000,00**

Considerando exclusivamente as informações recebidas, verifica-se que a sociedade anônima gerou um Valor Adicionado, em reais, de:

a) 6.000,00;

b) 11.000,00;

c) 15.000,00;

d) 19.000,00;

e) 20.000,00.

Capítulo 17

Participações Societárias

1. Conceito de Participações Societárias

São as ações de sociedades anônimas ou cotas de sociedades limitadas que uma sociedade denominada INVESTIDORA adquire de outra sociedade denominada INVESTIDA.

2. Tipos

PARTICIPAÇÕES SOCIETÁRIAS TEMPORÁRIAS: Quando adquiridas com a intenção de venda, tendo em vista que possuem caráter especulativo, sendo que podem estar **destinadas à negociação** (já compõem a carteira de títulos negociáveis) ou **disponíveis para venda** (só serão postas na carteira de negociação quando o mercado estiver favorável ou a investidora necessitar de dinheiro).

As participações temporárias no capital de outras sociedades são consideradas INSTRUMENTOS FINANCEIROS e reguladas pelo **CPC 48** (Instrumentos Financeiros: Reconhecimento e Mensuração), **CPC 39** (Instrumentos Financeiros: Apresentação) e **CPC 40 (R1)** (Instrumentos Financeiros: Evidenciação).

São classificadas no Ativo Circulante ou no Ativo Realizável a Longo Prazo, dependendo do prazo de realização.

PARTICIPAÇÕES SOCIETÁRIAS PERMANENTES: Quando adquiridas com a intenção de permanência, ou seja, sem a intenção de venda, representando uma extensão da atividade econômica da investidora. São classificadas no Ativo Não Circulante Investimentos. Podem ser:

- Participações em Coligadas **(CPC 18 (R2))**
- Participações em Controladas **(CPC 18 (R2) e CPC 36 (R3))**
- Participações em Empreendimento Controlado em Conjunto *(joint venture)* **(CPC 19 (R2) e CPC 18 (R2))**

Obs.: No caso de aquisição de COTAS de outras sociedades, não há por que se pensar em participações temporárias, visto que não se negociam quotas no mercado de valores mobiliários e sim ações e outros títulos emitidos por companhias. Dessa forma, se determinada sociedade adquire cotas de uma sociedade limitada, automaticamente, há PRESUNÇÃO DE PERMANÊNCIA, sendo essas participações classificadas no Ativo Não Circulante Investimentos, entendimento este também apoiado pela legislação do IR.

3. Sociedades Coligadas

De acordo com o § 1º do art. 243 da Lei nº 6.404/76, são coligadas as sociedades nas quais a investidora tenha influência significativa.

Segundo o § 4º do mesmo artigo, considera-se que há influência significativa quando a investidora detém ou exerce o poder de participar nas decisões das políticas financeira ou operacional da investida, sem controlá-la. No entanto, com base no § 5º, é PRESUMIDA influência significativa quando a investidora for titular de 20% ou mais do capital votante (ações ordinárias) da investida, sem controlá-la.

Conceito semelhante encontramos no item 3 do CPC 18 (R2), onde é definido que COLIGADA é a entidade sobre a qual o investidor tenha influência significativa. Além disso, o mesmo item 3 define que INFLUÊNCIA SIGNIFICATIVA é o poder de participar das decisões sobre políticas financeiras e operacionais de uma investida, mas sem que haja o controle individual ou conjunto dessas políticas.

Ex. 1: A Cia. X possui 9% do total das ações da Cia. Y. Supondo que aquela tenha influência significativa nesta, então X e Y são coligadas.

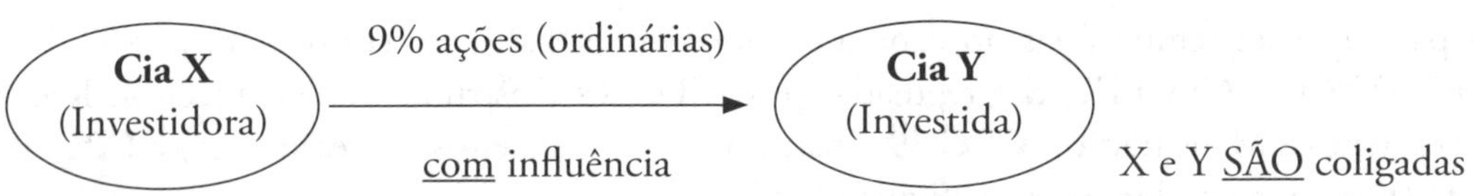

Ex. 2: A Beta S/A possui 17% do total das ações da Gama S/A. Supondo que aquela NÃO tenha influência significativa nessa, então Beta e Gama NÃO são coligadas.

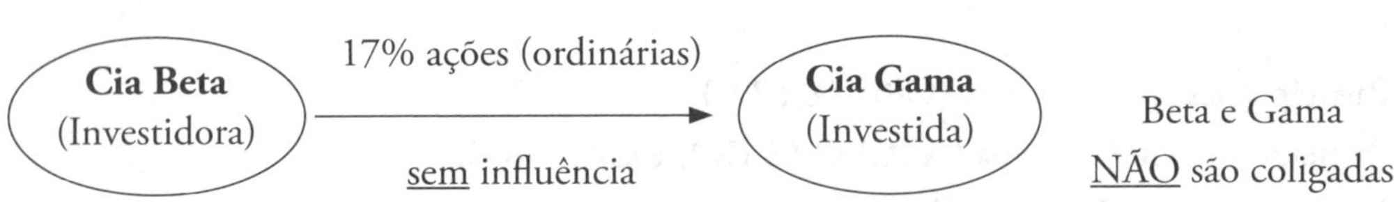

Ex. 3: A Cia. T possui 23% do total das ações da Cia. R, sendo todas essas ações com direito ao voto nas assembleias de acionistas (ações ordinárias). Assim, T e R são coligadas, independentemente de qualquer outro fato, pois há presunção de influência significativa.

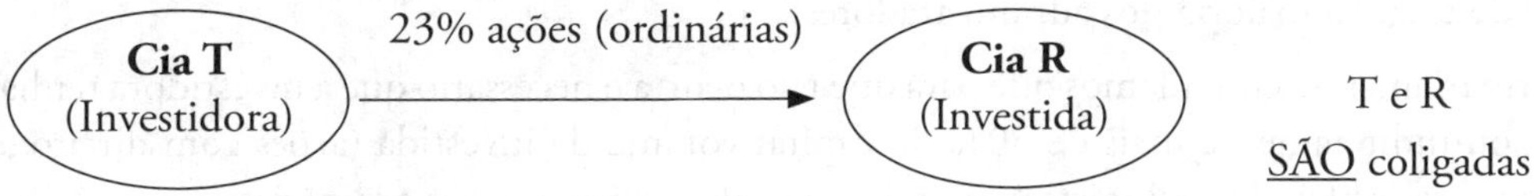

Obs. 1: De acordo com o item 5 do CPC 18 (R2), se o investidor mantém direta ou indiretamente (por meio de controladas, por exemplo), **vinte por cento ou mais** do poder de voto da investida, **presume-se que ele tenha influência significativa**, a menos que possa ser claramente demonstrado o contrário. Por outro lado, se o investidor detém, direta ou indiretamente (por meio de controladas, por exemplo), menos de vinte por cento do poder de voto da investida, presume-se que ele não tenha influência significativa, a menos que essa influência possa ser claramente demonstrada. A propriedade substancial ou majoritária da investida por outro investidor não necessariamente impede que um investidor tenha influência significativa sobre ela. De acordo com o item 6 do mesmo CPC, a existência de influência significativa por investidor geralmente é evidenciada por uma ou mais das seguintes formas:

(a) representação no conselho de administração ou na diretoria da investida;

(b) participação nos processos de elaboração de políticas, inclusive em decisões sobre dividendos e outras distribuições;

(c) operações materiais entre o investidor e a investida;

(d) intercâmbio de diretores ou gerentes;

(e) fornecimento de informação técnica essencial.

Obs. 2: Para efeitos de se caracterizar influência significativa, o direito de **voto potencial**, ou seja, quando a investidora possuir valores mobiliários que podem ser facilmente convertidos em ações com direito a voto, tais como debêntures conversíveis em ações, opções de compra de ações, bônus de subscrição, etc., deve ser considerado na análise da presunção dessa influência. Assim, por exemplo, se uma investidora X possui diretamente 8% das ações com direito a voto da investida Y, debêntures que podem ser prontamente convertidos em mais 11% de ações com direito a voto da mesma investida, e ainda,opções de compra de ações da mesma investida, as quais exercidas são capazes de gerar mais 5% de ações com direito a voto, para efeitos de análise de influência significativa, isso é equivalente a possuir 24% do capital votante da investida e, como há presunção de influência significativa em função de esse percentual ser igual ou maior que 20% do capital votante, X e Y também SÃO COLIGADAS.

4. Sociedades Controladas

De acordo com o § 2º do art. 243 da Lei nº 6.404/76, considera-se controlada a sociedade na qual a controladora, diretamente ou através de outras controladas, é titular de direitos de sócio que lhe assegurem, de modo permanente, preponderância nas deliberações sociais e o poder de eleger a maioria dos administradores.

Doutrinariamente, entendemos que para que isso ocorra é necessário que a investidora tenha direta ou indiretamente mais de 50% do capital votante da investida (ações com direito a voto nas assembleias de acionistas), ou seja, mais de 50% das ações ordinárias.

Ex.: A Cia. M possui 70% do capital da Cia. N e esta, por sua vez, possui 60% do capital da Cia. P. Todas as ações do capital social das investidas são ordinárias.

Assim, temos as seguintes conclusões:

- controladora M controla <u>diretamente</u> a controlada N com 70%.
- controladora N controla <u>diretamente</u> a controlada P com 60%.
- controladora M controla <u>indiretamente</u>, através de N, a controlada P com 60%.
- participação<u>indireta</u> de M em P é de 70% × 60%, ou seja, 42%.

Obs.: Ao afirmarmos que a controladora M controla indiretamente P com 60%, não estamos utilizando uma relação matemática e sim uma relação de controle, ou seja, se M controla N e esta controla P diretamente com 60%, então, <u>indiretamente</u>, M tem o poder dos 60% de P, através de N. Se utilizássemos uma relação matemática, diríamos que a participação indireta de M em P é de 70% × 60%, isto é, 42%. Se assim fosse para avaliar o controle, M não controlaria P, pois teria menos de 50%. Então, para ficar mais claro, no exemplo dado podemos fazer dois tipos diferentes de perguntas:se a pergunta for com quantos por cento M controla indiretamente P, a resposta será 60% (relação de controle e não matemática); no entanto, se for perguntado qual a participação indireta de M em P, a resposta será 42% (relação matemática e não de controle). Assim, cabe ressaltar que se deve prestar muita atenção no tipo de pergunta para não haver interpretações equivocadas.

5. Sociedade Controlada em Conjunto (Joint Venture)

De acordo com o item 16 do Pronunciamento Técnico CPC 19 (R2) – Negócios em Conjunto, EMPREENDIMENTO CONTROLADO EM CONJUNTO *(joint venture)* é um negócio em conjunto segundo o qual as partes que detêm o controle conjunto do negócio têm direitos sobre os ativos líquidos do negócio. Essas partes são denominadas de empreendedores em conjunto. De acordo com o item 4 do mesmo CPC, NEGÓCIO EM CONJUNTO é um negócio do qual duas ou mais partes têm o controle conjunto. Ainda, em consonância também com o item 5, o negócio em conjunto tem as seguintes características: (a) As partes integrantes estão vinculadas por acordo contratual; (b) O acordo contratual dá a duas ou mais dessas partes integrantes o controle conjunto do negócio.

Exemplo: As companhias X, Y e Z estão interessadas na exploração de uma jazida de minério em Minas Gerais. Desta forma, em vista dos interesses comuns em tal empreendimento, tais empresas decidem constituir uma nova empresa, Cia. de Mineração Rio Negro ("*joint-venture*"). Com ajuda de uma consultoria, chegou-se à conclusão de que, para tal investimento, os seguintes valores seriam necessários:

– Aquisição dos direitos de exploração da jazida de propriedade de outra empresa, ao custo de R$ 400.000.
– Aquisição de veículos, máquinas e equipamentos, ao custo de R$ 360.000.
– Aquisição de móveis e utensílios, computadores e instalações, ao custo de R$ 140.000.

Chegou-se também à conclusão de que o capital próprio necessário seria de R$ 600.000, enquanto R$ 300.000 seriam financiados por bancos holandeses.

O Capital Social será dividido em 15.000 ações ordinárias de valor nominal R$ 40 cada, distribuídas da seguinte forma:

Investidoras	**Nº de ações subscritas**	**Participação no capital**	**TOTAL (R$)**
Cia. X	3.750	25 %	150.000
Cia. Y	4.500	30 %	180.000
Cia. Z	6.750	45 %	270.000
Total	15.000	100 %	600.000

Notemos que nenhuma das investidoras é isoladamente controladora da *joint-venture,* sendo esta controlada pelo conjunto.

6. Formas de Avaliação na Data do Balanço

6.1. Participações Societárias Temporárias

Sao avaliadas na data do balanço pelo VALOR JUSTO *(fair value)* (Lei nº 6.404/76, art. 183, I) e Pronunciamento Técnico CPC 48 – Instrumentos Financeiros: Reconhecimento e Mensuração.

Obs.: Existem vários conceitos legais de VALOR JUSTO, os quais, essencialmente, são equivalentes. De acordo com a alínea "d" do § 1º do art. 183 da Lei nº 6.404/76, por exemplo, considera-se VALOR JUSTO dos instrumentos financeiros, o valor que se pode obter em um mercado ativo, decorrente de transação não compulsória realizada entre partes independentes. Já de acordo com o item 11 do CPC 39, VALOR JUSTO é o preço que seria recebido pela venda de um ativo ou que seria pago pela transferência de um passivo em uma transação não forçada entre participantes do mercado na data de mensuração.

Em suma, podemos concluir que VALOR JUSTO é o valor "normal" de MERCADO, pelo qual um determinado ativo é negociado ou um determinado passivo é pago.

Para o caso específico de participações societárias temporárias, as quais são consideradas instrumentos financeiros, ou, mais especificamente, ATIVOS FINANCEIROS, existem formas distintas de contabilização para avaliação a valor justo, dependendo da "intenção" do investidor ao adquirir esses ativos financeiros:

1º CASO: <u>AÇÕES DESTINADAS À NEGOCIAÇÃO</u> – Quando mantidas em carteira para negociação IMEDIATA, sendo por isso classificadas, em geral, no ativo circulante. Neste caso, a contabilização para ajuste a valor justo se dá em contrapartida com uma conta de RESULTADO, a qual poderá ser chamada, por exemplo, de"Ajuste a Valor Justo", sendo esta uma conta de despesa, se debitada, ou uma conta de receita, se creditada. Desse modo, temos duas possibilidades:

(1) Quando o valor justo <u>aumentar</u> em relação ao valor já contabilizado:

D – Ativos Financeiros Destinados à Negociação

C – Ajuste a Valor Justo (Outras Receitas)

(2) Quando o valor justo <u>diminuir</u> em relação ao valor já contabilizado:

D – Ajuste a Valor Justo (Outras Despesas)

C – Ativos Financeiros Destinados à Negociação

2º CASO: <u>AÇÕES DISPONÍVEIS PARA VENDA</u> – Quando mantidas em carteira para negociação FUTURA, sendo, em geral,classificadas no Ativo Realizável a Longo Prazo ou no Ativo Não Circulante Investimentos. Neste caso, a contabilização para ajuste a valor justo se dará em contrapartida com uma conta do PL, a qual é chamada de "Ajustes de Avaliação Patrimonial". Neste caso, teremos duas possibilidades:

(3) Quando o valor justo <u>aumentar</u> em relação ao valor já contabilizado:

D – Ativos Financeiros Disponíveis para Venda

C – Ajustes de Avaliação Patrimonial

(4) Quando o valor justo <u>diminuir</u> em relação ao valor já contabilizado:

D – Ajustes de Avaliação Patrimonial

C – Ativos Financeiros Disponíveis para Venda

Obs. 1: Com base no item 5.7.1A do Pronunciamento Técnico CPC 48 – Instrumentos Financeiros, podemos interpretar que os DIVIDENDOS de investimentos que <u>não sejam</u> avaliados por equivalência patrimonial, ou seja, investimentos que são avaliados a VALOR JUSTO, devem ser reconhecidos no resultado como RECEITAS (recebidas ou não), desde que: (i) o direito da entidade receber o pagamento do dividendo seja estabelecido; (ii) seja provável que os benefícios econômicos associados ao dividendo fluirão para a entidade; e (iii) o valor do dividendo possa ser mensurado de forma confiável. Neste caso, a contabilização desse dividendo pode ser feita da seguinte forma:

D – Caixa/Bancos/Dividendos a Receber

C – Receitas de Dividendos (Outras Receitas)

Obs. 2: Antes das normas do Comitê de Pronunciamentos Contábeis, os dividendos das ações adquiridas até 6 meses antes da data da compra eram contabilizados da mesma forma que aqueles decorrentes de ações avaliadas por equivalência patrimonial, isto é, como redução da conta investimentos.

Exemplo prático: A Cia. Alfa adquiriu na Bovespa, em 7 de março de X1, 5.000 ações da Cia. Beta por R$ 2,00 cada. Em 31/12/X1, a cotação dessas ações no mercado foi de R$ 2,60. Assim, na Cia. Alfa teremos as seguintes contabilizações, supondo que as ações foram pela investidora classificadas como DESTINADAS À NEGOCIAÇÃO, visto a intenção especulativa da sua compra:

(07/03/X1) – Aquisição das ações:

D – Ativos Financeiros Destinados à Negociação 10.000,00

C – Caixa/Bancos 10.000,00

(31/12/X1) – Avaliação a valor justo:

D – Ativos Financeiros Destinados à Negociação 3.000,00

C – Ajuste a Valor Justo 3.000,00

Obs. 1: Caso a intenção da compra das ações fosse para venda futura, em prazo não determinado, se a empresa necessitasse de dinheiro, as ações seriam consideradas pela investidora como DISPONÍVEIS PARA VENDA. Neste caso, a contabilização na data do balanço seria:

D – Ativos Financeiros Disponíveis para Venda 3.000,00

C – Ajustes de Avaliação Patrimonial 3.000,00

Obs. 2: Caso o valor das ações na data do balanço tivesse caído em vez de aumentado, de forma que o preço de mercado nessa data fosse, por exemplo, R$ 1,50 por ação, a contabilização seria feita da seguinte forma:

D – Ajuste a Valor Justo 2.500,00

C – Ativos Financeiros Destinados à Negociação 2.500,00

No entanto, se as ações fossem classificadas como DISPONÍVEIS PARA A VENDA, a contabilização seria:

D – Ajustes de Avaliação Patrimonial 2.500,00

C – Ativos Financeiros Disponíveis para Venda 2.500,00

6.2. Participações Societárias em Não Coligadas e Não Controladas

De acordo com o inc. III do art. 183 da Lei nº 6.404/76, são avaliadas pelo custo de aquisição deduzido da provisão para perdas prováveis na realização do seu valor somente quando essa perda for considerada permanente, isto é, de difícil recuperação.

No entanto, em vista das normas internacionais de contabilidade, a forma de avaliação dos investimentos permanentes mencionada acima em sociedades não coligadas e não controladas está TOTALMENTE DESATUALIZADA. Para confirmarmos isso, vamos analisar "parte" do **item 11 do CPC 39** (grifo nosso):

INSTRUMENTO FINANCEIRO é qualquer contrato que dê origem a um ativo financeiro para a entidade e a um passivo financeiro ou instrumento patrimonial para outra entidade.

ATIVO FINANCEIRO é qualquer ativo que seja:

a) *caixa;*

b) instrumento patrimonial de outra entidade

c) *direito contratual...;*

d) *um contrato que seja ou possa vir a ser liquidado por instrumentos patrimoniais da própria entidade...*

INSTRUMENTO PATRIMONIAL é qualquer contrato que evidencie uma participação nos ativos de uma entidade após a dedução de todos os seus passivos.

Dessa forma, em vista das definições acima, a conclusão a que podemos chegar é que as AÇÕES de uma sociedade pertencentes a outra sociedade, que não se constitua em coligada ou controlada, são ATIVOS FINANCEIROS do tipo "instrumento patrimonial de outra entidade" e estão dentro do alcance do Pronunciamento Técnico CPC 48 – Instrumentos Financeiros, sendo, portanto, a forma de avaliação pelo VALOR JUSTO. Assim, se uma empresa adquire ações de outra que não se constitua em coligada ou controlada (incluindo as controladas em conjunto – *joint venture*), esses instrumentos patrimoniais podem ser classificados no ativo circulante, no ativo realizável a longo prazo ou no ativo investimentos, dependendo da intenção de vender a curto prazo, de vender a longo prazo, ou de não vender, mas, independentemente disso, são ativos financeiros dentro do alcance do CPC 48 quanto à forma de reconhecimento e mensuração e devem tais investimentos, regra geral, ser avaliados pelo valor justo e não pelo custo de aquisição, muito menos ainda deduzidos de qualquer "provisão", termo que, de acordo com o CPC 25, é exclusivo de contas do passivo de prazo ou valor incertos, jamais do ativo.

Obs.: Conforme visto, a regra geral é que as participações permanentes em não coligadas e não controladas sejam avaliadas pelo valor justo ou pelo custo, caso não seja possível avaliar o valor justo. No entanto, há casos específicos em que tais participações não são avaliadas pelo custo, e sim pelo método da equivalência patrimonial que será estudado no item 8 deste capítulo. É o caso citado no art. 248 da Lei nº 6.404/76, ou seja, o caso das sociedades que, apesar de não coligadas e não controladas, fazem parte de um mesmo grupo ou estão sob controle comum. Como exemplo, suponhamos o grupo empresarial abaixo formado pelas companhias X, Y, Z e S, onde o capital de todas as sociedades é formado exclusivamente por ações ordinárias.

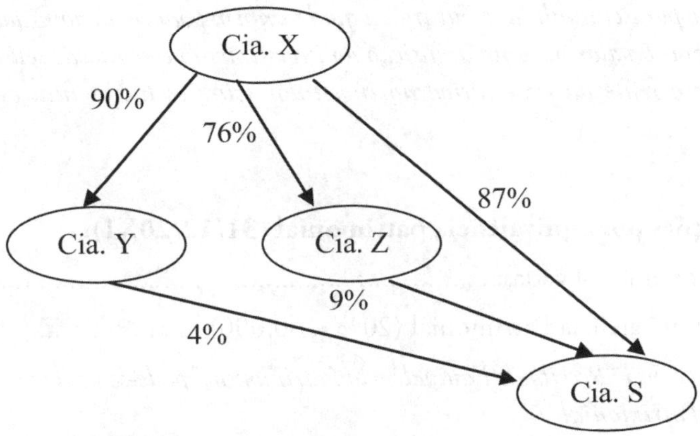

No esquema acima, mesmo que as companhias Y e Z não sejam coligadas à companhia S, NÃO avaliarão seus investimentos nesta (4% e 9%) pelo valor justo e sim pelo método da equivalência patrimonial, tendo em vista que todas fazem parte do mesmo grupo empresarial e estão sobre controle comum de X.

6.3. Participações Societárias em Coligadas e Controladas

Com base no art. 248 da Lei nº 6.404/76, podemos inferir que tais investimentos são avaliados pelo MEP (Método da Equivalência Patrimonial), também chamado de Método do Patrimônio Líquido, o qual, como o nome já sugere, faz com que a investidora avalie o valor de seus investimentos em coligadas e controladas com base no valor do Patrimônio Líquido (PL) dessas investidas. Desse modo, se o PL das coligadas e controladas aumenta ou diminui de valor, o valor do investimento aumentará ou diminuirá proporcionalmente com base no percentual de participação da investidora no capital social de tais investidas.

Exemplo: Em 1º de janeiro de 20X1, a Cia. Pedra adquiriu de um acionista da Cia. Cristal por R$ 40.000,00, sem a intenção de venda, 20% das ações desta, tornando-se sua coligada. O capital da investida é formado apenas por ações ordinárias e, na data da aquisição, o valor contábil do patrimônio líquido da investida era de R$ 150.000,00, valor este coincidente com seu valor justo, isto é, o valor contábil dos ativos e passivos da investida coincidia com seu valor de mercado na data de aquisição. Em 31/12/20X1, a investida apurou um lucro líquido de R$ 60.000,00. Assim, teremos na investidora as seguintes contabilizações:

Aquisição das ações (01/01/20X1):

D – Investimentos em Coligadas (20% × 150.000) 30.000,00

D – Ágio por Rentabilidade Futura (40.000,00 – 30.000,00)..........................10.000,00

C – Caixa/Bancos..40.000,00

Nota: *A cota "Ágio por Rentabilidade Futura", a qual também pode ser denominada de "Goodwill" recebe esse nome pois o valor pago na aquisição do investimento que excede seu valor de mercado (valor justo) é decorrente da expectativa do investidor sobre os lucros futuros que a investida poderá obter.*

Avaliação das ações por equivalência patrimonial (31/12/20X1):

D – Investimentos em Coligadas...12.000,00

C – Receita de Equivalência Patrimonial (20% × 60.000) 12.000,00

Nota: *No lugar da conta "Receita de Equivalência Patrimonial" pode-se utilizar a conta "Resultado da Equivalência Patrimonial".*

7. Relevância dos Investimentos em Coligadas e Controladas

Embora as alterações impostas à Lei nº 6.404/76 pela Lei nº 11.941/09 não excluam o critério da determinação da relevância dos investimentos em coligadas e controladas, conforme indicado no parágrafo único do art. 247 daquela lei, ESSE CRITÉRIO DEIXOU DE SER ÚTIL, pois, independentemente de serem relevantes ou não, os investimentos em coligadas e controladas serão SEMPRE avaliados pelo MEP (Método da Equivalência Patrimonial), com o advento desta última lei. Antes das referidas alterações, havia necessidade da comprovação da relevância dos investimentos em coligadas e controladas para a aplicação do MEP.

8. Avaliação pelo Método da Equivalência Patrimonial

8.1. Introdução

Antes da existência das normas do CPC (Comitê de Pronunciamentos Contábeis), as principais fontes legais no Brasil para avaliação de investimentos em coligadas, controladas e empreendimentos controlados em conjunto (*joint venture*) pelo MEP (Método da Equivalência Patrimonial) eram, basicamente, a Lei 6.404/76 e a Instrução da CVM no 247 de 1996, tendo esta prioridade em relação àquela no caso específico das companhias abertas.

Até o presente momento de elaboração desta obra, as regras de aplicação do MEP têm como fontes principais o Pronunciamento Técnico CPC 18 (R2) – Investimento em Coligada, em

Controlada e em Empreendimento Controlado em Conjunto e a Interpretação Técnica ICPC 09 (R2) – Demonstrações Contábeis Individuais, Demonstrações Separadas, Demonstrações Consolidadas e Aplicação do Método da Equivalência Patrimonial.

Além disso, há também outros pronunciamentos que complementam tudo que está relacionado a investimentos avaliados pelo MEP, a saber: CPC 15 (R1) – Combinação de Negócios; CPC 19 (R2) – Negócios em Conjunto; CPC 35 (R2) – Demonstrações Separadas; e CPC 36 (R3) – Demonstrações Consolidadas.

Apesar da Lei no 6.404/76, já atualizada pela Lei nº 11.638/07 e pela Lei nº 11.941/09, ser uma fonte atual válida para o estudo do MEP, seu conteúdo se limita às regras e definições muito básicas, estando muito aquém do necessário para o perfeito entendimento desse tema.

Veremos nos subitens a seguir que a forma de aplicação do MEP nos investimentos em sociedades coligadas não é exatamente igual à forma de aplicação nos investimentos em controladas, tendo em vista que nem todos os critérios são comuns para esses dois casos. No caso específico de investimentos em empreendimentos controlados em conjunto *(joint venture)*, são aplicados praticamente todos os critérios de avaliação do MEP válidos para coligadas.

8.2. Significado

De acordo com o item 3 do CPC 18 (R2), MÉTODO DA EQUIVALÊNCIA PATRIMONIAL (MEP) é o método de contabilização por meio do qual o investimento é inicialmente reconhecido pelo custo e, a partir daí, é ajustado para refletir a alteração pós-aquisição na participação do investidor sobre os ativos líquidos da investida. As receitas ou as despesas do investidor incluem sua participação nos lucros ou prejuízos da investida, e os outros resultados abrangentes do investidor incluem a sua participação em outros resultados abrangentes da investida.

Em outras palavras, o MEP, também chamado de Método do Patrimônio Líquido, é aquele que faz uma investidora reconhecer como receita ou despesa sua percentagem de participação sobre o lucro ou prejuízo da investida coligada ou controlada, e, como outros resultados abrangentes, sua percentagem de participação em outros resultados abrangentes da investida coligada ou controlada.

Nota: ATIVOS LÍQUIDOS DA INVESTIDA corresponde ao conceito de PL (Patrimônio Líquido) da investida, visto que PL é a diferença entre o ativo e o passivo, isto é, é o ativo "líquido" do passivo. Desse modo, "alteração nos ativos líquidos da investida" pode ser entendido como "alteração no PL da investida".

Assim, por exemplo, se a investidora "X" possui 40% do capital de sua coligada "Y" e esta apresentar ao final de um determinado exercício social lucro de R$ 200.000,00, aquela irá contabilizar "Receita (ou Resultado) de Equivalência Patrimonial" no valor de 40% × R$ 200.000,00 = R$ 80.000,00 da seguinte forma:

D – Investimentos em Coligadas 80.000,00

C – Receita (ou Resultado) de Equivalência Patrimonial 80.000,00

Caso o resultado da coligada fosse um prejuízo de R$ 200.000,00, ao invés de lucro, a investidora contabilizaria:

D – Despesa (ou Resultado) de Equivalência Patrimonial................................80.000,00

C – Investimentos em Coligadas..80.000,00

Se, além disso, a mesma coligada também gerasse em seu patrimônio líquido um ajuste (positivo) de avaliação patrimonial, que é um dos tipos de "outros resultados abrangentes", no valor de R$ 5.000,00, a investidora "X" também iria contabilizar o mesmo ajuste no valor "equivalente" a 40% × 5.000,00 = R$ 2.000,00:

D – Investimentos em Coligadas..2.000,00

C – Outros Resultados Abrangentes – Ajuste de Avaliação Patrimonial 2.000,00

E assim por diante. Daí a expressão "equivalência patrimonial", significando que o PL da investidora varia de forma "equivalente" (proporcional) ao PL da investida.

8.3. Aplicação do MEP quando há Lucros não Realizados em Operações com Coligada ou Empreendimento Controlado em Conjunto

De acordo com o item 28 do CPC 18 (R2), os resultados decorrentes de transações ascendentes *(upstream)* e descendentes *(downstream)* entre o investidor (incluindo suas controladas consolidadas) e a COLIGADA ou o empreendimento controlado em conjunto devem ser reconhecidos nas demonstrações contábeis do INVESTIDOR **somente na extensão da participação de outros investidores sobre essa coligada ou empreendimento controlado em conjunto**, desde que esses outros investidores sejam partes independentes do grupo econômico a que pertence a investidora. As transações ascendentes são, por exemplo, vendas de ativos da coligada ou do empreendimento controlado em conjunto para o investidor. As transações descendentes são, por exemplo, vendas de ativos do investidor para a coligada ou para o empreendimento controlado em conjunto. A participação do investidor nos resultados resultantes dessas transações deve ser eliminada.

Em outras palavras, independentemente de ter sido a coligada ou a *joint venture* que vendeu para a sociedade investidora (transações *upstream*) ou de ter sido esta que vendeu para a coligada ou para a *joint venture* (transações *downstream*), deve-se eliminar nas demonstrações contábeis da sociedade INVESTIDORA os lucros ou prejuízos **não** realizados resultantes dessas transações.

A Interpretação Técnica ICPC 09 (R2) nos seus itens de números 49 a 52 dá maiores detalhes sobre a eliminação pela investidora de resultados não realizados em operações *DOWNSTREAM* e no item 53 é determinado com precisão como a investidora deve eliminar os resultados não realizados em operações *UPSTREAM*.

De acordo com o item 49 da ICPC 09 (R2), nas operações de vendas de ativos de uma investidora para uma coligada *(downstream)*, são considerados LUCROS NÃO REALIZADOS, **na proporção da participação da investidora na coligada**, aqueles obtidos em operações de ativos que, à época das demonstrações contábeis, ainda permaneçam na coligada.

Exemplo 1 (Investidora vendendo mercadorias com lucro para coligada – venda *downstream*– Realização do lucro proporcional ao estoque revendido pela coligada): A investidora, Cia. Estrela, possuí 30% do capital de sua única coligada, Cia. Cadente. No balanço de 31/12/X0, esse investimento estava indicado no balanço da investidora por

R$ 150.000,00. No exercício social de X1, a Cia. Estrela vendeu mercadorias para sua coligada no total de R$ 20.000,00 ao custo de R$ 12.000,00, obtendo um lucro de R$ 8.000,00. Os tributos sobre o lucro (IR e CSL) foram calculados em R$ 1.920,00, de forma que o resultado da investidora foi afetado pelo valor líquido de R$ 6.080,00. No encerramento do exercício social de X1, todo esse estoque adquirido permanecia no ativo da coligada e o lucro desta, referente ao exercício de X1, foi de R$ 70.000,00.

Dessa forma, teremos o seguinte cálculo do lucro não realizado considerado pela investidora que está no resultado da investidora e no estoque da coligada em 31/12/X1:

Lucros Não Realizados (considerado pela investidora) = 30% × 6.080,00 =1.824,00

Observemos que os R$ 4.256,00 (= R$ 6.080,00 – R$ 1.824,00) que estão no estoque da coligada e no resultado da investidora são considerados REALIZADOS, devendo permanecer no resultado da investidora, de sorte que somente os R$ 1.824,00 devem ser eliminados do resultado da INVESTIDORA.

Em outras palavras, os R$ 6.080,00 de lucro do investidor contra a coligada devem ser reconhecidos nas demonstrações contábeis do INVESTIDOR **somente na extensão da participação de outros investidores sobre essa coligada**, que são os R$ 4.256,00.

Com base no item 51 da ICPC 09 (R2), a contabilização na INVESTIDORA se dará mediante um débito numa conta de resultado, que pode ser denominada de "Lucros Não Realizados", e um crédito numa conta retificadora de investimentos, a qual pode ser chamada de "Lucros a Realizar", da seguinte forma:

D – Lucros Não Realizados 1.824,00

C – Lucros a Realizar.. 1.824,00

A avaliação do investimento em coligada pelo MEP seria também contabilizada pela investidora da seguinte forma:

D – Investimentos em Coligadas 21.000,00

C – Receita de Equivalência Patrimonial (30% × 70.000,00) 21.000,00

De acordo com o item 52 da ICPC 09 (R2), nas demonstrações individuais da INVESTIDORA a eliminação desses lucros (lucros não realizados *downstream*) se dá em linha **logo após o resultado da equivalência patrimonial**, com destaque na própria demonstração do resultado ou em nota explicativa.

Desse modo, nas demonstrações contábeis da INVESTIDORA referentes a 31/12/X1, teríamos:

No Balanço Patrimonial:

Ativo Não Circulante

Investimentos em Coligadas 171.000,00

(–) Lucros a Realizar com Coligadas .... (1.824,00) 169.176,00

Na DRE:

Receita de Equivalência Patrimonial 21.000,00
(–) Lucros Não Realizados com Coligadas (despesa)....... (1.824,00) 19.176,00

No caso acima, o destaque foi na própria DRE. No entanto, se o destaque fosse em nota explicativa, entendemos que o Receita de Equivalência Patrimonial seria diretamente apresentado na DRE pelo seu VALOR LÍQUIDO dos resultados não realizados (19.176,00), mas a "contabilização" (e não o cálculo) **continuaria** a ser feita em duas etapas, ou seja, seria debitada a conta Lucros Não Realizados de 1.824,00 e creditada a conta Lucros a Realizar de 1.824,00 e, em seguida, seria debitada a conta Investimentos em Coligadas em 21.000,00 e creditada a conta Receita de Equivalência Patrimonial em 21.000,00, **em vez de** debitar diretamente a conta Investimentos em Coligadas de 19.176,00 e creditar diretamente a conta Receita de Equivalência Patrimonial de 19.176,00, o que contabilmente não chegaria a ser considerado um erro, mas pelas novas regras contábeis não seria recomendável, visto a existência da conta "Lucros Não Realizados" indicada pela ICPC 09 (R2), a qual melhora a qualidade de informação contábil e facilita, no caso de investimentos em CONTROLADAS, o processo da consolidação das demonstrações contábeis.

Em consonância com o item 50A da ICPC 09 (R2), os R$ 1.824,00 de lucro não realizado contido no estoque da coligada deverão ser reconhecidos à medida que esses estoques sejam vendidos para terceiros ou sofrerem baixa por qualquer outra razão. No caso de lucros não realizados contidos em bens do ativo imobilizado, o lucro não realizado será reconhecido à medida que o ativo for vendido a terceiros, for depreciado, sofrer *impairment* ou sofrer baixa por qualquer outro motivo.

Obs.: Os R$ 1.824,00 são os lucros que a INVESTIDORA "considera" nos estoques da coligada "só" para efeitos de avaliação do investimento pelo MEP, visto que esse lucro está líquido do IR e da CSLL, lembrando que nenhum estoque de empresa alguma pode estar líquido desses tributos, quando da avaliação "contábil" do seu valor. O máximo que poderia acontecer seria os estoques das empresas estarem líquidos dos tributos "recuperáveis" (ICMS, IPI, PIS e Cofins), jamais de tributos sobre o lucro (IR e CSLL).

Nesse caso, por exemplo, se a coligada tivesse vendido no exercício seguinte (X2) todo o estoque adquirido da investidora em X1(custo = R$ 20.000,00) por R$ 34.000,00, a INVESTIDORA faria a seguinte contabilização, supondo que o líquido da coligada referente a exercício de X2 fosse de R$ 90.000,00:

D – Lucros a Realizar com Coligadas 1.824,00
C – Lucros Não Realizados com Coligadas (receita)...................................... 1.824,00

Notemos que o lançamento acima foi simplesmente invertido em relação àquele feito no ano anterior, de modo que o efeito final é fazer com que o saldo líquido final de investimentos em coligadas tenha o mesmo valor que teria se não houvesse venda do investidor para a coligada.

Após o lançamento acima, a investidora contabilizaria normalmente a receita de equivalência patrimonial da seguinte forma:

D – Investimentos em Coligadas [30% × 90.000,00] 27.000,00

C – Receita de Equivalência Patrimonial [30% × 90.000,00] 27.000,00

Por fim, nas demonstrações contábeis da INVESTIDORA referentes a 31/12/X2, teríamos:

No Balanço Patrimonial:

Ativo Não Circulante

Investimentos em Coligadas [171.000 + 27.000]...198.000,00

Na DRE:

Receita de Equivalência Patrimonial 27.000,00

(+) Lucros Não Realizados com Coligadas (receita)......... 1.824,00 ....28.824,00

De acordo com o item 53 da ICPC 09 (R2), nas operações de venda de coligada (ou controlada em conjunto) para a sua investidora (operações *upstream*), os lucros não realizados por operação de ativos ainda em poder da investidora ou de suas controladas devem ser eliminados da seguinte forma: para o cálculo do valor da equivalência patrimonial, **do lucro líquido da investida é deduzida a integralidade do lucro que for considerado como não realizado pela investidora**.

Exemplo 2 (Coligada vendendo mercadorias com lucro para investidora – venda *upstream* – Realização do lucro proporcional ao estoque revendido pela investidora): A Cia. Pérola possui 40% do capital de sua coligada, Cia. Branca. No balanço de 31/12/X1 o patrimônio líquido da investida importava em R$ 200.000,00 e o valor do investimento indicado no balanço da investidora era de R$ 80.000,00, não havendo mais-valia de ativos líquidos e nem ágio por rentabilidade futura (*goodwill*). Ao longo do exercício de X2, a coligada Cia. Branca vendeu mercadorias para sua investidora no total de R$ 12.000,00 ao custo de R$ 10.000,00, de modo que no mesmo exercício a investidora Cia. Pérola revendeu a terceiros 1/4 do estoque adquirido da investida. Desconsiderando os tributos sobre a receita e admitindo os tributos sobre o lucro (IR e CSLL) no total de 24% e que o lucro líquido da investida no exercício social de X1 fosse de R$ 30.000,00, teremos os seguintes cálculos referentes ao final do exercício de X1:

Lucro líquido da coligada Cia. Branca	**50.000**
(–) Lucro não realizado no estoque da Pérola (2.000 – 24% 2.000) × 3/4	**(1.140)**
(=) Lucro líquido ajustado para fins de MEP	**48.860**
(×) Percentual de participação da Cia. Pérola na Cia. Branca	**40%**
(=) Receita de Equivalência Patrimonial	**19.544**

Após esses cálculos, a INVESTIDORA faria a seguinte contabilização:

D – Investimentos em Coligadas 19.544,00

C – Receita de Equivalência Patrimonial 19.544,00

Por fim, nas demonstrações contábeis da INVESTIDORA em 31/12/X2, teríamos:

No Balanço Patrimonial:

Ativo Não Circulante

Investimentos em Coligadas 99.544,00

Na DRE:

Receita de Equivalência Patrimonial 19.544,00

Supondo que no exercício social de X3 a Cia. Alfa vendesse a terceiros os 3/4 dos estoques adquiridos de Beta e que o lucro da investida nesse exercício fosse de R$ 40.000,00, teríamos ao final de X3:

Lucro líquido da coligada Beta	**40.000**
(+) Lucro realizado que estava no estoque de Alfa	**1.140**
(=) Lucro líquido ajustado para fins de MEP	**41.140**
(×) Percentual de participação de Alfa em Beta	**40%**
(=) Receita de Equivalência Patrimonial	**16.456**

Após esses cálculos, a INVESTIDORA faria a seguinte contabilização:

D – Investimentos em Coligadas 16.456,00

C – Receita de Equivalência Patrimonial 16.456,00

Nas demonstrações contábeis da INVESTIDORA em 31/12/X2, teríamos:

No Balanço Patrimonial:

Ativo Não Circulante

Investimentos em Coligadas 116.000,00

Na DRE:

Receita de Equivalência Patrimonial 16.456,00

Observemos que o valor de Investimentos em Coligadas importaria no valor que teria como se desde o início não tivesse havido vendas da investida para a investidora, ou seja, o lucro da investida no biênio no valor de R$ 90.000,00 (= R$ 50.000,00 + R$ 40.000,00) multiplicado por 40% e somado com R$ 80.000,00 importaria em R$ 116.000,00.

Obs.: Nesse último exemplo, se fosse a investidora, Cia. Pérola, que tivesse vendido as mercadorias para a Cia. Branca (venda *dowstream*) nas mesmas condições com os mesmos valores, teríamos as seguintes contabilizações na INVESTIDORA referentes ao final do exercício de X2:

D – Investimentos em Coligadas (40% 50.000,00) 20.000,00
C – Receita de Equivalência Patrimonial 20.000,00

D – Lucros Não Realizados com Coligadas (1.140 × 40%) 456,00
C – Lucros a Realizar com Coligadas 456,00

Nas demonstrações contábeis de 31/12/X2 da INVESTIDORA, teríamos:

No Balanço Patrimonial:

Ativo Não Circulante

Investimentos em Coligadas 100.000,00
(–) Lucros a Realizar com Coligadas .... (456,00) 99.544,00

Na DRE:

Receita de Equivalência Patrimonial 20.000,00
(–) Lucros Não Realizados com Coligadas .... (456,00) 19.544,00

Observemos que o EFEITO FINAL matemático da operação *upstream* é o mesmo que o da operação *downstream*, ou seja, os valores LÍQUIDOS das contas "Investimentos em Coligadas" (R$ 99.544,00) e "Receita de Equivalência Patrimonial" (R$ 19.544,00) foram os mesmos nas duas hipóteses. A única coisa que mudou foi a forma de contabilização, visto que na hipótese da venda da investidora para a coligada (*dowstream*) foram criadas duas contas adicionais ("Lucros a Realizar com Coligadas" = conta retificadora do ativo; "Lucros Não Realizados com Coligadas" = conta retificadora de Receita de Equivalência Patrimonial).

Nessa última hipótese (venda da investidora para a coligada), admitindo que em X3 a coligada vendesse os 3/4 dos estoques adquiridos da investidora em X2, teríamos na investidora a seguinte contabilização:

D – Lucros a Realizar com Coligadas 456,00
C – Lucros Não Realizados com Coligadas (receita) 456,00

Notemos que o lançamento acima foi simplesmente invertido em relação àquele feito no ano anterior, de modo que o efeito final é fazer com que o saldo líquido final de investimentos em coligadas tenha o mesmo valor que teria se não houvesse venda do investidor para a coligada.

Após o lançamento acima, a investidora contabilizaria normalmente a receita de equivalência patrimonial da seguinte forma:

D – Investimentos em Coligadas [40% × 40.000,00] 16.000,00

C – Receita de Equivalência Patrimonial 16.000,00

Por fim, nas demonstrações contábeis da INVESTIDORA referentes a 31/12/X3, teríamos:

No Balanço Patrimonial:

Ativo Não Circulante

Investimentos em Coligadas [100.000 + 16.000] 116.000,00

Na DRE:

Receita de Equivalência Patrimonial 16.000,00

(+) Lucros Não Realizados com Coligadas (receita)......... 456,00 .... 16.456,00

Exemplo 3 (Coligada vendendo para investidora bem <u>não</u> depreciável do ativo imobilizado – venda *upstream* – Realização do lucro quando a investidora vender o bem): A investidora, Cia. Iguaçu, possui 25% do capital de sua única coligada, Cia. Esplanada. Em 31/12/X1, o patrimônio líquido indicado no balanço da investida era de R$ 120.000,00 e o valor desse investimento indicado no balanço da investidora era de R$ 30.000,00, não havendo mais-valia de ativos líquidos e nem *goodwill*. Em maio de X2, a coligada, Cia. Esplanada, vendeu para a investidora um terreno por R$ 150.000,00, o qual estava antes da venda registrado no imobilizado da investida ao custo de R$ 130.000,00, sendo o lucro líquido da investida referente a esse exercício no total de R$ 50.000,00 e o total dos dividendos declarados de R$ 14.000,00.

Assim, o lucro "<u>total</u>" não realizado contido no terreno da compradora será de (R$ 150.000,00 – R$ 130.000,00 – 34% R$ 20.000) = R$ 13.200,00. No entanto, o lucro não realizado a ser eliminado pela investidora será de R$ 13.200,00 × 25% = R$ 3.300,00.

Admitindo os tributos sobre o lucro no total de 34%, teremos, entre outras, as seguintes contabilizações na investidora relativas ao encerramento do exercício de X2:

D – Investimentos em Coligadas (25% 50.000) 12.500,00

C – Receita de Equivalência Patrimonial 12.500,00

D – Receita de Equivalência Patrimonial (25% 13.200) 3.300,00

C – Lucros a Realizar com Coligadas 3.300,00

De forma um pouco diferente do que seria feito na eliminação de lucros em vendas *upstream* de "mercadorias", onde creditaríamos "diretamente" a conta Receita de Equivalência Patrimonial pela diferença entre R$ 12.500,00 e R$ 3.300,00, isto é, R$ 9.200,00, numa venda *upstream* de bens do ativo imobilizado, é recomendável utilizarmos uma conta adicional para compor o saldo da conta Investimentos em Coligadas, além do valor patrimonial do investimento, da mais-valia de ativos e do ágio por expectativa de rentabilidade (*goodwill*), a qual denominamos de "Lucros a Realizar com Coligadas", conta esta que será utilizada para controlar o expurgo dos lucros não realizados, bem como a realização desse lucro no futuro.

Os dividendos declarados pela investida no total de R$ 14.000,00, seriam contabilizados na investidora da seguinte forma:

D – Dividendos a Receber (25% 14.000) 3.500,00

C – Investimentos em Coligadas 3.500,00

Assim, no balaço da INVESTIDORA de 31/12/X2 seria indicado da seguinte forma:

Ativo Não Circulante

Investimentos em Coligadas [30.000 + 12.500 – 3.300 – 3.500] 35.700,00

Em NOTAS EXPLICATIVAS às demonstrações contábeis, seriam apresentadas as subcontas da seguinte forma:

Investimentos em Coligadas

Valor patrimonial 39.000

(–) Lucros a Realizar com Coligadas .... (3.300) 35.700,00

Supondo que o lucro líquido da investida referente ao exercício social de X3 fosse de R$ 60.000,00 e os dividendos declarados pela mesma totalizassem R$ 16.000,00, teríamos, entre outras, as seguintes contabilizações na investidora referentes ao término do exercício de X3:

D – Investimentos em Coligadas (25% 60.000) 15.000,00

C – Receita de Equivalência Patrimonial 15.000,00

D – Dividendos a Receber (25% 16.000) 4.000,00

C – Investimentos em Coligadas 4.000,00

No balaço da INVESTIDORA de 31/12/X3 seria indicado da seguinte forma:

Ativo Não Circulante

Investimentos em Coligadas [35.700 + 15.000 – 4.000] 46.700,00

Em NOTAS EXPLICATIVAS às demonstrações contábeis, seriam apresentadas as subcontas da seguinte forma:

Investimentos em Coligadas

Valor patrimonial 50.000

(–) Lucros a Realizar com Coligadas .... (3.300) 46.700,00

Supondo que o lucro líquido da investida referente ao exercício social de X4 fosse de R$ 70.000,00 e os dividendos declarados pela mesma totalizassem R$ 18.000,00 e que a investidora vendesse a terceiros nesse exercício por R$ 190.000,00 o terreno adquirido da investida, teríamos, entre outras, as seguintes contabilizações na investidora referentes ao término do exercício de X4:

D – Investimentos em Coligadas (25% 70.000) 17.500,00

C – Receita de Equivalência Patrimonial 17.500,00

D – Lucros a Realizar com Coligadas 3.300,00

C – Receita de Equivalência Patrimonial 3.300,00

D – Dividendos a Receber (25% 18.000) 4.500,00

C – Investimentos em Coligadas 4.500,00

No balaço da INVESTIDORA de 31/12/X4 seria indicado da seguinte forma:

Ativo Não Circulante

Investimentos em Coligadas [46.700 + 3.300 + 17.500 – 4.500].......................63.000,00

Nesse último caso, não seria mais necessário indicar em notas explicativas a decomposição do saldo de investimentos, tendo em vista que só sobraria como subconta o seu VALOR PATRIMONIAL de R$ 63.000, valor esse o que seria se a investida nunca tivesse vendido o terreno à investidora, ou seja, R$ 30.000 + 25% (R$ 50.000 – R$ 14.000 + R$ 60.000 – R$ 16.000 + R$ 70.000 – R$ 18.000) = R$ 63.000.

Exemplo 4 (Coligada vendendo para investidora bem depreciável do ativo imobilizado – venda *upstream* – Realização do lucro não realizado proporcionalmente à taxa de depreciação anual): A Cia. Metal Nobre possui 30% do capital de sua única coligada, Cia. Prata.

Ao final do exercício social de X1 a investida, vendeu para sua investidora, um equipamento de seu imobilizado, o qual estava registrado na investida a um custo líquido de R$ 320.000,00 e foi vendido para a investidora por R$ 400.000,00.

A vida útil remanescente na data da venda (último dia do exercício social de X1) é de 4 anos, sendo o valor residual de R$ 100.000,00.

O lucro líquido na venda, admitindo uma alíquota conjunta do IR e CSLL de 34% sobre o lucro, foi de R$ 80.000,00 – 34% R$ 80.000,00, ou seja, R$ 52.800,00, de modo que anualmente deverá ser realizado 1/4 desse valor, ou seja, R$ 13.200,00, dado que a vida útil a partir da data da venda é de 4 anos.

Supondo que a única mutação no patrimônio líquido da coligada ao longo dos 4 anos foi o lucro líquido do exercício de cada ano, abaixo indicamos esses resultados:

Exercício Social	Lucro Líquido (R$ 1,00)
X1	50.000
X2	58.000
X3	64.000
X4	70.000
X5	76.000

Assim, temos abaixo a tabela para controle de aplicação do MEP da investidora Cia. Metal Nobre sobre o investimento na coligada Cia. Prata:

Ano	Lucro Líquido Cia. Prata	Lucro Líquido não realizado	Lucro / Prejuízo Líquido Ajustado	Débito/ Crédito Equiv. Pat. 30%	Débito valor patrimonial do investimento	Débito/ Crédito em Lucros a Realizar
X1	50.000	(52.800)	(2.800)	(840)	15.000	(15.840)
X2	58.000	13.200	71.200	21.360	17.400	3.960
X3	64.000	13.200	77.200	23.160	19.200	3.960
X4	70.000	13.200	83.200	24.960	21.000	3.960
X5	76.000	13.200	89.200	26.760	22.800	3.960
Total	318.000	0	318.000	95.400	95.400	0

Contabilização na investidora ao final de X1:

D – Investimentos em Coligadas 15.000

C – Receita de Equivalência Patrimonial 15.000

D – Receita de Equivalência Patrimonial 15.840

C – Lucros a Realizar com Coligadas 15.840

Contabilização na investidora ao final de X2:

D – Investimentos em Coligadas 17.400

C – Receita de Equivalência Patrimonial 17.400

D – Lucros a Realizar com Coligadas 3.960

C – Receita de Equivalência Patrimonial 3.960

Contabilização na investidora ao final de X3:

D – Investimentos em Coligadas 19.200

C – Receita de Equivalência Patrimonial 19.200

D – Lucros a Realizar com Coligadas 3.960

C – Receita de Equivalência Patrimonial 3.960

Contabilização na investidora ao final de X4:

D – Investimentos em Coligadas 21.000

C – Receita de Equivalência Patrimonial 21.000

D – Lucros a Realizar com Coligadas 3.960

C – Receita de Equivalência Patrimonial 3.960

Contabilização na investidora ao final de X5:

D – Investimentos em Coligadas 22.800

C – Receita de Equivalência Patrimonial 22.800

D – Lucros a Realizar com Coligadas 3.960

C – Receita de Equivalência Patrimonial 3.960

Obs. 1: Observemos que no exercício de X1 houve, na realidade, "Despesa" de Equivalência Patrimonial (e não Receita), visto que o Lucro Líquido Ajustado, na verdade, foi "Prejuízo" Líquido Ajustado de R$ 2.800,00.

Obs. 2: Regra geral, a realização dos lucros não realizados em bens do ativo imobilizado é proporcional à realização desses bens por depreciação. No entanto, é importante atentar para um possível aumento do valor residual desses bens, visto que, se esses bens sofrerem valorização que torne o valor residual maior do que o saldo contábil líquido do ativo imobilizado, a depreciação deverá ser suspensa em virtude da inexistência de um valor depreciável e, consequentemente, deverá também ser suspensa a realização dos lucros não realizados no investidor.

8.4. Aplicação do MEP quando há Lucros não Realizados em Operações entre Controladora e Controlada ou entre Controladas com Controlador Comum

No caso de operações *UPSTREAM*, como, por exemplo, de vendas com lucro (ou prejuízo) da controlada para controladora, utilizamos **as mesmas regras** que foram descritas anteriormente no caso de vendas da coligada para a investidora.

Isso se traduz em dizer que, para a aplicação do MEP (Método da Equivalência Patrimonial), a investidora em primeiro lugar deve subtrair do resultado e, consequentemente, do patrimônio líquido da investida 100% (cem por cento) do lucro não realizado ainda contido no estoque da investidora para depois aplicar o seu percentual de participação no capital da investida sobre essa diferença.

Assim, por exemplo, se a controladora "X" possuísse 80% do capital de sua controlada "Y" e essa apresentasse ao final de determinado exercício um lucro líquido de R$ 40.000,00, de modo que no estoque na controladora houvesse um lucro líquido não realizado de R$ 6.000,00 decorrente de vendas de "Y" para "X", então a controladora apuraria o seguinte:

Receita de Equivalência Patrimonial = 80% (40.000 – 100% 6.000) = 27.200

A lógica do procedimento acima é a seguinte: Se Y não tivesse vendido nada para X, então o lucro líquido de Y seria de R$ 34.000 e não de R$ 40.000. Assim, ao aplicar a equivalência patrimonial, a controladora X apuraria uma receita de equivalência patrimonial de 80% R$ 34.000 = R$ 27.200.

Antes da Interpretação Técnica ICPC 09 (R2) do CPC, houve no Brasil muita interpretação equivocada a respeito desse tipo de cálculo, pois o entendimento geral era de que em primeiro lugar fosse aplicado o percentual de participação da investidora sobre o lucro líquido da investida para depois subtrair 100% do lucro não realizado, regra essa que se aplicada no exemplo acima daria uma receita de equivalência patrimonial de 80% R$ 40.000 – 100% R$ 6.000 = R$ 26.000, ou seja, estariam sendo subtraídos R$ 1.200 do verdadeiro resultado da equivalência patrimonial (R$ 27.200), sem nenhuma justificativa econômica que se possa dar.

Abaixo, reproduzimos o item 56A da Interpretação Técnica ICPC 09 (R2), que é a base legal para o procedimento "correto" descrito acima:

> *56A. Nas demonstrações individuais da controladora, quando de operações de venda de ativos da controlada para a controladora ou entre controladas, o cálculo da equivalência patrimonial deve ser feito deduzindo-se, do patrimônio líquido da controlada, cem por cento do lucro contido no ativo ainda em poder do grupo econômico. Com isso, a controladora deve registrar como resultado valor nulo, não tendo, por isso, afetação no seu resultado e no seu patrimônio líquido como decorrência do resultado reconhecido pela controlada.*

Além do item 56A, a ICPC 09 (R2) dá o seguinte exemplo prático, confirmando tudo que foi afirmado acima:

	Cia. A	Cia. B
Caixa	600	200
Estoques	-	350
Investimento B	385	-
Capital	985	550

Informações:

Cia. "A" controla Cia "B" com 70% de participação em seu capital

Cia "B" vende 40% de seus estoques à vista por $ 160

Não há tributação

Cômputo do MEP:

PL final "B"	570
Lucro não realizado	– 20
Base	550
Participação % "A"	70%
Saldo final inv. "B"	385
Saldo inicial inv. "B"	– 385
Resultado Equivalência	0

Corroborando o que já foi comentado acima, partindo desse último exemplo poderíamos também fazer o seguinte cálculo:

Receita de Equivalência Patrimonial = 70% × (20 – 100% 20) = 70% × 0 = 0

Se fizéssemos pela forma "equivocada" propagada no Brasil por vários anos, o cálculo seria 70% × 20 – 100% × 20 = 14 – 20 = – 6, valor este sem NENHUM fundamento matemático ou econômico, além de contrariar EXPLICITAMENTE o exemplo dado na própria ICPC 09 (R2).

Nas operações *upstream*, com relação aos registros contábeis na controlada, o item 56 da ICPC 09 (R2) determina o seguinte:

> *56. Nas operações de venda da controlada para a controladora (upstream) ou para outras controladas do mesmo grupo econômico, o LUCRO DEVE SER RECONHECIDO NA VENDEDORA NORMALMENTE. No caso das coligadas e joint ventures, adota-se o mesmo procedimento.*

Reforçando ainda mais tudo o que foi visto, a 2ª edição do Manual de Contabilidade Societária da FIPECAFI dá o seguinte exemplo na página 234:

Lucro Líquido da Controlada B	500.000
Menos: Lucros não realizados contidos nos estoques da Controladora A	(20.000)
	480.000
Vezes: Percentual de participação de A em B	60%
Receita de Equivalência Patrimonial	**288.000**

Notemos também nesse exemplo acima que em primeiro lugar subtraísse do lucro líquido da controlada 100% do lucro não realizado (100% 20 = 20) para "depois" aplicar o percentual de participação da controladora sobre essa diferença.

De forma **diferente** das operações *upstream* entre controlada e controladora, no caso de operações *DOWSTREAM*, como, por exemplo, de vendas da controladora para controlada, A REGRA NÃO É A MESMAque aquela em operações *dowstream* de operações entre investidoras e suas coligadas. Ao passo que a eliminação do lucro *downstream* de venda da investidora para coligada é proporcional ao percentual de participação da investidora no capital da coligada ou da *joint venture*, no caso de venda *dowstream* de controladora para controlada a eliminação é de **CEM POR CENTO (100%)** do lucro não realizado, independentemente do percentual de participação.

A base legal para tal procedimento encontramos nos itens 55B e 55C da ICPC 09 (R2), os quais reproduzimos abaixo (grifo nosso):

> *55B. Nas demonstrações individuais, quando de operações de venda de ativos da controladora para suas controladas (downstream), a eliminação do lucro não realizado deve ser feita no resultado individual da controladora, deduzindo-se* ***cem por cento*** *do lucro contido no ativo ainda em poder do grupo econômico, em contrapartida da conta de investimento (como se fosse uma devolução de parte desse investimento), até sua efetiva realização pela baixa do ativo na(s) controlada(s).*

> *55C. A eliminação de que trata o item 55B na demonstração do resultado deve ser feita em linha logo após o resultado da equivalência patrimonial, com destaque na própria demonstração do resultado ou em nota explicativa, conforme item 52. Podem ser eliminadas na demonstração dor resultado da controladora as parcelas de venda, custo da mercadoria ou produto vendido, tributos e outros itens aplicáveis, já que a operação como um todo não se dá com genuínos terceiros. Se não eliminados, esses valores devem ser evidenciados na própria demonstração do resultado ou em notas explicativas.*

Além disso, o item 28A do Pronunciamento Técnico CPC 18 (R2), se devidamente interpretado, confirma que os resultados em transações *downstream* devem ser TOTALMENTE eliminados nas demonstrações individuais da controladora. Abaixo, reproduzimos esse item:

> *28A. Os resultados decorrentes de transações descendentes (downstream) entre a controladora e a controlada não devem ser reconhecidos nas demonstrações contábeis individuais da controladora enquanto os ativos transacionados estiverem no balanço de adquirente pertencente ao mesmo grupo econômico. O disposto neste item deve ser aplicado inclusive quando a controladora for, por sua vez, controlada de outra entidade do mesmo grupo econômico.*

Suponhamos, por exemplo, que a controladora, Cia. Bahia, possua 60% do capital de sua única controlada, Cia. Salvador. Em 31/12/X1, o patrimônio líquido da investida indicado no seu balanço foi de R$ 200.000,00 e o valor do investimento no balanço da controladora estava indicado por R$ 120.000,00, não havendo ágio ou mais-valia de ativos nesse investimento.

Ao longo do exercício de X2, a controladora Bahia vendeu para a controlada Salvador mercadorias no total de R$ 90.000,00 ao custo de R$ 70.000,00, de modo que até o final de X2 a investida revendeu a terceiros <u>metade</u> do estoque adquirido da investidora.

O lucro líquido da investida referente ao exercício social de X2 foi de R$ 50.000,00.

Admitindo os tributos sobre o lucro (IR e CSLL) com alíquota conjunta de 34%, teremos na investidora os seguintes cálculos:

- Receita de Equivalência Patrimonial = 60% 50.000 = 30.000
- Tributos sobre os lucros não realizados = 34% (90.000 – 70.000)/2 = 3.400
- Lucro "bruto" não realizado = (90.000 – 70.000)/2 = 10.000
- Lucros "líquido" nãorealizados = 10.000 – 3.400 = 6.600

Contabilização na investidora referente a 31/12/X2:

D – Investimentos em Controladas 30.000
C – Receita de Equivalência Patrimonial 30.000

D – Lucros Não Realizados com Controladas 10.000
C – Lucros a Realizar com Controladas 10.000

D – Ativo Fiscal Diferido (IR e CSLL) 3.400
C – Despesa com Tributos sobre o Lucro 3.400

Observemos que, embora a participação da controladora sobre a controlada seja de apenas 60%, a eliminação do lucro foi de **<u>100%</u>** e não de 60% como seria em operações *upstream.*

Com relação às contas acima, temos:

- A conta "Lucros Não Realizados com Controladas" é uma conta de DESPESA e irá retificar a conta "Receita de Equivalência Patrimonial" na DRE da controladora.
- A conta "Lucros a Realizar com Controladas" é retificadora de "Investimentos em Controladas" no balanço patrimonial da controladora.
- A conta "Ativo Fiscal Diferido" é equivalente a uma despesa antecipada (tal como, por exemplo, "Seguros a Vencer") e será indicada no ativo circulante no balanço da controladora.
- Embora a conta "Despesa com Tributos sobre o Lucro" seja uma despesa a ser indicada na DRE da controladora, o crédito nessa conta significa que a despesa total com IR e CSLL nessa demonstração foi reduzida em R$ 3.400,00 em função do DIFERIMENTO desse valor. Para o Fisco e para a controladora, o IR e CSLL a pagar não será alterado, mas o fato gerador dos R$ 3.400,00 não ocorreu para a controladora, razão pela qual houve o diferimento da despesa.

A razão dessa última forma de contabilização está vinculada à CONSOLIDAÇÃO das demonstrações contábeis da controladora com a controlada, com base no que afirma o item 28C do Pronunciamento Técnico CPC 28 (R2), o qual determina que em situações semelhantes a essa a aplicação do MEP (Método da Equivalência Patrimonial) deve produzir o mesmo efeito que a consolidação produziria no resultado e no patrimônio líquido atribuíveis à controladora.

Por fim, reforçando tudo o que foi visto, não se há de confundir os **100%** de eliminação do lucro em operações *UPSTREAM*com os **100%** em operações *DOWNSTREAM*: Ao passo que a eliminação dos lucros não realizados nas operações *upstream* é feita **via diferimento** do lucro com a utilização da conta "Lucros a Realizar", a eliminação desses lucros em operações *downstream* se dá **via MEP** (Método da Equivalência Patrimonial).

Assim, por exemplo, suponhamos que a controladora "A" possua 70% do capital de sua controlada "B".

Admitindo que ao final do exercício de X1 os lucros líquidos de "A" e "B" antes da venda intercompanhias fossem, respectivamente, R$ 50.000,00 e R$ 30.000,00, e que em 31/12/X1 houvesse uma venda entre elas no total de R$ 13.000,00 ao custo de R$ 9.000,00 (os tributos sobre os lucros não serão considerados), caso a venda fosse de "B" para "A" (venda *upstream*), o lucro da controlada subiria para R$ 34.000,00 e teríamos na DRE da controladora:

Receita de equivalência patrimonial[70% (34.000 – **100%** 4.000)]........................21.000

Observemos que o lucro não realizado CONSIDERADO pela controladora não é 100% de R$ 4.000,00 e sim de 70% R$ 4.000,00 = R$ 2.800,00, embora a eliminação seja de 100% no lucro líquido da controlada.

A eliminação dos **100%** do lucro não realizado em operações *upstream* mencionada no item 56A da ICPC 09 (R2) é no "patrimônio líquido" da controlada e, consequentemente, no resultado da mesma, os quais, "posteriormente", receberão o percentual de participação da controladora para a determinação do resultado (receita ou despesa) de equivalência patrimonial.

Por outro lado, caso a venda fosse de "A" para "B" (venda *downstream*), teríamos na DRE da controladora:

Receita de equivalência patrimonial(70% 30.000).......... 21.000

(–) Lucros Não Realizados (**100%** 4.000)...................... (4.000) 17.000

Em princípio, parece que esse último procedimento (eliminar 100% de 4.000 e não 70%) está matematicamente incorreto, embora seja determinado pela própria Interpretação Técnica ICPC 09 (R2). No entanto, iremos analisar a razão disso de forma profunda, admitindo os seguintes balanços da controladora "A" e da controlada "B", juntamente com o balanço consolidado, ao final do referido exercício social, imediatamente "**antes**" da referida venda (não consideraremos nenhuma distribuição de dividendos por ambas as sociedades):

ATIVO	A	B	Débito	Crédito	Consolidado
Caixa	14.000	18.000	-	-	32.000
Estoques	62.000	34.000	-	-	96.000
Investimentos B	52.500	-	-	52.500 (1)	-
Veículos	37.500	28.000	-	-	65.500
Total do Ativo	**166.000**	**80.000**	-	-	**193.500**
PASSIVO					
Contas a Pagar	36.000	5.000	-	-	41.000
PAT. LÍQUIDO					
Capital	80.000	45.000	(1) 31.500 (2) 13.500	- -	80.000
Lucros Acumulados	50.000	30.000	(1) 21.000 (2)9.000	- -	50.000
PNC*	-	-	-	22.500 (2)	22.500
Total Passivo e PL	166.000	**80.000**	-	-	**193.500**

** PNC = Participação dos Não Controladores (ou NCI – Não Controladores do Investimento)*

Considerando agora a venda de mercadorias à vista da controladora "A" para a controlada "B" no total de R$ 13.000,00 ao custo de R$ 9.000,00, teremos o seguinte lançamento **CONTÁBIL** na controladora "A":

D – Lucros Não Realizados (despesa) 4.000

C – Lucros a Realizar (retificadora de investimentos)...4.000

Pelo lançamento acima, o lucro líquido da controladora que, em princípio, seria de R$ 50.000,00 + R$ 4.000,00 = R$ 54.000,00, cairá novamente para R$ 50.000,00, tendo em vista a despesa de R$ 4.000,00 de "Lucros Não Realizados", despesa esta que retificará a conta "Receita de Equivalência Patrimonial" na controladora.

Assim, teremos os seguintes balanços em 31/12/X1 "após" a referida venda:

ATIVO	A	B	Débito	Crédito	Consolidado
Caixa	27.000	5.000	-	-	32.000
Estoques	53.000	47.000	-	4.000 (3)	96.000
Investimentos B (–) Lucros a Realizar	52.500 (4.000)	- -	- (3) 4.000	52.500 (1) -	- -
Veículos	37.500	28.000	-	-	65.500
Total do Ativo	**166.000**	**80.000**	-	-	**193.500**

PASSIVO					
Contas a Pagar	36.000	5.000	-	-	41.000
PAT. LÍQUIDO					
Capital	80.000	45.000	(1) 31.500 (2) 13.500	- -	80.000
Lucros Acumulados	50.000	30.000	(1) 21.000 (2)9.000	- -	50.000
PNC	-	-	-	22.500 (2)	22.500
Total Passivo e PL	166.000	**80.000**	-	-	**193.500**

Em papéis de trabalho de consolidação, seriam feitos os seguintes lançamentos **EXTRA-CONTÁBEIS** de eliminações, os quais também já estão indicados na tabela acima:

(1) ***Eliminação da conta "Investimentos na Controlada B" em contrapartida com a eliminação de 70% do PL da controlada B:***

D – Capital (70% 45.000) 31.500

D – Lucros Acumulados (70% 30.000) 21.000

C – Investimentos na Controlada B 52.500

(2) ***Contabilização da "Participação dos Não Controladores" no investimento em contrapartida com a eliminação de 30% do PL da controlada B:***

D – Capital (30% 45.000) 13.500

D – Lucros Acumulados (30% 30.000) 9.000

C – Participação dos Não Controladores 22.500

(3) ***Eliminação do lucro não realizado contido no estoque da controlada B em contrapartida com a conta "Lucros a Realizar":***

D – Lucros a Realizar 4,000

C – Estoques 4.000

Obs. 1: A CONSOLIDAÇÃO DAS DEMONSTRAÇÕES CONTÁBEIS consiste, basicamente, em unir EXTRACONTABILMENTEas demonstrações contábeis da controladora com as da controlada (ou mais de uma controlada) como se essas sociedades fossem **uma só**, a fim de fornecer aos usuários das demonstrações contábeis uma visão mais ampla da realidade econômica do grupo. No caso de coligação, não há consolidação das demonstrações da investidora com as demonstrações das coligadas, visto que só há sentido em unir extracontabilmente quando a investidora controla a investida.

Obs. 2: Ao passo que os lançamentos CONTÁBEIS são aqueles feitos nos livros de escrituração da controladora e, consequentemente, representam FATOS CONTÁBEIS, visto que afetam o seu patrimônio, os lançamentos EXTRACONTÁBEIS são os feitos "fora" dos livros de escrituração contábeis, normalmente, feitos em papéis de trabalho do contador, dado que a consolidação é um ATO ADMINISTRATIVO e não um fato contábil, ou seja, ela não afeta o patrimônio das empresas envolvidas.

Embora a CONSOLIDAÇÃO DAS DEMONSTRAÇÕES CONTÁBEIS **esteja fora do escopo da presente obra**, é necessário utilizarmos alguns tópicos desse assunto para esclarecermos o "porquê" da eliminação "CONTÁBIL" de 100% dos lucros a realizar em operações *downstream*, em vez da eliminação proporcional, como é o caso de lucros não realizados em operações *downstream* entre investidoras e suas coligadas.

Assim, se a eliminação dos lucros não realizados contidos no estoque da controlada fosse proporcional (70% de 4.000 em vez de 100%), ainda haveria no estoque da controlada R$ 1.200,00, os quais também deveriam ter sido eliminados, dado que, pelas regras de consolidação, no balanço consolidado o estoque consolidado deve ser SEMPRE apresentado como se não existissem tais lucros, independentemente se a venda foi *downstream*ou *upstream*.

A razão de a eliminação dos lucros não realizados contidos nos estoques em operações entre controladora e controladas no balanço consolidado ser INTEGRAL (100%), mesmo que a controladora não detenha 100% do capital da controlada, é a seguinte: Se uma empresa vende estoques com lucro para sua controlada e essa não revende parte ou totalidade desses estoques a terceiros, ou seja, não realiza parte ou totalidade dos lucros contidos nos estoques, é como se a investidora estivesse vendendo estoque com lucro para si própria, motivo pelo qual deve eliminar TODO esse lucro.

Corroborando tudo isso, os itens 28A, 28B e 28C da ICPC 09 (R2), os quais reproduzimos abaixo,dão a base legal para todo esse procedimento descrito acima (grifo nosso):

> *28A. Os resultados decorrentes de transações descendentes (downstream) entre a controladora e a controlada não devem ser reconhecidos nas demonstrações contábeis individuais da controladora enquanto os ativos transacionados estiverem no balanço da adquirente pertencente ao mesmo grupo econômico.*

> *28B. Os resultados decorrentes de transações ascendentes (upstream) entre controlada e a controladora e de transações entre as controladas do mesmo grupo econômico devem ser reconhecidos nas demonstrações contábeis da vendedora, mas não devem ser reconhecidos nas demonstrações contábeis individuais da controladora enquanto os ativos transacionados estiverem no balanço de adquirente pertencente ao grupo econômico.*

> *28C. O disposto nos itens 28A e 28B* ***deve produzir o mesmo resultado líquido e o mesmo patrimônio líquido*** *para a controladora que são obtidos a partir das demonstrações CONSOLIDADAS dessa controladora e suas controladas.*

Se, no entanto,a referida venda do presente exemplo fosse da controlada "B" para a controladora "A" (venda UPSTREAM), teríamos:

PL final de B (75.000 + 4.000)	79.000
(–) Lucros não realizados contidos nos estoques da Controladora A	(4.000)
(=) Base	75.000
Vezes: Percentual de participação de A em B	70%
(=) Saldo final de Investimentos na Controlada B	52.500
(–) Saldo inicial de Investimentos na Controlada B (70% 45.000)	(31.500)
(=) Receita de Equivalência Patrimonial	**21.000**

Ou:

Lucro Líquido da Controlada B	34.000
(–) Lucros não realizados	(4.000)
(=) Base	30.000
Vezes: Percentual de participação de A em B	70%
(=) Receita de Equivalência Patrimonial	**21.000**

ATIVO	**A**	**B**	**Débito**	**Crédito**	**Consolidado**
Caixa	1.000	31.000	-	-	32.000
Estoques	75.000	25.000	-	4.000 (3)	96.000
Investimentos B	52.500	-	-	52.500 (1)	-
Veículos	37.500	28.000	-	-	65.500
Total do Ativo	**166.000**	**80.000**	-	-	**193.500**
PASSIVO					
Contas a Pagar	36.000	5.000	-	-	41.000
PAT. LÍQUIDO					
Capital	80.000	45.000	(1) 31.500 (2) 13.500	- -	80.000
Lucros Acumulados	50.000	34.000	(1) 21.000 (2)9.000 (3)4.000	- -	50.000

PNC	-	-	-	22.500 (2)	22.500
Total Passivo e PL	166.000	**80.000**	-	-	**193.500**

Em papéis de trabalho de consolidação, seriam feitos os seguintes lançamentos **EXTRA-CONTÁBEIS** de eliminações, os quais também já estão indicados na tabela acima:

(1) *Eliminação da conta "Investimentos na Controlada B" em contrapartida com a eliminação de 70% do PL da controlada B:*

D – Capital (70% 45.000) 31.500

D – Lucros Acumulados (70% 30.000) 21.000

C – Investimentos na Controlada B 52.500

(2) *Contabilização da "Participação dos Não Controladores" no investimento em contrapartida com a eliminação de 30% do PL da controlada B:*

D – Capital (30% 45.000) 13.500

D – Lucros Acumulados (30% 30.000) 9.000

C – Participação dos Não Controladores 22.500

(3) *Eliminação do lucro não realizado contido no estoque da controlada B em contrapartida com a conta "Lucros Acumulados" (única diferença em relação à venda downstream, a qual foi em contrapartida com "Lucros a Realizar"):*

D – Lucros Acumulados 4.000

C – Estoques 4.000

9. Momentos de Avaliação pelo Mep

1º MOMENTO – Em **qualquer data**, por ocasião da AQUISIÇÃO ou SUBSCRIÇÃO das ações (ou cotas, no caso de sociedade limitada) de coligada, controlada ou *Joint Venture* (empreendimento controlado em conjunto), onde poderão ser contabilizados o ágio por expectativa de rentabilidade futura *(goodwill)*, o ganho por compra vantajosa (deságio) e a mais-valia (ou menos-valia) de ativos líquidos.

2º MOMENTO EM DIANTE – Em geral, **na data do encerramento do exercício social**, antes da apuração do resultado do exercício, a fim de que se possa determinar o Resultado da Equivalência Patrimonial, o qual é decorrente exclusivamente de lucro ou prejuízo líquido na investida. A exceção seria no caso de variações no patrimônio líquido da investida **não geradas** por lucros ou prejuízos mas sim por outros resultados abrangentes. Nessa última hipótese, a investidora irá também reconhecer por equivalência patrimonial, proporcionalmente ao seu percentual de participação no capital da investida, não por resultado, mas sim por **outros resultados abrangentes**, no momento em que tais variações não decorrentes de lucros ou prejuízos da investida foram gerados (Base legal: item 3 do CPC 18 (R2)), não necessariamente na data do encerramento do exercício social.

Obs. 1: AQUISIÇÃO de ações não é o mesmo que SUBSCRIÇÃO de ações. Na aquisição, a investidora compra as ações de acionistas da investida, de forma que o capital social da sociedade não será alterado. Na subscrição, a investidora compra as ações que nunca tiveram outros proprietários, visto que as comprou diretamente da própria sociedade investida, acarretando o aumento do capital social desta. É muito comum na maioria dos casos o fato de que o pagamento pelas ações subscritas só se dará após a integralização dessas, visto que nesse caso o simples ato de "subscrição", em regra, não implica desembolso imediato por partedos acionistas, os quais apenas assumirão o "compromisso" do desembolso em data futura à da subscrição. De qualquer forma, o método da equivalência patrimonial é aplicado tanto no caso de aquisição de ações, quanto no caso de subscrição de ações, ressaltando que a subscrição só irá aumentar o patrimônio líquido da investida se vier imediatamente seguida da integralização das ações, implicando que o momento exato de aplicação do MEP não é precisamente o momento da subscrição e sim o momento da efetiva integralização das ações. Assim, por exemplo, se determinada investidora subscreve ações em maio, mas só as integraliza em julho do mesmo ano, ela só irá contabilizar o investimento pelo MEP em julho e não em maio.

Obs. 2: Conforme descrito acima, do 2º momento em diante, a aplicação do MEP (Método da Equivalência Patrimonial), "em geral", se dará no encerramento do exercício social. No entanto, uma das exceções a essa regra pode ocorrer no caso de fusão ou incorporação de investida por investidora, onde a aplicação do MEP se daria na data da operação e não necessariamente ao término do exercício social.

Obs. 3: Estudaremos ainda neste capítulo que a REALIZAÇÃO da mais-valia (ou menos-valia) de ativos líquidos AFETA na investidora o valor do Resultado na Equivalência Patrimonial. A base legal desse procedimento pode ser encontrada no item 23 da Interpretação Técnica do Comitê de Pronunciamentos ContábeisICPC 09 (R2), o qual reproduzimos parcialmente abaixo (grifo nosso) :

> 23. (a) .... Considerando-se que, como regra, nos registros contábeis originais da entidade adquirida (= investida) os ativos e passivos permanecem registrados pelos valores contábeis originais, sem qualquer ajuste pelos valores justos apurados na combinação de negócios, a entidade adquirente deve identificar todos os itens que resultem em diferenças entre os valores contábeis e os valores justos dos ativos e passivos da adquirida para fins de controle de sua realização por amortização, depreciação, exaustão, venda, liquidação, alteração no valor contabilizado, baixa, *impairment* ou qualquer outra mutação nos registros contábeis desses ativos e passivos. **Quando realizadas essas diferenças entre valor contábil e valor justo de ativos e passivos da adquirida, deve a entidade adquirente realizar sua parte quando do reconhecimento do resultado da equivalência patrimonial**.....

10. Contabilização dos Dividendos

10.1. Investimentos Avaliados a Valor Justo

Os dividendos de investimentos que não sejam avaliados pelo método da equivalência patrimonial, isto é, investimentos avaliados a valor justo (ou custo, se não for possível determinar o valor justo com precisão) devem ser reconhecidos como RECEITA. Dessa forma, a contabilização será feita do seguinte modo:

D – Dividendos a Receber/ Caixa/ Bancos

C – Receita de Dividendos (Outras Receitas)

Cabe mencionar, no entanto, que antes das novas regras contábeis estabelecidas pelo CPC (Comitê de Pronunciamentos Contábeis), esse tema era regulado pela legislação do IR, onde havia uma exceção para o caso dos dividendos recebidos até 6 meses após a aquisição do investimento avaliado pelo CUSTO, o qual, regra geral, é o VALOR JUSTO (ou valor de mercado) na "data de aquisição". Por essa regra "já ultrapassada", tais dividendos não poderiam ser contabilizados como receita, e sim como redução do valor contábil do investimento, tal como é o caso dos dividendos de investimentos avaliados por equivalência patrimonial que veremos a seguir, visto que o Fisco presumia que o vendedor do investimento já previa a existência desses dividendos, embutindo-os no valor de venda.

10.2. Investimentos Avaliados pelo MEP

Os dividendos de investimentos avaliados pelo MEP serão SEMPRE contabilizados como REDUÇÃO do valor do investimento.

Exemplo: A investidora, Cia. U, possui 30% das ações da coligada, Cia. V. No exercício social de X1, a investida apurou um lucro de R$ 80.000,00, distribuindo 25% desse valor a título de dividendos, os quais só serão pagos 60 dias após a data dessa distribuição. Logo, os seguintes lançamentos serão feitos na investida e na investidora:

Investida (Cia. V)		Investidora (Cia. U)	
D – Apuração do Resultado	80.000	D – Investimentos (30% 80.000)	24.000
C – Lucros Acumulados	80.000	C – Receita de Equivalência Pat.	24.000
D – Lucros Acumulados	20.000	D – Dividendos a Receber	6.000
C – Dividendos a Pagar	20.000	C – Investimentos (30% 20.000)	6.000

11. Recebimento de Bonificações

O recebimento, pela investidora, de ações em bonificação, em função da investida incorporar reservas e/ou lucros ao seu capital social, no caso de investimentos avaliados pelo MEP, não gera **nenhuma** contabilização na investidora, tendo em vista que o PL da investida permanecerá o mesmo.

No entanto, no caso dos investimentos avaliados pelo VALOR JUSTO, a contabilização dessas bonificações será registrada tomando-se como custo o valor dos lucros ou reservas capitalizados que corresponder ao sócio ou acionista.

Assim, por exemplo, se a investidora X possuísse 8% do capital da investida Y, sendo tal investimento avaliado a valor justo, e esta aumentasse o seu capital social com reservas de capital no valor de R$ 25.000,00, a investidora, em função do recebimento das ações em bonificação, faria a seguinte contabilização:

D – Investimentos – Cia. Y 2.000,00

C – Receita de Participação Societária 2.000,00

12. Aquisição de Investimentos Avaliados por Equivalência Patrimonial

12.1. Tipos de Ágio na Aquisição de Investimento Avaliado por Equivalência Patrimonial

Em geral, quando uma sociedade investidora adquire participações (ações ou cotas) de antigos sócios da investida Coligada, Controlada ou de Empreendimento Controlado em Conjunto, os quais sabemos ser avaliados pelo MEP (Método da Equivalência Patrimonial), na data da aquisição pode haver dois tipos de ÁGIO:

- Ágio por Mais-Valia de Ativos Líquidos
- Ágio por Expectativa de Rentabilidade Futura *(Goodwiil)*

No entanto, quando os Pronunciamentos Técnicos do CPC se referem à expressão "ágio", estão se reportando exclusivamente ao "ÁGIO POR EXPECTATIVA DE RENTABILIDADE FUTURA" *(goodwill)*, ou, simplesmente, "Ágio por Rentabilidade Futura",valor este pago a mais pela investidora na aquisição das ações da investida (coligada ou controlada), em função de haver nesta a expectativa de LUCROS no futuro".

No caso do "ÁGIO POR MAIS-VALIA DE ATIVOS LÍQUIDOS", este é referendado nos CPCs apenas como "**mais-valia de ativos** líquidos" (sem a expressão "ágio"), embora, essencialmente, essa "mais-valia" também sejaum tipo de ágio, visto que carrega o sentido original dessa expressao, que é o "algo pago a mais" por alguma razão que se possa justificar economicamente.

Obs. 1: A expressão **"ATIVOS LÍQUIDOS"**significa Ativos líquidos dos Passivos, isto é, a diferença entre o Ativo e o Passivo Exigível, que corresponde ao conceito de PL (Patrimônio Líquido).

Obs. 2: A MAIS-VALIA DOS ATIVOS LÍQUIDOS contabilizada por uma sociedade investidora ao adquirir ações ou cotas de uma sociedade investida se traduz na participação dessa investidora no excesso do valor justo do PL da sociedade investida sobre o valor contábil (ou Patrimonial) desse PL, ou, de outro modo, na participação da investidora no excesso do valor justo dos ativos líquidos da investida sobre o valor contábil dos ativos líquidos da mesma investida. Assim, por exemplo, se o PL justo de uma determinada investida coligada ou controlada fosse de R$ 12.000,00 e o valor contábil desse PL fosse de R$ 9.000,00, a Mais-Valia de Ativos Líquidos contabilizada por uma investidora que adquirisse 70% das ações dessa investida seria de 70% (R$ 12.000,00 – R$ 9.000,00) = R$ 2.100,00, valor esse correspondente ao "Ágio por Mais-Valia de Ativos Líquidos", ou, simplesmente, "Mais-Valia de Ativos Líquidos".

Obs. 3: VALOR JUSTO DOS ATIVOS LÍQUIDOS significa, em termos práticos, o caixa teórico que empresa poderia gerar realizando os ativos e passivos isoladamente em caso de descontinuidade da empresa, isto é, vendendo cada ativo e pagando cada passivo ao preço corrente no **mercado** caso a empresa encerrasse suas atividades.

Obs. 4: Não se há de confundir a expressão "Mais-Valia de Ativos Líquidos" com a expressão "Mais-Valia de Ativos" (sem a palavra "Líquidos"). Ao passo que aquela representa na investidora a sua participação no excesso do valor JUSTO do PL da investida sobre o seu valor CONTÁBIL, a "Mais-Valia de Ativos" se traduz na participação da investidora sobre o excesso do valor JUSTO do Ativo da investida sobre o valor CONTÁBIL desse Ativo.

Mais-Valia de Ativos **LÍQUIDOS** = % de participação × (PL justo – PL contábil)

Mais-Valia de Ativos = % de participação × (Ativo justo – Ativo contábil)

Obs. 5: No caso do **Ágio por Expectativa de Rentabilidade Futura *(Goodwill)***, esseé obtido pela diferença positiva entre o custo de aquisição do investimento e a participação da investidora no valor justo dos ativos líquidos da investida, lembrando que esse valor justo é a mesma coisa que valor justo do PL (Patrimônio Líquido) da investida. Assim, se no exemplo da obs. 2 a referida investidora tivesse adquirido os 70% das ações da investida por R$ 10.000,00, então o Ágio por Rentabilidade Futura seria de R$ 10.000,00 – 70% R$ 12.000,00 = R$ 1.600,00.

Ágio por Rentabilidade Futura (*Goodwill*) = Custo de Aquisição – % PL justo

A contabilização do exemplo acima poderia ser feita da seguinte forma:

D – Investimentos em Controladas

Valor Patrimonial (ou Contábil = 70% PL contábil = 70% 9.000) 6.300

Mais-Valia de Ativos Líquidos 2.100

Ágio por Rentabilidade Futura (*Goodwill*) 1.600

C – Caixa/Bancos 10.000

Obs. 6: Embora no lançamento acima a conta "Investimentos em Controladas" tenha sido decomposta em três subcontas ("valor patrimonial", "mais-valia de ativos líquidos" e "ágio por rentabilidade futura"), no BALANÇO INDIVIDUAL da investidora essa conta **não** seria decomposta, de modo que seu saldo seria indicado pelo total do custo de aquisição (R$ 10.000,00). A base legal desse procedimento podemos encontrar no item 3 do Pronunciamento Técnico CPC 18 (R2), o qual reproduzimos abaixo:

MÉTODO DA EQUIVALÊNCIA PATRIMONIAL é o método de contabilização por meio do qual o ***investimento é inicialmente reconhecido pelo custo*** *e, a partir daí, é ajustado para refletir a alteração pós-aquisição na participação do investidor sobre os ativos líquidos da investida. As receitas ou despesas do investidor incluem sua participação nos lucros ou prejuízos da investida, e os outros resultados abrangentes do investidor incluem a sua participação em outros resultados abrangentes da investida.*

No entanto, quando o referido item 3 do CPC 18 (R2) determina que o investimento em coligada ou controlada é "inicialmente" reconhecido pelo custo, não devemos interpretar que no ato da aquisição do investimento não se aplica a equivalência patrimonial; muito pelo contrário, devemos aplicar a equivalência patrimonial, a fim de sabermos se há ágio (ou deságio) em tal aquisição. Em outras palavras, quando o referido CPC afirma que o investimento é inicialmente reconhecido pelo custo, deixa implícito que o seu "**valor global**" é reconhecido por quanto se pagou na aquisição, mas na contabilização é recomendável que haja a segregação desse valor global pago para efeitos de se determinar o valor exato da 1a equivalência patrimonial (= valor patrimonial ou contábil do investimento), o valor do ágio por mais-valia de ativos líquidos da investida e o valor do ágio por expectativa de rentabilidade futura (*goodwill*= fundo de comércio).

INVESTIMENTO

(Custo de Aquisição)

=

Valor Patrimonial do Investimento

(1a Equivalência Patrimonial)

+

Mais-Valia de Ativos Líquidos

+

Ágio por Rentabilidade Futura

(ou Ágio por Goodwill)

Obs. 7: Caso o valor justo dos ativos líquidos seja MENOR que o valor contábil desses ativos, ao invés de Ágio por Mais-Valia de Ativos Líquidos, estaremos diante de um "Deságio por Menos-Valia de Ativos Líquidos". Da mesma forma, caso o custo de aquisição do investimento em coligada ou controlada seja MENOR do que a participação da investidora nos ativos líquidos da investida, ao invés de "Ágio por Rentabilidade Futura (*goodwill*)", estaremos diante de um "Ganho por Compra Vantajosa", o qual deverá ser apropriado ao resultado como RECEITA e não como conta retificadora do ativo.

Exemplo prático 1: A Cia. E adquiriu de um antigo acionistada Cia. X 30% das ações dessa sociedade por R$ 29.000,00, tornando-se a investida coligada da Cia. E.

Na data da aquisição o valor justo (= valor de mercado) dos ativos da investida era de R$ 80.000,00 e dos passivos R$ 20.000,00, sendo o valor contábil desses ativos e passivos, respectivamente,de R$ 70.000,00 e R$ 20.000,00.

Desse modo, o valor contábil dos ativos líquidos da investida será de R$ 70.000,00 – R$ 20.000,00 = R$ 50.000,00, ao passo que o valor justo desses ativos líquidos será de R$ 80.000,00 – R$ 20.000,00 = R$ 60.000,00.

Nesse caso, admitindo que a Cia. E não possuía participação anterior à aquisição na Cia. X, a Mais-Valia de Ativos Líquidos seráa participação da investidora no excesso do valor justo dos ativos líquidos da investida sobre o seu valor contábil, ou seja, 30% (60.000,00 – 50.000,00) = R$ 3.000,00.

Ágio por Rentabilidade Futura =R$ 29.000,00 – 30% R$ 60.000,00 = R$ 11.000,00.

Finalmente, teremos a seguinte contabilização na investidora:

D – Investimentos em Coligadas

Valor patrimonial (ou Valor contábil = 30% PL contábil)..................................15.000

Mais-Valia de Ativos Líquidos 3.000

Ágio por Rentabilidade Futura *(Goodwill)* 11.000

C – Caixa/Bancos 29.000

Cabe ressaltar, no entanto, que no lançamento acima utilizamos a conta "Mais-Valia de Ativos LÍQUIDOS" para efeitos de simplificação de contabilização. Na prática contábil de uma investidora é recomendável que se utilize separadamente as contas de mais-valia (ou menos--valia) pelos seus valores BRUTOS, não só de ativos, mas também de passivos, visando, entre outros objetivos, facilitar suas realizações de forma proporcional às realizações dos respectivos ativos e passivos que lhes deram origem, conforme veremos mais adiante ainda no presente capítulo. No próximo exemplo, isso será exposto de forma mais visível.

Exemplo prático 2: A Cia. Sol adquiriu do antigo controlador da Cia. Lua 60% das ações componentes do seu capital social por R$ 17.000,00. Admitindo que na data da aquisição os valores contábeis dos ativos e passivos da investida foram, respectivamente, de R$ 20.000,00 e R$ 13.000,00, ao passo que seus valores justos foram, respectivamente, de R$ 26.000,00 e R$ 14.000,00, teremos:

- Valor contábil dos Ativos Líquidos (ou valor CONTÁBIL do PL) = R$ 20.000,00 – R$ 13.000,00 = R$ 7.000,00
- Valor justo dos Ativos Líquidos (ou valor JUSTO do PL) = R$ 26.000,00 – R$ 14.000,00 = R$ 12.000,00
- Mais-Valia de Ativos = 60% (R$ 26.000,00 – R$ 20.000,00) = R$ 3.600,00
- Mais-Valia de Passivos = 60% (R$ 14.000,00 – R$ 13.000,00) = R$ 600,00
- Mais-Valia de Ativos LÍQUIDOS = 60% (R$ 12.000,00 – R$ 7.000,00) = R$ 3.000,00
- Ágio por Rentabilidade Futura = R$ 17.000,00 – 60% R$ 12.000,00 = R$ 9.800,00

A contabilização de forma SIMPLIFICADA, isto é, utilizando a mais-valia LÍQUIDA de ativos seria a seguinte:

D – Investimentos em Controladas

Valor patrimonial (ou Valor contábil = 60% PL contábil) 4.200

Mais-Valia de Ativos **Líquidos** 3.000

Ágio por Rentabilidade Futura *(Goodwill)* 9.800

C – Caixa/Bancos 17.000

- -

A contabilização utilizando a mais-valia BRUTA de ativos e passivos seria a seguinte:

D – Investimentos em Controladas

Valor patrimonial (ou Valor contábil = 60% PL contábil) 4.200

Mais-Valia de Ativos 3.600

Ágio por Rentabilidade Futura *(Goodwill)* 9.800

C – Investimentos em Coligadas

Mais-Valia de Passivos 600

C – Caixa/Bancos 17.000

No entanto, embora esse último lançamento apresente os valores brutos das mais-valias, ainda não está detalhado o suficiente para que se possa controlar as realizações das mais-valias. Desse modo, suponhamos ainda nesse exemplo que as variações entre os valores contábeis e os valores justos decorreram dos seguintes fatos:

- Um terreno cujo valor contábil era de R$ 5.000,00 possuía valor justo de R$ 11.000,00.
- As mercadorias em estoque, as quais estavam contabilizadas por R$ 4.000,00, possuíam valor justo de R$ 1.600,00.
- Havia uma contingência trabalhista na investida contabilizada por R$ 4.000,00, mas o valor justo na data da aquisição do investimento foi estimado em R$ 6.000,00.
- Havia uma contingência fiscal contabilizada na investida no valor de R$ 2.500,00, mas seu valor justo na data da aquisição do investimento foi estimado em R 1.100,00.

Assim, em vista dessas informações, teríamos a seguinte contabilização DETALHADA na investidora na data da aquisição do investimento:

D – Investimentos em Controladas

Valor patrimonial (ou Valor contábil = 60% PL contábil) 4.200

Mais-Valia de Ativos– Terreno 6.000

Menos-Valia de Passivos – Contingência Fiscal 1.400

Ágio por Rentabilidade Futura *(Goodwill)* 9.800

C – Investimentos em Controladas

Menos-Valia de Ativos – Mercadorias..2.400

Mais-Valia de Passivos – Contingência Trabalhista..2.000

C – Caixa/Bancos..17.000

Obs. 8: Nos exemplos acima, supomos que as investidoras não possuíam participação anterior nas investidas. No entanto,caso uma determinada investidora já possuísse, antes da nova aquisição, uma participação anterior na investida, na condição de que essa participação não caracterizasse anteriormente o controle da investida, a Mais-Valia dos Ativos Líquidos e o Ágio por Rentabilidade Futura (*Goodwill*) seriam apurados da seguinte forma:

(% anterior + % adquirido) × (PL Justo – PL Contábil)

Custo de Aquisição + Valor Justo Participação Anterior – (% ant. + % ad.) × PL Justo

Para entendermos de forma prática essa última observação, suponhamos no exemplo 1 acima que a investidora Cia. E, antes da aquisição de 30% das ações da investida Cia. X, já possuísse 10% das ações dessa investida, de modo que esse investimento era classificado como um ativo financeiro disponível para venda, o qual já estava avaliado a valor justo imediatamente antes da aquisição no valor de R$ 8.000,00. Assim, teríamos:

Mais-Valia de Ativos Líquidos = (10% + 30%) × (60.000 – 50.000) = R$ 4.000

- -

Ágio por Rent. Futura =29.000 + 8.000 – (10% + 30%) × R$ 60.000,00 = R$ 13.000,00

- -

Por fim, teríamos a seguinte contabilização da aquisição do investimento:

D – Investimentos em Coligadas

Valor Patrimonial (40% 50.000,00)..20.000

Mais-Valia de Ativos Líquidos..4.000

por Rentabilidade Futura..13.000

C – Ativo Financeiro Disponível para Venda..8.000

C – Bancos..29.000

Obs. 9: Conforme vimos anteriormente, se o custo de aquisição, acrescido do valor justo de participação anterior, de investimento em coligada ou controlada (ou, também em empreendimento controlado em conjunto) for maior que a participação total da investidora no valor justo dos ativos líquidos da investida, lembrando que esse valor justo é o mesmo que valor justo do PL da investida, haverá o Ágio por Expectativa de Rentabilidade Futura (*Goodwill*). Todavia, caso ocorra o contrário, haverá o **GANHO POR COMPRA VANTAJOSA**, o qual será indicado no resultado como RECEITA.

Ganho por Compra Vantajosa = % PL justo – Custo de Aquisição

Assim,para entendermos essa última obs., suponhamos, por exemplo, que a investidora Cia Ouro adquirisse de um acionista da Cia. Prata 35% das ações do capital dessa investida por R$ 19.000,00, tornando-se essa sua coligada. Admitindo que não havia participação anterior da investidora no capital da investida, que o valor contábil dos ativos líquidos da investida era de R$ 70.000,00 e que o valor justo desses ativos líquidos era de R$ 80.000,00, então teríamos:

- Mais-Valia de Ativos Líquidos = 35% (80.000 – 70.000) = 3.500
- Ganho por Compra Vantajosa = 35% 80.000 – 19.000 = 9.000

Assim, teríamos a seguinte contabilização:

D – Investimentos em Coligadas

Valor Patrimonial (35% 70.000) 24.500

Mais-Valia de Ativos Líquidos 3.500

C – Ganho por Compra Vantajosa (Receita) 9.000

C – Caixa/Bancos 19.000

12.2. Aquisição de Investimento em Coligada

12.2.1. Ágio por Rentabilidade Futura (*Goodwill*)

Na data da aquisição do investimento em coligada, o excesso do valor justo do montante transferido nessa aquisição sobre a participação da investidora no valor justo dos ativos líquidos da investida dará origem ao Ágio por Rentabilidade Futura (*Goodwill*), o qual integrará o custo total de aquisição do investimento.

Assim, por exemplo, se uma investidora "A" adquirisse de um acionista de uma investida "B" 40% do capital dessa sociedade por R$ 52.000,00, sendo os valores JUSTOS dos ativos e dos passivos dessa investida, respectivamente, de R$ 120.000,00 e R$ 30.000,00, então o valor justo dos ativos líquidos da investida (ou valor justo do Patrimônio Líquido) na data da aquisição seria de R$ 90.000,00 e o *Goodwill* seria de R$ 52.000,00 – 40% R$ 90.000,00 = R$ 16.000,00.

12.2.2. Mais-Valia de Ativos Líquidos

A participação da investidora no EXCESSO do valor JUSTO dos ativos líquidos da investida (ou valor justo do Patrimônio Líquido) sobre o valor CONTÁBIL desses ativos

líquidos (ou valor contábil do Patrimônio Líquido) dará origem à Mais-Valia de Ativos Líquidos, a qual, sendo tratada como subconta, será debitada na sua contabilização.

De modo contrário, ou seja,caso o valor justo dos ativos líquidos da investida sejainferior ao valor contábil desses ativos, a participação da investidora nessa insuficiência de valor daquele valor em relação a esse dará origem à Menos-Valia dos Ativos Líquidos, que tratada como subconta será creditada na sua contabilização.

No exemplo do item anterior, supondo que os valores CONTÁBEIS dos ativos e passivos da investida "B" fossem, respectivamente, R$ 110.000,00 e R$ 30.000,00, então o valor CONTÁBIL dos ativos líquidos da investida seria de R$ 80.000,00 e a Mais-Valia dos Ativos Líquidos contabilizada pela investidora seria de 40% de (R$ 90.000,00 – R$ 80.000,00) = R$ 4.000,00. Nesse caso, a contabilização completa na investidora "A" seria a seguinte:

D – Investimentos em Coligadas

Valor Patrimonial (40% 80.000) 32.000

Mais-Valia de Ativos Líquidos 4.000

Ágio por Rentabilidade Futura 16.000

C – Caixa/Bancos 52.000

Obs. 1: No lançamento acima poderíamos ter utilizado somente a subconta "Mais-Valia de Ativos" (sem a palavra "Líquidos"), dado que não houve variações dos valores contábeis em relação aos valores justos no passivo exigível.

Obs. 2: Conforme veremos mais adiante, se considerarmos o IR (Imposto de Renda) e CS (Contribuição Social) incidentes sobre a "Mais-Valia de Ativos Líquidos" com alíquota de 34%, o lançamento acima poderá ser feito da seguinte forma:

D – Investimentos em Coligadas

Valor Patrimonial (40% 80.000,00) 32.000

Mais-Valia de Ativos Líquidos (4.000 – 34% 4.000) 2.640

Ágio por Rentabilidade Futura 17.360

C – Caixa/Bancos 52.000

Notemos nesse último lançamento que, obrigatoriamente, tivemos que aumentar o valor do ágio por rentabilidade futura de 34% de R$ 4.000,00, ou seja, de R$ 1.360,00, dado que reduzimos a Mais-Valia de Ativos Líquidos nesse mesmo valor.

Obs. 3: Uma outra opção para fazermos a contabilização considerando os referidos tributos (IR e CS) seria mantermos a Mais-Valia de Ativos pelo seu valor BRUTO

(4.000,00), e criarmos uma subconta adicional com saldo credor (Passivo Fiscal Diferido = IR e CS Diferidos):

D – Investimentos em Coligadas

Valor Patrimonial (40% 80.000,00).. 32.000

Mais-Valia de Ativos.. 4.000

Ágio por Rentabilidade Futura 17.360

C – Investimentos em Coligadas

Fiscal Diferido 1.360

C – Caixa/Bancos.. 52.000

Observemos que nesse último caso não utilizamos a subconta resumida "Mais-Valia de Ativos Líquidos" e sim a subconta "Mais-Valia de Ativos" (sem a palavra "Líquidos"), dado que os tributos diferidos foram apresentados separadamente.

Cabe também lembrar que, mesmo utilizando essa última forma de contabilização, no balanço patrimonial a conta "Investimentos em Coligadas" continua a ser apresentada pelo seu valor líquido, ou seja, R$ 32.000 + R$ 4.000 + R$ 17.360 – R$ 1.360 = R$ 52.000.

Obs. 4: No caso da SUBSCRIÇÃO de ações (ou cotas) na "constituição" de uma sociedade, não existe a possibilidade de mais-valia (ou menos-valia) de ativos líquidos e nem de ágio por rentabilidade futura, bem como ganho por compra vantajosa, lembrando que subscrição de ações não deve ser confundida com aquisição de ações, dado que nessa a investidora adquire ações já existentes pertencentes a antigos acionistas, de modo que não há alteração do capital social da investida, ao passo que na subscrição a investidora adquire ações diretamente da investida, aumentando o capital social desta. No caso da mais-valia, isso se justifica em função do fato de que na constituição da sociedade não há que se falar em diferença entre valor justo e valor contábil de ativos líquidos, dado que os ativos que estão entrando na subscrição estão sendo contabilizados pela primeira vez, isto é, não havia valores anteriormente contabilizados para que se pudesse calcular algum tipo de diferença. No caso do ágio por expectativa de rentabilidade futura (ou de ganho por compra vantajosa), esse seria calculado pela diferença entre os valores justos dos ativos entregues na subscrição e os próprios valores justos entregues na subscrição, ou seja, sempre ZERO, razão pela qual também não haver sentido em se falar nesse tipo de ágio na constituição de uma sociedade.

Obs. 5: De forma diferente do exposto na observação anterior, no caso da SUBSCRIÇÃO de ações (ou cotas) feita "posteriormente" à constituição de uma sociedade, há sima possibilidade de mais-valia (ou menos-valia) de ativos líquidos e de ágio por rentabilidade futura (ou de ganho por compra vantajosa), dado que já havia ativos anteriormente

contabilizados, de modo que nessa nova hipótese pode-se perfeitamente falar em diferença entre valor justo e valor contábil de ativos líquidos. Logo abaixo, daremos o seguinte exemplo prático:

A Cia. Ouros possuía 100% do capital da Cia. Copas, cujo patrimônio líquido em 30/04/20X1 era o seguinte:

Capital Social (8.000 ações de valor nominal R$ 50)	**R$ 400.000**
Reservas de Lucros	**R$160.000**
Total	**R$560.000**

Dessa forma, a controladora Cia. Ouros apresentava em seu ativo não circulante investimentos o seguinte:

Investimentos em Controladas (100% R$ 560.000)	**R$ 560.000**

Observemos que, embora o valor NOMINAL de cada uma das 4.000 ações da investida seja de R$ 400.000 ÷ 8.000 ações, ou seja, R$ 50 por ação, o valor PATRIMONIAL é de R$ 560.000 ÷ 8.000 ações, isto é, R$ 70 por ação.

Suponhamos que na mesma data a investida Cia. Copas aumentasse seu capital social emitindo 2.000 novas ações, as quais foram subscritas pelo novo sócio, Cia. W, a qual pagou R$ 85 por ação subscrita em dinheiro depositado na conta bancária da investida, tornando-se coligada à investida.

Desse modo, a nova investidora estaria pagando R$ 15 a mais do que o valor patrimonial de cada ação da investida, em função da existência da mais-valia de ativos líquidos e de ágio por rentabilidade futura na investida, admitindo que os valores contábeis dos ativos líquidos da investida eram inferiores aos seus valores justos.

Assim, o novo patrimônio líquido da investida seria o seguinte:

Capital Social (8.000 × R$ 50 + 2.000× R$ 50)	**R$ 500.000**
Res. de Capital (Excedente na Subscrição de Ações = 2.000× R$ 35)	**R$70.000**
Reservas de Lucros	**R$160.000**
Total	**R$730.000**

Com isso, a nova participação da controladora cairia de 100% para 80% (= 8.000 ações ÷ 10.000 ações), de modo que no seu ativo não circulante investimentos seria indicado o seguinte:

Investimentos em Controladas (80% R$ 730.000)	**R$ 584.000**

Desse modo, a controladora contabilizaria um ganho de R$ 24.000, o qual seria justificado da seguinte forma: Ao reduzir sua participação de 100% para 80%, a controladora perderia 20% do antigo PL da investida, ou seja, perderia 20% de R$ 560.000,00 = R$ 112.000; ao mesmo tempo, a controladora ganharia 80% do valor subscrito pelo novo sócio, ou seja, 80% de R$ 170.000,00 = R$ 136.000,00, de sorte que o ganho líquido final seria de R$ 136.000,00 – R$ 112.000,00 = R$ 24.000,00. Nesse caso, a contabilização na controladora seria a seguinte:

D – Investimentos em Controladas 24.000

C – Outros Resultados Abrangentes – Variação da Participação Relativa 24.000

Observemos que se o novo sócio tivesse subscrito as 2.000 ações pelo valor patrimonial anterior (R$ 70) não haveria ganho nem perda, visto que perderia 20% do antigo PL da investida (R$ 112.000) e, ao mesmo tempo, ganharia 80% do valor subscrito pelo novo sócio (80% de R$ 70 × 2.000 = R$ 112.000).

Lembrando que o valor "contábil" dos ativos líquidos da investida antes da subscrição era o próprio PL (R$ 560.000,00) e admitindo agora que o valor "justo" desses ativos líquidos fosse, por exemplo, de R$ R$ 590.000,00, teríamos na nova investidora os seguintes valores:

- **Ágio por Rentabilidade Futura = 170.000 – 20% 590.000 = 52.000**
- **Mais-Valia de Ativos Líquidos =20% (590.000 – 560.000) = 6.000**

Por fim, a nova investidora faria a seguinte contabilização no ato da subscrição das 2.000 ações a R$ 85 cada:

D – Investimentos em Coligadas

Valor Patrimonial (20% 560.000) 112.000

Mais-Valia de Ativos Líquidos 6.000

por Rentabilidade Futura 52.000

C – Bancos 170.000

12.2.3. Exemplo Prático Completo de Aquisição de Coligada

Em 1º de julho de X1, a investidora, Cia. T, adquiriu de um antigo acionista da investida, Cia. U, por R$ 700.000,00, 30% das ações do seu capital social, tornando-se essa sua coligada. Na data da aquisição o PL contábil da Cia. U era de R$ 1.680.000,00.

Para detalhamento da operação, foram apresentados os seguintes valores CONTÁBEIS e JUSTOS (desconsiderando os efeitos fiscais) dos ativos e passivos da investida a seguir:

ATIVO	Valor contábil	Valor Justo
Circulante		
Caixa e equivalentes de caixa	418.000	418.000
Clientes	304.000	304.000
Estoques	240.000	250.000
Não Circulante		
Investimentos		
Terreno	739.000	739.000
Imobilizado		
Equipamento	400.000	575.000
Depreciação Acumulada	(80.000)	(115.000)
Intangível		
Patente	-	70.000
Total do Ativo	2.021.000	2.241.000
PASSIVO	**Valor contábil**	**Valor Justo**
Circulante		
Salários e Encargos a Pagar	62.000	62.000
Fornecedores	194.000	194.000
IR e CSLL a Pagar	85.000	85.000
Patrimônio Líquido		
Capital Social	1.020.000	1.020.000
Ajustes de Avaliação Patrimonial	-	***220.000***
Reservas de Lucros	660.000	660.000
Total do Passivo	2.021.000	2.241.000

Obs.: Os AJUSTES acima no balanço da coligada, os quais deram origem ao seu balanço pelos valores JUSTOS de seu patrimônio, foram feitos pela investidora EXTRACONTABILMENTE, visto que servem apenas para efeitos de determinação da mais-valia (ou menos-valia) dos ativos ou passivos e do ágio por rentabilidade futura. Desse modo, as contas "Patentes" e "Ajustes de Avaliação Patrimonial" só existem extracontabilmente no exemplo dado, visto que *não foram contabilizadas pela coligada*.

Sabe-se ainda que os VALORES JUSTOS dos ativos e passivos da investida foram apurados com base nos seguintes fatos:

- os estoques estavam contabilizados R$ 10.000,00 a menos do que seu valor justo;
- um equipamento do imobilizado tem valor "líquido" justo superior ao seu valor contábil em R$ 140.000,00; e
- uma patente não contabilizada pela Cia U em função de ter sido criada pela mesma pode ser negociada no mercado por R$ 70.000,00.

Assim, **desconsiderando** a existência de quaisquer passivos fiscais diferidos (IR e CS diferidos), o PL da investida avaliado a valores justos (ou valor justo dos ativos adquiridos e dos passivos assumidos = valor justo dos ativos líquidos) será de R$ 1.680.000,00 + R$ 10.000,00 + R$ 140.000,00 + R$ 70.000,00, ou seja, R$ 1.900.000,00.

Consequentemente, temos os seguintes valores:

- Valor Patrimonial do Investimento= 30% R$ 1.680.000,00 = R$ 504.000,00
- Mais-Valia de Ativos Líquidos = 30% (PL Justo – PL Contábil) = 30% (R$ 1.900.000,00 – R$ 1.680.000,00) = R$ 66.000,00
- Ágio por Rentabilidade Futura *(Goodwill)*= Custo de Aquisição – % PL justo = R$ 700.000,00 – 30% R$ 1.900.000,00 = R$ 130.000,00

Desse modo, a investidora poderia fazer o seguinte lançamento contábil na data da aquisição do investimento:

D – Investimentos em Coligadas

Valor Patrimonial 504.000

Mais-Valia de Ativos

Estoques (30% 10.000) 3.000

Equipamento (30% 140.000) 42.000

Patente (30% 70.000) .... 21.000 .... 66.000

Ágio por Rentabilidade Futura *(Goodwill)* 130.000

C – Caixa/ Bancos 700.000

Obs. 1: Na publicação das demonstrações contábeis da investidora, a conta "Investimentos em Coligadas" é evidenciada com o valor global, ou seja, R$ 700.000,00, sendo a segregação em subcontas feita somente na escrituração contábil, a fim de facilitar a amortização (realização) de cada mais (ou menos)-valia individualmente.

Obs. 2: Os detalhes sobre os critérios de avaliação dos valores justos dos ativos líquidos da investida para fins de determinação do valor do ágio são regulados pelo Pronunciamento Técnico CPC 15 (R1) – Combinação de Negócios.

Obs. 3: Uma outra forma de a investidora realizar a mais-valia de imobilizados na investida é quando esta reconhece perdas por redução ao valor recuperável sobre esses ativos (CPC 01 (R1)). Nesse caso, a mais-valia correspondente será realizada proporcionalmente.

12.2.4. Realização da Mais-Valia de Ativos

A REALIZAÇÃO (ou AMORTIZAÇÃO) da mais-valia de ativos se dará em função da realização dos ativos da investida que lhe deram origem, podendo ser total, através de baixa por perecimento ou alienação dos respectivos ativos, ou parcial, proporcionalmente à depreciação, amortização ou exaustão desses ativos.

Assim, supondo no exemplo do item 12.2.3 que no exercício social de X1 a investida tenha vendido a metade de seus estoques que justificaram parte da mais-valia dos ativos e que o imobilizado que deu origem à respectiva mais-valia fosse depreciado a uma taxa de 20% ao ano, então a realização (amortização) desse ágio seria PROPORCIONAL à realização de seus respectivos ativos.

Desse modo, em X1, com relação à parte da mais-valia justificada pelos estoques (R$ 3.000,00), seriam amortizados 50% do seu valor (50% R$ 3.000,00), visto que estariam sendo vendidos 50% desses estoques pela investida.

Com relação à parte da mais-valia justificada pelo equipamento, seriam amortizados 10% do seu valor, tendo em vista que de julho até dezembro de X1 estariam sendo depreciados 10% do equipamento.

Com tudo isso, ao final do exercício de X1, a investidora contabilizaria as realizações dessas mais-valias DIRETAMENTE a débito do **Receita de Equivalência Patrimonial** do seguinte modo:

D – Receita de Equivalência Patrimonial..........5.700

C – Mais-Valia de Ativos

Estoques (50% 3.000)..........1.500

Equipamento (10% 42.000)..........4.200..........5.700

Essa forma de contabilização é justificada em função do fato de que a referida realização representa, essencialmente, uma espécie de ajuste no resultado líquido da investida (no comentário extra do Exercício Resolvido 7 será dada a explicação completa do "porquê" disso).

Obs. 1: No exemplo anterior, quando determinamos o valor justo dos ativos líquidos da investida (R$ 1.900.000,00), desconsideramos a existência de **Passivo Fiscal Diferido** (Provisão p/ IR e CSL Diferidos). No entanto, com base no Pronunciamento Técnico CPC 15 (R1) – Combinação de Negócios, deve-se reconhecer esse passivo fiscal diferido que, no caso da Cia. U, e supondo IR e CS com alíquotas, respectivamente, de 25% e 9% (alíquota conjunta de 34%), será de 34% da diferença entre o PL justo "antes" do passivo fiscal diferido

(R$ 1.900.000,00) e o PL contábil (R$ 1.680.000,00), isto é, 34% de R$ 220.000,00 = R$ 74.800,00, fazendo com que o "novo" PL avaliado a valores justos seja de R$ 1.900.000,00 – R$ 74.800,00 = R$ 1.825.200,00. Assim, a comparação "mais precisa" (ou "realmente" correta) entre os valores contábeis e os valores justos do patrimônio da investida seria a seguinte:

ATIVO	**Valor Contábil**	**Valor Justo**
Circulante		
Caixa e equivalentes de caixa	418.000	418.000
Clientes	304.000	304.000
Estoques	240.000	250.000
Não Circulante		
Investimentos		
Terreno	739.000	739.000
Imobilizado		
Equipamento	400.000	575.000
Depreciação Acumulada	(80.000)	(115.000)
Intangível		
Patente	-	70.000
Total do Ativo	2.021.000	2.241.000
PASSIVO	**Valor contábil**	**Valor Justo**
Circulante		
Salários e Encargos a Pagar	62.000	62.000
Fornecedores	194.000	194.000
IR e CSLL a Pagar	85.000	85.000
Passivo Fiscal Diferido (IR e CS)		*74.800*
Patrimônio Líquido		
Capital Social	1.020.000	1.020.000
Ajustes de Avaliação Patrimonial	-	*145.200*
Reservas de Lucros	660.000	660.000
Total do Passivo	2.021.000	2.241.000

Assim, os novos valores e contabilizações seriam os seguintes:

- Valor Patrimonial do Investimento = 30% R$ 1.680.000,00 = R$ 504.000,00
- Mais-Valia de Ativos Líquidos = 30% (PL justo – PL contábil) = 30% (R$ 1.825.200,00 – R$ 1.680.000,00) = R$ 43.560,00
- Ágio por Rentabilidade Futura *(Goodwill)* = Custo de Aquisição – % PL justo = R$ 700.000,00 – 30% R$ 1.825.200,00 = R$ 152.440,00

Aquisição do investimento (1*a *equivalência patrimonial):

D – Investimentos em Coligadas

Valor patrimonial 504.000

Mais-Valia de Ativos

Estoques (30% 10.000) 3.000

Equipamento (30% 140.000) 42.000

Patente (30% 70.000,00) .... 21.000 .... 66.000

Ágio por Rentabilidade Futura 152.440

C – Investimentos em Coligadas

Passivo Fiscal Diferido (30% 74.800) 22.440

C – Caixa/ Bancos 700.000

Obs. 2: Observemos que o Passivo Fiscal Diferido reconhecido "contabilmente" pela investidora corresponde apenas a 30% do Passivo Fiscal Diferido reconhecido "extracontabilmente" pela investidora no balanços da coligada. Em outras palavras, **não devemos confundir** o Passivo Fiscal Diferido "escriturado" pela investidora em seus livros contábeis com aquele não escriturado, visto que se trata apenas de um ajuste extracontábil realizado pela investidora no balanço da coligada.

Obs. 3: Observemos também que no lançamento acima o Passivo Fiscal Diferido (IR e CS diferidos) "contabilizado" pela investidora afetou o acervo líquido a valor justo, dado que a mais-valia de ativos "líquidos" caiu de R$ 66.000,00 para R$ 43.560,00 (= R$ 66.000,00 – R$ 22.440,00). Em outras palavras, Mais-Valia de Ativos "Líquidos" (43.560,00) = Mais--Valia de Ativos (66.000,00) – Passivo Fiscal Diferido (22.440,00). Consequentemente, o valor do *goodwill* subiu de R$ 130.000,00 para R$ 152.440,00.

Obs. 4: Uma outra opção para se fazer o lançamento acima é não utilizarmos a subconta "Passivo Fiscal Diferido", debitando as subcontas de mais-valia de ativos pelos valores líquidos dos tributos diferidos. Para tanto, basta multiplicarmos os valores brutos das mais-valias pelo fator 0,66 (66%), fator esse que exclui os tributos de 34%:

D – Investimentos em Coligadas

Valor patrimonial 504.000

Mais-Valia de Ativos

Estoques (30% 10.000 × 0,66) 1.980

Equipamento (30% 140.000 × 0,66) 27.720

Patente (30% 70.000 × 0,66) .... 13.860 .... 43.560

Ágio por Rentabilidade Futura 152.440

C – Caixa/ Bancos 700.000

Realização (ou amortização) da mais-valia de ativos ao final de X1:

D – Receita de Equivalência Patrimonial (5.700 – 34% 5.700) 3.762

D – Investimentos em Coligadas

Passivo Fiscal Diferido (34% 5.700) 1.938

C – Investimentos em Coligadas

Mais-Valia de Ativos

Estoques (50% 1.980,00) 1.500

Equipamento (10% 42.000,00) .... 4.200 .... 5.700

Obs. 5: No caso da opção pelo não uso da subconta "Passivo Fiscal Diferido", conforme visto na obs. 4, a realização da mais-valia seria contabilizada da seguinte forma:

D – Receita de Equivalência Patrimonial 3.762

C – Investimentos em Coligadas

Mais-Valia de Ativos

Estoques (50% 1.980) 990

Equipamento (10% 27.720) .... 2.772 .... 3.762

Obs. 6: A razão de uma investidora considerar a existência de passivo fiscal diferido quando da avaliação do valor justo dos ativos líquidos da investida na aquisição de investimento em coligada ou controlada, prevista no Pronunciamento Técnico CPC 15 (R1) – Combinação de Negócios, pode ser explicada pelo seguinte exemplo: Se uma empresa, Cia. Y, possuísse, por exemplo, um terreno contabilizado por R$ 12.000,00 e o vendesse por R$ 22.000,00, admitido o IR e CS com alíquota conjunta de 34%, o valor desses tributos a pagar ao Fisco seria de 34% de R$ 10.000,00, ou seja, R$ 3.400,00. No entanto, se, antes de vender o terreno, fizesse uma reavaliação (desde que permitida legalmente) do mesmo a valor justo de R$ 20.000,00, teríamos a seguinte contabilização na investida:

D – Terrenos 8.000

C – Ajustes de Avaliação Patrimonial 8.000

Se após essa reavaliação o terreno fosse vendido pelo mesmo valor anterior (R$ 22.000,00), o lucro cairia para R$ 2.000,00 e o IR e a CS a pagar cairiam para 34% de R$ 2.000,00, ou seja, R$ 680,00, prejudicando o Fisco em R$ 3.400,00 – R$ 680,00 = R$ 2.720,00.

Porém, de acordo com o § 3º do art. 182 da Lei nº 6.404/76, serão classificadas como ajustes de avaliação patrimonial, **enquanto não computadas no resultado do exercício em obediência ao regime de competência**, as contrapartidas de aumentos ou diminuições de valor atribuídos a elementos do ativo e do passivo, em decorrência da sua avaliação a "valor justo", nos casos previstos nesta Lei ou, em normas expedidas pela Comissão de Valores Mobiliários, com base na competência conferida pelo § 3º do art. 177.

Assim, ao vender o terreno, o ajuste de avaliação patrimonial acima seria computado como "receita" no resultado do exercício, em função da ocorrência de seu fato gerador, que é a realização do terreno por venda, mediante a seguinte contabilização:

D – Ajustes de Avaliação Patrimonial 8.000

C – Receita de Ajustes de Avaliação Patrimonial 8.000

Nesse caso, o lucro tributável que era de R$ 2.000,00 subiria para R$ 10.000,00 (= R$ 2.000,00 + R$ 8.000,00), fazendo com que o IR e a CS a Pagar retornassem ao valor de R$ 3.400,00, de forma que a reavaliação não prejudicaria o Fisco.

Dessa forma, se uma investidora adquirisse parte ou totalidade das ações da Cia. Y, antes da mesma avaliar e vender o referido terreno, supondo que o PL "contábil" da investida na data da aquisição fosse, por exemplo, de R$ 133.000,00, o valor justo do PL da investida, seria, "em princípio", de R$ 133.000,00 + R$ 8.000,00, ou seja, R$ 141.000,00.

Contudo, conforme visto anteriormente, se a investida posteriormente vendesse o terreno obtendo um lucro de R$ 2.000,00, o IR e a CS não seriam apenas de 34% de R$ 2.000,00 e sim de 34% de R$ 2.000,00 + 34% de R$ 8.000,00.

Em outras palavras, os R$ 8.000,00 "um dia" (pode demorar muitos anos) gerarão IR e CS a pagar de 34% desse valor, fazendo com que, em consonância com o Princípio da Prudência, a investidora também reconheça na avaliação do PL justo da investida uma **"Provisão" para IR e CS Diferidos** (= Passivo Fiscal Diferido) de 34% de R$ 8.000,00, ou seja, R$ 2.720,00, de forma que o valor justo "mais correto" do PL da investida na aquisição do investimento não seria de R$ 141.000,00 e sim de R$ 141.000,00 – 34% R$ 8.000,00, isto é, R$ 138.280,00, valor este também chamado de "valor justo dos ativos líquidos da investida".

Neste caso, se a investidora adquirisse, por exemplo, 40% das ações dessa investida por R$ 87.000,00, a contabilização dessa aquisição poderia ser feita das seguintes formas:

1ª FORMA – Apresentando a mais-valia de ativos pelo valor BRUTO e utilizando a subconta "Passivo Fiscal Diferido":

D – Investimentos em Coligadas

Valor patrimonial(40% 133.000) 53.200

Mais-Valia de Ativos

Terrenos (40% × 8.000) 3.200

Ágio por Rentabilidade Futura (87.000 – 40% × 138.280) 31.688

C – Investimentos em Coligadas

Passivo Fiscal Diferido (34% × 3.200) 1.088

C – Caixa/ Bancos 87.000

ou

2ª FORMA – Não utilizando a subconta "Passivo Fiscal Diferido" e contabilizando a mais-valia de ativos pelo valor LÍQUIDO dos tributos diferidos (IR e CS diferidos):

D – Investimentos em Coligadas

Valor patrimonial(40% 133.000) 53.200

Mais-Valia de Ativos

Terrenos (40% × 8.000 – 1.088) 2.112

Ágio por Rentabilidade Futura (87.000 – 40% × 138.280) 31.688

C – Caixa/ Bancos 87.000

Nota: *Não se há de confundir o "Passivo Fiscal Diferido" reconhecido* "extracontabilmente" pela investidora no balanço da investida (34% de 8.000,00) com aquele reconhecido "contabilmente" nas demonstrações contábeis da INVESTIDORA (40% de 34% de 8.000,00 = 40% de 2.720,00 = 1.088,00), visto que este é obtido pela aplicação "proporcional" do percentual de participação da investidora no capital da investida sobre aquele obtido extracontabilmente, isto é, R$ 1.088,00 correspondem a 40% de R$ 2.720,00.

12.3. Aquisição de Investimento em Controlada

Quando uma sociedade adquire ações (ou cotas) de outra e, **a partir dessa aquisição**, se torna controladora da investida, as regras vistas anteriormente para aquisição de investimento em coligadas, em geral, também podem ser aplicadas. Caso contrário, ou seja, se a investidora já controlava a investida antes da nova aquisição, isso será visto no item 12.3.1

Assim, considerando ainda as informações do exemplo do item 12.2.3, suponhamos que a Cia. Ômega adquira do antigo controlador da Cia. U por R$ 1.500.000,00 os 70% do seu capital na mesma data em que a Cia. T adquiriu os 30% (1º de julho), tornando-se a Cia.

Ômega o novo controlador da Cia. U. Desse modo, desconsiderando quaisquer passivos fiscais diferidos (na prática "o certo" é considerar, mas é muito provável que em concursos públicos se desconsidere tal fato), teríamos os seguintes cálculos e contabilizações na nova controladora:

- Valor patrimonial do investimento = 70% R$ 1.680.000,00 = R$ 1.176.000,00
- Mais-Valia de Ativos Líquidos = 70% × (PL justo – PL contábil) = 70% × (R$ 1.900.000,00 – R$ 1.680.000,00) = R$ 154.000,00
- Ágio de Expectativa de Rentabilidade Futura (*Goodwill*) = Custo de Aquisição do Investimento –Participação da investidora no valor justo dos ativos líquidos da investida = R$ 1.500.000,00 – 70% R$ 1.900.000,00 = R$ 170.000,00

Lançamento contábil da aquisição do controle (1o de julho de X1):

D – Investimentos (valor patrimonial).......................1.176.000

D – Mais-Valia de Ativos

Estoques (70% 10.000,00)..................7.000

Equipamento (70% 140.000,00) 98.000

Patente (70% 70.000,00)..................49.000..................154.000

D – Ágio por Rentabilidade Futura *(Goodwill)*..................170.000

C – Caixa/ Bancos..................1.500.000

Amortização (realização) da mais-valia de ativos ao final de X1:

D – Resultado (ou Receita) da Equivalência Patrimonial..................13.300

C – Mais-Valia de Ativos

Estoques (50% 7.000,00)..................3.500

Equipamento (10% 98.000,00) ....9.800..................13.300

12.3.1. Ágio Apurado por Controladora na Aquisição de Mais Ações da Investida, à qual já Controlava

Se uma sociedade controladora adquire dos acionistas não controladores mais ações ou outros instrumentos patrimoniais de uma entidade que já controla, considerará o ágio pago nessas ações como **redução** do seu patrimônio líquido, com a denominação "ÁGIO EM TRANSAÇÕES DE CAPITAL", que é uma conta **retificadora** do patrimônio líquido. Semelhantemente, por exemplo, a uma compra de ações próprias (em tesouraria), inclusive com a característica de que eventual ágio *(goodwill)* nessa aquisição também é considerado como parte da redução do patrimônio líquido. No caso de alienação, a não ser que por meio dela seja perdido o controle da controlada, o resultado também é alocado diretamente ao patrimônio líquido, e não ao resultado.

Nota: *TRANSAÇÕES DE CAPITAL são as operações da controladora com os sócios não controladores (ex.: aquisição pela controladora de ações dos não controladores) ou transações da sociedade controlada com seus próprios sócios (controladores ou não controladores – ex.: aquisição de ações em tesouraria). Ao contrário, se investidores estranhos à sociedade adquirem ações de acionistas controladores ou não controladores da sociedade, isso não é transação de capital e sim transação com terceiros.*

Exemplo: A Cia. Alfa adquiriu 80% das ações da Cia. Beta por R$ 26.000,00. Na data dessa aquisição, constatou-se que o patrimônio líquido contábil da investida no valor de R$ 25.000,00 é igual àquele apurado pelos seus valores justos, não havendo, portanto, mais-valia de ativos líquidos. Assim, teremos:

Ágio por expectativa de rentabilidade futura = 26.000,00 – 80% × 25.000 =6.000,00

Supondo que o balanço da investidora imediatamente **antes** da aquisição fosse o seguinte:

Ativos diversos	46.000	Capital	30.000
		Reservas	16.000
			46.000

O balanço da investidora imediatamente após a aquisição seria o seguinte:

Ativos diversos		20.000		
Investimento em controlada			Capital	30.000
Valor justo ativos líquidos	20.000		Reservas	16.000
Goodwill	6.000	26.000		46.000
		46.000		

Suponhamos agora que a investidora adquira 5% das ações do seu próprio capital por R$ 4.000,00. Admitindo que o seu balanço já esteja avaliado a valores justos, então o ÁGIOna aquisição de ações em tesouraria será de R$ 4.000,00 – 5% × R$ 46.000, ou seja, R$ 1.700,00. No entanto, esse ágio **não é segregado** do valor dessas ações em tesouraria, ficando inserido implicitamente no saldo da conta Ações em Tesouraria, que é retificadora do seu PL. Assim, o novo balanço da investidora será o seguinte:

Ativos diversos		16.000	Capital	30.000
Investimento em controlada			Reservas	16.000
Valor justo ativos líquidos	20.000		Ações em tesouraria	(4.000)
Goodwill	6.000	26.000		42.000
		42.000		

Agora, suponhamos que a controladora, Cia. Alfa, adquira dos sócios não controladores da controlada, Cia. Beta, mais 10% do capital dessa sua controlada por R$ 3.000,00. Assim, teremos:

Ágio por rentabilidade futura = R$ 3.000,00 – 10% R$ 25.000,00 = R$ 500,00

No entanto, com base no Pronunciamento Técnico CPC 36 (R3), a contabilização desses R$500,00 deverá ser posta como **retificadora do PL** no balanço consolidado da controladora Alfa com controlada Beta.

Dessa forma, como coerência, e para que o balanço individual da controladora tenha o mesmo PL do balanço consolidado, esse ágio também entrará como conta retificadora do PL no balanço individual da investidora. Assim, o novo balanço da controladora após essa aquisição será o seguinte:

Ativos diversos		13.000	Capital	30.000
Investimento em controlada			Reservas	16.000
Valor justo ativos líquidos	22.500		Ações em tesouraria	(4.000)
Goodwill	6.000	28.000	**Ágio em Transação de Capital**	(500)
		41.500		41.500

A lógica para o exposto no balanço acima é que o ágio sobre o PL de uma sociedade que **já era antes** sua controlada é como se fosse ágio sobre o seu próprio PL também. Assim, tanto o ágio embutido nas ações em tesouraria quanto o ágio em transações de capital devem ser postos como redutores do seu PL.

12.4. Mudança de Critério na Avaliação de Investimentos

É possível que um investimento outrora avaliado a valor justo por ser considerado instrumento financeiro, por exemplo, disponível para venda passe a ser avaliado por equivalência patrimonial em função da investidora passar a ter influência ou controle sobre a investida.

Assim, suponhamos, como exemplo, que a investidora, Cia. Alfa, a qual possuía 18% do capital da Cia. Beta, de modo que esse investimento era classificado como mantido para venda e, portanto, avaliado a valor justo, adquirisse de um acionista da Cia. Beta mais 12% das ações dessa investida, tornando-se essa coligada da Cia. Alfa.

Iremos admitir que antes da referida aquisição os 18% de investimento em Beta estavam avaliados pelo custo de aquisição no valor de R$ 13.000,00, dado que a investidora não possuía preço de mercado e o seu valor justo não podia ser mensurado com confiabilidade, e que a aquisição dos 12% importou num desembolso para a investidora via conta corrente no valor de R$ 15.000,00.

Admitiremos também que o valor justo dos ativos líquidos da investida na data da referida aquisição fosse de R$ 40.000,00, ao passo que o valor contábil desses ativos líquidos fosse de R$ 30.000,00.

Nesse caso, o primeiro passo é avaliarmos o investimento, que antes estava avaliado ao custo, pelo seu valor justo, antes de aplicarmos a equivalência patrimonial. Para tanto, é necessário considerarmos o disposto nos itens AG 72, 76 e 77 do Pronunciamento Técnico CPC 38 – Instrumentos Financeiros – Reconhecimento e Mensuração,os quais reproduzimos abaixo (grifo nosso):

> ***AG72*** *O preço de mercado cotado apropriado para um ativo mantido ou um passivo a ser emitido é geralmente o preço de compra corrente e, para um ativo a ser adquirido ou um passivo mantido, o preço de venda. Quando a entidade tem ativos e passivos com riscos de mercado compensáveis, ela pode usar preços intermediários de mercado como base para estabelecer valores justos para as posições de risco compensáveis e aplicar o preço de compra ou o preço de venda à posição aberta líquida conforme seja apropriado.* Quando os preços correntes de compra e de venda não estiverem disponíveis, o preço da transação mais recente proporciona evidência do valor justo corrente desde que não tenha havido alteração significativa nas circunstâncias econômicas desde a data da transação. *Se as condições se alteraram desde o momento da transação (por exemplo, alteração na taxa de juros sem risco na sequência da cotação de preço mais recente para uma obrigação empresarial), o valor justo reflete a alteração nas condições por referência aos preços ou taxas correntes para instrumentos financeiros semelhantes, conforme apropriado. De forma similar, se a entidade puder demonstrar que o último preço de transação não corresponde ao valor justo (por exemplo, porque refletia a quantia que a entidade receberia ou pagaria em transação forçada, em liquidação involuntária ou em venda desesperada), esse preço é ajustado. O valor justo da carteira de instrumentos financeiros é o produto do número de unidades do instrumento e do seu preço de mercado cotado. Se não existir cotação de preço publicada em mercado ativo para um instrumento financeiro na sua totalidade, mas existirem mercados ativos para as suas partes componentes, o valor justo é determinado na base dos preços de mercado relevantes para as partes componentes.*

> ***AG76*** *A melhor evidência do valor justo de instrumento financeiro no reconhecimento inicial é o preço de transação (i.e., o valor justo da retribuiçãodada ou recebida), a não ser que o valor justo desse instrumento seja tornado evidente por comparação com outras transações de mercado correntes observáveis relativas ao mesmo instrumento (i.e., sem modificação ou reempacotamento) ou baseadas em técnica de avaliação cujas variáveis incluem apenas dados de mercados observáveis.*

> ***AG77*** *A aquisição ou origem inicial de ativo financeiro ou a incorrência de passivo financeiro é uma transação de mercado que proporciona os fundamentos para estimar o valor justo do instrumento financeiro.*

Nota: "AG" significa, em inglês, "ApplicationGuide", ou seja "Guia de Aplicação" do CPC 38.

Em vista disso, iremos apurar o valor justo (= valor de mercado) dos 18% do capital de Beta, partindo do princípio que a melhor evidência desse valor justo é o preço de aquisição dos 18%. Nesse caso, faremos o seguinte cálculo: (R$ 15.000,00 ÷ 12%) × 18% = R$ 22.500,00. Logo, o "Ágio por Rentabilidade Futura" será determinado da seguinte forma:

Valor pago pelos 12% adquiridos.. R$ 15.000
(+) Valor justo da participação preexistente (valor justo dos 18%).......... R$ 22.500
(=) Valor justo total do ativo financeiro disponível para venda............... R$ 37.500
(–) Parte no valor justo dos ativos líquidos de Beta (30% R$ 40.000).. (R$ 12.000)
(=) Ágio por Rentabilidade Futura.. R$ 25.500

A Mais-Valia de Ativos Líquidos será apurada da seguinte forma:

Parte do investidor no valor justo dos ativos líquidos(30% R$ 40.000).. R$ 12.000
(–) Parte do investidor no valor contábil do PL de Beta (30% R$ 30.000)... (R$ 9.000)
(=) Mais-Valia de Ativos Líquidos .... R$ 3.000

Por fim, teremos os seguintes lançamentos contábeis referentes a todo o processo:

Atualização do saldo do ativo financeiro disponível para venda, o qual passou de R$ 13.000 (custo de aquisição) para R$ 22.500 (valor justo), importando num aumento de R$ 9.500:

D – Ativo Financeiro Disponível para Venda 9.500

C – Ajustes de Avaliação Patrimonial.. 9.500

Reconhecimento inicial do Investimento em Coligada:

D – Investimentos em Coligadas

Valor Patrimonial (30% 30.000,00) 9.000

Mais-Valia de Ativos Líquidos....................................3.000

Ágio por Rentabilidade Futura ....25.500 .... 37.500

C – Ativo Financeiro Disponível para Venda.. 22.500

C – Bancos.. 15.000

Pela baixa do ativo financeiro, em função de sua reclassificação para investimentos em coligadas, deve-se realizar os "Ajustes de Avaliação Patrimonial", que são um dos tipos de "Outros Resultados Abrangentes", transferindo seu valor para o RESULTADO do período como receita, lembrando que na DRA (Demonstração do Resultado Abrangente) isso deverá ser indicado como "Ajustes de Reclassificação". Assim, teremos a seguinte contabilização:

D – Ajustes de Avaliação Patrimonial... 9.500

C – Receita de Ajustes de Avaliação Patrimonial 9.500

12.5. Ágio na Aquisição de Investimento em Passivo a Descoberto

Exemplo: Em 1o de janeiro de X1, a Cia. Toda Cor adquiriu, à vista, de um acionista da Cia. Azul 20% do capital social desta (7.000 ações), pagando R$ 6,00 por ação.

Na data dessa aquisição, o Passivo a Descoberto da empresa avaliado a valores justos era de R$ 52.000,00, tendo em vista que havia mais-valia de ativos líquidos em relação aos respectivos ativos contabilizados. O capital da Cia. Azul composto exclusivamente por 35.000 ações ordinárias de valor nominal R$ 5,00 cada, sendo o seu PL o seguinte: (valores em R$):

Capital Social (35.000 ações ordinárias)	175.000,00
Reservas de Capital – Alienação de Bônus de Subscrição	55.000,00
Prejuízos Acumulados (31/12/X0)	(290.000,00)
Passivo a Descoberto	(60.000,00)

Os prejuízos acumulados anteriores (R$ 290.000,00) surgiram em função de um fato extraordinário ocorrido no ano de X0 decorrente de uma inundação de uma filial da Cia. Azul localizada em Santa Catarina, a qual foi desativada.

No entanto, há uma grande expectativa de lucro na investida no ano de X1 e nos próximos anos em função de uma nova filial aberta em São Paulo, justificando assim a referida aquisição pela investidora.

Assim, teremos os seguintes cálculos:

Mais-Valia de Ativos Líquidos = % (PL justo – PL contábil)

= 20% × [(– 52.000,00)– (– 60.000,00)] = 20% × 8.000,00 = 1.600,00

Ágio por Rentabilidade Futura *(Goodwill)* = Custo de Aquisição –%PL justo

= 42.000,00 – 20% × (– 52.000,00) = 42.000,00 + 10.400,00 = 52.400,00

Com isso, a investidora fará a seguinte contabilização na aquisição:

D – Mais-Valia de Ativos	1.600
D – Ágio por Rentabilidade Futura *(Goodwill)*	52.400
C – Investimentos em Coligadas (valor patrimonial = 20% 60.000)	12.000
C – Caixa/Bancos	42.000

Inicialmente, parece estranho a conta "Investimentos em Coligadas" apresentar saldo "credor", visto que é conta do ativo.

No entanto, a segregação acima é feita somente para controle interno da empresa, a fim de determinar o verdadeiro valor do ágio por expectativa de rentabilidade futura, pois no balanço patrimonial da investidora o *Goodwill* integrará o saldo contábil dos Investimentos em Coligadas, de forma que este saldo será <u>devedor</u> de R$ 42.000,00, com base no disposto no item 3 do Pronunciamento Técnico CPC 18 (R2), o qual determina que método da equivalência patrimonial é método de contabilização por meio do qual o investimento é inicialmente reconhecido pelo custo e posteriormente ajustado pelo reconhecimento da participação atribuída ao investidor nas alterações dos ativos líquidos da investida. O resultado do período do investidor deve incluir a parte que lhe cabe nos resultados gerados pela investida.

Assim, o balanço da Cia. Toda Cor ficaria da seguinte forma:

ATIVO NÃO CIRCULANTE

INVESTIMENTOS

Investimentos em Coligadas 42.000

13. Deságio na Aquisição de Investimentos em Coligadas ou Controladas

Ao contrário do ágio, que é uma diferença a maior paga sobre algo, o DESÁGIO é a diferença a **menor**, podendo, no caso de aquisição de investimentos avaliados por equivalência patrimonial, ser justificado por duas razões:

- Menos-Valia de Ativos Líquidos
- *Goodwill* Negativo (ou Ganho por Compra Vantajosa – conta de resultado – Receita)

Assim, suponhamos, por exemplo, que uma empresa investidora adquira 40% das ações de uma Cia. Y, cujo PL está contabilizado no valor de R$ 50.000,00, mas, caso fosse contabilizado pelo valor justo, este seria de R$ 40.000,00.

Sendo assim, a menos-valia de ativos líquidos seria de 40% × (R$ 50.000,00 – R$40.000,00) = R$ 4.000,00.

No caso do Ganho por Compra Vantajosa, este será obtido pela diferença positiva entre o valor justo dos ativos líquidos da investida e o custo do investimento.

Dessa forma, considerando ainda o exemplo acima, da Cia. Y, se a investidora ao adquirir 40% das ações da investida tivesse desembolsado R$ 11.000,00, o Ganho por Compra Vantajosa será de 40% R$ 40.000,00 – R$ 11.000,00, ou seja, R$ 5.000,00.

Finalmente, a investidora faria a seguinte contabilização:

D – Investimentos em Coligadas

Valor Patrimonial (40% 50.000) 20.000

C – Investimentos em Coligadas

Menos-Valia de Ativos Líquidos 4.000

C – Ganho por Compra Vantajosa (Receita) 5.000

C – Caixa/ Bancos 11.000

Menos-Valia de Ativos = % (PL contábil – PL justo)

Ganho por Compra Vantajosa = % PL justo – Custo de Aquisição

14. Diferença Resultante de Avaliação pelo MEP

De acordo com o item 10 do CPC 18 (R2), a participação do investidor no lucro ou prejuízo do período da investida deve ser **reconhecida no resultado do período do investidor**. As distribuições recebidas da investida reduzem o valor contábil do investimento. Ajustes no valor contábil do investimento também são necessários pelo reconhecimento da participação proporcional do investidor nas variações de saldo dos componentes dos outros resultados abrangentes da investida, reconhecidos diretamente em seu patrimônio líquido. Tais variações incluem aquelas decorrentes da reavaliação de ativos imobilizados, quando permitida legalmente, e das diferenças de conversão em moeda estrangeira, quando aplicável. **A participação do investidor nessas mudanças deve ser reconhecida de forma reflexa, ou seja, em outros resultados abrangentes diretamente no patrimônio líquido do investidor e não no seu resultado**.

Assim, do exposto acima, concluímos que somente lucros ou prejuízos na investida geram Resultado da Equivalência Patrimonial no investidor. Qualquer outra variação no PL da investida que não advenha de lucros ou prejuízos é reconhecida de forma REFLEXA pela investidora diretamente no seu PL e não como resultado.

A seguir, analisaremos as principais possibilidades e alterações no PL da investida e sua correspondente contabilização na investidora.

14.1. Lucro Líquido na Coligada ou Controlada

Gera Resultado (positivo) da Equivalência Patrimonial (ou Receita de Equivalência Patrimonial) na investidora.

Ex.: A controladora, Cia. A, possui 60% do capital de sua controlada, Cia. B. Em 31/12/X1, a investida apurou lucro líquido de R$ 20.000,00.

Lançamento na controlada	Lançamento na controladora
D – Apuração do Resultado..........20.000	D – Investimentos (60% 20.000).......12.000
C – Lucros Acumulados...............20.000	C – Resultado da Eq. Patrimonial......12.000

14.2. Prejuízo Líquido na Coligada ou Controlada

Gera Resultado (negativo) da Equivalência Patrimonial (ou Despesa de Equivalência Patrimonial) na investidora.

Ex.: A controladora, Cia. C, possui 70% do capital de sua controlada, Cia. D. Em 31/12/X1, a investida apurou prejuízo líquido de R$ 30.000,00.

Lançamento na controlada	Lançamento na controladora
D – Prejuízos Acumulados...........30.000	D – Resultado da Eq. Patrimonial......21.000
C – Apuração do Resultado..........30.000	C – Investimentos (70% 30.000).......21.000

14.3. Reserva de Capital na Coligada ou Controlada

Aumenta proporcional e diretamente o PL da investidora. Apesar de o conteúdo dos Pronunciamentos Técnicos dos CPCs não mencionar de forma clara e explícita o nome de conta do PL que a investidora irá utilizar neste caso, utilizaremos aqui a conta "Outros Resultados Abrangentes", que é uma conta genérica pertencente ao PL, já que somente lucros ou prejuízos na investida podem gerar resultado da equivalência patrimonial na investidora.

Ex.: A investidora, Cia. E, possui 20% do capital de sua coligada, Cia. F. Em 15/08/X1, a investida alienou partes beneficiárias no total de R$ 40.000,00.

Lançamento na coligada	Lançamento na controladora
D – Caixa/Bancos 40.000	D – Investimentos (20% 40.000).......8.000
C – Reservas de Capital................40.000	C – Outros Res. Abrangentes 8.000

14.4. Perda de Reserva de Capital na Coligada ou Controlada

Diminui proporcional e diretamente o PL da investidora. Utilizaremos na investidora a mesma conta para registrar esse fato, a qual será agora debitada em contrapartida com a conta Investimentos.

Ex.: A investidora, Cia. G, possui 30% do capital de sua coligada, Cia. H. Em 30/06/X1, a investida resgatou partes beneficiárias no total de R$ 50.000,00.

Lançamento na coligada	Lançamento na controladora
D – Reservas de Capital................50.000	D – Outros Res. Abrangentes...... 15.000
C – Caixa/Bancos.........................50.000	C – Investimentos (30% 50.000)..15.000

14.5. Ajustes (Positivos) de Exercícios Anteriores

Ajustes positivos no PL da coligada ou controlada, que sejam decorrentes de erros cometidos em exercícios anteriores ou da mudança de critério contábil, com base no disposto no § 1º doart. 186 da Lei nº 6.404/76, deverão ser feitos diretamente na conta Lucros (ou Prejuízos) Acumulados da investida.

Da mesma forma, entendemos que a investidora deverá fazer proporcionalmente ao seu percentual de participação ajustes também na conta "Lucros (ou Prejuízos) Acumulados", e não na conta "Outros Resultados Abrangentes", tendo em vista que tais ajustes na investida, em geral, são decorrentes de resultados nela apurados de forma "distorcida", isto é, receitas e despesas ou lucros e prejuízos que não foram devidamente contabilizados em exercícios anteriores. Assim, se tivessem sido contabilizados no passado pela coligada ou controlada de forma correta, gerariam proporcionalmente na investidora "Resultado da Equivalência Patrimonial", mas como não foram, não geraram nela esse resultado. Desta forma, nada mais justo e coerente do que a investidora reconhecer diretamente esse ajuste no seu PL na mesma conta utilizada pela investida, ou seja, na conta "Lucros ou Prejuízos Acumulados".

Ex.: A controladora, Cia. I, possui 90% do capital de sua controlada, Cia. J. No exercício social de X1, a investida superavaliou a depreciação de seus veículos em R$ 5.000,00. No exercício social de X2 o erro foi descoberto, sendo feito o devido ajuste.

Lançamento na controlada	Lançamento na controladora
D – Depreciação Acumulada.........5.000 C – Lucros Acumulados...............5.000	D – Investimentos (90% 5.000).........4.500 C – Lucros Acumulados...................4.500

14.6. Ajustes (Negativos) de Exercícios Anteriores

Analogamente a tudo que foi visto no item anterior, ajustes negativos no PL da coligada ou controlada, que sejam decorrentes de erros cometidos em exercícios anteriores ou da mudança de critério contábil, com base no disposto no § 1º do art. 186 da Lei nº 6.404/76, deverão ser feitos diretamente na conta Lucros (ou Prejuízos) Acumulados da investida.

Ex.: A controladora, Cia. K, possui 70% do capital de sua controlada, Cia. L. No exercício social de X1, a investida subavaliou a depreciação de seus veículos em R$ 4.000,00. No exercício social de X2 o erro foi descoberto, sendo feito o devido ajuste.

Lançamento na controlada	Lançamento na controladora
D – Lucros Acumulados...............4.000 C – Depreciação Acumulada.........4.000	D – Lucros Acumulados...................2.800 C – Investimentos (70% 4.000).........2.800

14.7. Variação Cambial Decorrente de Investimentos em Coligadas e Controladas no Exterior

De acordo com o item 24 da Resolução CFC 1.157/2009, as variações cambiais dos investimentos em controladas (aquelas que não possuem a característica de filial, sucursal ou extensão das atividades da controladora) e coligadas em outra moeda funcional que não o Real (R$) não podem, a partir de 2008, em função dessa Norma, afetar o resultado do exercício, sendo registradas diretamente em conta transitória do patrimônio líquido, sob o título de **Ajuste Acumulado de Conversão** ou equivalente, que será reconhecida no resultado apenas quando da baixa do investimento. Essa conta não é uma Reserva, pode ter saldo negativo e pode ser apresentada logo a seguir à de Ajustes de Avaliação Patrimonial, não se confundindo, entretanto, com esta.

Ex.: A investidora localizada no Brasil, Cia. M, possui 70% do capital de sua controlada localizada nos EUA, Cia. N. Em 01/12/X1, o PL da controlada foi avaliado em 100.000 dólares, ao câmbio de R$ 2,00 o dólar. Ao longo de dezembro de X1, não houve nenhuma alteração do PL da investida. No entanto, em 31/12/X1 o dólar foi cotado a R$ 1,60. Assim, o cálculo do ajuste do PL da investida pela variação cambial será o seguinte: 70% (R$ 2,00 – R$ 1,60) × 100.000 = R$ 28.000,00.

Lançamento na controlada	Lançamento na controladora
NÃO HÁ LANÇAMENTO, pois não houve alteração de valor no PL da investida.	D – Ajuste Acum. de Conversão.........28.000 C – Investimentos.............................28.000

14.8. Reavaliação de Ativos da Investida

Caso a coligada ou controlada, desde que permitido por lei, reavalie ativos a valores justos, a investidora irá ajustar seu investimento em contrapartida com a conta "Ajustes de Avaliação Patrimonial", supondo que na aquisição ou subscrição do investimento não houve mais-valia de ativos líquidos.

Ex.: A investidora, Cia. O, possui 25% do capital de sua coligada, Cia. P. No exercício social de X1 a investida reavaliou um terreno contabilizado por R$ 20.000,00 a valor justo de R$ 30.000,00.

Lançamento na coligada	**Lançamento na investidora**
D – Terrenos 10.000	D – Investimentos (25% 10.000).......2.500
C – Ajustes de Avaliação Pat..........10.000	C – Ajustes de Avaliação Pat..............2.500

14.9. Reavaliação de Ativos da Investida Quando há Mais-Valia de Ativos Líquidos Não Realizada na Investidora

Caso a coligada ou controlada, desde que permitido por lei, reavalie ativos a valores justos, e a investidora tenha pago mais-valia de ativos líquidos quando da aquisição ou subscrição das ações da mesma, o ajuste do investimento será feito, em contrapartida, com a realização da respectiva mais-valia.

Ex.: A investidora, Cia. Q, possui 25% do capital de sua coligada, Cia. R. No exercício social de X1 a investida reavaliou um terreno contabilizado por R$ 20.000,00 a valor justo de R$ 30.000,00.

Lançamento na coligada	**Lançamento na investidora**
D – Terrenos 10.000	D – Investimentos (25% 10.000).......2.500
C – Ajustes de Avaliação Pat..........10.000	C – Mais-Valia de Ativos...................2.500

EXERCÍCIO RESOLVIDO 1: (Auditor-Fiscal da Receita Federal/Esaf) Utilizando apenas as informações contidas na tabela abaixo, responda às questões 1 e 2.

Quadro de composição acionária das companhias Mauá e Rondon:

	Composição do Capital			
Empresas	Cia. Itararé	Cia. Caxias	Outros Acionistas	Total de ações
Cia. Mauá	2.000	4.000	4.000	10.000
Cia. Rondon	16.000	2.000	2.000	20.000
Cia. Caxias	35.000	- - - - -	15.000	50.000

1. O percentual de participação indireta da Cia. Itararé nas empresas Mauá e Rondon é:

a) 28% na Cia. Mauá e 7% na Cia. Rondon;

b) 28% na Cia. Mauá e 20% na Cia. Rondon;

c) 7% na Cia. Mauá e 70% na Cia. Rondon;

d) 8% na Cia. Mauá e 28% na Cia. Rondon;

e) 18% na Cia. Mauá e 77% na Cia. Rondon.

(SOLUÇÃO)

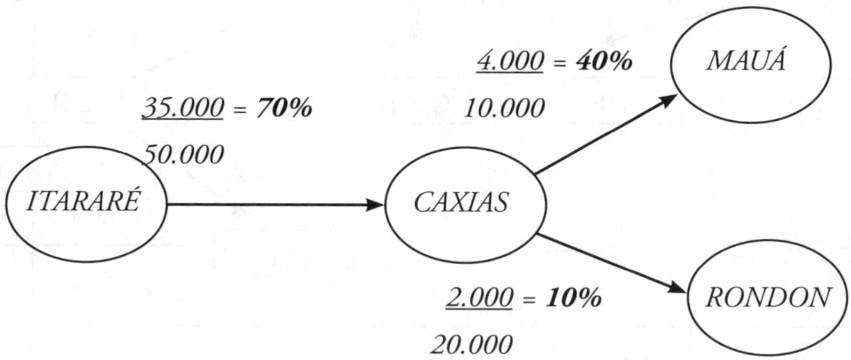

Participações indiretas da Cia. ITARARÉ:

▪ Na Cia. MAUÁ = 70% x 40% = 28%

▪ Na Cia. RONDON = 70% x 10% = 7%

(Opção a)

2. A Cia. Itararé tem uma participação total nas investidas na seguinte ordem:

a) 70% na Cia. Rondon, 70% na Cia. Caxias e 38% na Cia. Mauá;

b) 87% na Cia. Rondon, 70% na Cia. Caxias e 48% na Cia. Mauá;

c) 70% na Cia. Rondon, 70% na Cia. Caxias e 20% na Cia. Mauá;

d) 67% na Cia. Rondon, 30% na Cia. Caxias e 40% na Cia. Mauá;

e) 10% na Cia. Rondon, 70% na Cia. Caxias e 40% na Cia. Mauá.

(SOLUÇÃO)

Participações totais da Cia. ITARARÉ:

▪ *Na Cia. RONDON = 7% (indireta) + 16.000/20.000 (direta) =* ***87%***

▪ *Na Cia. CAXIAS (só tem participação direta) =* ***70%***

▪ *Na Cia. MAUÁ = 28% (indireta) + 2.000/10.000 (direta) =* ***48%***

(Opção b)

EXERCÍCIO RESOLVIDO 2: (Auditor-Fiscal da Receita Federal/Esaf - Adaptada) A configuração gráfica do Conglomerado Alfabético é a seguinte:

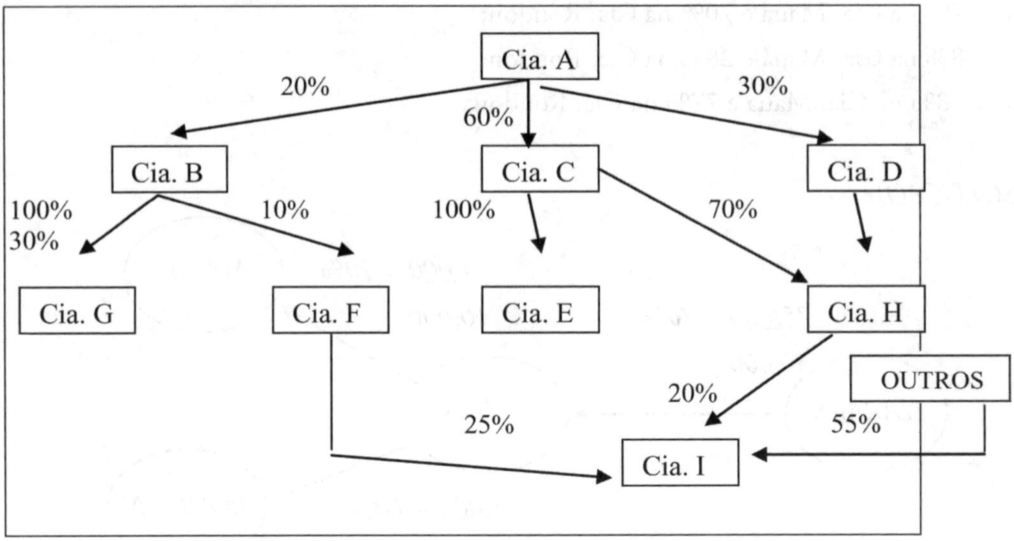

Com base no gráfico fornecido, responda às questões 1 e 2.

1. De acordo com a figura apresentada pode-se afirmar que:

a) a Cia. G é controlada indireta da Cia. B;

b) as empresas "C" e "I" são controladas da Cia. A;

c) a Cia. A participa indiretamente na Cia. I com 9%;

d) a participação indireta da Cia. A na Cia. H é de 51%;

e) a participação indireta da Cia. A nas empresas "F" e "H" é idêntica.

(SOLUÇÃO)

Visto que a questão não informa a composição do capital social das companhias envolvidas no conglomerado alfabético, iremos "presumir" que o capital de todas as sociedades é exclusivamente formado por ações ordinárias. Assim, verificando as opções:

a) INCORRETA, pois a Cia. G é controlada direta da Cia. B.

---

b) INCORRETA, pois se os "OUTROS" têm 55% da Cia. I, não há como a Cia. A ter mais de 50% da Cia. I.

---

c) INCORRETA, pois a participação indireta da Cia. A na Cia. I é de:

(20% × 10% × 25%) + (60% × 70% × 20%) + (30% × 30% × 20%) = 0,5% + 8,4% + 1,8% = 10,7%.

---

d) ***CORRETA****, pois a participação indireta da Cia. A na Cia. H será:*

(60% × 70%) + (30% × 30%) = 42% + 9% = 51%.
(Opção d)

---

e) INCORRETA, pois a participação da Cia. A na Cia. F é de 2%.

2. Sendo o percentual de participação da Cia. A na Cia. B relativo ao capital total, pode-se afirmar que:

a) a Cia. I é coligada de "D";

b) a Cia. B participa indiretamente de "I" com 7%;

c) a participação de "A" em "B" é relevante em "I";

d) a Cia. A participa indiretamente de "I"com 10,7%;

e) a Cia. H participa indiretamente de "I" com 10,7%.

(SOLUÇÃO)

Analisando as opções, teremos:

a) INCORRETA, pois não existe coligada indireta.

---

b) INCORRETA, pois a participação indireta da Cia. B na Cia. I é de 2,5%.

---

c) INCORRETA, não faz sentido algum a afirmação.

---

d) ***CORRETA****, conforme já calculado na opção c da questão anterior.*
(opção d)

---

e) INCORRETA, pois só há participação direta de H em I.

EXERCÍCIO RESOLVIDO 3: (INFRAERO – Contador Auditor/Fundação Carlos Chagas) A Cia. Garopaba recebeu dividendos no valor de R$ 20.000,00 de sua controlada, a Cia. Baiacu, no exercício de 2008. O registro correto desse fato contábil na investidora:

a) terá como consequência um aumento no total do Ativo de R$ 20.000,00;

b) terá como consequência um aumento no Patrimônio Líquido de R$ 20.000,00;

c) terá como consequência uma diminuição no total do Ativo de R$ 20.000,00;

d) terá como consequência um aumento no Patrimônio Líquido menor que R$ 20.000,00;

e) não apresentará aumento no total do Ativo e no Patrimônio Líquido.

(SOLUÇÃO)

Em geral, os dividendos distribuídos por uma investida coligada ou controlada são declarados ao fim do exercício social e pagos, no máximo, em 60 dias.

Neste caso, ao fim de determinado exercício social, a investidora faz a seguinte contabilização (normalmente, referente à data de 31/dezembro):

D – Dividendos a Receber

C – Investimentos (em Coligadas ou Controladas)

No exercício seguinte, o recebimento desses dividendos se dá da seguinte forma (1ª possibilidade):

D – Caixa/Bancos

C – Dividendos a Receber

Lançamento este que não altera o valor do Ativo e nem do PL.

- -

De acordo com o § 3º do art. 205 da Lei nº 6.404/76, o dividendo deverá ser pago, salvo deliberação em contrário da assembleia-geral, no prazo de 60 dias da data em que for declarado e, em qualquer caso, dentro do exercício social.

Assim, se ao fim de determinado período dentro do exercício social uma companhia coligada ou controlada pagar dividendos, a contabilização do recebimento dos dividendos na investidora será (2ª possibilidade):

D – Caixa/Bancos

C – Investimentos (em Coligadas ou Controladas)

Lançamento este que também não altera o valor do Ativo e nem do PL.

Finalmente, independentemente de se o recebimento se deu pela primeira ou pela segunda possibilidade, concluímos que o recebimento do dividendo não altera o valor do Ativo nem do PL.

(Opção e)

EXERCÍCIO RESOLVIDO 4: (Fiscal de Rendas – ICMS/SP/Fundação Carlos Chagas) A Cia. Eclipse Supermercados, dando continuidade à sua estratégia de expansão, no início de 2008, participa da constituição da Cia. de Varejo Lona, cujo capital social totalmente subscrito e integralizado, na ocasião, será formado por um total de 2.000.000 de ações, distribuídas de acordo com limites legais, em ações ordinárias e preferenciais, todas com valor nominal unitário de R$ 30,00. É política da empresa manter o controle direto de todas as suas investidas, desembolsando sempre o valor mínimo necessário. Neste caso, de acordo com a legislação societária, para manter o controle da Cia. de Varejo Luna, no mínimo, a empresa deverá integralizar o capital social da investida no valor de:

a) R$ 15.000.030,00;
b) R$ 20.000.300,00;
c) R$ 30.000.030,00;
d) R$ 60.000.000,00;
e) R$ 66.000.000,00.

(SOLUÇÃO)

De acordo com a Lei nº 6.404/76, o limite máximo das ações preferenciais (ações sem direito a voto) é de 50% do total das ações, que, no caso da Cia. Varejo Lona, é de 50% de 2.000.000 de ações, ou seja, 1.000.000 de ações.

Consequentemente, o limite mínimo de ações ordinárias, ou seja, ações com direito a voto é de 50% do total das ações, que, no caso da Cia. Varejo Lona, é de 50% de 2.000.000 de ações, ou seja, 1.000.000 de ações.

Assim, considerando os limites acima, concluímos que a condição mínima para que a Cia. Eclipse mantenha o controle da Cia. Varejo Lona é que tenha 50% do total das ações ordinárias mais uma ação ordinária, ou seja, 50% de 1.000.000 de ações + 1 ação = 500.001 ações.

Finalmente, concluímos que a investidora deverá integralizar, para possuir o controle da investida, nas condições mínimas, o capital de 500.001 ações a R$ 30,00 cada, isto é, R$ 15.000.030,00 desta.

(Opção a)

EXERCÍCIO RESOLVIDO 5: (Auditor-Fiscal da Receita Federal/Esaf – Adaptada) Em 31/12/X4, os balancetes finais das Cias. PARÁ e SERGIPE eram os seguintes:

CONTAS	Cia. PARÁ	Cia. SERGIPE
Ativo Circulante	12.000	5.000
Ativo Realizável a Longo Prazo	18.000	-
Ativo Investimentos	30.000	-
Ativo Imobilizado Líquido	110.000	49.000
Passivo Circulante	25.000	15.000
Passivo Não Circulante	15.000	5.000
Capital	80.000	50.000
Reservas de Capital	30.000	1.000
Prejuízos Acumulados	-	(14.000)
Despesas Operacionais	60.000	45.000
Receitas Operacionais	80.000	42.000

Outras informações:

I. Para a apuração dos resultados de X4, das empresas, falta ainda apenas a avaliação dos Investimentos Permanentes;

II. A Cia. PARÁ detinha 60% do capital da Cia. SERGIPE e constituía-se na única participação societária da empresa;

III. A inflação no período foi zero;

IV. Até o exercício contábil de X3, os investimentos não eram avaliados pela equivalência patrimonial.

Com base nas informações anteriores, identifique a resposta correta para as questões de números 1 a 3.

1. Aplicando-se o método da equivalência patrimonial, o valor correto dos Investimentos Permanentes na Cia. PARÁ seria:

a) $ 30.000;

b) $ 20.400;

c) $ 9.600;

d) $ 22.200;

e) $ 1.800.

(SOLUÇÃO)

PL (investida) = 50.000 + 1.000 – 14.000 – 45.000 + 42.000 = 34.000

- -

Investimentos = 60% PL da Investida = 60% 34.000 = 20.400.

(Opção b)

2. O resultado apurado na aplicação da equivalência patrimonial deveria ser lançado pela Cia. PARÁ como:

a)	Lucros/Prejuízos Acumulados	7.800
	Resultado da Equivalência Patrimonial	1.800
	a Investimentos	9.600
b)	Perdas em Investimentos	9.600
	a Outras Receitas	7.800
	a Investimentos	1.800
c)	Lucros/Prejuízos Acumulados	1.800
	Outras Despesas	7.800
	a Investimentos	9.600

d)	Ganhos/Perdas com Alienação de Investimentos	7.800
	Outras Despesas	1.800
	a Investimentos	9.600
e)	Investimentos	1.800
	Outras Despesas	7.800
	a Ganhos e Perdas c/Investimentos	9.600

(SOLUÇÃO)

Tendo em vista que no exercício social anterior o investimento não foi avaliado pelo MEP, o primeiro passo é fazer o <u>*ajuste de exercício anterior*</u> *(mudança de critério contábil – Lei nº 6.404/76, art. 186, § 1º) em contrapartida com a conta Lucros ou Prejuízos Acumulados. Assim:*

Valor contábil do investimento(em X3) = 30.000

<u>*Equivalência patrimonial (em X3) = 60%× (50.000 + 1.000 – 14.000) = 22.200*</u>

Ajuste (débito em Lucros ou Prejuízos Acumulados) = 30.000 – 22.200 = 7.800

Agora, o próximo passo é calcular o ***Resultado (Negativo) da Equivalência Patrimonial*** *do exercício de X4, levando em consideração que a investida incorreu num prejuízo de 45.000 – 42.000, isto é, 3.000. Assim:*

Resultado (Negativo) da Equivalência Patrimonial = 60% × 3.000 = 1.800

Finalmente, a investidora fará o seguinte lançamento:

D – Lucros ou Prejuízos Acumulados	*7.800*
D – Resultado da Equivalência Patrimonial	*1.800*
C – Investimentos	*9.600*

(Opção a)

3. Considerando o valor apurado na equivalência patrimonial, o Resultado do Exercício de X4 da Cia. PARÁ é:

a) $ 24.200;

b) $ 10.400;

c) $ 12.200;

d) $ 22.200;

e) $ 18.200.

(SOLUÇÃO)

O Resultado do Exercício da investidora no exercício social de X4 será a diferença entre as receitas e despesas operacionais constantes do balancete dado, menos o Resultado Negativo na Equivalência Patrimonial. Assim:

Resultado (exercício de X4) = 80.000 – 60.000 – 1.800 = 18.200.

(Opção e)

EXERCÍCIO RESOLVIDO 6: Responda às questões 1 a 5, utilizando os dados do enunciado a seguir:

Em 1º de janeiro de X1, a Cia. Alfa pagou R$ 680.000,00 por 90.000 ações que representavam 40% das ações da Cia. Beta, cujo capital é formado exclusivamente por ações ordinárias e o PL contabilizado no balanço de 31/12/X0 era de R$ 1.150.000,00

A mais-valia de ativos líquidos paga pela Cia. Alfa se refere a equipamentos, os quais serão depreciados a uma taxa de 10% ao ano.

Em 1º de julho de X1, a empresa Beta pagou, em caixa, dividendos de R$ 50.000,00.

Em 31 de dezembro de X1, a Cia. Beta apresentou um lucro do exercício de X1 de R$ 200.000,00.

O valor apurado como Resultado da Equivalência Patrimonial foi positivo de R$ 70.000,00 em 31/12/X1.

1. O valor da amortização da mais-valia de ativos, ao final do exercício de X1, foi de:

a) R$ 10.000,00;

b) R$ 90.000,00;

c) R$ 70.000,00;

d) R$ 30.000,00;

e) R$ 60.000,00.

(SOLUÇÃO)

Lançamentos na investidora:

1) Em função do lucro líquido na investida:

D – Investimentos em Coligadas (40% 200.000,00) 80.000,00

C – Resultado da Equivalência Patrimonial 80.000,00

2) Em função da amortização da mais-valia de ativos proporcional à depreciação de bens na investida que o justificaram:

D – Resultado da Equivalência Patrimonial...?

C – Mais-Valia de Ativos...?

Assim, visto que no enunciado da questão é dado que o Resultado da Equivalência Patrimonial tem saldo de R$ 70.000,00, concluímos que o valor da mais-valia de ativos amortizada em X1 foi de R$ 10.000,00.

(Opção a)

2. O valor da mais-valia de ativos pago por Alfa, por ocasião da aquisição das ações da Cia. Beta, foi de:

a) R$ 100.000,00;

b) R$ 30.000,00;

c) R$ 90.000,00;

d) R$ 80.000,00;

e) R$ 60.000,00.

(SOLUÇÃO)

Se em 01 (um) ano o valor amortizado foi de R$ 10.000,00, em dez anos o valor do total será de R$ 100.000,00, sendo este o valor da mais-valia de ativos pago na aquisição das ações da Cia. Beta.

(Opção a)

3. O valor do ágio pago por expectativa de rentabilidade futura (*Goodwill*) na aquisição do investimento na Cia. Beta foi de:

a) R$ 100.000,00;

b) R$ 110.000,00;

c) R$ 120.000,00;

d) R$ 130.000,00;

e) R$ 140.000,00.

(SOLUÇÃO)

Sendo a mais-valia de ativos de R$ 100.000,00, valor este correspondente a 40% da mais-valia dos ativos líquidos da investida, então, o valor total dessa mais-valia é de R$ 100.000,00 ÷ 0,40 = R$ 250.000,00.

PL (justo) da investida = PL (contábil) + mais-valia dos ativos = R$ 1.150.000,00 + R$ 250.000,00 = R$ 1.400.000,00.

Ágio por Goodwill = *Custo de aquisição – % PL (justo) = R$ 680.000,00 – 40% R$ 1.400.000,00 = R$ 120.000,00.*

(Opção c)

4. O valor patrimonial do investimento registrado pela Cia. Alfa em 31/12/X1 foi de:

a) R$ 600.000,00;

b) R$ 580.000,00;

c) R$ 440.000,00;

d) R$ 460.000,00;

e) R$ 520.000,00.

(SOLUÇÃO)

1) Aquisição do investimento (01/01/X1):

D – ***Investimentos*** *(680.000,00 – 120.000,00 – 100.000,00)*........................*460.000,00*

D – Mais-Valia de Ativos........................*100.000,00*

D – Ágio por Rentabilidade Futura........................*120.000,00*

C – Caixa/Bancos........................*680.000,00*

2) Recebimento de dividendos (01/07/X1):

D – Caixa (40% 50.000,00)........................*20.000,00*

C – ***Investimentos***........................*20.000,00*

3) Resultado da equivalência patrimonial (31/12/X1):

D – ***Investimentos*** *(40% 200.000,00)*........................*80.000,00*

C – Resultado da Equivalência Patrimonial........................*80.000,00*

Investimentos (contábil) = 460.000,00 – 20.000,00 + 80.000,00 = 520.000,00

(Opção e)

5. O valor do saldo da conta "Investimentos" indicado no Balanço Patrimonial registrado pela Cia. Alfa em 31/12/X1 foi de:

a) R$ 740.000,00;

b) R$ 730.000,00;

c) R$ 750.000,00;

d) R$ 760.000,00;

e) R$ 520.000,00.

(SOLUÇÃO)

*De acordo com o item 3 do CPC 18 (R2), **método da equivalência patrimonial** é o método de contabilização por meio do qual o investimento é inicialmente reconhecido pelo custo e, a partir daí, é ajustado para refletir a alteração pós-aquisição na participação do investidor sobre os ativos líquidos da investida. As receitas ou as despesas do investidor incluem sua participação nos lucros ou prejuízos da investida, e os outros resultados abrangentes do investidor incluem a sua participação em outros resultados abrangentes da investida.*

Assim, na data da aquisição do investimento, apesar do valor contábil ser de R$ 460.000,00 o custo é de R$ 680.000,00, valor este que seria indicado no Balanço da Cia. Alfa na aquisição e não os R$ 460.000,00, valor este indicado apenas na escrituração para efeitos de controle de amortização da mais-valia de ativos.

Posteriormente, o valor global do Investimento (R$ 680.000,00) foi reduzido em R$ 20.000,00 pelo recebimento de dividendos da investida, foi aumentado em R$ 80.000,00 pelo resultado da equivalência patrimonial e reduzido em R$ 10.000,00 pela amortização da mais-valia de ativos, o qual, no Balanço, está embutido no saldo "global" de Investimentos. Desta forma, o valor "global" (inclui a mais-valia de ativos e o goodwill*) será de R$ 680.000,00 – R$ 20.000,00 + R$ 80.000,00 – R$ 10.000,00 = R$ 730.000,00*

(Opção b)

EXERCÍCIO RESOLVIDO 7: Enunciado comum às questões de números 1 e 2: Em 01/01/X1, a controladora, Cia. Jaspe, adquiriu por $150.000 do antigo controlador da Cia. Esmeralda 60% das ações dessa investida, cujo capital é exclusivamente formado por ações ordinárias. O patrimônio da investida teve a seguinte movimentação no exercício de X1:

	$
Valor em 01/01/X1	200.000
Lucro Líquido (X1)	15.000
Dividendos distribuídos	(6.000)
Saldo (31/12/X1)	209.000

Em 01/01/X1, o antigo controlador da Cia. Esmeralda apresentou à nova investidora as seguintes justificativas para cobrança da mais-valia dos ativos líquidos na alienação do investimento:

Ativo	Valor justo	Valor contábil	Diferença
Mercadorias	$ 64.000	$ 60.000	$ 4.000
Edificações	$ 90.000	$ 70.000	$ 20.000
Patente	$ 26.000	zero	$ 26.000

Informações adicionais:

– no exercício de X1, a investida vendeu 80% de seus estoques de mercadorias;

– a taxa anual de depreciação das edificações é de 4%;

– na apuração do valor justo dos ativos líquidos da investida, considere a existência do IR e CSLL diferidos a uma alíquota conjunta de 24%.

1. Na Cia. Jaspe, o valor apurado como Ágio por Expectativa de Rentabilidade Futura (*Goodwill*) foi de:

a) $ 5.200;

b) $ 6.200;

c) $ 7.200;

d) $ 8.200;

e) zero.

(SOLUÇÃO)

O primeiro passo é determinarmos a "mais-valia dos ativos líquidos da investida" que, com base na interpretação do CPC 15 (R1) (Combinação de Negócios), é igual à soma das diferenças entre o valor justo e o valor contábil dos ativos apresentados na tabela menos o passivo fiscal diferido (IR e CSLL diferido):

[4.000 + 20.000 + 26.000]× 0,76 = 38.000

***Nota:** Ao multiplicarmos a expressão acima por "0,76" (ou 76%), estamos subtraindo o IR e CSLL diferidos de 24%.*

- -

O próximo passo é determinarmos o valor do PL da investida avaliado a valor justo (ou valor justo dos ativos líquidos da investida), que é igual à soma do PL contábil na aquisição (200.000) com a mais-valia dos ativos líquidos da investida (38.000), encontrando, assim, 238.000.

*Finalmente, o ÁGIO POR RENTABILIDADE FUTURA (*Goodwill*) será a diferença entre o custo de aquisição do investimento (ou valor justo pago pelas ações adquiridas = 150.000) e a aplicação da percentagem de participação (60%) sobre o PL justo da investida (238.000), ou seja, 150.000 – 60% 238.000 = 7.200.*

(Opção c)

2. Na Cia. Jaspe, o valor apurado em X1 como Resultado da Equivalência Patrimonial foi de:

a) $ 9.000;

b) $ 7.176;

c) $ 7.200;

d) $ 22.800;

e) $ 5.400.

(SOLUÇÃO)

Na aquisição do investimento, a Cia. Jaspe:

D – Investimentos (60% 200.000)..........120.000

D – Mais-valia de Ativos Líquidos

Mercadorias [60% 4.000]..........2.400

Edificações [60% 20.000]..........12.000

Patente [60% 26.000]..........15.600

Passivo Fiscal Diferido [24% 30.000]..........(7.200)..........22.800

D – Ágio por Rentabilidade Futura..........7.200

C – Caixa/Bancos..........150.000

Na apuração do Resultado da Equivalência Patrimonial, teremos:

1) Pelo lucro líquido da investida:

D – Investimentos (60% 15.000)..........9.000

C – Resultado da Equivalência Patrimonial..........9.000

2) Pela amortização da mais-valia de ativos líquidos proporcional à realização dos mesmos:

D – Resultado da Equivalência Patrimonial..........1.824

C – Mais-Valia de Ativos Líquidos

Mercadorias (80% 2.400)..........1.920

Edificações (4% 12.000)..........480

Passivo Fiscal Diferido [24% (1.920 + 480)]..........(576)..........1.824

Finalmente, o Resultado da Equivalência Patrimonial será de $ 9.000 – $ 1.824, ou seja, $ 7.176.

(Opção b)

Comentário extra: *Pelas normas "antigas", ou seja, normas antes dos Pronunciamentos Técnicos do CPC, a amortização do ágio gerado por mais-valia de ativos líquidos era feita em contrapartida com a conta "Despesa de Ágio". Atualmente, a amortização é feita com a redução do Resultado da Equivalência Patrimonial, tendo em vista que a realização dessa mais-valia representa essencialmente uma espécie de ajuste "indireto" do resultado líquido da coligada ou controlada, caso na mesma seus ativos contábeis já estivessem avaliados a valores justos.*

Para entendermos melhor isso, daremos aqui o seguinte exemplo: Suponhamos que a investidora Alfa adquira em 01/01/X1 do antigo controlador integral da investida Beta 100% do capital desta, pagando $ 120.000 por essa aquisição, sendo o PL contábil da investida, na data da aquisição, de $ 100.000.

A diferença paga a maior pelo controlador Alfa foi justificada em função de o valor contábil de uma edificação da investida estar subavaliada em $ 20.000 em relação ao seu valor justo, pois seu valor contábil era de $ 32.000, mas seu valor justo foi estimado em $ 52.000.

Admitindo que a taxa de depreciação da referida edificação seja de 4% ao ano e que a investida, no exercício social, apresentou um lucro líquido de $ 70.000, teríamos as seguintes contabilizações na investidora, desconsiderando a existência de IR e CSLL diferido na apuração do valor justo dos ativos líquidos da investida:

Aquisição do investimento (01/01/X1):

D – Investimentos (100% 100.000)..........100.000
D – Mais-Valia de Ativos..........20.000
C – Caixa..........120.000

Contabilização do Resultado da Equivalência Patrimonial (31/12/X1):

D – Investimentos (100% 70.000)..........70.000
C – Resultado da Equivalência Patrimonial..........70.000

Amortização da mais-valia proporcionalmente à depreciação da edificação (31/12/X1):

D – Resultado da Equivalência Patrimonial (4% 20.000)..........800
C – Mais-Valia de Ativos..........800

Finalmente, o saldo de Resultado da Equivalência Patrimonial seria de $ 70.000 - $ 800, ou seja, $ 69.200.

Agora, vamos supor que na data da aquisição a referida edificação já estivesse avaliada contabilmente pelo seu valor justo, ou seja, $ 52.000.

Nesta hipótese, o lucro líquido da investida, que era anteriormente de $ 70.000, iria reduzir pela depreciação da edificação em 4% do excesso do novo valor ($ 52.000) sobre o antigo valor ($ 32.000), ou seja, reduzir de 4% de $ 20.000 = 800, fazendo com que o "novo" lucro líquido apresentado pela investida em X1 não fosse de $ 70.000, e sim de 70.000 – 800, isto é, 69.200.

Assim, teríamos na investidora os seguintes lançamentos, supondo ainda que a mesma tenha adquirido o investimento por $ 120.000:

Aquisição do investimento (01/01/X1):

D – Investimentos (100% 120.000)..120.000

C – Caixa..120.000

Contabilização do Resultado da Equivalência Patrimonial (31/12/X1):

D – Investimentos (100% 69.200)..69.200

C – Resultado da Equivalência Patrimonial..69.200

Finalmente, COMPROVAMOS que a amortização da mais-valia na hipótese anterior como redução do Resultado da Equivalência Patrimonial teve por objetivo ajustar esse resultado àquele que seria se os ativos da investida que o justificaram já estivessem avaliados a valores justos.

A norma anterior determinava que a amortização do ágio gerado por mais-valia geraria "Despesa de Ágio", e não redução do Resultado da Equivalência Patrimonial, levando-nos a concluir que sempre esteve ERRADA, apesar de sua observância obrigatória, fazendo com que as empresas brasileiras por muitos anos contabilizassem de forma incorreta a amortização da mais-valia de ativos líquidos.

EXERCÍCIO RESOLVIDO 8: Enunciado comum às questões de números 1 a 3: A Industrial Celta S/A possui 60% do capital de sua única investida, a controlada Cia. Safira, cujo capital social é formado exclusivamente por ações ordinárias.

Ao fim de X1, nos balanços das referidas empresas, entre outros itens, constavam:

Na Investidora:

Investimentos – Cia. Safira..................................$ 120.000

Na Investida:

Patrimônio Líquido..$ 200.000

Na investida, no exercício de X2, entre outros fatos, ocorreram os seguintes:

– reavaliação de um terreno a valor justo de $ 60.000, sendo o valor contábil desse bem de $ 45.000;

– alienação de partes beneficiárias no valor de $ 18.000;

– no exercício social de X1, a depreciação dos equipamentos foi subavaliada em $ 3.000, sendo o ajuste feito no exercício de X2;

Informação adicional: O lucro da investida em X2 foi de $ 16.000, sendo 30% desse lucro distribuídos como dividendos.

1. No balanço de encerramento do exercício de X2, o valor do patrimônio líquido da investida importou em:

a) $ 241.200;

b) $ 246.000;

c) $ 245.200;

d) $ 248.200;

e) $ 258.000.

(SOLUÇÃO)

PL (início do exercício) *200.000*

(+) Ajustes de Avaliação Patrimonial (60.000 – 45.000) *15.000*

(+) Reserva de Capital (Alienação de Partes Beneficiárias) *18.000*

(–) Ajustes de Exerc. Anteriores (crédito em Depreciação Acumulada) .... *(3.000)*

(+) Lucro de X2 .... *16.000*

(–) Dividendos (30% 16.000) .... *(4.800)*

(=) PL (encerramento do exercício de X2) *241.200*

(Opção a)

2. A investidora, no balanço de encerramento do exercício de X2, deverá registrar o investimento na Cia. Safira pelo valor de:

a) $ 154.800;

b) $ 148.920;

c) $ 147.120;

d) $ 147.600;

e) $ 144.720.

(SOLUÇÃO) Investimento = 60% 241.200 = 144.720.

(Opção e)

3. O REP (Resultado da Equivalência Patrimonial) na investidora totalizou:

a) $ 41.200;

b) $ 15.720;

c) $ 9.600;

d) $ 16.000;

e) $ 15.000.

(SOLUÇÃO)

Com base no CPC 18 (R2), "somente" a parte do investidor no lucro ou prejuízo do período da investida é reconhecida no lucro ou prejuízo do período do investidor, ou seja, irá gerar Resultado na Equivalência Patrimonial no investidor.

Desta forma, o Resultado da Equivalência Patrimonial apurado na investidora será igual a 60% do lucro líquido da investida, ou seja, 60% de $ 16.000 = $ 9.600.

(Opção c)

EXERCÍCIO RESOLVIDO 9: Enunciado comum às questões 1 a 3:

A participação da Cia. Sol no capital social de sua única controlada, Cia. Lua, é de 60%, sendo o capital desta formado exclusivamente por ações ordinárias a $ 5,00 cada. Em 30 de junho de X1, a investida emite 25.000 ações ordinárias de valor nominal $ 5 cada por $ 7 cada, sendo todas subscritas pela Cia. Sol. As informações obtidas dos registros contábeis da investida antes da emissão das novas ações eram as seguintes:

Capital Social (100.000 ações)	$ 500.000
Reservas de Lucros	$ 150.000
Prejuízo Líquido (01/01/X1 a 30/06/X1)	($ 50.000)

Sabe-se ainda que:

- Antes da subscrição não havia ágio por mais-valia de ativos líquidos e nem ágio por expectativa de rentabilidade futura (*Goodwill*) na controladora Cia. Sol.
- O valor justo dos ativos líquidos da investida na data da subscrição e imediatamente antes desta foi estimado em $ 640.000.

1. O ágio pago pela investidora por mais-valia de ativos líquidos na subscrição foi de:

a) $ 8.000;
b) $ 3.200;
c) $ 4.800;
d) $ 11.200;
e) $ 12.800.

(SOLUÇÃO)

Em primeiro lugar, iremos determinar a nova participação percentual da Cia. Sol no capital da Cia. Lua, pois antes da subscrição aquela possuía 60.000 ações (= 60% de 100.000 ações) num total de 100.000 ações. Agora, após a subscrição, a investidora terá 60.000 ações mais 25.000 ações num total de 125.000 ações, ou seja:

Novo % da investidora = $\frac{60.000 \text{ ações} + 25.000 \text{ ações}}{100.000 \text{ ações} + 25.000 \text{ ações}}$ = 68%

PL justo da investida (ou valor justo dos ativos líquidos da investida) era de $ 640.000 e o PL contábil era de $ 600.000, a mais-valia dos ativos líquidos era de $ 640.000 – $ 600.000, ou seja, $ 40.000.

Visto que a investidora subscreveu 8% (= 68% – 60%) a mais em relação ao que tinha antes da subscrição, a mais-valia de ativos líquidos será de 8% da mais-valia dos ativos, ou seja, 8% de $ 40.000 = $ 3.200.

(Opção b)

2. O ágio pago pela investidora por expectativa de rentabilidade futura (*goodwill*) na subscrição foi de:

a) $ 8.000;

b) $ 3.200;

c) $ 4.800;

d) $ 11.200;

e) $ 12.800.

(SOLUÇÃO)

O primeiro passo é apurarmos o PL contábil da investida <u>após</u> a subscrição da seguinte forma:

PL contábil (antes da subscrição)	*$ 600.000*
(+) Custo da subscrição ($ 7 × 25.000)	*$ 175.000*
(=) PL contábil (após a subscrição)	*$ 775.000*

Assim, o valor do ágio por rentabilidade futura será calculado da seguinte forma:

Custo da subscrição – aumento do Investimento – mais-valia de ativos líquidos = $ 175.000 – (68% $ 775.000 – 60% $ 600.000) – $ 3.200 = $ 4.800.

(Opção c)

3. Supondo que os acionistas minoritários eram as companhias "M", "N", "O" e "P", os quais antes da subscrição possuíam, respectivamente, 20%, 11%, 5% e 4% do capital da Cia. Lua, após a subscrição o ajuste a ser feito no PL da investidora "M" será de:

a) $ 1.000;

b) $ 2.000;

c) $ 3.000;

d) $ 4.000;

e) $ 5.000.

(SOLUÇÃO)

Tendo em vista que a Cia. Lua é coligada da Cia. M, pois esta possui 20% do capital votante daquela, o investimento desta naquela será também avaliado por equivalência patrimonial.

Assim, o primeiro passo é determinarmos a nova participação percentual de M em Lua dividindo o total de ações que já possuía no capital da investida (20% de 100.000 ações) pelo total de ações do novo capital após a subscrição (125.000 ações), encontrando 16%. Desta forma, teremos:

Investimento atual (16% $ 775.000)	*$ 124.000*
(–)Investimento anterior (20% $ 600.000)	*($ 120.000)*
(=) Ganho na Variação de Participação do Capital da Coligada	***$ 4.000***

(Opção d)

Comentário extra: *A conta "Ganho na Variação de Participação no Capital de Coligada" é uma conta indicada diretamente no PL da investidora, fazendo parte de "Outros Resultados Abrangentes".*

Exercícios de Fixação

1. **(Auditor-Fiscal Tributário – ISS – SP/Fundação Carlos Chagas) A Cia. Santo Amaro possui 80% das ações com direito a voto de sua controlada, a Cia. Santa Maria, que representam 40% do total do capital social da investida.**

   No exercício de 2005, a Cia. Santa Maria vendeu um lote de mercadorias para a investidora por R$ 400.000,00, auferindo um lucro de R$ 100.000,00 na transação. Sabendo-se que em 31/12/2005, o patrimônio líquido da controlada era de R$ 750.000,00 e que a investidora mantinha integralmente o referido lote de mercadorias em seus estoques, a participação societária, avaliada pelo método da equivalência patrimonial na contabilidade da Cia. Santo Amaro, corresponderá a, em R$:

   a) 175.000,00;
   b) 200.000,00;
   c) 260.000,00;
   d) 400.000,00;
   e) 520.000,00.

2. **(Auditor-Fiscal Tributário – ISS – SP/Fundação Carlos Chagas) O recebimento de dividendos de participações societárias avaliadas pelo custo deve ser registrado, na escrituração da empresa investidora, a crédito de conta representativa:**

   a) de receita operacional;
   b) de receita não operacional;
   c) de resultado da equivalência patrimonial;
   d) da própria participação societária;
   e) de deságio na aquisição de investimentos.

3. **(Auditor-Fiscal Tributário – ISS – SP/Fundação Carlos Chagas – Adaptada) Ao efetuar a auditoria das contas do ativo não circulante da Cia. Mercúrio, o auditor constatou que a aquisição de 30% das ações da Cia. Polar, cujo capital é composto só por ações ordinárias, realizada durante o exercício, tinha sido contabilizada pelo custo de aquisição de R$ 300.000,00. Na ocasião da compra, o patrimônio líquido da investida correspondia a R$ 1.100.000,00 e o da investidora, a R$ 2.100.000,00. À vista desses fatos, o auditor concluiu que o lançamento em questão estava:**

   a) correto, porque o investimento não é relevante para a investidora;
   b) correto, porque a Cia. Polar não é controlada pela Cia. Mercúrio;
   c) correto, porque atendeu o princípio contábil do custo como base de valor;
   d) incorreto, porque o valor do investimento é R$ 270.000,00, com ágio de R$ 30.000,00;
   e) incorreto, porque o valor do investimento é de R$ 330.000,00, com deságio de R$ 30.000,00.

4. **(Auditor do Tribunal de Contas – CE/Fundação Carlos Chagas - Adaptada) A Cia. Piraju possui 40% das ações da Cia. Andralina, cujo capital é composto exclusivamente por ações ordinárias, registradas em sua contabilidade por R$ 800.000,00. No final do exercício, o valor do patrimônio líquido da investida, apurado no seu balanço patrimonial, é de R$ 2.300.000,00. Considerando que a única alteração no PL da investida foi decorrente de seu lucro e que essa não distribuiu dividendos, a investidora, em decorrência, deverá registrar em sua contabilidade:**
   a) ganho de capital de R$ 300.000,00;
   b) perda na equivalência patrimonial de R$ 30.000,00;
   c) resultado positivo na equivalência patrimonial de R$ 120.000,00;
   d) dividendos a receber no valor de R$ 120.000,00;
   e) resultado não operacional de R$ 300.000,00.

5. **(CVM – Analista de Normas Contábeis e Auditoria/Fundação Carlos Chagas – Adaptada) A Cia. Omega comprou, à vista, ações representativas de 20% do capital social da Cia. Delta, tendo pago o valor equivalente a R$ 350.000,00 na transação. Há influência significativa da investidora na investida. Na ocasião, o patrimônio líquido da investidora montava a R$ 3.000.000,00 e o da investida, a R$ 1.500.000,00. Não há mais-valia de ativos líquidos na investida, tendo em vista que o valor justo desses ativos é exatamente igual ao valor contabilizado pela mesma.**
   Pode-se concluir, diante dos fatos expostos, que:
   a) a Cia. Delta e a Cia. Omega não são coligadas;
   b) o investimento na Cia. Delta não é relevante para a Cia. Omega;
   c) houve pagamento de ágio por rentabilidade futura (*goodwill*) na aquisição do investimento;
   d) a Cia. Omega deve avaliar o investimento na Cia. Delta pelo custo de aquisição;
   e) o investimento efetuado na Cia. Delta tem caráter temporário.

6. **O recebimento, pela investidora, de dividendos pagos por empresa coligada, a qual não havia provisionado esses dividendos anteriormente, deve ser contabilizado pela investidora como:**
   a) receita operacional;
   b) receita não operacional;
   c) reserva de capital;
   d) redução da própria conta investimento;
   e) receita diferida.

7. **O ágio total (ágio por mais-valia de ativos líquidos + ágio por expectativa de rentabilidade futura) na compra de investimento avaliado pelo método da equivalência patrimonial é determinado pelo valor pago que exceder:**
   a) ao valor de cotação em bolsa;
   b) ao valor patrimonial da ação;
   c) ao valor do capital da investida;
   d) ao valor do capital da investidora;
   e) ao valor do capital e reservas de capital da investida.

(Auditor-Fiscal da Receita Federal/ESAF – Adaptada) Dados para a resolução das questões de número 8 e 9.

A Cia. XAVANTE, detentora de 60% do capital ordinário da Cia. CARIRI, ao final do exercício contábil de 20X1, evidenciem seu Balanço Patrimonial o valor de 900.000 reais para este investimento societário.

Por ocasião do encerramento do exercício de 20X2, a contabilidade da investida forneceu os valores a seguir para os itens:

Itens identificados na Contabilidade da Investida:

Patrimônio Líquido Ajustado (antes da distribuição de dividendos)	**R$ 2.150.000,00**
Vendas de Estoques para a Investidora	**R$ 2.500.000,00**
Margem de Lucro das Vendas Intercompanhias	**20%**

8. **Se ao final do exercício de 20X2 restassem, na Cia. Xavante, R$ 500.000,00 dos estoques adquiridos da Cia. Cariri e o valor contábil da participação societária registrada na mesma data fosse de R$ 900.000,00, considerando o Pronunciamento Técnico CPC 18 (R2) e supondo que a única alteração no PL da investida em 20X2 foi decorrente de seu lucro, o valor a ser registrado pela investidora como resultado de equivalência patrimonial seria uma:**
   a) despesa de R$ 390.000,00;
   b) despesa de R$ 330.000,00;
   c) receita de R$ 330.000,00;
   d) despesa de R$ 290.000,00;
   e) receita de R$ 290.000,00.

9. **Se o estoque adquirido pela investidora tivesse sido repassado integralmente a terceiros, o valor ao final dessa participação, supondo que a investida não tivesse distribuído dividendos, seria:**
   a) R$ 1.190.000,00;
   b) R$ 1.230.000,00;
   c) R$ 1.290.000,00;
   d) R$ 1.309.000,00;
   e) R$ 1.390.000,00.

10. **(BNDES – Contador/Vunesp – Adaptada) A Cia. Serrana tem 60% das ações de sua controlada, a Cia. Caldense. Em 31.12.X0, sabe-se que:**
    1º) nos estoques da controladora, existem mercadorias que lhe foram vendidas pela controlada com um lucro de R$ 100.000,00;
    2º) o Patrimônio Líquido da controlada no seu balanço patrimonial perfazia R$ 900.000,00.

Na escrituração da investidora, a participação societária na Cia. Caldense, avalia pelo método da equivalência patrimonial, com base no CPC 18, será:

a) R$ 60.000,00;
b) R$ 260.000,00;
c) R$ 440.000,00;
d) R$ 480.000,00;
e) R$ 540.000,00.

11. **Com base no Pronunciamento Técnico CPC 18 (R2) – Invetimento em Coligada, em Controlada e em Empreendimento Controlado em Conjunto, analise as afirmativas seguintes:**
I. COLIGADA é a entidade sobre a qual o investidor tem influência significativa.
II. Método da equivalência patrimonial é o método de contabilização por meio do qual o investimento é inicialmente reconhecido pelo custo e, a partir daí, é ajustado para refletir a alteração pós-aquisição na participação do investidor sobre os ativos líquidos da investida. As receitas ou as despesas do investidor incluem sua participação nos lucros ou prejuízos da investida, e os outros resultados abrangentes do investidor incluem a sua participação em outros resultados abrangentes da investida.
III. Empreendimento controlado em conjunto (*joint venture*) é um acordo conjunto por meio do qual as partes, que detêm o controle em conjunto do acordo contratual, têm direitos sobre os ativos líquidos desse acordo.
IV . Influência significativa é o poder de participar das decisões sobre políticas financeiras e operacionais de uma investida, mas sem que haja o controle individual ou conjunto dessas políticas.
Assim, pode-se afirmar que:

a) Todas estão corretas.
b) Somente, I, II e III são corretas.
c) Somente II, III e IV são corretas.
d) Somente III e IV são corretas.
e) Todas estão incorretas.

12. **O efeito de reavaliação de bens efetuados nas empresas coligadas:**

a) não gera nenhum registro contábil da investidora;
b) é também registrado pela investidora imediatamente de forma proporcional e reflexa;
c) é registrado pela investidora no ano subsequente ao fato;
d) gera o reconhecimento da receita não operacional na investidora;
e) gera um registro contábil da receita operacional na investidora.

13. **Em setembro de X1, a Cia. U adquiriu 40 % do total das ações da Cia. V, tornando-se sua controladora com 57 % do capital votante. Na época, o preço pago na aquisição dessas ações foi de R$ 54.000, mediante a emissão de um cheque da investidora, e o patrimônio líquido da investida totalizava R$ 150.000. Assim, pode-se afirmar que o lançamento no livro diário da investidora referente a tal aquisição é:**

a) Participações em Controladas
a Bancos 54.000

b) Participações em Controladas
a Diversos

a Bancos 54.000
a Receita de Equivalência 6.000 60.000

c) Participações em Controladas
a Diversos
a Bancos 54.000
a Ganho por Compra Vantajosa (Deságio) 6.000 60.000

d) Diversos
a Bancos
Participações em Controladas 48.000
Ágio por *Goodwill* 6.000 54.000

e) Diversos
a Bancos
Participações em Controladas 48.000
Despesa de Equivalência Patrimonial 6.000 54.000

14. A Cia. M possui 20% do capital de sua única coligada, Cia. P.
Em 31/12/X0, nos balanços das empresas, entre outros valores, constavam os seguintes (em R$):

Na Investidora: Participações Societárias - Cia. P 800
Na Investida: Patrimônio Líquido
Capital 3.000
Reservas de Capital .... 1.000 .... 4.000

A o longo do exercício social de X1, entre outros fatos, ocorreram os seguintes:

- **A Cia. P reavaliou seus imóveis de R$ 1.900 para R$ 2.300.**
- **A Cia. P auferiu um lucro de R$ 1.200.**
- **A Cia. P distribuiu R$ 500 de dividendos.**
- **A Cia. P aumentou seu capital social com reservas no valor de R$ 600.**

Desta forma, com base nas informações anteriores, pode-se afirmar que no Balanço do dia 31/12/X1, na investidora, o valor do investimento em coligada foi de:

a) R$ 1.020;
b) R$ 1.140;
c) R$ 940;
d) R$ 1.060;
e) R$ 1.120.

15. Com relação à questão anterior, o valor do Patrimônio Líquido da investida no Balanço de 31/12/X1 foi de:

a) R$ 5.100;
b) R$ 5.700;
c) R$ 4.700;
d) R$ 5.300;
e) R$ 5.600.

16. Ainda com relação à questão 14, o valor do <u>Resultado da Equivalência Patrimonial</u> apurado pela investidora foi de:

a) R$ 240;

b) R$ 160;

c) R$ 140;

d) R$ 320;

e) R$ 220.

17. (IBGE – Contador/UFRJ) - A empresa "ABC" adquiriu 60% das ações da empresa "Expert" por R$ 10.000.000,00. Na data de aquisição, o patrimônio líquido da empresa "Expert" era R$ 13.000.000,00. Ao término do exercício, a empresa "Expert" possuía patrimônio líquido de R$ 26.000.000,00. Ao efetuar a contabilização, feita com base no método de equivalência patrimonial, o valor do investimento da empresa "ABC" será:

a) R$ 13.400.000,00;

b) R$ 15.600.000,00;

c) R$ 17.800.000,00;

d) R$ 18.200.000,00;

e) R$ 19.600.000,00.

18. A investidora, Cia. Bahia, possui 30% do capital de sua única coligada, Cia. Rio. Em 31/12/X1, a investida apresentou na sua DRE lucro líquido de R$ 56.000,00. Sabe-se que no exercício social de X1 a investida realizou uma transação ascendente (*upstream*) com a investidora mediante venda de mercadorias, obtendo lucro de R$ 12.000,00, sendo que no balanço de encerramento de X1 ainda restavam na investidora 50% do estoque adquirido da investida nesse ano. Assim, com relação a esse investimento, a Cia. Bahia irá apurar em X1 um Resultado da Equivalência Patrimonial no valor de:

a) R$ 16.800,00;

b) R$ 13.200,00;

c) R$ 10.800,00;

d) R$ 7.800,00;

e) R$ 15.000,00.

19. Considerando a questão anterior e supondo que, além da referida transação ascendente (*upstream*), houve também uma transação descendente (*downstrean*) no exercício social de X1, mediante venda de mercadorias da investidora para a coligada, onde aquela auferiu lucro de R$ 20.000,00 contra essa e no balanço da investida de 31/12/X1 toda mercadoria adquirida da investidora ainda estava no estoque da coligada, visto que nada foi vendido em X1, então o Resultado da Equivalência Patrimonial apurado pela investidora seria de:

a) R$ 16.800,00;

b) R$ 13.200,00;

c) R$ 10.800,00;

d) R$ 15.000,00;

e) R$ 9.000,00.

20. (Auditor da Receita Federal/ESAF – Adaptada) A empresa Lua S.A. apresentou valores não circulantes, com os seguintes saldos:

Contas	**Saldos**
Empréstimos a Coligadas	**R$ 200,00**
Ações de Coligadas	**R$ 2.000,00**
Ações de Controladas	**R$ 5.000,00**
Ações em Outras Cias.	**R$ 900,00**
Marcas e Patentes	**R$ 400,00**
Móveis e Utensílios	**R$ 800,00**
Veículos	**R$ 1.200,00**

Observações:

– não há contabilização de correção monetária;

– não houve nenhuma movimentação no saldo das contas;

– as participações acionárias são: PA de 40% em controladas;
PA de 20% em coligadas; e
PA de 10% em outras companhias.

– as controladas apuraram lucro líquido de R$ 1.000,00 e distribuíram dividendos de R$ 200,00;

– as coligadas apuraram lucro líquido de R$ 1.000,00 e distribuíram dividendos de R$ 200,00.

Contabilizando-se os ajustes necessários ao balanço, no fim do exercício, vamos encontrar essa empresa com um Ativo Não Circulante no valor de:

a) R$ 10.860,00;

b) R$ 10.980,00;

c) R$ 10.620,00;

d) R$ 10.900,00;

e) R$ 10.820,00.

21. Com base na Lei nº 6.404/76 e suas alterações impostas pelas Leis nºs 11.638/2007 e 11.941/2009, marque a opção que indica a afirmativa <u>incorreta</u>.

a) São coligadas as sociedades nas quais a investidora tenha influência significativa.

b) Para efeitos da análise da coligação entre investidora e investida, é presumida influência significativa quando a investidora for titular de vinte por cento ou mais do capital votante da investida, sem controlá-la.

c) Para efeitos da análise da coligação entre investidora e investida, considera-se que há influência significativa quando a investidora detém ou exerce o poder de participar nas decisões das políticas financeira ou operacional da investida, sem controlá-la.

d) Nem sempre os investimentos em sociedades coligadas são avaliados pelo método da equivalência patrimonial.

e) Se uma investidora possuir 9% do capital de uma investida e for comprovada influência significativa na investida, certamente as duas sociedades serão coligadas. Caso, no entanto, não fosse comprovada a influência significatita, não seriam coligadas.

Sejam as informações obtidas das Cias. Celta e Astra em 31/12/X2 (em R$):

Contas	Cia. Celta	Cia. Astra
ATIVO		
Circulante	**25.000**	**7.000**
Realizável LP	**9.000**	**5.000**
Investimentos	**11.000**	**-**
Imobilizado	**93.000**	**54.000**
Intangível	**-**	**7.000**
PASSIVO		
Circulante	**32.000**	**17.000**
Não circulante	**12.000**	**12.000**
Capital	**50.000**	**38.000**
Reservas de Capital	**6.000**	**9.000**
Reservas de Lucros	**3.000**	**1.000**
Receitas	**53.000**	**24.000**
Despesas	**18.000**	**28.000**

Outras Informações:

- **A Cia. Celta é coligada à Cia. Astra, possuindo a primeira 30% do capital da segunda, sendo este o único investimento da Cia. Celta.**
- **Para a apuração do resultado de X2, falta apenas a avaliação dos investimentos permanentes.**
- **Até o exercício de X1, os investimentos eram avaliados pelo custo de aquisição.**
- **Não houve nenhuma correção monetária no período.**

Considerando as informações *supra*, responda às questões de nº 22 a 24.

22. Aplicando o método da equivalência patrimonial, o valor correto dos Investimentos Permanentes da Cia. Celta será:

a) R$ 14.400;
b) R$ 9.800;
c) R$ 13.200;
d) R$ 12.200;
e) R$ 11.200.

23. Na Cia. Celta, o lançamento correto na aplicação da equivalência patrimonial seria:

a)	D – Despesa de Equivalência	1.200
	C – Investimentos	1.200
b)	D – Investimentos	3.400
	C – Receita de Equivalência	3.400

c) D – Investimentos 2.200
   C – Receita de Equivalência 2.200
d) D – Investimentos 2.200
   C – Lucros Acumulados 2.200
e) D – Investimentos 2.200
   D – Despesa de Equivalência 1.200
   C – Lucros Acumulados 3.400

24. Na investidora, o Resultado do Exercício de X2 foi de:

a) R$ 35.000;
b) R$ 33.800;
c) R$ 38.400;
d) R$ 37.200;
e) R$ 36.200.

25. A controladora, Cia. Lua, possui 70% do capital da controlada, Cia. Terra, o qual é composto apenas por ações ordinárias. No exercício social de X1, o Lucro Líquido da investida foi de R$ 50.000,00, sendo seu PL no exercício social de X0 de R$ 77.000,00. Sabendo-se que ao longo de X1 a investida vendeu para a investidora mercadorias obtendo lucro de R$ 10.000,00, permanecendo a investidora com toda essa mercadoria nos seus estoques no balanço de X1, pode-se afirmar que o Resultado da Equivalência Patrimonial apurado pela controladora no exercício de X1 foi de (desconsidere a incidência dos tributos sobre o lucro – IR e CSLL):

a) R$ 25.000,00;
b) R$ 28.000,00;
c) R$ 24.000,00;
d) R$ 35.000,00;
e) R$ 43.000,00.

26. O saldo no Balanço de X1 da Cia. Lua em seu investimento na Cia. Terra, supondo que a investida não distribuiu dividendos, foi de:

a) R$ 105.000,00;
b) R$ 102.000,00;
c) R$ 101.000,00;
d) R$ 112.000,00;
e) R$ 120.000,00.

27. Caso a investida tivesse distribuído ao fim de X1 dividendos no valor total de R$ 8.000,00, os quais serão pagos 60 dias após a data da distribuição, o valor do investimento na Cia. Terra em X1 no seu Balanço seria de:

a) R$ 87.000,00;
b) R$ 90.000,00;
c) R$ 88.400,00;
d) R$ 89.400,00;
e) R$ 99.400,00.

28. Na hipótese da questão anterior, a investidora contabilizaria os dividendos da seguinte forma:

a) D – Dividendos a Receber 5.600,00
C – Receita de Dividendos 5.600,00

b) D – Dividendos a Receber 8.000,00
C – Receita de Dividendos 8.000,00

c) D – Dividendos a Receber 8.000,00
C – Investimentos 8.000,00

d) D – Dividendos a Receber 5.600,00
C – Investimentos 5.600,00

e) D – Dividendos a Receber 8.000,00
C – Receita de Equiv. Pat. 8.000,00

29. Se no exercício social de X1 a investidora tivesse vendido a terceiros 3/4 dos estoques adquiridos da investida, o Resultado da Equivalência Patrimonial teria sido de:

a) R$ 33.250,00;
b) R$ 32.500,00;
c) R$ 35.000,00;
d) R$ 25.000,00;
e) R$ 28.000,00.

30. Na hipótese da questão anterior, considerando a incidência dos tributos sobre o lucro (suponha IR e CSLL com alíquota conjunta de 20%), o Resultado da Equivalência Patrimonial apurado pela investidora teria sido de:

a) R$ 33.000,00;
b) R$ 32.000,00,
c) R$ 33.600,00;
d) R$ 32.500,00;
e) R$ 35.000,00.

31. (PETROBRAS – Contador Júnior/ Fundação Cesgranrio) A Companhia de capital fechado Alba, por interesses operacionais, detém 80% das ações da Valéria S.A. Em 2009, antes do encerramento do balanço, a Alba apresentou, em Reais, as seguintes informações:

Companhia Alba (Exercício de 2008):
Ativo não Circulante
Investimentos 400.000,00

Companhia Valéria (Exercício de 2009):
Lucro Operacional 800.000,00
Imposto de Renda e CSLL 250.000,00
Reserva Legal constituída 27.500,00
Dividendos 304.950,00
Retenção de Lucro 217.550,00

Considerando-se as informações recebidas e as determinações da legislação pertinente, qual o valor, em Reais, do ajuste do investimento, avaliado pelo método da equivalência patrimonial, no balanço de 2009 da Companhia Alba?

a) 193.040,00.

b) 240.000,00.

c) 283.960,00.

d) 440.000,00.

e) 527.500,00.

32. **(PETROBRAS/Fundação Cesgranrio – Adaptada) Uma investidora possui as seguintes participações acionárias:**

I – 20% do total das ações emitidas pela Comercial Carbono S.A., de capital aberto, cujo capital é formado por ações ordinárias e preferenciais, sem comprovação de influência significativa na administração da investida;

II – 100% das ações da Polpuda de Sucos S.A., em fase de venda firme e irrevogável;

III – 50% das ações ordinárias da Marcos do Papel S.A.;

IV – 60% das ações preferenciais da Orestes do Vidro S.A., com influência na administração.

Considerando as determinações da Lei das Sociedades Anônimas, em vigor, serão avaliados pelo Método da Equivalência Patrimonial, APENAS:

a) I e II;

b) II e III;

c) III e IV;

d) I, II e III;

e) I, III e IV.

CAPÍTULO
18

ESTRUTURA CONCEITUAL PARA ELABORAÇÃO E DIVULGAÇÃO DE RELATÓRIO CONTÁBIL-FINANCEIRO

1. INTRODUÇÃO

A **Estrutura Conceitual para Elaboração e Divulgação de Relatório Contábil-Financeiro** elaborada pelo CPC (Comitê de Pronunciamentos Contábeis), a qual também pode ser designada por CPC "00", NÃO É UM PRONUNCIAMENTO TÉCNICO PROPRIAMENTE DITO e, portanto, **não define normas ou procedimentos para qualquer questão particular sobre aspectos de mensuração ou divulgação**. Nada nessa Estrutura Conceitual substitui qualquer Pronunciamento Técnico, Interpretação ou Orientação.

Pode até haver um número limitado de casos em que seja observado um conflito entre a Estrutura Conceitual e um Pronunciamento Técnico, uma Interpretação ou uma Orientação. Nesse caso, as exigências do Pronunciamento Técnico, da Interpretação ou da Orientação específicos **devem prevalecer sobre a *Estrutura Conceitual***.

Entretanto, à medida que futuros Pronunciamentos Técnicos, Interpretações ou Orientações produzidos pelo Comitê de Pronunciamentos Contábeis sejam desenvolvidos ou revisados tendo como norte a *Estrutura Conceitual*, o número de casos de conflito entre a *Estrutura Conceitual* e eles tende a diminuir.

A *Estrutura Conceitual (CPC "00")* será revisada de tempos em tempos com base na experiência decorrente de sua utilização.

Até o presente momento de elaboração desta obra, a Estrutura Conceitual está na primeira revisão, razão pela qual recebe a denominação CPC 00 ("**R1**").

> **Nota:** As Demonstrações Contábeis propriamente ditas são também chamadas pela Estrutura Conceitual de **RELATÓRIO CONTÁBIL-FINANCEIRO DE PROPÓSITO GERAL**, sendo que a expressão "propósito geral" pode ser dispensada, ficando apenas "relatório contábil-financeiro", no qual, automaticamente, já está implícito que é de propósito geral. Consequentemente, "elaboração e divulgação de relatório contábil-financeiro" é a mesma coisa que "elaboração e divulgação das demonstrações contábeis".

2. Principais Usuários das Demonstrações Contábeis

As demonstrações contábeis são elaboradas e apresentadas para usuários EXTERNOS em geral, tendo em vista suas finalidades distintas e necessidades diversas.

Nada impede, porém, que usuários internos, tais como administradores das empresas em geral, também utilizem as informações das demonstrações contábeis para tomada de decisões econômicas ou financeiras.

São usuários externos das informações contidas nos relatórios contábeis-financeiros considerados principais (sem hierarquia de prioridade):

- Investidores;
- Financiadores;
- Credores por empréstimo;
- Outros credores.

Além dos exemplos acima, outras partes interessadas, como, por exemplo, órgãos reguladores e membros do público que não sejam investidores, credores por empréstimo e outros credores, podem do mesmo modo achar úteis relatórios contábil-financeiros de propósito geral. Contudo, esses relatórios não são direcionados "primariamente" a esses outros grupos, tais como clientes, governos etc.

Governos, órgãos reguladores ou autoridades tributárias, por exemplo, podem determinar especificamente exigências para atender a seus próprios interesses. Essas exigências, no entanto, **não devem afetar as demonstrações contábeis** elaboradas segundo a Estrutura Conceitual.

Conforme já mencionado, as demonstrações contábeis (ou relatórios contábil-financeiros de propósito geral) visam, sobretudo, a atender os usuários externos.

É claro, no entanto, que os usuários INTERNOS, como é o caso dos administradores das entidades em geral, também se utilizam das informações contidas nas demonstrações contábeis. Porém, esses usuários não são o foco principal dessas demonstrçóes, visto que, por exemplo a REPRESENTAÇÃO FIDEDIGNA, que é uma característica fundamental das demonstrações contábeis atende aos interesses dos usuários externos, dado que a administração de uma empresa não poderia fornecer a si própria informações que não fossem confiáveis (fidedignas).

Corroborando e complementando esse último exposto, o item OB9 do CPC 00 (R1), por exemplo, determina que a **administração** da entidade que reporta a informação está também interessada em informação contábil-financeira sobre a entidade. Contudo, ela não precisa apoiar-se em relatórios contábil-financeiros de propósito geral uma vez que é capaz de obter a informação contábil-financeira de que precisa INTERNAMENTE.

Nota: Ao longo de toda a Estrutura Conceitual, o termo ADMINISTRAÇÃO refere-se tanto à diretoria executiva quanto ao conselho de administração ou órgãos similares, a menos que haja indicação específica em contrário.

Demonstrações contábeis elaboradas dentro do que prescreve a Estrutura Conceitual objetivam fornecer informações que sejam úteis na tomada de decisões econômicas e avaliações por parte dos usuários em geral, **não tendo o propósito de atender finalidade ou necessidade específica de determinados grupos de usuários**.

Demonstrações contábeis elaboradas com tal finalidade satisfazem as necessidades COMUNS da maioria dos seus usuários, uma vez que quase todos eles utilizam essas demonstrações contábeis para a tomada de **decisões econômicas**, tais como:

- decidir quando comprar, manter ou vender instrumentos patrimoniais;
- avaliar a administração da entidade quanto à responsabilidade que lhe tenha sido conferida e quanto à qualidade de seu desempenho e de sua prestação de contas;
- avaliar a capacidade de a entidade pagar seus empregados e proporcionar-lhes outros benefícios;
- avaliar a segurança quanto à recuperação dos recursos financeiros emprestados à entidade;
- determinar políticas tributárias;
- determinar a distribuição de lucros e dividendos;
- elaborar e usar estatísticas da renda nacional; ou
- regulamentar as atividades das entidades.

Segundo a Estrutura Conceitual, as demonstrações contábeis são "mais comumente" elaboradas segundo modelo baseado no CUSTO HISTÓRICO RECUPERÁVEL e no conceito da **manutenção do capital financeiro nominal**. Outros modelos e conceitos podem ser considerados mais apropriados para atingir o objetivo de proporcionar informações que sejam úteis para tomada de decisões econômicas, embora não haja presentemente consenso nesse sentido.

A Estrutura Conceitual foi desenvolvida de forma a ser aplicável a uma gama de modelos contábeis e conceitos de capital e sua manutenção.

3. Finalidade e *Status* da Estrutura Conceitual

A Estrutura Conceitual ESTABELECE os **conceitos que fundamentam a elaboração e a apresentação de demonstrações contábeis destinadas a usuários externos**. A finalidade da Estrutura Conceitual é:

- dar SUPORTE ao desenvolvimento de novos Pronunciamentos Técnicos, Interpretações e Orientações e à revisão dos já existentes, quando necessário;
- dar SUPORTE à promoção da harmonização das regulações, das normas contábeis e dos procedimentos relacionados à apresentação das demonstrações contábeis, provendo uma base para a redução do número de tratamentos contábeis alternativos permitidos pelos Pronunciamentos, Interpretações e Orientações;
- dar SUPORTE aos órgãos reguladores nacionais;

- AUXILIAR os responsáveis pela elaboração das demonstrações contábeis na aplicação dos Pronunciamentos Técnicos, Interpretações e Orientações e no tratamento de assuntos que ainda não tenham sido objeto desses documentos;
- AUXILIAR os auditores independentes a formar sua opinião sobre a conformidade das demonstrações contábeis com os Pronunciamentos Técnicos, Interpretações e Orientações;
- AUXILIAR os usuários das demonstrações contábeis na interpretação de informações nelas contidas, elaboradas em conformidade com os Pronunciamentos Técnicos, Interpretações e Orientações; e
- PROPORCIONAR aos interessados informações sobre o enfoque adotado na formulação dos Pronunciamentos Técnicos, das Interpretações e das Orientações.

4. Alcance da Estrutura Conceitual

A *Estrutura Conceitual* (CPC 00 (R1)) aborda:

- o objetivo da elaboração e divulgação de relatório contábil-financeiro;
- as características qualitativas da informação contábil-financeira útil;
- a definição, o reconhecimento e a mensuração dos elementos a partir dos quais as demonstrações contábeis são elaboradas;
- os conceitos de capital e de manutenção de capital.

5. Objetivo do Relatório Contábil-Financeiro

5.1. Introdução

O objetivo da elaboração e divulgação de relatório contábil-financeiro de propósito geral constitui o pilar da Estrutura Conceitual. Outros aspectos da Estrutura Conceitual – como o conceito de entidade que reporta a informação, as características qualitativas da informação contábil-financeira útil e suas restrições, os elementos das demonstrações contábeis, o reconhecimento, a mensuração, a apresentação e a evidenciação – fluem logicamente desse objetivo.

5.2. Objetivo, Utilidade e Limitações do Relatório Contábil-Financeiro

O objetivo do relatório contábil-financeiro de propósito geral é fornecer informações contábil-financeiras acerca da entidade que reporta essa informação (*reporting entity*) que sejam úteis a investidores existentes e em potencial, a credores por empréstimos e a outros credores, quando da tomada de decisão ligada ao fornecimento de recursos para a entidade. Essas decisões envolvem comprar, vender ou manter participações em instrumentos patrimoniais e em instrumentos de dívida, e a oferecer ou disponibilizar empréstimos ou outras formas de crédito.

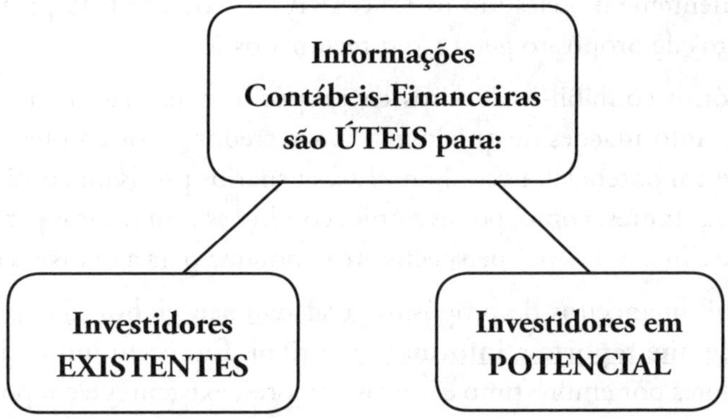

Decisões a serem tomadas por investidores existentes e em potencial relacionadas a comprar, vender ou manter instrumentos patrimoniais e instrumentos de dívida dependem do retorno esperado dos investimentos feitos nos referidos instrumentos, por exemplo: dividendos, pagamentos de principal e de juros ou acréscimos nos preços de mercado. Similarmente, decisões a serem tomadas por credores por empréstimos e por outros credores, existentes ou em potencial, relacionadas a oferecer ou disponibilizar empréstimos ou outras formas de crédito, dependem dos pagamentos de principal e de juros ou de outros retornos que eles esperam. As expectativas de investidores, credores por empréstimos e outros credores em termos de retorno dependem da avaliação destes quanto ao montante, tempestividade e incertezas (as perspectivas) associados aos fluxos de caixa futuros de entrada para a entidade. Consequentemente, investidores existentes e em potencial, credores por empréstimo e outros credores necessitam de informação para auxiliá-los na avaliação das perspectivas em termos de entrada de fluxos de caixa futuros para a entidade.

Para avaliar as perspectivas da entidade em termos de entrada de fluxos de caixa futuros, investidores existentes e em potencial, credores por empréstimo e outros credores necessitam de informação acerca de recursos da entidade, reivindicações contra a entidade, e o quão eficiente e efetivamente a administração da entidade e seu conselho de administração têm cumprido com suas responsabilidades no uso dos recursos da entidade. Exemplos de referidas responsabilidades incluem a proteção de recursos da entidade de efeitos desfavoráveis advindos de fatos econômicos, como, por exemplo, mudanças de preço e de tecnologia, e a garantia de que a entidade tem cumprido as leis, com a regulação e com as disposições contratuais vigentes. Informações sobre a aprovação do cumprimento de suas responsabilidades são também úteis para decisões a serem tomadas por investidores existentes, credores por empréstimo e outros que tenham o direito de votar ou de outro modo exerçam influência nos atos praticados pela administração.

Muitos investidores, credores por empréstimo e outros credores, existentes e em potencial, não podem requerer que as entidades que reportam a informação prestem a eles diretamente as informações de que necessitam, devendo desse modo confiar nos relatórios contábil-financeiros de propósito geral, para grande parte da informação contábil-financeira que buscam. Consequentemente, eles são os USUÁRIOS PRIMÁRIOS para quem relatórios contábil-financeiros de propósito geral são direcionados.

Entretanto, relatórios contábil-financeiros de propósito geral não atendem e não podem atender a todas as informações de que investidores, credores por empréstimo e outros credores, existentes e em potencial, necessitam. Esses usuários precisam considerar informação pertinente de outras fontes, como, por exemplo, condições econômicas gerais e expectativas, eventos políticos e clima político, e perspectivas e panorama para a indústria e para a entidade.

Relatórios contábil-financeiros de propósito geral **não são elaborados para se chegar ao valor da entidade que reporta a informação**; a rigor, fornecem informação para auxiliar investidores, credores por empréstimo e outros credores, existentes e em potencial, a estimarem o valor da entidade que reporta a informação.

Usuários primários individuais têm diferentes, e possivelmente conflitantes, desejos e necessidades de informação. O Comitê de Pronunciamentos Contábeis, ao levar à frente o processo de produção de suas normas, irá procurar proporcionar um conjunto de informações que atenda às necessidades do número máximo de usuários primários. Contudo, a concentração em necessidades comuns de informação não impede que a entidade que reporta a informação preste informações adicionais que sejam mais úteis a um subconjunto particular de usuários primários.

Em larga extensão, os relatórios contábil-financeiros são baseados em estimativas, julgamentos e modelos e não em descrições ou retratos exatos. A Estrutura Conceitual estabelece os conceitos que devem amparar tais estimativas, julgamentos e modelos. Os conceitos representam o objetivo que o Comitê de Pronunciamentos Contábeis e os elaboradores dos relatórios contábil-financeiros devem se empenhar em alcançar. Assim como a maioria dos objetivos, a visão contida na Estrutura Conceitual do que sejam a elaboração e a divulgação do relatório contábil-financeiro ideal é improvável de ser atingida em sua totalidade, pelo menos no curto prazo, visto que se requer tempo para a compreensão, aceitação e implementação de novas formas de analisar transações e outros eventos. Não obstante, o estabelecimento de objetivo a ser alcançado com empenho é essencial para que o processo de elaboração e divulgação de relatório contábil-financeiro venha a evoluir e tenha sua utilidade aprimorada.

5.3. Performance Financeira Refletida pelo Regime de Competência (*Accruals*)

O regime de competência retrata com propriedade os efeitos de transações e outros eventos e circunstâncias sobre os recursos econômicos e reivindicações da entidade que reporta a informação **nos períodos em que ditos efeitos são produzidos**, ainda que os recebimentos e pagamentos em caixa derivados ocorram em períodos distintos. Isso é importante em função de a informação sobre os recursos econômicos e reivindicações da entidade que reporta a informação, e sobre as mudanças nesses recursos econômicos e reivindicações ao longo de um período, fornecer melhor base de avaliação da performance passada e futura da entidade do que a informação puramente baseada em recebimentos e pagamentos em caixa ao longo desse mesmo período.

Informações sobre a performance financeira da entidade, que reporta a informação durante um período, **<u>que são reflexos de mudanças em seus recursos econômicos e reivindicações</u>**, e não da obtenção adicional de recursos diretamente de investidores e credores (ver item OB21 do CPC 00 (R1)), são úteis para avaliar a capacidade passada e futura da entidade na geração de fluxos de caixa líquidos. Essas informações servem de indicativos da extensão em que a entidade que reporta a informação tenha aumentado seus recursos econômicos disponíveis, e dessa forma sua capacidade de gerar fluxos de caixa líquidos por meio de suas operações, e não pela obtenção de recursos adicionais diretamente de investidores e credores.

> *OB21. Os recursos econômicos e reivindicações da entidade que reporta a informação podem ainda* ***<u>mudar por outras razões que não sejam resultantes de sua performance financeira</u>****, como é o caso da emissão adicional de suas ações. Informações sobre esse tipo de mudança são necessárias para dar aos usuários uma completa compreensão do porquê das mudanças nos recursos econômicos e reivindicações da entidade que reporta a informação e as implicações dessas mudanças em sua futura performance financeira.*

Informações sobre a performance financeira da entidade que reporta a informação durante um período também podem ser indicativas da extensão em que determinados eventos, tais como mudanças nos preços de mercado ou nas taxas de juros, tenham provocado aumento ou diminuição nos recursos econômicos e reivindicações da entidade, afetando por conseguinte sua capacidade de gerar a entrada de fluxos de caixa líquidos.

5.4. Performance Financeira Refletida pelos Fluxos de Caixa Passados

Informações sobre os fluxos de caixa da entidade que reporta a informação durante um período também ajudam os usuários a avaliar a capacidade de a entidade gerar fluxos de caixa futuros líquidos. Elas indicam como a entidade que reporta a informação obtém e despende caixa, incluindo informações sobre seus empréstimos e resgate de títulos de dívida, dividendos em caixa e outras distribuições em caixa para seus investidores, e outros fatores que podem afetar a liquidez e a solvência da entidade. Informações sobre os fluxos de caixa auxiliam os usuários a compreender as operações da entidade que reporta a informação, a avaliar suas atividades de financiamento e investimento, a avaliar sua liquidez e solvência e a interpretar outras informações acerca de sua performance financeira.

6. Características da Informação Contábil-Financeira Útil

6.1. Características Qualitativas

Conforme item QC4 da Estrutura Conceitual, se a informação contábil-financeira é para ser útil, ela precisa ser RELEVANTE e representar com FIDEDIGNIDADE o que se propõe a representar. A utilidade da informação contábil-financeira é **<u>melhorada</u>** se ela for COMPARÁVEL, VERIFICÁVEL, TEMPESTIVA e COMPREENSÍVEL.

Desta forma, as Características QUALITATIVAS da informação contábil-financeira podem ser:

A) Características qualitativas FUNDAMENTAIS (as mais críticas):
• Relevância; • representação fidedigna (em outros tempos conhecida como confiabilidade).

B) Características qualitativas DE MELHORIA:
• comparabilidade; • verificabilidade; • tempestividade; • compreensibilidade.

Nota 1: A característica qualitativa *CONFIABILIDADE* foi redenominada *REPRESENTAÇÃO FIDEDIGNA*; as justificativas constam das Bases para Conclusões.

Nota 2: A característica ***essência sobre a forma*** foi formalmente retirada da condição de componente separado da ***representação fidedigna***, por ser considerado isso uma redundância. A representação pela forma legal que difira da substância econômica não pode resultar em *representação fidedigna*, conforme citam as Bases para Conclusões. Assim, *essência sobre a forma* continua, na realidade, bandeira insubstituível nas normas do IASB.

Nota 3: A característica *prudência (conservadorismo)* foi também retirada da condição de aspecto da *representação fidedigna* por ser inconsistente com a *neutralidade*. Subavaliações de ativos e superavaliações de passivos, segundo os *Boards* mencionam nas Bases para Conclusões, com consequentes registros de desempenhos posteriores inflados, são incompatíveis com a informação que pretende ser neutra.

6.2. Características Qualitativas Fundamentais

6.2.1. Relevância (CPC "00" (R1), itens QC6 a QC11)

Informação RELEVANTE
(Item QC6) Informação contábil-financeira RELEVANTE é aquela capaz de fazer diferença nas decisões que possam ser tomadas pelos usuários. A informação pode ser capaz de **fazer diferença em uma decisão** mesmo no caso de alguns usuários decidirem não a levar em consideração, ou já tiverem tomado ciência de sua existência por outras fontes.

⇩

<u>FAZER DIFERENÇA</u> em uma decisão

(Item QC7) A informação contábil-financeira é capaz de FAZER DIFERENÇAS NAS DECISÕES se tiver valor **<u>preditivo</u>**, valor **<u>confirmatório</u>** ou ambos.

↓

<u>VALOR PREDITIVO</u>

(Item QC8) A informação contábil-financeira tem VALOR PREDITIVO se puder ser utilizada como dado de entrada em processos empregados pelos usuários para predizer futuros resultados. A informação contábil-financeira não precisa ser uma predição ou uma projeção para que possua valor preditivo. A informação contábil-financeira com valor preditivo é empregada pelos usuários ao fazerem suas próprias predições.

↓

VALOR CONFIRMATÓRIO

(Item QC9) A informação contábil-financeira tem VALOR CONFIRMATÓRIO se retroalimentar – servir de *feedback* – avaliações prévias (confirmá-las ou alterá-las).

↓

Relação entre VALOR PREDITIVO e VALOR CONFIRMATÓRIO

(Item QC10) O valor PREDITIVO e o valor CONFIRMATÓRIO da informação contábil-financeira estão **<u>inter-relacionados</u>**. A informação que tem valor preditivo muitas vezes também tem valor confirmatório. Por exemplo, a informação sobre receita para o ano corrente, a qual pode ser utilizada como base para predizer receitas para anos futuros, também pode ser comparada com predições de receita para o ano corrente que foram feitas nos anos anteriores. Os resultados dessas comparações podem auxiliar os usuários a corrigir e a melhorar os processos que foram utilizados para fazer tais predições.

↓

Um "aspecto" da Relevância: <u>MATERIALIDADE</u>

(Item QC11) A informação é MATERIAL se a sua omissão ou sua divulgação distorcida (*misstating*) puderem <u>influenciar decisões</u> que os usuários tomam com base na informação contábil-financeira acerca de entidade específica que reporta a informação. Em outras palavras, a MATERIALIDADE **<u>é um aspecto de relevância</u>** específico da entidade baseado na natureza ou na magnitude, ou em ambos, dos itens para os quais a informação está relacionada no contexto do relatório contábil-financeiro de uma entidade em particular. Consequentemente, não se pode especificar um limite quantitativo uniforme para materialidade ou predeterminar o que seria julgado material para uma situação particular.

6.2.2. Representação Fidedigna (CPC "00" (R1) – itens QC12 a QC16)

Para que uma informação contábil-financeira seja FIDEDIGNA (= confiável), ela precisa atender, simultaneamente, a três atributos:

- **ser <u>COMPLETA</u>: A informação deve ter tudo o que for necessário para que o usuário compreenda o fenômeno;**
- **ser <u>NEUTRA</u>: A informação deve estar <u>isenta</u> de VIÉS, isto é, não deve ser tendenciosa, traduzindo-se isso em informação IMPARCIAL, de forma que não seja superavaliada ou subavaliada. Assim, por exemplo, se a média de inadimplência de clientes numa empresa for de 3% e a mesma constitua uma Perda Estimada para Perdas em Créditos de Liquidação Duvidosa (antiga "Provisão para Devedores Duvidosos") a base de 5%, a informação não é fidedigna por não ser neutra, visto que houve superavaliação da referida perda;**
- **ser <u>LIVRE DE ERRO</u>: Não significa exatidão total, mesmo porque muitas informações contábil-financeiras são obtidas por estimativas, por mais que o processo de obtenção dessas estimativas seja livre de erros.**

<u>Nota</u>: A palavra "VIÉS" é utilizada, em geral, para designar qualquer comentário ou análise que seja tendenciosa, isto é, que não respeite o princípio da imparcialidade.

(Item QC12) Os relatórios contábil-financeiros representam um fenômeno econômico em palavras e números. Para ser **<u>útil</u>**, a informação contábil-financeira não tem só que representar um fenômeno RELEVANTE, mas tem também que representar com FIDEDIGNIDADE o fenômeno que se propõe a representar. Para ser representação <u>perfeitamente fidedigna</u>, a realidade retratada precisa ter <u>três atributos</u>. Ela tem que ser *COMPLETA*, *NEUTRA* e *LIVRE DE ERRO*. E claro, a perfeição é rara, se de fato alcançável. O objetivo é maximizar referidos atributos na extensão que seja possível.

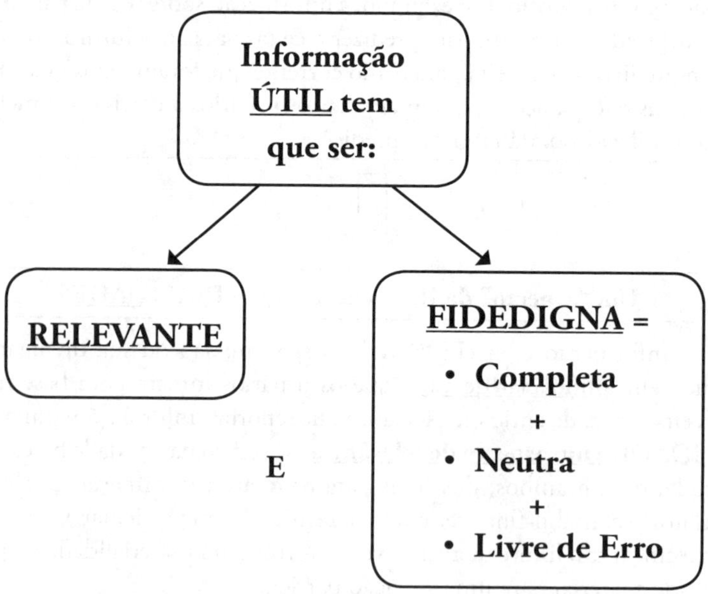

Informação contábil-financeira COMPLETA
(Item QC13) O retrato da realidade econômica **COMPLETO** deve incluir toda a informação necessária para que o usuário compreenda o fenômeno sendo retratado, incluindo todas as descrições e explicações necessárias. Por exemplo, um retrato completo de um grupo de ativos incluiria, no mínimo, a descrição da natureza dos ativos que compõem o grupo, o retrato numérico de todos os ativos que compõem o grupo, e a descrição acerca do que o retrato numérico representa (por exemplo, custo histórico original, custo histórico ajustado ou valor justo). Para alguns itens, um retrato completo pode considerar ainda explicações de fatos significativos sobre a qualidade e a natureza desses itens, fatos e circunstâncias que podem afetar a qualidade e a natureza deles, e os processos utilizados para determinar os números retratados.

Informação contábil-financeira NEUTRA
(Item QC14) Um retrato **NEUTRO** da realidade econômica é desprovido de viés na seleção ou na apresentação da informação contábil-financeira. Um retrato neutro não deve ser distorcido com contornos que possa receber dando a ele maior ou menor peso, ênfase maior ou menor, ou qualquer outro tipo de manipulação que aumente a probabilidade de a informação contábil-financeira ser recebida pelos seus usuários de modo favorável ou desfavorável. Informação NEUTRA **não significa informação sem propósito ou sem influência no comportamento dos usuários**. A bem da verdade, informação contábil-financeira relevante, por definição, é aquela capaz de fazer diferença nas decisões tomadas pelos usuários.

Informação contábil-financeira LIVRE DE ERROS
(Item QC15) Representação fidedigna não significa exatidão em todos os aspectos. Um retrato da realidade econômica LIVRE DE ERROS significa que não há erros ou omissões no fenômeno retratado, e que o processo utilizado, para produzir a informação reportada, foi selecionado e foi aplicado livre de erros. Nesse sentido, **um retrato da realidade econômica livre de erros não significa algo perfeitamente exato em todos os aspectos**. Por exemplo, a estimativa de preço ou valor não observável não pode ser qualificada como sendo algo exato ou inexato. Entretanto, a representação dessa estimativa pode ser considerada fidedigna se o montante for descrito clara e precisamente como sendo uma estimativa, se a natureza e as limitações do processo forem devidamente reveladas, e nenhum erro tiver sido cometido na seleção e aplicação do processo apropriado para desenvolvimento da estimativa.

Toda informação ÚTIL tem que ser FIDEDIGNA, mas a recíproca nem sempre é verdadeira, ou seja, informação fidedigna não implica obrigatoriamente em informação útil.

(Item QC16) Representação fidedigna, por si só, não resulta necessariamente em informação útil. Por exemplo, a entidade que reporta a informação pode receber um item do imobilizado por meio de subvenção governamental. Obviamente, a entidade, ao reportar que adquiriu um ativo sem custo, retrataria com fidedignidade o custo desse ativo, porém essa informação provavelmente não seria muito útil. Outro exemplo mais sutil seria a estimativa do montante por meio do qual o valor contábil do ativo seria ajustado para refletir a perda por desvalorização no seu valor (*impairment loss*). Essa estimativa pode ser uma representação fidedigna se a entidade que reporta a informação tiver aplicado com propriedade o processo apropriado, tiver descrito com propriedade a estimativa e tiver revelado quaisquer incertezas que afetam significativamente a estimativa. Entretanto, se o nível de incerteza de referida estimativa for suficientemente alto, ela não será particularmente útil. Em outras palavras, a relevância do ativo que está sendo representado com fidedignidade será questionável. Se não existir outra alternativa para retratar a realidade econômica que seja mais fidedigna, a estimativa nesse caso deve ser considerada a melhor informação disponível.

6.2.3. Aplicação das Características Qualitativas Fundamentais (CPC "00" (R1) – itens QC17 e QC18)

Informação RELEVANTE e NÃO FIDEDIGNA não é útil

e

Informação FIDEDIGNA e NÃO RELEVANTE também não é útil

(Para ser útil, a informação tem que ser relevante e fidedigna ao mesmo tempo)

(Item Q17) A informação precisa concomitantemente ser relevante e representar com fidedignidade a realidade reportada para ser útil. Nem a representação fidedigna de fenômeno irrelevante, tampouco a representação não fidedigna de fenômeno relevante auxiliam os usuários a tomarem boas decisões.

O processo de atender as características FUNDAMENTAIS é composto por 3 (três) etapas:

(1) identificar o fenômeno econômico que pode ser útil para os usuários da informação contábil-financeira;

(2) identificar o tipo de informação que seria mais relevante referente ao fenômeno se estivesse disponível e se poderia ser apresentada com fidedignidade;

(3) determinar se a informação efetivamente está disponível e é fidedigna.

Nota: Se falhar a aplicação da terceira etapa, repete-se novamente a partir da segunda etapa, isto é, buscando outro tipo de informação que poderia ser mais relevante e que poderia ser representada com fidedignidade, para finalmente determinar se, efetivamente, está disponível e é fidedigna.

(Item Q18) O processo mais eficiente e mais efetivo para aplicação das características qualitativas fundamentais usualmente seria o que segue (sujeito aos efeitos das características de melhoria e à restrição do custo, que não são considerados neste exemplo). Primeiro, identificar o fenômeno econômico que tenha o potencial de ser útil para os usuários da informação contábil-financeira reportada pela entidade. Segundo, identificar o tipo de informação sobre o fenômeno que seria mais relevante se estivesse disponível e que poderia ser representado com fidedignidade. Terceiro, determinar se a informação está disponível e pode ser representada com fidedignidade. Dessa forma, o processo de satisfazer as características qualitativas fundamentais chega ao seu fim. Caso contrário, o processo deve ser repetido a partir do próximo tipo de informação mais relevante.

6.3. Características Qualitativas de Melhoria (CPC "00" (R1) – itens QC19 a QC34)

As características qualitativas de MELHORIA servem para melhorar a utilidade da informação contábil-financeira que atende às características qualitativas FUNDAMENTAIS.

(Item QC19) *Comparabilidade, verificabilidade, tempestividade* e *compreensibilidade* são características qualitativas que melhoram a utilidade da informação que é relevante e que é representada com fidedignidade. As características qualitativas de melhoria podem também auxiliar a determinar qual de duas alternativas que sejam consideradas equivalentes em termos de relevância e fidedignidade de representação deve ser usada para retratar um fenômeno.

6.3.1. Comparabilidade

COMPARABILIDADE

(Item QC20) As decisões de usuários implicam escolhas entre alternativas, como, por exemplo, vender ou manter um investimento, ou investir em uma entidade ou noutra. Consequentemente, a informação acerca da entidade que reporta informação será **mais útil** caso possa ser COMPARADA com informação similar sobre outras entidades e com informação similar sobre a mesma entidade para outro período ou para outra data.
(Item QC21) COMPARABILIDADE é a característica qualitativa que permite que os usuários identifiquem e compreendam similaridades dos itens e diferenças entre eles. Diferentemente de outras características qualitativas, a comparabilidade não está relacionada com um único item. **A comparação requer no mínimo DOIS itens**.

COMPARABILIDADE não é sinônimo de CONSISTÊNCIA.

(Item QC22) CONSISTÊNCIA, embora esteja relacionada com a comparabilidade, não significa o mesmo. Consistência refere-se ao uso dos mesmos métodos para os mesmos itens, tanto de um período para outro considerando a mesma entidade que reporta a informação, quanto para um único período entre entidades. **Comparabilidade é o objetivo; a consistência auxilia a alcançar esse objetivo**.

COMPARABILIDADE não significa UNIFORMIDADE.
(Item QC23) COMPARABILIDADE não significa uniformidade. **Para que a informação seja comparável, coisas iguais precisam parecer iguais e coisas diferentes precisam parecer diferentes**. A comparabilidade da informação contábil-financeira não é aprimorada ao se fazer com que coisas diferentes pareçam iguais ou ainda ao se fazer coisas iguais parecerem diferentes.

A característica fundamental FIDEDIGNIDADE já pressupõe algum grau de COMPARABILIDADE.
(Item QC24) Algum grau de comparabilidade é possivelmente obtido por meio da satisfação das características qualitativas fundamentais. A representação fidedigna de fenômeno econômico relevante deve possuir naturalmente algum grau de comparabilidade com a representação fidedigna de fenômeno econômico relevante similar de outra entidade que reporta a informação.

A COMPARABILIDADE de fenômenos econômicos pode ser reduzida pela escolha de métodos alternativos de representação.
(Item QC25) Muito embora um fenômeno econômico singular possa ser representado com fidedignidade de múltiplas formas, a discricionariedade na escolha de métodos contábeis alternativos para o mesmo fenômeno econômico diminui a comparabilidade.

6.3.2. Verificabilidade

VERIFICABILIDADE – significado:
(Item QC26) A VERIFICABILIDADE ajuda a assegurar aos usuários que a informação representa fidedignamente o fenômeno econômico que se propõe a representar. A VERIFICABILIDADE **significa que diferentes observadores, cônscios e independentes, podem chegar a um consenso, embora não cheguem necessariamente a um completo acordo**, quanto ao retrato de uma realidade econômica em particular ser uma representação fidedigna. Informação quantificável não necessita ser um único ponto estimado para ser verificável. Uma faixa de possíveis montantes com suas probabilidades respectivas pode também ser verificável.

A VERIFICABILIDADE pode ser DIRETA ou INDIRETA.
(Item QC27) A verificação pode ser direta ou indireta. Verificação DIRETA significa verificar um montante ou outra representação por meio de observação direta, como, por exemplo, por meio da contagem de caixa. Verificação INDIRETA significa checar os dados de entrada do modelo, fórmula ou outra técnica e recalcular os resultados obtidos por meio da aplicação da mesma metodologia. Um exemplo é a verificação do valor contábil dos estoques por meio da checagem dos dados de entrada (quantidades e custos) e por meio do recálculo do saldo final dos estoques utilizando a mesma premissa adotada no fluxo do custo (por exemplo, utilizando o método PEPS).

Nem sempre é possível VERIFICAR informações sofre o futuro até que ele seja totalmente alcançado.
(Item QC28) Pode não ser possível verificar algumas explicações e alguma informação contábil-financeira sobre o futuro (*forward-looking information*) até que o período futuro seja totalmente alcançado. Para ajudar os usuários a decidir se desejam usar dita informação, é normalmente necessário divulgar as premissas subjacentes, os métodos de obtenção da informação e outros fatores e circunstâncias que suportam a informação.

6.3.3. Tempestividade

TEMPESTIVIDADE – significado:
(Item QC29) TEMPESTIVIDADE significa ter informação disponível para tomadores de decisão a tempo de poder influenciá-los em suas decisões. Em geral, a informação mais antiga é a que tem menos utilidade. Contudo, certa informação pode ter o seu atributo tempestividade prolongado após o encerramento do período contábil, em decorrência de alguns usuários, por exemplo, necessitarem identificar e avaliar tendências.

6.3.4. Compreensibilidade

Informação COMPREENSÍVEL
(Item QC30) Classificar, caracterizar e apresentar a informação com clareza e concisão torna-a COMPREENSÍVEL.

A exclusão de informações sobre fenômenos complexos de DIFÍCIL COMPREENSÃO tornam os relatórios contábil-financeiros mais inteligíveis, porém incompletos e potencialmente distorcidos.
(Item QC31) Certos fenômenos são inerentemente complexos e não podem ser facilmente compreendidos. A exclusão de informações sobre esses fenômenos dos relatórios contábil-financeiros pode tornar a informação constante em referidos relatórios mais facilmente compreendida. Contudo, referidos relatórios seriam considerados incompletos e potencialmente distorcidos (*misleading*).

Usuários dos relatórios contábil-financeiros podem necessitar de ajuda de consultores para melhor COMPREENSÃO de fenômeno complexo.
(Item QC32) Relatórios contábil-financeiros são elaborados para usuários que têm conhecimento razoável de negócios e de atividades econômicas e que revisem e analisem a informação diligentemente. Por vezes, mesmo os usuários bem informados e diligentes podem sentir a necessidade de procurar ajuda de consultor para compreensão da informação sobre um fenômeno econômico complexo.

6.3.5. Aplicação das Características Qualitativas de Melhoria

As características qualitativas de MELHORIA <u>não podem</u> tornar a informação ÚTIL se faltar uma das duas características fundamentais.
(Item QC33) Características qualitativas de MELHORIA **<u>devem ser maximizadas na extensão possível</u>**. Entretanto, as características qualitativas de melhoria, quer sejam individualmente ou em grupo, não podem tornar a informação útil se esta for irrelevante ou não for representação fidedigna.

A aplicação das características qualitativas de MELHORIA é um processo iterativo, implicando, às vezes, ser necessário reduzir temporariamente algumas delas para aprimorar as características fundamentais num prazo mais alongado.
(Item QC34) A aplicação das características qualitativas de melhoria é um processo iterativo que não segue uma ordem preestabelecida. Algumas vezes, uma característica qualitativa de melhoria pode ter que ser diminuída para maximização de outra característica qualitativa. Por exemplo, a redução temporária na comparabilidade como resultado da aplicação prospectiva de uma nova norma contábil-financeira pode ser vantajosa para o aprimoramento da relevância ou da representação fidedigna no longo prazo. Divulgações apropriadas podem parcialmente compensar a não comparabilidade.

6.4. Restrição de Custo na Elaboração e Divulgação de Relatório Contábil-Financeiro Útil (CPC 00 (R1) – itens QC35 a QC39)

Deve-se sempre justificar a relação custo-benefício na geração de informação relevante para elaboração e divulgação de relatório contábil-financeiro, tendo em vista que o custo de geração dessa informação pode não ser compensador, não sendo recomendável que seja gerada.
(Item QC35) O custo de gerar a informação é uma **<u>restrição</u>** sempre presente na entidade no processo de elaboração e divulgação de relatório contábil-financeiro. O processo de elaboração e divulgação de relatório contábil-financeiro impõe custos, sendo importante que sejam justificados pelos benefícios gerados pela divulgação da informação. Existem variados tipos de custos e benefícios a considerar.

Os usuários das informações contábil-financeiras arcam, em última instância, com os custos dessas informações na forma de retornos reduzidos, além de incorrer em custos adicionais para análise e interpretação dessas informações.
(Item QC36) Fornecedores de informação contábil-financeira envidam grande parte de seus esforços na coleta, no processamento, na verificação e na disseminação de informação contábil-financeira, mas os usuários em última instância pagam por esses custos na forma de retornos reduzidos. Usuários de informação contábil-financeira também incorrem em custos de análise e interpretação de informação fornecida. Se a informação demandada não é fornecida, os usuários incorrem em custos adicionais de obtenção da informação por meio de outras fontes ou por meio de sua estimativa.

Apesar de a RELEVÂNCIA e a FIDEDIGNIDADE tornarem as informações ÚTEIS para seus usuários, nem sempre é possível fornecer todas e quaisquer informações que eles reputem relevantes.
(Item QC37) A elaboração e divulgação de relatório contábil-financeiro que seja relevante e que represente com fidedignidade o que se propõe representar auxilia os usuários a tomarem decisões com grau de confiança maior. Isso resulta em funcionamento mais eficiente dos mercados de capitais e em custo menor de capital para a economia como um todo. O investidor individual, o credor por empréstimo ou outro credor também se beneficiam desse processo por meio de decisões assentadas na melhor informação. Entretanto, não é possível para relatórios contábil-financeiros de propósito geral fornecer toda e qualquer informação que todo usuário repute ser relevante.

Avaliação dos benefícios na aplicação da RESTRIÇÃO do custo.
(Item QC38) Na aplicação da restrição do custo, avalia-se se os benefícios proporcionados pela elaboração e divulgação de informação em particular são provavelmente justificados pelos custos incorridos para fornecimento e uso dessa informação. Quando da aplicação da restrição do custo no desenvolvimento do padrão proposto de elaboração e divulgação, o órgão normatizador deve procurar se informar junto aos fornecedores da informação, usuários, auditores independentes, acadêmicos e outros agentes sobre a natureza e quantidade esperada de benefícios e custos desse padrão. Em grande parte dos casos, as avaliações são baseadas na combinação de informação quantitativa e qualitativa.

A SUBJETIVIDADE na avaliação dos custos e benefícios referentes ao processo de geração de informação contábil-financeira dá a diferentes indivíduos, na avaliação desses custos, valores diferentes, mas que podem ser apropriados em função dos tamanhos, formas de capital das entidades e diferentes necessidades dos usuários.
(QC39) Em função da subjetividade inerente ao processo, as avaliações de diferentes indivíduos acerca dos custos e benefícios da elaboração e divulgação de itens particulares de informação contábil-financeira devem variar. Dessa forma, o órgão normatizador deve procurar tomar por base os custos e benefícios com relação à elaboração e à divulgação de modo geral, e não somente em relação a entidades individuais que reportam a informação. Isso não quer dizer que as avaliações de custos e benefícios sempre são justificadas pelas mesmas exigências de divulgação para todas as entidades. Diferenças podem ser apropriadas em decorrência dos tamanhos variados das entidades, das diversas formas de captação de capital (pública ou privadamente), das diferentes necessidades de usuários ou de outros fatores.

7. Estrutura Conceitual para Elaboração e Apresentação das Demonstrações Contábeis (Texto remanescente do CPC 00 que não foi modificado no CPC 00 (R1))

7.1. Continuidade: Premissa subjacente

De acordo com o art. 5º da Resolução do CFC nº 750/1993, já alterada pela Resolução CFC nº 1.282/2010, o princípio da CONTINUIDADE pressupõe que a Entidade continuará atuando em operação no futuro e, portanto, a MENSURAÇÃO (quantificação) e a APRESENTAÇÃO dos componentes do patrimônio levam em conta essa circunstância. Assim, em outras palavras, a mensuração dos ativos e passivos de uma entidade está diretamente vinculada ao princípio da continuidade, de forma que, partindo do pressuposto que a entidade irá continuar operando no futuro, a grande parte de seus ativos e de seus passivos ficará contabilizada pelos valores de entrada. Caso contrário, se for notório que a entidade deixará de operar, isto é, entrará em descontinuidade, não irá mais importar quanto a entidade pagou pelos ativos e sim por quanto os venderá, saindo de uma contabilidade baseada em valores de entrada e aderindo àquela a preços de saída. Do mesmo modo, no caso de descontinuidade da entidade, não poderá haver dívidas a longo prazo no passivo. Assim, por exemplo, no caso de falência de uma sociedade, os credores irão se habilitar junto à massa falida para que possam receber os seus direitos antecipadamente aos seus vencimentos.

(Item 4.1) As demonstrações contábeis normalmente são elaboradas tendo como PREMISSA que **a entidade está em atividade (*going concern assumption*) e irá manter-se em operação por um futuro previsível**. Desse modo, parte-se do pressuposto de que a entidade não tem a intenção, nem tampouco a necessidade, de entrar em processo de liquidação ou de reduzir materialmente a escala de suas operações. Por outro lado, se essa intenção ou necessidade existir, as demonstrações contábeis podem ter que ser elaboradas em bases diferentes e, nesse caso, a base de elaboração utilizada deve ser divulgada.

7.2. Elementos das Demonstrações Contábeis

(Item 4.2) As demonstrações contábeis retratam os efeitos patrimoniais e financeiros das transações e outros eventos, por meio de seu grupamento em CLASSES AMPLAS de acordo com as suas características econômicas. Essas classes amplas são denominadas **elementos das demonstrações contábeis**. Os elementos diretamente relacionados à mensuração da posição patrimonial e financeira no balanço patrimonial são os ativos, os passivos e o patrimônio líquido. Os elementos diretamente relacionados à mensuração do desempenho na demonstração do resultado são as receitas e as despesas. A demonstração das mutações na posição financeira usualmente reflete os **elementos** da **demonstração do resultado** e as **alterações nos elementos** do **balanço patrimonial**. Assim, esta *Estrutura Conceitual* não identifica qualquer elemento que seja exclusivo dessa demonstração.

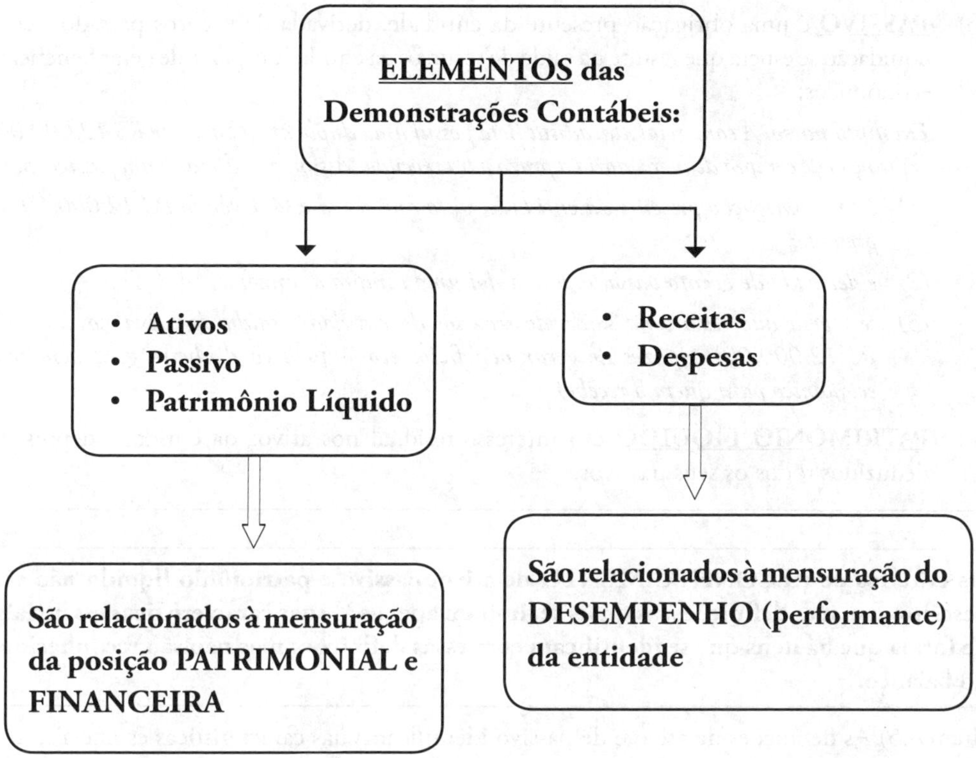

(Item 4.3) A apresentação desses elementos no balanço patrimonial e na demonstração do resultado envolve um processo de subclassificação. Por exemplo, ativos e passivos podem ser classificados por sua **natureza** ou **função** nos negócios da entidade, a fim de mostrar as informações da maneira mais útil aos usuários para fins de tomada de decisões econômicas.

7.3. Posição Patrimonial e Financeira

(Item 4.4) Os elementos diretamente relacionados à MENSURAÇÃO da posição PATRIMONIAL e FINANCEIRA são os ativos, os passivos e o patrimônio líquido. Estes são definidos como segue:

(a) **ATIVO** é um recurso controlado pela entidade como resultado de eventos passados e do qual se espera que fluam futuros benefícios econômicos para a entidade;

Exemplo nosso: *A indústria Alfa adquiriu para uso na fábrica um torno mecânico. Assim, esse item é um ativo, pois:*

(1) é um recurso ***controlado pela entidade****, visto que a indústria Alfa é que irá utilizar como quiser esse torno;*

(2) é resultado de ***evento passado****, que é a própria compra do bem; e*

(3) espera-se que tal bem produza ***benefícios econômicos*** *futuros, dado que irá ser utilizado na fabricação de produtos, os quais serão vendidos e trarão caixa para a empresa.*

(b) **PASSIVO** é uma obrigação presente da entidade, derivada de eventos passados, cuja liquidação se espera que resulte na saída de recursos da entidade capazes de gerar benefícios econômicos;

Exemplo nosso: *A comercial atacadista Beta possui uma duplicata a pagar de R$ 12.000,00, em função de compra de mercadoria a prazo para revenda. Assim, essa dívida é um passivo, pois:*

(1) é uma obrigação presente da entidade, visto que ela já está devendo R$ 12.000,00 no presente;

(2) é derivada de evento passado, o qual foi uma compra a prazo; e

(3) se espera que resulte na saída de recursos da entidade (saída de caixa no valor de R$ 12.000,00) capazes de gerar benefícios econômicos (o dinheiro gera benefício econômico para quem o recebe).

(c) **PATRIMÔNIO LÍQUIDO** é o interesse residual nos ativos da entidade depois de deduzidos todos os seus passivos.

Os critérios de RECONHECIMENTO de ativo, passivo e patrimônio líquido não são descritos nas suas definições, as quais se limitam apenas às suas características essenciais, de forma que há itens que se identificam com essas definições mas não são reconhecidos no balanço.

(Item 4.5) As definições de ativo e de passivo identificam suas características essenciais, mas não procuram especificar os critérios que precisam ser observados para que eles possam ser reconhecidos no balanço patrimonial. Desse modo, as definições abrangem itens que não são reconhecidos como ativos ou como passivos no balanço patrimonial em função de não satisfazerem os critérios de reconhecimento discutidos nos itens 4.37 a 4.53. Especificamente, a expectativa de que futuros benefícios econômicos fluam para a entidade ou saiam da entidade deve ser suficientemente certa para que seja observado o critério de probabilidade do item 4.38, antes que um ativo ou um passivo seja reconhecido.

Na avaliação se um item pode ser reconhecido como ativo, passivo ou patrimônio líquido, a essência subjacente ao item e sua realidade econômica é prioridade sobre a forma legal.

(Item 4.6) Ao avaliar se um item se enquadra na definição de ativo, passivo ou patrimônio líquido, deve-se atentar para a sua essência subjacente e realidade econômica, e não apenas para sua forma legal. Assim, por exemplo, no caso do arrendamento mercantil financeiro, a essência subjacente e a realidade econômica são a de que o arrendatário adquire os benefícios econômicos do uso do ativo arrendado pela maior parte da sua vida útil, em contraprestação de aceitar a obrigação de pagar por esse direito valor próximo do valor justo do ativo e o respectivo encargo financeiro. Dessa forma, o arrendamento mercantil financeiro dá origem a itens que satisfazem à definição de ativo e de passivo e, portanto, devem ser reconhecidos como tais no balanço patrimonial do arrendatário.

7.3.1. Ativos

BENEFÍCIO ECONÔMICO de um ATIVO é o seu potencial de, no futuro, gerar fluxos de caixa diretamente (pela conversão em caixa), indiretamente (pela produção de outros ativos que se converterão em caixa) ou ainda pela redução das saídas de caixa. Exemplos:

- **uma "Máquina Industrial" – Será utilizada na produção de bens, os quais serão vendidos e gerarão caixa.**
- **uma "Duplicata a Receber" – Gerará caixa pela sua conversão em dinheiro;**
- **um "Processo Industrial Alternativo que corresponda à definição de ativo intangível" – Poderá gerar redução de saídas de caixa em função da redução dos custos de produção.**
- ***Nota: Fluxos de Caixa se refere, não só à conta Caixa, mas também à conta Bancos e Equivalentes de Caixa (aplicações de curtíssimo prazo – máximo 3 meses).***

(Item 4.8) O benefício econômico futuro incorporado a um ativo é o seu potencial em contribuir, direta ou indiretamente, para o fluxo de caixa ou equivalentes de caixa para a entidade. Tal potencial pode ser produtivo, quando o recurso for parte integrante das atividades operacionais da entidade. Pode também ter a forma de conversibilidade em caixa ou equivalentes de caixa ou pode ainda ser capaz de reduzir as saídas de caixa, como no caso de processo industrial alternativo que reduza os custos de produção.

ATIVOS normalmente são empregados para gerar indiretamente fluxos de caixa.

(Item 4.9) A entidade geralmente emprega os seus ATIVOS na produção de bens ou na prestação de serviços capazes de satisfazer os desejos e as necessidades dos consumidores. Tendo em vista que esses bens ou serviços podem satisfazer esses desejos ou necessidades, os consumidores se predispõem a pagar por eles e a contribuir assim para o fluxo de caixa da entidade. O caixa por si só rende serviços para a entidade, visto que exerce um comando sobre os demais recursos.

BENEFÍCIOS ECONÔMICOS de um ATIVO – Formas alternativas:

(Item 4.10) Os benefícios econômicos futuros incorporados a um ativo podem fluir para a entidade de diversas maneiras. Por exemplo, o ativo pode ser:

(a) usado isoladamente ou em conjunto com outros ativos na produção de bens ou na prestação de serviços a serem vendidos pela entidade;

(b) trocado por outros ativos;

(c) usado para liquidar um passivo; ou

(d) distribuído aos proprietários da entidade.

Os ATIVOS podem ter forma física (ativos tangíveis) <u>ou não</u> (ativos intangíveis).
(Item 4.11) Muitos ativos, como, por exemplo, itens do imobilizado, têm forma física. Entretanto, a forma física não é essencial para a existência de ativo. Assim sendo, as patentes e os direitos autorais, por exemplo, são considerados ativos, caso deles sejam esperados que benefícios econômicos futuros fluam para a entidade e caso eles sejam por ela controlados.

Nem todos os ATIVOS estão associados a DIREITOS LEGAIS, bastando apenas que a entidade usufrua dos benefícios econômicos que fluam desses ativos.
(Item 4.12) Muitos ativos, como, por exemplo, contas a receber e imóveis, estão associados a direitos legais, incluindo o direito de propriedade. Ao determinar a existência do ativo, o direito de propriedade não é essencial. Assim, por exemplo, um imóvel objeto de arrendamento mercantil será um ativo, caso a entidade controle os benefícios econômicos que são esperados que fluam da propriedade. Embora a capacidade de a entidade controlar os benefícios econômicos normalmente resulte da existência de direitos legais, o item pode, contudo, satisfazer à definição de ativo mesmo quando não houver controle legal. Por exemplo, o conhecimento (*know-how*) obtido por meio da atividade de desenvolvimento de produto pode satisfazer à definição de ativo quando, mantendo esse conhecimento (*know-how*) em segredo, a entidade controlar os benefícios econômicos que são esperados que fluam desse ativo.

ATIVOS resultam de FATOS PASSADOS, e não de fatos previstos para o futuro. Exemplos de formas de <u>OBTENÇÃO de ATIVOS</u>: ▪ **compra;** ▪ **produção;** ▪ **recebimento em doação;** ▪ **descobertas de jazidas.**
(Item 4.13) Os ativos da entidade resultam de transações passadas ou de outros eventos passados. As entidades normalmente obtêm ativos por meio de sua compra ou produção, mas outras transações ou eventos podem gerar ativos. Por exemplo, um imóvel recebido de ente governamental como parte de programa para fomentar o crescimento econômico de dada região ou a descoberta de jazidas minerais. Transações ou eventos previstos para ocorrer no futuro não dão origem, por si só, ao surgimento de ativos. Desse modo, por exemplo, a intenção de adquirir estoques não atende, por si só, à definição de ativo.

Há ATIVOS que surgem mediante GASTOS incorridos (ex.: compra ou produção). Há também ATIVOS que surgem sem gastos (ex.: doações recebidas). Concluímos que os gastos que não geram ativos geram despesas para a entidade.
(Item 4.14) Há uma forte associação entre incorrer em gastos e gerar ativos, mas ambas as atividades não são necessariamente indissociáveis. Assim, o fato de a entidade ter incorrido em gasto pode fornecer uma evidência de busca por futuros benefícios econômicos, mas não é prova conclusiva de que um item que satisfaça à definição de ativo tenha sido obtido. De modo análogo, a ausência de gasto relacionado não impede que um item satisfaça à definição de ativo e se qualifique para reconhecimento no balanço patrimonial. Por exemplo, itens que foram doados à entidade podem satisfazer à definição de ativo.

7.3.2. Passivos

A existência de OBRIGAÇÃO <u>PRESENTE</u> é requisito essencial para existência de PASSIVO. Exemplos de obrigações presentes que podem gerar passivos são:

- **obrigações decorrentes de contratos ou de exigências estatutárias;**
- **obrigações decorrentes de garantias prestadas a produtos vendidos.**

(Item 4.15) Uma característica essencial para a existência de passivo é que a entidade tenha uma OBRIGAÇÃO presente. Uma obrigação é um dever ou responsabilidade de agir ou de desempenhar uma dada tarefa de certa maneira. As obrigações podem ser legalmente exigíveis em consequência de contrato ou de exigências estatutárias. Esse é normalmente o caso, por exemplo, das contas a pagar por bens e serviços recebidos. Entretanto, obrigações surgem também de práticas usuais do negócio, de usos e costumes e do desejo de manter boas relações comerciais ou agir de maneira equitativa. Desse modo, se, por exemplo, a entidade decidir, por questão de política mercadológica ou de imagem, retificar defeitos em seus produtos, mesmo quando tais defeitos tenham se tornado conhecidos depois da expiração do período da garantia, as importâncias que espera gastar com os produtos já vendidos constituem passivos.

OBRIGAÇÃO PRESENTE <u>não é</u> COMPROMISSO FUTURO, tendo em vista que a aquisição de ativo para pagamento posterior se dá de duas formas:

- **quando o ativo é efetivamente entregue;**
- **quando há acordo irrevogável para adquirir o ativo, mesmo antes de ser entregue.**

(Item 4.16) Deve-se fazer uma distinção entre obrigação presente e compromisso futuro. A decisão da administração de uma entidade de adquirir ativos no futuro não dá origem, por si só, a uma obrigação presente. A obrigação normalmente surge somente quando um ativo é entregue ou a entidade ingressa em acordo irrevogável para adquirir o ativo. Nesse último caso, a natureza irrevogável do acordo significa que as consequências econômicas de deixar de cumprir a obrigação, como, por exemplo, em função da existência de penalidade contratual significativa, deixam a entidade com pouca, caso haja alguma, liberdade para evitar o desembolso de recursos em favor da outra parte.

Formas de <u>EXTINÇÃO</u> da OBRIGAÇÃO PRESENTE:

- **pagamento em caixa;**
- **transferência de outros ativos;**
- **prestação de serviços;**
- **substituição de obrigação por outra;**
- **conversão da obrigação em item do patrimônio líquido;**
- **outros meios (ex.: renúncia do credor ou perda de seus direitos).**

(Item 4.17) A liquidação de uma obrigação presente geralmente implica a utilização, pela entidade, de recursos incorporados de benefícios econômicos a fim de satisfazer a demanda da outra parte. A liquidação de uma obrigação presente pode ocorrer de diversas maneiras, como, por exemplo, por meio de:

(a) pagamento em caixa;

(b) transferência de outros ativos;

(c) prestação de serviços;

(d) substituição da obrigação por outra; ou

(e) conversão da obrigação em item do patrimônio líquido.

A obrigação pode também ser extinta por outros meios, tais como pela renúncia do credor ou pela perda dos seus direitos.

PASSIVOS resultam de fatos já ocorridos no PASSADO.

(Item 4.18) Passivos resultam de transações ou outros eventos passados. Assim, por exemplo, a aquisição de bens e o uso de serviços dão origem a contas a pagar (a não ser que pagos adiantadamente ou na entrega) e o recebimento de empréstimo bancário resulta na obrigação de honrá-lo no vencimento. A entidade também pode ter a necessidade de reconhecer como passivo os futuros abatimentos baseados no volume das compras anuais dos clientes. Nesse caso, a venda de bens no passado é a transação que dá origem ao passivo.

PROVISÕES são PASSIVOS apurados por ESTIMATIVAS.

(Item 4.19) Alguns passivos somente podem ser mensurados por meio do emprego de **significativo grau de estimativa**. No Brasil, denominam-se esses passivos de PROVISÕES. A definição de passivo, constante do item 4.4, segue uma abordagem ampla. Desse modo, caso a provisão envolva uma obrigação presente e satisfaça os demais critérios da definição, ela é um passivo, ainda que seu montante tenha que ser estimado. Exemplos concretos incluem provisões para pagamentos a serem feitos para satisfazer acordos com garantias em vigor e provisões para fazer face a obrigações de aposentadoria.

7.3.3. Patrimônio Líquido

A DIVISÃO (subclassificação) do PATRIMÔNIO LÍQUIDO no balanço patrimonial é importante para os USUÁRIOS das demonstrações contábeis na tomada de decisões, visto que pode indicar restrições legais ou de outra natureza sobre a capacidade de a entidade distribuir ou aplicar de outra forma os recursos de seu patrimônio.

(Item 4.20) Embora o patrimônio líquido seja definido no item 4.4 como algo residual, ele pode ter subclassificações no balanço patrimonial. Por exemplo, na sociedade por ações, recursos aportados pelos sócios, reservas resultantes de retenções de lucros e reservas representando ajustes para manutenção do capital podem ser demonstrados separadamente. Tais classificações podem ser relevantes para a tomada de decisão dos usuários das demonstrações contábeis quando indicarem restrições legais ou de outra natureza sobre a capacidade que a entidade tem de distribuir ou aplicar de outra forma os seus recursos patrimoniais. Podem também refletir o fato de que determinadas partes com direitos de propriedade sobre a entidade têm direitos diferentes com relação ao recebimento de dividendos ou ao reembolso de capital.

As RESERVAS constantes do patrimônio líquido surgem por EXIGÊNCIA ESTATUTÁRIA ou por LEI. A razão de suas existências, em geral, se dá por:

- **fornecerem à entidade ou a seus credores margem de proteção contra prejuízos; ou**
- **concederem isenções ou reduções nos impostos a pagar.**

(Item 4.21) A constituição de reservas é, por vezes, exigida pelo estatuto ou por lei para dar à entidade e seus credores uma margem maior de proteção contra os efeitos de prejuízos. Outras reservas podem ser constituídas em atendimento a leis que concedem isenções ou reduções nos impostos a pagar quando são feitas transferências para tais reservas. A existência e o tamanho de tais reservas legais, estatutárias e fiscais representam informações que podem ser importantes para a tomada de decisão dos usuários. As transferências para tais reservas são apropriações de lucros acumulados, portanto, não constituem despesas.

Os critérios de MENSURAÇÃO dos ativos e passivos irão determinar o montante pelo qual o PATRIMÔNIO LÍQUIDO é apresentado no balanço.

(Item 4.22) O montante pelo qual o patrimônio líquido é apresentado no balanço patrimonial depende da mensuração dos ativos e passivos. Normalmente, o montante agregado do patrimônio líquido somente por coincidência corresponde ao valor de mercado agregado das ações da entidade ou da soma que poderia ser obtida pela venda dos seus ativos líquidos numa base de item por item, ou da entidade como um todo, tomando por base a premissa da continuidade (*going concern basis*).

A definição de PATRIMÔNIO LÍQUIDO e suas características gerais regulados pela Estrutura Conceitual (CPC "00") são aplicáveis a quaisquer tipos de entidades.

(Item 4.23) Atividades comerciais e industriais, bem como outros negócios são frequentemente exercidos por meio de firmas individuais, sociedades limitadas, entidades estatais e outras organizações cujas estruturas, legal e regulamentar, em regra, são diferentes daquelas aplicáveis às sociedades por ações. Por exemplo, pode haver poucas restrições, caso haja, sobre a distribuição aos proprietários ou a outros beneficiários de montantes incluídos no patrimônio líquido. Não obstante, a definição de patrimônio líquido e os outros aspectos dessa Estrutura Conceitual que tratam do patrimônio líquido são igualmente aplicáveis a tais entidades.

7.4. Performance da Entidade

O RESULTADO é medida de PERFORMANCE (ou desempenho) da entidade, além de medir o RETORNO do investimento.
O RECONHECIMENTO e a MENSURAÇÃO do resultado estão diretamente relacionados às RECEITAS e às DESPESAS, as quais terão reconhecimento e mensuração variáveis em função dos conceitos de capital e sua manutenção.

(Item 4.24) O resultado é frequentemente utilizado como medida de performance ou como base para outras medidas, tais como o retorno do investimento ou o resultado por ação. Os elementos diretamente relacionados à mensuração do resultado são as receitas e as despesas. O reconhecimento e a mensuração das receitas e despesas e, consequentemente, do resultado, dependem em parte dos conceitos de capital e de manutenção de capital adotados pela entidade na elaboração de suas demonstrações contábeis. Esses conceitos estão expostos nos itens 4.57 a 4.65.

7.4.1. Definição de RECEITAS e DESPESAS

Formas de se gerar RECEITAS numa entidade:

- **entrada de recursos (ex.: entradas de caixa ou de créditos por serviços prestados ou produtos vendidos);**
- **aumento de ativos (ex.: bens e serviços recebidos em troca de bens e serviços fornecidos);**
- **diminuição de passivos (ex.: fornecimento de bens e serviços a credores para liquidação das dívidas com os mesmos).**

Formas de se gerar DESPESAS numa entidade:

- **saída de recursos;**
- **redução de ativos;**
- **assunção de passivos.**

(Item 4.25) Os elementos de receitas e despesas são definidos como segue:

(a) **RECEITAS** são aumentos nos benefícios econômicos durante o período contábil, sob a forma da entrada de recursos ou do aumento de ativos ou diminuição de passivos, que resultam em aumentos do patrimônio líquido, e que não estejam relacionados à contribuição dos detentores dos instrumentos patrimoniais;

(b) **DESPESAS** são decréscimos nos benefícios econômicos durante o período contábil, sob a forma da saída de recursos ou da redução de ativos ou assunção de passivos, que resultam em decréscimo do patrimônio líquido, e que não estejam relacionados com distribuições aos detentores dos instrumentos patrimoniais.

7.4.2. Receitas

As <u>RECEITAS</u> podem ser tanto as "RECEITAS PROPRIAMENTE DITAS" como os "GANHOS".
(Item 4.29) A definição de RECEITAS abrange tanto receitas propriamente ditas quanto ganhos. A receita surge no curso das atividades usuais da entidade e é designada por uma variedade de nomes, tais como vendas, honorários, juros, dividendos, *royalties,* aluguéis.

GANHOS – Regra geral, apresentados <u>líquidos</u> das respectivas despesas. Assim, por exemplo, se uma empresa vende um terreno, cujo valor contábil é de R$ 12.000,00, ao preço de venda de R$ 19.000,00, a contabilização pode ser feita da seguinte forma: **D – Caixa.. 19.000,00** **C – Terreno.. 12.000,00** **C – Ganho na Venda de Terreno (Outras Receitas)........................ 7.000,00**
(Item 4.30) GANHOS representam outros itens que <u>se enquadram na definição de receita</u> e podem ou não surgir no curso das atividades usuais da entidade, representando aumentos nos benefícios econômicos e, como tais, **<u>não diferem, em natureza, das receitas</u>**. Consequentemente, não são considerados como elemento separado nesta *Estrutura Conceitual.* (Item 4.31) GANHOS incluem, **<u>por exemplo, aqueles que resultam da venda de ativos não circulantes</u>**. A definição de receita também inclui ganhos não realizados. Por exemplo, os que resultam da reavaliação de títulos e valores mobiliários negociáveis e os que resultam de aumentos no valor contábil de ativos de longo prazo. Quando esses ganhos são reconhecidos na demonstração do resultado, eles são usualmente apresentados separadamente, porque sua divulgação é útil para fins de tomada de decisões econômicas. **<u>Os ganhos são, em regra, reportados LÍQUIDOS das respectivas despesas</u>**.

Diferentes ORIGENS das RECEITAS
(Item 4.32) Vários tipos de ativos podem ser recebidos ou aumentados por meio da receita: exemplos incluem caixa, contas a receber, bens e serviços recebidos em troca de bens e serviços fornecidos. A receita também pode resultar da liquidação de passivos. Por exemplo, a entidade pode fornecer mercadorias e serviços ao credor por empréstimo em liquidação da obrigação de pagar o empréstimo.

7.4.3. Despesas

As DESPESAS podem ser tanto as "DESPESAS PROPRIAMENTE DITAS" quanto as "PERDAS". Exemplos de despesas que surgem no curso normal da entidade são o Custo das Vendas (CMV, CPC ou CSV), salários, impostos, aluguéis, depreciação, amortização etc.
(Item 4.33) A definição de DESPESAS abrange tanto as perdas quanto as despesas propriamente ditas que surgem no curso das atividades usuais da entidade. As despesas que surgem no curso das atividades usuais da entidade incluem, por exemplo, o custo das vendas, salários e depreciação. Geralmente, tomam a forma de desembolso ou redução de ativos como caixa e equivalentes de caixa, estoques e ativo imobilizado.

As PERDAS têm a mesma natureza das DESPESAS e, regra geral, são apresentadas líquidas das respectivas receitas. Assim, por exemplo, se uma empresa vende um caminhão de uso próprio, cujo custo de aquisição é de R$ 40.000,00 e depreciação acumulada de R$ 24.000,00, ao preço de venda de R$ 11.000,00, a contabilização pode ser feita da seguinte forma:

D – Caixa.. 11.000,00
D – Depreciação Acumulada.. 24.000,00
D – Perda na Venda de Veículos (Outras Despesas)........................... 5.000,00
C – Veículos.. 40.000,00

(Item 4.34) PERDAS representam outros itens que se enquadram na definição de despesas e **podem ou não surgir no curso das atividades usuais da entidade**, representando decréscimos nos benefícios econômicos e, como tais, não diferem, em natureza, das demais despesas. Consequentemente, não são consideradas como elemento separado nesta *Estrutura Conceitual*.
(Item 4.35) PERDAS incluem, por exemplo, as que resultam de sinistros como incêndio e inundações, assim como as que decorrem da venda de ativos não circulantes. A definição de despesas também inclui as perdas não realizadas. Por exemplo, as que surgem dos efeitos dos aumentos na taxa de câmbio de moeda estrangeira com relação aos empréstimos da entidade a pagar em tal moeda. Quando as perdas são reconhecidas na demonstração do resultado, elas são geralmente demonstradas separadamente, pois sua divulgação é útil para fins de tomada de decisões econômicas. **As perdas são, em regra, reportadas líquidas das respectivas receitas**.

7.4.4. Ajustes para Manutenção de Capital

A REAVALIAÇÃO ou ATUALIZAÇÃO de ativos e passivos, apesar de se enquadrarem na definição de RECEITA ou DESPESA, não são incluídas na Demonstração do Resultado (enquanto não realizadas).

(Item 4.36) A reavaliação ou a atualização de ativos e passivos dão margem a aumentos ou a diminuições do patrimônio líquido. Embora tais aumentos ou diminuições se enquadrem na definição de receitas e de despesas, sob certos conceitos de manutenção de capital eles não são incluídos na demonstração do resultado. Em vez disso, **tais itens são incluídos no patrimônio líquido como ajustes para manutenção do capital ou reservas de reavaliação**. Esses conceitos de MANUTENÇÃO DE CAPITAL estão expostos nos itens 4.57 a 4.65 desta Estrutura Conceitual.

7.5. Reconhecimento dos Elementos das Demonstrações Contábeis

7.5.1. Significado e Critérios de Reconhecimento

O RECONHECIMENTO de elemento patrimonial ou de resultado envolve três coisas:

(1) **descrição do item patrimonial ou de resultado;**
(2) **mensuração do montante em moeda do item descrito;**
(3) **apresentação no Balanço ou na DRE.**

(Item 4.37) RECONHECIMENTO é o processo que consiste na incorporação ao balanço patrimonial ou à demonstração do resultado de item que se enquadre na definição de elemento e que satisfaça os critérios de reconhecimento mencionados no item 4.38. Envolve a descrição do item, a mensuração do seu montante monetário e a sua inclusão no balanço patrimonial ou na demonstração do resultado. Os itens que satisfazem os critérios de reconhecimento devem ser reconhecidos no balanço patrimonial ou na demonstração do resultado. A falta de reconhecimento de tais itens não é corrigida pela divulgação das práticas contábeis adotadas nem tampouco pelas notas explicativas ou material elucidativo.

CRITÉRIOS de RECONHECIMENTO

(Item 4.38) Um item que se enquadre na definição de um elemento deve ser reconhecido se:

(a) for provável que algum BENEFÍCIO ECONÔMICO futuro associado ao item flua para a entidade ou flua da entidade; e

(b) o item tiver **custo** ou **valor** que possa ser mensurado com CONFIABILIDADE.

(Item 4.39) Ao avaliar se um item se enquadra nesses critérios e, portanto, se qualifica para fins de reconhecimento nas demonstrações contábeis, é necessário considerar as observações sobre materialidade registradas no Capítulo 3 – *Características Qualitativas da Informação Contábil-Financeira Útil*. **O inter-relacionamento entre os elementos significa que um item que se enquadre na definição e nos critérios de reconhecimento de determinado elemento, por exemplo, um ativo, requer automaticamente o reconhecimento de outro elemento, por exemplo, uma receita ou um passivo.**

7.5.2. Probabilidade de Futuros Benefícios Econômicos

Quando for provável que determinado ativo possa ter reduzido seus fluxos de benefícios econômicos, deve-se reconhecer como DESPESA essa esperada redução, como é o caso, por exemplo, da Despesa com Perdas Estimadas em Créditos de Liquidação Duvidosa, em função da probabilidade de inadimplência dos clientes referentes às venda a prazo.

(Item 4.40) O conceito de probabilidade deve ser adotado nos critérios de reconhecimento para determinar o grau de incerteza com que os benefícios econômicos futuros referentes ao item venham a fluir para a entidade ou a fluir da entidade. O conceito está em conformidade com a incerteza que caracteriza o ambiente no qual a entidade opera. As avaliações acerca do grau de incerteza atrelado ao fluxo de benefícios econômicos futuros devem ser feitas com base na evidência disponível quando as demonstrações contábeis são elaboradas. Por exemplo, quando for provável que uma conta a receber devida à entidade será paga pelo devedor, é então justificável, na ausência de qualquer evidência em contrário, reconhecer a conta a receber como ativo. Para uma ampla população de CONTAS A RECEBER, entretanto, algum grau de inadimplência é normalmente considerado provável; dessa forma, reconhece-se como DESPESA a esperada redução nos benefícios econômicos.

7.5.3. Confiabilidade da Mensuração

CUSTO ou VALOR que possa ser mensurado com CONFIABILIDADE (= FIDEDIGNAMENTE) é o segundo critério de reconhecimento de item para que seja contabilizado.

***Nota:* Conforme já comentado no tópico 6.2.2, atualmente a CONFIABILIDADE foi redenominada de REPRESENTAÇÃO FIDEDIGNA. Assim, a informação é CONFIÁVEL quando ela for:**

- ***completa;***
- ***neutra;***
- ***livre de erro.***

(Item 4.41) O segundo critério para reconhecimento de um item é que ele possua **custo** ou **valor** que possa ser MENSURADO com CONFIABILIDADE. Em muitos casos, o custo ou valor precisa ser estimado; o uso de estimativas razoáveis é parte essencial da elaboração das demonstrações contábeis **e não prejudica a sua confiabilidade**. Quando, entretanto, não puder ser feita estimativa razoável, o item não deve ser reconhecido no balanço patrimonial ou na demonstração do resultado. Por exemplo, o valor que se espera receber de uma ação judicial pode enquadrar-se nas definições tanto de ativo quanto de receita, assim como nos critérios probabilísticos exigidos para reconhecimento. Todavia, se não é possível mensurar com confiabilidade o montante que será recebido, ele não deve ser reconhecido como ativo ou receita. A existência da reclamação deve ser, entretanto, divulgada nas notas explicativas ou nos quadros suplementares.

Itens que não são reconhecidos no presente mas o serão no futuro

(Item 4.42) Um item que, em determinado momento, deixe de se enquadrar nos critérios de reconhecimento constantes do item 4.38 pode qualificar-se para reconhecimento em data posterior, como resultado de circunstâncias ou eventos subsequentes.

Itens que não são reconhecidos contabilmente, mas devem ser divulgados em notas explicativas

(Item 4.43) Um item que possui as características essenciais de elemento, mas não atende aos critérios para reconhecimento pode, contudo, requerer sua divulgação em NOTAS EXPLICATIVAS, em material explicativo ou em quadros suplementares. Isso é apropriado quando a divulgação do item for considerada relevante para a avaliação da posição patrimonial e financeira, do desempenho e das mutações na posição financeira da entidade por parte dos usuários das demonstrações contábeis.

7.5.4. Reconhecimento de Ativos

São DUAS as condições para que um item seja RECONHECIDO como ATIVO no balanço:

(1) **provavelmente gerará BENEFÍCIOS ECONÔMICOS futuros;**

(2) **seu custo pode ser MENSURADO com CONFIABILIDADE.**

Assim, por exemplo, uma mercadoria adquirida para revenda por uma empresa deve ser reconhecida no balanço como ativo, desde que seja provável que será vendida, gerando assim benefícios econômicos futuros (gerando dinheiro) e tenha uma nota fiscal de compra indicando o seu valor com confiabilidade. De forma diferente, uma conta de telefone, por exemplo, não pode ser considerada um ativo, pois, apesar de poder ser mensurada com confiabilidade, não irá se converter direta ou indiretamente em dinheiro no futuro. Neste caso, será reconhecida como DESPESA e não como ativo.

(Item 4.44) Um ativo deve ser reconhecido no balanço patrimonial quando for provável que benefícios econômicos futuros dele provenientes fluirão para a entidade e seu custo ou valor puder ser mensurado com confiabilidade.

(Item 4.45) Um ativo não deve ser reconhecido no balanço patrimonial quando os gastos incorridos não proporcionarem a expectativa provável de geração de benefícios econômicos para a entidade além do período contábil corrente. Ao invés disso, tal transação deve ser reconhecida como DESPESA na demonstração do resultado. Esse tratamento não implica dizer que a intenção da administração ao incorrer nos gastos não tenha sido a de gerar benefícios econômicos futuros para a entidade ou que a administração tenha sido mal conduzida. A única implicação é que o grau de certeza quanto à geração de benefícios econômicos para a entidade, além do período contábil corrente, é insuficiente para garantir o reconhecimento do ativo.

***Comentário nosso**: Essa afirmação do item 4.45 pode ser exemplificada com a conta de telefone, visto que, apesar de poder ser mensurada com confiabilidade, não é reconhecida como ativo, e sim como DESPESA, não implicando isso em dizer que os telefonemas dados pela empresa foram inúteis para que gerasse dinheiro através de contato, por exemplo, com seus clientes, mas que o gasto com tal conta não garante que a empresa irá gerar, de fato, dinheiro pelo fechamento com os clientes, dado que eles podem se recusar a fazer negócio com a empresa.*

7.5.5. Reconhecimento de Passivos

São duas as condições para que um PASSIVO seja RECONHECIDO no balanço:

(1) **ser provável que uma saída de recursos detentores de benefícios econômicos (ex.: dinheiro ou outros ativos) seja exigida em liquidação de obrigação presente;**

(2) **o valor pelo qual a liquidação da dívida se dará puder ser mensurado com confiabilidade.**

Caso o passivo seja reconhecido, irá fazer contrapartida com um ativo ou com uma despesa.
Ex. 1: A empresa X adquiriu mercadorias a prazo no valor de R$ 2.400,00. Nesse caso, o passivo irá fazer contrapartida com um ativo da seguinte forma:
D – Mercadorias (ativo).. 2.400,00
C – Fornecedores (passivo).. 2.400,00
Ex. 2: A empresa Y apropriou os salários de março para pagamento em abril no valor de R$ 5.000,00. Nesse caso, o passivo irá fazer contrapartida com uma despesa da seguinte forma:
D – Salários (despesa).. 5.000,00
C – Salários a Pagar (passivo).. 5.000,00

(Item 4.46) Um PASSIVO deve ser RECONHECIDO no balanço patrimonial quando for provável que uma saída de recursos detentores de benefícios econômicos seja exigida em liquidação de obrigação presente e o valor pelo qual essa liquidação se dará puder ser mensurado com confiabilidade. Na prática, as obrigações originadas de contratos ainda não integralmente cumpridos de modo proporcional – *proportionately unperformed* (por exemplo, passivos decorrentes de pedidos de compra de produtos e mercadorias ainda não recebidos) – não são geralmente reconhecidas como passivos nas demonstrações contábeis. Contudo, tais obrigações podem enquadrar-se na definição de passivos caso sejam atendidos os critérios de reconhecimento nas circunstâncias específicas, e podem qualificar-se para reconhecimento. Nesses casos, o reconhecimento dos passivos exige o reconhecimento dos correspondentes ativos ou despesas.

7.5.6. Reconhecimento de Receitas

O <u>aumento</u> nos benefícios econômicos futuros relacionados com o AUMENTO de ATIVO ou com a REDUÇÃO de PASSIVO que possam ser <u>mensurados com confiabilidade</u> dará origem ao RECONHECIMENTO de RECEITAS.

- -

Ex. 1 (geração de receita pelo aumento de ativo): A comercial ABC vendeu mercadorias a prazo com a emissão de uma duplicata de R$ 7.000,00:
D – Duplicatas a Receber (ativo).. 7.000,00
C – Vendas (receita)... 7.000,00

- -

Ex. 2 (geração de receita pela redução de passivo): A empresa Ômega foi anistiada de uma multa estadual no valor de R$ 20.000,00:
D – Multas a Pagar (passivo).. 20.000,00
C – Insubsistências Ativas (receita)... 20.000,00

Nota 1: *Insubsistências Ativas = Insubsistências do Passivo.*
Nota 2: *Alguns contabilistas consideram "Insubsistências do Passivo" como sinônimo de "Insubsistências Passivas". Na presente obra, consideramos que "Insubsistências Passivas" são DESPESAS, visto que a expressão "Passivas" se refere a algo "desfavorável" e não a algo relacionado ao "passivo patrimonial" propriamente dito. Infelizmente, não há consenso entre autores com relação a essas convenções doutrinárias.*

(Item 4.47) A RECEITA deve ser RECONHECIDA na demonstração do resultado quando resultar em aumento nos benefícios econômicos futuros relacionado com aumento de ativo ou com diminuição de passivo, e puder ser mensurado com confiabilidade. Isso significa, na prática, que o reconhecimento da receita ocorre simultaneamente com o reconhecimento do aumento nos ativos ou da diminuição nos passivos (por exemplo, o aumento líquido nos ativos originado da venda de bens e serviços ou o decréscimo do passivo originado do perdão de dívida a ser paga).
(Item 4.48) Os procedimentos normalmente adotados, na prática, para reconhecimento da receita, como, por exemplo, a exigência de que a receita tenha sido ganha, são aplicações dos critérios de reconhecimento definidos nesta *Estrutura Conceitual*. Tais procedimentos são geralmente direcionados para restringir o reconhecimento como receita daqueles itens que possam ser mensurados com confiabilidade e tenham suficiente grau de certeza.

7.5.7. Reconhecimento de Despesas

O decréscimo nos benefícios econômicos futuros relacionados com REDUÇÃO de ATIVO ou com AUMENTO de PASSIVO que possam ser mensurados com confiabilidade dará origem ao RECONHECIMENTO de DESPESAS.

Ex. 1 (geração de despesa pelo redução de ativo): A comercial ABC depreciou seus móveis e utensílios em R$ 1.200,00:
D – Depreciação (despesa).. 1.200,00
C – Depreciação Acumulada (redutora do ativo).. 1.200,00

Ex. 2 (geração de despesa pelo aumento de passivo): A empresa Ômega apropriou o aluguel de abril no valor de R$ 3.000,00, o qual será pago em maio do mesmo ano:
D – Aluguéis (despesa).. 3.000,00
C – Aluguéis a Pagar (passivo).. 3.000,00

4.49. As despesas devem ser reconhecidas na demonstração do resultado quando resultarem em decréscimo nos benefícios econômicos futuros relacionado com o decréscimo de um ativo ou o aumento de um passivo, e puder ser mensurado com confiabilidade. Isso significa, na prática, que o reconhecimento da despesa ocorre simultaneamente com o reconhecimento de aumento nos passivos ou de diminuição nos ativos (por exemplo, a alocação por competência de obrigações trabalhistas ou da depreciação de equipamento).

O processo da CONFRONTAÇÃO das receitas com as respectivas despesas envolve os seus reconhecimentos simultâneos. Assim, por exemplo, se uma empresa vende mercadorias à vista que lhe custaram R$ 3.000,00 por R$ 4.800,00, teremos:

Reconhecimento da RECEITA de vendas:

D – Caixa.. 4.800,00

C – Vendas (receita).. 4.800,00

Simultaneamente, reconhecimento da despesa chamada de "CMV" (Custo das Mercadorias Vendidas):

D – CMV (despesa).. 3.000,00

C – Mercadorias.. 3.000,00

Na Demonstração do Resultado, a despesa com CMV é reconhecida com base na associação DIRETA com a respectiva receita de Vendas da seguinte forma (desconsiderando quaisquer tributos sobre vendas):

Vendas.. 4.800,00

(–) CMV.. (3.000,00)

(=) Lucro Bruto.. 1.800,00

(Item 4.50) As despesas devem ser reconhecidas na demonstração do resultado com base na associação direta entre elas e os correspondentes itens de receita. Esse processo, usualmente chamado de CONFRONTAÇÃO entre despesas e receitas (**regime de competência**), envolve o reconhecimento **simultâneo ou combinado das receitas e despesas** que resultem direta ou conjuntamente das mesmas transações ou outros eventos. Por exemplo, os vários componentes de despesas que integram o custo das mercadorias vendidas devem ser reconhecidos no mesmo momento em que a receita derivada da venda das mercadorias é reconhecida. Contudo, a aplicação do conceito de confrontação, de acordo com esta *Estrutura Conceitual*, não autoriza o reconhecimento de itens no balanço patrimonial que não satisfaçam a definição de ativos ou passivos.

De forma diferente das despesas com "CMV", que têm associação direta com a receita de "Vendas", algumas despesas não têm associação direta com as correspondentes receitas geradas no mesmo período, de forma que tal associação só pode ser feita de forma geral e indireta, como é o caso da despesa de "Depreciação" que não tem vínculo direto com as receitas geradas no mesmo período a que competem.

(Item 4.51) Quando se espera que os benefícios econômicos sejam gerados ao longo de vários períodos contábeis e a associação com a correspondente receita somente possa ser feita de modo geral e indireto, as despesas devem ser reconhecidas na demonstração do resultado com base em procedimentos de alocação sistemática e racional. Muitas vezes isso é necessário ao reconhecer despesas associadas com o uso ou o consumo de ativos, tais como itens do imobilizado, ágio pela expectativa de rentabilidade futura (*goodwill)*, marcas e patentes. Em tais casos, a despesa é designada como depreciação ou amortização. Esses procedimentos de alocação destinam-se a reconhecer despesas nos períodos contábeis em que os benefícios econômicos associados a tais itens sejam consumidos ou expirem.

Um gasto que não atenda os critérios de reconhecimento como ATIVO deve ser imediatamente reconhecido como DESPESA.
(Item 4.52) A despesa deve ser reconhecida imediatamente na demonstração do resultado quando o gasto não produzir benefícios econômicos futuros ou quando, e na extensão em que, os benefícios econômicos futuros não se qualificarem, ou deixarem de se qualificar, para reconhecimento no balanço patrimonial como ativo.

Quando há geração de um passivo sem a correspondente entrada de ativo, inevitavelmente haverá o reconhecimento de despesa. Assim, por exemplo, se uma empresa constituir provisão para garantia de seus produtos no valor de R$ 12.000,00, por exemplo, haverá um débito na conta "Despesa com Provisão para Garantia de Produtos" nesse valor (conta de DESPESA) e um crédito na conta "Provisão para Garantia de Produtos" (conta do PASSIVO) no mesmo valor.
(Item 4.53) A despesa também deve ser reconhecida na demonstração do resultado nos casos em que um passivo é incorrido sem o correspondente reconhecimento de ativo, como no caso de passivo decorrente de garantia de produto.

7.6. Mensuração dos Elementos das Demonstrações Contábeis

7.6.1. Significado

MENSURAÇÃO = Determinação dos VALORES dos itens patrimoniais e de resultado pelos quais devem ser reconhecidos e apresentados. **O Pronunciamento Técnico CPC 12 – Ajuste a Valor Presente – descreve de forma bem objetiva a diferença entre RECONHECIMENTO e MENSURAÇÃO. De acordo com o item 4 desse Pronunciamento, "reconhecimento" envolve a decisão de "quando registrar" ao passo que a dimensão contábil da "mensuração" envolve a decisão de "por quanto registrar".**
(Item 4.54) Mensuração é o processo que consiste em determinar os montantes monetários por meio dos quais os elementos das demonstrações contábeis devem ser reconhecidos e apresentados no balanço patrimonial e na demonstração do resultado. Esse processo envolve a seleção da BASE específica de mensuração.

7.6.2. Bases de Mensuração

Existem 4 (quatro) tipos de BASES DE MENSURAÇÃO:

(1) **Custo Histórico = Ativos são registrados pelos valores na data de sua aquisição e passivos pelos valores dos recursos recebidos ou pelo montante para sua liquidação;**

(2) **Custo Corrente = Ativos e Passivos são registrados pelos valores na data do balanço;**

(3) **Valor Realizável = Ativos são registrados pelos valores de venda e Passivos, pelo valor de liquidação em determinada data.**

- -

Nota 1: *De acordo com o item 6 do CPC 16 (R1) – Estoques, Valor Realizável* *LÍQUIDO é o preço de venda estimado no curso normal dos negócios deduzido dos custos estimados para sua conclusão e dos gastos estimados necessários para se concretizar a venda.*

Nota 2: *De acordo com o item 7 do Pronunciamento Técnico CPC 16 (R1), o valor realizável LÍQUIDO refere-se à quantia líquida que a entidade espera realizar com a venda do estoque no curso normal dos negócios. O valor justo reflete a quantia pela qual o mesmo estoque pode ser trocado entre compradores e vendedores conhecedores e dispostos a isso. O primeiro é um valor específico para a entidade, ao passo que o segundo já não é. Por isso, o valor realizável líquido dos estoques pode não ser equivalente ao valor justo deduzido dos gastos necessários para a respectiva venda.*

Nota 3: *De acordo com o item 9 do CPC 16 (R1), estoques objeto desse Pronunciamento devem ser mensurados pelo valor de custo ou pelo valor realizável LÍQUIDO, dos dois o menor.*

(4) **Valor Presente = Ativos são registrados pelos valores presentes descontados dos fluxos de entradas líquidas de caixa e Passivos registrados pelos valores presentes descontados pelos fluxos de saídas líquidas de caixa.**

Nota 4: *De acordo com o item 5 do Pronunciamento Técnico CPC 12 – Ajuste a Valor Presente, nesse Pronunciamento determina-se que a mensuração contábil a valor presente seja aplicada no* ***reconhecimento inicial*** *de ativos e passivos.*

Nota 5: *O item 9 do CPC 12 determina que ativos e passivos monetários com juros implícitos ou explícitos embutidos devem ser mensurados pelo seu valor presente quando do seu reconhecimento inicial, por ser este o valor de custo original dentro da filosofia de valor justo (*fair value*). Por isso, quando aplicável,* ***o custo de ativos não monetários deve ser ajustado em contrapartida****; ou então a conta de receita, despesa ou outra conforme a situação. Assim, por exemplo, se um terreno pode ser comprado à vista por R$ 30.000,00, mas for comprado a prazo com emissão de 4 promissórias anuais de R$ 9.000,00 cada, a contabilização do ajuste a valor presente, conforme nota anterior, se dará no reconhecimento inicial (momento da compra) e o passivo monetário de 4 × R$ 9.000,00 (promissórias a pagar de R$ 36.000,00) com juros implícitos de R$ 6.000,00 (= R$ 36.000,00 – R$ 30.000,00) será mensurada pelo valor presente de R$ 30.000,00 (= R$ 36.000,00 – R$ 6.000,00) e o custo do ativo não monetário (terreno) será ajustado em contrapartida da seguinte forma:*

D – Terreno.. 30.000,00
D – Juros a Apropriar (Ajuste a Valor Presente)............................ 6.000,00
C – Promissórias a Pagar.. 36.000,00

No balanço será apresentado da seguinte forma, caso fosse elaborado imediatamente após a compra:

Ativo Imobilizado

Terreno.. 30.000,00

Passivo Circulante e Não Circulante

Promissórias a Pagar... 36.000,00
Juros a Apropriar.. (6.000,00)
30.000,00

<u>Exemplo prático de base de mensuração</u>: Uma empresa adquiriu em 04 de julho de 20X1 um lote de mercadorias a prazo com aceite de uma duplicata de R$ 1.200,00. Se essa mercadoria tivesse sido comprada à vista, o valor pago na referida data seria de R$ 1.050,00, mas se fosse vender nessa data, a empresa obteria um valor de venda, líquido das despesas para venda, de R$ 1.100,00. Na data do balanço de 20X1 (31/12/20X1), o referido lote poderia ser comprado por R$ 980,00. Assim, teremos:

- **<u>Custo Histórico</u> = R$ 1.200,00 (valor original na data da aquisição)**
- **<u>Custo Corrente</u> = R$ 980,00 (valor de compra na data do balanço)**
- **<u>Valor Realizável Líquido</u> = R$ 1.100,00 (valor de venda líquido das despesas para realização da venda)**
- **<u>Valor Presente</u> = R$ 1.050,00 (valor à vista da mercadoria, isto é, livre dos juros de R$ 150,00)**

No caso específico da mercadoria, com base no CPC 12, o reconhecimento inicial nesse último exemplo se daria da seguinte forma:

D – Mercadorias... 1.050,00
D – Juros a Apropriar.. 150,00
C – Duplicatas a Pagar.. 1.200,00

Na data do balanço, com base no item 9 do CPC 16 (R1), a empresa irá optar pela avaliação dos estoques pelo <u>menor</u> entre o custo desses já ajustado (R$ 1.050,00) e o valor realizável líquido "na data do balanço" (que não é o mesmo na data da aquisição), o qual iremos supor que fosse R$ 990,00. Desta forma, na data do balanço, a empresa faria a seguinte contabilização:

D – Despesa com Perdas Estimadas em Estoques.................................. 60,00
C – Perdas Estimadas em Estoques.. 60,00

Finalmente, no balanço, teríamos o seguinte, supondo que a empresa não vendeu esses estoques no decorrer do exercício social:

Ativo Circulante

Mercadorias.. 1.050,00
Perdas Estimadas em Estoques.. <u>(60,00)</u>
990,00

(Item 4.55) Um número variado de bases de mensuração é empregado em diferentes graus e em variadas combinações nas demonstrações contábeis. Essas bases incluem o que segue.

(a) *Custo histórico.* Os ativos são registrados pelos montantes pagos em caixa ou equivalentes de caixa ou pelo valor justo dos recursos entregues para adquiri-los na data da aquisição. Os passivos são registrados pelos montantes dos recursos recebidos em troca da obrigação ou, em algumas circunstâncias (como, por exemplo, imposto de renda), pelos montantes em caixa ou equivalentes de caixa que se espera serão necessários para liquidar o passivo no curso normal das operações.

(b) *Custo corrente.* Os ativos são mantidos pelos montantes em caixa ou equivalentes de caixa que teriam de ser pagos se esses mesmos ativos ou ativos equivalentes fossem adquiridos na data do balanço. Os passivos são reconhecidos pelos montantes em caixa ou equivalentes de caixa, não descontados, que se espera seriam necessários para liquidar a obrigação na data do balanço.

(c) *Valor realizável* (valor de realização ou de liquidação). Os ativos são mantidos pelos montantes em caixa ou equivalentes de caixa que poderiam ser obtidos pela sua venda em forma ordenada. Os passivos são mantidos pelos seus montantes de liquidação, isto é, pelos montantes em caixa ou equivalentes de caixa, não descontados, que se espera serão pagos para liquidar as correspondentes obrigações no curso normal das operações.

(d) *Valor presente.* Os ativos são mantidos pelo valor presente, descontado dos fluxos futuros de entradas líquidas de caixa que se espera seja gerado pelo item no curso normal das operações. Os passivos são mantidos pelo valor presente, descontado dos fluxos futuros de saídas líquidas de caixa que se espera serão necessários para liquidar o passivo no curso normal das operações.

O CUSTO HISTÓRICO é a base de mensuração mais usada nas demonstrações contábeis, o qual pode ser combinado com outras bases de mensuração.

(Item 4.56) A base de mensuração mais comumente adotada pelas entidades na elaboração de suas demonstrações contábeis é o custo histórico. Ele é normalmente combinado com outras bases de mensuração. Por exemplo, os estoques são geralmente mantidos pelo menor valor entre o custo e o valor líquido de realização, os títulos e valores mobiliários negociáveis podem em determinadas circunstâncias ser mantidos a valor de mercado e os passivos decorrentes de pensões são mantidos pelo seu valor presente. Ademais, em algumas circunstâncias, determinadas entidades usam a base de custo corrente como resposta à incapacidade de o modelo contábil de custo histórico enfrentar os efeitos das mudanças de preços dos ativos não monetários.

7.7. Conceitos de Capital e de Manutenção de Capital

7.7.1. Conceitos de capital

CAPITAL FINANCEIRO = Patrimônio Líquido (ou Ativos Líquidos)

≠

CAPITAL FÍSICO = Capacidade produtiva da entidade

(Item 4.57) O conceito de capital FINANCEIRO (ou monetário) é adotado pela maioria das entidades na elaboração de suas demonstrações contábeis. De acordo com o conceito de capital financeiro, tal como o dinheiro investido ou o seu poder de compra investido, o capital é sinônimo de ativos líquidos ou patrimônio líquido da entidade. Segundo o conceito de capital FÍSICO, tal como capacidade operacional, o capital é considerado como a capacidade produtiva da entidade baseada, por exemplo, nas unidades de produção diária.

A <u>necessidade</u> dos usuários das demonstrações contábeis é que irá determinar o conceito de capital mais apropriado (financeiro ou físico).

(Item 4.58) A seleção do conceito de capital apropriado para a entidade deve estar baseada nas necessidades dos usuários das demonstrações contábeis. Assim, o conceito de capital financeiro deve ser adotado se os usuários das demonstrações contábeis estiverem primariamente interessados na manutenção do capital nominal investido ou no poder de compra do capital investido. Se, contudo, a principal preocupação dos usuários for com a capacidade operacional da entidade, o conceito de capital físico deve ser adotado. O conceito escolhido indica o objetivo a ser alcançado na determinação do lucro, mesmo que possa haver algumas dificuldades de mensuração ao tornar operacional o conceito.

7.7.2. Conceitos de Manutenção de Capital e Determinação do Lucro

- **O LUCRO, sob o conceito de manutenção de capital FINANCEIRO, existe se o valor do patrimônio líquido ao final do período exceder seu valor no início do período (sem contar com distribuições aos proprietários e aportes de capital).**
- **O LUCRO, sob o conceito de manutenção de capital FÍSICO, existe se a capacidade operacional produtiva da entidade no final do período exceder a mesma capacidade no início do período (desconsiderando quaisquer distribuições aos proprietários e seus aportes de capital).**

(Item 4.59) Os conceitos de capital mencionados no item 4.57 dão origem aos seguintes conceitos de manutenção de capital:

(a) ***<u>Manutenção do capital financeiro</u>***. De acordo com esse conceito, o lucro é considerado auferido somente se o montante financeiro (ou dinheiro) dos ativos líquidos no fim do período exceder o seu montante financeiro (ou dinheiro) no começo do período, depois de excluídas quaisquer distribuições aos proprietários e seus aportes de capital durante o período. A manutenção do capital financeiro pode ser medida em qualquer unidade monetária nominal ou em unidades de poder aquisitivo constante.

(b) ***<u>Manutenção do capital físico</u>***. De acordo com esse conceito, o lucro é considerado auferido somente se a capacidade física produtiva (ou capacidade operacional) da entidade (ou os recursos ou fundos necessários para atingir essa capacidade) no fim do período exceder a capacidade física produtiva no início do período, depois de excluídas quaisquer distribuições aos proprietários e seus aportes de capital durante o período.

O conceito de MANUTENÇÃO DE CAPITAL relaciona o LUCRO da entidade com o conceito de CAPITAL.

(Item 4.60) O conceito de manutenção de capital está relacionado com a forma pela qual a entidade define o capital que ela procura manter. Ele **representa um elo entre os conceitos de capital e os conceitos de lucro**, pois fornece um ponto de referência para medição do lucro; é uma condição essencial para distinção entre o retorno sobre o capital da entidade e a recuperação do capital; **somente os ingressos de ativos que excedam os montantes necessários para manutenção do capital podem ser considerados como LUCRO** e, portanto, como retorno sobre o capital. Portanto, o lucro é o montante remanescente depois que as despesas (inclusive os ajustes de manutenção do capital, quando for apropriado) tiverem sido deduzidas do resultado. Se as despesas excederem as receitas, o montante residual será um prejuízo.

O conceito de capital FÍSICO exige o CUSTO CORRENTE como base de mensuração. Já o conceito de capital FINANCEIRO irá exigir a base em função do tipo de capital financeiro que a entidade deseja manter.

(Item 4.61) O conceito de manutenção do capital FÍSICO **requer a adoção do custo corrente como base de mensuração**. O conceito de manutenção do capital FINANCEIRO, entretanto, **não requer o uso de uma base específica de mensuração**. A escolha da base conforme este conceito **depende do tipo de capital financeiro que a entidade está procurando manter**.

"MANTER CAPITAL" significa que o capital no final do período é igual àquele no início do período. Qualquer excesso necessário para manter o capital é considerado LUCRO.

(Item 4.62) A principal diferença entre os dois conceitos de manutenção de capital está no **tratamento dos efeitos das mudanças nos preços dos ativos e passivos da entidade**. Em termos gerais, a entidade terá mantido seu capital se ela tiver tanto capital no fim do período como tinha no início, computados os efeitos das distribuições aos proprietários e seus aportes para o capital durante esse período. Qualquer valor além daquele necessário para manter o capital do início do período é lucro.

Se houver correção monetária de ATIVOS que se limite à manutenção do capital financeiro, tal aumento é considerado parte integrante do patrimônio líquido e não lucro. Somente o aumento de preços nos ativos que exceder a correção monetária é considerado LUCRO.

(Item 4.63) De acordo com o conceito de manutenção do capital FINANCEIRO, por meio do qual o capital é definido em termos de unidades monetárias nominais, **o LUCRO representa o aumento do capital monetário nominal ao longo do período**. Assim, os aumentos nos preços de ativos mantidos ao longo do período, convencionalmente designados como ganhos de estocagem, são, conceitualmente, lucros. Entretanto, eles podem não ser reconhecidos como tais até que os ativos sejam realizados mediante transação de troca. Quando o conceito de manutenção do capital financeiro é definido em termos de unidades de poder aquisitivo constante, o lucro representa o aumento no poder de compra investido ao longo do período. Assim, somente a parcela do aumento nos preços dos ativos que exceder o aumento no nível geral de preços é considerada como lucro. O restante do aumento é tratado como ajuste para manutenção do capital e, consequentemente, como parte integrante do patrimônio líquido.

Sob a ótica de manutenção do capital FÍSICO, as variações de preços nos ativos e passivos da entidade não são vistas como lucro, e sim como mudanças na mensuração da capacidade física produtiva da entidade.
(Item 4.64) De acordo com o conceito de manutenção do capital FÍSICO, quando o capital é definido em termos de capacidade física produtiva, o lucro representa o aumento desse capital ao longo do período. Todas as mudanças de preços afetando ativos e passivos da entidade são vistas, nesse conceito, como mudanças na mensuração da capacidade física produtiva da entidade. Assim sendo, devem ser tratadas como ajustes para manutenção do capital, que são parte do patrimônio líquido, e não como lucro.

O MODELO CONTÁBIL que será utilizado na elaboração das demonstrações contábeis depende do tipo de BASE DE MENSURAÇÃO e do conceito de MANUTENÇÃO DE CAPITAL utilizados, onde cada modelo contábil terá um grau de relevância e confiabilidade.
(Item 4.65) A seleção das bases de mensuração e do conceito de manutenção de capital é que determina o modelo contábil a ser utilizado na elaboração das demonstrações contábeis. Diferentes modelos contábeis apresentam diferentes graus de relevância e confiabilidade e, como em outras áreas, a administração deve buscar o equilíbrio entre a relevância e a confiabilidade. Esta *Estrutura Conceitual* é aplicável ao elenco de modelos contábeis e fornece orientação para elaboração e apresentação das demonstrações contábeis elaboradas conforme o modelo escolhido. No momento presente, não é intenção do CPC eleger um modelo em particular a não ser em circunstâncias excepcionais. Essa intenção será, contudo, revista *vis-à-vis* os desenvolvimentos que forem sendo observados no mundo.

Para entendermos de forma mais visível e objetiva a diferença entre manutenção do capital FINANCEIRO e manutenção do capital FÍSICO, daremos aqui o seguinte exemplo:

A Cia. ZR, a qual irá comercializar geradores trifásicos, foi constituída em 1º de novembro de X1 com a subscrição de 40.000 ações ordinárias a R$ 1,00 cada, com a integralização imediata de todas as ações em dinheiro (suponhamos no caixa). Logo em seguida, ainda em novembro, a empresa adquire à vista para revenda um gerador por R$ 12.000,00, não realizando nenhuma outra operação no referido mês. Assim, a empresa apresentou o seguinte balanço ao final de novembro de X1:

ATIVO	PASSIVO
Caixa.......... 28.000 Estoque.......... 12.000	Capital Social.......... 40.000
Total do Ativo.......... 40.000	Total do Passivo.......... 40.000

Em dezembro de X1, a empresa vende o gerador por R$ 15.000,00 e adquire outro do mesmo modelo por R$ 16.300,00, não realizando mais nenhuma operação até o final do ano. Desta forma, a empresa irá apresentar o seguinte balanço ao final do ano:

ATIVO		PASSIVO	
Caixa	26.700	Capital Social	40.000
Estoque	16.300	Lucro	3.000
Total do Ativo	43.000	Total do Passivo	43.000

CONCLUSÕES:

1ª) Pela ótica de manutenção do CAPITAL FINANCEIRO, a Cia. ZR obteve LUCRO de R$ 3.000,00, visto que vendeu um gerador por R$ 15.000,00 ao custo de R$ 12.000,00.

2ª) Pela ótica de manutenção do CAPITAL FÍSICO, a Cia. ZR obteve PREJUÍZO de R$ 1.300,00, visto que no início de dezembro possuía 1 gerador + R$ 28.000,00 no caixa e no final de dezembro possuía 1 gerador + R$ 26.700,00 no caixa, ou seja, se a empresa não tivesse realizado a venda do gerador, estaria em melhor situação, pelo fato de ainda possuir o mesmo gerador e R$ 28.000,00 no caixa, em vez de R$ 26.700,00.

3ª) O aumento de preço do gerador aumentou em função da inflação, levando-nos a inferir que o conceito de manutenção de capital FÍSICO é relevante em épocas de **inflação elevada**. Logo, em épocas de baixa inflação, não haveria uma divergência de resultados tão substancial, adotando-se os dois conceitos de manutenção de capital.

Exercícios de Fixação

1. (Auditor-Fiscal da Receita Federal do Brasil/Esaf) Entre as características qualitativas de melhoria, a comparabilidade está entre as que os analistas de demonstrações contábeis mais buscam. Dessa forma, pode-se definir pela estrutura conceitual contábil que comparabilidade é característica que:

a) permite que os usuários identifiquem e compreendam similaridades dos itens e diferenças entre eles nas Demonstrações Contábeis;
b) utiliza os mesmos métodos para os mesmos itens, tanto de um período para outro, considerando a mesma entidade que reporta a informação, quanto para um único período entre entidades;
c) considera a uniformidade na aplicação dos procedimentos e normas contábeis, onde, para se obter a comparabilidade, as entidades precisam adotar os mesmos métodos de apuração e cálculo;
d) garante que usuários diferentes concluam de forma completa e igual, quanto à condição econômica e financeira da empresa, sendo levados a um completo acordo;
e) estabelece procedimentos para a padronização dos métodos e processos aplicados em demonstrações contábeis do mesmo segmento.

2. (TCE – RJ – Analista de Controle Externo/ Femperj) De acordo com as práticas contábeis em vigor, as demonstrações contábeis são mais comumente elaboradas segundo modelo baseado no custo histórico recuperável e no conceito da manutenção do capital financeiro nominal. Sabendo-se disso, pode-se afirmar que:

a) os relatórios contábil-financeiro de propósito geral não são elaborados para se chegar ao valor econômico da entidade que reporta a informação;
b) os relatórios contábil-financeiros de propósito geral são baseados em descrições ou estimativas para se chegar ao valor de mercado da entidade que reporta a informação;
c) o objetivo dos relatórios contábil-financeiros de propósito geral é fornecer informações contábil-financeiras para se chegar ao valor de mercado da entidade que reporta a informação;
d) os relatórios contábil-financeiros são baseados em descrições ou retratos exatos para se chegar ao valor de mercado da entidade que reporta a informação;
e) os relatórios contábil-financeiros são baseados em estimativas, julgamentos e modelos para se chegar ao valor de mercado da entidade que reporta a informação.

3. (Analista Contábil do Ministério Público de Rondônia/Funcab) Uma característica fundamental ao reconhecimento de um passivo é:

a) a existência de uma obrigação contratual;
b) a definição precisa do prazo;
c) a existência de incerteza;
d) a existência de uma obrigação presente;
e) a definição precisa de seu valor.

4. **Com base no Pronunciamento Conceitual Básico do CPC, marque a opção que indica item não abordado pela Estrutura Conceitual para Elaboração e Divulgação de Relatório Contábil-Financeiro:**
   a) o objetivo da elaboração e divulgação de relatório contábil-financeiro;
   b) as características qualitativas da informação contábil-financeira útil;
   c) a definição, o reconhecimento e a mensuração dos elementos a partir dos quais as demonstrações contábeis são elaboradas;
   d) os conceitos de capital e de manutenção de capital;
   e) os critérios para a forma de contabilização dos tributos sobre o lucro.

5. **(Tribunal de Justiça do Estado de Sergipe – Analista Judiciário/FCC) A identificação de um gasto efetuado que NÃO produza benefícios econômicos futuros é reconhecido nas demonstrações de uma entidade como:**
   a) ganho;
   b) despesa;
   c) custo;
   d) receita;
   e) ativo.

6. **(Tribunal de Justiça do Estado de Sergipe – Analista Judiciário/FCC) De acordo com a Estrutura Conceitual contábil, considere.**

   I. Todos os bens adquiridos pela empresa devem ser registrados no balanço patrimonial, nos grupos de ativos.

   II. As despesas devem ser reconhecidas no resultado da empresa, considerando-se a sua associação direta com a receita gerada.

   III. O conceito físico de manutenção de capital pressupõe a manutenção dos montantes financeiros dos ativos líquidos existentes no início do período e no final do período do Balanço Patrimonial.

   Está correto o que se afirma APENAS em:
   a) I;
   b) I e II;
   c) I e III;
   d) II;
   e) III.

7. **(Assembleia Legislativa do Estado de São Paulo/FCC) Para determinação de um ativo é necessário avaliar a capacidade que este bem ou direito tem na geração de benefícios econômicos futuros. Desta forma, NÃO se deve considerar para a determinação de um ativo se ele:**
   a) é usado isoladamente ou em conjunto com outros ativos na produção de mercadorias e serviços a serem vendidos pela entidade;
   b) pode ser trocado por outros ativos;
   c) pode ser usado para liquidar um passivo;
   d) pode ser distribuído aos proprietários da empresa;
   e) tem substância física e pode ser negociado.

8. **(Tribunal de Justiça do Estado de Sergipe – Analista Judiciário/FCC) Em conformidade com o estabelecido pela Resolução CFC nº 1.121/08, o conceito financeiro de manutenção de capital, no qual o capital é definido em unidades monetárias nominais, o ganho por manutenção e/ou estocagem de ativos, no período, só podem ser reconhecidos como lucro:**
   a) no momento em que ocorrer variação do indexador definido pelo órgão regulador;
   b) de acordo com o regime de competência, independente da transferência para terceiros;
   c) ao final de cada período verificado pela variação de um indexador definido pela entidade;
   d) no momento em que estes ativos forem efetivamente vendidos a terceiros;
   e) ao final do período examinado, se ocorrer aumento do índice geral de preços.

9. **(Tribunal de Justiça Militar – SP – Contador Jurídico/Vunesp) O balanço patrimonial tem por finalidade apresentar a posição financeira e patrimonial de uma empresa em uma determinada data, representando, portanto, um posição estática. No balanço, as contas serão classificadas segundo os elementos do patrimônio que as registrem, e agrupadas de modo a facilitar o conhecimento e análise da situação financeira da empresa. Nesse sentido, o ativo:**
   a) compreende os recursos controlados por uma entidade e dos quais se esperam benefícios econômicos futuros;
   b) agrupa os bens e os ativos da empresa e dos sócios, dos quais se têm benefícios econômicos;
   c) representa a contrapartida das receitas geradas pela empresa;
   d) compreende os recursos controlados por uma entidade e pelos sócios e dos quais se obtêm benefícios econômicos;
   e) representa a diferença entre passivo e patrimônio líquido, ou seja, o valor líquido da empresa.

10. **(INFRAERO – Auditor/FCC) Considere as afirmações a seguir, relativas à Estrutura Conceitual da Contabilidade.**

    I. As demonstrações contábeis preparadas pelo regime de competência informam aos usuários sobre as transações passadas envolvendo o pagamento e o recebimento de caixa ou outros recursos financeiros e sobre as obrigações de pagamento e recursos que serão recebidos no futuro.

    II. Para que o princípio da primazia da forma sobre a essência seja atendido, é necessário que as transações e eventos que afetam o patrimônio da entidade sejam contabilizados e apresentados de acordo com a sua forma legal e não de acordo com a substância e a realidade econômica dessas transações.

    III. Todo aumento do ativo ou diminuição do passivo que tenha como consequência um aumento no patrimônio líquido da entidade deve ser reconhecido como receita na sua Demonstração do Resultado do Exercício.

    IV. Um ativo é reconhecido no balanço patrimonial quando for provável que benefícios econômicos futuros dele provenientes fluirão para a entidade, e seu custo ou valor puder ser determinado em bases confiáveis.

Assim, estão corretas as afirmativas:

a) I e II;
b) I e IV;
c) II e III;
d) II e IV;
e) III e IV.

11. **(Iamspe – Contador/Vunesp) Sabe-se que um dos objetivos básicos da contabilidade é o de prestar informações aos seus usuários. No que tange a esse assunto, pode-se, portanto, incluir o pronunciamento técnico contábil CPC 00 (R1) que, em conformidade com os seus conceitos quanto às características qualitativas da informação contábil-financeira útil, esta informação precisa ser relevante e representar com fidedignidade o que se propõe a representar. A utilidade da informação contábil-financeira será melhorada se ela for:**

a) comparável e identificável com empresas do mesmo segmento;
b) compreensível de modo tempestivo aos acionistas e demais usuários da contabilidade;
c) comparável, verificável, tempestiva e compreensível;
d) caracterizada com a primazia da essência sobre a forma;
e) auditável.

12. **(Unesp – Contador/Vunesp) De acordo com a atual estrutura conceitual da contabilidade, sabe-se que o benefício econômico embutido em um ativo é o seu potencial para contribuir, direta e indiretamente, para o fluxo de caixa ou equivalentes de caixa para a entidade. Os benefícios econômicos futuros de um ativo podem fluir para a entidade de diversas maneiras. Por exemplo, um ativo pode ser:**

I. usado isoladamente ou em conjunto com outros ativos, na produção de mercadorias e serviços a serem vendidos pela entidade;

II. usado isoladamente com outros ativos ou com passivos na produção de mercadorias e serviços a serem vendidos pela entidade;

III. trocado por outros ativos;

IV. usados para liquidar um passivo;

V. distribuído aos proprietários da entidade;

VI. distribuído aos sócios, funcionários da entidade e pagamento de impostos.

Estão corretos apenas os itens:

a) I, II, IV e V;
b) I, III, IV e V;
c) II, IV, V e VI;
d) I, IV, V e VI;
e) II, III, IV e VI.

13. (Auditor Tributário Municipal – São José dos Campos – SP/ Vunesp) As demonstrações contábeis são elaboradas e apresentadas para usuários externos em geral, tendo em vista suas finalidades distintas e necessidades diversas. Para tanto, criaram-se as características qualitativas da informação contábil-financeira útil, que identificam os tipos de informação que, muito provavelmente, são reputadas como as mais úteis para investidores, credores por empréstimos e outros credores, existentes e em potencial, para tomada de decisões acerca da entidade que reporta com base na informação contida nos seus relatórios contábil-financeiros. Isto posto, de acordo com o pronunciamento contábil CPC 00 (R1) – Estrutura Conceitual para Elaboração de Relatório Contábil--Financeiro, as características qualitativas de melhoria são:

a) comparabilidade, verificabilidade, tempestividade e compreensibilidade;
b) comparabilidade, uniformidade, relevância e entendimento;
c) verificabilidade, tempestividade, materialidade e uniformidade;
d) tempestividade, relatividade, comparabilidade e materialidade;
e) uniformidade, comparabilidade, compreensibilidade e intempestividade.

14. (Auditor Tributário Municipal – São José dos Campos – SP/ Vunesp) De acordo com o CPC 00 (R1), as demonstrações contábeis retratam os efeitos patrimoniais e financeiros das transações e outros eventos, por meio do grupamento dos mesmos em classes amplas, de acordo com as suas características econômicas. Essas classes amplas são denominadas de ____________ das demonstrações contábeis, que diretamente relacionados à mensuração da ______ no balanço patrimonial são os ativos, os passivos e o patrimônio líquido, sendo que aqueles diretamente relacionados com a mensuração do desempenho na demonstração do resultado são as receitas e as despesas.

As lacunas do texto podem ser, correta e respectivamente, preenchidas por:

a) grupos... essência;
b) subclasses... avaliação;
c) elementos... posição patrimonial e financeira;
d) textos... equação contábil;
e) medidores... posição contábil.

15. (Assembleia Legislativa do Estado de São Paulo/FCC) A empresa Correção S.A. tem a prática de dar garantia de um ano de seus produtos a seus clientes. A média de reclamações é de 2%, mas a empresa constitui uma provisão de 5% para atender ao princípio da prudência. O procedimento realizado pela empresa é:

a) adequado, pois apresenta a posição mais conservadora que a empresa pode adotar, resultando na menor situação econômica financeira que a empresa pode obter;
b) inadequado, visto que reconhece uma provisão excessiva superavaliando o passivo e apresentando demonstrações contábeis não confiáveis, devido à falta de neutralidade;
c) correto, visto que as estimativas e provisões são de responsabilidade do contabilista, que deve adotar o procedimento que melhor lhe resguarde, quando for questionado;
d) permitido, desde que apresente uma posição econômico-financeira mais conservadora, com valores que conduzam a uma visão de valor inferior ao que efetivamente a empresa tenha;
e) proibido, em decorrência de estar fundamentado na essência e não na forma, gerando uma subavaliação de passivos.

16. (BNDES – Profissional Básico – Contabilidade/ Fundação Cesgranrio) O Pronunciamento Conceitual Básico do Comitê de Pronunciamentos Contábeis (CPC) dispõe sobre a Estrutura Conceitual para Elaboração e Divulgação de Relatório Contábil-Financeiro.

Nos termos desse pronunciamento, as demonstrações contábeis são elaboradas e apresentadas para usuários externos em geral, tendo em vista suas finalidades distintas e necessidades diversas.

A Estrutura Conceitual, ao estabelecer os conceitos para a elaboração e apresentação das demonstrações contábeis destinadas a usuários externos, tem dentre as suas finalidades a de:

a) auxiliar os auditores independentes a formar sua opinião sobre a conformidade das demonstrações contábeis com os Pronunciamentos Técnicos, Interpretações e Orientações;
b) avaliar a administração da entidade quanto à responsabilidade que lhe tenha sido conferida e quanto à qualidade de seu desempenho e de sua prestação de contas;
c) decidir quando comprar, manter ou vender instrumentos patrimoniais;
d) determinar políticas tributárias;
e) elaborar e usar estatísticas de renda nacional.

17. (Petrobras – Contador/ Fundação Cesgranrio) Atualmente, as normas internacionais de informações financeiras (*IFRS*), anteriormente chamadas de normas internacionais de contabilidade (*IAS*), são emitidas por que órgão?

a) European Accounting Association.
b) Financial Accounting Standards Board.
c) International Accounting Standards Board.
d) International Organization of Securities Commission.
e) International Financial Reporting Interpretations Committee.

18. (Petrobras – Contador/ Fundação Cesgranrio) Em relação à aplicação do IFRS, o aspecto qualitativo da informação financeira evidencia nas demonstrações contábeis da entidade, quando auxilia os diversos tipos de usuários na avaliação de eventos passados, presentes ou futuros, está relacionado à característica de:

a) comparabilidade;
b) compreensibilidade;
c) confiabilidade;
d) materialidade;
e) relevância.

19. (Petrobras – Contador/Fundação Cesgranrio) O processo pelo qual, respeitadas as características de cada região, os países são levados a realizar, de comum acordo, mudanças nos seus sistemas e normas contábeis, objetivando torná-los compatíveis entre si, é denominado, tecnicamente, de:

a) convergência;
b) harmonização;
c) normatização;
d) padronização;
e) uniformização.

20. **(Innova – Contador Júnior/Fundação Cesgranrio) O Conselho Federal de Contabilidade (CFC), pela Resolução CFC nº 1.374/2011, de 8 de dezembro de 2011, deu nova redação à NBC TG ESTRUTURA CONCEITUAL – Estrutura Conceitual para Elaboração e Divulgação de Relatório Contábil-Financeiro. No Capítulo 4 – Estrutura Conceitual para a Elaboração e Apresentação das Demonstrações Contábeis: texto remanescente, contempla os Passivos a partir do item 4.15. No item 4.17, estabelece que a liquidação de uma obrigação presente geralmente implica a atualização, pela entidade, de recursos incorporados de benefícios econômicos, a fim de satisfazer a demanda da outra parte.**
De acordo com o exposto, considere as afirmações a seguir.
I. A liquidação de obrigação presente pode ocorrer por transferência de outros ativos.
II. A liquidação de obrigação presente pode ocorrer por prestação de serviços.
III. A liquidação de obrigação presente pode ocorrer por conversão da obrigação em um item do patrimônio líquido.
É correto o que se afirma em:
a) I, apenas;
b) II, apenas;
c) I e II, apenas;
d) II e III, apenas;
e) I, II e III.

21. **(Transpetro – Contador Júnior/Fundação Cesgranrio) Uma das características qualitativas da informação contábil financeira útil é a relevância. Nos termos da Resolução CFC nº 1.374/2011, que dá nova redação à NBC TG Estrutura Conceitual, relevância é entendida como a característica qualitativa da informação contábil que:**
a) tem capacidade para fazer a diferença nas decisões que possam ser tomadas pelos usuários;
b) pode influenciar a decisão do usuário sobre a entidade, em caso de omissão ou divulgação distorcida;
c) oferece a possibilidade de o relatório contábil financeiro representar os fenômenos econômicos em palavra e números;
d) retrata a realidade econômica completa, incluindo a informação necessária para o usuário compreender o que está relatado;
e) permite que os usuários possam tomar decisões por identificarem e compreenderem similaridades e diferenças entre vários itens.

22. **(Petrobras – Contador(a) Júnior/ Fundação Cesgranrio) Há alguns anos o IASB – *International Accouting Standards Board* – (Colegiado de Padrões Contábeis Internacionais) vem buscando realizar uma harmonização nos padrões de contabilidade das nações associadas. Fundamentalmente, o objetivo dessa harmonização dos padrões contábeis mundiais visa a:**
a) permitir a comparabilidade das informações;
b) criar um padrão único a ser utilizado por todas as nações;
c) estabelecer princípios contábeis universais;
d) estabelecer leis, regras e normas a que todas as nações obedeçam;
e) padronizar, exclusivamente, a forma de apresentação dos demonstrativos contábeis.

23. (CVM – Analista de Normas Contábeis e de Auditoria/Esaf) As demonstrações contábeis, quando corretamente elaboradas, satisfazem as necessidades comuns da maioria dos seus usuários, uma vez que quase todos eles as utilizam para a tomada de decisões de ordem econômica.

Sob esse aspecto, pode-se dizer que, entre outras finalidades, os usuários baseiam-se nas demonstrações contábeis para praticar as seguintes ações, exceto:

a) decidir quando comprar, manter ou vender um investimento em ações;
b) avaliar a capacidade de seus empregados e proporcionar-lhes outros benefícios;
c) determinar a distribuição de lucros e dividendos;
d) regulamentar as atividades das entidades;
e) fiscalizar a lisura dos atos administrativos.

24. (CVM – Analista de Normas Contábeis e de Auditoria/Esaf) Das cinco assertivas abaixo apenas uma expressa a informação correta. Assinale a opção que a contém.

a) As características qualitativas são os atributos que tornam as demonstrações contábeis úteis para os usuários. As principais características qualitativas são compreensibilidade, relevância, confiabilidade, continuidade e comparabilidade.
b) As normas contábeis chamam de "elementos das demonstrações contábeis" as classes em que são retratados os efeitos patrimoniais e financeiros das transações e outros eventos, de acordo com suas características econômicas.
c) Os elementos diretamente relacionados à mensuração da situação patrimonial e financeira da entidade são as receitas e as despesas.
d) Os elementos diretamente relacionados com a mensuração do desempenho da entidade são os ativos, os passivos e o patrimônio líquido.
e) A demonstração das mutações na posição financeira não reflete os elementos da Demonstração do Resultado, mas as mutações dos elementos no Balanço Patrimonial.

25. (CVM – Analista de Normas Contábeis e de Auditoria/Esaf) Aponte abaixo a opção que contém uma assertiva incorreta.

a) Ativo é um recurso controlado pela entidade como resultado de eventos passados e do qual se espera que resultem futuros benefícios econômicos para a entidade.
b) Passivo é uma obrigação presente da entidade, derivada de eventos já ocorridos, cuja liquidação se espera que resulte em saída de recursos capazes de gerar benefícios econômicos para a entidade.
c) Patrimônio Líquido é o valor residual dos ativos da entidade depois de deduzidos todos os resultados.
d) Muitos ativos têm uma substância física. Entretanto, substância física não é essencial à existência de um ativo.
e) Muitos ativos estão ligados a direitos legais, inclusive a direito de propriedade. Ao determinar a existência de um ativo, entretanto, o direito de propriedade não é essencial.

Capítulo 19

Matriz e Filial

1. Conceitos Básicos

MATRIZ (ou SEDE) → Estabelecimento central em relação às suas filiais

FILIAL (sentido amplo)		
	AGÊNCIA	Filial que normalmente presta serviços à matriz, tendo pouca ou quase nenhuma autonomia administrativa.
	FILIAL (sentido estrito)	Apesar de ser dependente e submissa à matriz, atua como se fosse uma empresa distinta da matriz. Porém, é a matriz que de forma direta orienta e dirige seus negócios aprovando-os ou não.
	SUCURSAL	Filial com maior independência administrativa em relação às filiais e agências. Apesar de ligada à matriz, sendo obrigada a segui-la nos mesmos objetivos da empresa como um todo, mantém normalmente uma direção não ligada diretamente à matriz, a qual irá operar como se fosse uma empresa distinta, ao ponto de, em alguns casos, poder agir como se fosse uma espécie de segunda matriz, mantendo até mesmo outras filiais e agências diretamente ligadas ao seu comando. Este caso é comum em sucursais que se localizam em estados onde não estão suas respectivas matrizes.

Obs. 1: Em geral, a fim de simplificar os conceito acima, quando utilizarmos a expressão "FILIAL" estamos nos referindo no "sentido amplo", ou seja, além de incluirmos filial no sentido estrito, estamos também incluindo as agências e as sucursais.

Obs. 2: Apesar das filiais (sentido amplo) não possuírem personalidade jurídica própria, visto que representam a extensão da personalidade jurídica da matriz, para fins de inscrição no CNPJ (Cadastro Nacional da Pessoa Jurídica), a barra do número de ordem da matriz, quando se trata de inscrição a nível federal, é 0001. No caso das filiais, a referida barra vai de 0002 a 9999.

2. Contabilização das Operações Realizadas pela Matriz e pelas Filiais

2.1. Contabilidade Centralizada

Nesse caso, somente a matriz realiza todos os registros e demonstrações contábeis de todas as operações ocorridas na empresa como um todo, detendo assim todos os livros contábeis, independentemente dos fatos contábeis terem ocorrido na matriz ou nas filiais. Apesar disso, a matriz normalmente elabora o seu plano de contas segregando as contas entre matriz e filiais.

Assim, a matriz poderia ter no seu plano de contas, por exemplo, as seguintes contas: Vendas – Matriz, Vendas – Filial 1, Vendas – Filial 2, CMV – Matriz, CMV – Filial 1, CMV – Filial 2, etc.

A contabilidade centralizada totalmente na matriz é muito comum no caso dos bancos, os quais possuem um grande número de agências bancárias. É comum também no caso das grandes empresas comerciais, as quais possuem um maior número de filiais em relação às indústrias ou empresas prestadoras de serviços.

Eis alguns exemplos de contabilização pela matriz no sistema centralizado:

(1) Transferência de numerário da matriz para uma filial:

D – Caixa – Filial

C – Caixa – Matriz

(2) Transferência de numerário de uma filial para a matriz:

D – Caixa – Matriz

C – Caixa – Filial

(3) Transferências de mercadorias da matriz para uma filial:

D – Mercadorias – Filial

C – Mercadorias – Matriz

(4) Transferências de mercadorias de uma filial para a matriz:

D – Mercadorias – Matriz

C – Mercadorias – Filial

(5) A matriz paga o fornecedor de uma filial:

D – Fornecedores – Filial

C – Caixa – Matriz

(6) A filial paga o seu próprio fornecedor:

D – Fornecedores – Filial

C – Caixa – Filial

2.2. Contabilidade Descentralizada

Esse é o caso em que cada filial tem sua própria contabilidade, mantendo em seu poder os livros contábeis próprios para registros de suas operações.

Assim, ao fim do período, as filiais transferem suas informações contábeis para a matriz e esta fará as demonstrações contábeis COMBINADAS.

Assim, temos as seguintes regras básicas no sistema descentralizado:

- A matriz tem no seu plano de contas uma conta-corrente específica para cada filial (Filial X C/C ou C/C Filial X, Filial Y C/C ou C/C Filial Y, etc.), podendo tais contas na matriz serem classificadas no ativo realizável a longo prazo ou, ainda, no ativo investimentos, sendo a primeira dessas duas possibilidades a mais comum.
- Cada filial terá uma "Matriz C/C" (ou C/C Matriz), a qual normalmente substituirá a conta Capital Social.
- Normalmente, nenhuma filial mantém conta-corrente com outra, ou seja, todas as operações entre as filiais devem envolver a matriz de compensação de lançamentos.

Exemplo Prático: Em 05/03/20X1 foi constituída a Cia. Safira, a qual é composta pela matriz M e pelas filiais P e Q, mediante a subscrição de 30.000 ações ordinárias de valor nominal R$ 4,00 cada, sendo integralizadas no ato 10% em dinheiro depositado no Banco do Brasil e o restante através de 3 salas comerciais de mesmo valor, sendo uma para a matriz e as outras duas divididas entres as duas filiais. Assim, serão feitos os seguintes lançamentos contábeis:

Na matriz M:	
D – Bancos	12.000
D – Edificações	108.000
C – Capital Social	120.000
D – Filial P C/C	36.000
D – Filial Q C/C	36.000
C – Edificações	72.000

Na filial P:	
D – Edificações	36.000
C – Matriz C/C	36.000

Na filial Q:	
D – Edificações	36.000
C – Matriz C/C	36.000

Em 08/03/20X1, a matriz faz uma retirada bancária de R$ 9.000,00, transferindo desse valor R$ 3.200,00 para a filial P e R$ 2.600,00 para a filial Q. Assim, serão feitos os seguintes lançamentos contábeis:

Na matriz M:	
D – Caixa	9.000
C – Bancos	9.000
D – Filial P C/C	3.200
C – Caixa	3.200
D – Filial Q C/C	2.600
C – Caixa	2.600

Na filial P:	
D – Caixa	3.200
C – Matriz C/C	3.200

Na filial Q:	
D – Caixa	2.600
C – Matriz C/C	2.600

Em 12/03/20X1 a matriz comprou a prazo R$ 24.000,00 em mesas, cadeiras e armários de escritório, transferindo R$ 6.000,00 para a filial P e R$ 3.000,00 para a filial Q. Assim, serão feitos os seguintes lançamentos contábeis:

Na matriz M:	
D – Móveis e Utensílios	24.000
C – Fornecedores	24.000
D – Filial P C/C	6.000
C – Móveis e Utensílios	6.000
D – Filial Q C/C	3.000
C – Móveis e Utensílios	3.000

Na filial P:	
D – Móveis e Utensílios	6.000
C – Matriz C/C	6.000

Na filial Q:	
D – Móveis e Utensílios	3.000
C – Matriz C/C	3.000

Em 20/03/20X1, a matriz M compra mercadorias a prazo no total de R$ 37.000,00 e transfere R$ 8.000,00 para a filial P. Assim, teremos:

Na matriz M:	
D – Mercadorias	37.000
C – Fornecedores	37.000
D – Filial P C/C	8.000
C – Mercadorias	8.000

Na filial P:	
D – Mercadorias	8.000
C – Matriz C/C	8.000

Em 22/03/20X1, a filial P compra a prazo R$ 11.000,00 em mercadorias. Assim, teremos:

Na filial P:	
D – Mercadorias	11.000
C – Fornecedores	11.000

Em 23/03/20X1, a filial P transfere R$ 6.000,00 em mercadorias para a filial Q. Dessa forma, considerando que as filiais não mantêm contas-correntes entre elas, isso implicará a contabilização de todas as operações entre filiais envolvendo a matriz, através de compensação de lançamentos. Assim, teremos os seguintes lançamentos nas "três" unidades:

Na filial P:	
D – Matriz C/C	6.000
C – Mercadorias	6.000

Na filial Q:	
D – Mercadorias	6.000
C – Matriz C/C	6.000

Na matriz M:	
D – Filial Q C/C	6.000
C – Filial P C/C	6.000

Em 25/03/20X1, a matriz vende mercadorias à vista por R$ 28.000,00, a filial P vende mercadorias à vista por R$ 15.000,00 e a filial Q vende mercadorias à vista por R$ 7.000,00. (**Nota:** a empresa trabalha com inventário periódico no controle mensal de seus estoques por contagem física, utilizando a "Conta Mercadorias Parcialmente Desdobrada", isto é, desdobrada somente para os fatos relacionados às vendas. No caso dos fatos relacionados às compras e transferências não há desdobramento da conta mercadorias). Assim, teremos as seguintes contabilizações "independentes" nas três unidades:

Na matriz M:	
D – Caixa	28.000
C – Vendas	28.000

Na filial P:	
D – Caixa	15.000
C – Vendas	15.000

Na filial Q:	
D – Caixa	7.000
C – Vendas	7.000

Em 28/03/20X1, a matriz apropria R$ 3.300,00 de despesas gerais do mês (luz, água, gás, telefone, consumo de materiais de escritório e de limpeza, lanches, passagens, ... etc.), sendo 1.200,00 pagas em março e o restante a pagar em abril. Na mesma data, a filial P apropria R$ 2.500,00 de despesas gerais do mês, sendo R$ 900,00 pagas em março e o restante a pagar em abril. Também, na mesma data, a filial Q apropria R$ 1.700,00 de despesas gerais do mês, sendo R$ 500,00 pagas em março e o restante a pagar em abril. Assim, teremos as seguintes contabilizações "independentes" nas três unidades:

Na matriz M:	
D – Despesas Gerais	3.300
C – Caixa	1.200
C – Contas a Pagar	2.100

Na filial P:	
D – Despesas Gerais	2.500
C – Caixa	900
C – Contas a Pagar	1.600

Na filial Q:	
D – Despesas Gerais	1.700
C – Caixa	500
C – Contas a Pagar	1.200

Em 31/03/20X1, as três unidades contabilizam a depreciação mensal das edificações a uma taxa de 4% ao ano e dos móveis e utensílios a uma taxa de 10% ao ano. Assim, serão feitos os seguintes cálculos e contabilizações "independentes" referentes às três unidades:

Na matriz M:	
Cálculos:	
Depreciação (edificações) = R$ 36.000,00 × 4% ÷ 12 = R$ 120,00	
Depreciação (móveis e utensílios) = R$ 15.000,00 × 10% ÷ 12 = R$ 125,00	
D – Depreciação	245
C – Depreciação Acumulada (edificações)	120
C – Depreciação Acumulada (móveis e utensílios)	125

Na filial P:	
Cálculos:	
Depreciação (edificações) = R$ 36.000,00 × 4% ÷ 12 = R$ 120,00	
Depreciação (móveis e utensílios) = R$ 6.000,00 × 10% ÷ 12 = R$ 50,00	
D – Depreciação	170
C – Depreciação Acumulada (edificações)	120
C – Depreciação Acumulada (móveis e utensílios)	50

Na filial Q:	
Cálculos:	
Depreciação (edificações) = R$ 36.000,00 × 4% ÷ 12 = R$ 120,00	
Depreciação (móveis e utensílios) = R$ 3.000,00 × 10% ÷ 12 = R$ 25,00	
D – Depreciação	145
C – Depreciação Acumulada (edificações)	120
C – Depreciação Acumulada (móveis e utensílios)	25

Em 31/03/20X1, a matriz, a filial P e a filial Q apuraram seus estoques de mercadorias para revenda por contagem física, chegando, respectivamente, aos seguintes valores: R$ 5.100,00, R$ 3.900,00 e R$ 1.800,00, contabilizando assim os seus custos das mercadorias vendidas. Nessa mesma data, realizaram a apuração do resultado, mediante o encerramento das receitas e despesas do mês, transferindo seus respectivos resultados para a conta Lucros Acumulados. Assim, para o cálculo do CMV (Custo das Mercadorias Vendidas), utilizaremos a seguinte fórmula:

CMV = EI + CL + TL – EF

Legenda:

EI: Estoque inicial

EF: Estoque final

CL: Compras líquidas

TL: Transferências Líquidas

Nota: *TL = Transferências Recebidas – Transferências Enviadas*

Obs.: Se considerarmos a incidência do ICMS nas compras e vendas de mercadorias, haverá também a incidência desse imposto nas transferências, visto que seu fato gerador é a "circulação de mercadorias", ou seja, nas transferências também deverá haver emissão de nota fiscal com indicação do ICMS. Desta forma, se a matriz, por exemplo, transfere mercadorias no valor de R$ 10.000,00 com incidência de ICMS de 17% para uma filial, aquela irá contabilizar ICMS a Recolher no valor de R$ 1.700,00. A filial recebedora, por sua vez, irá contabilizar ICMS a Recuperar no mesmo valor. Assim, para a empresa, como um todo, não haverá ICMS a Recuperar ou ICMS a Recolher nas transferências, pois uma conta será anulada com a outra na <u>combinação</u> dos balanços.

Desta forma, teremos os seguintes cálculos do CMV nas três unidades:

Matriz: EI = 0; CL = 37.000; TL = 0 – 8.000 = – 8.000; TE = 8.000; EF = 5.100 CMV = 0 + 37.000 + (– 8.000) – 5.100 = 23.900
Filial P: EI = 0; CL = 11.000; TL = 8.000 – 6.000 = 2.000; EF = 3.900 CMV = 0 + 11.000 + 2.000 – 3.900 = 9.100
Filial Q: EI = 0; CL = 0; TL = 6.000 – 0 = 6.000; EF = 1.800 CMV = 0 + 0 + 6.000 – 1.800 = 4.200

As contabilizações do CMV nas três unidades serão feitas da seguinte forma:

Na matriz M:	
D – CMV	23.900
C – Mercadorias	23.900

Na filial P:	
D – CMV	9.100
C – Mercadorias	9.100

Na filial Q:	
D – CMV	4.200
C – Mercadorias	4.200

O encerramento das contas de resultado e a transferência do resultado para a conta Lucros Acumulados nas três unidades ao fim do mês serão feitos da seguinte forma:

Nota: *O resultado de cada filial deverá ser agregado ao da matriz, mediante o débito na conta Lucros Acumulados e o crédito na conta Matriz C/C. Paralelamente, a matriz receberá os respectivos resultados nas filiais, debitando a conta Filial C/C e creditando a conta Lucros Acumulados.*

Na filial P:	
D – Apuração do Resultado	11.770
C – CMV	9.100
C – Despesas Gerais	2.500
C – Depreciação	170
D – Vendas	15.000
C – Apuração do Resultado	15.000
D – Apuração do Resultado	3.230
C – Lucros Acumulados	3.230
D – Lucros Acumulados	3.230
C – Matriz C/C	3.230

Na filial Q:	
D – Apuração do Resultado	6.045
C – CMV	4.200
C – Despesas Gerais	1.700
C – Depreciação	145
D – Vendas	7.000
C – Apuração do Resultado	7.000
D – Apuração do Resultado	955
C – Lucros Acumulados	955
D – Lucros Acumulados	955
C – Matriz C/C	955

Na matriz M:	
D – Apuração do Resultado	27.445
C – CMV	23.900
C – Despesas Gerais	3.300
C – Depreciação	245
D – Vendas	28.000
C – Apuração do Resultado	28.000
D – Apuração do Resultado	555
C – Lucros Acumulados	555
D – Filial P C/C	3.230
D – Filial Q C/C	955
C – Lucros Acumulados	4.185

BALANÇOS PATRIMONIAIS DAS TRÊS UNIDADES AO FIM DE MARÇO:

Matriz M

ATIVO		PASSIVO	
CIRCULANTE	**38.100**	**CIRCULANTE**	**63.100**
Caixa	30.000	Contas a Pagar	2.100
Bancos	3.000	Fornecedores	61.000
Mercadorias	5.100		
NÃO CIRCULANTE	**149.740**		
		PATRIMÔNIO LÍQUIDO	**124.740**
REALIZÁVEL A LONGO PRAZO		Capital Social	120.000
Filial P C/C	50.430	Lucros Acumulados	4.740
Filial Q C/C	48.555		
IMOBILIZADO			
Móveis e Utensílios	15.000		
Depreciação Acumulada	(125)		
Edificações	36.000		
Depreciação Acumulada	(120)		
TOTAL DO ATIVO	**187.840**	**TOTAL DO PASSIVO**	**187.840**

Filial P

ATIVO		PASSIVO	
CIRCULANTE	**21.200**	**CIRCULANTE**	**12.600**
Caixa	17.300	Contas a Pagar	1.600
Mercadorias	3.900	Fornecedores	11.000
NÃO CIRCULANTE	**41.830**		
IMOBILIZADO			
Móveis e Utensílios	6.000	**PATRIMÔNIO LÍQUIDO**	**50.430**
Depreciação Acumulada	(50)	Matriz C/C	50.430
Edificações	36.000		
Depreciação Acumulada	(120)		
TOTAL DO ATIVO	**63.030**	**TOTAL DO PASSIVO**	**63.030**

Filial Q

ATIVO		**PASSIVO**	
CIRCULANTE	**10.900**	**CIRCULANTE**	**1.200**
Caixa	9.100	Contas a Pagar	1.200
Mercadorias	1.800		
NÃO CIRCULANTE	**38.855**		
IMOBILIZADO		**PATRIMÔNIO LÍQUIDO**	**48.555**
Móveis e Utensílios	3.000	Matriz C/C	48.555
Depreciação Acumulada	(25)		
Edificações	36.000		
Depreciação Acumulada	(120)		
TOTAL DO ATIVO	**49.755**	**TOTAL DO PASSIVO**	**49.755**

Nota: *Observemos que* <u>*não existe*</u> *a conta Capital Social nas filiais.*

DEMONSTRAÇÕES DOS RESULTADOS AO FIM DE MARÇO:

Matriz

Receita Bruta	28.000
(–) CMV	(23.900)
(=) Lucro Bruto	4.100
(–) Despesas Gerais	(3.300)
(–) Depreciação	(245)
(=) Lucro Líquido	555

Filial P

Receita Bruta	15.000
(–) CMV	(9.100)
(=) Lucro Bruto	5.900
(–) Despesas Gerais	(2.500)
(–) Depreciação	(170)
(=) Lucro Líquido	3.230

Filial P

Receita Bruta	7.000
(–) CMV	(4.200)
(=) Lucro Bruto	2.800
(–) Despesas Gerais	(1.700)
(–) Depreciação	(145)
(=) Lucro Líquido	955

1º Comentário Extra: Na contabilização das operações com mercadorias pelo inventário periódico, nada impede que se utilize nesse sistema a CONTA MERCADORIAS TOTALMENTE DESDOBRADA, ou, simplesmente, Conta Mercadorias Desdobrada (a palavra "Totalmente" é dispensável neste caso), ou seja, desdobrando não só as vendas, mas também as compras e as transferências. Neste caso, a conta "Transferências de Mercadorias" seria debitada pelas transferências de mercadorias recebidas, e creditada pelas transferências de mercadorias enviadas, podendo apresentar saldo devedor ou credor. Desta forma, teríamos os seguintes lançamentos genéricos relacionados às compras e às transferências de mercadorias:

Compras de mercadorias pela matriz ou por uma filial:

D – Compras

C – Caixa/Fornecedores

Devoluções de compras de mercadorias pela matriz ou por uma filial:

D – Caixa/Fornecedores

C – Devoluções de Compras

Abatimentos sobre compras de mercadorias pela matriz ou por uma filial:

D – Caixa/Fornecedores

C – Abatimentos sobre Compras

Transferências de mercadorias recebidas da matriz por uma filial:

D – Transferências de Mercadorias

C – Matriz C/C

Transferências de mercadorias enviadas da matriz para uma filial:

D – Filial C/C

C – Transferências de Mercadorias

Transferências de mercadorias enviadas de uma filial para a matriz:

D – Matriz C/C

C – Transferências de Mercadorias

Transferências de mercadorias recebidas de uma filial pela matriz:

D – Transferências de Mercadorias

C – Filial C/C

Transferências de mercadorias enviadas de uma filial X para uma filial Y (nesse caso, não há contas-correntes entre as filiais, devendo-se intermediar a operação pela matriz, através da compensação de lançamentos, de tal forma que as três unidades terão que fazer lançamentos contábeis):

Na filial X:

D – Matriz C/C

C – Transferências de Mercadorias

Na filial Y:

D – Transferências de Mercadorias

C – Matriz C/C

Na matriz:

D – Filial Y C/C

C – Filial X C/C

Apuração do CMV na matriz ou nas filiais, quando as transferências recebidas são <u>maiores</u> que as transferências enviadas, ou seja, a conta "Transferências de Mercadorias" tem <u>saldo devedor</u>:

D – CMV

C – Compras

C – Mercadorias (estoque inicial)

C – Transferências de Mercadorias

D – Mercadorias (estoque final)

C – CMV

No exemplo dado, temos essa hipótese na filial P. Desta forma, teríamos os seguintes lançamentos nessa filial:

D – CMV 13.000

C – Compras 11.000

C – Mercadorias (estoque inicial) 0

C – Transferências de Mercadorias 2.000

D – Mercadorias (estoque final) 3.900

C – CMV 3.900

Apuração do CMV na matriz ou nas filiais, quando as transferências recebidas são <u>menores</u> que as transferências enviadas, ou seja, a conta "Transferências" tem <u>saldo credor</u>:

D – CMV

D – Transferências de Mercadorias

C – Compras

C – Mercadorias (estoque inicial)

D – Mercadorias (estoque final)

C – CMV

No exemplo dado, temos essa hipótese na matriz M. Desta forma, teríamos os seguintes lançamentos na matriz:

D – CMV 29.000

D – Transferências de Mercadorias 8.000

C – Compras 37.000

C – Mercadorias (estoque inicial) 0

D – Mercadorias (estoque final) 5.100

C – CMV 5.100

2º Comentário Extra: Os lançamentos genéricos acima foram feitos desconsiderando a incidência de qualquer tributo sobre as operações. Caso, por exemplo, fosse considerada a incidência de ICMS nas operações, teríamos o seguinte:

(1) Compras de mercadorias pela matriz ou por uma filial:

D – Compras

D – ICMS C/C

C – Caixa/Fornecedores

(2) Devoluções de compras de mercadorias pela matriz ou por uma filial:

D – Caixa/Fornecedores

C – ICMS C/C

C – Devoluções de Compras

(3) Abatimentos sobre compras de mercadorias pela matriz ou por uma filial (não há ICMS nos abatimentos, pois as mercadorias não circulam):

D – Caixa/Fornecedores

C – Abatimentos sobre Compras

(4) Transferências de mercadorias recebidas da matriz por uma filial:

D – Transferências de Mercadorias

D – ICMS C/C

C – Matriz C/C

(5) Transferências de mercadorias enviadas da matriz para uma filial:

D – Filial C/C

C – Transferências de Mercadorias

C – ICMS C/C

(6) Transferências de mercadorias enviadas de uma filial para a matriz:

D – Matriz C/C

C – Transferências de Mercadorias

C – ICMC C/C

(7) Transferências de mercadorias recebidas de uma filial pela matriz:

D – Transferências de Mercadorias

D – ICMS C/C

C – Filial C/C

(8) Transferências de mercadorias enviadas de uma filial X para uma filial Y (nesse caso não há contas-correntes entre as filiais, devendo-se intermediar a operação pela matriz, através da compensação de lançamentos, de tal forma que as três unidades terão que fazer lançamentos contábeis):

Na filial X:

D – Matriz C/C

C – ICMS C/C

C – Transferências de Mercadorias

Na filial Y:

D – Transferências de Mercadorias

D – ICMS C/C

C – Matriz C/C

Na matriz:

D – Filial Y C/C

C – Filial X C/C

3º Comentário Extra: Numa empresa comercial que utilizasse o sistema de INVENTÁRIO PERMANENTE, seriam apenas desdobradas as contas relacionadas às vendas. As contas relacionadas às compras, abatimentos sobre compras e devoluções de compras utilizariam apenas a conta "Mercadorias", a qual não sofreria nenhum desdobramento nesses casos, tendo em vista que no sistema de atualização permanente dos estoques a conta "Mercadorias" deve ter seu saldo automaticamente atualizado a cada nova operação. No caso das transferências ENVIADAS da matriz para as filiais a preço de custo, o uso da conta "Transferências de Mercadorias" (ou "Mercadorias Transferidas") é opcional, visto que existência ou não dessa conta não prejudica em nada a sistemática do controle permanente dos estoques. No entanto, se as transferências de mercadorias da matriz para as filiais forem feitas a preço de venda ou a preço arbitrado, é recomendável o uso da referida conta, tendo em vista que neste caso a matriz deverá creditar a conta "Mercadorias" pelo custo original, ou seja, sem o lucro embutido. Feito assim, teríamos os seguintes lançamentos genéricos:

(1) Compra de mercadorias pela matriz ou por uma filial:

D – Mercadorias

C – Caixa/Fornecedores

(2) Devolução de compra de mercadorias ocorrida na matriz ou numa filial:

D – Caixa/Fornecedores

C – Mercadorias

(3) Abatimento sobre compra de mercadorias ocorrido na matriz ou numa filial (apesar do lançamento ser semelhante ao da devolução, de forma diferente desse caso, não haverá alteração da quantidade das mercadorias em estoque. Se fosse considerada a existência do ICMS, este só incidiria sobre a devolução, visto que nos abatimentos as mercadorias não circulam):

D – Caixa/Fornecedores

C – Mercadorias

(4) Transferência a preço de custo de mercadorias enviada da matriz para uma filial:

(1ª Opção)- Sem o uso da conta "Transferências de Mercadorias":

D – Filial C/C

C – Mercadorias

(2ª Opção) – Com o uso da conta "Transferências de Mercadorias" – *Neste caso é inevitável o uso da conta "Custo das Mercadorias Transferidas", a qual, ao fim do período, será ENCERRADA em contrapartida com a conta "Transferências de Mercadorias", mediante um débito nesta e um crédito naquela:*

D – Filial C/C

C – Transferências de Mercadorias

D – Custo das Mercadorias Transferidas

C – Mercadorias

Obs.: A primeira opção só pode ser utilizada quando as transferências entre matriz e filiais são realizadas a PREÇO DE CUSTO, ou seja, pelo preço que foi pago pelas mercadorias quando foram adquiridas de terceiros, método este o mais utilizado. Se as mercadorias forem transferidas ao PREÇO DE VENDA, é recomendável o uso do 2º método, ou seja, utilizando as referidas contas adicionais. Assim, por exemplo, suponhamos que a matriz transfira para a filial mercadorias a preço de custo no total de R$ 20.000,00. Desta forma, poderia ser feito o seguinte lançamento na matriz no sistema de inventário permanente:

D – Filial C/C	20.000
C – Mercadorias	20.000

Não estaria incorreto também criar as duas contas adicionais, apesar de não ser muito útil:

D – Filial C/C	20.000
C – Transferências de Mercadorias	20.000
D – Custo das Mercadorias Transferidas	20.000
C – Mercadorias	20.000

Neste caso, na época da combinação dos balanços e das apurações de resultados, a matriz teria que fazer o seguinte lançamento adicional:

D – Transferências de Mercadorias	20.000
C – Custo das Mercadorias Transferidas	20.000

Lançamento este que não seria feito se fosse adotada a primeira opção de contabilização. No entanto, se as mercadorias que custaram na aquisição R$ 20.000,00 fossem transferidas a preço de venda no valor de R$ 28.000,00, a contabilização mais recomendável na matriz seria feita com o uso das duas contas adicionais:

D – Filial C/C	28.000
C – Transferências de Mercadorias	28.000
D – Custo das Mercadorias Transferidas	20.000
C – Mercadorias	20.000

Neste caso, na época da combinação dos balanços, caso a filial tivesse vendido por R$ 28.000,00 a terceiros toda essa mercadoria recebida em transferência da matriz, esta poderia fazer os seguintes lançamentos adicionais:

D – Transferências de Mercadorias	28.000
C – Vendas	28.000
D – Custo das Mercadorias Vendidas	20.000
C – Custo das Mercadorias Transferidas	20.000

Ainda neste caso, se a filial recebedora dessas mercadorias a preço de venda nada vendesse a terceiros, permanecendo com as mesmas nos estoques, na época da combinação dos balanços, os R$ 8.000,00 de lucros existentes nos estoques da filial deveriam ser eliminados, podendo-se fazer a seguinte contabilização na matriz:

D – Transferências de Mercadorias	28.000
C – Custo das Mercadorias Transferidas	20.000
C – Mercadorias	8.000

Entretanto, há a possibilidade, neste caso, de a filial vender a terceiros somente parte das mercadorias recebidas em transferência da matriz. Assim, suponhamos nesse último exemplo que a filial vendesse a terceiros 70% do estoque recebido em transferência da matriz. Desta forma, na época da combinação dos balanços entre matriz e filial, poderiam ser feitos os seguintes lançamentos na escrituração da matriz:

Apropriação da receita de Vendas:

D – Transferências de Mercadorias (70% 28.000)	19.600
C – Vendas	19.600

Apropriação do CVM:

D – Custo das Mercadorias Vendidas (70% 20.000)	14.000
C – Custo das Mercadorias Transferidas	14.000

Eliminação do lucro no estoque da filial:

D – Transferências de Mercadorias (30% 28.000)	8.400
C – Custo das Mercadorias Transferidas (30% 20.000)	6.000
C – Mercadorias (30% 8.000)	2.400

(5) Transferência de mercadorias recebida da matriz por uma filial:

D – Mercadorias

C – Matriz C/C

(6) Transferência de mercadorias enviada de uma filial X para uma filial Y (neste caso, visto que não há contas-correntes entre as filiais, a operação será intermediada pela matriz, através de compensação de lançamentos):

Lançamento na filial X:

D – Matriz C/C

C – Mercadorias

Lançamento na filial Y:

D – Mercadorias

C – Matriz C/C

Lançamento na Matriz:

D – Filial Y C/C

C – Filial X C/C

(7) Venda de mercadorias pela matriz ou por uma filial:

D – Caixa/Clientes

C – Vendas

D – CMV

C – Mercadorias

Devolução de venda de mercadorias ocorrida na matriz ou numa filial:

D – Devoluções de Vendas

C – Caixa/Clientes

D – Mercadorias

C – CMV

Abatimento sobre venda ocorrido na matriz ou numa filial:

D – Abatimentos sobre Vendas

C – Caixa/Clientes

4º Comentário Extra: No sistema de inventário permanente descrito acima, se considerarmos a existência do ICMS nas operações, teremos as seguintes contabilizações:

(1) Compra de mercadorias pela matriz ou por uma filial:

D – Mercadorias

D – ICMS C/C

C – Caixa/Fornecedores

(2) Devolução de compra de mercadorias ocorrida na matriz ou numa filial:

D – Caixa/Fornecedores

C – Mercadorias

C – ICMS C/C

(3) Abatimento sobre compra de mercadorias ocorrido na matriz ou numa filial (não há incidência do ICMS, pois as mercadorias não circulam):

D – Caixa/Fornecedores

C – Mercadorias

(4) Transferência a preço de custo de mercadorias enviada da matriz para uma filial:

D – Filial C/C

C – Mercadorias

C – ICMS C/C

(5) Transferência de mercadorias recebida da matriz por uma filial:

D – Mercadorias

D – ICMS C/C

C – Matriz C/C

(6) Transferência de mercadorias enviada de uma filial X para uma filial Y (neste caso, visto que não há contas-correntes entre as filiais, a operação será intermediada pela matriz, através de compensação de lançamentos):

Lançamento na filial X:

D – Matriz C/C

C – Mercadorias

C – ICMS C/C

Lançamento na filial Y:

D – Mercadorias

D – ICMS C/C

C – Matriz C/C

Lançamento na Matriz:

D – Filial Y C/C

C – Filial X C/C

(7) Venda de mercadorias pela matriz ou por uma filial:

D – Caixa/Clientes

C – Vendas

D – CMV

C – Mercadorias

D – ICMS sobre Vendas

C – ICMS C/C

(8) Devolução de venda de mercadorias ocorrida na matriz ou numa filial:

D – Devoluções de Vendas

C – Caixa/Clientes

D – Mercadorias

C – CMV

D – ICMS C/C

C – ICMS sobre Vendas

(9) Abatimento sobre venda ocorrido na matriz ou numa filial (não há incidência do ICMS, visto que a mercadoria não circula):

D – Abatimentos sobre Vendas

C – Caixa/Clientes

3. Demonstrações Contábeis Combinadas

Conforme já visto, no sistema de contabilização descentralizado, além da matriz, cada filial terá sua própria contabilidade.

Desta forma, na época de elaboração das demonstrações contábeis da empresa, serão COMBINADAS pela matriz as demonstrações contábeis desta com as demonstrações contábeis das filiais. Assim, na elaboração dessas demonstrações combinadas, devem ser eliminados:

- As contas-correntes entre matriz e filiais.
- As contas de transferências entre matriz e filiais.
- Os resultados não realizados nos estoques decorrentes de operações entre matriz e filiais.

No exemplo da Cia. Safira dado no item 2.2, teríamos a seguinte tabela, a qual representa o papel de trabalho de COMBINAÇÃO dos balanços das três unidades:

Contas	Matriz	Filial P	Filial Q	Eliminações D	Eliminações C	Balanço Combin.
ATIVO						
CIRCULANTE						
Caixa	30.000	17.300	9.100	–	–	56.400
Bancos	3.000	–	–	–	–	3.000
Mercadorias	5.100	3.900	1.800	–	–	10.800
NÃO CIRCULANTE						
REALIZÁVEL LP						
Filia P C/C	50.430	–	–	–	50.430	–
Filial Q C/C	48.555	–	–	–	48.555	–
IMOBILIZADO						
Móveis e Utensílios	15.000	6.000	3.000	–	–	24.000
Dep. Acumulada	(125)	(50)	(25)	–	–	(200)
Edificações	36.000	36.000	36.000	–	–	108.000
Dep. Acumulada	(120)	(120)	(120)			(360)
TOTAL DO ATIVO	187.840	63.030	49.755	////////////	///////////	201.640
PASSIVO						
CIRCULANTE						
Contas a Pagar	2.100	1.600	1.200	–	–	4.900
Fornecedores	61.000	11.000	0	–	–	72.000
PAT. LÍQUIDO						
Capital Social	120.000	–	–	–	–	120.000
Matriz C/C	–	50.430	48.555	98.985	–	–
Lucros Acumulados	4.740	–	–	–	–	4.740
TOTAL DO PASSIVO	187.840	63.030	49.755	////////////	///////////	201.640

Finalmente, seria feito o seguinte lançamento na matriz para a combinação dos balanços, o qual já está indicado na tabela no papel de trabalho de combinação anterior:

D – Matriz C/C 98.985
C – Filial P C/C 50.430
C – Filial Q C/C 48.555

Finalmente, o Balanço Patrimonial da Cia. Safira ao fim de março seria o seguinte:

ATIVO		PASSIVO	
CIRCULANTE	**70.200**	**CIRCULANTE**	**76.900**
Caixa	56.400	Contas a Pagar	4.900
Bancos	3.000	Fornecedores	72.000
Mercadorias	10.800		
NÃO CIRCULANTE	**131.440**		
IMOBILIZADO		**PATRIMÔNIO LÍQUIDO**	**124.740**
Móveis e Utensílios	24.000	Capital Social	120.000
Depreciação Acumulada	(200)	Lucros Acumulados	4.740
Edificações	108.000		
Depreciação Acumulada	(360)		
TOTAL DO ATIVO	**201.640**	**TOTAL DO PASSIVO**	**201.640**

A tabela seguinte representa o <u>papel de trabalho</u> de COMBINAÇÃO das demonstrações de resultado, ao fim de março, das três unidades:

Contas	Matriz	Filial P	Filial Q	Eliminações D	Eliminações C	DRE Combin.
Receita Bruta	28.000	15.000	7.000	–	–	50.000
(–) CMV	(23.900)	(9.100)	(4.200)	–	–	(37.200)
(=) Lucro Bruto	4.100	5.900	2.800	//////////	/////////	12.800
(–) Despesas Gerais	(3.300)	(2.500)	(1.700)	–	–	(7.500)
(–) Depreciação	(245)	(170)	(145)	–	–	(560)
(=) Lucro Líquido	555	3.230	955	//////////	/////////	4.740

Da mesma forma que no Balanço Patrimonial, a DRE da Cia. Safira é a própria DRE combinada indicada no papel de trabalho de combinação acima.

Obs.: Os espaços preenchidos nos papéis de trabalho de combinação dos balanços e das demonstrações de resultados anteriores com "/////////" têm por objetivo deixar claro que não se faz eliminação em grupos de contas e nem em resultados (lucro bruto, lucro líquido, etc.), tendo em vista que NÃO SÃO CONTAS, e, portanto, não estão sujeitos ao mecanismo de débito e crédito. Já nos espaços preenchidos com "-", significa que são contas que não receberam débito ou crédito, mas poderiam ter recebido.

4. Avaliação das Mercadorias Transferidas entre Matriz e Filiais

Na transferência de mercadorias da matriz para filiais, de filiais para matriz ou de filiais para filiais, existem os seguintes métodos de avaliação:

4.1. Método do Preço de Custo

É o método mais usado para as transferências de mercadorias. Na utilização da transferência por esse método, os resultados das filiais, após serem apurados, serão integrados ao resultado da matriz através dos seguintes lançamentos genéricos:

Se o resultado da filial for prejuízo:

D – Matriz C/C

C – Prejuízos Acumulados (ou Lucros Acumulados)

Se o resultado da filial for lucro:

D – Lucros Acumulados

C – Matriz C/C

4.2. Método do Preço de Venda

Neste caso, a matriz transfere as mercadorias para as filiais pelo preço que essas deverão vender aos clientes.

Apesar de aceitável, esse método não é o mais utilizado, visto que prejudica a apuração dos resultados nas filiais, pois estas vendem a terceiros as mercadorias recebidas em transferência ao mesmo custo que receberam da matriz.

Cabe ainda ressaltar que, quando se fala em transferências ao preço de custo, estas tanto podem ser feitas da matriz para as filiais, quanto destas para a matriz. No caso das transferências serem feitas ao preço de venda, entendemos que é a matriz que está transferindo para as filiais. Deste modo, **não há sentido prático algum** em se falar que as filiais transferiram mercadorias para a matriz a preço de venda.

4.3. Método do Preço Arbitrado

De forma diferente dos métodos anteriores, neste caso a matriz transfere as mercadorias para as filiais por um valor, em geral, acima do preço de custo e abaixo do preço de venda, ou seja, por um preço inferior àquele que as filiais venderão as mercadorias aos clientes. Esse método, apesar de também ser aceito, é menos utilizado ainda que o método do preço de venda.

5. Cálculo do CMV na Matriz e nas Filiais

CMV = EI + CL + TL – EF

onde, TL = TR – TE

Legenda:

EI: Estoque inicial

EF: Estoque final

CL: Compras líquidas

TL: Transferências Líquidas

TR: Transferências Recebidas

TE: Transferências Enviadas

Exemplo: As informações abaixo foram obtidas dos registros contábeis da comercial Jaspe Ltda., a qual é formada pela matriz e por uma filial:

Fatos ocorridos em abril de 20X1	MATRIZ	FILIAL	EMPRESA
Vendas	70.000	72.000	142.000
Compras	60.000	28.000	88.000
Transferências p/Filial	(23.000)	–	–
Transferências p/Matriz	–	(4.000)	–
Transferências da Filial	4.000	–	–
Transferências da Matriz	–	23.000	–

ESTOQUES	01/04/20X1	30/04/20X1
Filial	34.000	7.000
Matriz	12.000	11.000
Empresa	46.000	18.000

Assim, teremos os seguintes cálculos referentes ao mês de abril:

Na Matriz:

TR = 4.000

<u>TE = 23.000</u>

TL = 4.000 – 23.000 = – 19.000

CMV = 12.000 + 60.000 + (– 19.000) – 11.000 = 42.000

Lucro Bruto = 70.000 – 42.000 = 28.000

Na Filial:

TR = 23.000

<u>TE = 4.000</u>

TL = 23.000 – 4.000 = 19.000

CMV = 34.000 + 28.000 + 19.000 – 7.000 = 74.000

Prejuízo Bruto = 72.000 – 74.000 = (2.000)

Na Empresa como um todo:

EI = 46.000

EF = 18.000

CL = 88.000

Vendas = 142.000

CMV = EI + C – EF = 46.000 + 88.000 – 18.000 = 116.000

Lucro Bruto = 142.000 – 116.000 = 26.000

Nota: Observemos que o CMV da empresa (116.000) é exatamente o somatório do CMV da matriz (42.000) com o da filial (74.000). Da mesma forma, o Lucro Bruto da empresa é a soma algébrica do Lucro Bruto da matriz (+ 28.000) com o Prejuízo Bruto da filial (– 2.000).

EXERCÍCIO RESOLVIDO 1: A Comercial Cruzeiro Ltda. é constituída por uma Matriz e duas filiais. Ao longo de um período, foram apuradas as seguintes informações (valores em R$):

ESTOQUES	**MATRIZ M**	**FILIAL A**	**FILIAL B**
Inicial	9.900	3.500	4.100
Final	4.200	1.900	4.800
OPERAÇÃO	**MATRIZ M**	**FILIAL A**	**FILIAL B**
Compras	11.000	5.000	6.700
Devoluções de Compras	2.000	1.100	–
Vendas	48.000	17.000	6.000
Devoluções de Vendas	6.000	–	1.000
Transferências para A	1.300	–	500
Transferências de A	–	–	300
Transferências para B	1.700	300	–
Transferências de B	1.000	500	–
Transferências para M	–	–	1.000
Transferências de M	–	1.300	1.700

Informações adicionais:

- As transferências foram efetuadas a preço de custo.
- O ICMS nas operações é de 10%.

Assim, determine:

1) O lucro bruto da matriz.
2) O lucro bruto da filial A.
3) O lucro bruto da filial B.
4) O lucro bruto da Comercial Cruzeiro Ltda.

(SOLUÇÃO)

Para o cálculo do CMV entre as partes, utilizaremos a seguinte fórmula:

***CMV = EI + C + TL – EF**, onde:*

***TL** (Transf. Líquidas) = **TR** (Transf. Recebidas) – **TE** (Transf. Enviadas)*

Obs.: *No ato da transferência, a entidade emissora deverá fazer nota fiscal da mesma forma como faria se vendesse a mercadoria a terceiros, havendo incidência do ICMS, dada a circulação das mercadorias.*

1) Matriz

TR = 1.000 × 0,90 = 900

TE = (1.300 + 1.700) × 0,90 = 2.700

TL = TR – TE = 900 – 2.700 = – 1.800 → Transferências líquidas

---

Nota: *A multiplicação pelo fator "0,90" (ou 90%) reduz o valor das transferências em 10%, que é o ICMS a ser abatido, lembrando que o fato gerador desse imposto é a "circulação de mercadorias", independentemente se o fato foi compra, devolução de compra, venda ou transferência.*

CL = (11.000 – 2.000) × 0,90 = 8.100 → Compras líquidas

CMV = EI + CL + TL – EF

CMV = 9.900 + 8.100 + (– 1.800) – 4.200 = 12.000

VL = (48.000 – 6.000) × 0,90 = 37.800 → Vendas Líquidas

LB = VL – CMV = 37.800 – 12.000 = ***25.800***

2) Filial A

TR = (500 + 1.300) × 0,90 = 1.620

TE = 300 × 0,90 = 270

TL = TR – TE = 1.620 – 270 = 1.350 → Transferências líquidas

CL = (5.000 – 1.100) × 0,90 = 3.510 → Compras líquidas

CMV = EI + CL + TL – EF

CMV = 3.500 + 3.510 + 1.350 – 1.900 = 6.460

VL = 17.000 × 0,90 = 15.300 → Vendas Líquidas

LB = VL – CMV = 15.300 – 6.460 = ***8.840***

3) Filial B

TR = (300 + 1.700) × 0,90 = 1.800

TE = (1.000 + 500) × 0,90 = 1.350

TL = TR – TE = 1.800 – 1.350 = 450 → Transferências líquidas

CL = 6.700 × 0,90 = 6.030 → Compras líquidas

CMV = EI + CL + TL – EF

CMV = 4.100 + 6.030 + 450 – 4.800 = 5.780

VL = (6.000 – 1.000) × 0,90 = 4.500 → Vendas Líquidas

LB = VL – CMV = 4.500 – 5.780 = ***– 1.280 (prejuízo)***

4) Empresa

Para acharmos o Lucro Bruto da empresa, basta somarmos algebricamente os lucros brutos das partes. Assim:

LB = 25.800 + 8.840 + (– 1.280) = ***33.360***

Obs.: *Outra forma de apurarmos o lucro bruto da empresa é diretamente, mediante a utilização da fórmula normal do CMV, isto é, CMV = EI + CL – EF,* ***ignorando todas as transferências****, da seguinte forma:*

EI = 9.900 + 3.500 + 4.100 = 17.500

EF = 4.200 + 1.900 + 4.800 = 10.900

Compras = 11.000 + 5.000 + 6.700 = 22.700

Devoluções de Compras = 2.000 + 1.100 = 3.100

Vendas = 48.000 + 17.000 + 6.000 = 71.000

Devoluções de Vendas = 6.000 + 1.000 = 7.000

CMV = 17.500 + (22.700 – 3.100) × 0,9 – 10.900 = 24.240

LB = (71.000 – 7.000) × 0,9 – 24.240 = **33.360**

EXERCÍCIO RESOLVIDO 2: Com relação ao exercício anterior, e considerando o sistema de contabilização descentralizado, faça os lançamentos no diário e nos razonetes de todos os fatos ocorridos na matriz da Comercial Cruzeiro Ltda., incluindo os lançamentos de apuração contábil do Custo das Mercadorias Vendidas, considerando (Nota: suponha que todas as operações de compras e vendas foram realizadas a prazo):

a) Inventário periódico e conta mercadorias parcialmente desdobrada, ou seja, desdobrada somente nas vendas de mercadorias.

b) Inventário periódico com a conta mercadorias totalmente desdobrada, isto é, desdobrada nas compras, vendas, devoluções, abatimentos e transferências.

(SOLUÇÃO)

a) CONTA MERCADORIAS PARCIALMENTE DESDOBRADA:

(1) Compras no valor de R$ 11.000,00.

D – Mercadorias.. 9.900

D – ICMS C/C.. 1.100

C – Fornecedores.. 11.000

(2) Devoluções de compras no valor de R$ 2.000,00.

D – Fornecedores.. 2.000

C – Mercadorias.. 1.800

C – ICMS C/C.. 200

(3) Vendas no valor de R$ 48.000,00.

D – Clientes.. 48.000

C – Vendas.. 48.000

D – ICMS sobre Vendas.. 4.800

C – ICMS C/C.. 4.800

(4) Devoluções de vendas no valor de R$ 6.000,00.

D – Devoluções de Vendas.. 6.000

C – Clientes.. 6.000

D – ICMS C/C.. 600

C – ICMS sobre Vendas.. 600

(5) Transferências enviadas para a Filial A no valor de R$ 1.300.

D – Filial A C/C.. 1.300

C – Mercadorias.. 1.170

C – ICMS C/C.. 130

Obs. 1: *Ao afirmarmos que as mercadorias estão sendo transferidas ao preço de custo de R$ 1.300,00, estamos convencionando que este é o valor pago pela Matriz quando adquiriu essas mercadorias. Assim, tendo em vista que a alíquota do ICMS foi de 10%, o valor pelo qual essa mercadoria foi estocada na Matriz foi de R$ 1.170,00, valor este que sairá do estoque desta e entrará no estoque da Filial A.*

Obs. 2: *Uma outra opção de contabilização desse fato seria a indicada abaixo, onde haveria a criação de uma conta adicional chamada de "ICMS sobre Transferências", a qual, posteriormente, seria encerrada mediante um débito na conta "Mercadorias", visto que, neste caso, ela seria creditada de R$ 1.300,00 e não de R$ 1.170,00 como deveria e, desta forma, ao encerrarmos aquela conta mediante um débito nesta conta, estaríamos compensando essa diferença e estocando pelo valor correto. No entanto, a forma escolhida, ou seja, sem o uso da conta adicional, é mais prática, pois, em geral, não é muito útil para a empresa o controle específico do ICMS sobre as transferências, quando essas são feitas ao preço de custo, que é a regra geral.*

D – Filial A C/C *1.300*
C – Mercadorias *1.300*

D – ICMS sobre Transferências *130*
C – ICMS C/C *130*

Posteriormente, na época da atualização do valor dos estoques e apuração do CMV, seria feito o seguinte lançamento de ajuste:

D – Mercadorias..........130
C – ICMS sobre Transferências..........130

(6) *Transferências enviadas para a Filial B no valor de R$ 1.700,00.*

D – Filial B C/C.......... 1.700
C – Mercadorias.......... 1.530
C – ICMS C/C.......... 170

(7) *Transferências de mercadorias R$ 1.000,00 recebidas da Filial B.*

D – Mercadorias.......... 900
D – ICMS C/C.......... 100
C – Filial B C/C.......... 1.000

(8) *Finalmente, considerando o valor do CMV da Matriz no valor de R$ 12.000,00, valor este apurado no exercício resolvido 1, seria feito o seguinte lançamento ao fim do período (mensal, trimestral, anual, ... etc.):*

D – CMV.......... 12.000
C – Mercadorias.......... 12.000

(9) *Contabilização do ICMS a Recolher, mediante a transferência do saldo credor de ICMS C/C no valor de R$ 3.500,00.*

D – ICMS C/C 3.500

C – ICMS a Recolher 3.500

Mercadorias

Débito	Crédito
9.900	1.800 (2)
(1) 9.900	1.170 (5)
(7) 900	1.530 (6)
	12.000 (8)
4.200	**→ Estoque Final**

Vendas

Débito	Crédito
	48.000 (3)

Devoluções de Vendas

Débito	Crédito
(4) 6.000	

Clientes

Débito	Crédito
(3) 48.000	6.000 (4)

Fornecedores

Débito	Crédito
(2) 2.000	11.000 (1)

ICMS C/C

Débito	Crédito
(1) 1.100	200 (2)
(4) 600	4.800 (3)
(7) 100	130 (5)
	170 (6)
(9) 3.500	3.500

Filial A – C/C

Débito	Crédito
(5) 1.300	

Filial B – C/C

Débito	Crédito
(6) 1.700	1.000 (7)

ICMS a Recolher

Débito	Crédito
	3.500 (9)

ICMS s/Vendas

Débito	Crédito
(3) 4.800	600(4)

CMV

Débito	Crédito
(8) 12.000	

b) CONTA MERCADORIAS "TOTALMENTE" DESDOBRADA (ou Conta Mercadorias Desdobrada – A palavra "Totalmente" é dispensável neste caso, visto que é o caso mais comum):

(1) *Compras no valor de R$ 11.000,00.*

D – Compras 9.900
D – ICMS C/C... 1.100
C – Fornecedores... 11.000

(2) *Devoluções de compras no valor de R$ 2.000,00.*

D – Fornecedores 2.000
C – Devoluções de Compras 1.800
C – ICMS C/C... 200

(3) *Vendas no valor de R$ 48.000,00.*

D – Clientes.. 48.000
C – Vendas... 48.000
D – ICMS sobre Vendas 4.800
C – ICMS C/C 4.800

(4) *Devoluções de vendas no valor de R$ 6.000,00.*

D – Devoluções de Vendas.. 6.000
C – Clientes 6.000
D – ICMS a Recolher.. 600
C – ICMS sobre Vendas.. 600

(5) *Transferências enviadas para a Filial A no valor de R$ 1.300,00.*

D – Filial A C/C 1.300
C – Transferências 1.170
C – ICMS C/C... 130

Obs.: *Uma outra opção de contabilização desse fato seria a indicada abaixo, onde haveria a criação de uma conta adicional chamada de "ICMS sobre Transferências", a qual, posteriormente, seria encerrada mediante um débito na conta "Transferências", visto que, neste caso, ela seria creditada de R$ 1.300,00 e não de R$ 1.170,00 como deveria e, desta forma, ao encerrarmos aquela conta mediante um débito nesta conta, estaríamos compensando essa diferença. No entanto, a forma escolhida, ou seja, sem o uso da conta adicional, é mais prática, pois, em geral, não é muito útil para a empresa o controle específico do ICMS sobre as transferências, quando essas são feitas ao preço de custo, que é a regra geral.*

D – Filial A C/C 1.300
C – Transferências 1.300

D – ICMS sobre Transferências 130
C – ICMS C/C 130

Posteriormente, na época da atualização do valor dos estoques e apuração do CMV, seria feito o seguinte lançamento de ajuste:

D – Transferências 130

C – ICMS sobre Transferências 130

(6) *Transferências enviadas para a Filial B no valor de R$ 1.700,00.*

D – Filial B C/C 1.700

C – Transferências 1.530

C – ICMS C/C 170

(7) *Transferências de mercadorias R$ 1.000,00 recebidas da Filial B.*

D – Transferências 900

D – ICMS C/C 100

C – Filial B C/C 1.000

Ao fim do período, considerando o valor das TL (Transferências Líquidas) já apurado no valor de "– R$ 1.800,00" (valor negativo), das Compras já líquidas do ICMS de R$ 9.900,00, das Devoluções de Compras já líquidas do ICMS de R$ 1.800,00, do EI (Estoque Inicial) de R$ 9.900,00 e do EF (Estoque Final) de R$ 4.200,00, teremos o seguinte cálculo matemático do CVM:

CMV = 9.900 + 9.900 – 1.800 – 1.800 – 4.200 = 12.000

Desta forma, observando o cálculo matemático acima, serão feitos os seguintes lançamentos para a apuração contábil do CMV:

(8) *Apuração das Compras Líquidas.*

D – Devoluções de Compras 1.800

C – Compras 1.800

Nota: *Com esse lançamento, a conta "Compras" ficou com saldo devedor de R$ 8.100,00.*

(9) *Encerramento da conta "Transferências" a crédito da conta CMV.*

D – Transferências 1.800

C – CMV 1.800

Nota: *Se a conta "Transferências" tivesse saldo devedor, ou seja, se fosse positiva, o encerramento se daria debitando-se a conta CMV e creditando-se aquela conta.*

(10) Encerramento do Estoque Inicial e das Compras Líquidas a débito do CMV.

D – CMV.......... 18.000
C – Mercadorias.......... 9.900
C – Compras.......... 8.100

(11) Atualização do saldo da conta "Mercadorias" a crédito do CMV.

D – Mercadorias.......... 4.200
C – CMV.......... 4.200

(12) Contabilização do ICMS a Recolher, mediante a transferência do saldo credor de ICMS C/C no valor de R$ 3.500,00.

D – ICMS C/C.......... 3.500
C – ICMS a Recolher.......... 3.500

Mercadorias

Débito	Crédito
9.900	9.900 (10)
(11) 4.200	

Vendas

Débito	Crédito
	48.000 (3)

Devoluções. de Vendas

Débito	Crédito
(4) 6.000	

Transferências

Débito	Crédito
(7) 900	1.170 (5)
	1.530 (6)
(9) 1.800	1.800

Compras

Débito	Crédito
(1) 9.900	1.800 (8)
8.100	8.100 (10)

Devoluções de Compras

Débito	Crédito
(8) 1.800	1.800 (2)

Clientes

Débito	Crédito
(3) 48.000	6.000 (4)

Fornecedores

Débito	Crédito
(2) 2.000	11.000 (1)

ICMS C/C

Débito	Crédito
(1) 1.100	4.800 (3)
(4) 600	200 (2)
(7) 100	130 (5)
	170 (6)
(12) 3.500	3.500

Filial A – C/C	
(5) 1.300	

Filial B – C/C	
(6) 1.700	*1.000 (7)*

ICMS a Recolher	
	3.500 (12)

ICMS s/Vendas	
(3) 4.800	*600(4)*

CMV	
(10) 18.000	*1.800 (9)*
	4.200 (11)
12.000	

Exercícios de Fixação

1. (Auditor-Fiscal da Receita Federal/ESAF) A Cia. Pará constitui uma filial em 2/1/19X3 fornecendo à mesma $ 40.000.000 em moeda corrente como capital inicial. O lançamento a ser feito na contabilidade da filial seria:

a) Caixa
 a Capital Social 40.000.000

b) Matriz – Conta corrente
 a Capital Social 40.000.000

c) Caixa
 a Matriz – Conta Corrente 40.000.000

d) Filial – Conta Corrente
 a Capital Social 40.000.000

e) Caixa
 a Filial – Conta Corrente 40.000.000

2. A Empresa Comercial Castelo S/A é composta de duas filiais (P e Q) e uma matriz, sendo as contabilidades das filiais descentralizadas da matriz. Em 13/04/X6 a filial P transfere a preço de custo para a filial Q mercadorias no valor de R$ 5.000,00, sendo o ICMS 18%. Assim, marque a opção que indica os registros contábeis corretos realizados pela filial P no sistema de Conta Mercadorias Desdobrada.

a) D – C/C Filial Q 4.100
 D – C/C ICMS 900
 C – Transferências de Mercadorias 5.000

b) D – C/C Filial Q 5.000
 C – Transferências de Mercadorias 5.000
 C – C/C ICMS 900

c) D – C/C Matriz 5.000
 C – Transferências de Mercadorias 5.000
 D – ICMS sTransferências 900
 C – C/C ICMS 900

d) D – C/C Filial Q 4.100
 C – Transferências de Mercadorias 4.100

e) D – C/C Matriz 4.100
 C – Transferências de Mercadorias 4.100

3. Ainda na questão anterior, marque o correto lançamento feito na escrituração da filial Q.

a) D – Transferências de Mercadorias 4.100
D – C/C ICMS 900
C – C/C Matriz 5.000

b) D – Transferências de Mercadorias 4.100
D – C/C ICMS 900
C – C/C Filial P 5.000

c) D – Transferências de Mercadorias 5.000
C – C/C Filial P 5.000

d) D – Transferências de Mercadorias 5.000
C – C/C Matriz 5.000

e) Nenhum dos lançamentos anteriores

4. Considerando ainda a questão 2, marque o correto lançamento realizado pela Matriz.

a) D – C/C Matriz 5.000
C – C/C Filial Q 5.000

b) D – C/C Filial P 5.000
C – C/C Filial Q 5.000

c) D – C/C Filial P 5.000
C – C/C Matriz 5.000

d) D – C/C Filial Q 5.000
C – C/C Filial P 5.000

e) Nenhum lançamento deve ser realizado na matriz.

5. Marque a opção que indica conta não utilizada no sistema de inventário periódico com a Conta Mercadorias "Parcialmente" Desdobrada.

a) Devoluções de Vendas.
b) Vendas de Mercadorias.
c) Mercadorias.
d) ICMS sobre Transferências.
e) Compras de Mercadorias.

6. A Comercial FIT Ltda. é composta de uma matriz e duas filiais (A e B). Ao longo de um período, levantou os seguintes dados em sua escrituração (valores em R$):

OPERAÇÕES	MATRIZ	FILIAL A	FILIAL B
Compras	20.000	18.000	10.000
Devoluções de Compras	4.000	2.000	–
Vendas	90.000	50.000	40.000
Devoluções de Vendas	5.000	–	8.000
Transferências p/Matriz	–	3.000	1.000
Transf. p/Filial A	4.000	–	–
Transf. p/Filial B	5.000	2.000	–
Transf. da Matriz	–	4.000	5.000
Transf. da Filial A	3.000	–	2.000
Transf. da Filial B	1.000	–	–

ESTOQUES	INICIAL	FINAL
Matriz	16.000	4.000
Filial A	10.000	6.000
Filial B	7.000	1.000

Assim, supondo os impostos sobre compras, vendas, devoluções e transferências no valor de 10%, pode-se afirmar que o Resultado Operacional Bruto da Filial A é de:

a) R$ 8.400;
b) R$ 27.500;
c) R$ 54.600;
d) R$ 23.800;
e) R$ 63.000.

7. **Ainda com relação à questão 7, pode-se afirmar que o Resultado Operacional Bruto da Comercial FIT Ltda. é de:**

a) R$ 90.500;
b) R$ 79.400;
c) R$ 91.000;
d) R$ 89.500;
e) R$ 88.000.

8. **(Auditor-Fiscal da Receita Federal/ESAF) A conceituação de "Filial" é:**

a) o estabelecimento sede ou principal, ou seja, aquele que tem a primazia na direção a que estão subordinados todos os demais;
b) o estabelecimento comercial que opera na dependência da matriz;
c) qualquer estabelecimento mercantil industrial ou civil, dependente ou ligado a outro que, em relação a ele, tem ou detém o poder de comando;
d) uma companhia constituída mediante escritura pública, tendo como único acionista uma outra sociedade;
e) uma companhia com personalidade jurídica própria distinta da sociedade controladora domiciliada no exterior.

9. **(Auditor-Fiscal da Receita Federal/ESAF) A transferência de recursos de caixa feita pela matriz para suas filiais gera o seguinte lançamento contábil, em cada uma das filiais:**

a) Conta Corrente Matriz
a Caixa
b) Caixa
a Conta Corrente Matriz
c) Caixa
a Conta Corrente Filial
d) Conta Corrente Matriz
a Capital
e) Capital
a Caixa

10. A empresa Lua Luar Ltda. é composta por uma matriz e uma filial, controlando seus estoques pelo sistema de Inventário Permanente, com mercadorias transferidas a <u>preço de custo</u>. Em abril de X1, a matriz transfere mercadorias para a filial no valor de R$ 5.000,00 com ICMS de 18%. Assim, marque a opção que indica o(s) lançamento(s) que deve(m) ser feito(s) pela matriz.

a)	D – C/C Filial	5.000
	C – Transferências de Mercadorias	5.000
	D – Custo das Mercadorias Transferidas	4.100
	C – Mercadorias	4.100
	D – ICMS sobre Transferências	900
	C – C/C ICMS	900
b)	D – C/C Filial	5.000
	C – Mercadorias	4.100
	C – C/C ICMS	900
c)	D – C/C Filial	5.000
	C – Mercadorias	5.000
	D – ICMS sobre Transferências	900
	C – C/C ICMS	900
d)	D – C/C Filial	5.000
	C – Transferências de Mercadorias	4.100
	C – C/C ICMS	900

e) As opções <u>a</u> e <u>b</u> estão corretas, pois no inventário permanente a conta "Mercadorias" deve estar atualizada a cada operação e, no caso das mercadorias serem transferidas a preço de custo, a existência ou não das contas "Transferências de Mercadorias" e "Custo das Mercadorias Transferidas" é opcional.

11. (PETROBRAS/ Fundação Cesgranrio) De acordo com as Normas Brasileiras de Contabilidade do Conselho Federal de Contabilidade, na escrituração contábil das filiais, ficarão a critério de cada Entidade o:

a) grau de detalhamento dos registros contábeis e o sistema de escrituração contábil;

b) grau de detalhamento dos registros contábeis e a eliminação das contas recíprocas das transações entre matriz e filiais quando da elaboração das demonstrações contábeis;

c) grau de detalhamento dos registros contábeis e o rateio de despesas e receitas da matriz para as unidades;

d) rateio de despesas e receitas da matriz para as unidades e a eliminação das contas recíprocas das transações entre matriz e filiais quando da elaboração das demonstrações contábeis;

e) rateio de despesas e receitas da matriz para as unidades e o sistema de escrituração contábil.

Gabarito

CAPÍTULO 1

1. c
2. d
3. d
4. a
5. b
6. e
7. e
8. b
9. a
10. b
11. a
12. c
13. e
14. d
15. e
16. a
17. e
18. c
19. e
20. a
21. e
22. b
23. e
24. e
25. b
26. a
27. e
28. a
29. c
30. e
31. d
32. e
33. e
34. c
35. e
36. e
37. d
38. e
39. a
40. c
41. c
42. e
43. d
44. c
45. d
46. d
47. a
48. e
49. a
50. e
51. e
52. d
53. b
54. a
55. c
56. a (Lei nº 6.404/1976, art. 8º, § 4º)
57. e
58. a
59. d
60. b
61. d
62. d
63. a

CAPÍTULO 2

1. e
2. c
3. d
4. d
5. d
6. a
7. c
8. a
9. d
10. e
11. c
12. a
13. a
14. a
15. a
16. b
17. a
18. b
19. d
20. a
21. d
22. b
23. b
24. a
25. a
26. a
27. d
28. c

29. c
30. a
31. d
32. c
33. c
34. c
35. c
36. a
37. d
38. b
39. a
40. a
41. d
42. b
43. e
44. b
45. d
46. d
47. b
48. b
49. d
50. d
51. e
52. b
53. a
54. b
55. c
56. d
57. a
58. c
59. b
60. b
61. e
62. c
63. e
64. c
65. a
66. c
67. e
68. e
69. d
70. b
71. a
72. b
73. e
74. d
75. d
76. c
77. d
78. b
79. d

CAPÍTULO 3

1. d
2. c
3. e
4. c
5. b
6. a
7. c
8. e
9. c
10. a
11. d
12. b
13. b
14. d
15. c
16. a
17. d
18. b
19. b
20. b
21. e
22. c
23. a
24. d
25. a
26. d
27. e
28. b
29. c
30. e
31. b
32. c
33. a
34. a
35. b
36. b
37. c
38. d
39. c
40. d
41. c
42. e
43. c
44. a
45. a
46. b
47. a
48. a
49. a
50. e
51. a
52. a
53. a
54. a
55. d
56. d
57. a
58. c
59. e
60. e
61. d
62. c
63. b
64. d
65. a
66. b
67. e
68. a
69. d
70. a
71. d
72. d
73. d
74. d
75. a
76. d
77. b
78. c

CAPÍTULO 4

1. d
2. c
3. b
4. a
5. a
6. d
7. e
8. a
9. a
10. b
11. a
12. d
13. c
14. a
15. d
16. d

17. b
18. b
19. a
20. a
21. c
22. b
23. e
24. b
25. e
26. c
27. c
28. e
29. d
30. d
31. d
32. c
33. e
34. d
35. e
36. a
37. d
38. b
39. b
40. d
41. b
42. e
43. e
44. c
45. a
46. a
47. b
48. e
49. c
50. d
51. a
52. b
53. c
54. e
55. a
56. d
57. c
58. a
59. b
60. a
61. a
62. e
63. c
64. b

CAPÍTULO 5

1. a
2. e
3. c
4. a
5. e
6. d
7. e
8. c
9. d
10. a
11. a
12. e
13. e
14. c
15. a
16. a
17. e
18. e
19. a
20. e
21. e

CAPÍTULO 6

1. d
2. b
3. c
4. c
5. a
6. e
7. e
8. c
9. d
10. e
11. c
12. a
13. a
14. d
15. b
16. b
17. d
18. c
19. b
20. a
21. a
22. c
23. a
24. b
25. d
26. b
27. a
28. e
29. b
30. d
31. e
32. c
33. c
34. e
35. d
36. a
37. c
38. a
39. b
40. d
41. e
42 d
43 e
44 d
45 a
46. e
47. c
48. e
49. c
50. b
51. a
52. d
53. a
54. c
55. b
56. e
57. b
58. d
59. e
60. d

CAPÍTULO 7

1. b
2. c
3. b
4. c
5. e
6. d
7. a
8. a
9. c
10. b
11. d
12. e
13. e
14. b
15. c
16. c
17. b

CAPÍTULO 8

1. b
2. d
3. b
4. d
5. c
6. d
7. c
8. b
9. c
10. e
11. c
12. c
13. a
14. c
15. e
16. d
17. e
18. a
19. a
20. d

CAPÍTULO 9

1. e
2. e
3. e
4. d
5. a
6. c
7. d
8. a
9. e
10. e
11. d
12. e
13. a
14. a
15. d
16. b
17. c
18. c
19. e
20. b
21. e
22. b
23. b
24. b
25. a
26. e
27. c
28. c
29. e
30. b
31. c
32. e
33. d
34. d
35. e
36. e
37. c
38. b
39. a
40. e
41. e
42. a
43. a
44. a
45. c
46. b
47. b
48. e
49. e
50. a
51. c
52. b
53. e
54. e
55. b
56. a
57. e
58. d
59. c
60. e
61. d
62. d
63. e
64. d
65. c
66. b
67. b
68. c
69. e
70. a
71. e
72. b
73. a
74. b
75. e
76. a
77. a
78. d
79. d

CAPÍTULO 10

1. d
2. a
3. d
4. e
5. d
6. d
7. c
8. d
9. b
10. b
11. c
12. b
13. e
14. b

CAPÍTULO 11

1. d
2. a
3. a
4. a
5. e
6. a
7. b
8. d
9. b
10. a
11. a
12. e
13. e
14. e
15. b
16. c
17. b
18. a
19. c
20. e
21. d
22. e
23. c
24. e
25. d
26. c
27. b
28. d
29. b
30. e
31. a
32. e
33. a
34. b
35. b
36. c
37. e
38. e
39. a

CAPÍTULO 12

1. c
2. b
3. a
4. e
5. b
6. a
7. a
8. c
9. e
10. c
11. d
12. e
13. e
14. c
15. c
16. c
17. d
18. c
19. a
20. b
21. d
22. d
23. e
24. b
25. e
26. e
27. c
28. c
29. a
30. a
31. b
32. c
33. b
34. a
35. d
36. a
37. b
38. c
39. e
40. c
41. b
42. a
43. d
44. e
45. d
46. a
47. c
48. a
49. b
50. c
51. e
52. d
53. d
54. a
55. b
56. c
57. c
58. d
59. a
60. e
61. b
62. e
63. a
64. c
65. c
66. c
67. c
68. c
69. c
70. e
71. e
72. d
73. e
74. c
75. b
76. e
77. b
78. b
79. d
80. a
81. b
82. b
83. e
84. a
85. c
86. a
87. e
88. d

CAPÍTULO 13

1. a
2. a
3. c
4. b
5. b
6. b
7. a
8. a
9. e
10. c
11. a
12. a
13. d
14. a
15. a
16. b

17. c
18. e
19. e
20. d
21. c
22. b
23. e
24. d
25. a
26. b
27. e
28. b
29. c
30. a
31. b
32. c
33. d
34. e
35. c
36. d
37. a
38. a
39. b
40. e
41. b
42. a
43. e
44. d
45. a
46. c
47. b
48. a
49. b
50. b
51. d
52. c
53. d
54. d
55. a
56. d
57. d
58. e
59. a
60. c
61. e
62. e
63. e
64. b
65. d
66. d
67. b
68. d
69. c
70. d

CAPÍTULO 14

1. c
2. b
3. c
4. b
5. e
6. d
7. b
8. e
9. c
10. e
11. e
12. e
13. d
14. e
15. a
16. e
17. d
18. a
19. d
20. b
21. d
22. c
23. e
24. a
25. c
26. c
27. a
28. b
29. e
30. e
31. b

CAPÍTULO 15

1. c
2. e
3. a
4. b
5. d
6. b
7. e
8. b
9. e
10. e
11. b
12. b
13. c
14. a
15. a
16. c
17. e
18. d
19. b
20. e
21. e
22. e
23. d
24. e
25. c
26. a
27. c
28. d
29. b
30. d
31. b
32. a
33. b
34. c
35. c
36. e
37. d
38. b
39. a
40. b
41. b
42. e
43. a

CAPÍTULO 16

1. e	10. d	19. b	28. a
2. c	11. e	20. d	29. d
3. a	12. a	21. e	30. e
4. c	13. e	22. c	31. c
5. b	14. c	23. d	32. d
6. b	15. d	24. a	33. e
7. d	16. e	25. c.	
8. d	17. a	26. a	
9. c	18. b	27. e	

CAPÍTULO 17

1. b	9. c	17. b	25. b
2. a	10. c	18. e	26. a
3. e	11. a	19. e	27. e
4. c	12. b	20. b	28. d
5. c	13. c	21. d	29. a
6. d	14. a	22. c	30. c
7. b	15. a	23. e	31. d
8. e	16. a	24. b	32. c

CAPÍTULO 18

1. a	8. d	15. b	22. a
2. a	9. a	16. a	23. e
3. d	10 b	17. c	24. b
4. e	11. c	18. e	25. c
5. b	12. b	19. b	
6. d	13. a	20. e	
7. e	14. c	21. a	

CAPÍTULO 19

1. c	4. d	7. a	10. e
2. c	5. e	8. b	11. e
3. a	6. b	9. b	

Resolução de Alguns Exercícios

CAPÍTULO 2

Exercício 45

a) INCORRETO, pois a Situação Líquida, que é um dos componentes do patrimônio, terá valor negativo quando o Passivo Exigível for maior que o Ativo Total.

b) INCORRETO, pois A = P + SL e nunca A > P + SL.

c) INCORRETO, pois, se SL = A – P, o máximo valor que SL poderá ter é o próprio A (Ativo), quando P (Passivo Exigível) for igual a zero.

d) CORRETO. Supondo que o Ativo fosse, por exemplo, de $ 4.000 e o Passivo Exigível fosse de $ 7.000, a Situação Líquida seria de $ 4.000 – $ 7.000, isto é, – $ 3.000, e, desta forma, teríamos: A + SL = $ 4.000 + (– $ 3.000) = $ 1.000 < Passivo Exigível.

e) INCORRETO, pois, se A = P = SL = x e, ao mesmo tempo, SL = A – P, podemos montar a seguinte equação: x = x – x, ou seja, x = 0. Desta forma, a única condição para que A = P = SL é que todos sejam iguais a zero.

Exercício 56

Se as dívidas da empresa (Passivo Exigível) representam 20% dos Recursos Aplicados no Patrimônio (Ativo), então o Patrimônio Líquido equivale a 80% do Ativo e, ao mesmo tempo, ao somatório da parte dos sócios (Capital Social) com a Reserva para aumento do Capital, ou seja, R$ 1.200.000. Assim:

0,8 A = 1.200.000 → A - 1.500.000

Exercício 57

ATIVO (ou Patrimônio Bruto)

Mercadorias	540,00
Poupança	216,00
Empréstimos Concedidos	288,00
Total	1.044,00

PASSIVO EXIGÍVEL

Empréstimos Obtidos [2/3. 540] 360,00

- -

PL = 1.044,00 – 360,00 = 684,00

Exercício 58

PL = 750.000,00 + 450.000,00 = 1.200.000,00

- -

$$\text{Beatriz} = 1{,}20 \times 150.000 \times \frac{1.200.000}{300.000 + 150.000 + 300.000} = 288.000$$

Nota: 1,20 → fator que acrescenta os 20% de ágio à parte de Beatriz

Exercício 65

AC = x + 200%x = 300%x = 3x

PC = x

CCL = AC – PC = 3x – x = 2x

Analisando a opção a, teremos: "Novo" PC = 1,8x → "Novo" CCL = 3x – 1,8x = 1,2x → 1,2x ÷ 2x = 0,60 = 60% → Novo CCL (1,2x) é 40% inferior ao antigo CCL (2x)

Exercício 66

Lembrando que o Ativo (A) é o mesmo que Patrimônio Bruto (PB), teremos:

$$PL = \frac{2}{3} A \rightarrow A = \frac{3}{2} PL = \frac{3}{2} \times 420.000 = 630.000$$

- -

P (Passivo Exigível) = PC (Passivo Circulante) + PNC (Passivo Não Circulante)

No entanto, visto que não há exigibilidades não circulantes, ou seja, PNC = 0, P = PC. Assim:

PL = A – PC → PC = 630.000 – 420.000 = 210.000

- -

CGL (Capital de Giro Líquido) = AC – PC

90.000 = AC – 210.000 → AC = 300.000

- -

Finalmente:

A = AC (Ativo Circulante) + ANC (Ativo Não Circulante)

AC = A – ANC = 630.000 – 300.000 = **330.000**

Exercício 67

AC = 1,6X = realizações a curto prazo

ARLP = X = realizações a longo prazo

AIMOB = 2 (X + 1,6X) = 5,2X

Inv. Total no Pat. = Total do Ativo = 1,6X + X + 5,2X = 7,8X

Capital de Terceiros = PC (Passivo Circulante) + PNC (Passivo Não Circulante)

PC = 40% (PC + PNC) = 10% 7,8X → PC + PNC = 0,78X ÷ 0,40 = 1,95X = P (Passivo Exigível)

A = P + PL

7,8X = 1,95X + 117.000 → X = 20.000

CCL = AC – PC = 1,6X – 0,78X = 0,82X = 0,82. 20.000 = 16.400

Exercício 68

ATIVO

Calça, camisa, sapatos	105,00
(+) Dinheiro	30,00
(–) Jornal	(1,20)
(–) Ônibus	(1,80)
(+) Bombons e chicletes	50,00
(–) Refeição	(10,00)
(–) Metade dos bombons e chicletes	(25,00)
(+) Dinheiro na venda de bombons e chicletes	40,00
(=) TOTAL DO ATIVO	187,00

PASSIVO EXIGÍVEL

Empréstimos do pai	30,00
(+) Bombons e chicletes a pagar	50,00
(=) TOTAL DO PASSIVO EXIGÍVEL	80,00

PL = 187,00 – 80,00 = 107,00

Exercício 69

A = 1.440 ÷ 0,80 = 1.800

AC = 2X

ARLP = X

AC + ARLP = 3X = AIMOB ÷ 2 → AIMOB = 6X

AC + ARLP + AIMOB = 1.800

2X + X + 6X = 1.800 → X = 200 → AC = 2X = 400

Exercício 70

PL = 2X

PC = X

ANC = X

PNC = X/3

Total do Passivo (no balanço) = PC + PNC + PL = 1.000

X + X/3 + 2X = 1.000

X = 300 → PL = 2X = 600

Exercício 73

AC – 120.000 = 20.000 → AC = 140.000

PL = A – P → 230.000 = 140.000 + ANC – 120.000 → ANC = 210.000

Exercício 74

Visto no enunciado que o Capital de Terceiros (Passivo) é igual ao Capital Próprio (PL), teremos:

Origens = P + PL = 2P = 4 × 2. 500 = 10.000 → P = 5.000 = PC

P + PL = AC + ANC = 10.000 → AC = 7.500 , tendo em vista que ANC = 2.500

Finalmente: CCL = AC – PC = 7.500 – 5.000 = 2.500

Exercício 78

ATIVO:

Dinheiro (850.000,00 – 480.000,00 – 90.000,00)................................280.000,00
Mercadorias (480.000,00 – 480.000,00/2)..240.000,00
Clientes..310.000,00
Móveis e Utensílios..170.000,00
Total...1.000.000,00

PASSIVO EXIGÍVEL:

Títulos a Pagar..170.000,00

- -

PL = A – P = 1.000.000,00 – 170.000,00 = 830.000,00

- -

PL/A = 830.000,00/1.000.000,00 = 0,83 ou 83%

CAPÍTULO 3

Exercício 47

Sabemos que para a apuração do RESULTADO (lucro ou prejuízo) existem dois regimes: Regime de Caixa e Regime de Competência.

Toda questão de concurso ou exercício em que se pede o RESULTADO semespecificar se é pelo Regime de Caixa ou pelo Regime de Competência, a "CONVENÇÃO" é o REGIME DE COMPETÊNCIA, visto que é o mais utilizado na contabilidade empresarial.

Lembrando que no regime de COMPETÊNCIA as RECEITAS e DESPESAS são, respectivamente, determinadas em função da ocorrência de seus fatos geradores (receitas realizadas e despesas incorridas), **independentemente dos recebimentos e pagamentos em dinheiro**, teremos:

RECEITAS REALIZADAS (independentemente dos recebimentos):

Vendas de mercadorias à vista..R$ 34.000,00
Vendas de mercadorias a prazo ....R$ 26.000,00
TOTAL...R$ 60.000,00

Nota: *O recebimento de clientes no valor de R$ 14.000,00 para "entrega futura" NÃO É RECEITA no regime de "competência", visto que não ocorreu o FATO GERADOR da receita, o qual, no caso, é a ENTREGA da mercadoria, independentemente do recebimento do dinheiro.*

DESPESAS INCORRIDAS (independentemente dos pagamentos):

Custo da 1ª venda .... R$ 19.000,00

Custo da 2ª venda .... R$ 12.000,00

Despesas pagas e "incorridas" (o que importa é serem "incorridas") .... R$9.000,00

Despesas "incorridas" e não pagas.. R$ 11.000,00

TOTAL.. R$ 51.000,00

Nota 1: *Os "custos das vendas" são DESPESAS no regime de competência, visto que o fato gerador dessas despesas, que é a entrega das mercadorias aos clientes, ocorreu concomitantemente ao fato gerador das RECEITAS (princípio da CONFRONTAÇÃO das despesas com as receitas).*

Nota 2: *As despesas pagas e "não incorridas" NÃO SÃO despesas para o regime de competência, visto que não foram "incorridas".*

Finalmente, teremos:

Resultado (competência) = R$ 60.000,00 – R$ 51.000,00 = R$ 9.000,00

Exercício 48

ATIVO CIRCULANTE (Variação):

- Nas vendas à vista: o ativo circulante aumenta em R$ 34.000,00 pela entrada do dinheiro e reduz em R$ 19.000,00 pela saída dos estoques. Logo, aumenta em R$ 15.000,00;
- Nas vendas a prazo: o ativo circulante aumenta em R$ 26.000,00 pela entrada das Duplicatas a Receber e reduz em R$ 12.000,00 pela saída dos estoques. Logo, aumenta emR$ 14.000,00;
- No recebimento de clientes no valor de R$ 14.000,00 para entrega futura de mercadorias, o ativo circulante aumenta nesse valor em função da entrada do dinheiro. Ao mesmo tempo, o "passivo" da empresa aumenta também no mesmo valor em função da conta "Adiantamento de Clientes" (conta do passivo);
- Despesas pagas e incorridas: o ativo circulante reduz pela saída do dinheiro em R$ 9.000,00;
- Despesas pagas e não incorridas: o ativo circulante reduz em R$ 5.000,00 pela saída do dinheiro e, "ao mesmo tempo", aumenta em R$ 5.000,00 pela entrada de uma despesa "a vencer" (ou despesa paga antecipadamente = conta do ativo circulante). Logo, essa operação gera variação ZERO no ativo circulante;
- Despesa incorrida e não paga: não gera NENHUMA alteração no ativo circulante, visto que apenas aumenta o "passivo circulante", dado o fato de não ter sido ainda paga.

Finalmente:

Variação AC = + 15.000,00 + R$ 14.000,00 + R$ 14.000,00 – R$ 9.000,00 = R$ 34.000,00

Exercício 52

REGIME DE COMPETÊNCIA:

$$\text{RECEITAS} = \frac{40.000}{8 \text{ meses}} \times 5 \text{ meses} + 7.000 = 32.000$$

$$\text{DESPESAS} = 6.000 + 8.000 + 2.000 + \frac{4.800}{12 \text{ meses}} \times 10 \text{ meses} + 5.000 + 1.000 = 26.000$$

RESULTADO = RECEITAS – DESPESAS = 32.000 – 26.000 = 6.000

Obs.: *As despesas de salários COMPETENTES a X1 são de 5.000 + 1.000 = 6.000* e não *apenas de 5.000, visto que não importa o pagamento e sim o fato de se referirem de jan. a dez. de X1. Somente no caso de regime de CAIXA é que a despesa de salários de X1 é realmente de 5.000, visto que os 1.000 só serão pagos em X2.*

REGIME DE CAIXA:

RECEITAS = 40.000 (só as recebidas)

DESPESAS = 6.000 + 8.000 + 2.000 + 4.800 + 5.000 = 25.800

RESULTADO = 40.000 – 25.800 = 14.200

Exercício 71

Bens	51.000
(+) Direitos [= créditos da empresa]	38.000
(–) Obrigações [= débitos da empresa]	(35.000)
(=) Patrimônio Líquido	54.000 → pelo regime de caixa

No entanto, para que o PL seja de 54.000, sendo o Capital Social de 63.000, concluímos, ignorando a existência de reservas, que só pode haver Prejuízos Acumulados no valor de 63.000 – 54.000, isto é, 9.000.

Para acharmos o saldo de Prejuízos (ou Lucros) Acumulados pelo princípio da competência, devemos realizar ajustes no saldo desta conta da seguinte forma:

Prejuízos Acumulados (regime de caixa) 9.000

(+) Receitas recebidas e não ganhas (eram receitas para o regime de caixa, mas não são mais para o regime de competência, portanto serão somadas a Prejuízos Acumulados, aumentando o saldo dessa conta) 1.200

(–) Receitas ganhas e não recebidas (não eram receitas para o regime de caixa, mas agora são para o de competência, diminuindo, portanto, o saldo de Prejuízos Acumulados ....(700)

(–) Despesas pagas e não incorridas (eram despesas para o regime de caixa, mas não são mais para o regime de competência, diminuindo, portanto, o saldo de Prejuízos Acumulados) ....(400)

(+) Despesas incorridas e não pagas (não eram despesas para o regime de caixa, mas agora são para o de competência, devendo ser somadas ao saldo de Prejuízos Acumulados) 900

(+) Provisão para devedores duvidosos (não existe a contabilização de provisões em regime de caixa, mas no regime de competência existe, aumentando, assim, o saldo de Prejuízos Acumulados em 2% de 15.000) 300

(=) Prejuízos Acumulados (regime de competência)...................................... 10.300

Exercício 74

Para determinarmos o lucro operacional pelo regime de caixa, excluiremos da receita de vendas as receitas de dezembro que não representam entradas de dinheiro, no caso, 60% de R$ 4.000,00. Do CMV de dezembro, excluiremos as compras a prazo para pagamento em 2006 (R$ 1.500,00). Excluiremos também 20% das despesas de vendas, 10% das despesas administrativas e 25% das despesas financeiras. Assim, teremos:

Receita de Vendas	= 43.000,00 – 60% 4.000,00	40.600,00
CMV	= 24.000,00 – 1.500,00	(22.500)
Lucro Bruto		18.100,00
Despesas Operacionais		
■ Despesa de Vendas	= 5.000,00 – 20% 5.000,00	(4.000)
Despesa Administrativa	= 9.000,00 – 10% 9.000,00	(8.100,00)
■ Despesa Financeira	= 2.000,00 – 25% 2.000,00	(1.500,00)
■ Receita Financeira		500,00
Lucro Operacional		5.000,00

Exercício 75

APURAÇÃO DO RESULTADO DE MARÇO:

REGIME DE COMPETÊNCIA:

Vendas	48.000,00
CMV	(22.000,00)
Despesas pagas e incorridas	(500,00)
Despesas não pagas e incorridas	(300,00)
LUCRO	**25.200,00**

REGIME DE CAIXA:

Vendas	= 20% 48.000,00	9.600
CMV	= 22.000,00 – 3 X 5.500,00	(5.500)
Adiantamento de clientes		9.400,00
Recebimento por vendas de jan.		1.200,00
Pagamento aluguéis de fevereiro		(1.100,00)
Despesas pagas e não incorridas		(900,00)
Despesas pagas e incorridas		(500,00)
LUCRO		12.200,00

LUCRO DE COMPETÊNCIA – LUCRO DE CAIXA = 13.000,00

CAPÍTULO 4

Exercício 26

CAIXA

Débito	Crédito
S	120.000
300.000	80.000
200.000	

S + 300.000 – 120.000 – 80.000 = 200.000 → S (saldo inicial em 1/2/93) = $ 100.000

Exercício 28

Contas Patrimoniais: Caixa; Dividendos a Pagar; Capital Social; Contas a Receber; Lucros Acumulados; Clientes (6 contas).

Contas de Resultado: Receita de Juros; Vendas; Salários; Despesas de Comissões (4 contas).

Exercício 45

Admitindo que o saldo da conta "Mercadorias" vale "X" e o saldo da conta "Salários a Pagar" vale "Y", montaremos o seguinte balancete:

CONTAS	Saldos Devedores	Saldos Credores
Caixa	27.000	–
Fornecedores	–	100.000
Bancos	63.000	–
Mercadorias	**X**	–
Móveis e utensílios	150.000	–
Capital	–	250.000
Duplicatas a receber	100.000	–
Salários a pagar	–	**Y**
Reservas	–	50.000
TOTAL	**340.000 + X**	**400.000 + Y**

Lembrando que em todo balancete que esteja "correto", o total de saldos devedores será sempre igual ao total dos saldos credores, temos a seguinte equação:

340.000 + X = 400.000 + Y

X – Y = 400.000 – 340.000 = 60.000(=Valor que "X" excede "Y", ou seja, saldo de "Mercadorias" excede ao saldo de "Salários a Pagar")

Comentário extra: A informação do enunciado que afirma ser o Capital Alheio (passivo exigível) igual ao Ativo Fixo (= todo o ativo que não seja circulante ou realizável a longo prazo, no caso, somente Móveis e Utensílios) foi DESNECESSÁRIA para a solução do exercício. No entanto, se considerássemos essa informação extra, teríamos a seguinte equação:

Y + 100.000 = 150.000 → Y = 50.000

Assim, o valor de "X" (saldo de "Mercadorias") seria de 60.000 + 50.000, isto é, 110.000

Exercício 46

1º erro → faz com que a coluna de créditos tenha 4.500 a menos e a coluna de débitos 4.500 a mais, implicando uma diferença de 9.000 a mais no total da coluna de débitos em relação ao total da coluna de créditos.

2º erro → não afeta em nada os totais de débitos e créditos, pois só houve a troca de saldo com outra conta de saldo também devedor.

3º erro → não afeta em nada os totais de débitos e créditos.

Nota: O que provavelmente pode ter ocorrido no balancete para gerar o 2º e o 3º erros é que o saldo da conta **Seguros a Vencer** foi trocado com o saldo da conta **Despesas de Seguros**, fazendo com que as linhas de ambas as contas ficassem erradas, não afetando, no entanto, em nada o total dos débitos.

Se, após os três erros, lembrando que só o primeiro afeta os totais, o total de créditos, que antes era inferior em 9.000 ao total de débitos, passar a ser superior em 11.000, concluímos que o 4º erro deverá provocar uma diferença favorável aos créditos no valor de 9.000 + 11.000, isto é, 20.000. Assim, analisando a opção a, teremos a seguinte conclusão: se houver o lançamento de Clientes (saldo devedor) no valor de $ 10.000 na coluna de créditos, haverá $ 10.000 a menos nos débitos e $ 10.000 a mais nos créditos, fazendo com que a divergência entre os créditos e os débitos seja de $ 20.000 favorável aos créditos.

Exercício 50

Em primeiro lugar, iremos partir do saldo correto de Caixa ($ 2.900) e incluiremos os erros cometidos, apurando, assim, um saldo irregular de Caixa, o qual não é definitivo, pois o saldo irregular definitivo, segundo o problema, é de $ 1.100.

Em segundo lugar, iremos comparar o primeiro saldo irregular de caixa encontrado com o saldo irregular definitivo, isto é, $ 1.100.

Por fim, a diferença entre o primeiro saldo irregular e o saldo irregular definitivo será analisada com cada uma das opções, até encontrarmos a opção correta, ou seja, encontrarmos o fato que justificaria tal diferença.

Assim:

1) Houve uma omissão de escrituração de vendas à vista no valor de $ 860 → Isto acarretará uma insuficiência no saldo de Caixa no valor de $ 860. Para incluirmos este erro, devemos creditar a conta Caixa de $ 860;
2) uma retirada bancária para suprimento de caixa no valor de $ 410 foi escriturada como se fosse um depósito bancário → Isto acarretará uma insuficiência de saldo de Caixa no dobro desse valor, ou seja, insuficiência no valor de $ 820. Para incluirmos este erro, devemos creditar o saldo regular da conta Caixa de $ 820;
3) houve uma omissão de escrituração de compras à vista no valor de $ 150 → Isto implicará um excesso de saldo de Caixa no valor de $ 150. Para incluirmos este erro, devemos debitar o saldo regular de Caixa no referido valor;
4) uma compra à vista no valor de $ 230 foi escriturada como se fosse venda → Isto implicará um excesso no saldo de Caixa no dobro deste valor. Para incluirmos este erro, devemos debitar o saldo regular de Caixa de $ 460;
5) um adiantamento salarial de $ 420 foi escriturado duas vezes → Isto implicará uma insuficiência de saldo da conta Caixa neste valor. Para incluirmos este erro, devemos creditar o saldo regular de Caixa de $ 420.

CAIXA	
2.900	860
150	820
460	420
1.410	

1º Saldo irregular – Saldo irregular definitivo = 1.410 – 1.100 = 310

Analisando as opções:

a) INCORRETO. A omissão de uma compra à vista no valor de $ 310 fará os $ 1.410 subirem para $ 1.720, ao invés de cair para $ 1.100.

b) INCORRETO. O duplo registro do recebimento de uma duplicata de $ 105 fará os $ 1.410 subirem para $ 1.515.

c) INCORRETO. O lançamento de um depósito bancário de $ 155, como se fosse uma retirada, irá acarretar uma diferença no dobro deste valor, isto é, uma diferença a maior no caixa no valor de $ 310, fazendo com que os $ 1.410 subam para $ 1.720.

d) CORRETO. O lançamento de uma retirada bancária de $ 155, como se fosse um depósito, implicará numa subavaliação de caixa no dobro deste valor ($ 310), fazendo com que os $ 1.410 caiam para $ 1.100. **(Resposta: Opção D)**

e) INCORRETO. Caso houvesse um desfalque de caixa no valor de $ 310, o saldo regular de caixa seria de $ 3.210, no lugar de $ 2.900. Desta forma, o saldo irregular da conta Caixa a ser encontrado seria $ 310 maior do que os $ 1.410 encontrados, isto é, $ 1.720 e não $ 1.100.

Exercício 51

1) Uma compra à vista de R$ 800,00 foi escriturada como sendo de venda → Isto implicará um excesso de caixa no valor de R$ 1.600,00. Para corrigirmos este erro, basta creditarmos R$ 1.600,00 na conta Caixa.

2) Um cheque emitido para suprimento de caixa no valor de R$ 300,00 não foi escriturado → Isto implicará uma insuficiência de caixa no referido valor. Para corrigirmos este erro, basta debitarmos na conta Caixa R$ 300,00.

3) um adiantamento salarial de R$ 200,00 foi escriturado duas vezes → Isto implicará uma insuficiência de caixa no referido valor. Para corrigirmos este erro, basta debitarmos na conta Caixa R$ 200,00.

4) houve omissão de escrituração de vendas no valor de R$ 900,00 → Isto implicará uma insuficiência de caixa no referido valor. Para corrigirmos este erro, devemos debitar R$ 900,00 na conta Caixa.

CAIXA	
1.200	1.600
300	
200	
900	
1.000	

Exercício 59

Para resolvermos essa questão, partiremos do saldo no extrato bancário e iremos ajustá-lo até chegar ao saldo da conta BCM (saldo na escrituração da empresa):

saldo no extrato 255,00

(–) cheques emitidos pela empresa e não apresentados ao banco .... (200,00)

(+) cheques depositados pela empresa e não consignados em conta 150,00

(=) saldo correto da conta BCM na contabilidade da empresa 205,00

Nota: o saldo correto na contabilidade do banco também deverá ser de 205,00.

No entanto, o saldo contábil da conta BCM na escrituração da empresa não é o correto, visto que no saldo bancário de 255,00 o banco contabilizou as despesas de 10,00 mas a empresa não. Assim, o saldo da conta BCM na empresa é de 10,00 a mais do que aquele que deveria ser, ou seja, 205,00 + 10,00 = 215,00.

Comentário extra: Observemos que a questão não quer saber o saldo correto da conta BCM na escrituração da empresa e sim o saldo que esta conta está apresentando, mesmo sendo incorreto.

Exercício 64

(1ª SOLUÇÃO) – Acharemos o saldo correto da conta Bancos, ajustando o saldo da conta BCM da empresa pelos fatos I e III:

Bancos	
52.200,00	500,00
3.400,00	
55.100,00	

(2ª SOLUÇÃO) Acharemos o saldo correto da conta Bancos, ajustando o saldo da conta corrente bancária pelos fatos II e IV:

Conta Corrente	
600,00	55.000,00
	700,00
	55.100,00

CAPÍTULO 7

Exercício 3

O Valor Recuperável será o maior entre o Valor Justo Líquido de Despesa de Venda (R$ 765.000,00) e o Valor em Uso (R$ 750.000,00). No caso, o maior valor será de R$ 765.000,00.

Exercício 4

Valor contábil = R$ 1.200.000,00 – R$ 300.000,00 – R$ 90.000,00 = R$ 810.000,00

Exercício 5

Valor Contábil.. R$ 810.000,00
(–) Valor Recuperável ....(R$ 765.000,00)
(=) Perda Estimada por Valor Não Recuperável.. R$ 45.000,00

CAPÍTULO 8

Exercício 10

Em primeiro lugar, acharemos o custo de aquisição dos equipamentos "XR" adquiridos em 1998, dividindo-se $ 375 por 0,03125, que dará $ 12.000.

Depreciação dos "XR"adquiridos em 1998:

Em 1998 = 375

Em 1999 (até 30 de abril) = (12,5% ÷ 12) × 4 × 12.000 = 500

Total = 875

Depreciação dos "XR" adquiridos em 1999 (fevereiro a abril = três meses):

$(12{,}5\% \div 12) \times 3 \times 3V = \frac{0{,}375V}{4}$, onde "V" é o valor de cada novo equipamento

Assim, podemos montar a seguinte equação:

$875 + \frac{0{,}375V}{4} = 1.625 \rightarrow V = 8.000$

Exercício 12

$$\text{Depreciação} = \frac{5.000}{250.000} \times \text{R\$ } 425.000{,}00 = \text{R\$ } 8.500{,}00$$

Exercício 13

O valor depreciável é de 80% de R$ 120.000,00, ou seja, R$ 96.000,00, pois, após 100% depreciados, o bem ainda valerá 20% do que valia quando foi adquirido. Assim:

- taxa anual de depreciação = 100% ÷ 5 = 20%;
- taxa acumulada em 3 anos e meio = 3,5 × 20% = 70%;
- depreciação acumulada (3 anos e meio) = 70% × R$ 96.000,00 = R$ 67.200,00;
- valor contábil do bem (3 anos e meio) = R$ 120.000,00 – R$ 67.200,00 = R$ 52.800,00.

Visto que a margem bruta de lucro é de 25%, então R$ 52.800,00 correspondem a 75% do preço de venda. Dessa forma, o preço de venda será de R$ 52.800,00 ÷ 0,75, isto é, R$ 70.400,00.

Finalmente, o lucro será de R$ 70.400,00 – R$ 52.800,00 = R$ 17.600,00.

Comentário Extra: Na solução acima, ao calcularmos o lucro, consideramos que o mesmo foi sobre o preço de venda, isto é, lucro = 25% de R$ 70.400,00 = R$ 17.600,00. Se o lucro fosse calculado sobre o valor contábil, seria igual a 25% de R$ 52.800,00 = R$ 13.200,00 e a resposta seria opção "b". No entanto, normalmente, quando se fala em **Margem Bruta de Lucro**, a referência é o preço de venda, e não o custo ou valor contábil.

Exercício 14

De junho de 2002 a dezembro de 2005, são 3 anos e 7 meses. No entanto, a banca, por razões desconhecidas, considerou 3 anos e 6 meses, isto é, 3,5 anos.

Sendo a taxa anual de depreciação de 10% (vida útil de 10 anos), a depreciação acumulada será de 35% do valor depreciável.

Visto que o valor residual é de 20%, o valor depreciável será de 80% de R$ 67.500,00 = R$ 54.000,00. Assim, a depreciação acumulada será igual a 35% de R$ 54.000,00 = R$ 18.900,00.

Finalmente, o valor contábil será de R$ 67.500,00 – R$ 18.900,00 = R$ 48.600,00.

Exercício 15

a) CORRETO.

Exploração anual = (500 mil m^3 – 20% de 500 mil m^3) ÷ 8 = 50 mil m^3.

b) CORRETO.

Taxa de exaustão (em relação à capacidade total de 500 mil m^3) = 50 mil m^3 ÷ 500 mil m^3 = 10% ao ano.

c) CORRETO.

Taxa de exaustão (em relação ao valor exaurível de 400 mil m^3) = 50 mil m^3 ÷ 400 mil m^3 = 12,5% ao ano ou 100% ÷ 8 anos = 12,5% ao ano.

d) CORRETO.

% de exaustão acumulada (ao fim do quinto ano) = 5 × 10% = 50%.

e) INCORRETO. Temos duas formas de calcular o custo a ser baixado na venda, isto é, o valor contábil da mina na venda:

1ª FORMA: em relação ao valor total da mina (R$ 300.000,00):

= 5 × 10% × R$ 300.000,00 = R$ 150.000,00

Ou:

2ª FORMA: em relação ao valor exaurível (80% de R$ 300.000,00 = R$ 240.00,00, pois 20% é o valor residual):

= 5 × 12,5% × R$ 240.000,00 = R$ 150.000,00

Exercício 17

1º abril de 1998 a 30 de setembro de 2004 = 26 trimestres

Taxa anual = 10%

Taxa trimestral = 10% ÷ 4 = 2,5%

Taxa acumulada em 26 trimestres = 2,5% × 26 = 65%

Depreciação acumulada = 65% × R$ 150.000,00 × 80% = R$ 78.000,00

Valor contábil na venda = R$ 150.000,00 – R$ 78.000,00 = R$ 72.000,00.

Lucro = preço de venda – valor contábil

Visto que o lucro foi de 20% sobre o preço de venda (V), podemos montar a seguinte equação:

0,2V = V – 72.000,00 → V = 72.000 ÷ 0,8 = 90.000

Exercício 20

Em primeiro lugar, devemos entender o que se pede para calcular: É a <u>DESPESA</u> de depreciação (= <u>ENCARGOS</u> de depreciação) de 2009 e não a depreciação acumulada.

Desta forma, teremos os seguintes cálculos da despesa de depreciação dos Equipamentos em 2009:

Adquirido em 2008 (12 me) (= R$ 400.000 × 12%) .... R$ 48.000

Adquirido em abril 2009 (9 me) (= R$ 300.000 × 12%/12 × 9) .... R$ 27.000

<u>Adquirido em agosto 2009 (5 me) (= R$ 200.000 × 12%/12 × 5) ... R$ 10.000</u>

TOTAL .... R$ 85.000

CAPÍTULO 9

Exercício 5

$$\text{Média Fixa (custo unitário)} = \frac{(12 \times 9) + (18 \times 10) + (15 \times 12)}{12 + 18 + 15} = 10{,}40$$

Quantidade existente no estoque final = 12 + 18 – 11 – 14 + 15 – 10 = 10

Estoque Final = Custo de cada unidade X Quantidade existente no estoque

= \$ 10,40 × 10 = \$ 104

Comentário: No cálculo do custo médio unitário pela média fixa, observemos que não importam as vendas intermediárias. Simplesmente somamos o estoque inicial com todas as compras e dividimos pela quantidade total disponível (12 + 18 + 15), ignorando a quantidade vendida (11 + 10). Na média móvel, entretanto, levaríamos em consideração as vendas intermediárias para o cálculo do custo médio do estoque.

Exercício 14

Sendo a Receita Líquida "RL" e Lucro Bruto "LB", temos:

$$\text{Margem de Lucro} = \frac{LB}{RL} = \frac{RL - CMV}{RL} = \frac{RL - 40\%\ RL}{RL} = \frac{60\%RL}{RL} = 60\%$$

Exercício 16

	ENTRADAS			SAÍDAS			ESTOQUE		
Dia	Q	U	T	Q	U	T	Q	U	T
28/02							200	0,15	30
03/03	300	0,20	60				500	0,18	90
05/03	(250)	0,20	(50)				250	0,16	40
09/03	–	–	(10)				250	0,12	30
21/03				200	0,12	24	50	0,12	6

Vendas Líquidas = 125 × 0,8 – 20% × 125 × 0,8 – 20 = 60

<u>CMV = 24 (total da coluna de saídas)</u>

RCM = VL – CMV = 60 – 24 = 36

Nota: Ao multiplicarmos 125 por 0,8, abatemos os 20% de desconto incondicional. O ICMS será também de 20% sobre o valor líquido do desconto, isto é 20% de 125 × 0,8.

Exercício 17

C/C ICMS

01/03: saldo devedor de $ 8

03/03: débito de 20% × $ 0,25 × 300 = $ 15

05/03: crédito de 20% × $ 0,25 × 250 = $ 12,50

21/03: crédito de 20% × $ 125 × 0,80 = $ 20

31/03: saldo credor de $ 9,50

Exercício 18

Valor da Compra = 45.000 × R$ 2 = R$ 90.000
Frete e Seguro = 5.000 × R$ 2 = R$ 10.000
Base de Cálculo do II = R$ 90.000 + R$ 10.000 = R$ 100.000
Imposto de Importação = 60% × R$ 100.000 = R$ 60.000
Base de Cálculo do IPI = R$ 100.000 + R$ 60.000 = R$ 160.000
IPI = 20% × R$ 160.000 = R$ 32.000
Valor da compra sem o ICMS = R$ 160.000 + R$ 32.000 = R$ 192.000

Tendo em vista que os 18% de ICMS serão calculados "**por dentro**", os R$ 192.000 deverão equivaler a 82% do valor total da nota (valor desembolsado). Desta forma, este valor será de R$ 192.000 ÷ 0,82 = R$ 234.146

Exercício 21

No lançamento indevido, o valor das compras aumentou em R$ 24.600 em 05/10/X1. Ao fim do exercício, o valor das compras foi transferido para o estoque final, mediante o débito na conta Mercadorias e crédito na conta Compras. Lembrando que CMV = EI + Compras – EF, observamos que o valor das compras está superavaliado em R$ 24.600 em relação ao que deveria ser, e, ao mesmo tempo, o estoque final também está superavaliado no mesmo valor. Desta forma, concluímos que o CMV não se alterou e, por conseguinte, o lucro líquido de R$ 56.000 não foi alterado.

Exercício 22

	ENTRADAS			SAÍDAS			ESTOQUE		
Dia	Q	U	T	Q	U	T	Q	U	T
01/03							20	4	80
02/03							20	4	80
	30	5	150				30	5	150
05/03							20	4	80
	(10)	5	(50)				20	5	100
06/03							20	4	80
	–	–	(5)				20	4,75	95
21/03				20	4	80			
				5	4,75	23,75	15	4,75	71,25
22/03				(5)	4,75	(23,75)	5	4	20
				(5)	4	(20)	20	4,75	95

Obs. 1: O custo total das compras do dia 02/03 é de 30 × $ 5,5 – 20% 30 × $ 5,5 + $ 18 = $ 150. Logo, o custo unitário é de $ 150 ÷ 30, isto é, $ 5.

Obs. 2: Na venda pelo método PEPS, saem primeiro as unidades mais antigas. Desta forma, na devolução de vendas, vale dizer o contrário, ou seja, voltam primeiro as mais novas. Assim, com relação à devolução das 10 unidades do dia 22, voltam primeiro as 5 unidades de $ 4,75 e depois as 5 unidades de $ 4,00, conforme indicado na ficha.

Preço unitário de venda = $ 250 ÷ 25 = $ 10

Vendas Líquidas = (25 – 10) × $ 10 × 0,8 – $ 10 = $ 110

CMV = Total da coluna de saídas = $ 80 + $ 23,75 – $ 23,75 – $ 20 = $ 60

RCM = $ 110 – $ 60 = $ 50

Exercício 23

C/C ICMS

01/03: saldo devedor de $ 6

02/03: débito de 20% × $ 5,5 × 30 = $ 33

05/03: crédito de 20% × $ 5,5 × 10 = $ 11

21/03: crédito de 20% × $ 10 × 25 = $ 50

22/03: débito de 20% × $ 10 × 10 = $ 20

31/03: saldo credor de $ 2

Exercício 44

Lembrando que CMV = EI + C – EF, podemos contabilizar a apuração do CMV fazendo dois lançamentos:

(1) Transferindo o Estoque Inicial e as Compras para a conta CMV:

CMV

a Diversos

a Compras

a Mercadorias (EI)

(2) Subtraindo o Estoque Final do CMV:

Mercadorias (EF)

a CMV

No entanto, se EI for maior que EF, podemos fazer um só lançamento de forma simplificada, onde a conta Mercadorias será creditada pela diferença entre EI e EF:

CMV

a Diversos

a Compras

a Mercadorias (EI – EF)

Concluímos então no lançamento apresentado na questão 44 que o estoque inicial é maior que o estoque final em $ 4.200.

Exercício 68

Alíquota conjunta (ICMS, PIS e Cofins) = 18% + 1,65% + 7,6% = 27,25%.

Visto que a empresa é tributada pelo lucro real, o PIS e a Cofins são tributos não cumulativos para a mesma, isto é, são recuperáveis nas compras. Desta forma, teremos:

Compras líquidas = (400.000 – 40.000) – 27,25% (400.000 – 40.000) = 261.900;

CMV = 120.000 + 261.900 – 210.000 = 171.900.

Assim:

Vendas Brutas 600.000

(–) Devoluções de Vendas ....(80.000)

(–) Descontos Incondicionais Concedidos [10% de 600.000 – 80.000] ....(52.000)

(–) Abatimentos sobre Vendas ....(30.000)

(–) ICMS [18% de 600.000 – 80.000 – 52.000] ....(84.240)
(–) PIS [1,65% de 600.000 – 80.000 – 52.000 – 30.000] ....(7.227)
(–) Cofins [7,6% de 600.000 – 80.000 – 52.000 – 30.000] ....(33.288)
(=) Vendas Líquidas 313.245
(–) CMV ....(171.900)
(=) Lucro Bruto 141.345

Nota: Observemos que a base de cálculo do ICMS não foi a mesma do PIS e da Cofins, pois o Abatimento sobre Vendas não afeta aquele, mas afeta estes. No entanto, os Descontos Incondicionais Concedidos e as Devoluções de Vendas afetam todos esses tributos.

Exercício 70

Os derivados de petróleo, álcool para fins carburantes, produtos farmacêuticos etc. são tributados pelo PIS e pela Cofins com incidência monofásica, isto é, a tributação é feita em uma única fase (na fase da importação ou fabricação), visto que, em muitas situações, ficaria difícil para o Estado fiscalizar o vendedor atacadista ou varejista. Nessa situação, só o importador ou o fabricante são tributados pelos referidos tributos, fazendo com que as alíquotas sejam **maiores** do que o normal. Desta forma, haverá incidência somente sobre o faturamento da Refinaria Duque de Caxias, de tal forma que os consumidores finais da gasolina suportem, a título de Cofins, 23,44% de R$ 2.200.000,00 = R$ 515.680,00, e de PIS, 5,080% de R$ 2.200.000,00 = R$ 111.760,00.

Exercício 72

CMV = Vendas Líquidas – Lucro Bruto = R$ 280.000 × 0,7275 – R$ 58.200 = R$ 145.500

Nota: Ao multiplicarmos a receita de vendas por 0,7275 (0,7275 = 72,75% = 100% – 18% – 1,65% – 7,6%) estamos matematicamente excluindo 18% de ICMS, 1,65% de PIS e 7,6% de COFINS.

Exercício 73

O CMV corresponde à metade da compra original, ou seja, R$ 145.500 equivalem à metade de R$ 291.000,00. No entanto, este último valor corresponde apenas a 72,75% do valor pago ao fornecedor, pois já está expurgado do ICMS, PIS e Cofins. Assim, para chegarmos ao valor original pago pela companhia ao fornecedor, basta dividirmos R$ 291.000,00 por 0,7275 e chegaremos a R$ 400.000.

Exercício 74

Vendas Brutas 45.000
(–) Vendas Canceladas ....(4.000)

(–) Descontos Incondicionais Concedidos..(2.000)
(–) Abatimentos sobre Vendas..(1.000)
(–) ICMS [10% × (45.000 – 4.000 – 2.000)]..(3.900)
(–) PIS e COFINS [3,65% × (45.000 – 4.000 – 2.000 – 1.000)].........................(1.387)
(=) Vendas Líquidas 32.713
(–) CMV [6.000 + (33.000 – 3.000) × 0,90 – 3.000]..(30.000)
(=) Lucro Bruto..2.713

Nota: Observemos que o abatimento sobre vendas não afeta a base de cálculo do ICMS, pois nele não há circulação de mercadorias, lembrando que o ICMS é imposto sobre "circulação" de mercadorias. No caso do PIS e da Cofins, o abatimento afeta suas bases de cálculo, pois são tributos sobre "faturamento" nas vendas, sendo este reduzido por esses abatimentos. As vendas canceladas afetam o ICMS, visto que há circulação na devolução de vendas, e afetam também o PIS e a Cofins, pois reduzem o faturamento. Os descontos incondicionais são aqueles que vêm na nota fiscal, afetando portanto o valor com que as mercadorias circulam, e, portanto, o valor do ICMS. Esses descontos afetam também o PIS e a Cofins, tendo em vista que reduzem o faturamento da empresa. Os descontos financeiros obtidos e os concedidos, também chamados descontos condicionais, não afetam nenhum dos referidos tributos, pois não têm ligação direta com as notas fiscais de vendas de mercadorias.

Exercício 75

Receita Bruta..10.000,00
(–) ICMS s/Vendas..(1.835,00)
(–) PIS s/Vendas...(165,00)
(–) COFINS s/Vendas (3% x 10.000,00)...(300,00)
(=) Receita Líquida 7.700,00
(–) CMV...(5.000,00)
(=) Lucro Bruto...2.700,00
(–) Despesas de Vendas..(1.400,00)
(–) Despesas Financeiras..(800,00)
(+) Receitas Financeiras...300,00
(–) Despesas Administrativas...(1.000,00)
(–) COFINS s/Receitas Financeiras (3% x 300,00)...(9,00)
(+) Resultado Positivo de Participação em Controladas......................................500,00
(+) Ganho com a Venda de Bens do Ativo Imobilizado.......................................100,00
(=) Lucro antes dos Tributos sobre o Lucro..391,00

Nota 1: A alíquota dada (3%) indica o sistema cumulativo da Cofins. Neste caso, esse tributo também incide sobre as Receitas Financeiras, gerando assim a despesa Cofins s/Receitas Financeiras de R$ 9,00, a qual será indicada despesa, não afetando o lucro bruto, mas afetando o lucro antes dos tributos sobre o lucro. No sistema não cumulativo) não haveria incidência sobre as Receitas Financeiras. Cabe ressaltar que o PIS também incide sobre as Receitas Financeiras no sistema cumulativo com alíquota de 0,65%.

Nota 2: O artigo 373 do Regulamento do Imposto de Renda considera como sendo Receita Financeira **os juros, os descontos recebidos, os rendimentos de aplicações financeiras de renda fixa, as receitas de títulos vinculados ao mercado aberto, as receitas sobre quaisquer outros investimentos temporários, os prêmios sobre resgate de títulos e debêntures, as atualizações monetárias, as variações monetárias em função da taxa de câmbio ou de índices aplicáveis e, inclusive, a receita de juros incidentes sobre o valor do depósito judicial ou extrajudicial que suspenda a exigibilidade do crédito tributário**. A contribuição para o PIS e a COFINS no regime cumulativo, as Receitas Financeiras serão tributadas às alíquotas de 0,65% e 3,00%.

Exercício 77

Vendas [R$ 1.650,00 ÷ (1 + 0,1)] ....R$ 1.500

(–) CMV [80% × R$ 1.210,00 ÷ (1 + 0,1)^2] ....(R$ 800)

(=) Lucro Bruto ....R$ 700

Comentário extra: As contabilizações das compras e das vendas das mercadorias são as seguintes:

COMPRA:

D – Mercadorias [1.210,00 ÷(1 + 0,1)^2] 1.000

D – Juros a Passivos Transcorrer (Ajuste a Valor Presente) 210

C – Fornecedores 1.210

VENDA:

D – Clientes 1.650

C – Juros Ativos a Transcorrer (Ajuste a Valor Presente) 150

C – Vendas 1.500

D – CMV 800

C – Mercadorias 800

Comentário extra 2: A apropriação das despesas financeiras dos dois meses (60 dias), supondo que a compra foi feita no início do 1º mês (ou no final do mês anterior, visto que o erro de 1 dia, em geral, é desprezível nesses casos, isto é, estamos considerando a apropriação mensal de 30 dias, independentemente se a venda se deu no 1º dia do mês ou no último dia do mês anterior), será feita de forma exponencial (juros compostos), através dos seguintes lançamentos:

<u>Final do 1º mês após a compra:</u>

D – Juros Passivos (1.000 × 1,1 – 1.000) 100

C – Juros Passivos a Transcorrer 100

<u>Final do 2º mês após a compra:</u>

D – Juros Passivos (1.100 × 1,1 – 1.100) 110

C – Juros Passivos a Transcorrer 110

Comentário extra 3: A apropriação das receitas financeiras ao final dos 30 dias após a venda, supondo que esta foi feita no início de determinado mês, será feita mediante o seguinte lançamento:

D – Juros Ativos a Transcorrer 150

C – Juros Ativos 150

Comentário extra 4: Supondo, por exemplo, que a venda tivesse sido realizada no dia 11 de fevereiro, os cálculos ficariam mais complicados, mas com o uso de uma máquina financeira ou científica, não seriam tão trabalhosos. Neste caso, a apropriação das receitas financeiras no total deR$ 150 nos 30 dias seria dividida em duas partes, isto é, no dia 28 de fevereiro seriam apropriados 17 dias de receitas de juros (R$ 1.500 × $1,1^{17/30}$ – R$ 1.500 = R$ 83,24) e no dia 31 de março seriam apropriados 13 dias de receitas de juros (R$ 1.583,24 × $1,1^{13/30}$ – R$ 1.583,24 = R$ 66,76), mediante os seguintes lançamentos contábeis:

Dia 28 de fevereiro (apropriação proporcional exponencialmente a 17 dias):

D – Juros Ativos a Transcorrer...83,24

C – Juros Ativos 83,24

Dia 31 de março (apropriação proporcional exponencialmente a 13 dias):

D – Juros Ativos a Transcorrer 66,76

C – Juros Ativos 66,76

Exercício 78

Valor unitário da compra	R$ 20
(–) Desconto incondicional (5% R$ 20)	(R$ 1,00)
(+) Custo unitário do frete (R$ 2.000 ÷ 5.000)	R$ 0,40
(+) IPI [= 10% × (R$ 20 + R$ 0,40)]	R$ 2,04
(–) ICMS [= 20% × (R$ 20 – R$ 1 + R$ 0,40)]	(R$ 3,88)
(=) Custo unitário do estoque	R$ 17,56

Nota: Observemos que o desconto incondicional de R$ 1,00 reduz a base de cálculo do ICMS, mas não reduz a base de cálculo do IPI, tendo em vista as respectivas legislações desses tributos.

Visto que foram vendidos em abril 60% do estoque disponível, ou seja, 60% de 5.000 unidades, então sobraram no estoque final do mês 40% de 5.000 unidades, isto é, 2.000 unidades, as quais totalizam em reais 2.000 × R$ 17,56, ou seja, R$ 35.120.

CAPÍTULO 11

Exercício 7

Contabilização da aplicação (13/11/X0):

D – Aplicações Financeiras	42.400,00
C – Juros Ativos a Vencer (ou "a Apropriar")	2.400,00
C – Bancos	40.000,00

Em geral, nos problemas de aplicações financeiras onde não é mencionado se a apropriação dos juros deve ser feita de forma linear (juros simples) ou de forma exponencial (juros compostos), presumimos que seja de forma linear, apesar de na prática a apropriação ser feita, preferencialmente, de forma exponencial, tendo em vista as normas internacionais de contabilidade.

Assim, de 13/11/X0 a 21/02/X1 o total de dias, sem contar o 1º dia (13/11), será de 100 dias. Com isso, a receita diária a ser apropriada será de R$ 2.400,00 ÷ 100, ou seja, R$ 24,00. Desta forma, de 13/11/X0 a 31/12/X0 (não conta o 1º dia) teremos 48 dias, onde a receita de juros total apropriada será de 48 × R$ 24,00, ou seja, R$ 1.152,00, fazendo com que o saldo da conta Juros Ativos a Vencer caia de R$ 2.400,00 para R$ 1.248,00.

No balanço de 31/12/X0, teremos:

ATIVO CIRCULANTE

Aplicações Financeiras	42.400,00
Juros Ativos a Vencer	(1.248,00)
	41.152,00

Finalmente, concluímos que o ativo circulante em X0 reduziu em R$ 40.000,00 pela saída desse valor da conta BCM e aumentou em 41.152,00 pelo valor líquido da aplicação financeira. Logo, a variação total do ativo circulante em X0, exclusivamente em relação ao todo da operação, foi um aumento de R$ 1.152,00.

Nota: O IRRF nada afetou o ativo circulante no exercício de X0, visto que o mesmo só será contabilizado no resgate da aplicação, o qual só ocorrerá em 21/02/X1.

Exercício 12

Contabilização da capitação líquida na emissão das debêntures:

D – Bancos (8.000 × 6,00 – 540,00 + 1.870,00)	49.330,00
D – Custos de Transação a Apropriar	540,00
C – Prêmios a Apropriar	1.870,00
C – Debêntures	48.000,00

Assim, no ato da emissão, o PASSIVO, sem a divisão em circulante e não circulante, ficará da seguinte forma:

Debêntures	48.000,00
Custos de Transação a Apropriar	(540,00)
Prêmios a Apropriar	1.870,00
	49.330,00

Concluindo assim, que o PASSIVO aumentará em R$ 49.330,00

Exercício 19

Entendemos aqui por "desconto de nota promissória" como equivalente a um empréstimo bancário, mediante a emissão de uma nota promissória. Desta forma, na data do desconto da promissória, a empresa fará a seguinte contabilização:

D – Bancos c/Movimento	92.000
D – Encargos Financeiros a Transcorrer (ou Juros a Vencer)	8.000
C – Notas Promissórias a Pagar	100.000

Exercício 20

Se em 4 meses (out. X1 a jan. X2) serão apropriados linearmente $ 8.000,00 de despesas de juros, então em 3 meses (out. X1 a dez. X1) serão apropriados $ 8.000 ÷ 4 × 3, ou seja, $ 6.000.

Comentário extra: Pelas normas atuais impostas pelo CPC, a apropriação dos juros em empréstimos e financiamentos deve ser feita em forma **exponencial** (juros compostos). No entanto, é possível que em alguns exercícios ou questões de concursos ainda se utilize a apropriação linear (juros simples) por questões de simplificação dos cálculos.

Exercício 21

Pelas normas do CPC, os juros devem ser apropriados em base exponencial (juro composto). Assim, teremos:

Em X1: Juros = 10% R$ 500.000,00 = R$ 50.000,00

Em X2: Juros = 10% (R$ 500.000,00 + R$ 50.000,00) = R$ 55.000,00

Em X3: Juros = 10% (R$ 550.000,00 + R$ 55.000,00) = R$ 60.500,00

Exercício 25

$$\text{Receita} = \text{R\\$ } 43.000{,}00 + \frac{\text{R\\$ } 58.320{,}00}{1{,}08} + \frac{\text{R\\$ } 58.320{,}00}{1{,}08^2} = \text{R\\$ } 147.000{,}00$$

Exercício 26

D – Caixa (pela entrada recebida) 43.000,00

D – Promissórias a Receber (58.320 × 2) 116.640,00

C – Juros Ativos a Apropriar (116.640,00 – 54.000,00 – 50.000,00) 12.640,00

C – Receita de Venda (43.000,00 + 54.000,00 + 50.000,00) 147.000,00

Exercício 27

Valor atual do crédito a receber na data 0:

$$\frac{\text{R\\$ } 58.320{,}00}{1{,}08} + \frac{\text{R\\$ } 58.320{,}00}{1{,}08^2} = \text{R\\$ } 104.000{,}00$$

Planilha de cálculo dos juros sobre o valor do crédito a receber no período anterior:

ANO	JURO
1	8% × R$ 104.000 = R$ 8.320
2	8% × (R$ 104.000+ R$ 8.320 – R$ 58.320) = R$ 4.320

Assim, a receita de juros a ser apropriada no ano 1 será de R$ 8.320,00, mediante o seguinte lançamento:

D – Juros Ativos a Apropriar 8.320,00

C – Juros Ativos 8.320,00

Comentário extra: O lançamento único de apropriação da receita de juros foi feito a fim de facilitar a solução do exercício. Na prática, a apropriação da receita de juros deve ser feita ao **final de cada mês** e não de uma vez só ao final do ano. No caso, seriam feitos 12 lançamentos mensais a débito de Juros Ativos a Apropriar e a crédito de Juros Ativos, onde o total creditado nesta última conta seria de R$ 8.320,00.

Para isso, deveríamos converter a taxa de juro composto de 8% ao ano em taxa mensal da seguinte forma:

$$1{,}08 = (1 + i)^{12}$$

$$i = (1{,}08)^{1/12} - 1 = 0{,}643403\% \text{ ao mês}$$

Desta forma, teríamos a seguinte planilha para a apropriação dos juros mensais:

Mês	Cálculo da receita de juros	Valor arredondado
1	0,643403% × 104.000,00 = 669,13912	669,14
2	0,643403% × (104.000,00 + 669,13912) = 673,4443812	673,44
3	0,643403% × (104.669,13912 + 673,4443812) = 677,7773424	677,78
4	0,643403% × (105.342,5835 + 677,7773424) = 682,1381821	682,14
5	0,643403% × (106.020,3608 + 682,1381821) = 686,5270795	686,53
6	0,643403% × (106.702,499 + 686,5270795) = 690,9442155	690,94
7	0,643403% × (107.389,0261 + 690,9442155) = 695,3897714	695,39
8	0,643403% × (108.079,9703 + 695,3897714) = 699,86393	699,86
9	0,643403% × (108.775,3601 + 699,86393) = 704,3668757	704,37
10	0,643403% × (109.475,224 + 704,3668757) = 708,8987931	708,90
11	0,643403% × (110.179,5909 + 708,8987931) = 713,4598693	713,46
12	0,643403% × (110.888,4897 + 713,4598693) = 718,0502916	718,05
Total	//	**8.320,00**

No ano 2 faríamos uma planilha semelhante a esta, substituindo os R$ 104.000,00 no 1º mês por R$ 54.000,00, de forma que a soma total da receita de juros dos 12 meses do ano 2 seja igual R$ 4.320,00.

Exercício 29

Com base no item 22 do CPC 12, a quantificação do ajuste a valor presente deve ser realizada em <u>base exponencial</u> (juro composto) *pro rata die* considerando o número de dias, a partir da origem de cada transação, sendo os seus efeitos apropriados nas contas a que se vinculam.

Desta forma, utilizaremos a fórmula: $C(1+i)^n = M$

10/10/X1 a 30/04/X2 (normalmente não contamos o primeiro dia, ou seja, contaremos do dia 11/10/X1 ao dia 30/04/X2):

n = 6 me e 20 d = 6 me + 2/3 me = 20/3 me

$40.000{,}00\,(1+i)^{20/3} = 48.000{,}00$

$$(1+i)^{20/3} = \frac{48.000{,}00}{40.000{,}00}$$

$(1+i)^{20/3} = 1{,}2$

$1 + i = 1{,}2^{3/20}$

$i = 1{,}2^{3/20} - 1 = 1{,}2^{0,15} - 1 = (1{,}2^{0,15} - 1) \times 100\%$ (ou 2,772563%)

Exercício 31

Visto que no 1º mês (out. X1) foram considerados apenas 20 dias (10/10 a 30/10), isto é, 2/3 do mês, o montante ao final de outubro será de $40.000 \times 1{,}02772563^{2/3}$.

Ao final do 2º mês (final de nov.), a despesa de juro será igual ao valor do montante ao final de outubro ($40.000 \times 1{,}02772563^{2/3}$) multiplicado pela taxa de juro mensal (0,0277256), ou seja, $40.000 \times 1{,}02772563^{2/3} \times 0{,}02772563$.

CAPÍTULO 12

Exercício 12

De acordo com o art. 199 da Lei nº 6.404/1976, o saldo das reservas de lucros, exceto as para contingências, de incentivos fiscais e de lucros a realizar, não poderá ultrapassar o capital social. Atingindo esse limite, a assembleia deliberará sobre aplicação do excesso na integralização ou no aumento do capital social ou na distribuição de dividendos. Assim, concluímos que a soma da reserva legal com a reserva estatutária e com a reserva orçamentária não poderá ser superior ao capital social. Logo:

10.000 + 30.000 +? ≥ 100.000 →? ≥ 60.000 (máximo = 60.000).

Exercício 36

Os LUCROS A REALIZAR são aqueles cuja realização financeira se dará após o término do exercício seguinte (após X3), assim:

X2 (set a dez): 4 meses

X3 (jan a dez): 12 meses

Total 16 meses

Lucro Total = 42.000 – (60.000 – 36.000) = 18.000

Lucros a Realizar (após X3) = $\frac{18.000}{30}$ × (30 – 16) = 8.400

CAPÍTULO 13

Exercício 7

Compras a prazo = 19.000 – (13.000 – 9.000) = 15.000

Compras à vista = 5.000

Total das Compras = 20.000.

CMV = EI + C – EF = 15.000 + 20.000 – 10.000 = 25.000.

Lucro operacional = vendas – CMV – despesas operacionais

39.000 = Vendas – 25.000 – 14.000 – 26.000 → Vendas = 104.000.

Vendas a prazo = vendas – vendas à vista = 104.000 – 34.000 = 70.000.

Exercício 8

Vendas a prazo =? – (28.000 – 27.000) → 70.000 =? – 1.000 →? = 71.000.

Exercício 10

Vendas	178.000
(–) Impostos sobre Vendas	(18.000)
(–) CMV [47.000 + 28.000 + 3.000 – 5.000 – 6.000]	(67.000)
(–) Despesas de Seguros [4.000÷12 × 3]	(1.000)
(–) Salários [33.000 + 3.000]	(36.000)
(–) Despesas Gerais	(27.000)
(–) Despesa c/Material de Expediente [4.000 – 1.000]	(3.000)
(–) Depreciação [20%25.000 + 10%10.000]	(6.000)
(=) LAIR (Lucro Antes do IR)	20.000 (lucro contábil)

Com base no art. 189 da Lei nº 6.404, a base de cálculo da participação de empregados será: LAIR – IR – Prejuízos Acumulados.

O saldo no balancete dado da conta Prejuízos Acumulados é de 7.000. No entanto, o exercício nos fornece que, no exercício social de X0, a depreciação de veículos foi subavaliada em $ 1.000. Desta forma, ao se fazer o ajuste, serão creditados $ 1.000 na conta Depreciação Acumulada e debitados $ 1.000 na conta Prejuízos Acumulados, ficando esta com um novo saldo de $ 8.000, o qual será considerado no cálculo do lucro que servirá de base para a participação de empregados, assim:

Participação de Empregados = 10% (20.000 – 15%20.000 – 8.000) = 900

Participação de Administradores = 10% (9.000 – 900) = 810

Finalmente, teremos:

LL = LAIR – IR – Participações = 20.000 – 3.000 – 1.710 = 15.290

Exercício 13

- Lembrando que CMV = EI + Compras – EF, se EF foi superavaliado em 2.000, então o CMV foi subavaliado em 2.000. Lembrando que LB = Vendas – CMV, se o CMV foi subavaliado em 2.000, então LB foi superavaliado em 2.000. Assim, os 43.000 indicados como LB estão superavaliados em 2.000, de forma que o valor CORRETO do LB, caso a irregularidade não tivesse sido cometida, seria de 41.000, descartando assim a opção "a" como resposta.
- Lembrando que LARDF (Lucro antes das Receitas e Despesas Financeiras) = LB – Despesas de Vendas – Despesas Administrativas – Despesas Gerais – Outras Despesas + Outras Receitas + Receita de Equivalência Patrimonial – Despesa de Equivalência Patrimonial, os quatro fatos constatados na auditoria afetaram o LARDF da seguinte forma:
  - O LB superavaliado em 2.000 acarretou a superavaliação do LARDF nesse valor. Logo, o primeiro ajuste no LARDF para que chegue ao valor correto é subtrairmos 2.000 do seu valor.
  - A depreciação do veículo, a qual, no caso, é despesa administrativa, calculada a menor em 3.000 acarretou o aumento indevido do LARDF nesse valor. Logo, o ajuste será feito mediante a subtração de 3.000 do LARDF.
  - Na venda do equipamento de uso, houve lucro de 1.000, o qual não foi contabilizado, isto é, não foram lançadas Outras Receitas nesse valor, acarretando a subavaliação do LARDF em 1.000. Assim, o ajuste do LARDF será feito mediante a soma de 1.000 ao seu valor.
  - A não contabilização dos salários de vendedores referente a dezembro acarretou 7.000 a menos nas despesas de vendas, implicando a superavaliação do LARDF nesse valor. O ajuste se dará mediante a subtração de 7.000 do LARDF.

Finalmente, o valor correto do LARDF será de 34.000 – 2.000 – 3.000 + 1.000 – 7.000 = 23.000, descartando a opção "b" como resposta.

- Lembrando que LAIRCSLL (Lucro antes do IR e CSLL) = LARDF + Receitas Financeiras – Despesas Financeiras, tendo em vista que somente o LARDF estava superavaliado em 11.000, então o verdadeiro valor do LAIRCSLL será de 31.000 – 11.000 = 20.000, descartando as opções "c" e "e" como resposta, pois, com base nas normas contábeis do CPC, Lucro Operacional é EXATAMENTE a mesma coisa que Lucro antes do IR e CSLL.
- Finalmente, lembrando que Lucro Líquido (LL) = LAIRCLL – IR e CSLL, o valor correto do LL será 23.560 – (11.000 – 24% 11.000) = 15.200, valor este exatamente igual ao correto valor do LAIRCSSL (20.000) menos a despesa com IR e CSLL (24% 20.000).

Exercício 14

O ajuste da Situação Líquida (Patrimônio Líquido) será exatamente aquele que foi feito no Lucro Líquido, isto é, reduzir o valor em 11.000 – 24% 11.000 = 8.360.

Exercícios 16 a 19

DRE – Comercial Tigre S/A – 31/12/X1

Receita Bruta (Vendas)	99.000
Vendas Canceladas	(5.000)
Impostos e Contribuições sobre Vendas	(12.000)
Receita Líquida	82.000
CMV	(21.000)
Lucro Bruto	**61.000**
Comissões sobre Vendas	(3.000)
Salários	(24.000)
Depreciação	(4.000)
Despesas Gerais	(8.000)
Outras Receitas (Aluguéis Ativos)	8.000
Outras Despesas	(2.000)
Lucro antes das Receitas e Despesas Financeiras	**(28.000)**
Receitas Financeiras (Juros Ativos)	2.000
Lucro antes do IR e CSLL	**30.000**
IR e CSLL (20% 30.000)	(6.000)
Participação de Empregados (10% 24.000)	(2.400)
Participação de Administradores (10% 21.600)	(2.160)
Lucro Líquido	**19.440**

Exercício 20

Limite máximo do saldo da Reserva Legal = 20% 60.000 = 12.000

Saldo anterior + 5% 19.440 = 9.972 < limite máximo

- -

Logo, tendo em vista que a soma do saldo anterior da Reserva Legal com 5% do Lucro Líquido não ultrapassou o limite máximo obrigatório (20% do Capital Social), serão destinados exatamente 5% do referido lucro, ou seja, 972.

Exercício 21

$$\text{Dividendo (estatuto omisso)} = \frac{19.440 - 972 + 6.000}{2} = 12.234$$

Exercício 22

PASSIVO CIRCULANTE (31/12/X1)

Duplicatas a Pagar	24.000
Salários a Pagar	2.000
ICMS a Recolher	700
PIS a Recolher	100
COFINS a Recolher	200
IR e CSLL a Pagar (2/5 de 6.000)	2.400
Participação de Empregados a Pagar	2.400
Participação de Administradores a Pagar	2.160
Dividendos a Pagar	12.234
TOTAL	46.194

Exercício 26

Lucro Real = 9.400 + 900 – 300 = 10.000 → IR e CSLL = 25% 10.000 = 2.500

Visto que a Amortização de Patentes no exercício anterior foi superavaliada em 400, o ajuste no exercício atual se dará mediante o seguinte lançamento:

D – Amortização Acumulada	400
C – Prejuízos Acumulados	400

Desta forma, o saldo ajustado de Prejuízos Acumulados será de 2.300 – 400 = 1.900. Assim:

Base de Cálculo dos Debenturistas = 9.400 – 2.500 – 1.900 = 5.000

- Participação de Debenturistas = 10% × 5.000 = 500
- Participação de Empregados = 10% × (5.000 – 500) = 450

Lucro Líquido = Lucro antes do IR e CSLL – IR e CSLL – Participações = 9.400 – 2.500 – 500 – 450 = 5.950

De acordo com o parágrafo único do art. 189 da Lei nº 6.404, o prejuízo do exercício será **obrigatoriamente** absorvido pelos lucros acumulados e pelas reservas de lucros, nesta ordem.

Desta forma, entendemos que absorver prejuízos é prioridade sobre as destinações para as reservas de lucros, isto é, a coexistência de prejuízos acumulados e reservas de lucros é incompatível.

Assim, a base de cálculo das reservas de lucros será o lucro líquido **após** a absorção de prejuízos acumulados, ou seja:

Reserva Legal = 5% (Lucro Líquido – Prejuízos Acumulados) = 5% × (5.950 – 1.900) = 202,50

Reservas Estatutárias = 4% × 4.050 = 162

Reserva para Contingências = 15% × 4.050 = 607,50

Reserva Orçamentária = 6% × 4.050 = 243

Com base no art. 198 da Lei nº 6.404/1976, as reservas estatutárias (formação e reversão) e as reservas orçamentárias (ou reservas para planos de investimentos – formação e reversão), não podem afetar o cálculo do dividendo mínimo obrigatório.

Em princípio, os Dividendos mínimos nos termos do art. 202 da Lei nº 6.404/76 seriam obtidos da seguinte forma:

25% × (Lucro Líquido – Destinação p/Res. Legal – Destinação p/ Res. de Contingências)

No entanto, da mesma forma que os Prejuízos Acumulados já ajustados para R$ 1.900,00 reduziram a base de cálculo das reservas de lucros, incluindo a Reserva Legal, reduzirão também a base de cálculo dos dividendos. Assim, teremos:

Dividendo (mínimo) = 25% × (Lucro Líquido – Prejuízos Acumulados – Destinação p/ Res. Legal – Destinação p/Res. de Contingências)

- -

Dividendo (mínimo) = 25% × (5.950,00 – 1.900,00 – 202,50 – 607,50) = R$ 810,00

Exercício 27

Prejuízos Acumulados (31/12/X0)	(2.300)
(+) Ajustes de exercícios anteriores	400
(+) Lucro Líquido	5.950
(–) Dividendos	(810)
(–) Reserva Legal	(202,50)
(–) Reservas Estatutárias	(162)
(–) Reserva para Contingências	(607,50)
(–) Reserva Orçamentária	(243)
(–) Parcela Incorporada ao Capital	(500)
(=) Lucros Acumulados	1.525
(–) Reserva Especial para Dividendos	(1.525)
(=) Lucros Acumulados (31/12/X1)	0

Com base no § 6º do art. 202 da Lei nº 6.404/1976, os lucros não destinados para reserva legal, reservas estatutárias, reserva para contingências, reserva de incentivos fiscais, reserva de retenção de lucros e reserva de lucros a realizar **deverão** ser distribuídos como dividendos, isto é, regra geral, não poderá haver saldo remanescente em lucros acumulados. No entanto, de acordo com os §§ 4º e 5º do mesmo artigo, o dividendo (parcial ou totalmente) não será obrigatório no exercício social em que os órgãos da administração informarem à assembleia geral ordinária, ser ele incompatível com a situação financeira da companhia. Os lucros que deixarem de ser distribuídos como dividendos serão registrados como **reserva especial**.

Desta forma, concluímos, finalmente, que o saldo em lucros acumulados de R$ 1.525,00 será o saldo da Reserva Especial.

Exercício 32

Receita Bruta (Vendas)	128.500
(–) Impostos e Contribuições s/Vendas	(16.000)
(=) Receita Líquida	112.500
(–) CMV	(36.000)
(=) Lucro Bruto	76.500

Exercício 33

Lucro Bruto	76.500
(–) Despesas Comerciais	(5.000)
(–) Salários	(36.000)
(–) Despesas Gerais (12.000 – 3.000 × 8/12)	(10.000)
(–) Depreciação	(2.500)
(=) Lucro antes das Receitas e Despesas Financeiras	23.000

Exercício 34

Lucro antes das Receitas e Despesas Financeiras	23.000
(–) Juros Passivos	(3.000)
(+) Juros Ativos	2.000
(=) Lucro antes do IR e CSLL	22.000
(–) IR e CSLL	(4.000)
(–) Prejuízos Acumulados	(8.000)
(=) Base de cálculo das participações sobre o lucro	10.000

Participação de empregados = 10% × 10.000 = 1.000

Participação de administradores = 10% × 9.000 = 900

Lucro antes do IR e CSLL	22.000
(–) IR e CSLL	(4.000)
(–) Participações	(1.900)
Lucro Líquido	16.100

Exercício 35

Reserva Legal:

- Limite = 20% × Capital Social = 20% × 54.500 = 10.900
- Saldo anterior = 0
- 5% × (Lucro Líquido – Prejuízos Acumulados) = 5% × (16.100 – 8.000) = 405
- Saldo anterior + 5% × 8.100 < 20% × 54.500

Obs.: Com base no art. 193 da Lei nº 6.404/1976, o valor a ser destinado à Reserva Legal é de 5% do Lucro Líquido, observado o limite máximo de 20% do Capital Social (Realizado) para o saldo dessa reserva. No entanto, com base no parágrafo único do art. 189, o prejuízo do exercício deverá ser absorvido pelos Lucros Acumulados, pelas Reservas de Lucros e pela Reserva Legal, nesta ordem. Desta forma, concluímos que a prioridade não é constituir Reserva Legal e sim eliminar prejuízos, mesmo que esses já estejam acumulados no balanço. Daí, havendo no balanço Prejuízos Acumulados, para a Reserva Legal, que, regra geral, são destinados 5% do Lucro Líquido, neste caso serão destinados 5% do Lucro Líquido menos os Prejuízos Acumulados.

Exercício 36

PASSIVO CIRCULANTE

Fornecedores	55.000
Juros a Pagar	1.000
Adiantamentos de Clientes	11.000
Salários a Pagar	3.000
Impostos a Recolher	3.000
IR e CSLL a Pagar	1.000
Participações de Empregados a Pagar	1.000
Participações de Administradores a Pagar	900
Dividendos a Pagar [40% × (16.100 – **8.000** – 405)]	3.078
TOTAL	78.978

Nota: Os Prejuízos Acumulados de exercícios anteriores não só diminuirão a base de cálculo das participações estatutárias sobre o lucro e da Reserva Legal, mas também a base de cálculo dos dividendos.

Exercício 37

ATIVO CIRCULANTE

Caixa	19.000
BCM	13.000
Adiantamentos a Fornecedores	6.000
Clientes	64.000
PECLD	(5.500)
Mercadorias	30.000
Seguros a Vencer (3.000 × 8/12)	2.000
TOTAL	128.500

Exercício 38

ATIVO NÃO CIRCULANTE

Móveis e Utensílios	25.000
(–) Depreciação Acumulada	(5.000)
TOTAL	20.000

Exercício 39

ATIVO = AC + ANC = 128.500 + 20.000 = 148.500

Exercício 40

(1ª SOLUÇÃO)

PL = A – P = 148.500 – 78.978 = 69.522

(2ª SOLUÇÃO) – Somaremos ao "antigo" PL o Lucro Líquido do exercício e subtrairemos os Dividendos a Pagar.

Capital	54.500
Reserva de Capital (Ágio na Emissão de Ações)	10.000
Prejuízos Acumulados	(8.000)
Lucro Líquido	16.100
Dividendos a Pagar	(3.078)
TOTAL	69.522

(3ª SOLUÇÃO) – Somaremos as contas já atualizadas do PL do balanço de 31/12/X0:

Capital Social [54.500 + 4.617] 59.117

Reserva de Capital (Ágio na Emissão de Ações) 10.000

Reserva Legal 405

TOTAL 69.522

Obs.: Após as destinações do Lucro Líquido para absorção dos Prejuízos Acumulados, distribuição dos dividendos "mínimos" (40% do Lucro Líquido ajustado) e constituição de Reserva Legal, o saldo remanescente em Lucros Acumulados será de 16.100 – 8.000 – 3.078 – 405 = 4.617. Em princípio, tendo em vista que o saldo final de Lucros Acumulados deve ser distribuído como dividendos, o valor destes seria de 3.078 + 4.617 = 7.695. No entanto, a empresa utilizou a "sobra" em Lucros Acumulados para aumento do Capital Social (estamos supondo que o estatuto da companhia já havia sido alterado antes para esse aumento), permanecendo os dividendos com seu valor mínimo (3.078).

Exercício 41

Total do Passivo (Balanço) = Total do Ativo = 148.500

Exercício 42

CCL = AC – PC = 128.500 – 78.978 = 49.522

Exercício 43

Visto que no balanço final não há contas retificadoras do passivo ou patrimônio líquido, as quais são contas devedoras, o total dos saldos devedores no balanço final será igual aos saldos devedores das contas do ativo, os quais podem ser obtidos somando-se ao total do ativo o saldo de Depreciação Acumulada e o saldo de Perdas Estimadas em Créditos de Liquidação Duvidosa, isto é, 148.500 + 5.000 + 5.500 = 159.000.

Exercício 44

Pelas novas regras contábeis NÃO EXISTEM mais receitas ou despesas não operacionais, ou seja, TODAS as despesas e receitas contribuem de uma forma ou de outra para as operações da empresa, de sorte que TODAS são consideradas operacionais. Assim, o Lucro Operacional (expressão ainda utilizada pelo INADEQUADO art. 187 da Lei nº 6.404/76) é EXATAMENTE a mesma coisa que Lucro antes do IR e CSLL, o qual já determinamos no valor de 22.000.

Exercício 47

Receita Bruta 700.000,00

(–) Deduções .... (58.000,00)

(–) Custo das Vendas .... (400.000,00)

(–) Despesas Operacionais .... (32.000,00)
(–) IR e CSLL .... (10.000,00)
(=) Base de cálculo das participações de empregados 200.000,00

- -

Participação de empregados = 10% 200.000,00 = 20.000,00

Participação de administradores = 10% 180.000,00 = 18.000,00

Exercício 48

a) CORRETO. O lucro será arbitrado quando algo na pessoa jurídica estiver errado. Entre as diversas hipóteses de erros, podemos citar: o contribuinte sujeito ao lucro real não mantém escrituração de acordo com a legislação comercial ou fiscal; o contribuinte deixa de elaborar demonstrações exigidas pela legislação fiscal; o contribuinte opta indevidamente pela tributação com base no lucro presumido; o contribuinte sujeito ao lucro real não mantém o livro Diário e o livro Razão; o contribuinte se recusa ou dificulta o acesso da autoridade fiscal à documentação comprobatória das atividades etc. As empresas não obrigadas à tributação com base no lucro real podem optar pela tributação com base no lucro presumido. Neste caso, estão dispensadas da escrituração no Diário e no Razão. No entanto, devem manter escrituração no livro Registro de Inventário e no livro Caixa.

b) INCORRETO. O Simples (Sistema Integrado de Pagamento de Impostos e Contribuições das Microempresas e Empresas de Pequeno Porte) é uma forma simplificada de apuração e recolhimento de impostos e contribuições.

c) INCORRETO. O lucro real é apurado na escrituração fiscal no livro Lalur (Livro de Apuração do Lucro Real), e não na escrituração comercial (escrituração contábil). Com relação a ser diferente do lucro contábil, está correto, pois parte deste lucro, ajustando o pelas adições, exclusões e compensações previstas na legislação do IR. O lucro contábil, que é diferente de lucro real, é o apurado na escrituração comercial.

d) INCORRETO. Não só no caso em que o contribuinte se recusar, mas também nos outros casos mencionados no comentário da opção "a".

e) INCORRETO. O lucro contábil é realmente aquele apurado na contabilidade (escrituração comercial), o qual também pode ser chamado de lucro escritural, e **serve** de base para a tributação do IR, pois se transformará em lucro real, mediante os ajustes pelas adições, exclusões e compensações previstas na legislação do IR.

Exercício 50

Lucro Presumido para o IR = 1,6% × (1.200.000,00 – 33.500,00 – 6.500,00) + 8% 300.000,00 + 32% × 150.000,00 + 38.000,00 = 128.560,00

- -

IR = 15% × 128.560,00 + 10% × (128.560,00 – 20.000,00 × 1) = 30.140,00

Nota: Pela legislação do IR em vigor no ano de 2005, o IR será de 15% sobre o Lucro Presumido mais um adicional de 10% sobre o excesso desse lucro sobre R$ 20.000,00, multiplicados pelo número de meses que compreende o período de declaração. No caso da questão 50, o período é mensal. Daí, R$ 20.000,00 × 1.

Exercício 51

Lucro Presumido para a CSLL = 12,0% × (1.200.000,00 – 33.500,00 – 6.500,00) + 12,0% × 300.000,00 + 32% × 150.000,00 + 38.000,00 = 261.200,00.

CSLL = 9% × 261.200,00 = 23.508,00.

Exercício 56

As despesas com Brindes são **adições permanentes**, pois nunca serão dedutíveis do lucro real. No entanto, no caso da despesa com Provisão p/Devedores Duvidosos e a despesa com Provisão p/Perdas em Processos Trabalhistas são **adições temporárias**, pois quando as perdas por inadimplência de clientes e as perdas em processos trabalhistas efetivamente ocorrerem serão dedutíveis do lucro real tributável. Assim, o valor das adições temporárias será de 50.000,00 + 20.000,00, ou seja, 70.000,00.

Exercício 57

Os percentuais de estimativa incidentes sobre a receita bruta das empresas comerciais ou industriais para o cálculo do IR mensal são os mesmos utilizados no lucro presumido para o IR trimestral. No caso, pela legislação atual, esse percentual é de 8% sobre a receita bruta. A receita de aplicações financeiras, em princípio, seria somada integralmente para o cálculo desse lucro. No entanto, visto que há IR na fonte sobre essa receita, ela não integrará a base de cálculo do lucro estimado. No caso do ganho de equivalência patrimonial, em nenhuma hipótese será tributável, seja pelo IR, seja pela CSLL, não integrando, portanto, a base de cálculo desses tributos. Assim, teremos:

Lucro estimado = 8% 1.800.000,00 + 80.000,00 = 224.000,00

Pela legislação do IR, o valor desse tributo será 15% do lucro estimado mais o adicional de 10% incidente sobre o excesso desse lucro sobre R$ 20.000,00. Assim:

IR = 15% 224.000,00 + 10% (224.000,00 – 20.000,00) = 54.000,00

Exercício 58

Pela legislação atual, o percentual incidente sobre a receita bruta para empresas comerciais ou industriais na determinação do lucro mensal estimado para o cálculo da CSLL é de 12%. Nessa questão, aos 12% da receita bruta serão acrescentados a receita de aplicações financeiras e os ganhos de capital. Assim:

Lucro estimado = 12% 1.800.000,00 + 50.000,00 + 80.000,00 = 346.000,00

Pela legislação da CSLL, o valor desse tributo será de 9% do lucro estimado (não existe adicional em hipótese alguma para esse tributo):

CSLL = 9% 346.000,00 = 31.140,00

Exercício 66

a) INCORRETA. A conta "Desconto Incondicional Obtido" nas compras de mercadorias ou produtos é conta de resultado de natureza credora, mas não representa uma receita, tendo em vista que o valor do estoque é registrado pelo valor original da transação. Assim, por exemplo, se a empresa, ao adquirir uma mercadoria que estava ao preço de R$ 10.000,00, obtiver um desconto de 20%, o custo do estoque, desconsiderando os tributos recuperáveis, seria de R$ 8.000,00, que é o valor original da transação (Princípio Contábil do Registro pelo Valor Original). Os R$ 2.000,00 contabilizados como desconto incondicional, apesar de integrarem a respectiva conta de resultado com saldo credor, não correspondem ao conceito de receita, visto que a empresa poderia ignorar tal desconto e nem contabilizá-lo, de sorte que o seu patrimônio líquido teria o mesmo valor daquele que teria se contabilizasse o desconto. Em outras palavras, qualquer receita necessariamente acarreta num aumento do patrimônio líquido e o desconto na compra de qualquer bem não é receita, visto que não altera o patrimônio líquido, apesar de ser conta de resultado de natureza credora.

b) INCORRETA. Após encerrar todas as despesas e receitas ao final do exercício social, deverá haver o encerramento da conta "Apuração do Resultado" (ou "Resultado do Exercício), a qual tem por saldo o lucro ou prejuízo do período.

c) INCORRETA. Qualquer despesa indicada da DRE, incluindo a depreciação, é gerada em função do regime de competência e não do regime de caixa.

d) CORRETA. As receitas e despesas acarretam, respectivamente, no aumento e na redução do patrimônio líquido de uma entidade. Consequentemente, não há como contabilizar uma receita ou despesa que não tenha contrapartida com, pelo menos, uma conta patrimonial.

e) INCORRETA. A conta CMV é uma conta de despesa, visto que o fato gerador dessa despesa é a entrega das mercadorias aos clientes.

CAPÍTULO 14

Exercício 17

Com base no art. 202 da Lei nº 6.404, os acionistas têm direito de receber como dividendo obrigatório, em cada exercício, a parcela de lucros estabelecida no estatuto ou, se este for omisso, **em princípio**, metade do lucro líquido ajustado nos termos do inciso I do referido artigo, sendo tal lucro determinado mediante a seguinte fórmula:

Lucro Líquido Ajustado = 50% × (Lucro Líquido – Valor destinado a reserva legal – Valor destinado a reserva para contingências + valor revertido da reserva para contingências)

Assim:

Dividendos (1º valor não definitivo) = 50% × (48.000 – 2.400 – 3.600 + 1.000) = 21.500

- -

No entanto, com base no inciso II do referido artigo, o pagamento do dividendo nos termos do inciso I **poderá ser limitado** ao montante do lucro líquido do exercício que tiver sido realizado, desde que a diferença seja registrada como RLAR (Reserva de Lucros a Realizar).

Com base no art. 197, considera-se realizada a parcela do lucro líquido que exceder o somatório do resultado líquido positivo da equivalência patrimonial com o lucro, ganho ou rendimento em operações cuja realização financeira se dará após o exercício seguinte. Assim:

Lucro Líquido Realizado = 48.000 – (21.000 + 14.000) = 13.000 = **Dividendos (2º valor não definitivo)**

RLAR = 21.500 – 13.000 = 8.500

- -

Com base no § 6º do art. 202, os lucros não destinados às reservas de lucros (legal, estatutária, contingências, incentivos fiscais, orçamentária e lucros a realizar) **deverão** ser distribuídos como dividendos. Desta forma, concluímos que o valor remanescente do lucro líquido após as destinações para reservas, incluindo a reversão da reserva para contingências, e o 2º valor não definitivo dos dividendos, não poderá ficar retido em lucros acumulados, tendo que ser repassado para os dividendos, os quais ficarão com o 3º valor, este, porém, definitivo. Assim:

Reserva para Contingências (reversão)	1.000
(+) Lucro Líquido	48.000
(–) Reserva Legal	(2.400)
(–) Reserva Estatutária	(1.700)
(–) Reserva para Contingências	(3.600)
(–) Reserva Orçamentária	(2.300)
(–) RLAR	(8.500)
(–) Dividendos (2º valor não definitivo)	(13.000)
(=) Lucros Acumulados (saldo transitório)	17.500

Finalmente, teremos:

Lucros Acumulados (saldo final na DLPA) = zero

Dividendos (saldo definitivo) = 13.000 + 17.500 = 30.500

Exercício 18

Se a Receita de Equivalência Patrimonial fosse nula, teríamos:

Lucro Líquido Realizado = 48.000 – 21.000 = 27.000 > 21.500

Logo, como a parcela realizada do lucro líquido ultrapassou o 1º valor não definitivo dos dividendos, não há RLAR a ser constituída. Desta forma, o saldo final de Dividendos a Pagar será 8.500 superior ao do exercício 17, ou seja, 30.500 + 8.500 = 39.000

Exercício 19

De acordo com o § 2º do art. 202 da Lei nº 6.404, quando o estatuto for omisso em relação aos dividendos e a assembleia geral deliberar alterá-lo para introduzir norma sobre os mesmos, o dividendo mínimo obrigatório não poderá ser inferior a 25% (ou 1/4) do Lucro Líquido (LL), ajustado nos termos do referido artigo, assim:

$$25\% \ (LL - 0{,}05LL - 0{,}20LL) = 60.750 \times 0{,}50$$

$$\frac{0{,}75LL}{4} = 30.375 \rightarrow LL = \frac{30.375 \times 4}{0{,}75} = 162.000$$

Por outro lado, supondo que não há prejuízos acumulados, a base de cálculo da participação de empregados sobre o lucro da empresa é a diferença entre o LAIR (Lucro Antes do Imposto de Renda) e o IR (Imposto de Renda), conforme disposto no art. 189. Assim, o valor desta participação será de 10% de (LAIR – IR), e o lucro remanescente, após o cálculo desta, será de 90% de (LAIR – IR). Com base no art. 190, a base de cálculo da participação dos administradores será este último lucro remanescente. Assim, o valor desta será de 10% de 90% de (LAIR – IR), e o lucro final remanescente (Lucro Líquido) será de 90% de 90% de (LAIR – IR), ou seja, 0,81 × (LAIR – IR).

Finalmente, podemos estabelecer a seguinte igualdade:

$$0{,}81 \times (LAIR - IR) = 162.000 \rightarrow LAIR - IR = 200.000$$

Logo:

Participação de Empregados = 10% × 200.000 = 20.000
Participação de Administradores = 10% × (200.000 – 20.000) = 18.000

Exercício 31

Tendo em vista que há saldo em Prejuízos Acumulados originário do balanço anterior, com base no artigo 189 da Lei 6.404/76, a PRIORIDADE é absorver tais prejuízos com o Lucro Líquido atual, <u>antes</u> de efetuar QUALQUER destinação desse lucro, <u>**incluindo os próprios dividendos**</u>. Dessa forma, teremos:

Lucro Líquido (após prejuízos) = 3.000.000,00 – 1.000.000,00 = 2.000.000,00

- -

Agora iremos determinar o valor destinado à Reserva Legal à base de 5% do Lucro Líquido após a absorção dos referidos prejuízos, o qual será de 5% de 2.000.000,00 = 100.000,00.

- -

Finalmente, tendo em vista que o estatuto é omisso em relação aos dividendos, o valor desses será metade do Lucro Líquido (**após** a absorção dos prejuízos) ajustado nos termos do artigo 202 da referida lei. Assim, teremos o seguinte cálculo para os dividendos obrigatórios:

$$\frac{2.000.000,00 - 100.000,00 - 500.000,00}{2} = 700.000,00$$

CAPÍTULO 15

Exercício 2

CMV = EI + C – EF → 2.600.000 = 110.000 + C – 208.000 → C = 2.698.000

Exercício 3

Compras totais em 20X1	2.698.000,00
(–) Compras a prazo em 20X1	(232.000,00)
(+) Compras a prazo em 20X0 (recebidas em 20X1)	125.000,00
(=) Total pago aos fornecedores em 20X1	2.591.000,00

Exercício 4

Vendas	3.300.000,00
(–) Vendas a prazo (20X1)	(450.000,00)
(+) Vendas a prazo de 20X0 (recebidas em 20X1)	228.000,00
(–) Baixa pela inadimplência de clientes	(8.000,00)
(=) Ingressos de caixa em 20X1 gerados pelas vendas	3.070.000,00

Nota: A baixa pela inadimplência de clientes foi obtida somando-se a PECLD (Perdas Estimadas em Crédito de Liquidação Duvidosa) feita em 20X0 (6.600,00) com a perda com clientes de 20X1 (1.400,00). A conta "Perdas com Clientes" indica que a inadimplência de clientes excedeu a PECLD feita no ano anterior. Caso contrário, ou seja, se a inadimplência fosse menor que a PECLD feita no ano anterior, haveria a conta "Reversão de PECLD" em vez da conta Perda com Clientes.

Exercício 5

FLUXO DAS ATIVIDADES OPERACIONAIS

Despesas pagas antecipadamente	(5.000,00)
Duplicatas descontadas	20.000,00
Pagamento a fornecedores	(104.000,00)
Recebimento de clientes	180.000,00
TOTAL	91.000,00

Exercício 9

Vendas	390.000,00
(–) CMV	(190.000,00)
(–) Despesas financeiras	(2.200,00)
(+) Receitas financeiras	9.700,00
(–) Despesas administrativas	(125.000,00)
(–) Depreciação	(90.000,00)
(+) Resultado positivo equivalência patrimonial	5.000,00
(–) Resultado não operacional [42.000,00 – 35.000,00]	(7.000,00)
(=) Prejuízo líquido	(9.500,00)

Exercício 10

Integralização de capital	22.500,00
(+) Reservas de capital (alienação de bônus de subscrição)	3.000,00
(–) Pagamento de dividendos não provisionados	(15.000,00)
(–) Prejuízo líquido	(9.500,00)
(=) Variação do PL	1.000,00

Exercício 11

Prejuízo líquido	(9.500,00)
(+) Depreciação	90.000,00
(–) Resultado positivo equivalência patrimonial	(5.000,00)
(+) Prejuízo na venda de equipamentos	7.000,00
(–) Variação positiva em clientes	(55.000,00)
(+) Variação positiva em fornecedores	30.000,00
Total	57.500,00

Exercício 12

Alienação de bônus de subscrição	3.000,00
Pagamento de dividendos	(15.000,00)
Integralização de capital em dinheiro	22.500,00
Total	10.500,00

Exercício 13

Venda de equipamento à vista	35.000,00
Aquisição de imobilizado à vista	(50.000,00)
Empréstimo a coligada	(25.000,00)
Total	(40.000,00)

Exercício 14

Variação das disponibilidades = 57.500,00 + 10.500,00 – 40.000,00 = 28.000,00

Exercício 15

Estoque Inicial (saldo de Mercadorias em 20X2)	81.000,00
(+) Compras (em 20X3)	?
(–) Estoque Final (saldo de Mercadorias em 20X3)	(99.800,00)
(=) CMV (em 20X3)	450.000,00

Compras (em 20X3) = 450.000,00 – 81.000,00 + 99.800,00 = 468.800,00

Exercício 16

20X1:

Vendas de 20X0 para recebimento em 20X1 (Clientes de 20X0)	288.000,00
(–) Inadimplência de clientes (saldo de PECLD de 20X0)	(5.700,00)
(=) Vendas de 20X0 recebidas em 20X1	282.300,00
(+) Vendas de 20X1	375.000,00
(–) Vendas de 20X1 para recebimento em 20X2 (Clientes de 20X1)	(325.000,00)
(=) Vendas recebidas em 20X1	332.300,00

20X2:

Vendas de 20X1 para recebimento em 20X2 (Clientes de 20X1)	325.000,00
(–) Inad. de clientes (PECLD de 20X1 + perdas c/ clientes em 20X2)	(15.500,00)
(=) Vendas de 20X1 recebidas em 20X2	309.500,00
(+) Vendas de 20X2	625.000,00
(–) Vendas de 20X2 para recebimento em 20X3 (Clientes de 20X2)	(550.000,00)
(=) Vendas recebidas em 20X2	384.500,00

20X3:

Vendas de 20X2 para recebimento em 20X3 (Clientes de 20X2) 550.000,00
(–) Inad. de clientes (PECLD de 20X2 – reversão de PECLD em 20X3) .... (6.900,00)
(=) Vendas de 20X2 recebidas em 20X3 .... 543.100,00
(+) Vendas de 20X3 .... 703.000,00
(–) Vendas de 20X3 para recebimento em 20X4 (Clientes de 20X3) .... (630.000,00)
(=) Vendas recebidas em 20X3 .... 616.100,00

Comentário extra: Visto que no exercício de 20X1 não houve reversão de PECLD (Perdas Estimadas em Créditos de Liquidação Duvidosa) e nem perdas com clientes, concluímos que a inadimplência dos clientes em 20X1 foi exatamente igual ao saldo da PECLD em 20X0. No caso de 20X2, a inadimplência de clientes foi igual à soma da PECLD de 20X1 com as perdas com clientes em 20X2, ou seja, a existência dessa perda significa que a PECLD anterior foi insuficiente para cobrir a inadimplência dos clientes em 20X2. Já no caso de 20X3, a reversão da PECLD significa que a PECLD feita em 20X2 foi excessiva em relação à inadimplência de 20X3.

Exercício 17

Despesas totais de 20X2 .... 145.000,00
(–) Despesas com provisões (10%) .... (14.500,00)
(+) Despesas de 20X1 pagas em 20X2 (Contas a Pagar em 20X1) 15.800,00
(–) Despesas de 20X2 pagas em 20X3 (Contas a Pagar em 20X2) .... (16.100,00)
(=) Despesas pagas em 20X2 .... 130.200,00

Exercício 18

Compras (20X3) 468.800,00
(–) Compras em 20X3 pagas em 20X4 (Fornecedores em 20X3) .... (90.500,00)
(=) Compras em 20X3 pagas em 20X3 .... 378.300,00
(+) Compras em 20X2 pagas em 20X3 (Fornecedores em 20X2) 76.000,00
(=) Pagamentos de fornecedores em 20X3 .... 454.300,00

Exercício 21

Pela forma com que os dados da questão foram apresentados, iremos apurar o valor do Fluxo das Atividades Operacionais (FAO) pelo método direto:

Recebimentos de clientes:

- Vendas de 2009 recebidas em 2010 (80% 60.000) 48.000
- Vendas de 2010 recebidas em 2010 (metade de 180.000) 90.000

138.000

Pagamento de despesas operacionais em 2010 .... (30.000)
Total FAO 108.000

Exercício 34

Lucro na venda dos veículos = Valor de venda – Valor contábil

1.000,00 = Valor de venda – (5.000,00 – 3.000,00)

Valor de venda = 3.000,00

Comentário extra: O enunciado da questão não deixa claro que a depreciação acumulada se refere apenas aos veículos, visto que as edificações pertencentes aos imóveis também podem sofrer depreciação. No entanto, visto que o saldo de depreciação acumulada decresceu de 20X1 para 20X2, presumimos que essa depreciação se refere somente aos veículos, visto que somente os mesmos foram alienados.

Exercício 35

O primeiro passo é determinarmos o resultado líquido do exercício (lucro ou prejuízo líquido):

Vendas (20X2)	70.000,00
(–) Custo da Mercadoria Vendida	(30.000,00)
(–) Amortizações	(1.000,00)
(–) Depreciações	(2.000,00)
(–) Despesas de Juros	(4.500,00)
(–) Despesas Administrativas	(5.000,00)
(–) Despesas Comerciais	(5.100,00)
(–) Despesas Tributárias	(6.100,00)
(–) Encargos e Salários	(16.100,00)
(–) Perdas com Clientes	(1.200,00)
(–) Despesa com PECLD	(500,00)
(–) Resultado de Equivalência	(500,00)
(+) Lucro na Venda de Veículos	1.000,00
(=) Prejuízo Líquido	(1.000,00)

Finalmente, faremos o ajuste do Prejuízo Líquido:

(=) Prejuízo Líquido	(1.000,00)
(+) Depreciações	2.000,00
(+) Amortizações	1.000,00
(+) Resultado de Equivalência	500,00
(–) Lucro na Venda de Veículos	(1.000,00)
(=) Resultado ajustado	1.500,00

Exercício 36

Fluxo das Atividades de Investimento

Recebimento pela venda de veículos	3.000,00
(–) Compra de novos veículos	(10.000,00)
(–) Compra de imóveis	(10.000,00)
(=) Saída de caixa	(17.000,00)

Exercício 37

CMV (20X2) = EI (20X1) + Compras (20X2) – EF (20X2)

30.000,00 = 1.800,00 + C – 3.000,00

Compras (20X2) = 31.200,00

Exercício 39

Compras totais em 2010 (= CMV – EI + EF)	640.000,00
(+) Compras em 2009 pagas em 2010 (saldo inicial de Fornecedores)	250.000,00
(–) Compras em 2010 para pagamento 2011 (saldo final de Fornecedores)	(280.000,00)
(=) Valor pago as fornecedores em 2011	610.000,00

CAPÍTULO 16

Exercício 5

RECEITAS	
Vendas de Mercadorias [2,00 X 45.000,00]	90.000,00
INSUMOS	
CMV [1,50 X 45.000]	(67.500,00)
Despesas comerciais e administrativas (exceto salários e encargos)	(7.000,00)
	(74.500,00)
DEPRECIAÇÃO, AMORTIZAÇÃO E EXAUSTÃO	
Depreciação [60.000,00 X 20% ÷ 12 X 2]	(2.000,00)
Total do valor adicionado a distribuir	13.500,00

Exercício 6

Para determinarmos o percentual do valor adicionado distribuído aos sócios, o primeiro passo é calcularmos o lucro líquido, dos quais 25% são os dividendos:

Vendas	90.000,00
(–) CMV	(67.500,00)
(–) Despesa de juros [400,00 X 3]	(1.200,00)
(–) Despesas administrativas e comerciais	(15.000,00)
(–) Depreciação	(2.000,00)
(=) Lucro líquido	4.300,00

Dividendos = 25% X 4.300,00 = 1.075,00

Finalmente, o percentual do valor adicionado distribuído aos sócios será:

1.075,00 ÷ 13.500,00 = 7,96%

Exercício 7

Percentual do V.A. distribuído aos empregados = 8.000,00 ÷ 13.500,00 = 59%

Exercício 9

RECEITAS	
Vendas	540.000
(–) INSUMOS	
CMV	(250.000)
Serviços de terceiros	(70.000)
Materiais adquiridos de terceiros	(20.000)
	(340.000)
(–) DEPRECIAÇÃO, AMORTIZAÇÃO, EXAUSTÃO	
Depreciação	(40.000)
(+) VALOR ADICIONADO RECEBIDO EM TRANSFERÊNCIA	
Receita de dividendos	30.000
(=) VALORADICIONADO A DISTRIBUIR	190.000

Exercício 11

RECEITAS

Vendas de mercadorias	1.900.500
(–) INSUMOS	
CMV	(230.000)
Materiais, energia e serviços de terceiros	(129.000)
	(359.000)
(–) DEPRECIAÇÃO, AMORTIZAÇÃO, EXAUSTÃO	
Amortização	(9.900)
Exaustão	(85.000)
	(94.900)
(+) VALOR ADICIONADO RECEBIDO EM TRANSFERÊNCIA	
Receitas financeiras	410.000
Resultado de equivalência patrimonial	72.700
	482.700
(=) VALOR ADICIONADO A DISTRIBUIR	1.929.300

Exercícios 16 a 25

Para a resolução das questões 16 a 25, montaremos a DVA completa:

GERAÇÃO DO VALOR ADICIONADO	
RECEITAS	
Vendas de Mercadorias	453.000
Devoluções e Abatimentos	(38.200)
Despesa c/PECLD (Perdas Estimadas em Créditos de Liquidação Duvidosa)	(3.000)
Reversão de PECLD	1.000
Lucro na Venda de Imobilizado	1.200
TOTAL	**414.000**
(–) INSUMOS	
CMV (196.200 + 15.200)	(211.400)
Serviços de Terceiros	(7.920)
Água, Luz, Gás, Telefone	(5.104)
TOTAL	**(224.424)**

VALOR ADICIONADO BRUTO	**189.576**
(–) DEPRECIAÇÃO	(3.696)
VALOR ADICIONADO LÍQUIDO PRODUZIDO PELA ENTIDADE	**185.880**
(+) VALOR ADICIONADO RECEBIDO EM TRANSFERÊNCIA	
Receita de Aluguéis	9.000
Receita de Juros	3.200
TOTAL	**12.200**
(=) VALOR ADICIONADO TOTAL A DISTRIBUIR	**198.080**
DISTRIBUIÇÃO DO VALOR ADICIONADO	
PESSOAL	
Salários	18.000
FGTS	1.600
Comissões sobre Vendas	12.000
Participação de Empregados nos Lucros	2.860
TOTAL	**34.460**
IMPOSTOS, TAXAS E CONTRIBUIÇÕES	
FEDERAIS	
IR e CSLL	10.560
INSS	3.700
PIS e COFINS	12.800
ESTADUAIS	
ICMS (94.000 – 15.200)	78.800
MUNICIPAIS	
IPTU	880
TOTAL	**106.740**
REMUNERAÇÃO DE CAPITAIS DE TERCEIROS	
Despesa de Juros	10.000
Despesa de Aluguéis	3.100
TOTAL	**13.100**
REMUNERAÇÃO DE CAPITAIS PRÓPRIOS (Dividendos + Reservas de Lucros)	**43.780**

CAPÍTULO 17

Exercício 1

Visto que a operação se refere ao exercício social de "2005", a eliminação do lucro não realizado se dará pela "**inadequada**" regra: Em 1º lugar deve ser aplicado o percentual de participação TOTAL da investidora sobre o PL da investida e, logo em seguida, subtrairmos 100% dos lucros não realizados. Assim, teremos:

Participações em controladas (31/12/2005) = 40% 750.000– 100% 100.000 = 200.000 (opção b)

Comentário extra: Pelas regras atuais, com base no item 56A da ICPC 09 (R2), em primeiro lugar devemos subtrair 100% do lucro não realizado do resultado para, após isso, aplicarmos a percentagem de participação no capital TOTAL da investida. Desse modo, o CORRETO seria o seguinte:

Participações em controladas (31/12/2005) = 40% (750.000– 100% 100.000) = 260.000 (opção c)

Exercício 25

Resultado da Equivalência Pat. = 70% (50.000,00 – 100% 10.000,00) = 28.000,00

Comentário extra: *Antes da ICPC 09 (R2), o referido resultado seria de 70% 50.000,00 – 100% 10.000,00 = 25.000,00, equívoco este corrigido por essa "nova" ICPC.*

*No entanto, de acordo com o **item 56A da ICPC 09 (R2)**, nas demonstrações individuais da CONTROLADORA, quando de operações de venda de ativos da controlada para a controladora ou entre controladas, o CÁLCULO da equivalência patrimonial deve ser feito deduzindo-se, do patrimônio líquido da controlada, **CEM POR CENTO** do lucro contido no ativo ainda em poder do grupo econômico. Com isso, a controladora deve registrar como resultado valor nulo, não tendo, por isso, afetação no seu resultado e no seu patrimônio líquido como decorrência do resultado reconhecido pela controlada. Assim, como consequência disso, entendemos que, em 1º lugar, devem ser deduzidos do patrimônio líquido e também do resultado da controlada **100%** do resultado (lucro ou prejuízo) não realizado contido nos ativos da controladora decorrentes de transações upstream e, SOMENTE APÓS ISSO, **aplicamos o percentual** da investidora no capital da controlada sobre a referida diferença, a fim de se determinar o valor do resultado da equivalência patrimonial.*

Exercício 26

Investimentos = 77.000,00 + 28.000,00 = 105.000,00

Exercício 27

Investimentos = 77.000,00 + 28.000,00 – 70% 8.000,00 = 99.400,00

Exercício 29

Lucros não realizados = (4/4 – 3/4) × 10.000,00 = 2.500,00

Resultado da Equivalência Pat. = 70% (50.000,00 – 100% 2.500,00) = 33.250,00

Exercício 30

Lucros não realizados = 2.500,00 – 20% 2.500 = 2.000,00

Resultado da Equivalência Pat. = 70% (50.000,00 – 100% 2.000,00) = 33.600,00

CAPÍTULO 18

Exercício 1

CPC "00" (R1), item QC21: COMPARABILIDADE é a característica qualitativa que permite que os usuários identifiquem e compreendam similaridades dos itens e diferenças entre eles. Diferentemente de outras características qualitativas, a comparabilidade não está relacionada com um único item. A comparação requer no mínimo dois itens.

Exercício 2

CPC "00"(R1), item OB7: Relatórios contábil-financeiros de propósito geral não são elaborados para se chegar ao valor da entidade que reporta a informação; a rigor, fornecem informação para auxiliar investidores, credores por empréstimo e outros credores, existentes e em potencial, a estimarem o valor da entidade que reporta a informação.

Exercício 3

CPC "00"(R1) item 4.15: Uma característica essencial para a existência de passivo é que a entidade tenha uma obrigação presente. Uma obrigação é um dever ou responsabilidade de agir ou de desempenhar uma dada tarefa de certa maneira. As obrigações podem ser legalmente exigíveis em consequência de contrato ou de exigências estatutárias. Esse é normalmente o caso, por exemplo, das contas a pagar por bens e serviços recebidos. Entretanto, obrigações surgem também de práticas usuais do negócio, de usos e costumes e do desejo de manter boas relações comerciais ou agir de maneira equitativa. Desse modo, se, por exemplo, a entidade que decida, por questão de política mercadológica ou de imagem, retificar defeitos em seus produtos, mesmo quando tais defeitos tenham se tornado conhecidos depois da expiração do período da garantia, as importâncias que espera gastar com os produtos já vendidos constituem passivos.

Comentário das opções:

a) A existência de uma obrigação contratual, que é uma obrigação legal, **não é** característica essencial para existência de um passivo, pois existem também as obrigações **não formalizadas por contratos**. Assim, por exemplo, se uma loja de varejo tem a política de reembolsar compras de clientes insatisfeitos, mesmo que não haja obrigação legal para isso, isso dá origem a uma obrigação presente como resultado de evento passado que gera obrigação.

b) A definição precisa do prazo **não é** característica essencial para existência de passivo, visto que as PROVISÕES são passivos de prazo ou valor incertos.

c) A existência de incerteza só existe no caso das PROVISÕES. No caso dos demais passivos que não sejam provisões, não existe incerteza no seu reconhecimento.

d) A existência de uma obrigação presente é característica essencial para qualquer tipo de passivo, seja provisão ou não.

e) A definição precisa do valor de um passivo não existe no caso das provisões, as quais atendem ao critério da existência de obrigação presente.

Exercício 4

Na INTRODUÇÃO do CPC "00"(R1), temos:

Alcance

Esta Estrutura Conceitual aborda:

(a) o objetivo da elaboração e divulgação de relatório contábil-financeiro;

(b) as características qualitativas da informação contábil-financeira útil;

(c) a definição, o reconhecimento e a mensuração dos elementos a partir dos quais as demonstrações contábeis são elaboradas; e

(d) os conceitos de capital e de manutenção de capital.

Exercício 5

CPC "00"(R1), item 4.25, alínea "b":

DESPESAS são decréscimos nos benefícios econômicos durante o período contábil, sob a forma da saída de recursos ou da redução de ativos ou assunção de passivos, que resultam em decréscimo do patrimônio líquido, e que não estejam relacionados com distribuições aos detentores dos instrumentos patrimoniais.

Exercício 6

I. INCORRETO. Nem todos os bens adquiridos pela empresa devem ser registrados no balanço patrimonial, nos grupos de ativos, tendo em vista que o item 4.38 do CPC "00"(R1) determina que um item que se enquadre na definição de elemento deve ser reconhecido se:

(a) for provável que algum benefício econômico futuro associado ao item flua para a entidade ou flua da entidade; e

(b) o item tiver custo ou valor que possa ser mensurado com confiabilidade.

II CORRETO. De acordo com o item 4.50 do CPC "00"(R1), as DESPESAS devem ser reconhecidas na demonstração do resultado com base na associação direta entre elas e os correspondentes itens de receita.

III. INCORRETO. O conceito FINANCEIRO (e não físico) de manutenção de capital pressupõe a manutenção dos montantes **financeiros** dos ativos líquidos existentes no início do período e no final do período do Balanço Patrimonial.

Exercício 7

As opções de "a" a "d" são a reprodução do que está no **item 4.10 da Estrutura Conceitual (R1), o qual reproduzimos abaixo:**

4.10. Os benefícios econômicos futuros incorporados a um ativo podem fluir para a entidade de diversas maneiras. Por exemplo, o ativo pode ser:

a) usado isoladamente ou em conjunto com outros ativos na produção de bens ou na prestação de serviços a serem vendidos pela entidade;

b) trocado por outros ativos;

c) usado para liquidar um passivo; ou

d) distribuído aos proprietários da entidade.

A opção "e" está incorreta*, visto que nem todo ativo tem substância física, que é o caso dos ativos intangíveis. Abaixo, reproduzimos o item 4.11 da Estrutura Conceitual, o qual corrobora esse fato:*

4.11. Muitos ativos, como, por exemplo, itens do imobilizado, têm forma física. Entretanto, a forma física não é essencial para a existência de ativo. Assim sendo, as patentes e os direitos autorais, por exemplo, são considerados ativos, caso deles sejam esperados que benefícios econômicos futuros fluam para a entidade e caso eles sejam por ela controlados.

Exercício 8

O item 4.63 da Estrutura Conceitual (R1), o qual reproduzimos abaixo, justifica a resposta desse exercício:

Item 4.63. *De acordo com o conceito de manutenção do capital FINANCEIRO, por meio do qual o capital é definido em termos de unidades monetárias nominais, o LUCRO representa o aumento do capital monetário nominal ao longo do período. Assim, os aumentos nos preços de ativos mantidos ao longo do período, convencionalmente designados como ganhos de estocagem, são, conceitualmente, lucros.* ***Entretanto, eles podem não ser reconhecidos como tais até que os ativos sejam realizados mediante transação de troca****. Quando o conceito de manutenção do capital financeiro é definido em termos de unidades de poder aquisitivo constante, o lucro representa o aumento no poder de compra investido ao longo do período. Assim, somente a parcela do aumento nos preços dos ativos que exceder o aumento no nível geral de preços é considerada como lucro. O restante do aumento é tratado como ajuste para manutenção do capital e, consequentemente, como parte integrante do patrimônio líquido.*

Exercício 9

Segundo o item 4.4 da Estrutura Conceitual (R1), **ATIVO** é um recurso controlado pela entidade como resultado de eventos passados e do qual se espera que fluam futuros benefícios econômicos para a entidade.

Exercício 10

I. CORRETO. As compras ou vendas de produtos a prazo, por exemplo, geram na entidade, cujas demonstrações contábeis são preparadas pelo regime de competência, o reconhecimento no ativo de "contas a receber" e no passivo, de "contas a pagar", contas essas em que as variações dos seus saldos informarão aos usuários sobre as transações passadas envolvendo o pagamento e o recebimento, sendo que seus saldos atuais informarão os pagamentos e recebimentos futuros.

II. INCORRETO. Na ocorrência de qualquer fato contábil, a essência da transação sempre prevalece sobre a sua forma legal.

III. INCORRETO. Segundo o item 4.25 da Estrutura Conceitual (R1), RECEITAS são aumentos nos benefícios econômicos durante o período contábil, sob a forma da entrada de recursos ou do aumento de ativos ou diminuição de passivos, que resultam em aumentos do patrimônio líquido, e que **não estejam relacionados com a contribuição dos detentores dos instrumentos patrimoniais**. Assim, nem todo aumento do ativo com aumento do patrimônio líquido gera receita, como, por exemplo, a integralização de capital em dinheiro, visto que tal fato se refere à contribuição dos detentores dos instrumentos patrimoniais (ações).

IV. CORRETO. Segundo o item 4.38 da Estrutura Conceitual (R1), um item que se enquadre na definição de um elemento deve ser **reconhecido** se: (a) for provável que algum BENEFÍCIO ECONÔMICO futuro associado ao item flua para a entidade ou flua da entidade; e (b) o item tiver **custo** ou **valor** que possa ser mensurado com CONFIABILIDADE.

Exercício 11

De acordo com o item QC4 da Estrutura Conceitual (R1), se a informação contábil-financeira é para ser útil, ela precisa ser RELEVANTE e representar com FIDEDIGNIDADE o que se propõe a representar. A utilidade da informação contábil-financeira é **melhorada** se ela for COMPARÁVEL, VERIFICÁVEL, TEMPESTIVA e COMPREENSÍVEL.

Exercício 12

Item 4.10 da Estrutura Conceitual (R1): *Os benefícios econômicos futuros incorporados a um ativo podem fluir para a entidade de diversas maneiras. Por exemplo, o ativo pode ser:*

a) usado isoladamente ou em conjunto com outros ativos na produção de bens ou na prestação de serviços a serem vendidos pela entidade;

b) trocado por outros ativos;

c) usado para liquidar um passivo; ou

d) distribuído aos proprietários da entidade.

Exercício 13

De acordo com o item QC19 da Estrutura Conceitual (R1), *Comparabilidade, verificabilidade, tempestividade* e *compreensibilidade* são características qualitativas que melhoram a utilidade da informação que é relevante e que é representada com fidedignidade.

Exercício 14

CPC "00" (R1), item 4.2: As demonstrações contábeis retratam os efeitos patrimoniais e financeiros das transações e outros eventos, por meio de seu grupamento em CLASSES AMPLAS de acordo com as suas características econômicas. Essas classes amplas são denominadas **elementos** das demonstrações contábeis. Os elementos diretamente relacionados à mensuração da **posição patrimonial e financeira** no balanço patrimonial são os ativos, os passivos e o patrimônio líquido.

Exercício 15

Item QC14 do CPC "00" (R1): Um retrato NEUTRO da realidade econômica é desprovido de viés na seleção ou na apresentação da informação contábil-financeira. Um retrato **neutro não deve ser distorcido com contornos que possa receber dando a ele maior ou menor peso, ênfase maior ou menor**, ou qualquer outro tipo de manipulação que aumente a probabilidade de a informação contábil-financeira ser recebida pelos seus usuários de modo favorável ou desfavorável.

Assim, ao fazer uma provisão de 5%, quando deveria ter sido só de 2%, não houve neutralidade, de forma que a informação contábil deixou de ser confiável (fidedigna).

Exercício 16

Abaixo, reproduzimos parte da Estrutura Conceitual no que se refere à sua FINALIDADE (grifo nosso):

*Esta Estrutura Conceitual estabelece os conceitos que fundamentam a elaboração e a apresentação de demonstrações contábeis destinadas a usuários externos. A **finalidade** desta Estrutura Conceitual é:*

a) *dar suporte ao desenvolvimento de novos Pronunciamentos Técnicos, Interpretações e Orientações e à revisão dos já existentes, quando necessário;*

b) *dar suporte à promoção da harmonização das regulações, das normas contábeis e dos procedimentos relacionados à apresentação das demonstrações contábeis, provendo uma base para a redução do número de tratamentos contábeis alternativos permitidos pelos Pronunciamentos, Interpretações e Orientações;*

c) *dar suporte aos órgãos reguladores nacionais;*

d) *auxiliar os responsáveis pela elaboração das demonstrações contábeis na aplicação dos Pronunciamentos Técnicos, Interpretações e Orientações e no tratamento de assuntos que ainda não tenham sido objeto desses documentos;*

e) ***auxiliar os auditores independentes a formar sua opinião sobre a conformidade das demonstrações contábeis com os Pronunciamentos Técnicos, Interpretações e Orientações;***

f) *auxiliar os usuários das demonstrações contábeis na interpretação de informações nelas contidas, elaboradas em conformidade com os Pronunciamentos Técnicos, Interpretações e Orientações;*

g) *proporcionar aos interessados informações sobre o enfoque adotado na formulação dos Pronunciamentos Técnicos, das Interpretações e das Orientações*

Exercício 17

O 1º comitê de pronunciamentos contábeis a nível internacional foi criado pelos diversos órgãos profissionais de contabilidade de nove países, além dos Países Baixos (Alemanha, Austrália, Canadá, Estados Unidos, França, Irlanda, Japão, México e Reino Unido) e era chamado de **IASC** (*International Accounting Standards Committee*).

Constituído em forma de fundação independente sem fins lucrativos, o IASC era mantido por recursos procedentes de vários órgãos internacionais e das principais empresas de auditoria, sendo sua meta principal a formulação e publicação de normas contábeis internacionais, as quais pudessem ser mundialmente aceitas. Tais normas eram conhecidas por IAS (*International Accounting Standard*), estando muitas delas ainda em vigor até os dias de hoje.

Em 1º de abril de 2001 foi criado o **IASB** (*International Accounting Standards Boards*), na mesma estrutura do IASC, assumindo suas responsabilidades técnicas, de modo que os novos pronunciamentos técnicos, em vez de receberem o antigo nome IAS, passaram a ser chamados de IFRS (*International Financial Reporting Standard*).

Exercício 18

Abaixo, reproduzimos os itens QC5 a QC10 do CPC 00 (R1):

QC5. As características qualitativas fundamentais são relevância e representação fidedigna.

QC6. Informação contábil-financeira RELEVANTE é aquela capaz de fazer diferença nas decisões que possam ser tomadas pelos usuários. A informação pode ser capaz de fazer diferença em uma decisão mesmo no caso de alguns usuários decidirem não a levar em consideração, ou já tiver tomado ciência de sua existência por outras fontes.

QC7. A informação contábil-financeira é capaz de fazer diferença nas decisões se tiver **valor preditivo, valor confirmatório ou ambos**.

QC8. A informação contábil-financeira tem VALOR PREDITIVO se puder ser utilizada como dado de entrada em processos empregados pelos usuários para predizer futuros resultados. A informação contábil-financeira não precisa ser uma predição ou uma projeção para que possua valor preditivo. A informação contábil-financeira com valor preditivo é empregada pelos usuários ao fazerem suas próprias predições.

QC9. A informação contábil-financeira tem VALOR CONFIRMATÓRIO se retroalimentar – servir de *feedback* – avaliações prévias (confirmá-las ou alterá-las).

QC10. O valor preditivo e o valor confirmatório da informação contábil-financeira estão inter-relacionados. A informação que tem valor preditivo muitas vezes também tem valor confirmatório. Por exemplo, a informação sobre receita para o ano corrente, a qual pode ser utilizada como base para predizer receitas para anos futuros, também pode ser comparada com predições de receita para o ano corrente que foram feitas nos anos anteriores. Os resultados dessas comparações podem auxiliar os usuários a corrigirem e a melhorarem os processos que foram utilizados para fazer tais predições.

Por fim, concluímos em vista dos itens acima, que a informação contábil RELEVANTE auxilia os diversos tipos de usuários na avaliação de eventos passados, presentes ou futuros.

Exercício 19

Podemos entender por HARMONIZAÇÃO o processo pelo qual, respeitadas as características de cada região, os países são levados a realizar, de comum acordo, mudanças nos seus sistemas e normas contábeis, objetivando torná-los compatíveis entre si.

Exercício 20

Abaixo, reproduzimos o item 4.17 do CPC 00 (R1):

> *4.17. A liquidação de uma obrigação presente geralmente implica a utilização, pela entidade, de recursos incorporados de benefícios econômicos a fim de satisfazer a demanda da outra parte. A liquidação de uma obrigação presente pode ocorrer de diversas maneiras, como, por exemplo, por meio de:*
>
> *(a) pagamento em caixa;*
> *(b) transferência de outros ativos;*
> *(c) prestação de serviços;*
> *(d) substituição da obrigação por outra;*
> *(e) conversão da obrigação em item do patrimônio líquido.*
>
> *A obrigação pode também ser extinta por outros meios, tais como renúncia do credor ou perda dos seus direitos.*

Exercício 21

Abaixo, reproduzimos o item QC6 da Estrutura Conceitual:

> *QC6. Informação contábil-financeira RELEVANTE é aquela capaz de fazer diferença nas decisões que possam ser tomadas pelos usuários. A informação pode ser capaz de fazer diferença em uma decisão mesmo no caso de alguns usuários decidirem não a levar em consideração, ou já tiver tomado ciência de sua existência por outras fontes.*

Exercício 22

O objetivo da HARMONIZAÇÃO dos padrões contábeis mundiais é permitir a COMPARABILIDADE das informações. Dessa forma, seria possível, por exemplo, comparar o desempenho de uma empresa brasileira com o de uma italiana utilizando as informações contábeis produzidas por ambas.

Exercício 23

Abaixo, reproduzimos a INTRODUÇÃO do Pronunciamento Conceitual Básico (R1):

Introdução

As demonstrações contábeis são elaboradas e apresentadas para usuários externos em geral, tendo em vista suas finalidades distintas e necessidades diversas. Governos, órgãos reguladores ou autoridades tributárias, por exemplo, podem determinar especificamente exigências para atender a seus próprios interesses. Essas exigências, no entanto, não devem afetar as demonstrações contábeis elaboradas segundo esta Estrutura Conceitual.

Demonstrações contábeis elaboradas dentro do que prescreve esta Estrutura Conceitual objetivam fornecer informações que sejam úteis na tomada de decisões econômicas e avaliações por parte dos usuários em geral, não tendo o propósito de atender finalidade ou necessidade específica de determinados grupos de usuários. Demonstrações contábeis elaboradas com tal finalidade satisfazem as necessidades comuns da maioria dos seus usuários, uma vez que quase todos eles utilizam essas demonstrações contábeis para a tomada de decisões econômicas, tais como:

(a) decidir quando comprar, manter ou vender instrumentos patrimoniais;

(b) avaliar a administração da entidade quanto à responsabilidade que lhe tenha sido conferida e quanto à qualidade de seu desempenho e de sua prestação de contas;

(c) avaliar a capacidade de a entidade pagar seus empregados e proporcionar-lhes outros benefícios;

(d) vavaliar a segurança quanto à recuperação dos recursos financeiros emprestados à entidade;

(e) determinar políticas tributárias;

(f) determinar a distribuição de lucros e dividendos;

(g) elaborar e usar estatísticas da renda nacional; ou (h) regulamentar as atividades das entidades.

As demonstrações contábeis são mais comumente elaboradas segundo modelo baseado no custo histórico recuperável e no conceito da manutenção do capital financeiro nominal. Outros modelos e conceitos podem ser considerados mais apropriados para atingir o objetivo de proporcionar informações que sejam úteis para tomada de decisões econômicas, embora não haja presentemente consenso nesse sentido.

Esta Estrutura Conceitual foi desenvolvida de forma a ser aplicável a uma gama de modelos contábeis e conceitos de capital e sua manutenção.

Exercício 24

INCORRETA. As características QUALITATIVAS dividem-se em FUNDAMENTAIS e de MELHORIA:

FUNDAMENTAIS →

- **Relevância**
- **Informação Fidedigna (antiga "Confiabilidade")**

DE MELHORIA →

- **Comparabilidade**
- **Verificabilidade**
- **Tempestividade**
- **Compreensibilidade**

CORRETA. Abaixo, reproduzimos parte do item 4.2. do CPC 00 (R1):

> *As demonstrações contábeis retratam os efeitos patrimoniais e financeiros das transações e outros eventos, por meio do grupamento dos mesmos em classes amplas de acordo com as suas características econômicas. Essas classes amplas são denominadas de elementos das demonstrações contábeis.*

INCORRETA. De acordo com o item 4.2. do CPC 00 (R1), os elementos diretamente relacionados à mensuração da posição patrimonial e financeira no balanço patrimonial são os ativos, os passivos e o patrimônio líquido.

INCORRETA. De acordo com o item 4.2. do CPC 00 (R1), os elementos diretamente relacionados com a mensuração do desempenho na demonstração do resultado são as receitas e as despesas.

INCORRETA. De acordo com o item 4.2. do CPC 00 (R1), a demonstração das mutações na posição financeira usualmente reflete os elementos da demonstração do resultado e as alterações nos elementos do balanço patrimonial.

Exercício 25

De acordo com o item 4.4 do CPC 00 (R1), patrimônio líquido é o interesse residual nos ativos da entidade depois de deduzidos todos os seus passivos.

EDITORA IMPETUS

Rua Alexandre Moura, 51
24210-200 – Gragoatá – Niterói – RJ
Telefax: (21) 2621-7007

www.impetus.com.br

Esta obra foi impressa em papel offset 56 gr/m^2.